外来語
新語辞典

国学院大学教授
山西治男監修

成美堂出版

まえがき

カタカナ表記の外来語(カタカナ語)が氾濫している。テレビをつければカタカナ語が飛び出し，そのコマーシャルなどは，カタカナ語のつなぎに日本語が使われているありさま。ラジオもしかり，街頭や駅構内のポスター，新聞の折り込み広告，インターネットなど…。カタカナ語のないものを見つけるのに骨が折れるくらい。オーバーに言えば，カタカナ語を知らなくては落ちこぼれる，といった世の中である。

いまは情報化時代と言われ，また，年ごとに社会のIT化が進んで，私たちは好むと好まざるとにかかわらず，常に新しい情報にさらされる。しかも最先端の情報のほとんどはカタカナ語を含んでいる。

このような情報化社会に対応するための手頃な辞典をめざして，本書は作られた。編集にあたっては次の事柄に配慮した。

1）5つのEを目標とする。すなわち，Easy to read，Easy to understand, Easy to use, Easy to carry, Easy to buy——読みやすく，理解しやすく，使いやすく，持ち運びやすく，求めやすい，ものであること。

2）政治，経済，社会，文化，風俗，スポーツ等，各分野のカタカナ語のうち，使用頻度が高いと思われるものを厳選して収録する。

3）インク，ウォーターなど，すでに日常語として定着していて，あらためて辞典でその意味を検索することはまずあるまいと思われる一部のカタカナ語は収録しない。

4）人名や地名などの固有名詞や，あまりにも専門的なIT技術用語は専門書に委ねる。

5）アルファベットで略語として用いられるものを巻末にまとめて収録する。

編集にあたっては，各スタッフが全力投球を試みたが，「はたして利用者のニーズに完全にこたえられるものに仕上がったかどうか」といった思いがないでもない。スタッフの力の及ばなかったところは，大方のご批判，ご教示を得て，さらによりよいものにしたいと願っている。

外来語新語辞典編集スタッフ一同

この辞典のしくみ

1 見出し語

1)カタカナの太字で，五十音順に配列した。

2)長音記号(ー)は，ア，イ，ウ，エ，オの音に置き換えた位置に配列した。

例 **アーチ**　**イースター**
アイアン　**イエス・マン**

3)清音，濁音，半濁音の順に配列した。

例 **ハット**
バット
パット

4)カタカナによる表記は同じだが原語の異なるものは別見出しとし，見出し語の右肩に1，2，3の番号をつけた。

例 **ハム**[1] [ham]
ハム[2] [hum]

5)ヴの表記は使わずに，バ行の音で表した。

例 **バリエーション** [variation]
×**ヴァリエーション**
ビジター [visitor]
×**ヴィジター**

6)エ行の音は，原則として「エー」と表記したが，「エイ」が一般的な場合は「エイ」と表記した。

例 **ケース・バイ・ケース** [case by case]

7) ジェとゼ，チュアとチャーなどは，原則としてその両方を見出し語とし，一方を「から見出し」として，本見出し語を⇨のあとに示した。

例 **ゼスチャー**　⇨ジェスチャー
カルチュア　⇨カルチャー

8) 原語が2語以上からなる場合や原語がハイフン(-)で結ばれている場合は，原則として語と語の間に・を入れた。

例 **セーブ・ポイント** [save point]
セルフ・サービス [self-service]

9)外来語と日本語との複合語，および日本語と外来語の複合語は，その外来語見出しのあとに，見出し語より1字下げて示した。この場合，見出し語に相当する部分は～で示した。

例 **アート** [art]
　～紙 [～paper]
アセスメント [assessment]
　環境～ [environmental～]

2 原　語

1)原語は，見出し語のあとに［　］でつつんで示した。ただし，「から見出し」で，原語が本見出しと同じ場合は，原則として本見出しだけに原語を示した。

例 **エアバス** [airbus]

2)原語名は，原語のあとにカタカナの小さい文字で示した。ただし，原語が英語の場合は表記を省略した。

例 **シャンソン** [chansonフランス]

3)日本で作られた，いわゆる和製英語のたぐいは次のように示した。

例 **ナイター** [日nighter]
キス・マーク [日kiss mark]
オム・ライス [日omeletteフランス+rice]

4)原語は，中国語や朝鮮・韓国語の一部を除き，ローマ字で表記した。

例 **ペチカ** [pechkaロシア]

5)原語の発音がなまって日本語として変化したものは次のように示した。

例 •変化の小さいもの：　**グロッギー** [groggy]　＊グロッキーとも。
•変化の大きいもの：　**プリン** ⇨プディング。

6)語義・用法によって表記が異なる場合は次のように表記した。

例 **コングレス** [congress]　①会議；大会；学会。　② [C-]

アメリカの議会。
7)国名や地域名をもって，原語名の代用とした項目もある。

3 語　義

1)語義がいくつかある場合は，①，②，③，……で区分した。
2)理解を助けるための補足説明を＊のあとに随時示した。

4 本書に用いた記号

～　見出し語の代用。
―　見出し語の一部に相当する部分を表す。
⇨　その見出し語を見よ。または参照せよ。
＝　その見出し語と同義。
↔　その見出し語と反対の意味の語。または，対となる語。
＊　補足説明。
略　略語であることを表す。
（ ）　語義の補足的解説。
〔 〕　その直前の語句と言い換え可能。
〖 〗　専門用語の分野を表す(特に必要と思われる場合)。

5 アルファベットによる略語

1)アルファベットによる略語を，巻末に資料として載せた。
2)配列はアルファベット順にした。略語であることを示すピリオドは原則として省略した。
3)略語，原語のつづり，語義の順に示した。

6 旧ソ連の扱いについて

1)「ソ連」はその大部分を「旧ソ連」としたが，「CIS（独立国家共同体)」「ロシア」「ウクライナ」などを適宜使用するとともに，必要に応じ「ソ連」の名称を残した。
2)歴史的な用語としてすでに定着している「米ソ」などの表現は，そのまま「米ソ」とすることを基本にしたが，必要に応じ「アメリカと旧ソ連」「アメリカとロシア」などと記した箇所もある。

7 IT関連の語について

コンピュータやインターネットなどのIT(情報技術)に関連する語は，一般社会において日常的に使用頻度が高いと思われるものに限って掲載した。

8 語の検索について

検索する語が見つけられないときは，異なった表記での再検索を試みるとよい。

例　ベービー，ベイビー→ベビー
オウルド→オールド
クワハウス→クアハウス
ローハス→ロハス

9 その他

1)カタカナ表記が一般的と思われる語は，外来語以外でも採録した。
2)外来語であっても，一般によく知られた基本的な一部の語は採録しなかった。
3)巻末の資料には，アルファベット略語のほかに，中央省庁，元素記号，主要計量単位，内閣告示「外来語の表記について」を収めた。

※本書は原則として2020年12月時点の情報をもとに編集している。

ア

アーカイバ [archiver] コンピュータのファイル圧縮・解凍ソフトウェア。

アーカイブズ [archives] ①重要な記録の保存・伝達。②公文書；保存記録；古記録。③公文書館；記録保存館。＝アルヒーフ。

アーガイル [argyle] ①菱形(ひしがた)。②⇨アーガイル・チェック。

アーガイル・チェック [argyle check] (編み物で)菱形(ひしがた)格子柄(こうしがら)；ダイヤ柄の模様。

アーキオロジー [archaeology] 考古学。＊アルケオロジーとも。

アーキタイプ [archetype] ①原型；模範；オリジナル。②先祖から引き継いでいる無意識の観念。

アーキテクチャ [architecture] ①建築；建築術；建築様式。②コンピュータの設計仕様〔システム体系〕。

アーキテクト [architect] 建築家；設計者。

アーキビスト [archivist] 公文書・古文書の管理をする専門家。

アーギュメント [argument] 議論；論争。

アーク[1] [arc] ①電弧。②〘数学〙弧。③弓状に曲がったもの。

アーク[2] [Ark] 聖櫃(せいひつ)。

アーケード [arcade] (商店街などの)屋根をつけた通路。

アーケード・ゲーム [arcade game] ゲーム・センターに設置された業務用ゲーム機。

アーコロジー [arcology] 建築と環境を結びつけた都市計画。

アーシューラー [Ashura] イスラム教の祭礼日の1つ。

アース [earth] ①地球。②接地。＊電気器具と地面の間に電路を作ること〔装置〕。

アース・アワー [Earth Hour] 3月の最終土曜日に1時間だけ，全世界で消灯する環境キャンペーン。

アース・カラー [earth color] 地球の自然物をイメージした色の総称。

アース・デイ [Earth Day] 地球の日。＊地球を環境汚染から守る日で，4月22日。1970年に制定された。

アースワーク [earthwork] 野原や河川などの自然環境を舞台に大規模に展開される芸術。＝ランド・アート。

アーチ [arch] (橋桁(げた)や門に見られる)上部を弓形にした構造物。

アーチェリー [archery] 洋弓を使う弓術。また，その弓。

アーティキュレーション [articulation] ①〘言語〙調音；発音の明瞭さ。②〘音楽〙各音の区切り方やつなぎ方の明瞭さ。＊レガート，スタッカート，テヌートなど。

アーティクル [article] ①記事；論説。②(法律・契約などの)条項。

アーティスティック [artistic] 芸術的。

アーティスティック・スイミング [artistic swimming] 音楽に合わせて演技を行い，技の完成度や同調性を競う競技。＊2017年7月，シンクロナイズド・スイミングから改称。

アーティスト [artist] 芸術家；歌手；美術家。＊アーチストとも。

アーティチョーク [artichoke] キク科の多年草，チョウセンアザミ(朝鮮薊)。＊地中海沿岸原産。蕾(つぼみ)部分を食用にする。

アーティフィシャル [artificial] ①人工の；人為的な。②不自然な。

アーティフィシャル・インテリジェンス ⇨AI[1]。

アーティフィシャル・フラワー [artificial flower] 造花。

アーティフィシャル・リアリティー [artificial reality] 人工現実感。

アート [art] 芸術；(特に)美術。

～紙 [～paper] 表面が滑らかで光沢のある高級印刷用紙。
アート・ギャラリー [art gallery] ①美術館。②画廊。
アート・クリティック [art critic] 美術評論家。
アート・コレクター [art collector] 美術品収集家。
アート・シアター [art theater] 芸術性の高い映画や実験的な映画を上映する映画館。
アート・セラピー [art therapy] 芸術療法。＊音楽や舞踊を通してうつ病や心身症などの治療を行う。
アート・ディーラー [art dealer] 画商；美術商。
アート・ディレクター [art director] ①(映画・演劇などの)美術監督。②(広告などの)美術面を担当する人。略AD。
アート・フェア [art fair] 画商などが集まって毎年開かれる現代美術の見本市。
アート・フラワー [日art flower] 布地や針金などを使った造花の一種。
アート・マネジメント [art management] 文化や芸術活動と，企業や自治体の経済活動との交流を進める活動。
アートマン [ātman(サンスクリット)] ①自分；身体；呼吸。②本性；自我；本質。③⇨ブラフマン。
アート・メイク [art make] 刺青(いれずみ)の技術を使った美顔術。
アートワーク [artwork] ①手工芸品。②印刷物の図版・挿絵。
アーバノロジー [urbanology] 都市学。＊都市に関する学問。
アーバン [urban] 都会の。↔ルーラル。
アーバン・デクライン [urban decline] 都市の衰退。＊人口減少，就業人口の流出などで起きる。
アーバン・デザイン [urban design] 都市設計；都市計画。
アーバン・ライフ [urban life] 都市生活。＝シティ・ライフ。
アーバン・リゾート [urban resort] 大都市に隣接しながら自然環境を取り入れた空間・施設。
アーバン・リニューアル [urban renewal] 都市再開発；都市更新。
アービトラージ [arbitrage] 裁定取引；さや取り。＊複数の市場で生まれる商品の価格差を利用して，利益を得ること。
アービトレーション [arbitration] 調停；仲裁。
アーベント [Abend(ドイツ)] 夕方から開かれる音楽会や映画会など。
アーマメント [armament] 軍備；兵器；軍隊。
アーミー [army] 軍隊；(特に)陸軍。
アーミー・ナイフ [army knife] 多彩な用途をもつ折り畳み式ナイフ。
アーミー・ルック [army look] 軍服型の服装や服飾。＝ミリタリー・ルック。
アーミッシュ [Amish] アメリカ，カナダの農村にコミュニティをもつ，キリスト教再洗礼派。＊平和主義を信条に，機械化を極力避けた質素な生活様式。独自の言語を持つ。
アーミン [ermine] ①オコジョ。また，その毛皮。②[the～] 身分が高いこと。
アーム [arm] ①腕。②腕状のもの。③[-s] 兵器。
アーム・カバー [arm cover] 日焼け防止などの目的で，手首から二の腕付近までを覆う衣類。
アームズ・コントロール [arms control] 軍備管理。
アームチェア [armchair] 肘(ひじ)かけ椅子。
アームバンド [armband] 腕章。
アームホール [armhole] 洋服の袖(そで)ぐり。

ア

アーム・レスリング [arm wrestling] 腕相撲。

アームレット [armlet] ①〖服飾〗小さく短い袖。②上腕につける腕輪。

アーメン [amen] 〖キリスト教〗祈りの終わりに唱えることば。

アーモンド [almond] バラ科の落葉高木。また，その実。＊中央アジア原産。実は料理・菓子の材料。アマンドとも。

アーユルベーダ [Ayurvedaサンスクリット] インドの伝承医学。＊人間の生理機能のバランスを整え，病気の治療，予防，健康増進を図る。サンスクリットのアーユス(生命・長命)とベーダ(知識)の合成語。

アーリア人 [Aryan] インド・ヨーロッパ語族のうち，インド・イラン語派に属する言葉を話す人々の総称。

アーリー・アクセス [early access] 早期アクセス。＊開発中のソフトを正式リリース前に提供・利用すること。

アーリー・アダプター [early adopter] 新商品・サービスの初期採用者。

アーリー・アメリカン [Early American] アメリカの植民地時代や開拓時代の様式。＊建物，家具，衣装など。

アーリー・クロス [early cross] 〖サッカー〗相手のゴールキーパー前の空いたスペースを狙い，走り込む味方選手に向かって送る素早いパス。

アーリー・チェックイン [early check in] ホテルのチェックイン時刻より早く宿泊手続きをすること。

アーリー・バード [early bird] ①早起きの人。② [E- B-] 初の商業通信衛星インテルサットの愛称。

アーリー・マジョリティ [early majority] アーリー・アダプターに次ぐ前期追随者。

アーリー・リタイア [early retirement] 定年退職を迎える前に早期退職すること。

アール [areフランス] メートル法の面積の単位。記号はa。＊1アールは100平方メートル(約30坪2合)。

アールエッチ因子 ⇨Rh因子。

アール・グレイ [Earl Grey] 〖商標〗ベルガモットの香りをつけた紅茶。

アール・デコ [art décoフランス] 1910年～1930年代にパリを中心に栄えた装飾美術の様式。＊直線的・幾何学的な模様が特徴。

アール・ヌーボー [art nouveauフランス] 19世紀末～20世紀初めに，フランスを中心に西欧諸国で栄えた建築・工芸・美術の様式。＊曲線の組み合わせが特徴。

アール・ブリュット [art brutフランス] 生の芸術。＊精神障害者や幼児などの，自由で素朴な芸術作品。アウトサイダー・アートとも。

アーレフ [ʼāleph] ⇨アレフ。

アイアン [iron] ①鉄；鉄製の。＝アイロン①。②アイアン・クラブの略。↔ウッド。

アイアン・クラブ [iron club] 〖ゴルフ〗ボールを打つ部分が鉄製のクラブ。略アイアン。

アイーダ [Aidaイタリア] ベルディ作曲のオペラ。1871年に初演。

アイウェア [eyewear] 目もとのお洒落を演出する眼鏡やサングラス，コンタクト・レンズなど。

アイオリ [aïoliフランス] すりつぶしたニンニク入りのマヨネーズ風ソース。

アイ・カメラ [eye camera] 視線の動きを記録するカメラ。

アイ・キャッチャー [eye-catcher] 人目をひくための，広告宣伝用の絵や写真など。＊効果的なのはbeauty(美人)，baby(赤ん坊)，beast(動物)の3B。

アイ・グロス [eye gloss] まぶたに透明感や陰影をもたらす化粧品。

アイゴー [aigo] 感情の高ぶりを表す朝鮮語の感嘆詞。

アイコノクラズム [iconoclasm] 偶像破壊；因習打破。
アイコン [icon] ①コンピュータで，操作を選択するのに使われる絵文字。②⇨イコン。
アイ・コンタクト [eye contact] 意図を伝えるために，視線を合わせること；目と目を合わせてサインを交わすこと。
アイ・シー [I see.] 「わかった」。
アイシェード [eyeshade] ⇨サン・バイザー。
アイ・シャドー [eye shadow] 陰影をつけて引き立たせるために，まぶたに塗る化粧品。略シャドー。
アイシング [icing] ①氷で冷やすこと；炎症を防ぐために，肩や肘(ひじ)を冷やすこと。②アイシング・ザ・パックの略。
アイシング・ザ・パック [icing the puck] 〘アイスホッケー〙センター・ラインの手前から打ったパックが相手側のゴール・ラインを越えることで，反則。略アイシング。
アイス [ice] ①氷。②アイス・キャンディ，アイス・クリームの略。
アイス・アリーナ [ice arena] 人工の屋内スケートリンク。
アイス・キャンディ [日ice candy] 棒のついた果汁，甘味香料などを凍らせた氷菓子。略アイス，キャンディ。
アイス・クリーム [ice cream] 牛乳，卵，甘味香料を混ぜ，クリーム状に凍らせた氷菓子。略アイス。
アイス・グレイ [ice gray] 〘服飾〙亜鉛や銀などの金属的な灰色。
アイス・ショー [ice show] アイス・スケートで行うダンス，曲芸，道化などの見せもの。
アイス・スケート [ice skating] スケート①を履いて氷上を滑る冬季スポーツ。
アイス・ダンス [ice dancing] フィギュア・スケート競技の一種目。＊ダンス・ステップが主体で，男女のペアで行われる。
アイス・トング [ice tongs] 氷をつまむための器具。
アイス・ハーケン [Eishaken(ドイツ)] ⇨ハーケン。
アイスバーン [Eisbahn(ドイツ)] 固くかたまって氷のようになった雪面。
アイス・ピック [ice pick] 氷を小さく砕くための錐(きり)。
アイス・プラント [ice plant] ハマミズナ科の多肉植物。＊食用。
アイスブレーク [icebreak] 初対面の人同士が集まった場で，緊張感をやわらげるための技術。
アイス・ペール [ice pail] 砕いた氷を入れておく卓上の容器。
アイスボックス [icebox] ①氷を使って冷やす冷蔵庫。②携帯用の簡易冷蔵箱。＝クーラー・ボックス。
アイス・ホッケー [ice hockey] スケート①を履き，氷の上でパックを相手のゴールに入れ合う競技。＊1チーム6人。
アイスモールド [ice mold] 氷を溶かすことで多様な形に成形する機械。
アイス・モンスター [日ice monster] 樹氷。
アイゼン [Eisen(ドイツ)] 登山靴の底につける金具。
アイソキネティックス [isokinetics] 動的筋力トレーニング。＊筋肉に負荷を与え，筋力を高める。
アイソクローン [isochrone] 〘地理〙等時線。
アイソザイム [isozyme] 同位酵素。＊同一の生物体で，異なる化学構造を持つ。＝イソ酵素。
アイソスタシー [isostasy] 〘地学〙(地殻の)平衡；地殻均衡。＊マントル上に浮いている地殻の重さと浮力が均衡しているという説。
アイソタイプ [isotype] 絵文字〔視覚〕言語。＊事物を象徴的な図形や記号で表したもの。地図・標識・グラフなどに使われる。⇨ピクトグラム，ビジュアル・ランゲージ。

アイソトープ [isotope] 同位元素。＊原子番号が同じで質量数の異なる元素。ふつう，ラジオアイソトープをさす。

アイソトニック飲料 [isotonic drinks] 体液とほぼ等しい成分を含む飲料。⇨スポーツ・ドリンク。

アイソトニックス [isotonics] 等張性筋活動による筋力トレーニング。

アイソメトリック [isometric drawing] 等角図法。

アイソメトリックス [isometrics] 等尺性筋活動による筋力トレーニング。

アイソレーショニズム [isolationism] ①孤立主義。②国内問題優先主義。

アイソレーション [isolation] ①隔離；孤立。②(電気・熱の)絶縁。

アイソレーション・シンドローム [isolation syndrome] 群衆の中にいるとき突然孤独感におそわれる症状。＊現代病の1つ。

アイダ [Ida] ヒトとサルの共通の祖先と考えられる4700万年前の霊長類の化石。＊イダとも。

アイデア [idea] ①思いつき；着想。②考え。＊アイディアとも。

アイデアソン [ideathon] メンバーが一定期間集まり，同じテーマについて集中的にアイデアを出し合うイベント。＊アイデアとマラソンからの造語。

アイデアリスト [idealist] ①理想家；理想主義者。②観念論者。

アイデアリズム [idealism] ①理想主義。②観念論。↔マテリアリズム。

アイテム [item] ①項目；品目；細目。②(新聞などの)記事の項目。③〖電算〗磁気テープを使って記録される1件分のデータ。

アイデンティティー [identity] ①独自性；同一性。②身元；主体性；自己認識。

アイデンティティー・カード [identity card] 身分証明書。＝アイデンティフィケーション・カード。略IDカード。

アイデンティティー・クライシス [identity crisis] 〖心理〗主体性の危機。＊自己認識，目標の喪失により心理的に不安定な状態に陥ること。

アイデンティファイ [identify] 同一の人〔物〕であると認める；同一視する。

アイデンティフィケーション [identification] ①同一であることの確認〔証明〕；身分証明書。②広告表現に一貫性〔統一性〕をもたせること。略ID。

アイデンティフィケーション・カード [identification card] ⇨アイデンティティー・カード。

アイドカの法則 [日AIDCA—] 広告に接触してから購買に至るまでの，消費者の心理の動きの5段階。＊AIDCAは，*a*ttention（注目），*i*nterest(関心)，*d*esire(欲望)，*c*onviction(確信)，*a*ction(行動)の頭文字。convictionを*m*emory（記憶)に置き換えて「アイドマの法則」とも。

アイドリング [idling] エンジンなどを，負荷をかけずに低速で回転させること；から回りさせること。

アイドリング・ストップ [日idling stop] 停車時エンジン停止。

アイドル[1] [idle] ①怠惰な。②働かない；遊んでいる。③むだな；無益な。

アイドル[2] [idol] ①偶像；崇拝〔尊敬〕される人〔物〕。②人気者；人気のある歌手・芸能人など。

アイドル・コスト [idle cost] 遊休費；休業費。＊設備・労働力の遊休化による損失。

アイドル・タイム [idle time] 遊休

時間。

アイヌ [Ainu] 北海道を中心に居住する日本の先住民族。

アイ・パートナー [日eye partner] ①視覚障害者の自立生活を支援する専門家。②〘テレビ〙視覚障害者のための副音声での解説。

アイパッド ⇨iPad。

アイ・バンク [eye bank] 眼球銀行。＊献眼者の眼球を保存し，角膜移植を希望する人に角膜を提供する機関。

アイビー [ivy] 〘植物〙蔦(つた)。

アイピー・アドレス ⇨IPアドレス。

アイビー・リーグ [Ivy League] アメリカ北東部にある名門大学。また，その競技連盟。＊イェール，ハーバード，プリンストン，コロンビア，ダートマス，コーネル，ペンシルベニア，ブラウンの８大学。ivyで校舎が覆われている。

アイビー・ルック [日Ivy look] アイビー・リーグに属する学生の間から生まれた，若い男性向きの服装。＊なで肩で狭い襟(えり)，絞らないウエスト，３つボタンのジャケットやブレザー，細身のズボン，靴は無地。

アイフォン ⇨iPhone。

アイブロー [eyebrow] まゆ毛。

アイブロー・シェープ [eyebrow shape] まゆ毛の形を整えること。

アイブロー・ペンシル [eyebrow pencil] 鉛筆型のまゆ墨。

アイベックス [ibex] 大きな角を持つ野性の山羊。＊アルプス地方に生息。

アイベックス・エアラインズ [IBEX Airlines] 仙台空港・大阪国際空港を拠点とする日本の地方航空会社。

アイボ [aibo] 〘商標〙家庭用ペット・ロボット。＊ソニーが開発・販売。

アイポッド ⇨iPod。

アイボリー [ivory] ①象牙(ぞうげ)。②アイボリー・ホワイトの略。

アイボリー・ホワイト [ivory white] 象牙のようにやや黄色がかった白。略アイボリー。

アイ・マスク [日eye mask] 目の覆い。＊英語ではsleep mask。

アイマック [iMac] 〘電算〙アメリカのアップル社が1998年に発売した一般ユーザー向けのパソコン。

アイ・メイト [日eye mate] 盲導犬。＊英語ではSeeing Eye dogまたはguide dogという。

アイ・モード [i mode] NTTドコモ提供の携帯電話の文字情報サービス。

アイ・ライン [日eye line] 目の輪郭(りんかく)を強調するために，まつ毛のはえぎわに描く線；目ばり。

アイラッシュ [eyelash] まつ毛；付けまつ毛。

アイラッシュ・カーラー [eyelash curler] まつ毛を上向きに反らせる化粧用具。⇨ビューラー。

アイラン [ayranトルコ] ヨーグルトを水で薄め，塩を加えた飲み物。

アイランド [island] 島。

アイランド・キッチン [island kitchen] 部屋の中央に流し，レンジ，調理台などをまとめた台所。

アイリス [iris] ①アヤメ科アヤメ属の植物。②カメラのレンズの絞り。③眼球の虹彩(こうさい)。

～認証 [～identification] 人の目の虹彩を使っての本人確認。＊虹彩は各人が固有のパターンを持ち，精度の高い本人確認ができる。

アイリッシュ [Irish] アイルランドの；アイルランド人の。

アイリッシュ・パブ [Irish pub] アイルランド風パブ。＊カウンターで飲み物などを注文し，そのたびに代金を支払う。

アイル [aisle] 建物や乗り物の通路。

アイル・シート [aisle seat] 飛行機などの乗り物の通路側の座席。↔ウインドー・シート。

ア

アイレット [eyelet]　小さい穴。＊刺しゅうや金具で縁取りした小さい丸い穴。
アイロニー [irony]　①皮肉；当てこすり。②反語。＊イロニーとも。
アイロニカル [ironical]　皮肉を含む；当てこすりの；反語的な。
アイロン [iron]　①⇨アイアン①。②熱で衣服などのしわを伸ばして形を整える器具。
アウイナイト [hauynite]　藍方石(らんぽうせき)。＊ドイツで産出される青色の宝石。鉱物名はアウィン。
アウェー [away]　遠征試合。＊相手の本拠地で行う試合。⇨ホーム・アンド・アウェー。
アウォード　⇨アワード。
アウシュビッツ [Auschwitzドイツ]　ポーランド南部の都市。＊第２次大戦中，ナチス・ドイツが強制収容所をつくり，捕虜・ユダヤ人・ポーランド人を虐殺(ぎゃくさつ)した。
アウストラロピテクス [Australopithecusラテン]　1924年に南アフリカで発見された約200万年前の化石人類；猿人。＊オーストラロピテクスとも。
アウスレーゼ [Ausleseドイツ]　①選りすぐられたもの。②ドイツの純良ブドウ酒。
アウター・スペース [outer space]　地球から見て，大気圏外の宇宙(空間)。↔インナー・スペース。
アウターバンド [日outerband]　台風で，内側降雨帯(スパイラルバンド)の外側から200～600km付近にある帯状の外側降雨帯。
アウターライズ地震 [outerrise earthquake]　海溝の海側で発生する地震。
アウタルキー [Autarkieドイツ]　自給自足経済。
アウテリア [日outerior]　屋外の装飾や施設(門，扉，塀，垣根，外灯など)。＊英語では，エクステリア。↔インテリア。
アウト [out]　①外；外側。↔イン[1]①。②〖野球〗打者や走者が攻撃の権利を失うこと。↔セーフ②。③〖テニス，バレーボールなど〗ボールがコート外に出ること。↔イン[1]②。④〖ゴルフ〗18ホールのうちの前半の９ホール。↔イン[1]③。
アウト・ウェア [日out wear]　上着の総称(コート，スーツ，セーターなど)。＊アウターウェアとも。
アウト・オブ・デート [out-of-date]　時代遅れの。↔アップ・ツー・デート。
アウト・オブ・バウンズ [out-of-bounds]　①〖バレーボール，バスケットボール〗ボールまたは競技者が境界線外に出ること。②〖ゴルフ〗⇨オー・ビー②。
アウト・オブ・ファッション [out of fashion]　流行遅れ。
アウト・カウント [out count]　〖野球〗アウトの数。
アウトカム [outcome]　結果。
アウト・カメラ [日out camera]　背面カメラ。＊液晶ディスプレーの反対側にレンズが搭載されたカメラ。↔イン・カメラ[2]。
アウト・コース [日out course]　①〖野球〗打者から見て，ホーム・ベースの外寄りのコース。↔イン・コース①。②〖陸上競技，競馬〗外側のコース。↔イン・コース②。
アウト・コーナー [日out corner]　①〖野球〗打者から見て，ホーム・ベースの外側の角(かど)。↔イン・コーナー①。②〖陸上競技，競馬〗トラックやレース場のカーブの外側。↔イン・コーナー②。
アウトサイダー [outsider]　①門外漢。②部外者；局外者；第三者。③非組合員；非加盟者。④常識社会の枠外にいる人。↔インサイダー。
アウトサイド [outside]　①外側。②〖スポーツ〗野球の外角；テニスで規定線の外側；バドミントンのサーブを受ける側。↔インサイド。

アウトサイド・イン [outside in] 〘ゴルフ〙飛球線に対して，外側から内側へクラブを振る打法。＊スライス・ボールになりやすい。↔インサイド・アウト。

アウトサイド・キック [outside kick] 〘サッカー〙足の外側を使って蹴るキック。

アウトスタンディング [outstanding] 目立った；傑出した。

アウトソーサー [outsourcer] アウトソーシングの受託側企業。

アウトソーシング [outsourcing] ①国際調達。②業務の外部委託。＊アウトソースとも。

アウトソール [outsole] 靴の本底。

アウトドア [outdoor] 戸外の；野外の。↔インドア。

アウトドア・ゲーム [outdoor game] 屋外競技。↔インドア・ゲーム。

アウトドア・スクール [outdoor school] 自然体験学級。

アウトドア・スポーツ [outdoor sports] 屋外で行われる運動競技。＊陸上競技，サッカー，ラグビーなど。↔インドア・スポーツ。

アウトドア・ライフ [outdoor life] 野外生活。＊余暇を海・山など自然の中で過ごすこと。

アウトドライブ [outdrive] 〘ゴルフ〙第1打を相手より遠くへ飛ばすこと。

アウトバーン [Autobahn ドイ] ドイツの高速自動車専用道路。

アウトバウンド [outbound] ①航空機・船舶で外国に向かう便。②インターネットで，自社のウェブ・サイトにユーザーを誘導すること。

アウトバック [outback] (オーストラリアの)内陸部；奥地。

アウト・フォーカス [日out focus] 〘写真〙焦点をぼかした撮影法。↔パン・フォーカス。

アウトプット [output] ①出力すること。②〘電算〙コンピュータからデータや情報を取り出すこと。また，取り出したもの。↔インプット。

アウトブレーク [outbreak] 戦争・悪疫などの勃発・発生；爆発；反乱。

アウトプレースメント [outplacement] 再就職支援。

アウトボクシング [outboxing] 〘ボクシング〙相手に接近せず，フットワークを使って攻撃をかわし，たくみに攻める戦法。↔インファイト。

アウトライト取引 [outright transaction] (外国為替取引で)無条件取引。＊条件をつけず，余っている手持ち外貨を売り，不足外貨を買い入れる取引。↔スワップ取引。

アウトライン [outline] ①輪郭(りんかく)；外形；略図。②概要；あらまし。

アウトライン・フォント [outline font] 〘電算〙輪郭線を複数の点とそれらを結ぶ線で記録する書体。＊斜線や曲線がぎざぎざにならない。フォントは大きさや書体が同じ文字のセット。

アウトラスト [Outlast] 〘商標〙NASAが宇宙服用に開発した温度調整素材。＊身体の表面温度を調整する。

アウトリーチ [outreach] ①越える；広げる。②学習意欲や芸術への関心を引き起こさせようとする活動。③福祉サービスに関心をもつよう働きかけること。

アウトリガー [outrigger] ①舷側に取り付けられた浮き材。＊転覆を防ぐ。②建設機械の車体安定装置。③身体障害者スキー用松葉杖。

アウトルック [outlook] ①眺望；景色。②見通し。③見解。

アウトレージ [outrage] ①(侮蔑への)激怒。②不法行為；暴力。

アウトレット [outlet] ①出口；はけ口。↔インレット。②販路。③コンセント。＊電気の差し込み口。④余剰品を市価より安く販売すること。

アウトレット・ストア［outlet store］製造業者の余剰在庫品を仕入れ，市価より格安で販売する店。

アウトレット・モール［outlet mall］アウトレット・ストアが多く集まった商店街。

アウトロ［outro］ポピュラー音楽における楽曲の終わりの部分。↔イントロ。

アウトロー［outlaw］無法者；ならず者。

アウフヘーベン［Aufhebenドイツ］〘哲学〙止揚。＊矛盾・対立する概念をより高い概念に統合・発展させること。弁証法における重要な概念。

アウラ［auraラテン］⇨オーラ。

アウル［owl］①フクロウ(梟)。②夜ふかしする人；夜行型人間。

アエラ［aeraラテン］①紀元。②時代。＊英語のera。

アエロフロート［Aeroflotロシア］ロシアの航空会社。＊国際コードSU。

アオ・ザイ［ao daiベトナム］ベトナムの女性用民族衣装。

アカウンタビリティー［accountability］説明責任；実施義務。

アカウンタント［accountant］①計理士。②会計係。

アカウンティング［accounting］会計；経理。

アカウント［account］①(金銭の)貸借勘定；収支計算。②預金高；預金口座。③広告主；得意先。④ユーザー・アカウントの略。

アカウント・エグゼクティブ［account executive］広告主の依頼を受け，その広告計画，制作など全体を取り仕切る広告会社の営業責任者。

アカシア［acacia］マメ科の常緑高木。＊オーストラリア原産。

アカデミー［academy］①学園；学院；専門学校。＊アカデミアとも。②学士院；芸術院。③大学や研究所など，専門的な学問研究にたずさわる機関の総称。

〜賞［A- Award］アメリカの映画芸術科学アカデミーが毎年，最優秀映画・映画人に与える賞。

アカデミー・フランセーズ［Académie françaiseフランス］フランスの学士院の1部門。＊フランス語の統一・純化をめざす。

アカデミシャン［academician］①学士院会員；芸術院会員。②学識者；学究肌の人。

アカデミズム［academism］①世俗におもねらない学究的な研究態度を重んじる学風。②非現実的・権威主義的な学者に対する批判的な呼び方。

アカデミック［academic］①学究的な；学理的な。②格式〔伝統〕を重んじる。③大学生；学者。

アカデミック・ハラスメント［日academic harassment］大学など，教育の場での権力を濫用したいやがらせ。略アカ・ハラ。

アカデメイア［Akademeiaギリシア］プラトンがアテネ郊外に設立した学園。

アカ・ハラ ⇨アカデミック・ハラスメント。

アガペー［agapeギリシア］神の愛；キリストの愛。↔エロス②。

ア・カペラ［a cappellaイタリア］①伴奏なしで合唱すること。②無伴奏の合唱曲。

アガメムノン［Agamemnonギリシア］〘ギリシア神話〙ギリシア軍の総大将。＊トロイに遠征。

アカラス［acarus］①子犬に寄生するニキビダニ。＝デモデックス。②犬の毛包虫症。

アガリクス［agaricus］ヒラタケ科のキノコ(茸)。＊健康食品。

アカルチュレーション［acculturation］文化変容。＊異なった文化が接触することによって生じる。

アカンサス [acanthus] ①キツネノマゴ科の観葉植物。和名はハアザミ(葉薊)。② [A-ラテン] 古代ギリシアのコリント式建築の装飾用モチーフ。

アギトプンクト [agitpunktロシア] 秘密集会所；扇動司令部。＝アジト。

アキュムレーター [accumulator] ①蓄電池。②〖電算〗累算器；演算記憶装置。

アキュラシー [accuracy] 正確さ・精密さ。＊フライング・ディスクやスカイダイビングなどの競技名。

アキレス [Achillesラテン] 〖ギリシア神話〗トロイ戦争でのギリシア軍の英雄。＊アキレウスとも。

〜腱(けん) [〜tendon] ①かかとについている，歩行に必要な筋。＊アキレスが，かかとを射られて死んだという伝説から。②弱点。

アクア [aquaラテン] 水；溶液。

アクアカルチャー [aquaculture] 水産養殖；養殖漁業；水耕法。

アクアスキュータム [Aquascutum] 〖商標〗ロンドンの高級紳士服メーカー。また，その製品名。

アクアチント [aquatint] 銅版画法の1つ。＊砂などを用いる。

アクアトロン [日aquatron] 栽培漁業の人工環境調節装置。＊水温や光の量，塩分の濃度などを調節して，魚や海草などの成長を抑制する。

アクアビクス [aquabics] 水中で音楽に合わせて体を動かす健康法。

アクアプラネット [aquaplanet] 水惑星。＊地球のこと。

アクアプラント [aquaplant] 水草。

アクアポリス [日aquapolis] 海上都市。

アクアマリン [aquamarine] ①藍玉(らんぎょく)。＊宝石の1つで，3月の誕生石。②淡い青緑色；藍青色。

アクアラング [aqualung] 〖商標〗水中呼吸器。＊圧縮空気を詰めたボンベを背負い，水中でその空気を呼吸する。商品名Aqua-Lung (「水中の肺」の意味)から。

アクアリウム [aquarium] 水族館；養魚用水槽。

アクエリアス [Aquarius] ①みずがめ座。②みずがめ座生まれの人。

アクサン [accentフランス] ①アクセント。②フランス語の正書法で，母音の上に置かれる記号。＊発音の正確さを期し，他の類似の語と区別をするための記号。

アクシス [axis] ①回転体の軸。②地軸。③枢軸。

アクシデント [accident] 思いがけない出来事；事故；災難。

アクション [action] 活動；行動；動作；(俳優などの)演技。

アクション・カム [action cam] 体などに取り付けるアウトドア用の小型カメラ。＊アクション・カメラとも。

アクション・スター [日action star] 激しい格闘や立ち回りなどを見せ場とする人気俳優。

アクション・ドラマ [action drama] 激しい格闘や立ち回りなどを見せ場とする映画や演劇。

アクション・プラン [action plan] 行動計画。

アクション・プログラム [action program] 行動綱領；実行計画。

アクション・ペインティング [action painting] 1940年代に米国に生まれた，絵の具をカンバスに垂らしたりはねかけたりして描く前衛絵画。

アクション・リサーチ [action research] 実践的研究。

アクセサリー [accessory] ①装身具；装飾品。②カメラ・自動車などの付属品。

アクセシビリティ [accessibility] ①利用しやすさ。②到達容易度。

アクセス [access] ①接近；通路；入口。②情報などを利用〔入手〕する権利。③〘電算〙記憶装置への情報の出し入れ。

～権［right of ～］①マス・メディアを利用して自分の考えを述べる権利。②公的機関の情報を入手〔利用〕する権利。

～道路［～road］空港など特定の施設から幹線道路に通じる道路。

アクセス・タイム［access time］〘電算〙記憶装置から情報を取り出すのにかかる時間。

アクセス・チャージ［access charge］通信事業者間で生じる接続料金。

アクセス・ポイント［access point］〘電算〙ネットでアクセスするときの受け口；接続点；基地局。

アクセス・ログ［access log］コンピュータ・ネットワーク，ウェブ・サイトへのアクセス履歴。

アクセソワリスト［accessoiriste フランス］アクセサリー・靴・バッグなどについて選定・指導をする専門家。＊日本では，「スタイリスト」。

アクセプター［acceptor］受取人。

アクセプタンス［acceptance］①受納；承認；容認。②(手形・小切手などの)引き受け。

アクセラレーター［accelerator］①〘物理〙粒子加速器。②自動車などの加速装置。略アクセル。③〘電算〙パソコンの速度を向上させるためのハードウェアの総称。

アクセル[1]［accel］アクセラレーターの略。

アクセル[2]［Axel Paulsen jump］〘フィギュア・スケート〙ISU(国際スケート連盟)認定のジャンプ中，最も難易度が高いジャンプ。⇨ダブル・アクセル，トリプル・アクセル。

アクセント［accent］①単語のある部分を強く(高く)発音すること。②〘音楽〙特に強く演奏される部分。③(デザインなどで)ある部分を強調すること。

アクター［actor］(男の)俳優。↔アクトレス。

アクターズ・スタジオ［Actors Studio］1947年にニューヨークに設立された，俳優の演技の研究・訓練機関。＊オフ・ブロードウェイの劇場。

アクチノイド［actinoid］原子番号89から103までの元素の総称。＊強い放射性元素。

アクチュアリー［actuary］①保険統計数理士。②書記。

アクチュアリティー［actuality］①現実(性)；現状。②〘放送，映画〙実録もの。＊ニュースやドキュメンタリーなど。

アクチュアル［actual］実際の；現実の。

アクチュエーター［actuator］油圧シリンダーや空圧シリンダーなど，エネルギーを機器の動作に変換する駆動装置。

アクティビスト［activist］①活動家；行動主義者。②積極財政論者。

アクティビティー［activity］①活動。②(リゾート地などでの)遊び。

アクティビティー・アナリシス［activity analysis］生産目標を達成するための業務の検討や，その活動を分析する方法。

アクティブ[1]［active］活動的な；活発な；積極的な；能動的な。↔パッシブ。

アクティブ[2]［aktiv ロシア］(組織内の)活動分子；労働組合などの活動家。

アクティブ・ウインドー［active window］〘電算〙複数のウインドーを表示できる画面で，操作の対象になっているウインドー。

アクティブ・エイジング・プラン［active aging plan］活力ある高齢化計画。＊就業・ボランティア・娯楽・スポーツなどを通じて，高齢者に積極的に社会参加を促そうという計画。

アクティブ・サスペンション［active suspension］路面の凹凸などをセン

サーで感知し，車体姿勢や車高を最適に制御する懸架装置。

アクティブ・ソーラー・ハウス [active solar house] 太陽熱を吸収する装置を取りつけ，太陽熱を直接利用する住宅。↔パッシブ・ソーラー・ハウス。

アクティブ・ノイズ・コントロール [active noise control] 能動的騒音制御。

アクティブ・バース [active birth] 積極分娩。＊母親と新生児の主体性を重視する非人工的な出産方法。

アクティブ・ホーミング [active homing] ミサイルが，自ら発射した電波の反射波をとらえて目標に接近(命中)する方式。

アクティブ・ラーニング [active learning] 一方的な講義ではなく，学生・生徒が能動的に課題を解決していくための指導・学習方法。

アクティベーション [activation] インターネット経由でソフトウェアのライセンス認証を行い，ソフトを使用可能にすること。＊プロダクト・アクティベーションとも。

アクト [act] ①行為；動作。②法令。③〖演劇〗幕。

アクト・アウト [act out] ①実演する；演出する。②抑圧された感情を行動化する。

アクトレス [actress] 女優。↔アクター。

アグフレーション [agflation] 食糧インフレ。＊agricultureとinflationの合成語。

アクメ [acmé フランス] ⇨オルガスムス。

アグリ [agri-] 「農業」を意味する接頭辞。

アグリーメント [agreement] ①合意。②契約；協定。

アグリカルチャー [agriculture] 農業。

アグリゲーション [aggregation] 集合体；凝集。

アグリゲーター [aggregator] ①ウェブ・サイト上にある記事や見出しなどの更新情報を収集するツールの総称。＊RSSリーダーなど。②電力需要をまとめて，電力会社との取引をマネジメントする事業者。

アグリケミカル [agrichemical] 農薬。

アグリビジネス [agribusiness] 農業関連産業。＊農作物の生産，加工・流通，肥料・農機具の製造を統合して行う企業としての農業。

アクリル [acrylic] アクリル酸からつくられる樹脂・繊維の総称。

〜酸 [〜acid] アクリル樹脂・接着剤の原料となる，刺激臭のある無色の液体。

〜樹脂 [〜resin] アクリル酸，メタクリル酸を重合させた熱可塑性樹脂。＊透明度が高く，弾性・耐水性・耐酸性などにすぐれる。

アクリロニトリル [acrylonitrile] アクリル繊維や合成ゴムの原料に利用される液体。＊無色で有毒，引火性がある。

アグレッシブ [aggressive] 攻撃的な；けんか腰の。

アグレマン [agrément フランス] 大使，公使などの外交使節を派遣する際に，相手国から得る承諾や同意。

アクロ 〖スキー〗フリースタイルで，音楽に合わせて滑りながら，アクロバティックな演技を展開し，得点を争う競技。＊*acro*bat skiingから。

アグロ [agro-] 「土地の」「土壌の」「畑の」「農業の」の意味の接頭辞。

アクロスティック [acrostic] 各行頭や各行末などの文字を綴るとある語になる遊戯詩。

アクロニム [acronym] 頭字音。＊UNESCOやNATOなど。

アグロバクテリウム [agrobacterium] 土壌中のバクテリアの一種。

＊遺伝子組み換えに利用される。
アクロバティック [acrobatic] 曲芸的な；軽わざ的な。
アクロバット[1] [acrobat] 曲芸(師)；軽わざ(師)。
アクロバット[2] [Acrobat] 〖商標〗アドビ社が開発したPDFファイルの作成・閲覧用ソフトウェア。
アクロポリス [akropolis ギリシア] ①古代ギリシアの都市国家の中心となった丘。②ギリシアの首都アテネの丘。＊パルテノン神殿遺跡がある。
アクロマティック・レンズ [achromatic lens] 色消しレンズ。
アゲンスト [against] ①～の反対の；～に反して。②アゲンスト・ウインドの略。
アゲンスト・ウインド [日against wind] 〖ゴルフ，ヨットなど〗逆風；向かい風。↔フォロー・ウインド。略アゲンスト。＊英語では，ヘッドウインド(headwind)。
アコースティック [acoustic] (楽器が)電気アンプを使っていない。
アコースティック・ギター [acoustic guitar] 電気アンプを使っていないギター。略アコギ。
アコースティック・サウンド [acoustic sound] 楽器本来の音色で演奏する音楽。
アコーディオン [accordion] 蛇腹式のリード楽器；手風琴。
アコーディオン・ドア [accordion door] アコーディオンの蛇腹(じゃばら)のように伸縮自在になるドア。
アコーディオン・プリーツ [accordion pleats] アコーディオンの蛇腹(じゃばら)のような，スカートなどの折りひだ。
アコード [accord] 調和；一致；合意。
アコール [accord フランス] 〖音楽〗和音。
アコモデーター [accommodator] 調停者。
アゴラ [agora ギリシア] 古代ギリシアの都市国家にあった広場。＊市民の経済生活の中心であり，国政や学問の討議も行われた。
アゴラフォビア [agoraphobia] 広場恐怖症。＊未知の場所や状況などに病的な恐怖を感じるもの。
アサーション・トレーニング [assertion training] 自己表現訓練。
アサーティブネス・トレーニング [assertiveness training] 自己主張訓練。＊引っ込み思案や弱気な性格の人に自己主張させる訓練法。
アサイー [açaí ポルトガル] ブラジルのアマゾン原産のヤシ科の植物。
アサイド [aside] 〖演劇〗わきぜりふ；傍白。＊相手役には聞こえないことにして，俳優が観客に言うせりふ。
アサイラム [asylum] 身体障害者などの施設；安全な避難場所；聖域。
アサイン [assign] 〖電算〗ユーザーの利便性を高めるため，あるものに何らかの機能を割り当てること。
アサインメント [assignment] (仕事・任務などの)割り当て。また，割り当てられた仕事〔任務〕。
アサシン [assassin] 暗殺者；刺客。
アサップ [a.s.a.p., A.S.A.P.] できるだけ早く。＊*as* soon *as* *p*ossibleから。
アサルト [assault] 襲撃・突撃。
アザレア [azalea] ツツジ(躑躅)の一種。＊オランダツツジなど。
アジ アジテーションの略。
～る 扇動する。
アジア・インフラ投資銀行 [Asian Infrastructure Investment Bank] 中国が主導し100か国以上が参加するインフラ整備のための銀行。
アジア・ダラー [Asian dollar] シンガポールを中心とした，香港，マニラなど東南アジア地域の金融センターに置かれた非居住者のドル預金。⇨ユーロダラー。
アジア・チャンピオンズ・リーグ [Asian Champions League] 〖サッ

カー』アジアのクラブ・チーム・チャンピオンを決定する大会。略ACL。

アシアナ航空 [Asiana Airlines] 韓国の航空会社。＊1988年設立。国際コードOZ。

アジール [asileフランス] 避難場所；保護施設；保護領域。

アジェンダ [agenda] ①検討課題。②予定表；備忘録。

アシスタント [assistant] 助手；補佐。

アシスタント・ディレクター [assistant director] 『放送』演出助手。略AD。

アシスト [assist] ①手伝う；援助する。②『サッカーなど』味方の選手にパスを送って得点させること。また，そのプレー。

アジソン病 [Addison's disease] 副腎皮質ホルモンの異常による病気。

アシッド [acid] ①『化学』酸。②すっぱい物。③LSD(幻覚剤)の俗称。

アシッド・カラー [日acid color] 柑橘系果物の色。

アシッド・ジャズ [acid jazz] 1980年代にロンドンで生まれ，LSDや麻薬の陶酔感を感じさせる，ジャズを基調としたダンス音楽。

アシッド・トリップ [acid trip] LSD体験。＊LSDを使った幻覚体験。

アシッド・ヘッド [acid head] LSD(幻覚剤)の常用者。

アシッド・ライン [acid line] ブロンズ像の表面に流れる白い線。＊酸性雨による。

アシッド・レイン [acid rain] 酸性雨。＊硫黄酸化物や窒素酸化物が溶け込んで降る酸性の強い雨。

アジテーション [agitation] 扇動。＊政治・社会問題などについて，大衆の不満をあおりたてて行動をおこすように仕向けること。略アジ。

アジテーター [agitator] 扇動者。

アジト ⇨アギトプンクト。

アシドーシス [acidosis] 酸性血症。＊血液中の酸とアルカリのバランスがくずれた状態。↔アルカローシス。

アシネトバクター [acinetobacter] グラム陰性桿菌(かんきん)の真正細菌。＊土壌などの湿潤環境を好む。人の皮膚にも見られ，薬剤耐性菌化して院内感染をまねく。

アシモ ⇨ASIMO。

アジャスター [adjuster] ①調整する者。②調節器；調節装置。

アジャスタブル [adjustable] 調節可能であること。加減できること。

アジャスト [adjust] 調停する；調整する。

アジャンタ [Ajanta] インドのムンバイの北東にある村の名。＊付近の峡谷に約30個の仏教の石窟がある。

アジリティ [agility] 敏捷性。

アシンメトリー [asymmetry] 不均整；非対称。↔シンメトリー。

アシンメトリック・デザイン [asymmetric design] わざと左右非対称にしたデザイン。

アズーリ [azzurriイタリア] 『サッカー』イタリア代表チーム・選手の愛称。＊ユニフォームの空色に由来。

アスキー [ASCII] アメリカ規格協会(ANSI)が定めた情報交換標準コード。＊*A*merican *S*tandard *C*ode for *I*nformation *I*nterchange の略。

アスキー・アート [ASCII art] コンピュータ上のコードを組み合わせてつくるテキストアート・絵文字。

アスコット・タイ [Ascot tie] 幅の広い，スカーフのようなネクタイ。＊イングランドのアスコット競馬場で流行したことから。

アスター [aster] キク科の1年草。和名エゾギク(蝦夷菊)。

アスタキサンチン [astaxanthin] カロテノイドの一種。＊イクラ，エビなどに含まれる天然の赤い色素。抗酸化作用がある。

アスタ・マニャーナ [hasta mañana スペイン] 「さようなら」「あした，また」。＊明日まで先送りしようという意味にも使う。

アスタリスク [asterisk] 参照・注などの指示に使う星印(＊)。

アステカ [Azteca スペイン] 14～15世紀，中米メキシコ中央部に栄えたメソアメリカ文明の王国。

アステロイド [asteroid] 小惑星。＊岩石質のごく小さい天体で，4万個以上あるといわれている。火星と木星の間の小惑星群が有名。

アストラカン [astrakhan] ①ロシアのアストラハン地方原産の子羊の毛。②厚手のパイル生地。

アストラル [astral] 心霊科学で幽界。＊睡眠中や死後に離脱した魂が居住するとされている。

アストリンゼント・ローション [astringent lotion] 肌を引き締める化粧水。

アストロドーム [Astrodome] アメリカのテキサス州ヒューストンにある世界初の屋根つき野球場。＊1965年完成。

アストロノート [astronaut] 宇宙飛行士。＊主にアメリカの宇宙飛行士をさす。⇨コスモノート。

アストロノミー [astronomy] 天文学。

アストロ・ボーイ [Astro Boy] 手塚治虫原作のアニメ『鉄腕アトム』のアメリカでの呼称。

アストロ・ラマ [astro-rama] 半球型の天井のスクリーン全体に映写する映画。

アストロロジー [astrology] 占星術；占星学。

アスパラガス [asparagus] ユリ科の植物。＊若い茎を食用にする。

アスパラギン酸 [Asparaginsäure ドイツ] 天然たんぱく質に含まれるアミノ酸の一種。＊生体内で物質代謝の中心的な役割を果たし，重要なエネルギー源。

アスパルテーム [aspartame] アミノ酸系の人工甘味料。＊砂糖の約200倍の甘さがあり，低カロリーの食品添加物として使われる。

アスピーテ [Aspite ドイツ] 楯(たて)状火山。＊底面積は大きいのに高さは低い。

アスピック [aspic フランス] 洋風にこごり。＊肉または魚の煮汁をゼリー状にしたもの。

アスピリン [Aspirin] 〖商標〗解熱・鎮痛薬。

アスピレーション [aspiration] ①抱負；向上心。②誤嚥。③吸引。

アスファルト [asphalt] 石油精製の際に出る蒸留残留物。＊道路舗装や電気絶縁用などに使われる。

アスファルト・ジャングル [asphalt jungle] (弱肉強食の)大都会。⇨コンクリート・ジャングル。

アスペクト [aspect] ①局面；見地；外観。②〖文法〗相。

～比 [～ratio] ①偏平率。②〖テレビ，映画〗画面の縦横比。

アスペクト・レシオ ⇨アスペクト比。

アスベスト [asbestos] 石綿。

アスベスト・セメント [asbestos cement] 石綿セメント。＊建築材料の1つ。発がん性があるため，現在は使用が禁止されている。

アスペリティ [asperity] 〖地学〗プレート同士が境界面で強く固着している領域。＊地震の際に大きくずれ動き，大きな揺れを引き起こす。原義は「荒々しさ」。

アスペルガー症候群 [Asperger Syndrome] 広汎性発達障害。＊知的障害はないが自閉症特有の症状を生じる。

アスペルギルス [Aspergillus ラテン] コウジカビ。＊真菌の1つ。

アスホール [asshole] ①しりの穴(俗語)。②いやなやつ。

アスリート [athlete] 運動選手。＊特に陸上競技の選手。

アスリート・ファンド [athlete fund] 競技者基金。＊1982年に国際陸上競技連盟が決めた制度。各国陸連は所属選手が公認の競技会で得た出場料や賞金を競技者基金に信託し，選手強化や引退時の慰労金などに使う。

アスレジャー [athleisure] スポーツウェアを普段のコーディネートに取り入れたファッションのこと。＊アスレチックとレジャーからの造語。

アスレチック・クラブ [athletic club] 会員制の体育クラブ。＝フィットネス・クラブ。

アスレチックス [athletics] 運動競技；(特に)陸上競技。＝トラック・アンド・フィールド。

アセクシュアル [asexual] ①無性の。②男女別のない。

アセス [assess] ①税金・罰金の額を査定する。②税額決定のため財産を評価する。

アセスメント [assessment] 影響評価；査定。

環境〜 [environmental〜] 環境事前調査。

アセタミプリド [acetamiprid] ネオニコチノイド系の殺虫剤。

アセチルコリン [acetylcholine] 神経伝達物質の1つ。

アセチレン [acetylene] 炭化水素の一種で，無色・無臭の気体。＊金属の切断・溶接などに利用される。

アセット [assets] ①資産。②遺産。

アセット・アプローチ [assets approach] 資産運用法。

アセット・アロケーション [asset allocation] リスクを分散し，目標とするリターンを獲得するための資産配分。

アセット・クラス [asset class] 投資対象となる資産の種類・分類。

アセットバック証券 [asset-backed securities] ⇨ABS[4]。

アセット・マネジメント [asset management] 投資家の金融資産の管理・運用を代行する業務。

アセテート・レーヨン [acetate rayon] 酢酸セルロースから作る合成繊維の1つ。＊服地，下着類，たばこのフィルターなどに使われる。

アセトアミノフェン [acetaminophen] 風邪薬に含まれる解熱・鎮痛剤。

アセトアルデヒド [acetaldehyde] 〖化学〗エチルアルコールを酸化すると得られる無色・刺激臭のある液体。＊酢酸の原料となる。

アセトン [acetone] 石油を原料とした，揮発性がある無色の液体。＊樹脂，脂肪，染料などの溶剤として使用。

アセノスフェア [asthenosphere] 〖地学〗岩流圏。↔リソスフェア。

アセロラ [acerolaスペイン] キントラノオ科の低木。＊果肉にビタミンCを多く含む。

アセンブラー [assembler] 〖電算〗アセンブリー言語で書かれたプログラムを，コンピュータで解読できる機械語に変換するプログラム。

アセンブリー [assembly] ①集会。②機械・器具の組立て；組立て部品。③〖電算〗記号言語プログラムから機械語プログラムを作り出すこと。

〜言語 [〜language] コンピュータのことばである機械語を，人が覚えやすい記号〔文字〕に置き換えた記号言語。

アソート [assorted] いろいろな品物の詰め合わせ。

アソシエーション [association] 協会；団体。

アソシエート [associate] ①提携する；連合する。②共同経営；仲間。

アゾトバクター [azotobacter] 好気

性細菌の1つ。＊空気中の遊離窒素を固定する。

アダージョ [adagio イタリア] 〖音楽〗「ゆるやかに(演奏せよ)」。↔アレグロ。

アタッカー [attacker] 〖バレーボール〗相手コートにボールを打ち込む選手。

アタック [attack] ①攻撃。②(仕事などに)精力的に取りかかること。③〖登山〗山頂にいどむこと。

アタッシェ [attaché フランス] 大使・公使館の専門職の職員。＊大使館付き武官など。

アタッシェ・ケース [attaché case] 書類用の角型の手提げかばん。＊アタッシュ・ケースとも。

アタッチメント [attachment] (機械・器具に取りつける)付属品。

アタッチメント・リング [日attachment ring] 付属品が取りつけられるような構造の指輪。

アダプター [adapter] (機械・器具を他の目的に応用するときに取りつける)補助器具。

アダプタビリティー [adaptability] 順応性；適応性。

アダプテーション [adaptation] ①適応；順応。②脚色。

アダプティブ・クルーズ・コントロール [adaptive cruise control] 車間距離の自動制御装置。

アダプト [adapt] 適合する；順応する；改作する。

アダム [Adam] (旧約聖書で)神が作った最初の人間(男性)。＊禁断の木の実を食べ，エデンの園から追放された。⇨イブ①。

アダムズ方式 [Adams' Method] 選挙において，各都道府県の人口を同じ数字で割り，小数点以下を切り上げて議員定数を配分する方式。

アダルト [adult] おとな(の)；成人(の)；成人向きの。

アダルト・エデュケーション [adult education] 成人教育。

アダルト・サイト [日adult site] 成人向けのわいせつなウェブ・サイト。

アダルト・ショップ [日adult shop] 「おとなのおもちゃ」など成人向きの商品を売る店。

アダルト・チルドレン [adult children] ①アルコール依存症の親のもとに育った子供。②親子関係が原因で，成人してからもうまく生きていけない人。③和製英語で，「子供じみた大人」。

アダルト・ビデオ [日adult video] 性描写中心のビデオソフト。略AV。

アチーブメント・テスト [achievement test] ①学力テスト。②客観テスト。略AT。

アッザーン [adhan アラビア] イスラム寺院の礼拝時告知。＊アザーンとも。

アッサイ [assai イタリア] 〖音楽〗「非常に」「きわめて」。

アッサンブラージュ [assemblage フランス] 寄せ集めオブジェ。＊既製品や廃物を寄せ集めて構成した芸術作品。

アッシェ [hacher フランス] みじん切り。

アッシャー [usher] 結婚式当日に新郎をサポートする役目の男性。＊グルームズマンとも。

アッシュ [ash] ①灰。②モクセイ科の高木。セイヨウトネリコ。＊家具材用。

アッシュトレー [ashtray] 灰皿。

アッチェレランド [accelerando イタリア] 〖音楽〗「次第に速く」。記号はaccel.。↔ラレンタンド。

アット・バット [at bat] 〖野球〗①打数。②打席に立つこと。

アット・ホーム [at home] 自宅にいるように気楽に；くつろいで。

アット・マーク [日at mark] ①英字記号の@。＊商品単価を表す。②〖電算〗電子メールのアドレスで，ユーザー名とドメイン名を区切る符号。

アッパー [upper] ①上のほうの。②

靴の甲側。＊靴底(ソール)に対する言い方。
アッパー・カット [upper cut] 〖ボクシング〗下から相手のあごを突き上げるようにして打つこと。
アッパー・クラス [upper class] 上流社会の；上流階級。
アッパー・スイング [日upper swing] バットを下からすくい上げるようにしてボールを打つ方法。
アッパー・チューン [日upper tune] 軽快で気分が盛り上がる楽曲。
アッパー・デッキ [upper deck] 船の上甲板；旅客機の2階席。
アッパー・ミドル [upper-middle] 中流階級の上位。
アップ [up] ①(地位・価・程度などが)上がる〔上げる〕こと。↔ダウン①。②〖ゴルフ〗(マッチ・プレーで)勝ち越していること。↔ダウン⑥。③〖映画，テレビなど〗大写しにすること。④アップ・スタイル，クローズ・アップの略。
アップグレード [upgrade] ①格上げする。②現在保有の機器を高級なものに買いかえる。③パソコンのアプリケーション・ソフトを最新のバージョンに書き換えること。＝バージョン・アップ。
アップサイクル [upcycle] 廃棄物に新たな商品価値を与えるような加工を行うこと。
アップサイジング [upsizing] 大型化；強化；規模の拡大。
アップサイド・ダウン [upside down] ①さかさまに。②混乱して。
アップ・スタイル [日up style] 女性の髪型の1つ。＊後ろ髪をすき上げてまとめ，えり足の美しさを強調する。アップ・ヘアとも。略アップ。
アップストリーム [upstream] ①製品の原材料確保から製品にするまでの過程。②〖電算〗通信回線を流れるデータのうち，下位の機器から上位の機器への流れ。
アップセット [upset] 番狂わせ。
アップタウン [uptown] 山の手；住宅地区。
アップ・ダウン [日up down] 起伏のある。
アップ・ツー・デート [up to date] 最新の；現代的な。↔アウト・オブ・デート。
アップデート [update] データやプログラムを部分的に更新すること。
アップ・テンポ [up-tempo] 速いテンポ；速い調子。
アップビート [upbeat] ①〖音楽〗上拍；弱拍。↔ダウンビート①。②陽気な；上向きの；楽天的な。
アップライト [upright] 直立した；垂直に立った。
アップライト・ピアノ [upright piano] 竪型(たてがた)のピアノ。＊直立したピアノ。⇨グランド・ピアノ。
アップリケ [appliqué フランス] 布地の上に，好きな形〔模様〕に切った小布を縫いつける〔張りつける〕手芸。
アップリンク [uplink] 〖電算〗地上局から通信衛星に向けてデータを送信すること。↔ダウンリンク。
アップル[1] [apple] りんご(林檎)。
アップル[2] [Apple inc.] 〖商標〗アメリカのソフトウェア開発企業。⇨マッキントッシュ②。
アップロード [upload] 〖電算〗端末装置から通信回線を介して，まとまったデータをホスト・コンピュータに送信すること。↔ダウンロード。
アッペ [Appendizitis ドイツ] 虫垂〔盲腸〕炎。
アッラー ⇨アラー。
アディオス [adiós スペイン] 「さようなら」。
アディクション [addiction] 嗜癖(しへき)；中毒。
アディクト [addict] ①薬物常用者。②スポーツなどに熱中している人。
アディショナル・タイム [additional

time〕〘サッカー〙交代や負傷者の搬出などにより中断されたぶんの追加時間。

アディダス〔Adidas〕〘商標〙ドイツのスポーツ用品メーカー。

アティテュード〔attitude〕①態度；姿勢。②〘バレエ〙片脚で立ち，もう一方の片脚のひざを曲げ空中に保つポーズ。

アディポネクチン〔Adiponectin〕脂肪細胞から分泌されるホルモン。＊血糖値を下げ動脈硬化を抑制する。

アテスト〔attest〕〘ゴルフ〙スコアカードの記録がまちがいないことを証明する署名をすること。＊同じ組でプレーする選手が行う。

アテナ〔Athenaラテン〕〘ギリシア神話〙学問，伎芸，知恵の女神。＊ローマ神話ではミネルバ。アテネとも。

アテナイ〔Athenaiギリシア〕⇨アテネ。

アデニン〔adenine〕核酸を構成するプリン塩基の1つ。

アテネ〔Ateneイタリア〕①古代ギリシアの都市国家の1つ。②⇨アテナ。

アデノイド〔adenoids〕扁桃腺(へんとうせん)が肥大する病気。＊子供に多い。

アデノウイルス〔Adenovirusドイツ〕かぜの病原体の一種。＊扁桃炎や眼疾患を起こす。プール熱の原因。

アデュー〔adieuフランス〕「さようなら」。＊再会を期さない別れのあいさつ。

アデリー・ペンギン〔adelie penguin〕小型のペンギンの一種。

アテレコ〔日　当て＋recording〕〘映画，テレビ〙声の吹き替え。

アテローム〔Atheromドイツ〕〘医学〙粉瘤(ふんりゅう)。

アテンション〔attention〕注意。

アテンダント〔attendant〕出席者；随行者；接客係；案内係。

アテンド〔attend〕①出席する；参列する。②付き添う；接待する。

ア・テンポ〔a tempoイタリア〕〘音楽〙速度標語の1つ。「もとの速さで演奏せよ」。

アト〔atto-〕単位用接頭辞で10^{-18}。記号はa。

アド〔ad〕アドバタイズメントの略。

アド・イン〔add in〕①追加する；参入する；拡張する。②〘電算〙アプリケーションの標準機能に，新しい機能を組み込むこと。

アトール〔atoll〕さんご島；環礁。

アド・オン〔add-on〕ローン(貸付金)の金利のつけ方の1つ。＊借入額と満期までの利息の合計額を均等割りにして返済する方式。

アド・コード〔ad code〕新聞広告倫理綱領。

アド・サーバー〔ad server〕インターネット広告配信の専用サーバー。

アトニー〔Atonieドイツ〕(胃などの)組織の緊張力が衰弱した状態。

アドニス〔Adōnisギリシア〕①〘ギリシア神話〙アフロディテが愛した美少年の名。②美少年，好男子のこと。

アド・ネットワーク〔ad network〕複数のウェブ・サイトやSNSに，まとめて広告を配信するネットワーク。

アドバーサリー〔adversary〕①反対の。②敵；敵対者。

アドバイザー〔adviser〕忠告者；助言者；顧問。

アドバイザリー・ボード〔advisory board〕顧問委員会；監査役会。

アドバイス〔advice〕忠告；助言。

アドバタイザー〔advertiser〕広告主。

アドバタイジング〔advertising〕広告活動；広告業。

アドバタイズメント〔advertisement〕広告。略アド。

アド・バルーン〔advertising balloon〕広告宣伝用の気球。

アドバンス〔advance〕前払い；前渡し金；前貸し金。

アドバンス・ケア・プランニング〔advance care planning〕終末期の

医療方針について，患者を中心に家族や医療者などが事前に対話するプロセス；人生会議。略ACP。

アドバンスト [advanced] 発展した；上級の；高等の。

アドバンテージ [advantage] ①利点。②〖テニス〗ジュースのあとの最初の得点。③アドバンテージ・ルールの略。

アドバンテージ・ルール [advantage rule] 〖サッカー，ラグビーなど〗反則があったとき，その反則をとると反則したチームが有利になる場合には，反則をとらないで競技を続行するという規則。略アドバンテージ。

アドヒアランス [adherence] 患者が積極的に治療方針の決定に参加し，決定に従って行動すること。

アトピー [atopy] 環境に対して過敏に反応しやすい体質。＊気管支喘息(ぜんそく)や皮膚炎などのアレルギー性疾患にかかりやすい。

アドプト・システム [adopt system] 公共施設の維持や管理を，一部民間の力に委ねる方式。＊adoptは「養子にする」の意味。

アド・フラウド [ad fraud] 効果が不正に水増しされたネット広告。

アドブロック [ad block] ウェブ・サイトの閲覧時にネット広告を非表示にする技術。

アドベンチャー [adventure] 冒険。

アドベンチャー・ゲーム [adventure game] コンピュータ・ゲームの1つ。＊利用者が主人公となって，冒険しながらゲームを展開するもの。

アドベンティスト [Adventist] キリスト再来論者。

アドボカシー [advocacy] 弁護；権利の擁護。

〜広告 [〜advertising] 擁護広告；主張広告。＊企業の活動や実態を消費者に知らせ支援を求める。

アドホクラシー [adhocracy] 現代社会における複雑な問題に臨機応変に対処して解決を図ろうとする主義。

アド・ホック [ad hoc ラテ] ①特別の；そのためだけの。②書籍・文具・装飾品などの店や食事のできる店を1箇所に集めた若者向けの総合店舗。

アトマイザー [atomizer] 香水・薬液の噴霧器。

アドマン [adman] 広告業者；広告製作者；広告勧誘員。

アトミズム [atomism] 〖哲学〗原子論；原子説。

アドミタンス [admittance] ①入場。②交流電流の流れやすさを表す量。

アトミック [atomic] 原子の；原子力の。

アトミック・ボム [atomic bomb] 原子爆弾。

アドミッション [admission] ①入場〔入会・入学・入国〕許可。②入場料；入会〔入学〕金。

アドミッション・オフィス [admissions office] ⇨AO。

アドミッション・フリー [admission free] 入場無料。

アドミッション・ポリシー [admission policy] 大学の示す入学者受け入れ方針。

アドミニスタード・プライス [administered price] 管理価格。＊高利潤を安定的に確保するために，大企業が市場の需給関係を無視して一方的に決める価格。

アドミニストレーション [administration] ①経営；管理。②行政；行政機関。③ [A-] 内閣；政府。

アドミラル [admiral] 海軍大将；提督。

アトム [atom] 〖物理〗原子。

アトモスフィア [atmosphere] ①雰囲気；その場の空気。②大気。

アトラクション [attraction] 余興として行う演芸など，客寄せのための催し物。

ア

アトラクティブ [attractive] 魅力のある；人を引きつけるような。
アトラス [atlas] ①地図帳。② [A-]〖ギリシア神話〗巨人神の名。＊天を双肩で支えている神。③アメリカの大陸間弾道ミサイル。④月面北部にあるクレーターの名称。
アト・ランダム [at random] 手当たりしだいに；無作為に。＊アット・ランダムとも。
アトランティス [Atlantis] ①大西洋上に存在したとされる伝説上の大陸。②スペース・シャトルのオービターの1つ。
アドリアマイシン [Adriamycin]〖商標〗抗がん剤の1つ。＝ドキソルビシン。
アトリウム [atrium ラテン] 高層ビルの中に巨大な吹き抜けを作り，植物を持ち込んで庭園のようにしたもの。
アトリエ [atelier フランス] (画家・彫刻家などの)仕事場；工房。
アトリビューション [attribution] ①属性；帰属。②作家や時代などの特定。
アトリビュート [attribute] ①属性；特質。②神仏や特定の人物を象徴するもの；付属物。＊王の王冠，薬師如来の薬壺など。
アド・リブ [ad lib] 即興的なせりふ〔歌・演奏〕；台本にないことを即興的に言ったりしたりすること。
アドレス [address] ①住所；宛名。②〖ゴルフ〗ボールを打つ構え(に入ること)。③〖電算〗記憶装置内のデータのありかを示す番地。
～帳 [～book] ①電子メールの送信先のアドレスを登録した一覧表。②住所録。
アドレス・バー [address bar] URLやホルダーを表示するツール・バー。
アドレセンス [adolescence] 青年期；青春期。
アドレナリン [Adrenalin ドイツ]〖商標〗副腎(ふくじん)髄質から採るホルモン。＊血圧を上げ血糖値を高める。
アトロシティ [atrocity] ①残虐；残虐行為；大虐殺。②下品なもの。
アトロピン [atropine] ナス科の植物に含まれるアルカロイド。＊副交感神経の興奮を抑制する作用がある。
アナーキー [anarchy] 無政府状態；(政権の不在による)混乱；無秩序。
アナーキスト [anarchist] 無政府主義者；暴力革命家。
アナーキズム [anarchism] 無政府主義。
アナウンサー [announcer] テレビやラジオでニュースを読んだり，実況放送や司会などをする人。
アナウンス [announce] ①(音声によって)発表すること；知らせること。②(放送で)情報を伝達すること。
アナウンスメント [announcement] 告知；発表；公表。
アナグラム [anagram] 語句のつづりかえ。＊dog(犬)→god(神)，read(読む)→dear(親愛な)など。
アナクロニズム [anachronism] 時代錯誤；時代おくれの考え方〔もの〕。略アナクロ。
アナコンダ [anaconda] アマゾン流域に生息する大蛇。
アナトミー [anatomy]〖生物〗解剖；組織。
アナフィラキシー [Anaphylaxie ドイツ] 過敏症。＊ヒスタミンなどの一時的放出によっておこる急性のアレルギー性反応。
アナポリス [Annapolis] アメリカ海軍兵学校の俗称。＊メリーランド州の州都名から。
アナボリズム [anabolism] 物質代謝で，同化作用。↔カタボリズム。
アナボリック・ステロイド [anabolic steroid] 筋肉増強剤。＊発育促進や手術後の回復促進用。スポーツ選手が使うことは禁止されている。

アナムネーシス [anamnesisギリシア] 〖哲学〗想起。＊プラトンの用語。
アナライザー [analyzer] ①分析装置。②〖放送〗視聴者の番組に対する興味や反応を分析する装置。
アナリシス [analysis] 分析；解析；精神分析。
アナリスト [analyst] ①分析家；精神分析専門家〔医〕。②(情勢などの)解説者。③証券分析家。＊株式会社について詳しく調査し，投資価値を判断する専門家。
アナル [anal] 肛門(こうもん)の。
アナルコ・サンディカリスム [anarcho syndicalismeフランス] 労働組合を中心とした無政府社会をめざす労働運動の理論。
アナログ [analog] 数量を連続的に変化する物理量で表すこと。↔デジタル。
アナログ・デジタル変換 [日analog digital―] ⇨A/D変換。
アナロジー [analogy] 類似；類似性；類推。
アニー賞 [Annie Awards] 国際アニメーションフィルム協会(ASIFA)の映画賞。
アニエス・ベー [Agnès b.フランス] 〖商標〗フランスの服飾デザイナー。また，その製品。
アニサキス [Anisakisラテン] 鯨や魚などに寄生する寄生虫。＊鯖・イカなどを生で食べると，その幼虫によって胃や腸に激痛を生じることがある。
アニス [anise] 茴香(ういきょう)。＊セリ科の1年草。地中海原産。
アニ・ソン アニメーション・ソングの略。
アニバーサリー [anniversary] (毎年の)記念日；記念祭。
アニマ [animaラテン] ①息；霊魂。②男性にある抑圧された女性的特質。＊ユングの心理学用語。↔アニムス。
アニマート [animatoイタリア] 〖音楽〗「活発に」。
アニマトロニクス [animatronics] 生きているような動きをするロボット。また，その製作技術。
アニマル・セラピー [animal therapy] 動物を利用した療法；動物介在療法。＝ペット・セラピー。
アニマル・ヘルス・テクニシャン [animal health technician] 獣医看護師。略AHT。
アニマル・ライト [animal rights] 動物の権利；動物の生存権。
アニミズム [animism] 精霊崇拝。＊宇宙の万物に霊魂があるとして，それを崇拝する原始的信仰。
アニムス [animusラテン] 女性が無意識にもつ男性的特性。＊心理学者のユングの用語。↔アニマ。
アニメ アニメーションの略。
アニメーション [animation] 動画。＊動きを少しずつ変えた絵や人形を1コマずつ撮影する。略アニメ。
アニメーション・ソング [日animation song] アニメーション作品の主題歌や挿入歌など。略アニ・ソン。
アニメーター [animator] 動画作家；アニメーションの技術者。
アニュアル・レポート [annual report] 企業が株主などに配布する年次報告書。
アニリン [Anilinドイツ] ニトロベンゼンから精製した油状の液体。＊有毒。染料や溶剤に使用。
アヌシー映画祭 [Festival International du Film d'Animation d'Annecyフランス] 毎年6月，フランスのアヌシーで開催される国際アニメーション映画祭。
アヌス [anusラテン] 肛門(こうもん)。
アネクドート [anecdote] ①逸話；奇談。②(歴史・伝記などの)隠れた事実。
アネクメーネ [Anökumeneドイツ] 地球上で人間が居住できない地域。＊海洋，高山，極地，砂漠など。↔エクメーネ。
アネックス [annex] ①付加物。②別館；付属屋。
アネモネ [Anemoneラテン] キンポウゲ科の植物の一種。＊ギリシア語で「風の花」から。
アネモメーター [anemometer] 風速計。
アネロビクス [anaerobics] 無酸素性運動。＊アネアロビクスとも。↔エアロビクス。
アノード [anode] 電池の陰極；電子管の陽極。↔カソード。
アノテーション [annotation] 注釈；注解。
アノニマス [Anonymous] 国際ハッカー集団の1つ。＊原義は「匿名の」。
アノニマス・ファッション [anonymous fashion] どこのブランドかわからないファッション。
アノニム [anonym] ①変名；偽名。②匿名(とくめい)使用者；作者不明の作品。
アノマリー [anomaly] ①変則的な事実；異例な存在。②〖経済〗確たる理由なく，予測が当たること。
アノミー [anomieフランス] ①社会的な秩序や価値観がなくなった状態。②精神的不安感。
アノラック [anorak] 防風・防寒用のフードつきジャケット。
アノレクシア [anorexia] 食欲不振症；拒食症。↔ブリミア。
アバウト [about] ①〜に関して。②約；およそ；大ざっぱ。
アパシー [apathy] 無関心；無感動。＊特に政治や思想問題についていう。
アバター [avatar] ネット上でのユーザー役のキャラクター。
アハ体験 [Aha Experience] 突然ひらめいたり，気が付いたりすること。＊英語の「アハ！」という発音から。
アパタイト [apatite] 燐灰(りんかい)石。＊燐肥料，歯みがきの原料。
アパッシュ [apacheフランス] 不良；無頼漢。＊パリのモンマルトルにたむろするならず者のグループ。
アパッショナート [appassionatoイタリア] 〖音楽〗「熱情を込めて演奏せよ」。
アパッチ [Apache] ①アパッチ族。＊北米先住民の一部族。②アメリカ陸軍の対戦車用ヘリコプターAH-64Aの愛称。
アパテイア [apatheiaギリシア] 情念や欲情から解放された，超然とした境地。＊ストア学派の理想。
アパ・マン [日apartment mansion] アパートとマンション。
アバランシェ・フォトダイオード [avalanche photodiode] 自己増幅作用によって受光感度を上昇させたフォトダイオード。
アパルトヘイト [apartheidアフリカーンス] 南アフリカ共和国の人種隔離政策。＊1991年6月全廃された。
アパルトマン [appartementフランス] 集合住宅の中の1世帯分の区画。
アパレル [apparel] 衣服；既製服。
〜産業 [〜 industry] 既製服産業；衣料縫製業。
アバン・ギャルド [avant-gardeフランス] 前衛派(の芸術家たち)。＊第1次大戦後，フランスにおこった芸術運動で，伝統を否定し，革新をめざした。
アバン・ゲール [avant-guerreフランス] 戦前派。＊第2次大戦前の考え方や習慣・道徳を身につけている人。↔アプレ・ゲール。
アバン・タイトル [日avantフランス＋title] ドラマ・映画でタイトルが出る前に流されるシーン。
アバンチュール [aventureフランス] 思いがけない出来事；冒険；胸がおどるような体験；(特に)恋の冒険。
アピアランス [appearance] ①出場・出演。②外観。③(人の)容貌。
アピアランス・マネー [appearance money] 〖スポーツ〗陸上競技に出場する一流選手に主催者から支払わ

れる出場謝礼金。
アピール [appeal] ①世論に訴えること。②〖スポーツ〗抗議したり要求したりすること。③興味をひきつけること；魅力。
アピール・ポイント [日appeal point] 販売宣伝上，強調する点。
アビエーション [aviation] ①飛行術。②航空機産業。
アビシニアン [Abyssinian] 猫の一品種。＊アフリカのアビシニア高原が原産とされる。アビシニアはエチオピアの古称。
アビタシオン [habitationフランス] アパート式の高級分譲住宅。
アビトゥア [Abiturドイツ] ドイツの高等学校卒業資格試験。
アビューズ [abuse] ①虐待。②乱用。③誤用。＊アブユースとも。
アビリティー [ability] 能力；才能；手腕；力量。
アビリンピック [日Abilympics] 全国障害者技能競技大会。＊障害者による，職業技能競技の大会。
アファーマティブ・アクション [affirmative action] 積極的差別是正措置。＊機会均等の実現を目的とする。略AA。
アフィリエイト [affiliate] 成功報酬型広告。＊ネット上で，リンクされた広告を経由して得られた利益に応じ，報酬が支払われる。
アフェア [affair] ①出来事；事件。②不倫の恋愛関係；情事。
アフォード [afford] 余裕がある；供給する。
アフォーダブル [affordable] 入手可能な。(値段が)手頃な。
～住宅 低コストで購入・賃貸できる住宅。
アフォーダンス [affordance] 環境が人間・動物に影響を及ぼす可能性のこと。
アフォリズム [aphorism] 警句；金言；格言。
アフガン[1] [Afghan] ①アフガニスタン・イスラム共和国の略称。②アフガニスタンの。③アフガニスタン人。
アフガン[2] [afghan] おくるみなどに使用される布製品。
アプザイレン [Abseilenドイツ] 〖登山〗ザイルを使って岩壁や氷壁を降りること。＊アップザイレンとも。
アブ・サヤフ [Abu Sayyaf] フィリピンの反政府集団の1つ。＊イスラム原理主義を主張するゲリラ組織。
アブサン [absintheフランス] 緑色の強い蒸留酒。＊アルコール70度で世界屈指。
アブジェクシオン [abjectionフランス] 母性棄却。＊フランスの女性哲学者クリステバの用語。
アブシュルド [abusurdeフランス] 不条理。
アブストラクト [abstract] 抽象美術；非写実主義の美術。
アブセンス [absence] 欠席；不在；留守。
アブセンティーイズム [absenteeism] 病気や体調不良による欠勤。
アブソーバー [absorber] 吸収装置；緩衝装置；吸収剤。
アブソーブ [absorb] 吸収する；取り入れる。
アブソリューティズム [absolutism] (政治上の)絶対主義；専制主義。
アブソリュート [absolute] ①絶対の。②無制限の。③完全な。④確実な。
アフタ [aphtha] 口腔粘膜にできる浅い潰瘍。＊口内炎の1つ。
アフターエフェクト [aftereffect] ①余波。②後遺症。
アフターケア [aftercare] ①(病後の)療養指導。②(刑務所出所後の)更生指導。③販売後のサービス。
アフター・サービス [日after service] 業者が商品を売ったあと，一定期間，故障の修理などを無料で行うこと。

↔ビフォア・サービス。

アフター・シェーブ・ローション [after-shave lotion] ひげをそったあと，肌につける化粧水。

アフターテイスト [aftertaste] 後味；余韻。

アフター・ファイブ [after-five] ①就業後の個人的な時間。＊退社時が午後5時であることから。②夕方からの会合に着る服。

アフター・レコーディング [日after recording] 映画やテレビで，先に画面を撮影しておき，あとでその画面に合わせてせりふや音楽を録音すること。略アフ・レコ。↔プリレコーディング。

アブダクション [abduction] ①誘拐；略取。②仮説形成；仮説的推論。

アフタヌーン・シャドー [afternoon shadow] 朝にそったひげが午後になるとうっすらと伸びて影のように見える状態。

アフタヌーン・ティー [afternoon tea] 午後のお茶；午後5時頃の軽い食事。

アフタヌーン・ドレス [afternoon dress] 午後に社交の場に出るときに着る婦人服。

アプト式 [Abt system] 急勾配用の歯車式鉄道。＊スイスのアプトが考案。

アブノーマル [abnormal] 異常な；常軌を逸した。↔ノーマル。

アプライ [apply] ①申し込む；出願する。②適用する。

アプライアンス [appliance] ①装置；器具。②家電製品。③特定の機能に特化したコンピュータ。

アフラトキシン [aflatoxin] かびの一種が出す毒素。＊発がん性がある。

アプリ ⇨アプリケーション・ソフト。

ア・プリオリ [a priori ﾗﾃﾝ] 『哲学』先天的な；先験的な。↔ア・ポステリオリ。

アフリカーナ [Afrikaner] 南アフリカ共和国のヨーロッパ系白人。＊特に，アフリカーンスを話すオランダ系白人をさす。

アフリカーンス [Afrikaans] 南アフリカ共和国の公用語。

アフリカの角 [Horn of Africa] アフリカ北東部のエリトリア，ジブチ，ソマリアなどの地域。＊サイの角のような形をしていることから。

アフリカン・アメリカン [African American] アフリカ系アメリカ人；アメリカの黒人。＊アフロ・アメリカンとも。

アプリケーション [application] ①応用；適用。②申し込み(書)；出願。③アプリケーション・ソフトの略。

アプリケーション・サービス・プロバイダー [application service provider] ネットワークを通じて，アプリケーション・ソフトやサービスをユーザーに提供する事業者。

アプリケーション・ストア [application store] モバイル端末を対象としてアプリケーション・ソフトを提供するサービス。

アプリケーション・ソフト [application software] 『電算』ワープロや表計算など，特定の業務を処理するためのソフトウェア。＊OS(基本ソフト)に対するもの。アプリケーション・プログラムとも。略アプリ。

アプリケーション・パッケージ [application package] 『電算』業務処理のために作られたソフトウェアをパッケージ化したもの。

アプリケーター [applicator] 薬・化粧品を塗るへら；綿棒。

アプリコット [apricot] ①アンズ(の実)。②アンズ色。

アプリシエーション [appreciation] ①評価；真価を見極める。②感謝。③値上がり。

アブリビエーション [abbreviation]

省略；省略形。

アプルーバル [approval] ①是認；賛成。②認可；免許。

アフルエンザ [affluenza] ①消費伝染病；強迫的な消費病；豊かさ病。②金持ちの子の無気力症。＊affluentとinfluenzaの合成語。

アプレ・ゲール [après-guerreフランス] 戦後派。＊第２次大戦前の考え方や習慣・道徳にとらわれずに行動する人。略アプレ。↔アバン・ゲール。

アフ・レコ アフター・レコーディングの略。

アプレット [applet] ブラウザー上で実行される小型のアプリケーション・ソフト。＊主にJava言語で記述されたプログラムをさす。

アフロ [Afro] アメリカのアフリカ系黒人に特有のちぢれ毛を丸くふわっとさせた髪型。＝アフロ・ヘア。

アプローズ [applause] 拍手喝采(かっさい)；称賛。

アプローチ [approach] ①近づくこと；接近。②(学問・研究などの)手引き；入門。③〖建築〗門から玄関までの間。④〖登山〗最後の乗り物を降りてから登山口へ行くまでの間。⑤〖スキー〗ジャンプのスタートから踏み切りまでの間。⑥〖ボウリング〗(投球するための)助走路。⑦アプローチ・ショットの略。

アプローチ・ショット [approach shot] ①〖ゴルフ〗グリーンの周囲からホールに寄せる打ち方。②〖テニス〗ネットに接近して攻撃するために，相手のコート深くボールを打ち込むこと。略アプローチ。

アプローチ・ライト [approach light] 空港の滑走路に設置された進入灯。

アブロード [abroad] 外国へ；海外に。

アフロ・キューバン・リズム [Afro-Cuban rhythm] 中南米音楽を特徴づけるリズムの総称。＊ルンバ，タンゴ，マンボ，サンバ，コンガなど。

アフロディテ [Aphroditēギリシア] 〖ギリシア神話〗美と愛の女神。＊ローマ神話のビーナスにあたる。

アフロ・ビート [Afro-beat] アフリカ系のリズムを取り入れたジャズ。

アプロプリエーション・アート [appropriation art] 盗用美術。＊盗作・贋作(がんさく)をも表現の一形式とする現代美術運動の動向。

アフロ・ヘア [Afro-hair] ⇨アフロ。

アベイラビリティー [availability] ①有用性；入手可能性。②〖電算〗コンピュータの使用可能性；稼働率。

アベイラブル [availabl] 利用可能・入手可能な状態にあること。

アペタイザー [appetizer] 食欲を増すもの。＊食前に出すオー・ドブルや食前酒など。

アペタイト [appetite] 食欲。

アペックス運賃 [APEX fare] 事前購入制割引航空運賃。＊APEXは*A*d-vance *P*urchase *Ex*cursionの略。

アヘッド [ahead] (競技や試合などで)相手より勝ち越していること。＝リード[1]。↔ビハインド。

アベニュー [avenueフランス] 大通り。＊ニューヨークなどでは，南北に走る道路をアベニューと呼ぶ。

アベノミクス [日Abenomics] 第２次安倍晋三政権が掲げた経済政策。財政再建，デフレ脱却を企図。＊Abe＋economicsから。

アベ・マリア [Ave Mariaラテン] 〖キリスト教〗カトリック教会で聖母マリアを讃える言葉。＊受胎告知をする大天使ガブリエルの「天使祝辞」から。

アペリティフ [apéritifフランス] 食前酒。↔ディジェスティフ。

アベル [Abel] 『旧約聖書』の「創世記」で，アダムとイブの子。＊兄カインに殺された。

アベレージ [average] ①平均；一般的水準。②〖ゴルフ〗平均打数。

③〖ボウリング〗平均得点。④〖野球〗バッティング・アベレージの略。

アベンジャー [avenger] 復讐者。

アベンチュリン [aventurine] 砂金石；日長石。

アペンディックス [appendix] 付加物；巻末の付録；補遺。

アベンド [abend] 〖電算〗コンピュータのプログラムが実行中に異常終了すること。＊abnormal endから。

アペンド [append] 〖電算〗ファイル末尾にデータの記録を追加すること。

アポ アポイントメントの略。

アポイントメント [appointment] (会合・訪問などの)約束。略アポ，アポイント。

アポイントメント・システム [appointment system] 診療時間予約制度。＊アポイント・システムとも。

アボーション [abortion] 流産；堕胎；人工中絶。

アボート [abort] 〖電算〗実行中のプログラムに障害が発生したときに起こる強制終了のこと。

アボカド [avocado] 熱帯アメリカ原産の果実。＊「森のバター」と呼ばれるほど脂肪分が多い。

アボガドロ定数 [Avogadro constant] 〖化学〗1モルを構成する粒子数。＊その値は$6.02214076 \times 10^{23}$で，常に一定。

アポカリプス [apocalypse] ①黙示；啓示。②[A-]『新約聖書』の「ヨハネ黙示録」。

アポクリファ [Apocrypha] 〖キリスト教など〗外典。

アポクリン [apocrine] 汗腺の1つ。＊ワキガの臭いの原因となる。

アポクロマート [Apochromat ドイツ] 色消しレンズ。

アボジ [aboji コリア] 父。↔オモニ。

アポジー [apogee] ①絶頂；最高点。②〖天文〗遠地点。↔ペリジー。

ア・ポステリオリ [a posteriori ラテン] 〖哲学〗後天的。↔ア・プリオリ。

アポストロフィー [apostrophe] 英語で，省略や所有格などを表すのに使う記号(')。

アポトーシス [apoptosis] プログラムされた細胞死。↔ネクローシス。

アポリア [aporia ギリシア] 解決の困難な問題；論理的な行きづまり。

アボリジニ [Aborigine] オーストラリアの先住民。

アポロ [Apollo ラテン] 〖ローマ神話〗太陽(光)・音楽・詩・弓術・医薬・予言・男性美の神。＊ギリシア神話ではアポロン。

～計画 1961年から1973年まで計画・実施されたアメリカ航空宇宙局(NASA)の月探査計画。＊1969年7月，アポロ11号により人類最初の月面着陸に成功。17号で終了。

アホロートル [axolotl] 幼生型のサンショウウオ。＊メキシコ原産。＝ウーパールーパー。

アポロジー [apology] 言いわけ；謝罪；弁明。

アポロジャイズ [apologize] 謝る；弁解する；弁護する。

アポロン [Apollōn ギリシア] ⇨アポロ。

アポロン型 [apollinischer Typus ドイツ] ニーチェが『悲劇の誕生』で唱えた芸術の一類型。＊静的・知的な秩序や調和が特徴。↔ディオニュソス型。

アマ アマチュアの略。

アマービレ [amabile イタリア] 〖音楽〗「愛らしく演奏せよ」。

アマウント [amount] ①総計。②量；総額。

アマゾネス [Amazones フランス] ⇨アマゾン②。

アマゾン [Amazon] ①アマゾン川。＊南米ブラジルにある大河。②〖ギリシア神話〗女武者；女丈夫。＝アマゾネス。③〖商標〗アメリカのインターネット通販会社。＊アマゾン・ドット・コムの略。

アマチュア [amateur] 素人；愛好家。＊そのことを職業とせず，余技や趣味として行う人。略アマ。＝ノンプロ。↔プロフェッショナル。
～無線 無線に興味をもつ人が，職業としてでなく，個人的に行う無線。＝ハム(ham)。

アマチュアリズム [amateurism] ①素人芸。②アマチュア精神；アマチュアの資格。↔プロフェッショナリズム。

アマビエ 江戸時代後期に肥後国に現れたとされる妖怪。＊豊作とその後の疫病の流行を予言し，自分の姿を描くように伝えた。

アマリリス [amaryllis] 南米原産で，ヒガンバナ科に属する球根植物。

アマル [Amal] レバノンのシーア派のイスラム教徒の政治・軍事組織。

アマルガム [amalgam] ①水銀と他の金属との合金。＊歯の治療に使われる。②異なったものの融合状態。

アマレット [amaretto イタリア] アーモンド風味のリキュール。

アマン [amant(男性)，amante(女性) フランス] 恋人；愛人。

アマンド [amande フランス] ⇨アーモンド。

アミ [ami(男性)，amie(女性) フランス] ①友達。②恋人；愛人。

アミーゴ [amigo スペイン] (男性の)友達；仲間。＊女性の友達はamiga。

アミノ酸 [amino acid] たんぱく質を作る有機化合物。＊現在約50種類ほどが知られている。
必須(ひっす)～ 人間の発育，健康保持に欠くことのできないアミノ酸。

アミューズメント [amusement] ①娯楽；気晴らし。②おもしろさ。

アミューズメント・パーク [amusement park] 遊園地。

アミュレット [amulet] お守り；護符。＊特に首につるすお守りのこと。アムレットとも。

アミラーゼ [Amylase ドイツ] でんぷん，グリコーゲンなどの多糖類を加水分解する酵素。＝ジアスターゼ。

アミロイド [amyloid] たんぱく質と多糖類の複合体。＊アルツハイマー型認知症の患者の脳には，アミロイドβたんぱく質の蓄積がみられる。

アミロイドーシス [amyloidosis] アミロイドが，さまざまな臓器の神経組織や筋肉に沈着しておこる疾患。

アミロース [amylose] でんぷんを構成する多糖類の1つ。

アミン [amine] アンモニア中の水素原子を炭化水素基で置換した化合物の総称。

アムール [amour フランス] 愛；恋；恋愛。

アムネスティ [amnesty] ①大赦；恩赦。②アムネスティ・インターナショナルの略。

アムネスティ・インターナショナル [Amnesty International] 国際人権救援機構。＊国連の諮問機関として1961年に創設。略アムネスティ，AI。

アムレット ⇨アミュレット。

アメイジング・グレイス [Amazing Grace] ジョン・ニュートン作詞の黒人霊歌。＊「Amazing grace! How sweet the sound」で始まる。

アメーバ [Amöbe ドイツ] 原生動物の一種。＊単細胞で，最大でも直径約0.2ミリメートル。池や沼などに多い。
～運動 原形質の流動によって体の一部を突き出し，偽足を形成しながら移動する運動。
～赤痢 赤痢アメーバが腸に寄生しておこる感染症。

アメシスト [amethyst] 紫水晶。＊2月の誕生石。アメジストとも。

アメダス [AMeDAS] 地域気象観測網。＊日本全国1300余箇所に設置された自動気象観測装置によって気象データを自動的に集配信する。*Auto*mated *Me*teorological *D*ata *A*cquisition *S*ystemの略。

ア

アメックス [AMEX] アメリカン・エキスプレスの略。

アメニティー [amenity] 快適環境；快適さ。＊特に都市生活の環境，居住性などについて用いる。

アメ・フト アメリカン・フットボールの略。

アメラジアン [Amerasian] アメリカ人男性とアジア人女性との間に生まれた人。

アメリアッチ [ameriachi] メキシコの民族音楽マリアッチとデイキシーランド・ジャズを合わせた音楽。

アメリカーナ [Americana] ①アメリカに関する文献；アメリカ事情。②アメリカの代表的な百科事典の名。

アメリカーノ [Americano伊] エスプレッソにお湯を注いで作るコーヒー。

アメリカ・インディアン [American Indian] 北米大陸の先住民族。

アメリカズ・カップ [America's Cup] 〘ヨット〙世界最古で最大の外洋航海ヨット・レース。

アメリカナイズ [Americanize] アメリカ風にすること。

アメリカニズム [Americanism] アメリカ風〔式〕；アメリカ人気質〔魂〕。

アメリカン [American] ①アメリカ(人)の。②アメリカ人。③アメリカ英語。＊アメリカで使用される英語。

アメリカン・エキスプレス [American Express] 〘商標〙アメリカ最大手の旅行会社。＊クレジット・カードも発行。略アメックス，AMEX。

アメリカン・コーヒー [日American coffee] 薄口のコーヒー。

アメリカン・ショートヘア [American shorthair] 猫の一品種。＊縞模様のある短毛種。

アメリカン・ドッグ [日American dog] ソーセージを串に刺し，小麦粉や砂糖などで作った衣をつけて揚げた軽食。

アメリカン・トラディショナル [American traditional] アイビー・ルックなど，アメリカ東部の名門大学に見られる伝統的スタイル。

アメリカン・ドリーム [American dream] ①民主主義，自由平等など建国以来アメリカ人が理想とするもの。②誰でも努力すれば成功して金持ちになれるという夢。

アメリカン・ニュー・シネマ [American new cinema] 1967年頃からおこったアメリカ映画の新しい風潮。＊ベトナム戦争以後のアメリカの反体制的な空気を反映した青春映画。

アメリカン・フットボール [American football] 11人ずつの2チームが，一定時間内に，ボールを相手チームのゴールに持ち込むか，ゴールポストの上に蹴り込むことによって得た得点を競う球技。略アメ・フト。

アメリカン・プラン [American plan] ホテルの料金制の1つで，室料に3食費とサービス料を含むもの。⇨コンチネンタル・プラン，ヨーロピアン・プラン。

アメリカン・リーグ [American League] アメリカの2大プロ野球リーグの1つ。略ア・リーグ，AL。↔ナショナル・リーグ。

アモーラル [amoral] ①道徳と無関係の。②倫理感のない。

アモーレ [amore伊] 愛；恋；愛する人。

アモルフ [amorph] ①無定形質の対立遺伝子異常。②[A-] モンスターの一種。

アモルファス [amorphous] 定形のない；非結晶質の。

〜合金 非結晶質の合金。＊テープ・レコーダーの磁気ヘッドなどに使用。

アモルファス・シリコン [amorphous silicone] 〘化学〙非結晶質シリコン。＊太陽電池などに利用。

アヤトラ [ayatollah] イスラム教シーア派の高僧の称号。
アラー [Allah] イスラム教で，万物の創造主として信仰される唯一神。＊アッラーとも。
アラート [alert] ①警報装置；警戒体制。②〖電算〗異常な操作に対してシステムから出される警告。
アラーム [alarm] 警報；警報装置；目覚まし時計。
アラーム・システム [alarm system] 無人警報システム。
アライ [ally] ①同盟する；縁組する。②同盟国；同盟；盟友。③性的少数者を理解し，支援する人。
アライアンス [alliance] ①(国家間の)同盟。②協力；協調。③縁組。
アライバル [arrival] 到着。↔デパーチャー。
アライブ[1] [alive] 生きている；活気のある。
アライブ[2] [arrive] 到着する。
アライメント [alignment] 整列，一列に並べること。
〜調整 自動車のホイールの向きや角度を，車体に対してメーカーの基準どおりに調整すること。＊ホイール・アライメントとも。
ア・ラ・カルト [à la carteフランス] 一品料理；お好み料理(メニューから自由に選んで注文する料理)。↔ターブル・ドート。
アラ・サー [日around thirty] 30歳前後の人。
アラバスター [alabaster] 雪花石膏(せっこう)。
アラビアータ [arrabbiataイタリア] 唐辛子を利かせたトマト・ソース。
アラビア・ゴム [gum Arabic] ネムノキ科の樹木の分泌物を乾燥させたもの。＊ナイル地方原産。
アラビア数字 [Arabic numerals] 算用数字。＊1,2,3…などの数字。インドで考え出され，アラビア人がヨーロッパに伝えた。⇨ローマ数字。
アラビアン・ナイト [Arabian Nights' Entertainments] 『千夜一夜物語』。⇨シェヘラザード。
アラビアン・ライト [Arabian light] サウジアラビア原産の軽質原油。＊比重や硫黄分が標準的であるため，かつてOPECで価格を決めるときの基準原油とされていた。
アラビック [Arabic] アラビアの；アラビア人の。
アラブ [Arab] ①アラブ人。②(アラビア地方原産の)競走馬。＊日本では，サラブレッドとの交配でアラブの血量が25パーセント以上ある馬のこと。
アラ・フォー [日around forty] 40歳前後の人。＊同様に，50歳前後を「アラ・フィフ」，還暦前後を「アラ還」などという。⇨アラ・サー。
アラベスク [arabesqueフランス] ①アラビア風の模様。＊植物や動物，幾何学図形などを連続させた一種の唐草(からくさ)模様。②〖バレエ〗基本姿勢の1つで，片足で立ち，他方の足をまっすぐ後ろに伸ばした姿勢。
アラミド [aramideフランス] 化学繊維の1つ。＊弾力性・耐熱性にすぐれ，鉄の5倍の引っ張り強度をもつ。
ア・ラ・モード [à la modeフランス] ①流行の；当世風の。②パイやケーキにアイス・クリームを添えたもの。
アララト山 [Mt.Ararat] 『旧約聖書』で，大洪水後のノアの箱舟の漂着地。＊トルコの東端，イランとアルメニア国境付近の高山。
アリア [ariaイタリア] 詠唱。＊ふつう，オペラやオラトリオの中の叙情的な独唱歌曲をいう。
アリアドネ [Ariadneギリシア] 〖ギリシア神話〗クレタ島のミノス王の娘。＊勇士テセウスに糸玉を渡して迷宮からともに脱出。
アリアン・ロケット [Ariane rocket] 欧州宇宙機関(ESA)の商業用衛星打

ち上げロケット。

ア・リーグ アメリカン・リーグの略。

アリーナ [arena] (周囲に観覧席のある)屋内競技場。

アリエッタ [arietta イタリア] 小叙情曲。＊小さな形式のアリア。

アリゲーター [alligator] アメリカワニ。⇨クロコダイル。

アリストクラシー [aristocracy] ①貴族政治。②貴族階級〔社会〕。

アリストクラット [aristocrat] 貴族(階級の人)。

アリタリア-イタリア航空 [Alitalia-Compagnia Aerea Italiana S.p.A.] イタリアの航空会社。＊国際コードはAZ。

アリテラシー [aliteracy] 図表や映像など，文字以外のものによって得る理解力。

アリバイ [alibi] 現場不在証明。＊被疑者が犯罪現場にいなかったという証明。

アリババ・グループ [Alibaba Group] 中国のIT技術関連グループ。＊漢字表記は「阿里巴巴集团」。

アリペイ [Alipay] バー・コード，QRコードを用いたスマートフォン決済アプリの1つ。＊アリババ・グループが提供。

アリベデルチ [arrivederci イタリア] 「さようなら」。

アリモニー [alimony] 扶養手当。

アリュージョン [allusion] 〘言語〙引喩(いんゆ)法。＊故事・ことわざなどを用いて自分の言いたいことを述べる修辞法。

アリラン [Arirang] 朝鮮の代表的な民謡。

アルカイスム [archaïsme フランス] ①古文体；古風な表現。②擬古主義。＊古語や古文体を使って，趣を出そうとする主義，傾向。

アルカイダ [Al-Quida アラビア] 国際的なイスラム原理主義過激テロ組織。＊1990年以後反米・反イスラエルを旗印に世界各地でテロを繰り返す。

アルカイック [archaïque フランス] 古風な；古体の；擬古体の。

アルカイック・スマイル [日archaïque フランス＋smile] (初期のギリシア彫刻に見られる)古風な微笑。

アルカサール [alcázar スペイン] 王宮；城；要塞。

アルカディア [Arcadia] ギリシアの南部，ペロポネソス半島の中央高原地帯。＊古代アルカディアは，後世，古代ギリシアの理想郷，牧歌的な楽園とみなされた。

アルカリ [alkali オランダ] 〘化学〙水に溶けて塩基性を示す無機物質。＊水溶液は赤色リトマス試験紙を青色に変える性質がある。

～性食品 体内でアルカリ性になる物質を比較的多く含む食品。＊野菜，果物など。

アルカリ・マンガン乾電池 [alkaline manganese battery] 〘化学〙正極に二酸化マンガン，負極に亜鉛，電解液にアルカリ水溶液を使った電池。＊アルカリ乾電池とも。

アルカロイド [alkaloid] 植物の中にある，窒素を含む塩基性化合物の総称。＊ニコチン，モルヒネ，コカイン，カフェイン，コデインなどの類で，特殊な薬理作用をもつ。

アルカローシス [alkalosis] 血液中の酸とアルカリのバランスがくずれ，酸が不足するかアルカリが過剰になった状態。↔アシドーシス。

アルカン [alkane] メタン，エタン，プロパンなどの鎖式飽和炭化水素の総称。

アルキメデスの原理 [Archimedes' principle] 液体中の物体は，それが排除した液体の重さの分だけ軽くなるという原理。

アルキル化剤 [alkylating agents] 制がん剤の1つ。

アルギン酸［alginic acid］　海藻からとる，ねばりけの強い酸。＊接着剤，乳化剤などに用いる。

アルケー［archēギリシア］　もとのもの；原理；始原；根源。

アルケミー［alchemy］　錬金術。

アルコーブ［alcove］　①部屋や廊下などの壁面の一部を切り込んで作ったくぼみ，または小部屋。②(公園・庭園などの)あずまや。＊納涼用。

アルコール［alcohol］　①炭化水素の水素原子を水酸基で置換した形の化合物の総称。②酒；アルコール飲料。

アルコール・ハラスメント［日alcohol harrassment］　上下関係に基づく飲酒の強要など，アルコールに関わる迷惑行為。略アル・ハラ。

アルコール・フリー［alcohol free］　食品・飲料や化粧品などにアルコールが含まれていないこと。

アルゴス［Argosギリシア］　〖ギリシア神話〗百眼の巨人。

アルコホリック［alcoholic］　①大酒飲み。②アルコール依存症患者。③アルコール性の。

アルゴラグニア［algolagnia］　苦痛性愛。＊サド・マゾのような一種の異常性欲をさす。

アルゴリズム［algorithm］　①算法。＊問題を解くための論理構造。②〖電算〗プログラム言語で書かれた，演算手続きを指示する規則。

～取引　株価や出来高などに応じて，コンピュータ・プログラムが自動的に株式売買注文を繰り返す取引。

アルゴル　⇨ALGOL。

アルゴン［Argonドイツ］　希ガス元素の1つ。原子番号18。元素記号Ar。

アル・ジャジーラ［Al-Jazeeraアラビア］　1996年にカタール政府が出資し設立したアラビア語のニュース専門テレビ放送局。

アル・シャバブ［Al-Shabab］　ソマリアを拠点とするイスラム過激派集団。＊アッ・シャバーブとも。

アルシン［arsine］　〖化学〗砒化(ひか)水素。＊ニンニク臭のする有害な気体。

アルス［arsラテン］　芸術。

アルス・アマトリア［Ars amatoriaラテン］　性愛の技術。＊ローマの詩人オビディウス作の詩集から。

アルター・エゴ［Alter Ego］　別人格。＊オルター・エゴとも。

アルタイル［Altair］　〖天文〗わし座のアルファ星。＊七夕の牽牛(けんぎゅう)星。彦星。

アルチザン［artisanフランス］　①職人・工芸家。②職人的芸術家。＊アーチザンとも。

アルツハイマー病［Alzheimer disease］　アルツハイマー型認知症。＊脳細胞が萎縮する病気。ドイツ人の医師A.アルツハイマーの名から。

アルティジャーノ［artigianoイタリア］　職人。

アルティメット［ultimate］　フライング・ディスク(フリスビー)を使うスポーツ。＊バスケットボールとアメリカン・フットボールを合わせたような競技。1チーム7名。

アルデヒド［aldehyde］　〖化学〗アルデヒド基(-CHO)をもつ化合物。＊ホルマリンはホルムアルデヒドの40パーセント水溶液。

アルテミス［Artemisギリシア］　〖ギリシア神話〗月の女神。＊ゼウスとレトの娘。ローマ神話ではダイアナ。

アル・デンテ［al denteイタリア］　歯ごたえのある状態。＊主に，パスタのゆで具合。

アルト［altoイタリア］　①女声のいちばん低い音域。また，その音域の歌手。＝コントラルト。↔ソプラノ。②中音部をうけもつ管楽器の総称。

アルトコイン［altcoin］　ビットコインを除く暗号資産(仮想通貨)の総称。＊alternative coinの略。

アルトルーイズム [altruism]　利他主義；愛他主義；利他的行為。＊オルトルイズムとも。↔エゴイズム。

アルニコ [Alnico]　〘商標〙アルミニウム，ニッケル，コバルト，鉄を主成分とする永久磁石用の合金。＝MK鋼。

アルパ [arpaスペイン]　南米インディオのハープ。＊フォルクローレで用いる。

アルバイト [Arbeitドイツ]　①仕事；労働。②学問上の業績；研究の成果。③金銭を得るためにする，本業以外の仕事。特に学生の内職。略バイト。

アルパイン [alpine]　①アルプス山脈の。②高山の。③登山帽の一種。

アルパカ [alpacaスペイン]　ラクダ科の哺乳(ほにゅう)動物。また，その毛で作った毛糸や織物。

アルバトロス [albatross]　〘ゴルフ〙標準打数(パー)より3打少ない打数。＊原義は「アホウドリ」。⇨イーグル②，バーディー，ボギー。

アルバム [album]　①写真・切手などをはる帳面。②(いくつかの曲などを収録した)レコードまたはCD；本の形をしたレコード入れ。

アルハンブラ [Alhambra]　スペインのグラナダ市郊外にあるイスラム様式の宮殿。＊アルハンブラはアラビア語で「赤い城」。

アルヒーフ [Archivドイツ]　⇨アーカイブズ。

アルピニスト [alpinist]　(高山に登る)登山家。特に，アルプス登山家。

アルピニズム [alpinism]　(登ることを目的とする)登山；登山家気質。

アルビノ [albino]　先天性色素欠乏症の人や動植物。

アルビレオ [Albireo]　〘天文〙白鳥座のβ星。

アルファ [alphaギリシア]　①ギリシア語アルファベットの最初の文字。＊A, α。↔オメガ①。②(物事の)最初。③〘野球〙最終回裏の攻撃が始まる前に後攻チームの勝ちが決まったとき，後攻チームのスコアボードにつける記号。＊現在はXを使う。④未知数。⑤若干の数・量。

～星　首星。＊その星座の中で最も明るい星。

～線 [～ray]　放射線の一種。⇨ガンマ線，ベータ線。

～波 [～wave]　脳波の波形の1つ。＊心が落ち着いているときに現れる。α波。

～崩壊 [～decay]　原子核がアルファ粒子を放出して他の原子核に変わること。

～米　加熱加工米。＊インスタント食品に利用。

～粒子 [～particle]　放射性物質の原子核からアルファ線として放出される粒子。＊ヘリウムの原子核で，2個の陽子と2個の中性子が結合。

アルファ・アンド・オメガ [alpha and omega]　物事の始めと終わり。

アルファ碁 [AlphaGo]　グーグル傘下のディープマインドが開発した対局用の囲碁AI。

アル・ファタ [Al Fatahアラビア]　⇨ファタハ。

アルファ・ブロガー [alpha blogger]　閲覧者が多く，影響力のあるブログの作成者。

アルファベット [alphabet]　①一言語の文字体系の総称。②一般に，ローマ字26文字のこと。③初歩。

アルファルファ [alfalfaスペイン]　牧草の一品種。和名ムラサキウマゴヤシ(紫馬肥)。＝ルーサン。

アルファ・ロメオ [Alfa-Romeo]　〘商標〙イタリアの自動車会社。また，その自動車の名。

アルプス[1]　⇨ALPS。

アルプス[2] [Alps]　ヨーロッパの西南部に東西に走る山脈。＊「ヨーロッパの屋根」と呼ばれるヨーロッパ最大の山脈で，モンブラン，マッターホルン，ユングフラウ，アイガーなどの高峰がそびえる。

日本～ 中部地方の中央をほぼ南北に連なる飛騨・木曽・赤石の３山脈の総称。＊イギリス人ゴーランドがヨーロッパのアルプスにちなんで命名。

アルプス・スタンド ［日Alps stand］ 甲子園球場の大規模な階段式の観覧席。＊内野席と外野席の間にある。

アルブミン ［albumin］ 生物の体内に含まれる単純たんぱく質。略ALB。

血清～ 血漿(けっしょう)中に含まれるたんぱく質。

アルペジオ ［arpeggio イタリア］ 楽器の演奏法の１つ。＊和音を連続して分散的に演奏すること。

アルペン種目 ［Alpen ドイツ―］ 〖スキー〗滑降・回転・大回転・スーパー大回転の４種目の総称。↔ノルディック種目。

アルマ ⇨ALMA。

アルマーニ ［Armani］ 〖商標〗イタリアの服飾デザイナー。また，その製品。

アルマイト ［Alumite］ 〖商標〗アルミニウムの表面を酸化させ，酸化アルミニウムの皮膜を作ったもの。

アルマゲドン ［Armageddon］ ⇨ハルマゲドン。

アルマジロ ［armadillo］ ヨロイネズミ。＊北アメリカ南部から南アメリカにかけて分布する哺乳(ほにゅう)動物。

アルマナック ［almanac］ ①暦。②年鑑。

アルマニャック ［armagnac フランス］ フランスのアルマニャック地方で作られるブランデーの総称。

アルマンド ［allemande フランス］ ①ドイツの；ドイツ風の。②ドイツ風料理。③ドイツ風舞曲。

アルミ アルミニウムの略。

アルミ・サッシ ［日aluminium sash］ アルミニウム製の窓枠。

アルミナ ［alumina］ 酸化アルミニウムの通称。

アルミニウム ［aluminium］ 金属元素の１つ。原子番号13。元素記号Al。＊銀白色。軽くて腐食しにくい。

アルミ・ホイル ［日aluminium foil］ アルミ箔(はく)。＊食品を包装・保存・調理するときなどに使われる。

アルルカン ［arlequin フランス］ 道化役者。

アレイ ［array］ ①配置；配列；整列。②〖電算〗データを適切な順序で並べること。

アレー ［alley］ 小道；通路。

アレート ［arête フランス］ 山稜；尾根。

アレキサンドライト ［alexandrite］ 金緑石の一種。＊６月の誕生石。

アレキサンドリア ［Alexandria］ ①マスカット葡萄(ぶどう)。②エジプト北部，地中海沿岸の港街。

アレキシサイミア ［alexithymia］ 失感情症。＊自分の怒り，悲しみの感情が認知できなくなること。

アレグレット ［allegretto イタリア］ 〖音楽〗「やや速く演奏せよ」。＊アレグロとアンダンテの中間の速度。

アレクサ ［Alexa］ アマゾンの開発したAIアシスタント。＊搭載されているデバイスに話しかけると音楽を再生したり，天気予報や交通情報などを提供してくれる。

アレグロ ［allegro イタリア］ 〖音楽〗「軽快に，速い速度で演奏せよ」。＊プレストとモデラートの中間の速度。↔アダージョ。

アレゴリー ［allegory］ 寓意(ぐうい)；たとえ；比喩(ひゆ)。

アレス ［Arēs ギリシア］ 〖ギリシア神話〗凶暴な戦いの神。＊ゼウスとヘラの子。ローマ神話ではマルス。

アレフ ［aleph］ ヘブライ語のアルファベット第１字。

アレルギー ［Allergie ドイツ］ ①異常過敏症。②ものごとに対する強い拒否反応。

～症 アレルギーによっておこると

みなされる疾患。＊気管支喘息(ぜんそく)，じんま疹，スギ花粉症など。

アレルゲン［Allergenドイツ］　アレルギー反応を引き起こす物質。＊花粉・ダニなど。

アレンジ［arrange］　①整えること。②取り決めること；手順を整えること。③編曲すること；脚色すること。

アレンジメント［arrangement］　①配列；整理。②取り決め；協定。③手配；準備。④編曲；脚色。

アロイ［alloy］　合金。

アロエ［aloëオランダ］　ユリ科の常緑多年草の総称。＊葉を胃腸薬・貼り薬として用いる。また，観賞用にもする。

アロー［arrow］　矢；矢印。

アローワンス［allowance］　①手当。②値引き。③許可。

アロガント［arrogant］　横柄な；傲慢な。

アロケーション［allocation］　①割り当て；配分；配置。②〖電算〗記憶装置に収納する領域を確保すること。

アロハ［aloha］　「ようこそ」「さようなら」。＊ハワイで歓迎・歓送に使われるあいさつ。

アロハ・シャツ［aloha shirt］　①ハワイの男性用のゆったりした半そでシャツ。＊派手な花柄が多い。公用服。②前ボタンのゆったりした男性のシャツ。⇨ムームー。

アロマ［aroma］　①芳香；香気。⇨フレーバー。②気品；風格。

アロマ・オイル［aroma oil］　香油；芳香性のオイル。

アロマコロジー［aromachology］　芳香心理学。＊香りの持つリラックス効果を研究。

アロマセラピー［aromatherapy］　芳香療法。＊花や薬草に含まれる芳香物質を利用した健康・美容法。

アロマテラピー［aromathérapieフランス］⇨アロマセラピー。

アロワナ［arowana］　アマゾン川流域に分布する熱帯の大型淡水魚の一種。＊観賞用。

アワード［award］　①賞；賞品。②奨学金。＊アウォードとも。

アワミ連盟［Awami League］　バングラデシュの3大政党の1つ。

アンインストール［uninstall］〖電算〗ハード・ディスクにインストールされている不要なソフトウェアを取り除くこと。

アンカー［anchor］　①錨(いかり)。②(リレー競技の)最終走者〔泳者〕；(綱引きで)最後尾の人。③頼みの綱。④アンカー・マンの略。

アンガージュマン［engagementフランス］　現実の社会や政治に積極的に参加していくこと。

アンカー・ボルト［anchor bolt］　基礎ボルト；埋め込みボルト。＊建物や機械類などをコンクリートの基礎や土台に固定する。

アンガー・マネジメント［anger management］　怒りの感情を制御するためのスキルやトレーニング法。

アンカー・マン［anchor man］　①雑誌などで，取材記者の記事をまとめて決定原稿を作る人。②テレビやラジオで，各地の情報のまとめ役をするニュースキャスター。略アンカー。⇨データ・マン。

アンカリング［anchoring］　①印象的な情報が意思決定に影響を及ぼす現象。②パターの一部を，顎(あご)や胸などの身体に固定して打つ打法。＊2016年以降，禁止。

アンク　⇨ANK。

アンクタッド　⇨UNCTAD。

アングラ　アンダーグラウンドの略。

アングラー［angler］　釣り師；釣り人；楽しみに魚を釣る人。

アングラ・マネー［日underground money］　地下にもぐったお金；灰色資金。＊公式統計には現れない。

アンクル[1]［ankle］　くるぶし(踝)。

アンクル[2] [uncle] おじさん。↔アンティ。
アングル [angle] ①角度。②観点。③カメラ・アングルの略。
アンクル・サム [Uncle Sam] ①典型的なアメリカ人。②アメリカ合衆国政府の異名。＊United Statesの頭文字USから。
アンクル・パンツ [ankle pants] くるぶし丈のズボン。
アンクレット [anklet] ①足首までの短い靴下。＝ソックレット。②足首につける飾り。③くるぶし(踝)の位置に留め具のある婦人〔子供〕靴。
アングロ・アメリカ [Anglo-America] 北アメリカの別称。＊アメリカ，カナダ，グリーンランドを含む地域。⇨ラテン・アメリカ。
アングロ・アラブ [Anglo-Arab] フランス原産の馬の一品種。＊アラブ種とサラブレッド種を交配したもので，乗用馬とされる。
アングロ・サクソン [Anglo-Saxon] 今日のイギリス人の祖先にあたる民族。＊5世紀頃，現在の北ドイツからイギリスに移住し，ケルト族を征服して定着したチュートン族(ゲルマン系の民族)。
アンケート [enquête フランス] 調査のための問い合わせ。また，それに対する回答。
アンコール [encore フランス] 音楽会などで，演じ終わった出演者に，聴衆が拍手や掛け声などで再演を求めること。＊フランスではBis！(ビス)という。⇨カーテン・コール。
アンコールワット [Angkor Wat] カンボジアの石造寺院の遺跡群。＊12世紀頃の建造。
アンゴラ [Angora] トルコのアンゴラ地方のウサギ。またその毛織物。
アンコンストラクテッド [unconstructed] 『服飾』肩パッドや芯地や裏地を省いたカジュアルな服。
アンサー [answer] 答え；応答；解答。
アンサー・ソング [answer song] 既存の歌に対する返答歌。
アンザイレン [anseilen ドイツ] 『登山』滑落に備えて，パーティーが互いにザイルで体を結び合うこと。
アンザス ⇨ANZUS。
アンサンブル [ensemble フランス] ①合唱；合奏；少人数の合唱〔合奏〕団。②ドレスとコート，ジャケットとスカートなど，調和のとれたひとそろいの婦人服。③(劇などの)全体的統一。
アンジェラス [Angelus] (カトリック教会で)朝・昼・夕に行う，聖母マリアが受胎告知を受けたことを記念するお告げの祈り。また，その時刻を知らせるために鳴らす教会の鐘。
アンジェリカ [angelica] セリ科の多年草。＊アンゼリカとも。
アンジオテンシン [angiotensin] 血液中に生成される血圧上昇物質。
アン・ジッヒ [an sich ドイツ] 『哲学』①即自。＊あるものが他のものと関係せず，それ自体で存在している状態。②ヘーゲル弁証法の基本概念の1つで，事物の発展の第1段階。
アンシャン・レジーム [ancien régime フランス] 旧制度。＊1789年のフランス革命以前の政治体制。
アンジュレーション [undulation] 『ゴルフ』コース内の地面。＊特にグリーン面の起伏。
アンストラクチャー [unstructure] 『ラグビー』陣形が整っておらず，攻撃も防御も混沌としている状態。
アンスロポロジー [anthropology] ①人類学；文化人類学。②人間学。
アンセム [anthem] 『キリスト教』聖書の語句を用いた聖歌。
アンソロジー [anthology] 詞華集；名詩選集；作品集。
アンダー [under] ①下の；以下の。↔オーバー。②『写真』露出不足。③『ゴルフ』アンダー・パーの略。

アンダーウェア [underwear] 肌着・下着類の総称。
アンダーカバー [undercover] 非合法の；秘密の。
アンダーグラウンド [underground] ①地下の；秘密の；反体制の；前衛的な。略アングラ。②出所不明の。③(イギリスの)地下鉄。⇨サブウェイ，メトロ，チューブ④。
アンダークラス [underclass] 下層階級。
アンダーコーティング [undercoating] (塗料の)下塗り。
アンダーコート [undercoat] コートの下に着るものの総称。
アンダー・コスト [日under cost] 原価を割った；仕入値以下の。
アンダー・コンストラクション [under construction] 工事中；建築中。
アンダーコントロール [under control] 制御下にあること。
アンダー・ザ・テーブル [under-the-table] 賄賂(わいろ)；袖の下。
アンダーシャツ [undershirt] 下着や肌着用のシャツ。
アンダースキル [日underskill] 技術者不足。↔オーバースキル。
アンダースタンディング [understanding] ①理解；熟知；了解。②知力；思いやり。③一致；協定。
アンダー・スロー アンダーハンド・スローの略。↔オーバー・スロー。
アンダードッグ [underdog] 弱者；敗北者；負け犬。
アンダー・バー [日under bar] 〖電算〗下線符号(_)。＊文字列中で空白の代わりに使用。
アンダー・パー [under par] 〖ゴルフ〗打数が標準打数(パー)より少ないこと。略アンダー。↔オーバー・パー。⇨イーブン・パー。
アンダーパス [underpass] くぐり抜け式道路。＊立体交差で，下を通る道路が掘り下げてあるところ。
アンダーハンド [underhand] 〖バレーボール〗下手打ち。
アンダーハンド・スロー [underhand throw] 〖野球〗下手投げ。↔オーバーハンド・スロー。
アンダープルーフ [underproof] 標準強度(プルーフ)のものよりアルコール分の少ないアルコール飲料。↔オーバープルーフ。⇨プルーフ③。
アンダープロット [underplot] (小説・劇などの)わき筋。
アンダー・ヘア [日under hair] 陰毛。
アンダーライター [underwriter] ①証券引受業者。②保険引受人。
アンダーライン [underline] 下線。＊注意をひくためや強調するために横書きの語句や文の下に引く線。
アンダーワールド [underworld] 暗黒街；地下社会。
アンタイド [untied] 縛り付けられない；拘束されない。
アンタイド・ローン [untied loan] 使いみちに条件をつけない融資。＝インパクト・ローン。↔タイド・ローン。
アンタゴニスト [antagonist] ①敵対者。②拮抗物質；拮抗薬。
アンタッチャブル [untouchable] ①手を触れてはいけない；手を触れることができない。②アメリカ連邦捜査局(FBI)の職員。＊どんな買収にも絶対に応じないことから。
アンタレス [Antares] 〖天文〗さそり座のアルファ星；赤星。
アンダンテ [andante イタリア] 〖音楽〗「ゆるやかに演奏せよ」。＊アレグロとアダージョの中間の速度。
アンダンティーノ [andantino イタリア] 〖音楽〗「アンダンテより少し速く演奏せよ」。
アンダンテ・カンタービレ [andante cantabile イタリア] 〖音楽〗「ゆったりと歌うように演奏せよ」。
アンタント [entente フランス] (国家間の)

協商；協約。
アンチ [anti-] 「反～」「反対」の意味を表す接頭辞。＊ある人物などに「反発を抱く者」という意味もある。
アンチーム [intimeフランス] 親密な；くつろいだ。＊アンティームとも。
アンチ・ウイルス・ソフト [anti-virus software] 〘電算〙コンピュータ・ウイルスの侵入を防ぐソフトウェア。
アンチ・エイジング [anti-aging] 老化防止の；抗加齢の；不老の。
アンチ・エスタブリッシュメント [anti-establishment] 反体制の。↔エスタブリッシュメント。
アンチクライマックス [anticlimax] ①漸降法。＊意味が次第に弱くなるような言葉の配列。②竜頭蛇尾。
アンチ・セミティズム [anti-Semitism] 反ユダヤ主義。＊ユダヤ人，ユダヤ教に対する差別思想。
アンチ・ダンピング・コード [anti-dumping code] 不当なダンピング価格での輸出を避けるための関税措置。
アンチ・テアトル [anti-théâtreフランス] 反演劇。＊1950年代にフランスにおこった前衛演劇。
アンチテーゼ [Antitheseドイツ] 特定の肯定的主張に対立する特定の否定的主張。＊弁証法の用語。↔テーゼ。
アンチ・ドーピング [anti-doping] ドーピングによる不正を排除し，公正・公平なスポーツ参加という選手の権利を守るための活動。
アンチノック [antiknock] 制爆剤。＊エンジンのノッキング(異常爆発)を抑えるために燃料に加える薬剤。
アンチノミー [Antinomieドイツ] 二律背反；自家撞着(どうちゃく)。
アンチ・パターン [anti-pattern] 不適切な解決策を取りまとめた分類集。
アンチヒーロー [antihero] 典型的な英雄の類型とは異なる主人公。
アンチ・フェミニズム [anti-feminism] 反女権拡張主義；男性上位主義。＊女性の地位を向上させることに反対する主義。↔フェミニズム。
アンチボディー [antibody] 〘医学〙抗体。
アンチモン [Antimonドイツ] 窒素属元素の1つ。原子番号51。元素記号Sb。
アンチョビー [anchovy] カタクチイワシ科の小魚。＊ヨーロッパの沿岸などでとれる。塩漬け，オリーブ油漬けにして食べる。
アンチ・ロック・ブレーキ・システム [anti-lock brake system] 〘自動車〙ブレーキを踏んでも車輪が完全にロックしないシステム。略ABS。
アンチ・ロマン [anti-romanフランス] 反小説。＊伝統的な小説の概念を否定し，形式の革新をめざした実験的小説。1950年代，フランスにおこった。＝ヌーボー・ロマン。
アン・ツー・カー [en-tout-casフランス] 陸上競技場のトラックやテニス・コートなどに使われているれんが色の人工土。＊多孔質で水はけがよい。
アンティ [auntie] おばさん。↔アンクル。
アンティーク [antiqueフランス] ①(特にギリシア・ローマの)古典美術(様式)。②古物；古美術品；骨董(こっとう)品。＊アンチック，アンチークとも。
アンティーク・ファッション [antique fashion] 古着を新しい感覚で着こなすこと。また，そのようなファッション。
アンティパスト [antipastoイタリア] イタリア料理の前菜。
アンデス共同体 [Andean Community] コロンビア，エクアドル，ペルー，ボリビアによる自由貿易連合。
アンテナ [antenna] 〘電気〙①空中線。＊電磁波の送受信に用いる設備。②情報収集の手掛かりとなるもの。
アンテナ・ショップ [antenna shop]

消費や需要の動向を知るためにメーカーや問屋が開設する直営の店。＝パイロット・ショップ。

アンデパンダン [indépendantsフランス] ①(フランスの反官展派の)美術家の団体。また，その展覧会。②無審査の美術展。

アンテロープ [antelope] レイヨウ(羚羊)。＊ウシ科の哺乳(ほにゅう)動物。

アント [ant] アリ(蟻)。

アンドゥ [undo] 『電算』直前に実行した操作の効果を取り消すこと。

アン・ドゥ・トロワ [un, deux, troisフランス] 1，2，3。＊英語のワン・ツー・スリーにあたる。

アントシアン [anthocyan] 花青素(かせいそ)。＊植物に含まれる赤・青・紫の色素。アントシアニンとも。

アントニム [antonym] 反意語；反対語。↔シノニム。

アントラー [antler] 鹿の枝角。

アントルメ [entremetsフランス] 西洋料理の献立中，デザートの前に出る菓子類や添え料理。

アントレ [entréeフランス] (西洋料理で)魚料理と肉料理の間に出される盛り合わせの料理。

アントレプレナー [entrepreneur] 企業家；起業家。

アンドロイド [android] ①人造人間。＊人間そっくりに造ったロボット。②⇨Android。

アンドロジナス [androgynous] 性の差異を超えて行動すること。

アンドロステンジオン [androstenedione] 男性ホルモンの一種で，筋肉増強剤。＊副作用がある。

アンドロメダ [Andromedaギリシア] 『ギリシア神話』エチオピア王ケフェウスの王女。＊海神の生贄(いけにえ)として海辺の岩壁につながれたが，ペルセウスに救われその妻となる。

〜銀河 [〜Galaxy] 銀河系外の渦巻き星雲の1つ。＊アンドロメダ座ベータ星の北方にある。

アンニュイ [ennuiフランス] 退屈；倦怠(けんたい)。

アンニョンハシムニカ [annyeonghasimnikkaコリア] 「おはよう」「こんにちは」「こんばんは」。＊出会いのあいさつ。「安寧」から来た語。

アンノウン [unknown] まだ知られていない；未知の。

アンノウン・ソルジャー [Unknown Soldier] 無名戦士。＊国の戦死者の代表として祀られた者。

アンバー[1] [amber] 琥珀(こはく)；琥珀色。

アンバー[2] [umber] ①天然の褐色顔料。②薄い赤褐色。＊照明の用語。

アンパイア [umpire] (競技の)審判員。⇨ジャッジ①，レフェリー。

アンバサダー [ambassador] 大使。

アンパサンド [ampersand] andを意味する記号(&)。

アンハッピー [unhappy] 不幸な；運に恵まれない。↔ハッピー。

アンバランス [unbalance] ①不均衡。②(精神的な)不安定。

アンバンドリング [unbundling] 『電算』ハードウェアとソフトウェアの価格を別々にして販売・契約する方式。

アンビアンス [ambience] 周囲；環境；雰囲気。

アンビエント・ミュージック [ambient music] 環境音楽。＊リラックス効果がある音楽として1970年代に提唱された。

アンビギュアス [ambiguous] あいまいな；多義的な。

アンビシャス [ambitious] 野心をもった；大志を抱いた。

アンビバレンス [ambivalence] 両極性；両面価値；相反する感情の共存。

アンビバレント [ambivalent] ある物事に対して，相反する感情が同時に存在する様子。

アンビュランス [ambulance]　救急車。
アンビリーバブル [unbelievable]　信じられない。
アンビリーバボー　⇨アンビリーバブル。
アンプ [amp]　増幅器。＊電気信号の波形や電流･電圧などの振幅を大きくする装置。アンプリファイアの略。
アンファン・テリブル [enfants terribles フランス]　恐るべき子供たち；親の手におえない子供。＊ジャン・コクトーの小説の題名から。
アンフィニ [infini フランス]　無限；無限の。
アンフェア [unfair]　フェアでない；公明正大でない。↔フェア[1]①。
アンフェタミン [amphetamine]　覚醒剤の1つ。
アンフォルメル [informel フランス]　〖美術〗不定形芸術；不定形主義。＊抽象絵画の1形式。
アンプティ・サッカー [amputee soccer]　上肢や下肢の切断障害を持った選手がプレーするサッカー。
アンプラグド [unplugged]　電気楽器やアンプを使用しない演奏。
アンプル [ampoule フランス]　一定量の注射液や薬液を封じ込んだ小さなガラス容器。
アンプレアブル [unplayable]　〖ゴルフ〗ボールが打球不能な位置にあること。＊アンプレヤブルとも。
アンブレラ・カット [umbrella cut]　雨傘のふちのような形の切れ込み。＊⌒⌒⌒形の切れ込み。
アンブレラ方式 [umbrella—]　1つの国公立大学法人が複数の大学を運営すること。
アンプロンプチュ [impromptu フランス]　即興詩；即興曲。
アンペア [ampere]　電流の強さを示す単位。記号はA。略amp.。
アンペイド・ワーク [unpaid work]　無償労働。＊主婦の家事･育児などについていう。
アンメーター [ammeter]　電流計。
アンモナイト [ammonite]　アンモン貝；菊石。＊古生代から中生代に生存した軟体動物で頭足類。殻が化石として残っている。
アンモニア [ammonia]　〖化学〗窒素と水素の化合物。＊無色，刺激臭のある気体。化学肥料の原料。
アンモラル [unmoral]　①不道徳な；品行のよくない。②道徳とは関係ない。⇨インモラル。
アンラーニング [unlearning]　身につけてきた知識や価値観を意識的に捨て，学び直すこと。
アンラッキー [unlucky]　不運な；不幸な；縁起の悪い。↔ラッキー。
アンリーズナブル [unreasonable]　①理性的でない；気まぐれな。②無分別な。③法外な。↔リーズナブル。
アンリステッド [unlisted]　①名簿に載っていない。②非上場の。

イ

イアソン [Iasōn ギリシア]　〖ギリシア神話〗テッサリアの王子。＊黄金の羊毛を求め，仲間と共にアルゴー号で航海に出た英雄。
イーグル [eagle]　①ワシ(鷲)。②〖ゴルフ〗標準打数(パー)より2打少ない打数。⇨アルバトロス，バーディー，ボギー。
イーグル金貨 [Eagle Gold Bullion Coin]　①アメリカ政府が1933年以前に発行した，ワシの模様の入った10ドル地金型金貨。②1986年以降に発行されている地金型金貨。
イー・コマース [e-commerce]　電子商取引。略EC。＝エレクトロニック・コマース。
イーサネット [Ethernet]　パソコン，ワークステーション用のネットワーク技術。＊小規模LANの主流。

イージー [easy] 容易な；楽な。

イージー・オーダー [日easy order] 注文服と既製服の中間の，手軽な仕立て方法。＊型・生地を選び，自分の寸法に合わせて仕立ててもらう。＝イージー・メイド。

イージー・ケア [easy care] ⇨ウォッシュ・アンド・ウェア。

イージー・ゴーイング [easy-going] 安易な；のんきな。

イージー・チェア [easy chair] 安楽椅子。

イージー・フィッティング [easy fitting] くつろいだ感じのする，ゆったりした衣服の仕立て。

イージー・メイド [日easy made] ⇨イージー・オーダー。

イージー・リスニング [easy listening] 気楽にくつろいで聞ける軽音楽。

イージス艦 [Aegis ship] イージス戦闘システムを装備した軍艦。＊広範囲にわたるミサイルの同時攻撃に自動的に対処できる。

イースター [Easter] 復活祭。＊キリストの復活を祝う祭りで，春分の日のあとの最初の満月の次の日曜日に行われる。

イースター・エッグ [Easter egg] 復活祭の飾り物や贈り物にするための彩色した卵。

イースタン [eastern] 東の；東部の。

イースタン・グリップ [eastern grip] 〖テニス〗ラケットの面を地面に垂直にして上から握手するように握る握り方。⇨イングリッシュ・グリップ，ウエスタン・グリップ。

イースタン・リーグ [日Eastern League] 日本のプロ野球の二軍リーグの1つ。＊関東以北に本拠地をもつ球団で構成。↔ウエスタン・リーグ。

イースト[1] [east] 東；東方；東部；東洋。↔ウエスト[3]。

イースト[2] [yeast] 酵母；酵母菌。

イースト・エンド [East End] イギリスのロンドン東部の商工業地区。↔ウエスト・エンド。

イースト・コースト [East Coast] アメリカの東海岸。＊特に，ニューヨーク付近の大西洋岸をさす。↔ウエスト・コースト。

イースト・サイド [East Side] アメリカのニューヨーク市マンハッタン東部の地区。↔ウエスト・サイド。

イースト・フード [yeast food] パンの製造に用いられる生地調製剤。食品添加物の1つ。

イーストマン・コダック [Eastman Kodak] ⇨コダック。

イーゼル [easel] 画架。＊絵を描くときキャンバスを立てかける台。

イー・タックス [日e-Tax] 国税電子申告・納税システム。

イー・チャン [一荘ﾁｬﾝ/ｲｰ] 〖麻雀〗4人の競技者が東・南・西・北のそれぞれの場を一巡すること。

イート・イン [eat-in] コンビニなど，購入したものをお店の中で食べられる場所。店内飲食。

イーハトーブ 宮沢賢治による造語で，心象中の理想郷を表す語。＊故郷の岩手県がモデル。

イー・ファン [一翻ﾌｧﾝ/ｲｰ] 〖麻雀〗上がり役がついて得点が2倍になること。

イーブン [even] ①平らな；互角の；同点の。②〖ゴルフ〗打数または勝ったホール数が相手と同じであること。③〖ボクシング〗得点が同数であること。

イーブン・パー [even par] 〖ゴルフ〗ストローク・プレーで，標準打数(パー)と同じ打数でホール・アウトすること。⇨アンダー・パー，オーバー・パー。

イー・メール ⇨Eメール。

イールド [yield] ①産出する；利益を出す。②産出高；利回り。

イールド・カーブ [yield curve] 〖経済〗利回り曲線。

イールド・スプレッド [yield spread] 利回り格差。＊長期債の利回りから，株式益回りを差し引いたもの。

イエーガー [Jaeger] 〖商標〗ロンドンの織物メーカー。また，その製品。

イェール大学 [Yale University] アメリカの私立大学の1つ。＊1701年創立。アメリカで3番目に古い私立大学でハーバード大学と並ぶ名門校。

イエス [Jesus(ラテン)] キリスト教の創始者。

イエズス会 [Societas Jesu(ラテン)] 〖キリスト教〗16世紀に結成されたカトリック修道会。＊アジアへの伝道に力を入れた。

イエス・マン [yes-man] 上役のいうことをなんでも「はい，はい」と聞く人；ほかの人のいうことに無批判に従う人。

イエティ [yeti(チベット)] 雪男。＊ヒマラヤ山中に生息すると言い伝えられている正体不明の生物。

イエライシャン [夜来香(チャイナ)] ガガイモ科の蔓(つる)性植物。＊中国原産。

イエルプ [Yelp] 〖電算〗アメリカの口コミサイト。

イエロー [yellow] ①黄色。②黄色人種。

イエロー・カード [Yellow Card] ①国際予防接種証明書。②〖サッカー〗主審が非紳士的プレーや反則を繰り返す選手に示す警告カード。⇨レッド・カード。

イエロー・キャブ [Yellow Cab] アメリカ最大のタクシー会社。＊車体が黄色い。

イエロー・ケーキ [yellow cake] 粗製ウラン。＊黄色で，不純物が多い。

イエロー・ジャーナリズム [yellow journalism] 低俗で扇情的な記事を興味本位に大きく取り上げて報道する新聞・雑誌など。＊イエロー・ペーパーとも。

イエロー・ゾーン [日yellow zone] 全面駐車禁止区域。＊道路に黄色いペンキが塗られている区域。

イエロー・ドッグ [yellow dog] ①雑種犬；野良犬。②臆病者。

イエロー・フラッグ [yellow flag] ①検疫旗。＊船舶が入港許可を求めていることを示す黄色の旗。②自動車レースで，ドライバーに危険を知らせる黄色の旗。③〖アメフト〗反則プレーに対して審判が投げる黄色の旗。

イエロー・ページ [Yellow Pages] 業種別電話帳。⇨タウン・ページ。

イエロー・ペーパー [yellow paper] ⇨イエロー・ジャーナリズム。

イエロー・ペリル [yellow peril] 黄禍。＊黄色人種に征服されることに対する白色人種の恐怖。

イエロー・リボン [yellow ribbon] ①遠く離れた男性の帰宅を願い，家の前の木などに結ぶ黄色いリボン。②障害者の社会参加を推進するシンボルマーク。

イオ [Io] ①〖ギリシア神話〗ゼウスの妻に仕えた美しい女官。②木星の衛星の1つ。＊火山が存在する。

イオ・カード [日IO card] JR東日本が発行した自動改札用のプリペイド・カード。＊スイカ(Suica)の前身。

イオニア式 [Ionic order] 古代ギリシアの建築様式の1つ。＊ドーリア式に比べ，より繊細・優美。

イオン [ion] 正または負の電気を帯びた原子または原子団。＊正の電気を帯びたものを陽イオン，負の電気を帯びたものを陰イオンという。

〜交換樹脂 [〜-exchange resin] 自分のもつイオンと水のもつイオンとを交換する働きをする合成樹脂。＊海水の淡水化，硬水の軟水化，製塩，水中の金属の捕集，人工腎臓(じんぞう)の透析膜などに用いられる。

イ

イオン・エンジン [ion engine]　イオンを電場と磁場で加速し，その反動で飛ぶロケットエンジン。

イオンゾンデ [ionosonde]　電離層測定装置。

イオン・トラップ [ion trap]　電場と磁場を使って，電子やイオンを真空中の小さな領域に閉じ込める装置。

イオン・ビーム [ion beam]　イオン源から発生したイオンを加速させた細い流れ。＊半導体製造装置やがんの治療に応用。

イカルス [Icarusラテン]　小惑星の1つ。

イカロス [Ikarosギリシア]　①〖ギリシア神話〗ろう付けの翼で飛び立ったが太陽に近づきすぎたため，ろうが溶け翼がとれて海に落ちた少年の名。＊イカルスとも。②JAXAが2010年に打ち上げた宇宙ヨット。＊折り紙の技術を応用。

イグアナ [iguana]　タテガミトカゲ。＊中南米に分布する大型のトカゲ(蜥蜴)。

イグアノドン [Iguanodon]　禽竜(きんりゅう)。＊中生代の草食恐竜。

イクイバレント [equivalent]　同等の；相当する；…に等しい。

イグザンプル [example]　実例；見本；手本；例題。略ex.

イグジット [exit]　⇨エグジット。

イグニッション [ignition]　①点火；発火。②〖自動車〗内燃機関の点火装置。

イグニッション・キー [ignition key]　エンジンの点火用キー。＝エンジン・キー。

イグニッション・ノイズ [ignition noise]　自動車などの内燃機関の点火の際に発生する雑音。

イグ・ノーベル賞 [Ig Nobel prize]　ユーモアのある研究・研究者に贈られる賞。＊ignoble（くだらない）とノーベル賞との造語。

イグノランス [ignorance]　無知；無学。

イクラ [ikraロシア]　サケやマスの卵をばらばらにほぐし塩漬けにした食品。＊原義は「魚の卵」。

イグルー [igloo]　氷雪のブロックで作った半球形のイヌイットの家。

イケメン　魅力的な容姿をもつ男性。＊「イケてるメンズ」「イケてる面」などの略称。

イコール [equal]　①等しい。②〖数学〗等号(＝)。

イコール・オポチュニティー [equal opportunity]　機会均等。

イコール・パートナー [equal partner]　対等の立場で提携しあう相手。

イコール・フッティング [equal footing]　対等条件；同じ資格；対等な関係。

イコカ　⇨ICOCA。

イコノクラスム [iconoclasm]　①(ビザンチン帝国での)聖画像破壊運動。②偶像破壊；因習打破。

イコノグラフィー [iconography]　図像〔聖像〕学。＊美術品を形や色からでなく，その作品が表す意味や内容から研究するもの。

イコノロジー [iconology]　図像解釈学。⇨イコノグラフィー。

イコモス　⇨ICOMOS。

イコライザー [equalizer]　録音のときに行った処理を再生のときに補正する装置〔回路〕。

イコン [Ikonドイツ]　(ギリシア正教で礼拝する)キリストや聖母・聖徒・殉教者などの画像。＝アイコン②。

イジェクト [eject]　〖電算〗装置からディスクを取り出すこと。

イシュー [issue]　①発行；発行物；発行部数。②問題；争点；論点。

イスカリオテのユダ [Judas Iscariotesラテン]　〖キリスト教〗十二使徒の一人で，イエスを裏切った人物。

イスパノアメリカ [Hispanoamerica

スペイン] 中南米諸国。＊スペイン語を公用語とするラテンアメリカ諸国。スパニッシュ・アメリカとも。

イズベスチヤ [Izvestiyaロシア] ①旧ソ連政府が発行した政府機関紙。②(ソ連崩壊後の)ロシアの日刊紙。

イズム [ism] 主義；主張；説。

イスラム教 [Islam] 7世紀頃アラビアで興った宗教。＊唯一絶対のアラーの神を崇拝し，コーランの教えに従う。マホメット教，回教とも。

イスラム国 ⇨ISIL。

イスラム・ファンダメンタリズム [Islam fundamentalism] イスラム原理主義。＊イスラムの伝統を忠実に守ることを主張する復興運動。

イスラムフォビア [Islamophobia] イスラム教徒への嫌悪症。

イソ酵素 [isozyme] ⇨アイソザイム。

イソノミア [isonomia] 無支配。＊古代イオニアの政治形態から。

イソフラボン [isoflavon] ポリフェノール化合物の1つ。＊大豆胚芽(はいが)に多く含まれ，骨粗鬆症やがんの予防，更年期障害の軽減などに用いられる。

イタリアン・カジュアル [Italian casual] ミラノを中心とするカジュアル・ファッション。＊地中海風の都会的なデザインが特徴。

イタリアン・コーヒー [Italian coffee] ⇨エスプレッソ。

イタリック [italic] 斜体字。＊欧文活字書体の1つで，右に傾斜した書体。

イタル・タス通信 [ITAR-TASS—] ロシア連邦の通信社。

イッヒ [ichドイツ] 私；我。

イッピー [Yippie] ヒッピーの中の，反戦主義的な若者のグループ。＊1960年代後半にアメリカのニューヨークに誕生した。略YIP。

イッヒ・ロマン [Ich-Romanドイツ] 1人称小説。＊作中の主人公が自分の体験や成長過程を語る。

イップス [yips] スポーツなどの集中を求められる場面で，それまでにできていた動作が思い通りにできなくなること。

イデア [ideaギリシア] 理念；観念。

イディオット [idiot] 愚か者。

イディオム [idiom] 慣用句；成句；熟語。

イディシュ [Yiddish] ユダヤ人が使う言語の1つ。

イデー [Ideeドイツ] ⇨イデア。

イデオローグ [idéologueフランス] ①空論家。＊ナポレオン・ボナパルトが観念論者につけた蔑称。②政治的空論家。＊マルクスが観念的唯物論者につけた蔑称。③特定の党派や階級的立場を代表する理論的指導者。

イデオロギー [Ideologieドイツ] ①(時代・社会・階級などに固有の)ものの考え方。②特定の政治的立場に立つものの考え方。

イド [idラテン] 人間の本能的衝動の源泉。＊精神分析の用語。＝エス[1]。

イトカワ [Itokawa] 探査機「はやぶさ」の目的地であり，表面の微粒子を持ち帰った太陽系の小惑星。

イドラ [idolaラテン] ①〖哲学〗偶像；肖像。②偏見。

イナ・バウアー [Ina Bauer] 〖フィギュア・スケート〗両足のつま先を外側に開いて，真横に滑る技。＊開発者のドイツ人選手の名前から。

イニシアティブ [initiative] ①主導権；発議権。②住民発議；直接発議。⇨リーダーシップ。

イニシエーション [initiation] ①入会式；入社式。②通過儀礼。＊成人式，結婚式など。

イニシエーター [initiator] ①発がん起始因子。②起爆剤；触媒。

イニシャライズ [initialize] 初期化。＊ハードディスクなどを，データが書き込める状態にすること。

イニシャル [initial] 頭文字。

イニシャル・コスト [initial cost] 〖経済〗初期費用；当初原価。↔ランニング・コスト。

イニング [inning] 〖野球，ソフトボール〗回。＊2つのチームが攻撃と守備を交互に行う，試合の1区分。

イヌイット [Innuit, Inuit] エスキモーのカナダでの公式な呼称。

イネーブル [enable] 利用可能な状態であること。有効であること。

イノシン酸 [inosinic acid] カツオぶしなどに含まれる旨味の成分。

イノセンス [innocence] ①無罪；潔白。②無邪気；お人よし；無垢。

イノセント [innocent] ①無罪の；潔白な。②無邪気な；天真らんまんな。

イノベーション [innovation] 技術革新；刷新；新機軸(の採用)。

イノベーター [innovator] 革新者；新たな動向を導いたり作り出したりする人。

イノベーティブ [innovative] 革新的な；刷新的な。

イブ [Eve] ①(旧約聖書で)アダムの妻。＊神がアダムの肋骨(ろっこつ)から作った最初の女性。禁断の木の実を食べ，夫とともにエデンの園から追放された。＝エバ。⇨アダム。② [e-](祝祭日の)前夜；前日；前夜祭。

イブ・サン・ローラン [Yves Saint-Laurent] 〖商標〗フランス(パリ)の服飾デザイナー。また，その製品。略 サン・ローラン。

イプシロン [epsilon ギリシア] ①ギリシア文字のアルファベットで，5番目の文字(Ε, ε)。＊エプシロンとも。②JAXAなどが開発した小型人工衛星打ち上げ用ロケット。

イブニング・ドレス [evening dress] 婦人の夜会服。＊裾(すそ)が長く，袖(そで)なしで，背を広くあけた礼装。

イブプロフェン [ibuprofen] 非ステロイド系消炎鎮痛剤の1つ。

イベリコ豚 [cerdo ibérico スペイン] スペインのイベリコ地方産の黒豚。＊ドングリを飼料として育つ。

イペリット [ypérite フランス] びらん性毒ガス。＊エチレンと二塩化硫黄とから作られる。第1次大戦中ベルギーのイペール(Ypres)付近でドイツ軍が初めて使ったので，この名がある。＝マスタード・ガス。

イベント [event] ①催し物；公演；出来事；行事；大事件。②(スポーツの)試合；競技種目。

イベント・プランナー [event planner] 催し物や行事を企画から運営まですべて取り仕切る人。

イベント・ホームステイ [日event homestay] 大規模イベントの際に，地域住民が訪日旅行者などを自宅に宿泊させる制度。

イマージュ [image フランス] ⇨イメージ。

イマージョン [immersion] ①〖キリスト教〗浸礼。②外国語の集中訓練。＊「熱中」「没頭」の意味から。

イマージョン・プログラム [immersion program] 第2言語を，その言語を学ぶ授業だけでなく，その他の授業でも使用することで習熟度を高める教育プログラム。

イマジネーション [imagination] 想像；想像力。

イマジン [imagine] 想像する。

イミグラント [immigrant] (永住を目的とした外国からの)移民；移住者；入国者。

イミグレーション [immigration] ①入国；移住(すること)；移民；移住者。②出入国管理；入国審査。↔エミグレーション。

イミテーション [imitation] ①模造品；にせもの。②模倣；まね。

イミテーション・グリーン [imitation green] 人工の観葉植物。

イメージ [image] (心の中に思い浮

かべる)像；(人・ものなどに対して抱く)印象。＊イマージュとも。
イメージ・アップ [日image up] (他人への)印象をよくすること。↔イメージ・ダウン。
イメージ・キャラクター [日image character] 企業や商品を印象づけるための人や物。
イメージ・スキャナー [image scanner] 画像読み取り機。＊写真，表，イラストなどを読み取ってコンピュータに入力する機器。略スキャナー。
イメージ・ダウン [日image down] (他人への)印象を悪くすること。また，印象が悪くなること。↔イメージ・アップ。
イメージ・チェンジ [日image change] (他人への)印象を変えること。略イメ・チェン。
イメージ・トレーニング [image training] 頭の中で理想的な運動動作を思い浮かべて，その動作を学習する方法。＝メンタル・リハーサル。
イメージ・ハンプ [日image hump] 道路の舗装や材料の一部を変え，錯視効果で凹凸があるように見せかけたもの。
イメージ・プロセッサー [image processor] 〘電算〙画像処理装置。
イメージ・リサーチ [image research] 企業や商品に対する印象を調査すること。＊イメージ・サーベイとも。
イメジェリー [imagery] イメージの全体；心象の集まり；心象風景。
イモータル [immortal] 不死の；永遠の；不朽の；不滅の。↔モータル。
イモビライザー [immobilizer] 自動車の盗難防止システムの1つ。
イヤー [year] 年；年間；歳。
イヤー・パッド [ear pad] ヘッドホンの耳当てにあたる部分。
イヤー・バルブ [ear valve] 音をさえぎるために使う耳栓(せん)。
イヤー・ピック [ear pick] 耳かき。
イヤーブック [yearbook] ①年鑑；年報。②卒業記念アルバム。
イヤー・プロテクター [ear protector] 耳〔聴覚〕を保護するための器具。＊ヘッドホン状で，射撃をする人や造船所などで働く人が両耳につける。
イヤーマーク [earmark] ①家畜の耳印。＊持ち主を示すために羊などの耳につける。②(衣類の生地の端につける)目印。＊メーカー名・材質などが書かれている。③特定の目的のために取っておく資金。
イヤー・ラウンド・ファッション [year-round fashion] 四季を通じて着られる服。
イヤホン [earphone] 耳に当てたり，差し込んだりして，ラジオなどの音を聞く小型受話器。
イヤリング [earring] (耳たぶにつける)耳飾り；耳輪。
イラショナル [irrational] 不合理な；分別のない；ばかげた。
イラスト イラストレーションの略。
イラスト・マップ [日illustrated map] イラスト入りの地図。
イラストレーション [illustration] (本・雑誌などの)挿絵(さしえ)；図解。略イラスト。
イラストレーター [illustrator] ①挿し絵や広告の図案などを描く人。② [I-] アドビ社の開発したイラスト・デザイン編集ソフト。
イリアス [Ilias ギリシア] ホメロス作と伝えられる古代ギリシアの長編叙事詩。＊アキレスを中心にトロイの攻防を描く。イリアッドとも。⇨オデュッセイア。
イリーガル [illegal] 違法の；規則に反した。↔リーガル①。
イリジウム [iridium] 白金族元素の1つ。原子番号77。元素記号Ir。
イリュージョン [illusion] 幻想；幻

覚；錯覚；思い違い。

イリンクス [ilinx] 眩暈(めまい)；絶叫マシーン。＊フランスの社会学者・文芸評論家ロジェ・カイヨワの概念。

イルミネーション [illumination] ①照明。②電飾。＊たくさんの電球をつけて飾ること。

イレーザー [eraser] 消しゴム；黒板ふき；インク消し。

イレギュラー [irregular] ①不規則な；変則的な。↔レギュラー①。②イレギュラー・バウンドの略。

イレギュラー・バウンド [日irregular bound] 〖野球，テニスなど〗打球が予想外の方向にはねかえること。

イレッサ [Iressa] 〖商標〗肺がんの治療に使われる抗がん剤。＊副作用も報告されている。

イレブン [eleven] サッカーのチーム〔選手〕。＊1チーム11人で構成されていることから。

イレブン・ナイン [eleven nines] 純度がきわめて高いこと；誤差がきわめて少ないこと。＊9が11個，つまり，99.999999999パーセントの純度〔精度〕ということ。

イロニー [ironieフランス] ⇨アイロニー。

イン[1] [in] ①内；内側。↔アウト①。②〖テニス，バレーボールなど〗打球がコートの区画線の内側に入ること。↔アウト③。③〖ゴルフ〗18ホールのうちの後半の9ホール。↔アウト④。

イン[2] [inn] 宿屋；小規模なホテル。

インカ [Inca] 11〜15世紀に南米ペルーのクスコを中心に栄えた帝国。＊16世紀，スペインに征服された。

インカーネーション [incarnation] 肉体化；化身；権化；顕現；具体化。

インカタ [Inkathaズールー] 民族文化解放会議。＊南アフリカのズールー族の反アパルトヘイト組織。1990年インカタ自由党に改組。

インカマー [incomer] 入来者；新任者；移住者。

インカム [income] 所得；収入。

インカム・ゲイン [income gain] 利子や配当などの収入。⇨キャピタル・ゲイン。

インカム・タックス [income tax] 所得税。

イン・カメラ[1] [in cameraラテン] 極秘に；内密に。＊原義は「裁判官室で」。

イン・カメラ[2] [日in camera] 液晶ディスプレーの側にレンズが搭載されたカメラ。↔アウト・カメラ。

インカレ インターカレッジの略。

インキュベーション [incubation] ①新設企業を育成するために，情報を提供したり相談にのったりすること。②孵卵(ふらん)；保育；培養。

インキュベーター [incubator] ①孵卵(ふらん)器。②保育器；培養器。③企業支援制度。

インク [Inc, inc] 株式会社。＊*in-corporated*の略。アメリカでは会社名の後にIncをつける。

インク・ジェット・プリンター [ink-jet printer] 〖電算〗細いノズルの先端からインク粒子を噴出させて印刷する方式のプリンター。

イングリッシュ・ガーデン [English Garden] 英国庭園。

イングリッシュ・グリップ [English grip] 〖テニス〗ラケットの面を地面に垂直にして真上から握る握り方。＝コンチネンタル・グリップ。⇨イースタン・グリップ，ウエスタン・グリップ。

イングリッシュ・ホルン [English horn] 木管楽器の1つ。＊オーボエより大きく，音域が低い。コーラングレとも。

インク・リボン [日ink ribbon] プリンターの印字用テープ。

インクリメンタリズム [incrementalism] 増分主義；漸増主義。

インクリメンタル・サーチ [incremental search〕　1文字入力するごとに検索機能が実行され，候補となる文字列が表示される形式；逐語検索。

インクルーシブ〔inclusive〕　①すべてを含めた；包括的な。②…を入れた。↔エクスクルーシブ。

インクルーシブ教育〔inclusive education〕　障害の有無によって分け隔てられるのではなく，誰もがともに学べる環境をめざす教育。

インクルージョン〔inclusion〕　①包括。②障害者が健常者と一緒に学ぶこと。

インクルード〔include〕　含む。

イン・コース〔日in course〕　①〖野球〗打者から見て，ホーム・ベースの内寄りのコース。↔アウト・コース①。②〖陸上競技，競馬〗内側のコース。↔アウト・コース②。

イン・コーナー〔日in corner〕　①〖野球〗ホーム・ベースの中央部と打者との間の部分；内角。↔アウト・コーナー①。②〖陸上競技，競馬〗トラックやレース場のカーブの内側。↔アウト・コーナー②。

イン・ゴール〔in-goal〕　〖ラグビー〗攻撃側のプレーヤーがボールを置くとトライとなる区域。

インコタームズ〔incoterms〕　貿易条件に関する国際規則。＊正式名称はInternational Rules for the Interpretation of Trade Terms。

インゴット〔ingot〕　溶かした金属を鋳型(いがた)に流し込んで固めたもの。

インサート〔insert〕　①挿入(そうにゅう)すること。②折り込み広告。

インサイダー〔insider〕　①内部の事情に通じている人。②体制内にいる人。↔アウトサイダー。

～取引　企業の内部情報を入手できる立場にあるものが，その立場を利用して得た情報をもとに株式を売買して不当な利益を得ること。

インサイト〔insight〕　洞察；洞察力。

インサイド〔inside〕　①内部；内側。②〖野球〗内角。③〖テニス，卓球〗球がラインの内側にあること。④〖バドミントン〗サーブ権をもつ側。↔アウトサイド。

インサイド・アウト〔inside out〕　〖ゴルフ〗飛球線に対して，内側から外側へクラブを振る打法。↔アウトサイド・イン。

インサイド・ストーリー〔inside story〕　内幕物。＊内部事情を暴露した記事や小説など。

インサイド・セールス〔inside sales〕　電話やメールなどを中心に，顧客と直接対面せずに行う営業手法。

インサイド・リポート〔日inside report〕　⇨インサイド・ストーリー。

インサイド・ワーク〔inside work〕　〖スポーツ〗頭脳的で巧みなプレー。

インジウム〔indium〕　硼素(ほうそ)属元素の1つ。原子番号49。元素記号In。＊半導体，ディスプレー材用。

インジェクション〔injection〕　注入；注射；燃料噴射。

インジェクター〔injector〕　注射器；注入器；(エンジンの)燃料噴射装置。

インジケーター〔indicator〕　①(自動車や機械の作動状態を示す)表示器。②〖野球〗球審がボール・カウントやアウト・カウントを忘れないために使う計数器。③指示薬。

インシデント〔incident〕　①出来事；小事件。②セキュリティ上の脅威となる現象。＊ウイルスや不正アクセスなど。

インシャラー〔inshallah アラビア〕　「神のお心のままに」。＊アラーの神に捧げることば。

インシュアランス〔insurance〕　保険；保険金；保険料；保険契約〔証書〕。

インシュリン　⇨インスリン。

インシュレーション〔insulation〕　(電気の)絶縁体；絶縁。

イ

インスタグラマー [Instagrammer] フォロワー数が多く，影響力の大きいインスタグラムユーザー。

インスタグラム [Instagram] 〖商標〗フェイスブック社の提供する写真共有アプリ·SNS。略インスタ。

インスタレーション [installation] ①取り付け；据え付け；設置；芸術的装置；展示物。②〖美術〗展示空間と作品の組み合わせを重視すること。

インスタント [instant] 即席の；即座の。

インスタント・メッセージ [instant message] ネット上で，登録者同士がサーバーを介さずにメッセージを直接交わすサービス。略IM。

インスティテューショナル広告 [institutional advertising] 制度広告。＊政府や地方公共団体，法人が自分の機関について行う広告。

インスティテューション [institution] ①(社会的·教育的)施設；協会·団体。②社会制度；慣習。

インスティテュート [institute] ①協会；学会。②研究所。③理工系の大学や専門学校。④慣習。

インスティンクト [instinct] 本能；才能；素質。

インステック [InsTech] 保険と情報通信技術を融合したビジネスやサービス。＊インシュアテックとも。

インステップ・キック [instep kick] 〖サッカー〗足の甲でボールを蹴ること。

イン・ストア・ブランチ [in-store branch] 小売り店内にある銀行などの窓口店舗。

インストゥルメンタル [instrumental] 楽器だけの演奏。↔ボーカル。

インストーラー [installer] コンピュータに新しいソフトをインストールするためのプログラム。

インストール [install] 〖電算〗周辺機器，OSやアプリケーション·ソフトなどを組み込み，コンピュータを使用可能な状態にすること。＊原義は「据えつけること」。＝セット·アップ⑤。

インストールメント [installment] 分割払い；(1回分の)分割払い込み金。

インストラクション [instruction] ①指示；命令。②〖電算〗ハードウェアへの動作命令。

インストラクター [instructor] 指導員；教師；講師。

インストルメンタリズム [instrumentalism] 〖哲学〗概念道具主義。＊デューイの説。

インストルメント [instrument] ①道具。②楽器。

インストルメント・パネル [instrument panel] 自動車の運転席·助手席前に広がる計器類。略イン·パネ。

インスパイア [inspire] ①鼓吹すること。②霊感を与えること。

インスピレーション [inspiration] 霊感；ひらめき。

インスペクター [inspector] 検査〔点検〕する人；捜査官；警部。

インスリン [insulin] 膵臓(すいぞう)から分泌されるホルモン。＊インシュリンとも。

インセキュリティ [insecurity] 不安定；不安(感)。

インセクタリウム [insectarium] 昆虫飼育場；昆虫館。

インセクト [insect] ①昆虫。②無価値な人。

インセクト・テクノロジー [insect technology] 昆虫技術。＊昆虫の性質·機能を生かして原料·素材を作る。

インセスト [incest] 近親相姦(そうかん)。

インセスト・タブー [incest taboo] 近親相姦や近親婚の禁忌。

インセル [incel] 不本意の禁欲主義者。＊異性愛者の若い白人男性を中心とする女性嫌悪の思想。involuntary celibateの混成語。

インセンス [incense] 香(こう)；香料。

インセンティブ [incentive] ①(目標達成のために与える)誘因；意欲；刺激。②報奨金。

インセンティブ・セール [incentive sale] 報奨金〔賞品〕つき販売。

インセンティブ・プロモーション [incentive promotion] 業者に報奨金を出したり，消費者に景品を付けたりして，販売促進を図る戦略。

インソール [insole] 靴の内底；靴の敷き皮。

インソムニア [insomnia] 不眠症。

インター インターチェンジ，インターナショナルの略。

インターオペラビリティー [interoperability] 相互運用性。

インターカット [intercut] 〖テレビ，映画〗瞬間的に挿入(そうにゅう)される画面。＊スポーツ中継で観客の様子などを瞬間的に画面に入れること。

インターカラー [Intercolor] 服装の流行色を決める国際会議。＊本部はパリ。

インターカレッジ [intercollege] 大学間の；大学対抗の。略インカレ。

インターコース [intercourse] ①交際；交流。②性交；セックス。

インターコンチネンタル [intercontinental] 大陸間の。

インターセックス [intersex] 生物学的に男性・女性のどちらにも収まらない身体の特徴をもつ状態；性分化疾患。

インターセプター [interceptor] ①途中で奪う人。②迎撃戦闘機。

インターセプト [intercept] 〖ラグビー，サッカー，バスケットボールなど〗相手のパスをさえぎること；相手方のボールを途中で奪うこと。

インター・ゼミナール [日inter-＋Seminarドイツ] ２校以上が連合して行う研究活動。

インターチェンジ [interchange] 高速道路の出入口。略インター，IC。

インターディシプリナリー [interdisciplinary] 学際の；学際的。＊さまざまな学問分野にまたがること。

インターナショナリゼーション [internationalization] 国際化。

インターナショナリズム [internationalism] 国際主義。

インターナショナル [international] ①国際的な；国家間の。②[I-]社会主義者・共産主義者の国際組織。③[I-](社会主義者や労働者が歌う)革命歌。略インター。

社会主義～ 世界の民主社会主義的政党で結成している国際組織。＊本部はイギリスのロンドン。

インターナショナル・バカロレア [International Baccalauréatフランス] 大学入学国際資格制度。＊本部公認の学校で２年間学んだのち共通試験に合格すれば，加盟国のどの大学にも入学できるか，または受験資格が与えられる。本部はスイス。略IB。

インターナショナル・ユニット [international unit] 国際単位。＊世界保健機関(WHO)で制定された薬品などの単位の基準。略IU。

インターナル [internal] 内部の；内面の；国内の。↔エキスターナル。

インターネット [Internet] 〖電算〗世界中の大学，政府組織，企業，個人などのコンピュータを相互に接続した大規模なネットワーク。＊略して，ネットとも。

インターネット・アドレス ⇨IPアドレス。

インターネット・アプライアンス [internet appliance] 携帯電話やゲーム機，家電製品などのインターネットへの接続機能。略IA。

インターネット・エクスプローラー [Internet Explorer] 〖商標〗マイクロソフト社のWindowsに標準装備さ

れたブラウザー。略IE。

インターネット・オークション [internet auction] ⇨ネット・オークション。

インターネット・カフェ [internet cafe] ⇨ネット・カフェ。

インターネット・ショッピング [internet shopping] ⇨ネット・ショッピング。

インターネット・スラング [Internet slang] インターネット上で使用される俗語。＊ネット・スラングとも。

インターネット・バンキング [Internet banking] インターネット上で，口座振込や残高照会などができるサービス。略ネット・バンキング。

インターネット・プロトコル [internet protocol] インターネットで用いられる標準的な通信規約。略IP。

インター・ハイ [日inter high school] ①高等学校間で行う対抗競技会。②全国高等学校総合体育大会(高校総体)の別称。

インターバル [interval] ①間隔；へだたり。②(芝居の)幕間(まくあい)；(競技と競技の間の)休憩時間。

インターバル・トレーニング [interval training] 〘スポーツ〙全力を出すときと力を抜くときを一定の間隔で交互に繰り返して行う練習法。

インターバンク市場 [interbank market] 銀行間のみで行われる外国為替取引市場。

インターフェア [interfere] 〘スポーツ〙相手のプレーを妨害すること。

インターフェース [interface] ①共通事項；境界面；接触面。②コンピュータと周辺機器との接続部分。

インターフェロン [interferon] ウイルス抑制因子。＊ウイルスの増殖の抑止，発病の防止に効果がある。略IFN。

インターブリード [interbreed] 〘生物〙異種交配をさせること。

インタープリター [interpreter] ①通訳；解説者。②〘電算〙プログラムの内容を機械語に翻訳しながら実行していくプログラム。

インタープリテーション [interpretation] ①解釈；通訳。②自分流の解釈に基づく演技・演奏。

インターベンション [intervention] ①介入。②血管へのカテーテル挿入による治療。

インターポール [Interpol] 国際刑事警察機構。＊*Inter*national Criminal *Pol*ice Organizationの略。本部はフランスのパリ。略ICPO。

インターホン [interphone] 同じ建物内の有線通話装置。＊玄関〔門〕と屋内，1階と2階，離れた部屋と部屋の間で通話するのに使う。

インターミッション [intermission] 中断；休憩時間。

インターメディア [intermedia] 音楽・美術・映像・演劇など，いくつかの領域にまたがる，複合的な芸術。

インターランゲージ [interlanguage] 国際語。＊エスペラント語など。

インターロイキン [interleukin] リンパ球やマクロファージによって分泌され，免疫システム制御機能を持つ化合物。略IL。

インターン [intern] 国家試験の受験資格を得るための実習制度。また，その実習生。＊理容師，美容師などに義務づけられていた。

インターンシップ [internship] 学生の就業体験制度。

インダクション [induction] 帰納法。↔デダクション。

インダクタンス [inductance] 〘電気〙誘導系数。

インダストリアル・エンジニアリング [industrial engineering] 生産工学；産業工学；経営工学。＊企業の生産システムを管理・運営するのに数学・自然科学・工学の技法を活用する科学。略IE。

インダストリアル・デザイナー [industrial designer] 工業デザイナー。

インダストリアル・デザイン [industrial design] 工業デザイン。略ID。

インダストリー [industry] 産業；工業。

インダス文明 [Indus civilization] 紀元前2300年～前1800年頃，インダス川下流で栄えた古代都市文明。＊モヘンジョダロ，ハラッパーなどの遺跡で知られる。

インタビュアー [interviewer] インタビューをする人。

インタビュー [interview] 面談すること。特に，記者などが取材のために人と面談すること。また，その記事。

インタビュー・ボード [日interview board] 記者会見の場などで背景に設置されるPR用のパネル。

インタファクス通信 [Interfax—] ロシアの非政府系通信社。

インタラクション [interaction] 相互作用。

インタラクティブ [interactive] 双方向性の；対話式の。

インタラプト [interrupt] 〖電算〗割り込み。＊いま実行中のプログラムを一時中断させて別のプログラムを実行させること。

インタレスト [interest] ①興味；関心。②利害関係。③利子。④利益。

インタレスト・カバレッジ・レシオ [interest coverage ratio] 企業の財務健全性を示す指標。

インタレスト・グループ [interest group] 〖社会〗利益団体；共通の関心や利害によってできた集団。

インタロゲーション・マーク [interrogation mark] 疑問の符号；「？」の符号；クエスチョン・マーク。

インタンジブル [intangible] 無形資産。

インチ [inch] 長さの単位。＊1インチは約2.54センチメートル。

インツーリスト [Intourist(ロシア)] ロシアの国営旅行社。

インディアカ [indiaca] 羽根付きの特殊なボールをネット越しに打ち合う，バレーボールに似たスポーツ。

インディア紙 [India paper] 辞書などに使われる薄くてしなやかな上質の紙。

インディアナポリス500マイル・レース [Indianapolis 500-mile race] アメリカのインディアナポリスで毎年5月30日に行われる自動車レース。

インディアン [Indian] ①インド人。②⇨アメリカ・インディアン。

インディアン・サマー [Indian summer] 小春日和(こはるびより)。＊晩秋から初冬にかけて見られる穏やかで暖かい天気。

インディーズ [indies] ①小規模で自主制作したレコード盤やCD，録音テープ。②独立プロなどが自主製作した映画。③独立プロ。＊インディペンデントから。

インディオ [Indio(スペイン)] アメリカ先住民族の別称。特に，中南米の先住民のこと。

インディカ米 [Indica rice] 東南アジアで栽培されている長粒種の米。＊粘り気が少ない。⇨ジャポニカ米。

インディゴ [indigo] 藍(あい)；藍色。

インディビジュアリスト [individualist] 個人主義者。

インディビジュアリズム [individualism] 個人主義。

インディビジュアル [individual] 個人の；個人専用の；個人的な。

インティファーダ [Intifada(アラビア)] 民衆蜂起。＊イスラエル支配地区でのパレスチナ人の抵抗運動。

インディペンデント [independent] ①独立した；自主的な；(政治的に)無所属な。② [The I-] イギリスのオンライン新聞。

インディペンデント・レーベル [independent label] 映画やCDなどの自主制作版。⇨インディーズ。

インティマシー [intimacy] 親密な関係；親交。

インティメート [intimate] 親密な；懇意な；親しい。

インテーク [intake] 相談援助に従事するソーシャル・ワーカーが最初に行う面接。

インデクセーション [indexation] 物価スライド制。＊賃金・年金・利子などを物価指数に合わせて是正する制度。

インテグラル [integral] ①不可欠な；必須の。②〘数学〙積分の。

インテグリティ [integrity] 誠実さ；高潔さ。

インテグレーション [integration] ①人種差別の撤廃。②障害者を普通校に入学させること。③〘教育〙学科目の統合。＊分離した科目を互いに関連させていく教育法。④〘経済〙統合；集中。⑤〘数学〙積分法。

インテグレート [integrate] ①統合すること。②融和させること；人種差別をなくすこと。

インデザイン [InDesign] 〘商標〙アドビ社の開発したDTP用レイアウト・デザイン編集ソフト。

インデックス [index] ①索引(さくいん)；見出し。②指標；指数。

インデックス・ファンド [index fund] 投資信託の1つで，市場の株価指数に連動した運用成績をめざすもの。略IF。

インテリ インテリゲンチャの略。

インテリア [interior] 室内装飾品；室内調度品。↔アウテリア，エクステリア。

インテリア・アドバイザー [interior adviser] ⇨インテリア・コーディネーター。

インテリア・クラフト [interior craft] 室内装飾工芸。

インテリア・コーディネーター [interior coordinator] 室内装飾の設計をしたり調整したりする人。

インテリア・デザイナー [interior designer] 室内装飾家；室内設計者。

インテリア・プランナー [interior planner] 室内装飾の設計や工事の管理を行う専門家。

インテリゲンチャ [intelligentsiya ロシア] 知識階級；知的労働に従事する人々；知識人；知識・教養の豊かな人。略インテリ。

インテリジェンス [intelligence] ①知能；知性。②情報；諜報(ちょうほう)。

インテリジェンス・サービス [intelligence service] 諜報機関。

インテリジェンス・テスト [intelligence test] 知能検査。

インテリジェント [intelligent] ①高い知能を持った；頭のよい。②高度の情報処理機能が備わった。

インテリジェント・カー [intelligent car] 知能自動車。＊コンピュータにより，速度制御，安全走行などを自動的に行う機能を持たせたもの。

インテリジェント・ターミナル [intelligent terminal] 〘電算〙記憶装置を内蔵し，データや情報の入出力のほかに，誤りの発見・訂正，データの蓄積，情報検索，編集などの機能をもつ端末機。↔ダム・ターミナル。

インテリジェント・ビル [intelligent building] 高度な情報・通信機能と最先端のオートメーション機能などが完備されたオフィス・ビル。＊スマート・ビルとも。

インテリジェント・ロボット [intelligent robot] 視覚や触覚で判断し，それに応じた動作ができる高度な人工頭脳をもったロボット。

インテル [Intel] 〘商標〙アメリカのマイクロプロセッサーのメーカー。

インテルサット [Intelsat] 国際電気通信衛星機構。＊アメリカの主唱で設立された商業衛星通信組織。*In*ternational *Tele*communications *Sa*tellite Organizationの略。
インテルメッツォ [intermezzo(イタリア)] ①〖オペラ〗幕間に演じられる短い劇・音楽。②間奏曲；器楽の小品。
インテレクチュアル [intellectual] 知的な；理知的な。
インテレクチュアル・プロパティ・ライト [intellectual property rights] 知的所有権；知的財産権。
インテンシティ [intensity] ①緊張；集中；強さ；強度。②写真の明暗度。③色彩の鮮明度。
インテンシブ [intensive] 徹底的な；集中的な。
インテンショナル [intentional] 意図的な；故意の。
インテンション [intention] 意思；意向；意図；目的。
インデント [indent] 字下げ。
イン・テンポ [in tempo(イタリア)] 〖音楽〗「正確な速度で」。
インドア [indoor] 屋内の；室内の。↔アウトドア。
インドア・ゲーム [indoor game] 屋内競技。↔アウトドア・ゲーム。
インドア・スポーツ [indoor sports] 屋内(体育館など)で行われる運動競技。↔アウトドア・スポーツ。
イントネーション [intonation] (声の)抑揚；(声の)上がり下がり。
イントラネット [intranet] インターネット技術を企業内の情報交換に応用したネットワーク。⇨LAN。
イントルーダー [intruder] 侵入者；邪魔者。
イントレ 撮影現場などで使用される鉄製パイプの組み立て式足場。
イントレランス [intolerance] 不寛容；頑迷；狭量；我慢できないこと。↔トレランス。
イントロ イントロダクションの略。
イントロダクション [introduction] ①導入；紹介。②序論；前置き。③手引き；入門(書)。④〖音楽〗序奏；前奏。略イントロ。
イントロデュース [introduce] ①紹介する。②採用する。③提出する；持ち出す。
イントロン [intron] 真核生物のDNA塩基配列のうち，たんぱく質の合成に直接関与しない配列。
インナー [inner] ①内部の；内側の。②中間着；下着。
インナー・キャビネット [inner cabinet] 内閣の中の有力な閣僚のグループ；閣内内閣。
インナー・サークル [inner circle] 権力中枢の側近グループ。
インナー・シティ [inner city] 都会の中心部。＊スラム化した区域。
インナー・スペース [inner space] ①内的宇宙。②大気圏。③海面下の世界。↔アウター・スペース。
インナー・チャイルド [inner child] 内なる子供。＊大人の，子供のような内面の部分。
インナー・マッスル [inner muscle] 深層筋。
インパーソナル [impersonal] ①非個人的な；非人格的な。②〖文法〗非人称の。
インバーター [inverter] 周波数変換装置。＊直流を交流に変えたり，交流の周波数を変えたりする装置。
インバウンド [inbound] 外国人の訪日旅行，訪日旅行客。＊原義は「外から中に入ってくること」。
インパクト [impact] ①衝撃；影響；印象；効果。②〖ゴルフ，野球など〗クラブやバットがボールに当たる瞬間の衝撃。
インパクト・クレーター [impact crater] 隕石などの衝撃でできた窪み。
インパクト・ローン [impact loan]

⇨アンタイド・ローン。

インバネス [inverness] ケープつきの男性用の外套(がいとう)。＊日本では男性用和装コート(とんび，二重まわし)をさす。

インパラ [impala] アフリカの草原に群棲するウシ科の動物。

インパルス [impulse] ①(物理的な)衝撃；衝撃電流。②(心理的な)衝撃；衝動。

インピーダンス [impedance] 交流回路の電圧と電流の比。＊直流回路の抵抗にあたる。

インビザライン [invisalign] 〖商標〗マウスピース矯正の1つ。＊コンピュータ利用の歯科矯正。

インビジブル [invisible] 目に見えない。↔ビジブル。

インビジブル・ハンド [invisible hand] 見えざる手；神の摂理。＊アダム・スミスの言葉から。

インビテーション [invitation] 招待；招待状。

イン・ビトロ [in vitroラテン] 試験管内で行う試験や実験。

イン・ビボ [in vivoラテン] 生体内で行う試験や実験。

インファイト [infighting] 〖ボクシング〗接近して打ち合うこと。↔アウトボクシング。

インファント [infant] 乳幼児。

インフィールド・フライ [infield fly] 〖野球〗無死または1死で，走者が1・2塁または1・2・3塁にいるとき打者が打った飛球(フライ)で，内野手が普通の守備行為をすれば捕球できるもの。＊球審はただちに「インフィールド・フライ」と宣告し，打者はアウトになる。

インフィニウム [日infinity planetarium] 宇宙船から見える星空も再現できるプラネタリウム。

インフィニティ [infinity] ①無限。②無限大(∞)。

インフィニティ・プール [infinity pool] プールの水面が周囲の景色と同化して，外縁が存在しないように見える構造のプール。

インフィル [infill] 骨格部分を除く住宅内の内装や設備，間取り。

インフェリア [inferior] 劣る；低い；粗悪な。

インフェリオリティー [inferiority] 劣っていること；下級；下位；劣等。

インフェリオリティー・コンプレックス [inferiority complex] 劣等感。略コンプレックス。↔スペリオリティー・コンプレックス。

インフェルノ [infernoポルトガル] 地獄；地獄のような所。

インフォーマー [informer] 情報提供者；密告者；諜報(ちょうほう)員。

インフォーマル [informal] 非公式の；略式の；平服の。↔フォーマル。

インフォーマル・ドレス [informal dress] 略服；平服。↔フォーマル・ドレス。

インフォーマント [informant] 資料提供者。

インフォームド・コンセント [informed consent] 知らされたうえでの同意。＊医師が患者に病状などを伝え，同意を得ることをいう。

インフォームド・チョイス [informed choice] ①手術や治療行為の内容を医師から十分に説明された患者が，実施の可否を選択すること。②アンチ・ドーピング認証プログラム。

インフォグラフィックス [infographics] 情報やデータをわかりやすく視覚的に表現すること。

インフォデミック [infodemic] 不正確な情報の急激な拡散が社会に影響を及ぼすこと。＊informationとepidemicからの造語。

インフォマーシャル [informercial] 情報コマーシャル。＊1分から5分の長時間コマーシャル。

インフォマティクス [informatics] 情報科学。

インフォメーション [information] ①情報；報道。②知識；見聞。③(駅・ホテルなどの)案内所；受付。

インフォメーション・アナリスト [information analyst] 情報分析者。

インフォメーション・エンジニアリング [information engineering] 情報工学。

インフォメーション・ギャップ [information gap] 情報格差；情報技術の差。

インフォメーション・サービス [information service] 情報提供。

インフォメーション・サイエンス [information science] 情報科学。＊情報の形態，伝送，処理，蓄積などの理論についての学問。

インフォメーション・システム [information system] 情報システム。＊情報の収集，伝送，処理，蓄積，提供などのしくみ。

インフォメーション・セオリー [information theory] 情報理論。

インフォメーション・センター [information center] 情報センター；(デパートなどの)案内所。

インフォメーション・ディスクロージャー [information disclosure] (商品に関する)情報公開。

インフォメーション・テクノロジー [information technology] 情報処理；情報技術。

インフォメーション・デモクラシー [information democracy] 情報民主主義。＊情報に関する基本的人権で，プライバシーを守る権利，知る権利，情報を自由に利用する権利，情報参加権の4つからなる。

インフォメーション・プログラム [information program] 〘放送〙情報告知番組。＊天気予報や気象情報など。

インフォメーション・プロセシング [information processing] 情報処理。

インフォメーション・マネジメント [information management] 情報管理。

インフォメーション・リテラシー [information literacy] 情報を処理し利用する能力。

インフォメーション・リトリーバル [information retrieval] 情報検索。略IR。

インプット [input] 〘電算〙コンピュータに情報を入れること。また，コード²化された入力情報。↔アウトプット。

インフラ [infra] インフラストラクチャーの略。

インフラストラクチャー [infrastructure] (都市構造の基盤となる)基幹施設。＊交通・運輸・通信施設，上下水道，ガス・電力施設など。略インフラ。

インフラマトリー [inflammatory] ①扇動的な；怒りをかきたてる。②炎症を伴う。

インフラレッド・レイ [infrared ray] 赤外線。

インプラント [implant] ①移植。②人工歯の植え込み。

インブリード [inbreed] 競走馬の血統表で，5代前まで同一の祖先をもっている交配。

インプリケーション [implication] ほのめかし；暗示；含蓄。

インプリメンテーション [implementation] 実装；実行。＊特に，ソフトウェアやハードウェアを使用可能にするためコンピュータへ組み込むことをさす。

インプリンティング [imprinting] 刷り込み。＊K.ローレンツの用語。

インプリント [imprint] ①押印。②印象。

イ

インフルエンザ [influenza]　ウイルスによる流行性感冒；流感。
インフルエンサー [influencer]　SNSなどで消費者の購買意欲に大きな影響力をもつ人。
インフルエンザ・ウイルス [influenza virus]　流行性感冒の病原体。＊A型，B型，C型の3種類がある。
インフルエンス [influence]　影響(力)；勢力。
インフレ　インフレーションの略。
イン・プレー [in play]　〘スポーツ〙球技で，競技が進行中であること。
インフレーション [inflation]　通貨の量が増え，貨幣価値が下がって物価が上がる現象；物価の急激な上昇。略インフレ。↔デフレーション。
〜宇宙論　膨張宇宙モデルの1つ。＊宇宙の誕生直後に指数関数的な膨張があったとする説。
インフレータブル [inflatable]　ゴムボートなど空気を注入しふくらませて利用するもの。
インフレ・ギャップ [日inflationary gap]　総需要が総供給を上回ったときの両者の差。↔デフレ・ギャップ。
インフレ・ターゲット [inflation targeting]　中央銀行が物価上昇率の目標を掲げ，ゆるやかなインフレを誘導して経済成長につなげる金融政策。
インプレッショニズム [impressionism]　〘美術〙印象主義。＊アンプレッショニスムとも。
インプレッション [impression]　印象；感銘。
インフレ・ヘッジ [日inflation hedge]　インフレによる貨幣価値の下落による損害をさけるために，株式，商品，不動産などに投資すること。＊英語ではhedge against inflationという。
インプロビゼーション [improvisation]　即興曲；即興演奏。
インペアメント [impairment]　機能障害。
インベージョン [invasion]　侵略；侵害；征服。
インベーダー [invader]　侵入者；侵略者。
インベスター [investor]　投資者；授与者。
インベスター・キャピタリズム [investor capitalism]　投資家資本主義。＊機関投資家が企業への支配を強めること。
インベスター・リレーションズ　⇨IR[3]。
インベスティゲーション [investigation]　調査；研究；審査。
インベストメント [investment]　投資；出資；投下資本；出資金。
インベストメント・アナリスト [investment analyst]　証券分析家。＊株式の投資価値を分析する専門家。
インベストメント・バンク [investment bank]　投資銀行。＊証券引受業者。
インベストメント・リターン [investment return]　投資利益。
インペラトル [Imperator ドイツ]　古代ローマにおける軍司令官；皇帝の称号。
インペリアリズム [imperialism]　帝国主義；侵略主義。
インペリアル [imperial]　①帝国の；皇帝の。②特製の；上質の。
インベンション [invention]　①発明。②〘音楽〙小即興曲。
インベントリー [inventory]　①商品〔在庫品〕目録；財産目録。②在庫しらべ；店(たな)卸し。
インベントリー・サイクル [inventory cycles]　在庫循環。＊在庫投資の拡張と収縮の循環。
インベントリー・リカバリー [inventory recovery]　在庫投資の増加によっておこる景気の回復。↔インベントリー・リセッション。

インベントリー・リセッション [inventory recession] 在庫投資の減少によっておこる景気の後退。↔インベントリー・リカバリー。

インポ インポテンツの略。

インボイス [invoice] 送り状；仕切り書；仕入れ書。

インポーター [importer] 輸入業者。↔エクスポーター。

インポート [import] 輸入(する)；輸入品。↔エクスポート。

インポート・ブランド [imported brand] 輸入されたブランド商品。

インポッシブル [impossible] 不可能な；ありえない；信じられない。↔ポッシブル。

インポテンツ [Impotenzドイツ] 男性の性交不能；勃起(ぼっき)不全。略インポ。↔ポテンツ。

インボルブ [involve] 巻き込む；没頭する。

インマルサット [INMARSAT] 国際海事衛星機構。＊海事衛星を使って，洋上を航行中の船舶同士及び船舶と陸上との通信システムを提供するしくみ。*In*ternational *Mar*itime *Sat*ellite Organizationの略。現在はシステムの運用会社名。

インミッション [Immissionドイツ] 隣接地から発生する臭気・振動・騒音などの公害。＊原義は「隣家への侵出」。

インモラル [immoral] ①不道徳な；みだらな。②わいせつな。

イン・ライン・スケート [in-line skate] ⇨ローラーブレード。

インレー [inlay] ①治療した歯の欠損箇所に埋め込む素材。②象嵌(ぞうがん)細工。

インレット [inlet] ①入り江。②入口。↔アウトレット①。

イン・ロック [日in lock] 鍵を車内に置いたまま車外に出て，ドアが施錠されたため開けられなくなること。

ウ

ウイ [ouiフランス] 「はい」「そうです」。＊英語のイエス(yes)に相当する。↔ノン。

ウイークエンド [weekend] 週末。

ウイークデイ [weekday] 平日。＊日曜日以外の6日間，または土・日曜日以外の5日間。

ウイーク・ポイント [weak point] 弱点。↔ストロング・ポイント。

ウイーク・ボソン [weak boson] 〖物理〗素粒子間の弱い相互作用を媒介する素粒子。

ウイークリー [weekly] 週1回発行の新聞・雑誌。⇨クォータリー，デイリー，マンスリー。

ウイークリー・マンション [日weekly mansion] 週単位で賃貸されるマンション。

ウィーゼル [weasel] イタチ(鼬)。

ウィーチャット [微信チャイナ] 中国のIT企業テンセントが提供する無料メッセージアプリ。

ウィーン・アピール [Vienna Appeal] 原水爆禁止の訴え。＊1955年にウィーンで開かれた世界平和評議会で採択された。

ウィキ [Wiki] ブラウザーを利用して誰もが手軽にウェブ・サイトを編集できるシステム。

ウィキペディア [Wikipedia] ウェブ上で公開されている百科事典。＊無料で利用し，自由に執筆できる。

ウィキリークス [WikiLeaks] ウェブ上で政府や民間企業などの機密情報を公開・暴露するサイト。

ウィザード [wizard] ①魔法使い。②〖電算〗非常にすぐれたプログラマー；コンピュータ関連の知識が豊富な人。③〖電算〗複雑なプログラムの取り扱いを簡単にする支援機能。

ウィジェット [widget] ⇨ガジェッ

ト。

ウィスカー [whisker] ①ひげ結晶。②(くちばしの周りの)羽毛。

ウイスキー [whisky] 大麦，ライ麦，トウモロコシなどを発酵させて造るアルコール分40パーセントほどの蒸留酒。

ウイスキー・サワー [whisky sour] ウイスキーにレモン・ジュースと砂糖を加えたカクテル。

ウイスキー・ボンボン [日whisky+bonbonフランス] ウイスキーをチョコレートで包んだキャンディ。

ウィズダム [wisdom] 知恵。

ウィスパリング [whispering] 同時通訳者が聞き手の耳元でささやくように通訳すること。

ウィッグ [wig] かつら(鬘)。

ウィッチ [witch] 魔女。

ウイッチクラフト [witchcraft] 魔術。

ウイット [wit] 機知；機転；とんち。

ウィドウ [widow] 未亡人。

ウィドワー [widower] 男やもめ。

ウィナー [winner] 勝利者；受賞者；勝ち馬。

ウィニー [Winny] インターネットを通じたファイル共有ソフト。＊暗号化されたファイルが自動的に利用者間でリレーされていくので，情報流出の危険性が高い。

ウイニング・ショット [winning shot] 〖テニス，野球など〗勝利を決定づける打球。または投球；得意の打球〔投球〕；きめだま。

ウイニング・ボール [日winning ball] ①〖野球〗最終回で勝利が決定した瞬間に捕ったボール。②〖ゴルフ〗最終ホールで勝利を決めたボール。

ウイニング・ラン [winning run] 優勝したランナーなどがトラックを1周して観客の声援に応えること。

ウィリー [wheelie] 後輪走行。＊オートバイや自転車の前輪を上げ後輪だけで走ること。また，スケートボードで前部を浮かせ滑走すること。

ウィリー・ウィリー [willy-willy] オーストラリア北西の西インド洋上で発生する熱帯性低気圧。

ウイル [will] ①遺言。②意志。

ウイルス [virusラテン] ①濾過性(ろかせい)病原体。＊細菌濾過器を通り抜けるほど小さい粒子状の病原体で，電子顕微鏡で確認できる。②コンピュータ・ウイルスの略。

～性肝炎 ウイルスの感染によっておこる肝炎。＊A型肝炎，B型肝炎，C型肝炎などがある。

ウイルス・フリー [virus free] 栽培植物がウイルスに感染していないこと。

ウィルチェア [wheelchair] 車椅子。

ウイル・バンク [will bank] 遺言を預かったり，遺言どおりの葬儀を請け負う会社。

ウイロイド [viroid] 核酸だけからできている植物病原体。

ウィン・ウィン [win-win] 双方にとってメリットのある状態。

ウインカー [winker] 点滅式方向指示灯。＊アメリカではblinker。

ウインク [wink] 片目でまばたきして目くばせすること。

ウイング [wing] ①鳥や飛行機などの翼や羽。②(舞台の)そで。③〖サッカー，ラグビーなど〗フォワードまたはスリー・クォーター・バックスの両端の守備位置。また，その位置につくプレーヤー。④政党の左右の翼。⑤(空港ビルなどの)中心部から左右に張り出した部分。

ウイング・カラー [wing collar] のどもとの部分が両側に折れて，翼を広げたような形になっている襟(えり)。

ウイングスーツ [wingsuit] 両手足の間に皮膜のような布を広げる滑空用のジャンプスーツ。

ウイング・チェア [wing chair] 安楽

椅子の一種。＊そで付きで，背もたれが高く，頭受けのある椅子。

ウイングレット [winglet] 航空機の主翼両端に立つ小さな翼。＊誘導抗力をやわらげ燃費向上に役立つ。

ウィンザー・タイ [Windsor tie] 蝶(ちょう)結びにして着用する幅広のネクタイ。＊主に，子供用。

ウィンザー・チェア [Windsor chair] 背もたれや脚が丸棒で美しい形に作られている椅子。

ウインター [winter] 冬；冬季。

ウインター・スポーツ [winter sports] 冬季に行う運動競技。＊スキー,スケート,アイス・ホッケーなど。

ウインター・スリープ [winter sleep] 冬眠。

ウインター・リゾート [winter resort] 避寒地；冬の行楽地。↔サマー・リゾート。

ウインチ [winch] 巻き上げ機。

ウィンチェスター [Winchester] 〖商標〗連発式ライフル銃。＊発明者の名から。

ウインド [wind] 風。

ウィンドウズ [Windows] 〖商標〗アメリカのマイクロソフト社が開発したOSのシリーズ名。＊利用者との意思疎通を円滑にする，マルチウインドーを使用。

ウインドー [window] ①窓。②ショー・ウインドーの略。③〖電算〗コンピュータの画面上に，窓を開けたような形で別の画面を表示するようにしたもの。

ウインドー・シート [window seat] 乗り物の窓側の座席。↔アイル・シート。

ウインドー・ショッピング [window shopping] ショー・ウインドーの中の商品を見て歩いて楽しむこと。

ウインドー・ディスプレー [window display] ショー・ウインドーに商品を展示すること。また，その陳列法。

ウインドー・ドレッシング [window dressing] ①ショー・ウインドーの飾りつけ。また，その方法。②粉飾決算。

ウインドサーフィン [windsurfing] ⇨ボードセーリング。

ウインド・シア [wind shear] 航空機の揺れに影響を及ぼす風速の劇的変化。＊ダウンバーストを伴うことが多い。

ウインド・プルーフ [wind proof] 風を通さない；防風の。

ウインドブレーカー [windbreaker] 肩や腕が冷えるのを防ぐために着るスポーツ用のジャンパー。

ウインドミル [windmill] 風車。

ウインドヤッケ [Windjacke ドイツ] フードつきの防風・防寒用ジャケット①。＊登山・スキー用。略ヤッケ。⇨アノラック。

ウインナ・コーヒー [Vienna coffee] 砂糖を入れた濃いコーヒーに，あわだてた生クリームを浮かせたもの。

ウインナ・ソーセージ [Vienna sausage] 羊の腸に挽き肉を詰めた小型のソーセージ。＊多くは数珠つなぎ状で，赤く着色したものもある。

ウインナ・ワルツ [Wiener Walzer ドイツ] 〖音楽〗19世紀，オーストリアで生まれたウィーン風ワルツ。

ウィンブルドン現象 [Wimbledon phenomenon] 市場経済で，自由化競争によって外国系企業が台頭する現象。＊テニスのウインブルドン選手権大会の開催地である英国の選手が優勝できなくなったことから。

ウィンブルドン選手権大会 [Wimbledon―] 全英テニス選手権大会の通称。＊全米，全豪，全仏と並ぶ世界4大テニス選手権大会の1つ。正式にはThe Lawn Tennis Championshipという。

ウーステッド [worsted] 梳毛(そもう)でつむいだ毛糸。また，それで織った織物。

ウーゾ [ouzo ギリシア] アニス(セリ科の1年草)の実で香りと味を付けたギリシアのリキュール。

ウーバー・イーツ [Uber Eats] アメリカの配車サービス企業ウーバー・テクノロジーズが提供する料理宅配サービス。

ウーパールーパー [日Wooperlooper] ⇨アホロートル。

ウーファー [woofer] 低音域専用スピーカー。⇨スコーカー，ツイーター。

ウーマノミクス [womenomics] 女性経済。＊womenとeconomicsの合成語。

ウーマン [woman] 女性。↔マン。

ウーマン・パワー [日woman power] 女性の社会的影響力；活動力。

ウーマン・リブ [日woman lib] (女性自身による)女性解放運動。＊英語ではウイメンズ・リベレーション(Women's Liberation)。略リブ。

ウーリー・コットン [woolly cotton] 加工して羊毛のような感触をもたせた木綿。

ウール [wool] ①羊毛。②毛織物。

ウール・マーク [wool mark] 純毛製品であることを保証するマーク。＊国際羊毛事務局がつける。

ウールワース [Woolworth] 〚商標〛世界的な雑貨店チェーンの名称。＊チェーン・ストアの先がけ。

ウーロン茶 [烏龍茶 チャイナ] 中国産の茶の一種。＊赤褐色で独特の香気がある。

ウェア[1] [ware] ①製品；商品。②陶器；…焼。

ウェア[2] [wear] 衣類；衣服。

ウェアハウス [warehouse] 倉庫。

ウェアラブル・コンピュータ [wearable computer] 身につけて利用できる小型のコンピュータ。

ウェイ [way] ①道。②方法。＊ウエーとも。

ウェイク・ボード [wake board] 水上スキーに似たマリン・スポーツの一種。＊モーターボートで引くサーフボード。ウェイクは「船の通った跡」。

ウエイター [waiter] (レストランなどの)男性の給仕人。↔ウエイトレス。

ウエイティング [waiting] 待つこと。

ウエイティング・サークル [日waiting circle] 〚野球〛次の打者が待機する場所。＊打席の左右に1つずつ設けられている円。＝ネクスト・バッターズ・サークル。

ウエイティング・ルーム [waiting room] 待合室。

ウエイト [weight] ①重さ；体重。②重要度；重点。

ウエイト・コントロール [weight control] 体脂肪を減らし体重をコントロールすること。

ウエイト・トレーニング [weight training] 筋肉を強化する目的で行うトレーニング。＊鉄亜鈴(あれい)やバーベルなどを使って行う。

ウエイト・リフティング [weight lifting] 重量挙げ。＊バーベルを持ちあげて，その重量を競う競技。スナッチとクリーン&ジャークの2種目がある。

ウエイトレス [waitress] (レストランなどの)女性の給仕人。↔ウエイター。

ウェイボー [微博 チャイナ] 新浪公司が運営する中国版ツイッター。

ウェーキ [wake] 船の航跡。

ウエーダー [wader] 胴付長靴。＊渓流釣りなどアウトドア向けの胸元まである防水防護服。

ウエーディング・シューズ [wading shoes] 渓流釣りなどで使用する防水防護靴。

ウェーデルン [Wedeln ドイツ] 〚スキー〛連続小回り回転。＊最も高度な回転技術。

ウェーバ [weber] 磁束の単位。記号Wb。
ウエーバー [waiver] ①権利放棄。②プロ野球のドラフト会議における下位球団の優先選択方式。
ウェーブ [wave] ①波。②電波；音波；光波。③頭髪を波形にうねらせること。また,その形。④〘スポーツ〙観戦者が順次,一斉に立ち上がっては座るという動作を繰り返して行う応援のスタイル。
ウェーブ・スタート [wave start] マラソン大会などで混雑緩和のため,参加者を数グループに分けて時間をずらしてスタートさせること。
ウェザー [weather] 天気；天候。
ウェザーコック [weathercock] ①(鶏形の)風見(かざみ)；風向計。②日和見(ひよりみ)主義者。
ウェザー・チャート [weather chart] 天気図；気象図。
ウェザー・マーチャンダイジング [weather merchandising] 天気管理経営。＊天候の影響を受けやすい産業向けに,生産・出荷・在庫管理に役立つ天候の情報を提供すること。
ウエスタン [Western] ①西部劇。②ウエスタン・ミュージックの略。③[w-] 西の。
ウエスタン・カンファレンス [western conference] 〘バスケットボール〙NBAに所属する西地区リーグ。
ウエスタン・グリップ [western grip] 〘テニス〙ラケットの面を地面に平行にして真上から握る握り方。⇨イースタン・グリップ,イングリッシュ・グリップ。
ウエスタン・スタイル [western style] ①西洋風のスタイル。②アメリカの西部開拓時代風の様式。
ウエスタン・バンド [western band] ウエスタン・ミュージックを専門に演奏する楽団。
ウエスタン・ブーツ [western boots] カウボーイが履いた乗馬用の半長靴。
ウエスタン・ミュージック [western music] アメリカの西部開拓者の間に生まれた軽音楽。略ウエスタン。
ウエスタン・リーグ [日Western League] 日本のプロ野球の二軍リーグの1つ。＊名古屋以西に本拠地をもつ球団で構成。↔イースタン・リーグ。
ウエスタン・ロール [western roll] 〘走り高跳び〙背面跳び。
ウエスト[1] [waist] ①腰；(衣服の)腰部。②ウエストラインの略。
ウエスト[2] [waste] ①荒地。②浪費。③廃物；くず；ぼろぎれ。④〘野球〙ウエスト・ボールの略。
ウエスト[3] [west] 西；西方；西部。↔イースト[1]。
ウエスト・エンド [West End] イギリスのロンドン西部地域。＊高級住宅地区。大商店,劇場,公園などがある。↔イースト・エンド。
ウエスト・コースト [West Coast] アメリカの西海岸。＊特に,サンフランシスコからロサンゼルスにかけての太平洋沿岸。↔イースト・コースト。
ウエストコート [waistcoat] チョッキ；ベスト[2]。
ウエスト・サイド [West Side] アメリカのニューヨーク市マンハッタン西部のハドソン川に沿う地区。↔イースト・サイド。
ウエスト・ナイル熱 [West Nile fever] 西ナイルウイルスの感染により起こる病気。＊蚊が媒介する。
ウエスト・ニッパー [waist nipper] 腰回りを細くし,体形を整えるために着る女性用の下着。略ニッパー。
ウエスト・バッグ [waist-bag] 腰に巻きつけるタイプの小型のバッグ。
ウェストファリア体制 [Peace of Westphalia] 17世紀前半のヨーロッパの宗教戦争(30年戦争)後形成され

た新しい秩序。＊ヨーロッパの勢力均衡体制。

ウエスト・ポイント [West Point] アメリカの陸軍士官学校の所在地。また，同校の通称。

ウエスト・ボール [日waste ball] 〘野球〙捨て球。＊投手有利のカウントであえてボール球を投げること。略ウエスト。⇨ピッチアウト。

ウエストライン [waistline] 〘服飾〙腰回り；胴回り。また，その線。略ウエスト。

ウエッジ [wedge] ①くさび；くさび形。②〘ゴルフ〙頭部がくさび形のクラブ。＊100ヤード以内のショット，またはバンカーからの脱出に使う。

ウェッジウッド [Wedgwood] 〘商標〙イギリスの陶磁器・陶製アクセサリーなどのメーカー。また，その製品。

ウエッジ・ソール [wedge sole] かかとが高く，横から見るとくさび形をした婦人靴。

ウエット [wet] ①濡れた；湿った。②情にもろい；涙もろい；湿っぽい。↔ドライ。

ウエット・イン・ウエット [wet in wet] 〘美術〙前の絵の具が乾かないうちに次の絵の具を塗り重ねる技法。＊ウエット・オン・ウエットとも。

ウエット・カット [wet cut] 洗髪して濡れたままの髪をカットする方法。↔ドライ・カット。

ウエット・コア [wet core] 住宅で，水を使う部分(台所，浴室，洗面所など)を1箇所に集めた設計になっているもの。

ウエット・スーツ [wet suit] 潜水服の一種。＊ゴム製，合成繊維製で，体に密着させて着る。保温性が高く，マリン・スポーツで着用する。

ウエット・ティッシュ [wet tissue] あらかじめ水分を含ませてあるティッシュ・ペーパー。

ウエット・ドリーム [wet dream] 夢精。

ウエディング [wedding] 婚礼；結婚式。

ウエディング・ケーキ [wedding cake] 結婚披露宴に飾られるデコレーション・ケーキ。

ウエディング・ドレス [wedding dress] 洋風の花嫁衣装。＊無垢(むく)を表す白色が好まれる。

ウエディング・ベール [wedding veil] 結婚式のとき花嫁がかぶる白色の薄い布。

ウエディング・ベル [wedding bell] 結婚式を告げる教会の鐘。

ウエディング・マーチ [wedding march] 結婚行進曲。＊メンデルスゾーンの「真夏の夜の夢」の中の「結婚行進曲」が有名。

ウエディング・リング [wedding ring] 結婚指輪。⇨エンゲージ・リング。

ウエハー [wafer] 半導体の薄片で作られている，集積回路用の基板。

ウエハース [wafers] 薄い軽焼きせんべい風の洋菓子。＊2枚合わせて，間にクリームなどをはさむ。

ウェビナー [webinar] オン・ライン上で開かれる講義。＊ウェブとセミナーを組み合わせた造語。

ウェブ [Web] ①蜘蛛(くも)の巣。②インターネットの標準的な情報検索システム。＊World Wide Webの略。

ウェファ ⇨UEFA。

ウェブ・サイト [Web site] インターネットでウェブ・ページの置かれているサイト。

ウェブショップ [webshop] インターネット上のショップ。

ウェブスター [Webster] アメリカの代表的な辞書の名称。＊編纂者の名前から。

ウェブ・ページ [Web page] インターネットのホームページ。

ウェブ・マスター [Web master] ホ

ーム・ページの運営管理を担当する専門家。
ウエポン [weapon] 兵器；武器。
ウェリウッド [Wellywood] ウェリントン(ニュージーランドの首都)とハリウッドとの合成語。＊映画関連会社が多数ある。
ウェル・エイジング [well-aging] 引退した後に，悠々自適の生活を送る状況・期間。
ウェルカム [welcome] 「ようこそ」。＊歓迎の気持ちを表すことば。
ウェルカム・ドリンク [日welcome drink] 宿泊客や結婚式などのゲストへ振る舞われる最初の飲み物。
ウェルカム・ボード [welcome board] 結婚式の披露宴などで会場入口や受付に設置される歓迎用の案内板。
ウェルター級 [welterweight] ボクシングの重量別階級の1つ。＊プロでは140ポンド超え147ポンドまで。
ウェル・ダン [well-done] 肉の焼き具合の1つ。＊中までよく火の通った焼き方。⇨レア，ミディアム②。
ウェルテル型 [Werther type] ゲーテの小説『若きウェルテルの悩み』の主人公ウェルテルにみられるような，純情で繊細・多感な人間類型。
ウェルナー症候群 [Werner's syndrome] 早老症の1つ。＊若くして白髪，白内障，強皮症，糖尿病などの症状が発現。ウェルナーはドイツの医師。
ウェルネス [wellness] 健康；体調が良好なこと。
ウェルフェア・ステート [welfare state] 福祉国家。＊社会保障を充実させた国。
ウェル・メイド・プレー [well-made play] 受けを狙って手際よく作られた演劇。＊スター中心の通俗劇。
ウォー [war] 戦争；戦い；闘争。
ウォーキー・トーキー [walkie-talkie] 携帯用無線電話機。
ウォーキー・ルッキー [walkie-lookie] 携帯用のテレビ・カメラ。
ウォーキング [walking] ①歩行；散歩。②歩行用の。
ウォーキング・シューズ [walking shoes] かかとが低めの歩きやすい靴。＊ハイキングや散歩用。
ウォーキング・ディクショナリー [walking dictionary] 生き字引き；物知り。
ウォーキング・マップ [waking map] 散歩や健康づくりに適したコースをまとめた地図。
ウォーク・イン・クローゼット [walk-in closet] 立って入れる，洋風の大型の納戸。
ウォーク・スルー [walk through] ①立ち稽古；下稽古。②〖電算〗プログラム作成後，誤りがないか点検すること。
ウォークマン [Walkman] 〖商標〗イヤホンやヘッドホンで聴くソニー製の携帯型カセット式ステレオ再生装置。＊1979年発売。
ウォー・クライ [war cry] ①(スポーツで一斉に叫ぶ)鬨(とき)の声；喊声(かんせい)。②(政党の)スローガン。
ウォーク・ラリー [日walk rally] 野外ゲームの一種。＊地図を頼りにいくつかのチェックポイントをまわり，課題の得点と，規定時間の得点の合計で順位を決める。
ウォー・ゲーム [war game] ①軍隊の机上〔図上〕作戦演習。②おもちゃの戦争ゲーム。
ウォーターカラー [watercolor] 水彩絵の具；水彩画。
ウォーター・クーラー [water cooler] 飲料水を冷やす装置。
ウォーター・クロゼット [water closet] (水洗)便所；手洗い。略WC。
ウォーターゲート事件 [Watergate Scandal] 1972年，大統領再選委員会によるワシントンの民主党本部へ

ウ

の侵入事件。＊当時のニクソン大統領が辞任に追い込まれた。

ウォーター・サーバー［日water server］ 業務用･個人宅用の給水器。

ウォーター・ジェット［water jet］ ①水流噴射。＊超高圧の水流を細いノズルから噴出させる。②水流噴射を利用した掘削機。

ウオーター・ジャンプ［water jump］ スキーやスノーボードで人工の滑走路を滑り，ジャンプ台から着水するスポーツ，またはその施設。

ウォーター・シュート［water chute］ 遊戯施設の1つ。＊ボートに乗って急斜面を滑り降り，湖や池などに着水する。

ウォーター・スカイ［water sky］ 水空(すいくう)。＊極地で，結氷しない水面が反射して，水平線上の空が周囲よりも暗く見える現象。

ウォータースパウト［waterspout］ 海上の竜巻。⇨トルネード①。

ウオーター・スライダー［water slider］ 水と一緒に滑り降りて，プールに着水する滑り台。

ウォータータイト［watertight］ 水を通さない；防水の；防水加工した。

ウォーター・ハザード［water hazard］ 〖ゴルフ〗コース内に作られている池や川など。＊打球が入ると，規定の罰打を加えて打ち直す。2019年にペナルティー･エリアに統一。

ウォータープルーフ［waterproof］ 水を通さない；防水の；防水加工した。また，その布や服，時計など。

ウォーターフロント［waterfront］ 海岸〔湖岸〕地区；都市の水辺地区。

ウォーター・ポロ［water polo］ 〖スポーツ〗水球。＊プールで1個のボールを取り合い，相手のゴールに投げ入れて得点を競う競技。1チーム7名。

ウォーター・マーク［water mark］ ①水位標。②透かし；透かし模様。③著作権保護のための電子透かし。

ウォーターメロン［watermelon］ スイカ(西瓜)。

ウォーニング［warning］ 警告；警報；通告；予告。

ウォーニング・トラック［warning track］ 〖野球〗外野のフェンス沿いに設ける警告帯。

ウォーニング・ランプ［warning lamp］ (計器盤に組み込まれた)警告灯。＊燃料が少なくなったり機器が故障したりすると点灯する。

ウォーマー［warmer］ 暖めるもの；加温装置。

ウォーミング・アップ［warming-up］ ①〖スポーツ〗準備運動。↔クーリング･ダウン。②(エンジンの)暖機運転。

ウォーム・カラー［warm color］ 暖色。＊赤，黄，オレンジ色など。

ウォーム・ギア［worm gear］ 歯車を組み合わせて動力を伝えるしくみ。＊ねじ状の歯車(ウォーム)と他の歯車を組み合わせたもの。

ウォーム・ビズ［日warm biz］ 過剰な暖房を抑え，室温20℃でも快適に過ごせるライフスタイルを提唱する環境省のキャンペーン。⇨クール･ビズ。

ウォーム・ラミネート［warm laminate］ アパレル素材。＊撥水性，防水性などにすぐれている。

ウォール［wall］ 壁。

ウォール街［Wall Street］ アメリカのニューヨーク市にある証券街。＊株式取引所，証券会社などが集中。東京の兜(かぶと)町にあたる。

ウォール・ストリート・ジャーナル［Wall Street Journal］ アメリカの経済･金融専門紙。＊1889年創刊。

ウォールナット［walnut］ ⇨ウォルナット。

ウォーロック［warlock］ 魔法使い；魔術師。

ウォシュレット［Washlet］〖商標〗TOTOの開発した温水洗浄便座。
ウォストーク［Vostok$^{ロシ}_{ア}$］ 旧ソ連の1人乗り衛星船。＊1961年の1号はガガーリン少佐が乗り，世界最初の有人衛星となる。最後の6号に乗ったテレシコワは世界最初の女性宇宙飛行士となる。ボストークとも。
ウォッカ［vodka$^{ロシ}_{ア}$］ ロシアの蒸留酒の1つ。＊無色透明で，アルコール分が40～60パーセントと強く，「火の酒」と呼ばれる。ウォトカとも。
ウォッシャー［washer］ 洗う人；洗濯機；洗車機。
ウォッシャブル［washable］ 洗濯のきく；水洗いのできる。
ウォッシュアウト［washout］ ①衣服製品を洗って脱色効果を出す加工法の1つ。②流出。
ウォッシュ・アンド・ウェア［wash-and-wear］ 洗って乾かすだけですぐ着られる衣類。＝イージー・ケア。
ウォッシュスタンド［washstand］ 洗面台。
ウォッチ［watch］ 腕時計；懐中時計。⇨クロック。
ウォッチドッグ・タイマー［watch-dog timer］ コンピュータのシステムが正常に機能していることを監視するためのデバイス。
ウォッチマン［watchman］ 夜警；警備員；ガードマン。
ウォッチャー［watcher］ 見張り人；注視者；観察者。
ウォッチング［watching］ 観察；見張り。
ウォトカ ⇨ウォッカ。
ウォルサム［Waltham］〖商標〗アメリカの高級時計メーカー。また，その製品。
ウォルト・ディズニー・ワールド・リゾート［Walt Disney World Resort］ 世界最大級のディズニーのアミューズメント・リゾート。＊1971年，アメリカ・フロリダ州オーランドに開園。
ウォルナット［walnut］ クルミ(の実)；クルミ材。＊固くて木目が細かく，家具や化粧板に使われる。北アメリカ産。ウォールナットとも。
ウォルマート［WALMART］〖商標〗世界最大のスーパーマーケット・チェーン。＊1962年ディスカウント・ストアとしてアメリカで創業。
ウォレット［wallet］ ①財布。②暗号資産(仮想通貨)や電子マネーを管理するためのソフト。
ウォレット・チェーン［wallet chain］ 財布の落下防止のために付けられる鎖。
ウォン［won$^{コリ}_{ア}$］ 韓国の通貨単位。
ウォンテッド［wanted］ ①おたずね者。②求人；募集；…を求む。
ウォンバット［wombat］ オーストラリアやタスマニアに生息するフクロネズミ目の有袋動物。
ウクレレ［ukulele］ ハワイ特有の，ギターに似た4弦の楽器。
ウスター・ソース［Worcester sauce］ 主として西洋料理に用いるソース。＊原産地はイギリスのウスターシャー地方。
ウタリ 同胞；親族；仲間。＊アイヌ語。
ウッディー［woody］ ①木製の。②森の。③樹木の多い。
ウッド［wood］ ①木。②〖ゴルフ〗頭部が木でできているクラブ。＊現在では金属製で，一般には1番から5番まである。↔アイアン。
ウッドクラフト［woodcraft］ 木工芸；木彫(術)。
ウッド合金［Wood's alloy］ ビスマス，鉛，スズ，カドミウムを成分とする合金。＊融点が低く，ヒューズなどに用いられる。
ウッド・チップ［woodchip］ 木片。
ウッドペッカー［woodpecker］ キツツキ(啄木鳥)。

ウテルス [uterusラテン] 子宮。
ウノ [Unoスペイン] 108枚のカードを使い，配られた手元のカードを場のカードに合わせて捨てていくゲーム。＊原義は「1」。
ウパニシャッド [Upaniṣadサンスクリット] インド古代の宗教哲学書。
ウポポイ [Upopoy] 北海道白老町にあるアイヌ文化施設「民族共生象徴空間」。＊アイヌ語で「(大勢で)歌うこと」を意味する。
ウムラウト [Umlautドイツ] 母音変異；変母音。＊ドイツ語などで，母音のa, o, uが，後続のe, iの影響で音韻変化を起こす現象。ä, ö, üと表記。
ウラー [uraロシア] 「万歳」。
ウラニウム [uranium] ⇨ウラン。
ウラノス [Ūranosギリシア] ①〘ギリシア神話〙ウラノス神；天の神。②〘天文〙天王星。
ウラン [Uranドイツ] 放射性元素の1つ。原子番号92。元素記号U。＊原子炉のエネルギー源(燃料)として使われる。＝ウラニウム。
濃縮〜 ウラン235の含有率を0.7パーセント以上に濃縮したウラン。
劣化〜 [Depleted Uranium] ウラン235の含有率が天然ウランを下回るウラン。＊対戦車用の砲弾・弾頭に使われる。
ウルグアイ・ラウンド [Uruguay round] 「関税と貿易に関する一般協定(ガット)」における多国間の多角的貿易交渉。＊1986年にウルグアイで開始された。
ウルトラ [ultra-] 超…；極端な；並はずれた…。
ウルトラC [日ultra C] ①〘体操〙難度Cを超えるきわめて難しい技。②離れわざ。
ウルトラソニック [ultrasonic] 超音波の。
ウルトラナショナリズム [ultranationalism] 超国家主義；国粋主義。
ウルトラブック [Ultrabook] 〘商標〙タブレットとノートパソコンの機能を併せ持つ薄型・軽量のPC。＊インテルが2011年に提唱。
ウルトラマリン [ultramarine] 群青(ぐんじょう)色；あざやかな青色の顔料。
ウルトラモダン [ultramodern] 超現代的な；最先端をゆく。
ウルトラライト・プレーン [ultralight plane] 超軽量飛行機。＊スポーツやレジャーに使う。
ウルフ [wolf] オオカミ(狼)。
ウルル [Uluru] ⇨エアーズ・ロック。
ウレタン [Urethanドイツ] ①ウレタン・フォームの略。②カルバミン酸エステル。＊催眠・解毒剤。弱い発がん性がある。
ウレタン・ゴム [日Urethanドイツ＋gomオランダ] 合成ゴムの一種。＊タイヤ，ベアリング，ベルト，靴底などに使用。
ウレタン・フォーム [日Urethanドイツ＋foam] ウレタン樹脂を使ったスポンジ状の合成ゴム。＊クッション，断熱・吸音・保温材などに使われる。略ウレタン。
ウロキナーゼ [urokinase] 血栓溶解剤の1つ。＊脳血栓症や眼内出血，がんの治療薬として使用。
ウロボロス [Ouroboros] 自分の尾をくわえて円環状になった蛇。＊無限や永遠の象徴。
ウンガロ [Ungaro] 〘商標〙フランスのエマニュエル・ウンガロが設立したファッション・ブランド。

エ

エア [air] 空気。
エアーズ・ロック [Ayers Rock] オーストラリア中西部にある巨大な1枚岩。＝ウルル。
エアウェイ [airway] ①航空路。②航空会社；…航空。
エア・エクスプレス [air express]

①小荷物空輸。②国際宅配便。
エア・カーゴ [air cargo] 航空貨物；空輸貨物。
エア・カーテン [air curtain] 空気ドア。＊出入口で天井から空気を壁状に吹き下ろして，建物の内と外の空気を遮断する装置。＝エア・ドア。
エア・ガン [air gun] 空気銃。＝エア・ライフル。
エア・ギター [air guitar] 何も持たずに，エレキ・ギターを弾く真似をして見せること。
エア・クッション [air cushion] ①空気ぶとん；空気まくら。②空気ばね。＊空気を利用した緩衝(かんしょう)装置。
エアクラフト [aircraft] ①航空機。②機上無線局。
エア・クリーナー [air cleaner] 空気清浄器；空気浄化装置。
エア・コン エア・コンディショナーの略。
エア・コンディショナー [air conditioner] 空気調節装置；冷暖房装置。略エア・コン。
エア・コンプレッサー [air compressor] 空気圧縮機。略コンプレッサー。
エア・サービス [air service] (乗客・貨物などの)空輸；航空運輸業。
エア・サイクル・システム住宅 [air cycle system―] 外壁の内部にすきまを作り，空気が床下・壁・天井裏を通るようにした省エネ住宅。
エアシー・バトル [AirSea-Battle] 米軍の空海戦闘構想。＊対中国戦略。
エアシック [airsick] 航空機酔い。
エアシップ [airship] 飛行船。
エア・シャトル [air shuttle] (通勤用)定期航空便。＊近距離の2都市間を頻繁に往復，予約なしで乗れる。
エア・シュート [日air chute] 圧縮した空気の力で，パイプを通して書類や伝票などを送る装置。
エア・スタビライザー [air stabilizer] 空力安定板。＊自動車の後尾部につける，高速時に後部を押さえる機能。
エア・スペース [air space] ①領空；上空。②放送チャンネル。
エアゾール [aerosol] ⇨エアロゾル。
エア・ターミナル [air terminal] ①旅客が発着の手続きや待ち合わせなどをする空港内の建物。②シティ・エア・ターミナルの略。
エア・タオル [日air towel] 手を差しのべると自動的に温風が出て，濡れた手を乾かす装置。
エア・チェック [air check] 放送番組を調べて好みのものを録音・録画すること。
エア・チケット [air ticket] 航空券。
エア・ドア [air door] ⇨エア・カーテン。
エアドゥ [AIR DO] 北海道の国際航空会社。
エア・ドーム [air dome] 空気膜構造物。＊屋根を合成繊維やガラス繊維の膜で作り，その中に空気を送り込んでふくらませた構造物。東京ドーム(ビッグ・エッグ)がこの構造。
エアドロップ [AirDrop] 『商標』アップル社製デバイスのファイル共有機能。
エアバス [airbus] 中・短距離用の大型ジェット旅客機。
エア・バッグ [air bag] 自動車が衝突したとき自動的にふくらんで運転者を保護する装置。
エア・ハンマー [air hammer] 圧縮空気を利用して打つハンマー。
エア・フィルター [air filter] 空気濾過(ろか)装置。
エア・フォース [air force] 空軍。
エア・フォース・ワン [Air Force One] アメリカ大統領の専用機。＊「空飛ぶホワイト・ハウス」の異名がある。
エアブラシ [airbrush] 絵の具を霧状にして吹きつける器具。＊写真の修正やイラストなどに用いる。
エア・プランツ [air plants] 気生植物。＊空中から水分や養分をとる観葉植物。⇨ティランジア。
エア・ブリージング・エンジン [air breathing engine] 大気圏では空気を吸い込んで燃料を燃やし，宇宙空間では液体酸素で燃料を燃やすしくみのエンジン。
エア・ブレーキ [air brake] 圧縮空気を利用したブレーキ。＊電車などに使われている。
エアプレーン [airplane] 飛行機。
エア・フロント [air front] 空際；空港周辺。
エア・ページェント [air pageant] 編隊飛行演技。＊航空ショーで行われる曲芸飛行など。
エア・ベース [air base] 空軍基地。
エアポート [airport] 空港。
エアボード [airboard] 空気を入れてふくらませたゴム製のボードに腹ばいになって乗り，雪上を滑走するスポーツ。
エアポート・タックス [airport tax] 空港税。＊出国時に徴収される。
エアボーン [airborne] ①空中からウランや石油の鉱脈を探査すること。②落下傘降下。
エア・ポケット [air pocket] ①飛行中の航空機が気流などの関係で急激に降下する所。②空白の部分。
エア・ポット [日air pot] 上部のふたを押すと空気の圧力で湯が出るようになっている魔法びん。
エア・ポンプ [air pump] 空気ポンプ；(自転車の)空気入れ。
エアメール [airmail] 航空(郵)便。
エア・ライト [air right] 空中権；(土地・建物の)上空使用権。
エアライナー [airliner] 定期旅客機。
エア・ライフル [air rifle] ⇨エア・ガン。
エアライン [airline] 定期航空路(線)；航空会社。
エアリアル [aerial] 〘スキー〙フリースタイル・スキーの一種。＊空中へ飛び上がって，横転，逆転，宙返りなどの演技を行う。
エアリー [airy] ①空気の。②軽やかな感じがするさま。
エアリプ ツイッターでリプライ(返信)をする際に，ユーザー名をつけずに言及すること。
エアレーション [aeration] 液体中に空気を溶かし込むこと。＊下水処理や排水処理で行われる。
エアログラム [aerogram] 航空書簡。＊国際郵便用の封筒兼用便箋。均一料金制。
エアロサット ⇨AEROSAT。
エアロスペース [aerospace] 航空宇宙空間。＊大気圏及び大気圏外。
エアロゾル [aerosol] ①大気中に浮遊している固体または液体の微粒子。②噴霧式薬剤。＝エアゾール。
エアロダイナミックス [aerodynamics] 空気力学；航空力学。
エアロ・デザイン [日aerodynamic design] 空力デザイン；空気力学的設計；空力的造形。
エアロノート [aeronaut] 飛行機や飛行船などの操縦士。
エアロビクス [aerobics] ①有酸素運動。＊酸素を多くとり血液の循環をよくして健康を増進させる健康法。↔アネロビクス。②エアロビック・ダンシングの略。
エアロビサイズ [aerobicise] エアロビクスを行うこと。＊エアロビクス(aerobics)とエクササイズ(exercise)の合成語。
エアロビック・ダンシング [aerobic dancing] リズミカルな運動を行って運動不足を解消し，健康の増進を図るダンス運動。略エアロビクス。
エアロフォルム [aeroforme フランス] 空

気力学造形。
エイジ [age]　①時代。②年齢。＊エージとも。
エイジ・グループ [age-group]　年齢がほぼ同じ人々の集団。
エイジ・シューター [age shooter]　〖ゴルフ〗1ラウンド18ホールを自分の満年齢と同じか，それ以下のスコアでプレーする人。
エイジズム [ag(e)ism]　高齢者差別。＝エイジング・ハラスメント。
エイジレス [ageless]　年齢を感じさせない；生き生きとした。
エイジング [ag(e)ing]　年をとること；老化。
エイジング・ハラスメント [aging harassment]　⇨エイジズム。
エイズ [AIDS]　後天性免疫不全症候群。＊HIV（ヒト免疫不全ウイルス）に感染することによって，病原体に対する抵抗力が失われ，感染症にかかることがある。AIDSは，*A*cquired *I*mmune *D*eficiency *S*yndromeの略。⇨HIV。
エイト [eight]　①８。②８人でこぐ競漕用のボート。また，そのこぎ手。＊コックス(舵手)を入れると９人。③〖フィギュア・スケート〗８の字滑走。
エイド [aid]　①助力；援助。②手助けする。
エイドス [eidos ギリシア]　〖哲学〗①姿；形。②プラトンの「イデア」。③アリストテレスの「形相(けいそう)」。↔ヒュレー。
エイトック　⇨ATOK。
エイト・ビート [eight beat]　〖音楽〗８拍子。
エイリアス [alias]　コンピュータのコマンド名などに使用する別名。
エイリアン [alien]　宇宙人；異星人。
エウレカ　⇨ユリイカ。
エウロパ [Europa]　①〖ギリシア神話〗フェニキアの王女。＊ゼウスが恋し，クレタ島に拉致。②木星の衛星。＊氷が存在する。
エウロペ [Europe ギリシア]　⇨エウロパ。
エーカー [acre]　ヤード・ポンド法の面積の単位。記号はac。＊１エーカーは4046.9平方メートル。
エージェンシー [agency]　代理店；取扱店；代理業。
〜制　外庁制；独立行政法人制度。
エージェンシー・ショップ [agency shop]　労働協約で，労働組合が非組合員についても，組合費相当分の金額を納入させることを義務づける制度。
エージェント [agent]　①代理人；周旋人；代理業者。②⇨スパイ。
エース [ace]　①(トランプの）１の札；(さいころの)１の目。②〖テニス，バレーボールなど〗相手が打ち返せないような，見事な打球。③〖野球〗主戦投手。④第一人者；名手。
エーテル [ether オランダ]　芳香のある揮発性の液体。＊麻酔や溶剤に使う。
エーデルワイス [Edelweiß ドイツ]　①セイヨウウスユキソウ(西洋薄雪草)。＊キク科の高山植物で，アルプスの名花。②ミュージカル『サウンド・オブ・ミュージック』で歌われる同名の歌。
エード [ade]　甘味飲料。＊果汁に砂糖と水を加えた飲み物。
エートス　⇨エトス。
エープリル・フール [April fool]　４月ばか。＊４月１日に，たわいないうそでかつがれた人。
エーペック　⇨APEC。
エール[1] [ale]　(英国産の)ビール。
エール[2] [yell]　声援；応援の喊声(かんせい)。
エール・フランス [Air France フランス]　フランスの航空会社。国際コードAF／AFR。
エオニズム [eonism]　服装倒錯症。＊異性の服装を身につけて性的満足を得ようとする心理。
エキサイティング [exciting]　わく

わくさせるような；はらはらさせるような。

エキサイト [excite]　興奮させる；興奮する。

エキシビション [exhibition]　公開；展示；展覧会；展示会。

エキシビション・ゲーム [exhibition game]　模範試合；公開演技。

エキシマ・レーザー [excimer laser]　励起状態で不安定な分子が原子に分解するときに出る光を用いたレーザー。＊医療や半導体加工に利用。

エキス [extract オランダ]　①植物などから有効成分を抜き出して濃縮したもの。②物事のいちばん大事な部分。

エキスターナル [external]　①外部；外観。②外部の；外面の。＊エクスターナルとも。↔インターナル。

エキストラ [extra]　①〖テレビ，映画〗臨時やといの俳優〔出演者〕。②余分のもの；(新聞の)号外；(雑誌の)増刊号；(定食にはない)特別料理。

エキストラ・バージン [extra virgin]　熟したオリーブの果実からとったオリーブ油のなかでも，酸度が1.0%以下で上質なもの。

エキストラ・ベッド [extra bed]　ホテルの客室で定員以上が宿泊する際に使用される追加ベッド。

エキストラ・ホール [extra hole]　〖ゴルフ〗試合で同点決勝のとき追加するホール。

エキスパート [expert]　(ある分野の)専門家；熟達者；名人。⇨ベテラン。

エキスパート・システム [expert system]　〖電算〗専門家システム。＊各分野の専門家の知識をプログラム化し，これに基づいてコンピュータに分析・解答させるシステム。

エキスパンダー [expander]　①筋力トレーニングの運動具。＊ゴムやスプリング製で，両手，または手と足で引っ張って広げる。②ステレオ装置の音の広がりを調節する部分。

エキスプレス [express]　⇨エクスプレス。

エキスポ [Expo]　①(万国)博覧会。②見本市。＊expositionの短縮形から。エクスポとも。

エキセントリック [eccentric]　風変わりな；突飛な。＊エクセントリックとも。

エキゾチシズム [exoticism]　異国情緒；異国趣味。

エキゾチズム [exotisme フランス]　⇨エキゾチシズム。

エキゾチック [exotic]　異国風の；異国情緒を感じさせる。

エキタス [aequitas ラテン]　公正；公平；正義。

エキノコックス [echinococcus]　包虫。＊多節条虫類の幼生の形態の1つ。動物やヒトの肝臓に寄生。

エキュー　⇨ECU，ユーロ。

エキュメニズム [ecumenism]　世界教会主義。＊教会・教派のちがいを超えて全キリスト教徒の結束を図ろうとするもの。

エクイタブル [equitable]　公正な；公平な；理にかなった。

エクイティ [equity]　①公平；公正。②衡平法。③株主資本。

エクイティー・ファイナンス [equity finance]　新株発行に伴う企業の資金調達。

エクサ [exa-]　10の18乗倍を意味する接頭辞。記号はE。

エグザイル [exile]　①亡命。②国外追放者。

エクササイズ [exercise]　①練習；練習問題；練習曲。②運動；訓練。

エクササイズ・ウォーキング [exercise walking]　歩くことで健康な体をつくること。略EXW。

エグジスタンシャリスム [existentialisme フランス]　〖哲学〗実存主義。

エグジスタンス [existence フランス]　存在；実存。

エグジット [exit] 出口。＊イグジットとも。↔エントランス①。

エクスカーション [excursion] 遠足；小旅行；遊覧〔周遊〕旅行。

エクスカーション・フェア [excursion fare] 周遊旅行料金。

エクスキューズ [excuse] ①容赦；弁明。②言いわけ；口実。

エクスキューズ・ミー [Excuse me.] 「ごめんなさい」「失礼」。

エクスクラメーション・マーク [exclamation mark] 感嘆符「！」。

エクスクルーシブ [exclusive] ①排他的な。②独占的な。↔インクルーシブ。

エクスターナル ⇨エキスターナル。

エクスタシー [ecstasy] ①恍惚状態；忘我。②霊魂離脱状態；神秘的感覚。

エクスタシス [ekstasis ギリシア] ⇨エクスタシー②。

エクスチェンジ [exchange] ①交換；両替(りょうがえ)。②取引所；両替所。

エクステリア [exterior] 屋外装飾；屋外設備。＝アウテリア。↔インテリア。

エクステンション [extension] ①拡張；拡大；延長。②(電話の)内線。

エクステンション・コース [extension course] (大学の)公開講座。

エクステンション・コード [extension cord] 延長コード。

エクステンション・センター [extension center] 資格取得や生涯学習のための公開講座を開く，大学の付属機関。

エクステンション・ヘア [日extension hair] 自分の毛に接続してつける飾り毛。

エクステンション・ボード [extension board] 〖電算〗拡張用ボード。

エクストラ [extra] ①特製料理。②極上のぶどう酒やブランデー。③余計な；特別の。

エクストラネット [extranet] 同じ系列の会社同士をイントラネットで接続したネットワーク。

エクストリーム・スキーイング [extreme skiing] ラフな急斜面や断崖のある難コースで行われるスキー競技。

エクスパンション [expansion] 拡大；拡張。

エクスプラネーション [explanation] ①説明；解説。②釈明；弁明；弁解。

エクスプレス [express] ①急行。②速達便。＊エキスプレスとも。

エクスプレスウェイ [expressway] 高速道路。

エクスプレッショニズム [expressionism] 〖芸術〗表現主義。

エクスプレッション [expression] ①表現；言いまわし。②表情；顔つき。

エクスプロージョン [explosion] ①爆発。②(人口などの)急増。

エクスプロージョン・ショット [explosion shot] 〖ゴルフ〗バンカーで，ボールの手前にクラブを打ち込み，砂とともにボールを飛ばす打ち方。

エクスプローラー [explorer] ①探検家；調査者。② [E-] 1958～1968年にアメリカで打ち上げられた宇宙空間観測用人工衛星。

エクスペクテーション・オブ・ライフ [expectation of life] 平均余命。

エクスペクテーション・ギャップ [expectation gap] 期待する側とされる側の間の意識のずれ。

エクスペディション [expedition] 遠征(隊)；探検(隊)。

エクスペリエンス [experience] 経験。

エクスペリメント [experiment] ①実験；試験。②実験装置。

エクスペンシブ [expensive] 高価な；値段の高い。

エクスペンス [expense] 費用；出費；経費；物入り。

エクスポージャー [exposure] ①暴露。②〖写真〗露出；露光。
エクスポーター [exporter] 輸出業者。↔インポーター。
エクスポート [export] 輸出(する)；輸出品。↔インポート。
エクスポジション [exposition] ①説明；解説。②⇨エキスポ(Expo)。
エクス・リブリス [ex librisラテン] 蔵書票；蔵書印。＊蔵書の表紙裏に貼り付ける小さな紙片。
エグゼクティブ [executive] (企業などの)上級管理職；重役。
エグゼクティブ・オフィサー [executive officer] ①行政官。②支配人；市長；取締役；事務長。
エグゼクティブ・クラス [executive class] (旅客機の)エコノミー・クラスよりややよい客席。＝ビジネス・クラス。⇨エコノミー・クラス，ファースト・クラス。
エグゼクティブ・サーチ [executive search] 経営幹部や，企業が求める特殊なスキルをもつ人材を発掘して引き抜くこと。＝ヘッド・ハンティング。
エクセプション [exception] 例外。
エクセル [Excel] 〖商標〗表計算ソフト。＊マイクロソフト社製。
エクセレント [excellent] すばらしい；優秀な。
エクセレント・カンパニー [excellent company] 独自の企業文化と高い収益力を誇る超優良企業。
エグゾースト・パイプ [exhaust pipe] 排気管。
エクソシスト [exorcist] 悪魔払いの祈禱(きとう)をする人。
エグゾセ [exocetフランス] ①とび魚。②[E-] フランス製の空対艦ミサイル。
エクソダス [Exodus] ①イスラエルの民がモーゼに率いられエジプトを脱出したこと。また，そのことを記した『旧約聖書』「出エジプト記」。②[e-] 大脱出；(移民の)大量出国。
エクソフォニー [Exophony] 母語の外に出た状態。＊exo-(外へ)＋phony(音)から。
エクソン・モービル [Exxon Mobil] 〖商標〗アメリカの石油会社。
エクトプラズム [ectoplasm] ①心霊現象で，霊媒の体から発する心霊体。②〖生物〗外部原形質。
エクメーネ [Ökumeneドイツ] 地球上で人間が居住できる地域。↔アネクメーネ。
エクリチュール [écritureフランス] 書かれたもの；文章；文学。
エクリプス [eclipse] 日食や月食における食；蝕(しょく)。
エクリュ [écruフランス] 亜麻色；羊皮紙の色；生(き)成りの色。
エクレア [éclairフランス] 細長いシュークリームの上にチョコレートをかけた洋菓子。＊エクレールとも。
エクレクティシズム [eclecticism] 折衷主義。＊種々の体系や様式を寄せ集めて，思想体系や芸術作品などを作り上げようとすること。
エクレシア [ecclesiaラテン] 教会；礼拝堂。
エコ [eco] ①環境の。②エコロジーの略。
エゴ [egoラテン] ①自我；我。②エゴイスティック，エゴイスト，エゴイズムの略。
エゴイスティック [egoistic] 利己(主義)的な；自分本位な。略エゴ。
エゴイスト [egoist] 利己主義者；自分本位な人。略エゴ。
エゴイズム [egoism] 利己主義。略エゴ。↔アルトルーイズム。
エコー [echo] ①反響；こだま。②(音・声を)反響させること。また，その装置。③[E-]〖ギリシア神話〗森の妖精(ニンフ)。＊美少年のナルキッソスに恋したが失恋。悲しみのあまり姿を消して声だけを残す。

エコー・ウイルス [ECHO virus] 人の腸内で繁殖し，髄膜炎，乳児下痢症などの原因になるウイルス。＊ECHOは，*e*nteric *c*ytopathogenic *h*uman *o*rphanの略。
エコー・チェンバー [echo chamber] SNSなど価値観の近い者同士のコミュニティで，特定の意見や思想が正しいと肯定されていく現象。
エコール [écoleフランス] ①学派；流派。②学校。
エコール・ド・パリ [École de Parisフランス] 1920年代にパリに在住した外国人の画家の総称。＊シャガール，モディリアーニ，スーティン，ピカソ，藤田嗣治らが有名。
エコーロケーション [echolocation] 反響定位。＊コウモリやクジラのように超音波を発してその反響でえさや物体の位置を知ること。
エコ・カー [日eco car] 環境対応車。
エコ・ガラス [日eco glass] 板硝子協会の会員3社が製造する省エネ複層ガラスの共通呼称。
エコキュート [日EcoCute] 〖商標〗家庭用自然冷媒給湯器。＊電気料金の安い深夜に湯を沸かす。
エコ・グッズ [日eco-goods] エコ商品。＊環境に優しい商品。
エゴサーチ [egosearching] インターネットやSNSで自分の名前や作品を検索して，その評価を確認する行為。略エゴサ。
エコサイド [ecocide] 環境〔生態系〕破壊。
エコシステム [ecosystem] 生態系。
エコ・シティ [eco-city] 環境共生モデル都市。＊国土交通省と環境省の事業で，自然との共生をめざす。
エコセメント [日ecocement] ゴミの焼却灰や下水汚泥を主原料にして，石膏(せっこう)などの凝固剤を加えて作ったセメント。
エコソク ⇨ECOSOC。
エコ・タウン [eco-town] 資源循環型社会。＊経済産業省と環境省とが連携して創設した事業。
エコ・タックス [eco-tax] 環境税。
エコ・ツアー [日eco tour] 自然〔環境〕保護を目的として企画された旅行。
エコ・ツーリズム [eco-tourism] 環境観光。＊植林や遺跡の修復などボランティアを中心としたツアー。
エゴティズム [egotism] 自己中心主義；利己主義；わがまま。
エコテクノロジー [ecotechnology] 自然と人間の共存を図り，生態系が持つ浄化能力を人為的にコントロールしようとする技術。
エコデザイン [ecodesign] 一連の生産・消費過程で，環境に配慮した設計を取り入れたデザイン。
エコドライブ [日ecodrive] 地球環境にやさしい自動車の運転。＊アイドリングをやめることなど。
エコノミー [economy] 経済。
エコノミー・クラス [economy class] (旅客機・客船などの)普通席。＝ツーリスト・クラス。⇨エグゼクティブ・クラス，ファースト・クラス。
～症候群 [～syndrome] 飛行機の座席に長時間同じ姿勢で座り続けたときに発生しやすい症状。＊腰痛や足の痛み，深部静脈血栓症など。＝ロング・フライト血栓症。
エコノミー・サイズ [economy-size] 経済的なサイズ；徳用サイズ。
エコノミー・ラン [economy run] 自動車の燃料節約競走。
エコノミカル [economical] 節約的な；経済的な；徳用な。
エコノミスト [economist] ①経済学者。②[The E-] イギリスの週刊経済・ビジネス誌。
エコノミック・アニマル [economic animal] 経済的利益だけを追求する型の人間。＊高度成長期の日本人の行動を評したことば。

エコノミックス [economics] ①経済学。②1国の経済問題。

エコノメトリックス [econometrics] 計量経済学。＊統計分析・数学を利用して経済理論を数値的に検証する学問。

エコ・ハウス [日eco house] 環境共生住宅。＊省エネのための断熱化や雨水の再利用など。

エコ・バッグ [eco-bag] レジ袋を使わないために持ち歩く簡易袋。

エコ・バンク [eco-bank] 環境銀行。＊環境保護に熱心な人々が出資し，環境改善や平和目的の開発に携わる企業に優先的に融資する。

エコ・ビジネス [eco-business] 地球環境の保全に関連する需要に応じる商品開発を行う企業活動・産業。

エコビレッジ [ecovillage] 環境への負荷が少なく持続可能なまちづくりをコンセプトにしたコミュニティ。

エコ・ファー [eco fur] 化学繊維などを利用して，動物の毛皮に似せてつくった人工の素材。

エコ・ファーム [eco-farm] 店舗で出る野菜や肉のくずを堆肥にして野菜を栽培し，それをまた店舗で販売するという環境共生型農業システム。

エコ・ファンド [eco-fund] 環境に配慮した経営を積極的に行う企業を中心とした投資信託。

エコ・フェア [eco-fair] 地球環境の保護・保全を訴える催しや見本市。

エコ・ブリッジ [日eco bridge] リスやサルなどの移動経路を確保するための橋。＊森林を横断する道路の上に作る。

エコ・フレンドリー [eco-friendly] 環境に合っている；自然環境を損なわない。

エコ・ポイント [日eco-point] 省エネ性能にすぐれた家電や住宅を購入する際に与えられるポイント。＊他の商品やサービスと交換できる。

エコマーク エコロジー・マークの略。

エコ・マテリアル [eco-material] 地球環境にやさしい材料。＊資源の保護・再利用，環境保護を考慮する。

エコ・ミュージアム [ecological museum] 生活・環境博物館。

エコ・モール [eco-mall] 環境保全・省エネルギーを考慮して設計・施工したショッピング・センター。

エコライト [ecoright] (温室効果ガスの)排出権。

エコ・ラベル [eco-label] 欧州連合(EU)の環境保護運動に用いるシンボル・マーク。＊日本ではエコマークと呼ばれる。

エコリーフ [Ecoleaf] 産業環境管理協会の発行する，製品のライフサイクル全体を通じた定量的な環境情報を示すラベル。

エコルシェ [écorché フランス] 人体の筋肉がわかるようになっている人体模型。

エコロジー [ecology] 生態学。＊生物と環境(生態系)との関係を研究する学問。略エコ。

エコロジー・カラー [ecology color] 自然の色を象徴する色。＊ベージュ，アイボリーなど。

エコロジー・ペーパー [ecology paper] 資源の再利用によって作られる紙。

エコロジー・ボトル [ecology bottle] 回収したガラスびんを砕いたものを90パーセント以上原料として使用したガラスびん。

エコロジー・マーク [ecological mark] 資源を再生利用した商品などにつけられるマーク。略エコマーク。⇨エコ・ラベル。

エコロジカル [ecological] ①環境保護の；環境にやさしい。②生態学の。

エコロジカル・フットプリント [ecological footprint] 人間活動がどれだけ自然環境に依存しているの

エ

かを表す指標の1つ。

エコロジスト [ecologist] ①生態学者。②自然環境保護を唱える人。

エサキ・ダイオード [Esaki diode] トンネル効果により，電圧を増すと電流が減るという特性をもつ半導体。＊江崎玲於奈(れおな)が発明。＝トンネル・ダイオード。

エシカル・ファッション [ethical fashion] 人や社会・自然環境に配慮したファッション。

エシック [ethic] 倫理；道徳律。

エシックス [ethics] 倫理学。＝エチカ①。

エシャロット [échalote フランス] ワケギに似たネギの一種。＊球根部を食用にする。シャロットとも。

エシュロン [Echelon] アメリカ，イギリスなど英語圏5か国が運営する通信傍受機関。

エス[1] [es ドイツ] ⇨イド。

エス[2] [S] ⇨シスター③。

エス・エフ ⇨SF。

エス・オー・エス ⇨SOS。

エスカトロジー [eschatology] 終末論。

エスカピズム [escapism] 現実逃避主義。

エスカベーシュ [escabèche フランス] から揚げにした小魚やえびに，野菜・酢・油などで作った熱い汁をかけ，しばらく漬けておく料理。

エスカルゴ [escargot フランス] 食用カタツムリ。また，その料理。

エスカレーション [escalation] (規模の)段階的拡大。↔ディ・エスカレーション。

エスカレーター [escalator] ①自動階段。②いったんそのしくみの上に乗ると，努力しないでも自動的に上まで行けること。＊特に進学についていう。

エスカレート [escalate] (規模が)だんだんに拡大する。↔ディ・エスカレート。

エスカロープ [escalope フランス] (肉や魚の)薄い切り身。また，その料理。

エスキス [esquisse フランス] 下絵；スケッチ。

エスキモー [Eskimo] グリーンランドやアラスカなどに住む先住民族。⇨イヌイット。

エスクロー [escrow] 代金の第3者寄託方式。＊第3者に預けた証書が，一定条件が満たされた場合に効力をもつ方式。

エスクロー・バーター [escrow barter] 条件付き譲渡信用状取引。＊貿易で，買い手側が代金を売り手側が指定する銀行口座へ，売り手名義で預金する。

エスクワイア [esquire] ①…殿；…様。＊手紙の宛名のあとにつける敬称。略Esq.。② [E-] 1933年創刊のアメリカの都会派雑誌。

エスケープ [escape] ①逃げ出す。②授業中に教室を抜け出すこと；講義をサボること。

エスケープ・キー [escape key] 〖電算〗操作中のトラブルを解消するためのキー。略ESCキー。

エスケープ・クローズ [escape clause] 免責条項；免除条項。

エスコート [escort] ①男性が女性を家まで送ったり，劇場に付き添ったりすること；護衛役。②添乗員。

エスコート・キッズ [escort kids] 〖サッカー〗選手と手をつないでピッチ⑥に入場する子供たち。

エスタブリッシュメント [establishment] 体制(側)；主流派。↔アンチ・エスタブリッシュメント。

エスタンプ [estampe フランス] 版画；木版画。

エステ エステティックの略。

エステート [estate] ①(大邸宅つきの広大な)土地。②大農場。

エステート・カー [estate car] 後部

に大きな荷物を積める乗用車の一型式。＊アメリカでは，ステーション・ワゴンという。

エステチカ [aesthetica]　芸術理論の1つで，美について考察する学問。

エステティシャン [esthéticienフランス]（頭髪を除く）全身美容師。

エステティック [esthétiqueフランス]（頭髪を除く）全身美容法。[略]エステ。

エステティック・サロン [日esthétiqueフランス＋salon]　全身美容を行う美容院。

エステル [Esterドイツ]　アルコールと酸が脱水反応により結合して生じた化合物。＊香料として利用される。

エストール ⇨STOL。

エストラゴン [estragonフランス]　⇨タラゴン。

エストロゲン [estrogen]　卵胞ホルモンの総称。

エストロン [estrone]　卵巣から分泌する卵胞ホルモンの一種。

エスニシティ [ethnicity]　民族性。

エスニック [ethnic]　民族の；民族的な。＊特に，アジア，アフリカ，ラテン・アメリカについていう。

エスニック・クイジン [ethnic cuisine]　民族料理。

エスニック・クラブ [ethnic club]　民族的な風俗や料理，音楽・ダンスなどを特色とするクラブ。

エスニック・グループ [ethnic group]（言語・宗教・習慣などを同じくする）少数民族集団。

エスニック・クレンジング [ethnic cleansing]　民族浄化。＊敵対する民族の絶滅を図ること。

エスニック・コンフリクト [ethnic conflict]　民族紛争。

エスニック・ファッション [ethnic fashion]　素朴で自然な民族調の装い。＊エスニック・ルックとも。

エスニック・フード [ethnic food]　その民族特有の伝統的な食べ物〔料理〕。

エスニック・マイノリティ [ethnic minority]　少数民族。

エスニック・ミュージック [ethnic music]　民族音楽。

エスノ [ethno-]「民族」の意味で複合語を作る。

エスノ・サイエンス [ethno-science]　民族科学。

エスノセントリズム [ethnocentrism]　自民族中心主義。

エスノナショナリズム [ethnonationalism]　少数民族集団が自民族のみの国家を作ろうとする運動。＊カナダのケベック州，スペインのカタルーニャ地方など。

エスノポップス [ethnopops]　民族音楽。＊アジアやアフリカなどの伝統的な音楽の特徴を生かしたポップ音楽。

エスノロジー [ethnology]　民族学。

エスパー [esper]　超人的な知覚をもつ人；超能力者。＊ESPに「人」を表す接尾語erをつけた語。ESPは*ex*tra *s*ensory *p*erception（超感覚的知覚）の略で，第六感，霊感，テレパシーなどをさす。

エスパドリーユ [espadrilleフランス]　縄底のズック靴；リゾート風サンダル。

エスパニョール [españolスペイン]　①スペインの。②スペイン人；スペイン語。

エスピオナージュ [espionnageフランス]　スパイ行為；スパイ活動。

エスプーマ [espumaスペイン]　液状の食材に亜酸化窒素を混ぜて泡状にする調理法。

エスプリ [espritフランス]　①機知；ひらめく才気。②精神。

エスプリ・ヌーボー [esprit nouveauフランス]　第1次大戦後，フランスの詩人アポリネールらが主唱した前衛的な芸術上の主張。

エスプレッソ [espressoイタリア]　細かく砕いたコーヒー豆に蒸気を通して作

る濃厚なコーヒー。また，その器具。＝イタリアン・コーヒー，カフェ・エスプレッソ。

エスペラント［Esperanto］（人工的）国際語。＊1887年にポーランド人の医師ザメンホフが考案した。

エスポワール［espoirフランス］希望。

エソテリシズム［esotericism］秘教主義。

エソロジー［ethology］動物行動学。

エターナル［eternal］永遠の；永久の。

エタニティ［eternity］永遠；永遠性；不滅のもの。

エタニティ・リング［eternity ring］小粒の宝石を切れ目なくはめ込んだ指輪。＊永遠の象徴。

エタノール［Äthanolドイツ］⇨エチルアルコール。

エダム・チーズ［Edam cheese］赤玉チーズ。＊球形に固めて赤く塗ったナチュラル・チーズ。原産地はオランダのエダム。

エチカ［ethicaラテン］①⇨エシックス。②［E-］オランダの哲学者スピノザの主著。

エチケット［étiquetteフランス］礼儀；作法。

エチュード［étudeフランス］①〘音楽〙練習曲。②〘美術〙習作。

エチルアルコール［Äthylalkoholドイツ］酒精。＊特有の香りと味をもつ無色透明の液体。酒その他のアルコール飲料，化学薬品の原料，燃料などに使われる。＝エタノール。

エチルベンゼン［ethylbenzen］芳香族炭化水素の1つで，無色の可燃性液体。＊特定化学物質に指定。

エチレン［Äthylenドイツ］可燃性の無色の気体。＊合成樹脂，合成繊維などの原料として使われる。

エッグ［egg］①卵；鶏卵。②卵子。

エックス脚［knock-knee］前または後ろから見るとX字型に湾曲している下肢。↔オー脚。

エックス線［X-ray］放射線の一種。＊物質を透過する力が強い。1895年にドイツ人のレントゲンが発見し，「未知の光線」という意味でX線と名づけた。＝レントゲン線。

エックス・デイ［日X day］何かが行われる重要な予定日。

エッグ・ドナー［egg donor］不妊治療における卵子提供者。

エッグノッグ［eggnog］カクテルの一種。＊卵に牛乳，調味料，ウイスキー，ブランデーなどを加えたもの。

エッグプラント［eggplant］なす。

エッケ・ホモ［Ecce homoラテン］「この人を見よ」。

エッジ［edge］①端(はし)；縁(ふち)；へり。②スキーやスケートの滑走面の角。＊刃のようにとがっている。③〘ゴルフ〙バンカーやグリーンの端。

エッジ・ボール［edge ball］〘卓球〙台の縁(ふち)に当たって入った打球。＊有効打となる。

エッジング［edging］①〘服飾〙縁(ふち)どり；縁飾り。②〘スキー，スケート〙角(かど)づけ。＊制動や回転のためにスキー〔スケート〕のエッジを雪〔氷〕面に立てること。

エッセイスト［essayist］随筆家。

エッセー［essay］随筆；小評論。

エッセン［Essenドイツ］食事をとること；食事。

エッセンシャル［essential］不可欠；絶対必要な；本質的な。

エッセンシャル・オイル［essential oil］精油；芳香油。＊植物から採った揮発性の油の総称。

エッセンシャル・ドラッグ［essential drugs］その国の保健医療での，必須(ひっす)医薬品。＊WHOが提唱。

エッセンシャル・ワーカー［essential worker］医療・介護，小売店販売員，宅配業者など，生活維持に欠かせない職種の従事者。

エッセンス [essence] ①本質；欠くことのできない要素。②植物などから抽出した成分。

エッチング [etching] ①銅版画技法の1つ。＊銅版の表面にろうなどの防蝕剤をぬり，彫刻針で図柄を彫りつけて銅面を露出させ，その部分を硝酸で腐食させる。②金属の表面処理法。＊半導体集積回路(IC)の製造などに応用。

エッフェル塔 [Tour Eiffel フランス] フランスのパリにある高さ312メートルの鉄塔。＊1889年のパリ万国博覧会のためにA.G.エッフェルが設計。

エディ [Edy] 〖商標〗日本の電子マネーの1つ。

エディション [edition] (本の)版。＊ファースト・エディション(初版)，ポケット・エディション(ポケット版)のように使う。

エディター [editor] ①新聞・雑誌などの編集者。②フィルム編集者。③〖電算〗編集用ソフト。④編集作業用の機器。

エディトリアル [editorial] ①編集(部)の；社説〔論説〕の。②(新聞・雑誌の)社説；論説。

エディトリアル・デザイン [editorial design] (新聞・雑誌などの)編集的なデザイン。＊文字，写真，絵などの配置をデザインする。

エディネット ⇨EDINET。

エディプス・コンプレックス [Oedipus complex] 男の子が父親を敵視し，母親に性的愛情をいだくこと。＊父親と知らずに父親を殺して母親を妻としたギリシア神話のオイディプスの物語からフロイトが作った用語。オイディプス・コンプレックスとも。↔エレクトラ・コンプレックス。⇨マザー・コンプレックス。

エデュケーション [education] 教育。

エデュテインメント・ソフト [edutainment software] 〖電算〗教育とゲームの中間に位置するソフトウェア。＊楽しみながら学習できる。

エデン [Eden ラテン] 『旧約聖書』で，アダムとイブが住んでいた楽園。＊2人は禁断の木の実を食べ，楽園から追放された。

エトス [ēthos ギリシア] ①人間の性格・習性。↔パトス。②ある社会や民族の特質・気風；習俗。③気品。

エト・セトラ [et cētera ラテン] …など；…その他。略etc.。

エトランゼ [étranger フランス] 見知らぬ人；異邦人；外国人。

エトワール [étoile フランス] 花形；人気者；スター。

エトワス [etwas ドイツ] あるもの；何か。＊英語のsomething。

エナジー [energy] ⇨エネルギー。

エナジー・ドリンク [energy drink] カフェインなどの成分を多く含み，覚醒作用がある炭酸飲料。

エナジー・バー [energy bar] 持ち運びができ，手軽に栄養補給が可能な棒状の栄養補助食品。

エナメル [enamel] ①琺瑯(ほうろう)。②エナメル・ペイントの略。

〜革(がわ) 革の表面にエナメルをぬり，光沢と耐水性をもたせたもの。

〜質 歯の外側を覆っている硬い物質；琺瑯質。

エナメル・ペイント [enamel paint] 塗料の1つ。＊ワニスに顔料をといたもので，乾燥が早く，光沢がある。

エニアック ⇨ENIAC。

エニグマ [enigma] 謎；謎の人；不可解なもの〔こと〕。

エネ エネルギーの略。

省〜 産業・生活・社会活動全般にわたって，資源・エネルギーの消費を節減すること。

エネファーム [日ENE・FARM] 〖商標〗据え置き型の家庭用燃料電池システム。＊省エネ発電装置。

エネマ [enema] 浣腸(かんちょう)。
エネミー [enemy] 敵。
エネルギー [Energieドイツ] ①活力；精力；行動力。②物体が他に対して仕事をすることができる能力。略エネ。=エナジー。
〜革命 エネルギー源が石炭から石油・天然ガスへと急速にかわったこと。
一次〜 石炭，石油，天然ガス，水，原子核から得られるエネルギー。
核〜 核反応によって放出されるエネルギー。＊原子エネルギーとも。
二次〜 一次エネルギーを変換・加工して得られるエネルギー。＊電気，都市ガスなど。
エネルギー・セキュリティ [energy security] エネルギー安全保障。
エネルギー・プランテーション [energy plantation] 石油，石炭の代わりに植物からエネルギーを得ようとする構想。
エネルギッシュ [energischドイツ] 精力的な；活力旺盛な。
エノラ・ゲイ [Enola Gay] 1945年に広島に原爆を投下した，アメリカのB29爆撃機の愛称。
エバ [Evaラテン] ⇨イブ①。
エバー・オンワード [ever onward] 「限りなき前進」。＊アジア競技大会の標語。
エバーグリーン [evergreen] 〖服飾〗常緑樹の葉のような緑色。
エバーグレーズ [Everglaze] 〖商標〗樹脂加工して光沢をつけた布地。＊夏の衣服，カーテンなどに使用。
エバーラスティング [everlasting] 永遠の；不朽の。
エバプリーツ [Everpleats] 〖商標〗洗濯してもひだの消えないスカート。＊パーマネント・プリーツの商品名。
エバポレーション [evaporation] 脱水；蒸発。
エバポレーテッド・ミルク [evaporated milk] 無糖練乳。＊水分を蒸発させて濃縮した牛乳。略エバ・ミルク。⇨コンデンス・ミルク。
エバリュエーション [evaluation] 評価；見積もり。
エバンゲリオン [EVANGELLION] 日本のSFテレビアニメ作品『新世紀エヴァンゲリオン』(Neo Genesis EVANGELLION)の略。
エバンジェリスト [evangelist] ①〖キリスト教〗福音伝道者。②製品などの啓発・宣伝活動をする人。
エビアン [Évianフランス] 〖商標〗フランスのレマン湖畔の町，エビアンレバン産のミネラル・ウォーター。
エピキュリアン [epicurean] 快楽主義者；美食家。
エピグラフ [épigrapheフランス] 碑銘；碑文。
エピグラム [epigram] (寸鉄人を刺すような)警句；(短い)風刺詩。
エピゴーネン [Epigonenドイツ] 亜流；模倣者。＊独創性のない思想家・芸術家などを軽蔑(けいべつ)していう語。
エピジェネティクス [epigenetics] DNAの塩基配列の変更を伴わずに，染色体における変化によって生じる，安定的に受け継がれる表現型。＊epigenesis(後成説)とgenetics(遺伝学)の合成語。
エピステーメー [epistēmēギリシア] ①理性的認識。＊プラトン，アリストテレスの用語。↔ドクサ。②ある時代における知識の枠組み；知の体系。＊フーコーの用語。
エピステミック [epistemic] 知識の；認識論の；認識論に関する。
エピステモロジー [epistemology] 〖哲学〗認識論。
エピセット [epithet] 形容語句。
エピソード [episode] ①挿話(そうわ)。②逸話(いつわ)。③〖音楽〗挿入曲。
エピタキシー [epitaxy] 結晶の表面上に，他の結晶が類似した関係をとって成長していく現象。

エピタフ [epitaph]　①碑文；墓碑銘。②追悼文。

エピック [epic]　叙事詩。

エピデミック [epidemic]　①流行している。②流行病。③思想やファッションの突然の流行。

エビデンス [evidence]　証拠。

エピペン [Epinephrine autoinjector]　アナフィラキシー・ショックへの緊急補助治療に使われる医薬品。

エピローグ [epilogue]　①〖演劇〗最後に述べる口上；閉幕のことば。②(小説・長詩などの)結び；終章。③〖音楽〗ソナタ形式の終結部。④(物事の)結末；終局。↔プロローグ。

エフェクター [effector]　〖音楽〗電気的な処理を加え，音質や映像を変化させる装置。

エフェクト [effect]　①効果；ききめ。②サウンド・エフェクトの略。

エフェドラ [ephedra]　麻黄(まおう)の成分を含むダイエット補助食品。＊心臓発作など重篤な副作用がある。

エフェドリン [ephedrine]　交感神経興奮剤の1つ。＊中国原産の麻黄(まおう)から抽出される無色の結晶で，喘息(ぜんそく)・百日咳(ぜき)などにきく物質。

エフォート [effort]　努力。

エプロン [apron]　①(洋風の)前かけ。②空港で，旅客の乗り降り，貨物の積みおろしなどのために飛行機が停留する場所。③ゴルフ場のグリーン周辺の傾斜したところ。④エプロン・ステージの略。

エプロン・ステージ [apron stage]　劇場で，客席の中に張り出している舞台。略エプロン。

エペ [épée フランス]　〖フェンシング〗剣の一種。また，それを使って行う競技。＊攻撃は突きだけで，相手の体のどこを突いてもよい。

エベレスト [Everest]　ヒマラヤ山脈の世界最高峰。＊標高8848メートル。⇨チョモランマ，サガルマータ。

エポキシ樹脂 [epoxy resin]　主として接着剤に使われる樹脂。＊接着力がきわめて強く，ガラス，瀬戸物，軽金属板などを接着できる。

エポケー [epokhē ギリシア]　〖哲学〗判断中止。＊物事の正しい姿を見るため，それまでの判断を一時中止すること。

エポック [epoch]　(画期的な)時代；新時代。

エポック・メーキング [epoch-making]　画期的な；新時代を開くような。

エボナイト [ebonite]　黒く光沢のある硬質ゴム。＊電気絶縁材などに使われる。

エホバ [Jehovah]　『旧約聖書』の天地創造神。＝ヤーウェ，ヤハウェ。

エホバの証人 [Jehovah's Witnesses]　19世紀末にアメリカで設立されたキリスト教の1派。＊「ものみの塔」とも。

エボラ出血熱 [Ebola haemorrhagic fever]　熱帯地方のウイルス性感染症の1つ。＊高熱と出血を伴う。

エボリューション [evolution]　展開；発展；進化。

エポレット [épaulette フランス]　(軍人の階級を示す)肩章；肩かざり。

エマージェンシー [emergency]　緊急事態；非常事態。

エマージェンシー・パワー [emergency power]　非常指揮権。＊非常事態発生の際に発動される権限。

エマージェンシー・ランディング [emergency landing]　緊急着陸；不時着。

エマージング・ウイルス [emerging virus]　出現ウイルス。＊未開地などに潜んでいたウイルスが，開発や移動で他の場所で発現するもの。

エマージング・テクノロジー [emerging technology]　将来実用化が期待される先端技術。

エマージング・マーケット [emerging market] 急成長市場；新興国市場。＊アジア，中南米などで急速な成長が予想される諸国や地域。

エマイユ [émailフランス] 七宝焼き。

エマルジョン [emulsion] 乳液；乳剤；(写真の)感光乳剤。

エミー賞 [Emmy Award] アメリカのテレビ界のアカデミー賞。

エミグラント [emigrant] ①(他国への)移民；移住者。②亡命作家。

エミグレーション [emigration] (他国への)移住；移民。↔イミグレーション。

エミッション [emission] 排出；放出。

エミッションCT [emission CT] 体内に投与した放射線放出物質から出る放射線を利用して，人体の横断面の映像を作る装置。

エミッター [emitter] トランジスタの電極の1つ。＊ベース領域へ電子などを放出。

エミネント [eminent] 著名な；すぐれた。

エミュー [emu] ダチョウ目の鳥の一種。＊オーストラリアの国鳥。

エミュレーション [emulation] 〖電算〗あるコンピュータで別のコンピュータ用のプログラムを，ハードウェアとソフトウェアを組み合わせることによって解読・実行させること。

エミュレーター [emulator] ある機種用のプログラムを別の機種で解読・実行させるハードウェアやソフトウェア。

エメラルド [emerald] 翠玉(すいぎょく)。＊透明で美しい緑色の宝石。5月の誕生石。

エメラルド・グリーン [emerald green] あざやかな緑色。

エメリー [emery] 金剛砂。

エメリー・ボード [emery board] マニキュア用の爪(つめ)やすり。＊エメリーは研磨力のある粒状鉱石。

エモーショナル [emotional] 感情的な；感情にかられた；感激しやすい。

エモーション [emotion] 感情；情緒；情動；情感。

エラー [error] ①まちがい；誤り。②〖野球〗(野手の)失策。＊打球を捕りそこなう，悪送球するなど。

エラー・メール [error mail] メールが送信先に届かなかったことを伝えるサーバーからの自動返信メール。

エラー・メッセージ [error message] 〖電算〗コンピュータから出る誤りを示すサイン。＊プログラムのエラーや誤操作を示す。

エラスチン [elastin] 硬たんぱく質の1つで，弾力素。

エラスティック [elastic] 伸縮性のある；弾力性のある。

エラストマー [elastomer] 合成ゴムなど，弾性に富む高分子化合物。

エラボレート [elaborate] ①手の込んだ；精巧な。②詳しく述べる；計画などを練る。

エランドール賞 [ELAN D'OR—] 日本映画テレビプロデューサー協会が優秀な映画・テレビ番組，俳優などに授与する賞。＊エランドールはフランス語で「黄金の飛翔」。

エラン・ビタール [élan vitalフランス] 生の飛躍。＊ベルクソンが『創造的進化』の中で用いた語。

エリア [area] ①地域；区域；…圏。②(活動などの)範囲；領域。

エリア・スタディ [area study] 地域研究。＊特定の地域を文化的・経済的・社会的に研究する。

エリア・マーケティング [area marketing] 特定の地域の市場性(購買力・立地条件など)を調査・研究すること。

エリア・マネジメント [area management] 地域住民や事業主，地権者などが中心となってまちづくりを積極的に行う取り組み。
エリア・メール [Area Mail]〖商標〗NTTドコモによる，災害・避難情報などの緊急速報配信サービス。
エリート [élite フランス]　選ばれた人；えりぬきの人；精鋭。
エリカ [Erica ラテン]　ツツジ科の植物の一種。
エリキシル [elixir]　内服液剤の一種。＊よいにおいがして甘味がある。
エリクサー [elixir]　妙薬；霊薬；万能薬。
エリザベス・カラー [Elizabethan collar]　ペットが自分の傷口をなめて悪化させないように首に巻く，円錐台形状の保護具。＊エリザベス朝時代に流行した襞襟(ひだえり)に似ていることが名前の由来。
エリザベス・タワー [Elizabeth Tower]　イギリスの国会議事堂にある時計塔。＊時計塔の大時計の名称はビッグ・ベン。
エリスリトール [erythritol]　発酵食品やキノコなどに含まれる甘味料。
エリスロポエチン [erythropoietin]　造血促進因子。
エリスロマイシン [erythromycin]　抗生物質の1つ。＊ペニシリンではきかないブドウ球菌，リケッチアなどにも有効。
エリゼー宮 [Palais de l'Élysée フランス]　フランス大統領の官邸。＊パリ市内にある古い宮殿。
エリテマトーデス [Erythematodes ドイツ]　膠原(こうげん)病の1つ。紅斑性狼瘡(ろうそう)。＊全身に鮮紅色・滲出性の発疹ができ，リウマチの症状や，腎炎，肺炎などの合併症を併発。
エリミネーション・レース [elimination race]〖自転車〗トラック競技種目の1つ。＊トラックを1周または2周するごとに最後尾の走者が除外される。
エリミネーター [eliminator]〖電気〗交流を直流に変える整流器と付属フィルター。
エリンギ [eryngi イタリア]　ハラタケ目の茸(きのこ)の一種。＊食用。
エルク [elk]　ヘラジカ(箆鹿)。
エルグ [erg]　仕事及びエネルギーのCGS単位の1つ。
エルゴステリン [ergosterin]　プロビタミンD_2の1つ。＊酵母・シイタケなどに含まれる成分。
エルゴノミクス [ergonomics]　人間工学。＊人間の特性に適合した機械や道具などの設計について研究する学問。＝ヒューマン・エンジニアリング。
エルゴメーター [ergometer]　筋力測定器。＊トレーニングも行える。
エルステッド [oersted]　磁界の強さを表す単位。記号はOe。＊デンマークの物理学者の名から。旧称ガウス。
エルダー [elder]　年上の；年長の。
エルタックス [日eLTAX]　地方税ポータルシステム。
エル・トール・コレラ菌 [El Tor cholera―]　コレラ菌の一種。＊エジプトの北部，シナイ半島のエルトールで発見された。
エル・ドラド [El Dorado スペイン]　①スペイン人やイギリス人が南アメリカにあると信じた黄金郷。②理想郷；宝の山。⇨パラダイス，ユートピア。
エル・ニーニョ [El Niño スペイン]　南アメリカのエクアドルからペルーにかけての沖合でおこる海水の異変。＊クリスマスの頃に海水の温度が上昇し，異常気象をもたらす。クリスマスに降誕した神の子(エル・ニーニョ)にちなむ。
エルピス [elpis ギリシア]　希望。
エルフ [elf]　小妖精(ようせい)。
エルベの誓い [Elbe―]　世界平和の誓い。＊1945年，ナチスを撃破した米ソの兵士たちが，エルベ河畔で出会い，恒久平和を誓い合った。

エ

エルボー [elbow] ①肘(ひじ)。②〖アイスホッケー〗肘当て。
エル・マーク [日L mark] 日本レコード協会が発行する，正規の音楽・映像配信サイトであることを表す識別マーク。
エルミタージュ [ermitageフランス] ①隠れ家。②[E-] ロシアのサンクト・ペテルブルクにある美術館。
エルム [elm] ニレ(楡)；ニレ材。
エル・ムンド [el mundoスペイン] 世界。
エルメス [Hermès]〖商標〗フランス(パリ)の皮革製品などのメーカー。また，その製品。
エレア学派 [Eleatic school] 古代ギリシア哲学の一派。＊パルメニデスによって開かれ，“「存在」の一にして不変なること”が説かれた。
エレガンス [elegance] 上品；優雅。
エレガント [elegant] 上品な；優雅な；格調の高い。
エレキ・ギター [electric guitar] 電気ギター。＊共鳴箱がなく弦の振動をアンプで増幅する。
エレキテル [electriciteitオランダ] ①電気。②摩擦起電機。＊江戸時代にオランダから渡来した。
エレクション[1] [election] 選挙；選任。
エレクション[2] [erection] ①直立；建立。②(性器の)勃起(ぼっき)。
エレクト [erect] (性器が)勃起(ぼっき)する。
エレクトーン [Electone]〖商標〗電子オルガン。＊ヤマハが開発。
エレクトラ・コンプレックス [Electra complex] 女の子が母親を敵視し，父親に性的愛情をいだく傾向。＊弟をそそのかして，父を殺した母とその愛人に復讐するギリシア神話のエレクトラの物語から作った語。↔エディプス・コンプレックス。
エレクトリシティー [electricity] 電気。
エレクトリック [electric] 電気の；電気じかけの。
エレクトロセラピー [electrotherapy] 電気療法。
エレクトロテクニックス [electrotechnics] 電気工学。
エレクトロニクス [electronics] 電子工学；電子技術。
エレクトロニック [electronic] 電子の(働きによる)；電子工学の。
エレクトロニック・コマース [electronic commerce] ⇨イー・コマース。
エレクトロニック・サウンド [electronic sound] 電子音響。
エレクトロニック・パブリッシング [electronic publishing] 電子出版システム。略EP。
エレクトロニック・バンキング [electronic banking] 電子銀行。＊銀行と企業や個人がコンピュータの通信回線を利用して行う銀行取引。
エレクトロニック・ファイル [electronic file]〖電算〗電子ファイル。
エレクトロニック・マネー [electronic money] 通貨・小切手・手形のかわりにICカードやPOSシステムを利用して決済する方法の総称。
エレクトロニック・ミュージック [electronic music] 電子音楽。
エレクトロニック・メール [electronic mail] ⇨Eメール。
エレクトロルミネセンス [electroluminescence] 電場発光。また，それを利用した照明。＊特殊な蛍光(けいこう)物質に交流電圧をかけると発光する現象。
エレクトロン [electron] 電子。
エレクトロン・ガン [electron gun] 電子銃。
エレクトロン・ボルト [electron volt]〖物理〗電子ボルト。記号はeV。
エレジー [élégieフランス] 哀歌；悲歌；挽歌(ばんか)；悲しみを歌った曲。
エレファント [elephant] ゾウ(象)。

エレベーション [elevation]　立面図。
エレメンタリー [elementary]　初歩の；小学校の。
エレメント [element]　①要素；成分。②〖化学〗元素。
エロ　エロチシズム，エロチックの略。
エロイカ [Eroica イタリア]　ベートーベンの交響曲第3番「英雄」。＊ナポレオン・ボナパルトに捧げるためにつくったが，彼が皇帝の座についたことに失望して，献辞の書かれた表紙を破り捨てたという。
エロキューション [elocution]　話術；朗読の調子；発声法。
エロ・グロ [日erotic grotesque]　エロチックでグロテスクなこと。
エロ・グロ・ナンセンス [日erotic grotesque＋nonsense]　扇情的で猟奇的で無意味なこと。＊昭和初期の社会風潮。
エロ・ゲー [日erotic game]　性描写があるコンピュータ・ゲーム。
エロジナス・ゾーン [erogenous zone]　性感帯。
エロス [Eros]　①〖ギリシア神話〗愛の神。＊ローマ神話のキューピッド。②性愛；情欲。↔アガペー。
エロチカ [erotica]　好色本・春画など性愛を描いた文学・絵画の総称。
エロチシズム [eroticism]　色気；官能的な愛。＊エロティシズムとも。略エロ。
エロチック [erotic]　色っぽい；扇情的な；色情的な。＊エロティックとも。略エロ。
エンカウンター [encounter]　遭遇；出会い。
エンカレッジ [encourage]　励ます。
エングレービング [engraving]　①彫刻。②版画。
エンクロージャー [enclosure]　①スピーカーを入れる箱〔キャビネット〕。②〖歴史〗イギリスの大地主による共有地の囲い込み。③封入物。
エンゲージ [engage]　①婚約する。②約束する；保証する。
エンゲージメント・フォト [engagement photo]　プロポーズを受けてから結婚式を挙げるまでの期間に撮影する記念写真。
エンゲージ・リング [engagement ring]　婚約指輪。⇨ウエディング・リング。
エンゲル係数 [Engel's coefficient]　家計の総支出の中に占める飲食費の割合。＊この係数が高いほど生活水準が低いとされる。
エンコーダー [encoder]〖電算〗符号器。＊情報を符合化する装置。↔デコーダー。
エンコード [encode]〖電算〗情報を符号化すること。
エンサイクロペディア [encyclopedia]　百科事典。
エンザイム [enzyme]　酵素。＝エンチーム。
エンジェル　⇨エンゼル。
エンジニア [engineer]　技師；技術者；機関士。
エンジニアリング [engineering]　工学；工学技術。
エンジニアリング・プラスチック [engineering plastics]　機械や機器の部品，構造材に用いられる耐熱性，強度などにすぐれたプラスチック。
エンジョイ [enjoy]　楽しむ；享受する。
エンジン [engine]　①機関。②〖電算〗データ処理を実行する機構。
エンジン・オイル [engine oil]　エンジンに使われる潤滑油。
エンジン・キー [日engine key]　⇨イグニッション・キー。
エンジン・コントロール・ユニット [engine control unit]　自動車エンジンの運転制御に利用されるマイクロコントローラー。

エンジン・ブレーキ [engine brake] 〖自動車〗(長い下り坂などで)エンジンを低回転にしてブレーキとして利用する運転法。

エン・スト [日engine stop] (自動車などの)エンジンが止まること。

エンゼル [angel] ①天使。②創業間もないベンチャー企業に資金を提供する人。*エンジェルとも。

エンゼル・ケア [日angel care] 最期を看取るための援助全般のこと。⇨エンゼル・メイク。

エンゼルフィッシュ [angelfish] 観賞用の熱帯淡水魚。*原産地はアマゾン。

エンゼル・メイク [日angel make] 死後の化粧。*飾るのではなく，もとの姿に近づけること。

エンター・キー [enter key] ⇨リターン・キー。

エンターテイナー [entertainer] 大衆を楽しませる芸能人。

エンターテインメント [entertainment] 娯楽；演芸。*エンターテイメントとも。略エンタメ。

エンタープライズ [enterprise] ①企業；会社。② [E-] アメリカの原子力航空母艦の名。

エンタイア [entire] ①全体；完全。②完全な；無傷の。

エンタイトル [entitled] 〖野球〗規則に従って打者または走者に与えられる進塁権。*フェアの打球がワン・バウンドしてスタンドに入った場合は，打者走者に2個の進塁権が与えられる。

エンダイブ [endive] 西洋野菜の1つ。*キク科の一，二年草でサラダにして生で食べる。

エンタシス [entasis] 円柱の中ほどのふくらみ。*古代ギリシア・ローマ建築の特徴の1つ。

エンタメ エンターテインメントの略。

エンタルピー [enthalpy] 〖物理〗熱関数。*物質の内部エネルギーに，圧力と容積の和を加えた量。

エンチーム [Enzymドイツ] ⇨エンザイム。

エンティティー [entity] 本質；実在物。

エンディング [ending] 終末；結末。

エンディング・ノート [日ending note] 自分の終末期を見据えて，死後の方針や要望を書き留めておくノート。

エンデミック [endemic] 局地的流行。↔パンデミック。

エンデュランス [endurance] 忍耐；耐久力。

エンド [end] ①終わり。②端(はし)；先端。

エンドーサー [endorser] 手形の裏書人；裏書譲渡人。

エンド・カーラー [end curler] ⇨カーラー。

エンドクリン [endocrine] 〖生化学〗内分泌物。

エンドスコープ [endoscope] 内視鏡。

エンド・ゾーン [end zone] 〖アメ・フト〗ゴール・ラインとエンド・ラインの間の区域。

エンド・ツー・エンド [end-to-end] 通信ネットワークの二者をつなぐ経路。*「端から端まで」のこと。

エンドファイト [endophyte] (植物体内の)内生菌。

エンド・マーク [end mark] 映画やテレビ番組の最後に出る，作品終了を示す文字。*「END」「FIN」「終」など。

エンド・ユーザー [end user] 末端消費者。

エンド・ライン [end line] 〖バレーボール，バスケットボールなど〗コートの限界を示す短いほうの線。↔サイドライン。

エ

エンド・ラン ヒット・エンド・ランの略。
エントランス [entrance] ①入口。↔エグジット。②入学；入社。
エントランス・ホール [entrance hall] 入口にある広間；玄関口にあるホール。
エントリー [entry] ①参加；入場；参加申し込み。②『電算』プログラム上で，一系列のデータを代表しているところ。またそのデータへの入口。
エントリー・シート [entry sheet] 就職を希望する者が志望企業に，応募の意思を示す履歴書を兼ねた書類。
エントリー・ビザ [entry visa] 入国査証；入国ビザ。
エントリー・モデル [entry model] 手軽に利用できる，初心者向けの製品。
エンドルフィン [endorphin] 鎮痛作用のあるモルヒネのような物質。＊脳脊髄(せきずい)液から抽出される。
エンドレス [endless] 終わりのない。
エンドレス・テープ [endless tape] 輪になった録音テープ。＊同じ内容を繰り返し再生するときに使う。
エンド・ロール [end roll] 映画やテレビ番組で作品の最後に流される，出演者やスタッフなどを紹介する字幕。
エントロピー [Entropieドイツ] ①物質内部の分子の配列，運動の乱雑さや無秩序さを示す尺度。②『電算』情報の不確かさを示す尺度。
エンバーミング [embalming] 死体防腐処理技術；遺体衛生保全技術。＊遺体の修復と長期保存が目的。
エンパイア [empire] 帝国。⇨エンペラー。
エンパイア・ステート・ビル [Empire State Building] アメリカのニューヨーク5番街にある超高層ビル。＊1931年に完成。
エンパイア・デー [Empire Day] ⇨コモンウェルス・デー。
エンバイロンメント [environment] 周囲；環境；自然環境。
エンバシー [embassy] 大使館。
エンパシー [empathy] 感情移入；共感。
エンパワーメント [empowerment] ①力をつけること。②権限付与；権限委譲。
エンハンスメント [enhancement] 強化；高揚。
エンピリシズム [empiricism] 『哲学』経験論。
エンファサイズ [emphasize] 強調する；誇張する；力説する；重要視する；目立たせる。
エンファシス [emphasis] 強調；力説；重要視。
エンフォースメント [enforcement] ①施行；実施；権利行使。②強制。
エンプティー [empty] からの；中身のない；空虚な。
エンブリオ [embryo] ①胚；胚芽。②胎児。
エンブレース [embrace] 抱擁；抱き合うこと。
エンプレス [empress] 女帝；皇后。↔エンペラー。
エンブレム [emblem] 象徴；紋章；記章。
エンプロイ [employee] 使用人；従業員。↔エンプロイヤー。
エンプロイアビリティ [employability] 企業に雇われるのにふさわしい能力や可能性のこと。
エンブロイダリー [embroidery] 刺繍(ししゅう)；縫い取り。
エンプロイメント [employment] ①雇用；使用。②仕事；職業。
エンプロイヤー [employer] 主人；雇用主。↔エンプロイ。
エンペラー [emperor] 皇帝；天皇。↔エンプレス。⇨エンパイア。

エンベロープ [envelope] 封筒。
エンボス [emboss] (図案・模様・文字などを)浮き彫りにすること；打ち出すこと。
エンラージメント [enlargement] 拡大；拡張；(写真の)引き伸ばし。
エンリッチ [enrich] ①豊かにすること。②栄養強化食品。
エンリッチメント [enrichment] ①豊かにすること。②(ウランなどを)濃縮すること。
エンロールメント [enrollment] 入会；加入；入隊；登録；登録数。

オ

オアシス [oasis] ①砂漠の中の，水がわき，草木がはえている所。②心の安らぎが得られる場所〔もの〕；憩いの場。
オアペック ⇨OAPEC。
オイゲノール [eugenol] 丁子(ちょうじ)油の主成分。＊口腔内消毒剤に使用。
オイスター [oyster] カキ(牡蠣)。＊海にすむ２枚貝。
オイスター・ソース [oyster sauce] 生の牡蠣(かき)から作った中国料理の調味料。
オイタナジー [Euthanasie ドイツ] 安楽死。＝ユータナジー。
オイラーの定理 [Euler's theorem] 〖数学〗多面体の，頂点・辺・面の個数に関する定理。＊オイラーはスイスの数学・物理学者。
オイリー [oily] 油の；油っぽい。
オイリュトミー [Eurhythmie ドイツ] 音楽の響きを肢体の動きで表現する運動芸術。＊R.シュタイナーが創始。
オイル [oil] ①油。②石油。③潤滑油。
オイル・グラット [oil glut] 石油が生産過剰のため，市場にだぶついている状態。
オイル・サーディン [oiled sardine] イワシ(鰯)のオリーブ油漬け。
オイル・サンド [oil sand] ⇨タール・サンド。
オイル・シェール [oil shale] 油を含んでいる岩石；油母頁岩(ゆぼけつがん)。＊これを乾留して得た石油がシェール・オイル。
オイル・ショック [日oil shock] 石油ショック。＊1973年，中東戦争のために石油の供給が減り，日本が受けた大きな打撃。
オイル・シルク [oiled silk] 桐油(とうゆ)などをひいて防水した絹布。＊レインコート，雨がさなどに用いる。
オイル・スキマー [oil skimmer] 海上へ流出した原油を回収する船。
オイルスキン [oilskin] 桐油(とうゆ)などをひいて防水した布地。＊レインコートや防水服などに用いる。
オイル・ダラー [oil dollar] 石油輸出代金・利権料として産油国が受け取る外貨。＝オイル・マネー。
オイル・タンカー [oil tanker] 油送船。
オイル・タンク [oil tank] 石油タンク。
オイル・ダンパー [oil damper] 油圧式制振装置。
オイルド・レザー [oiled leather] 油などをひいて防水した革。
オイル・パック [oil pack] オリーブ油などを使って行う，顔の皮膚の手入れ法。
オイル・ファシリティ [oil facility] IMF (国際通貨基金)の石油資金特別融資制度。
オイル・フェンス [日oil fence] 海面に流れ出た石油が広がらないように張りめぐらす柵(さく)。＊ブイの下に幕を下げたもの。
オイル・ブレーキ [oil brake] 油圧を利用したブレーキ。
オイル・ペインティング [oil painting] 油絵。また，その技法。
オイル・ペイント [oil paint] ①油絵

の具。②油性ペンキ。

オイル・ペーパー [oil paper]　油紙。＊電気の絶縁・防水用。

オイル・ボール [oil ball]　海に捨てられた廃油が固まりボール状になったもの。

オイル・マネー [oil money]　⇨オイル・ダラー。

オイル・ロード [oil road]　原油を運ぶ船が通う航路。＊特に，ペルシア湾から日本までの航路。

オウムアムア ['Oumuamua]　太陽系の外から飛来した，天体観測史上初となる恒星間天体。

オウン・ゴール [own goal]　〘サッカーなど〙誤って自陣ゴールにボールを入れること。＊相手の得点となる。

オー・エー [OA]　オフィス・オートメーションの略。

オーカー [ocher]　①黄土。②黄土色。＊オークルとも。

オーガズム [orgasm]　⇨オルガスムス。

オーガナイザー [organizer]　①政党や労働組合などを組織・運営する活動家。略オルグ。②主催者。＊オルガナイザーとも。

オーガナイズ [organize]　(団体などを)組織する；(チームなどを)編成する；労働組合を結成する。略オルグ。＊オルガナイズとも。

オーガニゼーション [organization]　組織；機構；協会；組合。

オーガニック [organic]　①有機体の。②有機栽培。＊農薬や化学肥料を使わずに栽培する方法。

オーガニック・コットン [organic cotton]　有機栽培の綿。

オーガニック・フード [organic food]　無農薬野菜；有機栽培による農作物；自然食品。

オーガン [organ]　①(生物の)器官。②(政治的な)機関；機関新聞。

オーガンディー [organdy]　すけて見えるくらいに薄くて光沢と張りのある平織りの布地。＊夏の婦人服，リボン，造花などに使われる。

オーキシン [auxin]　植物の生長を促すホルモン。

オーキッド [orchid]　ラン(蘭)；ランの花。

オー脚 [bowleg]　前または後ろから見るとO字型に湾曲している下肢。↔エックス脚。

オーク [oak]　カシ，ナラなどブナ科ナラ属の木の総称。また，その木材。

オークション [auction]　競売；せり売り。

オークス [Oaks]　①サラブレッド3歳牝馬(ひんば)による競馬。＊イギリスロンドン郊外で行われる。距離1.5マイル(2400メートル)。②毎年5月，東京競馬場で行われる「3歳優駿(ゆうしゅん)牝馬(ひんば)競走」。

オーケストラ [orchestra]　管弦〔交響〕楽団。

オーケストラ・ボックス [日orchestra box]　劇場で舞台のすぐ前にある管弦楽団の演奏席。

オーケストレーション [orchestration]〘音楽〙管弦楽法。

オーサー [author]　著者；作家。

オーサリング [authoring]〘電算〙種々のデータを編集して1つのコンテンツにまとめること。

オージー [Aussie]　オーストラリア，オーストラリア人の俗称。

オージー・ビーフ [Aussie beef]　オーストラリア産の牛肉。

オージー・ボール [Aussie ball]　楕円形の競技場で行うオーストラリア独特の球技。＊サッカー，ラグビー，バスケットボールを混合したようなスポーツ。

オーシャン [ocean]　海洋；大洋。

オーシャン・ビュー [ocean view]　ホテルなどの部屋から海が一望に眺められること。

オーシャン・ライナー [ocean liner] 遠洋航路の定期船。
オーシャン・レース [ocean race] ヨットの外洋航海レース。
オースチン [Austin] 〖商標〗イギリスの自動車メーカー。＊現在は中国の南京汽車のブランド名。
オーステナイト [austenite] 鉄の同素体γ鉄に炭素などが溶け込んだ固溶体。鉄鋼の組織名の1つ。
オーストリッチ [ostrich] ⇨オストリッチ。
オーセンティシティ [authenticity] 真純正；正統性。
オーセンティック [authentic] 正統であること；本格的なさま。
オーソドキシー [orthodoxy] 正統；正説。
オーソドックス [orthodox] 正統派の；伝統的な。↔ヘテロドックス。
オーソライズ [authorize] 正統と認める；公認する；権限を与える；確立する。
オーソリティー [authority] ①権威。②権威者；(その分野の)大家。
オーダー [order] ①順序；順番。②命令；指示。③注文。
オーダー・エントリー・システム [order entry system] 受注時点でコンピュータにデータを入力し，出荷・配送を自動的に行うシステム。
オーダー・ストップ [日order stop] 飲食店で，客からの注文を打ち切ること。
オーダー・ブック [order book] 注文控え帳。
オーダー・メイド [日order made] 注文によって作られた；あつらえの。＊英語ではカスタム・メイド(custom-made)，またはメイド・トゥ・オーダー(made-to-order)という。↔レディー・メイド。
〜医療 患者個々人に最適な予防法や治療法を提供する医療。
オータム [autumn] ①秋。＊アメリカではfallという。②成熟期；凋落(ちょうらく)期。
オーダリー [orderly] 秩序ある。
オーチェルク [ocherk ロシア] 記録文学。
オーチャード [orchard] 果樹園。
オーディール [ordeal] 試練；苦しい体験。
オーディエンス [audience] 聴衆；観衆；観客；視聴者。
オーディエンス・サーベイ [audience survey] 視聴率調査。
オーディオ [audio] ①音響再生装置。②(テレビの)音声部分。
オーディオ・コメンタリー [audio commentary] 映像ソフトに特典として付与される，監督・出演者などによるトークや作品解説。
オーディオ・ビジュアル [audio-visual] ①視聴覚の。②音声(オーディオ)と映像(ビデオ)の再生装置を組み合わせたシステム。略AV。
オーディオブック [audiobook] 本を朗読して吹き込んだテープやCD。
オーディオメーター [audiometer] ①聴力を検査する器械。②テレビの視聴率を自動的に記録する装置。＊アメリカのニールセン社が開発。
オーディション [audition] 歌手や俳優などを採用するときに行う審査。
オーディター [auditor] 会計検査官；監査役。
オーディット [audit] ①監査。②システムの信頼性の検査や評価。
オーディトリアム [auditorium] (劇場などの)観客席；(学校の)講堂。
オーディナリー [ordinary] 普通の；日常の；並みの。
オーディン [Odin] 北欧神話の最高神。＊天地，人間を創造し，文化，軍事，知恵，詩，予言をつかさどる。
オー・デ・コロン [eau de Cologne フランス] 化粧用香料の一種。＊「ケルン(地名)

の水」の意。
オーデマ・ピゲ [Audemars Piguet] 〖商標〗スイスの時計メーカー。また，その製品。
オーデル・ナイセ線 [Oder-Neisse Line] ポーランドとドイツ(東ドイツ)の国境線。＊1945年制定。
オート [auto] ①自動(式)の。②オートモービルの略。
オード [ode] 頌歌(しょうか)。＊叙情詩の一種。
オートキャンプ [日autocamp] キャンピング・カーなどを使った自動車旅行。
オート・クチュール [haute couture フランス] 高級洋裁店。また，その店で作られる高級注文服。
オートクラシー [autocracy] 独裁〔専制〕政治。＝モノクラシー。↔デモクラシー。
オート・クラッチ [日automatic clutch] ⇨オートマチック・トランスミッション。
オートクラット [autocrat] 専制君主；独裁者。
オートグラフ [autograph] 自筆；署名；有名人のサイン。
オートクレーブ [autoclave] 料理や殺菌，実験に用いられる高圧蒸気滅菌器。
オートクロス [autocross] 自動車競走の一種。＊曲がりくねったコースを走り抜き，その速さを競う。⇨モトクロス。
オートジャイロ [autogiro] ヘリコプターに似た航空機の一種。
オート・ストップ [日auto stop] (レコード・プレーヤーの)自動停止装置。
オート・ダイヤル [auto daialing] ホスト・コンピュータにログ・インするまで，自動的に繰り返し電話をかける通信ソフトの機能。
オートチェンジャー [autochanger] レコードを自動的に取りかえて次々と演奏する装置。
オート・チャージ [日auto charge] ICカードなどの残高が設定以下の金額になった場合，利用時に自動的に入金されるサービス。
オート・チューニング [automatic tuning] あらかじめ各ラジオ局の周波数を記憶させておき，自動で選局を行う方式。
オート・ドア [日auto door] 自動的に開閉するドア。
オー・ド・トワレ [eau de toilette フランス] 化粧用香料の一種。
オート・ナース [auto-nurse] 自動電子検診装置。＊患者の体温，脈拍数などを自動的に測定し記録する。
オートノミー [autonomy] ①自治；自治権。②自律；自主性。
オート・パーラー [日auto parlor] 料理の自動販売機を備えた軽食堂。
オート・バイ [日auto bicycle] ⇨モーターバイク。
オートバイオグラフィー [autobiography] 自叙伝；自伝。
オートパイロット [autopilot] (航空機・船舶などの)自動操縦装置。
オート・バス [日auto bath] 浴室以外からも追い焚きや温度調整などを自動・遠隔で行えるシステム。
オー・ド・ビー [eau de vie フランス] ブランデーやコニャックなど，果物から作られる蒸留酒の総称。＊原義は「命の水」。
オートファジー [autophagy] 細胞が自身のたんぱく質を分解し，再利用するしくみ。
オート・フォーカス [日auto focus] 〖写真〗カメラの自動焦点調整。⇨AFカメラ。
オートブラン [oat bran] オート麦を製粉する過程で出る燕麦(えんばく)のふすま。
オー・ドブル [hors-d'œuvre フランス] 西洋料理で，スープの前に出る軽い盛り合わせ料理；前菜。
オートポイエーシス [antopoiesis] 〖哲学〗自己制作；自己組織化。
オートマ車 [automatic transmission —] 自動変速装置を装備した自動車。＊AT車とも。
オートマチック [automatic] ①自動(式)の。②自動小銃；自動拳銃(けんじゅう)。③オートマチック・トランスミッションの略。
オートマチック・コントロール [automatic control] 自動制御。＝セルフ・コントロール。
オートマチック・トランスミッション [automatic transmission] 〖自動車〗自動変速装置。＝ノー・クラッチ。略オートマチック，AT。
オートマトン [automaton] 複雑で高度な頭脳的作業を行うことができる知的な自動機械。
オート・マニピュレーター [automanipulator] 自動的に，または遠隔操作によって，人間の手と同じ働きをする機械。
オートミール [oatmeal] 燕麦(えんばく)に牛乳・砂糖などを加えて作ったかゆ。＊主として朝食用。
オートメーション [automation] 機械が自動的に作業を一貫して処理すること。また，その装置。
オートモービル [automobile] 自動車。略オート。＝モーターカー。
オート・リターン [automatic return] レコード・プレーヤーで，演奏が終わるとアームが自動的にアーム受けに戻る装置。
オート・リバース [automatic reverse] テープ・レコーダーで，片側の録音・再生が終わるとテープが自動的に逆回転する機能。
オート・リピート [automatic repeat] テープ・レコーダーやレコード・プレーヤーで，一定区間を繰り返し再生する機能。
オートルート [autorouteフランス] フランス，ベルギーの高速道路。
オート・レース [auto race] 自動車やオート・バイの競走。
オートロック [日autolock] ドアを閉めると自動的に鍵(かぎ)がかかる錠(じょう)。＊英語ではself-locking doorという。
オートロック・システム [日autolock system] 暗証番号などによって，ドアのロックが自動的に解除されるシステム。
オート・ワインダー [auto winder] 〖写真〗フィルム自動巻上げ装置。
オーナー [owner] 持ち主；所有者。
オーナー・シェフ [日owner＋chefフランス] レストラン経営者兼料理長。
オーナー・システム [owner system] 管理職をおかず，従業員が計画し，目標をきめて自主的に運営する方式。
オーナーシップ [ownership] ①所有権。②主体性；自助努力。
オーナー・ドライバー [owner-driver] 自分の車を自分で運転する人。
オーナー・パイロット [owner-pilot] 自分の飛行機を自分で操縦する人。
オーナメント [ornament] ①装飾。②装飾品；装身具。
オーニング [awning] (窓の外・入り口などの)日よけ；雨覆い；(船の甲板の)テント。
オーバー [over] ①(上を)越えること；(数・量・程度を)超えること。↔アンダー。②大げさなこと；超過；過剰。↔アンダー。③オーバーコート，オーバー・パーの略。
オーバーアクション [overaction] 演技過剰。
オーバーウエイト [overweight] 重量超過；(重量制の競技で)規定重量を超えること。
オーバー・エイジ [over-aged player] 〖サッカー〗制限年齢を超えて出場できる選手。

オ

オーバーオール ①[overalls] 胸当てつきの作業ズボン。②[overall] ゆったりとした上っぱり。＊医師・画家・婦人・子供などが服の汚れを防ぐために着るもの。

オーバーキル [overkill] 核兵器などによる過剰殺戮(さつりく)。

オーバーケア [overcare] 養護過剰。

オーバーコート [overcoat] (冬に着る)外套(がいとう)。略オーバー，コート。⇨トップコート。

オーバーコミットメント [overcommitment] ①言質を与えすぎること。②過剰介入。

オーバーサイト [oversight] 監視。

オーバーサプライ [oversupply] 供給過剰。

オーバーシーズ [overseas] 海外の。

オーバーシューズ [overshoes] 靴の上に履いて，防水の役目をさせるゴム靴。

オーバーシュート [overshoot] 行き過ぎ；過剰であること。＊オーバーシューティングとも。

オーバースキル [日overskill] 技術者過剰。↔アンダースキル。

オーバーステイ [overstay] ①長居。②不法残留。＊査証の期限を超えた滞在。

オーバーストック [overstock] 在庫過剰。

オーバー・スペック [日over specification] 過剰性能。＊機械に必要以上の機能を取り入れて，過剰に高性能になっていること。

オーバー・スロー オーバーハンド・スローの略。↔アンダー・スロー。

オーバーゾーン [overzone] 〖陸上競技〗リレー競技で，受け渡し区域の外でバトンの受け渡しを行うこと。＊反則で，失格となる。

オーバータイム [overtime] ①〖バレーボール，バスケットボールなど〗制限回数や制限時間を超えてボールを保持すること。＊反則。②超過勤務；時間外勤務；残業。

オーバーダブ [overdub] すでに録音したテープの他のトラックに新たな録音を重ねること。

オーバーチャージ [overcharge] ①不当な高値をふっかけること。②超過料金。③充電しすぎること。

オーバーチュア [overture] ①〖音楽〗序曲；前奏曲。②序章。③打診。

オーパーツ [ooparts] 史実と食い違う遺跡出土品。

オーバーツーリズム [overtourism] 特定の地域に観光客が過度に押し寄せ，地域住民の生活や自然環境に悪影響を及ぼすこと。

オーバードーズ [overdose] 薬物の過剰摂取。略OD。

オーバートーン [overtone] ①〖音楽〗上音；倍音。②〖写真〗焼きつけの，露光過度。

オーバー・ドクター [日over doctor] 博士浪人。＊大学院の博士課程を出たが就職できずにいる人。略OD。英語では，excessive number of doctorsという。⇨ポスト・ドクター。

オーバードライブ [overdrive] ①〖自動車〗一定の速度になると，その速度を落とさずに，自動的にエンジンの回転数を減らす装置。②〖ゴルフ〗打球の飛距離が他の人を上回ること。＊英語では，outdrive。

オーバードラフト [overdraft] (銀行預金の)当座貸し越し。＊当座預金の残高がなくても，あらかじめ契約した限度額までは小切手の振り出しを認める制度。

オーバーナイト [overnight] 1泊の；1晩だけの。

オーバーネット [overnet] ①〖バレーボール〗ネットを越えてボールに触れること。＊反則となる。ただし，ブロッキングのときは反則とならない。②〘テニス〙ネットを越えてボールを打つこと。＊反則で失点となる。ただし，打球後にネットを越えた場合は反則とならない。

オーバー・パー [over par] 〘ゴルフ〙打数が標準打数(パー)より多いこと。略オーバー。↔アンダー・パー。⇨イーブン・パー。

オーバーハング [overhang] 〘登山〙頭上に覆いかぶさるように突き出た岩。

オーバーハンド [overhand] ①〘バドミントン〙サービスを打った瞬間に，ラケットの頭部の一部がラケットを握っている手よりも高い位置にあること。＊反則となる。②オーバーハンド・スローの略。

オーバーハンド・スロー [overhand throw] 〘野球〙上手(うわて)投げ。＊腕を上から下へ振りおろす投球方法。略オーバー・スロー，オーバー・ハンド。↔アンダーハンド・スロー。

オーバーハンド・パス [overhand pass] ①〘バレーボール〙ひたいの前で，ボールを両手の指先ではじくようにして行うパス。②〘バスケットボール〙上手投げで行う距離の長いパス。

オーバーヒート [overheat] ①〘自動車〙エンジンが過熱すること。②ひどく興奮すること；熱狂すること。

オーバーブッキング [overbooking] 旅客機やホテルなどで，定員以上に予約を受け付けること。

オーバーブラウス [overblouse] 裾(すそ)をスカートやスラックスの上に出して着るブラウス。

オーバープルーフ [overproof] 標準強度(プルーフ)のものよりアルコール分の多いアルコール飲料。↔アンダープルーフ。⇨プルーフ③。

オーバープレゼンス [overpresence] ①(商品などの)供給過剰。②目立ちすぎ。

オーバーフロー [overflow] ①(あふれる水を流すための)排水口。②〘電算〙演算結果が計算機の桁(けた)数やコンピュータの容量を超えて処理できなくなること。③〘自動車〙ガソリンや冷却水があふれること。④観客や商品があふれること。

オーバー・ペース [日over pace] (競技で)速度を出しすぎること；(仕事で)調子を上げすぎること。

オーバーヘッド [overhead] ①頭上に；空高く。②総経費。

オーバーヘッド・キック [overhead kick] 〘サッカー〙ジャンプして体を後ろに倒し，頭越しにボールを蹴る技術。

オーバーヘッド・パス [overhead pass] 〘バスケットボール〙両手または片手を頭上に上げ，相手の頭上を越して行うパス。

オーバーホール [overhaul] 機械・エンジンなどを分解して手入れすること。

オーバーボローイング [overborrowing] 借り入れ超過。＊企業が自己資本と比べて過大の借り入れをしている状態。↔オーバーローン。

オーバーライト [overwrite] 〘電算〙上書き。＊既存のデータを消して新しいものに書きかえること。

オーバーライド [override] ①(意見・決定などを)くつがえすこと；無効にすること。②乗り越すこと。

オーバーラップ [overlap] ①〘映画，テレビ〙前の画面が消えていく上に重なって次の画面が現れてくること；二重写し。②重なること；重複すること。③〘サッカー〙後衛の選手が守備位置より前に出て，攻撃に参加すること。略OL。

オーバーラン [overrun] ①〘野球〙走者が走塁の余勢で塁を走り越すこと。②飛行機が滑走路の停止点を走り越すこと。③機械を，その能力の限度を超えて運転すること。

オーバーレイ [overlay] 〖電算〗すでに情報が入力されている領域に別の情報を重ねて入力すること。

オーバーロード [overload] ①(自動車などに)人や荷物をのせすぎること。②(モーターなどに)負荷(ふか)をかけすぎること。

オーバーローン [overloan] 貸し出し超過。＊銀行が預金と資本金の合計額以上に貸し出しを行い，不足資金を中央銀行から借り入れている状態。↔オーバーボローイング。

オーバーワーク [overwork] 過重労働；働きすぎ。

オーバル [oval] 楕円形；卵形。

オーバル・ルーム [Oval Room] ホワイト・ハウス内にあるアメリカ大統領執務室。＊部屋の形が卵形(oval)をしている。

オー・ビー [OB] ①卒業生；先輩。＊*o*ld *b*oyの略。②〖ゴルフ〗プレーすることを禁じられている区域。＊*o*ut-of-*b*oundsの略。打球が入ったときは罰打1を加えて打ち直す。

オービス [Orbis] 速度違反車自動取り締まり装置。＊速度測定，ナンバー・プレート，運転者の顔を記録。

オービター [orbiter] 軌道上を周回する人工衛星；周回宇宙船。⇨スペース・シャトル。

オービット [orbit] ①軌道。②眼窩(がんか)。③勢力圏；活動範囲。

オーファン [orphan] 孤児；親のない子。

オーファン・ドラッグ [orphan drug] 稀用医薬品。＊患者数がきわめて少ない病気の治療に使われる薬。

オープナー [opener] かんを開けたり，せんを抜いたりする道具の総称。＊かん切り，せん抜きなど。

オープニング [opening] ①始まり；開始；開通；開幕。②(ドラマなどの)導入部。

オープニング・ゲーム [opening game] 開幕試合。

オープニング・ナンバー [opening number] (演奏会などの)最初の曲。

オーブン [oven] 天火(てんぴ)。

オープン [open] ①開店；開場；開館。②野外(の)；戸外(の)。③隠しだてのない；あからさまな。④公開の。⑤囲いのない。⑥オープン型投資信託，オープン・トーナメントの略。

～価格 メーカーではなく，小売店が独自に定める価格。＊オープン・プライスとも。

～型投資信託 あらかじめ信託財産の限度額を決め，その限度になるまで資金を集めて元金に追加していく方式の投資信託。略オープン。

～攻撃 ①〖バレーボール〗コートの両サイドラインの近くから攻撃すること。②〖サッカー〗タッチライン沿いにボールを進めてゴールをねらう攻撃法。

～市場 ⇨オープン・マーケット。

オープン・アカウント [open account] 清算勘定。＊貿易取引で，取引のたびに現金決済をせず，決算期に貸借の差額を清算する方法。

オープン・アクセス [open access] 学術論文などの学術研究成果を，インターネット上で誰もが無料で閲覧できるようにするしくみ。

オープン・ウォーター・スイミング [open water swimming] 海・川・湖など自然の水の中で実施される長距離の水泳競技。略OWS。

オープン・エア [open-air] 野外〔戸外〕の；野外〔戸外〕で行われる。

オープン・エンド・モーゲージ [open-end mortgage] 開放式担保。＊社債を発行するとき，あらかじめその発行高を決め，それに担保をつけ，資金が必要となるたびごとに分割して募集・発行する方法。↔クローズド・

エンド・モーゲージ。

オープン・カー [open car] 屋根のない，また，折りたたみ式の幌(ほろ)がついた自動車。⇨コンバーチブル。

オープン・カフェ [日open＋caféフランス] 道路に面した壁を取り払い，開放的な構造にしたカフェやレストラン。

オープン・カラー [open collar] 開いた襟(えり)；開襟(かいきん)シャツ。

オープン・カレッジ [open college] 大学が開催する公開講座；市民講座。

オープン・キッチン [open kitchen] 部屋の中央に調理設備を置いて，特に台所と居間を分けない台所様式。

オープン・キャンパス [open campus] 大学入学希望者に構内を公開する説明会。略オー・キャン。

オープン・ゲーム [open game] ①参加資格に制限がなく，誰でも参加できる競技会。②陸上競技大会で，正式ではない種目の競技。③〘ボクシング〙短いラウンドで行われる模範試合。

オープン・コース [open course] 〘陸上競技，スケート〙走者別に区分されていない走路。↔セパレート・コース。

オープンコースウェア [opencourseware] 高等教育機関による，インターネットを通じた講義内容の無償公開。略OCW。

オープン・ゴルフ [open golf] ⇨オープン・トーナメント。

オープン・サイド [open side] 〘ラグビー〙スクラム，ラック，モールなどの位置から見て，タッチラインまでの距離が長いほうの側(がわ)。↔ブラインド・サイド。

オープン・サンドイッチ [open sandwich] 2枚のパンで具をはさむのでなく，パンの上に具をのせたサンドイッチ。＝オープン・フェース②。

オープン・システム [open system] 開業医が病院と契約して，入院の必要な患者をその病院に送り，自分で治療にあたる方式。

オープン・シャツ [open shirt] 開襟(かいきん)シャツ。＊襟(えり)が開いていて，ネクタイを結ばないで着る。

オープン・ジョー [open jaw] 往路と復路で発着地が異なり，途中で地上交通機関も利用する旅程。

オープン・ショップ [open shop] 従業員の組合加入が自由で，従業員の資格が組合員でも非組合員でも差のない労働組合制度。⇨クローズド・ショップ，ユニオン・ショップ。

オープン・ショルダー [open shoulder] 肩の部分が露出された形のデザイン。

オープン・スカイズ条約 [Treaty of Open Skies] 航空路線自由化条約。＊自由に航空サービス市場への参入ができるようにする。

オープン・スクール [open school] 開かれた学校。＊学習内容に応じて，空間の形を自由に変えられるようにした校舎や教室の様式。

オープン・スタンス [open stance] 〘野球，ゴルフ〙打者がボールの飛ぶ方向にある足(右打ちなら左足)を後ろに引いて，体を開きぎみに構えること。↔クローズド・スタンス。

オープン・スペース [open space] 空き地；(都市の中の)ゆとりのある空間。

オープン・セサミ [open sesame] 「開けゴマ」の呪文(じゅもん)。

オープン・セット [日open set] 〘映画，テレビ〙屋外に作られた撮影用の町並や建物など。＊英語ではアウトドア・セット(outdoor set)。

オープン・ソース [open source] 〘電算〙コンピュータ・プログラムのソース・コードを利用するとき，複製・修正・再配布が自由に認められていること。

オープン・ダイアローグ [open dia-

オ

logue] 連絡を受けた精神科のチームが24時間以内に本人・家族を訪問し，対話を通じて症状の緩和を図る精神療法。

オープン・チケット [open ticket] 区間だけを指定して，搭乗便の予約をしないで購入する航空券。

オープン・ディスプレー [open display] 商品を陳列ケースに入れずに，客が手に取って見られるように陳列する方法。

オープン・データ [open data] 国や自治体，事業者が保有する公的データのうち，誰もが利用できるように公開されたデータ。

オープン・デーティング・システム [open-dating system] 包装食品や加工食品に製造年月日や賞味期限などを表示する制度。

オープン・テニス [open tennis] ⇨オープン・トーナメント。

オープン・テラス [日open terrace] 建物の外側に張り出した開放的な空間。

オープン・ドア [open door] 門戸開放(政策)；自由貿易。

オーブン・トースター [日oven toaster] オーブン兼用のトースター。

オープン・トーナメント [open tournament] 〖ゴルフ，テニスなど〗アマチュアとプロが一緒になって行う勝ち抜き方式の試合。=オープン・ゴルフ，オープン・テニス。略オープン。

オープン・トレード [open trade] 開放貿易。＊いろいろな制約を加えずに自由な状態で行う貿易。

オープン・ハウス [open house] ①建て売り住宅。また，その室内をお客に見せること。②学校・施設・工場などを一般に公開すること。

オープン・フェース [open face] ①〖ゴルフ〗飛球線に対して，クラブの打球面が開いていること。②オープン・サンドイッチの別名。

オープン・プライス [open price] ⇨オープン価格。

オープン・プランニング [open planning] 建物の内部を必要に応じて間仕切りを変え，多目的に使えるよう設計すること。

オープン・フレーム [open frame] 〖ボウリング〗ストライクもスペアも取れなかった回。

オープン・マーケット [open market] 金融機関以外の一般企業も参加できる金融市場。=オープン市場。

オープン・マーケット・オペレーション [open market operation] 公開市場操作。＊金融を調節するために中央銀行が手持ちの有価証券や手形を公開市場で売買すること。略オペレーション，オペ。

オープン・マリッジ [open marriage] 夫婦がお互いに，お互いの社会的・性的独立を独身時代と同じように認め合うこと。

オープン・ユニバーシティー [Open University] 放送大学；公開大学。＊テレビ，ラジオなどを利用して大学教育を行い，大学卒業資格を与えるもの。

オープン・リール・テープ [open-reel tape] カセット・テープのように容器に入れて密閉したものでなく，巻き枠(わく)に巻いてあるだけの録音テープ。⇨カセット・テープ。

オープン・ルーム [日open room] 見学用に物件の室内を公開すること。

オーベルジュ [auberge フランス] 宿屋。＊ヨーロッパ風の割烹(かっぽう)旅館。

オーボエ [oboe イタリア] 哀調のある高い音を出す木管楽器。

オーム [Ohm ドイツ] 電気抵抗を表す単位。記号はΩ。

オーメン [omen] 前兆；前ぶれ。

オーラ [aura] ①(あたりに漂う)独特の雰囲気。②霊気。＊アウラとも。

オーラス [日all last] マージャンで，

ゲームの最終局面。

オーラル [oral] ①口頭の；口述の。②口で行う。

オーラル・アプローチ [oral approach] 口頭練習を主にした外国語の教授法。＊会話を基本とする。

オーラル・ケア [oral care] 歯と口腔の手入れ。

オーラル・コミュニケーション [oral communication] 音声による伝達。↔ビジュアル・コミュニケーション。

オーラル・セックス [oral sex] 口で行う性行為。＊クンニリングスやフェラチオなど。

オーラル・ヒストリー [oral history] 口述歴史；口述歴史文献。

オーラル・ピル [oral pill] 経口避妊薬。略ピル。

オーラル・メソッド [oral method] 外国語の口頭教授法の1つ。

オール[1] [all] 全部；すべて。

オール[2] [oar] ボートの櫂(かい)。

オール・イン・ワン [all-in-one] ①ブラジャー，ウエスト・ニッパー，ガードルの3つがひとつづきになっている女性用の下着。＝コースレット。②〖電算〗本体，キーボード，ディスプレーなど機器を構成する装置が1つにまとまっているタイプのもの。＊携帯用の小型のノート・パソコンなど。

オール・ウェザー [all-weather] 全天候型の；全天候用の。

オール・ウェザー・コート [all-weather coat] 晴雨兼用のコート。

オール・ウェザー・トラック [all-weather track] 〖陸上競技〗雨の日でも使える走路。＊オール・シーズン・トラックとも。

オール・オア・ナッシング [all or nothing] すべてか無か；いちかばちか。

オール・コンクール [hors-concours フランス] 〖美術〗無審査で展覧会に出品できる画家。

オール・シーズン・ドレス [all-season dress] 季節に関係なくいつでも着られる服。

オール・スクエア [all square] 〖ゴルフ〗スコアが同じで勝ち負けがないこと。

オール・スター・キャスト [all-star cast] 人気俳優の総出演。

オールスパイス [allspice] 香辛(こうしん)料の一種。＊西インド諸島産のピメントの実を乾燥させて作る。

オールディーズ [oldies] 古い流行歌〔映画〕。＊なつメロや一時代前にヒットした映画など。

オールド・エコノミー [old economy] 旧経済；農工業中心の経済。＊ITや技術革新によって生まれたニュー・エコノミーに対する言い方。

オールド・ガード [Old Guard] アメリカの共和党内の保守派の別称。

オールド・タイマー [old-timer] 古顔；古参；古風な人。

オールド・テスタメント [Old Testament] 旧約聖書；ヘブライ語聖書。↔ニュー・テスタメント。

オールトの雲 [Oort cloud] 太陽系のはるか外側を取り巻く数千億個の小天体。＊長周期の彗星の供給源。

オールド・パー [Old Parr] 〖商標〗スコッチ・ウイスキーの銘柄(めいがら)の1つ。＊152歳といわれる長寿を誇ったイギリス人のT.パーにちなむ。

オールド・ファッション [old-fashioned] 流行〔時代〕遅れの；古風な。

オールド・ファン [old fan] 若い頃に特定の俳優や歌手，映画や音楽などに夢中になったファン。

オールド・ボーイ [old boy] ⇨オー・ビー①。

オールド・ミス [日old miss] 未婚のまま婚期を過ぎた女性。

オール・ナイト [all-night] ①夜通しの；終夜営業の。②(映画の)終夜興行。

オ

オール・ナチュラル [all-natural] 「すべて天然の製品である」の意。
オール・パーパス [all-purpose] 多目的の；いろいろなことに使える。
オール・バック [日all back] 髪を分けないで全部後ろへすきあげた型。
オール・ブラックス [All Blacks] ラグビーのニュージーランド代表の愛称。
オー・ルボアール [au revoir フランス] 「さようなら」「また会いましょう」。
オールマイティー [almighty] ①万能の。②トランプの最も強い札(ふだ)。
オール・ラウンド [all-round] 万能の；なんでもできる。
オール・ラウンド・プレーヤー [all-round player] 万能選手；どのポジションでもこなせる選手。
オール・リスクス [all risks] 全危険担保保険。＊商品が買い手に渡るまでのすべての危険を担保する保険。
オー・レ[1] [au lait フランス] ミルク(lait)入りの。
オーレ[2] [olé スペイン] 喝采や激励の意味をこめた掛け声。
オーロラ [aurora] ①極光。＊南極・北極に近い地域の空に現れる多彩な美しい光。② [A-] 〖ローマ神話〗曙の女神。
オカピ [okapi] キリン科の哺乳動物。＊アフリカ中央部の森林に生息。キリンとシマウマとの中間の体形。
オカリナ [ocarina イタリア] 陶土で作った鳩笛(はとぶえ)に似た笛。
オカルティズム [occultism] ①神秘主義；神秘学；神秘論。②錬金術；心霊術。
オカルト [occult] 神秘的な(こと)；超自然的な(現象)。
オキサイド [oxide] 酸化物。
オキシジェン [oxygen] 酸素。
オキシダーゼ [oxidase] 酸化酵素。
オキシダント [oxidant] 自動車の排気ガスや工場の煙突から出る煙が紫外線にあたって生じる有毒な物質の総称。＊光化学スモッグの原因となる。略Ox。
オキシドール [Oxydol ドイツ] 過酸化水素水。＊殺菌・漂白などに用いる。
オキシトシン [oxytocin] 下垂体後葉ホルモンの1つ。
オキシフル [Oxyful] 〖商標〗オキシドールの商品名。
オキュパイド [Occupied] ①使用中。＊飛行機の座席やトイレなどの掲示。②占領された。
オキュペーション [occupation] ①職業。②居住；占領。
オクシデンタリズム [occidentalism] 西洋風；西洋趣味；西洋人かたぎ。↔オリエンタリズム。
オクシデンタル [occidental] 西洋の；西洋人の。
オクシデント [Occident] 西洋；西方。↔オリエント。
オクシモロン [oxymoron] 撞着語法。＊「ゆっくり急げ」など矛盾する語句を組み合わせる表現法。
オクターブ [octave] 〖音楽〗音階のある音から完全8度へだたった音。また，その音程，へだたり。＊ドレミファソラシドのドとドは1オクターブちがう音である。
オクタゴン [octagon] 八角形。
オクタン価 [octane number] ガソリンのアンチノック性を表す数値。＊オクタン価が高いほどノッキング②をおこしにくい。
オクテット [octet] 〖音楽〗八重奏；八重唱。
オクトーバーフェスト [Oktoberfest ドイツ] ドイツのミュンヘンから世界に広がったビール祭り。
オクトパス [octopus] (軟体動物の)タコ(蛸)。
オクラ [okra] アフリカ原産の1年生草本。＊さやのまま食用にする。＝ガンボ。

オケージョン [occasion] ①場合。②好機。③原因；理由。④行事。
オシリス [Osiris] 〘エジプト神話〙冥界(めいかい)を支配する死と復活の神。
オシレーター [oscillator] ①〘電気〙発振器。②〘電算〙コンピュータの作動に必要な制御信号となるパルスを作り出す水晶発振器。また，その周辺回路。
オシログラフ [oscillograph] 音声・電圧・電流などの振動の様子を波形として記録する装置。＊心電図，脳波，筋電図などに利用される。
オシログラム [oscillogram] オシログラフを使って示される記録図。
オシロスコープ [oscilloscope] 陰極線を利用して波形の変化をブラウン管上で見るオシログラフ。＊陰極線オシログラフとも。
オシロメーター [oscillometer] 〘医学〙振動計。＊動脈の拍動測定器。
オズ [Oz] ①アメリカのF.ボーム作の童話中の魔法の国。②オーストラリアの俗称。
オスカー[1] [Oscar] アカデミー賞受賞者に贈られる男性の立像。また，アカデミー賞の別名。＊像は青銅製で金メッキされている。
オスカー[2] [OSCAR] アマチュア無線用人工衛星。＊*o*rbiting *s*atellite *c*arring *a*mateur *r*adioの略。
オステオポローシス [osteoporosis] 骨粗鬆症。
オステリア [osteria イタリア] レストラン；イタリア風居酒屋。
オストメイト [ostomate] 人工肛門や人工膀胱(ぼうこう)を造設した人。
オストラシズム [ostracism] ①追放；村八分(むらはちぶ)。②陶片追放。＊古代ギリシアの制度で，好ましくない人物の名を陶片に書いて投票し，陶片が一定数を超えるとその人物を国外に追放した。
オストリッチ [ostrich] ダチョウ。＊この皮で作ったハンドバッグや時計バンドは高級品として珍重される。
オストリッチ・ポリシー [ostrich policy] 現実逃避策。＊ダチョウは危険を察知すると頭を砂の中に隠してじっとしているという俗信からできたことば。
オスプレイ [Osprey] アメリカの軍用垂直離着陸機V-22の通称。＊原義は垂直に降下して魚を捕るミサゴ(タカ目の鳥)。
オスロ合意 [Oslo―] 1993年にイスラエルとPLOが調印したパレスチナ暫定自治に関する和平合意。
オセアニア [Oceania] 大洋州。＊オーストラリア大陸，ニュージーランド，ミクロネシアなどからなる地域。
オセロ [Othello] ①〘商標〙はさみ将棋(しょうぎ)に似たゲーム。＊白と黒のこまを64目の盤上に交互に置いて相手のこまをはさみ打ちにし，多くの目を取ったほうが勝ちとなる。②シェークスピアの四大悲劇の1つ。
オゾン [ozone] 特有なにおいのある淡青色の気体。分子式はO_3。＊酸化作用が強く，殺菌，消毒，漂白などに利用される。
〜層 地上から10〜50キロメートルの高さにある，オゾンを多く含む気層。＊太陽の紫外線を吸収して，地球上の生物を強い紫外線から守る。
オゾン・ホール [ozone hole] 極地地方の上空のオゾン層が破壊されて穴のようになっている部分。＊フロン・ガスの影響によるものと考えられている。
オダリスク [odalisque フランス] ①オスマン・トルコの後宮に仕える女奴隷。②ハレムの女を主題とする絵画。
オタワ条約 [Ottawa Treaty] 対人地雷全面禁止条約。＊1997年，カナダのオタワで条約化。
オッカムの剃刀(かみそり) [Occam's razor] 〘哲学〙ある事象を説明するの

オ

に，必要以上に多くの仮説を立ててはならない，という原則。＊イギリスのスコラ哲学者オッカムが多用した。

オックステール [oxtail] 牛の尾。＊スープやシチューなどに使う。

オックスフォード大学 [University of Oxford] イギリスで最も古い大学。＊1168年に創立された大学で，ケンブリッジ大学と並ぶ名門校。

オックスブリッジ [Oxbridge] イギリスのオックスフォード大学とケンブリッジ大学の合成語。＊名門やエリートの代名詞。*Oxford*＋*Cambridge*から。

オッズ [odds] ①賭け率。②〘競馬〙レースの前に出る概算払い戻し率〔額〕。

オッド・アイ [odd eye] 左右の虹彩(眼)の色が異なる状態。

オッド・ベスト [odd vest] スーツと共布でない素材で作られた略式のベスト。

オットマン [ottoman] 椅子やソファの前に置かれる脚を載せる台。

オデオン [odéonフランス] 音楽堂。＊古代ギリシアの半円形の音楽劇場。

オデュッセイア [Odysseiaギリシア] ホメロス作の古代ギリシアの英雄叙事詩。＊オデッセー，オデッセイとも。⇨イリアス。

オデュッセウス [Odysseusギリシア] イリアスの英雄叙事詩「オデュッセイア」の主人公。＊トロイ戦争でギリシアを勝利に導いた知将。英語名ユリシーズ。

オドメーター [odometer] (自動車などの)走行距離計。

オナー [honor] 〘ゴルフ〙同じ組で最初にティー・ショットを打つ人。

オナニー [Onanieドイツ] 自慰；手淫(しゅいん)。＝マスターベーション。

オニオン [onion] たまねぎ。

オニオン・グラタン [onion gratin] たまねぎ入りのグラタン。

オニックス [onyx] 縞瑪瑙(しまめのう)。＊宝石の1つ。オニキスとも。

オネスティ [honesty] 正直；誠実。

オネトーム [honnête hommeフランス] 教養が豊かで人柄(ひとがら)のすぐれた人。

オノマトペ [onomatopéeフランス] 擬声語；擬音語。

オパール [opal] 蛋白石。＊宝石の1つで，10月の誕生石。

オピオイド [opioid] 麻薬性鎮痛薬。

オピニオン [opinion] 意見；世論。

～**広告** [～ advertising] 意見広告。＊新聞などに広告の形で述べる意見。

オピニオン・ポール [opinion poll] 世論調査。

オピニオン・リーダー [opinion leader] 他の人に影響を与える意見〔見解〕をもつ人；世論を誘導する意見〔見解〕をもつ人。

オフ [off] ①(電気や機器の)スイッチを切ってあること。↔オン。②オフ・マイク，シーズン・オフの略。

～**会** ⇨オフ・ライン・ミーティング。

オファー [offer] 申し出；申し込み。

オプ・アート [op art] 視覚的な錯覚や光学的トリックを取り入れた抽象美術の一傾向。＊オプティカル・アートとも。

オフィサー [officer] ①士官；将校。②高級船員。③警官。

オフィシャル [official] 公式の；公認の。

オフィシャル・オピニオン [official opinion] 公式見解。

オフィシャル・サイト [official site] 〘電算〙公式サイト。

オフィシャル・サプライヤー [official supplier] 公式商品提供企業。＊スポーツや文化イベントに商品を提供し，その見返りとして，広告表示などの権利を得る契約を結ぶ。

オフィシャル・ステートメント [official statement] 公式声明。

オフィシャル・ドキュメント [official document] 公式文書。
オフィシャル・ハンデ [official handicap] 〖ゴルフ〗公認のハンディキャップ。
オフィシャル・ルールズ [official rules] (スポーツの)公式規則。
オフィシャル・レート [official rate] 公定為替レート。
オフィシャル・レコード [official record] 〖スポーツ〗公認記録。
オフィス [office] 事務所；会社；役所。
オフィス・アワー [office hours] 勤務〔執務〕時間；営業時間。
オフィス・オートメーション [office automation] コンピュータなどを導入してオフィスの仕事を自動化すること。略OA。⇨ファクトリー・オートメーション。
オフィス・ガール [日office girl] ⇨オフィス・レディー。
オフィス・コンピュータ [日office computer] 一般事務処理用の小型コンピュータ。略オフ・コン。
オフィス・ソフト [office software] 日常業務をサポートするワープロ・表計算・データベースなどのソフトがセットになったパッケージ製品。
オフィス・ビル [office building] 企業や団体の事務所などが入っているビル。
オフィス・マネジメント [office management] 事務管理；職場管理。
オフィス・ラブ [日office love] 社内恋愛。
オフィス・レディー [日office lady] 女性の会社員・事務員。略OL。＝オフィス・ガール。
オフ・エア オフ・ジ・エアの略。
オフェンス [offense] 〖スポーツ〗攻撃；攻撃チーム。↔ディフェンス。
オフェンダー [offender] 犯罪者；違反者。
オフ・オフ・ブロードウェイ [off off Broadway] オフ・ブロードウェイよりも前衛的な演劇運動。
オフ・ギャラリー [off gallery] 美術館や画廊から離れて，あらゆる空間を表現の場にしようとする前衛的な美術活動。
オフ・グリッド [off-grid] 電力会社などの送電網から独立している状態。＊太陽光発電などを利用。
オブザーバー [observer] ①(会議の)傍聴者。② [O-] イギリスの日曜新聞の名称。
オフサイド [offside] 〖サッカー，ラグビーなど〗選手がプレーをすると反則となる位置にいること。また，その位置でプレーしたときの反則。
オフ・サイト・センター [日off-site center] 緊急事態応急対策拠点施設。＊原子力施設の周辺にある。
オフサイド・トラップ [offside trap] 〖サッカー〗相手選手をオフサイドの位置に取り残すように，主にバックスが罠(わな)をかけること。
オフ・サイト・ミーティング [off-site meeting] 職場以外の場所で開かれる会議。
オブザベーション [observation] 観察；監視。
オフ・ザ・レコード [off the record] 公表しないことを条件にして話すこと。略オフ・レコ。
オフ・シアター [off-theater] ①文化振興の1つとして映画を上映する文化施設。②自主制作映画。
オフ・シーズン [off-season] ⇨シーズン・オフ。
オプジーボ [Opdivo]〖商標〗がん免疫療法に使用される治療薬。＊一般名はニボルマブ。
オブジェ [objetフランス] 前衛美術で表現の素材となる，すべての物体。＊日用品や石，木片，人形の手足など。
オフ・ジ・エア [off the air] 放送中で

ないこと。略オフ・エア。

オブジェクション [objection] 異議；反対；不服。

オブジェクト [object] ①物；物体；対象。②〖文法〗目的語。③〖哲学〗客観。↔サブジェクト。

〜指向 [-oriented] データと処理手順を1つのオブジェクトとして定義し，システム全体を構築していく手法。

オブジェクト・プログラム [object program] コンピュータがデータを処理できるように翻訳された機械語のプログラム。＊オブジェクト・コードとも。

オフショア [offshore] ①沖へ；沖合いの。②陸から海に向かって吹く風。↔オンショア。

オフショア・センター [offshore center] 海外居住者に限り為替管理や金利，税の規制を少なくして自由な取引を認めている国際金融市場。

オフショア・ファンド [offshore fund] 海外〔国際〕投資信託。

オフショア・マーケット [offshore market] 海外金融市場。

オフショアリング [offshoring] 業務の海外移管・委託。

オプショナル・ツアー [optional tour] 団体旅行で，希望者だけが別料金を払って参加する小旅行。

オプショナル・パーツ [optional parts]〖自動車など〗客の注文によって取りつける部品や装置。略オプション。

オフ・ショルダー [off shoulder]〖服飾〗両肩が出るほどネックラインを大きくあけたデザイン。

オプション [option] ①自由選択；選択権。②オプショナル・パーツの略。

〜取引 特定の商品について一定の期間と価格で権利を売買する取引。

オプス [opusラテ] (音楽の)作品番号。略op.。

オブストラクション [obstruction] 妨害；妨害行為。

オブセッション [obsession] こだわり；強迫観念；妄想にとりつかれること。

オフセット [offset] 平版(へいはん)印刷の一種。＊版面にインクをつけ，それをブランケット(ゴム引きの布)に転写したのち紙に印刷する方式。

オフ・タイム [日off time] 勤務時間外；休み時間。↔オン・タイム。

オプチミスティック [optimistic] 楽天的な；楽観的な。↔ペシミスティック。

オプチミスト [optimist] 楽天家；楽観主義者。↔ペシミスト。

オプチミズム [optimism] 楽天主義；楽観主義。↔ペシミズム。

オプティカル [optical] 光学の。

オプティカル・アート [optical art] ⇨オプ・アート。

オプティカル・ファイバー [optical fiber] 光ファイバー。＊ガラスやプラスチックの繊維の中を通して，大容量の情報を高速で送ることのできる通信線。

オプティシャン [optician] 眼鏡商；検眼士。

オプティマイズ [optimize]〖電算〗プログラムの最適化。

オプトエレクトロニクス [optoelectronics] 光電子工学。＊光学と電子工学を組み合わせた技術。また，その学問。

オフ・バランス・シート [off balance sheet]〖経済〗貸借対照表に計上されないこと。＊帳簿外の取引。

オフ・ピーク [off-peak] 閑散期の；ピークでない時間の。

オフビート [offbeat] ジャズなどの演奏で通常とははずれた部分に強拍があること。

オフ・プライス [off-price] 割引価格；安売り。

オフ・ブロードウェイ [off-Broadway] ブロードウェイの商業演劇に反発して起こった，小劇場による前衛的な演劇活動。

オフ・ホワイト [off-white] わずかにほかの色を帯びた白色。

オフ・マイク [off-mike] マイクを離れたところに置くこと；マイクから離れること。↔オン・マイク。

オブラート [Oblateドイツ] でんぷんなどで作った薄い膜。＊飲みにくい粉薬を飲むときなどに使う。

オフ・ライン [off-line] 本体のコンピュータと端末装置とが接続されていない状態。↔オン・ライン。

オフ・ライン・ミーティング [off-line meeting] オン・ライン上での知り合いが実際に会うこと。＝オフ会。

オブリガート [obbligatoイタリア] 〘音楽〙助奏。＊伴奏のついている独奏や独唱に，さらに別の楽器で旋律的伴奏をつけること。

オブリゲーション [obligation] 義務；責任；債務。

オフ・リミット [off-limits] 立入り禁止。↔オン・リミット。

オフ・レコ オフ・ザ・レコードの略。

オフ・ロード [off-road] (原野などの)整備されていない道；わき道。

オペ オープン・マーケット・オペレーション，オペラチオン，オペレーションの略。

売り〜 売りオペレーションの略。

買い〜 買いオペレーションの略。

オペーク [opaque] 〘写真〙不透明な液でネガの一部を修正すること。また，その液。

オペック ⇨OPEC。

オペラ [operaイタリア] 歌劇。

オペラ・グラス [opera glasses] 観劇用の小型の双眼鏡。

オペラ・コミック [opéra-comiqueフランス] 対話〔せりふ〕の入った歌劇。

オペラチオン [Operationドイツ] ⇨オペレーション②。

オペラ・ハウス [opera house] 歌劇場。

オペランド [operand] 〘電算〙①被演算子；演算の対象となる数値。②プログラム中の命令のうち，データの所在地を表す部分。

オベリスク [obélisqueフランス] 古代エジプトの記念碑。＊石づくりで断面は方形，先細で先端はピラミッド型。

オペル [Opel] 〘商標〙ドイツの自動車メーカー。

オペレーション [operation] ①オープン・マーケット・オペレーションの略。②〘医学〙手術。略オペ。＝オペラチオン。

売り〜 金融引き締めのために，中央銀行が手持ちの証券を市場に売り出して資金を吸いあげること。略売りオペ。↔買いオペレーション。

買い〜 金融をゆるめるために，中央銀行が市場の証券を買い入れて資金を放出すること。略買いオペ。↔売りオペレーション。

オペレーションズ・リサーチ [operations research] 合理的な経営をするための科学的な調査・研究。略OR。

オペレーション・センター [operation center] ①業務運営の中心となるところ。②(空港などの)管制室。

オペレーション・ツイスト [operation twist] 中央銀行が行う公開市場操作の1つで，買いオペと売りオペを同時に行うこと。＊通貨供給量を増加させずに，長・短金利をそれぞれ逆方向に変化させる。

オペレーター [operator] 機械・装置を操作する人。

オペレーティング・システム [operating system] コンピュータを効率的かつ容易に使うための基本的なソフトウェア。＊コンピュータ全体の実行管理にかかわる。ウィンドウズなど。略OS。

オペレッタ [operettaイタリア]　軽歌劇。＊軽い内容のオペラ。＝ライト・オペラ。↔グランド・オペラ。

オベロン [Oberon]　①西欧中世の妖精(ようせい)の王。②天王星の第4衛星。

オペロン [operon]　DNAのもつ遺伝情報が転写される場合，同一の転写単位に属する遺伝子群のこと。

オポーネント [opponent]　①反対者；敵手。②反対の；相手の。

オポジション [opposition]　①反対；対立。②敵対；妨害。③反対派。

オポジション・パーティー [opposition party]　反対党；野党。

オポチュニスト [opportunist]　日和見(ひより)主義者。

オポチュニズム [opportunism]　日和見(ひより)主義。

オポチュニティ [opportunity]　機会；好機；チャンス。

オマージュ [hommageフランス]　①尊敬；賛辞。②芸術家に敬意を表すこと。また，敬意を表した作品。

オマール [homardフランス]　ロブスター。＊食用エビの一種。

オミット [omit]　省略する；無視する；抜かす。

オム [hommeフランス]　①男性；人；人間。②〖服飾〗男物。↔ファム。

オムニアム [omniumラテン]　自転車レースのトラック競技。1日で4種目を行いポイントの合計を競う。

オムニ・チャネル [omni-channel]　実店舗と通販サイトなど，あらゆる販路を統合する販売戦略のこと。

オムニバス [omnibus]　①乗合自動車。②独立した短編をいくつか集め，全体としてテーマの一貫した作品にまとめたもの。

オム・ライス [日omeletteフランス＋rice]　ケチャップなどで味つけした炒めご飯を薄い卵焼きで包んだ料理。

オムレツ [omeletteフランス]　挽き肉・たまねぎのみじん切りを炒め，薄い卵焼きで包んだ料理。

オメガ [ōmegaギリシア]　①ギリシア語アルファベットの最後の文字(Ω，ω)。↔アルファ①。②〖商標〗スイスの時計メーカー。また，その製品。

オモニ [omoniコリア]　母。↔アボジ。

オライオン [Orion]　アメリカのP3C海上哨戒(しょうかい)機の愛称。

オラクル [oracle]　神のお告げ。

オラショ [oratioラテン]　祈り；祈禱(きとう)。＊キリシタン用語。

オラトリオ [oratorioイタリア]　聖譚(せいたん)曲。＊声楽と管弦楽からなる宗教曲。⇨カンタータ。

オランウータン [orangutan]　ショウジョウ科の大形の類人猿。＊マレー語で「森の人」。ボルネオとスマトラに生息する。

オリーブ [olive]　地中海地方原産のモクセイ科の常緑高木。＊果実は食用やオリーブ油の原料。枝は平和・充実の象徴とされる。

オリエンタリズム [orientalism]　東洋風；東洋趣味；東洋人かたぎ。↔オクシデンタリズム。

オリエンタル [oriental]　東洋の；東洋風の；東洋人の。

オリエンテーション [orientation]　①方位；指標。②新しい環境に順応させるための教育指導；新人教育。

オリエンテーリング [orienteering]　〖スポーツ〗地図と磁石を使って指定された地点を通過し，できるだけ短時間に目的地に着くことを競う競技。略OL。

オリエント [Orient]　東洋。↔オクシデント。

～急行 [～express]　ロンドンとイスタンブールを結ぶ国際急行列車。

～文明 [～civilization]　エジプトとメソポタミアで栄えた古代農耕文明。

オリオン [Ōrīōnギリシア]　①〖ギリシア神話〗美男子の巨人狩人。②日本では冬に見られる星座の1つ。＊「3つ星」

で有名。
オリガーキー [oligarchyロシア] ①寡頭(かとう)制。②ロシアの政治的影響力を持つ新興財閥・寡占(かせん)資本家。
オリゴ糖 [oligosaccharide] 少糖類。＊ビフィズス菌の栄養になる糖。
オリゴペプチド [oligopeptide] アミノ酸からなる物質。＊鰹節(かつおぶし)などに含まれる。
オリゴマー [oligomer] モノマー(単量体)を数個ないし数十個結合させた比較的分子量の少ない重合体。
オリコン [日Oricon]〘商標〙国内のCD, DVDの売り上げやダウンロード数などのランキングを提供する企業。＊*Ori*ginal *Con*fidenceの略。
オリザニン [Oryzanin]〘商標〙米糠(こめぬか)から抽出されたビタミンB_1で, 脚気(かっけ)に効く成分。＊1910年に鈴木梅太郎が発見。
オリジナリティー [originality] 独創性；独創力；創意。
オリジナル [original] ①独創的な。②原作；原型；もとの作品。③創作。
オリジナル・カロリー [original calorie] 畜産食品(牛肉や卵など)そのもののカロリーではなく, それらを生産するために必要な飼料のカロリー量。
オリジナル・シナリオ [original scenario] 小説などを脚色したものではなく, 独自に書きおろした脚本。
オリジナル・プリント [original print] ①作者が自分の手でプリント処理をしてサインをした写真や版画など。②手を加えていない, もとのままの映画フィルム。
オリジン [origin] 起源；出所；原産。
オリックス [oryx] アフリカに生息するウシ科の哺乳(ほにゅう)類レイヨウ(羚羊)の一種。＊長い角を持つ。
オリフィス [orifice] 流量の調節や測定を目的として, 水槽や管の壁面に空けられた流水口。
オリンピア [Olympia] ギリシア北西部のエリス地方にあった古代ギリシアの聖地。＊古代オリンピック競技発祥の地。
オリンピアード [Olympiad] ①⇨オリンピック。②オリンピック大会から次の大会までの4年間。
オリンピアン [Olympian] オリンピック選手。
オリンピック [Olympic Games] 4年に1回, 開催地をかえて行われる国際総合競技大会。＝オリンピアード。
オリンピック・デー [Olympic Day] クーベルタンがオリンピックの復活を提唱したことを記念する日で, 6月23日。
オリンポス [Olymposギリシア] ギリシア北部にある標高2917メートルの山。＊ギリシア神話では男女6名の神が住んでいた。オリュンポスとも。
オリンポス火山 [Olympus Mons] 火星に存在する太陽系最大の火山。
オルカ [orca] 鯱(しゃち)のこと。＊学名Orcinus orcaに由来。
オルガスム [orgasm] ⇨オルガスムス。
オルガスムス [Orgasmusドイツ] 性的快感の頂点。＝アクメ, オーガズム, オルガスム。
オルガニズム [organism] 有機体；生物；有機的組織体。
オルガン [organポルトガル] 風琴。＊鍵盤楽器の1つ。⇨リード・オルガン, パイプ・オルガン。
　電子～ [electronic～] 電子鍵盤楽器。＊エレクトーンやハモンド・オルガンなど。
オルグ オーガナイザー, オーガナイズの略。
オルゴール [orgelオランダ] 箱のふたを開けるとぜんまい〔電池〕じかけで曲を演奏する楽器。
オルセー美術館 [Musée d'Orsayフランス]

パリの国立近代美術館。

オルソケラトロジー [Orthokeratology] 角膜矯正療法。＊特殊なハード・コンタクト・レンズを装用して，主に近視などの眼科的屈折異常を治療。⇨OSEIRT。

オルタナティブ [alternative] ①二者択一(の)。②代わりの；代案。③主流からはずれた；新奇の。

オルタナティブ・スクール [alternative school] 生徒個人の自由意志を尊重し，個性を重視して自学自習をすすめる学校。

オルタナティブ・スペース [alternative space] 美術館や画廊ではなく，空きビルや倉庫などを利用した非営利的な美術作品の展示場。

オルタナティブ・テクノロジー [alternative technology] 代替技術；現在の技術に取って代わる新技術。

オルタナティブ・メディシン [alternative medicine] 代替医療。＊鍼(はり)，灸(きゅう)，整体，漢方薬，補助栄養剤など。

オルドビス紀 [Ordovician period] 〖地学〗地質時代で，古生代のカンブリア紀とシルル紀の間。＊約5億～4億4000万年前。筆石，オウムガイや甲冑(かっちゅう)魚類が出現。

オルトフェニル・フェノール [orthophenyl phenol] 柑橘(かんきつ)類のかび防止剤の1つ。略OPP。

オルニチン [ornithine] 塩基性アミノ酸の1つ。＊蜆(しじみ)などに多く含まれ，各種サプリメントに配合。

オルフェウス [Orpheus] 〖ギリシア神話〗竪琴の名手。＊冥界の主ハーデスを音楽の力で動かし，死んだ妻エウリディケを連れ帰る許しを得るが，「ふりむくな」の禁を破ったため，妻は再び冥界に連れ戻される。

オルレアンの少女 [Orléansフランス—] フランスの愛国の少女ジャンヌ・ダルクのこと。＊ドイツの劇作家シラーの戯曲による。

オレイン酸 [oleic acid] 不飽和脂肪酸の1つ。油酸。＊石鹸の原料。

オレガノ [oreganoスペイン] シソ科の多年草で，ハナハッカ。＊葉は乾燥させ香辛料とする。

オレステス [Orestesギリシア] 〖ギリシア神話〗アガメムノンの息子。＊母を殺し父の仇(あだ)を討つが，復讐(ふくしゅう)の女神につきまとわれ，狂人となって各地を彷徨。

オレンジ [orange] ミカン科の常緑高木。また，その果実。

オレンジエード [orangeade] オレンジの果汁に砂糖と水を加えた飲料。

オレンジ・ピール [orange peel] オレンジの果皮。＊製菓材料などに使われる。

オレンジ・ペコー [orange pekoe] インドやスリランカ産の最高の紅茶。＊新芽の先端の小さい葉で作る。

オレンジ・ボウル [Orange Bowl] アメリカン・フットボールの大会。＊毎年1月1日，マイアミで行われる。

オン [on] ①(電気や機械の)スイッチを入れてあること。↔オフ。②〖ゴルフ〗打球がグリーン上にのること。③オン・マイクの略。

オン・エア オン・ジ・エアの略。

オンカロ [Onkalo] フィンランドにある，使用済み核燃料や高レベル放射性廃棄物の最終処分場。

オングストローム [angstrom] 長さの単位。記号はÅ。＊1オングストロームは1000万分の1ミリメートル。

オン・コール [on call] 当直外の医師や看護師が緊急時でも呼び出しに対応できるように待機していること。

オンコジーン [oncogene] 発がん遺伝子。

オンコロジー [oncology] がん研究に携わる腫瘍(しゅよう)学。

オン・サイト [on-site] 現場で；敷地

内で。

オン・ザ・ジョブ・トレーニング [on-the-job training] 職業の実地訓練。略OJT。

オン・ザ・マーク [on the mark] ⇨オン・ユア・マーク。

オン・ザ・ロック [on the rocks] グラスに氷片を入れ，ウイスキーやブランデーを注いでつくった飲み物。略ロック。

オン・ジ・エア [on the air] 〖ラジオ，テレビ〗放送中；放映中。略オン・エア。

オンショア [onshore] ①陸へ。②海から陸に向かって吹く風。↔オフショア。

オンス [ounce] ヤード・ポンド法の重さの単位。記号はoz。＊1オンスは16分の1ポンドで28.35グラム。

オンステージ [onstage] 上演中。

オン・タイム [日on time] ①定刻の。②就業時間。↔オフ・タイム。

オン・デマンド [on demand] 需要・請求や必要のありしだい。

オンドル [ondol[コリア]] 朝鮮などで古くから使われている床暖房装置。

オントロジー [ontology] 〖哲学〗存在論；本体論。

オン・パレード [on parade] 大行進；(俳優などの)総出演；勢ぞろい。

オンブズマン [ombudsman] ①行政監察専門員。②(新聞社の)記事審査員。③市民の苦情を調査し処理する公務員。＊オンブズパーソンとも。

オン・プレミス [on-premises] ①自社内に情報システムに関する機器を設置して運用すること。②製造から販売までの全工程を自社内で行うベーカリーなどの店舗。

オン・ボード [on board] ①貨車や船に搭載されている。②〖電算〗マザー・ボードにもともとある機能がついていること。

オン・マイク [on-mike] マイクを近いところに置くこと；マイクに近づくこと。略オン。↔オフ・マイク。

オン・ユア・マーク [on your mark] 〖陸上競技〗「位置について」の号令。＝オン・ザ・マーク。

オン・ライン [on-line] ①〖電算〗コンピュータ本体と端末装置とがつながっていて直接データのやりとりができること。↔オフ・ライン。②〖野球，テニスなど〗打球が境界ライン上に落ちること。＊有効打となる。

オン・ライン・ゲーム [on-line game] インターネットを利用して遊ぶゲーム。

オン・ライン・システム [on-line system] オン・ライン・リアル・タイム・システムの略。

オン・ライン・ショッピング [on-line shopping] ⇨ネット・ショッピング。

オン・ライン・トレード [on-line trade] インターネットを通して金融取引を行うこと。

オン・ライン・バックアップ [on-line backup] インターネット上のサーバーに，パソコンのデータをバックアップすること。または，コンピュータが稼働している状態のままバックアップすること。

オン・ライン・プリント [日on-line print] 撮影したデジタル画像を，インターネットを通じプリント依頼するサービス。＊ネット・プリントとも。

オン・ライン・マガジン [on-line magazine] 〖電算〗インターネット上で発行される雑誌。

オン・ライン・リアル・タイム・システム [on-line real time system] 端末機から送られたデータを本体のコンピュータで即時に処理して端末機に送り返すシステム。＊銀行の自動預金機，列車の座席予約窓口などで利用されている。略オン・ライン・システム。

オンリー・ワン [only one] ただ1つのもの。＊ナンバー・ワンに対比して用いられる語。

オン・リミット［on limits］ 出入り自由。↔オフ・リミット。

オン・ロード［on road］ 公道上；舗装された道路上の。

オンワード［onward］ 前方へ；先へ；前進。

カ

カー［car］ ①自動車。②車両。

カーキ［khaki］ 黄色に淡い茶色の混じった色。

カーゴ［cargo］ 貨物；積み荷；船荷。

ガーゴイル［gargoyle］ 雨どいにつけられた怪獣の形をした雨水落とし。＊ヨーロッパ中世建築で，パリのノートルダム寺院のものは有名。

カーゴ・バイク［日cargo bike］ 荷物の運搬能力が高い自転車。

カーゴ・パンツ［cargo pants］ 両脇にポケットがついたズボン。＊もとは，貨物船の乗組員が着用した作業用ズボン。

カーサ［casaスペイン］ 家；建物。

カー・シェアリング［car sharing］ 会員制の自動車賃貸システム。＊共同で利用する。

カーシェール［kosher］ ユダヤ教で，宗教上食べてよい食物のこと。＊コシャー，コシェルとも。

カー・ショップ［car shop］ 自動車の備品やアクセサリーなどを専門に売っている店。

カー・ステレオ［car stereo］ 自動車の中でステレオ演奏が聴ける装置。

カースト［caste］ インドの身分制度。＊古くはバラモン(僧侶)，クシャトリア(王族)，バイシャ(平民)，シュードラ(奴隷)の４種姓だったが，現在は階級の細分化で，2000以上の階層に分かれている。

ガーゼ［Gazeドイツ］ 目が粗く柔らかい綿布。＊包帯など医療用に使う。

カーソル［cursor］ ①計算尺などで目盛りの上を滑らせる部分。②『電算』入力するとき画面上に現れる位置を示すマーク。

ガーター［garter］ 靴下留め。

～勲章［the Garter］ イギリスの最高の勲章。

カー・チェイス［car chase］ 自動車が他の自動車を追跡すること。

ガーディアン［The Guardian］ イギリスの保守系新聞。

ガーディアン・エンジェルス［Guardian Angels］ 国際的な自警団。＊本部はニューヨーク。guardian angelは「守護天使」。

カーディガン［cardigan］ 前が開いていてボタンで留めるセーター。

カーディナル［cardinal］ ローマ・カトリック教の枢機卿(すうききょう)。＊ローマ教皇の最高顧問。

ガーデナー［gardener］ 造園家；庭師。＊ガードナーとも。

ガーデニング［gardening］ 造園；園芸；庭いじり。

カーテン［curtain］ ①窓に吊るし，日よけや防寒などのために用いる布。＊間仕切りや装飾としても用いる。②(劇場などの)幕；緞帳(どんちょう)。③障壁。

ガーデン［garden］ 庭；庭園。

カーテン・アンテナ［curtain antenna］ ⇨ビーム・アンテナ。

カーテン・ウォール［curtain wall］ 建物の骨組の外側を軽い壁材やガラス窓で覆う建築法。また，その壁面。

カーテン・コール［curtain call］ 演劇や音楽会などで，演じ終わった出演者を，観客が拍手で再び舞台に呼び戻すこと。⇨アンコール。

ガーデン・シティ［garden city］ 田園都市。

ガーデン・センター［garden center］ 造園・園芸に必要な道具をそろえられる専門店。

ガーデン・パーティー [garden party] 園遊会；庭園で行うパーティー。
ガーデン・ハウス [garden house] 亭(ちん)；あずまや。
カート[1] [cart] 手押し車。
カート[2] [kart] 排気量100cc以下の小型のレーシング・カー。
カード[1] [card] ①やや厚手の紙を一定の大きさに切ったもの。②トランプやカルタなどの札(ふだ)。③試合の組み合わせ。④切り札。
カード[2] [curd] 凝乳(ぎょうにゅう)。＊チーズの原料。
ガード[1] [girder bridge] (道路をまたいでかけられた)鉄道橋；鉄橋。
ガード[2] [guard] ①護衛；警備員。②〘スポーツ〙防御；防御のかまえ。
カートゥーン [cartoon] 漫画。＊特に，風刺(ふうし)漫画，時事漫画など。
ガード・ケーブル [guard cable] 道路などに張ってある危険防止用の金属製の綱。
カード・システム [card system] 知識・情報・データなどをカードに記入して整理する方法。
ガード・バンカー [guard bunker] 〘ゴルフ〙グリーンの周りに設けられたバンカー。
ガード・マン [日guard man] 警備員；見張り人。
カード・リーダー [card reader] 磁気カード読み取り装置。
カートリッジ [cartridge] ①取り替えの操作が簡単な，はめこみ式の小型の容器。＊万年筆のスペア・インクの筒など。⇨マガジン。②レコード・プレーヤーの，差し込み式のピックアップ。
ガードル [girdle] 女性の腹部から腰部にかけての補正用下着。
カー・トレイン [日car train] 乗用車やトラックを貨車に積み，人を客車に乗せて運ぶ列車。＊カー・スリーパーとも。
ガードレール [guardrail] 車道と歩道の境に取りつけてある危険防止用の鉄製の柵(さく)。
カード・ローン [日card loan] 銀行などの自動現金支払い機を利用してカードで無担保・無保証で個人向け融資が受けられるシステム。
カートン [carton] ①厚紙で作った箱。②たばこを10個または20個つめた箱。
カートン・ボックス [carton box] ボール紙の箱；段ボール。
カー・ナビゲーション・システム [car navigation system] 自動車経路誘導システム。＊GPS衛星などを利用して，画面上に現在地，目的地までの経路などを表示してくれる。略カー・ナビ。
ガーニッシュ [garnish] 〘服飾〙①飾り。②⇨ガルニチュール。
カーニバル [carnival] ①謝肉祭。＊四旬節の前に行われるカトリックの祭り。②お祭りさわぎの催し。
カーニング [kerning] 〘電算〙字詰め。＊文字の間隔を詰める。
カーネーション [carnation] ナデシコ科の多年草。＊母の日に胸につけて感謝を表す。
カーネギー・ホール [Carnegie Hall] ニューヨークにあるコンサート会場。＊音楽家にとっては「世界の檜舞台(ひのきぶたい)」とされる。
ガーネット [garnet] ざくろ石。＊宝石の1つで，1月の誕生石。
カーネル [kernel] OSの核となる機能を有するソフトウェア。＊周辺機器の監視，情報管理など，OSの中核となる機能を提供する。
カーバ [Kaaba] イスラム教徒にとって最も神聖な神殿。＊ムハンマド生誕の地メッカにある。
カーバイド [carbide] 金属と炭素の化合物，特に炭化カルシウム。＊水と作用してアセチレン・ガスを出す。

カー・ヒーター [car heater] 自動車用の暖房装置。
カービング [carving] 彫刻。
カービング・スキー [carving ski] 中央部がくびれていて，回転しやすくしてあるスキー板。
カービング・ナイフ [carving knife] 食卓で肉を切り分けるための大型ナイフ。
カービン銃 [carbine―] 騎兵銃。＊銃身が普通の小銃より短く，射程も短い。
カーフ [calf] ①子牛。②カーフスキンの略。
カーブ[1] [caveフランス] ワインの地下貯蔵庫；酒蔵。
カーブ[2] [curve] ①曲線；湾曲；湾曲している部分。②〖野球〗投手の投げる変化球の1つ。＊打者の手もとにきて右投手は左へ，左投手は右へ曲がるもの。
カープ [carp] コイ(鯉)。
カーブ・アウト [carve out] 大企業が優秀な人材や技術を活用するために，社外で企業を設立させること。
カー・フェリー [car ferry] ⇨フェリーボート。
カーフスキン [calfskin] 子牛のなめし革。略カーフ。
カーブ・ミラー [日curve mirror] 見通しの悪い曲がり角などに置かれた凸面鏡。
ガーベージ [garbage] ①台所ごみ；廃物。②〖電算〗役に立たないデータ。＊ガーベジ，ガーベッジとも。
カーペット [carpet] じゅうたん。
ガーベラ [gerbera] キク科の多年草。＊南アフリカ原産。
カーペンター [carpenter] 大工(だいく)。
カーポート [carport] 簡易車庫。＊屋根と柱だけの簡単なもの。
カーボ・ローディング [carbohydrate loading] 試合前に炭水化物を多く摂取し，エネルギー源をたくわえることを目的とした食事法。
カーボン [carbon] 炭素。原子番号6。元素記号C。
～紙 [～paper] 同じ書類などを2，3通作るとき間にはさんで使う，顔料を両面または片面に塗った紙。
カーボン・オフセット [carbon offset] 排出された温室効果ガスを，植林や森林保護など，他の事業で吸収・相殺しようとする考え方。
カーボン・グラファイト [carbon graphite] 炭素繊維の1つ。＊テニスのラケットのフレームやゴルフ・クラブのシャフトなどに使われる。
カーボン・コピー [carbon copy] ①カーボン紙の写し。②本来の宛て先以外に送付された電子メールの写し。略cc。③そっくりなもの〔人〕。
カーボン・スチール [carbon steel] 炭素鋼。
カーボン・ナノチューブ [carbon nanotube] 炭素原子の結晶構造。＊網目状のチューブになっている。略CNT。
カーボン・ニュートラル [carbon neutral] 生産活動などで排出される二酸化炭素の量と吸収される二酸化炭素の量を同量に近づけること。
カーボン・ファイバー [carbon fiber] 炭素繊維。
カーボン・フットプリント [carbon footprint] 個人・団体・企業などがライフ・サイクル全体を通して排出する温室効果ガスを，二酸化炭素に換算した場合の排出量。
カーボン・ヘッド [carbon head] 〖ゴルフ〗ヘッドの素材に炭素繊維を使ったクラブ。
カーボンレス・ペーパー [carbonless paper] ⇨ノー・カーボン紙。
カーボン・ロッド [carbon rod] 素材に炭素繊維を使った釣りざお。
カーマ [kamaサンスクリット] ①〖インド神話〗

愛欲の神。②情愛；性愛。

カーマイン [carmine] 洋紅色。＊鮮やかな紅色。また,その色の絵の具。

カーマスートラ [Kāmasūtra サンスクリット] 4世紀頃にインドで作られた性愛経典。

ガーメント・バッグ [garment bag] ハンガーつきの旅行用かばん。

ガーラ [gala] お祭り；祝祭。＊ガラとも。

カーラー [curler] 髪にカールをつける器具。＝エンド・カーラー。

カーラッシュ [Curlash] 〖商標〗まつ毛にカールをつける器具。

ガーランド [garland] 花輪；花冠；花飾り。

ガーリー [girlie, girly] 女の子っぽいファッション。＊英語では,「ヌード女性が売り物の」の意。

カーリー・ヘア [curly hair] 全体を巻き毛状にした髪形。

ガーリック [garlic] ニンニク；ニンニクの粉末。

ガーリック・バター [garlic butter] ニンニクを練り込んだバター。

ガーリッシュ [girlish] 少女のような；娘らしい。↔ボーイッシュ。

カーリング [curling] 氷上スポーツの1つ。＊4人1組の2組のチームが,取っ手のついた石(ストーン)を投げて滑らせ,ハウスと呼ばれる目標区域内に入れて,標的(ティー)への近さで得点を競う。

カール[1] [curl] ①髪の毛を巻き毛にすること。また,その巻き毛。②〖サーフィン〗アーチ状の大波の最もへこんだ部分。

カール[2] [Kar ドイツ] 氷河の浸食によってできたU字状の谷。

ガール・スカウト [Girl Scouts] 少女を心身ともに立派な社会人に育てることを目的とする団体。↔ボーイ・スカウト。

ガールズ・トーク [日girls' talk] 親しい女性同士で交わされる世間話。

ガールズ・バー [日girls' bar] 女性従業員が中心のショット・バー。

カールスバーグ [Carlsberg] 〖商標〗デンマークのビール会社。また,その製品。

ガールズ・バンド [日girls' band] 女性だけで構成されるバンド。

カール・ツァイス [Carl Zeiss] 〖商標〗ドイツの光学機器メーカー。また,その製品。

カール・ビンソン [Carl Vinson] アメリカ海軍の原子力空母。

カーン [kahn] 核物質の量を表す単位。＊1カーンは1万メガトン。

ガイ [guy] 男；奴；大将。

ガイア [Gaia] 〖ギリシア神話〗大地の女神。＊「生きる地球」の意味。

カイエ [cahier フランス] 手帳；ノート。

ガイガー・カウンター [Geiger counter] 放射能の強さを測定する装置。＊正しくはガイガー・ミュラー・カウンターという。ドイツのガイガーとミュラーが考案したもの。

カイカイデー [快快的 チャイナ] 急いで；早く。↔マンマンデー。

カイザー [Kaiser ドイツ] ①皇帝。②ドイツ皇帝ウィルヘルム2世。＊両端が跳ね上がった口髭が特徴。カイゼル,カイザルとも。

ガイスト [Geist ドイツ] 精神；霊魂。

カイダ [Qaeda, Qaid アラビア] 基地。

ガイダンス [guidance] 案内；指導。

カイト [kite] ①凧(たこ)。②ハング・グライダーの一機種。＊三角翼を2枚つけた形の最も一般的なもの。

ガイド [guide] ①案内すること。②案内人；(観光客などの)案内係。③手引き。④(機械などの)誘導装置。

ガイドウェイ・システム [guideway system] モノレールやリニア・モーターカーなどの車両を導くための軌道システム。

カイトサーフィン [kitesurfing] 専

用のカイトボードと凧(たこ)を使って,風の力で水上を滑走するウォータースポーツ。

ガイド・ナンバー [guide number] 閃光(せんこう)電球を使って撮影するときの露光係数。

カイト・フォトグラフィー [kite photography] 凧(たこ)にカメラを取り付けて上空から地上を撮影する方法。また,その写真。

ガイドブック [guidebook] 案内書;旅行〔観光〕案内書。

ガイドポスト [guidepost] ①道しるべ;道標。②指針。

ガイドライン [guideline] 目安(めやす);基準;指針;(経済政策の)指導目標。

カイパー・ベルト [Kuiper Belt] 海王星軌道の外側に広がる小天体の帯状の巣。

カイモグラフ [kymograph] 脈拍や筋肉の運動などを曲線で記録する装置。*キモグラフとも。

カイロプラクター [chiropractor] 脊柱(せきちゅう)指圧療法士。

カイロプラクティック [chiropractic] 脊柱(せきちゅう)指圧療法。

カイン [Cain]『旧約聖書』で,アダムとイブの長子。*弟アベルの捧げた供物が自分の供物よりエホバに喜ばれたことに嫉妬(しっと)し,弟を殺す。

カインドネス [kindness] 親切。

ガウス [gauss] 磁場の密度を表す単位。記号はG。⇨エルステッド。

カウチ [couch] 寝椅子;ソファー。

カウチ・ポテト [couch potato] 長椅子に横になりポテト・チップスを食べながらテレビを見て過ごすこと。

ガウチョ [gauchoスペイン] 南アメリカの草原地方のカウボーイ。

ガウチョ・ハット [gaucho hat] ガウチョが被る,山の部分が先細りになった,つばの広い帽子。

ガウチョ・パンツ [gaucho pants] 女性用のすそ幅の広い七分丈のズボン。

カウハイド [cowhide] 牛皮;牛革。

カウプ指数 [Kaup index] 乳幼児の肥満度を示す計算法。*体重(kg)÷身長(cm)^2×10。

カウベル [cowbell] 放牧してある牛の首につける鈴。

カウボーイ [cowboy] 牧童(ぼくどう);牧場で働く牛飼いの男。

カウボーイ・ハット [cowboy hat] ⇨テン・ガロン・ハット。

カウル [cowl] 空気抵抗を減らすことを目的に,航空機やオートバイのエンジンを覆うカバー。

ガウン [gown] ①裾(すそ)の長い,ゆったりとした室内着。②判事や検事,大学教授などの正服。

カウンシル [council] 協議会;審議会。

カウンセラー [counselor] 相談員;助言者;助言・指導する人。

カウンセリング [counseling] 悩みなどをもつ人と個別に面談して助言・指導すること。

カウンセル [counsel] 助言;忠告;相談;協議。

カウンター [counter] ①計算機;計数器。②勘定台;計算係。③売り台。④「反対の」「逆の」意。⑤カウンターブローの略。

カウンターアタック [counterattack] 反撃;反攻;逆襲。

カウンターインテリジェンス [counterintelligence] 敵の諜報(ちょうほう)活動に対抗する活動;スパイ防止活動。

カウンターオファー [counteroffer] 代案。

カウンターカルチャー [counterculture] 反(体制)文化;対抗文化。

カウンター・キッチン [日counter kitchen] キッチンとダイニング・ルームが開放的に向き合う配置になるよう,間にカウンター〔台〕を設置する方式。

カウンタークロックワイズ [counter-clockwise] 反時計回り；左回り。
カウンターショック [countershock] 〖医療〗電気的除細動。＊「電気ショック」のこと。
カウンター・セールス [counter sales] 窓口で来客に販売業務を行う仕事のこと。
カウンターテナー [countertenor] 〖音楽〗テナーより高い，成人男性の最高声。
カウンター・ナラティブ [counter narrative] 対抗物語。＊支配者側の論理で書かれた物語(マスター・ナラティブ)の内容に対して反逆・対抗(カウンター)して意識改革を図る。↔マスター・ナラティブ。
カウンターパーチェス [counterpurchase] 見返り輸入。＊交換買い付け条件のついた輸入契約。
カウンターパート [counterpart] ①写し；複本。②一対の片方；相対物。③交渉相手。
カウンターバランス [counterbalance] ①つり合い；平衡。②対抗勢力。③相殺する；平衡にさせる。
カウンターパンチ [counterpunch] ⇨カウンターブロー。
カウンターフォース [counterforce] ①反対勢力；対抗勢力。②〖軍事〗敵に十分な報復攻撃ができる能力。
カウンタープラン [counterplan] 代替案。
カウンターブロー [counterblow] 〖ボクシング〗相手の攻撃をかわしてすかさず相手に打撃を加えること。＝カウンターパンチ。略カウンター。
カウンター・プロパガンダ [counter-propaganda] 逆宣伝。
カウント [count] 数を数えること。
カウント・アウト [count-out] ①〖ボクシング〗ノックダウンされたボクサーが10秒以内に立ち上がれないこと。②〖プロレス〗リングの外に出たレスラーが20秒以内にリングに戻らないこと。
カウントダウン [countdown] (ロケット打ち上げなどの)秒読み。
カオス [khaosギリシア] ①混沌(こんとん)。＊ギリシア神話で，天地創造以前の世界の状態。②無秩序；大混乱(状態)。＊ケーオスとも。↔コスモス①。
カカオ [cacao] 南アメリカ原産の高木。＊実を粉末にしたものがココア。
カクタス [cactus] 〖植物〗サボテン。
カクテキ 角切りにした大根のキムチのこと。
カクテル [cocktail] ①数種の洋酒に果汁，砂糖などを混ぜ合わせた飲み物。②カキ，エビ，カニなどにソースをかけた盛り合わせ料理。③いろいろなものを混ぜ合わせたもの。
～光線 いろいろな色の光を混ぜ合わせた太陽光に近い照明。＊野球場などの夜間照明に使われる。
カクテル・グラス [cocktail glass] カクテル用のグラス。＊小型の逆円錐(えんすい)形で脚がついている。
カクテル・ドレス [cocktail dress] 格式張らないパーティーに着る婦人服。
カクテル・パーティー [cocktail party] カクテルと軽いつまみを出す立食パーティー。
～現象 〖心理〗多くの人声や物音の中から，話し相手の声だけを選択的に聞き取ることができる現象。
カクテル・ラウンジ [cocktail lounge] ホテルや空港などのバー。＊軽く飲食したり，休憩，応接などに利用する。
カケクチン [cachectin] 腫瘍(しゅよう)の出血性壊死(えし)を引き起こす毒素。
ガザ地区 [Gaza strip] パレスチナ自治政府の行政区画。＊エジプト北東端から地中海沿いのイスラエルに隣接した地域。1967年以後，イスラエルの占領下にあったが，93年パレスチナ人が自治権を得る。しかし実際にはイスラエルによって軍事封鎖されている。

カサノバ [Casanova] 女たらし；漁色家。＊カサノバは，恋と冒険の生涯を送ったイタリアの作家。

カサンドラ ⇨カッサンドラ。

ガジェット [gadget] ①からくり；小道具。②パソコン上で動作するアクセサリー・ソフト。＝ウィジェット。

ガジェット・バッグ [gadget bag] 肩からつるすかばんの一種。＊カメラや部品などを持ち歩くときに利用する。ガゼット・バッグとも。

カシオペア [Cassiopeia] ①〖ギリシア神話〗エチオピアのケフェウスの王妃で，アンドロメダの母。②〖天文〗晩秋に北の空に見えるW字型の星座。

カシス [cassis] クロスグリ。＊果実は酸味があり，飲み物に使用。

カジノ [casino イタリア] 公認の賭博(とばく)場のある娯楽施設。

カシミール [Kashmir] ヒマラヤの西部，インド，パキスタンの間の山岳地帯。

カシミヤ [cashmere] カシミール原産のヤギの毛で作った糸や布地。

カシャーサ [cachaça ポルトガル] さとうきびの搾り汁を発酵させたブラジル産の蒸留酒。＊カシャッサとも。

カジュアル [casual] (服装が)くつろいだ；略式の；普段着の。

カジュアル・ウェア [casual wear] 普段着；気軽に着られる服。

カジュアル・ウォーター [casual water] 〖ゴルフ〗雨などでコース内にできた一時的な水たまり。＊2019年，テンポラリー・ウォーターに改称。

カジュアル・シューズ [casual shoes] 普段履きの靴。

カジュアル・ルック [casual look] 格式張らない普段着風の服装。

カシュー・ナッツ [cashew nuts] 南アメリカ原産のカシュー(ウルシ科の高木)の実。＊食用。

カシュクール [cache-coeur フランス] 前身頃を和服のように重ね合わせて着る上着。

ガジュマル クワ科の常緑高木。＊沖縄や東南アジアなどに分布。

ガス [gas オランダ] ①気体；燃料用の気体。②毒ガス。③濃い霧。④⇨ガソリン。⑤おなら；屁(へ)。

〜欠 ①自動車のタンク内のガソリンがなくなること。②気力が失われること。

〜抜き たまった不満やストレスをそれが爆発する前に発散させること。

カスク [casque フランス] 自転車競技用の革製ヘルメット。

カス・クルート [casse-croûte フランス] バゲットなどを利用したフランス風のサンドイッチ。

カスケード [cascade] ①小さな滝。②波形のレースの縁飾り。③〖電算〗多段接続。＊複数のウインドーを表示すること。④ウランを濃縮する分離ユニット。

ガスケット [gasket] ①たたみあげた船の帆を帆桁(ほげた)にしばりつけるのに使用する細いロープ。②薄い板状のパッキング。

ガス・ステーション [gas station] ⇨ガソリン・スタンド。

カスター [caster] 食塩・こしょう・ソースなどの薬味(やくみ)や調味料を入れたびんをのせておく台。

カスタード [custard] 卵・牛乳・砂糖などを煮詰めてクリーム状にしたもの。＊菓子を作る材料にする。

カスタード・プリン [custard pudding] 牛乳・卵・砂糖・香料を混ぜたものを型に入れて蒸し焼きにした菓子。＝プリン，プディング。

ガス・タービン [gas turbine] ⇨タービン。

カスタネット [castanets] 〖音楽〗2枚の円形の硬い木材や象牙で作ら

れた打楽器。＊スペイン舞踊の伴奏などに使う。
カスタマー [customer] 得意先；顧客；取り引き先。
カスタマー・エンジニア [customer engineer] 〖電算〗コンピュータの保守･管理のために巡回または常駐している技術者。
カスタマー・サービス [customer service] 顧客サービス。
カスタマー・ハラスメント [日customer harassment] 消費者･顧客の従業員に対する過剰な要求や悪質なクレームのこと。略カス･ハラ。
カスタマイズ [customize] 〖電算〗使い勝手がよいようにアプリケーションのユーザーがキー割当てなどの操作性を変更すること。
カスタム [custom] ①習慣；風俗；慣例。②得意；愛顧。③あつらえ；注文。④ [-s] 税関；関税。
カスタム・アイ・シー [custom IC] 顧客の注文に合わせて作った集積回路。
カスタム・オフィス [customs office] 税関；税関事務所。
カスタム・カー [日custom car] 〖自動車〗顧客の注文に合わせて作った特別仕様車。
カスタム・カット [custom cut] 美容院で，顧客の注文に合わせて整髪する方法。
カスタム・メイド [custom-made] ⇨オーダー･メイド。
カステラ [castellaポルトガル] 小麦粉･卵･砂糖などを混ぜ，やわらかく焼いた菓子。＊室町時代に，ポルトガルから長崎に伝来。
ガストアルバイター [Gastarbeiterドイツ] ドイツへ出稼ぎに来ているトルコ人などの外国人労働者。
ガスト・フロント [gust front] 突風前線。＊積乱雲の発達で生じる。
カストラート [castratoイタリア] 去勢された男性の，ソプラノまたはアルトの歌手。＊17〜18世紀のイタリアで特に流行した。
カストル [Castor] 〖ギリシア神話〗①ゼウスとレダの子で，双子のうちの1人。＊航海者の守護神。②〖天文〗ふたご座のアルファ星。
ガストロカメラ [gastrocamera] 胃カメラ。⇨ファイバースコープ。
ガストロノミー [gastronomy] 美食学；美食法；料理学。
ガストロノミスト [gastronomist] 美食家；食道楽；食通。
ガストロノミック [gastronomic] 美食家の；食道楽の；食通の。
カスバ [quasbahアラビア] アルジェリアの首都アルジェの迷路のような居住地区。＊「犯罪と悪の巣」の意味で使われることが多い。
ガス・バーナー [gas burner] ⇨バーナー。
ガス・ハイドレート [gas hydrate] 水和ガス。＊注目される海底資源。
ガスパチョ [gazpachoスペイン] オリーブ油，ワイン，酢などで作った冷たいスープに，細かく切ったキュウリ，タマネギ，トマトを浮かべたスペインの料理。
ガスプロム [Gazprom] ロシアの半国営の石油･天然ガス独占企業。
ガスボンベ [Gasbombeドイツ] ⇨ボンベ。
ガス・マスク [gas mask] 防毒面；防毒マスク。
ガス・マット [日gas mat] 〖商標〗煮こぼれによるこげつきを防ぐために，ガスこんろの受け皿に敷くアルミ箔(はく)。
ガス・ライター [gas lighter] 液化ガスを燃料とするライター[1]。
ガス・ライト [gas light] ガス灯。
ガスリー法 [Guthrie—] 生後数か月のうちに，先天性代謝異常疾患を早期発見･治療するための集団検診。

ガス・レンジ [gas range] 複数のガスこんろを備えた調理台。または，天火付きのガスこんろ。

カゼイン [Kasein(ドイツ)] 牛乳の中に含まれているたんぱく質。＊必須(ひっす)アミノ酸をすべて含み，栄養学上重視される。人乳にも含まれている。

ガゼーボ [gazebo] 高層建築物の見晴らし台；見晴らしのよい四阿(あずまや)。

カセット [cassette] 録音〔録画〕用のテープや写真のフィルムを納めた小さな容器。また，そのテープやフィルム。

ガゼット [gazette] 官報；新聞；定期刊行物。

カセット・テープ [cassette tape] カセットに納められた録音テープ。＝カセット。⇨オープン・リール・テープ。

カセット・デッキ [cassette deck] カセット・テープ用のテープ・デッキ。⇨テープ・デッキ。

カセット・ブック [cassette book] 小説の朗読や講演などを効果音を加えカセット・テープに録音したもの。

ガゼル [gazelle] ウシ科の哺乳動物。＊アフリカや南アジアに生息。

カソード [cathode] 電池の陽極；電子管の陰極。↔アノード。

ガソホール [gasohol] ガソリンにエチルアルコールを10パーセントほど加えた自動車用燃料。

カソリック ⇨カトリック。

ガソリン [gasoline] 揮発油。＊原油を分留して得られる揮発性の高い燃料。＝ガス。

ガソリン・スタンド [日gasoline stand] 道路沿いにあるガソリン販売所。略GS。＊英語ではガス・ステーション(gas station)という。

ガター [gutter] ①雨どい；下水；溝。②〖ボウリング〗レーンの左右にある溝。

カタコンベ [catacombe(オランダ)] (古代ローマの)キリスト教徒の地下墓。＊カタコンブ，カタコームとも。

カタストロフ [catastrophe(フランス)] ①戯曲の最後の場面；大詰め；大団円。②悲劇的な結末；破局。③不幸；災難。＊カタストロフィーとも。

カタパルト [catapult] 軍艦などの甲板から飛行機を発進させる装置。

カタボリズム [catabolism] 物質代謝の1つで，異化作用。↔アナボリズム。

カタマラン [catamaran] 双胴船。＊船体2つを平行に連結したもの。

カタラーゼ [Katalase(ドイツ)] 過酸化水素を水と酸素に分解する酵素。

カタライザー [catalyzer] ①触媒。②触媒のような働きをする人や物。＊カタリストとも。

カタル [Katarrh(ドイツ)] 粘膜の炎症。

カタルシス [katharsis(ギリシア)] 感情浄化。＊心の中に鬱積(うっせき)したものから解放され精神が浄化されること。また，それを行う精神療法。

カタログ [catalog] 商品〔製品〕目録；営業案内。

カタログ・ショッピング [catalog shopping] カタログを配布して行う通信販売。

カタン糸 [日cotton—] 木綿のミシン用糸。＊英語ではsewing cotton。

ガチ 「真剣に」「本気で」「本当に」といった意味で用いられる若者言葉。＊真剣勝負を表す相撲用語ガチンコが由来。

カチオン [Kation(ドイツ)] 陽イオン。

ガチャ 〖商標〗①カプセル入りのおもちゃを購入する手動の販売機。＊ガチャガチャとハンドルを回転させることから。ガチャポン，ガチャガチャとも。②ソーシャル・ゲームにおいてアイテムを購入するときのしくみ。

カチューシャ [katyusha(ロシア)] 髪をまとめるヘア・バンドの一種。

カチューム [日katyusha(ロシア)＋gom(オランダ)]

リボンなどにゴム紐をつけた輪状のヘア・バンド。

カツ カツレツの略。

カッサンドラ [Cassandra] 〖ギリシア神話〗①トロイ王プリアモスの娘。*トロイの滅亡を予言するも，アポロンに呪われ狂人扱いされた。②凶事・不吉の予言者。*カサンドラとも。

カッシーニの空隙 [Cassini division] 土星の輪のA環とB環の間の黒くて細いすきま。*イタリア系フランス人の天文学者カッシーニが発見。

ガッシュ [gouache(フランス)] 不透明な水彩絵の具。また，その水彩画。*グアッシュとも。

カッター [cutter] ①物を切る道具；刃物。②1本マストの帆船。③軍艦や汽船に積み込んであるボート。④カッター・シャツの略。

カッター・シャツ [日cutter shirt] 〖商標〗折り襟(えり)で長袖(ながそで)の男性用のシャツ。*もとは運動着で，「勝った」にかけた運動用品メーカーの造語。略カッター。

カッター・シューズ [日cutter shoes] 普段ばきに使う締め紐や留め金のない，かかとの低い靴。

ガッツ [guts] 元気；根性；気力。

カッティング [cutting] ①切断；切片。②切り方；裁ち方。③調髪。④鋭利な；痛烈な。

カッティング・エッジ [cutting edge] 最先端。

カッテージ・チーズ [cottage cheese] 脱脂乳を原料とした，熟成させない軟質チーズ。

カット [cut] ①(刃物で)切ること。②削除〔削減〕すること。③(洋裁で)裁断すること。④髪を短く切ること。⑤〖卓球など〗ボールを切るようにして打球に後退回転を与えること。⑥〖バスケットボールなど〗パス・ボールを途中で奪い取ること。⑦〖野球〗野手Aから野手Bへの送球を野手Cが途中で捕球すること。⑧さし絵。⑨〖映画，テレビ〗1コマ；1場面。⑩〖映画，テレビ〗撮影を中断するときの監督のコール。⑪宝石を多面体に仕上げること。

～野菜 そのまま調理できるように切り分けられた野菜。

ガット[1] [GATT] 関税と貿易に関する一般協定。*General Agreement on Tariffs and Tradeの略。関税，輸出入制限などを軽減・撤廃して貿易の自由化を図ろうとするもの。1995年，WTOに発展的解消。

ガット[2] [gut] ①テニスなどのラケットに張る糸。②ギターやバイオリンなどの弦。

カットアウト [cutout] ①切り抜き。②(電気の)安全器。③照明や音声，映像などを突然消すこと。↔カットイン。

カット・アンド・ペースト [cut and paste] 〖電算〗データの一部分を指定して切り取り，別の場所に貼り込むこと。⇨コピー・アンド・ペースト。

カットイン [cutin] ①割り込む。②干渉する。③さえぎる。④〖映画〗一連の画面の中に別の画面を挿入する技法。↔カットアウト。

カットオフ [cutoff] ①近道。②切断；自動開閉器。③音楽などを突然中断すること。

カットオフ条約 [Cutoff Treaty] 核兵器用核分裂性物質生産禁止条約。

ガット・ギター [gut guitar] ナイロンなどのガット[2]を弦に用いたアコースティック・ギター。

カット・グラス [cut glass] 切り込み細工をほどこしたガラス(器)。

カット・シート・フィーダー [cut-sheet feeder] 〖電算〗複数の単票紙を差し込み，自動的に1枚ずつ送ってプリンターに配置する装置。

カット・ソー [cut and sewn] ニット生地で縫製した衣服。

カットダウン [cutdown]　削減；縮小。

カットバック [cutback]　①切り下げ；縮小。②〖映画〗異なった場面を交互に写す，切り返しの技法。③〖アメ・フト〗方向転換してラインの内側に走り込むこと。④〖サッカー〗フォワードが後方に進路を変えて走ること。

カット・プレー [日cut play]〖球技〗送球中のボールを他の選手が途中で捕球したり，さえぎったりすること。＊英語ではcutoff。

カット・ボール [cut ball]　①テニスや卓球などで，カットして回転を与えたボール。②野球で，わずかに変化するスライダー。

カッパ[1] [capaポルトガル]　マントの形をした雨着。

カッパ[2] [kappaギリシア]　①ギリシア語アルファベットの10番目の文字(Κ, κ)。②日本の高層気象観測ロケット。＊日本で初めて固体燃料を使用。

カッパドキア [Cappadocia]　トルコ東部のアナトリア高原地帯に広がる台地。＊ヒッタイト王国の中心。世界遺産。

カップ [cup]　①取っ手の付いた洋風の茶碗。②競技などの賞杯。③〖ゴルフ〗ホールの別称。⇨ホール[2]②。④ブラジャーの乳房を覆う部分。

カップ・イン [日cup in]〖ゴルフ〗ボールがホールに入ること。

カップボード [cupboard]　食器戸棚。＊英語の発音は「カバード」。

カップリング [coupling]　①(機械の)軸継ぎ手。②鉄道の連結器。③交接；交尾。④レコードやCDで，タイトル曲といっしょに収録される曲。

カップリング・シュガー [coupling sugar]〖商標〗砂糖1，でんぷん1～2の割合で混ぜたものに酵素を加えて作った甘味料。

カップル [couple]　1対(いっつい)；1組の男女。⇨ペア[1]①。

カツレツ [cutlet]　牛肉や豚肉の薄切りに小麦粉・卵黄・パン粉をつけて油で揚げた西洋料理。略カツ。

カティ・サーク [Cutty Sark]〖商標〗スコッチ・ウイスキーのブランド名。

カテーテル [Katheterドイツ]　細い管状の医療器具。＊体内に挿入し，薬剤注入や尿などの排出に用いる。

カテキズム [catechism]〖キリスト教〗教理問答。

カテキン [catechin]　タンニンの1つ。＊緑茶に含まれる渋味の成分で，抗菌化作用がある。

カテコールアミン [catecholamine]　副腎髄質(ふくじんずいしつ)から分泌される，血圧の上昇を促したり心筋の収縮力を強めたりする作用をもつホルモン。

カテゴライズ [categorize]　分類する；範疇(はんちゅう)に入れる。

カテゴリー [Kategorieドイツ]　範疇(はんちゅう)；(同じ種類〔性質〕のものが属する)範囲；部門；部類。

カテゴリー・マネジメント [category management]　商品を設定基準に従ってグループ分けして管理する方法。

カデット [cadet]　①士官候補生。②見習生；実習生。

カテドラル [cathédraleフランス]　(キリスト教の)大聖堂。＊カセドラルとも。

カテナチオ [catenàccioイタリア]〖サッカー〗強固な守備。＊守備に重点をおく戦術。原義は「かんぬき」。

カデンツァ [cadenzaイタリア]　協奏曲の楽章の終わりで独奏者が技巧を発揮するように作られた，技巧的で華やかな部分。＊カデンツとも。

ガトー [gâteauフランス]　菓子。＊英語のケーキ(cake)にあたる。

ガトー・セック [gâteaux secsフランス]　洋風焼き菓子の総称。

カドミウム [cadmium]　亜鉛に似た青白色の軟らかい金属元素。原子番号48。元素記号Cd。＊めっき，合金の製造，電池などに利用される。蒸気は毒性が強い。

カトラリー [cutlery] ①刃物類。②食卓用金物。＊ナイフ，フォーク，スプーンなど。③刃物製造。

カドリーユ [quadrille(フランス)] 4組の男女のカップルが方陣を作って踊るダンス。また，その音楽。＊カドリールとも。

カトリシズム [Catholicism] カトリックの信仰；カトリックの教義。↔プロテスタンティズム。

カトリック [Catholic] ローマ・カトリック教会。また,その教徒；旧教徒。＊カソリックとも。↔プロテスタント。⇨バチカン②。

カトル [quatre(フランス)] 4；4回。

カトレア [cattleya] 南アメリカ原産の洋ランの一種。＊ブラジルの国花。

カナート [qanāt(ペルシア)] 西アジアの乾燥地帯に見られる，地下水用の灌漑(かんがい)施設。

ガナッシュ [ganache(フランス)] 生クリームにチョコレートを混ぜてつくる製菓用クリーム。＊ガナシュとも。

カナッペ [canapé(フランス)] 薄く小さく切ったパンの上にイクラ，アンチョビーなどの具をのせた料理。

カナディアン・カヌー [Canadian canoe] カヌー競技の一種目。＊こぎ手は立てひざでブレード(水かき)が1つのパドル(かい)を使い，カヌーの片側だけをこいで進む。カナディアンとも。⇨カヌー，カヤック。

カナマイシン [kanamycin] 抗生物質の1つ。＊肺炎，結核，化膿性(かのうせい)疾患，赤痢などに効く。

カナリア [canaria(スペイン)] スズメ目アトリ科の小鳥。＊色は黄色で美しい声で鳴く。大西洋カナリア諸島原産。

カナル [canal] 運河。

カナル型イヤホン 耳の穴に差し込んで利用するタイプのイヤホン。＊外耳道(がいじどう)を表すearcanalから。

カニバリズム [cannibalism] 人肉を食べること。また，その風習。

カニバリゼーション [cannibalization] 自社や同一グループの商品・サービスが，市場のシェアを奪い合う「共食い」現象のこと。

ガニメデ [Ganymede] 木星の第3衛星。＊太陽系中最大の衛星。

ガニメデス [Ganymēdēs(ギリシア)] 〘ギリシア神話〙鷲(わし)に化けたゼウスにさらわれ，神々に酌をするようになったトロイの美少年。

カヌー [canoe] ①丸木をくりぬいたり，木や獣の皮を張ったりして作った原始的な小舟。②①を模して作ったスポーツ用の小舟。

カヌレ・ド・ボルドー [cannelé de Bordeaux(フランス)] 小麦粉やバター，牛乳，卵などでつくる，フランスのボルドー地方の焼き菓子。略カヌレ。

カネロニ [cannelloni(イタリア)] ①筒状のパスタ。②筒状のパスタに挽き肉や野菜などを詰めて焼いたイタリア料理。

カノープス [Canopus] 〘天文〙老人星。＊竜骨座のアルファ星。

カノッサの屈辱 [Penance of Canossa] 1077年北イタリアのカノッサ城の門前で，神聖ローマ皇帝ハインリヒ4世が，教皇グレゴリウス7世に破門の解除を願ったという事件。

カノン[1] [cannon] 大砲。

カノン[2] [canon] ①聖書の，外典に対しての正典。②追走曲。＊ある旋律を模倣しながら追いかけていく楽曲。また，その方式。

カバー [cover] ①(物の上にかける)覆い；(本の表紙の上にかける)覆い紙。＊英語では「表紙」はカバー,「覆い紙」はジャケット。②(欠点・損失・不足・失敗などを)補うこと。③〘野球〙塁を守る野手がその位置を離れて空白になった塁を他の野手が守ること。④〘サッカーなど〙守備〔攻撃〕のくずれを後方から援護すること。

⑤カバー・バージョンの略。

カバー・アルバム [cover album] ある歌手のヒット曲を集めて，別の歌手で制作するアルバム。

カバー・ガール [cover girl] 雑誌の表紙やテレビのショー番組などの初めや終わり，切れ目などにモデルとして登場する魅力的な女性。

カバー・チャージ [cover charge] ⇨テーブル・チャージ。

カバード・ワラント [covered warrant] オプション取引の1つ。＊転換社債を新株引受権付社債に組み換えることなど。

カバー・バージョン [cover version] 『音楽』既存のCDなどの曲を別の歌手や演奏者によって録音し直したもの。略カバー。

カバー・レター [covering letter] 手紙や小包につける添え状。

カバディ [kabaddi] 1チーム7人ずつで対戦する鬼ごっこに似た競技。＊インドの国技。

ガバナー [governor] ①統治者；総裁。②知事；総督。③速度を調整する機器。

ガバナビリティー [governability] ①被統治能力；自己管理能力。②統治能力。＊②は日本語独自の用法。

ガバナンス [governance] 統治；支配；管理。

ガバメント [government] ①政治；統治。②政府；内閣。③州；省；県。

カバラ [cabala] ①ユダヤ教の神秘的な教義。②秘教；秘法。

カバリエ [cavalier フランス] ダンスの相手の男性。

カバレッジ [coverage] 適用〔カバー〕できる範囲。＊保険の担保範囲，ラジオやテレビが視聴できる区域，広告の普及範囲など。

カピタン [capitão ポルトガル] 江戸時代の長崎のオランダ商館長；南蛮船船長。

カピバラ [capybara] ミズブタ。＊南米産で，齧歯(げっし)類中最大のもの。

カブ [cub] ①ライオン，キツネなどの子供。②カブ・スカウトの略。

カフェ [café フランス] ①コーヒー。②喫茶店。③日本で大正～昭和初期にあった接待係の女性(女給)を置いた洋酒酒場。

カフェイン [Kaffein ドイツ] コーヒーや茶などに含まれているアルカロイドの一種。＊興奮作用がある。

カフェ・エスプレッソ [caffè espresso イタリア] ⇨エスプレッソ。

カフェ・オ・レ [café au lait フランス] 温かいミルクをたっぷり入れたコーヒー。⇨カフェ・ラテ。

カフェ・カーテン [cafe curtain] 丈の短い装飾用カーテン。

カフェ・テラス [日café terrasse フランス] 歩道にテーブルと椅子を置いた野天の喫茶店。

カフェテリア [cafeteria] セルフ・サービス形式の食堂。

カフェ・ナポリターノ [caffè napolitano イタリア] 薄切りのレモンを入れたブラック・コーヒー。

カフェ・ノワール [café noir フランス] ⇨ブラック・コーヒー。

カフェ・バー [日café フランス＋bar] アルコール飲料も置いてある喫茶店。

カフェ・マキアート [caffè macchiato イタリア] エスプレッソに，蒸気で泡立てた少量の牛乳を注いだ飲み物。

カフェ・モカ [café mocha フランス] エスプレッソに，チョコレートシロップと蒸気で温めた牛乳を混ぜた飲み物。

カフェ・ラテ [caffè latte イタリア] エスプレッソに泡立てたミルクを入れた飲料。略ラテ。

カフェ・ロワイヤル [café royal フランス] スプーンにのせた角砂糖にブランデーを注いで火をつけ，その溶けた角砂糖を入れて飲むコーヒー。

カプサイシン [capsaicin] 唐辛子に含まれる辛味成分。＊脂肪燃焼作用がある。
カフス [cuffs] 洋服やワイシャツの袖口(そでぐち)。
カブ・スカウト [cub scout] ボーイ・スカウトのうち，8～10歳ぐらいの幼年団員。略カブ。
カフス・ボタン [日cuffs＋botãoポルトガル] ワイシャツの袖口(そでぐち)を留めるためのボタン。＊英語ではcuff link。
カプセル [Kapselドイツ] ①ゼラチン製の小さな筒状の容器。＊粉薬などを飲みやすくする。②宇宙ロケットの先端に取りつける密閉容器。
カプセル・ホテル [日Kapselドイツ＋hotel] カプセル型の寝室を寝台車のように並べた簡易ホテル。
カフタン [caftan] トルコやアラビアなど，イスラム圏の人が着る長袖の長衣。
カプチーノ [cappuccinoイタリア] エスプレッソに泡立った熱い牛乳を加え，シナモンを添えたコーヒー。
カプラー [coupler] ①連結器；連動装置。②『電気』結合子。
音響～ コンピュータと電話回線を連結する装置。＊コンピュータからの信号を電話回線を通じて送る。
ガブリエル [Gabriel] ユダヤ教・キリスト教・イスラム教における大天使。
カブリオール [cabrioleフランス] 『バレエ』跳躍しながら，空中に伸ばした片足を，他方の足で打つ動作。
カブリオレ [cabrioletフランス] ①折りたたみ式の幌(ほろ)の付いたオープン・カー。②1頭立て2輪幌馬車。
カプリッチオ [capriccioイタリア] 『音楽』狂想曲；奇想曲。
カプリ・パンツ [Capri pants] 脚にぴったりした細身の七分丈のパンツ。＊1950年代に流行。
カペイカ [kopeykaロシア] ロシアの補助通貨単位。＊カペイカは100分の1ルーブル。コペイカとも。
カペラ [Capella] 『天文』北天の1等星で，ぎょしゃ座のアルファ星。
カポエイラ [capoeiraポルトガル] ブラジル生まれの格闘技とダンスの特徴を兼ね備えたスポーツ。
カポジ肉腫(にくしゅ) [Kaposi sarcoma] 悪性腫瘍の1つ。＊脚の皮膚に紫がかった結節ができる。エイズ患者にみられる症状。カポジはハンガリーの皮膚科医。
カポック [kapok] ⇨パンヤ。
ガボット [gavotteフランス] 軽快で優美な舞踏。また，その曲。
カマーバンド [cummerbund] 腰に巻く幅広の飾りベルト。＊タキシードを着るときなどに用いる。
カマンベール [Camembertフランス] フランスのカマンベール産のチーズ。
カミーノ [caminoスペイン] 道。
カミュ [CAMUS] 『商標』フランス産の高級ブランデー(コニャック)。
カミング・アウト [coming-out] ①若い女性の社交界へのデビュー。②同性愛者であることを公表すること。
カム [cam] 回転運動を複雑な周期運動に変える装置。
ガム [gum] ガム・シロップ，チューイン・ガムの略。
カム・アウト [come out] ①現れる；出てくる。②出版される。③判明する；明らかになる。
カムイ [kamuyアイヌ] アイヌの神。
カムイサウルス・ジャポニクス [Kamuysaurus japonicus] 北海道むかわ町で，白亜紀後期の地層から発掘された恐竜の化石の学名。
ガム・シロップ [gum syrup] 砂糖と水にアラビア・ゴムを加えた糖液。略ガム。
ガム・テープ [日gum tape] 梱包(こんぽう)や包装に使う，布やクラフト紙の片面に粘着剤を塗ったテープ。
カムバック [comeback] もとの地位に戻ること；復帰すること。

カ

カムフラージュ [camouflage フラ ンス] ①敵の目をごまかすための手段・方法。＊迷彩，擬装など。②本心や真実をさとられないようにすること；人の目をごまかすこと。

ガムラン [gamelan インド ネシア] 打楽器を中心にしたインドネシアの器楽合奏。

カメオ [cameo] ①陽刻。＊めのう・貝殻などに浮き彫りを施したアクセサリー。②山場。

〜出演 [〜performance] 〖映画〗作品の中で，有名俳優や著名人などがほんの少しだけ出演すること。＊cameoは「浮き彫り」。

カメラ [camera] ①写真機。②撮影機。

カメラ・アングル [camera angle] 被写体にカメラを向ける角度；カメラの向け方。略アングル。

カメラ・スタビライザー [camera stabilizer] カメラを安定させ，手ぶれを防止する機材。

カメラ・ポジション [camera position] 被写体に対するカメラの位置。

カメラマン [cameraman] (プロの)写真家；(映画，テレビの)撮影技師。

カメラ・リハーサル [camera rehearsal] 〖テレビ〗カメラを配して行う放送前の稽古。

カメラワーク [camerawork] 撮影技術。

カメリア [camellia] ツバキ(椿)。また，その花。

カメレオン [chameleon] ①は虫類トカゲ目カメレオン科の動物の総称。＊周囲の色に応じて体色を変える。②考えなどをくるくる変える人；節操のない人。

カモフラージュ [camouflage フラ ンス] ⇨カムフラージュ。

カモミール [chamomile] キク科の1年草。＊花や葉を乾燥させ，お茶や入浴剤にする。カミツレとも。

カヤック [kayak] ①イヌイットがアザラシの皮を張って作った小舟。②①を模して作ったスポーツ用の小舟。③カヌー競技の一種目。⇨カナディアン・カヌー，カヌー。

ガラ ⇨ガーラ。

カラー[1] [collar] 洋服やワイシャツなどの襟(えり)。

カラー[2] [color] ①色；色彩。②絵の具。③(映画・テレビ・写真・印刷物などが)多色の；色のついた。↔モノクローム。④特色；持ち味；…色(しょく)。

カラー・アナリスト [color analyst] インテリアや各種製品の最も効果的な色の使い方を診断・指導する専門家。⇨カラリスト。

カラー・アレンジメント [color arrangement] 色の取り合わせ；配色。＊カラー・コンビネーションとも。

カラー・ガード [color guard] マーチング・バンドなどで，旗振りなどの視覚的表現を担当するパート。

カラー・コーディネーター [color coordinator] 製品の色の取り合わせや調整をする人。

カラー・コーン [color cone] 交通制限をするために道路に置かれる色つきの円錐形の標識。＝パイロン。

カラー・コンタクト・レンズ [Color contact lens] 色や模様などを施した装飾用のコンタクト・レンズ。略カラ・コン。

カラー・コンディショニング [color conditioning] 色彩管理；色彩調節。＊色彩が人間に与える影響を考え，快適な環境〔雰囲気〕を作ること。カラー・ダイナミックスとも。

カラー・スキーム [color scheme] 色彩の配合設計；室内装飾。

カラー・スキャナー [color scanner] 絵や写真の色を自動的に分解し，カラー印刷の色要素を知る装置。

カラー・チャート [color chart] ①色表；色見本帳。②テレビの，色彩調節用の図表。
カラー・ディスプレー［color display］〖電算〗文字・図形・画像をいくつかの色に分けて映し出す装置。
カラード［colored］ 有色人種。特に，アメリカ・南アフリカの黒人。
カラー・フィルム［color film］ カラー写真用のフィルム。
カラー・フェイズ［color phase］ 色相。
カラー・プランニング［color planning］ 色彩計画。＊色彩をじょうずに使って快適な環境を作り出す技術。
カラー・ホイール［color wheel］ 色環；色相環。＊主な色とその補色を環状に示したもの。
カラー・ボール［colored ball］ 主に防犯目的で使用される特殊塗料の入ったボール。
カラー・ボタン［collar button］〖服飾〗襟(えり)留め用ボタン。
カラー・ポリシー［日color policy］ 色彩を効果的に用いることで，企業イメージを盛りあげて販売促進に結びつけようとする考え方。
カラーリスト ⇨カラリスト。
カラーリング［coloring］ ①着色；発色；毛染め。②色の使い方。
カラー・リンス［日color rinse］ 洗髪と同時に髪の毛を染めることができるリンス。⇨リンス。
カラーレス[1]［collarless］ 襟(えり)なしの。
カラーレス[2]［colorless］ 無色の。
カラ・オケ［日 空(から)＋orchestra］ 伴奏音楽だけを録音したカセット・テープやディスク。またその装置。
カラ・オケ・ボックス［日 空(から)＋orchestra box］ カラ・オケを楽しむ時間制のレンタル・ルーム。
カラカラ大浴場［Terma Caracalla ラテン］ ローマ皇帝カラカラの作った大浴場。＊「カラカラ」はマルクス・アウレリウス・アントニヌスのあだ名。
ガラクトース［galactose］ 単糖類の1つ。＊哺乳類の乳汁中に含まれる。
ガラケー ⇨ガラパゴス携帯。
ガラ・コンサート［gala concert］ その世界で有名で，人気のある豪華な出演者が演じるバレエ，オペラなどの特別な公演。
カラザ［chalaza］ 卵帯。＊鳥類の卵の，卵黄を安定させるひも状のもの。
カラシニコフ［Kalashnikov ロシア］ 旧ソ連の軍用自動小銃。略AK。
ガラス［glas オランダ］ 石英・炭酸ナトリウムなどを原料とする透明で硬い物質。⇨ソーダ・ガラス。
ガラス繊維 ⇨グラス・ファイバー。
ガラス・ブロック［glass block］ ガラスで作った中空のブロック。＊採光のため天井や壁などに使われる。
カラット［carat, karat］ ①宝石の重さの単位。＊1カラットは200ミリグラム。記号はc，car，ct，k。②金の純度の単位。＊合金の中に含まれる金の割合を示すもので，純金を24カラットとする。記号はK，kt。
ガラナ［guarana］ ①ムクロジ科のツル性植物。＊ブラジル，ウルグアイ原産。種子はカフェインを含む。②ブラジルの清涼飲料水。
ガラパゴス化［Galapagosization］ 自国の技術に固執しすぎて，ガラパゴス諸島の動物のように世界の標準から取り残されてしまうこと。
ガラパゴス携帯［日Galapagos－］ スマートフォンが登場する以前の携帯電話で，日本独自の発展を遂げたもの。＊周囲とは独自の進化を果たしたガラパゴス諸島の生物にちなむ。
ガラパゴス諸島［Galapagos Islands］ 南米エクアドル西方の南太平洋にある火山群島。＊特異な生物相で知られる。
カラビナ［Karabiner ドイツ］〖登山〗ザイルを通すためにハーケンにかける鉄製の輪。

カラフェ [carafe フランス]　卓上用水差し。＊ガラス製で，ワインなどを入れる。

カラフル [colorful]　色彩に富んだ；華やかな。

ガラホ　ガラパゴス携帯にスマートフォンの機能を組み込んだ携帯電話。＊スマートフォンにガラパゴス携帯の機能が組み込まれたものはガラスマ。

カラム [column]　〖電算〗データなどで縦の列のこと。⇨ロー[3]②。

ガラム・マサラ [garam masala ヒンディー]　カレー料理などに使うインドの混合香辛料。

カラメル [caramel フランス]　砂糖を熱して作る苦みのあるあめ状の物質。

カラリスト [colorist]　①彩色に長じた画家。②写真などに彩色する人。

カラン [kraan オランダ]　(水道の)蛇口(じゃぐち)。＝コック[1]②。

カランコエ [kalanchoe]　ベンケイソウ科の観賞用多肉植物。

カラン・ダッシュ [Caran d'Ache]　〖商標〗スイスの筆記具メーカー。また，その製品。

カリアティード [caryatide フランス]　古代ギリシア建築の柱で，女性立像を用いたもの。

ガリー [gully]　〖登山〗急傾斜の山腹に流水の浸食でできた岩の溝(みぞ)。

カリーナ [carina イタリア]　①竜骨。②〖天文〗[C-]竜骨座。③かわいい。

カリウム [Kalium ドイツ]　アルカリ金属元素の1つ。原子番号19。元素記号K。＊カリとも。

ガリウム [gallium]　土類金属元素の1つ。原子番号31。元素記号Ga。

カリエス [Karies ドイツ, cariēs ラテン]　①歯や骨の破壊壊死(えし)。②脊椎(せきつい)カリエス。＊結核菌感染による。

カリオカ [carioca]　①サンバに似たダンス；カリオカの曲。②[C-]リオデジャネイロ生まれの人。＊キャリオカとも。

カリカチュア [caricature]　風刺漫画；戯画。

カリカチュアライズ [日caricature＋-ize]　戯画化すること；戯画的に描くこと。

カリキュラム [curriculum]　教育課程；教育計画。

カリグラフィー [calligraphy]　(欧文の)文字を美しく書く技術；書道；習字。

カリスト [Callisto]　①〖ギリシア神話〗アルテミスの侍女。＊ゼウスに愛されたが，妻のヘラに憎まれて姿を熊に変えられた。②木星の第4衛星。＊ガリレオ衛星の1つ。

カリスマ [Charisma ドイツ]　大衆を魅了する超人的な資質；教祖的な指導力。

カリタ [Kalita]　〖商標〗コーヒーを入れるのに用いる，紙フィルターの下にあてる穴のあいた器具。

カリタス [caritas ラテン]　〖キリスト教〗神の愛；愛徳。

カリニ肺炎 [carinii―]　病原虫のニューモシスチス・カリニ(Pneumocystis carinii)が肺に寄生して起こる肺炎。

カリビアン [Caribbean]　カリブ(海)の。

カリフ [caliph]　イスラム教国の最高指導者の称号。

カリフォルニア・ロール [California roll]　アメリカの大型の手巻きずし。＊生ハム，アボカド，カニ肉などを巻き込んだもの。

カリプソ [calypso]　カリブ海のトリニダード島の民族音楽のリズム。＊4分の2拍子の軽快なリズム。

カリフラワー [cauliflower]　花キャベツ。＊中心部のつぼみを食用にする。

ガリマール [Gallimard]　〖商標〗フランスの大手出版社。＊1919年創立。文学・思想書を発行。

カリヨン [carillon フランス]　形・大きさ・音

色のちがう鐘をつるし，手または時計じかけで打ち鳴らす楽器。＊カリロンとも。

ガリレオ計画 [Galileo project] ①NASA（アメリカ航空宇宙局）の木星探査計画。＊1989年打ち上げ。②EUによる全地球測位衛星システム。

ガル [gal] 〘物理〙加速度の単位。1ガルは1 cm/sec^2。

カルーア [Kahlúa] 〘商標〙メキシコの，コーヒーのような風味のリキュール。

カルーア・ミルク [Kahlúa and milk] カルーアをミルクで割ったカクテル。

カルーセル [carousel] ①回転木馬。②複数の項目をスライドさせ入れ替えられるコンピュータの表示形式。

ガルーダ・インドネシア航空 [Garuda Indonesian Airways] インドネシアの航空会社。国際コードGA。

カルキ [kalkオランダ] さらし粉。＊消石灰に塩素を吸収させて作った白色の粉末で，漂白，殺菌に使う。

カルキュレーター [calculator] 計算機。

カルシウム [calcium] 動物の骨・歯，貝殻などの主成分。原子番号20。元素記号Ca。

カルジオスコープ [cardioscope] 心臓鏡。＊主として弁膜の動きを観察する器具。

ガルシニア [garcinia] ⇨タマリンド。

カルス [callus] ①傷口を覆う組織。②肉状体。＊植物体の一部を培養する際にできる無定形の細胞塊。

カルスト [Karstドイツ] 石灰岩台地が雨水によって浸食されてできた地形。＊日本では山口県の秋吉台が有名。

カルソン [caleçonフランス] ⇨スパッツ①。

カルタ [cartaポルトガル] ゲームなどに使う絵や文字のかかれた紙札。また，それを使った遊び。

カルタヘナ議定書 [Cartagena Protocol on Biosafety] 遺伝子組み換え生物の国際取引に関する取り決め。＊カルタヘナは南米コロンビアの都市。

カルダモン [cardamom] インド，マレー原産のショウズクの種子から作った香辛料。＊カレー粉の原料。

カルチェ・ラタン [Quartier Latinフランス] パリのラテン区。＊大学の学生街として知られる。

カルチベーター [cultivator] 耕耘(こううん)機。

カルチャー [culture] 教養；文化。

カルチャー・ギャップ [culture gap] 文化のちがいによる物の見方や考え方，習慣などの差。

カルチャー・ショック [culture shock] 異文化に接したときに受ける衝撃。

カルチャー・センター [日culture center] ①種々の文化施設が集まっている所。また，総合的な文化施設。②新聞社などが開催する教養講座。＊カルチャー・スクールとも。

カルチャー・ビジネス [culture business] 事業化した文化活動など。

カルチュア ⇨カルチャー。

カルチュラル・スタディーズ [cultural studies] 複数領域にわたる文化・風俗・生活研究。＊サブカルチャー，ジェンダー研究など。

カルチュラル・リテラシー [cultural literacy] 一般教養。

カルチョ [calcioイタリア] サッカー；フットボール。

カルテ [Karteドイツ] 診察記録カード。＊医師が患者の病状や経過などを記入する。

カルティエ [Cartier] 〘商標〙パリの宝石店。また，その製品。＊宝石，時計，ライターなどが有名。

カルテット [quartettoイタリア] 4重奏；4重唱；4重奏曲。＊クアルテット，クワルテットとも。略Qtte。

カルデラ [caldera]　火山の中心部にできた大きなくぼ地。
～湖　カルデラに水がたまってできた湖。

カルテル [Kartellドイツ]　企業連合。＊同種の企業が利潤を確保するために，自由競争を避け，商品の価格・生産量などについて協定を結ぶこと。

カルト [cult]　①崇拝；祭儀；礼拝。②邪教の崇拝者集団；熱狂的な信者集団；規模の小さい信者集団。

カルトグラム [cartogram]　統計地図。

カルトナージュ [cartonnageフランス]　布や紙を貼った厚紙で作った飾り箱。

カルト・ムービー [cult movie]　一部の愛好家から熱狂的に支持され，小劇場などで繰り返し上演されている映画。

カルトン [cartonフランス]　①厚紙；ボール紙。②下絵用の画紙。③会計時に使用されるトレイ。

ガルニチュール [garnitureフランス]　西洋料理のつま；つけ合わせ。＊ガルニとも。＝ガーニッシュ。

カルネ [carnetフランス]　①手帳。②バスや地下鉄の回数券。

カルパッチョ [carpaccioイタリア]　生の牛肉や魚介類の薄切りに，チーズを混ぜてオリーブ・オイルをかけたイタリア料理。

カルバドス [calvadosフランス]　りんごから作った蒸留酒。＊フランスのカルバドス地方の原産。

ガルバノメーター [galvanometer]〘電気〙検流計。

カルバン・クライン [Calvin Klein]〘商標〙アメリカの服飾デザイナー。また，その製品。

カルビ [gar-biコリア]　牛や豚のばら肉。＊焼き肉用。

カルビニズム [Calvinism]〘キリスト教〙カルバン主義。＊16世紀の宗教改革家カルバンのプロテスタント思想。聖書を最高の権威とし「予定説」を説いた。

ガルフ [gulf]　湾；入り江；入り海。

カルボキシル基 [carboxyl group]〘化学〙1価の有機原子団〔-COOH〕。

カルボナーラ [(spaghetti alla) carbonaraイタリア]　卵，チーズ，ベーコンなどでつくる炭焼き風スパゲッティ。

カルボン酸 [carboxylic acid]　カルボキシル基を含む有機化合物。

カルマ [karmaサンスクリット]〘仏教〙因果応報；業(ごう)。

カルメラ [carameloポルトガル]　ざらめ砂糖を煮て，卵の白身(しろみ)または重曹(じゅうそう)を入れてふくらませ，そのまま固まらせた軽石(かるいし)状の菓子。＊カルメ焼きとも。

ガレ [gouletフランス]　砕けた岩石が堆積(たいせき)してできた斜面。

カレイドスコープ [kaleidoscope]　万華(まんげ)鏡。

ガレー [galley]　①古代・中世に，主として地中海で用いられた軍用船。＊奴隷や罪人に櫂(かい)でこがせた。②大型軍艦の艦長用のボート。③艦内の調理室。

カレー粉 [curry powder]〘料理〙ウコン，チョウジ，コショウなど多種の香辛料を調合してつくる黄褐色の粉末。

ガレージ [garage]　自動車の車庫。

ガレージ・キット [日garage kit]　少量生産の組み立て式模型。

ガレージ・セール [garage sale]　車庫や庭先などに不用品を並べて売ること。

カレッジ [college]　学部のみの大学；専門学校。⇨ユニバーシティー。

カレッジ・ペーパー [college paper]　学生新聞。

カレッジ・リング [college ring]　大学の紋章などを彫ってある指輪。

カレット [cullet]　細かく砕かれたガ

ラス片。＊瓶製造に再利用される。

ガレット [galette フランス] 丸く平たい形のパイ菓子。また，そば粉などのクレープ。

ガレリア [galleria イタリア] ①屋根付きの商店街；アーケード商店街。②⇨ギャラリー①②。

カレワラ [Kalevala フィンランド] フィンランドの民族叙事詩。

カレンシー [currency] ①通貨。②流通。

カレント [current] ①流動；海流；思潮。②電流。③現在の；時事的。

カレント・アカウント [current account] 当座勘定；当座預金。

カレント・イングリッシュ [current English] 時事英語。

カレント・コスト [current cost] 時価。

カレント・トピックス [current topics] 時事問題；時の話題。

カローラ [corolla] 花冠。

カロチン ⇨カロテン。

カロテノイド [carotenoid] 動植物界に広く存在する一群の色素の総称。＊黄，橙，赤色のものが多く，体内でビタミンAに変化する。

カロテン [carotene] カロテノイドの一種。＊ニンジン，トウガラシなどに含まれる暗赤色の色素。

カロリー [calorie] ①熱量の単位。記号はcal。＊1カロリーは1グラムの水を摂氏1度高めるのに必要な熱量。約4.2ジュール。②食物のエネルギー量の単位。記号はkcal，Cal。＊熱量の単位の1キロカロリーを1カロリー(大カロリー)という。

カロリー・ベース [calorie base] 食料自給率。＊自給量をカロリー(熱量)から計算。

カロリーメーター [calorimeter] 熱量計。

カロル [carol] ⇨キャロル。

ガロン [gallon] ヤード・ポンド法の液体の体積の単位。記号はgal。＊1ガロンは約4.5リットル(イギリス)，約3.8リットル(アメリカ)。

ガン [gun] ①(一般に)銃。②(銃の形に似た塗料などの)吹きつけ器。

カンガルー [kangaroo] オーストラリアに生息する有袋目の動物。

カンガルー・ケア [kangaroo care] 早期母子接触。＊裸の新生児を母親が素肌を触れ合わせて抱くこと。

カンガルー・コート [kangaroo court] 私的裁判；非正規法廷；吊るし上げ。

カンカン [cancan フランス] ⇨フレンチ・カンカン。

ガン・クラブ・チェック [gun-club check] 濃い色の格子と薄い色の格子を組み合わせた二重弁慶格子模様。＊アメリカ猟銃クラブのユニフォームの柄から。

ガングリオン [ganglion] 結節腫。＊関節包などに生じる嚢腫(のうしゅ)。

ガン・コントロール [gun control] 銃規制；銃器取り締り。

カンジダ症 [candidiasis] 真菌の一種，カンジダ菌によって起こる疾患。＊鵞口瘡(がこうそう)，口角炎，膣炎，皮膚カンジダ症など。

ガン・ショップ [gun shop] 銃器店。

ガンスミス [gunsmith] 銃の製造や修理を行う職人。

カンタータ [cantata イタリア] 合唱を主体に独唱と重唱を加え，器楽伴奏をつけた声楽曲。⇨オラトリオ。

カンタービレ [cantabile イタリア] 『音楽』「歌うように演奏せよ」。

ガンダーラ美術 [Gandhāra—] 西暦紀元前後に，パキスタン北部のガンダーラ地方で栄えた仏教美術。

カンタス航空 [Qantas Airways] オーストラリアの国営航空会社。国際コードQF。

ガンダム [GUNDAM] 日本のロボット・アニメ『機動戦士ガンダム』の略。

カンタループ [cantaloupe] マスク

メロンの一種。＊カンタループは最初に栽培されたローマ近郊の地名。カンタロープとも。

カンツォーネ [canzoneイタリア] イタリアの大衆歌謡。＊フランスのシャンソンにあたる。

カンテ [Kanteドイツ] ①〖登山〗岩壁の突き出た部分。②〖スキー〗ジャンプ台の踏み切り部分の端。

カンテラ [kandelaarオランダ] 携帯用の石油ランプ。

カンデラ [candelaラテン] 国際単位系(SI)の光度の単位。記号はcd。

カント[1] [cant] 道路や線路の曲線部で，遠心力の影響を抑えるために外側を内側よりも高くすること。

カント[2] [cunt] 女性性器の俗称。⇨プッシー[2]。

カントリー [country] ①国；国土。②地方；地域。③田舎；田園。

ガントリー [gantry] ①鉄道の，信号機を載せた跨線橋。②宇宙ロケットの発射作業台。

カントリー・アンド・ウエスタン [country and western] アメリカ南部に伝わる大衆音楽。略C&W。＝カントリー・ミュージック。

カントリー・ウェア [country wear] (避暑地などの)野外で着る軽装。↔タウンウェア。

カントリー・エレベーター [country elevator] 米や麦などの穀物の，サイロ・搬入エレベーター・乾燥施設・調整施設を兼ね備えた大規模倉庫。

カントリー・クラブ [country club] ①郊外に設けたスポーツ・娯楽・保養・社交の施設。②ゴルフ場。略CC。

カントリー・スクール [日country school] 都会地の小学生・中学生を対象に，国公立の青年の家，少年自然の家などで開く自然教室。

カントリー・ファンド [country fund] 特定の国や地域発行の有価証券に重点的に投資するために集めた投資信託資金。

カントリー・ミュージック [country music] ⇨カントリー・アンド・ウエスタン。

カントリー・リスク [country risk] 国別危険度。＊外国に融資をする際の相手国の信用度。

カントリー・リビング [country living] ①田園生活。②週末を田舎で過ごす生活。＊カントリー・ライフとも。

カントン [canton] ①スイス連邦の州。②フランスの小郡。

カンニング [cunning] 試験のとき，受験者が監督者の目を盗んでする不正行為。＊英語ではcheating。

カンヌ国際映画祭 [Cannes—] 南フランスのカンヌで毎年5月に開催される国際映画コンクール。＊コンペティション部門の最優秀作品にはパルム・ドールが贈られる。

カンパ [kampanijaロシア] 大衆に呼びかけて政治運動などの資金を集めること。また，資金を出すこと。

カンバス [canvas] ⇨キャンバス。

カンバセーション [conversation] 会話。

カンパニー [company] ①会社；商社；商会。略Co.。②仲間；一行；(俳優の)一座。

〜制 [〜system] 企業内で各事業部門を独立した会社として組織・運営する経営方式。

カンパニー・エコノミスト [company economist] 企業内の経済専門家。＊企業の経済分析，景気動向の分析・予測などを行う。

カンパニー・ユニオン [company union] 御用組合。＊経営者のいうままになって主体性のない労働組合。

カンパリ [Campariイタリア] 〖商標〗イタリアの薬酒。＊苦味が強く，あざやかな赤色と柑橘(かんきつ)系の香りが特徴。

カンピオーネ [campioneイタリア] チャン

ピオン；優勝者。
カンピロバクター [campylobacter] 食中毒を起こす病原菌の1つ。
ガンファイター [gunfighter] アメリカの西部開拓時代の拳銃(けんじゅう)使い；拳銃の名手。＝ガンマン。
カンファレンス ⇨コンファレンス。
カンフー [功夫チャイナ] 中国拳法(けんぽう)。＊クンフーとも。
ガンプラ [日Ganpla] アニメの『機動戦士ガンダム』に登場するモビル・スーツなどのプラモデル。
ガンブラー [Gumblar] 〖電算〗多数のコンピュータにウイルスを感染させる手法。＊ウェブ・サイトの改竄をウイルスと組み合わせて行う。
カンブリア紀 [Cambrian period] 古生代最古の地質時代。＊約5億7千万年前〜約5億年前。三葉虫が全盛をきわめた時代。
カンフル [kamferオランダ] 強心剤；特効薬；刺激剤。
カンペ [日cunning paper] テレビ番組などで，出演者がせりふを忘れたときなどに見る紙片やボード。
ガン・ベルト [gun belt] 拳銃(けんじゅう)を腰につりさげるためのベルト。
ガンボート・ディプロマシー [gunboat diplomacy] 武力外交。
ガンボ [gumbo] ⇨オクラ。
カンマ ⇨コンマ。
ガンマ [gammaギリシア] ギリシア語アルファベットの3番目の文字(Γ，γ)。
〜線 放射線の一種。＊波長のきわめて短い電磁波で，物質を透過する力が非常に強い。がん治療などに利用。⇨アルファ線，ベータ線。
〜崩壊 放射性元素の原子核がガンマ線を放射して，エネルギーの低い状態に移ること。
ガンマ・グロブリン [gamma globulin] 血液の血漿(けっしょう)たんぱく質の一種。＊はしか，百日咳(ぜき)，肝炎などの抗体を含み，予防薬として用いられる。
ガンマ・ジーティーピー [γ-GTP] たんぱく質を分解する酵素。＊腎臓に最も多く存在する。
ガンマン [gunman] ①⇨ガンファイター。②殺し屋。
ガンメタル [gunmetal] 砲金。＊鋳物用。銅に錫(すず)を加えた合金。

キ

ギア [gear] ①歯車；伝導装置。②(自動車の)変速装置。＊ギヤとも。
ギア・チェンジ [gear change] 〖自動車〗変速するためにギアを入れかえること。＊ギア・シフトとも。
ギアリング・レシオ [gearing ratio] 資金調達比率。＊総資産に占める自己資本の割合。
キアロスクーロ [chiaroscuroイタリア] 絵画の技法で，明暗法。
キー [key] ①鍵(かぎ)。②(ピアノなどの)鍵盤(けんばん)；(コンピュータなどの)指で押さえるボタン。③キーノートの略。④(解決の)手がかり。⑤主要なもの；重要なもの。
〜局 ⇨キー・ステーション。
キー・アサイン [key assignment] コンピュータのキーボードにおける記号や機能の割り当て。
キー・インダストリー [key industry] 基幹産業。＊電力，科学産業など，一国の産業の基礎となる産業。
キー・カレンシー [key currency] 国際取引の決済に使われる通貨；基軸通貨。＊ドル，ユーロなど。↔ローカル・カレンシー。
ギーク [geek] おたく；マニア。＊原義は「奇人」「変人」。
キー・クリップ [key clip] バッグなどに留めるクリップ部分の付属したキー・ホルダー。
キー・ステーション [key station] 〖ラジオ，テレビ〗親局。＊系列の各局に番組を流す中心となる局。＝キー局，マスター・ステーション。

キーストーン ［keystone］ ①〖建築〗かなめ石。＊アーチの頂上部の石。②(組織の)中心。③〖野球〗２塁。

キーノート ［keynote］ ①〖音楽〗(調べの中心となる)主音；主調音。略キー。②(演説などの)主眼；骨子(こつし)；基調；(政策などの)基本方針。

キーパー ［keeper］ ⇨ゴールキーパー。

キー・パーソン ［key person］ 重要人物；中心人物。＝キーマン。

キーパッド ［keypad］ 〖電算〗キーボードだけの薄型の端末機(入力装置)。

キーパンチャー ［keypuncher］ 〖電算〗キーボードを操作してデータ入力をする人。

キープ ［keep］ ①続ける；保つ；保存する；管理する；常備しておく。②〖スポーツ〗(得点・順位を)維持する；(ボールを)確保する；(陣地を)守る。

キープ・レフト ［日keep left］ 左側通行。＊複数の車線がある道路で，最も左寄りを走ること。

キー・ポイント ［日key point］ 要点；主眼点。

キーボード ［keyboard］ ①ピアノなどの鍵盤(けんばん)。②コンピュータなどの鍵盤。③各室の鍵(かぎ)をつりさげておく板。④鍵盤楽器。

キー・ホルダー ［key holder］ 鍵(かぎ)をまとめてつるす輪のついた用具。

キーマ・カレー ［keema curry］ 挽き肉に野菜を加えたインド風カレー。

キーマン ［keyman］ ⇨キー・パーソン。

キール[1] ［keel］ ①船の竜骨。＊船底の中心部を船首から船尾まで通っている鉄材または木材。②ハング・グライダーのカイトで，機首から放射状に出ている３本のパイプのうちの中央のパイプ。

キール[2] ［kirフランス］ 辛口白ワインにカシスでつくったリキュールを合わせたカクテル。

キーロガー ［keylogger］ パソコンのキーボードの操作内容を記録するためのソフトウェア。

キー・ワード ［key word］ ①謎や意味を解明するとき，その手がかりとなることば。②〖電算〗情報を引き出す手がかりとなることば。

キウイ ［kiwi］ ①ニュージーランドにすむ無翼鳥。②キウイ・フルーツの略。

キウイ・フルーツ ［kiwi fruit］ ニュージーランド特産の果物。略キウイ。

キオスク ［kiosk］ ①駅や街頭，ビル内などの簡易売店。②⇨キヨスク。＊原義は「あずまや」。

ギガ ［giga-］ 10億倍(10^9)を意味する接頭辞。記号はG。

ギガバイト ［gigabyte］ 情報量の単位の１つ。約10億バイト。略GB。

ギガンテス ［Gigantesギリシア］ 〖ギリシア神話〗ウラノスとガイアとの間に生まれた怪力の巨人族。

ギグ ［gig］ ①ジャズやロックの一夜限りの演奏。②船載の小型ボート。

ギグ・エコノミー ［gig economy］ インターネットを通じて単発の仕事を請け負う働き方のこと。＊請け負う労働者をギグ・ワーカーと呼ぶ。

キシリトール ［xylitol］ 白樺や樫の樹木のセルロース成分からとった甘味料。＊ガムなどに使用。

キシレン ［Xylenドイツ］ 〖化学〗芳香族炭化水素の１つ。＊引火性があり，無色透明な液体。

キス・アンド・クライ ［Kiss and Cry］ 〖フィギュア・スケート〗演技終了後の選手が競技結果を待つ場所。

キス・アンド・テル ［kiss and tell］ 秘密を漏らす；信頼を裏切る。

キス・アンド・ライド・ ［kiss-and-ride］ 出勤するとき妻に車で駅まで送ってもらうこと。

キス・マーク［日kiss mark］ ①強くキスをしたあとに残る痣(あざ)。②唇の形をした口紅の跡。
キスリング［Kisslingドイツ］ 帆布製の大型登山用ザック。
キセーリ［kisel'ロシア］ 果物，コーンスターチ，ワインなどを混ぜたロシアのデザート。
キセノン［Xenonドイツ］〖化学〗希ガス類元素の1つ。原子番号54。元素記号Xe。
キセル［khsierカンボジア］ ①きざみたばこを吸うためのパイプの一種。②不正乗車の1つ。＊途中，ただ乗りすること。キセルは両端にだけ金具があって中間にはないことから。
ギター［guitar］ 6弦の撥弦楽器。＊指先やピックで弾く。
ギタリスト［guitarist］ ギター奏者。
キチネット［kitchenette］ 主に宿泊施設に敷設された簡易キッチン。
キチン［chitin］ 角質。＊甲殻類の甲羅，昆虫類の表皮，菌類の細胞壁などにある多糖類の1つ。
キチンのサイクル［Kitchin cycle］ 約40か月を周期とする景気の波動。
キック［kick］ ①蹴る。②〖ゴルフ〗打球が地面に落ちたときのはねかえり方。
キックアウト［kickout］ ①〖サッカー，ラグビー〗ボールをサイドラインの外側に蹴り出すこと。②〖アメ・フト〗試合再開に当たって，25ヤード・ラインから相手方のゴールに向かってボールを蹴り出すこと。
キック・アンド・ラッシュ［kick and rush］〖サッカー〗相手陣内深くボールを蹴り込み，一斉に突進してボールをゴールに入れる戦法。
キックオフ［kickoff］〖サッカー，ラグビーなど〗試合の開始または再開のときにボールを所定の位置に置いて蹴ること。
キックオフ・ミーティング［kickoff meeting］ 新しいプロジェクトを発足させるときの最初の会合。
キックスケーター［kickskater］ ボードに車輪と操作棒が付いた乗り物。
キック・ターン［kick turn］〖スキー〗方向転換法の1つで，片方のスキーを蹴るように上げて180度方向を変え，それに他方のスキーをそろえるやり方。
キックダウン［kickdown］ オートマ車でアクセルを大きく踏み込んだときに，低速ギアへ入れ替わって急加速する機能。
キックバック［kickback］ ⇨バック・マージン，リベート。
キックボード［kickboard］ ①⇨ビート板。②［K-］〖商標〗⇨キックスケーター。
キック・ボクシング［日kick boxing］ 手による打撃のほか肘(ひじ)打ちや足蹴りなどを行ってもいいボクシング。
キッシュ［quicheフランス］ パイ地にハム，エビ，チーズなどをのせ，溶かし卵をかけて焼いたパイ。
キッズ［kids］ 子供；子供用の。
キッズ・ムービー［kids' movie］ 主役や重要な役を子供が演じている映画。
キッズ・ルーム［kid's room］ 子供用の遊戯室。
キッチュ［Kitschドイツ］ 低俗〔俗悪〕なもの；悪趣味なもの。
キッチン［kitchen］ 台所；調理室。
キッチンウェア［kitchenware］ 台所用品。
キッチン・ガーデン［kitchen garden］ 家庭菜園。
キッチン・キャビネット［kitchen cabinet］ ①食器戸棚。②(大統領などの)私設顧問団。
キッチン・スタッフ［kitchen staff］ 調理担当者。
キッチン・タオル［日kitchen towel］ 台所で使用する布製，紙製のタオル。

＊キッチン・ペーパーとも。

キッチン・ドリンカー [kitchen drinker] アルコール依存症の主婦。

キット [kit] ①(道具・教材などの)ひとそろい；ひとセット。②プラモデル，ラジオ，オーディオなどの組み立てセット。⇨パーツ。

キッド [kid] ①子ヤギの革。＊手袋・靴などに用いる。②子供。

キッドスキン [kidskin] 子ヤギの皮。

キッド・モヘア [kid mohair] 子ヤギからとった毛。＊特にアンゴラ・ヤギの毛。

キップ [kip] 子牛や子ヒツジ，子馬などの革。

キディー [kiddie, kiddy] 子供。

キトサン [chitosan] 抗菌防臭繊維の1つ。＊エビ，カニなどの甲殻類の殻から抽出される。

キドニー [kidney] 腎臓。

キドニー・パンチ [kidney punch] 〖ボクシング〗相手の腎臓を打つパンチ。＊故意の場合は，反則。

キトラ古墳 奈良県明日香村にある円墳。＊7世紀末から8世紀前半に作られた。

ギニア・ピッグ [guinea pig] ⇨モルモット。

キニーネ [kinine[オランダ]] キナの樹皮からとれる物質で，アルカロイドの一種。＊マラリア熱の特効薬。

キニエラ [quiniela[スペイン]] スペインのサッカー賭博；トトカルチョ。

ギニョール [guignol[フランス]] 指人形。また，それを使った人形劇。⇨マリオネット。

キネシオロジー [kinesiology] (人体の)運動科学。＊人体の運動機能について研究する学問。

キネシクス [kinesics] 動作学。＊身ぶりと意思伝達の関係を研究する学問。＊カイニシクスとも。

ギネス [Guinness] 〖商標〗アイルランドのビール会社。

キネスコープ [kinescope] 〖テレビ，映画〗ブラウン管の画面をフィルムに収めたり，フィルム映像をビデオに収めたりすること。また，その装置。略キネコ。

ギネス世界記録 [Guinness World Records] 〖商標〗世界一記録集。＊ギネスワールドレコーズ社が毎年発行する。

キネティクス [kinetics] 動力学。

キネティック・アート [kinetic art] 動く芸術。＊動力や照明などによって作品に動きを与える前衛的な美術。

キネマ [kinema] ⇨シネマ。

キノホルム [chinoform] 整腸剤。＊1970年，スモン病の原因として日本では製造・使用禁止になったが，最近ではアルツハイマー治療薬として注目されている。

ギブ・アップ [give up] ①あきらめる；やめる；降参する。②〖ゴルフ〗そのホールのプレー，または競技を棄権する。

ギブ・アンド・テイク [give-and-take] 相手に利益を与え，同時に自分も利益を得ること；五分五分の取引。

ギプス [Gips[ドイツ]] 石膏(せっこう)の粉末を含ませた包帯。＊骨折したときなどに患部を固定するために用いる。

キブツ [kibbutz[ヘブライ]] イスラエルの協同組合的生活共同体。

ギフト [gift] 贈り物；進物(しんもつ)。

ギフト・カード [日gift card] ①贈り物に添える簡単な挨拶(あいさつ)状。②贈答用の商品券。

ギフト・クーポン [gift coupon] 景品引換券；贈答用の商品購入券。

ギフト・ショップ [gift shop] ①みやげ物店。②贈答用商品の専門店。

ギフト・タックス [gift tax] 贈与税。

ギフト・チェック [gift check] 贈答用小切手。＊振出人は銀行。

ギフト・パッケージ [gift package]

贈り物の包装。
ギフト法 [GIFT—] 〖医学〗配偶子卵管内移植。＊不妊症の治療法。GIFTは*G*amete *I*ntra-*F*allopian-tube *T*ransferの略。
ギボン [gibbon] 〖動物〗テナガザル。＊東南アジアに分布。
キマイラ [khimairaギリシア] ⇨キメラ②。
ギミック [gimmick] ①(手品などの)しかけ；種(たね)。②いんちきなしかけ；いんちき商売。③〖テレビ〗照明や合成などによる特殊効果。
キムチ [gim-ciコリア] 朝鮮の漬物(つけもの)。＊白菜，大根などにトウガラシ，ニンニクを加えて塩漬けにしたもの。シムチェ(沈菜)とも。
ギムナジウム [Gymnasiumドイツ] ①体育館。②ドイツの中・高校。＊ジムナジウムとも。
ギムネマ・シルベスタ [Gimnema sylvestaラテン] ダイエット効果があるとされるガガイモ科の蔓性植物。＊インド原産。
ギムレット [gimlet] カクテルの一種。＊ジンとライム・ジュースを混ぜる。
キメラ [chimera] ①種類のちがう植物を接(つ)ぎ木したとき，両方の性質の混ざり合った雑種ができる現象。②〖ギリシア神話〗ライオンの頭，山羊の胴，蛇の尾をもった怪物。＝キマイラ。
キメラ・マウス [chimera mouse] 遺伝子組み換え技術で実験的に作られた実験ネズミ。
ギモーブ [guimauveフランス] メレンゲやゼラチンなどを混ぜ合わせて作る，マシュマロに似たお菓子。
ギヤ ⇨ギア。
ギャグ [gag] 客を笑わせるためのせりふ；だじゃれ。
ギャザー [gather] 洋裁で，布を縫い縮めて作ったひだ。＝ギャザリング。
ギャザー・スカート [gathered skirt] 胴回りで，ギャザーをよせたスカート。
ギャザリング [gathering] ①集合；会合。②採集。③⇨ギャザー。
キャスク [cask] 使用済み核燃料などの輸送容器。
キャスケット [casquetteフランス] 前びさしのついた帽子。＊カスケットとも。
キャスター [caster] ①ピアノや重い家具などに取りつけた移動用の小さな車。②ニュースキャスターの略。
キャスター・バッグ [日caster bag] 底にキャスターの付いた大型旅行用のかばん。
キャスティング [casting] ①〖釣り〗投げ釣り。②〖映画，演劇〗配役。また，役を割り振ること。
キャスティング・ボート [casting vote] ①賛成と反対が同数のとき議長が行う決定投票。②議会などで2大党派の勢力がほぼ同じとき，可否を左右する第3の少数派の投票。
キャスト [cast] ①〖映画，演劇〗配役。②テーマ・パークなどの従業員。
キャセイ・パシフィック航空 [Cathay Pacific Airways] 香港の航空会社。国際コードCX。
キャセロール [casseroleフランス] 陶製または耐熱ガラス製のふたつきの蒸し焼きなべ。また，それで作った料理。＊カセロールとも。
キャタピラー [caterpillar] 無限軌道(装置)。＊カタピラーとも。
キャタライザー [catalyzer] 触媒。
キャッサバ [cassava] 中南米原産のトウダイグサ科の低木。＊エタノール燃料の原料。根からとれるでんぷんをタピオカという。
キャッシャー [cashier] ホテル，小売店などの現金出納係。
キャッシュ [cash] ①現金；即金。②(小切手などを)現金に換えること。
キャッシュ・アウト [cash-out] ①デ

ビットカードなどを利用して店舗のレジで預金を引き出すサービス。②企業の資金流出。

キャッシュ・アンド・キャリー [cash-and-carry] 現金払いで持ち帰り方式の。

キャッシュ・オン・デリバリー [cash on delivery] 代金引換。略COD。=コレクト・オン・デリバリー。

キャッシュ・カード [cash card] 現金自動支払い機を利用して預金の出し入れに使う磁気カード。＊ATM cardとも。

キャッシュ・カウ [cash cow] 安定的に利益を生む事業；金のなる木。

キャッシュ・ディスペンサー ⇨CD[1]。

キャッシュ・バック [日cash back] 現金を払い戻すこと。

キャッシュブック [cashbook] 現金出納帳；金銭出納簿；銭箱。

キャッシュ・フロー [cash flow] ①現金の収入と支出。②投資に必要な資金と収益。

キャッシュボックス [cashbox] 金庫；銭箱。

キャッシュ・メモリー [cache memory] コンピュータの処理速度を高速化するために，データを一時的に保管する記憶装置。

キャッシュレス [cashless] 現金の不要な；現金のない。

キャッシング [cashing] 現金化すること；現金を貸し出すこと。

キャッスル [castle] ①城。②大邸宅。

キャッチ・アップ [catch up] 追いつく；妨げる。

キャッチ・アンド・リリース [catch and release] 釣りあげた魚をすぐに川や海に再放流すること。

キャッチー [catchy] 人の心に響く；うけそうな；目に留まりやすい。

キャッチ・コピー [日catch copy] 人の注意を引く，広告文・宣伝文。

キャッチ・セールス [日catch sales] 街頭で声をかけて，不当に高い商品などを強引に売りつける商法。

キャッチフレーズ [catchphrase] 人の注意を引く簡潔な宣伝文句；うたい文句。=キャッチワード。

キャッチ・ボール [日catch ball] 〖野球〗投球練習。

キャッチ・ホン [日catch phone] 〖商標〗通話中に第三者から電話がかかってきたとき，通話中の相手を待たせてその第三者と話すことができるサービス。

キャッチャー [catcher] ①〖野球〗捕手。②捕らえる人〔物〕。

キャッチャー・ボート [catcher boat] 捕鯨専用船。＊母船に従う。

キャッチライト [catchlight] 人物や動物の撮影時に，被写体の瞳に映り込ませる光のこと。

キャッチワード [catchword] ①(政党などの)標語；スローガン。②⇨キャッチフレーズ。③(辞書などの)欄外見出し語。

キャッツ・アイ [cat's-eye] ①猫目石(ねこめいし)。＊宝石の1つ。②道路の夜間反射装置。＊自動車のライトがあたるとオレンジ色に光る。

キャット [cat] 猫。

キャットウォーク [catwalk] ①橋梁(きょうりょう)や工場の天井近くなど高い所に設けた狭い通路。また，舞台やスタジオの上部に設けた梁(はり)。②ファッション・ショーの客席に突き出た細長い舞台。

キャットフィッシュ [catfish] 鯰(なまず)。

キャット・フード [cat food] 猫用の加工食品。

キャップ [cap] ①(つばのない)帽子。②物にかぶせる蓋(ふた)。＊万年筆，瓶(びん)，カメラのレンズなどの蓋。③キャプテンの略。④〖ラグビー〗国を代表する試合に出場する選手に，その国の協会から贈られる帽子；代表試合の出場回数。
ギャップ [gap] ①へだたり；相違。②すきま；割れ目。
キャップ・アンド・トレード [Cap and trade] 温室効果ガスの排出量規制の一方式。＊排出枠を国ごとに定めて，その枠内に抑えられた国が残余の枠を売り，枠以上に排出した国がそれを買う取引。企業間でも行われる。
ギャップ・イヤー [gap year] 大学合格後，1年間ほど入学を遅らせること。＊この間に，ボランティアや海外留学などをして見聞を広める。
キャップ・シール [cap seal] 瓶(びん)の口の蓋(ふた)に貼るシール。
キャップレス [capless] キャップのない万年筆やボールペン。
キャディー [caddie, caddy] 〘ゴルフ〙ゴルフ場で，プレーヤーにつきそってクラブ運び，ボール拾い，アドバイスなどをする人。
キャディー・バッグ [caddie〔caddy〕bag] 〘ゴルフ〙ゴルフ・クラブや小物などを入れる筒形のかばん。＝ゴルフ・バッグ。
キャデラック [Cadillac] 〘商標〙アメリカのゼネラル・モーターズ(GM)社製の高級乗用車。
キャド ⇨CAD。
キャニスター [canister] ①料理用の蓋(ふた)つき容器。②原発燃料の取り出し容器。
キャノピー [canopy] ①天蓋(てんがい)；円蓋。②パイロットの席上の防風ガラス。
キャノン [cannon] ⇨カノン[1]。
キャノンボール [cannonball] ①砲弾；砲丸。②弾丸列車。③〘テニス〙弾丸サーブ。
キャパ ⇨キャパシティ。
ギャバ ⇨GABA。
キャバ・クラ [日cabaret(フランス)＋club] キャバレー式のクラブ。
キャパシティ [capacity] ①収容能力；容量。略キャパ。②能力；才能。
ギャバジン [gabardine] ①丈の長いゆるやかな上着。②急斜綾(あや)織り。
キャバレー [cabaret(フランス)] ダンス・ホールや舞台を備え，ホステスに客の飲食・ダンスなどの相手をさせる酒場。
キャビア [caviar (e)] チョウザメの腹子(はらこ)を塩漬けにしたもの。
キャピタリズム [capitalism] 資本主義。↔コミュニズム。
キャピタル [capital] ①首都。②頭文字。③資本；元金。
キャピタル・インベストメント [capital investment] 資本投下。
キャピタル・ゲイン [capital gain] 資本利得；資産益。＊資本的資産の売却によって得た利益。↔キャピタル・ロス。⇨インカム・ゲイン。
キャピタル・フライト [capital flight] 資本逃避。
キャピタル・マーケット [capital market] 資本市場。＊国債，社債，株式などの流通市場。
キャピタル・レター [capital letter] (欧文の)大文字。＊キャピタルとも。↔スモール・レター。
キャピタル・ロス [capital loss] 資本損失。＊資本的資産の消滅または値下がりによってこうむった損失。↔キャピタル・ゲイン。
キャビテーション [cavitation] ポンプや船などのプロペラで水が加速され，液中が低圧となり気泡が発生する現象；空洞現象。
キャピトル・ヒル [Capitol Hill] ①ワシントンD.C.のアメリカ連邦議会議事堂がある丘。②アメリカ連邦議会。
キャビネ [cabinet(フランス)] 写真の印画紙の大きさの1つ。＊165ミリメートル×120ミリメートル。
キャビネット [cabinet] ①飾り棚；戸棚。②テレビやラジオなどの外箱。

キ

③事務用品や書類などを入れておく引き出しのついた箱。④内閣。

キャビン [cabin] ①(簡素な造りの)小さな家；キャンプ場などの4，5人用の宿泊施設。②船室；(飛行機の)客室。＊ケビンとも。

キャビン・アテンダント [cabin attendant] 旅客機の客室乗務員。＊スチュワーデス，スチュワードにかわる呼称。略CA。＝フライト・アテンダント。

キャブ [cab] ①タクシー。②運転室；運転台。

キャプション [caption] ①(本の章・節，新聞の記事などの)表題；見出し。②(新聞・雑誌などの写真・さし絵の)説明(文)。③(映画の)字幕。＝スーパーインポーズ。

キャプスタン [capstan] ①テープ・レコーダーの円筒形の回転軸。②船舶のもやい綱などを巻き上げる装置。

キャプス・ロック・キー [caps lock key] 〖電算〗キーボードの，大文字と小文字を切り替えるキー。略CAPSキー。

キャプチャー [capture] ①捕らえること；捕獲すること。②〖電算〗ディスプレー上の画像データをファイルとして保存すること。

キャプテン [captain] ①長；指揮者；指揮官。②船長；艦長；機長。③〖スポーツ〗主将。略キャップ。

キャプテンシー [captaincy] キャプテンとしての指導力；統率力。

キャプリーヌ [capelineフランス] 婦人用帽子の一種。＊柔らかい布地の，波打った大きなつばが特徴。キャプリンとも。

キャブレター [carburetor] 気化器。＊ガソリンと空気を混合し爆発性のガスを作る装置。

キャベツ [cabbage] アブラナ科の1，2年草。甘藍(かんらん)。＊ヨーロッパ原産。

ギヤマン [diamanteポルトガル] ガラス製品。＊江戸時代にジアマン(ダイヤモンド)をなまって発音したもの。

キャミソール [camisole] 袖(そで)なしで肩ひもつきの，胸から腰までの婦人用下着。

キャメル [camel] ①ラクダ(駱駝)。②ラクダの毛で作った毛織物。

キャメル・ヘア [camel hair] ラクダ(駱駝)の毛。

ギャラ ギャランティーの略。

キャラウェイ [caraway] セリ科の植物でヒメウイキョウ。＊種子を菓子，ピクルス，チーズ，リキュールなどの香料に用い，根を食用にする。

ギャラクシー [galaxy] ①銀河；天の川。＝ミルキー・ウェイ。②[G-]米空軍の大型輸送機C-5の名称。

キャラクター [character] ①性格；性質；人格。②(小説・劇・漫画などの)登場人物や動物など。③文字；記号。

キャラクター・デザイン [character design] アニメやゲーム，小説などの登場人物の造形をすること。略キャラ・デザ。

キャラクター・ビジネス [日character business] アニメやマンガなどの登場人物を利用したビジネス。

キャラクター・ブランド [日character brand] 服飾品などで，メーカーの特色やタレントの個性を強くアピールした商品。

キャラコ [calico] 織り地が細かく薄い平織りの綿布。＊ふつう，強く糊付けて仕上げる。

ギャラップ調査 [Gallup—] アメリカの世論調査会社ギャラップが行う各種の調査。略GP。

キャラバン [caravan] ①隊を組みラクダなどを利用して砂漠を旅する商人。②高山に登る登山隊；奥地に入る調査隊。③宣伝，販売などの目的で，各地をめぐる一団。

キャラバン・シューズ [caravan

shoes〕〖商標〗ハイキングや軽登山用の靴。＊防水ズック製またはナイロン製でゴム底の編み上げ靴。

キャラメル〔caramel〕 水飴(みずあめ)・牛乳・砂糖・バターなどを原料とした洋風の飴菓子。

キャラメル・マキアート〔caramel macchiato〕 カフェ・ラテにキャラメルソースやシロップを加えて味付けした飲み物。

ギャラリー〔gallery〕 ①画廊；美術品陳列室。②劇場の天井さじき。＊後方最上階のいちばん安い席。＝ガレリア。③〖ゴルフ，テニスなど〗試合の観客。

ギャラリー・トーク〔gallery talk〕学芸員や画家などが，観客と作品を鑑賞しながら解説をするイベント。

ギャランティー〔guarantee〕 ①映画やテレビなどの出演料。②アルバイトなどの報酬。③保証金；保証書。略ギャラ。

ギャラント〔gallant〕 ①華麗な。②勇ましい；雄々しい。③親切な；色好みの。④しゃれ者；色男。

キャリア〔career〕 ①経歴；履歴；経験した年数。②国家公務員採用総合職試験に合格している人。↔ノン・キャリア。

キャリアー〔carrier〕 ①運搬人；運搬車；運搬〔移動〕装置。②保菌者。

キャリア・アップ〔日career up〕 資格・知識・能力を高めること；経歴をより高めること。

キャリア・ウーマン〔career woman〕仕事をもった女性；専門職をもった女性。

キャリア・オイル〔carrier oil〕 精油；芳香油。

キャリア・カウンセラー〔career counselor〕 学校での進路指導や社会人の転職・求職などの相談員。

キャリア・ショップ〔日carrier shop〕特定の携帯キャリアと販売契約を結んだ会社による専売店。

キャリア・センター〔carrier center〕主に大学内に設置されている学生の就職活動支援機関。

キャリア・チェンジ〔carrer change〕(異分野への)転職。

キャリア・ディベロップメント・プログラム〔career development program〕 経歴管理・開発プログラム。＊職務経験・能力や人生設計に応じた教育訓練と人材の適正配置をめざす総合的な人事管理制度。略CDP。

キャリア・ハイ〔career-high〕 スポーツ選手の自己最高記録。

キャリア・パス〔career path〕 職務履歴。＊能力や経験などから判断される。

キャリア・プランニング〔career planning〕 生涯計画；経歴計画。

キャリー〔carry〕 ①運ぶ。②〖ゴルフ〗ボールの飛距離。

キャリーアウト〔carryout〕 ⇨テイクアウト。

キャリー・オーバー〔carry-over〕 繰り越し金。＊トトなどで，当選金が次回に繰り越されること。

キャリー・ケース〔carry-case〕 下部に車輪がついた大型のバッグ。＊大き目の荷物を入れ，手で引いて運ぶ。キャリー・バッグとも。

キャリー・バック〔carry-back〕〖ラグビー〗防御側が，ボールを自陣のイン・ゴールに持ち込み，地面につけること。

キャリバン〔Caliban〕 天王星の第16衛星。

キャリブレーション〔calibration〕①〖物理〗較正。＊計測器の目盛りを標準器などを用いて正すこと。②〖電算〗色補正機能。

キャリング・ボール〔carrying ball〕〖バスケットボール〗プレーヤーがボールを持って3歩以上歩く反則。

ギャル〔gal〕 女の子；若い女性。

ギャル・ゲー [日gal game] 少女たちとの交流を楽しむコンピュータ・ゲーム。
ギャルソン [garçonフランス] ①男の子；少年。②(ホテルなどの)男の給仕；ボーイ。
ギャルソンヌ [garçonneフランス] おてんば娘。
キャロット [carrot] ニンジン。
キャロット・ラペ [carottes râpéesフランス] 千切りにしたニンジンのサラダ。
ギャロッピング・インフレ [galloping inflation] 物価が年率数～数十パーセントで上昇すること。
ギャロップ[1] [gallop] 〚馬術〛早駆け。＊馬の最も速い駆け足で，４本の足が同時に地を離れる。
ギャロップ[2] [galop] 〚音楽〛４分の２拍子の軽快な輪舞曲。
キャロル [carol] クリスマス祝歌；聖歌；賛美歌。＊カロルとも。
ギャング [gang] ①一群。②暴力団。③連中；仲間。
キャンサー [cancer] ①がん。②〚天文〛[C-] かに座。
キャンセル [cancel] 取り消すこと；解約すること。
キャンター [canter] 〚馬術〛駆け足。＊ギャロップとトロットの中間の速度。カンタベリーの速歩(Canterbury gallop)から。
キャンティ [chiantiイタリア] イタリアのトスカーナ州産の赤ワイン。
キャンディ [candy] ①飴(あめ)；砂糖菓子。②アイス・キャンディの略。
キャンディッド [candid] ①率直な；正直な。②隠し撮りの。
～フォト [～photo] 隠しカメラで撮った写真；スナップ写真。
キャンドル [cadle] ろうそく(蠟燭)。
キャンドル・サービス [日candle service] ①聖歌隊のろうそく行列。②結婚披露宴で新郎・新婦が客のろうそくに火をつけて回ること。
キャンドルスティック [candlestick] ろうそく立て。
キャンドル・ナイト [candle night] 夜に照明を消してろうそくを灯し，エネルギーや環境問題について考えるイベント。
キャンパー [camper] ①キャンプをする人。②⇨キャンピング・カー。
キャンバス [canvas] ①(油絵を描くのに使う)画布。②帆布。③〚野球〛１塁，２塁，３塁のベース。＊カンバスとも。
キャンパス [campus] (大学の)構内；校庭；学園。
キャンパス・シューズ [campus shoes] 麻または木綿の丈夫な布で作ったゴム底の靴。⇨スニーカー。
キャンバス・トップ [日canvas top] 屋根の部分がキャンバス②でつくられた自動車。
キャンパス・ハラスメント [日campus harassment] 大学内で起きる，さまざまな嫌がらせ行為の総称。
キャンピング・カー [日camping car] キャンプ設備一式を備えた自動車。＝キャンパー。⇨モービル・ホーム。
キャンピング・トレーラー [日camping trailer] ⇨キャンピング・カー，キャンパー。
キャンプ [camp] ①野営；テント生活。②兵営；軍隊の駐屯(ちゅうとん)地。③捕虜収容所。④登山隊の野営地。⑤(野球などの)合宿練習。
キャンプ・イン [日camp in] プロ野球のチームが春季の合宿練習に入ること。
キャンプ・サイト [camp site] キャンプ場。
キャンプ・デービッド [Camp David] アメリカのメリーランド州にある大統領専用の山荘。
キャンプファイヤー [campfire] キャンプ場でするたき火。＊たき火を囲んで，親睦(しんぼく)を図る。

ギャンブラー [gambler]　ばくち打ち；賭(か)け事の好きな人。
ギャンブル [gamble]　賭博(とばく)；賭(か)け事；投機。
キャンペーン [campaign]　特定の目的をもって行う組織的な活動。＊選挙運動，宣伝活動など。
キャンペーン・ガール [日campaign girl]　新製品の発表や催物の宣伝などの顔となる若い女性。
キャンペーン・セール [日campaign sale]　ある名目(めいもく)のもとに期間をきめて行う大売り出し。＊謝恩セール，中元セールなど。
キャンベル [campbell]　アメリカ原産の大粒の黒ブドウ。
キュイジーヌ [cuisineフランス]　料理。
キュー [cue]　①〖ビリヤード〗玉を突くための棒。②〖テレビ，ラジオ〗出演者や照明・音響係，カメラマンなどにディレクターが出す合図。
キュー・シート [cue sheet]〖放送〗番組進行予定表；番組制作進行表。
キューティクル [cuticle]　①髪の毛の表面を覆っている膜。②つめのつけ根を覆っている甘皮(あまかわ)。
キュート [cute]　かわいい。
キューピー [Kewpie]〖商標〗キューピッドの形をした人形。
キュービクル [cubicle]　①大きな部屋を仕切った小部屋。②〖電気〗周囲をスチールで囲んだ配電盤。
キュービズム [cubism]〖美術〗立体派。＊20世紀初めにフランスに興った絵画の一派。キュビスムとも。
キュービック [cubic]　①立方体の；立体の。②3乗の。
キュービック・タイプ [cubic type]　立方体型。＊角(かど)や面に丸みをもたせていないものをいう。
キューピッド [Cupid]〖ローマ神話〗ビーナスの子で，恋愛の神。＊キューピッドの矢にあたると恋に落ちるという。ギリシア神話のエロス。
キューブ [cube]　立方体；立方状のもの。
キューポラ [cupola]　①丸天井；丸屋根。②鉄を溶かすための炉。③宇宙ステーションの一室。
キュクロプス [Kyklōpsギリシア]〖ギリシア神話〗1つ目の巨人族。＊サイクロプスとも。
ギュヨー [guyot]　海中の頂上の平らな山。＊海中にある高さ1000メートル以上の山を海山(かいざん)といい，ギュヨーはその一種で平頂海山と呼ばれる。ギヨーとも。
キュラソー [curaçaoフランス]　オレンジの皮で味をつけ，糖分，香料を加えた洋酒。＊カリブ海のキュラソー島産のオレンジを使ったことから。
キュリー [curie]　放射能の強さを表す単位。記号はCi。＊ラジウム1グラムの放射能がほぼ1キュリーにあたる。発見者のフランスの物理学者マリー・キュリーの名から。
　～温度 [C-—]　温度上昇によって，鉄やニッケルなどの強磁性体や強誘電体がその性質を消失する臨界温度。
キュリオシティ [curiosity]　①好奇心。② [C-]NASAの無人火星探査機。
キュレーション [curation]　特定の分野に関する情報を集めて編集し，新たな価値を付与して共有すること。＊こうした媒体をキュレーション・メディアと呼ぶ。
キュレーター [curator]　(博物館・美術館の)学芸員；館長；(動物園の)園長。
キュロット [culotteフランス]　①乗馬ズボン。②キュロット・スカートの略。＊ディバイデッド・スカートとも。
キュロット・スカート [日culotteフランス＋skirt]　ひざ丈の半ズボン風スカート。略キュロット。＝ディバイデッド・スカート。
ギョウザ [餃子チャイナ]　挽き肉，細かく刻んだ野菜などを，小麦粉をねって薄くのばした皮で包み，蒸すか焼くかした中国料理。

キヨスク［KIOSK］〘商標〙JRの駅構内にある売店の名称。＊JR東日本ではキオスク。

キラー［killer］①殺し屋。②魅力的な人；相手を悩殺する魅力のある人。③〘野球〙特定のチームに対して勝つ率の高い投手。

～衛星　敵の軍事衛星を破壊するために使われる人工衛星。＊アメリカの軍事衛星攻撃兵器(ASAT)の俗称。

～酵母　系統の異なる細胞を殺す働きのある酵母。＊酒やワインの醸造で有害な細胞を取り除くのに利用される。

～T細胞［～T cell］〘生物〙標的細胞にとりついて直接攻撃する機能をもつT細胞。＊がん治療に有効。

キラー・コンテンツ［killer contents］ある分野を普及させるきっかけになるような製品･サービスのこと。

キラー･テクノロジー［killer technology］従来の技術を時代遅れにするほどの画期的な新技術。

キラー･パス［日killer pass］〘サッカー〙相手チームに致命的な一撃を与える，得点に結びつくパス。

キラリティー［chirality］〘化学〙掌性。＊実像がその鏡像とは重ならない性質。

キラル［chiral］〘化学〙鏡像関係。＊ギリシア語で「手」の意。

ギ･ラロッシュ［Guy Laroche］〘商標〙フランスの服飾デザイナー。また，その製品。

ギラン･バレー症候群［Guillain-Barré Syndrome］アレルギー性の急性多発性根神経炎。＊四肢の麻痺，呼吸困難などを呈する。

キリ［cruzポルトガル］「十」の意。＊cruzの原義は「十字架」。↔ピン²。

ギリー･シューズ［gillie shoes］舌革のない編み上げ靴。＊gillieは「従僕」の意味。昔，スコットランドの従僕が履いていたことから。

キリエ［Kyrieギリシア］〘キリスト教〙(あとにエレイソンと続けて)「主よ，憐れみたまえ」。

ギリシア正教会［Greek Orthodox Church］1054年にローマ教会から分離したカトリック系の1派。＊日本のハリストス正教会が所属。

キリシタン［cristãoポルトガル］室町(むろまち)時代に日本に伝えられたキリスト教。また，その信者。

キリシタン･バテレン［日cristãoポルトガル＋padre］宣教師として日本にやってきたキリシタンの神父の敬称。＊キリスト教が禁教となってからは「邪宗」の意味で用いられた。

キリスト教［Christianity］イエスを神の子キリストと認める宗教。＊ユダヤ教が母体。世界3大宗教の1つ。

キリマンジャロ［Kilimanjaro］①タンザニアにある火山で，アフリカ大陸の最高峰。＊標高5895メートル。②タンザニア産コーヒーの銘柄。

キリム［kilim］草木染のウールを用いたつづれ織りのカーペット。＊トルコ，イラン方面で産する。

キリル文字［Kirillitsaロシア］ギリシア人宣教師キュリロス(ロシア名キリル)，メトディオス兄弟が考案した文字。＊現在のロシア文字の原型。

キリング･フィールド［killing field］虐殺原野；殺戮荒野；戦場。

ギルガメシュ［Gilgamesh］メソポタミア神話の英雄。＊その活躍を描いた叙事詩は楔形(くさびがた)文字文学の最高傑作。

キルク［kurkオランダ］⇨コルク。

キルター［quilter］①寄せ布細工(キルティング)を作る人。②キルティング用のミシンの付属品。

ギルダー［guilder］オランダの旧通

貨単位グルデンの英語名。

ギルティ [guilty] 罪のある；罪の自覚のある；気のとがめる。

キルティング [quilting] 刺子(さし こ)縫い。また，それを施した布地。＊2枚の布の間に綿，羊毛，羽毛などを入れて刺子に縫ったものは，寝具，防寒用の服などに用いられる。

キルト[1] [kilt] スコットランドに伝わる，格子じまの男性用スカート。

キルト[2] [quilt] 2枚の布の間に綿や羽毛などを入れて刺子縫いした掛け布団。

ギルド [guild] 中世ヨーロッパの商人，手工業者などの同業者組合。

キルビメーター [curvimètreフランス] 曲線計。＊地図上の道路，海岸線などのような，曲線の長さを測る器具。

キレート化合物 [chelate compound] 金属錯体の一種。＊1つの配位子が中心の金属原子あるいはイオンの配位位置の2つ以上を占めて環を作っている化合物。キレートはギリシア語で「蟹(かに)のはさみ」。

キロ [kiro-] 単位用接頭辞で1000倍(10^3)を表す。記号はk。

ギロチン [guillotineフランス] 断頭台。＊フランス革命時代に使われた罪人の首を斬(き)る台。

ギンガム [gingham] 格子柄(こうし がら)や縞(しま)模様を織り出した薄地の平織り綿布。

キンキー・ブーツ [kinky boots] 黒革の女性用のブーツ。

キング [king] ①王様；国王。②最高のもの；…王。↔クイーン。③普通より大きい；巨大な。④〖トランプ〗13を示す王様の絵札。⑤〖チェス〗王冠をつけた駒(こま)。

キング・コング [King Kong] アメリカの特撮・怪獣映画に登場する巨大なゴリラ。

キング・サーモン [king salmon] 北太平洋産の大形のサケ。＊サケの中でいちばん大きい。

キング・サイズ [king-size] 特大の；普通のものよりいちだんと大きい。

キングズ・イングリッシュ [King's English] イギリスの格調正しい英語。＊クイーンズ・イングリッシュとも。

キングダム [kingdom] 王国；天国。

キング・ホリデー [King Holiday] 黒人解放運動の指導者マーチン・ルーサー・キング牧師の業績を記念するアメリカの祝日。＊キング牧師の誕生日の1月15日。州によっては1月の第3月曜日。

キングメーカー [kingmaker] 政党の実力者；重要ポストの人選に力をもつ人。

キンダーガルテン [Kindergartenドイツ] 幼稚園。

キンタル [quintal] 質量の単位。記号はq。＊1qは100kg。

ク

グアニン [guanine] DNAの核酸を構成する4つの塩基の1つ。＊他に，アデニン，チミン，シトシン。

グアノ [guanoスペイン] 海鳥の糞(ふん)が堆積(たいせき)してかたまったもの。

グアバ [guava] フトモモ科の小低木。＊中南米原産で，ジュース，ジャムなどに用いる。

クアハウス [Kurhausドイツ] スポーツ施設と温泉施設を備え，総合的な健康づくりを目的とする施設。

クィア [queer] ①奇妙な。②性的少数者全般をさすことば。

クイーバー [quiver] 〖アーチェリー〗矢筒。

クイーン [queen] ①女王；王妃。↔キング。②ある分野で最もすぐれた女性；コンテストで第1位の女性；社交界の花形女性。③〖トランプ〗12を示す女王の絵札。④〖チェス〗

女王の冠をつけた駒(こま)。
クイーン・エリザベス号 [Queen Elizabeth] イギリスの豪華客船。
クイーン・サイズ [日queen size] 女性の洋服のサイズで,特大。⇨キング・サイズ。
クイーンズ・イングリッシュ [Queen's English] ⇨キングズ・イングリッシュ。
クイーン・マザー [queen mother] 皇太后。
クイズ [quiz] 簡単な質問;当てもの。
クイズ・ラリー [quiz rally] コースの途中でクイズを解いていく競技。
クイック[1] ⇨KWIC。
クイック[2] [quick] ①速い;すばやい。②〖バレーボール〗トスを上げてすばやくスパイクする攻撃法。③クイック・ステップの略。↔スロー。
クイック・サンド [quicksand] 〖地学〗流砂。＊地震で発生。地盤液状化の原因となる。
クイック・ステップ [quick step] 〖ダンス〗速いステップ。略クイック。
クイック・ターン [quick turn] 〖水泳〗水中でとんぼ返りをし，足でプールの壁を蹴って折り返す方法。=サマーソルト・ターン。
クイック・チャージ [quick charge] 急速充電。
クイック・ドロー [quick draw] 早撃ち。
クイック・フリーズ [quick freeze] 急速冷凍;急速冷凍食品。
クイック・モーション [quick motion] ①〖野球〗打者のタイミングを狂わせるために，投手がすばやい動作で投球すること。②〖映画，テレビ〗こま落とし。＊普通より遅い速度で撮影したものを普通の速度で映写し，画面の動きを実際より速くして見せる技法。↔スロー・モーション。
クイック・リリース [quick release] 〖軍事〗緊急輸送。
クイック・レスポンス [quick response] 早期応答システム。＊コンピュータを用いて，生産・販売・在庫などの情報の問い合わせに，素早く応答する。略QR。
クイニー・アマン [Kouign Amann フランス] フランスのブリュターニュ地方の焼き菓子。
クイリング [quilling] 細長い色紙を巻いてつなぎ合わせて，多彩な絵柄や模様をつくりだす技法。
クインシー・メロン [quincy melon] 赤肉の温室栽培メロン。
クインテット [quintetto イタリア] 五重奏;五重唱;五重奏曲;五重奏団。
クイント [quint] ①(トランプの)同組の札5枚そろい。②(音楽の)第5度音程。③5つ子の1人。
グー[1] [good] よい;立派な;申し分のない。
グー[2] [goût フランス] 好み;趣味;センス;芸術的な鑑識眼。
クー・クラックス・クラン ⇨KKK。
グーグル [Google] 〖商標〗アメリカのインターネット検索サービスなどを行う企業。
グーグル・アース [Google Earth] グーグル社の地球探索サービス。＊衛星画像，地図，地形，建物などの写真を無料で提供する。
グーグル・マップ [Google Map] グーグル社の地図検索サービス。
グーゴル [googol] 10の100乗。＊天文学的な数字。
グース [goose] 野生のガン(雁);ガチョウ(鵞鳥)。
グーズベリー [gooseberry] 西洋スグリ。＊ユキノシタ科の落葉低木。実はジャムなどにする。グズベリーとも。
グータッチ お互いの拳を軽く突き合わせるあいさつの仕方。
クー・デター [coup d'État フランス] 非合

法な手段で政権を奪い取ること。
グーテン・ターク [Guten Tag.ドイツ] 「こんにちは」。
グーテン・モルゲン [Guten Morgen.ドイツ] 「おはよう」。
グード図法 [Good's projection] 地図投影法の1つ。＊サンソン図法とモルワイデ図法の併用。
クーニャン [姑娘チャイナ] 娘；少女；若い女；未婚の女性。
クーペ [coupéフランス] 通常，2人乗り2ドアの乗用車のこと。
クーポン [couponフランス] ①切り取り式の券。＊回数券，割引券など。②乗車券，宿泊券などをひとまとめにした切符の冊。
クーラー [cooler] ①冷房装置。②⇨アイスボックス。
クーラー・ボックス [日cooler box] ⇨アイスボックス。
グーラッシュ [goulash] タマネギ，パプリカ，キャラウェイを用いたハンガリー風のビーフ・シチュー。
クーラント [coolant] エンジンの冷却液。
クーリー [coolie] 19世紀の中国やインドの肉体労働者。＊中国語表記は「苦力」。
クーリエ [courier] ①急使。②添乗員。③運び屋。
クーリエ・サービス [courier service] 国際宅配便。＊国内の宅配便と同じシステムで小荷物や書類などを海外へ航空便で配送するもの。
クーリング [cooling] 冷却。
クーリング・オフ [cooling-off] 訪問販売や割賦(かっぷ)販売などの契約を一定の期間内なら無条件で解約できる制度。＊消費者保護の立場から。
クーリング・システム [cooling system] 冷却装置。
クーリング・ダウン [cooling down] 〚スポーツ〛整理運動。＝クール・ダウン。↔ウォーミング・アップ。
クーリング・タワー [cooling tower] 冷房用水の熱を大気中に放散させるために，ビルの屋上に設けた装置。
クール[1] [cool] ①涼しい；冷たい。②冷静な；さめた；冷淡な。↔ホット。③かっこいい；すてきな。④クール・ジャズの略。
クール[2] [coursフランス] ①一定期間。②〚テレビ，ラジオ〛連続番組のひと区切りの単位。＊ふつう1クールは3か月で12回または13回。
クール[3] [Kurドイツ] 特定の治療を続ける期間。
クール・ウール [日cool wool] 盛夏用に改良した，軽くて薄い，涼感のあるウール生地。
クール・ジャズ [cool jazz] モダン・ジャズの演奏法の一種。略クール。↔ホット・ジャズ。
クール・ジャパン機構 [cool Japan fund] 映像コンテンツやファッションなどの日本のクリエイティブ文化を海外に売り込む官民ファンド。
クール・スポット [日cool spot] 節電や熱中症予防に効果がある，夏場でも涼しく過ごせる場所。
クール・ダウン [cool down] ①熱や興奮などが冷めること；冷静になること。②⇨クーリング・ダウン。
クール・チューブ [cool tube] 室内の暖かい空気を地下のパイプに通して冷却し，室内に戻し冷房に利用するシステム。
クール・ビズ [日cool biz] 夏のネクタイ着用をやめて，冷房による消費電力の節減を図ろうとする環境省提唱のキャンペーン。＊bizはbusiness。
クーロン [coulombフランス] 電気量の単位。＊1クーロンは1アンペアの電流によって1秒間に運ばれる電気の量。記号C。
クエーカー [Quaker] キリスト教(プロテスタント)の1派。＊正式にはSociety of Friends（フレンド会)という。
クエーサー [quasar] 準星。＊恒星ではないが恒星のように見える天体。略QSO。
クエスチョニング [questioning] 自分の性自認や性的指向が定まっていない人々。
クエスチョン [question] 質問；疑問。略Q。
クエスチョン・タイム [question time] 党首討論。＊イギリス議会がモデル。
クエスチョン・マーク [question mark] 疑問符(？)。
クエスト [quest] ①探索。②冒険の旅。③探求者たち。
クエリ [query] データベースに対するデータ検索・抽出のための処理要求。
クエン酸 [枸櫞酸(チャイナ)] ミカン類の果実に多く含まれる酸味の主成分。＊英語ではcitric acid。
クォーク [quark] 陽子，中性子などを構成する素粒子。＊アップとダウン，チャームとストレンジ，ボトムとトップの3組6種類が存在する。
クォータ [quota] 割り当て；割り当て額〔人数〕。
～制 ①輸入品目の割り当て制度。＊輸入量や金額を制限する目的の制度。IQ制(import quota system)とも。②政治における男女平等を目的として，選挙の立候補者や議員の一定比率を女性に割り当てる制度。
クォーター [quarter] ①4分の1；15分(1時間の4分の1)；25セント(1ドルの4分の1)；3か月(1年の4分の1)。②『スポーツ』競技時間を4つに分けたうちの1つ。③地域；地区。
クォーターバック [quarterback] 『フットボール』4人のバックスのうちの1人。＊攻撃側の中心。略QB。
クォーターファイナル [quarterfinal] 準々決勝。⇨セミファイナル。
クォータリー [quarterly] 季刊。＊1年に4回発行する定期刊行物。⇨ウイークリー，デイリー，マンスリー。
クォーツ [quartz] 水晶発振式の時計。＊誤差がきわめて小さいのが特長。原義は「石英」。
～時計 水晶時計。＊電圧を加えると水晶が正確に振動するという原理を利用。
クォーテーション [quotation] 引用；引用文(語，句)。＊コーテーションとも。
クォーテーション・マーク [quotation marks] 引用符。＊“ ”や‘ ’など。
クオリア [qualia] (個人の感覚に伴う鮮明な)質感。
クオリティ [quality] 質；品質。↔クオンティティ。
クオリティ・オブ・ライフ [quality of life] ①量より質を重んじる考え方。②①を高めるための治療法。＊痛みや心のケアなど。略QOL。
クオリティ・コントロール [quality control] 品質管理。略QC。
クオリティ・スタート [quality start] 『野球』良好な先発。＊投手の成績評価項目の1つ。先発投手が6回以上を投げ，自責点3以内に抑えた場合に記録される。略QS。
クオリティ・ペーパー [quality paper] 知的な読者を対象にした高級な新聞。
クオリティ・マガジン [quality magazine] 高級雑誌。
クオリティ・ライフ [quality life] 質の高い生活；日常生活に生き甲斐(がい)を見つけ出す生き方。
クオリファイ [qualify] ①自動車レースで行う公式予選。②資格を取る；予選を通る。
クオンツ [quants] 『経済』計量的な手法を駆使して，経営や金融市場の分析を行う人。

クオンティティ [quantity] 量；数量。↔クオリティ。

クシャトリア [Kushatriya サンスクリット] 王族・武士階級。＊インドのカースト制度で，バラモンに次ぐ第二身分。

グスク 古琉球(沖縄)の城。

クスクス[1] [couscous] 小麦の粗挽き粉を蒸してつくる北アフリカの料理。

クスクス[2] [cuscus] フクロネズミ目クスクス属の哺乳(ほにゅう)類の総称。＊オーストラリアなどに生息。

クズネッツ循環 [Kuznets' cycle] アメリカの経済学者クズネッツが確認した約20年周期の景気循環。

グズベリー ⇨グーズベリー。

ク・セジュ [Que sais-je ? フランス] 〖商標〗現代フランスの新書判文庫の叢書名。＊モンテーニュの座右の銘(めい)，「我何を知るや？」から。

クチクラ [cuticula] 生物の体表を覆っている硬い膜。

クチコミ [日 口＋communication] 人の口から口へと情報が伝わること。

クチュール [couture フランス] (高級婦人服の)仕立て；縫製。

クチュリエ [couturier フランス] ①婦人服の仕立人(男性)。＊女性はクチュリエール(couturière)。②洋裁店。

クチン [cutin] 〖生物〗角皮質。

クッカー [cooker] 料理道具；調理器具。＊なべ，フライパンなど。

クッキー [cookie] ①小麦粉にバター，砂糖を加えてねり，いろいろな形にして焼いた洋風の干菓子。②〖電算〗ウェブ・サイトの接続時に，サーバーから送られるユーザーの来訪履歴情報。

クッキング [cooking] 料理；料理法。

クッキング・カード [cooking card] できあがった料理の写真と，その料理の作り方を示してあるカード。

クッキング・スクール [cooking school] 料理学校。

クック [cook] 料理〔調理〕する。

グッジョブ [good job] 「よくやった」「良い仕事だ」などの意味を表す言葉。

クッション [cushion] ①ソファーなどで，背に当てる洋風の座ぶとん。②衝撃をやわらげたり，吸収したりするもの。③〖ビリヤード〗球突き台の内側の弾力のある縁(ふち)。

クッション・ボール [日cushion ball] ①〖野球〗外野のフェンスに当たってはね返ってくるボール。②〖ビリヤード〗クッション③に当たったボール。

クッシング症候群 [Cushing's syndrome] 副腎皮質から糖質ホルモンが異常に分泌されて起こる病気。

グッズ [goods] 商品；品物；…用品。

グッチ [Gucci] 〖商標〗イタリアの皮革品メーカー。また，その製品。

グッド・アイデア [good idea] 名案。

グッド・ウイル [good will] 善意；親善；友好。

グッド・デザイン・マーク [good design mark] ⇨ジー・マーク。

グッド・ラック [Good luck.] 「幸運を祈る」「お元気で」。

グッド・ルーザー [good loser] ゲームやスポーツなどで潔く負けを認める人を称える言葉。

グッド・ルッキング [good-looking] 器量のよい；ハンサムな；よく似合う。

クッパ [kukpap コリア] ご飯に肉，魚介類，野菜をのせ，スープをかけた朝鮮料理。

グッピー [guppy] ギアナ，ベネズエラ原産の熱帯魚。

クネッケ [Knäckebrot ドイツ] ビスケット状の平焼きパン。＊スイスなどで朝食に用いられる。

クネル [quenelle フランス] 魚や肉のすり身などでつくる肉団子。

グノーシス [gnōsis ギリシア] 知識。＊古代ギリシアの末期には，神秘的・直観的に神を認識することをいった。

ク

クノッソスの迷宮 [Knossos Labyrinth] 紀元前17世紀頃，エーゲ海のクレタ島にあった宮殿。＊数百の小室があり，迷宮として名高い。
グミ [Gummiドイツ] 水飴(みずあめ)やゼラチンなどでつくる弾力性のあるキャンディ。＊グミ・キャンディとも。
クミン [cumin] クミン(セリ科の植物)の種子から作る香辛料。
クメール・ルージュ [Khmer Rougeフランス] カンボジア内戦時のポルポト派の共産革命勢力。＊「赤いクメール(カンボジア)」の意。
クラーク [clerk] 事務員；店員。
クライアント [client] 顧客；広告主。
クライオエレクトロニクス [cryoelectronics] 極低温電子工学。
クライオトロン [cryotron] 〘電算〙磁界によってコントロールできる超電導性の素子。＊コンピュータのスイッチなどを作動させる装置。
クライオニクス [cryonics] 人体冷凍術；人体冷凍保存。
クライシス [crisis] 危機；恐慌。
クライシス・マネジメント [cricis management] 危機管理。
クライスラー [Chrysler] 〘商標〙アメリカの自動車ブランド。＊フィアット傘下。
グライダー [glider] エンジンを備えず，気流を利用して滑空する航空機。
クライテリア [criteria] (判断・判定・評価などの)基準；標準；尺度。
クライマー [climber] 登山者；岩登りをする登山者。
クライマックス [climax] 頂点；最高潮；山場。
クライマックス・シリーズ [日Climax Series] 日本シリーズ出場権を決定するための，プロ野球のプレー・オフ制度。＊各リーグの1～3位のチームが参加。略CS。
クライミング [climbing] 登ること；よじ登ること；上昇すること。
クライミング・ウォール [climbing wall] 人工的につくられた岩登り訓練用の壁。
クライム [crime] ①犯罪。②悪事。
クライム・ストーリー [crime story] 犯罪小説；犯罪実話。
クライモグラフ ⇨クリモグラフ。
クラインガルテン [Kleingartenドイツ] (趣味の)小庭園。
グラインダー [grinder] 研磨機。
グラインド [grind] ①(穀物などを)ひく。②研磨する。③ストリップ・ショーで腰を挑発的に回す踊り方。
クラインの壺 [Klein bottle] 円筒の両端を逆向きにつなぎ合わせた立体。＊表裏がない曲面の一例。⇨メビウスの帯。
クラウチング・スタート [crouching start] 〘陸上競技〙両手をスタート・ラインにつき，しゃがんだ姿勢で行うスタート。↔スタンディング・スタート。
クラウディング・アウト [crowding out] 国債の発行などによって市場金利が高まり，民間の投資需要を抑制する現象。
クラウド [cloud] 雲。
グラウト [grout] セメントなどによる漆喰(しっくい)。
クラウド・コンピューティング [cloud computing] インターネット上の大量のサーバーを利用して，情報やアプリケーションなどを提供・管理すること。また，その環境。
クラウド・サービス [cloud service] クラウド・コンピューティングを通じて提供される，データへのアクセスを容易にするサービス。
クラウド・ソーシング [crowd sourcing] インターネットを介して，不特定多数の人に仕事を発注する手法。
クラウド・ファースト [cloud first] 自社の情報システムを構築するとき，

クラウド・サービスの導入を前提にすること。

クラウド・ファンディング [crowd funding] 企画・事業を達成するために，不特定多数の人から資金を調達する手法。

クラウン[1] [clown] 道化役者；道化役。

クラウン[2] [crown] ①(王位の印としての)王冠。②帽子の山の部分。

クラウン・ケア [Clown Care] ⇨クリニ・クラウン。

クラウン・ジュエル [crown jewel] ①戴冠式用の豪華な装飾品。②集団の中で特に惹きつけられる魅力的な人。③〖経済〗M&Aで，敵対的買収を仕掛けられたときの防衛策。

グラウンド [ground] 競技場；運動場。＊グランドとも。

グラウンドキーパー [groundkeeper] 球場〔競技場〕整備員。

グラウンド・ゴルフ [日ground golf] 専用の木製クラブでボールを打ち，ホールポストという輪に入れるまでの打数を競うスポーツ。

グラウンド・スタッフ [ground staff] 空港で受付や案内などをする航空会社の社員。

グラウンド・ストローク [ground stroke] 〖テニス〗1度地面に落ちてバウンドしたボールを打つこと。

グラウンド・ゼロ [ground zero] 核爆発などの爆心地。

グラウンド・フロア [ground floor] 建物の1階部分(ヨーロッパ諸国)。＊2階はファースト・フロア。アメリカでは1階部分がファースト・フロアになる。

グラウンド・ボーイ [日ground boy] 野球場でボールやバットなどを片づける係の少年。

グラウンド・マナー [日ground manners] 〖スポーツ〗競技場での選手の態度。

グラウンド・ループ [ground loop] ①〖電気〗複数の機器を接続する際，グラウンド(アース)への経路が2つ以上あるとノイズが発生する現象。②航空機が離着陸時に急旋回すること。

グラウンド・ルール [ground rule] 〖スポーツ〗競技場の広さや状態によって特別に定められた規則。

グラウンド・レスリング [ground wrestling] 〖レスリング〗寝技。↔スタンド・レスリング。

グラウンドワーク [groundwork] ①基礎；土台。②[G-] イギリスの，都市とその周辺部の環境を保全・整備する社会運動。

クラウン・プリンス [crown prince] (英国以外の)皇太子。

クラウン・プリンセス [crown princess] (英国以外の)皇太子妃。

クラクション [klaxon] 自動車の警笛。＊もとは商標名。

グラサン ⇨サングラス。

グラシ [glacis フランス] 油絵で，上塗り技法の1つ。＊光沢と深みを出すために行う。

グラシアス [gracias スペイン] 「ありがとう」。⇨グラチェ。

グラジオラス [gladiolus] 南アフリカ原産のアヤメ科の多年草。

クラシカル [classical] 〖音楽〗クラシックの；古典の。

クラシシズム [classicism] 〖文学，芸術〗古典主義。↔ロマンチシズム。

クラシック [classic] ①古典的。②〖文学，芸術〗古典；名作。

クラシック・カー [classic car] 歴史に残る傑作自動車。＊1925～42年型の自動車。

クラシック・スペース [classic space] 〖建築〗王朝風やロココ調などの優美で広壮な建築空間。

クラシック・バレエ [classic ballet] 19世紀末に完成した，伝統的な様式美を重視するバレエ。＊「白鳥の湖」

「ジゼル」「眠れる森の美女」など。

クラシック・レース [classic races] 春から秋にかけて行われる5大競馬。＊桜花賞，皐月(さつき)賞，オークス，ダービー，菊花賞のこと。

グラシン・ペーパー [日glassine paper] 半透明の丈夫な薄紙。＊化粧品，食品，書籍などの上にかける。

クラス [class] ①学級；組。②授業。③階級。④(乗物などの)等級。

グラス[1] [glass] ①ガラス製のコップ。②めがね。

グラス[2] [grass] ①草；芝生。②マリファナの俗称。

クラス・アクション [class action] 集団代表訴訟。

グラス・ウール [glass wool] ガラス綿。＊溶けたガラスを吹き飛ばして綿のようにしたもの。断熱材，電気絶縁材などに用いる。⇨グラス・ファイバー。

グラス・コート [grass court] 〖テニス〗天然芝のコート。⇨クレー・コート，ハード・コート。

グラス・シーリング [glass ceiling] ①目に見えない天井や障壁。②男女平等が建前の社会で，女性が受ける目に見えない形の差別や制限のこと。

グラス・スキー [日glass fiber＋ski] グラス・ファイバーで作ったスキーの板。

クラスター [cluster] ①房；かたまり。②群；群衆；集団。③学校群。④感染者集団。

〜爆弾 たくさんの子爆弾を内蔵し，親爆弾が空中で破裂すると子爆弾が飛び散るしくみの爆弾。

クラスタリング [clustering] ①複数のコンピュータを相互につなぎ合わせて，1台のコンピュータとして利用可能にすること。②ある集団を，似た性質をもつグループに分けて分析すること。＊クラスター分析とも。

クラスト [crust] ①パンの皮。②パイの外皮。③地殻。④皮相。⑤〖登山，スキー〗積雪の表面だけが凍結した状態。

グラスノスチ [glasnost'ロシア] 旧ソ連の情報公開政策。

グラス・ファイバー [glass fiber] グラス・ウールで作った繊維。＊断熱材，吸音材，電気絶縁材などに用いる。＝ファイバー・グラス。

グラス・ファイバー・ポール [glass fiber pole] グラス・ファイバー製の棒高跳び用の棒。

グラス・ボート [日glass boat] 船底に強化ガラスを張って海中の魚などを見るようにした観光遊覧船。

グラスホッパー [grasshopper] キリギリス；バッタ。

グラス・ホルダー [glass holder] ①めがねが落ちないように首から提げることのできる装身具。②ワイングラスなどを逆さに吊るして収納するための器具。

クラスメート [classmate] 級友；同級生。

グラスリッツェン [Glasritzenドイツ] ガラスにダイヤモンド針で模様を刻み込んでいく工芸。

グラス・ルーツ [grass roots] ①草の根。②根本；基礎。③一般民衆。

クラスレス [classless] 階級的な差別のない；階級意識にとらわれない。

グラス・ロッド [glass fiber rod] グラス・ファイバー製の釣りざお。

グラス・ワイン [日glass wine] 飲食店で，グラス1杯単位で注文するワイン。↔ボトル・ワイン。

グラタン [gratinフランス] 調理した材料をホワイト・ソースなどであえ，オーブンで蒸し焼きにして表面に焦げめをつけた料理。

グラチェ [grazieイタリア] 「ありがとう」。＊グラッチェとも。

クラッカー [cracker] ①塩味をつけて堅焼きにしたビスケット。②紙筒製の小さな爆竹。＊ひもを引くと爆音を発して紙テープなどが飛び出す。③⇨ハッカー①。

クラッキング [cracking] 沸点の高い重油などを熱分解または触媒を用いて分解し，沸点の低いガソリンを製造すること。

クラック [crack] ①ひび割れ；裂け目。②〖登山〗岩の裂け目。③コカインを含む麻薬。

クラックダウン [crackdown] 取り締まり；警告；弾圧。

クラッシャー [crusher] 鉱石などを砕く機械。

クラッシュ [crash] ①(自動車などの)衝突；(飛行機の)墜落；(事業の)倒産。②〖電算〗ハード，ソフトとも復旧不能の状態に陥ること。

クラッシュ・シンドローム [crush syndrome] 挫滅症候群。＊倒壊建造物や自動車などの下敷きになって長時間身体の一部が圧迫された人が，救出後に筋肉の挫滅・壊死(えし)がもとで，種々の症状を起こすこと。

グラッセ [glacé フランス] 〖料理〗砂糖をまぶした；凍らせた；光沢をつけた。

クラッタリング [clattering] コウノトリがくちばしをカタカタ鳴らすこと。

クラッチ[1] [clutch] クラッチ・ペダルの略。

クラッチ[2] [crutch] ①松葉杖。②ボートのオールを支えるU字型金具。

クラッチ・バッグ [clutch bag] 小型で，もち手がない抱えるバッグ。

クラッチ・ヒッター [clutch hitter] 〖野球〗味方のチャンスに確実にヒットを打つ打者。

クラッチ・ペダル [clutch pedal] 〖自動車〗エンジンの動力を車輪に伝えたり切ったりする装置。また，それを作動させる踏み板。略クラッチ。

グラッパ [grappa イタリア] ブドウの搾りかすを発酵させてつくるイタリア特産のブランデー。

グラデーション [gradation] ①濃度や色調などが濃から淡へ，暗から明へなどというふうにだんだんに変わること。②段階；等級。

グラディエーター・サンダル [gladiator sandal] 古代ローマの剣闘士が履いていたような，細い革のバンドで編み上げたサンダル。

グラデュエーション [graduation] ①卒業(式)。②目盛り；等級。

グラニー・バッグ [granny bag] おばあさんが持つような，丸みを帯びた大きめの手提げバッグ。

グラニテ [granité フランス] シロップにリキュールや果汁などを加えた，フランスの氷菓。

グラニュー糖 [granulated sugar] 精製した砂糖。

クラバット [cravate フランス] ネクタイ。

グラハム・ブレッド [graham bread] 小麦の全粒粉でつくられたパン。＊ビタミンやミネラルが豊富。

グラビア [gravure] ①〖印刷〗写真凹版(おうはん)印刷法。②グラビア・ページの略。

グラビア・アイドル [日gravure idol] 雑誌，写真集，DVDなどの出演で人気がある女性タレント。

グラビア・ページ [gravure page] 雑誌などで，グラビア方式で印刷した写真でまとめたページ。略グラビア。

クラビコード [clavichord] ピアノの前身となった小型の鍵盤楽器。

グラビトン [graviton] 〖物理〗重力量子。＊重力を説明するために導入された仮説上の素粒子。

クラブ[1] [club] ①共通の目的をもつ人々が集まって作る団体。また，その集会所。②トランプで，黒い三ツ葉のクローバーを描いた札。③ゴルフ・クラブの略。④飲食やダンスのできる夜の社交場。

ク

クラブ[2] [crab]　カニ(蟹)。
グラフ [graph]　①図表；図式。②写真を主にした雑誌；画報。
グラブ[1] [glove]　野球，ボクシング，ゴルフなどで使う手袋。＝グローブ[2]。
グラブ[2] [grab]　①(心・物を)つかむ。②横領する；乗っ取る。
グラファイト [graphite]　黒鉛；石墨。＊炭素の同素体の1つで，電極，鉛筆の芯，減摩剤などに使用。
グラフィック [graphic]　①図表や写真を主にした出版物。②図形；挿絵。
グラフィック・アート [graphic arts]　版画など各種の印刷技術による美術。
グラフィック・イコライザー [graphic equalizer]　可聴周波数の帯域別に増強・減衰ができる音質調整用の増幅器。＊グラ・イコとも。
グラフィックス [graphics]　①製図法；図解法。②〖電算〗コンピュータの画面に表示される図表や図形。
グラフィック・ソフト [graphic soft]　〖電算〗画像データを扱うコンピュータ・ソフト。
グラフィック・ディスプレー [graphic display]　〖電算〗グラフや図形を映し出すディスプレー装置。
グラフィック・デザイナー [graphic designer]　グラフィック・デザインを考えだす人。
グラフィック・デザイン [graphic design]　雑誌や広告，ポスターなどで，写真やイラストを中心にした，視覚に訴えるデザイン。
グラフィック・ノベル [graphic novel]　大人の読者を想定した，絵と文字を通して表現する難解な形式の単行本コミック。
グラフィティ [graffiti]　①落書き。②ビルの壁や街中の塀などに描かれた絵や図案化された文字。
グラフィティ・アート [graffiti art]　ペンキやスプレーでビルの壁や地下鉄などに描かれた落書き風の作品。
グラフェン [graphene]　原子の1つ分の厚さの炭素素材シート。＊電気伝導率はシリコンの100倍，強度も鋼鉄の100倍。
クラブサン [clavecin フランス]　⇨ハープシコード。
クラブ・サンドイッチ [club sandwich]　3枚重ねのトーストに鶏肉，ハム，レタスなどをはさんだサンドイッチ。
クラブ・チーム [club team]　サッカーなどのプロ球団。
クラフト [craft]　①手工芸；民芸品。②船；飛行機。
クラフト紙 [kraft paper]　包装紙や紙袋などに使われる，ふつう茶色の丈夫な紙。
クラフト・デザイン [craft design]　手工芸品のデザイン。
クラフト・ビール [craft beer]　小規模の醸造所で造られるビール。
クラフトマン [craftman]　工芸家；熟練した職人。＊クラフツマンとも。
クラフト・ユニオン [craft union]　職能別組合。＊同一の職業的技能をもつ労働者が，企業の枠を越えて横断的に，個人加盟の形で結成。
クラブハウス [clubhouse]　スポーツ施設に付属した建物。＊ふつうゴルフ場に付属した，フロント，更衣室，浴場などのある建物をいう。
クラブ・フェース [club face]　〖ゴルフ〗クラブの打球面。＊種類によって傾斜角度が異なる。
クラブ・ヘッド [club head]　〖ゴルフ〗クラブ先端のボールを打つ部分。
クラブ・ミュージック [club music]　クラブ[1]④で演奏されるダンス・ミュージックの総称。
グラベル [gravel]　①砂利；砂利道。②自転車・自動車競技における未舗装の路面。
グラマー[1] [glamour]　①魔力；魅力。②グラマラスの略。

グラマー[2] [grammar] ①文法；文法書。②語法。③入門書。
グラマー・スクール [grammar school] イギリスの公立中学校。
グラマー・ストック [glamour stock] 投資家にとって魅力のある株。
グラマラス [glamourous] 性的魅力のある；肉感的な。略グラマー。
グラミー賞 [Grammy award] アメリカの芸術科学アカデミーが毎年，その年の優秀なレコードに与える賞。
クラミジア [chlamydia] 0.3ミクロン程度の細菌。＊オウム病，そけいリンパ肉腫などを引き起こす。
グラム [gramme フランス] メートル法の質量の単位。記号はg。
グラム染色法 [Gram's stain] 細菌を二種に分類する方法。＊色素で染色し紫色に染まるものがグラム陽性，赤く見えるものがグラム陰性。
クラム・チャウダー [clam chowder] ハマグリ(クラム)とジャガイモ，タマネギなどの野菜を煮込んだスープ。
グラム・ロック [glam rock] 1970年代前半のイギリスで流行した，派手な化粧と衣装に退廃的な雰囲気を漂わせたロック音楽のスタイル。
グラモフォン [Gramophone] 〖商標〗蓄音機。
クラリオン [clarion] ①(昔戦いに用いた)ラッパ。②明るい響き。
クラリティ [clarity] 透明度。＊ダイヤモンドの価値を表す規準の1つ。
クラリネット [clarinet] 1枚のリード[2]をもった円筒形の木管楽器。
クラレット [claret] フランスのボルドー産の赤ワインの通称。
クラン [clan] 氏族；一門；一族。＊ふつう母系氏族をさす。↔ゲンス。
グラン・ギニョール [Grand Guignol フランス] フランスの，恐怖・猟奇などを主題とした大衆演劇専門の劇場。
クランク [crank] ①往復運動を円運動に変える装置。またその逆を行う装置。②違法に製造された麻薬のアンフェタミン。
クランク・アップ [日crank up] 〖映画〗撮影完了。↔クランク・イン。
クランク・イン [日crank in] 〖映画〗撮影開始。↔クランク・アップ。
グラン・クリュ [grand cru フランス] フランス・ワインの格付けの1つで，特級。
クランケ [Kranke ドイツ] 患者。
グランジ・ルック [grunge look] わざと形の崩れたTシャツを重ね着するなどして，汚れた感じを楽しむファッション。
クランチ [crunch] 砕いたナッツなどを入れた洋菓子。＊カリカリとした歯ざわりを楽しむ。
グランデ [grande イタリア] 大きな。＊店名などに使われる。
グランディディエライト [grandidierite] マダガスカルなどが主産地の青緑色の宝石。＊希少石の1つ。
グラント[1] [grant] ①許可；承諾。②譲渡。③下付金；補助金。
グラント[2] [grunt] ①不平をいう；ブーブーいう。②不平。
グランド[1] [grand] 壮大な；雄大な；壮麗な。
グランド[2] [ground] ⇨グラウンド。
グランド・オペラ [grand opera] 正歌劇；大歌劇。↔オペレッタ。
グランド・キャニオン [Grand Canyon] アメリカのアリゾナ州にある大峡谷。
グランド・スラム [grand slam] ①〖野球〗満塁ホームラン。②〖ゴルフ，テニスなど〗主要な大会すべてで優勝すること。＊ゴルフでは全英オープン，全米オープン，全米プロ，マスターズ。テニスは全英オープン，全米オープン，全仏オープン，全豪オープンをさす。
グランド・セール [日grand sale] 大売り出し。
グランド・ツーリング・カー [grand

touring car〕 高速性能を持った乗用車。略GT。
グランド・デザイン〔grand design〕 大規模計画；全体構想。
グランド・パレス〔grand palace〕 壮大な宮殿。
グランド・ピアノ〔grand piano〕 弦(げん)を水平に張った大型3脚のピアノ。⇨アップライト・ピアノ。
グランド・フィナーレ〔grand finale〕 〘演劇〙舞台での豪華な最終場面。
グランパ〔grandpa〕 おじいちゃん。
グラン・パ・ド・ドゥ〔grand pas de deauフランス〕 バレエのクライマックスで，主役の男女2人の踊り。
グランピング〔glamping〕 ホテル並みのサービスを利用しながら，自然の中で過ごせるキャンプのこと。＊グラマラスとキャンピングを掛け合わせた造語。
グラン・フォンド〔gran fondoイタリア〕 自転車で長距離の山岳コースを走るイベント。
グラン・プリ〔Grand Prixフランス〕 大賞；最高位賞。
グランプリ・ファイナル〔Grand Prix of Figure Skating Final〕 最上位6組または6名によるフィギュア・スケートの国際大会。
グラン・プリ・レース〔Grand Prix race〕 カー・レーサーの世界一を決める国際的な自動車競技。
クランベリー〔cranberry〕 ツルコケモモに似たツツジ科の小低木。＊北米原産。
グランマ〔grandma〕 おばあちゃん。
グラン・マルシェ〔grand marchéフランス〕 大市場。
グラン・マルニエ〔Grand Marnierフランス〕 〘商標〙フランス産のオレンジ風味のリキュール。
グラン・メートル〔grand maîtreフランス〕 大芸術家；巨匠。
クリア〔clear〕 ①澄んだ；はっきりした；さえた。②難関を切り抜けること。③〘陸上競技〙ハードル，高跳びのバーを越えること。④〘サッカー〙自陣のゴール近くからボールを蹴り返してピンチを逃れること。
クリア・カット〔clear-cut〕 輪郭のはっきりした；明快な。
クリア・ケース〔clear case〕 書類などを入れる透明な携帯用のプラスチック・ケース。
クリア・ビジョン〔日clear vision〕 民放主導の高画質化テレビEDTVの通称。⇨EDTV。
クリア・ファイル〔日clear file〕 紙ばさみの1つで，2枚のプラスチック・シートの間に書類をはさんで用いる文具。＊多くは透明。
クリア・ラッカー〔clear lacquer〕 透明なラッカー。
クリアランス〔clearance〕 ①取りかたづけ；撤去。②間隔；すきま。③(船の)通関手続き；(航空機の)離着陸，上空通過の許可。
クリアランス・セール〔clearance sale〕 在庫一掃大売り出し。
クリアリング・ハウス〔clearing house〕 ①清算業務を担う機関。②公的機関の保有する情報を検索・提供するシステムやサービス。
クリーク[1]〔cleek〕 〘ゴルフ〙5番ウッド・クラブの別称。
クリーク[2]〔creek〕 小川；小運河。
グリー・クラブ〔glee club〕 主に男声合唱団のこと。＊「グリー」は18世紀に流行した無伴奏合唱曲。
グリース〔grease〕 粘度の高い潤滑油。＊グリスとも。
クリーチャー〔creature〕 主に空想上の生き物をさす言葉。
グリーティング〔greeting〕 あいさつ；安否を問うこと。
グリーティング・カード〔greeting card〕 誕生日やクリスマスなどに贈るお祝い用のカード。

クリート [cleat] 〖電気〗碍子(がいし)。
グリード [greed] 強欲；貪欲。
クリーナー [cleaner] ①掃除機。②洗剤。
クリーパー [creeper] はいはい着。＊乳児用の衣服。⇨ロンパース。
クリープ[1] [Creap] 〖商標〗コーヒーなどに用いる粉末のクリーム。
クリープ[2] [creep] ①はうこと；のろのろ歩く。②忍び寄る。③オートマチック車がレバーをドライブに入れただけで，動きだす現象。
グリーフ・ケア [grief care] 喪のケア。＊死別など，悲しい体験をした人の心を癒す。
クリーミー [creamy] クリームの多い；クリーム状の；クリームのように滑らかな。
クリーム [cream] ①乳脂。＊牛乳から採取した脂肪分。②卵，牛乳，砂糖などでつくった乳脂に似た菓子。③乳状の化粧品。④靴墨。
クリーム・ソース [cream sauce] 牛乳に小麦粉，バターなどを加えて作ったホワイト・ソースの一種。
クリーム・ソーダ [cream soda] ソーダ水にアイス・クリームを浮かべた飲み物。＊本来はバニラ風味のソーダ水。
クリーム・チーズ [cream cheese] 脂肪分が多く柔らかい，非熟成のナチュラル・チーズ。
クリーン [clean] ①清潔な；きれいな。②見事な；あざやかな。
グリーン [green] ①緑(色)。②芝生；緑地。③〖ゴルフ〗ホール(穴)のある芝を張った部分。
〜車 JRで，普通車両より等級が上位の車両。＊緑色の四つ葉のクローバーのマークがついている。
クリーンアップ [cleanup] ①掃除；一掃。②〖野球〗クリーンナップ・トリオの略。
クリーン&ジャーク ⇨ジャーク。
クリーン&プレス ⇨プレス⑤。
グリーン・インテリア [green interior] 観葉植物で部屋を飾ること。
クリーン・エネルギー [clean energy] 環境を汚染しない，きれいなエネルギー。＊太陽光，地熱，水力，風力など。
グリーン・カーテン [日green curtain] 建築物の外側をつる性の植物で覆って，遮光・断熱効果を得る環境対策の手法。
グリーン・カード [green card] アメリカ政府が発行する外国人の永住許可証。
クリーン開発メカニズム [Clean Development Mechanism] 温室効果ガス削減で，途上国を支援して削減できた分を先進国の削減分に充当することができる制度。略CDM。
グリーン・カンパニー [green company] 環境問題に取り組み，環境に配慮した商品開発を行う企業。
グリーンキーパー [greenkeeper] ゴルフ・コースや公園などで芝生の育成，張替えなどを専門に行う人。
グリーン・コーディネーター [日green coordinator] 事務所や室内に置く植物の配置方法などを企画・調整する人。＊英語では，floral coordinator。
グリーン・コンシューマー [green consumer] 環境破壊などに特に配慮する消費者。
グリーンGDP [green GDP] 環境対策にかかる経費，自然破壊によるマイナス，環境対策の実施で生まれる利益などを数値化して，国民所得勘定に組み込んだGDP。
グリーン・シート [green sheet] 未公開株。
グリーン・スクール [日green school] 公害対策としての「緑の学校」。＊公害地を離れて行う授業。
グリーン・ツーリズム [green tour-

ism〕 都市住民が農山漁村に滞在し，自然や文化を体験し地域住民と交流する余暇活動。

グリーン・ティー〔green tea〕 緑茶；日本茶。

クリーンナップ・トリオ〔日cleanup trio〕〘野球〙チームの打線の中軸となる強打者3人組。＊ふつう打順が3番，4番，5番の3人の打者をいう。略クリーンアップ。

グリーンハウス〔greenhouse〕 温室。

グリーンハウス・エフェクト〔greenhouse effect〕 温室効果。＊大気中の二酸化炭素が温室に閉じ込められたようになる現象。地球温暖化の原因の1つ。

グリーンピース〔Greenpeace〕 国際自然保護団体。＊核廃絶，捕鯨問題で過激な行動をとる。

グリーン・ピース〔green peas〕 青エンドウ。＊グリン・ピースとも。

グリーン・ビジネス〔日green business〕 緑化事業。＊緑化用の植木類を育成，販売，管理する事業。

クリーン・ヒット〔clean hit〕 ①〘野球〙よい当たりの，見事なヒット。②〘ボクシング〙あざやかに当たったパンチ。

グリーン・フィー〔green fee〕〘ゴルフ〙コースの使用料。

グリーン・プラ〔日green plastics〕 生分解性プラスチック。＊微生物の働きにより，最終的には二酸化炭素と水にまで分解される。

グリーンベルト〔greenbelt〕（都市の）緑地帯；（道路の）草木を植えた分離帯。＝バッファー・ゾーン。

グリーン・ベレー〔Green Beret〕 アメリカの陸軍特殊部隊。＊緑色のベレー帽が制帽。

グリーン・ボンド〔green bond〕 地球温暖化対策など，環境分野に必要な資金を調達するために発行される債券。

グリーン・マーク〔日green mark〕 古紙を使った製品であることを示すマーク。＊古紙再生促進センターが制定。

グリーン・マーケティング〔green marketing〕 地球環境の保護を重視する立場を積極的にPRした企業活動。

グリーン・メーラー〔green mailer〕 株の買い占めなどで荒稼ぎをする買い占め屋。

グリーン・メール〔green mail〕 買収した株を会社に高値で引き取らせること。

クリーン・ルーム〔clean room〕 無塵(むじん)室。＊半導体集積回路の製造工場などに設けられている。

グリエ〔grillé フランス〕 肉や魚などを網にかけて焼くこと。またはその料理。

クリエイション〔creation〕 創造；創作。

クリエイター〔creator〕 創造者；創作者；創案者。

クリエイティビティ〔creativity〕 ①創造力；独創力。②〘広告〙制作。

クリエイティブ〔creative〕 創造的な；独創的な。

クリエイティブ・エージェンシー〔creative agency〕 ユニークな広告の制作に主力をおく広告代理業。

クリエイティブ・コモンズ〔Creative Commons〕 著作者が一定の条件のもとでの利用を認める意思表示をすることで，著作物の再利用を容易にするシステム。

クリエイト〔create〕 作り出すこと；創造すること；創作すること。

クリオ〔cryoprecipitate〕 冷却によって生じる，正常な血漿(けっしょう)の沈殿物。

グリオーマ〔glioma〕 神経膠腫。＊悪性の脳腫瘍の一種。

クリオール〔Creole〕 ①ルイジアナ州生まれのフランス・スペイン系アメ

リカ人。＊クレオールとも。② [c-] ルイジアナ州ニューオーリンズ風の料理。③①の移民と黒人との間に生まれた人。

クリオネ [clione] ハダカカメガイ。＊貝の一種。流氷の下などに生息。その形から「海の天使」とも。

クリケット [cricket] 11人1組のチームが攻撃側と守備側に分かれ，交互にボールを打ち合って得点を競う，イギリスの伝統的な競技。

グリコーゲン [Glykogenドイツ] 動物の肝臓や筋肉にたくわえられている多糖類の一種。＊エネルギーのもと。

クリシェ [clichéフランス] 常套(じょうとう)語；決まり文句。

グリシン [glycine] たんぱく質を構成するアミノ酸の一種。＊食品調味料，医薬品などに用いられる。

グリス [grease] ⇨グリース。

クリスタル [crystal] ①水晶。②クリスタル・ガラスの略。

クリスタル・ウエディング [crystal wedding] 水晶婚式。＊結婚15周年記念。

クリスタル・ガラス [crystal glass] 透明度の高い上質のガラス。＊高級食器，装飾品，光学レンズなどに用いられる。略クリスタル。

クリスチャニア [Kristianiaドイツ] 〖スキー〗スキーをそろえたまま急回転または急停止する技術。

クリスチャン [Christian] キリスト教徒；キリスト教信者。

クリスチャン・サイエンス・モニター [Christian Science Monitor] アメリカのオンライン新聞の名称。

クリスチャン・ディオール [Christian Dior] 〖商標〗パリの服飾デザイナー。また，その婦人服，化粧品など。＊単に「ディオール」とも。

クリスチャン・ネーム [Christian name] ①洗礼名。②(姓に対する)名。＝ファースト・ネーム。⇨ファミリー・ネーム。

クリスパー・キャス・ナイン [CRISPR/Cas9] 遺伝子改変を容易にする，ゲノム編集の中心となる技術の1つ。

クリスピー [crispy] ①パリパリ；サクサク；カリカリ。②さわやかな；きびきびした；てきぱきした。

クリスマス [Christmas] キリスト降誕(こうたん)祭。＊12月25日。

クリスマス・イブ [Christmas Eve] クリスマスの前日〔前夜〕。

クリスマス・キャロル [Christmas carol] クリスマスを祝って歌う歌。

クリスマス・ツリー [Christmas tree] クリスマスの飾りに立てる常緑樹。＊ふつうモミの木を豆電球や星形の金紙，銀紙などで飾る。

クリスマス・ローズ [Christmas rose] キンポウゲ科の多年草。＊南欧原産。冬，白い花をつける。

グリズリー [grizzly] ハイイログマ。＊北米ロッキー山脈沿いに生息。

グリセード [glissade] 〖登山〗ピッケルで体のバランスをとりながら，雪の斜面を登山靴のかかとを使って滑り降りる技術。

グリセミック指数 [glycemic index] 血糖指数。＊食物の血糖上昇率を指数化したもの。略GI値。

グリセリン [glycerin] 脂肪，油脂を分解して作る無色透明の粘りけのある液。＊医薬，化粧品，爆薬などの原料に用いる。

グリチルリチン [glycyrrhizin] 甘草(かんぞう)に含まれる甘味成分。＊解毒作用がある。

クリック [click] 〖電算〗マウスの基本操作の1つで，ボタンを押してすぐ離す動作。

クリック・アンド・モルタル [click and mortar] インターネット上の電子商取引と実店舗という2つの販路を両立させるビジネス形態。

グリッサンド [glissandoイタリア] 〖音楽〗 滑奏。＊弦や鍵盤の上で指を急速に滑らせて，ひと続きの音の列を演奏すること。
グリッシーニ [grissiniイタリア] 細長く堅いスティック状のパン。
グリッター [glitter] ①大粒のラメ②。② 〖美容〗 ラメ②やパールを使ったメーキャップ。
グリッド [grid] ①鉄格子。②電子管内の格子状の電極。＊電子流を制御する。
グリッドロック [gridlock] 交差点などで車両の列が通行を妨げることにより生じる交通渋滞現象。
クリッパー [clipper] (羊毛を刈る)はさみ；つめ切り；草刈り機。
クリッピング [clipping] ①削除；切抜き。② 〖アメ・フト〗 ボールを持たない相手の選手を背後からブロックすること。＊反則。
クリップ[1] [clip] 物をはさんで留める小さな器具。
クリップ[2] [clipping] 新聞・雑誌などの切り抜き。
グリップ [grip] 野球のバット，テニスのラケット，ゴルフのクラブなどの握りの部分。また，その握り方。
クリップ・アート [clip arts] 〖電算〗 さし絵風に使う，写真やイラストなどの画像データ。
クリップボード [clipboard] 〖電算〗 複写や切り抜きしたデータを一時保管する場所。
クリティカル [critical] ①批判的な。②危機的な；重大な；決定的な。
クリティカル・シンキング [critical thinking] 批判的思考。
クリティカル・パス [critical path] ①危機的経路。＊あるプロジェクトを推進するのに，最も困難でネックとなる部分。②診療計画書。
クリティカル・ポイント [critical point] 臨界点。
クリティシズム [criticism] 批評；批判。＊クリティークとも。
クリティック [critic] 批評家；評論家。
クリテリウム [critériumフランス] 舗装された公道に周回コースを設けて実施される自転車競技のロード種目。
クリトリス [clitoris] 陰核。＊女性の外陰部にある。
クリニカル [clinical] 医療の；病院の；臨床の。
クリニ・クラウン [Clini Clown] 臨床道化師。＊入院中の子供と遊びながら,心のケアをする。＝ホスピタル・クラウン，クラウン・ケア。
クリニック [clinic] 診療所；医院。
グリニッジ平均時 [Greenwich Mean Time] 世界時。＊イギリスのグリニッジを通る子午線(しごせん)の平均太陽時を全世界の標準時とする時刻の決め方。略GMT。
グリニッジ・ビレッジ [Greenwich Village] ニューヨークのマンハッタン南端にある町の名。＊前衛的な芸術家や作家などが集まる場所。
クリノメーター [clinometer] 傾斜計。＊傾斜を測定する器械。
グリフォン [griffon] 〖ギリシア神話〗 頭と翼は鷲(わし)，胴はライオンの形をした怪物。＊グリフィンとも。
グリフター [grifter] いかさま師；詐欺師；ペテン師。
クリプト [crypt] 教会堂の地下聖堂。
クリプトコッカス症 [cryptococcosis] クリプトコッカスという真菌による，肺や神経系への感染症。＊ハトやネズミの糞により感染。
クリプトスポリジウム [cryptosporidium] 哺乳(ほにゅう)類の胃や腸に寄生する原虫。＊下痢や腹痛を発症。
クリプトン [krypton] 原子番号36の希ガス類元素。元素記号Kr。
クリミナル [criminal] ①犯罪者；

犯人。②刑事上の；犯罪の。
クリムソン [crimson] 深紅色。＊クリムゾンとも。
クリモグラフ [climograph] 気候図の1つ。＊縦軸に気温，横軸に降水量または湿度をとって表す。クライモグラフとも。
クリヤー ⇨クリア。
グリュイエール [gruyère フランス] スイス原産で円盤形をしたナチュラル・チーズ。
グリューネ・プンクト [grüne Punkt ドイツ] ドイツの食品の包装紙についているマーク。＊環境保護のためにメーカーが費用負担していることを示す。
クリル [krill] オキアミ。＊プランクトンの一種。
グリル [grill] ①(洋風の)簡易食堂。②(肉などを焼く)焼き網。また，それで焼いた料理。
クリンカー [clinker] ①焼塊。＊セメントの原料などを焼き固めたもの。②溶鉱炉中の金屎(かなくそ)。
クリンチ [clinch] 〖ボクシング〗相手の猛攻を避けるため，相手に抱きついて防御すること。
クリンチ・ナンバー [clinch number] プロ野球のリーグ戦で3位以内に入り，クライマックス・シリーズ(CS)進出を確定するために必要な最少勝利数。＊CSクリンチとも。
クリンネス [cleanness] 清潔にすること；掃除。
グリン・ピース ⇨グリーン・ピース。
グル [guru] ①(ヒンズー教の)導師；教師。②指導者；権威者。
クルー [crew] ①こぎ手；乗組員；乗務員。②(作業をするための)班；組。
クルーガーランド金貨 [Krugerrand —] 南アフリカ共和国発行の金貨。
クルー・カット [crew cut] 角刈り。＊GIカットとも。
グルー・ガン [glue gun] 溶融した接着剤を吐出する工具。
クルーザー [cruiser] ①巡洋艦。②巡航型ヨット。＊外洋航海を楽しむためにベッド，台所，食堂，トイレ，シャワーなどを完備したヨット。
クルーザー級 [cruiserweight class] ボクシングの重量別階級の1つ。＊プロでは175ポンド超え190ポンドまで。
クルージング [cruising] ①船で巡航〔周航〕すること。②自動車で長距離をドライブすること。
クルーズ [cruise] 船旅を楽しみながら観光地などを周遊する旅行。
クルーズ・コレクション [cruise collection] リゾート地でクルーズを楽しむときに着用する服。
クルーズ・コントロール [cruise control] 車の速度を自動的に一定に保つ機能。
クルーズ・ミサイル [cruise missile] 巡航ミサイル。
クルー・ドラゴン [Crew Dragon] アメリカの民間企業スペースXが開発した有人宇宙船。
グルービー [groovy] 「いかす」「かっこいい」「いい線いってる」。
グルーピング [grouping] ①集めること。②配置；分類；組分け。
グループ [group] 仲間；集団。
グループ・インタビュー [group interview] 集団面接。
グループ・サウンズ [日group sounds] エレキ・ギター，ベース，ドラムなどとボーカルの4～6人で編成したポップス・バンドの総称。略 GS。
グループ・ダイナミックス [group dynamics] 〖心理〗集団力学。＊集団の力や集団の構成員間に働く力について研究する学問。
グループ・ディスカッション [group discussion] 一定のテーマについて少人数のグループに分かれて討論す

ること。

グループ・テクノロジー [group technology] 生産管理方法の1つで，類似の部品をグループ分け・標準化することにより，多品種少量生産の効率化をめざす技法。

グループ・ホーム [group home] 数人の高齢者や障害者が，専門のスタッフといっしょに暮らす共同住宅。

グループ・リビング [group living] 気の合った高齢者が同じ屋根の下で暮らす方法。

グループ・ワーク [group work] ⇨ソーシャル・グループ・ワーク。

グルーマー [groomer] ⇨トリマー。

グルーミー [gloomy] 暗い；陰気な；憂鬱(ゆううつ)な；悲観的な。

グルーミング [grooming] ①手入れ；身づくろい。②馬の手入れをする；ペットの毛の手入れをする。

グルカゴン [glucagons] 膵(すい)臓から分泌されるホルモン。＊血糖値を上げる。

グルカン [glucan] グルコースから構成される多糖類。＊酵母菌などに含まれる。

クルクミン [curcumin] ウコンの根茎に含まれる色素成分。＊ポリフェノールの一種。抗酸化作用がある。

グルコース [glucose] 単糖類の一種。ブドウ糖。＊甘い果実の中に多く含まれている。

グルコサミン [glucosamine] 甲殻類，昆虫のキチン質に含まれる天然アミノ酸。＊軟骨の形成に関与。

クルス [cruzポルトガル] 十字架。

クルゼ [Kurseドイツ] 進路；コース；路線；方向。

クルセーダー [crusader] ①十字軍戦士。②社会改革家。＊十字軍(クルセード)兵士から。

クルセード [crusade] ①中世ヨーロッパの十字軍。②改革運動。

グルタミン酸 [glutamic acid] たんぱく質を構成するアミノ酸の一種。＊昆布のうまみの主成分。

グルテン [gluten] 小麦などの胚乳から生成されるたんぱく質。

グルテン・フリー [gluten free] 小麦アレルギー対策として，グルテンを除去した食品のこと。

クルド人 [Kurd] トルコ，イラン，イラクなどの山岳地帯に住む，ペルシャ系民族。＊民族独立運動が活発。

クルトン [croûtonフランス] 食パンを小さなサイコロのように切って焼くか揚げるかしたもの。＊スープの実などに使う。クルートンとも。

グルニエ [grenierフランス] 屋根裏の部屋。

グルメ [gourmetフランス] 食通；美食家；食い道楽。

グルント [Grundドイツ] 基礎；土台。

グレア [glare] 視野における照度の不均衡により，対象物が見えにくくなる現象。

クレアチニン・クリアランス [creatinine clearance] 腎臓の機能を調べる検査。

クレアチン [creatine] 脊椎(せきつい)動物の筋肉組織などに含まれるアミノ酸。

クレアトゥール [créateurフランス] 新しい流行を創り出すパリの意欲的なファッション・デザイナー。

グレイ [gray] 放射線の吸収線量の単位。記号Gy。

クレイ・アニメ [clay animation] 粘土の作品を少しずつ動かして制作するアニメーション。

グレイハウンド [Greyhound] アメリカ全土に路線をもつバス会社。＊競走用犬の品種名から。

グレイ・ヘア [gray hair] 白髪を自然に生かしたヘアスタイル。

クレイ・モデル [clay model] 新型自動車を試作するときの粘土模型。

クレー [clay] ①粘土。②クレー・ピジョンの略。
〜射撃 空中に放出されたクレー・ピジョンを散弾銃で撃ち，命中率を競う競技。
グレー [gray] ①灰色(の)；ねずみ色(の)。②(頭髪が)しらがまじりの。③暗い；陰気な。
クレー・コート [clay court] 〖テニス〗粘土または赤土と細かい砂をまぜた土で表面を覆ったコート。⇨グラス・コート，ハード・コート。
クレージー [crazy] 気が狂った；熱狂した；夢中になった。
グレーシャー [glacier] 氷河。
グレージュ [日gray＋beigeフランス] グレーとベージュの中間色。
グレージング [grazing] 放牧；牧草地；草を食べること。
グレース [grace] 優美；優雅；上品。
グレー・スケール [gray scale] ①白から黒までの色の変化を段階的に表す灰色。②コンピュータ上で画像を白黒の明暗だけで表現する手法。
グレース・ピリオド [grace period] 猶予期間。
グレー・ゾーン [gray zone] どっちつかずの領域；どの大国の勢力圏に入っているかはっきりしない地域。
クレーター [crater] 噴火口；月の表面の噴火口のような部分。
グレーダー [grader] ①〖服飾〗標準サイズの型紙を拡大・縮小して，各サイズの型紙をつくる人。②地ならし車〔機〕。
グレーディング [grading] 〖服飾〗標準サイズの型紙をもとに，各サイズの型紙をつくること。
グレート [great] 巨大な；偉大な；すぐれた。
グレード [grade] ①等級；程度。②学年。③(成績の)評点。
グレード・アップ [日grade up] 等級や格を上げる；質をよくする。
グレート・アトラクター [great attractor] 宇宙にあるとされる巨大な重力源。
グレート・ウォール[1] [Great Wall of China] 万里の長城。
グレート・ウォール[2] [great wall of galaxies] 太陽から２億〜３億光年離れた場所に存在する，シート状の銀河集団の壁。
グレート・デーン [Grate Dane] デンマーク原産の大型の猟犬。
グレート・バリア・リーフ [Great Barier Reef] オーストラリアのクイーンズランド北東岸沖にある全長2000キロメートルに及ぶ世界最大の珊瑚礁。
クレードル [cradle] ①ゆりかご。②ノート型パソコン用の機能拡張装置の1つ。③枠台。
グレービー [gravy] 肉汁に香料などを加えて作ったソース。
クレー・ピジョン [clay pigeon] クレー射撃に用いられるクレー(粘土)製の皿状の標的。略クレー。
クレープ [crêpeフランス] ①小麦粉に牛乳，卵，バターなどを加えて薄焼きにした菓子。②縮緬(ちりめん)のように多くの小じわのある織物；ちぢみ。
グレープ [grape] ブドウ(葡萄)。
グレープ・ジュース [grape juice] ブドウの果汁。
クレープ・シュゼット [crêpe Suzette フランス] オレンジ入りソースで味付けしたクレープ。
クレープ・デ・シン [crêpe de Chine フランス] 絹の縮み織り；フランスの縮緬(ちりめん)。略デ・シン。
グレープフルーツ [grapefruit] アメリカの南部特産のミカン科の果実。＊ザボンの一種。
クレーマー [claimer] 苦情を申し立てる人，またその常習者。
グレー・マーケット [gray market] 合法だが正規ではない市場。＊正規の価格より安値で販売される。

クレーム [claim] ①苦情；文句。②契約違反に対する損害賠償の請求。

クレーム・タグ [claim tag] 航空券の手荷物引換証。

クレーム・ド・カカオ [crème de cacaoフランス] カカオ風味のリキュール。

クレーム・ド・カシス [crème de cassisフランス] 黒スグリ(カシス)の実を使ったリキュール。

クレーム・ブリュレ [crème brûléeフランス] カスタードに砂糖を振り，バーナーなどで表面に焼き色をつけた洋菓子。

クレーン [crane] 起重機。

グレーン [grain] 穀物。

グレーン・ウイスキー [grain whisky] 大麦以外の穀類(トウモロコシなど)を主原料にして作ったウイスキー。⇨ブレンド・ウイスキー，モルト・ウイスキー。

クレーン・ゲーム [crane game] 箱の中のぬいぐるみなどを，玩具のクレーンで吊り上げて遊ぶゲーム。

クレオール [créoleフランス] ⇨クリオール。

クレオソート [Kreosotドイツ] ブナ材を乾留して作る油状の液体。＊医薬品，防腐剤に用いる。

グレゴリオ聖歌 [Gregorian chant] カトリック教会で歌われる伝統的な単旋律の典礼聖歌。＊教皇グレゴリウス1世の名から。

グレゴリオ暦 [Gregorian calendar] 太陽暦。＊ローマ教皇グレゴリウス13世が1582年にそれまでのユリウス暦を改めて制定した。

グレコ・ローマン・スタイル [Greco-Roman style] 〖レスリング〗足技を使ったり，相手の腰から下を攻めてはいけない型。⇨フリースタイル。

クレジット [credit] ①信用。②信用販売；割賦販売。③記事・写真などの提供者や制作者の名前。④クレジット・タイトルの略。

クレジット・カード [credit card] 信用販売に用いられるカード。＊銀行と小売店，信販会社が提携して作るカード。＝プラスチック・マネー。略クレカ。

クレジット・クランチ [credit crunch] 信用収縮；金融逼迫。＊金融機関の貸ししぶりにより起きる。

クレジット・スコア [credit score] クレジット・カードの支払い能力を数値化した信用情報。

クレジット・タイトル [credit title] ①〖テレビ，映画〗最初または最後に出る題名，出演者，スタッフ，スポンサーなどを示す字幕。②録音〔録画〕テープの最初に入れる番組名など。略クレジット。

クレジット・ライン [credit line] 〖金融〗貸出限度額；信用供与限度。

グレシャムの法則 [Gresham's law] 「悪貨は良貨を駆逐する」という16世紀イギリスの財政家グレシャムの貨幣理論。

クレスチン [Krestin] 〖商標〗サルノコシカケから抽出した内服用の抗がん剤。

クレスト [crest] ①(ニワトリなどの)とさか；冠毛。②羽毛飾り。③山頂；峰；波頭。④紋章。

クレセント [crescent] ①三日月。②アルミ・サッシの三日月型のかぎ。

クレゾール [Kresolドイツ] コール・タール，木タールからとる液体。＊消毒薬，防腐剤に用いる。

クレソン [cressonフランス] アブラナ科の多年草。オランダガラシ。＊肉料理のつけ合わせ，スープなどに使う。

クレチン症 [cretinism] 先天性甲状腺機能低下症。＊発育不全や知的障害などを生じる。

クレッシェンド [crescendoイタリア] 〖音楽〗強弱標語の1つ。「次第に強く演奏せよ」。記号はcresc.。符号は <。↔デクレッシェンド。

クレディビリティー [credibility] ①信用性；確実性。②原発事故防止，核抑止力に対する信頼性。
クレド [credoラテン] ①信条；志。②企業経営における行動指針。
グレナディン・シロップ [grenadine syrup] ザクロの果汁からつくられる赤色のシロップ。
クレバー [clever] かしこい；頭のきれる；抜け目がない。
クレバス [crevasse] ①氷河や雪渓の深い割れ目；裂け目。②女性器。
クレパス [日Craypas] 〘商標〙クレヨンとパステルの中間の硬さと特徴をもった棒状の絵の具。⇨クレヨン。
クレプトクラシー [kleptocracy] 権力者が国の資源を食い物にする政治。
クレペリン検査 [kraepelinscher Arbeitsversuchドイツ] 〘心理〙性格や職業適性を調べる検査法。＊ドイツの精神科医E.クレペリンの考案。
クレマチス [clematis] キンポウゲ科の宿根草。＊和名，テッセン。
クレムリン [Kremlin] ①モスクワにある帝政ロシア時代の宮殿。②旧ソ連政府。③ロシア経済。
クレメンティン [Clementine] アルジェリア原産の柑橘(かんきつ)類。
クレヨン [crayonフランス] 石鹸(せっけん)や蠟(ろう)などに顔料を混ぜ，棒状につくった図画用の絵の具。⇨クレパス。
クレンザー [cleanser] みがき粉。
クレンジング [cleansing] ①洗浄。②民族浄化。
クレンジング・クリーム [cleansing cream] 洗顔用のクリーム。
クレンジング・ローション [cleansing lotion] 洗顔用の化粧水。
グレン・チェック [glen check] 細かい格子模様に，大きな格子模様を配した柄(がら)。
クレンリネス [cleanliness] 清潔な状態を維持すること。
グロ グロテスクの略。
クロイツフェルト・ヤコブ病 [Creutzfeldt-Jakob disease] 異状なプリオンに起因し，認知症症状などを引き起こす病気。略CJD。
クロウ [crow] カラス(烏)。
グロー[1] [glow] 白熱光；赤熱。
〜放電 [〜discharge] 封入された低圧のガス中で起こる，発光を伴う放電。
グロー[2] [grow] 成長する。
グローカル [日glocal] 地球規模の視野をもち，活動は地域を重視するという考え方。＊グローバリゼーションとローカリゼーションの調和を図る。
クローク [cloak] クロークルームの略。
クロークルーム [cloakroom] 携帯品預かり所。略クローク。
クローザー [closer] 〘野球〙試合の終盤で，抑えの切り札になる投手。
グローサリー [grocery] 食料雑貨店；食料品店。
クロージング [closing] ①閉鎖；終結。②閉会のあいさつ。③証券取引所の大引け値段。
クローズ[1] [clause] ①(法律，条約の)条項；箇条。②〘文法〙節。
クローズ[2] [close] 閉じる；終わる；結合する。
クローズ[3] [clothes] 着物；衣服。
クローズ・アップ [close-up] ①〘映画，テレビ〙大写し。＊被写体の一部分を画面いっぱいに大きく写し出すこと。略アップ。②物事を大きく取り上げること。略CU。
グロー・スターター [glow starter] 点灯管。＊蛍光灯を点灯させるための放電管。グロー・ランプとも。
クローズド [Closed] 「本日終業」「本日休業」「閉鎖中」。
クローズド・エンド・モーゲージ [closed-end mortgage] 閉鎖式担保。＊1つの担保については1度し

ク

か社債発行のできない方式。↔オープン・エンド・モーゲージ。

クローズド・キャプション [closed captioning] 主に聴覚障害者を対象として，映像内の音声情報を字幕化する表現技術。

クローズド・サークル [closed circle] 推理小説において，孤島や山荘など外界から閉ざされたシチュエーションの作品を表す言葉。

クローズド・システム [closed system] 閉鎖系。＊(公害を出さないように)産業廃棄物を工場内で回収・処理すること。

クローズド・ショップ [closed shop] 組合員以外の労働者は雇用できないとする労使間協定。⇨オープン・ショップ，ユニオン・ショップ。

クローズド・スタンス [closed stance] 〖野球，ゴルフ〗打者がボールの飛ぶ方向にある足(右打ちなら左足)を前に出して構えること。↔オープン・スタンス。

クローズド・ベータ・テスト [closed beta test] 開発中のソフトウェアについて，限られた対象者にのみ試用してもらいテストすること。

クローゼット [closet] 押し入れ；戸棚。＊クロゼットとも。

クローニング [cloning] 同一の遺伝子をもつ細胞をつくりだすこと。

クローネ [krone] ノルウェー，デンマークの貨幣単位。

クローバー [clover] マメ科の多年草で，シロツメクサの別称。

グローバリズム [globalism] 世界を1つの共同体と考えようとする主義。

グローバリゼーション [globalization] 世界化；世界一体化。

グローバル [global] 全世界的な；全地球的な；世界的規模の。

グローバル・ガバナンス [Global Governance] 複数の国家，NGO，企業などが，世界的な視野に立ち，問題に共同して取り組むこと。

グローバル・コミュニティ [global community] 全地球共同体。＊人口，食料問題などを地球的立場で考える。

グローバル・コンパクト [Global Compact] 国連や世界の大企業，NGOがともに取り組むべき人権・労働・環境に関する盟約。

グローバル・スタンダード [global standard] 世界標準。＊主に，企業活動，経済などの基準をさす。

グローバル・ビレッジ [global village] 地球村。＊通信手段の発達で世界が狭くなったのを村にたとえたもの。

グローバル・ホーク [Global Hawk] アメリカで開発された高高度滞空型の無人偵察機。

グローバル・ポジショニング・システム ⇨GPS。

グローバル・リテラシー [日global literacy] 異文化を理解する能力。

クローブ [clove] 〖植物〗チョウジ(丁子)。＊フトモモ科の常緑高木。干したつぼみで香辛料を作る。

グローブ[1] [globe] ①球体；地球；地球儀。②光源を覆う球形の照明器具。＊光をやわらげる。

グローブ[2] [glove] ⇨グラブ。

グローブ・ボックス [glove box] ①放射性物質などを扱う保護手袋付きの小型密閉箱。②自動車で，計器盤横にある小物入れ。

クローム [Chrom ドイツ] ⇨クロム。

グローリー [glory] 栄光；名誉。

クロール[1] [Chlor ドイツ] 塩素。原子番号17。元素記号Cl。＊ハロゲン元素の1つ。

クロール[2] [crawl] 〖水泳〗ばた足を使い，腕で左右交互に水をかく泳ぎ方。＊自由形の競泳に使われる。

クローン [clone] 同一の遺伝子をもつ細胞，または個体群。

クローン病 [Crohn's disease] 限局性回腸炎。＊大腸などに局部的に潰瘍(かいよう)ができる。
グログラン [gros-grainフランス] 絹，混紡糸で織った光沢のある織物。
クロコダイル [crocodile] ①ワニ。⇨アリゲーター。②ワニ革。
グロサリー[1] ⇨グロッサリー。
グロサリー[2] [grocery] ①食料品；生活雑貨。②⇨グローサリー。
クロス[1] [cloth] 布；布地；織物。
クロス[2] [cross] ①十字架；十字。②十字路；交差点。③交差すること。④ [C-] 〖商標〗アメリカの筆記具のメーカー。また，その製品。
グロス [gross] ①数量の単位。＊1グロスは12ダースで144個。②〖ゴルフ〗ラウンドを終了したときの総打数。＊ハンディキャップを差し引かないスコア。⇨ネット・スコア。③総計の。⇨ネット③。
クロスオーバー [crossover] ①(2つの分野に)またがること。②ジャズにロックその他の音楽を混合させた演奏形式。＝フュージョン。
クロス・カウンター [cross counter] 〖ボクシング〗相手の出した右〔左〕腕と自分の左〔右〕腕が交差するような打ち方。
クロス・カップリング [cross coupling] パラジウムなどを触媒にして，構造の異なる2種の化学物質を結合させる反応。＊2010年に2人の日本人がノーベル化学賞を受賞。
クロス・カントリー・レース [cross-country race] 野原や森林，丘陵などを横断して走る競技。＊近代5種競技，自転車競技，スキー競技の種目の1つ。＊クロス・カントリーとも。⇨ディスタンス・レース。
クロス・キック [cross kick] 〖ラグビー〗バックスによるパス攻撃で，ボールをもったプレーヤーが動けなくなったとき，反対側の防御が手薄になった方向にボールを蹴ること。
クロス・ゲーム [close game] 互角の試合；接戦。
クロス・シート [cross sheet] バスや列車の横座席。＊進行方向に直角に設けられた席。
クロス・ステッチ [cross-stitch] 十字縫い。＊×の形になるように糸を交差させて刺す。
クロス・セクション [cross section] 断面；断面図。
クロス・セリング [cross selling] 抱き合わせ販売。＊ある商品の購入者に別の商品を併せて売る。
クロス・チェック [cross-check] (情報などを)資料に照らして調べること；いろいろな角度〔別の観点〕から調べること。
クロス・トーク [cross talk] ①電話などの混線。②議論の応酬；言い合い；雑談。
クロス・トレード [cross trade] 三国間貿易；仲介貿易。
クロスバー [crossbar] ①〖陸上競技〗走り高跳び，棒高跳びで，2本の支柱の間にかける横木。②〖サッカーなど〗ゴールポストの横木。
クロス・バンカー [cross bunker] 〖ゴルフ〗フェアウェイを横切るような形に作られているバンカー。
クロス・ファイア [cross fire] 〖野球〗十字砲火投法。＊投手の球のコースがホーム・プレート上を斜めに横切る投法。
クロス・プレー [close play] 〖野球〗アウトかセーフか判定を下しにくい微妙なプレー。
クロスボー [crossbow] ⇨ボー・ガン。
クロス・ボーダー取引 [cross-border transaction] 国境を越えて行われる取引。
クロス・ボール [cross ball] ①〖サッカー〗サイドからゴール前にパス

を出すこと。②〘テニス，卓球〙対角線に打ち込む球。

クロス・メディア [cross media] 複数の異なる媒体を利用する広告宣伝・販売戦略。

クロス・ライセンス [cross license] 特許権の相互交換。

クロス・レート [cross rate] 第三者から見た2国間の為替相場。

クロス・レビュー [日cross review] 複数の人物による評価を組み合わせて紹介する記事。

クロス・レファレンス [cross reference] 相互参照。

クロスワード・パズル [crossword puzzle] 碁盤(ごばん)の目の空所にヒントに従って文字を入れて，縦・横に連絡したことばを作る遊び。

クロソイド曲線 [clothoid curve] 渦巻状の曲線。＊高速道路のインターチェンジで使われているカーブで，ハンドルを切らなくても自然と曲がれるゆるやかな曲線。

クロッカス [crocus] アヤメ科の多年草。ハナサフラン。＊地中海地方の原産。

クロッキー [croquisフランス] 短い時間ですばやく仕上げるデッサン(素描)。

グロッギー [groggy] ①〘ボクシング〙強いパンチを受けたり疲れたりして，ふらふらになること。②ふらふらになること。＊グロッキーとも。

クロック [clock] 置き時計；掛け時計。⇨ウォッチ。

〜信号 [〜signal] コンピュータなどで，基本的動作の同期を取るための制御信号。

クロッグ [clog] ①オランダの木靴。②コルク，ゴム製の厚底靴。

クロック・マダム [croque-madameフランス] ハムとチーズをはさんでトーストにしたパンに，半熟の目玉焼きを載せた料理。

クロックワイズ [clockwise] 右回り；時計回り。

クロッケー [croquetフランス] フランスの伝統的球技。＊2人1組で木づち(マレー)を使い木製のボールを打って，数個の鉄門(フープ)を通過させ，最後に木製の棒(ペグ)に当てて得点を競う。

グロッサリー [glossary] ①(専門分野などの)用語辞典；術語辞典。②(巻末の)用語解説。＊グロサリーとも。

クロッシェ [crochet] かぎ針編み。

クロッシュ [clocheフランス] ①釣鐘型の婦人用帽子。②釣鐘型のガラス・ケース。＊クロシュとも。

クロッシング・ゾーン [crossing zone] 〘スケート〙ダブル・トラック・レースで，2人の競技者が内と外のコースを入れ替わる区域。

クロップド・パンツ [cropped pants] 裾丈(すそたけ)が6分丈(たけ)から7分丈のズボン。＊主として女性用。

グロテスク [grotesqueフランス] 怪奇な；異様な；無気味な。略グロ。

クロニクル [chronicle] 年代記；編年史。

クロノグラフ [chronograph] 経過時間を精密に測定し記録する器械。

クロノス [kronosギリシア] 〘ギリシア神話〙ウラノスとガイアの子。＊父ウラノスを倒し天地の支配者となるが，のちに子のゼウスに幽閉された。

クロノメーター [chronometer] 精度の高い携帯用のぜんまい時計。

クロノロジー [chronology] ①年代学。②年代記；年表。

グロブリン [globulin] 血清や卵白などに含まれる単純たんぱく質の総称。＊生物体に広く分布。

クロマ・キー [chroma key] 単一の背景色をバックにした被写体を，色のちがいを利用して切り取り，別の画面に合成する技法。

クロマチック [chromatic] ①色彩の；色の。②染色体の。③半音階の。

クロマチン [chromatin] 〖生物〗染色質。
クロマトグラフィー [chromatography] 〖化学〗色層分析法。＊有機化合物混合体の分析法の1つ。
クロ・マニョン [Cro-Magnonフランス] 旧石器時代末期の化石人類。
クロミフェン [clomiphene] 排卵誘発剤の1つ。
クロム [Chromドイツ] 銀白色で光沢のある硬い金属元素。原子番号24。元素記号Cr。＊めっき，合金用。クロームとも。
6価～ 銀白色の硬い金属。＊めっき，合金，触媒などに用いられるが，有毒で，めっき工場の廃液は水質汚染の原因となる。
クロム・イエロー [chrome yellow] ①鬱金(うこん)色。＊絵具などのあざやかな黄色。②クロム酸鉛を主成分とする顔料。
クロラムフェニコール [chloramphenicol] 抗生物質の一種。＊チフスやリケッチア症の治療薬。⇨クロロマイセチン。
グロリア [Gloria] ①〖キリスト教〗栄光；主(しゅ)の御栄(みさかえ)。また，それをたたえる歌曲。② [g-] 絹と梳毛(そもう)で織った薄い布地。＊傘地(かさじ)や婦人服地に用いる。③ [g-] 後光；光輪。＊グローリアとも。
グロリアス [glorious] ①光栄な；名誉ある。②神々しい；さん然とした。③すばらしい；輝かしい。
クロルピリホス [chlorpyrifos] 芝生や果実などに用いられる有機リン系殺虫剤。
クロレラ [chlorella] 淡水産の単細胞緑藻類。＊たんぱく質に富む。
クロロキン [chloroquine] マラリアやリウマチ，喘息(ぜんそく)などの治療薬。＊副作用が強く，製造中止。
クロロフィリン [chlorophyllin] 葉緑素から作る医薬品。＊造血・脱臭作用がある。
クロロフィル [chlorophyll] 葉緑素。
クロロプラスト [chloroplast] 葉緑体。
クロロフルオロカーボン ⇨CFC。
クロロベンゼン [chlorobenzene] 〖化学〗ベンゼンに塩素を作用させて生成する，臭気のある無色の液体。＊合成染料などの原料となる。
クロロホルム [Chloroformドイツ] 〖化学〗無色で甘い芳香をもつ揮発性の液体。＊麻酔薬，溶剤に用いられる。
クロロマイセチン [Chloromycetin] 〖商標〗クロラムフェニコールの商品名。
クロワッサン [croissantフランス] バターを多く使った三日月形のフランス・パン。
クワイア [choir] 教会の聖歌隊；合唱団。また，その席。
クワス [kvasロシア] ロシアの伝統的な微炭酸飲料。＊ライ麦，大麦を発酵させて作る。
クンニリングス [cunnilingus] 女性の性器を舌や唇で愛撫すること。↔フェラチオ。
クンフー [功夫チャイナ] ⇨カンフー。

ケ

ケア [care] 世話；看護。
ケア・ハウス [日care house] 自立した生活ができるよう配慮された軽費老人ホーム。
ケア・プラン [日care plan] 介護サービス計画。＊介護保険によるサービスを受けるための計画。
ケア・マネ ケア・マネジャーの略。
ケア・マネジメント [care management] 介護保険サービスなどで，利用者が必要とする支援を受けることができるように調整するプロセスのこと。
ケア・マネジャー [Care Manager]

介護支援専門員。＊公的介護計画の作成・認定，業者との調整をする。

ケアレス・ミス［careless mistake］不注意による誤り。

ケア・ワーカー［care worker］ 介護従事者。＊身体障害者や高齢者を介護。

ゲイ［gay］ ①同性愛者。②ゲイ・ボーイの略。

ケイジャン［Cajun］ アメリカのルイジアナ州に住む，フランスにルーツをもつ住民。または同地の料理。

ゲイ・バー［gay bar］ ①ゲイ・ボーイがサービスをするバー。②男性の同性愛者が集まるバー。

ケイパビリティ［capability］ 能力；才能；可能性；素質；将来性。

ゲイ・ボーイ［gay boy］ 女性の容姿や言動をまねして振る舞う男性。略ゲイ。

ケイマン・ゴルフ［Cayman golf］ 飛距離の出ないケイマン・ボールを使用するゴルフ。＊コース面積は通常のゴルフ場の4分の1。Caymanは，カリブ海の島の名。

ゲイ・リブ［Gay Lib］ アメリカで，同性愛者の差別撤廃を求める運動。

ゲイ・リュサックの法則［Gay-Lussac's law］ 一定の気圧における気体の体積は，絶対温度に比例するという法則。＝ボイル・シャルルの法則。

ゲイン［gain］ ①得る；かせぐ。②かち取る。③獲得；利益；増加。

ケインジアン［Keynesian］ ケインズ学派。＊イギリスの経済学者ケインズの経済理論を信奉する人々。

ケー・オー［KO］ ⇨ノックアウト。

ケーキ［cake］ 小麦粉・卵・バター・砂糖などでつくられた洋菓子。

ケーキ・サーバー［cake server］ 切ったケーキを小皿に取り分けるのに使う器具。

ケーキ・ポップ［cake pop］ ロリポップに似た一口サイズのケーキ。

ケーク・サレ［cake salé フランス］ チーズや野菜などを加えた，甘くないパウンド・ケーキ。

ケージ［cage］ ①鳥かご。②エレベーターの箱。③〘陸上競技〙投てき競技で，危険防止のため競技者を囲むネット。④〘野球〙打撃練習のときに使う移動式の保護ネット。

ゲージ［gauge］ ①標準寸法に作った測定器具。＊工作物の検査，測定に用いる。②鉄道の軌道の幅；軌間。③編物で，基準となる編み目の数。

〜粒子［〜particle］ 素粒子間の相互作用を媒介する素粒子。

〜理論［〜theory］ 素粒子間に働く力を統一的に説明する理論。

ゲージ・グラス［gauge glass］ 水面計ガラス管。＊容器内の水面の高さを外部に示す。

ケーシング［casing］ ①包装；外皮。②ボーリングで，掘削孔壁の崩落防止用パイプ。

ケース［case］ ①箱；容器；入れ物。②場合；事例。

ケース・カンファレンス［case conference］ ケースワークにおいて，援助者が一堂に会して行う検討会議。

ケース・スタディー［case study］事例研究。

ケース・バイ・ケース［case by case］原則や方針にとらわれず，個々の事例を状況に応じて個別的に処理すること。

ケース・ヒストリー［case history］〘医学〙個人・集団記録；病歴。

ケースブック［casebook］ 事例集；判例集；症例集。

ケース・メソッド［case method］ 事例方式。＊具体的な事例を使って教育訓練や授業を行う。

ケースワーカー［caseworker］ ケースワークに従事する人；社会福祉事業の専門職。＊社会福祉士など。⇨

ソーシャル・ワーカー。
ケースワーク [casework] 精神的・肉体的・社会的な問題をかかえた人の相談相手になり，問題解決のために指導・援助すること。＝ソーシャル・ケースワーク。
ゲー・セン ⇨ゲーム・センター。
ケーソン [caisson] 潜函(せんかん)。＊水中・地下工事に用いる鉄やコンクリート製の箱。
〜工法 [〜method] 潜函(せんかん)工法。＊ビルや橋桁(げた)などの工事で，あらかじめ地上で組み立てた地下部分を沈めながら掘り下げていく。
〜病 [〜 disease] 潜函病；減圧症。
ケータリング [catering] パーティーなどに料理や飲み物を提供すること。
ゲーテッド・コミュニティ [gated community] 要塞都市。
ゲート [gate] ①門；出入口。②(有料道路の)料金徴収所。③(競馬の)発馬機。
ゲート・イン [日gate in] 〘競馬〙競走馬が発馬機に入ること。
ゲートウェイ [gateway] ①門；出入口。②手段。③〘電算〙異なるコンピュータ・ネットワーク間を接続すること。またその装置。
ゲートキーパー [gatekeeper] ①商品購入の決定権をもつ人。②門衛；門番。
ゲート・ボール [日gate ball] 1チーム5人からなる2組のチームが，木製のボールを木づち(マレット)で打って3つの関門(ゲート)をくぐらせ，ゴールのポールに当てて上がりとなる球技。＊クロッケーをヒントにして日本で考案された。
ゲートル [guêtre フランス] 足首から膝下までを布地で巻く，洋風脚絆。
ケーナ [quena スペイン] 南米のアンデス地方の縦笛。＊フォルクローレの演奏に使われる。
ケーパー [caper] フウチョウボク(風鳥木)の蕾(つぼみ)の酢漬け。＊ケッパーとも。
ケービング [caving] 洞穴探検。
ケーブ [cave] 洞穴。
ケープ [cape] ①肩を覆う袖(そで)なしの外套(がいとう)。②岬(みさき)。
ケーブル [cable] ①針金や麻をより合わせた太い綱。②絶縁した電線を多数まとめて鉛，ゴムなどで包んだもの。③ケーブル・カーの略。
ゲーブル・ウインドー [gable window] ⇨ドーマー・ウインドー。
ケーブル・カー [cable car] 車両をケーブル(鋼索)で引っ張って急斜面の軌道上を昇降させるしくみの鉄道。略ケーブル。
ケーブル・テレビ [cable television] 有線テレビ。＊同軸ケーブルや光ファイバーで各家庭につなぐシステム。インターネットにも接続可能。略CATV。
ゲーマー [日gamer] ①ゲーム好きな人。②新作のテレビゲーム，コンピュータ・ゲームを分析し，雑誌などで紹介する人。
ゲーミフィケーション [gamification] (マーケティングやビジネスの現場に)ゲームの考え方やシステムを導入すること。
ゲーム [game] ①遊び；娯楽。また，その用具。②競技；試合。③〘テニスなど〙セットを構成する単位。④獲物。
〜差 [〜behind] 〘野球〙首位または上位チームとの順位の差をゲーム数で示したもの。
〜障害 [gaming disorder] コンピュータ・ゲームへの過度な依存により日常生活に支障をきたす精神疾患。＊2022年1月発効の改定によりWHOの国際疾病分類に追加。
〜理論 [〜theory] 経済競争，戦争，政治などにおいて，人間の行動原理を数値化し，ゲームの形で応用

ケ

した理論。
ゲーム・オーバー [The game is over.] ゲーム終了；試合終了。＝ゲーム・セット。
ゲーム・カウント [game count] 〖テニスなど〗ゲーム③を取った数。
ゲーム・セット [日game set] ⇨ゲーム・オーバー。
ゲーム・センター [日game center] いろいろなゲーム機を備えた遊戯場。略ゲー・セン。
ゲーム・ソフト [日game software] コンピュータ・ゲームに使用するソフトウェアのこと。＊英語ではsoftware game。
ゲーム・フィッシング [game fishing] 競技として行われる釣り。＊釣った魚の魚種と重量を競う。
ゲーム・ポイント [game point] 〖テニスなど〗あと1点で1ゲームの勝敗が決まるというときの得点。
ゲーム・ボーイ [Game Boy] 〖商標〗携帯できる小型液晶ゲーム機。＊任天堂が開発。
ケール [kale] ①キャベツ。＊青汁用。②現金。
ゲオポリティーク [Geopolitik ドイツ] 地政学。＝ジオポリティックス。
ゲシュタポ [Gestapo ドイツ] ナチス・ドイツの秘密国家警察。
ゲシュタルト [Gestalt ドイツ] 形態。
～心理学 [Gestaltpsychologie ドイツ] 形態心理学。＊心理的現象は内的法則をもった形態(ゲシュタルト)を通しておこるとする学説。
ゲスト [guest] ①招待された客。↔ホスト①。②ゲスト・メンバーの略。
ゲストハウス [guesthouse] 迎賓館；来客用宿泊施設。
ゲスト・メンバー [guest member] 特別出演する人。略ゲスト。↔レギュラー・メンバー②。
ゲスト・ルーム [guest room] 客室。
ゲスト・ワーカー [guest worker] 外国人労働者。＊政府間の契約に基づいた合法的労働者。
ケスラー・シンドローム [Kessler Syndrome] 宇宙デブリ(ごみ)が互いの衝突によって加速度的に増大するというシミュレーション・モデル。＊ケスラーはNASAの研究者。
ケ・セラ・セラ [que será, será スペイン] 「なるようになるさ」。＊1956年のアメリカ映画『知りすぎていた男』の主題歌から。
ゲゼルシャフト [Gesellschaft ドイツ] 利益社会。↔ゲマインシャフト。
ケチャ [kethak インドネシア] インドネシアのバリ島の集団舞踊と音楽。
ケチャップ [ketchup] トマト・ケチャップの略。
ゲッコー [gecko] ヤモリ(守宮)；大ヤモリ。
ゲッセマネ [Gethsemane] エルサレム近郊のオリーブ園。＊キリストが十字架にかけられる前に最後の祈りをささげた場所。
ゲッタウェイ [getaway] ①逃亡；逃走；脱出。②静かな環境の中にある別荘やコテージ。
ゲッツー [日get two] ⇨ダブル・プレー。
ゲット [get] ①得る；手に入れる。②(病気に)かかる。③得点をあげること。
ゲットー [ghetto] ①ユダヤ人街。＊ユダヤ人を隔離・居住させた区域。②アメリカの黒人貧民街。
ゲット・セット [get set] 〖陸上競技〗スタート前の合図で，「用意！」。
ケッヘル番号 [Köchelverzeichnis ドイツ] 作曲家モーツァルトの作品につけられた通し番号。＊オーストリアの音楽研究家ケッヘルがつけた。
ケツメイシ [決明子 チャイナ] エビスグサの種子。＊整腸作用，消炎作用などがある。
ケトル [kettle] 湯わかし；やかん。

ケナフ [kenaf] アオイ科の1年草。＊麻の一種。インド，アフリカ原産。
ゲネプロ [Generalprobe ドイツ] オペラなどの通し稽古；総舞台稽古。
ゲノム [Genom ドイツ] ①生物に必須の遺伝子を含む必要最小限の染色体。②DNAの全塩基配列。
〜編集 農作物の品種改良などに用いられている，特定の遺伝子を改変する技術。
ゲバ ゲバルトの略。
ケバブ [kebab] 野菜と肉を素材にした，中近東の串焼き料理。＊カバブとも。
ゲバルト [Gewalt ドイツ] 実力闘争。特に，国家権力に対する新左翼運動過激派の実力闘争。略ゲバ。
ケフィア [kefir] カフカス地方などで産する発酵乳。＊ケフィア菌で発酵。乳酒，馬乳酒ともいう。
ゲフィチニブ [gefitinib] 肺がんの治療薬。＊商品名はイレッサ。
ケフェウス [Cepheus] ①〘ギリシア神話〙エチオピアの王。＊カシオペアの夫で，アンドロメダの父。②北天の周極星座。
ケプラーの法則 [Kepler's laws] ドイツの天文学者ケプラーの，惑星の運動に関する3法則。
ゲヘナ [gehenna] 地獄；苦難の地。＊ヘブライ語で「ヒンノムの谷」。
ゲマインシャフト [Gemeinschaft ドイツ] 共同社会。↔ゲゼルシャフト。
ケミカル [chemical] ①化学の。②化学製品。
ケミカル・ウォッシュ [chemical wash] 〘服飾〙化学薬品で脱色し，着古した感じを出すこと。
ケミカル・シューズ [chemical shoes] 合成皮革で作った靴。
ケミカル・ヒート・ポンプ [chemical heat pump] 化学反応の際に出る熱を利用して高温をたくわえる装置。
ケミカル・ピーリング [chemical peeling] 古い角質層を薬剤で溶かし，新しい皮膚の再生を促す美顔術。
ケミカル・ファイバー [chemical fiber] 化学繊維。
ケミカル・レザー [chemical leather] 合成皮革。
ケミスト [chemist] 化学者。
ケミストリー [chemistry] 化学。
ゲラ [galley] 校正刷り。
ケラチン [keratin] 角質。＊爪，角(つの)，毛髪などに含まれるたんぱく質。
ゲラン [Guérlain] 〘商標〙パリの高級香水・化粧品メーカー。
ケリー・バッグ [Kelly Bag] 〘商標〙モナコ王妃グレース・ケリーが愛用したエルメス社製の手提げバッグ。
ゲリマンダー [gerrymander] ①選挙区の区分を自党に有利なように変えること。＊19世紀初め，アメリカのマサチューセッツ州のゲリー知事がサンショウウオ(salamander)の形に選挙区を改正したことに由来。②勝手に変えること。
ゲリラ [guerrilla スペイン] 小部隊で奇襲攻撃を行う戦法。また，その小部隊。
〜豪雨 特定の地域に，突発的かつ短時間のうちに激しい雨が降る現象。
ゲリラ・ライブ [日guerrilla live] ミュージシャンが告知や宣伝なしに路上や広場で生演奏を行うこと。
ゲル[1] [Gel ドイツ] 〘化学〙コロイド溶液がゼリー状に固まったもの。＊寒天，ゼラチン，こんにゃくなど。＝ジェル。↔ゾル。
ゲル[2] [gher モンゴル] ⇨パオ。
ケルセチン [quercetin] フラボノイドの一種。＊植物の黄色の色素。
ケルト [Celt] インド・ヨーロッパ語族に属する民族。＊現在は，アイルランドやウェールズに居住する。
ゲルト [Geld ドイツ] 金銭；かね。略ゲル。
ゲルニカ [Guernica] ナチス・ドイツ空軍の無差別爆撃を受けたスペインの町ゲルニカ。また，その町を題材に，

ケ

ピカソが描いた壁画の名。

ケルビム [Cherubim] 『キリスト教など』智天使。＊『旧約聖書』に記された有翼の天使で，「命の木」の警護のために，エデンの園の東に回転する炎の剣とともに置かれた。

ケルビン温度 [Kelvin—] 温度の単位で，国際単位系(SI)の基本単位。記号K。

ケルプ [kelp] コンブ科の大型褐藻。

ケルベロス [Kerberos ギリシア] 『ギリシア神話』地獄の門を守る犬。

ゲルマニウム [Germanium ドイツ] 金属元素の1つ。原子番号32。元素記号Ge。＊半導体としてトランジスタ，ダイオードなどに用いる。

ゲルマン [Germane ドイツ] ゲルマン語(英語，ドイツ語，オランダ語などの祖語)を用いる民族の総称。

ケルン [cairn] 『登山』登山の記念や道しるべのために山頂や登山路に積み上げた石。

ケレス [Ceres] 『ローマ神話』穀物と豊穣の女神。

ケレン ①塗装部分の錆(さび)や汚れを落とす作業。②ごまかしやはったりのこと。＊もとは，歌舞伎などにおける奇抜な演出を表すことば。ケレン味とも。

ゲレンデ [Gelände ドイツ] スキー場；スキーの練習場。

ケロイド [keloid] 傷跡にできる赤みをおびた皮膚の盛り上がり。

ケロシン [kerosene] 灯油。

ゲン [Gen ドイツ] ⇨ジーン。

ゲンス [gens ラテン] (父系)氏族。↔クラン。

ケンタウロス [Kentauros ギリシア] 『ギリシア神話』上半身が人間，下半身が馬の怪物。＊ケンタウルスとも。

ケント紙 [kent paper] 純白の上質紙。＊画用紙，製図用紙として用いる。イギリスのケント州で製造されたことから。

ケンネル [kennel] 犬小屋。

ケンブリッジ大学 [University of Cambridge] イギリスの私立大学。＊1284年に創設された大学で，オックスフォード大学と並ぶ名門校。

コ

コア [core] ①(物の)中心部；核。②電磁石の鉄心。③地球の核。④台所，浴室，便所，階段など建物のサービス機能を1つにまとめた部分。

ゴア [gore] 『服飾』三角形の布片；まち(襠)；おくみ(衽)。

コア・カリキュラム [core curriculum] 実生活で経験する問題を核とし，教科の枠にとらわれず総合的に学習しようとする教育課程。

コアキシャル・スピーカー [coaxial loudspeaker] 低音専用のスピーカーの中央に高音専用のスピーカーを取りつけた同軸スピーカー。

コア・コンピタンス [core competence] 他社がまねのできない得意分野や技術のこと。＊企業の中核となる部門。

コア・システム [core system] 建物の中心部分を1か所にまとめる設計法。⇨コア④。

コアセルベート [coacervate] コロイド溶液から分離・液濁したコロイド粒子に富む液層。

コア・ターゲット [日core target] 販売対象の中心となる世代・性別・地域などの区分。

コア・タイム [core time] フレックスタイム制の企業で，必ず出社していなければならない時間帯。

ゴア・テックス [Gore-Tex] 『商標』防水加工を施し，しかも蒸れないという長所をもった衣料素材。

コア・メモリー [core memory] 『電算』磁気記憶素子を利用したコンピュータの記憶装置。

コアラ [koala] オーストラリアに生息するコアラ科の有袋動物。＊ユーカリの葉だけを食べる。
コアリション [coalition] (一時的な)合同；連立；連合。
コアレス [coreless] 芯〔核〕のない。
コアントロー [Cointreauフランス] 〖商標〗オレンジを使った甘口のリキュール。
コイル [coil] 電気の導線を輪状または螺旋(らせん)状に巻いたもの。
コイル・スプリング [coil spring] 鋼線を円筒状に巻いたばね；つる巻きばね。
コイン [coin] 硬貨。
コイン・トス [coin toss] サッカーなどの試合で，コインを投げ上げ，落ちたコインの裏表で物事を決める方法。
コイン・パーキング [日coin parking] 駐車料金を，時間に応じて，料金機に支払う方式の駐車場。
コイン・ランドリー [日coin laundry] 料金を入れると一定時間作動する自動洗濯機を備えた無人店。
コイン・ロッカー [日coin locker] 料金を入れると一定時間使用できる貸しロッカー。
コエンザイム [coenzyme] 補酵素；助酵素。＊コエンザイムQ10には抗酸化作用がある。
ゴー・アラウンド [go-around] 着陸復行。＊航空機が何かしらの理由で着陸を断念し，再上昇してからやり直しをすること。
ゴーイング・コンサーン [going concern] 企業会計などにおいて必要となる，企業活動が継続していくことの前提。
ゴーイング・マイ・ウェイ [going my way] 他人の意見に左右されずに自分の思うとおりに行うこと。
ゴー・カート [go-cart] 遊園地などにある小型の遊戯用自動車。
コーカス [caucus] 選挙の候補者選定などを行う，アメリカの党員集会。
コーカソイド [Caucasoid] 白色人種。⇨モンゴロイド，ニグロイド。
コーキング [caulking, calking] すきま，継ぎ目をふさぐこと。
コーク [Coke] ⇨コカ・コーラ。
コークス [Koksドイツ] 石炭を乾留して揮発分を除いた多孔質の固体。
コークスクリュー [corkscrew] ①コルク栓(せん)抜き。② [C-] 〖商標〗らせん状に宙返りする部分を途中に作ってあるジェット・コースター。
コーク・ハイ [日Coke highball] ウイスキーをコカ・コーラで割ったハイボール。
ゴーグル [goggles] ①スキーをするときやオートバイに乗るときに使う風防眼鏡。②水泳用眼鏡。
ゴー・サイン [日go sign] あることを「実行せよ」「実行してもよい」という合図。
コーザ・ノストラ [Cosa Nostraイタリア] アメリカのマフィア型の秘密組織。
コーザル [causal] 因果律に従う；原因を示す。
コージェネレーション [cogeneration] 廃熱発電。
ゴージャス [gorgeous] 豪華な。
コーション [caution] ①注意；用心；警戒。②〖レスリング〗警告。
コース [course] ①進路；道筋；針路；航路。②〖スポーツ〗(陸上競技の)走路；(競泳，ボートなどの)水路。③ゴルフ・コースの略。④課程；教科；講座。⑤(西洋料理の)一品；一皿。
コーズ [cause] 原因；理由；根拠。
ゴーズ [gauze] 紗(しゃ)や絽(ろ)など，薄く透かし織りにした布地。
コース・オブ・スタディ [course of study] 学習指導要領。
コースター [coaster] ①コップ敷き。②洋酒びんなどをのせて運ぶ盆。③ジェット・コースターの略。
コースト [coast] 沿岸；海岸。

ゴースト [ghost] ①幽霊。②〘写真，テレビ〙画面に現れる二重像のうち，ぼんやりしたほうの像。

コースト・ガード [coast guard] 沿岸警備隊。

ゴースト・タウン [ghost town] 住む人がいなくなって，すっかりさびれてしまった町。

ゴー・ストップ [日go stop] 交通信号。

ゴーストライター [ghostwriter] 代作者。

コース・レーティング [course rating] 〘ゴルフ〙コースの難易度を示すパーの数値。

コース・レコード [course record] 〘ゴルフ〙そのコースでの公式戦の最高記録(最も少ない打数)。

コースレット [corselet] ⇨オール・イン・ワン①。

コーダ [coda伊] 〘音楽〙楽曲の終結部。

コーダー [coder] 〘電算〙プログラムを作成する人；プログラマー①。

ゴータビリティー [goatability] (貿易摩擦問題で)ある国だけが責任を負わされること。＊「いけにえの山羊(goat)」に由来。

コーチ [coach] ①スポーツの技術などを指導すること。また，それを専門に行う人。②ベース・コーチの略。

コーチゾン [cortisone] 副腎(ふくじん)皮質から分泌されるホルモンの一種。＊抗アレルギー，抗炎症作用が強い。コルチゾンとも。

コーチャーズ・ボックス [日coacher's box] 〘野球〙試合中に攻撃側のコーチが位置する場所。＊1塁側と3塁側にそれぞれ設けられている。

コーチン [cochin] 大形の肉用鶏。＊中国北部原産。

コーチング [coaching] ①指導。②信頼関係を築きながら行う相談・訓練法。

コーディアル [cordial] ①真心がこもっていること。②ハーブや果汁を煮詰めた飲料，またはリキュール。

コーディネーション [coordination] 調整；調和；統一。

コーディネーター [coordinator] ①調整，調和・統一を図る人〔専門職〕。②〘テレビ〙番組の制作進行の責任者。

コーディネート [coordinate] 調整すること；調和・統一を図ること。

コーティング [coating] 物の表面を他の物質で覆うこと。＊防水・耐熱のために布地の表面にゴムや樹脂などをひくこと。

コーディング [coding] ①符号化すること。②〘電算〙データをコンピュータ言語に置き換えること。

コーテーション ⇨クォーテーション。

コーデック [codec] 音声データや動画を符号化し，圧縮・変換・復元するプログラム。

コーデックス [codex] 法典；法令集；古写本。

〜規格 [〜standards] 国際食品規格の1つ。＊添加物や農薬に関するもの。

コーテッド・レンズ [coated lens] 反射防止処理を施したレンズ。

コーデュロイ [corduroy] ⇨コールテン。

コート[1] [coat] ①洋服の上着；外套(がいとう)。②婦人の和服用外套。

コート[2] [court] テニス，バレーボールなどの競技場；卓球台の表面。

コード[1] [chord] ①弦楽器の弦。②〘音楽〙和音。

コード[2] [code] ①法典；規準；規定。②暗号；記号；符号。③ジェネティック・コードの略。

コード[3] [cord] ①(電灯・電話・マイクなどの)電線。②ひも；細いロープ。

ゴート [goat] ヤギ(山羊)。

コート紙 [coated paper]　表面に特殊加工を施し光沢を与えた洋紙。

コード・シェアリング [code sharing]　路線提携。＊提携航空会社同士が路線ネットワークを活用し合う。

コード・タイ [cord tie]　ひも状のネクタイ。

コード・ネーム[1] [chord name]　〖音楽〗和音の構成を表す記号。＊Dm, G7など。

コード・ネーム[2] [code name]　①暗号名。②分類や整理のためにつけたコード名。

コートハウス [courthouse]　①裁判所。②館。③中庭を囲むように建てられた住宅。

コードバン [cordovan]　(馬の皮で作った)高級なめし革。

コード・ブック [code book]　暗号表；電報の略号表。

コード・ペンダント [cord pendant]　コードで吊り下げる照明器具。

コートヤード [courtyard]　住宅やビルの内部に設けた中庭。

コードレス [cordless]　(電気器具・電話・マイクなどが)コードなしの。

コーナー [corner]　①リング，コートの隅。②百貨店などの特定の売り場。③〖野球〗ホーム・ベースの内側と外側の角(かど)。④陸上競技場，競馬場の走路の曲がり角の部分。⑤写真をアルバムにはるとき四隅を留める飾り紙。

コーナー・キック [corner kick]　〖サッカー〗守備側の選手がボールをゴール・ラインの外に出したとき，攻撃側に与えられるキック。略CK。

コーナー・キャビネット [corner cabinet]　部屋の隅に置くように作られたスピーカー，または戸棚。

コーナーストーン [cornerstone]　礎石。

コーナー・タップ [日corner tap]　プラグのほかに複数の差し込み口がある電源接続用器具。

コーナー・トップ [corner top]　〖陸上競技〗オープン・コースのリレーで，前の走者がコーナーの1地点を通過した順に，次の走者がバトンの受け渡し区域内で内側から順に並んで待つ方法。

コーナー・ワーク [corner work]　①〖野球〗投手がホーム・ベースの内角や外角をつくボールをたくみに投げること。②〖陸上競技，スケートなど〗走路のコーナーでスピードを落とさない走り方〔滑り方〕。③〖ボクシング〗リングの隅に追いつめられたとき体勢を立て直す技術。

コーナリング [cornering]　自動車でカーブを走行する技術。

コーパス [corpus]　①言語資料集。②〖電算〗データ・ベースの一種。＊言語や音声の集積。

コーパル [copal]　天然樹脂。＊ワニスなどの原料。

コーヒー [coffee]　コーヒー豆を焙煎(ばいせん)し粉末にしたものを湯や水で抽出した飲み物。＊嗜好(しこう)飲料。

コーヒー・ショップ [coffee shop]　①(ホテルなどの)軽食堂。②⇨コーヒー・ハウス。

コーヒー・シロップ [coffee syrup]　コーヒーに糖分を加えて煮詰めた液。

コーヒー・スタンド [coffee stand]　カウンターの前に腰かけて飲む方式，または立ち飲み式の簡易喫茶店。

コーヒー・ハウス [coffee house]　喫茶店；コーヒー店。＝コーヒー・ショップ。

コーヒー・ブラウン [coffee brown]　コーヒー豆に似た濃い茶色。

コーヒー・フロート [coffee float]　冷たいコーヒーにアイス・クリームなどを浮かべた飲み物。

コーヒー・ミル [coffcc mill]　コーヒー豆挽き。

コーヒー・メーカー [coffee maker]

コーヒー沸かし器。

ゴー・ビハインド [go behind] 〖レスリング〗相手の背後に回って攻撃すること。＊バックを取るともいう。

コーピング [coping] ストレス要因に働きかけ，緩和すること。

コープ [co-op] 生活協同組合；生協。＊消費者が資金を出し合い，生活物資の購入，運営を行う組織。co-operativeの略。

コーフボール [korfball] 1チーム男女各4人で行うバスケットボールに似た球技。＊オランダで発祥。

ゴーフル [gaufre(フランス)] ①間にクリームをはさんだ煎餅(せんべい)風の洋菓子。②⇨ワッフル。

コーポ コーポラスの略。

コーホート [cohort] 同年齢の集団。

コーポクラシー [corpocracy] 企業官僚主義。＊*corpo*rateとbureau*cracy*の合成語。

コーポラス [日corporated house] 中高層の分譲アパート。略コーポ。

コーポラティズム [corporatism] 協調国家主義。＊国家の政策決定に，企業や組合の参加を求める政治システム。

コーポラティブ・ハウス [corporative house] ①集合住宅。②協同組合方式で建てる集合住宅。

コーポリマー [copolymer] 共重合体。＊2種類以上の単量体が結合して得られる高分子化合物。

コーポレーション [corporation] ①法人。②有限会社；株式会社。略Corp.。

コーポレート・アイデンティティー [corporate identity] シンボル・マークやシンボル・カラーなどを使って，企業イメージの浸透，定着を図る広報戦略。略CI。

コーポレート・ガバナンス [corporate governance] 企業統治。＊株主が企業経営のあり方を厳しく監督すること。そのための行動規範をコーポレート・ガバナンス・コードという。

コーポレート・カラー [corporate color] 企業色。＊企業のイメージ・アップを図り，広告，キャラクター商品，シンボル・マークなどに統一的に使う色。

コーポレート・シチズンシップ [corporate citizenship] 企業市民性。＊企業が積極的に市民の社会活動を支援することなど。

コーポレート・ブランド [corporate brand] 企業ブランド。＊企業の姿勢や個性を反映する無形の価値。

コーポレート・レイダー [corporate raider] 企業買収家；乗っ取り屋。

コーマ [coma] 〖医学〗混迷；昏睡。

コーム [comb] 櫛(くし)。

コーラ[1] [cola] 熱帯アフリカ原産のコーラの種子から作った清涼飲料。

コーラ[2] ⇨COLA。

コーラス [chorus] 合唱；合唱曲；合唱団。

コーラス・ガール [chorus girl] ショーやレビュー，ミュージカルなどで踊ったり歌ったりする女性。

コーラル・アイランド [coral island] 珊瑚(さんご)島。

コーラル・リーフ [coral reef] 珊瑚礁(さんごしょう)。

コーラル・レッド [coral red] 珊瑚(さんご)紅色。＊明るい朱色がかった赤にピンクの混じった色。

コーラン [Koran] イスラム教の聖典。＊アラビア語で「誦読(しょうどく)するもの」の意味。

コーリャン [高粱(チャイナ)] 中国産の背の高いモロコシの一種。

コール[1] [call] ①呼び出し；合図；叫び；呼び声。②電話をかけること；通話。③〖スポーツ〗審判員の宣告。④〖ポーカー〗相手に手札を見せるように要求すること。⑤コール・マネー，コール・ローンの略。
〜市場(しじょう) 金融業者相互間の短期融資市場。
コール[2] [coal] 石炭。
ゴール [goal] ①(競走などの)決勝線；決勝点。②〖サッカーなど〗ボールを入れると得点となる区画。また，そこにボールを入れて得点すること。③目標；目的地。④ゴール・インの略。
コール・アンド・レスポンス [call and response] 音楽における，演奏者同士や観客も交えた掛け合い。
ゴール・イン [日goal in] ①〖陸上競技〗決勝点に到着すること。略ゴール。②目的を達すること；結婚すること。
ゴール・エリア [goal area] 〖サッカー，ホッケー〗ゴールキーパーの特権的行動が認められている，ゴール前の特定の区域。
コール・オプション [call option] 〖経済〗買付選択権。＊特定の証券を一定量，特定の価格で，一定期日または一定期間に買い付けることができる権利。↔プット・オプション。
コール・ガール [call girl] 売春婦。＊電話で呼び出すことから。
ゴールキーパー [goalkeeper] 〖サッカーなど〗ゴールの前の所定の位置にいてゴールを守るプレーヤー。略キーパー，GK。
ゴール・キック [goal kick] 〖サッカー〗攻撃側がボールをゴール・ラインから外に出したとき，守備側に与えられるキック。略GK。
ゴール・ゲッター [goal getter] ⇨ストライカー。
コール・サイン [call sign] (放送局・無線局の)呼び出し符号。＊NHK東京第1放送は，JOAKがコール・サイン。
コール・シート [call sheet] 〖映画〗撮影の前に渡されるスケジュール表。
コールスロー [coleslaw] 千切りのキャベツ，またそれを使ったサラダ。
コール・センター [call center] 電話受付けセンター。＊商品の受注，顧客サービスなどを行う。
コール・タール [coal tar] 石炭を乾留するときにできる黒い油状の液体。＊染料・医薬の原料に用いる。
コールテン [日corded velveteen] うねが縦方向に平行して走っている，ビロードに似た綿織物。＝コーデュロイ。
ゴールデン [golden] ①金色の；金の。②最高の；すばらしい。
ゴールデン・アワー [日golden hour] ラジオやテレビで，視聴率の最も高い時間帯。＊だいたい午後7時から9時頃まで。＝ゴールデン・タイム，プライム・タイム。
ゴールデン・イーグル [golden eagle] イヌワシ(犬鷲)。＊頭や首が黄金色。
ゴールデン・ウイーク [日golden week] 4月末から5月初めにかけての休日の多い週間。略GW。
ゴールデン・ウエディング [golden wedding] 金婚式。＊結婚50周年記念。
ゴールデン・エイジ [golden age] 黄金時代；最盛期。
ゴールデン・カノン [golden canon] 黄金比率；美的観点から見て最もすぐれている比率。
ゴールデン・グラブ賞 [日Golden Glove—] プロ野球で両リーグの守備のベスト・ナインに贈られる賞。
ゴールデン・グローブ賞 [Golden Globe Award] 映画賞の1つ。＊毎年，ハリウッドの外国人記者協会が映画・テレビの優秀作品を選ぶ。
ゴールデン・クロス [golden cross] 株価の短期の移動平均線が上昇し，それまで下降していた中・長期の移動平均線と交差すること。＊株価が上昇局面に転じる目安。
ゴールデン・ゴール [golden goal]

〖サッカー〗延長戦で先に1点をあげたチームを勝ちとする方式。＝サドン・デス。

ゴールデン・シェア [golden share] 黄金株；拒否権付き株式。＊外国資本による企業買収を防ぐために政府などが保有。

ゴールデン・タイム [日golden time] ⇨ゴールデン・アワー。

ゴールデン・トライアングル [Golden Triangle] 黄金の三角地帯。＊タイとラオスとミャンマーの国境付近のアヘン栽培地域。

ゴールデン・パラシュート [golden parachute] 会社乗っ取りの際，巨額の退職金を買収側に支払わせるように定めた条項。＊乗っ取り防衛策の1つ。

ゴールデン・ルール [golden rule] ①黄金律。②行動規範；鉄則。

ゴールデン・レトリバー [golden retriever] イギリス原産の黄金色をした猟犬。＊おとなしくて盲導犬としても飼われる。

コールド [cold] 冷たい。↔ホット。

ゴールド [gold] 金(きん)；黄金。

〜免許 優良運転者免許証。＊有効期間が一般免許に比べ長いなどの特典がある。

コールド・ウエーブ [cold wave] ①寒波。②⇨コールド・パーマ。

コールド・ウォー [Cold War] 冷戦。＊武力こそ行使しないが，きわめて険悪な国家間の対立。↔ホット・ウォー。

コールド・ウォレット [cold wallet] 暗号資産(仮想通貨)をオフ・ラインの状態で保管・管理するためのしくみ。

ゴールド・カード [gold card] 特別な信用保証付き高級クレジット・カード。＊高所得者を対象。

ゴールド・キウイ [golden kiwi] 黄金色の果肉のキウイ。

コールド・クリーム [cold cream] 洗顔やマッサージなどに使う油性の化粧クリーム。

コールド・ケース [cold case] 迷宮入りした未解決事件。

コールド・ゲーム [called game] 〖野球〗5回以上進行した試合のうち，降雨その他の理由で最終回まで行わずに勝敗が決まる試合。

コールド・ジョイント [cold joint] コンクリートを，適切な期間を過ぎて打ち継いでいくことで生じる不連続面。

コールド・スタンバイ [cold standby] コンピュータやネットワークのシステムに障害が生じた際に起動させる予備システム。

コールド・チェーン [cold chain] 生鮮食料品を冷凍車などで産地から消費地へ送る流通のしくみ。略CC。

コールド・パーマ [cold permanent wave] 薬品で頭髪を波形にちぢらせること。＝コールド・ウエーブ。

コールド・ブリュー・コーヒー [cold brewed coffee] 水出しコーヒー。

コールド・プレス・ジュース [cold pressed juice] 低温・低圧で野菜や果物などを搾汁したジュース。

ゴールドマン・サックス [Goldman Sachs] アメリカの金融グループの1つで，世界最大級の投資銀行。

コールド・ミート [cold meat] 蒸し焼きにした牛肉を冷やしたもの。また，その料理。＊コールド・ビーフとも。

ゴールド・ラッシュ [gold rush] ①新しく発見された金鉱地へ人々が殺到すること。②値上がりを予想して人々が金の投機買いに殺到すること。

コールド・リーディング [cold reading] 事前の準備なしに，相手の心を読み，自分の言うことを相手に信じさせる話術。＊外観を観察したり何気ない会話を交わしたりするだけで信じさせる。

ゴール・ネット [goal net] 〖サッカー，ホッケー〗ゴールに張られたネット②。

コールバック [callback] ①折り返し電話。②(欠陥品の)回収。③(一時帰休中の労働者の)呼び戻し；再雇用。

ゴールボール [goalball] 目隠しを着用し，鈴の入ったバスケットボール大のボールを転がすように投げ合って得点を競うスポーツ。＊パラリンピックの正式種目。

ゴールポスト [goalpost] ①〖陸上競技〗決勝線の両端に立てられる2本の柱。②〖ラグビーなど〗ゴールを形づくる2本の柱。

コール・マネー [call money] 金融業者間の短期借入金。＊借手側からいう呼称。↔コール・ローン。

コールユーブンゲン [Chorübungen ドイツ] 初歩の声楽練習曲集。

ゴール・ライン [goal line] ①〖陸上競技〗決勝線。②〖サッカーなど〗長方形の競技場を区画する4本の線のうち，短いほうの2本の線。

コールラビ [Kohlrabi ドイツ] アブラナ科の2年草。カブキャベツ。＊キャベツの変種で，茎を食べる。

コール・レート [call rate] 金融業者間で行われる短期融資の金利。

コール・ローン [call loan] 金融業者間の短期貸付金。＊貸手側からいう呼称。↔コール・マネー。

コーン[1] [cone] ①円錐(えんすい)。②ウエハースなどで作った，ソフト・クリームを入れる円錐形の容器。③スピーカーの円錐形の部分。

コーン[2] [corn] トウモロコシ。

コーン・スープ [corn soup] トウモロコシを入れた野菜スープ。＊コーン・チャウダーとも。

コーンスターチ [cornstarch] トウモロコシから採ったでんぷん。

コーン・スノー [corn snow] ざらめ雪。

コーン・スピーカー [cone speaker] 振動板が円錐(えんすい)形のスピーカー。

コーン・パイプ [corn pipe] トウモロコシの茎でつくられた喫煙パイプ。

コーンフラワー [cornflower] 矢車菊。＊キク科の1年草。

コーン・フラワー [corn flour] トウモロコシの粉。

コーンフレーク [cornflakes] トウモロコシのひき割りを加熱して平らにつぶした食品。＊牛乳や砂糖などをかけて食べる。

コーンミール [cornmeal] ひき割りのトウモロコシ。

コーンロウ [cornrow] トウモロコシの粒の列のように，髪を細長く堅く三つ編みにしたヘア・スタイル。

コカ [coca] コカノキ科の低木。＊ペルー原産。葉からコカインをとる。

コカイン [cocaine] コカの葉から採るアルカロイド。＊胃痛，喘息(ぜんそく)などに内服するほか，局所麻酔に用いる。麻薬として扱われる。

コカ・コーラ [Coca-Cola] 〖商標〗アメリカの清涼飲料。＊炭酸水に砂糖，コカの葉の絞り汁を加えたもの。略コーク。

コキーユ [coquille フランス] エビ，貝，魚などを貝の殻(から)または貝形の皿に盛り，ホワイト・ソースをかけてオーブンで焼いた料理。

コギト・エルゴ・スム [cogito, ergo sum. ラテン] 「われ思う，ゆえにわれあり」。＊哲学者デカルトが『方法序説』で述べたことば。

コキュ [cocu フランス] 妻を寝取られた男。

コクーニング [cocooning] ①家庭回帰。＊繭(まゆ)づくりの意から。②繭の中のカイコのように，自分の殻の中に閉じこもること。

コクーン [cocoon] 昆虫の繭(まゆ)。

コクーン・スカート [cocoon skirt] 腰回りがゆったりとしているさまが，繭(まゆ)の形に似たスカート。

コグニティブ・コンピュータ [cognitive computing] 経験に基づいて学習し，自律的に情報処理をする能力を備えたコンピュータ。

コクリコ [coquelicotフランス] ヒナゲシ(雛罌粟)。＊ケシ科の1年草。西アジア原産。

コケット [coquetteフランス] 色っぽい女性；たくみに男にこびる女性。

コケットリー [coquetterieフランス] 色っぽさ；なまめかしさ；媚態(びたい)。

コケティッシュ [coquettish] 色っぽい；なまめかしい。

ココア [cocoa] カカオ豆を炒った粉末。＊飲料，菓子の原料に用いる。

ココット [cocotteフランス] 耐熱性の料理鍋。＊原義は「雌鳥(めんどり)」。

ココナッツ [coconuts] ココヤシの実。

ココナッツ・オイル [coconut oil] ヤシ油。

ココナッツ・ミルク [coconut milk] ココナッツの胚乳(はいにゅう)。

コサージュ [corsageフランス] ⇨コルサージュ。

コサイン [cosine] 三角関数の1つで，余弦(よげん)。記号cos。

コサック [Cossack] ロシア，東欧などに住む，タタール・スラブ系の農民集団。

コ・ジェネレーション・システム [co-generation system] 熱電併給システム。＊廃熱を発電に使うとともに，その蒸気，熱水を暖房，給湯などに利用する。

コシェル [coshell] ⇨カーシェール。

ゴシック [Gothic] ①12〜15世紀のヨーロッパに流行した建築様式。②印刷文字の書体の1つ。＊太さが一様な角ばった文字(例：ゴシック体)。ゴチックとも。

ゴシップ [gossip] うわさ話；雑談。

コスタ・リカ方式 [Costa Rica—] 小選挙区比例代表並立制のもとで，同一政党の2人の候補者が小選挙区と比例代表について，総選挙ごとに交代で立候補する方式。

コスチューム [costume] ①衣装；服装。②(芝居の)時代衣装。

コスチューム・プレー [costume play] アニメ・キャラクターの衣装や持ち物をまねて，なりきること。＊日本での用法。略コス・プレ。

コスト [cost] ①原価。②費用；経費；値段。

コスト・アップ [日cost up] 生産原価が上がること。↔コスト・ダウン。

コスト・アナリシス [cost analysis] 費用分析。

コスト・インフレ [日cost inflation] 生産原価の値上がりによっておこる物価の上昇。＝コスト・プッシュ・インフレーション。

コスト・カット [日cost cut] 経費を削減すること。＊企業経営においてその役割を担う人物をコスト・カッターという。

コスト・コントロール [cost control] 原価管理。

コスト・セービング [cost saving] 生産原価を低く抑えること。

コスト・ダウン [日cost down] 生産原価を引き下げること。↔コスト・アップ。

コスト・パフォーマンス [cost performance] 費用対効果。＊値段〔価格・費用〕と機能，性能，能率などとの比率。略コスパ。

コスト・プッシュ・インフレーション [cost-push inflation] ⇨コスト・インフレ。

コス・プレ ⇨コスチューム・プレー。

ゴスペル [gospel] ①福音(ふくいん)。②福音書。＊『新約聖書』のマタイ，マルコ，ルカ，ヨハネの4書の総称。③ゴスペル・ソングの略。

ゴスペル・ソング [gospel song] 福音讃美歌(さんびか)。＊黒人霊歌の一種。

略ゴスペル。
コスミック [cosmic] 宇宙の。
コスメティック [cosmetic] ①化粧品。②男性用の固形整髪料。③化粧用の；美容の。略コスメ。
コスメティック・レンズ [cosmetic lens] おしゃれ用のサングラスやコンタクト(のレンズ)。
コスメトロジー [cosmetology] 化粧品学；美容術；美容学。
コスモス [cosmos] ①(秩序と調和をもつ世界としての)宇宙。↔カオス。②キク科の1年草。＊メキシコ原産。
コスモノート [cosmonaut] 宇宙飛行士。＊特に旧ソ連の宇宙飛行士をさす。⇨アストロノート。
コスモポリス [cosmopolis] 国際都市。
コスモポリタニズム [cosmopolitanism] 世界主義。＊個人が，自分の属する民族・国民・国家を超越し，全人類を同胞と見なす世界観。
コスモポリタン [cosmopolitan] ①世界主義者。②世界人；国際人。③世界主義の；全世界的な；国際的な。
コスモロジー [cosmology] 宇宙論。
ゴスロリ 黒を基調にしたデザインに，レースやフリルなどをあしらった少女趣味的なファッションの総称。＊ゴシック・アンド・ロリータの略。
コダック [Kodak] 〖商標〗アメリカの写真用品メーカー，イーストマン・コダック社。また，その小型カメラ，カラー・フィルムなどの商品。
コタン 集落；住む所。＊アイヌ語。
コタンジェント [cotangent] 〖数学〗三角関数の1つで，余接。記号cot。
ゴチック [Gotik ドイツ] ⇨ゴシック。
コチュジャン [kochujang コリア] トウガラシ味噌。＊朝鮮料理用。
コック[1] [cock] ①おんどり。②(ガス・水道などの)栓(せん)。＝カラン。
コック[2] [kok オランダ] (西洋料理の)料理人。
コックス [cox] 〖ボート〗舵手(だしゅ)。＊かじを取り，クルーに指示する。
コック・ドール [coq d'or フランス] 金のおんどり。
コックニー [cockney] ①生粋(きっすい)のロンドン子。②ロンドンなまり。
コックピット [cockpit] (飛行機・宇宙船の)操縦室；(レーシング・カーの)運転席；(ヨットやカヌーの)座席。
コックローチ [cockroach] ゴキブリ。＊ゴキブリ科の昆虫の総称。
コッター [cotter] 横栓(よこせん)；楔(くさび)栓。
ゴッド [God] 神。
ゴッドファーザー [godfather] ①マフィアなどの犯罪組織の首領。②名づけ親；後見人。
コットン [cotton] 木綿；綿織物；綿布；綿糸。
コットン・キャンディ [cotton candy] 綿菓子。
コットン・パンツ [cotton pants] 木綿製のズボン。
コッパー [copper] 銅。＊原子番号29。元素記号Cu。
コップ[1] ⇨COP。
コップ[2] [cop] 警官；巡査。
コップ[3] [kop オランダ] 飲み物を入れるガラス製の円筒形をした容器。＝グラス[1]①。
コッペ・パン [日coupé フランス(？)＋pão ポルトガル] 底の平らなナマコ形のパン。
コッヘル [Kocher ドイツ] 登山・キャンプ用の組み立て式焜炉(こんろ)。
コティ [Coty フランス] 〖商標〗フランスの化粧品(香水)会社。また，その製品名。
コデイン [codeine] アヘン(阿片)から抽出された鎮痛・咳止め・催眠薬。
コテージ [cottage] ①(ふつう1階の)小さい家。②(避暑地などの)小さな別荘；山荘。
コテージ・チーズ ⇨カッテージ・チーズ。
コデックス [Codex ラテン] 冊子本；冊

子写本。
コドン [codon]　遺伝子暗号の単位。
コナ [kona]　ハワイ島の町，コナ産のコーヒー豆。
ゴナドトロピン [gonadotropin]　性腺刺激ホルモン。
コニー [cony]　ウサギ(兎)の毛皮；ウサギ。⇨ラビット①。
コニーデ [Konideドイツ]　成層火山。＊富士山のような円錐(えんすい)形の火山。
コニファー [conifer]　針葉樹。
コニャック [cognacフランス]　フランス西部のコニャック地方で作られるブランデー。
コネ　コネクションの略。
コネクション [connection]　①関係；つながり。②縁故；有力な知人〔親類〕。略コネ。③(麻薬の)売人(ばいにん)；密輸組織。
コネクター [connector]　①電子機器の接続器具。②鉄道の連結器。③電気のコードとコードを接続する器具。
コネクティング・ルーム [connecting room]　隣接する２部屋を内部のドアでつなげた客室。
コネクティング・ロッド [connecting rod]　連接棒。＊内燃機関などのピストンとクランク軸をつなぐ部品。
コネクテッド・カー [connected car]　インターネットに常時接続し，それ自体が情報通信端末になっている自動車。
コノシュア [connoisseur]　①美術品などの鑑定家。②目利き。
コノテーション [connotation]　①言外の意味；含蓄(がんちく)。↔デノテーション。②〘論理学〙潜在的な意味。
コパ [copaスペイン]　(優勝)カップ；優勝杯争奪戦。
コパ・アメリカ [Copa Américaスペイン]　南アメリカの各国代表チームによって争われる大陸別サッカー大会。
コ・ハウジング [co-housing]　共同ハウジング。＊共同施設の周囲に一戸建て住宅を配する。
コバルト [cobalt]　①光沢のある灰白色の金属。原子番号27。元素記号Co。②淡い群青(ぐんじょう)色。
〜爆弾 [〜bomb]　外側を金属コバルトで包んだ水素爆弾。＊コバルトが強い放射能を発散させる。
〜60　コバルトの人工放射性同位体。＊原子炉の中で金属コバルトに熱中性子を照射して作られる。がんの治療などに利用される。
コバルト・グリーン [cobalt green]　あざやかな緑色。また，その絵の具。
コバルト・ブルー [cobalt blue]　あざやかな青色。また，その絵の具。
コバルト・リッチ・クラスト [cobalt rich crust]　海山に薄い膜状に張りついた，コバルトやニッケルなどの希少金属の含有量が多い鉱床。
コピー [copy]　①(書類などの)写し；控え。②⇨レプリカ。③広告文案。④(複写機で)複写すること。
〜食品　味や色・形は本物そっくりだが，原料がまったく別の食品。
コピー・アンド・ペースト [copy and paste]　〘電算〙文章・図形などのデータを複写(コピー)して，ほかの場所に貼り付ける(ペースト)こと。略コピペ。⇨カット・アンド・ペースト。
コピー・ガード [copy guard]　CDやDVDなどの違法コピー防止機能。
コピーキャット [copycat]　模倣者；まねをする人。
コピー・コントロール [copy control]　複写を防止する；複写できなくする。
コピー・ボード [copy board]　書き込んだ内容を印刷・データ化できる電子黒板。
コピーライター [copywriter]　広告の文案を作る専門家。
コピーライト [copyright]　著作権；版権。＊©の記号で示す。
コヒーレント [coherent]　①筋の通った。②〘物理〙干渉性の。

コピー・ワンス [copy once] デジタル・テレビ放送の録画を1回だけに制限すること。⇨ダビング・テン。
コピペ コピー・アンド・ペーストの略。
コブ・サラダ [Cobb salad] 魚介類・肉などの具だくさんサラダ。
コプト [Copt] 古代エジプト人の子孫で，キリスト教を信仰する人々。
コブラ [cobra] 南アジアからアフリカに生息する毒ヘビ。＊インドでは芸をさせ，見せ物にする。
コプラ [copula] 〖論理学〗繋辞(けいじ)。＊命題の主語と述語を結ぶ語。
コブラ・ツイスト [cobra twist] 〖プロレス〗左足を後ろからかけ，左腕で相手の右腕をとり，背骨を締めあげる技。
ゴブラン [gobelinsフランス] 色糸を使い風景などを織り出した壁掛け用織物。＊15世紀のパリの染色家の名に由来。
ゴブリン [goblin] 鬼；お化け。＊醜い姿をしていて意地悪。
コフレ [coffretフランス] 宝石や化粧品を入れるバッグやポーチ，またはその化粧品セット。
ゴブレット [goblet] 細い脚と台のついたグラス。
コプロセッサー [coprosessor] 〖電算〗中央処理装置を補助するための処理装置の総称。
コプロラリア [coprolalia] 汚言；汚言症。＊糞便・排泄に関する言葉を絶えず口にする傾向。
コペルニクス的転回 [Kopernikanische Wendungドイツ] ものの考え方や態度ががらりと変わること。＊コペルニクスが天動説をくつがえして地動説を唱えた故事による。
コペルニシウム [copernicium] 人工放射性元素の1つ。原子番号112。元素記号Cn。
コポリマー [copolymer] 2種類以上の単量体(モノマー)を重合反応させて作った合成樹脂や合成ゴムなどの高分子化合物。
コボル [COBOL] 〖電算〗一般事務処理用のプログラミング言語のこと。＊*C*ommon *B*usiness *O*riented *L*anguageの略。
コマ [coma] ①〖天文〗彗星(すいせい)の尾の部分。②〖物理〗レンズの球面収差の1つ。＊光が1点に像を結ばず，彗星状にぼけること。
コマーシャリズム [commercialism] 営利主義；商業主義。
コマーシャル [commercial] ①商業の；商売用の。②コマーシャル・メッセージの略。
コマーシャル・アート [commercial art] 商業美術。
コマーシャル・ソング [日commercial song] 広告宣伝用の歌。
コマーシャル・デザイン [commercial design] 商業デザイン。
コマーシャル・パッケージ [commercial package] 商業包装。
コマーシャル・フィルム [commercial film] 広告宣伝用の映画。略CF。
コマーシャル・ペーパー [commercial paper] ①商業手形。②大企業が短期の資金を調達するために発行する約束手形。略CP。
コマーシャル・メッセージ [commercial message] 〖テレビ，ラジオ〗番組の前後や合い間に入れる広告。略コマーシャル，CM。
ゴマージュ [gommageフランス] 肌の手入れ法の1つで，洗顔剤などを用い，古くなった角質を指でこすり落とすこと。＊「消しゴムで消す」の意味。
コマース [commerce] 商業；通商；貿易；商取引。
コマンダー [commander] 指揮官；司令官；隊長。
コマンド[1] [command] 〖電算〗命令；指示。
コマンド[2] [commando] 特別奇襲部隊；ゲリラ部隊。また，その隊員。

コミカライズ [日comic novelize] 小説やゲーム，アニメ，映画などの作品を漫画化すること。

コ

コミカル [comical] 滑稽(こっけい)な；おどけた。

コミケ コミック・マーケットの略。

コミック [comic] ①滑稽(こっけい)な；喜劇の；喜劇的な。↔トラジック。②漫画雑誌；漫画本。

コミック・オペラ [comic opera] 喜歌劇。

コミックス [comics] 続き漫画；漫画雑誌；漫画本。

コミック・ソング [comic song] 滑稽(こっけい)味のある軽い歌。

コミック・バンド [日comic band] ユーモアやジョークを交えたパフォーマンスで観客を楽しませる楽団。

コミック・マーケット [日comic market] 漫画同人誌の即売会。

コミッショナー [commissioner] プロ野球やプロ・ボクシングを統制する機関の長；最高裁定者。

コミッション [commission] ①(商取引の)手数料；口銭(こうせん)。②プロ・ボクシングを統制する機関。

コミッティー [committee] 委員会；委員。

コミット [commit] 委託する；委ねる；かかわりあう。

コミットメント [commitment] 委任；約束；公約；かかわりあい。

コミットメント・ライン [commitment line] 企業に対し金融機関が定める，一定期間における一定の融資枠。

コミューター [commuter] ①(定期券使用の)通勤者。②小型飛行機を使った近距離定期航空路線。

コミューター・サービス [commuter service] 小型機を使う近距離定期航空便。

コミューン [communeフランス] ①地方自治体。②パリ・コミューンの略。＊コンミューンとも。

コミュニケ [communiquéフランス] (公式会議の経過についての)公式発表；声明書。

コミュニケーション [communication] (意見・情報などの)伝達。

コミュニケーション・ギャップ [communication gap] 意思の疎通が図れないことでおこる誤解；相互理解の欠如。

コミュニケーション・ツール [communication tool] 伝達手段。

コミュニケーション・マネジメント [communication management] コミュニケーション活動全体の計画の立案・運営・管理。

コミュニケーター [communicator] 伝達者；通訳。

コミュニケート [communicate] (情報などを)伝達すること；意思を通じ合うこと。

コミュニスト [communist] 共産主義者；共産党員。

コミュニズム [communism] 共産主義。↔キャピタリズム。

コミュニタリアニズム [communitarianism] 共同体優先主義。

コミュニティ [community] ①地域社会；共同体。②利害団体。③(植物の)群落。

コミュニティ・エフエム [日community frequency modulation] 放送エリアを市町村単位に限定したFM放送。

コミュニティ・カレッジ [community college] 地域社会の住民に開放される大学。

コミュニティ・ケア [community care] 地域社会の住民が参加して行う福祉活動。

コミュニティ・サイクル [community cycle] 街の中に複数の貸出・返却拠点を設置した公共の自転車共用サービス。

コミュニティ・サイト [community site] 『電算』交流サイト。＊同一の趣味や目的をもった人々が交流するウェブ・サイト。

コミュニティ・スクール [community school] 地域住民が積極的に運営に参加する学校。

コミュニティ・スポーツ [community sports] 地域社会の住民が交流を図る目的で行うスポーツ活動。

コミュニティ・ゾーン [日community zone] 自動車の速度規制を促すなど，歩行者の安全・安心を念頭に整備された地区。

コミュニティ・センター [community center] 地域社会の住民が集会，催し，娯楽などに利用する施設を集めた所。＊公民館など。

コミュニティ・チェスト [community chest] 共同募金。

コミュニティ・デザイン [community design] 地域社会の課題に対し，人と人のつながりや場づくりのしくみを再構築するデザイン。

コミュニティ・バス [日community bus] 公共機関の支援を受けた地域密着型の路線バス。

コミュニティ・ビジネス [日community business] 商店街の活性化や地場産業の振興など，豊かな地域社会づくりと地域社会の活性化をめざすビジネス。

コミュニティ・ペーパー [community paper] 地域社会の住民を対象とした生活情報紙。

コミュニティ・ボンド [community bond] 地域債；住民引受債。

コミュニティ・マネー [community money] 特定の地域だけで流通する擬似貨幣。

コミュニティ・メディア [community media] 地域社会の住民を対象とした情報伝達の媒体。＊タウン誌やCATV(ケーブル・テレビ)など。

コミント [comint] 通信情報を収集すること。また，それを解析する技術。＊*com*munications *int*elligenceの略。

ゴム [gom オランダ] ①ゴムの木の樹皮を傷つけて採る乳状の液体。＊アラビア・ゴムなどの天然ゴムをさす。②合成ゴム。＊天然ゴムと似た性質を持つ高分子化合物の総称。

コム・デ・ギャルソン [COMME des GARÇONS] 『商標』デザイナー川久保玲の婦人服のブランド名。

コメット [comet] 彗星(すいせい)。

コメディアン [comedian] 喜劇俳優；喜劇役者；おどけ者。

コメディ [comedy] 喜劇。↔トラジディ。

コメディ・タッチ [comedy touch] 喜劇調；人生劇風。

コメディ・フランセーズ [Comédie Française フランス] パリにあるフランスの国立劇場。また，その所属劇団。

コ・メディカル [co-medical] 医者以外の，看護師や臨床検査技師などの医療従事者。

コメンタリー [commentary] ⇨コンメンタール。

コメンテーター [commentator] 解説者；ニュース解説者。

コメント [comment] 注釈；解説；論評；意見。

コモディティー [commodity] 商品；日用品；物資；生活必需品。

ゴモラ [Gomorrah ヘブライ] 『旧約聖書』に出てくる罪悪の町。＊ソドムとともに天の火で焼かれる。

コモン [common] ①普通の；ありふれた；平凡な。②共通の。

コモンウェルス [commonwealth] ①国家；連邦；共和国；民主国。②国民。③ [C-] 共和制時代のイギリスの呼称；イギリス連邦。

コモンウェルス・デー [Commonwealth Day] イギリス連邦記念日。＊ビクトリア女王の誕生を祝う日。5

月24日。＝エンパイア・デー。

コモン・キャリア [common carrier] 自前の通信設備を保有する企業体。

コモンズ [commons] 共有地。

コモン・センス [common sense] ①常識；良識。②共通感覚。

コモン・ランゲージ [common language] ①共通語。②〘電算〙どのコンピュータでも読み取れる共通のプログラム言語。

コモン・ロー [common law] ①普通法；大陸法に対する英米法の法律体系。②不文法；判例法。

コヨーテ [coyote] オオカミ(狼)に似たイヌ科の肉食獣。＊北アメリカなどの草原に生息。

コラーゲン [Kollagenドイツ] 動物の皮膚，腱(けん)，靭帯(じんたい)，軟骨などに含まれるたんぱく質繊維。

コラージュ [collageフランス] 画面に新聞紙・本のさし絵・写真などの切り抜きをはりつけ，一部に加筆して構成する，美術の一技法。

コラール [Choralドイツ] プロテスタントのルター派教会の讃美(さんび)歌。

ゴラッソ [golazoスペイン] サッカーにおけるすばらしいゴールのこと。

コラプション [corruption] 腐敗；堕落；不正行為；贈収賄；汚職。

コラボ コラボレーションの略。

コラボレーション [collaboration] 共同；協力；共同制作；合作。

コラボレーター [collaborator] 協力者；共同制作者；合作者。

コラム [column] ①(新聞・雑誌などの)囲み記事。②(石などで作った)円柱。

コラムニスト [columnist] コラムの執筆者。

コランダム [corundum] 鋼玉(こうぎょく)。＊ダイヤモンドに次いで硬い鉱物。

コリア [Korea] 韓国；朝鮮。

ゴリアテ [Goliathラテン] 『旧約聖書』で，ダビデに投石器で殺されたペリシテ人の巨人。

コリアン [Korean] ①韓国の；朝鮮の。②韓国人；朝鮮人。

コリアンダー [coriander] セリ科の植物。＊香辛料用。＝パクチー。

コリー [collie] スコットランド原産の犬。＊番犬，愛玩用。

コリーダ [corridaスペイン] 闘牛。

コリウス [coleus] シソ科の1年草。＊赤紫などの葉の色を観賞する。

コリオリの力 [Coriolis' force] 〘物理〙地球上(回転座標系)で運動する物体に働く“見かけの力”。＊フランスの物理学者コリオリが提唱した。

コリジョン・コース [collision course] 衝突の針路。＊(航空機や船舶が)そのまま進むと衝突するという針路。

コリジョン・ルール [collision rule] 〘野球〙本塁における走者と捕手などの衝突を避けるための規則。

コリドー [corridor] ①廊下；回廊；回廊地帯。②航空機の専用通路。＊コリドールとも。

コリメーター [collimator] ①〘物理〙レンズまたは凹面鏡を用いて平行光線の光束を得る装置。②天体望遠鏡の視準軸の調整に用いる小型望遠鏡。＊視準儀とも。

コリン [choline] ビタミンBの複合体の1つ。＊脂肪肝を抑制。

コリンエステラーゼ [cholinesterase] 神経伝達物質のアセチルコリンを分解する酵素。

コリント式 [Corinthian order] ギリシア古典建築の一様式。＊繊細華麗。アカンサスの葉を柱頭に飾る。

コル [colフランス] 〘登山〙山の尾根の少し低くなった所；鞍部(あんぶ)。

コルク [kurkオランダ] コルクガシの表皮の下の組織。＊びんの栓(せん)，断熱材などに用いる。キルクとも。

ゴルゴタ [Golgothaラテン] 〘キリスト教〙『新約聖書』で，イエスが磔刑(たっけい)に処せられたエルサレム近郊の丘。＊原義は「されこうべ」。

ゴルゴン [Gorgon] 〖ギリシア神話〗 3姉妹の怪物。＊頭髪に蛇が絡みつき黄金の翼をもつ。見るものを石に化す。⇨メドゥーサ。

ゴルゴンゾーラ [Gorgonzola] イタリア原産のブルー・チーズ。

コルサージュ [corsageフランス] ①婦人服の胴の部分；婦人用の胴着。②婦人服の襟(えり)や胸につける花飾り。＊コサージュとも。

コルサコフ症候群 [Korsakov's syndrome] 〖医学〗脳の機能障害によっておこる健忘症候群。

ゴルジ体 [Golgi body] 動植物の細胞内にある網状の器官。＊分泌物を合成，貯蔵する。

ゴルジュ [gorgeフランス] 〖登山〗幅の狭い峡谷。＊原義は「喉(のど)」。

コルセット [corset] ①腹部や腰部を締めて体型を整えるための婦人用下着。②脊椎(せきつい)を固定するための医療器具。

ゴルチエ ⇨ジャンポール・ゴルチエ。

コルチ器官 [Corti's organ] 内耳の蝸牛(かぎゅう)管内にある聴覚器官。＊イタリアの医師の名に因む。

コルチゾン ⇨コーチゾン。

コルト [Colt] 〖商標〗アメリカ人のコルトが発明した回転式連発拳銃(けんじゅう)。

コルドン・ブルー [cordon-bleuフランス] 一流の料理人；料理の達人。＊原義は「青綬章」。

コルネ [cornetフランス] 角笛の形をしたフランス風の菓子。

コルネット [cornet] 金管楽器の1つ。＊トランペットより音色が明るい。吹奏楽の主要楽器。

コルヒチン [colchicine] イヌサフランから採る黄色の結晶。＊植物の品種改良などに利用される。

ゴルフ [golf] クラブ(打棒)でボールを打ち，ホール(穴)に入れて勝敗を競う球技。＊規定のホールを回って打数の少ない者が上位となる。

ゴルフ・クラブ [golf club] ①ゴルフで，ボールを打つ棒。略クラブ[1]。②ゴルフ愛好者の集まり。また，その建物。

ゴルフ・コース [golf course] ゴルフをする場所；ゴルフ場。＊ゴルフ場の名称にも使われる。ゴルフ・リンクとも。略コース。

ゴルフ・バッグ [golf bag] ⇨キャディー・バッグ。

コルホーズ [kolkhozロシア] 旧ソ連の集団農場。⇨ソフホーズ。

コルレス契約 [correspondent arrangement] 銀行と銀行の間で交わされる業務代行契約。

コレージュ [collègeフランス] ①フランス革命期までの，パリ大学の学生の生活・教育施設や学寮。②フランスの公立の中等教育機関。

コレオグラフィー [choreography] ①バレエなどの舞踊の振り付け。②サッカーにおいてサポーターが観客席に形成する人文字。

コレクション [collection] ①収集；収集品。②シーズンに先がけて行われる高級服の新作発表会。

コレクター [collector] ①収集家。②トランジスタの出力側の領域。

コレクティビズム [collectivism] 集団主義；集産主義。

コレクティブ [collective] ①集まった；集団的な；共同の。②集団。

コレクティフシュルト [Kollektivschuldドイツ] 集団の罪。＊ユダヤ人大量虐殺はナチス親衛隊だけでなく一般のドイツ人にも連帯責任があるとする考え方。

コレクティブ・セキュリティ [collective security] 集団安全保障。＊多数の国家が集団的に相互間で安全を保障すること。

コ

コレクティブ・ハウス［日collective house］ 共用空間を設け，食事や掃除など生活の一部を協力して営む共同居住型集合住宅。
コレクト[1]［collect］ 集める。
コレクト[2]［correct］ 正確な。
コレクト・オン・デリバリー［collect on delivery］ ⇨キャッシュ・オン・デリバリー。
コレクト・コール［collect call］ 電話で，料金受信人払いの通話。
コレステリン［Cholesterinドイツ］ ⇨コレステロール。
コレステロール［cholesterol］ 脳，神経組織，胆汁(たんじゅう)，血液などに含まれる脂質成分。＊血液中のLDL(悪玉コレステロール)が増えると動脈硬化の原因となる。コレステリンとも。
コレスポンデンス［correspondence］ 通信；(商業)通信文。
コレスポンデント［correspondent］ (新聞社，テレビ局などの)通信員。
コレラ［choleraオランダ］ コレラ菌による急性の消化器系感染症。
ゴロ 〖野球など〗ボールが地面を転がっていくこと。また，そのボール。＊grounderから。
コロイド［colloid］ 膠質。＊微粒子が気体，液体，固体の中に分散して浮遊している状態。また，その粒子。
コローキアル［colloquial］ 話し言葉の；日常会話の；口語の。
コロキウム［colloquium］ 対話；討論。
コロケーション［collocation］ 連語；語の配置。
コロシアム［coliseum］ ①(円形)競技場。②⇨コロセウム。
コロス［khorósギリシア］ 古代ギリシア劇の合唱隊。また，その合唱。
コロセウム［Colosseumラテン］ 古代ローマの大円形劇場〔闘技場〕。＝コロシアム，コロッセオ。
コロタイプ［collotype］ 平版印刷の一種。＊絵画などの美術印刷に適した印刷法。
コロッケ［croquetteフランス］ ゆでたジャガイモと肉，魚介類，卵，野菜にホワイト・ソースを混ぜて丸め，パン粉をまぶして油で揚げた料理。
コロッセオ［Colosseoイタリア］ ⇨コロセウム。
コロナ［corona］ 〖天文〗①光冠。＊皆既日食のとき，太陽のまわりに見える真珠色の光。②光環。＊薄い雲で覆われた太陽や月のまわりに見える光の輪。
コロナ・ウイルス［corona virus］ 一本鎖のリボ核酸(RNA)をもつウイルス。＊表面にある特徴的な突起がコロナ②に似ていることから命名。
コロナグラフ［coronagraph］ 〖天文〗皆既日食時以外のときに，太陽コロナを観測できる望遠鏡。
コロニアリズム［colonialism］ 植民地主義。
コロニアル［colonial］ ①植民地の。②植民地時代風のアメリカの建築様式。
コロニー［colony］ ①植民地；属領。②病気療養者や芸術家，同業者などの集団居住地。③(同種の生物の)群体；(細菌の)集落；(1種または数種の生物の)集団。
コロネーション［coronation］ 戴冠(たいかん)式；即位式。
コロネード［colonnade］ 柱廊。＊西洋の古典建築に見られる，柱が並ぶ回廊。
コロネット［coronet］ ①(貴族の)宝冠。②(婦人の)花冠。
コロポックル［koropokkurアイヌ］ アイヌの伝承に登場する小人。＊原義は「蕗の葉の下の人」。
コロラトゥーラ［coloraturaイタリア］ ソプラノ独唱などで行われる，玉を転がすような，技巧的な歌い方。＊コロラチュラとも。

コロラリー [corollary] ①〘数学〙系。②必然の結果。
ゴロワーズ [Gauloiseフランス] フランスの両切りたばこ。
コロン [colon] 欧文句読点の１つ「:」。＊対照，解説，引用などの前に用いる。
コロンバン [colombinフランス] 野鳩(ばと)。
コロンブス・デー [Columbus Day] コロンブスのアメリカ大陸到達記念日。＊10月の第２月曜日。
コロンブスの卵 [Columbus's egg] 誰にでもできそうなことでも，最初にやるのは難しいということ。＊アメリカ大陸の発見にかかわる逸話から。
コワーキング [coworking] 複数の業種の個人事業主が事務所や会議室を共有して仕事をすること。＊そのための場所をコワーキング・スペースという。
コン [conフランス] 女性器。＊英語ではcunt(カント)。
コンガ [conga] ①中南米の，両手でたたいて演奏する細長い太鼓。②キューバの民族舞踊。
コンカレント・オペレーション [concurrent operation] ⇨マルチプログラミング。
コンキスタドール [Conquistadorスペイン] 16世紀，インカ，アステカ文明を破壊したスペイン人。＊原義は「征服者」。
コンキリエ [conchiglieイタリア] 貝殻状のパスタ。
コンク [conc.] 濃縮した；濃厚な。＊*con*centratedの略。
ゴング [gong] ①銅鑼(どら)。②〘ボクシングなど〙ラウンドの開始・終了の合図にたたく鐘。
コンクール [concoursフランス] ①競技；競争。②書画，音楽，映画などの優劣を競う催し。＝コンテスト。
ゴンクール賞 [Prix Goncourtフランス] フランスの最も権威ある文学賞。
コンクラーベ [conclaveラテン] ローマ教皇を決める選挙会議。
コングラチュレーションズ [Congratulations!] 「おめでとう」。
コンクリート [concrete] ①土木・建築用の材料。＊セメントに砂，砂利，水などを加えて混ぜて固まらせる。②具体的な；実際の。
コンクリート・クライシス [concrete crisis] コンクリートの危機。＊古いコンクリートのひび割れや剝離。
コンクリート・ジャングル [concrete jungle] 人間性が疎外され，孤独で味気ない都会。⇨アスファルト・ジャングル。
コンクリート・パイル [concrete pile] ビルなどの基礎工事で地中に打ち込む鉄筋コンクリート製の杭(くい)。
コンクリート・ブロック [concrete block] コンクリート材料を型に入れて固めたもの。
コンクリート・ミキサー [concrete mixer] コンクリート材料を混ぜ合わせる機械。また，それを取りつけた特殊自動車。＝ミキサー車。
コングレス [congress] ①会議；大会；学会。②[C-] アメリカの議会。
コングロ・マーチャント [日conglo merchant] 複合小売業。＊デパート，専門店，ディスカウント店などを合わせ持っている総合店。コングロマリットとマーチャントの合成語。
コングロマリット [conglomerate] 複合企業。
コン・ゲーム [con game] 信用詐欺。＊最初は相手を信用させておいて，後で詐欺や恐喝を働く犯罪。conはconfidenceの略。
コンコース [concourse] 駅・空港などの中央にある広い通路；公園などの中央広場や広い通路。
コンコーダンス [concordance] 用語索引。
コンサート [concert] 音楽会；演奏

会。
コンサート・ホール [concert hall] 音楽会〔演奏会〕用の建物〔会場〕。
コンサートマスター [concertmaster] 管弦楽団の首席楽手。＊ふつう第1バイオリンの首席奏者。略コンマス。
コンサバティブ [conservative] 保守的な(人)；保守主義の(人)。↔プログレッシブ。
コンサイス [concise] 簡潔な；簡明な。
コンサベーション [conservation] ①(鳥獣・自然などの)保護。②(鳥獣・自然などの)保護区。
コンサベーター [conservator] (美術品などの)修復士。
コンサルタント [consultant] 物事について相談相手となり，助言や指導を行う専門家。また，その職業。
コンサルタント・エンジニア [consultant engineer] 技術顧問。
コンサルティング [consulting] 物事について助言や指導を行うこと。
コンサルテーション [consultation] 相談；協議；諮問。
コンサンプション [consumption] 消費。↔プロダクション①。
コンシーラー [concealer] 〖美容〗ファンデーションの一種。＊部分的な染みや隈(くま)を隠す。
コンシェルジェ [concierge フランス] ①受付；門番。②共同住宅の管理人；ホテルの接客責任者。＊コンシェルジュとも。
コンシエンス [conscience] 良心。
コンシャス [conscious] ①意識〔自覚〕している。②意識的な；故意の。
コンシューマー [consumer] 消費者。
コンシューマー・エレクトロニクス [consumer-electronics] 家庭電化製品。
コンシューマー・グッズ [consumer goods] 消費財。
コンシューマーズ・ユニオン [Consumers Union] 消費者同盟。＊アメリカにある世界最大の消費者組織。
コンシューマーズ・リサーチ [consumers' research] 消費者調査。略CR。
コンシューマー・リレーションズ [consumer relations] 消費者とのつながり。また，それを保つための調査や宣伝広告活動。
コンシューマリズム [consumerism] 消費者優先主義；消費者を守る運動。
コンス [公司 チャイナ] 会社。
コンスタティブ [constative] 〖哲学〗陳述文。↔パフォーマティブ。
コンスタンタン [constantan] 銅とニッケルの合金。＊もと，商品名。
コンスタント [constant] ①一定の；不変の；いつも決まった。②〖数学〗定数；常数。
コンスティチューション [constitution] ①構造；組成。②[C-] 憲法。
コンステレーション [constellation] 星座。
コンストラクション [construction] ①建造；建設。②建物；構造。
コンストラクション・マネジメント [construction management] 建設プロジェクトの企画・設計から工事・引き渡しに至るまでを包括的に管理する業務のこと。
コンストラクター [constructor] 建造者；建設者；造船技師。
コンストラクティビズム [constructivism] 〖美術〗構成主義。＊1910年代ロシアの抽象芸術運動。
コンスピラシー [conspiracy] 陰謀。
コンスピラシー・セオリー [conspiracy theory] 陰謀理論；陰謀史観；実力者が仕組む共謀説。
コンスル [consul ラテン] 古代ローマの執政官。
コンセイエ [conseiller フランス] ワインの

知識の豊富な専門販売員。
コンセショナリー・チェーン [concessionary chain] 専門店が百貨店や駅ビルなどの一区画を借りて出店する形の店舗。
コンセッション方式 [concession method] 国や自治体が公共施設の保有権を持ったまま，民間事業者に運営権を売却できる制度。
コンセプション [conception] ①概念；考え。②着想；創案；構想。
コンセプチュアリスト [conceptualist] ①概念論者。②デザインなどの発想・発案をする人。
コンセプチュアル・アート [conceptual art] 概念〔観念〕美術。＊作品制作の着想や過程を芸術と考える。コンセプト・アートとも。
コンセプト [concept] 概念；観念；構想。
コンセプト・アド [concept ad] 概念広告。＊商品を直接宣伝するのではなく，企業や商品のイメージを新しい感覚で消費者に訴える広告。
コンセプト・カー [concept car] 〘自動車〙次世代を想定した試作車。
コンセルバトワール [Conservatoire フランス] フランスの国立高等音楽学校と高等演劇学校。
コンセンサス [consensus] 合意；意見の一致；総意。
コンセント [日concentric plug] 壁などに取りつけた電気の取り出し口。＊英語では，socket（ソケット），outlet（アウトレット）など。
コンセントレーション [concentration] 精神〔注意〕の集中。
コンセントレート [concentrate] 集中する；専心する。
コンソーシアム [consortium] ①協会。②債権国会議。＊発展途上国に対する援助方式の1つ。③合弁事業；共同事業体；企業連合体。
コンソート [consort] ①(国王・女王などの)配偶者。②僚船。③合奏。
コンソール [console] ①テレビやステレオなどで，外箱に脚がついている型のもの。②〘電算〙(鍵盤(けんばん)のついた)操作卓。
コンソール・タイプ [console type] ステレオやパソコンなどで，各装置が1つにまとめて組み込まれている型。↔コンポーネント・タイプ。
コンソメ [consommé フランス] 澄んだスープ。⇨ポタージュ。
コンソリデーション [consolidation] 統合；合併。
コンソリデーター [consolidator] 混載輸送業者。
コンソレーション [consolation] 敗者復活戦。＊原義は「慰め」。
コンター [contour] ①(山などの)輪郭。②等高線。③形勢。
コンダクター [conductor] ①(管弦楽・合唱の)指揮者。②案内者；添乗員；車掌。
コンダクタンス [conductance] ①伝導力；伝導性。②〘電気〙電気伝導率。＊直流回路では抵抗の逆数。交流回路ではインピーダンスの逆数。
コンタクト [contact] ①接触；交際；連絡。②コンタクト・レンズの略。
コンタクト・センター [contact center] 電話だけでなくメールやウェブ・サイトなど，顧客への対応を幅広い手段で行う部署・部門。
コンタクト・プリント [cotact print] 〘写真〙密着印画；べた焼き。
コンタクト・レンズ [contact lens] 眼球に密着させて用いる視力矯正(きょうせい)用のレンズ。略コンタクト。
コンタミネーション [contamination] ①汚染。②腐敗；汚物。
コンチェルト [concerto イタリア] 〘音楽〙協奏曲。＝コンツェルト。
コンチネンタル [continental] 大陸の；ヨーロッパ大陸風の。
コンチネンタル・グリップ [continen-

tal grip〕 ⇨イングリッシュ・グリップ。
コンチネンタル・タンゴ〔continental tango〕 第1次大戦後，アルゼンチンから伝わり，ドイツを中心に流行したタンゴ。
コンチネンタル・プラン〔continental plan〕 ホテルの料金制の1つで，室料に朝食代だけを含むもの。
コンチネンタル・ルック〔continental look〕 ヨーロッパ風の服装。＊コンチネンタル・スタイルとも。
コンツェルト ⇨コンチェルト。
コンツェルン〔Konzern[ドイツ]〕 それぞれの部門で独立した多数の企業が，持株会社，または銀行によって支配されている形態。
コンテ[1]〔conté[フランス]〕 デッサン用のクレヨンの一種。
コンテ[2] コンティニュイティの略。
絵～ 〖映画，テレビ〗各カットごとに画面スケッチを入れた撮影台本。
コンディショナー〔conditioner〕 髪や肌の手入れに使う薬剤。
コンディショニング〔conditioning〕（体調・環境などを）整えること。
コンディション〔condition〕 ①（体や競技場などの）状態。②条件。
コンティニュイティ〔continuity〕 撮影〔演出〕台本。略コンテ。
コンティニュー〔continue〕 ①続く；留まる。②（さらに）続けていく。
コンティネンス〔continence〕 ①自制；節制。②排便・排尿の自制能力。
コンディメント〔condiment〕 香辛料；薬味。
コンティンジェンシー・プラン〔contingency plan〕 緊急計画。＊不測の事態に備える対応計画。
コンテクスト〔context〕 文章の前後関係；文脈；（事件などの）背景。
コンテスト〔contest〕 ⇨コンクール。
コンテッサ〔contessa[イタリア]〕 伯爵夫人。
コンテナ〔container〕 貨物輸送用の大型の箱。＊コンテナーとも。
コンテナ・ガーデン〔container garden〕 プランターなどに数種類の植物を寄せ植えして楽しむ園芸。
コンデンサー〔condenser〕 ①蓄電器。②集光レンズ。
コンデンス〔condense〕 濃縮すること；凝縮すること。
コンデンス・ミルク〔condensed milk〕 加糖練乳。＊牛乳に砂糖を加え，煮詰めて濃縮したもの。
コンデンセート〔condensate〕 油田で，原油とともに噴出するガスのうち，冷却して液状に戻した天然ガソリン。＊原義は「凝縮液」。⇨NGL。
コンテンツ〔contents〕 ①中身；内容；（本などの）目次。②容量。③〖電算〗情報内容。
コンテンツ・ビジネス〔contents business〕 〖電算〗IT用のコンテンツをつくる仕事や職業。
コンテンツ・プロバイダー〔contents provider〕 ネット上で動画・文章などのデータを提供する業者。
コンテンツ・マーケティング〔contents marketing〕 自社ウェブ・サイトなどを通じてユーザーに有益な情報を継続して発信することで，商品購入などにつなげる手法。
コンテンポラリー〔contemporary〕 同時代の；現代の；今日的な。
コンテンポラリー・アート〔contemporary art〕 現代美術。
コンテンポラリー・ダンス〔contemporary dance〕 バレエやフラメンコなど既成のジャンルにとらわれない，前衛的・実験的な新しいダンス。
コント〔conte[フランス]〕 ①軽妙な短編（小説）；小話。②寸劇。
コントゥアリング〔contouring〕 顔にハイライトなどで陰影をつけて立体的に見せるメーク法。
コンドーム〔condom〕 避妊または性病予防の目的で陰茎にかぶせる薄い

ゴム製筒状の袋。＝サック②，スキン③。
コンドミニアム [condominium] ①分譲マンション。②共同管理。
ゴンドラ [gondolaイタリア] ①イタリアのベネチア名物の細長い平底舟。②気球やロープウェイなどに吊(つ)りさげてあるかご〔客室〕。
コンドライト [chondrite] 球粒隕石。＊鉱物集合体を含むもの。
コントラクター [contractor] 契約者；請負者。
コントラクト [contract] (売買などの)契約；契約書。
コントラスト [contrast] ①対照；対比。②(写真やテレビの画面などの)明暗の差。
コンドラチェフのサイクル [Kondratieff cycle] 50～60年を周期とする景気の波動。
コントラバス [contrabass] ⇨ダブル・ベース，バス[1]③。
コントラプンクト [Kontrapunktドイツ] 〖音楽〗対位法。
コントラルト [contraltoイタリア] ⇨アルト。
コンドリオソーム [chondriosome] ⇨ミトコンドリア。
コントリビューション [contribution] 貢献；寄付；援助。
コンドル [condor] ハゲワシ。＊南アメリカの高山にすむ猛禽(もうきん)。
コンドロイチン [chondroitin] 軟骨や腱に含まれるムコ多糖体。
コントローラー [controller] ①制御装置。②(企業の)管理者。③航空管制官。④〖電気〗整流器。⑤テレビ・ゲームなどの操作に用いる器具。
コントロール [control] ①支配；管理。②制御。③〖野球〗投手の制球力。
コントロール・キー [control key] 〖電算〗ほかのキーと同時に押して特殊な機能を実行できるキー。＊上部にCtrlやCTRLと書かれている。
コントロール・センター [control center] 管理し制御をする本部。
コントロール・タワー [control tower] ①航空管制塔。②スポーツにおける司令塔の役割を果たす選手。
コントロールド・デリバリー [controlled delivery] 泳がせ捜査。＊麻薬捜査の手法の１つで，密輸薬物を監視下で移動させること。
コントロール・パネル [control panel] 〖電算〗制御盤。
コントロール・プログラム [control program] 〖電算〗制御プログラム。
ゴンドワナ大陸 [Gondwana continent] プレート・テクトニクス理論において，かつて南半球に存在したと考えられている超大陸。
コンノート [connote] ①〖論理〗内包すること。②〖言語〗共示すること；含意すること。
コンパ [日company] 学生が費用を出し合ってする懇親会。
コンバージェンス [convergence] 集中；１点に集まること。
コンバージョン [conversion] 変換；転換。
コンバージョン・キック [conversion kick] ラグビーでトライ後に得られるゴールキック。ゴールを決めると２点が追加される。
コンバーター [converter] ①〖電気〗変流器。＊交流を直流に，直流を交流に変換する装置。⇨インバーター。②〖テレビ，ラジオ〗周波数変換装置。③転炉。＊鉄や銅などの精錬に用いる回転炉。④〖電算〗コンバート③を行うソフト。
コンバーター・レンズ [converter lens] 焦点距離を変えるために標準レンズの前に取りつける補助レンズ。＊コンバージョン・レンズとも。
コンバーチブル [convertible] 折りたたみ式の幌(ほろ)のついた自動車。
コンバート [convert] ①〖野球〗今

コ

までの守備位置から他の守備位置に転向させること。②〘ラグビー〙キックしたボールが相手のクロスバーを越えて得点になること。③〘電算〙あるプログラム用に作成されたデータを別のプログラムでも使えるようにすること。

コンパートメント [compartment] (列車などの)個室式に仕切った客室。

コンパイラー [compiler] 〘電算〙コンパイラー言語で書かれたプログラムを機械語に翻訳するプログラム。 **～言語** [～language] 日常語に近い形で書けるプログラム言語。

コンパイル [compile] 〘電算〙プログラムを機械語に変換すること。

コンバイン [combine] ①刈り取り，脱穀，選別の機能を兼ね備えた農業機械。②組み合わせる。

コンバインド・サイクル発電 [combined cycle power generating] ガス・タービンと蒸気タービンとを併用して行う方式の火力発電。

コンパウンド [compound] ①混合の。②〘言語〙複合語。③混合物；合成物。④〘化学〙化合物。

コンパクト [compact] ①おしろいとパフを入れて持ち歩くことのできる，ふたの裏に鏡のついた化粧容器。②小さくまとまった。

コンパクト・カメラ [日compact camera] 初めての人でも簡単に写せる35ミリ判の小型カメラ。

コンパクト・ディスク [compact disc] レーザー光線を当てて再生する方式のレコード。略CD。

コンパクト・フラッシュ [Compact Flash] 〘商標〙フラッシュ・メモリーを利用した小型の記憶装置(カード)。

コンパス [compass] ①円を描くのに用いる製図用具。②羅針盤。③(人の)歩幅。

コンパチビリティー [compatibility] 〘電算〙互換性があること；流用できること。

コンパチブル・プレーヤー [compatible player] 同一の機械で，CDやDVDなど，異なる種類のディスクが再生できるプレーヤー。

コンパッション [compassion] あわれみ；同情。

コンバット [combat] (比較的小規模な)戦闘。

コンバット・チーム [combat team] 警視庁の特殊事件捜査班の愛称。

コンバット・ブーツ [combat boots] 軍靴。

コンバット・マーチ [日combat march] スポーツの応援のために演奏する行進曲。

コンパニオン [日companion] ①国際的な催しや博覧会，展示場などで案内・接待役を務める女性。②宴会などで客の相手をする女性。

コンパニオン・アニマル [companion animal] 人間の伴侶としての愛玩動物。＊従来の「ペット」に代わる語。

コンパニオン・プランツ [Companion Plants] 共栄植物。＊一緒に植えると，互いによく育つといわれる植物。

コンパラブル [comparable] 比較できる；匹敵する。

コンパラブル・ワース ⇨CW²。

コンパルソリー [compulsory] ①必修の；義務的な。②課題；規定。

コンビ コンビネーションの略。

コン・ビーフ [corned beef] 塩漬けにした牛肉。＊コーン・ビーフとも。

コンピタンス [competence] 能力；言語能力。＊コンピテンスとも。

コンピテンシー [competency] 能力；力量；資格。

コンビナート [kombinatロシア] 生産効率を高めるため1地域に計画的に集められた工場の集団。

コンビニ コンビニエンス・ストアの略。

コンビニエンス [convenience] 便

宜；便利。

コンビニエンス・ストア [convenience store] 食料品を中心に生活必需品を幅広くそろえた小売店。略コンビニ，CVS。

コンビニエンス・フーズ [convenience foods] 調理に手間のかからない食品。＊インスタント食品，レトルト食品，冷凍食品など。

コンビニエント [convenient] 便利な。

コンビネーション [combination] ①息の合った２人組。略コンビ。②〘野球〙投手の投球の組み合わせ；配球。③上下がひと続きになっている肌着。④２色の革で作られている靴。

コンビネーション・ジャンプ [combination jump] 〘フィギュア・スケート〙２種類以上のジャンプを続けてとぶこと。

コンビネーション・ブロー [combination blow] 〘ボクシング〙相手に対し打つ箇所や打ち方を巧みに変えながらパンチを連続的に浴びせること。

コンビネゾン [combinaison フランス] 上下がひと続きになっている衣服。

コンピュータ [computer] 電子計算機。＊コンピューターとも。

〜言語 ⇨プログラム言語。

〜犯罪 [〜crime] コンピュータの悪用による犯罪。＊データの盗用・改竄や不法操作による詐欺など。

コンピュータ・アート [computer art] コンピュータを利用して作曲したり，図形を描いたりする芸術。＝テクノロジー・アート。

コンピュータ・ウイルス [computer virus] 他人のコンピュータの中に入り込み，システムを破壊する悪質プログラムのこと。＝ワーム③。略ウイルス。

コンピュータ・エシックス [computer ethics] 情報倫理。

コンピュータ・グラフィックス [computer graphics] コンピュータを使って図形や画像を処理すること。略CG。

コンピュータ・ゲーム [computer game] コンピュータを用いたゲーム遊び。＊テレビ・ゲームなど。

コンピュータ・シミュレーション [computer simulation] コンピュータを使って行う模擬実験。

コンピュータ・セキュリティ [computer security] コンピュータの安全性や信頼性を確保すること。また，ウイルスの侵入やデータの不正利用を防ぐこと。

コンピュータ・トモグラフィー [computerized tomography] コンピュータ断層撮影。＊X線を人体に当てて透過量を測定し，そのデータをコンピュータで処理して人体の横断面を影像として再生する方法。略CT。

コンピュータ・ネットワーク [computer network] 複数のコンピュータ・システムを相互に通信回線で結んだもの。＊データが共用できる。

コンピュータ・マッピング [computer mapping] コンピュータを用いて地図情報を図形化する方法。

コンピュータ・ユーティリティー [computer utility] コンピュータの公共利用。

コンピュータ・リテラシー [computer literacy] コンピュータを使用する能力。

コンピュータ・ワーム [computer worm] コンピュータ・ウイルスよりも伝染力のきわめて強いプログラム。＊ワームは「いも虫」「うじ虫」。

コンピュータ・ワクチン [computer vaccine] コンピュータ・ウイルスに対抗して，絶えず監視している防止用ソフト。略ワクチン。

コンピューティング [computing] 〘電算〙計算；コンピュータ処理。

コンピレーション [compilation] 寄

せ集め；編集；編集物。

コンピレーション・アルバム [compilation album] ヒット曲や名曲など，ある編集方針に基づいて1つにまとめられたCD。

コンプ [comp.] ①ほぼ完成した構図。＊*comp*rehensive layoutの略。広告主の承認を得るために使用される。カンプとも。②即興演奏によるリズミカルなジャズ音楽。＊ac*com*-*p*animentの略。③無料招待客；無料招待券。＊*comp*limentaryの略。

コンファーム [confirm] 確かめる；確認する。

コンファレンス [conference] ①会議；協議会。②会談；協議。＊カンファレンスとも。

コンフィー [confit(フランス)] 豚，鶏，鴨などの肉をその油で長時間煮込み，漬け込んだフランス料理。＊保存食。

コンフィギュレーション [configuration] ①配置；形状。②〘電算〙構成；組み合わせ。

コンフィデンシャル [confidential] 秘密の；機密の；極秘の。

コンフィデンス [confidence] ①自信；うぬぼれ。②信用；信頼。③秘密；機密。

コンフェクショナリー [confectionery] ①砂糖菓子。②菓子店。

コンフェクション [confection] ①砂糖菓子。②凝ったデザインの既製婦人服。⇨プレタ・ポルテ。

コンフェッション [confession] (罪の)告白；懺悔(ざんげ)；自白。

コンフェデレーション [confederation] 同盟；連合；連邦；国家連合。

コンフォート [comfort] ①快適さ；慰め；慰安。②元気づける；励ます。

コンフォート・シューズ [comfort shoes] 足にフィットする，幅広の履き心地のよい靴。

コンフォート・ゾーン [comfort zone] 快適で居心地の良い場所。＊ビジネス・シーンでは安定にとどまることを意味するため，否定的にとらえられる。

コンフォーミスト [conformist] ①遵奉者；順応主義者。②英国国教徒。

コンフォーミズム [conformism] 画一主義；体制順応主義。

コンフォーム [conform] (規則・慣習などに)従うこと；順応すること。

コンプライアンス [compliance] ①法令遵守(じゅんしゅ)。②服薬遵守。③物質のたわみ；弾力性。

コンプライ・オア・エクスプレイン [comply or explain] 企業統治において導入される，原則を遵守(じゅんしゅ)しない場合に顧客や株主へ適切な説明を行うこと。

コンフリー [comfrey] ヨーロッパ原産のムラサキ科の多年草。＊食用，薬用にする。

コンプリート [complete] 完全な；申し分のない。

コン・ブリオ [con brio(イタリア)] 〘音楽〙「元気よく演奏せよ」。

コンフリクト [conflict] ①争い；紛争。②(意見・利害・感情などの)葛藤；衝突；不一致；矛盾；摩擦。

コンプリメント [compliment] 賛辞；褒め言葉。

コンプレイン [complain] 文句・苦情を言う。

コンプレックス [complex] ①抑圧されて心の底にひそむ感情。②インフェリオリティー・コンプレックスの略。＊日本語用法。③複合体。

コンプレッサー [compressor] エア・コンプレッサーの略。

コンプレッション [compression] 圧縮。

コンプレッション・バッグ [compression bag] 旅行やアウトドアに適した，寝袋などを圧縮して収納できるバッグ。

コンプロマイズ [compromise] 妥

協，和解すること。
コンペ　コンペティションの略。
コンベクション［convection］①対流。②上昇気流。
コンベクター［convector］対流式暖房器具；対流放熱器。
コンベックス［convex］①凸面。②凸面レンズ。
コンペティション［competition］①競技会；競争。②建築設計やデザインの公募。略コンペ。
コンペティター［competitor］競争者；競争相手。
コンベヤー［conveyor］物を移動・運搬するための帯状の装置。
コンベヤー・システム［conveyor system］コンベヤーを使った流れ作業方式。
コンベンショナル［conventional］通常の；従来の；慣例の。
コンベンション［convention］①集会；大会；代表者会議。②取り決め；協定。③慣習；しきたり。
コンベンション・シティ［convention city］会議場，見本市，各種イベントなどの集会施設があり，集会を開催することにより活性化を図る都市。
コンベンション・センター［convention center］会議場や宿泊施設の集中している地区または建物。
コンベンション・ビューロー［convention bureau］大会事務局。
コンベンション・ホール［convention hall］（ホテルなどの）会議場。
コンペンセーション［compensation］①償い；代償。②報酬。③補整；補強。④代償作用。
コンボ［combo］3～8人ぐらいの小編成のジャズ楽団。
コンポ　コンポーネント，コンポーネント・ステレオの略。
コンボイ［convoy］①護衛。②護衛船団〔部隊〕。③大型トラックなどの大部隊。
コンポーザー［composer］作曲家。
コンポート［compote］①果物の砂糖煮〔砂糖漬け〕。②果物などを盛る脚つきの皿。
コンポーネント［component］①構成要素。②ステレオを構成する各部分。＊アンプ，プレーヤー，スピーカーなど。略コンポ。
コンポーネント・ステレオ［日component stereo］アンプ，プレーヤー，スピーカーなどがそれぞれ単体になっているステレオ。略コンポ。
コンポーネント・タイプ［component type］パソコンなどの機器の単体を組み合わせて使用するようにしたもの。↔コンソール・タイプ。
コンポジション［composition］①構成；組織；構造。②（絵画・写真などの）構図。③作曲。④作文。
コンポジット［composite］①合成；複合。②複合材料。③複合燃料。
コンポジット・インデックス［composite index］景気総合指数。略CI。
コンポスター［composter］生ごみを使って堆肥（たいひ）を作る容器。
コンポスト［compost］①堆肥。＊特に生ごみや落葉などで作ったものをいう。②混合物。
コンマ［comma］①欧文の区切りに用いる符号の1つ（,）。②数字を3けたごとに区切るのに用いる符号（,）。③小数点（.）。＊カンマとも。
～以下　①小数点以下。②標準以下。
コンメンタール［Kommentarドイツ］①法律の逐条解釈。②法律の解説書。＊コメンタール，コメンタリーとも。

サ

サー［sir］①目上の男性に対する敬称。②［S-］イギリスで，準男爵やナイトの称号をもつ人に対する尊称。⇨デーム。

サーガ ⇨サガ。
サーカス [circus] 曲芸，軽業(かるわざ)，動物の芸などを見せる興行。また，その団体。
サーカズム [sarcasm] 皮肉；いやみ；嘲(あざけ)り。
サーカディアン・リズム [circadian rhythm] 概日リズム。＊生物がもつ約24時間周期の生体現象。
サーカムスタンス [circumstance] 環境；情況；事情。
サーキット [circuit] ①電気回路。②自動車競走などの環状走路。
サーキット・トレーニング [circuit training] 何種類かの運動を組み合わせて1セットとし，それを何回か繰り返して行う訓練法。＊基礎体力を養成するために行う。
サーキット・ブレーカー [circuit breaker] ⇨ブレーカー。
サーキュラー [circular] ①円形の；循環の。②回状；引き札。
サーキュラー・スカート [circular skirt] 布地を円形に裁断して作ったスカート。＊すそが広がって波打った形になる。
サーキュラー・ピッチ [circular pitch] 円ピッチ。＊歯車の歯の外周円上の1点から次の歯の同じ点までの弧の長さ。
サーキュラー・ミル [circular mil] 電線や針金などの太さを表す単位。＊1サーキュラー・ミルは1000分の1インチ。
サーキュレーション [circulation] ①循環；流通。②新聞・雑誌の発行部数；テレビやラジオの普及度。
サーキュレーター [circulator] (気体・液体の)循環装置。
サークライン [Circuline] 〖商標〗輪の形になった蛍光灯。
サークル [circle] ①円；円形。②同じ趣味などを持った者の集まり；仲間。③ベビー・サークルの略。
サークル・レンズ [circle lens] ふちに色の着いたコンタクト・レンズ。＊瞳を大きく印象的に見せる。
サークロラマ [Circlorama] 〖商標〗全周スクリーン映画。
ザーサイ [搾菜チャイナ] 中国四川省特産のからし菜の一種。また，その根に近い肥大した部分の漬物。
サージ[1] [serge] 斜め綾(あや)織りの服地。＊主に梳毛(そもう)糸を用いる。
サージ[2] [surge] ①大波。②感情の高まり。③電圧が瞬間的に高くなること。＊落雷など。
サージェリー [surgery] ①外科；外科診療。②外科診察室。＊サージャリーとも。
サージェント [sergeant] 軍曹(ぐんそう)。＊米英の軍隊の階級の1つ。サージャントとも。
サージャン [surgeon] ①外科医。②軍医。
サース ⇨SaaS。
サーズ ⇨SARS。
サースティー [thirsty] ①のどが渇いた；乾燥した。②切望する。
サーチ [search] ①探すこと；調べること。②〖電算〗(情報の)検索。
サーチ・エンジン [search engine] 〖電算〗情報検索システム。＊検索エンジンとも。
サーチャー [searcher] コンピュータを使って，データ・ベースから必要な情報を検索する人〔職業〕。
サーチャージ [surcharge] 追加料金；割増金。
燃油〜 [fuel〜] 燃油特別付加運賃。＊原油価格が高騰したときに一時的に導入される。
サーチュイン遺伝子 [Sirtuin gene] 長寿遺伝子；抗老化遺伝子。
サーチライト [searchlight] 探照灯。
サーティフィケート [certificate] 証明書；免許状；卒業証書。
サーディン [sardine] ①イワシ(鰯)。

②イワシのオリーブ油漬け。＊サージンとも。

サード［third］ ①〖野球〗3塁；3塁手。②〖自動車〗前進第3のギア。④第3の。

サード・ウェーブ・コーヒー［third wave of coffee］ コーヒー豆の栽培や焙煎方法を重視する，コーヒー文化の「第三の潮流」。

サードニックス［sardonyx］ 紅縞(しま)めのう。＊8月の誕生石。

サード・パーティー［third party］ 当事者とは異なる，第三者としての企業・団体など。

サード・パーティー・ロジスティクス［third party logistics］ 荷主から物流業務を包括的に受託する企業，またはその業態。略3PL。

サーバー［server］ ①〖テニス，バレーボールなど〗サービス⑤を行うプレーヤー。②料理をのせる盆；料理を取り分けるための大型のフォーク，スプーンなど。③〖電算〗ネットワーク上で，クライアント側の求める機能を実行して，その結果を提供する側のコンピュータ。

サーバント［servant］ 召使い；使用人；奉仕者；公務員。

サービサー［servicer］ 債権の回収・管理を専門にする会社。

サービス［service］ ①奉仕。②利益や便宜を提供する仕事；(電気・ガスなどの)供給；(通信・交通などの)事業，業務。③もてなし；接待；客扱い。④商品の値段を安くしたり，おまけをつけたりすること。⑤〖テニス，バレーボールなど〗プレー開始のとき攻撃側がボールを打ち出すこと。＝サーブ①。↔レシーブ。

～残業 残業手当が支払われず，労働者のサービスとして行われる時間外労働。

～付き高齢者向け住宅 入居者の安否確認・生活相談サービスが提供される，バリアフリー構造を備えた高齢者向け住宅。

サービス・エース［service ace］〖テニス，バレーボールなど〗相手がレシーブできないような鋭いサービス。また，それによる得点。

サービス・エリア［service area］ ①高速道路で，給油所，食堂，休憩所などのある所。②(テレビ，ラジオが)良好な状態で視聴できる範囲。③電力，ガス，水道などの供給区域。略SA。

サービス・カー［service car］ 応急修理やアフター・サービスのためにメーカーや販売店などから派遣される自動車。＊日本語用法。

サービス・カウンター［service counter］ 客に情報やサービスを提供する場所。

サービス・ゲーム［日service game］〖テニス〗自分がサービス権をもつゲーム。

サービス・コート［service court］〖テニス〗コート内のサーブを打ち込む区域。

サービス・コスト［service cost］ サービスを提供するためにかかる費用。＊配送費，包装費など。

サービス・ステーション［service station］ ①販売した商品の修理などのサービスを行う所。②自動車の給油，洗車などのサービスを行う所。

サービス・ゾーン［service zone］〖バレーボール〗サーブを打つ区域。＊エンド・ラインの後方。

サービス・ドッグ［日service dog］ 身体障害者の手足となって奉仕し，その自立を助ける犬。

サービス・ブレーク［service break］〖テニス〗相手にサービス権があるゲームに勝つこと。

サービス・マーク［service mark］ サービス業で，自社のサービスを他社のサービスと区別するために使う標識。＊商標登録する。
サービス・ヤード [日service yard] 物置や物干し場などに使われる，勝手口の外にある小さな庭。
サービス・ライン [service line] 〖テニス，バレーボール〗サービス・コートの，ネットに平行な線。
サービス・ルーム [service room] ホテルなどの御用承り室。
サービング [serving] 奉仕活動。
サーフ [surf] ①寄せ波。②波乗りをする。
サーブ [serve] ⇨サービス⑤。
サーファー [surfer] サーフィンをする人。＊サーフライダーとも。
サーファーズ・イヤ [surfer's ear] 水中でのスポーツによって外耳道が狭くなる疾患。
サーブ・アンド・ボレー [serve and volley] 〖テニス〗サーブと同時にネットに近づき，相手の返球をボレーで返すプレー。
サーフィン [surfing] (サーフボードを使って行う)波乗り。
サーフェス [surface] ①表面；外面。②面。③うわべ；外観。＊サーフィスとも。
サーフ・キャスティング [surf casting] 投げ釣り。＊サーフ・キャストとも。
サーフスキー [surfski] 約6メートルの長さのカヤックに似た乗り物。＊主にライフセービング競技用に使われている。
サーフ・トローリング [surf trolling] 岸からルアーを投げ，リールを巻きながらルアーを引く流し釣り。
サーブ・ポイント [日serve point] 〖バレーボール〗サービスによる得点。
サーフボード [surfboard] (サーフィンをするための)波乗り板。略ボード。
サープラス [surplus] 残り；余剰；過剰；余剰金；黒字。
サーブル [sabreフランス] ①⇨サーベル。②フェンシングで使う剣の1つ。また，それを使って行う競技。＊突きと斬る技で勝敗を決める。
サーフ・ローラー [surf roller] ⇨スケートボード。
サーベイ [survey] 調査；検分；測量。
サーベイ・メーター [survey meter] 携帯用の放射線測定器。＊ガイガー・カウンターなど。
サーベイヤー [Surveyor] ①アメリカの月面無人探査機。②調査士；鑑定士。
サーベイランス [surveillance] 監視；監視制度。
サーベル [sabelオランダ] 騎兵刀；洋剣。＊先のとがった片刃の洋刀。日本ではかつて，軍人や警官が腰に下げた。
サーボ機構 [servomechanism] 物体の位置，方向，姿勢などを制御する機能をもった自動制御機構。
サーボブレーキ [servobrake] 油圧や空気圧などを利用して操作力を強めたブレーキ。
サーボモーター [survomoter] サーボ機構内で，位置・速度・角度などを自動制御するための動力源。
サーマル [thermal] 熱の。
サーマル・プリンター [thermal printer] 感熱式プリンター。＊熱によって印字する方式のもの。
サーマル・リアクター [thermal reactor] ①エンジンの排ガスを少なくする装置。②熱中性子増殖炉。
サーミスター [thermistor] 温度によって電気抵抗が変わる半導体。
サーメット [cermet] セラミックスの粉末と金属の粉末を混ぜ合わせて焼き固めたもの。＊硬く，熱・摩耗・腐食に強いというセラミックスの長所と，ねばりがあるという金属の長所を兼ね備えている。*ceramic*＋*metal*から。
ザーメン [Samenドイツ] 精液。＝スペルマ。
サーモエレメント [thermoelement] 熱電素子。＊異種の金属を接合した半導体で，電流によって，一方は発熱し，他方は吸熱する性質がある。
サーモグラフィー [thermography] 温度分布画像法；体表面温度測定装置。＊体表面より放射される赤外線を測定して，体表面の温度分布の差を見る。乳がんなどの診断に使う。
サーモコンクリート [thermoconcrete] 発泡(はっぽう)剤を混ぜて気泡(きほう)を作ったコンクリート。＊軽く，耐熱性，吸音性にすぐれる。＝パーライト。
サーモスタット [thermostat] 恒温装置。＊温度を自動的に一定に保つ装置。
サーモバロメーター [thermobarometer] ①熱晴雨計。②温度気圧計。
サーモメーター [thermometer] 温度計。
サーモモーター [thermomotor] 熱機関。＊加熱された気体の膨張力を利用した原動機。
サーモン [salmon] サケ(鮭)。また，その肉。
サーモン・ピンク [salmon pink] サケ(鮭)の肉の色のようなピンク色。
サーロイン [sirloin] 牛の腰肉の上部の肉。＊ロースト用の最上の肉。
サーロイン・ステーキ [sirloin steak] 厚めのサーロインを焼いた肉料理。
サイ [psi] 精神に関する超常現象。＊念力，透視，千里眼，テレパシー，予知など。＝プシー②。
サイアー [sire] 競馬の種牡馬(しゅぼば)。
サイアベンダゾール [thiabendazole] 柑橘(かんきつ)類やバナナなどに用いられるカビ防止剤。略TBZ。
サイアロン [sialon] セラミックスの一種。＊窒化珪素(けいそ)，シリカ，アルミナを混ぜ合わせて焼き固めたもの。耐熱性にすぐれる。
サイエンス [science] ①科学；学問。②自然科学。③ [S-] アメリカ科学振興協会(AAAS)が発行する，世界で最も権威ある学術雑誌。
サイエンス・カフェ [science café] 科学の専門家と一般の人々がカフェなどで科学について語り合う場。
サイエンス・パーク [science park] 国公立の研究機関や企業研究所を核にしてつくられる学術都市。＊つくば研究学園都市など。
サイエンス・フィクション [science fiction] ⇨SF。
サイエンティスト [scientist] 科学者；自然科学者。
サイエンティフィック [scientific] 科学の；科学的な。
サイカシン [cycasin] ソテツ(蘇鉄)の実に含まれる発がん性の物質。
サイキック [psychic] ①霊魂の；心霊的；超自然的。②霊能力をもつ人；霊媒。
サイキックス [psychics] 霊媒；心霊学。
サイクリスト [cyclist] サイクリングの愛好者；自転車に乗る人。
サイクリング [cycling] 自転車での遠乗り；自転車旅行。
サイクリング・ロード [cycling road] 自転車専用道。＊サイクリング・コースとも。
サイクル [cycle] ①周期；(景気などの)循環。②(電波などの)周波数単位。＊現在はヘルツ(Hz)。③(エンジンの)1行程。④自転車。
核燃料～ 核燃料(ウランなど)の濃縮，使用済みの核燃料の再処理，不要物の廃棄という，核燃料の循環。
サイクル・アンド・ライド [cycle and ride system] 自宅から最寄りの駅までは自転車，そこから都心までは鉄道を利用して通勤する方式。
サイクルコンピュータ [cyclocomputer] 自転車に取り付けて走行距離や

サ

時間，心拍数などを計測できる機器。
サイクル・サッカー [cycle soccer] 自転車に乗ってするサッカー。
サイクル・タイム [cycle time] 〖電算〗記憶装置が1つの命令を実行するのにかかる最小時間。
サイクル・ヒット [cycle hit] 〖野球〗1試合中に単打，2塁打，3塁打，本塁打のすべてを1人で打つこと。
サイクル・フィギュア [日cycle figure] 室内での自転車の曲乗り競技。＊車上で倒立や後輪走行などを行う。
サイクル・ポート [cycle port] 自転車置き場。
サイクロイド [cycloid] 円が直線上または曲線上を転がっていくとき，円周上の1点が描く軌跡。
サイクロシチジン [cyclocytidine] 制がん剤の1つ。＊日本で開発されたもので，体内での活性持続時間が長い。＊サイクロCとも。
サイクロトロン [cyclotron] 荷電粒子加速器の1つ。
サイクロプス [Cyclops] ⇨キュクロプス。
サイクロメーター [cyclometer] 車輪回転記録計；走行距離計。
サイクロン [cyclone] ①インド洋で発生する熱帯低気圧。②遠心力を利用して複数のものを分離する装置。
サイケ サイケデリックの略。
サイケデリック [psychedelic] 幻覚的な；(色彩が)極彩色でけばけばしい。略サイケ。
サイケデリック・アート [psychedelic art] 派手な色彩や珍奇な模様で視覚効果をねらったアート，デザイン。＊1960年代後半に流行。
サイコ [psycho] 精神疾患の患者；神経症患者。
サイコアナリシス [psychoanalysis] 精神分析(学)。
サイコ・オンコロジー [psycho oncology] 精神腫瘍(しゅよう)学。＊精神科医も参加して，がん患者の不安を取り除きながら治療する方法。
サイコガルバノメーター [psychogalvanometer] 心理的刺激に対する反応を測定する装置。＊俗に「うそ発見器」と呼ばれているもの。
サイコキネシス [psychokinesis] 念力；念動。略PK。＝テレキネシス。
サイコキラー [psychokiller] 異常殺人者；猟奇的殺人犯。
サイコセラピー [psychotherapy] 心理〔精神〕療法。
サイコセラピスト [psychotherapist] 心理〔精神〕療法によって治療を行う専門家。
サイコソマチックス [psychosomatics] 心身症。
サイコドラマ [psychodrama] 心理劇。＊集団心理〔精神〕療法の1つ。患者に即興劇を演じさせて，隠された心の内部が表出されるようにする。
サイコトロピック・ドラッグ [psychotropic drug] 向精神薬。＊幻覚剤や精神安定剤など。
サイコパス [psychopath] 人格障害の1つ。＊(反社会的傾向をもつ)精神疾患の患者。
サイコロジー [psychology] ①心理学。②心理(状態)。
サイコロジカル [psychological] 心理的な；心理学的な。
サイコロジカル・ライン [psychological line] 株価変動を予測する短期指標の1つ。＊投資家の心理を読んで株価を予測する。
サイコロジスト [psychologist] 心理学者；心理カウンセラー。
サイズ [size] 大きさ；寸法。
サイダー [cider] 炭酸水に砂糖，香料を加えた清涼飲料水。＊英語では「りんご酒」の意味。
サイディング [siding] 外壁。
サイテーション [citation] ①引用(文)。②表彰(状)。

サイテーション・インデックス [citation index] 引用索引。＊科学論文などの引用件数をまとめたもの。

サイト[1] [sight] 見ること；光景。

サイト[2] [site] 〖電算〗インターネット上でホームページやデータが置かれているサーバー環境のこと。

サイド [side] (対立するもののそれぞれの)側(がわ)。

サイド・アタック [side attack] ①〖サッカー〗サイドを起点とする攻撃。②〖ラグビー〗スクラム，ラック，モールから出たボールをパスせず，すぐにその脇をついて攻撃をする戦法。

サイドウォーク [sidewalk] 歩道。

サイド・エフェクト [side effect] 副作用。

サイド・オーダー [side order] 料理を追加注文すること。また，その料理。

サイドカー [sidecar] ①オートバイの横に取りつける座席車。また，それが付いたオートバイ。②ブランデーをベースにしたカクテルの一種。

サイトカイニン [cytokinin] 植物の生長ホルモンの一種。

サイトカイン [cytokine] 血液中の生体機能を調節するたんぱく質。＊免疫作用，抗腫瘍(しゅよう)作用がある。

サイトカイン・ストーム [cytokine storm] 免疫療法の副作用などにより，サイトカインが過剰に分泌され臓器障害などを引き起こすこと。

サイドキック [sidekick] 〖サッカー〗ボールを足の側面で蹴るキック。＊原義は「親友」「相棒」。

サイトシーイング [sightseeing] 観光；名所見物。

サイド・ジョブ [side job] 副業；内職。＝サイド・ビジネス，サイド・ワーク。

サイド・ステップ [side step] ①〖スポーツ〗横に足を踏み出すこと；横へ1歩寄ること。②〖ダンス〗片足を横に出し，もう片足の足を引き寄せてそろえるステップ。

サイドストローク [sidestroke] 〖水泳〗横泳ぎ；のし。

サイト・スペシフィック・アート [site-specific art] 特定の場所の性質を生かした芸術作品。

サイド・スロー [日side throw] 〖野球〗横手投げ。＊英語ではsidearm throwという。

サイド・テーブル [side table] 机，食卓，ベッドなどのわきに置く小型のテーブル。

サイド・ドア・ビーム [日side-door beam] 自動車のドアに組み込む補強材。＊車体側面の衝突に備える。

サイド・ドラム [side drum] ⇨スネア・ドラム。

サイド・バイ・サイド [side-by-side] ①〖ダンス〗パートナーが同じ方向を向いて並ぶこと。②〖テニス〗ダブルスで，２選手が自陣のコートを左右に2分し，それぞれ一方を分担して守ること。

サイドバック [sideback] 〖サッカーなど〗フィールド左右のサイド後方を守る選手。また，その守備位置。

サイド・ビジネス [日side business] ⇨サイド・ジョブ。

サイド・ブック [日side book] 副読本。＝サイド・リーダー。

サイド・ブレーキ [日side brake] 〖自動車〗駐車用の手動ブレーキ。＝ハンド・ブレーキ②。

サイド・プレーヤー [side player] ⇨バイプレーヤー。

サイド・ベンツ [side vents] 背広の上着の両わきの裾(すそ)に入れた切れ込み。⇨センター・ベント。

サイドボード [sideboard] (居間・食堂などに置く)食器棚；わき棚。

サイド・ポケット [side pocket] 上着の両わきにつけたポケット。

サイト・マップ [site map] ウェブ・サイト全体の構成をリスト化し，リンクを貼った案内図のページ。
サイド・ミラー [日side mirror] 自動車などの車体の前部の両側に取りつけた鏡。
サイトメガロウイルス [cytomegalovirus] 巨細胞ウイルス。＊ヘルペス群に属するウイルスの1つで，胎内感染により新生児の小頭症・網膜性出血などの原因となる。略CMV。
サイト・ライセンス [site licence] 〖電算〗1つのソフトウェアを特定の場所で複数のコンピュータや作業者で利用する権利。
サイドライト [sidelight] (写真・映画などで)側面から照らす光。
サイドライン [sideline] 〖バレーボール，バスケットボールなど〗コートを区画する線のうち，長いほうの線。↔エンド・ライン。
サイド・リーダー [日side reader] ⇨サイド・ブック。
サイド・ワーク [日side work] ⇨サイド・ジョブ。
サイドワインダー [sidewinder] ①ガラガラヘビ。②[S-]米軍の短射程空対空ミサイル。
サイネリア ⇨シネラリア。
サイバー [cyber-] 「電脳」「コンピュータに関する」を意味する接頭辞。
サイバー・インテリジェンス [cyber intelligence] コンピュータ・ネットワーク上で行われる諜報(ちょうほう)活動。＊サイバー攻撃などが含まれる。
サイバーウォー [cyberwar] 電脳戦争。
サイバースペース [cyberspace] 電脳空間。＊コンピュータ・ネットワーク上に形成され，擬似体験もできる仮想的な世界。
サイバー・セキュリティ [cyber security] コンピュータやネットワークをウイルスなどから防御すること。
サイバーテロリズム [cyberterrorism] インターネットを経由して相手のコンピュータに侵入し，ネットワークやデータの破壊を行うテロ活動。＊サイバーテロとも。
サイバーナイフ [Cyberknife] 定位放射線治療装置。＊ピンポイントで腫瘍(しゅよう)を治療。原義は「人工頭脳ナイフ」。
サイバー・パトロール [cyber patrol] インターネット上で行われる，有害情報・違法行為の取り締まり巡回活動。
サイバーパンク [cyberpunk] 近未来を描くSFの形式の1つ。＊Cybernetics(人工頭脳学)とpunk(ちんぴら)との合成語。1980年代に流行。コンピュータが支配する未来を描く。
サイバーフォース [cyberforce] 警察庁のハッカー，サイバーテロなどの監視・犯罪対策部隊。
サイバーポリス [日cyberpolice] 電脳警察。＊ハイテク犯罪に対応する警察庁の捜査機構。
サイバーポルノ [cyberporno] インターネットで配信されるポルノ画像。
サイバー・マンデー [Cyber Monday] アメリカにおける感謝祭(11月の第4木曜日)翌週の月曜日。＊クリスマスに向けてオン・ライン・ショッピングの売上が増加することから。
サイバーモール [cybermall] ⇨バーチャル・モール。
サイバネーション [cybernation] コンピュータによる自動制御。
サイバネティックス [cybernetics] 人工頭脳学；制御工学。
サイファー[1] [cipher] ①暗号；暗号を解読する鍵。②ゼロ。
サイファー[2] [cypher] ラップやダンスなどで，ストリートで即興のパフォーマンスをすること。
サイプレス [cypress] ヒノキ科の常緑高木，イトスギ(糸杉)。
サイボーグ [cyborg] 体内に機械装置を埋め込んだ人間；改造人間。

サイホン [siphon] ①液体を高い所を通して低い所へ移すのに用いる曲がった管。②水蒸気の蒸気圧を利用したガラス製のコーヒー沸かし器。＊サイフォンとも。

サイマル [日simultaneous] 同時通訳。

サイマルキャスト [simulcast] サイマル放送。＊デジタルとアナログの，またはラジオとテレビの同時放送(番組)。

サイ・ヤング賞 [Cy Young Award] 〖野球〗毎年，メジャー・リーグの最優秀投手に贈られる賞。＊名投手サイ・ヤングの名に因む。

サイリウム[1] [psyllium] オオバコ科の種皮から抽出した食物繊維。＊生薬として利用される。

サイリウム[2] [cyalume] ライブやコンサートなどで空間演出に用いられる照明器具の商品名。＊サイリュームとも(商標)。

サイリスター [thyristor] シリコン制御整流素子。＊電力制御や交流・直流の相互変換に用いる。SCRとも。

ザイル [Seilドイツ] 登山に用いる綱。

ザイル・パーティー [日Seilドイツ＋party] 〖登山〗滑落を防ぐために互いにザイルをつなぎ合う仲間。

サイレージ [silage] サイロの中に貯蔵し発酵させた家畜用の飼料。

サイレン [siren] ①号笛；警笛。②[S-] ⇨セイレン。

サイレンサー [silencer] 消音器；消音装置つきの銃。

サイレンス [silence] 静寂；沈黙。

サイレント [silent] ①無声映画。↔トーキー。②発音されない(文字)；黙字。＊knowのkなど。③音がしない；静かな。

サイレント・キラー [silent killer] 静かな殺人者。＊自覚症状がほとんどないまま死んでしまうような病気のこと。高血圧，狭心症など。

サイレント・サービス [silent service] ①イギリス海軍のこと。②潜水艦隊。

サイレント・ストーン [silent stone] 症状に現れない胆石などの結石症。

サイレント・ディジーズ [silent disease] ①季節の変わり目や天候の急変などによって一時的に症状が出る病気。②自覚症状がないまま進行する病気。

サイレント・バイオレンス [silent violence] 沈黙の暴力。＊家庭内で起こる幼児虐待，近親相姦，暴行など他人に知られることのない暴力。

サイレント・ピアノ [日silent piano] 消音機能付きピアノ。

サイレント・ベビー [日silent baby] 感情表現が希薄で，あまり泣かない赤ちゃん。＊小児科医・柳澤慧(さとし)が命名。

サイレント・マジョリティ [silent majority] 声なき多数派。＊アメリカのニクソン大統領が使ったことば。↔ノイジー・マイノリティ。

サイロ [silo] ①家畜飼料の貯蔵庫。②地下に作ったミサイルの格納庫。

サイロキシン [thyroxine] ⇨チロキシン。

サイン[1] [sign] ①署名(すること)。②合図。③標識。

サイン[2] [sine] 〖数学〗三角関数の1つで，正弦。記号sin。

ザイン [Seinドイツ] 〖哲学〗存在。↔ゾルレン。

サイン・アウト [sign out] 利用しているシステムの接続を終了すること。＊接続を開始することはサイン・インという。

サイン・アップ [sign up] 署名して参加〔入社〕すること。

サイン・オフ [sign off] ①放送終了。②契約を破棄すること。③⇨ログ・アウト。↔サイン・オン。

サイン・オン [sign on] ①放送開始。

サ

②契約を交わすこと。③⇨ログ・イン。↔サイン・オフ。

サイン・プレー 〔日sign play〕〘野球〙監督やコーチなどから出るサイン〔合図〕に従って行うプレー。

サイン・ペン 〔Sign Pen〕〘商標〙細字用のフェルト・ペン。

サインボード 〔signboard〕 看板；表示板。

サイン・ボール 〔日sign ball〕 (野球選手などの)署名のあるボール。

サイン・ランゲージ 〔sign language〕 身振り言語；手話。

サインレス決済 〔signless―〕 クレジット・カードの決済時に署名や暗証番号の入力を省略するしくみ。

ザウアークラウト 〔Sauerkrautドイツ〕 キャベツの塩漬けを発酵させた，酸味のあるドイツの漬物。

サウスポー 〔southpaw〕 ①〘野球〙左腕投手。②〘ボクシング〙左利きのボクサー。

サウス・ポール 〔South Pole〕 南極。↔ノース・ポール。

サウダージ 〔saudadeポルトガル〕 郷愁；昔を懐かしく思う気持ち。

サウナ 〔saunaフィンランド〕 蒸し風呂(ぶろ)。

サウンディング 〔sounding〕 水深測量；深海測量。

サウンディング・ボード 〔sounding board〕 (楽器の)共鳴板；音響板；反響板；吸音板。

サウンド 〔sound〕 ①音；(機器による)音響。②音色。

サウンド・エフェクト 〔sound effects〕 音響効果；擬音；効果音。略エフェクト，SE。

サウンド・キャリア 〔sound carrier〕 レコード，テープ，CDなど，音を録音する媒体となるもの。

サウンド・スカルプチャー 〔sound sculpture〕 音響彫刻；音による造形；音の出る彫刻。

サウンドスケープ 〔soundscape〕 音の風景；音景。＊それぞれの地域に特有な音の総体。街の音，鳥のさえずり，雨の音など。

サウンド・チェック 〔sound check〕 マイクロホンや楽器，機器などの音響テスト。

サウンド・トラック 〔sound track〕 映画フィルムの音声や音楽を録音した部分。また，それをテープやCDに再録音したもの。略サン・トラ。

サウンド・ボックス 〔sound box〕 (弦楽器などの)共鳴胴。

サウンド・マン 〔sound man〕 音響効果係。

サウンド・ロゴ 〔sound logo〕 企業名やブランド，商品名をアピールするために使用される短いメロディーや効果音。

サ・エ・ラ 〔çà et làフランス〕 あちらこちら；ここかしこ。

サガ 〔saga〕 ①古代北欧の神話・伝説が起源の物語。②長編の英雄物語；歴史小説。＊サーガとも。

サガルマータ 〔Sagarmathaネパール〕 エベレストのネパールでの呼び名。

サキシトキシン 〔saxitoxin〕 ある種のプランクトンが分泌する毒素。＊貝類に蓄積され食中毒の原因となる。

ザクースカ 〔zakuskaロシア〕 ロシア料理のオードブル；前菜。

サクセス 〔success〕 成功；大当たり。

サクセス・ストーリー 〔success story〕 立身出世物語。

サクセッション 〔succession〕 ①連続；継続。②相続；継承。③系統；系列。

サクソニー 〔saxony〕 ドイツ南部産の羊からつくる紡毛糸。また，それを用いた高級毛織物。

サクソホン 〔saxophone〕 ⇨サックス。

サグラダ・ファミリア 〔Sagrada Familiaスペイン〕 聖家族教会。＊バルセロナにある教会。19世紀にガウディが設計し，現在も建設中。

サクラメント [sacramentoポルトガル] 〖キリスト教〗神の恩恵を授ける儀式。
サクリファイス [sacrifice] いけにえ；犠牲。
サクリファイス・ヒット [sacrifice hit] 〖野球〗犠打。
サザーランド賞 [Sutherland Trophy Award] ロンドン映画祭で授賞式が行われる年間最優秀監督賞。1997年からは新人監督賞。
サザビーズ [Sotheby's] 〖商標〗イギリスの競売会社。＊ロンドンにあり，骨董(こっとう)品や美術品などを扱う。
ザ・サン [The Sun] イギリスの日刊大衆紙。＊1964年創刊。
サザン・クロス [Southern Cross] 南十字星。
サシェ [sachetフランス] におい袋。
サジェスチョン [suggestion] 暗示；示唆(しさ)。＊サゼッションとも。
サジェスト [suggest] 暗示すること；ほのめかすこと。
サステナビリティ [sustainability] 耐性；持続可能性。＊特に，人間活動における環境維持の可能性。
サステナブル・デベロップメント [sustainable development] 持続可能な開発。
サスペンション [suspension] 〖自動車〗車体を車輪の上に載せて支える装置；懸架装置。
サスペンス [suspense] はらはらさせる不安感〔緊張感〕。
サスペンス・ドラマ [suspense drama] はらはらさせる場面を多く盛り込んだ劇。
サスペンダー [suspenders] ①ズボン吊り。また，スカートに肩からかける吊りひも。②靴下どめ。
サスペンダー・スカート [suspender skirt] 吊りひものついたスカート。
サスペンデッド・ゲーム [suspended game] 〖野球〗一時停止試合。＊連盟規約による時間制限，照明の故障など，やむをえない理由によって，後日その続きを行うことを条件として一時停止された試合。
サスペンド [suspend] ①吊るす；掛ける。②中止する；延期する。
サターン [Saturn] ①土星。②アメリカの有人衛星打上げロケット。③〖ローマ神話〗農耕の神。＝サトゥルヌス。
サタイア [satire] 風刺；皮肉；あてこすり；風刺文学。
サタデー・ナイト・スペシャル [Saturday night special] 安物の小型ピストル。
サタニズム [Satanism] 悪魔崇拝；悪魔主義。
サタン [Satan] 〖キリスト教〗悪魔。
サチュロス ⇨サテュロス。
サッカー[1] [seersucker] 青と白の縞模様のある薄織物。＊多くは，亜麻または綿製。夏の服地として用いる。
サッカー[2] [soccer] 蹴球(しゅうきゅう)。＊1チーム11人からなる2組のチームが，ゴールキーパー以外は手を使わずに，ボールを蹴ったり，頭で打ったりして相手のゴールに入れ，得点を競う球技。⇨フットボール②。
サッカリン [saccharin] トルエンを原料とする白色の人工甘味料。
サッカロース [saccharose] 蔗糖(しょとう)。＊サトウキビなどから採る砂糖成分。スクロース(sucrose)とも。
サック [sack] ①袋；鞘(さや)状の袋。②⇨コンドーム。
ザック [Sackドイツ] ⇨リュックサック。
サックス [sax] 金属製の管楽器。＊吹奏楽，ジャズなどに用いる。＝サクソホン。⇨テナー・サックス。
サック・ドレス [sack dress] 腰部に切り替えのない寸胴のワン・ピース。
サッシ [sash] 窓枠(わく)。特に，金属製の窓枠。＊サッシュとも。
サッシカイア [sassicaiaイタリア] イタリアの最高級赤ワイン。

サッシュ [sash] ①女性用の幅広の飾りベルト。②⇨サッシ。
ザッツ [Satzドイツ] 〖スキー〗ジャンプ競技の踏切り(板)。
ザッツ・オール [That's all.] 「それで終わり」「これまで」。
ザッツ・ライト [That's right.] 「そのとおり」。
ザッハトルテ [Sachertorteドイツ] ウィーン名物，チョコレート・ケーキ。
ザッハリッヒ [sachlichドイツ] ①〖哲学〗即物的。②事実上の；本質的な。③公平に；客観的。＊ザハリヒとも。
ザッピング [zapping] テレビ視聴中に，CMや面白くない部分になると，チャンネルを次々と切り替えること。
サディスティック [sadistic] 加虐的な。↔マゾヒスティック。
サディスト [sadist] ①加虐性愛者。＊相手を虐待し，相手に苦痛を与えることによって性的快感を感じる異常性欲者。②残虐なことを好む人。＝サド。↔マゾヒスト。
サティスファクション [satisfaction] 満足(すること)。
サディズム [sadism] ①相手を虐待し，相手に苦痛を与えることによって性的快感を感じる異常性欲。②残虐好き。＝サド。↔マゾヒズム。
サテュロス [Satyrosギリシア] 〖ギリシア神話〗酒好きで好色な，ディオニュソスに従う半人半獣の山野の精。
サテライト [satellite] ①家来；追従者。②衛星；人工衛星。
サテライト・オフィス [satellite office] 本社と地域に分散配置した(個人の)オフィスを通信回線で結んだ職住接近の事業形態。
サテライト・スタジオ [satellite studio] 〖ラジオ，テレビ〗本局の外に設けた中継放送用の小さなスタジオ。
サテン [satijnオランダ] 繻子(しゅす)。
サド ⇨サディスト，サディズム。
サトゥルヌス [Saturnusラテン] ⇨サターン③。
サド・マゾ サドマゾヒズムの略。
サドマゾヒズム [日sadomasochism] 加虐被虐性愛。＊1人の人間がサディズムとマゾヒズムをあわせもっている状態。略サド・マゾ，SM。
サドル [saddle] 自転車やオートバイに乗るとき尻をのせるところ。
サドン・デス [sudden death] ①〖ゴルフ〗同点決勝のとき，延長の1ホールずつで先に勝ったほうを優勝者とする方式。②⇨ゴールデン・ゴール。
サナトリウム [sanatorium] 高原や海浜などに建てられた療養所。
サナトロジー [thanatology] 死生学；死亡学。＊タナトロジーとも。
ザナミビル [zanamivir] 吸入型インフルエンザ治療薬。＊A型，B型ともに有効。⇨リレンザ。
サニー [sunny] 日当たりのよい；明るい；陽気な。
サニー・レタス [日sunny lettuce] 縮れた広い葉の，紅色がかったレタス。
サニタイザー [sanitizer] 消毒液；殺菌剤。
サニタリー [sanitary] ①衛生的な。②建物の水回り。
サニタリー・スペース [sunitary space] 浴槽，洗面所，便器などの衛生設備がある空間。
サニタリー・ナプキン [sanitary napkin] 生理用ナプキン。
サニタリー・バッグ [sanitary bag] 乗り物酔いなどに備えた汚物用袋。
サニタリウム [sanitarium] ⇨サナトリウム。
サ・バ [ça vaフランス] 「よろしい」「オーライ」。
サパー [supper] 夕食；夜食。
サパー・クラブ [supper club] 食事のできる高級ナイトクラブ。
サバーブ [suburb] 郊外；近郊。
サバイバーズ・ギルト [survivor's

guilt] 生存者の罪悪感。＊戦争や災害・事故などに際して，生存者が犠牲者に対していだく自責の念。

サバイバビリティー [survivability] (被災時に)生存する可能性。

サバイバル [survival] ①生き残ること。②緊急救難用の。

サバイバル・ウェア [survival wear] 防寒性，防水性にすぐれた衣服。

サバイバル・キット [survival kit] 災害などの緊急時に生きのびるための用具一式。

サバイバル・ゲーム [survival game] ①エア・ガンなどを使って行う実戦さながらの戦闘ゲーム。②生き残り戦争。

サバイバル・ナイフ [survival knife] ①片方の刃が鋸(のこぎり)のようになっている両刃の大型ナイフ。②缶切り，スプーン，錐(きり)などが付いた折りたたみ式の多目的ナイフ。

サバイバル・ファクター [survival factor] (事故などでの)生存要因。

サバイバル・フーズ [survival foods] 非常用備蓄食糧；非常食。

サバイバル・マニュアル [survival manual] 遭難したとき生き残るための手引き書。

サバイヨン [sabayon フランス] 黄卵，砂糖，ワイン，生クリームでつくるクリーム。

サパテアード [zapateado スペイン] ①フラメンコなどの足拍子。②アンダルシア地方の8分の6拍子の踊り。

サバティカル [sabbatical] 大学教授に与えられる，職務を離れた長期有給休暇。＊古代ユダヤ人が7年目ごとに休耕したことに由来。

サバト [sábado ポルトガル] 安息日。＊ユダヤ教では土曜日，キリスト教では日曜日。

サバラン [savarin フランス] ラム酒を含ませたスポンジ・ケーキ。

サハリン2 [Sakhalin 2] ロシア極東サハリン(樺太)沿岸の石油・天然ガス鉱区における開発事業。

サバルタン [subaltern] ①従属的な階級の人。②地位が下位の人。

サバン症候群 [savant syndrome] 自閉症や知的障害のある人が特定の分野で驚くべき才能を発揮すること。

サバンナ [savanna] 熱帯の雨の少ない地域に見られる草原。＊サバナとも。

サブ [sub] ①「副」「補助」の意味を表す接頭辞。②補欠選手。＊サブスティチュート(substitute)の略。③サブウェイの略。

サファイア [sapphire] ①青玉。＊鋼玉のうち青色透明なもの。9月の誕生石。②澄んだ青色(の)。

サブ・アカウント [sub account] SNSなどのネットワーク・サービスで，個人が複数のアカウントを所有している場合の副次的なアカウント。

サファリ [safari] (東アフリカの)猛獣狩りの旅行。

サファリ・ジャケット [safari jacket] 猛獣狩りや探検をする人が着る上着。＊開襟(かいきん)で，左右の胸と両わきにふたつきの大きなポケットがあり，ベルトでしめる。

サファリ・パーク [safari park] 動物を放し飼いにし，自動車に乗って観察するようにした自然動物公園。

サファリ・ラリー [Safari rally] アフリカのケニアを拠点として行われる国際自動車競走。＊サバンナの悪路を5000キロメートル走行する。

サファリ・ルック [safari look] 猛獣狩りや探検をする人が着る服のような感じの服装。

サフィックス [suffix] ①接尾語。②『電算』ファイルの拡張子。

サブウーファー [subwoofer] 重低音，超低音を再生するウーファー。

サブウェイ [subway] ①(アメリカで)地下鉄。略サブ。⇨チューブ④。

サ

②(イギリスで)地下通路。
サブカルチャー [subculture] (伝統的な文化に対して)副次的文化。↔メイン・カルチャー。
サブコントラクター [subcontractor] 下請け業者。
サブコントラクト [subcontract] 下請負;下請け契約。

サ

サブ・ザック [日sub+Sackドイツ] 小型のリュックサック。*根拠地から日帰りの登攀(とうはん)をするときなどに用いるもの。サブリュックとも。
サブ・サハラ・アフリカ [sub-Saharan Africa] アフリカ大陸のうち，サハラ砂漠より南の地域の呼称。*黒人が多く住み，かつて差別的にブラック・アフリカと呼ばれた。
サブジェクト [subject] ①主題。②〖哲学〗主体;主観。③〖言語〗主語;主部;主格。↔オブジェクト。
サブシステム [subsystem] 下部組織;副組織。
サブスクリプション [subscription] 予約申し込み;購読契約。略サブスク。
サブスクリプション・テレビ ⇨STV。
サブスタンス [substance] 本質;実体;内容。
サブスティチューション [substitution] 代用;代理;入れ換え。
サブスティチュート [substitute] ⇨サブ②。
サブセット [subset] ①全体に対する一部分のこと。②ソフトウェアの機能の一部を，特定の用途に利用するために再構築すること。
サブタイトル [subtitle] (本などの)副題;小見出し。↔メイン・タイトル。
サブトラック [subtrack] 〖陸上競技〗(主競技場の近くの)補助競技場。
サブ・ナード [日sub promenade] 遊歩道のような感じに作った地下街。
サブ・ノート [日sub notebook] 下書き用のノート。
サブ・ノート・パソコン [日sub notebook+personal computer] 携帯用パソコン。*ノート・パソコンより一回り小さく，一般にB5サイズ以下のものをさす。
サブバンク [subbank] 主力銀行に次ぐ銀行。
サブプライム・ローン [subprime loan] アメリカの金融機関が中・低所得者層へ貸し出した住宅ローンの総称。*2007年，不良債権化が進み，株が暴落。世界的な不況に陥る。subprime lendingとも。略SPL。
サブヘッド [subhead] (本などの)補助見出し。
サブマネージャー [submanager] 副支配人。
サブマリン [submarine] 潜水艦。
サブマリン・ピッチャー [submarine pitcher] 〖野球〗下手投げ投手。
サブミクロン加工法 [submicron—] 材料をサブミクロンの単位で加工する高精度の技術。*1サブミクロンは，1ミクロンの10分の1。
サブミット [submit] ①服従させること。②提出すること。*転じて，ウェブ・サイトの入力フォームから送信や依頼をすることをいう。
サブユニット [subunit] ①部分。②非共有結合のときの，高分子などの各結合部。
サプライ [supply] 供給すること;(要求を)満たすこと。↔デマンド。
サプライ・サイド [supply side] ①供給側。②供給側重視。↔デマンド・サイド。
サプライズ [surprise] ①驚き;びっくり。②予告なしの催し物。
サプライ・チェーン [supply chain] 原料の調達から製造・物流・販売・消費までの一連の工程をシステムとして捉える考え方。
サプライ・チェーン・マネジメント [supply chain management] 供給

連鎖に関わる情報をコンピュータで管理し最適化を図る経営手法。

サプライヤー [supplier] 供給者；供給機関。↔バイヤー。

サフラワー [safflower] キク科の1年草で，ベニバナ(紅花)。

サフラン [saffraan オランダ] アヤメ科の多年草。＊地中海地方原産。香味料，染料，鎮静剤などに用いる。

サブリース [sublease] 不動産賃貸における，物件所有者からの一括借り上げと転貸のこと。

サブリーダー [subleader] 副指導者。

サブ・リーダー [日sub reader] 副読本。⇨サイド・ブック。

サブリナ・パンツ [Sabrina pants] ⇨トレアドル・パンツ。

サブリミナル・アド [subliminal ad] 意識下広告。＊テレビなどの画面で極端に短い広告を繰り返し，潜在意識として植えつけようとする広告の仕方。

サブリミナル効果 [subliminal effect] 意識下効果。＊映画やテレビなどで，人間には知覚できないようなきわめて短い映像や音声によって刺激を繰り返し，潜在意識に訴える。

サプリメント [supplement] ①追加；補遺；付録。②栄養補助食品。

サブルーチン [subroutine] 〖電算〗1つのプログラムの中に組み込まれていて，特定の問題の処理を行うプログラム。

サブレ [sablé フランス] さくさくしているバター・クッキー。

サプレッション [suppression] ①抑制；抑圧。②〖心理〗抑制；禁圧。

サブレット [sublet] (家・土地などを)また貸しすること。

サヘル [Sahel アラビア] ①サハラ砂漠南縁部。②[s-]砂漠の周縁部の草原地帯。

サボ [sabot フランス] ①中世，ヨーロッパの農民のはいた木靴。②木製やコルク製の底の，かかとの高い靴やサンダル。

サポーター [supporter] ①支持者；支援者。②サッカーなどで，ひいきのチームを支持し応援するファン。③〖スポーツ〗関節や急所を保護するためにつけるゴムを織り込んだバンドや防具。

サポーティング・インダストリー [supporting industry] 周辺産業。

サポート [support] 支持〔支援〕すること；後援すること。

～校 [日～ school] 不登校者や高校中退者を受け入れ，卒業資格取得の手助けをする施設。

サポート・センター [日support center] 電化製品のアフター・サービスを取り扱う部門。

サポカー すべての運転者を対象とした安全運転サポート車の愛称。＊セーフティー・サポート・カーの略。

サボタージュ [sabotage フランス] ①怠業。＊労働者が労働争議の一手段として，故意に能率を下げ生産を停滞させること。②怠けること。③破壊活動。

サボテン サボテン科の多肉性常緑植物。＊ポルトガル語sabao(石鹸)と日本語「手」の合成からとも。英語ではカクタス(cactus)。

サポニン [Saponin ドイツ] 植物に含まれる配糖体のうち水に溶けて泡立つ物質の総称。＊去痰(きょたん)剤に用いられる。

ザボン [zamboa ポルトガル] アジア南部原産のミカン科の果樹。＊文旦(ぶんたん)，ボンタンとも。

サマー・ウール [日summer wool] 夏向きに作られた毛織り服地の総称。

サマー・キャンプ [summer camp] 夏季キャンプ；臨海学校；林間学校。

サマー・ジョブ [summer job] ①大学生の夏休みアルバイト。②企業が職業選択に便利なように，夏期に自社で学生を働かせること。

サ

サマー・スクール [summer school] 夏期学校；夏期講習会。
サマー・ストック [日summer stock] 夏の気候によって業績が左右される企業の株式。＊ビール，清涼飲料水，クーラーなどのメーカーの株式。
サマー・セーター [summer sweater] 麻や綿で編んだ，通気性のよい薄手の夏用セーター。
サマーソルト・ターン [somersault turn] ⇨クイック・ターン。
サマー・タイム [summer time] 夏時間。＊夏の一定期間，時計の針を1時間進めて生活する制度。＝デイライト・セービング・タイム。
サマー・ドレス [summer dress] 夏用の婦人服。
サマー・ハウス [summer house] 避暑用の別荘。
サマー・リゾート [summer resort] 避暑地；夏の行楽地。↔ウインター・リゾート。
サマディ [samadhiサンスクリット] 深瞑想；三昧(さんまい)。＊雑念を離れ，心を1つの対象に集中した状態。
サマライズ [summarize] 要約すること。
サマリー [summary] 要約；概略。
サマルカンド [Samarkand] ウズベキスタンの古都。＊シルク・ロードの要地として栄えた。
サミット [summit] ①頂上；頂点。②主要国首脳会議。⇨G 7。
サム [sum] 総計；合計；総額。
サム・アップ [sum-up] ①要約；まとめ。②要約する。
サムシング [something] あるもの；何か；価値のあるもの。
サムズ・アップ [thumbs up] 拳を握り親指を上に向けるポーズ。＊日本や欧米では賛同を，中東や西アフリカなどでは侮蔑を意味する。
サムスン電子 [Samsung Electronics] 『商標』韓国の総合家電・電子製品メーカー。
サム・ターン [日thumb turn] 室内側のつまみを回転させて開閉する錠。＊親指(thumb)を使い，回して(turn)開閉することから。
サムネイル [thumbnail] ①小型の。②画面上の文字や画像のイメージを縮小して表示したもの。
サムホール [thumbhole] 底の穴に親指を入れて使う絵の具箱。また，小型キャンバスやそれに描いた絵。
サムライ・ブルー [SAMURAI BLUE] 男子サッカー日本代表チームの愛称。
サモサ [samosa] 餃子(ぎょうざ)に似たインド料理の1つ。＊小麦粉を練って薄くのばした皮に，炒めた挽き肉や野菜を詰めて油で揚げたもの。
サモワール [samovarロシア] ロシア独特の卓上用湯沸かし器。
サラウンド・システム [surround-sound system] 周囲にいくつものスピーカーを置いて臨場感あふれる音を出す音響再生システム。
サラ金 サラリー・マン金融の略。
サラサ [saraçaポルトガル] 花布；印花布。＊花や鳥などの模様をあざやかな色で染めた，外国の染め布(木綿が多い)の総称。「更紗」とも。
サラセン [Saracen] ①シリア付近の砂漠に住むアラビア遊牧民。②十字軍時代のイスラム教徒。
サラダ [salad] 生野菜を主として肉，ハム，卵，果実などをドレッシングやマヨネーズであえた料理。
サラダ・オイル [salad oil] サラダ油。＊高級食用油。本来は精製したオリーブ油。
サラダ・ドレッシング [salad dressing] サラダにかける液体調味料。
サラダ・バー [salad bar] レストランなどで，刻み野菜やドレッシングなどを並べ，客が好みの物を自分で自由に選べるようにした場所。

サラダ・ボウル [salad bowl] ①サラダを盛る大きな鉢。②アメリカという多民族国家を表したことば。

サラバンド [sarabandeフランス] スペインで生まれた3拍子のゆるやかな舞踊曲。

サラファン [sarafanロシア] ロシアの婦人が着る，美しい刺繍(ししゅう)を施した袖(そで)なしの民族服。

サラブレッド [thoroughbred] ①イギリス産の牝馬(ひんば)とアラブ系の牡馬(ぼば)を交配して作った競走馬。②育ち〔毛並み〕のよい人。

サラマンダー [salamander] ①火トカゲ。＊神話や伝説で火の中にすむという動物。火の精。②サンショウウオ(山椒魚)。

サラミ [salamiイタリア] 塩漬けにした牛や豚の挽き肉をニンニクで味つけし，腸詰めにして乾燥した食品。

サラリー [salary] 給料；俸給。

サラリー・キャップ [salary cap] 選手人件費総額制限制度。＊アメリカのプロ・スポーツ界で行われている。

サラリー・マン [日salary man] 勤め人；給与所得者。

〜金融 めんどうな手続きや担保を必要としないかわり金利の高い民間の金融。略サラ金。

サラン [Saran] 〖商標〗塩化ビニリデンと少量の塩化ビニルからつくる合成樹脂。＊テント，漁網用。

サランラップ [Saranwrap] 〖商標〗塩化ビニリデンと塩化ビニルの合成樹脂で作った，食品包装用の薄い膜。

サリー [sari] インドの婦人の日常着。＊幅広の長い布を，腰から肩に巻きつけて着用する。

サリチル酸 [salicylic acid] 〖化学〗有機酸の一種。＊外用皮膚薬，鎮痛剤，解熱剤，防腐剤などに用いる。

サリドマイド [thalidomide] 睡眠薬の一種。＊1956年に旧西ドイツで開発。1961年に副作用で四肢障害を起こすことがわかり，市販を停止されたが，2008年，多発性骨髄腫の治療薬として製造・販売が承認された。

サリン [sarin] 有機リン系の毒ガスの一種。

サルーン [saloon] ①(ホテル・船などの)大広間。②洋酒酒場；バー。

サルエル・パンツ [sarrouel pants] 股下がゆったりしていて，裾(すそ)の部分が絞られているパンツ。

サルコイドーシス [sarcoidosis] 主として肺のリンパ節に肉芽腫(にくげしゅ)ができる全身性疾患。

サルコー・ジャンプ [Salchow jump] 〖フィギュア・スケート〗片足で後ろ向きに滑って踏み切り，空中で1回転して反対の足で後ろ向きに着氷するジャンプ。

サルコペニア [sarcopenia] 加齢や疾患に伴う筋肉量の減少。

ザルコマイシン [sarkomycin] 土壌の放射菌から発見された抗生物質の一種。

サルサ [salsa] ①プエルト・リコで生まれたラテン系の音楽。②トマト，玉ネギ，トウガラシなど野菜をベースにして作ったソース。

サルタン [sultan] イスラム教国の君主。＊スルタンとも。

サルバトーレ [Salvatoreイタリア] 救世主。

サルバルサン [Salvarsan] 〖商標〗梅毒(ばいどく)の特効薬。＊別名606号。

サルビア [Salviaラテン] 濃紅色の花をつけるシソ科の1年草。＊多くは園芸品種。ブラジル原産。

サルファー [sulfur] 硫黄(いおう)。原子番号16。元素記号S。

サルファイド [sulfide] 〖化学〗硫化物。＊金属元素と硫黄との化合物。

サルファ剤 [sulfa drug] 化膿(かのう)性疾患や細菌性疾患に効く化学療法剤。＊スルファ剤とも。

サルファダイアジン [sulfadiazine]

肺炎，淋(りん)病，化膿(かのう)性疾患などに効く薬剤。

サルベージ [salvage] ①海難救助(作業)。②沈没船の引き上げ(作業)。③コンピュータの破損したデータを取り出すこと。

〜船 [〜ship] ①海難救助船。②沈没船を海底から引き上げる船。

サルモネラ菌 [salmonella—] 腸内細菌の一群。＊チフス菌，腸炎菌などで，食中毒の原因となる。アメリカの獣医サルモンの名にちなむ。

サレンダー [surrender] 降伏；降参。

サロー [sarrau フランス] 上っ張り；前掛け。＊服の汚れを防ぐための外衣。

サロー・グリーン [sallow green] 柳の緑色。

サロペット [salopette フランス] 胸あてのついたズボン。⇨オーバーオール①。

サロメ [Salome] 『新約聖書』で，ヘロデ王の後妻の娘の名。＊サロメは，ヘロデ王の前で舞い，そのほうびに洗礼者ヨハネの首を所望した。

サロン[1] [salon フランス] ①客間；応接室。②社交場。③美術展覧会。④(美容・服飾・喫茶などの)店。

サロン[2] [sarong] マレー半島などで，男女が腰にまとう衣類。

サロン・エプロン [日sarong apron] 胸あてのない西洋風の前かけ。

サロン・カー [日salon car] ヨーロッパ風の豪華な鉄道車両や観光バス。

サロン・コンサート [salon concert] 個人の家やホテルの一室で催される私的な音楽会。

サロン・ドートンヌ [Salon d'Automne フランス] 毎年秋，パリで開催される美術展覧会。＊1903年に始まる。

サロン・ド・ボーテ [salon de beauté フランス] ⇨ビューティー・サロン。

サロン・ド・メ [Salon de Mai フランス] 5月展。＊毎年5月，パリで開かれる美術展覧会。前衛的な美術家が出品。

サロン・ミュージック [salon music] サロンなどで演奏される軽い音楽。

サワー [sour] ウイスキーや焼酎(しょうちゅう)などを炭酸水やレモン・ジュースなどで割った飲み物。

サワー・クリーム [sour cream] 生クリームに乳酸を加えて発酵させた酸味のあるクリーム。＊洋風の煮込み料理などに用いる。

サン[1] [San] かつてブッシュマンと蔑称(べっしょう)で呼ばれた，アフリカ南部カラハリ砂漠付近に住む狩猟採集民。

サン[2] [sun] 太陽。

サン・アンドレアス断層 [San Andreas Fault] 北米西岸に沿った，サンフランシスコからメキシコ国境にまで及ぶ大断層。＊地震の多発地域。1300キロメートル余り続く。

サン・オイル [日sun oil] ⇨サンタン・オイル。

サンガ [samgha サンスクリット] 出家者の集団；仏道に励む人たちの集団。

サンガリズム [Sangerism] 産児制限が必要だとする考え方。＊産児制限運動家サンガー夫人に由来。

サンキスト [Sunkist] 『商標』アメリカのカリフォルニア産のオレンジ，レモンなどの商品名。

サンク・コスト [sunk cost] 〖経営〗埋没原価；埋没費用。＊そのプロジェクトから撤退すると回収不能になる費用。

サンクション [sanction] ①認可。②罰則；制裁。

サンクス [thanks] ①感謝。②「ありがとう」。

サンクスギビング・デー [Thanksgiving Day] 収穫感謝祭。＊アメリカでは11月の第４木曜日，カナダでは10月の第２月曜日。

サンクチュアリ [sanctuary] ①神聖な場所；聖域。②禁猟区。

サン・クチュール [sans couture フランス] 簡易仕立て(の服)。

サングラス [sunglasses] 色のつい

た日よけ用のめがね。
サングリア [sangríaスペイン] 赤ワインに果汁・ソーダ水などを加えた飲み物。
サンサーラ [samsāraサンスクリット] 輪廻(りんね)。
サンシャイン [sunshine] 日光；日なた；晴天。
サン・ジョルディの日 [St.Jordie's Day] 4月23日。男性が女性に花を，女性が男性に本を贈る日。＊サン・ジョルディはスペインのカタロニア地方の守護聖人。
サンス [sensフランス] 感覚；センス。
サン・スーシ [sans-souciフランス] 心配〔気苦労〕のない；気楽な。
サンスクリット [Sanskrit] 梵語(ぼんご)。＊古代インドの言語。
サンセット [sunset] 日没；夕暮れ時；夕焼け；夕日。
～方式 事業や法律の施行期間をあらかじめ定めておき，その期限が過ぎたら自動的に廃止するという方式。
サンセベリア [sansevieria] チトセラン(千歳蘭)。＊リュウゼツラン科の観葉植物。
サンソン図法 [Sanson projection] 地図投影法の1つで，正弦曲線図法。＊赤道付近以外は歪みが大きい。
サンダー[1] [sander] ①紙やすりで研磨する機械。②砂で磨く装置。
サンダー[2] [thunder] 雷；雷鳴。
サンダーストーム [thunderstorm] 激しい雷雨。
サンダーバード [thunderbird] 雷神鳥；かみなり鳥。＊ネイティブ・アメリカンの間で，雷をおこすと信じられている伝説上の巨大な鳥。
サンダーボルト [thunderbolt] 稲妻；落雷。
サンタ・マリア [Santa Mariaポルトガル] キリストの母マリアの敬称。
サンダル [sandal] 細い革または布製の，甲を覆う部分のないぞうり風の履物(はきもの)。
サンダルウッド [sandalwood] 白檀(びゃくだん)。＊ビャクダン科の半寄生常緑高木。
サンタン [suntan] 日焼け。＊日光または太陽灯によって，肌を痛めずにきれいな小麦色に焼くこと。⇨サンバーン。
サンタン・オイル [suntan oil] 肌をきれいな小麦色に焼くために使うオイル。＊サン・オイルとも。
サンタン・メーキャップ [suntan make-up] 肌を小麦色に仕上げる化粧法の一種。
サンチーム [centimeフランス] フランス，ベルギーなどの旧補助通貨単位。＊1フランの100分の1。
サンチマン [sentimentフランス] 感情；情緒；感傷。
サンチュール [ceintureフランス] (主に婦人服用の)ベルト。
サンディカリスム [syndicalismeフランス] 急進的労働組合主義。＊サンジカリスムとも。
サンディング [sanding] 紙やすりや砂でみがくこと。
サンデー[1] [sundae] チョコレートや果物を載せシロップをかけたアイスクリーム。
サンデー[2] [Sunday] 日曜日。
サン・デッキ [sun deck] ①船の上甲板。②日光浴用に建物の外に張り出して作った床(ゆか)。
サンド [sand] ①砂。②サンドイッチの略。
サンドイッチ [sandwich] 薄く切ったパンの間にハムや野菜などをはさんだ食べ物。略サンド。
～症候群 (会社などの中間管理職に見られる)上司と部下の板ばさみになっておこるうつ症状。
サンド・ウェッジ [sand wedge] 〖ゴルフ〗バンカーに入ったボールを打ち出すときに使うクラブ。
サンド・ウォッシュ [sand wash] 色

落ちさせるために，デニムの服地に砂を吹きつけて行う加工法。また，その布地。

サンドグラス [sandglass] 砂時計。

サンド・スキー [sand skiing] 砂丘で行うスキー。

サンドストーム [sandstorm] 砂嵐。

サントニン [santonin] 回虫や蟯虫(ぎょうちゅう)の駆除薬。

サ

サンド・パイル [sand pile] 垂直ボーリングで，排水を促進するための砂利などを満たした柱状構造物。

サンド・バギー [日sand buggy] 砂漠や海浜などの砂地で高速ドライブを楽しむための自動車。略バギー。

サンド・バス [sand bath] 砂風呂。

サンドバッグ [sandbag] 〘ボクシング〙中に砂を詰めた細長い袋。＊天井から吊るしてたたく。

サンドブラスト [sandblast] ガラス器や陶器に金剛砂を吹き付け，仕上げの模様を施す技法。

サンドペーパー [sandpaper] 紙やすり。

サンド・ポンプ [sand pump] 揚砂ポンプ。＊水とともに泥砂を吸い上げる。浚渫(しゅんせつ)作業用。

サン・トラ サウンド・トラックの略。

サンバ [samba] ブラジルのダンス音楽。また，それに合わせた踊り。

サンバーン [sunburn] 日焼け。＊炎症を起こすほどの日焼けをいう。⇨サンタン。

サン・バイザー [sun visor] ①自動車のフロント・ガラスの上部に取りつける日よけ。②日光から目を守るひさしのついた帽子。＊目(ま)びさしにバンドをつけただけのもの。＝バイザー，アイシェード。

サンビーム [sunbeam] 太陽光線。

サンフォライズ [Sanforized] 〘商標〙洗っても縮まないように加工すること。また，その加工をした綿織物など。

サンフラワー [sunflower] ヒマワリ(向日葵)。＊キク科の1年草。

サンプリング [sampling] ①見本を抜き出すこと。②音をマイクでとらえ，デジタル化して記録すること。③試供品。

〜調査 対象全体から，標本として一部を抽出・調査し，全体を推定する統計調査方法。

サンプル [sample] 見本；標本；試供品。

サンプルーフ [sunproof] 日光の通らない；耐光性の。

サンプル・ブック [sample book] 見本帳。

サンベルト [Sunbelt] アメリカ南部の雨が少なく日照時間が長い温暖な地帯。＊ノース・カロライナ州からアメリカ大陸を横断してカリフォルニア州に至る地域。⇨スノーベルト。

サンボ [samboロシア] ロシアの格闘技の1つ。＊日本の柔道に似ている。

サンライズ [sunrise] ①日の出；暁。②初め；初期。

サンルーフ [sunroof] 自動車で，一部分が開閉できるようになっている屋根。

サンルーム [sunroom] ①日光浴をするためのガラス張りの部屋。②⇨ソラリアム。③温室。

サン・レモ音楽祭 [Festival di San Remoイタリア] 毎年冬，イタリア北西部の保養地サン・レモ市で開催されるカンツォーネのコンクール。

サン・ローラン ⇨イブ・サン・ローラン。

シ

シアー [sheer] ①薄くて透き通るような織物。②混ぜ物のない。

シアーズ [Sears] アメリカの大手小売業者。

ジアスターゼ [Diastaseドイツ] ⇨アミ

ラーゼ。
ジアゼパム [diazepam] 精神安定剤·鎮静剤の1つ。
シアター [theater] 劇場；映画館。=テアトル，テアトロ。
ジアテルミー [Diathermie ドイツ] (高周波電流による)透熱療法。
シアトリカル [theatrical] 演劇の；演劇的；劇場の。
シア・バター [shea butter] アカテツ科の高木の種子からとれる脂肪分。＊調理や化粧品などに使用。
シアル [sial] 大陸地殻表層部を構成する珪素(けいそ)とアルミナが豊富な物質。
シアン [cyaan オランダ] ①特有の臭気のある猛毒の青酸化合物で，無色の気体。②青緑色。＊印刷用インクで，三原色の青。
シアン化カリウム [potassium cyanide] 青酸カリ。＊白色の結晶。冶金やめっきなどに使用する。猛毒。
シアン化ナトリウム [sodium cyanide] 青酸ソーダ。＊冶金，めっき，農薬，殺虫剤などに使用。猛毒。
シー・アイランド・コットン [sea island cotton] 海島綿。＊西インド諸島で栽培される高級綿。繊維が細くて長く，つやがある。
シーア派 [Shī'a アラビア―] イスラム教の1派。＊全イスラム教徒の1割を占める少数派。⇨スンニ派。
シー・アンド・エア方式 [sea and air system] コンテナ船と航空機のそれぞれの長所を生かして組み合わせた輸送方式。＊シップ·エア方式とも。
シー・エム [CM] ⇨コマーシャル·メッセージ。
シー・カヤック [sea kayak] 沿岸航海用のカヤック。
シークエンサー ⇨シーケンサー。
シークエンス [sequence] ⇨シーケンス。
シーク教 [Sikhism] ⇨シク教。
シーク・バー [seek bar] 音楽·動画再生ソフトの再生箇所を示す機能。
シー・グラス [sea glass] 海岸や湖畔に打ち寄せられたガラス瓶などの破片。
ジークフリート [Siegfried ドイツ] ゲルマン民族の伝説に登場する英雄。＊叙事詩「ニーベルンゲンの歌」の主人公の1人。巨竜を倒し不死身となり，ニーベルンゲンの宝を獲得。王の娘をめとるが重臣に謀殺される。
シークレット [secret] 秘密；機密。
シークレット・エージェント [secret agent] 諜報(ちょうほう)部員；密偵。
シークレット・サービス [Secret Service] ①アメリカの財務省(秘密)検察局。＊大統領や国家要人を護衛するのが任務。略SS。② [s- s-] 秘密情報機関。
シークレット・ブーツ [日secret boots] 上げ底や厚い靴底のブーツ。＊背を高く見せる。
シークワーサー 沖縄·九州地方で生産される柑橘類。＊果汁はジュースや調味料に用いられる。
シーケンサー [sequencer] ①【電算】逐次制御装置。②【生物】アミノ酸配列分析装置。③【音楽】連続楽譜記憶装置。
シーケンシャル・アクセス [sequential access] 【電算】逐次アクセス。＊情報の呼び出しを磁気テープの最初から順に探索する方法。↔ランダム·アクセス。
シーケンス [sequence] ①連続；順序。②【映画，テレビ】一続きの場面。③【トランプ】同じ種類で数が連続した3枚以上のカード。④遺伝子·ゲノムの塩基配列。
シー・コントロール [sea control] 【軍事】制海権。
シーサー 沖縄に伝わる唐獅子の置物。＊屋根や門に取り付け魔除けとする。

シーザー・サラダ [Caesar salad] 生野菜に，パルメザン・チーズ，ガーリック，クルトンなどを混ぜ，アンチョビー・ソースであえたサラダ。

シーサイド [seaside] 海浜；海辺；海岸。

シーサイド・ホテル [seaside hotel] 海辺のホテル。

ジーザス・クライスト [Jesus Christ] ①イエス・キリスト。②(アメリカなどでは)驚きを表す間投詞。

シーサット [Seasat] アメリカの海洋観測衛星。

シーサン [先生チャイナ] 相手の男性を呼ぶときの敬称。

シー・シェパード [Sea Shepard] 捕鯨やアザラシ漁に対して，過激な抗議行動を行う国際環境保護団体。

シーシックネス [seasickness] 船酔い。＊シーシックとも。

シージャック [seajack] 船を乗っ取ること。

シース [sheath] ①さや。②万年筆や鉛筆などを並べてさす革またはビニール製の入れ物。③コンドーム。

シーズ [seeds] ①種子。②香辛料の一種。③製造業者が開発し提供する新しい技術や材料。

シー・ズー [Shih Tzuチベット] チベット原産の，毛の長い愛玩犬。

シース・シルエット [sheath silhouette] ウエストが細くてバストラインが高く，さやに包まれたように体にぴったりした服装の外郭線。

シーズナル [seasonal] 特定の季節だけの。

シーズニング [seasoning] 薬味・香料などの調味料。また，それらで味つけをすること。

シース・ヒーター [sheath heater] ニクロム線が耐熱被覆で覆われた電熱器。

シー・スルー [see through] ①透き通って見える生地。②①で作った服。

シーズン [season] 季節；時期。

シーズン・イン [日season in] (スポーツなどが)行われる時期に入ること；シーズンに入ること。

シーズン・オフ [日season off] (スポーツなどの)休止期間；季節はずれ。略オフ。＝オフ・シーズン。⇨ポスト・シーズン。

シーズン・ストック [日season stock] 業績が季節によって変動する企業の株式。

シーズン・セール [season sale] 季節に合った商品の売り出し。

シーズン・パス [season pass] 将来的にリリースされるコンピュータ・ゲームの追加コンテンツ使用権を先に購入すること。

シーソー・ゲーム [seesaw game] 『スポーツ』追いつ追われつの接戦。

シーダー [cedar] (ヒマラヤ)杉。

シー・チキン [Sea Chicken] 『商標』マグロやカツオなどの身をサラダ油に漬けた缶詰食品。

シーチング [sheeting] 敷布用につくられた平織の生地。＊衣服の仮縫いなどでも活用される。

シーツ [sheet] (ふとんなどの)敷布。

シーテック [CEATEC] アジア最大級のITエレクトロニクス展示会。

シート[1] [seat] ①席；座席。②『野球』守備位置。

シート[2] [sheet] ①(荷物・自動車などを)覆う布。②1枚の紙。③切り離す前の1枚の印刷物。

シード [seed] 勝ち抜き試合で，強い選手やチーム同士が最初から対戦しないように組み合わせを作ること。

シート・ウォーマー [seat warmer] 冷たい肌ざわりを防ぐために，洋式便器の便座にかぶせる覆い。

シート・カバー [seat cover] 座席の背もたれなどにかける覆い。

シート・グラス [sheet glass] 板ガラス。＊シート・ガラスとも。

シート・ノック [日seat knock] 〖野球〗守備練習のためにゴロやフライを打つこと。＊英語では，fielding practice。
シート・パイル [sheet pile] 護岸工事や土留め工事などに用いる鋼鉄製の細長い板。
シード・バンク [seed bank] 種子銀行。＊高等植物の遺伝資源(種子)を貯蔵・保存する研究施設。
シート・ベルト [seat belt] 飛行機や自動車の座席の安全ベルト。
シート・マップ [seat map] 航空機などの座席表。
シードル [cidre^{フランス}] りんごの果実を発酵させて作った酒。＊英語ではサイダー(cider)という。
シードローム [seadrome] 海上空港。＊航空機の中継用，または緊急着陸用の海上浮遊空港。
ジーニアス [genius] 天才。
ジーニスト [日jeanist] ジーンズ愛用者；ジーンズの似合う人。
シーニュ [signe^{フランス}] 〖言語〗記号；表徴。＊シニフィアンとシニフィエ。
シー・バース [sea berth] 大型タンカーなどの停泊用に，港の沖合いに作られる浮き桟橋(さんばし)。
シー・ハイル [Schi Heil^{ドイツ}] 「スキーに幸あれ」。＊スキーヤー同士のあいさつのことば。
シーバス・リーガル [Chivas Regal] 〖商標〗スコッチ・ウイスキーのメーカー。また，その製品。
シーバム [sebum] 皮脂；毛穴の汚れ。
ジー・パン ジーンズ・パンツの略。
ジープ [jeep] 4輪駆動の小型自動車。＊第2次大戦中にアメリカで開発された軍用車。
シーフード [seafood] 海産食品；魚介類(の料理)。
シープスキン [sheepskin] 〖服飾〗ヒツジ(羊)の皮。
シープドッグ [sheepdog] 牧羊犬。
ジープニー [jeepney] フィリピンの簡易乗り合いタクシー。＊ジープを改造したもの。
シーベルト [sievert] 放射線が人体や生物に与える生物学的影響を表す量(線量当量)の単位。記号Sv。＊従来のレムに代わって用いられる。
シー・ホース [sea horse] タツノオトシゴ(竜の落とし子)。
ジー・マーク [G-mark] 日本産業デザイン振興会が主催するグッドデザイン賞を受賞した商品につけるマーク。＊*g*ood design *mark*の略。
シーム [seam] 縫い目。
シームレス [seamless] 縫い目〔継ぎ目〕のない。
シーメール [shemale] ⇨ニュー・ハーフ。
ジー・メン [G-men] ①アメリカのFBI(連邦捜査局)の捜査官。②麻薬などの取引を監視・摘発する捜査官。＊*G*overnment *men*の略。
ジーメンス [Siemens^{ドイツ}] 導電率の単位。記号S。＊電気抵抗の単位オームの逆数。
シー・モンキー [日sea monkey] 〖商標〗愛玩・観賞用に改良されたアルテミア科の節足動物。＊小エビに似たプランクトン。
シーライオニング [sealioning] 丁寧(ていねい)な態度を示す一方で，不誠実な質問を重ねて相手を疲弊させていく行為。
シーラカンス [coelacanth] 古生代から中生代に生存した硬骨魚類。＊1938年にマダガスカル島沖で発見され，「生きた化石」として有名。
シーラント [sealant] 建物のすきまや継ぎ目に詰める物質。
シーリング[1] [ceiling] ①天井。②(料金・物価などの)許容最高限度。③(次年の予算の)概算要求基準。
〜方式 [〜system] 発展途上国か

シ

らの輸入品の数量に一定の限度を設け，その限度内の輸入には関税をかけないという方式。

シーリング[2] [sealing]　密閉すること；目張りをすること。

シーリング・プライス [ceiling price]〖経済〗天井値；限界値段；最高価格。↔フロア・プライス。

シーリング・ライト [ceiling light]　天井に取り付ける照明器具。

シール [seal]　①封印；封印紙。②印として貼る小さな紙片。③アザラシの毛皮〔なめし革〕。

シールド [shield]　保護すること〔もの〕；遮蔽(しゃへい)すること〔もの〕。

～工法 [～method]　トンネルを掘る工法の1つ。＊鋼鉄製の円筒(シールド)を地中に入れ，その中で掘削作業を行う。

シー・レーン [sea-lane]　①(船の)航路。②有事の際に国家が確保しなければならない海上交通路。

シー・レベル [sea level]　海面；平均海水面。

シーロスタット [coelostat]　日周運動をしている天体の光を受け，それを平面鏡で反射させて一定の方向に送る装置。

シーロメーター [ceilometer]〖気象〗雲高計。＊雲底の高さを測定する装置。

シーン [scene]　①(劇・映画などの)1場面。②風景；景色；眺め。③活動分野。

ジーン [gene]　遺伝子。＝ゲン。

ジーン・エンジニアリング [gene engineering]　遺伝子工学。

ジーンズ [jeans]　①丈夫な綾(あや)織りの綿布。②ジーンズ・パンツの略。

ジーンズ・パンツ [日jeans pants]　ジーンズで作ったズボン。略ジー・パン，ジーンズ。

ジーン・セラピー [gene therapy]　遺伝子治療。

ジーン・バンク [gene bank]　遺伝子銀行。＊すぐれた性質の遺伝子をもつ種子を保存し，提供する所。

ジーン・プール [gene pool]　①遺伝子保全；種子バンク。＊有用な遺伝子資源の保存機関。②遺伝子給源。

シェア [share]　①(仕事・費用などの)分担；負担。②マーケット・シェアの略。③株；株券。

シェアード・サービス [shared service]　グループ企業などが組織の間接部門(総務・人事・経理など)を集約して効率化を図る経営手法。

シェアード・ディシジョン・メイキング [shared decision making]　医療者と患者の間で，科学的根拠を共有して治療方針を決定していくこと。

シェアード・フレグランス [shared fragrance]　性別不問の香水。

シェアウェア [shareware]〖電算〗一定の試用期間を設ける商用のソフトウェア。＊継続使用する場合は製作者に代金を払う。

シェア・オフィス [shared office]　複数の利用者が共有する事務所。

シェア・サイクル [日share cycle]　複数の利用者で自転車を共同利用できるサービス。

シェアホルダー [shareholder]　株主；株所有者。

シェアリング [sharing]　分担すること；共有すること。

シェアリング・エコノミー [sharing economy]　物・場所・サービスなどを，必要なときに貸し借りして交換・共有できるサービス。

ジェイムズ・ウェッブ宇宙望遠鏡 [James Webb Space Telescope]　NASAが開発中の赤外線観測用宇宙望遠鏡。略JWST。

ジェイルブレイク [jailbreak]　情報端末の製造元が設定している利用制限を，ユーザーが非正規の方法で解除すること。

シェーカー [shaker] カクテルを作るとき，洋酒などを入れて振る，ふたつきの金属製容器。
シェーク [shake] ①握手する。②カクテルを作るとき，シェーカーを振ること。
シェークダウン [shakedown] ①ゆすり；たかり。②仮寝台。③慣らし運転；試運転。
シェーク・ハンド [shake hands] ①(人と)握手すること。②卓球における，握手するような柄の握り方。
シェーディング [shading] ①〘電算〙陰影画法。＊三次元グラフィックスで，光の当て方や色の濃淡で立体的に見せる方法。②〘美容〙顔に陰影をつけること。
シェード [shade] ①日よけ。②電灯・電気スタンドのかさ。
ジェード [jade] 翡翠(ひすい)。
シェーバー [shaver] かみそり；(特に)電気かみそり。
シェービング [shaving] ひげやむだ毛をそること。
シェービング・クリーム [shaving cream] ひげそり用のクリーム。
シェービング・ローション [shaving lotion] ひげをそったあと，肌あれを防ぐために使う化粧水。
シェーファー [Sheaffer] 〘商標〙アメリカの高級万年筆製造会社。また，その製品。
シェープ・アップ [shape-up] 美容と健康のために体型を整えること。
シェーマ [Schemaドイツ] 図式；型式。⇨スキーマ。
シェール [shale] 〘地学〙頁岩(けつがん)。
～革命 シェール層から抽出される石油や天然ガスによって世界のエネルギー事情が大きく変化すること。
シェール・オイル [shale oil] 油母頁岩(ゆぼけつがん)から採った石油。
シェール・ガス [shale gas] 頁岩から採取される天然ガス。
シェーレ [Schereドイツ] 独占生産物と非独占生産物との価格の差を示す，「はさみ状価格差」。
シェシェ [謝謝チャイナ] 「ありがとう」。
ジェスイット [Jesuit] カトリックのイエズス会に所属する修道士。
シエスタ [siestaスペイン] 午睡；昼寝。
ジェスチャー [gesture] ①身振り；手振り。②上辺だけの動作。＊ゼスチャーとも。
ジエチレン・グリコール [diethylene glycol] 〘化学〙ねばりと甘味のある無色の液体。＊自動車の不凍液などに使われる。
ジェット [jet] ①(気体・液体などの)噴射。②⇨ジェット機。
～機 [～plane] ジェット・エンジンで飛行する航空機。略ジェット。
～気流 [～stream] 北緯30～60度の上空1万メートル付近を西から東へ帯状に吹いている強風。＊風速は毎秒50～150メートルぐらい。＝ジェット・ストリーム。
ジェット・エンジン [jet engine] 前方から空気を取り入れて圧縮し，それに燃料を吹き込んで爆発させ，その排気を後方に噴射して，その反動で推進力を得るしくみの発動機。
ジェット・コースター [日jet coaster] 連結した小型の車両に人を乗せて，高い所から起伏の激しい軌道上を高速で疾走する遊戯施設。＊もとは商品名。略コースター。＝ローラー・コースター。
ジェット・スキー [jet ski] 〘商標〙船形ボードにエンジンとハンドルを装備し水上を滑走するもの。またそのスポーツ。
ジェット・ストリーム [jet stream] ⇨ジェット気流。
ジェット・バス [jet bath] 浴槽の噴出口から湯が噴出されるしくみの風呂。＊湯は循環させて使う。⇨ジャグジー。

ジェットフォイル [jetfoil] 水を高圧力で噴射して進む水中翼船。
ジェット・ポンプ [jet pump] 噴流ポンプ。＊高圧の蒸気や圧縮空気を噴出させ，その際にできる真空を利用して他の液体を吸い上げる。
ジェット・ミル [jet mill] 粉砕機。
ジェット・ラグ [jet lag] ジェット機による旅行からくる時差ぼけ〔疲労〕。
ジェトロ [JETRO] 日本貿易振興機構。＊*J*apan *E*xternal *T*rade *O*rganizationの略。
ジェニュイン [genuine] ①本物の。②心からの；真の。
ジェネティック・エンジニアリング [genetic engineering] 遺伝子工学。
ジェネティック・コード [genetic code] 遺伝情報；遺伝暗号。
ジェネティックス [genetics] 遺伝学。
ジェネラリスト ⇨ゼネラリスト。
ジェネラル ⇨ゼネラル。
ジェネリック医薬品 [generic drug] 後発医薬品。＊新薬の特許期間が切れたあとに製造・販売される同じ成分の薬。低価格。
ジェネリック・テクノロジー [generic technology] 先端的基盤技術。＊多くの先端技術分野に共通する基盤となる技術のこと。
ジェネリック・ブランド [generic brand] 商品登録の保護を受けない商品。⇨ノー・ブランド。
ジェネレーション [generation] 世代；同時代の人々。
ジェネレーション・ギャップ [generation gap] 世代の差；世代のちがいによる意見などの食いちがい。
ジェネレーター [generator] ①発電機。＝ダイナモ。②⇨ルーチン②。
ジェノサイド [genocide] 集団虐殺(ぎゃくさつ)；皆殺し。
〜条約 集団殺害罪の防止及び処罰に関する条約。＊第2次大戦中のナチス・ドイツのユダヤ人大量虐殺の経験から，1948年に国連総会で採択。
シェパード [shepherd] ①羊飼い；牧人。②ドイツ原産の犬の一品種。＊警察犬などに使われる。
シェパード・チェック [shepherd's check] 白と黒の小さな格子柄(こうしがら)。＊スコットランドの羊飼いが用いた。
シェフ [chefフランス] (男の)料理人；(レストランなどの)コック長。
シェブロン [chevron] 軍や警察の制服についた山形の袖章。
シェヘラザード [Scheherazade] 『千夜一夜物語』の語り手の王妃の名。
ジェミニ [Gemini] 〖天文〗ふたご座。＊黄道上の第4星座。
ジェム [gem] 宝石。
ジェムストーン [gemstone] 宝石の原石；貴石。
ジェラート [gelatoイタリア] (イタリア風の)アイス・クリーム；シャーベット。
ジェラシー [jealousy] 嫉妬(しっと)；やきもち；ねたみ。
ジェランド [gerund] 動名詞。
シェリー [sherry] アルコール分の強い白ぶどう酒。
ジェリー ⇨ゼリー。
シェリフ [sheriff] (アメリカの)郡保安官。
シェル [shell] ①(貝・卵などの)殻(から)。②外板を1枚張りにした競漕用ボート。
〜構造 [〜construction] 建築で，屋根などの外郭に曲面の薄い板を用いた構造。＊支柱間隔を広くしたい体育館や工場などに利用される。
ジェル [gel] ①ゼリー状の整髪料。②⇨ゲル[1]。
シェルター [shelter] 避難所；防空壕；防護設備。
核〜 [nuclear〜] 核攻撃に備える避難所〔地下壕(ごう)〕。

シェルパ［Sherpa］ ①ヒマラヤ山地に住むチベット系の高地民族。②［s-］登山隊の案内や荷運びなどをする①出身の人夫。
シェルフ［shelf］ 棚。
ジェロントクラシー［gerontocracy］老人政治；長老政治。
ジェロントロジー［gerontology］ 老人学；老人病学。
シェンゲン協定［Schengen Convention］ EU間の出入国審査を廃止し，自由に往来できるようにした国際協定。＊1990年調印。1995年実施。
ジェンダー［gender］ 性。＊生物学的な性に対して，社会的・文化的な性をいう。男らしさ，女らしさなど。
ジェンダー・アイデンティティー［gender identity］ 性自認；心の中の性。
ジェンダー・ギャップ指数［gender gap index］ 社会進出における国別の男女格差を表す指標。
ジェンダー・バイアス［gender bias］性的偏見。
ジェンダー・フリー［日gender-free］社会的・文化的につくられた性差別からの解放をめざす考え方。
ジェンダーレス［genderless］ 社会的・文化的な男女の性差を取り払おうとする考え方。
ジェンダー・ロール［gender role］男女の役割分担。
ジ・エンド［The End］ 終わり。
ジェントリー［gentry］ 郷紳。＊イギリス封建制下の社会的階層の1つ。
ジェントリフィケーション［gentrification］ 高級化；上流化。＊特に都市の貧困層が住む居住地域を再開発して，高級化すること。
ジェントル［gentle］ 優しい；上品な；礼儀正しい。
ジェントルマン［gentleman］ 紳士；殿方。↔レディー[1]。
ジオイド［geoid］ 〖地学〗地球表面の等重力ポテンシャル面のこと。
ジオグラフィー［geography］ 地理学。
ジオコーディング［geocoding］ 住所や地名などの情報に地理座標を付加すること，またはその技術。
ジオサイド［geocide］ 地球虐殺。＊地球の環境破壊が進んだ状態。
ジオテール［geotail］ 地球の磁気圏尾部。＊太陽風により太陽と反対の方向に延びる。
シオニスト［sioniste フランス］ シオニズム運動を進める人たち。
シオニズム［sionisme フランス］ ユダヤ民族が，その故地シオン山が存在するパレスチナに祖国を再建しようとする運動。＊1948年，イスラエル共和国を建国。
ジオパーク［geopark］ 科学的に貴重な地層・地形を含む自然公園として，専門機関の認定を受けた「大地の公園」。
ジオフィジックス［geophysics］ 地球物理学。
ジオプトリー［Dioptrie ドイツ］ レンズの焦点距離をメートル単位で表した数の逆数。凸レンズは+，凹レンズは−の符号をつける。＊めがねの度数を表すのに用いられる。この数値が大きいほど度が強い。記号はD。
ジオ・フロント［日geo-front］ 大深度地下空間；地中開発計画。＊ウォーターフロントに対する語。
ジオポリティックス［geopolitics］⇨ゲオポリティーク。
ジオメトリー［geometry］ 幾何学。
ジオメトリック［geometric］ 幾何学的な；幾何学模様の。
ジオラマ［diorama フランス］ ①透視画；西洋風のぞきからくり。＊風景画の中に物をおき，照明を当てて立体的に見せる装置。②実際の風景に似せて作った小型の立体模型。
ジオロジー［geology］ 地質学。

シガー [cigar]　葉巻きたばこ。

ジガー [jigger]　2つのコップを底と底で重ね合わせたような形の，ウイスキーなどの計量器。＊一方が1オンス，他方が半オンス。

シガール [cigareフランス]　葉巻。

ジカ熱 [Zika feaver]　蚊を介して広がるジカ・ウイルス感染症。発熱や関節痛などの症状が出る。

シガレット [cigarette]　たばこ；紙巻きたばこ。

ジギタリス [Digitalisラテン]　ゴマノハグサ科の多年草。＊葉は強心剤用。

ジキルとハイド [Jekyll and Hyde]　二重人格者。＊スティーブンソンの小説『ジキル博士とハイド氏』の主人公の名から。

ジグ [jig]　①工作物を固定する道具。②釣りで用いる擬餌鉤(ぎじばり)の一種。

シク教 [Sikhism]　インドのヒンズー教の一派。＊15世紀にナーナクが創始した改革派。カースト制や偶像崇拝を否定。シーク教とも。

ジグザグ [zigzag]　Z字形や稲妻形に屈曲しているさま。

ジグソー [jigsaw]　糸鋸(いとのこ)。

ジグソー・パズル [jigsaw puzzle]　不規則に切れ目を入れた1枚の絵をばらばらにし，小片をはめ合わせてもとの1枚の絵に復元する玩具(がんぐ)。

シグナス [Cygnus]　〖天文〗白鳥座。＊夏の星座。アルファ星はデネブ。

シグナル [signal]　①信号；合図。②信号機。

シグネチャー [signature]　⇨サイン[1]。

シグネチャー・ブランド [signature brand]　デザイナーの名前を冠したブランド。

シグマ [sigma]　①ギリシア語のアルファベットの18番目の文字(Σ，σ，ς)。②〖数学〗総和を示す記号(Σ)。

シクラメン [cyclamen]　西アジア原産のサクラソウ科の多年草。＊花ことばは「はにかみ」。

シクリッド [cichlid]　カワスズメ科の熱帯魚の総称。＊中南米やアフリカなどに分布。

シクロ [cyclo]　人力や原動機で走行する，三輪タクシー。＊東南アジアなどで使う。

シクロ・クロス [cyclo-cross]　自転車のクロス・カントリー・レース。

シクロスポリン [cyclosporine]　免疫抑制剤の1つ。＊臓器移植時の拒否反応を抑える。

シクロプロパン [cyclopropane]　吸入用麻酔薬の1つ。

シケイン [chicane]　①自動車レースで，減速・徐行させるための障害物。②事故防止のため，道路上に刻み目をつけたり，道路をジグザグにしたりすること。

シコニン [shikonin]　ムラサキ科の多年草の根(紫根)からとる色素。＊口紅などに用いる。

ジゴロ [gigoloフランス]　女に生活費を稼がせて自分は働かない男；ひも。

シザー・カット [scissors cut]　はさみを使って調髪すること。

シザーズ [scissors]　①はさみ。②〖体操〗両脚開閉。③〖レスリング〗はさみ締め。＊scissors holdの略。

シザーズ・ジャンプ [scissors jump]　〖陸上競技〗はさみ跳び。＊跳躍競技での跳び方の1つ。

シザーズ・パス [scissors pass]　〖バスケットボールなど〗味方同士が走りながら交差するように行うパス。

シシー [sissy]　めめしい男の子；いくじなし；弱虫。

シシ・カバブ [shish kebab]　羊の肉と野菜の串(くし)焼き。＊トルコ料理。

シジフォス [Sisyphosギリシア]　〖ギリシア神話〗狡猾(こうかつ)なコリントの王。＊ゼウスの怒りにふれ，死後，地獄で転落する大岩を山頂に永遠に押し上げ続けるという刑に処せられた。＊

シーシュポスとも。
シシャモ［shushnnhasmuアイヌ］ 北海道でとれる，キュウリウオ科のワカサギに似た魚。＊漢字では「柳葉魚」。
シシリアンライス 平たい皿に敷いたご飯の上に肉野菜を載せてマヨネーズをかけた料理。＊佐賀市が発祥。
ジス［JIS］ 日本産業規格。＊*J*apanese *I*ndustrial *S*tandardsの略。
シスジェンダー［cisgender］ 出生時に割り当てられた性別と性自認が一致していること。
シスター［sister］ ①姉妹；姉；妹。②修道女；修道院の尼僧。③同性愛の相手。＊昔の女学生の隠語。＝エス²(S)。
システマチック［systematic］ 組織的な；体系的な；系統だった。
システム［system］ ①組織；制度；機構。②体系；系統。③方式；しくみ。④コンピュータで問題を処理するための手順・方式・構成・装置。
～監査 コンピュータの情報システムを専門家が総合的に点検・評価し適切なアドバイスを与えること。
～工学 ⇨システム・エンジニアリング。
～産業 関連のあるいくつかの産業を有機的に結合して再編成した産業。
～手帳 予定表，住所録，電話帳など多くの機能を持ち，リフィルの入れ替えができる手帳のこと。
～売買 株式の売買をコンピュータを通して行うこと。
システム・アドミニストレーター［system administrator］〖電算〗システム管理者。＊LANなどのネットワーク全体を管理・運営する。
システム・アナリシス［systems analysis］ システムの分析。
システム・アナリスト［systems analyst］ システムを分析する人。
システム・アプローチ［systems approach］ 物事を体系的に捉えて解決の糸口を見つけようとすること。
システム・インテグレーション［system integration］ 情報システムの構築，保守・運用を統合して行うこと。略SI。
システム・インテグレーター［system integrator］ 全般的な情報システム構築と保守・管理などをする専門家。また，それを請け負う業者。
システム・エラー［system error］ ソフトウェアが原因ではなく，ハードウェアやOSの不備でコンピュータが正常に動かなくなること。
システム・エンジニア［systems engineer］〖電算〗システム分析とシステム設計を行う技術者。略SE。＝システム・デザイナー，システム・プランナー。
システム・エンジニアリング［systems engineering］ システムを合理的・科学的に分析・設計・構成・管理するための学問。＝システム工学，システム・デザイン。
システム・オペレーター［system operator］〖電算〗ホスト・コンピュータやネットワークの管理をする人。
システム・キッチン［日system kitchen］ 広さや好みに合わせて流し台やガス台，調理台などを自由に組み合わせて選べる台所セット。
システム・コンバーター［system converter］ テレビ放送の標準方式が異なる国と国との間の宇宙中継に使われる標準方式変換装置。
システム・コンポーネント［日system component］ オーディオ装置で，各部品を自由に選んで組み合わせられるように設計されたもの。＊システム・コンポとも。
システム・ソフトウェア［system software］〖電算〗コンピュータ・システム自体を制御するためのソフトウェア。＝システム・プログラム。
システム・ソリューション［system

solution〕　企業経営の問題点を解決して管理システムを最適なものに再構築すること。
システム・ダイナミックス〔system dynamics〕　システムの複雑な動態を数学的モデルを使って解析する方法。
システム・ダウン〔日system down〕〖電算〗コンピュータが働かなくなること。
システム・デザイナー〔systems designer〕　⇨システム・エンジニア。
システム・デザイン〔systems design〕①企業経営に必要なシステムを設計すること。②〖電算〗コンピュータ利用の応用システムを設計すること。③⇨システム・エンジニアリング。
システム・ファイル〔system file〕〖電算〗オペレーティング・システム(OS)が格納されたファイル。
システム・フォント〔system font〕コンピュータのシステムで利用されている基本のフォント。
システム・プランナー〔systems planner〕　⇨システム・エンジニア。
システム・フロー・チャート〔systems flow chart〕〖電算〗初期データから最終の出力データまでの流れを示した図表。
システム・プログラム〔system program〕　⇨システム・ソフトウェア。
システム・マーケティング〔system marketing〕　組織的販売活動。
システム・リソース〔system resource〕〖電算〗ウィンドウズで，プログラムを作動するためのメモリー領域。
ジステンパー〔distemper〕　幼犬に多い急性感染症。
ジストニア〔dystonia〕〖医学〗(種々の器官の)筋失調症。
ジストマ〔distoma ラテン〕　人や家畜の肝臓や肺臓に入り込む寄生虫。
ジストロフィー〔dystrophy〕　栄養失調症；栄養障害。
筋〜〔muscular〜〕　筋萎縮症。
ジス・マーク〔JIS mark〕　日本産業規格に適合していることを示すマーク。⇨ジス。
ジスルフィラム〔disulfiram〕　嫌酒薬。＊アルコール依存症の治療薬。
シソーラス〔thesaurus〕　①分類語彙(ごい)集；類義語辞典。②コンピュータなどの情報検索用索引。
シタール〔sitār ヒンディー〕　7本の弦をもつ北インドの弦楽器。
ジタン〔gitane フランス〕　⇨ジプシー①。
シチズン〔citizen〕　市民；国民。
シチズンシップ〔citizenship〕　市民権；市民性。
シチュー〔stew〕　牛・豚・鶏などの肉と野菜に調味料を加えて弱火で長く煮込んだ料理。
シチュエーション〔situation〕　状況；情勢；(小説・劇などの)局面。
シチュエーション・コメディ〔situation comedy〕　登場人物や場面設定が固定されたコメディのこと。
シッカロール〔Siccarol〕〖商標〗汗しらず。⇨タルカム・パウダー。
シック[1]〔chic フランス〕　粋(いき)な；しゃれた；気のきいた。
シック[2]〔sick〕　病気の；胸が悪い。
シックス・シグマ〔six sigma〕　製品の不良品率を100万分の3，4程度に抑える品質管理の手法。
シックス・センス〔sixth sense〕　第六感。
シックス・ナイン〔日six nine〕　男女が同時にお互いの性器を口で愛撫すること。＊69の形から。
シックス・パック〔six-pack〕　鍛えられた腹筋が6つに割れている様子。＊もとは商品の6個入りパック。
シックネス・バッグ〔sickness bag〕飛行機で，乗り物酔いに備えて座席に用意してある袋。
シック・ハウス症候群〔sick-house

syndrome] 新建材から出る化学物質が原因となって現れる心身の不調。＊頭痛，めまい，精神不安など。
シッティング・バレーボール [sitting volleyball] 下肢に障害のある人の参加を可能にした，座った姿勢で行う6人制バレーボール。＊パラリンピックの正式種目。
シッティング・ルーム [sitting room] ⇨リビング・ルーム。
シット・イン [sit-in] (抗議のための)座り込み。＊シット・ダウンとも。
シッパー [shipper] 船荷主。
ジッパー [Zipper] 〖商標〗ファスナーの商品名。⇨チャック[1]。
シッパーズ・ユーザンス [shipper's usance] 輸入業者が商品を売りさばくまで一定期間，輸出業者に決済を延ばしてもらう契約。
シップ [ship] ①船。②航空機；宇宙船。③3本マストの大型の横帆船。
ジップ・コード [ZIP code] (アメリカの)郵便番号。＊ZIPは*Z*one *I*mprovement *P*lan(集配区域改善計画)の略。
シップメント [shipment] 船積み；積み荷；貨物の発送。
ジッヘルング [Sicherung(ドイツ)] 〖登山〗転落に備えてザイルをしっかりと保持すること。また，その技術。
ジッポー [Zippo] 〖商標〗アメリカのオイル・ライターのメーカー。また，その製品。
シティ [city] ①市。② [C-] ロンドンの商業・金融の中心地。
シティ・エア・ターミナル [city air terminal] 都心に設置された航空旅行客用のターミナル。＊市街地から遠距離にある空港の，搭乗手続き，手荷物引渡しなどの業務を行う。略エア・ターミナル，CAT。
シティスケープ [cityscape] 都市景観。
シティ・バンク [日city bank] 都市銀行。
シティ・プランニング [city planning] 都市計画。
シティ・ホール [city hall] 市役所；市公会堂。
シティ・ポップス [city pops] 都会的な感覚をもったニュー・ミュージック。
シティ・マネージャー・システム [city manager system] 市支配人制度。＊市議会が選んだ行政の専門家に市政を委ねる制度。
シティ・マラソン [city marathon] ニューヨークやベルリン，東京などの都市が開催するマラソン大会。
シティ・ライフ [日city life] ⇨アーバン・ライフ。
シトラス [citrus] 柑橘(かんきつ)類。＊ミカン，オレンジ，レモンなど。
シトロエン [Citroën] 〖商標〗フランスの自動車メーカー。また，同社製の自動車。
シトロン [citron] ミカン科の常緑低木。＊インド原産。実はジュースなどにする。
シナゴーグ [synagogue] ユダヤ教の礼拝堂；ユダヤ教徒の集会。
シナジー [synergy] 共働作用；共同活動；(薬物などの)相乗作用。
〜効果 [〜 effect] 〖経営〗相乗効果；相互補強効果。
シナプス [synapse] 神経細胞の連接。また，その部分。
シナモン [cinnamon] 肉桂(にっけい)。また，その樹皮からとった香辛料。＊料理，菓子用。
シナリオ [scenario] (映画の)脚本；(劇などの)台本；筋書き。
シナリオ・ライター [scenario writer] 脚本家；シナリオ作家。
シナントロプス・ペキネンシス [Sinanthropus pekinensis(ラテン)] 北京(ぺきん)原人。＊中国の北京近郊で発見された化石人類。

シニア [senior]　①年長の；(学年が)上級の。②年長者；上級生。↔ジュニア。

シニア・シミュレーター [日senior simulator]　高齢者を疑似体験するための装具。＊手足の重り，特殊めがねなど。

シニカル [cynical]　皮肉な；冷笑的な。＊シニックとも。

ジニ係数 [Gini's coefficient]　所得分配の不平等度を測る数値。

シニシズム [cynicism]　冷笑主義。＊一般の常識，習俗をことさらに無視し，万事に冷笑的にふるまう態度。シニスムとも。

シニスター [sinister]　不吉な；縁起の悪い。

シニフィアン [signifiantフランス]　〘言語〙能記。＊意味するもの。↔シニフィエ。

シニフィエ [signifiéフランス]　〘言語〙所記。＊意味されるもの。↔シニフィアン。

シニヨン・スタイル [chignonフランス＋style]　後頭部に小さな髷(まげ)を作った洋風の髪型。

シネ [ciné-フランス]　「映画」を表す接頭辞。

シネアスト [cinéasteフランス]　映画人；映画監督；映画ファン。

シネクラブ [日cineclub]　映画愛好家の団体。

シネコン　シネマ・コンプレックスの略。

シネフィル [cinéphileフランス]　映画通；映画ファン。

シネフィルム [cinefilm]　映画用のフィルム。

シネマ [cinémaフランス]　①映画。②映画館。＝キネマ。

シネマ・コンサート [cinema concert] 映画の音楽パートをオーケストラが生演奏する映画上映方式。

シネマ・コンプレックス [cinema complex]　複合型映画館。＊1つの建物の中に複数の映画館がある。略シネ・コン。

シネマスコープ [CinemaScope]　〘商標〙スクリーンの縦横の比率が1対2.35で立体音響の映画の方式。

シネマテーク [cinémathèqueフランス]　映画図書館。＊映画を保存し，公開もするフィルム・ライブラリーのこと。

シネマトゥルギー [cinématurgieフランス]　映画制作技法。

シネマトグラフ [cinématographeフランス]　①活動写真；(初期の)映画。②(初期の)映写機。

シネ・モード [cine mode]　映画の登場人物の服装をもととする服装の流行。＝スクリーン・モード。

シネラマ [Cinerama]　〘商標〙3台の映写機で大きな円弧型のスクリーンに上映する映画の方式。＊立体音響。現在では1台の映写機で写す。

シネラリア [cineraria]　カナリア諸島原産のキク科の越年草。＊花ことばは「いつも快活」。＝サイネリア。

シノニム [synonym]　同義語；同意語；類義語。↔アントニム。

シノプシス [synopsis]　概要；(小説などの)梗概；あらすじ。

シノワズリ [chinoiserieフランス]　中国趣味。＊中国の文物に対する興味。

シバ [Siva]　ヒンズー教の3主神の1人で破壊と生殖の神。＊仏教では「大自在天」「自在天」といわれる。

ジハード [jihādアラビア]　(イスラム教徒の)聖戦。

シバの女王 [Queen of Sheba]　アラブ南部にあった王国の女王。＊『旧約聖書』は，ソロモン王の知恵を確かめるためにエルサレムを訪問したと記述。

ジパング [Zipanguイタリア]　マルコ・ポーロの『東方見聞録』に記された日本の呼称。

ジバンシー [Givenchy]　〘商標〙パリの服飾デザイナー。また，その製品。

シビア [severe]　厳しい；厳格な；

情け容赦のない。
シビア・アクシデント [severe accident] 深刻な事故；過酷事故。＊特に，想定を大幅に超える原発事故。
ジビエ [gibierフランス] 狩猟で捕った野生の鳥獣肉。また，その料理。
シビック [civic] 市民の。
シビック・センター [civic center] 公共施設や文化施設の集中した都市の中心地域。また，そこにある公共施設。
シビック・トラスト [Civic Trust] 都市環境の保全･改善を目的とするイギリスの非営利民間団体。＊1957年設立。
シビリアン [civilian] 一般市民；民間人；非戦闘員。＊「軍人」に対して用いることば。
シビリアン・コントロール [civilian control] 文民統制。＊軍人に対して，文民が最高の指揮権をもつという原則。
シビリゼーション [civilization] 文明。＊シビライゼーションとも。
シビル [civil] 市民の；文民の；民間の；一般人の。
シビル・エンジニアリング [civil engineering] 土木工学。
シビル・サーバント [civil servant] 文官；軍人以外の公務員。
シビル・ミニマム [日civil minimum] 都市の住民が生活を営むのに必要な最低限の条件。⇨ナショナル・ミニマム。
シビル・ユニオン [civil union] 同性同士のカップルに，男女が結婚した場合と同様の法的権利を認める制度。
シビル・ロー [civil law] ①大陸法；判例法。②民法；民事法。
ジブ[1] [gib] 凹字(おうじ)楔(くさび)。
ジブ[2] [jib] ①船首三角帆。②クレーンから突き出た旋回できる腕。
ジフィリス [Syphilisドイツ] 梅毒(ばいどく)。＊性病の1つ。
ジフェニル [diphenyl] 柑橘(かんきつ)類のカビ防止剤として使われる有機化合物。＊ビフェニルとも。
シフォン [chiffonフランス] 薄手の透き通った絹織物または化繊織物。＊ベール，スカーフなどに用いられる。
シフォン・ケーキ [chiffon cake] サラダ油を使ったきめの細かいスポンジ状のケーキ。
ジプシー [Gypsy] ①ヨーロッパや西アジアなどに散在する漂泊〔流浪〕民族。＊各地で迫害や差別を受けた。現在では多くが定住。＝ジタン。②[g-] 放浪生活をすること。また，その人。⇨ボヘミアン，ロマ。
ジプシー・ルック [gypsy look] ジプシー特有の明るくはなやかなデザインをまねた服装。
ジフテリア [diphtheria] ジフテリア菌による感染症。＊幼児に多い。
シフト [shift] ①移動；変更。②『野球』打球の方向がほぼ決まっている特定の打者に対して，守備位置を大きく変えること。③『自動車』変速装置のギアを入れかえること。④『電算』記憶装置の情報量のケタを移動させること。⑤交代勤務。
シフト・キー [shift key] 『電算』コンピュータの入力側にあるキーの一種。＊大文字･小文字の変換，記号の入力などに使う。
シフトJISコード [shift JIS code] 『電算』漢字を表示するための符号体系。
シフト・ダウン [日shift down] 『自動車』変速装置のギアを低速に変更すること。
シフト・ドレス [shift dress] ウエストに切りかえがなく，ゆったりと体の線にそった形の婦人服。
ジフト法 [ZIFT－] 『医療』接合子卵管内移植。＊不妊治療の1つ。ZIFTは，*z*ygote *i*ntra*f*allopian *t*ransferの略。

シ

シフト・レバー [shift lever] ⇨チェンジ・レバー。
シフトワーク [shiftwork] 交代勤務。
ジブリ ⇨スタジオ・ジブリ。
シベリアン・ハスキー [Siberian husky] 大型の愛玩犬の一種。＊もとは極地のそり犬。ハスキーとも。
ジベレリン [gibberellin] 植物の成長を促進するホルモンの1つ。
シボレー [Chevrolet] 〖商標〗アメリカのゼネラル・モーターズ社製の自動車の名称。
シマ [sima] 〖地学〗地球の内部を構成する層の1つで，大陸地殻下部や海洋地殻。＊主成分のケイ素(Si)とマグネシウム(Mg)から。
シミュラークル [simulacre フランス] ①模造品；紛(まが)い物。②〖哲学〗模像；模倣。＊現実社会の中に直接的な対応物をもたない記号。社会学者ボードリヤールの概念。
シミュレーション [simulation] ①模擬実験。②〖サッカー〗ファウルを受けたように見せかけて，審判を欺く行為。＊反則となる。
シミュレーション・ゲーム [simulation game] 現実のデータを使って模擬実験や擬似体験をするゲーム。
シミュレーター [simulator] (訓練・実験用の)模擬装置。
シミリー [simile] 直喩(ちょくゆ)。＊「…のようだ」の形の比喩技法。
ジム [gym] 体育館。＊特に，ボクシングの練習場。＝ジムナジウム。
シムーン [simoon] (アラビアやアフリカの砂漠に吹く)砂まじりの熱風。
ジムカーナ [gymkhana] ⇨オートクロス。
ジム・クロウ [Jim Crow] ①黒人。＊軽蔑(けいべつ)した言い方。②黒人差別。
ジムナジウム [gymnasium] ①⇨ジム。②⇨ギムナジウム②。
ジムナスティックス [gymnastics] 体操；体操競技。
シメチジン [cimetidine] 胃潰瘍(かいよう)，十二指腸潰瘍などの治療薬。＊胃酸の分泌を抑制する作用がある。
ジメチル・エーテル [dimethyl ether] メチルアルコールに硫酸を加えて熱すると得られるエーテル。冷却材や代替燃料に用いられる。
ジメチルニトロソアミン ⇨DMNA。
シャー [Shah] イラン国王の称号。
ジャー [jar] 魔法びんと同じ構造の広口の容器。＊日本語独特の用語で，もとの意味は「広口びん」。
ジャーキー [jerky] 乾燥させた牛肉；干し肉。
シャーク [shark] サメ(鮫)。
ジャーク [jerk] ウエイト・リフティングの種目の1つ。＊バーベルを胸の上まで持ちあげ，反動を利用して頭上に差しあげる。⇨スナッチ。
シャークスキン [sharkskin] サメ(鮫)皮のように仕上げた織物。
ジャーゴン [jargon] ①わけのわからないことば；たわごと。②専門用語。③隠語。
シャーシー [chassis] ①(自動車の)車台。②(ラジオ，テレビの)部品を取りつける台座。
ジャージー [jersey] ①柔らかくて伸縮性のある厚手のメリヤス編み布地。②運動選手が着るメリヤス地の上着とズボン。＊ジャージとも。③乳牛の一品種。＊イギリスのジャージー島原産。
ジャータカ [Jātaka サンスクリット] 〖仏教〗本生譚(ほんしょうたん)；前世の物語。
シャーデンフロイデ [Schadenfreude ドイツ] 他人の失敗や不幸を知ったときに生じる喜びの感情。
ジャーナリスティック [journalistic] ジャーナリズム，ジャーナリストに特有な；時流に敏感な。
ジャーナリスト [journalist] 新聞・

雑誌・出版・放送などの仕事に携わる人。＊記者，編集者，寄稿家など。
ジャーナリズム [journalism] 新聞・雑誌・出版・放送などによる伝達活動。また，その事業(界)。
ジャーナル [journal] ①(日刊の)新聞；(定期刊行の)雑誌。②日誌。
ジャーニー [journey] 旅行。
シャープ [sharp] ①鋭い；よく切れる；はっきりした；鮮明な。②〘音楽〙嬰(えい)記号。＊半音上げる記号で，♯で表す。↔フラット。③シャープ・ペンシルの略。
シャープナー [sharpener] 鉛筆削り器；刃物を研ぐ物。
シャープ・ペンシル [日sharp pencil] 軸の先から鉛筆の芯(しん)を繰り出して使う，万年筆に似た形の筆記具。略シャープ。
シャーベット [sherbet] 果汁に甘味，香料などを加えて，凍らせたもの。⇨ソルベ。
シャーマニズム [shamanism] 呪術(じゅじゅつ)師が神霊界と接触して行う占いや予言・託宣を信じる原始宗教。
シャーマン [shaman] 呪術(じゅじゅつ)師；巫女(みこ)。
ジャーマン [German] ①ドイツ人；ドイツ語。②ドイツの。
ジャーム [germ] ①胚種(はいしゅ)。②細菌；病菌。
シャーリング [shirring] 〘服飾〙飾りひだ。＊2本以上の糸で適当な間隔をおいて縫い，糸をしぼってギャザーを寄せたもの。
シャーレ [Schaleドイツ] ⇨ペトリ皿。
シャーロキアン [Sherlockian] コナン・ドイルの探偵(たんてい)小説に登場する名探偵シャーロック・ホームズのファン，研究者。
シャイ [shy] 内気な；はにかみやの。
ジャイアント [giant] 巨人；大男；巨大なもの。
ジャイアント・インパクト説 [giant impact—] 〘天文〙巨大衝突説。＊原始の地球と他の天体が衝突して，今の月が誕生したという仮説。
ジャイアント・キリング [giant killing] 〘スポーツ〙大物食い。＊実力が格下のものが，はるかに格上の相手を負かすこと。
ジャイアント・スラローム [giant slalom] 〘スキー〙アルペン競技の1つで，大回転。＊滑降と回転を組み合わせる。
ジャイアント・パンダ [giant panda] ⇨パンダ。
ジャイアント・メイズ [giant maze] 巨大迷路。
ジャイカ ⇨JICA。
ジャイナ教 [Jainism] 紀元前6世紀頃，インドでマハービーラが創設した宗教。
ジャイブ [jive] ①スイング音楽。②黒人特有のジャズ。③社交ダンスのテンポの一種。
ジャイロコプター [gyrocopter] 骨組だけの機体に，ヘリコプターと同じ回転翼をつけた1人乗りの航空機。＊スポーツやレジャー用。
ジャイロコンパス [gyrocompass] 回転羅針(らしん)儀。＊ジャイロとも。
ジャイロスコープ [gyroscope] 回転儀。＊上下対称のこまを直角に交わる金属製の3つの輪の中で支えた装置。
ジャイロセンサー [日gyrosensor] 航空機や船舶などが位置情報の把握や姿勢制御に用いる，角速度の検出装置。
ジャイロパイロット [gyropilot] (船・航空機の)自動操縦装置。
シャオハイ [小孩チャイナ] 子供；小児。
ジャガー [jaguar] ①アメリカヒョウ。＊中央アメリカ，南アメリカに分布。② [J-]〘商標〙イギリスの高級自動車メーカー。
ジャカード [jacquard] 紋織物。

ジャカランダ [jacaranda] ノウゼンカズラ科の落葉高木。*春，青紫色の花を多数つける。熱帯地方原産。
シャギー [shaggy] ①毛足の長い毛織物。②毛先をわざとぼさぼさにしたヘアスタイル。*原義は「毛むくじゃらの」。
シャギー・カーペット [shaggy carpet] 毛足の長いじゅうたん。
ジャグ [jug] ①広口で，取っ手がついた水差し。②水入れ；つぼ。
ジャクサ ⇨JAXA。
ジャグジー [Jacuzzi] 『商標』気泡が出る装置が付いたバスタブ。
ジャグラー [juggler] ①ジャグリングをする曲芸師；大道芸人。②詐欺師；ぺてん師。
ジャグリング [juggling] 曲芸；大道芸。*特に，ボールやリングなどをお手玉のように投げ上げたりつかんだりする芸。
ジャケット [jacket] ①腰のあたりまでの短い上着；背広の上着。②本のカバー；レコードを入れる袋。
シャコンヌ [chaconne フランス] 3拍子のゆるやかなスペインなどに伝わる舞曲。
ジャザーサイズ [jazzercize] 健康づくりのためのジャズ・ダンス。
シャシリク [syasirik ロシア] ロシア南部カスカス地方などに伝わる串焼き料理。
ジャス ⇨JAS。
ジャズ [jazz] 19世紀末にアメリカ，ニューオーリンズの黒人の間におこり発展した，軽快なリズムの音楽。
ジャスダック ⇨JASDAQ。
ジャズ・ダンス [jazz dance] ジャズに合わせて踊るダンス。
ジャスティス [justice] ①公正；正義。②裁判；司法。
ジャスティファイ [justify] 正当化する。
ジャスティフィケーション [justification] ①正当化。②『電算』ワープロ機能で，行頭・行末をそろえて文字列を配置すること。
ジャスト [just] ちょうど；きっかり。
ジャスト・イン・タイム方式 [just-in-time system] 在庫をもたずに，必要なものを必要なだけ，必要なときに納入させる方式。
ジャスト・フィット [just fit] 形やサイズがぴったり合うこと。
ジャスト・ミート [日just meet] 『野球』ボールの中心をバットの芯(しん)で正確に打つこと。
ジャズ・バンド [jazz band] ジャズを演奏する楽団。
ジャズ・フェスティバル [jazz festival] ジャズ演奏を中心とした音楽祭。
ジャス・マーク [JAS mark] 日本農林規格(JAS)に適合した農産物に付けられるマーク。
ジャスミン [jasmine] 熱帯・亜熱帯産のモクセイ科の植物。また，その花からとった香料。
ジャスミン・ティー [jasmine tea] ジャスミンの香りをつけた茶。
ジャズメン [jazzmen] ジャズ演奏者。*jazzmanの複数形。
ジャスラック [JASRAC] 日本音楽著作権協会。**Ja*panese *S*ociety for *R*ights of *A*uthors, *C*omposers and Publishersの略。
シャツ [shirt] ①上半身に着る薄手の洋風肌着。②ワイシャツ。
シャツ・オン・シャツ [日shirt on shirt] 『服飾』デザインや色などのちがうシャツを重ね着すること。
ジャッカル [jackal] ①イヌ科の哺乳(ほにゅう)動物。*西南アジア，ヨーロッパ南部，アフリカに分布する。②ラグビーで，タックル後に倒れた選手からボールを奪い取ること。または，ボールを離せない状態にしてノット・リリース・ザ・ボールの反則を奪うこと。

ジャッキ [jack] 扛重機(こうじゅうき)。＊小さい力で重い物を垂直に持ち上げるときに使う機器。

ジャック [Jack] ①トランプで，騎士の絵札。＊11を表す。② [j-] 電気器具のプラグの差込口。

ジャック・オ・ランタン [jack-o'-lantern] ハロウィンに作られるかぼちゃの提灯。

ジャック・ダニエル [Jack Daniel's] 〘商標〙バーボン・ウイスキーのメーカー。また，その製品。

ジャックナイフ [jackknife] 大型の折りたたみナイフ。＊Jack (水兵，船員)がロープを切るのに使ったことから。

ジャックフルーツ [jackfruit] クワ科の小高木。また，その巨大な実。＊インド，マレー半島原産。

ジャックポット [jackpot] ①トランプのポーカーで積み立てる賭金(かけきん)。②スロット・マシンやクイズなどの特賞；大当たり。

ジャッグル [juggle] ①〘野球〙捕球するとき，ボールを確実ににぎれなくて，グラブの中で何度かはずませること。②〘ハンドボール〙空中にあるボールに続けて２度触れること。＊反則となる。

ジャッジ [judge] ①審判員。②判定(すること)；判断(すること)。

ジャッジ・ペーパー [judge paper] 〘ボクシングなど〙ラウンドごとの得点を記入する用紙。

ジャッジメント [judgement] ①判断；判定。②意見；見解。

シャツ・ジャケット [shirt jacket] 〘服飾〙シャツのように気軽に着られるジャケット。

シャッセ [chasséフランス] 〘ダンス〙ステップの一種。＊片足を第１歩で開き，第２歩でもう一方の足を引きつけて閉じ，第３歩で最初の足を開くという３歩構成のステップ。

シャッター [shutter] ①よろい戸。＊巻き上げ式の戸。②カメラの露光装置。＊瞬間的に開閉してフィルムに光をあてる。

〜通り シャッターを下ろしたままの空き店舗が多い商店街。

シャッター・スピード [shutter speed] 〘写真〙シャッターが開いている時間。

シャッター・チャンス [日shutter chance] 写真を撮るときシャッターを切るのに最も適した瞬間；決定的瞬間。

シャットアウト [shutout] 〘野球〙１点も与えずに相手チームを負かすこと；完封すること。

シャットダウン [shutdown] 一時休業；操業休止；閉店。

ジャップ [Jap] 英米人が日本人を軽蔑(けいべつ)して呼ぶ言い方。

シャツ・ブラウス [shirt blouse] ワイシャツ型の婦人用のブラウス。

シャッフル [shuffle] トランプで，札を切り混ぜること。

シャッフルボード [shuffleboard] 円盤突き。＊円盤を長い棒で突き，点を表示した三角形の標的に入れて得点を競うゲーム。

シャッポ [chapeauフランス] (つばのある)帽子。＊シャポーとも。

シャトー [châteauフランス] 城；邸宅。

シャドー [shadow] ①影；陰影。②アイ・シャドーの略。

シャドーIT [shadow IT] 会社側の許可なく従業員が私物の情報機器や外部サービスを業務に使うこと。

シャドーイング [shadowing] ①〘電算〙CGで物体に影を描くこと。②外国語訓練法の１つ。＊聴き取った音声をそのまままねて声に出す。

シャドー・キャビネット [shadow cabinet] (イギリス議会の)影の内閣。＊野党が政権をとったとき入閣を予定される実力者で組織される。
シャドー・ストライプ [shadow stripe] 〘服飾〙 光線の具合で見えたり見えなかったりする縞柄(しまがら)。
シャドー・バンキング [shadow banking] 影の銀行。＊証券会社やヘッジ・ファンドなどが金融仲介業務を行う。

シャドー・ピッチング [shadow pitching] 〘野球〙 投手が鏡に自分の投球フォームを映して矯正(きょうせい)したり研究したりすること。
シャトーブリアン [châteaubriand フランス] ①ヒレ肉のステーキ。② [C-] フランス産のぶどう酒の銘柄。
シャドーボクシング [shadowboxing] 〘ボクシング〙 相手を想定しながら，1人で攻撃，防御，フットワークなどの練習をすること。
シャドー・ワーク [shadow work] 影の仕事。＊主婦の家事，子育て，買物など賃金の対象とならない仕事。
シャトー・ワイン [château wine] フランス，ボルドー産の高級ワイン。
シャトル [shuttle] ①(比較的近距離間を)定期に往復する交通機関。②宇宙往復船。③シャトルコックの略。
〜外交 [〜diplomacy] 往復外交。＊各国間を頻繁に往復する外交方式。
シャトルコック [shuttlecock] バドミントンに使う羽根。略シャトル。
シャトルシェフ [ShuttleChef] 〘商標〙 真空保温調理器具。＊調理鍋と保温容器で構成。THERMOS社の製品。
シャトル・バス [shuttle bus] 近距離用往復バス。＊例えば空港とホテルの間を定期的に運行する。
シャトレー [châtelet フランス] 小さな城。
シャネル [Chanel フランス] 〘商標〙 パリの服飾デザイナー。また，その製品。＊香水でも有名。
ジャパナイズ [Japanize] 日本化する；日本風にする。
ジャパニーズ [Japanese] ①日本人；日本語。②日本の；日本人〔語〕の。
ジャパニーズ・イングリッシュ [Japanese English] ①和製英語。＊ナイター，ダイニング・キッチンなど。②日本語なまりの英語。
ジャパニーズ・マネジメント [Japanese management] 日本的企業経営。
ジャパニーズ・モダン [Japanese modern] 家具や室内装飾などの，日本の伝統工芸とモダン・アートを融合させたデザイン様式。
ジャパニズム [Japanism] 日本風；日本人気質；日本心酔。
ジャパニメーション [Japanimation] 日本製アニメーション。＊海外での呼び名。Japanとanimationの合成語。
ジャパネスク [Japanesque] 日本風の；日本調の；日本式の。
ジャパノロジー [Japanology] 日本学；日本研究。
ジャパゆきさん 東南アジアから日本に出稼ぎに来る女性。
ジャパン・インク [Japan, Inc.] 日本株式会社。＊日本全体が一大株式会社と同じ働きをしているとする，軽蔑(けいべつ)と恐れをこめた呼び名。
ジャパン・カップ [Japan Cup] 日本中央競馬会主催の国際招待レース。＊毎年11月に東京競馬場で行われる。
ジャパン・ソサエティー [Japan Society] 日本とアメリカの友好と文化活動を支援する団体。＊本部はニューヨークにある。
ジャパン・タイムズ [The Japan Times] 日本の代表的な英字新聞。＊1897年創刊。
ジャパン・ナッシング [Japan nothing] 株安や円安による日本経済の低迷によって日本の未来を悲観していうことば。＊ジャパン・バッシングをもじった語。
ジャパン・バッシング [Japan bash-

ing］（アメリカによる)日本たたき。

ジャパン・パッシング［Japan passing］日本通過；日本無視。＊日米関係で日本が無視される傾向。ジャパン・バッシングをもじった語。

ジャパン・ファウンデーション［Japan Foundation］（日本政府出資の)国際交流基金。

ジャパン・プラットホーム［Japan platform］難民発生や自然災害時の緊急援助を総合的に行うためのシステム。＊政府の資金，企業・市民の寄付とNGO，政財界の協力・連携による。略JPF。

ジャパン・プレミアム［Japan premium］日本の銀行が海外市場で資金調達をするときに課せられる，上乗せ金利。＊ヨーロッパやアメリカの銀行よりも金利が高い。

ジャパン・マネー［Japan money］日本に拠点をもつ企業が国際間を移動させる資金；日本からの投資資本。

シャビー［shabby］着古した；みすぼらしい；むさ苦しい；ぼろを着た。

シャブ 覚醒剤。

ジャブ［jab］〖ボクシング〗腕だけで相手を小刻みに連打する攻撃法。

シャフト［shaft］①動力を伝達する軸；心棒(しんぼう)。②(ゴルフ・クラブなどの)柄(え)の部分。

シャブリ［chablisフランス］フランスのシャブリ地区産の白ワイン。

シャプリエ［chapelierフランス］帽子職人。

ジャベリン［javelin］槍(やり)投げ競技。また，その槍。

シャベル［shovel］土砂などをすくうのに使う，スプーンのような形の道具。＊ショベルとも。

シャペロン［chaperonフランス］①若い未婚の女性が社交場に出るときに付き添う年配の女性。②(未成年の男女のパーティーの)付き添い役。

ジャボ［jabotフランス］婦人服につける胸飾り。

ジャポニカ［Japonica］①(外国人の)日本趣味。②⇨ジャポニカ米。
～米［～rice］日本型の米。＊丸みのある短粒で，炊くと粘り気が出る。⇨インディカ米。

ジャポニスム［japonismeフランス］日本趣味；日本人気質；日本研究。⇨ジャポネズリ。

ジャポネズリ［japonaiserieフランス］日本風(の物)；日本趣味。

シャボン［sabãoポルトガル］石鹸(せっけん)。

シャミー［shammy］カモシカやヤギの革。

ジャミング［jamming］電波妨害などで雑音が入ること。

シャム［Siam］タイ王国の旧称。
～猫 シャム原産のネコ。

ジャム［jam］果実を煮つぶし，甘味を加えて，弱火で煮詰めた食品。

ジャム・セッション［jam session］ジャズの即興演奏会。

ジャメ・ビュ［jamais vuフランス］未視感。＊すでに経験したことなのに，初めてであると感じること。↔デジャ・ビュ。

シャモ 鶏の一品種で，食用だけでなく闘鶏用に飼育される。

ジャラン・ジャラン［jalan-jalanインドネシア］散歩。

シャリアピン・ステーキ［Shalyapin steak］すりおろしたタマネギを肉になじませて焼いたサーロイン・ステーキ。

シャリーア［Shariaアラビア］イスラム法。＊イスラム教徒の日常生活を全般的に定めたもの。

シャルキュトリー［charcuterieフランス］食肉加工品，またはその加工業者や販売店を表すことば。

シャルドネ［Chardonnay］フランス原産の白ワイン用ぶどう(葡萄)。

シャルトリューズ［chartreuseフランス］薬草で香味が添加されたフランス産の高級リキュール酒。

シ

シ

ジャル・パック [JAL PAK] 〖商標〗 日本航空の海外向け団体旅行。
シャルマン [charmantフランス] 魅力的な；かわいらしい。
シャルム [charmeフランス] 魅力。＊英語のチャーム(charm)にあたる。
シャルルの法則 [Charles's law] ⇨ゲイ・リュサックの法則。
シャレー [chaletフランス] 軒先が大きく突き出たスイス風の山荘。
シャレード [charadeフランス] 謎(なぞ)解き。
シャローム [shalomヘブライ] ヘブライ語で平和を意味することば。「こんにちは」などのあいさつに用いられる。
ジャロジー [jalousie] 細長いガラス板をブラインドのように並べた開閉式の窓。
シャロット [shallot] ⇨エシャロット。
シャワー [shower] 湯や水をじょうろのような口から噴出させる装置。また，その湯や水。
シャワー・ジェル [shower gel] 泡風呂にも利用できる液体石鹸(せっけん)。
シャワー・トイレ [日shower toilet] 温水洗浄便座。
シャン [schönドイツ] 美人；美しい。
ジャンキー [junkie] ①麻薬中毒患者。②何かに熱中している人。
シャンク [shank] 〖ゴルフ〗アイアン・クラブの頭部と柄(え)の接続部分。またその部分にボールが当たり，とんでもない方向に飛ぶこと。＝ソケット③。
ジャンク [junk] ①廃品；がらくた。②麻薬。特に，ヘロイン。③中国の帆船。＊独特のスタイルで，現在は観光用。
ジャンク・アート [junk art] 廃品を利用した前衛的な造型美術。
ジャンク・アクセサリー [junk accessories] がらくた感覚のアクセサリー。
ジャンクション [junction] ①連結；接合。②合流点；連結〔接続〕駅。
ジャンク・フード [junk food] 高カロリーで栄養価の低いスナック(軽食)食品。
ジャンク・ボンド [junk bond] がらくた債券。＊格付けが低く倒産の危険もある企業が発行する社債。
ジャンク・メール [junk mail] ⇨スパム・メール。
シャングリ・ラ [Shangri-la] 地上の楽園。＊ヒルトン『失われた地平線』の中の架空の楽園から。
ジャングル [jungle] (熱帯の)密林。
ジャングル・ジム [jungle gym] 金属製のパイプを立方体形にいくつも組み合わせて作った子供の遊具。
シャンゼリゼ [Champs-Élyséesフランス] パリの凱旋(がいせん)門からコンコルド広場に至る大通り。
シャンソニエ [chansonnierフランス] (男性の)シャンソン作家。また，歌詞を作って歌うシャンソン歌手。＊女性はシャンソニエール(chansonnière)。
シャンソン [chansonフランス] フランスの大衆歌謡〔流行歌〕。
ジャンダルム [gendarmeフランス] ①憲兵。②〖登山〗(主峰を守るように)主峰の前にそびえる塔のような岩峰。
シャンツェ [Schanzeドイツ] 〖スキー〗ジャンプ競技の跳躍台。
シャンテ [chanterフランス] 歌う。
シャンティ [Chantillyフランス] 泡だてた生クリーム。また，それを添えた菓子や果物。
シャンディ・ガフ [shandy gaff] ビールとジンジャー・エールのカクテル。
シャンデリア [chandelier] 天井から吊るす装飾的な照明具。
ジャンニ・ベルサーチ [Gianni Versace] ⇨ベルサーチ。
ジャンパー [jumper] ①スポーツ着や仕事着として用いる軽くゆったりとした上着。②〖スポーツ〗跳躍競技の選手。
ジャンパー・スカート [日jumper skirt] ブラウスの上に着る，袖(そで)のない上着とスカートがひと続きになっている婦人服。
ジャンパー膝 [jumper's knee] スポーツで膝を酷使することによって起こる運動障害。
ジャンバラヤ [jambalaya] えび，かき，かに，チキンなどの入った炊き込み御飯。＊原義は，「ごた混ぜ」。
シャンパン [champagneフランス] フランスのシャンパーニュ地方産のワイン。＊炭酸ガスを含み，さわやかな香味がある。＊シャンペンとも。⇨スパークリング・ワイン。
シャンパン・カラー [shampagne color] 明るくて透明な茶色。
シャンパン・グラス [champagne glass] シャンパンを飲むための，脚の付いたグラス。
シャンパン・ゴールド [champagne gold] つやのある淡い黄金色。
シャンパン・タワー [champagne tower] シャンパン・グラスをピラミッドのように積み上げ，最上部のグラスにシャンパンを注ぎ込んで順に流れ落ちる様子を見せる演出。
シャンパン・ファイト [champagne fight] 勝利を祝い行うシャンパン掛け。＊シャンパン・シャワーとも。
シャンピニオン [champignonフランス] ⇨マッシュルーム。
ジャンピング [jumping] 跳躍。
ジャンプ [jump] ①跳躍；跳び上がること。②〘スポーツ〙跳躍競技。③〘電算〙跳び越し。
〜競技 ①〘スキー〙助走路を滑り降り，踏切台から空中を飛んで，飛距離と飛形を競うもの。⇨ノルディック種目。②〘陸上競技〙三段跳び，走り幅跳び，走り高跳び，棒高跳びの総称。
シャンプー [shampoo] ①髪を洗うこと。②洗髪用の洗剤。
ジャンプ・オフ [jump-off] ①競技(攻撃)開始。②馬術競技の優勝決定戦。
ジャンプスーツ [jumpsuit] ブラウスとズボンがひと続きになっているスーツ。
ジャンプ・ステーキ [日jump steak] カンガルー肉のステーキ。
ジャンブル・セール [jumble sale] 蔵払い；残品処分売出し。
シャンペン ⇨シャンパン。
ジャンボ [jumbo] ①巨大な；ばかでかい。②ジャンボ・ジェットの略。
ジャンポール・ゴルチエ [JeanPaul Gaultier] 〘商標〙フランスの服飾デザイナー。また，その製品。
ジャンボ・サイズ [jumbo-size] ①写真の印画紙で，名刺判と手札判の中間の大きさのもの。②特大の寸法・容量のもの。
ジャンボ・ジェット [jumbo jet] 超大型のジェット旅客機。略ジャンボ。
ジャンボリー [jamboree] ボーイ・スカウト，スポーツ団体などの大会。
ジャンル [genreフランス] 種類；部門；特に，芸術作品の様式。
シュア [sure] 確かな；確実な；信頼のできる。
ジュー [Jew] ユダヤ人への蔑称。
ジュークボックス [jukebox] レコード自動演奏装置。＊硬貨を入れてボタンを押すと，選曲された曲がかかる。
シュー・クリーム [chou à la crème フランス] 卵と小麦粉で作った薄い焼き皮でクリームを包んだ洋菓子。
ジューサー [juicer] 果物や野菜などのジュースを作る電気器具。
ジューシー [juicy] 水気が多い；汁が豊かな；きわどい。
シューシャイン [shoeshine] 靴みがき。
シューズ [shoes] 靴；短靴。

ジュース[1] [deuce] 〘テニス, 卓球, バレーボールなど〙あと1点取ればそのセットまたはゲームが決まるとき, 双方が同点になること。
ジュース[2] [juice] 果物や野菜などをしぼった汁。また, それに甘味, 水などを加えた飲み物。
シューズ・ラック [shoes rack] 玄関に置かれる靴箱。
シューティング・ゲーム [shooting game] コンピュータ・ゲームの一種。＊レーザー光線銃などを使って敵と戦いながら進めていくゲーム。
シューティング・スター [shooting star] 流星；流れ星。
シューティング・レンジ [shooting range] 射撃練習場。
シュート[1] [chute] 投下管。＊郵便物やごみなどを滑り落とす装置。
シュート[2] [shoot] ①撃つ；射る。②〘バスケットボール, サッカー〙球をゴールへ投げたり蹴ったりすること。＝ショット③。③〘野球〙投手の投げる変化球の1つ。＊右投手の場合, 右打者の近くで内側へ曲がる球。
ジュート [jute] 黄麻。
シュードラ [Śūdra サンスクリット] 隷属民。＊インドのカースト制度で最下層民。
シューバ [shuba ロシア] 毛皮製の防寒用外套(がいとう)。
シュー・フィッター [shoe fitter] 靴を選ぶ専門家。＊客の足にぴったりするサイズや形・色などを選ぶ。略フィッター。
シューホーン [shoehorn] 靴べら。
シューマイ [焼売 チャイナ] 豚などの挽き肉とみじん切りの野菜を練り混ぜて味をつけたものを, 小麦粉で作った薄い皮に包んで蒸した料理。
シュール [sur フランス] ①「上の」「超えた」という意味の接頭辞。②超現実的な。③シュールレアリスムの略。
ジュール [joule] エネルギーや仕事量の単位。記号はJ。
ジュール・トムソン効果 [Joule-Thomson effect] 圧縮した気体を急に膨張させると温度が下がる現象。
シュールレアリスム [surréalisme フランス] 超現実主義。略シュール。
シューレ [Schule ドイツ] 学校；学派。
ジューン・ブライド [June bride] 6月の花嫁。＊6月に結婚する花嫁は幸せになるという言い伝えがある。
ジュエラー [jeweler] 宝石職人；宝石商。
ジュエリー [jewelry] 宝石類；装身具類。
ジュエリー・デザイナー [jewelry designer] 宝石を使って装身具のデザインを考案する人。
ジュエル [jewel] 宝石；宝石入りの装身具。
ジュエル・ケース [jewel case] CDやDVDを収納するプラスチック製のケース。
シュガー [sugar] 砂糖。
シュガー・カット [日sugar cut] 砂糖の量を減らすこと。
シュガーコート [sugarcoat] ①(飲みやすくするために)薬などを糖分の殻(から)で包むこと。②難しい表現を, 例を引いたりしてわかりやすくすること。
シュガー・スポット [sugar spot] バナナが成熟するにつれて皮に現れる黒や褐色の斑点。
シュガー・ダディー [sugar daddy] 若い女性に贈り物などをする金持ちの中年男性。
シュガー・メープル [sugar maple] カエデ科の落葉高木。＊樹液からメープル・シロップをとる。サトウカエデ(砂糖楓)とも。
シュガーレス [sugarless] 無糖の；砂糖の入っていない。＊シュガー・フリーとも。
ジュグラーの波 [Juglar cycle] 約10年を周期とする景気の波動。

ジュゴン [dugong]　インド洋，太平洋に生息する哺乳(ほにゅう)動物。＊体長2～3メートル。授乳の様子から,「人魚」の伝説がある。

シュ・シュ [chou chouフランス]　ゴム芯を布やレースで覆った髪飾り。

ジュジュ・ミュージック [juju music]　アフリカでおこった，野性的なビートとエレキ・ギターなどによる音を融合させたポピュラー音楽。

シュタイナー学校 [Steiner Schuleドイツ]　ドイツ人のシュタイナーが1919年に創設した，子供の自主性を尊重する自由主義的の学校。

ジュ・テーム [Je t'aime.フランス]　「君〔あなた〕を愛している」。

シュテム [stemmenドイツ]　〖スキー〗制動。＊スキーを逆V字形に押し開いて制動をかける操作。

シュテムボーゲン [Stemmbogenドイツ]　〖スキー〗半制動回転。

シュトウルム・ウント・ドラング [Sturm und Drangドイツ]　疾風怒濤(しっぷうどとう)。＊18世紀後半にドイツでおこった革新的な文学運動。

シュナップス [Schnapsドイツ]　ドイツ産の強い蒸留酒。

ジュニア [junior]　①年少者；下級生；後輩。↔シニア。②息子；2世。

ジュニア・カレッジ [junior college]　短期大学；大学の教養課程。

ジュニア・ハイ・スクール [junior high school]　中学校。

ジュニア・ボード・システム [junior board of directors system]　青年重役会制度。

ジュニパー [juniper]　ヒノキ科のビャクシン(柏槙)やネズ(杜松)の総称。＊実はジンの香り付けなどに用いる。

ジュネス [jeunesseフランス]　若さ；青春時代。

ジュノー [Juno]　〖ローマ神話〗ジュピターの正妻。＊ギリシア神話ではヘラ。ユノとも。

シュノーケル [Schnorchelドイツ]　①潜水のときに使うJ字型またはS字型のパイプで作った呼吸用具。②潜水艦の換気装置。③排煙装置を取りつけた消防自動車。＊スノーケルとも。

シュピーゲル [Der Spiegelドイツ]　ドイツの代表的週刊誌。＊「鏡」の意味。自由主義的な論陣が特徴。

ジュピター [Jupiter]　①〖ローマ神話〗天界を支配する最高の神。＊ギリシア神話のゼウスにあたる。②木星。③アメリカ陸軍の中距離弾道弾。

ジュビリー [jubilee]　記念祭；祝祭。＊シルバー・ジュビリーは25年祭，ゴールデン・ジュビリーは50年祭，ダイヤモンド・ジュビリーは60年祭。

ジュビロ [júbiloポルトガル]　歓喜。

シュプール [Spurドイツ]　スキーで滑走したとき雪面にできる跡。

ジュブナイル [juvenile]　①少年少女の；子供向けの。②少年少女向けの読み物・小説。

シュプリーム [supreme]　①最高の；至高の。②究極の。

シュプレヒコール [Sprechchorドイツ]　①集会やデモなどで要求やスローガンを一斉に唱えること。②演劇で，せりふを一斉に朗読・合唱すること。

ジュポン [juponフランス]　スカートの下穿き。

シュミーズ [chemiseフランス]　袖(そで)なしのゆったりした婦人用下着。＊シミーズとも。⇨スリップ②。

シュミゼット [chemisetteフランス]　薄手の袖なしブラウス。

シュミット・カメラ [Schmidt camera]　天体の広い範囲を観測できる反射望遠鏡の一種。＊1930年，ドイツのシュミットが考案した。

シュラーフザック [Schlafsackドイツ]　〖登山〗寝袋。＊羽毛や真綿などを入れて袋の形に作った寝具。＝スリーピング・バッグ。

シュライク [shrike]　鳥のモズ。

シュラウド [shroud] ①覆い；囲い板。②原子力発電所の炉心隔壁。
ジュラ紀 [Jurassic period] 地質時代で，中生代中期。２億年前～１億4000万年前。＊シダ類，裸子植物，アンモナイト，恐竜が栄える。
シュラスコ [churrasco ポルトガル] 肉のかたまりを串(くし)にさし，直火で焼いた中南米の料理。
シュラブ [shrub] 低木；灌木(かんぼく)。
ジュラルミン [duralumin] アルミニウムに少量の銅，マンガン，マグネシウムなどを加えた軽合金。
ジュリー [jury] ①陪審員；陪審員団。②(コンテストや競技会などの)上級審査員。
シュリンク [shrink] 縮む；減る。
シュリンク・ラップ [shrink wrap] 熱で収縮する包装用のプラスチック・フィルム。
シュリンプ [shrimp] 小えび。
ジュレ [gelée フランス] ⇨ゼリー。
シュレーディンガーの猫 [Schrödinger—] オーストリアの物理学者シュレーディンガーが行った「量子力学の観測問題」に関する思考実験に登場する猫。
シュレッダー [shredder] 書類などを寸断する機械。
シュレッダー・ダスト [shredder dust] シュレッダーで粉砕された自動車や家電製品などのうち，再利用可能な資源を除く，産業廃棄物となる破片などのこと。
ショア [shore] 岸。
ショアー [Shoah ヘブライ] ユダヤ人の大虐殺。⇨ホロコースト。
ジョイ [joy] 喜び；歓喜。
ジョイ・スティック [joy stick] ①飛行機の操縦桿(かん)。②テレビ・ゲームの操作用レバー。③〖電算〗画面上のカーソルを移動させるためのレバー式入力装置。
ジョイフル [joyful] 喜ばしい；楽しい；嬉(うれ)しい。
ジョイン [join] 加わる；合わせる。
ジョイント [joint] ①継ぎ目；継ぎ手。②合同の；共同の。
～広告 [～advertising] ⇨タイ・アップ広告。
ジョイント・コミッティー [joint committee] 合同委員会。＊アメリカの上下両院の合同委員会など。
ジョイント・コンサート [joint concert] 合同演奏会。
ジョイント・スタディ [joint study] 共同研究。
ジョイント・フォース [Joint Force] 統合部隊。＊陸・海・空３軍，またはその内の２軍が統一された作戦計画によって戦闘行動をすること。
ジョイント・ベンチャー [joint venture] ①共同企業体。②合弁事業。＊外国の企業とともに共同で事業を行うこと。略JV。
ジョイント・マット [日joint mat] 正方形のマットをパズルのようにつなげて使用する敷物。
ショー [show] ①見せ物；興行；舞台で行う芸能；(テレビ，ラジオの)番組。②展示会；展覧会。
ショー・アップ [日show up] 催し物などの内容を工夫を凝らし，盛り上げること。＊原義は「現れる」。
ショー・ウインドー [show window] (商店などの)陳列窓；飾り窓。略ウインドー。
ジョーカー [joker] ①トランプのカードのうち，番外の札；ばば。②切り札。
ショー・ガール [show girl] ショーやレビューなどで主役を盛りたてて歌ったり踊ったりする女性。
ジョーク [joke] 冗談；しゃれ。
ショーケース [showcase] 商品を陳列するためのガラス製の箱。
ショー・ザ・フラッグ [show the flag] 旗幟(きし)を鮮明にする；主張を明確に

する；支持を明らかにする。
ジョーズ [Jaws] 人食いざめを主人公にしたアメリカ映画の題名。＊jawは「あご(顎)」という意味。
ジョーゼット [georgette] ちりめんの風合いの薄い生地。＊婦人用の夏服地に用いられる。
ショーツ [shorts] ①短いズボン；男性用の下着のパンツ。②女性用のパンティー。
ショート [short] ①短い。↔ロング①。②〘野球〙遊撃手。＝ショートストップ。③〘ゴルフ〙打球がグリーンまたはホールに届かず，手前に止まること。④(資金などが)不足すること。↔ロング②。⑤ショート・サーキット，ショート・ホールの略。
ショート・アイアン [short iron] 〘ゴルフ〙7番，8番，9番のアイアン・クラブの通称。
ショート・オーダー [short order] ①(食堂などの)即席料理。②短期間で仕上がる注文。
ショートカット [shortcut] ①近道；手っとり早い方法。②〘ゴルフ〙カーブしたり，くの字に曲がったコースに沿って打たずに，近道をねらって打つこと。
ショート・カット [日short cut] 髪を短く切ること。また，その髪型。⇨ショート・ヘア。
ショートカット・キー [shortcut key] 〘電算〙一連の操作を，複数のキーを組み合わせて一度にできるようにした機能。また，そのキー。
ショートケーキ [shortcake] スポンジ・ケーキの間や上にクリームや果物などをはさんだりのせたりした洋菓子。⇨ショートニング。
ショート・サーキット [short circuit] 短絡。＊電気回路の絶縁が破れたりして両極が接触し，一時に多量の電流が流れること。略ショート。
ショート・ショート [short short story] しゃれた落ちのあるごく短い小説。
ショート・スカート [short skirt] ひざ上までの短いスカート。
ショート・ステイ [日short stay] 家族の病気や冠婚葬祭などのために高齢者などの介護ができないとき，一時的に施設などに入所させる制度。
ショート・ストーリー [short story] 短編小説。
ショートストップ [shortstop] ⇨ショート②。
ショート・セリング [short selling] 〘経済〙(株式などの)空売り。
ショート・タイム [short time] ①短時間。②操業短縮。
ショート・トラック [short track] 1周の長さが短い室内リンクで行うスピード・スケート競技。＊順位はタイムではなく，着順で決める。
ショート・ドリンクス [short drinks] 小さいグラスで，作り立てを短時間のうちに飲むカクテル。
ショートニング [shortening] 菓子やパンを作るのに用いる精製した植物性油脂。
ショート・バウンド [short bound] 〘野球など〙打球や投球が野手の前で小さくはずむこと。
ショート・パンツ [short pants] 短いズボン。
ショート・フィルム [short film] 短編映画。＊ショート・ムービーとも。
ショート・プログラム [short program] 〘フィギュア・スケート〙ジャンプやスピン，ステップなどの7要素を含む演技を行う競技種目。略SP。⇨フリー・スケーティング。
ショート・ヘア [short hair] (女性の)短い髪型。↔ロング・ヘア。
ショート・ホール [short hole] 〘ゴルフ〙ティー・グラウンドからグリーンまでの距離が短いホール。＊パー3で，250ヤード以下。略ショート。

↔ロング·ホール。

ショート・レンジ [short-range] ①射程の短い；短距離の。②短期の。

ショー・ビジネス [show business] 映画，演劇，演芸，舞踊などの興行事業。＊ショー·ビズとも。

ショービニズム [chauvinisme フランス] 排他的で極端な愛国主義。

ショーファー [chauffeur フランス] お抱え運転手。

ショーマン [showman] 興行師；芸人；観客を楽しませようとする人。

ショーマンシップ [showmanship] 芸人根性；ショーマンとしての手腕。

ショーメ [Chaumet] 〖商標〗フランスの高級宝飾店。また，その製品。

ショーラン [shoran] 船や航空機が自分の現在位置を知る装置。＊*shor*t-*ran*ge navigation aidの略。

ショール [shawl] 女性用の肩かけ。

ショールーミング [showrooming] 実店舗で商品の使用感を確かめ，オンライン·ショップで購入すること。

ショールーム [showroom] （商品などの）展示室。

ショーロ [chõro ポルトガル] ブラジルでおこった軽音楽。

ジョガー [jogger] ジョギングをする人。

ジョギング [jogging] ゆっくり走ること。

ジョグ・ダイヤル [jog dial] 指1本の操作で簡単に扱える回転型セレクター。＊携帯電話などに搭載。

ショコラ [chocolat フランス] チョコレート。

ショコラティエ [chocolatier フランス] チョコレート菓子職人。

ジョセフソン効果 [Josephson effect] 薄い絶縁膜を2つの超伝導体ではさむと，トンネル効果によって，絶縁膜を通って超電流が流れる現象。

ジョセフソン素子 [Josephson device] マイナス273度に近い超低温でおこるジョセフソン効果を利用した電子素子。

ジョッキ [jug] ビール用の，取っ手のついた大型のコップ。

ジョッキー [jockey] ①競馬の騎手。②ディスク·ジョッキーの略。

ショッキング [shocking] 衝撃的な；どきっとするような。

ショッキング・ピンク [日shocking pink] 目にあざやかなピンク色。

ショック [shock] ①衝撃。②精神的な打撃；どきっとすること。③傷害や突然の刺激によって身体の機能が急激に低下すること。

～療法 ①薬物や電気ショックなどを患者に与えて病気を治す方法。②荒療治。

ショック・アブソーバー [shock absorber] 緩衝器〔装置〕。＊乗り物の車体と車輪に取りつけられている機械的な衝撃を吸収する装置など。

ショックウェーブ [Shockwave] 〖商標〗WWWブラウザー上で音楽や画像のデータを再生するためのソフト。

ショック・ウェーブ [shock wave] 衝撃波；爆風；反動。

ショック・セラピー [shock therapy] ⇨ショック療法。

ショック・ドクトリン [shock doctrine] 惨事便乗型資本主義。＊大惨事につけこんで実施される過激な市場原理主義改革。

ショット [shot] ①射撃；発射。②〖ゴルフなど〗ボールを打つこと。また，その打球。③⇨シュート②。④〖映画〗一場面。

ショットガン [shotgun] 散弾銃；猟銃。

ショットガン・ウエディング [shotgun wedding] 妊娠したためにやむなく行う結婚。＊妊娠した娘の父親が相手の男にショットガンをつきつけて結婚させたことから。ショットガン·マリッジとも。
ショット・グラス [shot glass] ウイスキーやウオッカなどの強い洋酒をストレートで飲むための小型のグラス。
ショット・バー [日shot bar] 簡易バー;1杯飲むごとに代金を支払う酒場。＊ワン·ショット·バーとも。
ジョッパーズ [jodhpurs] 乗馬ズボン;乗馬靴。＝ライディング・ブリーチズ。
ショッピング [shopping] 買い物(をすること)。
ショッピング・カート [shopping cart] 買った物を乗せて引いて歩く,鉄パイプ製の小さな手押し車。
ショッピング・センター [shopping center] 商店街。また,各種の小売店を収容した施設。
ショッピング・モール [shopping mall] 木などを植えて遊歩道風に作った商店街。略モール。
ショップ [shop] 小売店;(小さな)商店。
ショップ・イン・ショップ [shop in shop] 店の中の店。＊デパートの中に複数の専門店が並んでいる形態。
ショップ・プランナー [日shop planner] 商品の展示や陳列を考えて,売り上げが増加するようにアドバイスする人。
ジョニー・ウォーカー [Johnny Walker] 〖商標〗イギリスのジョン·ウォーカー社製のスコッチ・ウイスキー。＊赤ラベルと,より高級な黒ラベルがある。
ジョブ [job] ①仕事;賃仕事;職。②〖電算〗コンピュータの仕事の単位。
ジョブ・エンラージメント [job enlargement] 職務拡大。＊従業員に意欲をおこさせるために,仕事や責任の範囲を広げること。
ジョブ・エンリッチメント [job enrichment] 職務充実。＊従業員に職務管理権限をより多く与えて自主性を拡大し,達成感をもたせること。
ジョブ・カード [日job card] 厚生労働省が導入している,求職者が職業能力や職務経歴などを記す書類。
ジョブカフェ [日Jobcafe] 若者を対象にしたワン・ストップ・サービス就職支援センター。＊ハローワークの付属機関。
ジョブ・コーチ [job coach] 障害者の職場定着を支援する専門家。
ジョブ・コントロール [job control] 〖電算〗コンピュータを動かす際に,ユーザーから与えられる指示や条件。
ジョブ・シェアリング [job sharing] 仕事の分担。⇨ワーク・シェアリング。
ジョブ・ホッパー [job-hopper] 職を転々と変える人。
ジョブ・ホッピング [job-hopping] 転職;たびたび転職すること。
ジョブ・メニュー [job menu] 〖電算〗ビデオ表示装置で作業をするとき,画面に現れる作業種類の一覧表。
ジョブレス [jobless] 失業者;仕事のない人;雇用のないこと。
ジョブレス・リカバリー [jobless recovery] 雇用なき景気回復。
ジョブ・ローテーション [job rotation] (従業員の)計画的異動。＊従業員の職能を高めるために,定期的に異動を行って,いろいろな分野の職務を経験させること。
ショベル [shovel] ⇨シャベル。
ショベル・カー [日shovel car] ⇨ショベル・ローダー。
ショベル・ローダー [shovel loader] 土砂を掘り掬(すく)う大型シャベルを備えた土木工事用車両。
ジョルジオ・アルマーニ [Giorgio Armani] ⇨アルマーニ。
ショルダー [shoulder] ①肩。②(衣服の)肩の部分。③〖サーフィン〗波の肩。④ショルダー・バッグの略。
ショルダー・チャージ [shoulder

charge] 〖サッカー〗ボールを争奪する際，肩で相手選手を押すこと。
ショルダー・ハック [shoulder hack] 肩越しにATMの画面などを覗き見て，暗証番号などの機密情報を盗み出す行為。
ショルダー・バッグ [shoulder bag] 肩から提げるかばん。略ショルダー。
ショルダー・パッド [shoulder pad] 肩の線を美しく見せるために服の裏に入れる布製の詰め物。
ショルダー・ベルト [shoulder belt] 肩からかける自動車の安全ベルト。
ジョンキル [jonquil] ①キズイセン(黄水仙)。＊ヒガンバナ科の多年草。②淡黄色。
シラバス [syllabus] 講義要項；授業計画。
ジラフ [giraffe] 動物のキリン。
シラブル [syllable] 音節。
シリアス [serious] まじめな；本気の；深刻な；重大な。
シリアス・ドラマ [serious drama] 人生問題や社会問題に真正面から取り組んだ劇。
シリアル [cereals] ①穀類；穀物。②朝食用のオートミール，コーンフレークなどの穀物加工食品。
シリアル・キラー [serial killer] 連続殺人犯。
シリアル・ナンバー [serial number] ①通し番号。②〖電算〗ソフトウェアの製品ごとにつける識別番号。
シリアル・バー [cereal bar] シリアルを固めて作る，棒状の栄養補助食品。
シリアル・プリンター [serial printer] 〖電算〗文字を1字ずつ印字するプリンター。⇨ライン・プリンター。
シリーズ [series] ①ひと続き；連続。②〖出版〗一連の本；双書。③〖映画，テレビ〗続きもの。④〖野球〗(一定の期間連続して行われる)一連の試合。
シリウス [Sirius] 〖天文〗天狼(てんろう)星。＊おおいぬ座のアルファ星。全天で最も明るい恒星。
シリカ [silica] 二酸化珪素(けいそ)。＊セラミックスの原料。
シリカゲル [Silikagel ドイツ] 珪酸(けいさん)がゲル状(ゼリー状)になったもの。＊無色，半透明の小粒子状で，吸着剤，乾燥剤として用いられる。
シリコーン [silicone] 珪素(けいそ)樹脂。＊絶縁材料，防水加工，調理器具の被膜などに利用される。
シリコン [silicon] 珪素(けいそ)。原子番号14。元素記号Si。＊トランジスタやダイオードなどの半導体素子の材料，合金や珪素樹脂の原料などに利用される。
シリコン・アイランド [Silicon Island] 半導体工場が集中している九州地方のこと。＊アメリカのシリコン・バレーにならったもの。
シリコン・アレー [Silicon Alley] アメリカのニューヨーク市にある，半導体やハイ・テク関連のベンチャー企業が集中する路地の異名。
シリコン・カーバイド繊維 [silicon carbide fiber] 炭化珪素(けいそ)繊維。＊耐熱性，硬度，強度にすぐれ，しかも軽い。
シリコン・スチーマー [silicone steamer] 電子レンジで蒸し料理に用いられるシリコン製の容器。
シリコン・チップ [silicon chip] 単結晶のシリコンを用いた半導体素子。＊集積回路に用いる。＝ダイ③。
シリコン・バレー [Silicon Valley] シリコン半導体企業が集中している，アメリカのサンフランシスコ湾南西の渓谷地帯。
シリコン・ポリマー [silicon polymer] ⇨シリコーン。
シリング [shilling] イギリスの旧通貨単位。記号s。
シリンジ [syringe] 医療用や園芸用

など液体の注入に使う注射器の筒〔注射筒〕。

シリンジ・ポンプ [syringe pump] 注射器の薬を少量かつ正確に注入可能にする機器。

シリンダー [cylinder] ①円筒；円筒状のもの。②気筒。＊内部でピストンが往復運動をして仕事をするように作った円筒状の往復運動機関。

〜錠(じょう) 鍵(かぎ)に刻まれた波形が留めを押しあげて解錠するしくみの錠。

シリンダー・オイル [cylinder oil] 気筒内のピストンの運動を滑らかにするために用いる潤滑油。

シルエッター [silhouetter] 〘服飾〙 自動体型撮影装置。＊正面と横向きのシルエットを撮影して体型を判断する。

シルエット [silhouetteフランス] ①輪郭の内側を黒く塗りつぶした画像；影絵。②輪郭；全体の形。

ジルカロイ [zircaloy] ジルコニウム合金の一種。＊軽水炉型原子炉の燃料被覆に用いられる。

シルキー [silky] 絹のような。

シルク [silk] 絹；絹織物。

シルク・スクリーン [silk screen] 特殊な絹布に防染剤で図柄や文字を描き，布目からインクをしみこませて印刷する方法。

シルク・ニット [silk knit] 絹糸を横メリヤス編みにした，ドレスやスーツ用の高級編み物地。

シルク・ハット [silk hat] 絹でできた高い円筒形の男子の正式礼帽。＝トップ・ハット。

シルク・ロード [Silk Road] 絹の道。＊中国から中央アジアを横断してヨーロッパに通じていた古代の交通路。中国の絹が運ばれたことから。

〜経済ベルト 中国が推進する経済圏構想「一帯一路」における陸路の「一帯」のこと。

シルケット [日Silket] 綿糸を苛性ソーダで処理して絹のような光沢を出させたもの。＊もと商品名。

ジルコニウム [zirconium] 原子番号40の金属元素。元素記号Zr。＊原子炉用材，合金材料。

ジルコン [zircon] 鉱物の1つで，ジルコニウムの珪酸(けいさん)化合物。＊透明で赤，褐色の結晶は宝石用。

シルト [silt] 微砂；沈泥。＊粘土より粗く砂より細かい。

ジルバ [jitterbug] 男女が向き合って踊るテンポの速い社交ダンス。

シルバー [silver] ①銀；銀色。②銀器；銀製〔銀色〕の食器。③高齢者の。

〜産業 高年齢者を顧客対象とした産業。

〜人材センター [Silver Human Resources Center] 高齢者に臨時の仕事を紹介する組織。＊市町村単位で設立されている公益法人。

シルバー・ウイーク [日silver week] 9月の後半，または11月3日の祝日を中心とした，休日の多い秋の週間。＊5月のゴールデン・ウイークにならった造語。

シルバー・ウエディング [silver wedding] 銀婚式。＊結婚25周年の記念日。

シルバー・エイジ [日silver age] 高年齢者；高年齢層。

シルバー・カー [日silver car] 高齢者用に作られた歩行補助車。＊英語ではwalker for an aged person。

シルバー・ギルト [silver gilt] 銀メッキ；銀箔。

シルバー・グレー [silver gray] 銀白色；銀灰色。＊「高齢者」の意にも使う。

シルバー・シート [日silver seat] 電車やバスなどに設けられた，身体障害者や高齢者のための優先席。

シルバー・スクリーン [silver screen] 〘映画〙 銀幕；映画界。

シルバー・トーン [silver tone] 銀色の色調。

シルバー・ドライバー [日silver driver] 高齢の運転者。＊65歳以上のドライバー。

シルバー・パス [日silver pass] 東京都が発給する高齢者向けの電車・バス乗車証。＊70歳以上が対象。

シルバー・ハラスメント [日silver harassment] 高齢者虐待。＊老人に対するいやがらせや介護拒否。

シルバーピア [日silverpia] 東京都の高齢者向けケア付き住宅。

シルバー・ビジネス [日silver business] ⇨シルバー産業。

シルバー・フォックス [silver fox] 銀ぎつね。また，その毛皮。

シルバー・プラン [日silver plan] 老後の設計。

シルバー・ボランティア [日silver volunteer] 高齢者によるボランティア活動。

シルバー・マーケット [日silver market] 高齢者を対象とした市場。

シルバー・マンション [日silver mansion] 高齢者専用マンション。

シルバー・ライフ [日silver life] 老後の生活；高齢者が営む生活。

シルバーリーフ [silverleaf] 銀白色をした葉をつける植物の総称。＊グミ科の低木など。

シルバー・リーフ [silver leaf] 銀箔。

シルミン [Siluminドイツ] 珪素(けいそ)とアルミニウムの合金。

シルル紀 [Silurian period] 地質時代で古生代のうち，オルドビス紀とデボン紀の中間の時代。＊約4億4000万年から4億1000万年前まで。筆石，珊瑚(さんご)虫，三葉虫などが生息。

ジレ [giletフランス] ①チョッキ。②チョッキに似た婦人用の胴着。

ジレッタント ⇨ディレッタント。

ジレンマ [dilemma] ①板ばさみ。②『論理』両刀論法。

シロガネーゼ 東京都港区にある高級住宅地，白金や白金台周辺に居住する女性。＊ミラネーゼ(ミラノっ子)をもじった造語。

シロッコ [sirocco] サハラ砂漠から地中海沿岸地方に吹く蒸し暑い風。

シロップ [siroopオランダ] 果汁に甘味を加え濃縮した液。

シロビキ [Silovikiロシア] ロシアの治安・防衛関係省庁出身者。

シロホン [Xylophonドイツ] 木琴(もっきん)。＊シロフォンとも。

ジン [gin] 大麦・ライ麦などを原料とし，ネズ(ヒノキ科の小高木)の実で香りをつけた蒸留酒。

シンカー [sinker] 『野球』投手の投げる変化球の1つ。＊打者の近くで沈むように落ちる。

シンガー [singer] 歌手；声楽家。

シンガー・ソングライター [singer songwriter] 自分で作詞・作曲して歌う歌手。

シン・ガード [shin guard] 『スポーツ』すね当て。

ジンギス・カン料理 [日Chinggis Khan—] 焼肉料理の1つ。＊薄く切ったヒツジの肉をニンニクなどを加えたたれにつけ，鉄製で浅い帽子状のなべにのせて焼く。

シンギュラリティー [singularity] ①『気象』特異日；異常気象日。＊毎年，特定の天気が高い確率で現れる日。②AIが人の知性を超える転換点。

シンク1 [sink] (台所などの)流し；洗面台。

シンク2 [SINK] 1人の稼ぎで子供のいない夫婦のこと。＊*s*ingle *in*come *n*o *k*idsの略。

ジングシュピール [Singspielドイツ] 歌唱劇。＊せりふの入った歌劇。⇨オペラ・コミック。

ジンクス [jinx] 縁起の悪いもの〔こと〕；悪運をもたらすもの〔こと〕。＊日本では「迷信」の意味で使うことが多い。
シングソング [singsong] ①単調；抑揚のないこと。②素人音楽会。
シンク・タンク [think tank] 頭脳集団。＊各分野の専門家からなる研究組織。
シン・クライアント [thin client] サーバーにデータ管理を集中させ，クライアントとなるコンピュータに最低限の機能だけを残すことでセキュリティ強化や省力化を図るシステム。
シングル [single] ①1人用(のもの)。②独身。③ボタンが1列の上着。また，袖(そで)や裾(すそ)に折り返しのないワイシャツやズボン。↔ダブル②。④〖野球〗単打。＊打者が，守備側の失策(エラー)なしに1塁に進むことのできた安打。＝シングル・ヒット。⑤〖ゴルフ〗ハンディキャップが9以下の人。＝シングル・プレーヤー。⑥ウイスキーなどの量の単位で，約30ミリリットル。↔ダブル③。
〜介護 未婚や離婚などの独身者が高齢の親を介護すること。
〜市場 [〜market] 単身者を対象とした市場。
〜幅 服地で幅が71センチメートルのもの。↔ダブル幅。
〜盤 両面に1曲ずつ収録してあるレコード。
逆〜 〖野球〗グラブをはめた手と反対の側(がわ)に来た打球を，体をひねって片手で捕球すること。
ジングル [jingle] テレビやラジオで，番組の区切りや場面の転換を表すのに用いる短い音楽など。
シングル・イシュー・ポリティクス [single issue politics] 争点を1つに絞り込んだ政治運動。
シングル・カット[1] [日shingle cut] 後頭部を短く刈り上げた女性の髪型。
シングル・カット[2] [日single cut] CDアルバムの中の曲をシングル盤にすること。
シングル・サイン・オン [single sign-on] コンピュータやネットワーク上で，1度の認証で複数のサービスにアクセス可能にするシステム。
シングルス [singles] 〖テニス，卓球など〗1人対1人で行う試合。↔ダブルス。
シングル・チャート [日single chart] シングルCDのヒット・チャート。
シングル・ヒット [日single hit] ⇨シングル④。
シングル・ファーザー [single father] 父子家庭の父親。
シングル・プレーヤー [single player] ⇨シングル⑤。
シングル・ベッド [single bed] 1人用の寝台。⇨ダブル・ベッド。
シングル・マザー [single mother] 未婚の母。または母子家庭の母親。
シングル・マッチ [single match] 〖プロレス〗1人対1人で行う試合。
シングル・モルト・ウイスキー [single malt whiskey] ⇨ストレート・モルト・ウイスキー。
シングル・ユース [single use] ホテルなどのダブル・ルームやツイン・ルームを1人で使用すること。
シングル・ライフ [single life] 1人暮らし；独身生活。
シンクレティズム [syncretism] 習合；混合。特に，(宗教などの)諸教混淆(こんこう)。＊日本の神仏習合など。
シンクロ シンクロナイズの略。
シンクロサイクロトロン [synchrocyclotron] 閉軌道荷電粒子加速装置。＊サイクロトロンを改良。
シンクロトロン [synchrotron] 環状の荷電粒子加速装置の1つ。
シンクロナイザー [synchronizer] 同調装置。＊映画やテレビの編集用機材の1つで，別々に収録した場面と音声を合わせる。
シンクロナイズ [synchronize] ①〖映画，テレビ〗画面と音声を同時に収録する。また，画面と音声を同調させる。②〘写真〙シャッターと閃光(せんこう)電球の発光を同調させる。略シンクロ。③一致させること。

シンクロナイズド・スイミング［synchronized swimming］⇨アーティスティック・スイミング。

シンクロナイズド・スケーティング［synchronized skating］氷上を集団で滑走して同調性を競う，フィギュア・スケートの種目。

シンクロナス・コンバーター［synchronous converter］同期変流器。＊直流と交流を変換。略コンバーター。

シンクロニシティ［synchronicity］同時発生；同時性；共時性。

シンクロニズム［synchronism］①同時発生；同時性；同期。②歴史上の事件・人物の対照表示；年表。

シンクロニック［synchronic］〘言語〙共時的な。＊言語を，史的背景を捨象してある時期の静止した体系として捉えようとする態度。

シンコペーション［syncopation］〘音楽〙切分法；切分音。＊強拍と弱拍の位置をずらして，リズムに変化を与えること。

シンジケート［syndicate］組織；企業連合。＊特に，犯罪・賭博(とばく)などの組織。

シンジケート・ローン［syndicated loan］いくつかの銀行が共同で外国の企業に対して行う融資。

ジンジャー［ginger］ショウガ科の多年草。また，その根茎を粉末にした香辛料。

ジンジャー・エール［ginger ale］ショウガ(生姜)味の炭酸飲料。

シンセサイザー［synthesizer］いろいろな音色やリズムを合成する電子鍵盤楽器。

シンセリティー［sincerity］誠実；誠意；率直さ。

シンタックス［syntax］①〘言語〙統語法；構文法。②プログラム言語の構文。

シンチグラム［scintigram］放射性アイソトープを患者に投与し，その放射線を測定して作った放射能分布図。

シンチレーション［scintillation］①放射線が蛍光体に衝突して閃光(せんこう)を発する現象。②星のまたたき現象。

シンチレーション・カウンター［scintillation counter］放射線粒子を検出・計数する装置。

シンチレーション・カメラ［scintillation camera］患者に投与した放射性アイソトープから出る放射線を高速度，高感度で撮影するカメラ。

ジンテーゼ［Synthese(ドイツ)］〘哲学〙総合；統合。⇨テーゼ，アンチテーゼ。

シンデレラ［Cinderella］①ヨーロッパの民話の主人公(少女)の名。②幸運な女性。

シンデレラ・ガール［日Cinderella girl］幸運に恵まれた女性。

シンデレラ・コンプレックス［Cinderella complex］人格的に自立しない女性が，自分の人生を一変させてくれる男性の出現を待ち望む心理状態。

シンデレラ・ボーイ［日Cinderella boy］一躍有名になった男性。

ジン・トニック［gin and tonic］トニック・ウォーターで割ったジンに，ライムまたはレモンの薄切りを添えたカクテル。

シンドローム［syndrome］①症候群。＊医学で，一連の症状を総括的に表すのに用いる呼称。②関連のある行動(の型)；…的傾向。

シンナー［thinner］塗料などを薄めるのに用いる揮発性の液体。

シンパ シンパサイザーの略。

シンパサイザー［sympathizer］同情者；共鳴者。＊特に，政治運動の支持者。略シンパ。

シンパシー [sympathy] 同情；共感；共鳴。
シンパセティック [sympathetic] 同情的な；好意的な。
シンバル [cymbals] 凹面の金属製の円盤を２枚打ち合わせて音を出す楽器。
シンビオーシス [symbiosis] 共生；共同生活；協力関係。
シンビジュウム [Cymbidium ﾗﾃﾝ] ラン科シュンラン属の植物。＊アジアの熱帯に分布。園芸種が多数ある。
ジン・フィズ [gin fizz] ジンに炭酸水，レモン，砂糖，氷を加えた飲み物。
シン・フェイン [Sinn Fein] 北アイルランドの政治結社・政党。＊イギリスからの完全独立をめざす。
シンフォニア [sinfonia ｲﾀﾘｱ] 交響曲，またはその前身となる17～18世紀イタリアの器楽曲。
シンフォニー [symphony] 交響曲；交響楽団。
シンフォニック・ジャズ [symphonic jazz] 交響曲的に編曲されたジャズ。
シンフォニック・ポエム [symphonic poem] 交響詩。
シンプリシティー [simplicity] ①簡単；平易。②単純。③簡素；地味。
シンプリファイ [simplify] ①単純化する；簡素化する；平易にする。②〘数学〙簡約する。
シンプル [simple] ①簡単な；単純な。②簡素。
シンプル・ライフ [simple life] 簡素な生活；質実な生活。
シンポジウム [symposium] 討論会。＊1つのテーマについて，数人の講師が意見を述べ，聴衆または司会者の質問に講師が答える形式。
シンボライズ [symbolize] 象徴する；象徴化〔記号化〕する。
シンボリスト [symbolist] 象徴主義者；象徴派。
シンボリズム [symbolism] 象徴主義。
シンボリック [symbolic] 象徴的な。
シンボル [symbol] ①象徴。②記号；符号。
シンボル・アスリート [日symbol athlete] 実力・知名度・将来性などを兼ね備えた存在として日本オリンピック委員会が選定し，マーケティング事業などに活用するトップ・アスリート。
シンボル・カラー [日symbol color] ある事物を象徴する色。
シンボル・マーク [日symbol mark] 主張・方針・行事などを象徴する図案。
シンメトリー [symmetry] 対称；左右同形；つりあい。↔アシンメトリー。
シンメトリック [symmetric] (左右)対称的な；つりあいのとれた。
ジン・ライム [gin lime] ジンとライム[1]①のカクテル。

ス

スイーツ [sweets] 甘いもの；甘い菓子類。
スイーツ・バー [日sweets bar] 甘いものとお酒を同時に楽しめるバー。＊デザート・バーとも。
スイーティー [sweetie] ①砂糖菓子。②〘商標〙ザボンとグレープフルーツを交配して作った柑橘(かんきつ)類。＊イスラエル原産。品種名はオロブランコ。
スイート[1] [suite] ①(ホテルの)特別室。＊浴室つきの寝室，居間などがひと続きになっている豪華な部屋。＝スイート・ルーム。②〘音楽〙組曲。
スイート[2] [sweet] ①甘い；(酒類などが)甘口の。↔ドライ③。②〘音楽〙ジャズやダンスで，メロディーが甘くゆるやかな。
スイート・コーン [sweet corn] 甘みの強いトウモロコシの一品種。

スイート・スポット [sweet spot] ゴルフのクラブやテニスのラケット，野球のバットなどで，その部分でボールを打つと最もよい当たりが出る部分。

スイート・ピー [sweet pea] 地中海のシチリア島原産の1年生草本。

スイート・ホーム [sweet home] (特に，新婚の)楽しい家庭。

スイート・ポテト [sweet potato] ①サツマイモ(薩摩芋)。②サツマイモで作った洋菓子。

スイート・メモリー [sweet memory] 甘い思い出〔記憶〕。

スイート・メロン [日sweet melon] マクワウリの一品種。黄マクワ。

スイート・ルーム [日suite room] ⇨スイート[1]①。

スイーパー [sweeper] ①掃除人；(道路などの)清掃車。②〖サッカー〗ディフェンスの最後部に位置してバックスをカバーする選手。

スイープ [sweep] ①掃く；掃除する。②一掃；全廃。③範囲；ひろがり。④湾曲；ゆるやかな曲線。

スイープ・アカウント [sweep account] 〖金融〗資金総合口座。＊銀行の普通預金と証券会社の債券運用を組み合わせる。

スイープステークス [sweepstakes] ①競馬などの勝負事。＊stakesは「賭け金」。sweepは「総取り」のこと。②宝くじ。

スイカ ⇨Suica。

スイッチ [switch] ①電気回路の開閉装置。②切り換えること。③〖野球〗投手を交替させること。略SW。

～OTC 安全で，よく効く薬を一般用医薬品に切り換えて，患者が自由に薬局で買えるようにすること。＊OTCは*o*ver *t*he *c*ounter drugの略。

スイッチバック [switchback] 急勾配(こうばい)を登る列車のためにジグザグ型に敷設した線路。

スイッチ・ヒッター [switch-hitter] 〖野球〗左右どちらの打席でも打てる打者。

スイッチボード [switchboard] 配電盤。

スイフト [swift] ①速い；迅速な。②即座の。③〖野球〗速球。

スイマー [swimmer] 泳ぐ人；水泳選手。

スイミング・クラブ [swimming club] 水泳クラブ。

スイミング・コスチューム [swimming costume] おしゃれ用の水着。＊実用的な水着は，スイミング・ウェアまたはスイミング・スーツ。

スイミング・スクール [日swimming school] 水泳教室。

スイミング・トランクス [swimming trunks] 男性用の水泳パンツ。

スイムウェア [swimwear] 水着。＊スイムスーツとも。

スイング [swing] ①振り動かすこと。②〖野球，ゴルフなど〗ボールを打つためにバットやクラブを振ること。③〖ボクシング〗腕を大きく振って横なぐりすること。④〖スキー〗回転などのために体をひねること。⑤ジャズの1形式。

スイング・アウト [日swing out] 〖野球〗空振りの三振。

スイング・スリーブ [swing sleeve] 袖(そで)ぐりが浅く，ゆったりした袖。

スイング・ドア [swing door] ばねで前後に開き，自然に閉まる扉。

スイング・トレード [swing trade] 数日や1週間など，短期間で株の売買を繰り返す投資方法。

スイング・バイ [swing by] 〖天文〗飛行中の人工衛星がある惑星に近づくと，その惑星の引力の影響を受けて，人工衛星の軌道と速度が変えられる現象。

スウェー [sway] ①〖ゴルフ〗ボールを打つとき体の軸が移動すること。

②〘ダンス〙回転するとき体が傾くこと。＊スエーとも。
スウェーイング [swaying]〘ボクシング〙防御法の1つ。＊上体を後ろにそらし，相手の打撃をよける。
スウェーデン・リレー [日Sweden relay]〘陸上競技〙4人の走者がそれぞれ100，200，300，400メートルを走るリレー競走。⇨メドレー・リレー。
スウェード ⇨スエード。
スウェット [sweat] 汗；発汗；骨のおれる仕事。
スウェット・シャツ [sweat shirt] ⇨トレーナー②。
スウェット・スーツ [sweat suit] 運動選手が用いる，保温性にすぐれた，汗をよく吸収する服。
スウォッチ [Swatch]〘商標〙スイスのスウォッチ社製の腕時計。＊プラスチック製で個性的なデザインと低価格が特徴。
スーク [souk アラビア] 北アフリカ・中東の野外市場；野外のバザール。
スーサイド [suicide] 自殺。
スーザフォーン [sousaphone] 吹奏楽団の最低音部を受け持つチューバに似た金管楽器。＊肩に担いで演奏。
ズー・ストック計画 [zoo stock project] 野生動物の「種の保存」を図るための支援計画。＊動物園などの施設で飼育・繁殖を行う。
スーツ [suit] 同じ服地でつくった洋服の上下ひとそろい。
スーツケース [suitcase]（衣類などを入れる）旅行かばん。
スートラ [sutra] 仏教，ヒンズー教の経典。
ズーノーシス [zoonosis] 動物原生感染症。＊動物から人へ感染する。
スーパー [super] ①超…。②スーパーインポーズ，スーパーストア，スーパーマーケットの略。
～301条 アメリカの包括貿易法で，不公正な貿易慣行を制裁する条項。
～繊維 [～fiber] 金属繊維以上の強度，耐衝撃性をもつ繊維の総称。
～大回転 ⇨スーパージャイアント・スラローム。
～堤防 高規格堤防。＊都市の河川堤防を嵩(かさ)上げし，幅を高さの30倍(50メートル以上)に広げた防災用堤防。
～林道 特定森林地域開発道路。＊林業や地域産業振興のための林道。
スーパーアロイ [superalloy] 超合金。＊主成分はニッケルとコバルト。
スーパーインポーズ [superimpose]〘映画，テレビ〙画面の端に出る字幕。略スーパー。
スーパーウインド [Superwind]〘天文〙銀河中心から噴出する巨大な嵐。
スーパー・ウーファー [super woofer] 低音または超低音だけを再生するスピーカー。
スーパーエゴ [superego]〘心理〙超自我。＊自我を監視し，イドに対し検閲的態度をとる無意識的良心。精神分析学者フロイトの用語。
スーパーカー [supercar] 性能のよい高級スポーツ・カー。
スーパー・カミオカンデ [Super KAMIOKANDE] 東京大学宇宙線研究所が，岐阜県飛騨市の神岡鉱山の地下約1000mに設置したニュートリノの観測装置。
スーパー…級 [super…weight] プロ・ボクシングの重量別のうち6階級を示す言い方。
◇スーパーフライ級…112ポンド超え115ポンドまで
◇スーパーバンタム級…118ポンド超え122ポンドまで
◇スーパーフェザー級…126ポンド超え130ポンドまで
◇スーパーライト級…135ポンド超え140ポンドまで

◇スーパーウェルター級…147ポンド超え154ポンドまで
◇スーパーミドル級…160ポンド超え168ポンドまで

スーパーコンピュータ [supercomputer] 汎用(はんよう)機の1000倍以上のスピードで計算などの処理ができる超高速コンピュータ。略スパコン。

スーパージェット [superjet] 超音速ジェット機。

スーパー・シティ [super city] AIやビッグ・データなどの先端技術を活用した近未来型の都市。

スーパージャイアント・スラローム [supergiant slalom] 〖スキー〗滑降と大回転の性格を備えた競技種目。

スーパー・ジャンボ [super jumbo] 2階建てで，座席数が600～800席の次世代型超大型旅客機。

スーパーストア [superstore] スーパーマーケットのうち，衣料品，日用雑貨の比重が高い店。略スーパー。

スーパー・ストラクチャー [super structure] 高層ビルなどに用いられる巨大構造。

スーパーストリング理論 [superstring theory] 〖物理〗超ひも理論。＊宇宙の素粒子間に働く，重力，電磁力，強い相互作用，弱い相互作用の4つの力を統一して説明するもの。

スーパーセル [Supercell] 竜巻の原因となる巨大な積乱雲。

スーパー・センター [super center] 食料品や衣料品など，生活関連用品を広大なワンフロアに収めたショッピング・センター。

スーパーソニック [supersonic] 超音速(の)。

スーパータンカー [supertanker] 超大型油送船。

スーパー・チェーン [日supermarket-chain] 連鎖店(チェーン・ストア)形式のスーパーマーケット。

スーパーチップ [superchip] 超高密度集積回路。⇨VLSI。

スーパーチャージャー [supercharger] 排気ガスまたはエンジンの動力を利用し，タービンまたはローターを回転させてエンジンに圧縮空気を送り，エンジンの出力を高める装置。⇨ターボチャージャー。

スーパー・チューズデー [Super Tuesday] アメリカ大統領選挙が行われる年の3月の第2火曜日。＊この日，州候補者指名の党員選挙や予備選挙などが集中する。

スーパーノバ [supernova] 超新星。

スーパーバイザー [supervisor] ①管理者；監督者。②〖電算〗システムの作動を監視するプログラム。

スーパー・ハイ・デッカー [日super+high decker] 眺望をよくするために，床を高く，窓を広く，天井をガラス張りにした(観光)バス。

スーパーパワー [superpower] ①強大な力。②超大国。

スーパービジョン [supervision] ①監督；指揮；管理。②社会福祉事業で，スーパーバイザーがケースワーカーの監督・指導にあたること。

スーパーヘテロダイン [superheterodyne] 〖ラジオ〗内蔵した発信機で電波の周波数を変換して増幅・検波する受信方式。

スーパー・ボウル [Super Bowl] 全米プロフットボール選手権大会。

スーパーマーケット [supermarket] セルフ・サービス方式の大規模小売店。略スーパー。

スーパー・マウス [super mouse] 体重が普通のマウス(実験用のハツカネズミ)の約2倍あるマウス。

スーパーマジョリティ [supermajority] 圧倒的多数。

スーパー・ムーン [Supermoon] 月が地球に最も接近した位置(近地点)にあるときの満月または新月。＊ときには満月は遠地点に比べ14パーセントほど大きく，30パーセントほど明るく見えることもある。

スーパー・メタル [super metal] 高純度金属材料。＊強度にすぐれる。

スーパー・モデル [super model] 多額の報酬を得る世界的なファッション・モデル。

スーパーリアリズム [superrealism] 超写実主義。＊1960～70年代に現れた，アメリカの美術〔絵画〕の傾向。写真を利用した精密な描写を特色とする。＝フォト・リアリズム。

スープ [soup] 肉，野菜などの煮出し汁に味をつけた，西洋料理の汁物。

スーフィー派 [Sufi] イスラム教の1派。＊神秘主義の傾向をもつ。スーフィズムとも。

スープ・カレー [日soup curry] とろみの薄いスープ状のカレー。

スープ・ジャー [日soup jar] スープやおかゆを保温・携帯できるステンレス製の魔法瓶。

スープ・ストック [soup stock] 肉，魚介類，野菜などの煮出し汁。⇨ブイヨン①。

スーベニア [souvenir] 記念品；みやげ；思い出。＊スーブニールとも。

ズーミング [zooming] カメラで，ズーム・レンズを使い画面を拡大したり縮小したりすること。＝ズーム①。

ズーム [zoom] ①⇨ズーミング。②[Z-]〘商標〙パソコンやスマートフォン，タブレット端末などを使用して，複数人がオン・ライン上のミーティングなどに離れた場所でも同時参加できるサービス(アプリ)。

ズーム・アウト [zoom out] 〘テレビ，映画〙カメラで，被写体を急速に縮小して写すこと。↔ズーム・イン。

ズーム・アップ [zoom up] 〘映画，写真など〙カメラで，被写体をクローズ・アップすること。

ズーム・イン [zoom in] 〘テレビ，映画〙カメラで，被写体を急速に拡大して写すこと。↔ズーム・アウト。

ズーム・レンズ [zoom lens] 被写体に焦点を合わせたまま，焦点距離を連続的に変えられるレンズ。＊画面の拡大・縮小を自由に行える。

スエード [suède フランス] 子ヤギや子牛のなめし革の裏をけばだてたもの。＊スウェードとも。⇨バックスキン。

スエズ運河 [Suez Canal] 地中海と紅海を結ぶ運河。＊1869年開通。全長162キロメートル。

スカ [ska] ジャマイカ発祥のポピュラー・ミュージック。＊レゲエのもとになった。

スカート [skirt] ①ウエストから下に着用する筒状の衣服。＊女性用。長短，また，さまざまな形のものがある。②車両などの前・下部に付ける保護用の覆い。

スカーフ [scarf] 防寒または装飾のために首に巻いたり肩にかけたりする薄地の布。

スカーレット [scarlet] 深紅色(の)；緋色(ひいろ)(の)。

スカイ [sky] 空。

スカイ・アート [sky art] 空を対象にし，また舞台にした芸術。

スカイ・ウォーク [sky walk] 2つのビルの間にかけられた，空中に浮かんだように見える連絡通路。

スカイジャック [skyjack] ⇨ハイジャック。

スカイスクレーパー [skyscraper] 超高層ビル；摩天楼。

スカイダイビング [skydiving] 航空機からパラシュートで降下して着地の精度や空中姿勢の美しさを競うスポーツ。略ダイビング。

スカイダック [SkyDuck] 東京スカイツリー観光のための水陸両用バス。

スカイツリー [SkyTree] 東京都墨田区にある電波塔，東京スカイツリー(Tokyo SkyTree)。＊2012年に竣工。高さ634メートル。

スカイ・パーキング［日sky parking］立体駐車場。
スカイプ［Skype］IP電話サービスの1つ。
スカイ・ブルー［sky blue］空色。
スカイマーク［Skymark Airlines］〘商標〙日本の航空会社の1つ。
スカイ・メイト［日sky mate］青少年向け航空運賃割引制度。＊会員制。
スカイラーク［skylark］ヒバリ(雲雀)。
スカイライト［skylight］⇨トップ・ライト①。
スカイライン［skyline］①空を背景とした山や建物などの輪郭線。②山岳地帯や高原などに作った観光用の自動車道路の呼び名。
スカイラウンジ［skylounge］高層ビルなどの最上階にある見晴しのよい展望室やレストラン。
スカウティング［scouting］〘スポーツ〙相手チームの分析をすること。
スカウト［scout］有望な新人や有能な人材を探し出したり引き抜いたりすること。また，それを職業にしている人。
スカジー　⇨SCSI。
スカッシュ［squash］①果汁に甘味を加え炭酸水で割った飲み物。②四方を壁で囲まれたコート内で，2人の競技者が1個のボールをラケットで壁に向かって打ち，相手ゾーンに入れることを競う球技。
スカッド［Scud］旧ソ連製地対地ミサイル。＊核弾頭を搭載できる。
スカトロジー［scatology］糞便(ふんべん)学；わいせつ趣味。
スカパー［SKY PerfecTV］〘商標〙CSデジタル多チャンネル放送局の1つ。＊旧称スカイパーフェクTV。
スカベンジャー［scavenger］①掃除屋；清掃人。②ハゲタカ(禿鷹)などの清掃動物。③放射性物質除去剤。
スカラー[1]［scalar］〘物理，数学〙大きさだけをもち，方向をもたない量。↔ベクトル。
スカラー[2]［scholar］①学者。②奨学生；特待生。
スカラ座［Teatro alla Scala イタリア］イタリアのミラノにある歌劇場。
スカラシップ［scholarship］①学問；学識。②奨学金；奨学生の資格。
スカラップ［scallop］①シャツやブラウスの襟(えり)，スリップの裾(すそ)，ハンカチのふちなどにつける波形の飾り。②ホタテ貝またはその形をしたなべに入れた西洋料理。
スカラベ［scarabée フランス］コガネムシ(黄金虫)。＊古代エジプトでは神聖視され，宝石に彫刻して，護符や装飾品にした。
スカラムーシュ［Scaramouche フランス］古代イタリアの笑劇の道化役者。
スカル［scull］オールが左右に1本ずつある競技用の軽量小型のボート。また，その競技。
スカルプ［scalp］頭皮。
スカルプ・ケア［scalp care］抜け毛や薄毛予防に，頭皮を清潔で健康な状態に保つこと。
スカルプチャー［sculpture］彫刻；塑像(そぞう)。
スカンク［skunk］イタチ科の動物。＊危険が迫ると，猛烈な悪臭を放つ液を肛門(こうもん)腺から噴射する。
スカンジウム［scandium］周期表第3族に属する希土類元素の1つ。原子番号21。元素記号Sc。
スカンジナビア航空［Scandinavian Air lines System］デンマーク，スウェーデン，ノルウェーが3国で共同運行する国際航空会社。国際コードSK。
スカンピ［scampi］(大きな)クルマエビ料理。
スキー[1]［ski］雪上を進むために両足に履く細長い板状の道具。
スキー[2]［skiing］スキー[1]を使って雪

上を滑るスポーツ。
スキーウェア [skiwear] スキー服。
スキーマ [schema] ①図式；図表。②〖電算〗データ・ベースの論理的・物理的な構造。③〖心理〗過去の経験によって，主観的にかたちづくられた知識。
スキーム [scheme] ①計画；案。②図表；図解。
スキー・ラック [ski rack] 乗用車の屋根に取りつける，スキー運搬用器具。
スキー・リフト ⇨リフト①。
スキゾ [schizophrenia] ①〖哲学〗物事に執着せず，その時々を臨機応変に立ち回って生きるタイプの人間を表すことば。＊浅田彰の著書名から。②⇨スキゾフレニア。
スキゾフレニア [schizophrenia] 統合失調症。
スキタイ [Skythaiギリシア] 紀元前８世紀～紀元前３世紀，黒海北岸に強大な国家を建設した遊牧騎馬民族。
スキット [skit] 寸劇。
スキッド[1] [skid] ①丸太。②車の横すべり。③破滅；堕落。
スキッド[2] ⇨SQUID。
スキッド・ロウ [skid row] 簡易旅館街；どや街。
スキッパー [skipper] ①(小型船の)船長。②(チームの)主将。
スキップ [skip] ①片足で２度ずつ交互に軽く跳びはねながら歩くこと。②(本を)飛ばし読みすること。③〖電算〗プログラムのある箇所を飛ばして進むこと。
スキニー [skinny] 〖服飾〗体の線にぴったり合わせた(衣装やデザイン)。
スキミング [skimming] ①速読。②クレジット・カードのデータを盗み取ること。
スキム・ミルク [skim milk] 乳脂をすくい取った(skimed)脱脂粉乳。
スキャット [scat] ジャズなどで，歌詞のかわりに意味のない言葉で即興的に歌うこと。
スキャナー [scanner] ①イメージ・スキャナーの略。②X線コンピュータ断層撮影装置。
スキャニング [scanning] ①放射性物質を体内に入れ，その動きを撮影して異常を発見する診察法。②〖テレビ〗走査。③スキャナーを使って写真やイラストなどをコンピュータに取り込むこと。
スキャン [scan] ①詩を韻脚に分けること。②〖テレビ〗走査すること。③(人体などの)精密検査をすること。
スキャンダラス [scandalous] みっともない；恥ずべき；不面目な。
スキャンダル [scandal] 不名誉なうわさ；醜聞；不正な事件；汚職。
スキャンティー [scanties] 女性用のきわめて短いパンティー。＊覆う部分が少ない(scant)ことに由来。
スキューバ [scuba] 自給式水中呼吸装置；水中肺。＊*s*elf-*c*ontained-*u*nder-water *b*reathing *a*pparatusの略。アクアラングは商品名。
スキューバ・ダイビング [scuba diving] スキューバを使って潜水すること。略ダイビング。⇨スキン・ダイビング。
スキル [skill] 技術；技能；巧みさ；うで。
スキル・アップ [skill up] 技術力をあげること。
スキルスがん [scirrhous cancer] 硬性がん。＊間質結合組織がきわめて多い進行性腺がん。胃がんや乳がんに多い。
スキルド・ワーカー [skilled worker] 熟練工。
スキルフル [skillful] 巧みな；熟練した；腕のいい。
スキン [skin] ①皮膚；肌。②(動物の)皮；皮革。③⇨コンドーム。
スキン・クリーム [skin cream] 肌

の荒れを防ぐために用いるクリーム。
スキン・ケア [skin care] 肌の手入れ。また，それに用いる化粧品。
スキン・コンシャス [skin conscious] 〖服飾〗シー・スルーやボディースーツなど素肌の感覚を強調した装い。
スキンシップ [日skinship] 育児で，親と子の肌の触れあいが大切であるとする考え方。＝タッチング²。
スキン・ジュエリー [skin jewely] 接着剤を用いて，手足や顔などに直接貼りつける人造宝石。
スキン・ダイビング [skin diving] 水中呼吸装置を使わないで潜水すること；すもぐり。略ダイビング。
スキン・ヘッド [skin-head] ①丸坊主；はげ頭。②頭を丸坊主にした戦闘的な保守派青年団。
スクアレン ⇨スクワラン。
スクイズ [squeeze] ①締めつける；押しつぶす；絞る。＊スクイーズとも。②スクイズ・プレーの略。
スクイズ・バント [squeeze bunt] ⇨スクイズ・プレー。
スクイズ・プレー [squeeze play] 〖野球〗無死または1死で3塁に走者がいるとき，バントによって走者に得点させようとするチーム・プレー。略スクイズ。＝スクイズ・バント。
スクーター [scooter] 運転者が車体に腰かける形式の小型のオートバイ。
スクーナー [schooner] 2本または4本のマストをもつ洋式帆船。
スクープ [scoop] （新聞・雑誌などの）特種(とくだね)；競争紙を出し抜く記事。
スクーリング [schooling] 通信教育で，一定期間，生徒を教室に集めて行う授業。
スクール [school] ①学校：教習所。②学派。
スクール・オブ・ビジネス [school of business] 実務学校。
スクール・カースト [日school caste] 学校のクラス内における，身分制度に似た人物の階層化。
スクール・カウンセラー [日school counselor] 学校で児童・生徒の生活上の問題や悩みの相談に応じ，指導・助言を行う心理カウンセラー。＊臨床心理士，精神科医など。
スクール・カラー [school color] ①（日本で）その学校独自の校風。②校旗・応援旗・ユニホームなどに使う，その学校を象徴する色。
スクール・サイコロジスト [school psychologist] 学校心理士。＊不登校児童・生徒などを抱える学校を，心理学的な知見に基づいて支援。⇨スクール・カウンセラー。
スクール・ソーシャル・ワーカー [school social worker] いじめや不登校，虐待など子供を取り巻く問題について家族や学校，地域の機関などと連携して解決を図る専門職。
スクール・ゾーン [日school zone] 通学路として指定された区域。
スクール・バス [school bus] 通学バス。＊登下校や学校行事用。
スクール・ハラスメント [日school harassment] 学校内で教職員から児童・生徒へ，もしくは教職員間で起きる暴力やいやがらせ行為など。
スクールメート [schoolmate] 学友。
スクエア [square] ①正方形。②（市街地の四つ辻にある）四角い広場。③直角定規。
スクエア・スタンス [square stance] 〖ゴルフ〗両足を結ぶ線が飛球線と平行になるようにする構え方。
スクエア・ダンス [square dance] 4組の男女が方形を作って踊るフォーク・ダンスの一種。
スクエア・ネックライン [square neckline] 四角い形の襟(えり)あき。
スクデット [scudetto(イタリア)] 〖サッカー〗イタリアのセリエAの優勝チームに与えられる，次のシーズンにユニフォームにつける盾形のワッペン。

スクラッチ [scratch] ①爪などで物を引っかくこと；傷をつけること。②〖ゴルフ〗ハンディキャップをつけないこと。

スクラッチ・カード [scratch card] 削り取ると点数や当たりがわかるように加工してあるカード。

スクラッチ・ノイズ [scratch noise] レコード面の傷などによって出る雑音；きしる音。略スクラッチ。

スクラッチ・ビルド [scratch building] 既製品ではなく，各種の材料を用いて模型を作ること。

スクラッチ・プレーヤー [scratch player] 〖ゴルフ〗ハンディキャップ0またはそれ以下のプレーヤー。略スクラッチ。

スクラッチボード [scratchboard] 〖美術〗厚紙に白い粘土を塗り，その土をひっかいて下地を出すという描き方，またその絵。

スクラッチ・マッチ [scratch match] 〖ゴルフ〗ハンディキャップをつけないで行う競技方法。略スクラッチ。

スクラッチ・レース [scratch race] 〖自転車〗2～5名の競技者がトラックを2周し，タイムではなく着順によって勝敗を決める競技。

スクラッチング [scratching] ディスク・ジョッキーが，レコード盤を逆回転させてノイズを出したり，ある曲の途中で突然他の曲をかけたりしてレコードを楽器として扱う演奏法。

スクラップ [scrap] ①(新聞・雑誌などの)切り抜き。②くず鉄；廃物。

スクラップ・アンド・ビルド [scrap and build] 老朽設備を廃棄し，最新鋭の技術を用いて能率的な設備を作ること。

スクラップブック [scrapbook] スクラップ①を貼るノート。

スクラブ [scrub] 植物の種子や合成樹脂の細かい粒子が入った洗顔料。＊細かい粒子が研磨剤の役目をして毛穴につまった汚れを取り除く。

スクラム[1] [scram] 原子炉に異常が発生したときの緊急停止。

スクラム[2] [scrum] ①〖ラグビー〗両チームのフォワードが肩を組み，その中に投げ入れられたボールを互いに味方側へ出そうとしてもみあうこと。＊スクラメージとも。②腕を組んで横隊を作ること。③団結すること。

スクラム・トライ [scrum try] 〖ラグビー〗スクラム内にボールを保持したまま，イン・ゴールに押し込んでトライすること。

スクラム・ハーフ [scrum half] 〖ラグビー〗スクラムから出たボールを処理する役割をもったハーフバック。略SH。

スクランブル [scramble] ①迎撃戦闘機の緊急発進。②〖テレビ〗契約者以外の視聴を防ぐために画面を見えないようにすること。＊原義は「ごちゃ混ぜにする」。

～交差点 各方向の歩行者用信号が同時に青になり，前後，左右，斜めに自由に横断できる交差点。

スクランブルド・エッグ [scrambled eggs] 洋風炒(い)り卵。

スクランブル・レース [scramble race] でこぼこ道や砂地，草地など整地されていないコースで行うオートバイ競走。⇨オートクロス，モトクロス。

スクリーニング [screening] ①適格審査；選抜。＊特に通信教育の受講生が受ける審査。②集団検診。③ふるい分け。④〖映画〗試写；上映。

スクリーン [screen] ①映写幕；(テレビなどの)画面。②映画。③写真製版用の網目。④ついたて；仕切り。

スクリーンショット [screenshot] コンピュータやスマートフォンの画面に表示されている内容を撮影した

画像。略スクショ。

スクリーン・セーバー [screen saver] モニター画面を保護するために，コンピュータを使用していないとき，自動的に画面を暗くしたり，連続変化するパターンなどを表示したりする機能。

ス

スクリーン・トーン [Screen Tone] 〖商標〗印刷用の版下(はんした)を作るときに使う，地紋などを印刷してあるセロハン状のシート。

スクリーン・プレー [screen play] 〖バスケットボールなど〗攻撃側が相手側のプレーの邪魔になるところに意識的に位置を占めて味方のプレーを助ける戦法。

スクリーン・プロセス [screen process] 〖映画，テレビ〗あらかじめ撮影した背景をスクリーンの後方から映写し，その前で演技して画面を合成するトリック撮影法。

スクリーン・ミュージック [screen music] 映画音楽。

スクリーン・モード [screen mode] ⇨シネ·モード。

スクリーン・ロック [screen lock] スマートフォンなどで，誤操作や他人に操作されることを防ぐため，ロック解除以外を制限する機能。

スクリプター [scripter] 撮影の現場で，作業の進行を記録する係。

スクリプチャー [Scripture] ①聖書。②(キリスト教以外の)経典。

スクリプト [script] ①手書き。②(映画，テレビなどの)台本。

スクリプトライター [scriptwriter] 脚本家；台本作家。

スクリメージ [scrimmage] 〖アメ・フト〗攻守両チームがラインマンを前列にして相対し，攻撃側のセンターがボールをバックスに渡すことでプレーを再開すること。

スクリュー [screw] ①ねじ；螺旋(らせん)。②スクリュー·プロペラの略。

スクリュードライバー [screwdriver] ①ねじまわし。＊ドライバーとも。②ウォッカにオレンジ・ジュースを加えたカクテル。

スクリュー・プロペラ [screw propeller] 船舶の螺旋(らせん)推進器。＊プロペラが回転して水を後方に押しやり，その反動で前進する。略スクリュー。

スクリューボール [screwball] 〖野球〗投手の投げる変化球の1つ。＊ボールがスクリューのように回転して落ちる。

スクレイピー [scrapie] ヒツジやヤギの感染性海綿状脳症。＊プリオンが原因とされる。

スクレイピング [scraping] ウェブ・サイトから必要な情報を自動的に抽出するソフトウェア。

スクレーパー [scraper] ①表面をいっそう精密に仕上げるのに用いる手工具。②整地用の土木機械の1つ。

スクロール [scroll] 〖電算〗ビデオ・ディスプレー端末装置(VDT)の画面を上下左右に動かして必要な箇所を見るための操作。

スクロール・バー [scroll bar] 〖電算〗スクロール用の操作部分。

スクロール・ホイール [scroll wheel] マウスなどでスクロールに使用する，円盤上の装置。

スクワット [squat] ①下半身を鍛えるために行うひざの屈伸運動。②パワー・リフティングの競技種目。＊バーベルをかついで，座ってまた立ち上がる。

スクワラン [squalene フランス] サメの肝臓から抽出·精製したオイル。＊化粧品に使用。スクアレンとも。

スケア・タクティクス [scare tactics] 怖がらせ戦術；威嚇戦術。

スケート [skate] ①氷の上を滑走するために靴の底に取りつける金具。また，それをつけた靴。②⇨アイス・

スケート。③ローラー・スケートの略。
スケートボード [skateboard] 細長い厚板の裏面にローラーを取りつけた滑走具。また，それを用いた遊びや競技。略スケボー。＝サーフ・ローラー。
スケート・リンク [skating rink] スケート場。略リンク[2]。
スケープゴート [scapegoat] 身代わり；他人の罪を負う者。＊古代ユダヤで贖罪(しょくざい)の日に人間の罪をヤギに負わせて野に放したことから。
スケーラビリティー [scalability] コンピュータ・システムの拡張性。
スケーリング [scaling] 歯石を取り除くこと。
スケール [scale] ①物差し；目盛り；(地図などの)縮尺。②規模；程度。③〖音楽〗音階。④歯石。
スケール・アップ [scale up] 規模を大きくする。
スケール・ダウン [scale down] 削減する；縮小する。
スケール・メリット [日scale merit] 経営の規模が大きいことによって得られる利点。
スケジューリング [scheduling] スケジュールを組むこと。
スケジュール [schedule] 予定；日程；時間表。
スケッチ [sketch] ①写生画；素描；略画。②下書き；草稿；草案。
スケッチブック [sketchbook] 写生帳。＊写生用のノート。
スケッチ・ボード [sketch board] ホワイト・ボードにかかれた文字や図形をモニターに表示し，そのまま縮小してハード・コピーとして取り出せる事務機器。
スケプティシズム [skepticism] 懐疑主義。＊スケプチシズムとも。
スケプティック [skeptic] ①懐疑的な；疑い深い。②懐疑論者；疑い深い人。
スケボー スケートボードの略。
スケルツァンド [scherzando イタリア] 〖音楽〗「滑稽(こっけい)に」。
スケルツォ [scherzo イタリア] 〖音楽〗3拍子の速く軽快な曲。
スケルトン [skeleton] ①骸骨(がいこつ)；骨組み。②透明な外枠を使った製品。
〜方式 [〜system] 集合住宅の1戸分を基本構造のまま供給し，間取り，内装は入居者が決める方式。
スケルトン・タイプ [skeleton type] 外側が透明で，内部の構造が見えるようになっているデザイン仕様。
スコア [score] ①〖スポーツ〗得点；記録。②〖音楽〗総譜。
スコアカード [scorecard] 〖ゴルフ〗採点カード；得点表。
スコアシート [scoresheet] 得点記入表。
スコアブック [scorebook] 試合の得点や経過を記録するノート。
スコアボード [scoreboard] 試合の得点やチーム名，選手名などを表示する掲示板。
スコア・メイク [日score make] ゴルフにおいて戦略を練り，好成績を上げること。
スコアラー [scorer] 試合の得点や経過を記録する人；公式記録員。
スコアリング・システム [scoring system] クレジット・カードの申し込みなどにおいて，返済能力などの信用力を評価するしくみ。
スコアリング・ポジション [scoring position] 〖野球〗ヒットが出れば得点できる塁；得点圏。
スコアレス・ドロー [scoreless draw] スポーツの試合で無得点の引き分けに終わること。
スコーカー [squawker] 中音域専用のスピーカー。⇨ウーファー，ツイーター。
スコート [skorts] テニスなどで，女子選手が着用するスカート状のショート・パンツ。
スコーピオン [scorpion] サソリ(蠍)。
スコープ [scope] 範囲；限界；視野。
スコール[1] [skål デンマーク] 「乾杯！」。
スコール[2] [squall] 熱帯地方に特有の激しいにわか雨。

スコーン [scone] 小麦粉に牛乳とバターを混ぜて焼いた小さい丸パン。
スコッチ・ウイスキー [Scotch whisky] イギリスのスコットランド地方産のウイスキー。
スコッチ・エッグ [Scotch egg] ゆで卵を挽き肉でくるんで揚げた料理。
スコッチ・ツイード [Scotch tweed] イギリスのスコットランド南部産の手織りの毛織物。また，これを模した機械織りの毛織物。
スコッチ・テリア [Scotch terrier] イギリスのスコットランド原産の小型のテリア犬。＊愛玩用。
スコットランド・ヤード [Scotland Yard] ロンドン警視庁の通称。＊もと，警視庁の建物がスコットランド王家の離宮跡にあったことから。
スコップ [schop オランダ] 土や砂をすくうときなどに使う匙(さじ)形の道具。
スコポラミン [Skopolamin ドイツ] ナス科の植物に含まれるアルカロイドの一種。＊副交感神経抑制剤，鎮痛剤，眼科治療などに用いる。
スコラ哲学 [Scholasticism] 中世ヨーロッパのキリスト教哲学。＊アリストテレス哲学を採用し，キリスト教の教義を理性的に論証，体系化した。トマス・アクィナスの『神学大全』が代表的。
スコリア [scoria] 岩滓(がんさい)。＊燃えかすのような多孔質の溶岩。
スコンク [skunk] 〖スポーツ〗完封負け；ゼロ敗すること。
スター [star] ①星；恒星。②人気俳優〔歌手；選手〕。
～級 [～class] 全長6.91メートルの2人乗りヨット。また，それを用いた競技。
スター・アライアンス [Star Alliance] 航空会社の国際的な企業連携。＊日本ではANAが加盟。
スター・ウォーズ [star wars] 宇宙戦争。
スター・ウォッチング [日star watching] 趣味としての星空観測。
スター・キング [star king] デリシャス系りんごの一品種。＊1929年にアメリカから移入された。
スター・サファイア [star sapphire] サファイアのうち，特に星形に美しく光る高級品。
スター・システム [star system] 俳優中心主義。＊映画・演劇などで，観客を動員するために，人気俳優を中心にして製作する方式。
スターズ・アンド・ストライプス [Stars and Stripes] 星条旗；アメリカ合衆国の国旗。＊独立当時の州の数を示す13本の赤白の筋と，現在の州の数を示す50の星(青地に白星)からなる。
スターター [starter] ①エンジンの始動装置；起動装置。②(競走などの)出発の合図をする人；出発合図員。③(物事を)始める人。
スターダスト [stardust] 星くず；宇宙塵(じん)；小星団。
スターダム [stardom] (芸能界などの)スターの地位；スターの座。
スターチ [starch] ①でんぷん；でんぷん食品。②(洗濯用の)のり。
スターティング・ブロック [starting block] 〖陸上競技〗短距離競走でスタートのとき，足の蹴りをしやすくするために使う器具。
スターティング・メンバー [日starting member] 〖スポーツ〗試合開始のときに出場する選手；先発メンバー。略スタ・メン。
スターティング・ラインアップ

［starting lineup］ ⇨スターティング・メンバー。
スタート[1] ［start］ 出発；開始；始まり；出だし。
スタート[2] ⇨START。
スタート・アップ ［start up］ ①起動；操業開始。②〖電算〗システムの起動。
スタート・ダッシュ ［日start dash］ 〖陸上競技〗スタートと同時に全力疾走すること；スタート直後の速度。
スタート・ライン ［日start line］ 〖陸上競技〗スタート地点に引かれた白線；出発線。
スターバースト ［starburst］ 宇宙のはじまりに一度に大量の星が誕生する現象。
スターバックス ［Starbucks］ 〖商標〗アメリカのコーヒー・ショップの名称。＊世界規模で営業展開するチェーン店。
スターフライヤー ［Star Flyer inc.］ 北九州市にある日本の航空会社。
スター・フルーツ ［star fruit］ ゴレンシ(五斂子)。＊カタバミ科の熱帯常緑小低木。また，その果樹。
スター・マイン ［star mine］ 花火の一種。＊無数の花火の星が連続して空いっぱいに飛び散る。
スターリニズム ［Stalinism］ スターリン主義。＊ロシアの政治家ヨシフ・スターリンの思想と政治路線。専制的傾向，秘密警察，言論統制，個人崇拝，人権抑圧などが特徴。
スターリング・エンジン ［Stirling engine］ 水素，ヘリウムなどの気体を加熱・冷却してその膨張力・収縮力を利用した外燃機関。
スターリング・シルバー ［sterling silver］ 法定純銀。＊純度92.5%以上。
スターリング・ブロック ［sterling bloc］ ⇨ポンド地域。
スターリング・ポンド ［sterling pound］ イギリスの通貨。
スターレット ［starlet］ 売り出し中の若手女優；スターの卵；若手スター。
スタイミー ［stymie］ 〖ゴルフ〗ボールとホールの間に立木などの障害物がある状態。
スタイラス・ペン ［stylus pen］ 〖電算〗図形入力で座標を指定するためのペン。＝タッチ・ペン。
スタイリスト ［stylist］ ①自分の身なりに気を配る人；おしゃれな人。＊日本語としての用法。②服飾，髪型などの選定や指導をする専門家。③文体に凝る人；美文家。
スタイリッシュ ［stylish］ しゃれた；粋な；流行の。
スタイリング ［styling］ あるデザイン〔様式〕に合わせること。
スタイル ［style］ ①容姿；(体の)格好。②様式；型。③文体。
スタイル・シート ［style sheet］ ウェブ・サイトのフォントや文字サイズなどデザインに関するスタイルを指定する言語。
スタイルブック ［stylebook］ 流行の服の型などを写真や絵で紹介した本。
スタイロフォーム ［Styrofoam］ 〖商標〗押出発泡ポリスチレンの商品名。＊断熱材用。
スタウト ［stout］ イギリスの黒ビールの一種。＊ギネスビールなど濃厚な味の強いビール。
スタグフレーション ［stagflation］ 不景気とインフレが併存する状態。
スタジアム ［stadium］ (観客席を備えた)競技場；野球場。
スタジアム・グルメ ［日stadium gourmet］ スポーツの試合会場で販売される飲食物。
スタジアム・ジャンパー ［日stadium jumper］ スポーツ選手が肩の筋肉などを冷やさないために競技場で着るジャンパー。略スタ・ジャン。
スタジオ ［studio］ ①放送室。②撮影所。③写真館。④(画家・工芸家・写真家などの)仕事場。

スタジオ・ジブリ [STUDIO GHIBLI] 宮崎駿(はやお)監督率いるアニメーション制作会社。＊「ジブリ」はイタリア語で「サハラ砂漠に吹く熱風」のこと。

スタジオ・ミュージシャン [studio musician] 音楽家がスタジオでレコーディングする際に，協力して演奏する演奏家。

スタジオメーター [stadiometer] 曲線などの長さを測る道具。

スタチュー [statue] 像；彫像；立像。

スタチン [statin] 血中のコレステロール値を低下させる薬。＊心疾患の予防・治療に有効とされる。

スタッカート [staccato伊] 〖音楽〗 1音符ごとに短く切って演奏すること。＊音符の上に「˙」または「ᵛ」の記号をつけて表す。

スタッキング [stacking] 積み重ねること。

スタッキング・セット [stacking set] 収納しやすいひとそろいの，積み重ね可能な家具や調理器具。

スタッキング・チェア [stacking chair] 積み重ね可能な椅子。

スタッキング・パーマ [stacking permanent wave] 髪にふくらみをもたせるためにロッドを積み重ねてパーマをかける方法。

スタック [stack] ①物を積み重ねること。②書架。③〖電算〗積み重ね形式の記憶装置。＊最後に記憶した情報を最初に取り出すことができる。

スタッグ・パーティー [stag party] 男だけの社交的な集まり。＊stagは「雄鹿」。↔ヘン・パーティー。

スタッツ [stats] スポーツにおける，選手やチームのプレー内容に関する統計・分析数値。

スタッド [stud] ①鋲(びょう)；飾りくぎ。②飾りボタン。

スタッドレス・タイヤ [studless tire] 雪道や凍結した道路を走行するときに使う，滑り止めの鋲(びょう)のないタイヤ。

スタッフ[1] [staff] ①(それぞれの部署をうけもつ)職員；部員；顔ぶれ。②俳優以外の製作担当者。③企業で，仕入れ・製造・販売を担当する部門に対し，その補佐や助言，情報活動を行う部門。↔ライン[1]④。

スタッフ[2] [stuff] ①材料；原料。②西洋料理で詰め物。また，その材料。

スタッフ・ロール [staff roll] 〖映画など〗エンディング画面で流れる製作関係者の一覧。

スタディー [study] ①勉強；研究。②書斎。③〖美術〗習作。④〖音楽〗練習曲。

スタティスティックス [statistics] 統計；統計学；統計表。

スタティック [static] 静的な；動きのない。↔ダイナミック。

スタティックス [statics] 〖物理〗静力学。

スタティックRAM ⇨SRAM[2]。

スタニスラフスキー・システム [Stanislavsky system] ロシアの演出家スタニスラフスキーが体系化した近代的俳優術。＊技巧的表現を否定し，人物の内面性と論理を重視。

スタビール [stabile] アメリカの彫刻家コールダーの動かない抽象彫刻。↔モビール。

スタビライザー [stabilizer] ①(船舶・航空機などの)水平安定装置。②(物質の化学変化などを防ぐ)安定剤。

スタビリティー [stability] 安定(性)；復原力。

スタベーション [starvation] 飢餓；欠乏。

スタミナ [stamina] 体力；持久力；精力。

スタミナ・ドリンク [日stamina drink] 滋養強壮ドリンク。＊清涼飲料の1つ。

スタ・メン スターティング・メンバーの略。
スタリオン [stallion] 種馬。
スタン・ガン [stun gun] 電気ショックで相手を気絶させる護身用の銃。
スタンザ [stanza] 詩の節；連。
スタンス [stance] ①立場；姿勢；考え方。②〖野球，ゴルフなど〗ボールを打つときの両足の構え。
スタンダード [standard] ①標準(の)；標準的な。②スタンダード・ナンバーの略。
スタンダード・アンド・プアーズ ⇨S&P。
スタンダード・ナンバー [standard number] 時代や流行に関係なく，いつでも演奏される軽音楽の曲目。略スタンダード。
スタンダップ・コメディ [stand-up comedy] 気のきいた喋(しゃべ)りのおもしろさで客を笑わせる芸。＊1人で立ったまま話をする。
スタンディング・ウエーブ [standing wave] 〖自動車〗高速走行時に，地面と接触しているタイヤが摩擦熱などで変形する現象。＊空気圧が低いときに起こりやすい。
スタンディング・オベーション [standing ovation] 一斉に立ち上がって拍手・喝采すること。
スタンディング・スタート [standing start] 〖陸上競技〗立ったままの姿勢で行うスタート。↔クラウチング・スタート。
スタンディング・デスク [standing desk] 立ったままで使用する机。
スタンディング・ルーム [standing room] (劇場の)立見席；立ち席。
スタント [stunt] ①好技；離れ技。②高等飛行。
スタンド [stand] ①物をのせたり立てたりする台。②(競技場などの)階段式の観客席。③(街頭・駅などの)売店；屋台；カウンター式の軽飲食店。
スタンド・アップ・パドルボード [stand up paddleboard] ボードの上に乗ってパドルを漕ぎ水面を進んでいくアクティビティー。略SUP。
スタンド・アローン [stand-alone] ネットワークや他の機器と接続せずに単独で使用できる機器。
スタンド・イン [stand-in] 代役；吹き替え；替え玉。＊危険な場面などで主役の代わりを務める人。
スタンドオフ [standoff] 〖ラグビー〗ハーフバックの1人で，バックスの攻撃の原動力となるプレーヤー。
スタント・カー [stunt car] 自動車のジャンプや曲乗りを見せるショー。
スタンド・カラー [stand-up collar] (制服などの)立ち襟(えり)。
スタンド・バー [日stand bar] 長いカウンターのある洋風酒場。
スタンドバイ・クレジット [standby credit] ①日本企業の外国支店が外国の現地銀行から融資を受ける際，自国の銀行が発行する信用状。②IMFの包括的信用融資。
スタンドパイプ [standpipe] 消火栓とホースを接続する金属製パイプ。
スタンド・プレー [日stand play] ①観客をわかせるための派手なプレー。②目立つためにする，わざとらしい行為。＊英語ではグランドスタンド・プレー(grandstand play)。
スタンドポイント [standpoint] 観点；見地；見方。
スタント・マン [stunt man] 〖映画，テレビ〗危険な場面や乗馬など，特殊な技術の必要な場面で主役の代わりを務める人。
スタンド・レスリング [stand wrestling] 〖レスリング〗立ち技。↔グラウンド・レスリング。
スタンバイ [standby] ①用意すること；待機すること。②(ラジオ，テレビの)予備番組；代替番組。③代替要員；控えの選手。④(空港での)

ス

キャンセル待ち。

スタンピード [stampede] ①牛の群れなどの暴走。②⇨ロデオ。③金融市場で，パニック心理が思わぬ結果を引き起こすこと。

スタンプ [stamp] ①証印；検印。②観光地などで記念に押す印章。③郵便物の消印。④郵便切手。⑤ライン[2]などのアプリで気持ちを表すために使用されるイラスト。

スタンプ・ラリー [日stamp rally] 一定の経路を回って，各所でスタンプ②を集めるゲーム。＊観光地や鉄道の駅などを回る。

スチーマー [steamer] ①蒸気を利用した美顔用具。②蒸気を当てて衣服の皺(しわ)を取る器具。③汽船；蒸気機関。

スチーム [steam] 蒸気。

スチーム・アイロン [steam iron] 底面の穴から蒸気を吹き出すしくみのアイロン。

スチーム・エンジン [steam engine] 蒸気機関。

スチーム・クリーナー [steam cleaner] 高温の蒸気を吹き付けて汚れを落とす家電製品。

スチーム・タービン [steam turbine] 蒸気タービン。＊高圧の蒸気を羽根車にあて，それを回転させて動力を得る。火力発電，船舶に用いる。

スチーム・バス [steam bath] 蒸しぶろ。＊箱型の装置に首から上を出して入り，箱の中に蒸気を通すもの。

スチーム・ハンマー [steam hammer] 蒸気ハンマー。

スチーム・ヒーター [steam heater] 蒸気暖房装置。

スチール[1] [steal] 〖野球〗盗塁。

スチール[2] [steel] 鋼鉄；鋼鉄製品。

スチール[3] [still] 広告・宣伝用に映画の1場面を焼きつけた写真。

スチール・ウール [steel wool] 鋼綿。＊繊維状にした鋼鉄。

スチール・カメラ [still camera] 静止画を写す普通のカメラ。＊映画撮影用カメラに対しての呼び名。

スチール・カラー [steel collar worker] 産業用ロボット。＊ブルー・カラー，ホワイト・カラーに対する語。

スチール・ギター [steel guitar] 弦に鋼鉄線を使用したギター。＊台にのせて演奏し電気で音を増幅するものが多い。＝ハワイアン・ギター。

スチール・サッシュ [steel sash] 鋼鉄製の窓枠。

スチール・ドラム [steel drum] ドラム缶を加工して作った打楽器。＊カリブのトリニダード・トバゴが発祥地。スチールパンとも。

スチール・ネイル・ファイル [steel nail file] つめの形を整えるのに使う鋼鉄製のやすり。

スチール・パイプ [steel pipe] 鋼管。

スチールパン [Steelpan] ⇨スチール・ドラム。

スチール・ラジアル [steel radial] 接地面側に鋼鉄線を埋め込んで補強したラジアル・タイヤ。

スチューデント・アパシー [student apathy] 大学生に見られる無気力，無感動の状態。

スチュワーデス [stewardess] 旅客機で乗客の世話をする女性乗務員。⇨キャビン・アテンダント。

スチュワード [steward] ①旅客機内で乗客の世話をする男性乗務員。⇨キャビン・アテンダント。②財産管理人；支配人。

スチュワードシップ [stewardship] 受託者責任。

スチュワードシップ・コード [stewardship code] 責任ある機関投資家の行動原則。

スチルブ [stilb] 輝度のCGS単位。＊1スチルブは，1平方メートル当たり1万カンデラ。記号sb。

スチレン [styrene] ⇨スチロール。

スチレン・ペーパー [styrene paper] スチロール樹脂を伸ばして薄いシート状にしたもの。＊紙と同じように印刷でき，弾力性，耐水性に富む。
スチロール [Styrolドイツ] 〖化学〗エチルベンゼンから作る芳香のある無色の液体。＊合成樹脂，合成ゴムの原料。＝スチレン。
〜樹脂 ⇨ポリスチレン。
発泡〜 スチロール樹脂に膨張性の液体またはガスを含ませてスポンジ状にしたもの。＊断熱材，緩衝材，防音材などに利用される。
スツール [stool] 肘(ひじ)掛けや背もたれのない1人用の腰かけ。
ズッキーニ [zucchiniイタリア] キュウリのような形をした西洋カボチャ。
ズック [doek オランダ] ①綿または麻の太い撚糸(ねんし)で作った厚地の平織物。＊テント，靴，かばん，帆などに用いる。②ズック製の運動靴。＝ダック②。
スッタニパータ [Suttanipātaパーリ] 経典。＊最古の原始仏典。
ズッパ [zuppaイタリア] イタリアのスープ。＊薄切りのパンを添える。
ステア[1] [stair] 階段の1段。
ステア[2] [stir] スプーン①やマドラーを使うカクテルの混ぜ方。
ステアリン [stearin] 油脂中に含まれる物質。＊ろうそくの原料。
ステアリング [steering] ①(自動車・航空機・船などの)方向変換〔操縦・かじ取り〕装置。②自動車のハンドルの切れ具合。
ステアリング・ホイール [steering wheel] 船の舵輪(だりん)；自動車のハンドル。
スティープ [steep] 急勾配の。
ステイ・オン・タブ [stay-on-tab] 非分離型の缶や容器の引き手。＊ふたを開けても飲み口の引き手が外れない構造のもの。略SOT。
スティグマ [stigma] ①汚点；汚名；烙印(らくいん)；恥辱。②十字架に架けられたキリストの傷に似た傷跡。
スティック [stick] ①棒；棒状のもの。②〖アイスホッケーなど〗パックやボールを打つ棒。③⇨ステッキ。
スティック・クリーナー [stick vacuum cleaner] 縦長で手軽に使用できるスティック型の掃除機。
スティック・バルーン [日stick balloon] 〖商標〗スポーツの応援グッズで，細長い風船。＊ふくらませた2本を，両手で打ち鳴らす。
スティミュラス [stimulus] 刺激；刺激剤。
スティミュラント [stimulant] ①興奮剤；刺激剤。②コーヒー，酒などの興奮性飲料。
ステイヤー [stayer] 〖競馬〗長距離競走向きの競走馬。
ステイルメイト [stalemate] 手づまり；行きづまり；八方ふさがり。
ステイン [stain] 木材や繊維の着色剤。
スティンガー [Stinger] ①アメリカ陸軍の赤外線誘導式携帯型地対空ミサイル。②[s-] 刺すもの；皮肉。③[s-] ブランデーとペパーミントの辛口カクテル。
スティング [sting] ①刺す。②針；とげ。③刺激。④おとり捜査。
ステー [stay] 支柱；支索；綱。
ステーキ [steak] ①(西洋料理の)焼き肉。②ビーフステーキの略。
ステークス [stakes] 〖競馬〗馬主の支払った出馬登録料が賞金に加算されるレース。＊現在ではレース名の一部として使われる。
ステークホルダー [stakeholder] 企業活動に関わる利害関係者。＊株主，債権者，従業員や消費者なども含む。
ステークホルダー・ダイアログ [stakeholder dialog] 企業がさまざまなステークホルダーと意見交換し，

経営に反映させていくこと。
ステージ [stage] 舞台；演壇。
ステージ・イルミネーション [stage illumination] 舞台照明。
ステージ・エフェクト [stage effect] 舞台効果。
ステージ・ショー [stage show] 客席より高い舞台で行われるショー。↔フロア・ショー。
ステージ・マナー [stage manners] 舞台の上での出演者の態度。
ステージ・マネージャー [stage manager] 舞台監督。
ステーショナリー [stationery] 文房具。
ステーション [station] ①駅。②署；局；事業所。③放送局。
宇宙～ [space～] 宇宙基地。
ステーション・コール [日station call] 国際電話で，相手の電話番号を言って申し込む方式。＊相手方の電話に誰が出ても通話したことになる。英語ではstation-to-station call。
ステーション・タンカー [station tanker] 石油タンクのかわりに係留される大型の油送船。
ステーション・ブレーク [station break] 〖ラジオ，テレビ〗局名や短いコマーシャルを入れるための，番組と番組の間の短い切れ目。
ステーション・ワゴン [station wagon] 後部座席の後ろに荷物を積み込めるようにした乗用車。略ワゴン。
ステージ・レース [stage race] 自転車競技で，数日～数週間行われるロード・レース。＊ツール・ド・フランスが代表的。
ステージング [staging] 脚色；演出；舞台構成。
ステータス [status] 社会的地位；身分。
ステータス・クォー [status quo] ①現状；もとのまま。②体制。
ステータス・シンボル [status symbol] 地位〔身分〕の象徴。
ステータス・バー [status bar] 〖電算〗 操作状況が表示されるウインドー下端の帯状の領域。
ステーツマン [statesman] 政治家。特に，見識のある立派な政治家。⇨ポリティシャン。
ステーツマンシップ [statesmanship] 政治家としての手腕〔能力〕。
ステート [state] ①国家。②州。
ステート・アマチュア [state amateur] 国際大会で入賞させるために国家が援助し養成しているアマチュアのスポーツ選手。
ステートメント [statement] ①声明(文)。②〖電算〗プログラムを構成する命令文。
ステープラー [stapler] 書類閉じ器。⇨ホチキス。
ステープル [staple] ①ホチキスの針；製本用の針金。②U字型留め金。
ステープル・ファイバー [staple fiber] 短く切ったビスコース・レーヨンの人造繊維。＊木綿の代用。略スフ。
ステゴサウルス [stegosaurusラテ] 剣竜(けんりゅう)。＊ジュラ紀～白亜紀に生息した草食恐竜の一種。
ステゴドン [stegodonラテ] 新生代第３紀～第４紀にインド，東南アジアを中心に棲息(せいそく)したゾウ(象)。
ステッカー [sticker] (のりのついた)貼(は)り札。
ステッキ [stick] 杖。
ステッチ [stitch] ①縫い目；編み目。②縫い方；編み方。③飾り縫い。
ステップ[1] [step] ①足どり。＊特にダンスの足の運び。②(階段などの)段；(バスなどの乗降口の)踏み段。③三段跳びの第２番目の跳躍。④〖野球〗足の踏み出し。⑤(目標への)１歩；段階。
ステップ[2] [steppe] 大草原地帯。
ステップ・アップ [step up] ①段階的に上昇，増加する。②段階的に進歩，向上する。
ステップ・バイ・ステップ [step-by-step] 1歩1歩；着実に；地道に。
ステップファミリー [stepfamily] 離婚・再婚によって生じる，血のつながりのない親子，兄弟姉妹で構成される家族。＊ブレンデッド・ファミリーとも。
ステディー [steady] ①着実な；むらのない。②決まったデートの相手。
ステノグラファー [stenographer] 速記者。
ステノグラフィー [stenography] 速記。
ステビア [stevia] 南アメリカ原産のキク科の植物。＊甘味料。
ステムウェア [stemware] ワイングラスのようにステム(脚)のついたグラス類。＊カクテル・グラスなど。
ステライト [Stellite] 〖商標〗コバルト，クロム，タングステン，鉄を主成分とする高硬度合金の1つ。＊耐熱性や硬度にすぐれ，切削工具などに使われる。
ステラジアン [steradian] 立体角の大きさの単位。記号sr。
ステラレーター [stellarator] 外部磁場による，高温プラズマ閉じ込めのための核融合実験装置。
ステルス [stealth] ①人目を忍ぶ；こっそり行う。②レーダーで探知されにくい。
～爆撃機 レーダーで探知されないように，レーダー波をほとんど反射しない塗料を塗った爆撃機。
ステルス・マーケティング [stealth marketing] 宣伝・販促活動であることを悟られないように行うマーケティング手法。略ステマ。
ステルス・ミサイル [stealth missile] レーダーに探知されにくいミサイル。
ステレオ [stereo] ①立体音響再生方式。また，その装置。↔モノラル。②立体的な；立体音響の。
ステレオ・カメラ [stereo camera] 立体写真を撮るカメラ。
ステレオグラム [stereogram] ①立体画；実体画；実体図表。②平面的に描いたものが，見方によって立体的に浮かび上がって見える絵。
ステレオスコープ [stereoscope] 立体鏡。＊ステレオ・カメラで撮った写真を見るための装置。
ステレオタイプ [stereotype] ①紋切り型；固定観念。②鉛版；ステロ版。＊ステロタイプとも。
ステレオフォニック [stereophonic] 立体音響の；ステレオの。
ステレオ・レコード [stereo record] 立体音響を再生できるレコード。↔モノラル・レコード。
ステロイド [steroid] 分子中にステロイド核という共通の構造をもつ有機化合物の総称。＊性ホルモン，副腎皮質ホルモン，昆虫変態ホルモン，胆汁酸などがある。
～剤 [～drugs] ステロイド核をもつ合成薬品。＊抗炎作用がありアレルギー疾患や膠原(こうげん)病などに用いるが，強い副作用がある。
ステン・カラー [日soutien(フランス)＋collar] 折り襟(えり)で，前の部分が首に沿って少し立っている形のもの。
ステンシル [stencil] 文字や絵を型染めする技法。
ステント [stent] 医療器具の1つで，血管などの人体の管状部分に入れる金網状の筒。
ステンド・グラス [stained glass] さまざまな形の色ガラスの小片を組み合わせて模様や絵を表したもの。
ステンレス [stainless] ①(金属が)さびない；しみのない。②ステンレス・スチールの略。
ステンレス・スチール [stainless steel] さびない鋼(はがね)。＊鋼鉄とクロム，ニッケルの合金。略ステンレス。
スト ストライキの略。

ストア [store] 店；商店。

ストア・オートメーション [store automation] 商店が店舗の管理・運営を合理化すること。略SA。

ストア学派 [Stoic school] 紀元前4世紀末，キプロスのゼノンが創始したギリシア哲学の1派。＊道徳説として禁欲主義を唱える。

ストア・コンセプト [store concept] 小売業における店舗運営の理念。

ストア・ブランド [Store brand] スーパーマーケットなどが採用するブランド；小売業者ブランド。略SB。

ストア・マネージャー [store manager] (チェーン店などの)店長。

ストア・ルーム [store room] ①貯蔵庫；倉庫；貯納室。②ホテルで，宿泊客の荷物を保管する部屋。

ストイック [Stoic] ①ストア学派の哲学者〔信奉者〕。② [s-] 克己的な；禁欲的な；禁欲主義者。

ストゥーパ [Stūpa サンスクリット] 塔；仏塔。＊「卒塔婆(そとば)」は音写。

ストーカー [stalker] 特定の人物にしつこく付きまとう人。

ストーパー [stoper] 削岩機。

ストーブ [stove] 暖房装置；暖炉。

ストーブ・リーグ [stove league] 〘プロ野球〙シーズン・オフに，各チーム間で行われる有力選手の獲得合戦。

ストーマ [stoma] 人工肛門(こうもん)。

ストーミー [stormy] 嵐のような；荒れ狂った。

ストーム [storm] ①あらし；暴風雨。②学校の寮などで，学生が集団で歌などを歌って騒ぐこと。

ストーリー [story] ①物語；話。②(小説・映画などの)筋。

ストーリーズ [Stories] 24時間で自動消滅する，インスタグラムの動画投稿機能。

ストーリーテラー [storyteller] ①物語を話す人；話のじょうずな人；物語作家。②うそつき。

ストーリーボード [storyboard] テレビ広告を作るもととなる，絵と説明文からなる原稿；絵コンテ。

ストール[1] [stall] ①航空機の失速；自動車のエンジン停止。②露店；商品陳列台。

ストール[2] [stole] 婦人用の長い肩かけ。

ストール[3] ⇨STOL。

ストーン [stone] ①石。②カーリングで，取っ手の付いた丸い石。

ストーンウェア [stoneware] 炻器(せっき)。＊素地(きじ)にほとんど吸水性のない焼き物。

ストーン・ウォッシュ [stone wash] 新品の革製品やデニムなどを，プラスチックの粒などで洗って着古した味わいのあるものにすること。

ストーン・クラブ [stone crab] 石蟹。＊20センチ以上の大きなはさみをもつカニ。爪の部分を食べる。

ストーン・サークル [stone circle] 環状列石。＊巨大な石を輪のような形に並べた先史時代の遺跡。ストーンヘンジはその1つ。

ストーンヘンジ [Stonehenge] イギリスのウィルトシャーにある有史前の環状巨石群。＊ストーン・サークルの代表的なもの。墳墓や太陽崇拝場の遺構などと推定されている。

ストッカー [stocker] ①貯蔵庫；収納庫。②冷蔵・冷凍装置のついた商品陳列ケース。

ストッキング [stockings] 長靴下；特に，婦人用の長靴下。⇨ソックス。

ストック[1] [stock] ①在庫(品)。②株式；株券。

ストック[2] [Stock ドイツ] スキーや登山用の杖(つえ)。

ストック・インフレ [stock inflation] 土地，株式，住宅，貴金属などの資産価格の上昇。↔フロー・インフレ。

ストック・エクスチェンジ [stock ex-

change］ 証券取引所。
ストック・オプション［stock option］ 自社株式買い入れ選択権。＊会社に貢献のあった者に与えられる。
ストック・カー［stock car］ ①市販されている自動車。②レース用に改造した乗用車。③家畜運搬用の貨車。
ストック・コントロール［stock control］ 在庫管理。
ストック・フォーム［stock form］ 〖電算〗プリンター用の連続用紙。
ストックブローカー［stockbroker］ 株式仲買人。
ストック・ポイント［stock point］ ⇨デポ。
ストックホルム症候群［Stockholm syndrome］ 人質監禁事件が長引くにつれ，人質が警察などに反感を抱き，犯人に好意的な感情を抱くようになること。
ストック・マーケット［stock market］ 株式市場；株式市況。
ストックヤード［stockyard］ 積荷などの一時置場；一時保管所。
ストッパー［stopper］ ①(機械などの)停止装置。②〖野球〗抑えの投手。＊試合の終盤で窮地に陥った投手に代わって登板する。③〖サッカー〗相手チームのフォワードの動きを抑える役割のバックス。
ストップ［stop］ ①止まること；止めること。②(供給・支払いなどを)停止すること。③株式の売買停止。
～高 株式市場で，暴騰を抑えるために上げ幅を制限すること。また，株価がその制限値まで上がること。↔ストップ安。
～安 株式市場で，暴落を抑えるために下げ幅を制限すること。また，株価がその制限値まで下がること。↔ストップ高。
ストップウォッチ［stopwatch］ 時間を秒以下の単位まで計れる時計。
ストップオーバー［stopover］ 途中下車；途中降機。
ストップ・モーション［stop motion］ 〖映画，テレビ〗動いている画像を瞬間的に静止させること。
ストップ・モーション・アニメーション［stop motion animation］ 静止した人形などを少しずつ動かして撮影し，実際に動いているかのように見せる技法。
ストップライト［stoplight］ 〖自動車〗ブレーキを踏むと点灯する後尾灯。
ストマック［stomach］ 胃。
ストライカー［striker］ 〖サッカーなど〗攻撃力，得点能力のある選手。＝ゴール・ゲッター。
ストライキ［strike］ 同盟罷業。＊労働者が賃上げなどの要求を貫徹するために，団結して一斉に業務を停止すること。略スト。
ストライク［strike］ ①〖野球〗投手の投球で，地面に触れずにストライク・ゾーンを通過したもの。また，打者が空振り，またはファウルしたもの。↔ボール[1]②。②〖ボウリング〗第1投で10本のピン全部を倒すこと。
ストライクアウト［strikeout］ 〖野球〗三振。
ストライク・ゾーン［strike zone］ 〖野球〗投手の投球がストライクと判定される範囲。
ストライク・プライス［strike price］ 〖経済〗株のオプション取引で，権利行使価格。
ストライド［stride］ 歩幅。
～走法 〖陸上競技〗中・長距離競走で，歩幅を大きくして走る方法。↔ピッチ走法。
ストライプ［stripe］ ①縞(しま)。②軍服の袖章。
ストラクチャー［structure］ ①構造；組織。②建造物。
ストラクチャード・ファイナンス［structured finance］ 企業の特定資

産を証券化するなどのしくみを利用して資金調達を行う手法。

ストラクチュラリズム [structuralism]〘哲学〙構造主義。＊社会や文化の研究で，機能より構造を重視する考え方。

ストラッグル [struggle] 葛藤；闘争；争い。

ストラップ [strap] ひも；革ひも；(電車などの)つり革。

ストラップレス [strapless]〘服飾〙肩ひもがない。

ストラディバリウス [Stradivarius ラテン] 18世紀イタリアの弦楽器製作者アントニオ・ストラディバリとその一族が製作したバイオリンの名器。

ストラテジー [strategy] 戦略；(総合的)戦術。

ストラテジスト [strategist] ①戦略家；資産運用などの戦略を立てる証券アナリスト。②策士。

ストラテジック [strategic] 戦略的；戦略の。

ストラトクラシー [stratocracy] 軍政；軍閥政治。

ストラトスフェア [stratosphere] 成層圏。＊対流圏の上方の大気層。

ストラトポーズ [stratopause]〘気象〙成層圏界面。

ストラドリング・ストック [straddling stock] 公海と沿岸国の200海里水域にまたがって分布する水産資源。

ストランド・ビースト [strand beast] プラスチック・チューブを組み合わせた構造物。＊風を受けると動物のように歩行する。オランダの彫刻家で物理学者のテオ・ヤンセンが考案。

ストリーキング [streaking] 全裸で街路などを走り回ること。

ストリート [street] 街路；通り。

ストリートカー [streetcar] 路面電車；市街電車。⇨トラム。

ストリート・ガール [street girl] 街頭に立つ売春婦；街娼(がいしょう)。

ストリート・カルチャー [street culture] ヒップ・ホップなど路上のパフォーマンスから自然に生まれてきた文化のこと。

ストリート・ダンス [street dance] ブレークダンスなど路上から生まれてきたダンスのこと。

ストリート・チルドレン [street children] 路上で，物乞い，物売りをする子供たち。

ストリート・バスケットボール [street basketball] ⇨スリー・エックス・スリー。

ストリート・パフォーマンス [street performance] 大道芸；街頭劇。

ストリート・ピアノ [street piano] 街角や駅，空港など公共の場所に誰でも弾けるピアノを設置すること。

ストリート・ピープル [street people] ①路上生活者；ホームレス。②大道芸人；露天商。

ストリート・ビュー [Street View]〘商標〙グーグル・マップの機能の1つ。＊特定の地点を指定すると，パノラマ写真が表示される。

ストリート・ファイト [street fighting] 街角や公園などで行われる，素手による喧嘩。

ストリート・ファッション [street fashion] 街角の若者から自然に生まれてきたファッション。

ストリート・ファニチャー [street furniture] 公共の路上に置かれた家具的なもの。＊電話ボックス，ベンチなど。

ストリート・マーケット [street market] 青空市場；のみの市。

ストリート・ミュージシャン [street musician] 路上で演奏活動をする音楽家。

ストリート・ライブ [日street live] 駅頭や街頭で行う生演奏。

ストリーマー [streamer] 小形の魚に似せた毛針の一種。

ストリーミング [streaming] インターネット上で動画や音声のデータを読み込みながら同時に配信する技術。＊生中継も見られる。

ストリーム [stream] 流れ；小川；潮流；気流；動向。

ストリームライン [streamline] 流線型。

ストリキニーネ [strychnine(オランダ)] マチンの種子から抽出されるアルカロイドの一種。＊中枢興奮作用がある。

ストリクト [strict] 厳格な；厳密な。

ストリッパー [stripper] ①ストリップ・ショーに出演する女性。②野菜の皮むき器。

ストリップ [strip] ①裸になること。②(金属などの)薄い板；細長い片。

ストリップ・ショー [strip show] 女性が音楽に合わせて踊りながら衣装を1枚ずつ脱いでいく扇情(せんじょう)的な見せ物。＊ストリップとも。

ストリップス・ボンド [STRIPS bond] 元本と利息を別々にして売買する債権のこと。＊STRIPSは, *s*eparate *t*raiding of *r*egistered *i*nterest and *p*rincipal *s*ecuritiesの略。

ストリップ・ミル [strip mill] 鉄, アルミニウム, 銅などを薄く長い帯状の板に圧延する機械。

ストリンガー [stringer] ①非常勤通信員・特派員。②ラケットに弦を張る人。③水平材；横梁(よこばり)。

ストリング [string] ①ひも；糸。②(楽器の)弦；(弓の)つる。③〖電算〗文字列。

〜理論 [〜theory] 〖物理〗ひも理論。＊素粒子の相互作用を統一的に説明しようとする理論。

ストリングス [strings] 弦楽器；弦楽器による合奏。

ストレイ・シープ [stray sheep] 迷える羊；人生の道に迷った人。

ストレージ [storage] ①倉庫；保存。②コンピュータの記憶装置。

ストレージ・サービス [storage service] デジタル・データをインターネット経由で保管代行する個人向けサービス。

ストレータム [stratum] ①地層；層。②(階級の)層。

ストレート [straight] ①まっすぐな〔に〕；率直な〔に〕；直接に。②連続した；続けざまの。③飲み物に何も入れていない；生(き)のままの。④〖野球〗直球；まっすぐな投球。

ストレート・コース [straight course] 〖陸上競技〗直線走路。

ストレート・パーマ [straight permanent wave] 縮れた髪を直線的な髪にするパーマ。

ストレート・パンチ [straight punch] 〖ボクシング〗腕を一直線に伸ばした打撃。

ストレート・フラッシュ [straight flush] トランプ・ゲームで, ポーカーの手役の1つ。＊5枚のカードがストレート(ひと続き)で, かつ, フラッシュ(同一マーク)になっているもの。

ストレート・プレー [straight play] ミュージカルとちがって音楽を用いない一般的な舞台演劇。

ストレート・ボンド [straight bond] 普通社債。＊株式転換権がないもの。

ストレート・モルト・ウイスキー [straight malt whiskey] ブレンドしていない単一の原酒でつくったモルト・ウイスキー。＝シングル・モルト・ウイスキー。

ストレス [stress] ①精神的な緊張・圧迫・抑圧など。②語勢；強勢。

ストレス・チェック [日stress check] ストレスの度合いを測る検査。

ストレス・テスト [stress test] ①設備や機器類に高い負荷をかけ, それが正常に作動するか否かを調べるテスト。②ストレス下での心臓機能テスト。

ス

ストレス・フリー [stress-free] ストレスのない状態。
ストレスフル [stressful] ストレスを強く感じる状態。
ストレッサー [stressor] 〘心理〙ストレス源。＊ストレスを引き起こす刺激。
ストレッチ [stretch] ①(手足などを)いっぱいに伸ばすこと。②〘競馬〙直線コース。
ストレッチャー [stretcher] ①担架；担架車。②伸張具。③(ボートの)足掛け。
ストレッチング [stretching] 筋肉や関節をゆっくりと伸ばす体操。
ストレプトコッカス [streptococcus] 連鎖球菌。
ストレプトマイシン [streptomycin] 土中の放線菌から取り出した抗生物質。＊結核の特効薬。略ストマイ。
ストレングス [strength] ①力；体力；能力。②長所。③強さ；堅固さ。
ストレンジ [strange] ①奇妙な。②〘物理〙クォークの1つ。
ストレンジャー [stranger] 見知らぬ人；よそから来た人；外国人。
ストロー [straw] ①麦わら。②飲み物用の細い管(くだ)。
〜効果 交通インフラの整備によって，地方の小都市の人口や資本が大都市の経済圏に取り込まれる現象。
ストロー級 [strawweight class] ⇨ミニマム級。
ストローク [stroke] ①〘ゴルフ，テニスなど〙クラブ〔ラケット〕でボールを打つこと。また，その1打ち。②〘水泳〙腕で水をかくこと。また，その1かき。③〘ボート〙オールによる1かき。④〘ボート〙船尾に一番近いところ。↔バウ。
ストローク・プレー [stroke play] 〘ゴルフ〙総打数で勝敗〔順位〕を決める競技方法。＊打数の少ない者が上位となる。↔マッチ・プレー。
ストロー・ハット [straw hat] 麦わら帽子。
ストロベリー [strawberry] イチゴ(苺)。＊バラ科の多年草。
ストロボ [strobe] ①写真撮影用の閃光(せんこう)装置の一種。＊放電管を発光させる。もと商品名。⇨フラッシュ①。②ストロボスコープの略。
ストロボスコープ [stroboscope] レコード・プレーヤーの回転盤(ターンテーブル)などの回転数を測定する装置。略ストロボ。
ストロング [strong] ①(力が)強い。②丈夫な。③(味が)濃い。④(ある分野に)強い。
ストロング・ポイント [strong point] 長所。↔ウイーク・ポイント。
ストロンチウム [strontium ラテン] 銀白色の金属元素。原子番号38。元素記号Sr。＊花火，合金などに利用される。
〜90 ウランの核分裂の際に生成する放射性同位元素。＊工業的な利用価値は高いが，人体内では骨に沈着し白血病などの原因となる。
スナイパー [sniper] 狙撃(そげき)兵；狙撃手。
スナイプ級 [snipe class] 2人乗りのレース用ヨット。また，その競技。＊全長4.72メートル。
スナギー [snuggie] 〘商標〙袖(そで)付きの着るブランケット。
スナック [snack] ①おやつ；軽食。②スナック・バーの略。
スナック・バー [日snack bar] 簡単な食事もできる酒場。略スナック。
スナッチ [snatch] ウエイト・リフティングの種目の1つ。＊しゃがんでバーベルを一気に頭上に引き上げ，腕が伸びたところで立ち上がって静止する。⇨ジャーク。
スナッフ [snuff] 嗅(か)ぎタバコ。
スナップ [snap] ①〘野球〙ボールを投げるときに手首の力をきかすこ

と。②スナップショットの略。③留め金；押しホック。
スナップショット [snapshot] 早撮り写真。略スナップ。
スナッフ・ムービー [snuff movie] 実際に人を殺す場面などを撮影した違法な映画。
スニーカー [sneakers] 厚手の布地で作ったゴム底の運動靴。⇨キャンパス・シューズ。
スニーク・アウト [sneak out] 放送で，音がだんだん遠ざかって消えていくこと。↔スニーク・イン。
スニーク・イン [sneak in] 放送で，音がしのびよるように入ってくること。↔スニーク・アウト。
スニーク・プレビュー [sneak preview] (映画の)覆面試写会。＊客の反応を見るために，題名，監督，主演俳優などを予告しないで行う。
スニーザー [sneezer] 情報を撒き散らす人。＊原義は「くしゃみをする人」。
スニッフィング [sniffing] ネットワーク上を流れるデータ(パケット)を盗聴すること。
スヌーカー [snooker] ビリヤードに似たゲームの一種。＊相手の球を妨害しながらゲームを進める。
スヌーズ [snooze] 二度寝・三度寝の防止にアラームが継続的に鳴る目覚まし時計の機能。
スヌード [snood] 毛糸などで作る筒状の襟巻き。
スヌーピー [Snoopy] アメリカの漫画『ピーナッツ』に登場する犬の名。
スネア・ドラム [snare drum] 響線(スネア)付き小太鼓。＝サイド・ドラム。
スネイル [snail] カタツムリ(蝸牛)。
スネーク [snake] ①ヘビ(蛇)。②密航中国人。＊スネークヘッドによって中国から運び出される。
スネークウッド [snakewood] クワ科の高木。＊ブラジル産。ヘビ(蛇)のような斑紋がある。
スネークスキン [snakeskin] ヘビ(蛇)革。＊バッグなどに使われる。
スネーク・ダンス [snake dance] ①ヘビ(蛇)のように体をくねらせる踊り。②ジグザグに行進すること。
スネークヘッド [snakehead] 中国の密航斡旋業者。＊中国語「蛇頭」の英語訳。
スノー・ガン [snow gun] 人工雪を噴出させる装置。
スノー・タイヤ [snow tire] 雪道や氷結した道路で滑らないように，深い溝(みぞ)をつけたタイヤ。
スノードロップ [snowdrop] マツユキソウ(待雪草)。＊ヒガンバナ科の植物。
スノープラウ [snowplow] 車両の除雪器〔機〕；雪かき；除雪車。
スノー・ブリッジ [snow bridge] 雪橋。＊沢や氷河などに橋のようにかかっている積雪。
スノーベルト [Snowbelt] アメリカ北東部の豪雪地帯。⇨サンベルト。
スノー・ボート [snow boat] (舟型の)雪ぞり。＊主に遭難者の輸送用。
スノーボード [snowboard] 雪の上を滑るスケートボード。＊幅の広いスキー板1枚で雪上をサーフィンのように滑る。
スノーモービル [snowmobile] エンジンつきの雪ぞり；オートバイ型の雪上車。
スノー・ラフティング [snow rafting] スノーモービルに牽引されたゴム・ボートに乗って雪上を走るアクティビティー。
スノッブ [snob] 俗物；紳士気どりの人；第1人者ぶる人。
スノビズム [snobbism] 俗物根性；紳士気どり。
スパ [spa] 温泉；温泉地；保養地。
スパー・ギア [spur gear] 平歯車。

スパーク [spark] 放電して火花を出すこと。また，その火花。
スパーク・プラグ [spark plug] ⇨プラグ②。
スパークリング [sparkling] ①火花を出す；光り輝く。②泡立った。
スパークリング・ワイン [sparkling wine] 発泡ぶどう酒。⇨シャンパン。
スパート [spurt] 競走・競泳などで，全力を出してスピードをあげること。
スパーリング [sparring] 〖ボクシング〗防具とグローブをつけ，実戦と同じ形式で行う練習。
スパイ [spy] 機密情報をひそかに探り出すこと。また，それを任務とする人。＝エージェント②。
スパイウェア [spyware] コンピュータ内の個人情報を収集・記憶し，スパイウェアの制作者に送信するウイルス・ソフト。＊無断で個人情報が公開される。
スパイカー [spiker] 〖バレーボール〗スパイクを行う選手。
スパイキー・カット [spiky cut] 刺(とげ)のように短くカットして逆立てた髪型。
スパイク [spike] ①競技用の靴の底の滑り止め用の金具。②スパイク・シューズの略。③競技中にスパイク・シューズで相手を傷つけること。④〖バレーボール〗ネット際にトスされたボールを，ジャンプして相手コートに強く打ち込むこと。
スパイク・シューズ [spiked shoes] 底にスパイクを打ちつけた競技用の靴。略スパイク。
スパイク・タイヤ [日spike tire] 雪道や氷結した道路で滑らないように，接地面に鋲(びょう)を打ちつけたタイヤ。
スパイク・ヒール [spike heel] 婦人靴の細くとがった高いかかと。
スパイシー [spicy] 香辛料の効いた；ピリッとした。
スパイス [spice] 香辛料；薬味。
スパイダー [spider] クモ(蜘蛛)。
スパイラル [spiral] ①螺旋(らせん)；渦巻き線。②フィギュア・スケートで，片足で渦巻きを描く滑り方。③(賃金と物価などの)悪循環。
スパイロメーター [spirometer] 肺活量計。
スパゲッティ [spaghetti伊] 小麦粉を固くこねて作った洋風の麺類。
〜症候群 点滴や人工呼吸器などの管をスパゲッティのように多数，危篤患者に取り付けること。
スパゲッティ・ウエスタン [spaghetti Western] ⇨マカロニ・ウエスタン。
スパシーバ [spasiboロシア] 「ありがとう」。
スパッタリング [sputtering] 高エネルギーの粒子を金属に吹き付けて，弾き出された分子を表面に薄い膜として付着させる技術。
スパッツ [spats] ①伸縮性のある布地の，ぴったりとフィットする細身のパンツ；タイツ様のボトムス。＊防寒・スポーツ用。＝カルソン。⇨レギンス。②〖登山〗足首の保護，保温，ほこりよけなどの目的で短靴の上を覆うもの。＊原義は「すねあて」「洋風の脚絆(きゃはん)」。
スパット [spot] 〖ボウリング〗レーン上につけられている目印。
スパナ [spanner] ボルトやナットを締めたりゆるめたりするときに使う工具。＝レンチ。
スパニエル [spaniel] 犬の一種。＊体が小さく，脚が短く，毛が長くて耳がたれているのが特徴。コッカー・スパニエルとも。
スパニッシュ [Spanish] ①スペインの；スペイン人〔語〕の。②スペイン人；スペイン語。
スパニッシュ・アメリカ [Spanish America] ⇨イスパノアメリカ。
スパム・アカウント [spam account]

SNSにおいて迷惑行為を行うアカウントのこと。
スパム・フィルター [spam filter] スパム・メールをブロックするしくみ。
スパム・メール [spam mail] 〖電算〗不特定多数に送られる大量の迷惑な電子メール。＝ジャンク・メール。
スパルタ [Sparta] 古代ギリシアの都市国家の1つ。＊厳格な規律で兵士を厳しく訓練したことで知られる。
〜教育 スパルタ式の厳格な教育。＊スパルタの教育法から。
スパロー [sparrow] スズメ(雀)。
スパン [span] ①(橋などの)支柱と支柱の間の距離。②航空機の翼端から翼端までの長さ。③〖ボウリング〗ボールの親指を入れる穴から他の穴までの長さ。④期間。
スパン・オブ・コントロール [span of control] 1人の管理者が管理することのできる範囲。
スパンキング [spanking] (罰として子供の尻を)たたくこと；尻たたき。
スパングリッシュ [Spanglish] スペインなまりの英語。
スパンコール [spangle] 夜会服や舞台衣装などに縫いつける，ぴかぴか光る小さな飾り。＊スパングル，パイエットとも。
スパンデックス [spandex] ポリウレタンを主な素材とする合成繊維。＊伸縮性に富み，水着などに使用。
スピーカー [speaker] ラウドスピーカーの略。
スピーカー・ユニット [speaker unit] 箱に組み込まれていないスピーカーの単体。＊低音用のウーファー，中音用のスコーカー，高音用のツイーター，全帯域用のフル・レンジなどがある。
スピーチ [speech] ①談話；演説。②テーブル・スピーチの略。
スピーチ・クリニック [speech clinic] 言語矯正(きょうせい)所；話し方教室。
スピーチ・コンテスト [speech contest] 弁論大会。
スピーチ・セラピー [speech therapy] 言語障害の矯正(きょうせい)・治療。
スピーチ・セラピスト [speech therapist] 言語聴覚士；言語治療士。
スピーチ・ライター [speech writer] 演説原稿作成者。＊特に政治家の演説原稿の作成者。
スピーディー [speedy] (動作が)すばやい；てきぱきした。
スピード [speed] 速さ；速度；速力。
スピード・アップ [speed up] 速度を速めること。↔スピード・ダウン，スロー・ダウン。
スピードウェイ [speedway] ①高速自動車道路。②自動車〔オートバイ〕レースの競技場。
スピード・ガン [speed gun] 〖野球〗投手の投球のスピードを測定する装置。＝レーダー・ガン。
スピード・スキー [speed skiing] スキーの直滑降の速さを競う競技。
スピード・スケート [speed skating] 〖スケート〗一定の距離を滑り，タイムや順位を競う競技。
スピードスター [speedster] 快速を武器にするスポーツ選手や，高速で走る乗り物。
スピード・ダウン [日speed down] ⇨スロー・ダウン。↔スピード・アップ。
スピード・バンプ [speed bump] スピード防止帯。＊車を減速させるために設けられた道路上の突起物。
スピードメーター [speedometer] 速度計。
スピード・リミット [speed limit] (最高)速度制限。
スピカ [Spica] 〖天文〗おとめ座のアルファ星。
スピッツ [Spitzドイツ] ドイツ原産の小型犬。＊口と耳がとがり，毛は白く長い。ペットとして飼われる。

スピット [spit] ①唾液；つば。②つばを吐くこと。

スピットボール [spitball] 〖野球〗投手がボールにつばや汗をつけて投球すること。＊反則で，その投球には「ボール」が宣告される。

スピナー [spinner] ルアーの一種で，金属片が水中で回転して魚を誘うもの。

スピナッチ [spinach] ほうれん草。

スピニング・リール [spinning reel] 釣り糸の巻き取り装置。

スピネーカー ⇨スピンネーカー。

スピネット [spinet] 〖音楽〗16〜18世紀に使われた小型のチェンバロ。

スピネル [spinel] 尖晶石(せんしょうせき)。＊マグネシウムやアルミニウムの酸化物からなる鉱物。

スピリタス [spirytus] ポーランド原産のウォッカ。

スピリチュアリズム [spiritualism] ①霊媒術；心霊術；心霊主義。②唯心論；精神主義。↔マテリアリズム。

スピリチュアル [spiritual] ①精神的；精神上の。②⇨ニグロ・スピリチュアル。

スピリッツ [spirits] 蒸留酒。＊ウォッカ，ジン，ラムなどの強い酒。

スピリット [spirit] ①精神；心。②気力；意気；元気。

スピルオーバー [spillover] ①あふれ出したもの；漏洩(ろうえい)。②放送衛星から出た電波が，本来の目的地域以外の地域に漏れる現象。

スピルリナ [spirulina] 藍藻(らんそう)類の一種。＊たんぱく質を多く含む。

スピロヘータ [spirochaeta ラテン] 梅毒・回帰熱・ワイル病などの病原体。

スピン [spin] ①〖テニス，卓球，ゴルフなど〗ボールに回転を与えること。②〖フィギュア・スケート〗1か所でコマ(独楽)のように回転すること。③〖自動車〗高速走行中の急ブレーキ，急ハンドルのため，車体が回転・横滑りすること。④飛行機のきりもみ降下。

スピン・アウト [spin-out] 企業の1部門を独立させて別会社にすること。

スピン・オフ [spin-off] ①副産物；波及効果。②⇨スピン・アウト。③親会社が，子会社の株を株主に分配すること。④〖放送，映画〗本編から派生した作品。

スピン・コントロール [spin control] マス・コミに対して情報操作をすること；世論誘導。

スピン・ドクター [spin doctor] 情報操作の専門家。

スピンドル [spindle] ①紡錘。②軸；心棒；車軸。

スピンドル・ケース [spindle case] 複数のCD-RやDVD-Rを収納できる円柱形のケース。

スピンネーカー [spinnaker] レース用のヨットで，主帆の反対側に張る三角形の帆。＊スピネーカーとも。

スフ ⇨ステープル・ファイバー。

スフィア基準 [sphere standard] 人道憲章と人道対応に関する最低基準。＊災害・紛争被災者などへの人道支援において守るべき基準。

スフィンクス [Sphinx] ①古代エジプトの，顔は人間で体がライオンの形をした巨大な石像。②〖ギリシア神話〗顔は乙女で体が翼のあるライオンの形をした怪物。

スプートニク [Sputnik ロシア] 旧ソ連の人工衛星。＊1957年10月打ち上げの第1号は世界初の人工衛星，11月の第2号には犬を1頭のせた。

スプール [spool] ①糸巻き。②写真機のフィルムの巻き軸。

スプーン [spoon] ①匙(さじ)。②〖ゴルフ〗3番ウッド・クラブの別称。

スプライト [sprite] ①小妖精。②〖電算〗ビデオ・ゲームで，多数の小さな画像を合成表示するための技術。

スプラウト [sprout] 新芽野菜；(もやしなどの)発芽野菜。
スプラッシャー [splasher] (自動車・自転車などの)泥よけ。
スプラッシュ [splash] ①はね飛ばす；はねかける。②〘ボウリング〙10本のピンをはね飛ばすストライク。③ロード・ショーを行わず，すぐに一般公開する映画。＊③は日本語としての用法。
スプラッシュ・スクリーン [splash screen] ソフトウェアの起動時に表示される画面。
スプラッター・ムービー [splatter movie] 血が飛び散る残酷なシーンが多いホラー映画。
スプリッター [splitter] 〘通信〙分波器。＊電話回線で，音声信号とデジタル信号に分ける。
スプリット [split] ①分ける。②〘ボウリング〙第1投で2本以上のピンが左右に離れた状態で残ること。③スプリット・フィンガー・ファースト・ボールの略。
スプリット・タイム [split time] 〘陸上競技〙長距離走で，一定距離を走るのに要する時間。＊マラソンでは5000メートル，他では1000メートルごとの所要時間。
スプリット・フィンガー・ファースト・ボール [split fingered fast ball] 〘野球〙投手の変化球の1つ。＊直球と同じくらいのスピードで，打者の近くで小さく落ちる。
スプリング [spring] ①春。②ばね。③弾力。④スプリング・コートの略。
スプリング・コート [日spring coat] 春・秋に着る薄手のオーバーコート。
スプリングボード [springboard] ①〘陸上競技〙跳躍競技の踏み切り板。②〘水泳〙飛び込み競技の飛び板。③飛躍のきっかけ；はずみ。
スプリンクラー [sprinkler] ①火災が起こると自動的に散水する消火装置。②庭園の芝生や畑などに設置されている回転式散水器。
スプリンター [sprinter] ①〘陸上競技，水泳など〙短距離選手。②〘競馬〙短距離レース(1000メートル，1200メートルなど)向きの競走馬。
スプリント [sprint] ①〘陸上競技，水泳など〙短距離競走〔競泳〕。②短距離を全速力で走る〔泳ぐ〕こと。＝タイム・トライアル②。
スフレ [soufflé フランス] 泡立てた卵白にミルク，チーズなどを加えて天火で焼いた料理や菓子。
スプレー [spray] ①噴霧器；霧吹き；香水吹き。②ヘア・スプレーの略。
スプレー・ガン [spray gun] (塗料・殺虫剤などの)吹きつけ器。
スプレー・ドライ [spray-dry] 噴霧乾燥法；加熱蒸発法。＊液状の食品を熱風中に噴霧して，瞬間的に乾燥する。
スプレッド [spread] ①パンに塗るものの総称。＊バター，ジャムなど。②差額；上乗せ；利ざや。
～融資 [～lending] 〘経済〙市場金利に一定の利ざやをかぶせて貸し出す銀行融資。
スプレッド・シート [spread sheet] 〘電算〙表計算ソフト。
スプロール現象 [sprawl―] 都市の周辺部が無計画・無秩序に広がっていく現象。⇨ドーナツ現象①。
スプロケット [sprocket] ①自転車などの鎖歯車。②送り歯車。＊映画などのフィルムを送る歯車。
スペア [spare] ①予備の物；補充用の物。②〘ボウリング〙第2投目で残っているピンを全部倒すこと。
スペア・シート [spare seat] 補助席；予備席。
スペア・タイム [spare time] 暇な時間；自由になる時間；余暇。
スペア・タイヤ [spare tire] 〘自動車〙予備のタイヤ。

スペアミント [spearmint] オランダハッカ。＊シソ科の多年草で，ハーブの一種。
スペアリブ [sparerib] 肉つきの豚のあばら骨。
スペース [space] ①余白；余地；場所。②宇宙；大気圏外。
スペースウォーク [spacewalk] 宇宙遊泳。
スペース・オペラ [space opera] 宇宙冒険SF映画〔小説〕。
スペース・ガン [space gun] 宇宙飛行士が船外で使う携帯用の噴射式推進装置。
スペース・キー [space key] 〖電算〗キーボードで空白を入力するためのキー。
スペースクラフト [spacecraft] 宇宙船。＊スペースシップとも。
スペース・コロニー [space colony] 宇宙で自給自足の生活をするためにつくる巨大な人工の宇宙基地。
スペースシップ [spaceship] ⇨スペースクラフト。
スペース・シャトル [space shuttle] 宇宙連絡船。＊繰り返し使えるNASAの有人宇宙船。2011年運用終了。⇨オービター。
スペーススーツ [spacesuit] 宇宙服。
スペース・ステーション [space station] 宇宙基地。＊宇宙飛行の中継基地としての大型人工衛星。
スペース・デブリ [space debris] 宇宙ごみ。＊宇宙空間に捨てられた人工衛星やロケットの残骸(ざんがい)。
スペース・トラベル [space travel] 宇宙旅行。
スペース・ファンタジー [space fantasy] 宇宙を舞台にした，スピードとスリル，幻想に満ちた物語。
スペースプレーン [spaceplane] 宇宙飛行機。＊地上と宇宙ステーションの間を往復できる乗り物。
スペースマン [spaceman] ①宇宙飛行士。②宇宙人。
スペースラブ [Spacelab] (有人の)宇宙実験室。＊スペース・シャトルに搭載された。
スペード [spade] トランプの札の♠のマーク。また，その札。
スペキュラティブ [speculative] ①推論的。②投機的な；不確実な。
スペキュレーション [speculation] ①投機；思惑買い。②考察；推測。
スペキュレーター [speculator] ①投機家；相場師。②だふ屋。
スペクター [specter] 幽霊；妖怪。
スペクタキュラー [spectacular] ①壮大な；壮観な。②超大作映画。
スペクタクル [spectacle] ①壮観；見もの；光景。②(大じかけな)見せ物。
スペクトラム [spectrum] ⇨スペクトル。
スペクトル [spectre フランス] 光を分光器(プリズムなど)で分解し，波長の順に並べたもの。＝スペクトラム。
〜型 〖天文〗恒星分類法の1つ。＊星から来る光をスペクトルにして，その中に現れるいろいろな吸収線の位置や大きさによって分類する。
スペクトロスコープ [spectroscope] 分光器。
スペシフィケーション [specification] 明記；明細事項；仕様；(建物・機械などの)仕様書。略スペック。
スペシメン [specimen] 見本；標本。
スペシャリスト [specialist] 専門家。↔ゼネラリスト。
スペシャリティー [speciality] ①専門；本職；特製。②特製品。
スペシャリティー・ケミカル [speciality chemical] 付加価値の高い化学製品。
スペシャル [special] ①特別の。②専門の。③特別サービス。
〜301条 アメリカの包括貿易法の条項の1つ。＊知的所有権保護の条項。
スペシャル・オリンピックス [Special Olympics] 知的障害者のための国際スポーツ大会。略SO。
スペシャルティ・コーヒー [specialty coffee] 生産国や製造工程が明確であって，消費者がおいしいと認めるコーヒー。
スペシャル・パートナー [special partner] 有限社員。↔ゼネラル・パートナー。
スペシャル・プライス [special price] 特別価格。
スペック [spec] ⇨スペシフィケーション。
スペランキング [spelunking] アマチュアの洞窟(どうくつ)探検。
スペリオル [superior] 優秀な；上位の；上級の；上質の；まさった。
スペリオリティー [superiority] 優越；卓越；優勢。
スペリオリティー・コンプレックス [superiority complex] 優越感。↔インフェリオリティー・コンプレックス。
スペリング [spelling] (欧文の)語のつづり；つづり字法。＝スペル。
スペル [spell] ⇨スペリング。
スペル・チェッカー [spelling checker] 〖電算〗(ワープロ・ソフトで)欧文のつづりを調べる機能。
スペルマ [sperma ラテン] ⇨ザーメン。
スペンサー・ジャケット [spencer jacket] 体にぴったり合った丈の短い上着。＊19世紀初頭のイギリスの政治家スペンサー伯にちなむ。
スポイト [spuit オランダ] 一端にゴム袋のついたガラスなどの管。＊インクなどの液体を吸入して他の容器に移し入れるのに使う。
スポイラー [spoiler] 自動車などに取り付ける気流調整機；航空機の揚力減衰装置。
スポイル [spoil] だめにする；だいなしにする。
スポイルズ・システム [spoils system] 猟官制。＊政権をとった政党が情実で公職の任免をすること。⇨メリット・システム。
スポーク [spoke] (車輪の)輻(や)。＊車輪の中心の軸から放射状に出て輪を支えている金属棒。
スポークスマン [spokesman] (政府や団体の)情報発表の担当者。
スポーツ [sport] 運動競技；運動。
スポーツウエア [sportswear] 運動着；スポーツをするときに着る服。
スポーツ・カー [sports car] スピードを楽しむための自動車。＊高速性と居住性をあわせ持つ。
スポーツ・カフェ [日sports＋café フランス] スポーツ・ファンがテレビでスポーツを観戦しながら飲食する喫茶店。＊スポーツ・バーとも。
スポーツキャスター [sportscaster] スポーツ番組の放送を担当するアナウンサーやコメンテーター。
スポーツ・クライミング [sport climbing] 突起物のついた人工の壁を登るスポーツ。＊スピード(速度)・ボルダリング(難易度)・リード(到達地点)の3種目がある。
スポーツ・グラス [sports glasses] スポーツ用のサングラス。
スポーツ・クラブ [sports club] ①企業や学校，地域の愛好家などによって構成されるスポーツ活動の組織。②会員制の運動施設を提供する組織。＝フィットネス・クラブ。
スポーツ・タイプ [日sports type] スポーツ用の型。＊乗用車や自転車などで比較的スピードの出るもの。
スポーツ・チャンバラ [日sports chambara] 簡易な防具と空気を入れた棒で勝負を楽しむスポーツ。
スポーツ・テスト [日sports test] 体力・運動能力のテスト。
スポーツ・ドクター [日sports doc-

tor〕 スポーツが原因で起こる怪我や病気の診断・治療にあたる医師。＊健康管理やトレーニングの指導も行う。日本スポーツ協会が認定。

スポーツ・ドリンク〔日sports drink〕 運動競技の途中やその終了後に飲む体力回復用の清涼飲料。⇨アイソトニック飲料。

スポーツ・バー〔日sports bar〕 ⇨スポーツ・カフェ。

スポーツ・バイク〔sports bike〕 スポーツ用の自転車。

スポーツ・プログラマー〔日sports programmer〕 スポーツを始める人に適切な指導助言を与える，日本スポーツ協会認定の指導員。

スポーツマンシップ〔sportsmanship〕 スポーツマン精神；規則を守って正々堂々と勝負する態度。

スポーツ・ミックス〔sports mix〕 普段着にスポーツウェアの要素を取り入れたファッション。

スポーツライター〔sportswriter〕 (新聞・雑誌などの)スポーツ記者。

スポーティー〔sporty〕 (服装が)軽快な；活動的な。↔ドレッシー。

スポッター〔spotter〕 見張り；監視員；監督者。

スポット〔spot〕 ①点。②空港で，乗客が乗り降りしたり，貨物の積みおろしをする地点。③スポットライトの略。

〜原油 当用買いの原油。

〜市場 当用買いの原油取引市場。

スポット・アド〔spot ad〕 映画館などで，スライドを使って幕間(まくあい)に写す広告。

スポット・アナウンス〔spot announcement〕 〘ラジオ，テレビ〙番組の切れ目や途中に入れる短いニュースや広告の放送。

スポット・キャンペーン〔spot campaign〕 地域を限定して集中的に行う広告活動。

スポット・コマーシャル〔spot commercial〕 〘ラジオ，テレビ〙番組の切れ目や途中に入れる短い広告。

スポット・チェック〔spot check〕 抜き取り検査。

スポット・ニュース〔spot news〕 〘ラジオ，テレビ〙番組の切れ目や途中に入れる短いニュース。

スポットライト〔spotlight〕 ①舞台で，特定の人物や部分だけを特に明るく照らす照明。②世間の注目。略スポット。

ズボン〔jupon フランス〕 下半身に着用する二股に分かれた洋装の衣服。＊スラックス，パンタロン，パンツ②とも。

スポンサー〔sponsor〕 ①後援者；資金面の援助をしてくれる人。②(商業放送の)番組提供者；広告主。

スポンサーシップ〔sponsorship〕 スポンサー，後援者であること；保証人になること。

スポンサーシップ・マネー〔sponsorship money〕 (スポンサーが支出する)協賛金。

スポンサード・プログラム〔sponsored program〕 商業放送で，広告主が製作経費を負担して提供する番組。

スポンジ〔sponge〕 海綿；海綿状のゴム，または合成樹脂製品。

スポンジ・ケーキ〔sponge cake〕 カステラ状の洋菓子の総称。

スポンジ・タイヤ〔sponge tire〕 パンクを防止するために，チューブの代わりに，気泡性のゴムを使った自転車用タイヤ。

スポンジ・ボール〔日sponge ball〕 軟式野球用のボール；ゴムまり。

スポンジ・ラバー〔sponge rubber〕 〘卓球〙打球面に貼るスポンジ状のゴム。また，それを貼ったラケット。

スポンテニアス〔spontaneous〕 自発的な；自然発生的な。

スマート〔smart〕 ①(体つきが)すら

りとしていて格好がよい。＊日本語としての用法。②しゃれた；洗練された；あかぬけた；利口な。

～爆弾 [～bomb] 精密誘導爆弾。＊レーザー光線やテレビ・カメラなどによって目標物に誘導される爆弾。命中精度がきわめて高い。

スマート・アグリ [smart agriculture] 生産管理や省力化，品質向上のために，情報通信技術やロボット技術を取り入れた農業。

スマート・ウエポン [smart weapon] ハイ・テク兵器。

スマート・ウォッチ [smart watch] 腕時計型のウェアラブル・コンピュータ。＊時計や通話・通知機能をはじめ，心拍数の測定など健康管理機能も備える。スマートフォンなどと連動。

スマート・エントリー [smart entry] 近づいたり離れたりするだけでドアの開錠・施錠が可能なシステム。＊ワイヤレスのスマート・キーを使用。

スマート・カード [smart card] IC（集積回路）チップを埋め込んだプラスチック・カード。＊従来の磁気カードに比べ記録されるデータが多い。

スマート・グリッド [Smart Grid] IT技術を駆使して電力供給を効率的に行うこと。

スマート・コミュニティ [smart community] 地域においてエネルギーの需給を管理し，交通システムや実生活などにつながる有効活用を考える社会システム。

スマート・シティ [smart city] 最新技術を駆使して，エネルギーの効率的な利用や省資源化を徹底した環境配慮型都市。

スマート・スピーカー [smart speaker] 音声による対話を通じて家電操作や音楽再生などが可能なスピーカー型端末。＊AIスピーカーとも。

スマート・タグ [smart tag] 置き忘れに対する警告音を発するなど，忘れ物や紛失物の防止に役立つ小型機器。

スマート・デバイス [smart device] スマートフォンやタブレットなど多機能端末の総称。

スマート・テレビ [smart TV] インターネットに接続する機能をもったテレビ。

スマート・ドラッグ [smart drug] 脳の活性化，認知能力の強化，不安感を除くなどに効果があるとして販売されている薬の総称。

スマート・ハウス [smart house] 住宅内のエネルギー消費量を最適化できるように管理された住宅。

スマート・パワー [smart power] 外交戦略の1つ。＊ハード・パワー（軍事・経済力）とソフト・パワー（政治・文化的影響力）との組み合わせ。

スマートフォン [Smartphone] 多機能携帯電話。＊PDA（携帯情報端末）と携帯電話を融合させた機器。略スマホ。⇨ガラパゴス携帯。

スマート・メーター [smart meter] 通信機能付きの電力量計。

スマイリー [smiley] にこやかな；ほほえんだ。

スマイル [smile] 微笑。

スマッシュ [smash] 〖テニス，卓球など〗ボールを頭上から相手コートにたたきつけるように強く打ち込むこと。

スマッシュ・ヒット [smash hit] 大当たり。＊出版物や映画が大当たりすること。日本では小規模のヒットを意味する。

スマホ スマートフォンの略。

スミソニアン協会 [Smithsonian Institution] ワシントンにある世界最大の総合博物館，学術研究機関。＊1846年に創設。

スムージー [smoothie] 果物や野菜にヨーグルトや牛乳を加えて，シェークした飲み物。

スムージング・オペレーション [smoothing operation]　外国為替相場が乱高下するとき，それをやわらげるために中央銀行が市場に介入すること。

スムーズ [smooth]　滑らかに；円滑に；順調に。＊スムースともいう。

スメル・ハラスメント [日smell harassment]　体臭や口臭，過剰な香水の臭いなどによって，周囲に不快感を与えること。略スメ・ハラ。

スモア [s'more]　焼いたマシュマロとチョコレートを，２枚のクラッカーではさんだお菓子。＊some more (もっと欲しい)から。

スモーカー [smoker]　喫煙者。

スモーキー [smoky]　煙が立ったような；くすんだ。

スモーキング [smoking]　喫煙。

スモーキング・ガン [smoking gun]　決定的証拠。＊発砲したばかりの銃から硝煙があがることから。

スモーキング・ルーム [smoking room]　喫煙室。

スモーク[1] [smoke]　①煙。②喫煙。

スモーク[2] [smoked]　燻製(くんせい)の；煙でいぶした。

スモーク・ガラス [日smoke glass]　煙でいぶしたような色に着色したガラス。＊スモーク・フィルムを貼るものもある。遮光，プライバシー保護，装飾などが目的。

スモーク・グレー [smoke gray]　タバコの煙のような色；紫がかった淡い灰色。

スモーク・サーモン [smoked salmon]　サケ(鮭)の燻製(くんせい)。

スモーク・スクリーン [smoke screen]　煙幕。

スモークスタック [smokestack]　煙突。

スモーク・チーズ [smoked cheese]　燻製(くんせい)のチーズ。

スモーク・ドライ [smoke-dry]　肉や魚を燻製(くんせい)にすること。

スモーク・フィルム [日smoke film]　着色した合成樹脂の薄い膜。

スモーク・ヘリング [smoked herring]　ニシンの燻製(くんせい)。

スモーク・マシーン [日smoke machine]　〖演劇〗煙発生装置。

スモール [small]　小さい。↔ラージ。

スモール・オフィス・ホーム・オフィス　⇨SOHO。

スモール・スタート [small start]　新事業に取り組むときに，最初は小規模に展開し，徐々に規模を拡大していくこと。

スモール・ビジネス [small business]　①中小企業。②⇨ベンチャー・ビジネス。

スモール・ボア・ライフル [small bore rifle]　射撃競技用の小口径ライフル銃。＊口径5.6ミリメートルの弾丸を使うもの。

スモール・レター [small letter]　(欧文の)小文字。↔キャピタル・レター。

スモック [smock]　(ゆったりした)上っ張り；仕事着。

スモッグ [smog]　煙霧。＊大都市や工場地帯で，煤煙(ばいえん)や排気ガスが原因で大気中にできる霧状のもの。
光化学〜　排気ガス中の炭化水素や窒素酸化物などが紫外線と作用して大量のオキシダントなどを生じたもの。＊目やのどが刺激される。

スモン病 [SMON disease]　亜急性脊髄(せきずい)視神経症。＊キノホルムが原因で起こり，四肢が麻痺(まひ)し視力が減退する。SMONは*s*ubacute *m*yelo *o*ptico *n*europathyの略。

スラー [slur]　〖音楽〗「滑らかに演奏せよ」という指示の記号として，２つ以上の音符の上または下につける弧線(⌒，‿)。⇨タイ③。

スライサー [slicer]　(パン，肉，ベーコン，ハムなどを)薄く切る機械。

スライス [slice]　①(パン，ハムなどの)薄切り；薄片。②〘ゴルフ〙(右ききの場合)打球が途中から右方向に曲がって飛ぶこと。↔フック③。

スライス・ライン [slice line] 〘ゴルフ〙(右ききの場合)グリーン上で打球が途中から右方向に曲がると予想される芝の状態。↔フック・ライン。

スライダー [slider] 〘野球〙投手の投げる変化球の1つ。＊(右打者，右投手の場合)打者の手もとにきてほぼ水平に外角方向へ流れるもの。

スライディング [sliding] ①滑ること。②〘野球〙走者が塁に滑り込むこと。③スライディング・タックルの略。

スライディング・キャッチ [sliding catch] 〘野球〙野手が打球の落下点に滑り込み，地上すれすれで捕球すること。

スライディング・シート [sliding seat] 〘ボート〙こぎ手の動作に応じて前後に動くしくみになっている座席。

スライディング・タックル [sliding tackle] 〘サッカー〙ボールを奪うために，相手の足元に足先から滑り込むこと。略スライディング。

スライド [slide] ①滑ること；滑らせること。②ある数量(例えば物価)の変動に応じ他の数量(例えば賃金)を増減させること。③幻灯機用のポジ・フィルム。④スライド・ガラスの略。

スライド・ガラス [slide glass] 顕微鏡で，観察材料をのせる透明なガラス板。＊スライド・グラスとも。

スライド・ショー [slide show] 〘電算〙画像を次々に表示すること。

スライド・ドア [slide door] 横に滑らせて開閉するドア。

スライム [slime] 微粒子が水と混ざり合ってできあがる粘着性のある物質。＊子供向けの玩具などに利用。

スラグ [slag] 鉱滓(こうさい)。

スラッガー [slugger] ①〘野球〙強打者；長距離打者。②〘ボクシング〙強打者。

スラックス [slacks] (略式の)ズボン。

スラックライン [slackline] 2点間に張り渡したベルトの上で，綱渡りの要領で歩いたり，ジャンプしたりして技を競うスポーツ。

スラッジ [sludge] ①ヘドロ；汚泥。②タンク，ボイラーなどの底にたまる沈殿物。

スラッシュ [slash] ①〘服飾〙切り口；切れ込み；衣服に切れ込みをつけること。②斜線(／)。

スラップスティック・コメディ [slapstick comedy] ドタバタ喜劇。

スラブ[1] [slab] ①〘登山〙一枚岩；滑らかな板のような岩場。②圧鋼板や帯鋼の素材。

スラブ[2] [Slav] ヨーロッパの東部・中部に住む民族。＊ロシア人，ウクライナ人，ポーランド人など。

スラブ・ヤーン [slub yarn] ところどころに長い節がある装飾撚糸。

スラム [slum] 貧民街。

スラリー [slurry] 泥や粘土，セメントなどの懸濁液。

スラローム [Slalom ドイツ] 〘スキー〙回転競技。＊いくつかの旗門をジグザグに通り抜けながら滑降し，その所要時間を競う。

スラング [slang] 俗語；仲間言葉；隠語。

スランプ [slump] (一時的な)不振；不調。

スリー・ウェイ・スピーカー [three-way speaker] スピーカーの一種で，高音(ツイーター)，中音(スコーカー)，低音(ウーファー)用の3スピーカーを組み込んだもの。

スリー・ウェイ・バッグ [three-way bag] 肩からかける，手でさげる，かかえるの3通りに使えるかばん。

スリー・エー [3A] 〘野球〙アメリカ

の大リーグで，マイナー・リーグの最上位の階級。

スリー・エックス・スリー［three x three］ 1チーム3人で行うバスケットボール。＊コートの広さは5人制の半分。オリンピックの公式競技。＝ストリート・バスケットボール。

スリー・クォーター［three-quarter］ ①4分の3の；7分(ぶ)の。②〖野球〗投手の投球法の1つ。＊腕を斜め上から斜め下へ振りおろすようにして投球する。③〖服飾〗7分(ぶ)袖(そで)。＊袖の長さが肩から手首までの4分の3のもの。

スリー・クォーター・バックス［three-quarter backs］〖ラグビー〗ハーフバックの後ろに位置する4人の選手。＊左右の2人をウイング，中の2人をセンターという。

スリー・クォーター・レングス［three-quarter length］〖服飾〗着丈の4分の3の長さのコート。

スリーク・スタイル［sleek style］ 滑らかな髪の流れをそのまま生かした髪型。

スリー・クッション［three cushions］ ビリヤードの競技法の1つ。＊手球を2つの的球に当てる際，3回以上クッションに当てるのがルール。

スリー・サイズ［日three size］ バスト(胸まわり)，ウエスト(胴まわり)，ヒップ(尻(しり)まわり)の寸法。

スリーサム［threesome］ ①〖ゴルフ〗1人対2人で行うマッチ・プレー。＊2人の組は1個のボールを交互に打つ。②男女3人で行う性交。

スリー・シーズン・コート［three-season coat］ 夏以外のどの季節でも着られるコート。

スリー・ディー［three-D］ 立体(の)；三次元(の)；立体写真〔映画〕。＊Dは*d*imension(次元)から。略3D。

スリー・トップ［日three top］〖サッカー〗フォワードを3人置く布陣。

スリーパー［sleeper］ ①幼児用の寝巻き；おくるみ。②根太；枕木。③眠る人。

スリー・バント［日three bunt］〖野球〗ツー・ストライク後に行うバント。＊ファウル・ボールになれば打者はアウトになる。

スリー・ピース［three-piece］ ①(洋服の)三つぞろい。＊紳士服では上着，ベスト，ズボン，婦人服ではふつう上着，ブラウス，スカートをいう。②(家具の) 3点セット。＊ふつうソファーと安楽椅子2脚をいう。

スリーピング・バッグ［sleeping bag］ ⇨シュラーフザック。

スリーブ［sleeve］ 袖(そで)。

スリープ［sleep］ ①眠る；泊まる；永眠する。②睡眠。

スリープ・イン［sleep-in］ 一定の区域や施設を占拠して多くの人が眠り込む，集団抗議行動。

スリー・フット・ライン［three-foot line］〖野球〗本塁と1塁の中間から1塁のほうへ，内野の外側に引いた，長さ48フィート(14.629メートル)，幅3フィート(91.4センチメートル)の長方形を画する線。＊打者走者はこの線内を走る。

スリーブレス［sleeveless］ 袖(そで)のない(服)。

スリー・ポイント・ライン［three-point line］〖バスケットボール〗バスケットの中央の真下を中心として半径6.25メートルの半円を描き，その両端をサイドラインと平行にエンド・ラインまで延長した線。＊このラインの外側からのフィールド・ゴールは3点の得点となる。

スリック［slick］ 光沢のある滑らかな紙を使った写真の多い雑誌。

スリット［slit］ ①細長いすきま。②ドレスやスカートなどの裾(すそ)に入れた切れ込み。

スリット・カメラ［slit camera］ 競

技の着順判定に使うカメラ。＊フィルムの前の細長いすきまとゴール・ラインを一致させて撮影する。

スリット・スカート [slit skirt] 裾(すそ)に切れ込みを入れたスカート。

スリッパ [slippers] 屋内で履く洋風の上履き。

スリップ [slip] ①滑ること；滑り落ちること。②ドレスを滑りよく着るためにドレスの下に着る女性用の下着。③〘出版〙本の間にはさむ２つ折りの短冊型の注文伝票。

スリップ・オン [slip-on] ①ひもなどがなく簡単にはける靴。＝スリッポン・シューズ。②頭からかぶって着る衣服。＊スリップ・オーバー，スリッポンとも。

スリップストリーム [slipstream] 高速走行中の自動車の後方にできる低圧の領域。

スリップ・ドレス [slip dress] 体にぴったりと合ったドレス。

スリッポン・シューズ [slip-on shoes] ⇨スリップ・オン①。

スリフト [thrift] ①倹約；節約。②貯蓄機関。

スリミング [slimming] 食事や運動を管理することにより，減量する健康法。

スリム [slim] (体格などが)ほっそりした；細身の。

スリム・アップ [slim up] やせてすらりとした体型になること。

スリム・スカート [slim skirt] ひだのないほっそりしたスカート。

スリムライン [slimline] 〘服飾〙ほっそりしたデザインの。

スリラー [thriller] ぞっとするような感じをおこさせる小説・映画など。

スリリング [thrilling] ぞっとする〔はらはらする〕ような。

スリル [thrill] ぞっとする〔はらはらする；ぞくぞくする〕ような感じ。

スリングショット [slingshot] パチンコ。＊Y字型の両端の棒にゴムひもを付け，玉を飛ばすおもちゃ。

スルー・ザ・グリーン [through the green] 〘ゴルフ〙プレーしているホールのティー・グラウンド，グリーン及びコース内のすべてのハザードを除いた全区域。

スルー・パス [through pass] 〘サッカー，ホッケー〙相手の防御陣の間を通して背後に送るパス。

スループット [throughput] コンピュータの効率〔処理量〕。＊コンピュータが一定の時間内に処理できる仕事の量。

スルタン ⇨サルタン。

スルファ剤 ⇨サルファ剤。

スレ スレッド②の略。

スレイブ [slave] ①奴隷(どれい)；他者に追随する人。②〘電算〙他の装置に支配される従属装置。

スレート [slate] 粘板岩の薄板；石板瓦。＊屋根材に用いる。

スレッジ [sledge] そり(橇)。

スレッド [thread] ①糸。②〘電算〙インターネット上の掲示板などでなされる，特定のテーマに関する一連の発言。また，それらをまとめて表示すること。略スレ。

スレンダー [slender] (体格などが)ほっそりした；すらっとした。

スロー [slow] ①遅い；のろい。②〘ダンス〙ゆっくりしたステップ。↔クイック。

〜地震 低周波地震。

スロー・アンド・ステディ [slow and steady] ゆっくりと着実に。＊「急がば回れ」のことわざと同じ意味。

スロー・イン [throw-in] 〘サッカーなど〙ライン外に出たボールをルールに従って競技場内に投げ入れ，イン・プレーにすること。

スローイング [throwing] (物を)投げること。

スロー・ウイルス [slow virus] 長期

間体内に生息潜伏し，慢性病の原因となるウイルス。

スローガン [slogan]　標語。＊活動の目標などを簡潔に表したことば。

スロー・ジューサー [slow juicer]　一般的なジューサーと比べて低速で果物･野菜を圧搾する機器。

スロー・ジン [sloe gin]　蒸留酒の1つで，スロー(サクラ属の低木)の実で香りと味をつけたジン。

ズロース [drawers]　女性用のゆったりした下穿き。

スロー・ダウン [slow down]　①速度を落とすこと；速度が落ちること。②仕事の能率を下げること；仕事の能率が下がること。＝スピード･ダウン。↔スピード･アップ。

スロー・ビデオ [slow-motion video tape recording]　テレビで，録画の動きを実際より遅くして再生すること。また，その装置。

スロープ [slope]　坂；斜面。

スロー・フード [slow food]　環境と安全性に配慮した食材を使った料理をゆっくりと楽しみながら食すこと。＊イタリア発祥のエコロジー運動のスローガン。↔ファースト･フード。

スロー・フォワード [throw forward]　〖ラグビー〗ボールを相手側のデッド･ボール･ラインの方向に投げるかパスすること。＊反則で，故意のときはペナルティー･キック，故意でないときはスクラム。

スロープスタイル [slopestyle]　スノーボードやフリースタイル･スキーで，障害物やジャンプ台などで技を披露して競う採点競技。

スロー・ペース [slow pace]　動きや歩調がゆっくりした速度であること。

スロー・モーション [slow motion]　①動作がのろいこと〔人〕。②高速度で撮影したものを普通の速度で映写し，画面の動きを実際より遅くして見せる技法。↔クイック･モーション。

スロー・ライフ [日slow life]　ゆったりした生活様式。⇨スロー･フード。

スロッシング [sloshing]　備蓄用のタンクで，石油がバシャバシャと揺れ動くこと。＊静電気で火災の原因となる。

スロット [slot]　①溝穴。②自動販売機や公衆電話などの料金投入口。

スロット・カー [slot car]　溝(スロット)のついたコースに走らせる模型自動車。

スロット・マシン [slot machine]　自動賭博(とばく)機。＊硬貨を入れてレバーを引くと数種の絵を描いた円筒が回転し，それが止まったときの絵の組み合わせによって硬貨が出てくる。

スロットル [throttle]　(エンジンに燃料などが流れ込む量を加減する)絞り弁。また，それを操作するレバー。＊スロットル･レバーとも。

スワイプ [swipe]　スマートフォンなどで，画面に指を触れた状態で特定方向にスライドさせる操作。

スワール [swirl]　巻き毛；渦毛。

スワガー・コート [swagger coat]　〖服飾〗フレアーを入れてゆったりと直線的に仕立てた婦人用のコート。

スワッグ [swag]　花や葉のついた枝を束ねた壁飾り。

スワッピング [swapping]　①交換すること；取り換えること。②〖電算〗プログラムを入れ替えること。③夫婦交換すること。

スワップ [swap]　交換し合うこと。

〜協定　為替相場を安定させるために，各国の中央銀行が一定期間おのおのの通貨を相互に預け合うことを決めた協定。

〜取引　為替取引で，現物と先物の売買を同時に同額行うこと。↔アウトライト取引。

スワップション [swaption]　金利スワップ(固定金利と変動金利の変換)とオプション(将来の売買の権利の取

り引き)を組み合わせたもの。

スワップ・ミート [swap meet] 中古品；不要品の交換市。

スワロー [swallow] ツバメ(燕)。

スワローテール [swallowtail] 燕尾(えんび)服。

スワン [swan] ハクチョウ(白鳥)。

スンニ派 [Sunni—] イスラム教の一派。＊全イスラム教徒の9割を占める多数派。⇨シーア派。

セ

セイウチ [sivuchロシア] 北氷洋に棲息する海獣。＊体長3メートル，体重1トン以上のものもいる。

セイファート銀河 [Seyfert galaxy] 幅の広い強い輝線を発し，明るい中心核をもつ渦状銀河。＊アメリカの天文学者の名から。

セイレン [Seirēnギリシア] 〖ギリシア神話〗半人半鳥の姿をした老海神の娘たち。＊海中の岩の上で，美しく悲しい歌を歌い，ひきつけられた船員を遭難させた。＝サイレン②。

セイント ⇨セント[2]。

ゼウス [Zeusギリシア] 〖ギリシア神話〗最高神。＊ローマ神話のユピテルにあたる。英語ではジュピター。

セージ [sage] シソ科の多年草。ヤクヨウサルビア。＊香辛料や薬に使用。

ゼータ[1] [zetaギリシア] ギリシア文字のアルファベットの第6字(Z，ζ)。

ゼータ[2] ⇨ZETA。

セーター [sweater] 毛糸で編んだ上着。

セービング [saving] ①〖ラグビー，サッカーなど〗体を投げ出してボールを止めること。②貯金；節約。

セーフ [safe] ①安全な。②〖野球〗打者や走者がアウトにされず塁に達すること。↔アウト②。③〖テニス，バレーボールなど〗打球がコートの区画線の内側に入ること。＝イン[1]②。↔アウト③。

セーブ [save] ①貯金すること。②(時間・費用・労力などを)節約すること；抑制すること。③〖野球〗救援投手が自チームのリードを試合終了まで守りきること。④〖電算〗作成したデータをディスク上に保存すること。

セーフガード [safeguard] 緊急輸入制限措置。

セーフティー [safety] 安全；危険防止の装置。

セーフティー・カラー [safety color] 危険を知らせるための色。＊道路工事・建築現場などで標識に使う黒色と黄色など。

セーフティー・ゾーン [safety zone] (道路などの)安全地帯。

セーフティー・ネット [safety net] ①安全網。②安全を保障するもの。＊生活，雇用不安に対する救済策や金融機関が破綻したときの中央銀行による保証制度など。

セーフティー・バルブ [safety valve] 安全弁。

セーフティー・バント [日safety bunt] 〖野球〗打者自身が1塁に出ようとして行うバント。＝ドラッグ・バント。

セーフティー・ファースト [safety first] 「安全第一」。

セーフティー・ファクター [safety factor] 安全係数；安全率。

セーフティー・ベルト [safety belt] ⇨シート・ベルト。

セーフティー・ボックス [safety box] (ホテルなどの)貴重品保管金庫。

セーフティー・ロック [safety lock] 安全錠；銃の安全装置。

セーブ・ポイント [save point] 〖野球〗投手のセーブ③数と救援勝利数の合計。

セーフライト [safelight] 〖写真〗暗室用の安全灯。＊感光剤に反応しにくく，現像の際に使う。
セーブル[1] [sable] クロテン(黒貂)。また，その毛皮。
セーブル[2] [Sèvres フランス] フランスのセーブル産の高級陶磁器。
セーム革 [Sämischleder ドイツ] シカ(鹿)，ヤギ(山羊)，カモシカなどのもみ革。また，その製品。
セーラー [sailor] 水兵；船員。
〜服 水兵服をまねて作った女子用の服。＊制服にも用いられる。
セーリング [sailing] 帆走；航海。
セーリング・ボード [sailing board] ⇨ボードセーリング。
セール[1] [sail] 帆。
セール[2] [sale] 特売；見切り売り；大売り出し。
セールス [sales] 販売；販売活動。
セールス・エンジニア [sales engineer] 商品についての技術的な専門知識をもった販売員。略SE。
セールス・トーク [sales talk] 商品売り込みのための話術。
セールス・ドライバー [sales driver] 集配，集金，伝票整理などの販売活動も行う運送業者。
セールス・プロモーション [sales promotion] 販売促進。略SP。
セールス・ポイント [sales point] 商品の特徴・魅力。また，売り込むときの強調点。
セールスマン [salesman] 男性の販売員。特に，外交販売員。
セオドライト [theodolite] 〖天文〗経緯儀。＊天体の高度と方位角を測定する装置。
ゼオライト [zeolite] 鉱物の沸石(ふっせき)。
セオリー [theory] 理論；学説。
セオリスト [theorist] 理論家。
セオロジー [theology] 神学。
セカンダリー [secondary] ①第2の；次の；補助的な。②中級用のグライダー。
セカント [secant] 〖数学〗正割。＊三角関数の1つで，コサインの逆数。記号sec。
セカンド [second] ①第2(の)；2番目(の)。②秒。③〖野球〗2塁；2塁手。④〖自動車〗前進第2のギア。⑤⇨セコンド③。
セカンド・オピニオン [second opinion] 患者が主治医以外の医師に意見を聞くこと。
セカンド・キャリア [日second career] 定年退職した人や，出産・育児を経た女性，引退したスポーツ選手などの新たな職業。
セカンド・クラス [second class] ①二流；二級。②二等席。③第2種郵便。
セカンド・ステージ [second stage] ①第2段階。②後期。
セカンド・ソース [second source] 2次供給者；2次供給品。＊他社の製品と互換性のある製品を製造する会社。また，その製品。
セカンドハンド [secondhand] 中古の；中古品。略セコハン。
セカンド・フラッシュ [second flush] ダージリンなどの夏摘み茶。
セカンド・ベスト [second best] 2番目によいもの〔人〕。
セカンド・ボール [日second ball] サッカーで，どちらのチームのものでもない状態のボールのこと。
セカンド・ライフ [second life] 第2の人生；定年退職後の人生。
セカンド・ライン [second line] ⇨ディフュージョン・ブランド。
セカンド・ラン [second run] 〖映画〗封切りに続く二番館での興行。
セカンド・レイプ [second rape] 性暴力の被害者が被害を公にしたときに，被害者自身にも責任があるという主旨の誹謗中傷を受けること。
セキュア [secure] セキュリティ・シ

ステムやソフトなどの安全が保障されていること。

セキュリティ [security] 安全；防衛；防犯。

セキュリティ・アナリスト [security analyst] 証券分析家。

セキュリティ・キー [security key] インターネットの接続などにおいて鍵の役割を果たす暗号。

セキュリティ・コンサルタント [security consultant] 企業の安全確保を業務とする会社。＊幹部の誘拐などへの対応をアドバイス。

セキュリティ・サービス [security service] 警備保障。

セキュリティ・システム [security system] 安全保障のためのシステム。＊企業や個人の依頼を受けて，警備保障会社が行う。

セキュリティ・ソフト ⇨アンチ・ウイルス・ソフト。

セキュリティ・チェック [security check] 安全確認のための，所持品検査とボディー・チェック。

セキュリティ・ホール [security hole] 〘電算〙ネットワーク上のセキュリティ機能の弱点。＊ソフトの設計ミスなどに起因する。

セキュリティ・ポリシー [security policy] ネットワークの安全確保のための行動指針。

セキュリティ・ポリス ⇨SP²。

セキュリティ・マネージャー [security manager] 海外勤務中の社員の安全を守る業務を専門に行う人。＊事件や事故が起こった際の処理が中心。

セクコン [SECCON] サイバー攻撃対策に役立つ技術を競うハッカー大会。＊*sec*urity *con*testから。

セクシー [sexy] 性的魅力のある；肉感的な。

セクシスト [sexist] 性差別主義者。＊特に，男性の女性差別主義者。

セクシズム [sexism] 男女差別(主義)；女性蔑視(べっし)。

セクシュアリティ [sexuality] 性別；性的特質；性的能力；性欲。

セクシュアル [sexual] 性的な；性欲をそそるような。＊セクシャルとも。

セクシュアル・ハラスメント [sexual harassment] 女性に対する性的ないやがらせ。略セク・ハラ，SH。

セクシュアル・マイノリティ [sexual minority] 性的少数者。

セクショナリズム [sectionalism] 派閥主義；縄張り根性。＊「セクト主義」とも。

セクション [section] ①区画；地区。②(官庁・会社などの)課。③(書物の)節；(新聞・雑誌などの)欄。

セクション・ペーパー [section paper] 方眼紙；グラフ用紙。

セクスタント [sextant] 六分儀。＊天球上の2点間の角度を測る携帯用の器械。

セクソロジー [sexology] 性科学。

セクター [sector] ①扇形。②部門；分野。③〘電算〙ディスク上の区画で，データを読み書きするときの最小単位。

第3～ 国や地方公共団体(公共セクター)と民間企業(民間セクター)との共同出資で設立された事業体。

セクト [sect] 派閥；党派；宗派。

～主義 ⇨セクショナリズム。

セク・ハラ セクシュアル・ハラスメントの略。

セグメンテーション [segmentation] ①分割；区分。②⇨マーケット・セグメンテーション。③〘電算〙プログラムを細分化すること。

セグメント [segment] ①部分；区分。②〘数学〙線分；円の弓形。

～情報 企業の売上高や営業損益を部門別，地域別などに区分して示した情報。

セクレタリー [secretary] 秘書；事

務官；書記官。

セクレチン [secretin] 十二指腸から分泌される胃腸ホルモンの一種。＊胃酸分泌の抑制，膵液(すいえき)の分泌を促す。

セコイア [sequoia] 世界で最も大きくなるスギ科の巨木。＊北アメリカ西部に分布する。

セコンド [second] ①時間・角度の単位の1つ。記号s, sec.。②時計の秒針。③〖ボクシング〗選手の介添人。＝セカンド⑤。

セザール賞 [Césarsフランス―] フランスの映画賞。

セサミ [sesame] 〖植物〗ゴマ(胡麻)。

セサミン [sesamin] ゴマに含まれる成分。＊抗酸化作用がある。

セシール・カット [日Cécileフランス＋cut] 男性のように短い女性の髪型。＊映画『悲しみよこんにちは』の女主人公セシールの髪型から。

セシウム [cesium] 銀白色のやわらかい金属元素。原子番号55。元素記号Cs。

～137 核分裂によって生じる放射性同位体。＊ガンマ線源として工業・医療に利用されるが，人体には有害。

～原子時計 [～clock] セシウム133原子が放射する電磁波を用いた時計。

セ・シ・ボン [C'est si bon.フランス] 「とてもすてきだ」。

セスキ [sesqui] セスキ炭酸ナトリウムの略で，ナトリウム1に対して炭酸1.5が含まれる塩。＊洗浄力にすぐれ洗剤などとして使われる。セスキは「1.5倍」を表す接頭辞。

ゼスター [zester] 柑橘(かんきつ)類の皮をすりおろす器具。

ゼスチャー [gesture] ⇨ジェスチャー。

セスナ [Cessna] 〖商標〗アメリカのセスナ社製の軽飛行機。

セゾン [saisonフランス] 季節。

ゼタ [zetta-] 単位用接頭辞で10^{21}を表す。記号Z。

セダム [Sedumラテン] ベンケイソウ科の多肉植物。

セダン [sedan] 2ドアまたは4ドアの最も一般的な乗用車。

セチ[1] [CETI] 地球外知性との交流。＊*C*ommunication with *E*xtra-*T*errestrial *I*ntelligenceの略。

セチ[2] [SETI] 地球外知性探査計画。＊*S*earch for *E*xtra-*T*errestrial *I*ntelligenceの略。

セック ⇨SEC。

セックス [sex] ①性；性別；男女の別。②性交。

セックス・アピール [sex appeal] 性的魅力。

セックス・エデュケーション [sex education] 性教育。

セックス・カウンセリング [sex counseling] 性の悩みについて相談にのり，治療の指導をすること。

セックス・シンボル [sex symbol] 多くの人が性的魅力を感じる有名人。

セックス・セラピー [sex therapy] セックス治療法。＊性機能障害などの治療。

セックス・ボランティア [sex volunteer] 障害者の性行為(自慰行為など)を介助するボランティア。

セックス・ライフ [sex life] 性生活。

セックスレス [sexless] 性関係がない。

セックス・ワーカー [sex worker] 性的なサービスの提供を仕事とする労働者。＊労働そのものはセックス・ワークと呼ぶ。

ゼッケン [Zeichenドイツ] スポーツ選手の胸や背，競走馬の腹につける番号を書いた布。また，その番号。＊Deckeからとも。

セッション [session] ①会議；会期。②学期；授業。③複数のミュージシャンが一緒に演奏すること。④〖電算】一連の処理のひと区切り。
セッター [setter] ①【バレーボール】トスを上げる役目をもった選手。=トサー。②イギリス原産の犬の一品種。＊猟犬，番犬として使われる。
セッティング [setting] ①配置すること。②用意すること；(時計の針・目盛りなどを)合わせること。③【映画，演劇など】舞台装置を設置すること。④髪の形を整えること。
セット [set] ①ひと組；ひとそろい。②舞台装置。③【テニス，バレーボールなど】試合を構成する単位。④髪の形を整えること。⑤(時計の針・目盛りなどを)合わせること；設定すること。
ゼット [Z, z] アルファベット26文字の最後の文字。
～旗 万国船舶信号で，ローマ字のZを表す信号旗。＊黄，黒，赤，青の4色からなる。
セットアッパー [日setupper] 【野球】中継ぎ投手。＊緊迫した試合で投入される。⇨クローザー。
セット・アップ [set up] ①建てる；組み立てる。②商売を始める。③引き起こす。④回復する。⑤【電算】コンピュータを利用可能な状態にすること。
セット・オール [日set all] 【テニス，卓球など】双方の勝ち取ったセット数が同じになること。
セット・オフェンス [set offense] 【バスケットボール】遅攻法。＊味方の攻撃陣形を整えて組織的に攻める方法。
セット・スクラム [set scrum] 【ラグビー】⇨スクラム²①。
セットバック [setback] ①後退。②【建築】壁面後退。＊市街地で，日照や通風をよくするために，建物の上の階が下の階より後退して階段状になっている状態。
セット・プレー [set play] 【サッカー，ラグビー】決められた陣形から再開するプレー。＊サッカーはコーナー・キック，フリー・キック。ラグビーはスクラムやライン・アウト。
セット・ポイント [set point] 【テニス，バレーボールなど】そのセットの勝敗を決める最後の1点。
セット・ポジション [set position] 【野球】投手の投球姿勢の1つ。＊打者に面して立ち，軸足を投手板につけ，他の足を投手板の前に置き，ボールを両手で体の前方で保持し，完全に動作を静止する。
セット・リスト [set list] ライブやコンサートの演奏曲順を記した一覧。略セトリ。
セット・ローション [setting lotion] 髪をセットするときに使う，髪の形を長もちさせるための液剤。
セツルメント [settlement] 困窮者の多い地区の生活向上を図るために行う社会事業。また，その施設。
セドナ [Sedna] 太陽系で，惑星以外の最大の小天体。＊2003年に発見。
セニョーラ [señoraスペイン] 奥様；…夫人。
セニョール [señorスペイン] だんな様；…氏；…様。
セニョリータ [señoritaスペイン] お嬢様；…嬢。
ゼネ・コン ゼネラル・コントラクターの略。
ゼネ・スト ゼネラル・ストライキの略。
セネター [senator] アメリカの上院議員。
ゼネラリスト [generalist] 何でも知っている〔できる〕人；博学多才の人。↔スペシャリスト。
ゼネラリゼーション [generalization] ①総合；概括。②一般化；普遍化。
ゼネラル [general] ①陸軍大将；将軍。②全般的な；世間一般の；概括

セ

的な。＊ジェネラルとも。

ゼネラル・コントラクター [general contractor]　総合建設業者。＊建築，土木など全般を請け負う業者。略ゼネ・コン。

ゼネラル・スタッフ [general staff]　企業の最高経営陣に直属し，企業経営の全般的な問題について最高経営陣を補佐する人々。

ゼネラル・ストライキ [general strike]　総同盟罷業。＊全産業にわたる全国的規模のストライキ。略ゼネ・スト。

ゼネラル・パートナー [general partner]　無限責任社員。↔スペシャル・パートナー。

ゼネラル・プロデューサー [general producer]　〘映画，演劇など〙統括プロデューサー。

ゼネラル・マーチャンダイズ・ストア [general merchandise store]　総合小売業。略GMS。

ゼネラル・マネジメント [general management]　統括経営管理。

ゼネラル・マネージャー [general manager]　①〘野球〙総支配人。＊オーナー直属でチームの総括，球団経営を行う。②企業の総括管理者；事業本部長。略GM。

ゼネラル・メディア [general media]　一般大衆を対象にした広告，宣伝，情報の媒体。

ゼネラル・モーゲージ [general mortgage]　担保つき社債のうち，会社の一般財産を担保として発行されるもの。

ゼネラル・モーターズ　⇨GM[2]。

ゼノフォビア [xenophobia]　外国人嫌い；未知の人や物に対する嫌悪や恐怖。

ゼノンの逆説 [Zenonian paradox]　ギリシアの哲学者ゼノンが論敵に用いた逆説。＊「飛んでいる矢は静止している」「アキレスは亀に追いつけない」など。

セパ・タクロー [sepak(マレー)+takraw(タイ)]　1チーム3人で，籐(とう)製のボールをネットをはさんで足で蹴り合う競技。＊マレー語のセパ(蹴る)とタイ語のタクロー(ボール)から。

セパレーター [separator]　①分離器。②隔離板。③〘電算〙文字列を区切る働きをする符号・記号。

セパレーツ [separates]　①上下が別別になっていて，自由に組み合わせられる婦人服。②上下が別々になっている女性用の水着。③器具・装置などで，自由に組み合わせて使えるように作ったもの。＊ステレオ装置など。

セパレート [separate]　①分離する；引きはなす；区別する。②個々の；独立の；分離した。

セパレート・コース [separate course]　〘陸上競技，スケート〙各走者ごとに区分されている走路。↔オープン・コース。

セピア [sepia]　暗褐色。また，その絵の具。

ゼファー [zephyr]　①西から吹くそよ風。②平織りの軽量な織物。③梳毛(そもう)でつくられた刺繍(ししゅう)用の毛糸。また，その織物。

セファイド [Cepheid variable]　〘天文〙ケフェウス型変光星。

ゼフィロス [Zephyros(ギリシア)]　〘ギリシア神話〙西風の神。＊春の女神フローラの恋人。

ゼプト [zepto-]　単位用接頭辞の1つで，10^{-21}を表す。記号z。

ゼブラ [zebra]　シマウマ(縞馬)。

ゼブラ・クロッシング [zebra crossing]　横断歩道。＊白と黒の縞(しま)模様になっていることから。＝ゼブラ・ゾーン。

ゼブラ・ストライプ [zebra stripe]　(シマウマの縞(しま)のような)太い棒縞。

ゼブラ・ゾーン [日zebra zone] ①導流帯。②⇨ゼブラ・クロッシング。
セブンズ [sevens] 7人制ラグビー。*オリンピックの正式種目。
セマテック ⇨SEMATECH。
セマンティック・アナリシス [semantic analysis] (言葉や記号の)意味やイメージの分析。
セマンティック・ウェブ [semantic web] メタ・データを活用して，コンピュータが自律的にウェブ・サイトの意味を検知し，情報収集できるようにするシステム。
セマンティクス [semantics] ①〖言語〗意味論。②プログラミング言語における，コード中の変数などが正しく動作するかの判断基準。
セミ [semi-] 「半分」「なかば」「準」などの意味を表す接頭辞。
ゼミ ゼミナールの略。
セミ・オーダー [日semi-order] 半特別注文。
セミオロジー [sémiologie フランス] 〖言語〗記号学；記号論。
セミクラシック [semiclassic] 準古典。
セミコロン [semicolon] 欧文の区切りに用いる符号の1つ(;)。*ピリオド(.)より小さく，コンマ(,)より大きい区切りに使う。
セミコンダクター [semiconductor] 半導体。
セミ・セルフ・レジ [日semi self register] 支払いのみ客自身が行う部分的なセルフ・レジ。
セミ・ダブル [日semi double] 幅・長さともに標準の寸法よりやや短い2人用のベッド。⇨ダブル・ベッド，ツイン・ベッド。
セミナー ⇨ゼミナール。
ゼミナール [Seminar ドイツ] ①大学で，教授などの指導のもとで学生たちが共同研究すること。②研究会；集中講義。略ゼミ。＝セミナー。
セミナリー [seminary] 神学校；養成所；予備校。
セミヌード [seminude] 半裸体。
セミファイナル [semifinal] ①準決勝(戦)。②〖ボクシング〗メイン・イベントの直前の試合。
セミフォーマル [semiformal] 半公式の；略式の(礼装)。
セミプロ [semipro] セミプロフェッショナルの略。
セミプロフェッショナル [semiprofessional] ①プロではないが，なかば職業化しているスポーツの選手。②プロに負けないほどの技能や収入のある人；半玄人(くろうと)。略セミプロ。
セミヨン [sémillon フランス] フランスのボルドー地方原産のブドウ(葡萄)。
ゼム・クリップ [Gem clip] 〖商標〗書類などをまとめて止めるのに用いる，針金を楕円(だえん)形の渦巻き状に曲げたもの。*ゼム・ピンとも。
セメスター [semester] 2学期制。
セメダイン [Cemedine] 〖商標〗合成接着剤の一種。
セメンテーション [cementation] ①金属の表面処理法の1つ。*ある金属の表面に別の金属を付着させて，硬度・耐蝕性を向上させる。②軟弱な地盤や亀裂箇所にセメントなどを注入して固めること。
セメント [cement] 無機質の接着材料の総称。
セラー[1] [cellar] ①穴蔵；地下室；酒蔵。②〖スポーツ〗各種の競技の最下位。
セラー[2] [seller] ①売る人；販売人。②よく売れる物。
セラーズ・マーケット [sellers'market] 売り手市場。*売り手に有利な市場。↔バイヤーズ・マーケット。
セラード [Cerrado] ブラジルの中央高原に広がるサバンナ。
セラチア菌 [Seratia Marcescens] グラム陰性の腸内細菌。*土壌，水など，自然界に広く分布している。
ゼラチン [gelatin]　動物の皮や骨などを煮沸して得られるたんぱく質の一種。＊精製品は食品，医薬品，写真感光材料などに，粗製品はにかわとして接着剤に用いる。
セラドン [celadon]　①青磁のような薄い灰緑色〔灰青色〕。②青磁。
ゼラニウム [geranium]　フウロソウ科の小低木状の多年草。＊和名テンジクアオイ。南アフリカ原産。
セ・ラ・ビ [C'est la vie.フランス]　「人生とはこういうものだ」「それが人生さ」「仕方ない」。
セラピー [therapy]　治療；療法。
セラピー・ドッグ [therapy dog]　介助を必要とする人の支えとなる，特別な訓練を受けた犬。
セラピスト [therapist]　治療の専門家；治療法に熟練した人。
セラフィム [Seraphim]『旧約聖書』で，6枚の翼をもつ熾天使(してんし)。
セラミック・アート [ceramic art]　陶芸芸術。
セラミック・エンジン [ceramic engine]　シリンダー内壁などにセラミックスを使ったエンジン。
セラミックス [ceramics]　陶磁器類；窯業製品。＊セラミックとも。⇨ファイン・セラミックス。
セラミック・センサー [ceramic sensor]　セラミックスを利用したセンサー。＊温度センサー，ガスセンサー，圧力センサーなどがある。
セラミック・ファイバー [ceramic fiber]　アルミナやシリカの結晶を繊維状にしたもの。＊断熱材や宇宙航空機に用いる。
セラミック・フィルター [ceramics filter]　フィルターとして使われる多孔質のセラミックス。
セラミック・ペーパー [ceramic paper]　セラミックスを主原料とし，それにパルプを加えて作った紙。＊建材，電子レンジ用の皿などに利用。
セラミド [cellamid]　細胞間脂質。
ゼリー [jelly]　①魚などの煮こごり。②果汁に砂糖，ゼラチンを加えて型に入れ，冷やして固まらせた菓子。＝ジェリー，ジュレ。
セ・リーグ　セントラル・リーグの略。
セリーヌ [Celine]〖商標〗パリの靴・革製品のメーカー。また，その製品。
セリウム [cerium]　希土類元素の1つ。原子番号58。元素記号Ce。＊160℃前後で発火。
セリエA [Serie Aイタリア]　イタリアのプロ・サッカーの1部リーグ。
セリグラフ [serigraph]　シルク・スクリーンを用いた捺染(なっせん)。
セリシン [sericin]　絹膠(けんこう)。＊絹の主成分を取り囲むたんぱく質。化粧品用。
セリバシー [celibacy]　独身(生活)。
セリフ [serif]　欧文字体のひげ飾り。
セリング [selling]　短期的な売り出し業務。
セル[1] [cell]　①細胞。②電池。
セル[2]　セル・モーターの略。
セル[3] [celluloid]　アニメ製作用の透明なフィルム。
セル・サイド [sell side]　特に証券会社をさす，商品やサービスを売る側のこと。
セルシウス温度 [Celsius scale]　セ氏〔摂氏〕温度。記号℃。＊水の氷点を0度，沸点を100度とする。
セル・バンク [cell bank]　細胞銀行。
セルフ [self]　自分自身；自分。
セルフ・アイデンティティー [self-identity]　自己同一性。
セルフ・アウェアネス [self-awareness]　自己認識(力)。
セルフィー・スティック [selfie stick]　自撮り棒。＊デジカメやスマホなどで自分を撮影するために用いる棒。
セルフィーユ [cerfeuilフランス]　セリ科の香草。＊フランス料理で，葉をサラダなどに用いる。

セルフィッシュ [selfish] 利己的な。

セルフ・イメージ [self-image] 自己イメージ。

セルフ・カバー [日self cover] 以前に自分が発表した曲を，自身で再度レコーディングすること。

セルフ・ケア [self-care] 自分で自分の健康管理をすること。

セルフ・コンシャス [self-conscious] 自意識過剰な。

セルフ・コンシャスネス [self-consciousness] 自意識。

セルフ・コントロール [self-control] ①自分の感情や欲望を制御すること。②⇨オートマチック・コントロール。

セルフ・サービス [self-service] 客が料理や品物を自分でテーブルやレジへ運ぶ方式。

セルフ・スタンド [日self-stand] 客が自分で給油する方式のガソリン・スタンド。

セルフ・タイマー [self-timer] カメラのシャッターを，一定の時間をおいて自動的に切る装置。略タイマー。

セルフ・チェックアウト [self-check-out] スーパーなどで，顧客が商品の代金を自分で操作して支払うしくみ。

セルフ・ディフェンス [self-defense] ①自己防衛；自衛。②正当防衛。

セルフ・ネグレクト [self-neglect] 自己無視；自己放任。

セルフ・ヘルプ [self-help] 自分で自分自身を管理すること；自助。

セルフ・ポートレート [self-portrait] 自画像。

セルフ・メイド [self-made] ①自家製の；自分で作った。②自力で出世した。

セルフ・メディケーション [self-medication] 軽い病気やけがを売薬などによって自分で治療すること。

セルフ・ラーニング [self learning] 独学で知識や技術を身につけること。

セルフ・レジ [日self register] 来店客が自ら会計を行うレジ。

セル・モーター [日cell motor] 電池で動かすモーター。＊自動車などのエンジンの始動に用いる。略セル。

セルラー方式 [cellular system] 無線通信の方式の1つ。＊地域を小さな区域に区切り，区域ごとに基地局を設ける。携帯電話に利用。

セルラー・ホン [cellular phone] 携帯電話。＝モバイル・ホン。

セルライト [cellulite] 腹部・大腿部などの皮下脂肪のかたまり。

セルリアン・ブルー [cerulean blue] 濃い青色。

セルロイド [Celluloid] 〘商標〙ニトロセルロースに樟脳(しょうのう)を加えて作るプラスチックの一種。

セルロース [cellulose] 繊維素。＊火薬，製紙材料，ニトロセルロース，酢酸セルロースなどの原料。

セルロース・ナノファイバー [cellulose nanofiber] 木材など植物由来の繊維素。＊直径10ナノメートル程度の超微細繊維。

セルン [CERN] ヨーロッパ合同原子核研究機関。＊開設準備組織のフランス語名称*C*onseil *E*uropéen pour la *R*echerche *N*ucléaireの略。

セレーネ [Selene] ①〘ギリシア神話〙月の女神。＊ローマ神話のルナ。②[SELENE] 日本の月周回衛星。

セレウス菌 [Bacillus cereus] 大気中に広く分布する桿菌(かんきん)。＊食中毒の原因となる。

セレクション [selection] 選択；選抜；淘汰。

セレクター [selector] ①選択装置。②選択者。

セレクト・ショップ [日select shop] 店独自の好み・個性で商品を取りそろえた店。

セレソン [seleção ポルトガル] 国・地方の代

セ

表のスポーツ・チーム。

セレナーデ [Serenadeドイツ]　小夜曲(さよきょく)。＊恋人の窓の下で歌い，奏でた夕べの音楽。セレナードとも。

セレブ　セレブリティーの略。

セレブリティー [celebrity]　①名声；高名。②名士。③優雅に暮らす人。略セレブ。

セ

セレブレーション [celebration]　祝賀；祝典；祝うこと。

セレモニー [ceremony]　儀式；式典。

セレモニー・サービス [日ceremony service]　冠婚葬祭業；葬儀社。

セレン [Selenドイツ]　非金属元素の1つ。原子番号34。元素記号Se。＊セレニウムとも。

セレンディピティ [serendipity]　目的を追う途中で，目的とは別に思いがけないものを発見すること；掘出し物を見つける才能。

セロ　⇨チェロ。

ゼロ [zero]　①零(れい)；アラビア数字の0。②何もないこと。

～金利政策　日銀の金融緩和政策。＊資金供給量を増やし景気の浮揚を図る。

ゼロ・アワー [zero hour]　①行動開始の予定時刻。②決定的瞬間。

ゼロ・エミッション [zero emission]　企業活動・生産活動で排出物・廃棄物を一切出さないようにしようという計画。

ゼロ・クーポン債 [zero-coupon bond]　海外で発行されている利札(債券利子の支払保証券)のつかない長期の外貨建て割引債。

ゼログラフィー [xerography]　電子複写方式の一種。＊普通紙に複写でき，スピードが速い。

ゼロ・サム [zero-sum]　両者の得・失の和がゼロになること。＊一方ではプラスになる要因が他方ではマイナスになる関係を表すことば。

～社会　経済成長率が止まって，ある人が利益を獲得すれば，必ずその分だけ他の人が不利益をこうむるという社会。＊アメリカの経済学者サローの著書名から。

ゼロ・サム・ゲーム [zero-sum game]　競技者全員の持ち点の和がゼロになるというゲーム理論。

ゼロ・シーリング [日zero ceiling]　予算の概算要求額を前年度と同額にすること。

ゼロ・スピンドル・ノート [日zero spindle notebook]　ハード・ディスクや光学ドライブを搭載せずフラッシュ・メモリーを用いる，軽量化されたノート・パソコン。

ゼロックス [Xerox]　『商標』複写機メーカー。また，その乾式複写方式の複写機。

ゼロ・ディフェクト [zero defect]　無欠陥；無欠点。＊欠陥製品をゼロにしようという運動。⇨ZD運動。

セロ・テープ [Cello-tape]　『商標』セロハン・テープの商品名。

ゼロ・トップ [日zero top]　サッカーで，最前線の選手がトップ下のような役割を果たすシステム。

セロトニン [serotonin]　視床下部，大脳辺縁系に多く含まれる化学伝達物質。

ゼロ・トレランス [zero tolerance]　①不良品を排除する不寛容のシステム。②荒廃したアメリカの学校で，あらかじめ厳格な規律を課すことにより，重大な事件を防止するために導入された教育理念。

セロハン [cellophaneフランス]　透明な薄紙状の膜。＊包装材料などに用いる。

ゼロ・ベース予算 [zero-based―]　各年度の予算を，項目のすべてについて根本から見直し検討して決定する方式。略ZBB。

ゼロ・メートル地帯 [zero-meter―]　地盤沈下によって，満潮時には海面が陸地より高くなる地域。

センサー[1] [censor] 出版物，映画，報道，信書などの検閲官。

センサー[2] [sensor] 感知器。＊光，音，温度，湿度，圧力などの刺激に反応して信号を発する装置。

センサー・フュージョン [sensor fusion] 感覚融合。＊視覚，聴覚，触覚など複数のセンサー情報を利用して，状況を総合的に判断する。

センサー・ライト [sensor light] 人の動きを感知して点灯するしくみの照明器具。

センサス [census] ①国勢調査；人口調査。②統計調査；実態調査。

センシティビティー [sensitivity] ①感受性。②感度。

センシティビティー・トレーニング [sensitivity training] (集団で行う)感受性を高めるための訓練。

センシティブ [sensitive] ①敏感な；感じやすい。②神経質な。

〜情報 扱いに注意を要する情報。＊国家機密や人種・思想信条などの個人情報。

センシビリティー [sensibility] 感受性；感性。

センシブル [sensible] 分別のある；センスのある。

センシュアル [sensual] 官能的な；肉感的な。

センシング [sensing] センサーを利用したデータ収集・計測技術。

センス [sense] ①(知的・美的・情的)感覚；感受性。②判断力；分別；常識。

センセーショナリズム [sensationalism] 扇情主義。＊大衆の好奇心をあおるように，興味本位に，誇大に報道すること。

センセーショナル [sensational] 世間を騒がせるような；扇情的な。

センセーション [sensation] (世間の人々の)興奮；感動；評判；騒ぎ。

センター [center] ①中心；中央。②中心地；中心施設；総合施設。③〖野球〗中堅手。④〖サッカー，バレーボールなど〗(左右に対して)中央に位置する選手。

センター・コート [center court] 〖テニス〗競技会場の中心で，主要な試合を行うコート。

センター・サークル [center circle] 〖サッカー，バスケットボールなど〗競技場の中央に描かれている円。

センター・スクラム [center scrum] 〖ラグビー〗ハーフウェイ・ライン中央で組まれるスクラム。

センター・テーブル [center table] リビングなどの中央に，ソファなどと組み合わせて置かれるテーブル。

センター・ハーフ [center half] 〖ラグビーなど〗ハーフバックのうち，中央の選手。

センターバック [centerback] 〖サッカー，ラグビーなど〗中央後方を守る選手。また，その守備位置。

センターピース [centerpiece] 食卓などの中央に置く装飾品。

センターフォールド [centerfold] (雑誌などの)見開きページ；はさみ込みページ。

センター・フォワード [center forward] 〖サッカーなど〗前衛の中央に位置する選手。略CF。

センター・ベント [center vent] 背広の上着の背の中心線の裾(すそ)に入れた切れ込み。⇨サイド・ベンツ。

センター・ポール [center pole] 競技場の正面席と向かい合うスタンドの中央や広場の中心などに立てた，旗を揚げるための柱。

センターライン [centerline] ①〖バレーボール，バスケットボールなど〗競技場を中央で2分する線。②道路の中央に引いた，走路を左右に分ける線。

センタリング [centering] ①〖建築〗仮枠。②〖サッカーなど〗ゴール・ライン近くの両翼からゴール前に向かってパスを送ること。③〖電算〗中央ぞろえ。＊行の文字列を中央に配置すること。

センチ[1] [centi-フランス] ①単位用接頭辞で100分の1 (10^{-2})を表す。②センチメートル。＊長さの単位。

センチ[2] センチメンタルの略。

センチメンタリズム [sentimentalism] 感傷主義。

センチメンタル [sentimental] 感傷的な；涙もろい。略センチ。

センチメント [sentiment] ①感情；情緒。②多感；感傷。③感想。

センチュリー [century] 世紀；100年。

センチュリー・ハウジング・システム ⇨CHS。

センテナリアン [centenarian] ①100歳以上の人。②100年以上の。

センテンス [sentence] ①文。②判決；宣告。

セント[1] [cent] アメリカ，カナダの通貨の単位。＊1ドルは100セント。

セント[2] [saint] 聖人；聖者。略St.。

セント・エルモの火 [St.Elmo's fire] 雷雨のとき，避雷針や船のマストなどに見られる放電現象。＊St.Elmoは船員の守護聖人。

セント・バーナード [Saint Bernard] スイス原産の犬の一品種。＊スイスのセント・バーナード修道院で最初に飼育された。

センド・バック [send back] コンピュータ機器が故障したときに，製品をメーカーに送付して，修理後に返却してもらうサービス。

セント・バレンタインズ・デー [Saint Valentine's Day] ⇨バレンタイン・デー。

セントポーリア [saintpaulia] イワタバコ科の多年草。＊室内観賞用。アフリカ原産。

セント・ポール [St.Paul] ①聖パウロ。＊キリスト教の伝導者。② [St.Paul's] ロンドンにあるセント・ポール大聖堂。③立教大学の愛称。

セントラル [central] ①中央の；中心となる。②セントラル・リーグの略。

セントラル・キッチン [central kitchen] 中央集中調理場。＊レストランのチェーン，病院や学校の給食などの調理を1箇所で集中的に行う。

セントラル・クリーナー [日central cleaner] 集中電気掃除システム。＊各部屋にある吸入口にクリーナー①のホースを接続して使用する。

セントラル・ドグマ [central dogma] 遺伝子情報の伝達などに関する基本原理。＊遺伝情報はDNA→RNA→たんぱく質と一方向へと伝達されるという分子生物学の考え方。

セントラル・バンク [central bank] 中央銀行。＊国の金融政策を実行し，通貨を発行する。

セントラル・ヒーティング [central heating] 1つのボイラーから温水を送って各室の暖房や給湯を行う方式。

セントラル・リーグ [Central League] 日本のプロ野球のリーグの1つ。＊読売ジャイアンツ，東京ヤクルトスワローズ，横浜DeNAベイスターズ，中日ドラゴンズ，阪神タイガース，広島東洋カープの6球団からなる。略セ・リーグ，セントラル。↔パシフィック・リーグ。

セントレア [日Centrair] 中部国際空港の愛称。

セントロイド [centroid] 〖物理〗質量中心；重心；図心；中心軌跡。

センナ [sennaラテン] マメ科カワラケツメイ属の低木。＊中近東原産。葉を乾燥させたものは下剤に用いる。

ソ

ソアラー [soarer] 上級用のグライダー。＊中級はセカンダリー，初級はプライマリー。
ソアリング [soaring] グライダーなどで飛翔すること。
ソイ・ソース [soy sauce] 醬油。
ソイビーン [soybean] 大豆。
ソイ・ミルク [soy milk] 豆乳。
ソウェト [Soweto] 南アフリカ共和国のヨハネスブルグ郊外にある黒人居住区。＊反アパルトヘイト闘争の中心地だった。
ソウル [soul] ①魂；精神；情熱。②ソウル・ミュージックの略。
ソウル・フード [soul food] ①アメリカ南部の伝統的な黒人料理。②その地域特有の郷土料理。または個人にとって欠かせない料理のこと。
ソウルフル [soulful] 魂のこもった；情熱的な。
ソウル・ミュージック [soul music] 黒人音楽の一種。＊リズム・アンド・ブルースにゴスペル・ソング色を加味したもの。略ソウル。
ソーイング [sewing] 縫うこと；裁縫。
ソーキそば 豚の骨付きあばら肉を使った，沖縄の郷土料理。
ソーサー [saucer] ①(コーヒー茶碗などをのせる浅い)受け皿。②フライング・ソーサーの略。
ソーシャビリティ [sociability] 社交性。
ソーシャリスト [socialist] 社会主義者。＊ソシアリストとも。
ソーシャリズム [socialism] 社会主義。＊ソシアリズムとも。
ソーシャリゼーション [socialization] 社会化；社会主義化。
ソーシャル [social] 社会の；社会的な。＊ソシアルとも。
ソーシャル・アカウント [日social account] SNSのアカウント。
ソーシャル・アクション [social action] 社会行動；社会的行為。
ソーシャル・イノベーション [social innovation] 社会的な課題を解決するための革新的なサービスやしくみを開発すること。
ソーシャル・インクルージョン [social inclusion] 社会的包摂。
ソーシャル・インシュアランス [social insurance] 社会保険。
ソーシャル・エンジニアリング [social engineering] 社会工学。＊社会のいろいろな問題を科学的に解決することを目的とした学問。
ソーシャル・ギフト [social gift] SNSやメールを通じてプレゼントをするサービス。
ソーシャル・キャピタル [social capital] 社会関係資本。＊社会科学における概念で，道路や橋といった社会的インフラではなく，信頼・規範・ネットワークなどを重要視する。
ソーシャル・グループ・ワーク [social group work] 集団指導。＊小集団での活動を通して，自発性と社会的適応力を身につけさせる。
ソーシャル・ケースワーク [social casework] ⇨ケースワーク。
ソーシャル・ゲーム [social game] SNSで提供される，ユーザー同士の交流も可能なオン・ライン・ゲームの総称。＊特別なアイテムの購入は有料となるケースが多い。
ソーシャル・コスト [social cost] 社会的費用；社会原価。＊環境整備や公害対策の費用など，社会全体として間接的に負担する費用。
ソーシャル・サービス [social service] 社会福祉事業；社会奉仕活動。
ソーシャル・サポート [social support] 社会的関係の中でやりとりされる心理的・物質的支援。
ソーシャル・スキルズ・トレーニング ⇨SST[1]。
ソーシャル・セキュリティ [social security] 社会保障(制度)。
ソーシャル・ダンス [social dance]

社交ダンス。

ソーシャル・ダンピング [social dumping] 海外市場へ進出するために，社会コスト(賃金など)を抑えて不当に安い価格で輸出すること。

ソーシャル・ディスタンス [social distance] ①個人間や集団間における心理的距離。②感染拡大を防止するため人同士の物理的距離を保つこと。＊ソーシャル・ディスタンシングとも。

ソーシャル・デモクラシー [social democracy] ⇨デモクラティック・ソーシャリズム。

ソーシャル・ネットワーキング・サービス [social networking service] 社会的ネットワークをインターネット上で構築するサービス。＊会員同士で，プロフィールや写真の公開，友人の紹介，掲示板での交流などを行う。略SNS。

ソーシャル・ビジネス [social business] 社会的企業。＊さまざまな社会的課題に向き合い，収益が上がるしくみを考えながら，それらの解決をめざすビジネス。

ソーシャル・ブックマーク [social bookmark] ウェブ上で共有されるブックマーク。略SBM。

ソーシャル・プランニング [social planning] 社会計画。

ソーシャル・ボタン [social button] ブログやニュース・サイトなどに設置する，SNSに情報を拡散・シェアさせるためのボタン。

ソーシャル・ポリティクス [social politics] 社会政策。

ソーシャル・マーケティング [social marketing] 企業が社会貢献を考慮して行う市場活動。＊商品の安全性への配慮，環境問題や地域社会への貢献など。

ソーシャル・メディア [social media] 〖電算〗インターネットを使った双方向的情報伝達手段。＊SNS，ブログなど。

ソーシャル・メディア・ハラスメント [social media harrassment] SNS上で行われる，職場の人間関係に基づくいやがやせ行為。略ソー・ハラ。

ソーシャル・リクルーティング [social recruiting] ソーシャル・メディアを活用した企業の採用活動。

ソーシャル・リスニング [social listening] ソーシャル・メディアの書き込みを収集・分析するマーケティング手法。

ソーシャル・レンディング [social lending] 個人や企業を問わず，インターネット上でお金の貸し手と借り手を結びつけるサービス。

ソーシャル・ログイン [social login] SNSのアカウントを利用して，他のウェブ・サービスにログインすること。

ソーシャル・ワーカー [social worker] 社会福祉事業にたずさわる専門職の総称。⇨ケースワーカー。

ソース[1] [sauce] 西洋料理の液体調味料。＊日本ではふつうウスター・ソースをさす。

ソース[2] [source] 情報源；出所。

ソース・コード [source code] ⇨ソース・プログラム。

ソース・プログラム [source program] 〖電算〗原始プログラム。＊機械語に翻訳される前のプログラム。

ソーセージ [sausage] 腸詰め。＊獣肉を塩づけし，すりつぶして香辛料を加え，牛・豚・羊などの腸に詰め，燻製または湯煮，乾燥した食品。

ソーダ [soda オランダ] ナトリウム塩の俗称。＊ふつう炭酸ナトリウムをいう。 **〜水** [〜water] 炭酸水。＊水に炭酸ガスを飽和させた飲料。

ソーダ・ガラス [日soda-lime glass] 石英，ソーダ灰，石灰石などを原料とする一般的なガラス。＊ソーダ石灰ガラスとも。
ソーティング [sorting] ①分類すること。②〖電算〗データを50音順，アルファベット順などに並べかえること。=ソート。
ソート [sort] ①種類；分類。②⇨ソーティング。
ソーナー ⇨ソナー。
ゾーニング [zoning] 都市計画や建築計画で，地域や建物を用途別，機能別に分類して配置すること。
ソープ [soap] ①石鹸(せっけん)。②ソープ・ランドの略。
ソープ・オペラ [soap opera] 通俗的な連続放送劇；メロドラマ。＊アメリカで，番組のスポンサーがしばしば石鹸(せっけん)会社であったことから。
ソープ・ランド [日soap land] 女性が入浴やマッサージのサービスをする，個室式の特殊浴場。
ソープレス・ソープ [soapless soap] 合成洗剤の一種で，従来の石鹸(せっけん)以外の表面活性剤。＊油脂を原料としないもの。
ソーホー[1] [SoHo] アメリカのニューヨーク市マンハッタン南部の，前衛芸術やファッションの中心となっている街。＊*So*uth of *Ho*uston Streetの略。⇨ノーホー。
ソーホー[2] [Soho] ロンドンにある繁華街地区。
ソーホー[3] ⇨SOHO。
ソーラー [solar] 太陽の；太陽熱や太陽光を利用した。
ソーラー・カー [solar car] 太陽電池自動車。
ソーラー・クッカー [solar cooker] 太陽熱調理器。＊太陽の熱を集めて加熱・調理する器具。
ソーラー・コレクター [solar collector] 太陽熱集熱器。＊太陽エネルギーを収集する装置。
ソーラー・システム [solar system] ①太陽系。②太陽熱を利用する設備。
ソーラー・セーラー [solar sailor] 太陽光の圧力を受けて進む宇宙帆船。
ソーラー・セル [solar cell] 太陽電池。＊太陽光線を電気に変換。
ソーラー・ハウス [solar house] 太陽熱を冷暖房や給湯，発電に利用できる設備のある住宅。
ソーラー・パネル [solar panel] ①太陽熱集熱板。②太陽電池板。
ソーラー・ヒーター [solar heater] 太陽熱暖房機〔温水器〕。
ソーラー・プレーン [solar plane] 太陽電池を備えた超軽量飛行機。
ゾーリンゲン [Solingen] ドイツの都市。また，そこで製造された刃物類。
ソール [sole] ①靴底。↔アッパー②。②〖ゴルフ〗クラブ・ヘッドの底面。また，それを地面につけること。
ソールド・アウト [sold out] 売切れ(た)；完売の。
ゾーン [zone] 地帯；地域；地区。
ゾーン・ディフェンス [zone defense] 〖バスケットボール，サッカーなど〗地域防御。＊守備地域を分担して守る。↔マン・ツー・マン・ディフェンス。
ゾーン・フォーカス [zone focus] カメラの焦点合わせを，距離目盛の数字の代わりに図形を用いて，近景・中景・遠景などと簡略化したもの。
ゾーン・プレス [日zone press] 〖サッカー〗攻撃の前線と守備の最終ラインとの間を狭めた陣形。
ゾーン・ペックス [zone PEX] 航空会社による国際線の正規割引運賃。＊キャリア・ペックスとも。
ゾーン・ライン [zone line] 〖アイスホッケー〗リンクを3つに分ける2本の青線。
ソケット [socket] ①電球をねじこむためにコードの端に取りつける部品。②⇨コンセント。③⇨シャンク。
ソサエティー [society] ①社会；世

間。②協会；組合；団体。
ソシアル　⇨ソーシャル。
ソシオ［socio-］「社会の」「社会学の」の意味の接頭辞。
ソシオエコノミクス［socioeconomics］（学際的な）社会経済学。
ソシオグラム［sociogram］集団内の人間関係を図表化したもの。
ソシオドラマ［sociodrama］社会劇。＊社会的テーマの即興劇を演じることによって，集団の相互関係をよいほうに導く心理療法。
ソシオバイオロジー［sociobiology］社会生物学。
ソシオメトリー［sociometry］計量社会学。＊集団内の人間関係を数量的に測定し，その構造を研究する。
ソシオロジー［sociology］社会学。
ソックス［socks］短い靴下。⇨ストッキング。
ソックレット［socklet］⇨アンクレット①。
ゾディアック［zodiac］①『天文』黄道帯；獣帯。②『天文』十二宮。
ソテー［sauté フランス］肉類や野菜などを少量の油で炒めたり焼いたりする西洋料理。
ソドミー［sodomy］男色；少年愛。＊男性の同性愛。
ソドム［Sodom］罪悪に満ちた都市〔場所〕。＊『旧約聖書』の，神の火で焼かれた罪悪の都市の名から。
ソナー［sonar］水中超音波探知機。＊*so*und *na*vigation (and) *r*angingの略。ソーナーとも。
ソナグラフ［Sonagraph］『商標』音声などの時間的変化を分析し記録する装置。
ソナタ［sonata イタリア］『音楽』奏鳴曲。
〜形式　楽曲の形式の1つ。＊一般に，主題の提示部・展開部・再現部からなる。
ソナチネ［sonatine イタリア］『音楽』小奏鳴曲。＊簡単な構成の小規模なソナタで，3楽章以下のものが多い。
ソニック・ブーム［sonic boom］衝撃波によって生じる爆発音。
ソネット［sonetto イタリア］（ヨーロッパの）14行の押韻定型詩。
ソノシート［Sonosheet］『商標』塩化ビニルまたは紙製のレコード。
ソノブイ［sonobuoy］自動電波発信器を取りつけたブイ（浮標）。
ソバージュ［sauvage フランス］『美容』毛先から軽いウエーブをかけた，野性味のある髪型。
ソビエト［sovet ロシア，soviet］①評議会；会議。②勤労者代表会議。＊旧ソ連の政治的基本単位。③［S-］ソビエト社会主義共和国連邦の略。
ソファー［sofa］背もたれがあり，両端に肘（ひじ）かけのある長椅子。
ソファー・ベッド［sofa bed］背もたれを倒すと寝台になるソファー。
ソフィア［sophia ギリシア］英知；知恵。
ソフィスティケーション［sophistication］①世慣れていること。②洗練された考え方。
ソフィスティケーテッド［sophisticated］①都会的に洗練された；おしゃれな。②精巧な。
ソフィスティケート［sophisticate］世慣れさせる；洗練する。
ソフィスト［sophist］詭弁（きべん）家；屁理屈を言う人。＊古代ギリシアのソフィストが弁論にたくみであったことから。
ソフト［soft］①柔らかい。↔ハード。②穏やかな。③ソフトウェア，ソフトボールの略。
〜産業　情報産業などの，無形の高い付加価値を重要な要素とする産業。
ソフトウェア［software］『電算』コンピュータに命令し，演算などをさせるプログラムなどの総称。略ソフト。↔ハードウェア。
ソフトウェア・エンジニアリング［software engineering］ソフトウェ

ア工学。＊ソフトウェアの開発などを工学的に研究する学問。

ソフトウェア・クライシス [software crisis] コンピュータのハードウェアの進歩・普及があまりにも速いため，ソフトウェアの生産や技術者の養成が追いつかない状態。

ソフト・エコノミー [soft economy] 経済の成長率だけが高く，国民の生活の基礎が固まっていない経済。↔ソリッド・エコノミー。

ソフト・エネルギー [soft energy] 太陽光，風力，潮力，地熱などによって得られるエネルギー。↔ハード・エネルギー。

ソフト・カバー [soft cover] ⇨ペーパーバック。

ソフト・カラー [soft collar] 〖服飾〗やわらかな襟(えり)。

ソフト・グッズ [soft goods] 非耐久消費材。↔ハード・グッズ。

ソフト・クリーム [soft ice-cream] 氷結させていない柔らかいアイス・クリーム。

ソフト・クロマ・キー [soft chroma-key] カラーテレビでの画面合成技術。＊はめ込む画面と背景との境界が自然な形でなされる。

ソフト・ケース [soft case] (カメラなどを入れるのに用いる)柔らかい材質で作った入れ物。

ソフト・コア・ポルノ ⇨ソフト・ポルノ。

ソフト・コピー [soft copy] 〖電算〗データを紙に印刷して出力するのではなくて，表示装置の画面に表示する方法。＊データの入力，移動，削除などが自由にできる。↔ハード・コピー。

ソフト・コンタクト・レンズ [soft contact lens] 酸素の透過性が高い素材を使った眼球に優しいコンタクト・レンズ。＊長時間の装着が可能。

ソフト・サイエンス [soft science] 複雑な現代社会の現象を究明する学際的・総合的な科学技術。

ソフト・スーツ [日soft suit] 肩幅の広いゆったりとした仕立ての，色調・素材が軽やかな男性用スーツ。

ソフト・スポット [soft spot] 弱み；弱点。

ソフト・セラミックス [日soft ceramics] 吸水性のあるセラミックス。

ソフト・セル [soft sell] もみ手商法。＊穏やかな口調で行う販売方法。↔ハード・セル。

ソフト・ターゲット [soft target] 厳重な防犯・安全対策が取られていない人や場所。＊テロなどの攻撃を受けやすい民間人，学校やホテルなど。

ソフト・タッチ [soft touch] 手触りが柔らかいこと；人あたりが柔らかいこと。

ソフト・テニス [soft tennis] 軟式テニス。

ソフト・ドラッグ [soft drug] 作用が穏やかで習慣性の弱い麻薬や幻覚剤。＊マリファナやハシシなど。

ソフト・ドリンク [soft drink] 清涼飲料。＊アルコール分を含まない飲み物。↔ハード・ドリンク。

ソフト・ハウス [software house] ソフトウェアの開発・販売企業。

ソフト・バレーボール [日soft volleyball] 1チーム4人で競うゴム製のボールを使ったバレーボール。

ソフト・パワー [soft power] 国際関係において，文化や思想や経済の影響力のこと。＊軍事力や警察力の対立概念。↔ハード・パワー。

ソフト・フォーカス [soft focus] 画面に柔らかい調子を出す撮影法。＊軟焦点レンズを用いたり，レンズに紗(しゃ)などをかぶせたりする。

ソフト・プリーツ [soft pleats] 〖服飾〗スカートの，やわらかい折りひだ。

ソフト・ペダル [soft pedal] ピアノの弱音ペダル。

ソフト・ボイルド [soft-boiled] ①(卵が)半熟の。②内容や文体が穏健な(小説など)。↔ハード・ボイルド。
ソフトボール [softball] 野球に似た球技。＊野球と異なる点は，各塁間が短い，ボールが大きい，投手の投球は下手投げ，走者の離塁制限がある，1試合の回数(イニング)は原則として7回など。略ソフト。
ソフト・ポルノ [soft-core porno] 露骨な性描写を避けてムード的に扱ったポルノ映画。＊ソフト・コア・ポルノの略。↔ハード・コア・ポルノ。
ソフト・マター [soft matter] 柔らかい凝縮物質。＊高分子，ゲル，液晶，コロイド溶液，生物など。
ソフト・ラバー [soft rubber] 〖卓球〗打球面にスポンジをはり，その上にラバー[2]をはったラケット。
ソフト・ランディング [soft landing] ①軟着陸。＊宇宙船が逆噴射ロケットを使って静かに着陸すること。②不景気や失業率増大をまねかずに高度成長から安定成長へ移行すること。↔ハード・ランディング。
ソフト・ルック [日soft look] 色調，デザイン，布地などがソフトな感じを与えるファッション。
ソフト・レンズ ⇨ソフト・コンタクト・レンズ。
ソフト・ローン [soft loan] ①貸し付け条件のゆるやかな借款方式。②国際開発協会(IDA)の借款方式。＊無利子，長期で，現地通貨による返済も可能。
ソフト・ロック [soft rock] リズムやビートなどが柔らかく穏やかな調子のロック音楽。↔ハード・ロック。
ソフホーズ [sovkhoz ロシア] 旧ソ連の国営農場。⇨コルホーズ。
ソプラノ [soprano イタリア] 〖音楽〗女声の最高音域。また，その歌手。↔アルト。
ソブリニティ [sovereignty] 主権。
ソブリン・リスク [sovereign risk] 国家に対する信用リスク。
ソマトスタチン [somatostatin] 成長ホルモンであるソマトトロピンの分泌を抑制する因子。
ソマン [soman] 有機リン系の猛毒ガス。
ソムリエ [sommelier フランス] (高級レストランで)ワイン係；ワイン選びの専門家。
ソムリエ・ナイフ [日sommelier フランス＋knife] ナイフ付きのソムリエ用栓抜き。＊ナイフで瓶(びん)のキャップ・シールを切る。
ソユーズ [Soyuz ロシア] 旧ソ連が開発したロシアの有人宇宙船。＊「団結」「連邦」の意。
ソラシドエア [Solaseed Air] 日本の航空会社。＊本社は宮崎市。
ソラニン [solanine] ジャガイモなどのナス科ナス属の植物に含まれる有毒なアルカロイド。＊新芽に多く含まれ，腹痛やめまいなどをおこす。
ソラリアム [solarium] 病院，施設などの日光浴室。＝サンルーム。
ソラリゼーション [solarization] 〖写真〗露出過度のために，画面に物体の明暗が逆転して現れる現象。
ゾリステン [Solisten ドイツ] 独奏者の集まり。＊Solistの複数形。
ソリスト [soliste フランス] 独奏者；独唱者。
ソリダリティー [solidarity] 団結；連帯。
ソリチュード [solitude] 孤独。
ソリッド [solid] ①固体の；固形の。②中空でない。③固体。↔リキッド。
ソリッド・エコノミー [solid economy] 経済基盤や国民生活の基礎がしっかりした経済。↔ソフト・エコノミー。
ソリッド・ギター [solid guitar] 共鳴胴のないギター。＊弦の音をアンプで増幅する。⇨エレキ・ギター。
ソリッド・サーキット [solid circuit]

半導体上に作った超小型の電子回路。＊集積回路など。

ソリッド・ステート [solid-state] 固体そのものの性質を利用した電子部品。＊固体内での電子の動きを利用する。トランジスタ，ダイオード，集積回路など。

ソリッド・タイヤ [solid tire] 空気の代わりに内部までゴムが詰まっているタイヤ。＊高荷重を積載するトレーラー①などに使う。

ソリテール [solitaireフランス] ①(指輪などで) 1つだけはめこんだ宝石。②1人でするトランプ占い。＊ペーシェンス②とも。

ソリトン [soliton] 〖物理〗粒子と似た動きをする孤立波。

ソリブジン [sorivudine] 抗ヘルペス・ウイルス剤。＊帯状疱疹(ほうしん)の治療薬。

ソリューション [solution] ①(問題などの)解決(法)；説明。②溶液。

ソリューション・ビジネス [solution business] 企業内の問題解決を図る事業。＊IT技術を駆使した最適のシステム・モデルを構築するサービス。

ソリング級 [soling class] 全長8.15メートルの3人乗りヨット。また，それによる競技。

ゾル [Solドイツ] 液体中に微粒子がコロイド状に分散して，流動性をもっている状態。↔ゲル1。

ソルガム [sorghum] イネ科の1年草で,トウモロコシの別名。高黍(たかきび)。＊熱帯アフリカ原産。

ソルジャー [soldier] ①陸軍の軍人；兵士。②(主義のために戦う)戦士。

ソルダー [solder] 半田(はんだ)。＊錫(すず)と鉛の合金。金属の接合に用いる。

ソルティ・ドッグ [salty dog] ウォッカをグレープフルーツ・ジュースで割ったカクテル。＊グラスの縁に塩をつけて飲む。

ソルト [salt] 塩。

ソルド [soldeフランス] 見切り品；特価品；特売品。

ソルビン酸 [sorbic acid] 食品の保存料として用いられる白色の結晶。

ソルフェージュ [solfègeフランス] ドレミファ…による音程，リズム，発声の練習。

ソルベ [sorbetフランス] 果汁に洋酒を加えて凍らせたもの。⇨シャーベット。

ソルベンシー [solvency] 支払い能力；資力；財力。

ソルベンシー・マージン [solvency margin] 生命保険会社の支払い能力を示す指標。

ソルボンヌ [Sorbonneフランス] 旧パリ大学の文学部・理学部の通称。＊創設者の名に因む。

ゾルレン [Sollenドイツ] 〖哲学〗当為(とうい)。↔ザイン。

ソレイユ [soleilフランス] 太陽。

ソロ [soloイタリア] ①〖音楽〗独唱；独奏。②単独の。

ゾロアスター教 [Zoroastrianism] 拝火教。＊紀元前600年頃ペルシャの予言者ゾロアスターが創始した宗教。

ソロ・キャンプ [日soloイタリア＋camping] 1人で行うキャンプのこと。＊1人でキャンプする人はソロ・キャンパーという。

ソロプチミスト・クラブ [Soroptimist Club] 女性の実業家・知識人からなる国際的な団体。＊親善友好と地域社会への奉仕を目的とする。

ソロ・ホーマー [日soloイタリア＋homer] 塁上に走者がいないときに打ったホーム・ラン。

ソロリティ [sorority] アメリカの女性の社交クラブ。特に，女子大生のクラブ。

ソワール [soirフランス] 晩；夕方。

ソワニエ [soignerフランス] 世話をする；手入れする。

ソワレ [soiréeフランス] ①夜会。②夜会服。③(劇などの)夜間興行。↔マチネ。

ソングバード [songbird] ①さえずり鳥；鳴鳥。②女性歌手。③密告者。
ゾンデ [Sondeドイツ] ①口などから体内に入れて胃などを検査するための棒状の器具，または細い管。②ラジオゾンデの略。
ゾンビ [zombie] 死体を生き返らせる超自然力。また，その力によって生き返った死体。＊西アフリカの民間信仰が由来。
ゾンビ・プレーン [Zombie Plane] 管制から途絶えたまま飛び続ける飛行機。
ソンブレロ [sombreroスペイン] スペインや中南米などで用いられる，中央が高く，つばの広い帽子。
ゾンメルスキー [Sommerskiドイツ] 夏季や残雪期などに用いる短いスキー。＊「ゾンメル」は「夏」の意。

タ

ダー [daロシア] 「はい，そうです」。↔ニェート。
ダーウィニズム [Darwinism] イギリスの生物学者ダーウィンが著書『種(しゅ)の起源』の中で唱えた進化論。
ダーウィン・フィンチ [Darwin's finch] スズメ目ホオジロ科の小鳥。＊ダーウィンが進化論の着想を得たといわれる。ガラパゴス諸島，ココ島に生息。
ターキー [turkey] ①七面鳥。②〘ボウリング〙ストライクを3回続けてとること。
ダーク [dark] 暗い；(色が)黒っぽい。↔ライト[1]①。
ダーク・ウェブ [dark web] 通常の検索エンジンには表示されず，違法薬物や武器の取引などの犯罪行為に利用されるウェブ・サイト。
ダーク・エイジ [Dark Ages] 暗黒時代。＊特に，ヨーロッパの中世暗黒時代をさす。
ダーク・エネルギー [dark energy] 全宇宙を構成するエネルギーのうち，大半を占めると予測される謎のエネルギー。
ダーク・カラー [dark color] 渋くて落ち着いた色。
ダーク・スーツ [dark suit] 濃紺または黒っぽい色調の背広。
ダーク・チェンジ [dark change] 〘演劇〙暗転。
ダーク・ツーリズム [Dark tourism] 戦争跡地や災害跡地などをたずねる旅。＊負の遺産から学ぶ考え方。
ダーク・ホース [dark horse] ①〘競馬〙穴馬。＊番狂わせで勝つ可能性のある馬。②(選挙などで)有力とみなされている不気味な人物。
ダーク・マター [dark matter] 暗黒物質。＊宇宙の質量・エネルギーのうち，ダーク・エネルギーの半分以下の割合で占めると予測される。
ターゲット [target] ①標的；目標。②(商品の)購買対象者。
ターゲット・ゾーン [target zone] 〘経済〙変動相場制において目標値とされる為替相場の変動許容幅。
ターゲティング [targeting] 標的市場の選択。＊マーケティング活動を効果的に行うための戦略。
ターコイズ [turquoise] ①⇨トルコ石。②ターコイズ・ブルーの略。
ターコイズ・ブルー [turquoise blue] 青緑色。略ターコイズ。
ダーシ [dash] 「—」の符号。＊語句と語句の接続を表す。＝ダッシュ。
タージ・マハル [Taj Mahal] インドのアグラにある総大理石の霊廟(れいびょう)。＊ムガル朝第5代皇帝シャー・ジャハーンが愛妃のため建設。
ダージリン [Darjeeling] インドの高原都市ダージリン産の高級茶。
ダース [dozen] 12個。また，12個をひとまとめにした1組。略doz., dz.。
ターター [tartar] ①酒石。②歯石。

タータン・チェック [日tartan check] 多色使いの格子縞(こうしじま)模様。また，その模様の毛織物。
タータン・トラック [Tartan track] 〖商標〗合成ゴムを敷いた陸上競技用の走路。
ダーチャ [dachaロシア] 郊外の別荘。
ダーツ [darts] ①円形の的に手投げの矢を投げて得点を競う室内競技。②〖服飾〗衣服につけたV字型のつまみ縫い。
ターツァイ [塌菜チャイナ] アブラナ科の野菜で，白菜の一種。＊中国原産。ターサイとも。
ダーティー [dirty] 汚れた；卑劣な。
ダーティー・ボム [dirty bomb] 汚い爆弾。＊小型の通常爆弾で，爆発とともに放射性物質をまき散らす。
ダート [dart] ダーツ①で用いる投げ矢。
ダート・コース [dirt course] 〖競馬〗芝のかわりに細かい土や砂などを敷きつめて水はけをよくした走路。略ダート。⇨ターフ・コース。
タートルネック [turtleneck] とっくり襟(えり)。＊タートルは「カメ」。
タートル・マラソン [日turtle marathon] 主に高齢者や障害者を対象とするマラソン。＊健康のために，タイムに関係なく亀(タートル)のようにゆっくりマイ・ペースで走る。
ターナー [turner] 〖料理〗フライ返し。
ターナー症候群 [Turner's syndrome] 女性の性染色体異常による疾患。＊アメリカの内分泌学者H.ターナーが報告。
ターニップ [turnip] ヨーロッパ原産のカブ。
ターニング・ポイント [turning point] 転換期；転機。
ターバン [turban] ①インド，近東諸国のイスラム教徒の男性が頭に巻く布。②ターバン風の婦人帽。
ダービー [Derby] 〖競馬〗ロンドン郊外のエプソムで毎年6月に行われる，サラブレッド明け3歳馬によるレース。＊1780年にイギリスのダービー伯爵(はくしゃく)によって創始。
日本～ 東京優駿(ゆうしゅん)の通称。＊東京競馬場で毎年5月に行われる。
ダービー・ハット [derby hat] 山高帽。
ダービー・マッチ [derby match] 〖サッカーなど〗同じ地方，都市，地区に本拠を置くチーム同士の試合。
タービダイト [turbidite] 混濁流で運ばれた海底の堆積物。
タービュランス [turbulence] ①乱気流。また，それによる飛行機の大揺れ。②大荒れ。
タービン [turbine] 高温高圧の蒸気・ガスなどを羽根車に吹きつけて回転させ，動力を得る装置。＝ガス・タービン。
ターフ [turf] ①芝生；芝地。②ターフ・コースの略。
ターフ・コース [turf course] 〖競馬〗芝を張ったコース。略ターフ。
ターブル・ドート [table d'hôteフランス] 西洋料理の定食。↔ア・ラ・カルト。
ターボ ターボチャージャーの略。
ターボジェット [turbojet] ジェット・エンジンの一種。＊空気を取り入れて圧縮し，燃料と混ぜて燃焼させたガスで圧縮機のタービンを回転させ，排気を後方から噴出させて推力を得る。
ターボチャージャー [turbocharger] 〖自動車など〗エンジンの排気ガスでタービンを回転させて空気を圧縮し，それをエンジンに送って，出力増大を図る装置。略ターボ。⇨スーパーチャージャー。
ターボプロップ [turboprop] ジェット・エンジンの一種。また，それを使った航空機。＊ターボジェットの燃焼ガスでタービンを回転させ，その力でプロペラを回転させる。
ダーマル [dermal] 皮膚の；真皮の。
ターミナル [terminal] ①終着駅；終点。②終末。③〘電算〙端末装置。
ターミナル・アダプター [terminal adapter] パソコンやモデム，電話，FAXなどをISDNに接続するための信号変換装置。
ターミナル・ケア [terminal care] 終末期医療。
ターミナル・ビル [日terminal building] 鉄道の起点・終点や空港などにある建物。
ターミネーター [terminator] ①終わらせるもの。②〘電算〙終端抵抗。③〘天文〙(月・星の)明暗境界線。
ターミネーター・テクノロジー [terminator technology] 植物の種子に致死性たんぱく質をつくる遺伝子を組み込み，発芽能力をなくす技術。
ターミノロジー [terminology] (集合的)術語や専門用語。
ターム [term] ①期間；学期。②期限；期日。③術語；専門用語。
ダーム [dame フラ ンス] 夫人；奥様。
ターム・ローン [term loan] 返済期間が1～10年程度の金融。
ダーメ [Dame ドイ ツ] 夫人；奥方。
ターメリック [turmeric] ウコン(鬱金)。＊熱帯アジア原産。根茎の粉末を着色料・染料などに用いる。
ダーリン [darling] ①最愛の人；いとしい人。②「あなた」「おまえ」。
タール [tar] 石炭や木材などを乾留するときにできる黒色または褐色のねばねばした液体。
タール・サンド [tar sand] 油砂；タール状の原油を含んでいる砂岩。＝オイル・サンド。
ターレット・トラック [turret truck] 小型の構内運搬自動車。＊ターレット，ターレとも。
ターン [turn] ①回転すること；方向転換。②〘水泳など〙折り返し。③〘ダンス〙旋回すること。④順番。
ターンアラウンド・タイム [turnaround time] 〘電算〙1つの命令をやり終えるのに必要な時間。
ターンアラウンド・マネージャー [turnaround manager] 企業の再生請負人。
ターンオーバー [turnover] ①スポーツでエラー・反則により，ボールの保持権が相手側にわたること。②皮膚の角質が新陳代謝によりはがれ落ちること。
ターン・オン [turn-on] 麻薬によって起こる興奮・陶酔状態。
ターンキー方式 [turnkey system] プラント輸出やシステム開発の契約方式。＊鍵を回せばすぐに稼動できる状態で設備を引き渡すこと。
ターンテーブル [turntable] ①レコード・プレーヤーの回転盤。②車両の転車台。③中華料理で，回転式丸テーブル。
ターンパイク [turnpike] 有料(高速)道路。＊原義は「通行税取立て門」。
タイ [tie] ①ネクタイの略。②〘スポーツなど〙同点。＝タイ・スコア。③〘音楽〙同じ高さで並んだ2個の音符間にかけた弧線(⌒)。＊音を切らずに演奏する。⇨スラー。
ダイ [die] ①金型。②死ぬ。③⇨シリコン・チップ。
ダイアグノーシス [diagnosis] ①コンピュータの自己診断機能。②デジタル制御されたエンジンが正常に働いているかどうかをチェックする機能。＊原義は「診断」「治療」。
ダイアジノン [diazinon] 有機リン系殺虫剤。＊河川，大気汚染などの原因となる。
ダイアジン [Diazine] 〘商標〙サルファダイアジンの商品名。
ダイアッド [dyad] ①2個1組；1対。②〘化学〙2価元素。③〘生物〙2個染色体。④2者関係；2人組。

タイ・アップ [tie-up] 提携(すること)；協力(すること)。
〜広告 [〜advertising] 共同広告；相乗り広告。＝タイ・イン広告，ジョイント広告。
ダイアナ [Diana] 〖ローマ神話〗月の女神で，女性と狩猟の守護神。＊ギリシア神話のアルテミスにあたる。ラテン語読みでは，ディアーナ。
ダイアフラム [diaphragm] ①角膜；横隔膜。②レンズの絞り。③女性用避妊具。＝ペッサリー。
ダイアモンド ⇨ダイヤモンド。
ダイアライザー [dialyzer] 血液透析器；人工透析器；人工腎臓。
ダイアリー [diary] 日記；日記帳。
ダイアル ⇨ダイヤル。
ダイアレクト [dialect] 方言。
ダイアローグ [dialogue] ①会話；対話。②(劇・小説などの)対話の部分。↔モノローグ。
ダイアログ・ボックス [dialog box] 〖電算〗ユーザーへの注意・確認事項を表示するウインドー。
タイ・イン [tie-in] 抱き合わせの。
〜広告 ⇨タイ・アップ広告。
ダイ・イン [die-in] 犠牲者を模して地上に横たわる抗議行動。
ダイエタリー・ファイバー [dietary fiber] 食物繊維。
ダイエット[1] [diet] 美容・健康のための食事制限；減食。＊原義は「日常の食事」。
ダイエット[2] [the Diet] 国会；議会。
ダイエティシャン [dietician] 栄養士。＊dietitianとも。
ダイオード [diode] シリコンやゲルマニウムなどの半導体からなる2端子素子の総称。
発光〜 電流の変化によって光を出すダイオード。＊家電品，コンピュータなどの動作モードの表示などに利用。略LED。
ダイオキシン [dioxin] 環境汚染物質で，猛毒の有機塩素化合物。＊発がん性，催奇性があるとされる。
タイガ [taiga ロシア] シベリア北部，カナダ北部，アラスカなどに広がる，常緑針葉樹林帯。
タイガー [tiger] トラ(虎)。
タイガー・バッジ [tiger badge] 第1級のシェルパに贈られるヒマラヤン・クラブのバッジ。
ダイ・カスト [die casting] 金属を溶かし高圧で鋳型に注入して鋳造する方法。⇨ダイス[2]②。
ダイキリ [daiquiri] カクテルの一種。＊ラム酒，砂糖，ライム[1]①・ジュースなどを混ぜて作る。
タイクーン [tycoon] ①大君。＊幕末に外国人が徳川将軍に対して用いた呼称。②実業界の巨頭。
タイ・ゲーム [tie game] 同点試合；引き分け試合。
ダイサー [dicer] 野菜，果物，チーズなどをさいの目状にカットする機械。
ダイジェスト [digest] (著作物の)要約；概要。
ダイシング・ソー [dicing saw] 半導体の基板を，ICチップに細かく切断する装置。
ダイス[1] [dice] ①さいころ。また，それを使ったゲーム。②〖料理〗さいの目切り。
ダイス[2] [dies] ①雄ねじを切る工具。↔タップ③。②プレス加工などに使う金型。
タイ・スコア [日tie score] ⇨タイ。
タイ・ダイ [tie-dye] しぼり染め。
タイタニック号 [Titanic] イギリスの豪華客船。＊1912年，最初の航海の途中，氷山に激突し沈没。
ダイダロス [Daidalos ギリシア] 〖ギリシア神話〗アテネの工匠(こうしょう)。＊クレタ島の迷宮ラビリンスを造った。
タイタン [Titan] ①〖ギリシア神話〗巨人族の神。＊ティタンとも。

タ

②土星の衛星の1つ。③アメリカの人工衛星打ち上げ用ロケット。

タイツ [tights] 伸縮性のある厚手の編み地でできたパンティー・ストッキング様のボトムス。

タイト [tight] ①(衣服などが)体に密着した；ぴったりした。②時間的に余裕のない。

タイト・ジャンクション [tight junction] 細胞間結合の1つ。密着結合。＊腸管の隣り合う上皮細胞を結合し，分子が細胞間を通過するのを防ぐ。

タイト・スカート [tight skirt] 体に密着するように作ったスカート。

タイト・フィット [tight fit] 衣服が体にぴったりと合っていること。↔ルーズ・フィット。

タイド・プール [tide pool] 潮だまり。

タイトル [title] ①(本などの)題名；表題。②映画・テレビの字幕。③肩書き；称号。④〚スポーツ〛選手権。

タイトル・スポンサーシップ [title sponsorship] 冠大会；冠試合。

タイトル・バー [title bar] 〚電算〛ソフトやファイル名を表示するウインドー最上端の帯状の部分。

タイトル・バック [日title back] 〚映画，テレビ〛字幕の背景として出る画面。

タイトル・ホルダー [title holder] 〚スポーツ〛選手権保持者。

タイトル・マッチ [title match] 〚スポーツ〛選手権試合。

タイトル・ロール [title role] 〚映画，演劇〛主人公の名が題名となっている物語の主役。＊「ジェーン・エア」「ハムレット」など。

タイトロープ [tightrope] ①綱渡りの綱。②危ない橋を渡ること；危険な状況。

タイド・ローン [tied loan] 〚経済〛拘束借款(しゃっかん)。↔アンタイド・ローン，インパクト・ローン。

ダイナー [diner] ①食事をする人。②食堂車。③簡易食堂。

ダイナース・クラブ [Diners Club] アメリカの国際的な信用販売会社。

ダイナソー [dinosaur] 古生代の恐竜。

ダイナトロン [dynatron] 二次電子放出を利用した真空管。

ダイナマイト [dynamite] 珪藻(けいそう)土や綿火薬にニトログリセリンを吸収させて作った爆薬。＊1866年，スウェーデンのノーベルが発明。

ダイナミズム [dynamism] ①活力；力強さ。②動力論。

ダイナミック [dynamic] 動的な；力強い；活発な。↔スタティック。

ダイナミックス [dynamics] 力学；原動力。

ダイナミック・スピーカー [dynamic speaker] 磁場の中に置いたコイルに電流を流して振動させ，それを振動板に伝えて音を出すスピーカー。

ダイナミック・プライシング [dynamic pricing] ①需要の調整を図るために，需給状況によって価格を変動させること。②電力料金を，ピーク時間には高く，そうでない時間の料金を安く設定すること。

ダイナミックRAM ⇨DRAM。

ダイナミック・レンジ [dynamic range] 録音または再生の可能な最弱音から最強音までの範囲。略Dレンジ。

ダイナモ [dynamo] ①整流子発電機。＊もとは，「発電機(generator)」の別称。②原動力。

タイニー [tiny] 小さいさま。

ダイニング [dining] ①食事。②ダイニング・ルームの略。

ダイニング・キッチン [日dining kitchen] 食堂を兼ねた台所。略DK。

ダイニング・バー [日dining bar] 飲酒だけでなく食事もできるバー。

ダイニング・ルーム [dining room]

食堂。略ダイニング。

ダイネット [dinette] 台所に設けた略式の食事用スペース。

ダイバー [diver] ①潜水夫。また，レジャーで海にもぐる人。②〖水泳〗飛び込み競技の選手。

ダイバージェンス [divergence] ①分岐。②不一致。③〖経済〗逆行現象。＊株価が上昇しているのに，指標は下がること。

ダイバーシティ [diversity] ①多様性；相違点。②多様な人材を積極的に活用しようという考え方。

ダイバーシティ・マネジメント [diversity management] 性別・国籍・身体的特徴など，従業員の多様な個性を理解し，最大限に能力を発揮できる環境を整える企業経営。

ダイバージョン [diversion] ①航空機が目的の空港に着陸できず，一旦他の空港に着陸すること。②犯罪に対して司法的処理を避けること。＊「転換」「回り道」の意。

ダイハード [diehard] ①最後まで抵抗する人。②頑固な保守主義者。

タイバック [tieback] カーテンを留めるリボン状の飾り。

タイピスト [typist] タイプライターを打つことを職業とする人。

タイピン [tiepin] ネクタイ・ピンの略。

ダイビング [diving] ①潜水。②〖水泳〗飛び込み競技。③航空機の急降下。④スカイダイビング，スキューバ・ダイビング，スキン・ダイビングの略。

ダイビング・キャッチ [diving catch]〖野球など〗ボールの落下点に飛び込むようにして捕球すること。

タイピング・ソフト [typing software] パソコンの文字入力やタッチ・タイピングを練習するためのソフト。

タイプ [type] ①類型；典型。②…型の人〔物〕。③タイプライターの略。④タイプライターで印字すること。

ダイブ [dive] ①水中に潜ること。②水中に飛び込むこと。③航空機が急降下すること。

タイフーン [typhoon] 台風。

タイプライター [typewriter] キーを指で押して印字する器械。略タイプ。

タイ・ブレーク [tie-break] ①〖テニス〗なかなか決着が付かない場合に行う延長ゲームの方式。②〖ソフトボール〗無死二塁から始める延長ゲームの方式。＊高校野球では13回から無死一・二塁で始める。

ダイベストメント [divestment] 投資の引き上げ。＊特に，環境負荷の高い事業を進める企業に対する投資撤収をさす。

ダイポール・アンテナ [dipole antenna] ケーブルの先に直角状の導線を左右対称につけたアンテナ。＊短波，超短波放送用。＝ダブレット・アンテナ。

ダイポール・モード現象 [dipole mode event] インド洋東部側の海水温が低下し，西部側の海水温が上昇する現象。＊猛暑の原因。

タイポグラフィー [typography] 文字の書体や配置，イラストの使用などを考えて印刷物の紙面を美しく効果的に構成すること。

タイポロジー [typology] ①〖哲学〗類型学。②印刷学。

タイマー [timer] ①(競技などの)計時係；(作業の)時間記録係。②⇨タイム・スイッチ。③セルフ・タイマーの略

タイミング [timing] 最もよい瞬間〔時機〕を選ぶこと。

タイム[1] [thyme] シソ科の多年草。＊葉を香味料として使う。

タイム[2] [time] ①時；時間。②〖スポーツ〗所要時間。③〖野球など〗試合の一時中止。また，その宣告。

④タイム・アウトの略。⑤［T-］アメリカのニュース週刊誌。

ダイム［dime］アメリカ・カナダの10セント硬貨の通称。

タイム・アウト［time-out］①〚スポーツ〛作戦協議・選手交代などのため，試合を一時的に中断すること。②仕事・作業を一時休止すること。③〚電算〛ネットワーク上で設定時間内に応答がない状態。＊時間切れになる。略タイム。

タイム・アップ［日time up］①時間切れ。②〚スポーツ〛試合終了。

タイム・オーバー［日time over］予定時間や制限時間を過ぎること。

タイム・カード［time card］勤務時間を記録するカード。

タイム・カプセル［time capsule］後世に伝えるために事物・記録などを入れて地下に埋めるための容器。

タイムキーパー［timekeeper］計時係；時間記録係。

タイム・サービス［日time service］⇨タイム・セール[1]。

タイム・シート［time sheet］勤怠管理表。

タイムシェアリング［timesharing］①保養施設を所有または利用する際に，利用期間の経費を負担するシステム。②⇨タイム・シェアリング・システム。

タイム・シェアリング・システム［time-sharing system］複数のユーザーが大型コンピュータを同時に利用できるシステム。略TSS。

タイム・シフト［time-shift］テレビ番組や動画配信を，放送・配信時間外に視聴すること。

タイムズ［The Times］イギリスの日刊新聞。

タイム・スイッチ［time switch］セットした時刻に自動的に作動するスイッチ。＝タイマー。

タイムズ・スクエア［Times Square］ニューヨークの中央部，ブロードウェイと42番街の交差点にある広場。

タイム・スタディー［time study］労働効率や生産性の向上のために，作業工程と所要時間を測定・分析して研究すること。

タイム・スタンプ［time stamp］電子データの作成・更新された日時。

タイム・スリップ［日time slip］時間の流れが突然現在から過去や未来へずれること。

タイム・セール[1]［日time sale］時間を区切って特定の品物を値下げして売ること。

タイム・セール[2]［日time sales］〚ラジオ，テレビ〛民間放送局がスポンサーに放送時間を切り売りすること。

タイムテーブル［timetable］（列車などの）時刻表；時間割；予定表。

タイム・トライアル［time trial］①〚自転車競技〛規定の距離を競技者が１人で走り，その所要時間で順位を決める競技。②⇨スプリント②。

タイム・トラベル［time travel］タイム・マシーンで過去や未来へ旅行すること。＊タイム・トリップとも。

タイム・トンネル［time tunnel］過去や未来の世界へ自由に行けるという想像上のトンネル。

タイム・パラドックス［time paradox］タイム・トラベルによって過去の出来事に介入した結果，未来に矛盾が生じてしまう現象。

タイム・マシーン［time machine］過去や未来の世界へ自由に行けるという想像上の機械。

ダイムラー［Daimler］〚商標〛ドイツに本社を置く，世界的な自動車メーカー。

タイム・ライン［time line］①ツイッターやフェイスブックで，複数の投稿が時系列に並んでいる状態。②防災行動計画。＊大規模水災害に関するもの。

タイム・ラグ [time lag] 時間差；時間的なずれ〔遅れ〕。
タイム・ラプス [time lapse] 一定の間隔で撮影した静止画を連続して表示し，コマ送りのような動画に見せる手法。
タイムリー [timely] ①適時の；時機のよい。②タイムリー・ヒットの略。
タイムリー・エラー [日timely error] 〘野球〙相手チームの得点につながる失策；大事な場面での失策。
タイムリー・ヒット [timely hit] 〘野球〙味方チームの得点につながる安打；適時安打。略タイムリー。
タイム・リミット [time limit] 制限時間；期限。
タイム・レース [time race] 〘スポーツ〙着順ではなく，記録によって順位を決める競技法。
タイム・レコーダー [time recorder] 出社・退社の時刻を記録する器械。
タイムワーク [timework] 時給計算によって賃金が支払われる仕事。
ダイモス [Deimos] 〘天文〙火星の2番目に大きい衛星。
タイヤ [tire, tyre] 車輪の外側にはめるゴム製の輪。
ダイヤ ダイヤグラム，ダイヤモンドの略。
ダイヤグラム [diagram] ①図式；図解。②列車などの運行表；時刻表。＊ダイアグラムとも。略ダイア，ダイヤ。
タイヤ・チェーン [tire chain] 自動車のタイヤに取りつける滑り止めの鎖。略チェーン。
ダイヤモンド [diamond] ①宝石の1つ。金剛石。＊4月の誕生石。②〘野球〙内野の別称。③トランプで，赤い菱形(ひしがた)を描いた札。＊ダイアモンドとも。略ダイヤ。
ダイヤモンド・ダスト [diamond dust] 気温が非常に低いとき空気中の水蒸気が氷結し，太陽の光が当たってキラキラと輝く現象。
ダイヤモンド・リング [diamond ring] 皆既食のとき，太陽の光がもれてダイヤモンドの指輪のように輝く現象。
ダイヤル [dial] ①ラジオなどの周波数を合わせるためのつまみ。②電話機の回転文字盤。③電話をかけること。＊ダイアルとも。
ダイヤル・アップ [dial up] 一般の電話回線やモデムを使って，ネットワークに接続する方法。
ダイヤル・イン [日dial in] 直通電話。
ダイヤル・ゲージ [dial gauge] 長さの精密測定器具。
タイヤ・ロック [日tire lock] タイヤの固定器具。＊違法駐車の車に使う。
タイユール [tailleur フランス] 女性のテーラード・スーツ。＊原義は「紳士服の仕立屋」。↔フルール②。
ダイラタンシー [dilatancy] ①液体を含む粉末固体粒子に圧力が加わって固まる現象。②岩石などが地下水の圧力で膨張する現象。
タイラント [tyrant] 暴君；専制君主。
ダイリューション [dilution] ①希薄化。②増資による株の価値の低下。
タイル [tile] 壁や床の表面に張り付け，仕上げに使う陶磁器製の小片。
タイル・カーペット [tile carpet] パネルのような正方形の床材を敷き詰めていく絨毯(じゅうたん)。
ダイレクト [direct] まっすぐな；直接の。
ダイレクト・セール [direct sale] 通信販売などで，消費者に直接商品を販売すること。
ダイレクト・プリント [direct printing] パソコンを使わずに，デジタル・カメラのメモリーやUSBメモリーを挿入してプリントすること。
ダイレクト・マーケティング [direct marketing] 消費者と直接コミュニ

ケーションを図り，販売すること。
ダイレクト・メール [direct mail] 商品カタログなどを個人あてに郵送する宣伝方法。略DM。
ダイレクト・メソッド [direct method] 外国語の直接教授法。
ダイレクト・メッセージ [direct message] ツイッターで送信者と受信者のみが見られる非公開メッセージ。略DM。
ダイレクトリー ⇨ディレクトリー。
タイロス ⇨TIROS。
ダウザー [dowser] 占い棒で水脈や鉱脈などを探り当てる人。
ダウジング [dowsing] 占い棒で水脈や鉱脈などを探り当てること。
ダウト [doubt] ①疑い；疑問。②トランプ遊びの一種。
ダウナー [downer] ①鎮静剤。②気が滅入る状態。
ダウナー牛症候群 [downer cow syndrome] 牛が分娩後，起立不能症状を呈すること。
ダウニング街 [Downing Street] ①ロンドンの官庁街。＊首相官邸・外務省などがある。②イギリス政府の代名詞。
ダウノマイシン [daunomycin] 抗がん性抗生物質で，急性白血病の治療薬。
タウ・プロテイン [Tau protein] 神経軸索内の微小管結合たんぱく。＊アルツハイマー型認知症の原因といわれる。
ダウ平均株価 [Dow-Jones average] ニューヨーク株式市場の平均株価。略ダウ平均。＝ニューヨーク・ダウ。
タウリン [taurine] 魚などに含まれるアミノ酸の一種。＊血中コレステロールを下げる作用がある。
タウン [town] ①町。②都会。
〜誌 特定の地域に身近な情報を提供する雑誌。
ダウン [down] ①(地位・価・程度などが)下がること。↔アップ①。②(病気・過労などで)倒れること。③〘野球〙アウトの数。＊ダンとも。④〘ボクシング〙打たれて倒れること。⑤〘アメ・フト〙攻撃単位。⑥〘ゴルフ〙マッチ・プレーで負け越しているホールの数。↔アップ②。⑦鳥の綿毛(わたげ)。
ダウン・アンダー [Down Under] (英国から見た)地球の裏側。＊オーストラリア，ニュージーランドをさす。
タウンウェア [townwear] 街着。↔カントリー・ウェア。
タウン・ウオッチング [town watching] 街並み，通行人，世相を観察すること。
ダウンサイジング [downsizing] ①コンピュータを，小型化，軽量化，高性能化すること。②業務の縮小。
ダウンサイズ [downsize] 小さくする；小型化する；縮小する。
ダウン・ジャケット [down jacket] 鳥の綿毛(わたげ)を入れた防寒用の上着。
ダウン症候群 [Down's syndrome] 染色体の異常によっておこる先天性の疾患。＊イギリスの医師名から。
ダウンスイング [downswing] ①〘野球〙バットを水平にたたきつけるようにしてボールを打つ方法。②〘ゴルフ〙クラブを振り下ろす動作。
ダウンステージ [downstage] 舞台の前方のこと。
ダウンストリーム [downstream] ①下流へ。②原子力発電の核燃料サイクルで，燃焼後の再処理，廃棄物処理などの工程。③〘電算〙上流の通信機器から下流の通信機器へデータが流れること。
ダウンタウン [downtown] (都市の)商業地区；繁華街。
ダウン・パーカ [down parka] フードつきの，鳥の綿毛(わたげ)を入れた防寒用の上着。⇨パーカー[2]。
ダウンバースト [downburst] 積乱雲の底から突然起きる強い下降気流。

タウン・ハウス [town house] 低層の集合住宅。
ダウンビート [downbeat] 〖音楽〗①強拍。↔アップビート①。②①を示すために指揮者が指揮棒を下に振ること。
ダウンヒル [downhill] ①下り坂。②〖スキー〗滑降(競技)。
タウンプラス [日Town Plus] 配達地域指定冊子小包。＊郵便局の法人向けサービス。
ダウン・プルーフ [down proof] ダウン・ジャケットなどで羽毛が外に飛び出さないように特殊加工すること。
ダウン・ブロー [down blow] 〖ゴルフ，野球〗クラブやバットを振り下ろし，ボールを下に打ちつける打法。
タウン・ページ [日Town Pages] 〖商標〗NTTが発行する業種別電話帳の愛称。⇨ハロー・ページ，イエロー・ページ。
ダウン・ベスト [down vest] 鳥の綿毛(わたげ)を入れた防寒用のチョッキ。
タウン・ホール [town hall] 市役所；町役場；市〔町〕の公会堂。
タウン・ミーティング [town meeting] 行政や政治家と市民による対話集会。
タウン・モビリティ [日town mobility] 高齢者や歩行が困難な人などに，電動車椅子，スクーターを貸し出す制度。＊買い物や散策を支援。
ダウンライト [downlight] 天井に埋め込む方式の照明。
ダウンリンク [downlink] 〖電算〗通信衛星から地上局へデータを送信すること。↔アップリンク。
ダウンロード [download] 〖電算〗ホスト・コンピュータからのデータやメッセージを端末装置に移すこと。↔アップロード。
ダウンロード・コンテンツ [日download contents] メーカーなどからダウンロードして得る，新しいデータやソフトの追加機能。
タオ [Tao] 中国の民族宗教である道教の根本教説で，宇宙の根本原理のこと。＊漢字で「道」。
タオイズム [Taoism] 道教；老荘哲学。
タオル [towel] ①布面に輪の形のたばねを作った織物。②タオル地の手ぬぐい。
タオルケット [日towelket] 厚いタオル地で作った上掛け。
ダガー [dagger] ①〖印刷〗剣標(†)。②短剣；短刀。
ダガー・ナイフ [日dagger knife] 両刃の短剣。＊ダガー(†)のような形。
ダ・カーポ [da capo イタリア] 〖音楽〗「最初に戻って演奏せよ」。記号D.C.。
ダカール・ラリー [Rallye Dakar フランス] オートバイと自動車で行う苛酷なサハラ砂漠縦断ラリー。＊当初パリ郊外～セネガルの首都ダカール間を走行したため名づけられた。
タカジアスターゼ [Takadiastase] 〖商標〗消化酵素アミラーゼ。小麦のふすまから精製した消化剤。＊創製者高峰譲吉の名とジアスターゼから。
タガログ語 [Tagalog マレー] 英語とともにフィリピンの公用語。
タキオン [tachyon] 超高速で運動すると仮定される粒子。
タキシード [tuxedo] 男性の夜会用の略式礼服。＝ディナー・ジャケット。
タキストスコープ [tachistoscope] 被験者に絵や文字などを瞬間的に見せて，その認知度，注目度などをテストする装置。
タギング[1] [tagging] ①〖電算〗タグ付け。ファイルなどに目印として短い単語などをつけて整理する方法。②スプレー塗料で壁や建物に描かれた落書き。
タギング[2] [tugging] 綱引き。
タグ[1] [tag] ①下げ札；付箋(ふせん)。②〖電算〗ファイル内のデータに付ける記号。＊タッグとも。
タグ[2] [tug] タグボートの略。
ダグアウト ⇨ダッグアウト。
タクシー [taxi] 街中などで客を乗せ，目的地まで運んで所定の料金を受け取る乗用車。＊キャブとも。
タグ・システム [tag system] 商品の値札を分類・集計して在庫管理・販売管理を行う方式。
タクソノミー [taxonomy] 分類学；生物分類学。
タクティクス [tactics] 戦術；作戦；かけひき。＊タクティックスとも。
タクト [Taktﾄﾞｲﾂ] 〘音楽〙指揮棒。
ダクト [duct] 冷暖房や排煙などのために，冷風・温風・煙などを送る管。
タクト・システム [tact system] 流れ作業の形態の1つ。＊全工程をいくつかの部分に分け，各部分の加工時間だけコンベヤーが停止する方式。tact は「機転」「コツ」の意。
タグボート [tugboat] (他の船を引いていく)引き船。略タグ。
タグ・マッチ [tag match] 〘プロレス〙2人1組になって行う試合。＊タッグ・マッチとも。
タグ・ライン [tag line] 宣伝広告のキャッチフレーズ；広告文案中のうたい文句。
タゲレオタイプ [daguerreotype] 銀板写真。＊世界初の写真。1839年，フランスのタゲールが発明。
タコグラフ [tachograph] 回転速度記録装置。＊運行記録用。
タコス [tacosｽﾍﾟｲﾝ] 肉や野菜をトウモロコシの粉で作った薄焼きの皮で包んだメキシコ料理。
タコメーター [tachometer] 回転速度計。⇨タコグラフ。
タジン [tajine] 野菜・肉などを蒸す円錐型のふたつき鍋。また，その料理。＊北アフリカ地域に伝わる。
タスク [task] ①作業課題。②仕事；職務。③〘電算〙OSの作業単位。＝プロセス。
タスク・バー [task bar] ウィンドウズの画面下の横長のバー。＊スタート・ボタンや起動中のプログラム名などが表示される。
タスク・フォース [task force] ①機動部隊。②⇨プロジェクト・チーム。
タスク・ライト [日task light] 机上で使用される照明器具。
ダスター [duster] ①ぞうきん；はたき。②ダスター・コートの略。③〘野球〙打者に恐怖を感じさせるため，投手が極端に打者の近くに投げるボール。⇨ビーン・ボール。
ダスター・コート [日duster coat] 薄手のコート。＊もとは，ほこりよけ用。略ダスター。
ダスト [dust] ちり；ほこり；ごみ。
ダスト・シュート [dust chute] 落下式のごみ捨て装置。
ダスト・ストーム [dust storm] 砂嵐。
ダスト・ボックス [dust box] ごみ箱。
タスポ [taspo] タバコを購入する際に必要なICカード。＊成人であるかどうか識別するためのもの。
タスマニア・デビル [Tasmanian devil] オーストラリア・タスマニア島に生息するフクロネコ科の有袋類。＊中形で夜行性の肉食動物。
ダダ [dadaﾌﾗﾝｽ] ダダイスムの略。
タタール [Tatar] 韃靼(だったん)人。＊もとはモンゴル系の一民族をさす。現在は，北方系トルコ系民族をいう。
ダダイスト [dadaïsteﾌﾗﾝｽ] ダダイスムに共鳴する人。
ダダイスム [dadaïsmeﾌﾗﾝｽ] 第1次大戦の終わり頃ヨーロッパに興った文芸・芸術上の運動。略ダダ。
タタミゼ [tatamiserﾌﾗﾝｽ] 日本式の生活様式を取り入れること。＊畳(たたみ)をもじったフランス語での造語。
ダッカルビ 肉や野菜を甘辛く味付け

した韓国の鉄鍋料理。
タック [tuck] 〖服飾〗一定の間隔でつまんで縫ったひだ。
タッグ ⇨タグ[1]。
ダック [duck] ①アヒル；カモ(の肉)。②⇨ズック。
ダッグアウト [dugout] 〖野球〗球場の1塁側と3塁側にある監督，コーチ，選手などの控え席。=ベンチ。
タック・シール [tack seal] 裏面に接着剤がついたプリント用紙。＊宛名を印刷し，はがきや封筒に貼る。
タックス [tax] 税金；税。
タックス・アンサー [日TAX ANSER] インターネット上の税務相談の自動回答システム。＊国税庁が運営。ANSERは，*A*utomatic answer *N*etwork *S*ystem for *E*lectrical *R*equestの略。
タックス・カウンセラー [tax counselor] 税務相談係。
タックス・シェルター [tax shelter] 租税回避。⇨タックス・ヘイブン。
タックス・フリー [tax free] 免税；非課税。
タックスフレーション [taxflation] 高率の課税が原因となっておこるインフレ。＊tax+inflationから。
ダックスフント [Dachshund^{ドイツ}] 四肢が短く胴の長い犬。
タックス・ヘイブン [tax haven] 租税回避地。＊外国籍企業に対して，税制上の優遇措置がある国〔地域〕。
タックスペイヤー [taxpayer] 納税者；税金納付者。
タッグ・マッチ [tag match] ⇨タグ・マッチ。
タックル [tackle] ①〖ラグビー，アメ・フト〗ボールを持っている相手に体当たりしプレーを妨げること。②〖レスリング〗相手に体当たりしたり足をとったりして倒すこと。③〖サッカー〗相手を制して足でボールを奪うこと。④道具。特に釣り道具。
タッサー [tussah] ①柞蚕糸(さくさんし)で織った柔らかい絹布。②横畝(よこうね)が特徴の手織りの厚地織物。
ダッシュ [dash] ①突進すること。②短距離を一気に全速力で走ったり泳いだりすること。③⇨ダーシ。④文字の右肩につける符号。＊A', B"など。
ダッシュ食 血圧をコントロールし，高血圧を防ぐ食事療法。＊飽和脂肪酸，コレステロールを多く含む食品を減らす。*D*ietary *A*pproaches to *S*top *H*ypertensionから。DASH食とも。
ダッシュボード [dashboard] 自動車の運転席の前の計器盤。また，そこに取りつけられている小物入れ。
タッセル [tassel] 衣類やカーテンなどの端につける装飾用の房飾り。
タッチ [touch] ①触れること；触感。②関与すること。③キーをたたく力の入れ具合。④(絵画の)筆づかい；作風。⑤〖野球〗野手が走者をアウトにするためボールを持ったグラブを走者に触れさせること。⑥〖ラグビー〗ボールまたはボールを持った競技者がタッチラインに触れるか，外に出ること。
ダッチ [Dutch] オランダの；オランダ人の。
タッチ・アウト [日touch out] 〖野球〗野手が走者にボールをタッチしてその走者をアウトにすること。
ダッチ・アカウント [日Dutch account] 割り勘。
ダッチ・アクアリウム [Dutch aquarium] オランダ式水生生物の飼育水槽。
タッチ・アップ [touch-up] 〖野球〗フライが捕球される瞬間まで走者が塁に触れていること。
タッチ・アンド・ゴー [touch and go] ①航空機の離着陸訓練。＊着陸してすぐにまた離陸する。②危うい；一

タ

触即発。③軽く触れるだけで通過できる。＊ICカードなど。

タッチ・アンド・ホールド [touch and hold] 画面を指で触ったまま待つ動作。＊テキストのコピー，メニューの表示やアプリを移動するときなどに使う。

ダッチ・オークション [Dutch auction] 買い手がつくまで値を下げていくオランダ式の競売法。＊逆せりとも。

タ

ダッチ・オーブン [Dutch oven] ふたつきの鋳鉄製万能鍋。

ダッチ・コーヒー [Dutch coffee] 水出しコーヒー。

タッチ・スイッチ [touch switch] 軽く触れるだけで回路がつながったり切れたりするスイッチ。

タッチスクリーン [touchscreen] 〘電算〙ディスプレー画面に指で触れて入力する操作盤。＝タッチ・パネル。

タッチ・センサー [touch sensor] 軽く触れるだけで反応する感知器。

タッチ・タイピング [touch typing] キーボードを見ないでキーを打つ方法。＊タッチ・メソッドとも。

タッチダウン [touchdown] ①〘ラグビー〙防御側の選手が自軍のイン・ゴール内に蹴り込まれたボールを地面につけること。②〘アメ・フト〙攻撃側が相手のエンド・ゾーン内にボールを持ち込んで得点すること。

タッチ・ネット [日touch net] 〘バレーボール，卓球など〙プレー中に，体，着衣，ラケットがネットに触れること。＊反則。ネット・タッチとも。

タッチパッド [touchpad] ノート・パソコンのキーボード手前に設置された，指で操作する四角いパネル。

タッチ・パネル [touch panel] ⇨タッチスクリーン。

タッチ・ペン [touch pen] ⇨スタイラス・ペン。

タッチ・ミュージアム [touch museum] 作品に触れることができる美術館。

タッチライン [touchline] 〘サッカー，ラグビーなど〙競技場で両ゴール・ラインと直角なコートの線。

タッチレス [touchless] 機器に直接触れずに操作や指示が可能なこと。

ダッチ・ロール [Dutch roll] 飛行機が蛇行して飛ぶこと。

ダッチ・ワイフ [Dutch wife] ①籐製(とうせい)の抱きかご。②女性の代用にする，等身大の人形。

タッチング[1] [tatting] 小さな輪を編みつなげるレース編み。＊舟型の編具(シャトル)を用いる。

タッチング[2] [touching] ①触れること。②⇨スキンシップ。

タッパーウェア [Tupperware] 〘商標〙ポリエチレン製の密閉容器。

タップ [tap] ①栓；蛇口。②差し込み；コンセント。③雌ねじを切る工具。↔ダイス[2]①。④〘電算〙入力面にペンをタッチする動作。⑤〘ボウリング〙第１投目でピンが１本だけ残ること。⑥タップ・ダンスの略。

ダッファー [duffer] ゴルフの初心者；へたなゴルファー。⇨ダフ[2]。

タップ・ウォーター [tap water] ①水道水。②水道水をペット・ボトルなどに入れたもの。

タップ・シュート [日tap shoot] 〘バスケットボール〙ジャンプして，空中にあるボールを軽くたたくようにして行うシュート。

タップ・ダンス [tap dance] 靴の先とかかとで床を鳴らして踊るダンス。略タップ。

タップミノー [topminnow] カダヤシ科の淡水魚。和名，蚊絶やし。＊ボウフラを捕食する。

ダッフル [duffel] 起毛させた粗織りの毛織物。＊duffleとも。

ダッフル・コート [duffel coat] ダッフルで作った，フード[2]①つきの丈の短い外套(がいとう)。
タトゥー [tattoo] ①点呼の号音。②入れ墨；文身。
ダナー [Duner] イチゴの一品種。＊香りがよく，多汁。アメリカ原産。
ダナエ [Danaeギリシア] 〘ギリシア神話〙アルゴス王アクリシオスの王女。＊ゼウスの息子で英雄ペルセウスの母。
タナトス [thanatos] ①〘心理学〙死の本能；死の衝動。②[T-]〘ギリシア神話〙死の擬人神。
タナトロジー ⇨サナトロジー。
タパス [tapasスペイン] 酒のつまみ；前菜。
タバスコ [Tabasco] 〘商標〙赤トウガラシで作ったソース。
タバリシチ ⇨タワリシチ。
タピオカ [tapioca] キャッサバの根からとった食用でんぷん。
タピオカ・ミルク・ティー [日tapioca milk tea] タピオカを丸めた大粒のタピオカ・パールが入ったミルク・ティー。
タピスリー [tapisserieフランス] ⇨タペストリー。
ダビデ [Dawidhヘブライ] 紀元前10世紀イスラエル王国第2代の王。＊聖母マリアの夫ヨセフの祖先とも。
ダビデの星 [Star of David] 2つの正三角形を60度ずらせて重ね合わせた星型多角形。ヘキサグラム。＊ユダヤ教やイスラエルの象徴。
タヒニ [tahin] 白胡麻(しろごま)ペースト。＊中東料理で使用される。
タビュレーター [tabulator] コンピュータなどの位どり用のキー。また，その装置。略タブ。
ダビング [dubbing] 録音・録画されたものを別のテープやディスクに再び録音・録画して同じものを作ること。また，その複製品。
ダビング・テン [日Dubbing 10] デジタル・テレビ放送の録画を10回までできるシステム。
タフ [tough] じょうぶな；不屈な。
タブ[1] [tab] ①(衣服などの)装飾用の垂れ布。②つけ札；ラベル。③タビュレーター，タブレットの略。
タブ[2] [tub] ふろおけ；浴槽。
ダフ[1] [daf] 大型の太鼓。＊イラン，アゼルバイジャンなどで使用。
ダフ[2] [duff] 〘ゴルフ〙ボールの手前の地面をたたくこと。
タフィー [taffy] 砂糖とバターを煮詰めたものにピーナッツなどを入れたキャラメル風のキャンディ。＊イギリス英語ではトフィー。
タブー [taboo] ①禁忌；禁制。②口にしてはいけないことば。
タフ・ガイ [tough guy] たくましい男；疲れ知らずの男；不死身の男。
タブ・キー [tab key] 「tab」「Tab」と記されたキー。＊文書の縦横をそろえたり，空白を取ったりする機能をもつ。タブは,タビュレーターの略。
タフタ [tafetaポルトガル] 光沢のある平織りの薄い絹織物。
タプナード [tapenadeフランス] 黒オリーブ，アンチョビー，香草などで作った南仏料理のペースト。
ダフネ [Daphneギリシア] 〘ギリシア神話〙河神の娘。＊アポロンから逃れようとして月桂樹に変えられた。
タフネス [toughness] 頑強(がんきょう)なこと；ねばり強いこと。
タブラオ [tablao] フラメンコの舞踏場；フラメンコを鑑賞しながら食事をする店。
タブラチュア [tablature] 〘音楽〙音符を用いずに，楽器の奏法を文字や数字，記号などで記譜する方法。
タブラ・ラサ [tabula-rasaラテン] 〘哲学〙白紙状態。
タブリエ [tablierフランス] 洋服の汚れを防ぐためのエプロン風上っ張り。
ダブル [double] ①2倍；二重；2人用。↔シングル。②ボタンが2列の上着またはコート；袖(そで)や裾(すそ)に折り返しのある衣服。↔シングル

タ

③。③ウイスキーなどの量の単位。＊約60ミリリットル。↔シングル⑥。 **〜幅** 服地で幅が142センチのもの。↔シングル幅。

ダブル・アクセル [double Axel jump]〘フィギュア・スケート〙片足を踏み切って跳び上がり，そのまま2回転半して，もう一方の足で氷面に下りる跳躍演技。＊ノルウェーの選手Axel Paulsenの名から。

ダブル・インカム [double income] 1世帯に2つの収入源があること；共働き世帯のこと。＊ダブル・ポケットとも。

ダブル・エージェント [double agent] 二重スパイ；逆スパイ。＊ダブル・スパイとも。

ダブル・エリミネーション方式 [double elimination—] 敗者復活のあるトーナメント方式。＊野球のWBCなどで採用。

ダブル・キャスト [double cast] 1つの役を2人の俳優が交代で演じること。

ダブル・クリック [double click]〘電算〙マウス[1]②のボタンを続けて2回押すこと。⇨ダブル・タップ。

ダブル・クロス [double cross] クロス・ステッチの上にさらに縦横十字のステッチを重ねる刺繡(ししゅう)の方法。

ダブル・ケア [日double care] 子育てと介護を同時期に担うこと。

ダブルス [doubles]〘テニス，卓球など〙2人対2人で行う試合。↔シングルス。

ダブル・スーサイド [double suicide] 心中。

ダブル・スクール [日double school] 大学生が資格取得のために専門学校などに通うこと。

ダブル・スコア [double score]〘スポーツ〙勝者の得点が敗者の2倍以上あること。

ダブル・スタンダード [double standard] 二重基準。

ダブル・スチール [double steal]〘野球〙2人の走者が同時に盗塁すること。

ダブル・ダッチ [double Dutch] ①ちんぷんかんぷんの言葉。② [D-D-] 縄とび競技。＊2本の長いロープを使用。

ダブル・タップ [double tapping] タッチ・パネルの特定の場所を軽く2回たたくこと。＊マウス[1]②の場合は，ダブル・クリックという。

ダブル・チェック [double check] 再確認；二重に確かめること。

ダブル・デッカー [double-decker] 2階つきのバス〔電車〕。

ダブル・デッキ [double deck] 1台に2組の装置を組み込んだデッキ。

ダブル・トーク [double-talk] あいまいで当てにならない言葉。

ダブル・トーン [double tone] 1枚の原画から2枚の網版を作り，2色を重ねて印刷する方法。

ダブル・トラッキング [double tracking] ①同一の航空路線に2つの航空会社の定期便が運航すること。②同じ人物による歌や演奏の重ね録り。

ダブル・バインド [double bind] 二重拘束。＊相矛盾した二つの命令に応えなければならず，その命令に縛られて身動きできない精神状態。

ダブル・パンチ [日double punch] ①〘ボクシング〙2度続けて加える打撃。②二重の打撃。

ダブル・フェイス [double-faced] ①偽善的な。②両面とも使用できること。⇨リバーシブル。

ダブル・フォールト [double fault]〘テニスなど〙サービスを2回とも失敗すること。

ダブル・ブッキング [double booking] 二重に予約を受け付けること。

ダブル・プレー [double play]〘野球〙併殺。＝ゲッツー。

ダブル・ベース［double bass］ 弦楽器の中で最も大きく最も低音の楽器。＝コントラバス，バス[1]③，ベース[2]。
ダブルヘッダー［doubleheader］ 同じチーム同士が同じ日に，同じ球場で，続けて2回，試合をすること。
ダブル・ベッド［double bed］ 2人用の寝台。↔シングル・ベッド。⇨セミ・ダブル，ツイン・ベッド。
ダブル・ヘリックス［double helix］ DNAの二重らせん構造。
ダブル・ホーン［double horn］ 高音と低音が和音になるクラクション。
ダブル・ボギー［double bogey］〖ゴルフ〗標準打数(パー)より2打多い打数。⇨アルバトロス，イーグル，バーディー，ボギー。
ダブル・ミーニング［double meaning］ 1つの言葉や文章に2つ以上の解釈ができること。
ダブル・ルーム［double room］ ホテルで2人用のベッドを備えた客室。
ダブル・ロール［double role］ 一人二役。＊roleは，演劇などで「役」。
ダブル・ワーク［日double work］ 本業のほかに収入を補塡するための副業をもっている状態。
タブレット［tablet］ ①銘板。②錠剤。③鉄道の通過票。④ペンなどで入力できる板状の装置。略タブ。
〜端末［〜device］ タッチ・パネル式の平板型の情報端末。
ダブレット・アンテナ［doublet antenna］ ⇨ダイポール・アンテナ。
タブレットPC［tablet personal computer］ タブレット端末の1つで，ディスプレーに指やペンなどで直接触れて操作する小型パソコン。
タブロイド［tabloid］ ふつうの新聞の半分の大きさの新聞。
タブロー［tableau フランス］ (カンバスに描かれた完成した)絵；油絵。
タブン［tabun］ アーモンドのような臭いの猛毒の神経ガス。
タペストリー［tapestry］ 綴(つづ)れ織り。また，綴れ織りの壁掛け。＊タピスリーとも。
タベルナ［taberna スペイン］ 小さなレストラン。
ダボス会議［Davos Conference］ 毎年1月，スイスのダボスで開催される世界経済フォーラム。＊正式名称はWorld Economic Forum。
ダマスク［damask］ 繻子(しゅす)に金・銀糸や色糸で模様を織り出した紋織物。
タマリロ［tamarillo］ ナス科の植物。＊トマトに似た赤い実は食用。ペルー原産。ツリートマトとも。
タマリンド［tamarind］ 熱帯原産のマメ科の常緑高木。＊果肉は甘く，清涼飲料水に使用。＝ガルシニア。
ダミー［dummy］ ①見本；模型。②マネキン人形；実験用の人形。③替え玉；隠れみの。④〖サッカー，ラグビー〗パスすると見せかけて相手をかわす技法。
ダミー・ヘッド［dummy head］ 両耳にマイクを取り付けた等身大の人頭型録音器具。＊臨場感が得られる。
ダミエ［damier フランス］ 市松模様。＊チェッカーボード・チェックとも。
タミフル［Tamiflu］〖商標〗スイスの製薬会社ロシュが製造する抗インフルエンザ剤。
ダム［dam］ 発電・水道などに利用する水をたくわえるために河川をせき止めて築いた堤防。
ダムウエーター［dumbwaiter］ 料理運搬用エレベーター。
ダムサイト［damsite］ ダム建設用の敷地。
ダム・ターミナル［dumb terminal］〖電算〗記憶回路がなく，他のコンピュータに接続して入力するためにだけ使われる端末機。↔インテリジェント・ターミナル。
タム・タム［tam-tam］ 銅鑼(どら)に似

た金属製の打楽器。
タムレ [tamureポリネシア] タヒチ島に伝わる情熱的なリズム。また，そのリズムにのって舞う踊り。
ダメージ [damage] 損害；被害；痛手。
ダメージ・ケア [日damage care] 傷んだ髪や頭皮の手入れをすること。
ダメージ・コントロール [damage control] 損害を最小限に抑えるためのマネジメント技術。
ダメージ・ジーンズ [日damage jeans] 損傷品や着古したように見せたジーンズ。
ダモイ [domoiロシア] 帰還；帰国。＊第２次大戦後，シベリアからの引揚げ者が用いた語。「家へ」「故郷へ」という意。
タモキシフェン [Tamoxifen] エストロゲンの作用を妨げる抗ホルモン剤。＊乳がんの治療薬。
ダラー [dollar] ⇨ドル。
ダライ・ラマ [Dalai Lama] チベット仏教の最高指導者の尊称。＊ダライは，モンゴル語で「大海」，ラマは，チベット語で「師」を意味する。
タラゴン [tarragon] キク科の多年草。＊野菜の風味づけや臭みとりに用いる。＝エストラゴン。
タラソテラピー [thalassothérapieフランス] 海洋療法。＊海草・海泥などを使用。
タラップ [trapオランダ] 船・飛行機の乗り降りに使う移動式の階段。
タランチュラ [tarantula] ①ヨーロッパの伝説に登場する毒グモ。②オオツチグモ科に属するクモ。
ダリア [dahlia] メキシコ原産のキク科の多年草。
タリアテレ [tagliatèlleイタリア] 平たいリボン状のパスタ[2]。
タリウム [thallium] 鉛に似た中毒性がきわめて強い金属元素。原子番号81，元素記号Tl。＊致死量は約１グラム。
タリオリーニ [tagliolini イタリア] セモリナ粉に卵を練り込んだ平打ちパスタ。
タリスマン [talisman] 護符；お守り；魔除け。
タリバン [Taliban] アフガニスタンのイスラム原理主義集団。＊イスラム神学生(タリブ)の複数呼称。
タリフ [tariff] ①関税；関税率。②運賃表。③(ホテルなどの)料金表。
タリフ・クォータ [tariff quotas] 関税割当制度。⇨クォータ制。
ダル [dull] 鈍い；退屈な。
タルカム・パウダー [talcum powder] 滑石(かっせき)の粉にホウ酸・香料などを加えた粉末。＊汗止め用。＝タルク。
タルク [talc] ①滑石。②⇨タルカム・パウダー。
ダルク [DARC] 薬物依存者のための民間のリハビリ施設。＊*D*rug *A*ddiction *R*ehabilitation *C*enterの略。
ダル・セーニョ [dal segnoイタリア] 『音楽』「𝄋印のところに戻って演奏せよ」。記号D.S.
タルタル・ソース [tartar sauce] マヨネーズに刻んだパセリ，タマネギなどを混ぜたソース。
タルチュフ [Tartuffeフランス] 偽善者。＊フランスの劇作家モリエールの喜劇の主人公の名から。
タルト[1] [taartオランダ] あんをカステラで巻いた菓子。＊日本の郷土菓子。
タルト[2] [tarteフランス] パイ生地に果物やジャムをのせて焼いた洋菓子。＊タートとも。
タルトレット [tarteletteフランス] １人用の小さなタルト。
ダルフール紛争 [Darfur Conflict] スーダン西部ダルフール地方の民族紛争。
ダルマ [dharmaサンスクリット] ①仏陀の教え。②達磨大師。＊中国禅宗の始祖。
タルムード [Talmudヘブライ] モーセの口伝律法を収めた文書群(６部構成，63

編)。＊ユダヤ教の生活の規範，信仰の基となっている。原義は「研究」。
ダルメシアン [Dalmatian] 短い白い毛に黒い斑点のある猟犬。＊クロアチアのダルマチア地方原産。
タレント [talent] ①才能。②芸能人；テレビ，ラジオなどの出演者。
タロ芋(いも) [taro ポリネシア] 熱帯地方で産するサトイモ科の多年草。＊芋状の根茎を食用にする。
タロット・カード [tarot card] 占い用のカード。
タワー [tower] ①塔。②高層建築物。
タワー・クレーン [tower crane] 塔形クレーン。＊高層建築の現場で使われる昇降可能な仮設揚重機。
タワー・パーキング [日tower parking] 高層駐車場。
タワリシチ [tovarishch ロシア] 仲間；同志。＊タバリシチとも。
タン[1] [日tongue] 牛や豚の舌。
タン[2] [湯 チャイナ] 汁；スープ。
タンガ [tanga ポルトガル] ①腰巻き。＊もとは，インディオの女性が着用。②リオのカーニバルでダンサーが着る水着風の衣装。
タンカー [tanker] 石油・薬品などの液体を大量に運搬する船。
ダンガリー [dungaree] デニムの一種。＊もとはインド産の綿布のこと。⇨ドンゴロス。
タンガロイ [Tungalloy] 『商標』炭化タングステンとコバルトの合金。＊切削工具の材料に用いる。
タンギング [tonguing] 管楽器を演奏するときの舌を用いた奏法。
タンク [tank] ①液体や気体をためておく容器。②戦車。
ダンク・ショット [dunk shot] 『バスケットボール』バスケットの真上からボールを叩き込むこと。＊ダンク・シュートとも。
タングステン [tungsten] レアメタルの一種で，灰白色のきわめて硬い金属。原子番号74。元素記号W。＊電球のフィラメント，合金材料用。
タンク・トップ [tank top] 肩つりのついた水着型の女性用の上着。
タングラム [tangram] 知恵の板。7枚の板をいろいろな形に並べるパズル遊び。
タンク・ローリー [日tank lorry] 液体，固体，気体を運搬するためのタンクを備えた特殊な自動車。
ダンケ [danke ドイツ] 「ありがとう」。
ダンケ・シェーン [Danke schön ドイツ] 「どうもありがとう」。
タンゴ [tango スペイン] アルゼンチン発祥の4分の2拍子のダンス音楽。また，それにあわせて踊るダンス。
ダンサー [dancer] ①踊りを職業とする女性。②舞踊家。
タンザナイト [tanzanite] ラベンダー色の宝石。＊原石は濃紺。タンザニア北部で採れる。
タンジェリン [tangerine] タンジールみかん；日本の温州みかん。
タンジェント [tangent] 『数学』三角関数の1つで，正接。記号tan。
タン・シチュー [日tongue stew] 牛の舌を煮込んだ料理。
ダンジネス・クラブ [Dungeness crab] 小型の食用ガニ。＊米国カリフォルニア北部産。
ダンジョン [dungeon] 迷宮；地下牢。
ダンス [dance] 西洋風の踊り。
ダンス・パーティー [dance party] 舞踏会。＝ボール[1]③。
ダンス・ホール [dance hall] ダンスを楽しむ娯楽場。略ホール[1]③。
ダンス・ミュージック [dance music] 舞踏曲；ダンス曲。
タンタル [Tantal ドイツ] 『化学』延性，展性，耐酸性に富む金属。原子番号73。元素記号Ta。＊コンデンサーや歯のインプラントなどに用いられる。
タンタロス [Tantalos ギリシア] 『ギリシア

神話』ゼウスの子。＊神々の秘密を漏らした罪で地獄に落ちた。

タンタンメン［担担麺チャイナ］ 四川風の辛い中華そば。＊芝麻醤(チーマージャン)・醤油(しょうゆ)・ラー油などで味をつける。

ダンディー［dandy］ ①おしゃれな男；伊達(だて)男。②洗練された。

ダンディズム［dandyism］ 男のおしゃれ；伊達(だて)好み；粋(いき)な態度。

タンデム［tandem］ 前後に座席のある2人乗りの自転車。

ダンデライオン［dandelion］ 西洋タンポポ。

ダンドゥット［dangdutインドネシア］ インドネシアのダンス音楽。＊インド音楽，ロックの影響を受ける。

タンドール［tandoor］ 粘土製の円筒型かまど。＊インド料理で用いる。

タントラ［tantra］ ヒンズー教やチベット仏教で，神秘的・密教的な教義・教典。

ダンドラフ［dandruff］ ふけ；ふけ症。

タンドリー・チキン［tandoori chicken］ 北インドの鶏料理。＊ヨーグルトと香料に漬け込んだ鶏肉を赤く着色して，タンドールで焼く。

タンナー［tanner］ 製革業者；皮なめし工。

タンニン［tanninオランダ］ 植物に含まれる収斂(しゅうれん)性のある物質。＊染色，インクの製造，止血剤などに用いる。

タンニング［tanning］ 日焼け。

ダンパー［damper］ ①振動を押さえる装置。②楽器の弱音器。

タンバリン［tambourine］ 金属または木製の枠の片側に皮を張り，周囲に金属性の鈴をつけた打楽器。＊タンブリンとも。

タンパリング［tampering］ ①『プロ野球』不正な事前交渉。②ネットやICカードへの不正なアクセス。

ダンヒル［Dunhill］『商標』イギリスの代表的なラグジュアリー・ブランド。

ダンピング［dumping］ ①不当廉売。②(ごみなどの)投げ棄(す)て。

～関税［～tariff］ 不当廉売関税。＊正常価格より低い外国製品に対して課税する。

～条約 「廃棄物その他の物の投棄による海洋汚染の防止に関する条約」の通称。

ダンピング症候群［dumping syndrome］ 胃切除後に現れる後遺症。＊dumpingは「墜落する」の意。

ダンプ［dump］ ①どさっと落とす〔降ろす〕こと。②ダンプ・カーの略。③コンピュータに記憶された情報をディスプレーやプリンターに出力し，表示すること。

タンブール［tambourフランス］ ①太鼓。②刺繍(ししゅう)に使う円形の枠。

ダンプ・カー［日dump car］ 荷台を傾けて積み荷を降ろせるようにしたトラック。略ダンプ。

ダンプ・サイト［dump site］ ごみ捨て場。

タンブラー［tumbler］ ①平底の大型コップ。②⇨タンブル乾燥機。

タンブリン［Tamburinドイツ］ ⇨タンバリン。

タンブリング［tumbling］ 数人が手を組んだり肩に乗ったりして，いろいろな形を作る体操。

ダンプリング［dumpling］ 小麦粉に卵，バターを加えて丸め，だんご状にしてゆでたもの。

タンブル・ウィード［tumble weed］ ヒユ科の植物。風転草。＊実をつけた株が風に乗って地面を転がる。

タンブル乾燥機 回転式の洗濯物乾燥機。＊drying tumblerから。＝タンブラー。

ダンベル［dumbbell］ 亜鈴(あれい)。＊体操，ボディー・ビルなどに使う。

タンポナーデ［tamponade］ 心膜腔に液体が大量にたまり，心臓の拡張不全が起きた状態。
タンポン [tamponフランス] ①止血用の脱脂綿やガーゼの栓。②生理のとき膣(ちつ)口に挿入する綿栓。
タンメン [湯麺チャイナ] 塩味のスープに油で炒めた野菜を入れた中華そば。

チ

チア [chia] サルビア属シソ科の植物で，ビタミンやミネラルが豊富な自然食品。＊アメリカ，グアテマラ原産。
チアー [cheer] 喝采(かっさい)；応援。
チアーズ [cheers!] 万歳；乾杯。
チア・ガール [日cheer girl] 女子の応援団員。
チアノーゼ [Zyanoseドイツ] 血液中の酸素欠乏により皮膚や粘膜が青紫色になる状態。
チア・ホーン [cheer horn] 応援用の小型ラッパ。
チアミン [thiamine] ビタミンB_1の化学名。＊穀物の胚などに含まれる。
チアリーダー [cheerleader] 応援の指揮をする女子の応援団員。
チーク[1] [cheek] ①ほお(頬)。②厚かましさ；生意気。
チーク[2] [teak] 東南アジアで産する軽くて堅い木材。＊建築・家具用。
チーク・ダンス [日cheek dance] 男女がほおをすり寄せて踊るダンス。
チーズ [cheese] 牛乳のたんぱく質を凝固・発酵させた食品。
チーズケーキ [cheesecake] チーズを生地に混ぜて焼いたケーキ。
チーズ・フォンデュ [cheese fondue] スイスの鍋料理。＊串(くし)にさした一口大のパンを，白ぶどう酒で溶かしたチーズをからめて食べる。⇨フォンデュ。
チーター [cheetah] ヒョウ(豹)に似たネコ科の猛獣。＊黄褐色で全身に黒い斑点(はんてん)がある。インド，アフリカに分布。走るのが速い。
チーター [cheater] 欺(あざむ)く人；詐欺(さぎ)師。
チート [cheat] ゲームの内容を不正に改変・改造する行為。＊原義は「騙(だま)す」「いかさまをする」。
チートイツ [七対子チャイナ] 〖麻雀〗同じ牌(ぱい) 2個ずつで種類のちがう7組を作ってあがりとなる変則的な役。
チート・シート [cheat sheet] ①カンニングに使う紙。②プログラミングの要点をまとめた参照表。
チート・デイ [cheat day] ダイエット期間中に制限を設けずたくさん食べられる日。
チーパオ [旗袍チャイナ] チャイナ・ドレス。
チーフ[1] ⇨ハンカチーフの略。
チーフ[2] [chief] (組織・集団の)長。
チープ [cheap] 値段が安い；安っぽい。
チーフ・アンパイア [chief umpire] 主審；主任審判員。
チーフ・エグゼクティブ [chief executive] 最高経営責任者；企業の社長；取締役会長。
チーフ・エグゼクティブ・オフィサー ⇨CEO。
チープ・ガバメント [cheap government] 安価な政府。＊政府の支出を国防・治安維持などに限定し，その財政支出を必要最小限にとどめるべきであるという考え方。
チープ・シック [cheap chic] 安価だが，しゃれた感じを出すこと。
チーフ・パーサー [chief purser] 飛行機の客室乗務員の長。
チーマージャン [芝麻醤チャイナ] 中国料理のすり胡麻(ごま)ペースト。
チーム [team] ①(団体競技の)組。②(同じ仕事をする)組；班；一団。
チーム・カラー [日team color] そのチームの特色や個性。
チーム・ケア [team care] 医療・福祉の専門職が連携した介護。

チーム・スピリット [Team Spirit] 米·韓合同軍事演習の通称。

チーム・パシュート [team pursuit] ⇨パシュート。

チーム・プレー [team play] 個人の記録や成績よりもチームの勝利を優先するプレー。

チームメート [teammate] チームの仲間。

チームワーク [teamwork] チームとして統制のとれた協力体制。

チェア [chair] 椅子。＊1人用で背もたれのあるもの。

チェア・ウォーカー [日chair walker] 車椅子の使用者。

チェア・スキー [chair ski] 1本のスキー板に椅子を付けた下肢障害者用の滑走具。＊シット·スキーとも。

チェアマン [chairman] ①議長；司会者。＊チェアパーソンとも。②〖サッカー〗Jリーグの最高責任者。

チェイサー [chaser] ①追っ手；追跡者；追撃機。②強い酒の合間などに飲む水。または軽い飲み物。

チェーシング [chasing] 彫金。

チェーン [chain] ①鎖。②チェーン·ストア，タイヤ·チェーンの略。

チェーン・システム [chain system] 物価指数の計算方法。＊5年間の平均指数を100として，毎月の指数を計算する。

チェーン・ステッチ [chain stitch] 刺繍(ししゅう)で，鎖(くさり)縫い。

チェーン・ストア [chain store] 連鎖店。＊各地に小売り店舗を置き，仕入れ，管理などを本部で行う方式のもの。略チェーン。

チェーン・ソー [chain saw] チェーン状の歯をつけた電動のこぎり。

チェーン・メール [chain mail] チェーン·レターのEメール版。

チェーン・レター [chain letter] 連鎖手紙。＊手紙を受け取った人がその写しを作って次々に出すもの。

チェス [chess] 西洋将棋。＊16個ずつの駒(こま)を市松模様の盤上に並べ，相手の王を詰めたほうが勝ちとなる。

チェスターフィールド [chesterfield] ①細身仕立ての紳士用オーバーコート。＊イギリスの政治家チェスターフィールドに由来。②長椅子。

チェスト [chest] ①胸。②(大型のふたつきの)箱。③金庫；基金。

チェスト・パス [chest pass] 〖バスケットボール〗ボールを胸の位置から押し出すようにして投げるパス。

チェスト・ボイス [chest voice] 〖音楽〗胸声。↔ヘッド·ボイス。

チェスナット [chestnut] ①クリ(栗)の木〔実〕。②栗色。

チェダー・チーズ [Cheddar cheese] 円筒型で硬質のナチュラル·チーズ。＊イギリスのチェダー村原産。

チェチェン [Chechen] カフカス山脈の北麓にあるロシア連邦に属する共和国。＊ロシアからの独立を主張。

チェッカー [checkers] ①西洋将棋。＊12個ずつの丸い駒(こま)を市松模様の盤上に並べ，相手の駒を取り合う。②市松模様；格子縞(こうしじま)；碁盤縞。

チェッカー・フラッグ [checker flag] 〖自動車レース〗スタートやゴールなどの合図に振る市松模様の旗。

チェック [check] ①点検〔検査〕すること。また，それをすませた印(✓)。②市松模様；格子縞(こうしじま)。③小切手。④〖チェス〗王手をかけること。

チェックアウト [checkout] (宿泊を終えて)ホテルを出ること。また，その手続き。↔チェックイン①。

チェック・アンド・バランス [checks and balances] 抑制と均衡。＊3権(立法，司法，行政)分立により，互いに抑制しあって均衡を保つこと。

チェックイン [checkin] ①ホテルの宿泊手続きをすること。↔チェックアウト。②搭乗手続き。

チェックオフ [checkoff] 給料から

労働組合費を天引きすること。

チェックサム [checksum] データ伝送時のエラー検出方法。＊データを複数のブロックに分けて送信する。

チェック・ディジット [check digit] 番号の入力・読み取りエラーを検出するための付加数字。

チェック・バルブ [check valve] 液体や気体の逆流を防ぐための弁。

チェックブック [checkbook] 小切手帳。

チェックポイント [日checkpoint] ①注意すべき点〔箇所〕。②自動車のラリーやオリエンテーリングで，コース途中にある通過確認地点。＊原義は「検問所」。

チェックメート [checkmate] 王手；詰み。⇨チェック④。

チェックライター [checkwriter] 小切手や手形などに金額を打ち込む器具。

チェックリスト [checklist] 照合表。

チェビオット [cheviot] イギリスのチェビオット・ヒルズ原産の羊毛。また，それで織ったツイード生地。

チェボル [chaebol コリア] 韓国の財閥。

チェリー [cherry] サクラ(の木)；サクランボ。

チェリオ [cheerio] 「乾杯！」「おめでとう」「ごきげんよう」。

チェリスト [cellist] チェロの演奏家。

チェリモヤ [cherimoya] バンレイシ科の果樹。＊果皮はうろこ状で果肉は白い。南米原産。

チェルケス [Tcherkess フランス] 〖商標〗カーフ(生後6か月の牛)の型押し革。＊フランス・デュプイ社製。高級ブランドが使用。

チェルノブイリ原発事故 [Chernobyl—] 1986年，ウクライナ共和国のチェルノブイリ原子力発電所4号炉で起きた事故。＊国際原子力事象評価尺度(INES)で，レベル7（深刻な事故)に分類されている。

チェレンコフ効果 [Cherenkov effect] 荷電粒子が透明な物質中を，その物質中の光の伝播(でんぱ)速度よりも速く通過するとき，電磁波を放射する現象。＊旧ソ連の物理学者P.チェレンコフが発見。

チェロ [cello] バイオリン属の大型で低音の弦楽器。＊セロとも。

チェンジ [change] ①取りかえること；交替すること。②(列車を)乗りかえること。③(お金を)両替すること。④〖野球〗攻守を交替すること。

チェンジ・アップ [change up] 〖野球〗投手が球速を変化させて打者のタイミングをはずす投球法。

チェンジ・オブ・ペース [change of pace] ①歩調・調子などを途中で変えること。②⇨チェンジ・アップ。

チェンジ・コート [change the court] 〖バレーボール，テニスなど〗コートを交替すること。

チェンジ・レバー [日change lever] 〖自動車〗変速用の操作棒。＊英語ではギアシフト(gearshift)。＝シフト・レバー。

チェンバー [chamber] 部屋；会議室。

チェンバー・ミュージック [chamber music] 室内楽。

チェンバロ [cembalo イタリア] ⇨ハープシコード。

チカーノ [Chicano] メキシコ系アメリカ人。＊女性はチカーナ(Chicana)。

チキータ [chiquita スペイン] ①少女；可愛い娘。②ボールに横回転をかける卓球の打法。

チキン [chicken] ①鶏のひな。②鶏肉；かしわ。③俗語で，「臆病者」。

チキン・カツ [chicken cutlet] 鶏肉にころもをまぶして油で揚げた料理。

チキン・スープ [chicken soup] 鶏のがらでだしをとったスープ。

チキン・ナゲット [chicken nugget]

骨のない鶏肉のフライ。⇨ナゲット。

チキン・ライス [日chicken rice] 鶏肉・タマネギなどと米飯を油で炒め，トマト・ケチャップなどで味つけした料理。

チキン・レース [chicken race] ①2台の車を左右から同時に走らせ，衝突寸前で避けたほうが負けになるゲーム。②度胸試し。＊チキン・ゲームとも。

チクル [chicle] 南米産サポジラの樹液。＊チューイン・ガムの原料。

チクルス [Zyklusドイツ] 連続演奏会。＊1人の作曲家の作品を系統づけて企画・興行する。

チクロ [日cyclo] 人工甘味料の一種。＊シクロヘキシルスルファミン酸ナトリウム(Natriumcyclohexylsulfamate)の略。発がん性があるとして製造禁止。

チゲ [jji-gaiコリア] 朝鮮の鍋料理。＊肉，魚介，豆腐，コチュジャン(唐辛子味噌)などで調味し，鍋で煮る。

チケット [ticket] 切符；入場券。

チケット・ショップ [日ticket shop] コンサートのチケットや商品券など，金券を割引き販売する店。

チケットレス [ticketless] 飛行機，鉄道，コンサートなどのチケットを発券せず，予約客が直接その場で乗車，入場できるサービス。＊クレジット・カードやマイレージ・カード，携帯電話などで代用。

チコリー [chicory] キク科の多年生野菜。

チター [Zitherドイツ] 竪琴(たてごと)に似た30～40弦の弦楽器。＊チロル地方の民族楽器。

チタニウム [titanium] ⇨チタン。

チタン [Titanドイツ] 〚化学〛銀白色の金属元素。原子番号22。元素記号Ti。＊軽くて硬く，熱に強い。＝チタニウム。

チチ [chichi] ウォッカ，パイナップル・ジュース，ココナッツ・ミルク，生クリームなどを混ぜ合わせて作るカクテル。

チヂミ [chijimiコリア] 韓国風お好み焼き。＊辛口の胡麻だれにつけ食べる。

チッカー [ticker] 株式相場や商品市況の情報を自動的に記録する電信市況速報機。

チッキ [check] 鉄道の旅客が乗車券を使って送る手荷物。また，その預かり証。＊チェックのなまり。

チック症 [tic disorder] 顔面，頸部，肩などの筋肉の一部が不随意的に動き，しばしば反復される症状。

チックピー [chickpea] ヒヨコマメ。＊煮込み料理やスープの材料。

チップ[1] [chip] ①賭(か)け金のかわりに使う札や牌(ぱい)。②薄い輪切り。③集積回路用の小片。

チップ[2] [tip] ①心づけ；祝儀。②先端；頂点。③ファウル・チップの略。

チップ・イン [chip in] 〚ゴルフ〛チップ・ショットでボールが直接ホールに入ること。

チップ・カード [chip card] 〚商標〛小型で軽量な情報端末；名刺大のパソコン。

チップ・ショット [chip shot] 〚ゴルフ〛グリーンの近くから，ボールが転がるように，短く打つこと。

チップ・テクノロジー [chip technology] 高密度の集積回路を用いた工業技術。

チップボード [chipboard] ①木くずを圧縮して固めた板。②(台紙などに使う)ボール紙。

チトクロム [cytochrome] 〚化学〛生物の細胞呼吸に関与する酸化還元酵素の総称。

チヌーク [Chinook] 北アメリカ・ロッキー山脈の東麓に吹きおろしてくるフェーン現象による風。

チノ [Chinoスペイン] 中国人。また，東洋人の総称。＊悪意を含む場合がある。

チーノとも。
チノ・クロス［chino cloth］ 厚手の綿綾織りの丈夫な生地。
チノ・パンツ［chino pants］ チノ・クロスで作ったパンツ。
チバニアン［Chibanian］ 約77万4000年前から約12万9000年前の地質時代を表す名称。千葉時代。＊千葉県市原市田淵に代表する地層があることから。
チフス［Typhusドイツ］ 高熱や発疹を伴う細菌感染症。＊腸チフス，パラチフス，発疹チフスなど。
チベット［Tibet］ 中国の南西部，ヒマラヤ山脈と崑崙(こんろん)山脈との間の高原地帯にある自治区。
チベット仏教［Tibetan Buddhism］ インドの大乗仏教を受け継ぎ，インド密教まで広範に含む総合仏教。＊高僧ラマを尊崇することから，一般的にはラマ教といわれた。
チマ［ch'imaコリア］ 朝鮮女子の民族衣装で，胸から踝(くるぶし)までの丈のもの。＊上着のチョゴリとあわせて着る。
チミン［thymine］ 核酸を構成する塩基の1つ。＊DNAで，アデニンと塩基をつくる。
チムニー［chimney］ ①煙突。②〖登山〗岩壁の縦の裂け目。③海底の熱水活動でできた煙突状の噴出口。
チモシー［timothy］ イネ科の多年草。オオアワガエリ。＊花粉症の原因。
チャージ［charge］ ①充電すること；給油すること。②料金；手数料。③⇨チャージング。
チャージ・コレクト［日charges collect］ 運賃の着払いのシステム。
チャージャー［charger］ ①突撃者。②委託者。③充電器。
チャーシャワン［炸蝦丸チャイナ］〖中国料理〗エビのフライ。
チャーシュー［叉焼チャイナ］ 蒸し焼きにした豚肉；焼き豚。
チャーシューメン［叉焼麵チャイナ］ 焼き豚の薄切りやメンマなどを入れた中華そば。
チャージング［charging］ ①〖バスケットボール〗ボールをもった選手が相手にぶつかること。＊反則。②〖サッカーなど〗相手を故意に蹴るなどして，ボールを奪う行為。＊反則。チャージとも。
チャーター［charter］ 借り切ること；貸し切ること。
チャーター・バック［charter back］ 自社の船を外国に売って外国船籍にし，その船を長期間借りて利用すること。
チャーチ［church］ 教会。
チャーチスト［Chartist］ 19世紀の前半にイギリスで起きた労働者の政治改革運動の運動家。
チャート［chart］ ①海図；水路図。②表；図表；グラフ。③〖経済〗株価の動きを示すグラフ。
チャーニング［churning］ ①牛乳やクリームをチャーン②に入れて攪拌(かくはん)すること。②手数料を目当てに，証券業者が過当売買すること。
チャーハン［炒飯チャイナ］ 中華料理で，ごはんに肉・野菜などのみじん切り，卵などを混ぜて炒めたもの。
チャービル［chervil］ セリ科の1年草。＊葉をスープやサラダに利用。
チャーミング［charming］ 魅力的な。
チャーム［charm］ ①魅力。②小さな飾り。
チャーム・クォーク［charm quark］ 中間子の一部を構成する素粒子の1つ。記号はc。
チャーム・ポイント［日charm point］ 人の心をひきつける魅力の中心点。
チャールストン［Charleston］ アメリカ南カロライナ州チャールストンでおこった軽快なテンポのダンス。
チャーン［churn］ ①かきまわす。②バターをつくる攪乳(かくにゅう)器。③短期間に有利なサービスのものに次々と切り換える利用者。
チャイ [chai] インドの紅茶。
チャイナ [China] ①中国。② [c-] 陶磁器；瀬戸物。
チャイナ・シンドローム [China syndrome] 原発事故の危険性を表現することば。＊アメリカで炉心溶融事故が起きれば超高熱で地球の裏側の中国にまで及ぶということから。
チャイナタウン [Chinatown] (中国以外の国にある)中国人街。
チャイナ・フリー [china free] 中国産の原材料や中国製のものを含まないこと。
チャイニーズ [Chinese] ①中国語；中国人。②中国〔人〕の；中国製の。
チャイニーズ・ウォール [Chinese wall] ①万里の長城。②証券会社内での利害が異なる部署間の規制。
チャイニーズ・カラー [日Chinese collar] 立ち襟(えり)の一種。襟が首に沿って高く立ち，前部分が突合せになったもの。＊マンダリン・カラーとも。
チャイニーズ・ノット [Chinese knot] 飾り結び；中国服に用いる紐で作った装飾的なボタン。
チャイブ [chive] ユリ科ネギ属の球根植物。＊あさつきに似たハーブ。
チャイム [chime] ①来客用の呼び鈴。②音階順に並べた金属製の円筒をハンマーでたたいて音を出すようにした楽器。③教会や時計台などでメロディーをかなでる鐘。
チャイルド・アビュース [child abuse] 幼児・児童の虐待。
チャイルド・シート [日child seat] 乳・幼児用補助座席。
チャイルド・ソルジャー [child soldier] 強制的に戦闘に参加させられている18歳未満の兵士。
チャイルド・ライフ・プログラム [child life program] 長期入院中の子供とその家族を支援するためのプログラム。
チャイルド・レイバー [child labor] 未成年者の不法就労。＝ワーキング・チルドレン。
チャウダー [chowder] 魚介類を主材料に野菜を加えて煮込んだスープ。
チャウ・チャウ [chow chow] 毛が厚く，舌の青黒い中国原産の犬。
チャオ [ciaoイタリア] 「ではまた」「さようなら」。
チャオズ [餃子チャイナ] 〘中国料理〙餃子(ぎょうざ)。
チャクラ [cakraサンスクリット] ヨガの身体観で，エネルギーの集結部。
チャコ 洋裁で，布に目印をつけるのに使うチョーク。＊チョーク(chalk)から。
チャコール [charcoal] 木炭。
チャコール・グレー [charcoal gray] 黒に近い灰色。
チャコール・フィルター [charcoal filter] 活性炭入りのたばこのフィルター。＊ニコチンを吸着する。
チャ・チャ・チャ [cha-cha-cha] キューバのダンス音楽から生まれた2拍子のリズム。
チャッカ・ブーツ [chukka boots] くるぶしほどの深さの編み上げ靴。
チャック[1] [Chack] 〘商標〙ファスナーの商品名。⇨ジッパー。
チャック[2] [chuck] ①ドリルの刃を固定する部分。②旋盤で，工作物を締め付けて固定する装置。
チャック・リブ [chuck rib] 牛の肩肉。
チャッター・バー [日chatter bar] 自動車に減速を促すために設けた人為的な道路上の凹凸。
チャット[1] [chat] ①おしゃべり。②ネットワーク上でリアル・タイムに会話をすること。
チャット[2] [kyat] ミャンマーの通貨単位。

チャツネ [chutney] 果物に香辛料，にんにくなどを加えた薬味。
チャップ [chop] ⇨チョップ①。
チャップス [chaps] ①乗馬ズボンにつける革製のカバー。②オートバイのライダーが着る革製のズボン。
チャドル [chador] イスラム教徒の女性が頭からかぶり，全身を覆い隠すベール状の布。
チャネラー [channeler] 霊媒(れいばい)者。
チャネリング [channeling] ①チャンネルを合わせること。②霊と交信すること。
チャネル ⇨チャンネル。
チャパティ [chapati(ヒンディー)] インドなどでの主食で，小麦粉を練り，そのまま薄く焼いたパン。
チャフ [chaff] レーダー妨害片。＊電波反射率の高いアルミ箔片を空中に散布し，ミサイルの攻撃をかわす。
チャプスイ [雑砕(チャイナ)] 広東料理の1つで，鶏肉や豚肉などと千切り野菜を炒め，スープを加え片栗粉でとろみをつけたもの。
チャプター [chapter] 章；支部。
チャプター・イレブン [Chapter 11] アメリカの連邦破産法第11条。＊日本の会社更生法・民事再生法にあたる。
チャプレン [chaplain] 学校，病院，軍隊，刑務所など，教会以外の施設で奉仕する神父・牧師。
チャペル [chapel] キリスト教の礼拝堂。
チャボ [champa(マレー)] 体の小さい，愛玩用の鶏。＊天然記念物。
チャリティー [charity] 慈善；慈善行為〔事業〕。
チャリティー・ショー [charity show] 慈善事業の基金を集めるために行う興行〔公演〕。
チャリティー・ラン [charity run] 参加費やグッズ販売費を，寄付や支援に活用するマラソン・駅伝大会。
チャルダッシュ [csárdás(ハンガリー)] 〘音楽〙ハンガリーの民族舞曲。＊4分の2拍子。
チャルメラ [charamela(ポルトガル)] ラッパに似た木管楽器。＊哀調を帯びた音色で，屋台のラーメン屋で使用。
チャレンジ [challenge] ①挑戦すること。②異議を唱えること。
～制度 〘スポーツ〙審判の判定に対して，ビデオ判定を要求すること。
チャレンジド [challenged] 障害のある人。
チャレンジャー [challenger] ①挑戦者。②選手権保持者に挑戦する資格を得た者。③ [C-] アメリカのスペース・シャトル・オービター。＊1986年，打ち上げ中に爆発。
チャング [changgo(コリア)] 朝鮮半島の太鼓。杖鼓。＊砂時計の形をしている。チャンゴとも。
チャンス [chance] ①機会；好機。②運；めぐり合わせ。
チャンス・メーカー [日chance maker] 〘スポーツ〙得点に結びつくきっかけをつくる選手。
チャンネル [channel] ①各放送局に割り当てられている周波数帯。②テレビ受像機の選局用つまみ。③〘電算〙データを転送する回路。④水路；海峡。⑤流通経路。＊チャネルとも。
チャンネル・リース [日channel lease] 有線テレビ(CATV)の回線を第三者に賃貸しすること。
チャンネル・リーダー [channel leader] ①テレビのチャンネル権を持つ者。②商品の流通過程で，主導的立場にある者。
チャンピオン [champion] ①(競技の)優勝者；選手権保持者。②第一人者；大将。略チャンプ。
チャンピオンシップ [championship] ①選手権；覇権。②選手権大会。
チャンピオンズ・リーグ [Champions

League］ ⇨ヨーロッパ・チャンピオンズ・リーグ。
チャンピオン・フラッグ［champion flag］ 優勝旗。
チャンピオン・ベルト［champion belt］ 選手権を得た者に与えられる飾りのついたベルト。
チャンプ［champ］ チャンピオンの略。
チャンプルー 豆腐とさまざまな野菜を炒めた，沖縄を代表する家庭料理。
チャンポン［攙烹ﾁｬﾝﾎﾟﾝ］ ①肉や野菜などを炒め，麺(めん)にのせて煮たもの。②ごちゃまぜにすること。
チュアブル［chewable］ 咬み砕けること。また咬み砕けるもの。
チューイン・ガム［chewing gum］ 口の中で咬み味わう洋菓子。＊チクルに糖分やはっか，肉桂(にっけい)，香料などを混ぜてつくる。略ガム。
チューター［tutor］ 家庭教師；個人指導教師；講師。
チュートリアル［tutorial］ ①個別指導；家庭教師。②パソコンの操作手順などを初心者にわかりやすく教える教材。
チューナー［tuner］ ラジオやテレビの同調装置。
チューニング［tuning］ ①〖ラジオ，テレビなど〗希望する電波を選んで同調させること。⇨チャネリング①。②楽器を調律したり，音を合わせたりすること。③自動車のエンジンなどを調整すること。
チューバ［tuba］ 最も低い音を出せる大型の金管楽器。
チューブ［tube］ ①管；筒。②練り歯みがき・絵の具などを入れる筒型の容器。③タイヤの内側のゴム管。④ロンドンの地下鉄。⇨サブウェイ①。
チューブ・ソックス［tube socks］ かかとのない筒型のソックス。
チューブ・トップ［tube top］ ニット製の，肩ひものない筒状の上着。
チューブレス・タイヤ［tubeless tire］ チューブなしのタイヤ。
チューリング賞［Turing Award］ 計算機科学分野ですぐれた功績を残した人に年に一度，ACM[2]から贈られる賞。＊コンピュータ界のノーベル賞といわれる。A.M.チューリングの名から。
チューリング・テスト［Turing test］ コンピュータが人間と同様の思考回路をもつことが可能であるかどうかを判定する検査。
チュール［tulleﾌﾗﾝｽ］ 絹・レーヨンなどで作った薄い網状の布。
チューン・アップ［tune-up］ 部品を取りかえて車の性能を高めること。＊チューン・ナップとも。
チュチェ思想［chuch'e—ｺﾘｱ］ 主体思想。＊北朝鮮・朝鮮労働党の政治思想。金日成が提唱。
チュチュ［tutuﾌﾗﾝｽ］〖服飾〗バレリーナが着るスカート。
チュニック［tunic］〖服飾〗腰下までの丈の婦人用上衣。
チュパカブラ［Chupacabra］ 南米で目撃されたという吸血生物。
チュリトス［churritos］ さくさくした口当たりの，細長いドーナツ。＊とうもろこしの粉で作り，蜂蜜やシナモンをからめる。チュロスとも。
チョイス［choice］ ①選びとること；選択。②上等の；えりすぐった。
チョーカー［choker］ 首にぴったりした首飾り。
チョーク[1]［chalk］ ①白墨。②〖ビリヤード〗滑りを防ぐためにキューの先端の革に塗る固形粉末。
チョーク[2]［choke］〖自動車〗気化器の空気の吸い込みを調節する装置。＊原義は「(息や管が)詰まる」。
チョーク・コイル［choke coil］ 周波数の高い交流電流を遮断するコイル。
チョーク・ストライプ［chalk stripe］

濃い地色にチョークで白線を引いたような縞(しま)模様。

チョコ チョコレートの略。

チョゴリ [chŏgoriコリア] 朝鮮の民族服で，丈の短い上着。⇨チマ。

チョコレート [chocolate] カカオの実を煎(い)って粉末にし，砂糖，カカオ・バター，香料を入れて練り固めた洋菓子。略チョコ。

チョコレート・パフェ [日chocolate＋parfaitフランス] アイス・クリームにクリーム状のチョコレートや果物を添えたもの。

チョッキ [jaqueポルトガル] 上着の下に着る袖(そで)なしの短い胴着。＝ベスト2。

チョッパー [chopper] ①みじん切り器。②ハンドルを高くした改造型バイク。③電圧や電流を制御する装置。④エレクトリック・ベースの奏法の1つ。⑤ヘリコプターの別名。

チョッパリ [choppariコリア] 朝鮮語で「日本人」をさす蔑称(べっしょう)。

チョップ [chop] ①豚や羊のあばら骨つきの厚切り肉。＊チャップとも。②〖テニス，卓球など〗ボールを切るように打って，逆回転を与える打法。③〖プロレス〗手刀打ち。

チョモランマ [Chomolungma] エベレストのチベット語名。

チョリソー [chorizoスペイン] 香辛料をきかせた豚肉のソーセージ。

チョレギ・サラダ [日choregコリア＋salad] 韓国の甘辛サラダ。

チョンロン [蒸籠チャイナ] 木枠に編んだ竹を組み込んだ中国の蒸し器。

チリ・コン・カン [chilli con carneスペイン] メキシコ料理の1つ。＊肉をチリで煮込み，豆を添えたもの。

チリ・ソース [chili sauce] 赤トウガラシ入りのトマト・ソース。

チリ・ペッパー [chili pepper] 辛味の強いトウガラシの一種。＊単に，チリとも。

チル・アウト [chill out] 気持ちを落ち着かせること。または，そのために聴く音楽。

チルダ [tilde] ①スペイン語などで，nの上に付ける「˜」の記号。＊señor など。②〖電算〗符号の「~」。

チルデン・セーター [Tilden sweater] 縄目模様の白いVネックのセーター。＊襟(えり)，袖口(そでぐち)に色糸のストライプが入っている。アメリカの名テニス・プレーヤーの名から。

チルト [tilt] ⇨ティルト。

チルド [chilled] (0度前後に)冷却した；冷蔵の。

～食品 凍結しない程度の温度で冷蔵した食品。＊生クリーム，バターなど。

～輸送 食料品を0度前後の温度で冷蔵して輸送する方法。

チルドレン [children] 子供たち。

チロキシン [Thyroxinドイツ] 甲状腺(せん)から分泌されるホルモン。＝サイロキシン。

チロシン [Tyrosinドイツ] たんぱく質に含まれるアミノ酸の1つ。＊脳を活性化させる働きがある。

チロリアン・テープ [Tirolean tape] 連続した刺繍(ししゅう)を施した飾り用テープ。＊もとは，チロル地方の民族服や帽子などの飾りに使用。

チロリアン・ハット [Tirolean hat] チロル地方のつばの狭い，ひもを巻いたフェルト帽。

チワワ [chihuahuaスペイン] メキシコ原産の世界最小の犬。＊愛玩用。

チン [chin] 下あご。

チンキ [tincturaラテン] ヨードチンキの略。

チンク油 [zinc oil] 酸化亜鉛と植物油を練り合わせてつくった白色泥状の薬剤。＊皮膚の抗炎症用。

チンゲンサイ [青梗菜チャイナ] アブラナ科の中国野菜。

チンザノ [Cinzanoイタリア] 〖商標〗イタリアのチンザノ社製のベルモット。

チンジャオロース［青椒肉絲チャイナ］ 肉とピーマン，タケノコの千切り炒め。

チンダル現象［Tyndall phenomenon］ 分散しているコロイドの微粒子に光を当てると，微粒子が光線を反射するため，光線の通路が光って見える現象。＊イギリスのJ.チンダルによって究明された。

チンチラ［chinchillaスペイン］ ①毛皮獣として珍重される，リスに似た小動物。＊南アメリカのチリ及びアンデス山脈に分布する。②イエウサギの一種。＊チンチラに似た毛皮を得るためにフランスで改良されたもの。チンチラウサギとも。

チンツァイ［芹菜チャイナ］ 小型のセロリ。

チンネ［Zinneドイツ］〖登山〗頂上が尖塔(せんとう)のようにとがった岩峰。

チンパンジー［chimpanzee］ アフリカ西部に生息する小型の類人猿。

チンピ［陳皮チャイナ］ ミカンの皮を乾燥させたもの。＊薬味・漢方薬用。

チンロン［chinronビルマ］ ミャンマーの伝統的スポーツ。＊チンは籐，ロンはボールのこと。

ツ

ツアー［tour］ 観光旅行；小旅行。

ツァー［tsar'ロシア］ 帝政ロシアの皇帝の称号。＊ツァーリとも。

ツアー・コンダクター［tour conductor］ 団体旅行の添乗員。

ツアー・プロ［touring pro］ ⇨トーナメント・プロ。

ツァーリズム［tsarizmロシア］ 帝政時代のロシアの専制政治。

ツァイチェン［再見チャイナ］「さようなら」「またあいましょう」。

ツァイトガイスト［Zeitgeistドイツ］ 時代精神〔思想〕。

ツァッケ［Zackeドイツ］ アイゼンやピッケルなどの，とがった先の部分。

ツイーザー［tweezers］ 毛抜き。

ツイーター［tweeter］ 高音域専用スピーカー。⇨ウーファー。

ツイート［tweet］ ツイッターにおいて，メッセージを投稿すること。また，その文章。＊「つぶやき」と意訳。原義は，「小鳥のさえずり」。

ツイード［tweed］ 太い羊毛糸で織った綾(あや)織り，または平織りの，目のあらい毛織物。

ツイスト［twist］ ①ねじること；ひねること。②〖野球など〗ボールにひねりを与えること。③〖ダンス〗腰を激しくひねって踊るダンス。

ツイッター［Twitter］〖電算〗ソーシャル・ネットワーキング・サービスの1つで，140字以内の投稿(ツイート)をネット上に書き込んだり，共有したりすること。

ツイッタラー［Twitterer］ ツイッターの利用者。

ツイル［twill］ 綾織物；綾織り。

ツイン［twin］ ①ふたご(の1人)。②1対の物。③ツイン・ベッド，ツイン・ルームの略。

ツイン・カム［twin cam］〖自動車〗エンジンの吸気弁と排気弁を別々のカム軸で開閉するしくみ。＊高回転，高出力が得られる。略DOHC。

ツインギ［Tsingy］ ツインギ・デ・バマラ厳正自然保護区(マダガスカル西部)にある針の山のようにとがった石灰岩の山。

ツイン・キャブレター［twin carburetor］〖自動車〗エンジンの吸気効率を高めるために，気化器を2個取りつけたもの。

ツイン・ベッド［twin bed］ 対になっている同型のシングル・ベッド。略ツイン。

ツイン・ルーム［twin room］ ホテルで，ツイン・ベッドを備えてある2人用の部屋。略ツイン。

ツー・ウェイ［two-way］ ①2通りの。②兼用の；双方向の。

ツー・ウェイ・コミュニケーション [two-way communication] 双方向伝達；双方向通信。
ツー・サイクル・エンジン [two-cycle engine] 内燃機関の一種。＊吸入・圧縮・爆発・排気の4行程を2行程で完了するエンジン。
ツー・シーム [two-seam fastball] 〘野球〙人差し指と中指をボールの縫い目に沿って握り，ストレートと同じように投げる変化球。
ツー・ショット [two-shot] ①2人の人物が映っている場面や写真。②男女が2人でいること。
ツー・テン・ジャック [日two ten+jack] トランプ遊びの一種。＊切り札の2，10，ジャックが最高点であることから。
ツー・トーン・カラー [日two-tone color] 調和する2色を組み合わせた配色。略ツー・トーン。
ツー・トップ・システム [日two top system] 〘サッカー〙攻撃の選手を2人配置して中盤を厚くする戦い方。略ツー・トップ。
ツー・バイ・フォー工法 [two-by-four method] 〘建築〙2×4インチ角の木材で枠組をつくり，それに合板を打ちつけて組み立てる建築方式。
ツー・ピース・ドレス [two-piece dress] 上着とスカートが分かれている婦人服。略ツー・ピース。
ツー・ピース・ボール [two-piece ball] 〘ゴルフ〙内部が糸巻きでなく，2層構造になっているボール。
ツー・ビート [two-beat] ジャズの演奏で，4分の4拍子の2拍目と4拍目にアクセントをつけること。
ツー・フィンガー [two finger] ①ウイスキーなどを，グラスの底から指の幅2本分注いだ分量。②エレキ・ギターの奏法で，指弾き。
ツー・プラス・ツー [TWO plus Two] 日米安全保障協議委員会の通称。⇨SCC。
ツー・プラトーン・システム [two-platoon system] ①〘野球〙相手チームの出場選手や戦法に応じて，選手の起用などを変更する方式。＊日本での用法。ふつうは，プラトーン・システムという。②〘プロレス〙1人に対して2人で攻撃すること。
ツー・ラン・ホーマー [two-run homer] 〘野球〙打者を含めて2人が生還するホーム・ラン。略ツー・ラン。
ツーリスト [tourist] 旅行者；観光客。
ツーリスト・クラス [tourist class] ⇨エコノミー・クラス。
ツーリスト・ビューロー [tourist bureau] 旅行案内所；旅行社〔代理店〕。
ツーリング [touring] ①観光旅行〔小旅行〕をすること。②自動車やオートバイなどでの遠出；遠乗り。
ツーリング・カー [touring car] 旅行用の乗用車；(スポーツ・カーに対して)ツー・ドアのセダン。
ツール [tool] 道具；工具。
ツール・ド・フランス [Tour de France フランス] 毎年フランスで行われる国際自転車ロード・レース。
ツール・バー [tool bar] 〘電算〙ウインドーの上部やメニュー・バーの下などに，よく利用する機能のアイコンを並べたメニュー。＝ツールボックス。
ツールボックス [toolbox] ①道具箱；工具箱。②⇨ツール・バー。
ツェツェ蝿 [tsetse fly] アフリカに生息する吸血性のハエ。＊睡眠病の病原体トリパノソーマを媒介する。
ツェルトザック [Zeltsack ドイツ] 〘登山〙小型で袋状の簡易テント。＊不時のビバークや休息に使用。
ツナ [tuna] マグロ。また，その肉。
ツベルクリン [Tuberkulin ドイツ] 結核

菌を培養し，加熱殺菌した注射液。
〜反応 ツベルクリンを皮膚に注射し，その反応によって結核に感染しているかどうかを判断するもの。

ツモ [自摸チュウゴク] 〘麻雀〙山から牌(ぱい)を取ること。

ツリー構造 [tree structure] 〘電算〙コンピュータのファイル管理方法の1つ。＊次々に枝分かれしていくように見える，階層的なデータ構造。

ツリー・ハウス [tree house] 樹木上生活用の家。

ツワネ原則 秘密保護に関する国際指針。「国家安全保障と情報への権利に関する国際原則(Global Principles On National Security And The Right To Information)」の通称。＊2013年，南アフリカの都市ツワネ(Tshwane)で採択。

ツングース [Tungus] 中央・東シベリア，中国東北部，樺太(からふと)に住み，ツングース諸語を話す人々。

ツンデレ 普段はツンとした態度を示しているのが，ある場面ではデレデレとした態度を表すこと。

ツンドラ [tundraロシア] 1年の大部分が凍ったままの荒原。＊シベリア，カナダ，アラスカなどの北部に分布する。

テ

デアゴスティーニ [DeAGOSTINI] 〘商標〙分冊百科やパート・ワーク形式の雑誌を出版しているイタリアの企業。

テアトル [théâtreフランス] ⇨シアター。

テアトロ [teatroイタリア] ⇨シアター。

テアトロ・ピッコロ [teatro piccoloイタリア] 小劇場。

テアニン [theanine] 緑茶に含まれているアミノ酸。＊玉露のうまみ成分の1つ。

テイア [Theia] 太陽系の仮説上の原始惑星。

ティア[1] [tear] 涙；悲嘆。

ティア[2] [tier] ①(棚やケーキなどの)層；段。②段階；階層。

ディア [deer] 鹿。

ティアード・スカート [tiered skirt] 横段で切り替え，ギャザーを入れたスカート。

ディアーナ [Dianaラテン] ⇨ダイアナ。

ディアスキン [deerskin] 鹿の皮。

ディアストーカー [deerstalker] 鹿撃ち帽。＊シャーロック・ハットとも。

ディアスポラ [diasporaギリシア] ①国外への移住・離散。②パレスチナから離散したユダヤ人が住んだ土地，またその社会。

ティアドロップ [teardrop] 涙のしずくの形；その形をした宝石。

ティアラ [tiara] 婦人用の宝冠；宝石をちりばめた礼装用の頭飾り。

ディアレクティーク [Dialektikドイツ] 弁証法。

ディアンドル [dirndl] チロル地方の女性の民族服。＊ダーンドルとも。

ティー[1] [tea] 茶；紅茶。

ティー[2] [tee] 〘ゴルフ〙打つときにボールをのせる，プラスチック，木などでできた小さな台。

ティー・アップ [tee up] 〘ゴルフ〙ティー・グラウンドで打つためにティー[2]にボールをのせること。

ティー・オフ [tee-off] 〘ゴルフ〙ティー[2]の上にのせた第1球を打つこと。また，プレーを始めること。

ティーカップ [teacup] 紅茶の茶碗。

ティー・グラウンド [日tee ground] 〘ゴルフ〙各ホールの第1打を打つ場所。

ティー・コージー [tea cozy] ティーポットにかぶせる，布や毛糸で作った保温用カバー。＊ティー・コゼーとも。

ディー・コック [D cock] 非常時に

電車やバスの自動ドアを手動で開く装置。＊Dは，drain(放出)から。
ディーコン [deacon] ①聖職位階制の教会で，聖職第2位のこと。②プロテスタントで，長老派教会などの執事。＊信徒の代表がなる。
ティーザー [teaser] ①じらすもの。②番組予告。
ディーシー・ブランド [日DC brand] デザイナーの個性と感性を強く打ち出した商品に付けられたブランド。＊Dはdesiger，Cはcharacterの略。
ティー・シャツ [T-shirt] 襟(えり)なしでメリヤス編みのシャツ。
ティースプーン [teaspoon] 紅茶やコーヒーを飲むときに使うスプーン。
ディーゼル [diesel] ディーゼル・エンジンの略。
ディーゼル・エンジン [diesel engine] 重油または軽油を燃料として使う内燃機関。＊ドイツのディーゼルが考案。略ディーゼル。
ディーゼル・カー [日diesel car] 鉄道で，ディーゼル・エンジンを動力として使う車両。
ティー・セレモニー [tea ceremony] 茶の湯；茶道。
ディーセンシー [decency] ①節度；上品さ。②礼儀作法。
ディーセント・ワーク [decent work] 働きがいのある人間らしい仕事。＊21世紀のILOの目標として提案されたことば。decentは「適正な」「きちんとした」という意味。
ティータイム [teatime] (午後の)お茶の時間。
ティーチ・イン [teach-in] 政治・社会問題などの学内討論集会。
ティーチャー [teacher] 教師；先生。
ティーチング・アシスタント [teaching assistant] 大学院生が，学部生などに助言や実験・演習の補助を行うこと。＊大学院生にとっても研究能力の向上につながる効果がある。
ディーバ [diva イタリア] 歌姫；プリマ・ドンナ。
ティー・パーティー [tea party] ①お茶とお菓子だけのパーティー。②[T- P-] アメリカ保守派の草の根運動。＊反オバマ運動として，「小さな政府」を志向した。Teaは，Taxed Enough Alreadyの略とも。
ティー・バッグ [tea bag] 紅茶や緑茶の1～2杯分をつめた薄い紙袋。
ティー・バッティング [tee batting] 〖野球〗ボールを腰の高さくらいの球台にのせて行う打撃練習。
ディープ・インパクト [Deep Impact] NASAの彗星(すいせい)探査機。＊彗星の内部構造の調査を目的とする。
ディープ・キス [deep kiss] 濃厚なキス。＝フレンチ・キス。
ディープ・スロート [deep throat] 政府や企業などの秘密情報や犯罪行為を告発する者。＊アメリカ映画の題名から。
ディープ・フェイク [deep fake] AIのディープ・ラーニングの技術を用いて精巧に作成される，本物同然に見える虚偽の画像・動画。
ディープ・フリーザー [deep freezer] 急速に冷凍することができる冷凍庫。
ディープ・ラーニング [deep learning] 深層学習。＊人間の神経細胞を模したニューラル・ネットワークによりコンピュータの学習能力を高める。
ティー・ボーン・ステーキ [T-bone steak] T字形の骨の片側にヒレ，他方にロース肉がついたステーキ。
ティーポット [teapot] 紅茶をつぐのに使う洋式の急須(きゅうす)。
ティー・マーク [tee mark] 〖ゴルフ〗ティー・グラウンドの前面と両側面の限界を示すために置いてある2個の標識。
ディーマット ⇨DMAT。
ディーラー [dealer] ①販売業者；

特約店。②〖トランプ〗札を配る人；親。③金融機関で，自己負担で有価証券の取引を行う業者。

ディーラー・ヘルプス［dealer helps］ メーカーが販売店に対して行う援助や協力。＊ディーラー・プロモーションとも。

ディーリング［dealing］ ①行動；処置。②取引；商売。③金融機関が行う株式や債券を売買する取引業務。

ディーリング・ルーム［dealing room］ 金融機関などの債券の売買や為替の取引が行われる部屋。

ティールーム［tearoom］ 喫茶室；喫茶店。

ティーン・エイジ［teen-age］ 10代の。＊語尾がteenで終わる13歳(thirteen)から19歳(nineteen)をさす。

ティーン・エイジャー［teen-ager］ 10代(teen-age)の少年少女。

ディ・エスカレーション［de-escalation］（規模の）段階的縮小。＊デスカレーションとも。↔エスカレーション。

ディ・エスカレート［de-escalate］（規模を）だんだんに縮小する。＊デスカレートとも。↔エスカレート。

ディオール［Dior］〖商標〗クリスチャン・ディオールが創立したフランスの会社。また，その製品。＊服飾，宝飾品，コスメなど。

ディオニュソス［Dionysos ギリシア］〖ギリシア神話〗豊穣と酒の神。＊ローマ神話ではバッカス。

〜型［〜Typus ドイツ］ 音楽的・情意的なこと。＊ニーチェが『悲劇の誕生』で著した芸術様式上の概念。↔アポロン型。

デイ・キャンプ［day camp］ 日帰りで行う野外活動。

テイク［take］〖映画，音楽など〗1回分の撮影・録音。＊テークとも。

ディグ ⇨DIG。

テイクアウト［takeout］ 持ち帰り用の料理。＝キャリーアウト。

テイク・オーバー［take-over］ 企業の買収；乗っ取り。

テイク・オーバー・ゾーン［take-over zone］〖陸上競技〗リレーでバトンの受け渡しをする区域。

テイク・オーバー・ビッド ⇨TOB。

テイク・オフ［take-off］ ①離陸。↔ランディング①。②国の経済がその成長段階で飛躍的に進展する時期。

ディクショナリー［dictionary］ 辞典；辞書；字引。

ディクテーション［dictation］ 書き取り；口述筆記。⇨ヒアリング。

ディグニティー［dignity］ 威厳；品位；品格。

テイク・ノート［take note］ 注意する；留意する。

テイク・バック［take back］〖ゴルフ，野球，テニスなど〗ボールを打つためにクラブ，バット，ラケットなどを後方へ振り上げること。

ディグリー［degree］ ①程度；階級；学位。②温度計や経緯度の度。③数学で使う次(じ)。＊デグリーとも。

ディグレッション［digression］ ①主題からそれること。②脱線；余談。

デイ・ケア［day care］ 昼の間だけ，家族に代わって専門の職員が高齢者や身体障害者などの介護をすること。⇨ナイト・ケア。

デイ・ケア・センター［day care center］ デイ・ケアをする施設。

ディケード［decade］ 10年間。

ディコンストラクション［deconstruction］ ⇨デコンストラクシオン。

デイ・サービス［日day service］ ①昼間の一定時間，介護を必要とする人や高齢者などに対して，食事・入浴などの生活介護を行うサービス。②寝たきりの高齢者を訪問し，入浴や食事の世話を行うサービス。

ディザスター［disaster］ 災害；災

難；惨事。
デイジー [daisy] ヒナギク。＊ヨーロッパ原産の多年草。
ディジェスティフ [digestif フランス] 食後酒。↔アペリティフ。
デイシス [Deisis] ビザンチン美術の伝統的なイコン。＊中央に，キリスト，両脇に生神女マリアと洗礼者ヨハネが描かれている。
ディジタル ⇨デジタル。
ディシプリン [discipline] ①訓練；稽古。②規律；風紀；しつけ。
ディスアーマメント [disarmament] 武装解除；軍備縮小・撤廃。
ディスアビリティー [disability] 心身の機能上の障害。
ディスインフレーション [disinflation] 〖経済〗インフレを抑えるために，デフレを避けながら通貨の増発を抑え，物価の安定を図る政策。
ディスオーダー [disorder] 無秩序；暴動；騒動。
ディスカウント [discount] 割引(すること)；値引(すること)。
ディスカウント・ストア [discount store] 商品を割引値段で売る店；安売り店。略DS。
ディスカウント・セール [discount sale] 商品を割引値段で売ること；安売り。
ディスカウント・ブローカー [discount broker] 通常料金よりも割安な手数料の証券会社の形態。
ディスカス [discus] ①〖陸上競技〗円盤投げ。②アマゾンに住む熱帯魚。
ディスカッション [discussion] 討論；討議。
ディスカバー [discover] 発見する；…に気がつく。
ディスカバリー [discovery] ①発見。②情報の検索・更新などの能力。③ [D-] NASAのスペース・シャトル計画の有人宇宙ロケット。＊2011年終了。
ディスク [disc] ①薄い円盤。②レコード盤。③円盤状の記憶媒体のこと。＊CD，DVDなど。diskとも。
ディスクール [discours フランス] 談話；言説。＝ディスコース。
ディスク・ジョッキー [disc jockey] ラジオで，音楽を聴かせながら，しゃれたおしゃべりをする人，またその番組。略ジョッキー，DJ。
ディスク・ドライブ [disc drive] 〖電算〗ハード・ディスクやCD，DVDなどを作動させる装置。
ディスク・ブレーキ [disc brake] 〖自動車〗車輪の回転軸に取りつけた円盤を両側から締めつけるしくみのブレーキ。
ディスクリミネーション [discrimination] 差別；区別。
ディスクレーマー [disclaimer] ①否認；権利の放棄。②免責条項；免責事項。
ディスクレパンシー [discrepancy] 不一致；矛盾；ずれ。
ディスクロージャー [disclosure] 情報開示。＊公的機関や企業が情報を公表すること。原義は「暴露」「発覚」。
ディスケット [diskette] フロッピー・ディスクの別称。
ディスコ [disco] ディスコテークの略。
ディスコース [discourse] ⇨ディスクール。
ディスコード [discord] 不協和音。
ディスコグラフィー [discography] (作曲家別・演奏家別・ジャンル別の)レコード目録。
ディスコ・サウンド [disco sound] ディスコで踊るための，リズムとテンポの軽快な音楽。
ディスコテーク [discothèque フランス] ロックなどの音楽を流して客にダンスを楽しませる店。略ディスコ。
ディスコミュニケーション [dis-

communication］ 意思の伝達が図れていない状態。
ディスターブ［disturb］（睡眠・休息などの）邪魔をすること。
ディスタンス［distance］ ①距離。②遠方；遠景。
ディスタンス・レース［distance race］〖スキー〗長距離レース。⇨クロス・カントリー・レース。
テイスティ［tasty］ おいしい。
ディスティネーション［destination］ 目的地；宛先。＊デスティネーションとも。
テイスティング［tasting］ 試飲会。
ディスティンクション［distinction］ ①区別；特徴。②画面の鮮明度。
テイスト［taste］ ①味；風味；味覚。②好み；趣味。
ディストーション［distortion］ エフェクターや電子楽器による音のひずみ。＊原義は「歪曲(わいきょく)」「こじつけ」。
ディストピア［Dystopia］ ユートピア（理想郷）の正反対の社会。
ディストリクト［district］ ①地区；行政区。②地方；管区。
ディストリビューション［distribution］ ①配分；配布。②流通機構；販売網。
ディストリビューター［distributor］ ①卸売業者；販売代理店。②配電器。
ディストレス［distress］ 悩み；悩みの種。↔ユーストレス。
ディズニーランド［Disneyland］ アメリカのカリフォルニア州にある大規模遊園地。
ディスパッチャー［dispatcher］ ①（飛行機の）運航管理者。②〖電算〗データを内容や用途に応じて制御・処理するプログラム機能。
ディスプレー［display］ ①陳列；展示。②〖電算〗文字，図形などの情報を表示する装置。③動物が相手を威嚇(いかく)するための誇示動作。
ディスペア［despair］ 絶望；自暴自棄。
ディスペンサー［dispenser］ ①薬剤師。②自動販売機。
ディスポーザー［disposer］ 野菜くずなどを粉砕処理する電動器具。
ディスポーザブル・バッグ［disposable bag］ 汚物や生理用品などの処理袋。
ディスラプター［disruptor］ 混乱をまねく者。または，市場に革新をもたらす破壊的な企業や経営者。
ディスリスペクト［disrespect］ 軽視；おとしめること。＊日本では「ディスる」として動詞化。
ディスレクシア［dyslexia］ 難読症；識字障害。＊学習障害の一種。
ディセーブル［disable］ 無効にすること；停止させること。
ディゾルブ［dissolve］〖映画，テレビ〗フェード・アウトとフェード・インをダブらせながら画面を切りかえる技法。
デイタイム［daytime］ 昼；昼間。
ディダクション ⇨デダクション。
ティタン ⇨タイタン①。
ディッキー［dicky］〖服飾〗飾りの胸あて。
ディッシャー［disher］ アイス・クリームやマッシュ・ポテトを半球形に盛り付ける器具。
ティッシュ［tissue］ ①薄く柔らかい紙。②ティッシュ・ペーパーの略。＊ティシューとも。
ディッシュ［dish］ ①皿；大皿；鉢。②皿に盛った料理。
ディッシュウォッシャー［dishwasher］ 自動食器洗い機。
ティッシュ・エンジニアリング［tissue engineering］〖生化学〗組織工学；臓器工学。
ティッシュ・ペーパー［tissue paper］ ①上質のちり紙；化粧紙。②薄葉(うすよう)紙。略ティッシュ。
ティッピング・ポイント［tipping

point] 分岐点；転換点。

ディップ [dip] ①野菜・デザートなどにつけるクリーム・ソース。②ディップ・ローションの略。③株取引などで，上昇基調中の小幅な下げ。

ディップ・ローション [dip lotion] ゼリー状の整髪料。＊ぬれた感じをだすために使う。略ディップ。

デイ・ディーリング [day dealing] インターネット上で，1日単位で決済する証券取引。

ディテール [detail] ①細部；詳細。②部分図；詳細図。

ディテクター [detector] (ガス漏れ)探知器；(漏電発見用)検電器；(無線の)検波器。

ディテクティブ [detective] ①探偵；刑事。②探偵用の；検出用の。

デイ・トレーダー [day trader] パソコンを使用して株取引きを行う個人投資家。

ディナー [dinner] 正式な食事；正餐(せいさん)。＊ふつうは晩餐(ばんさん)をさす。

ディナーウェア [dinnerware] 食器類。

ディナー・クルーズ [日dinner cruise] しゃれた船の上で食事をしながら，夜景を楽しむこと。

ディナー・ジャケット [dinner jacket] ⇨タキシード。

ディナー・ショー [日dinner show] 食事をしながら見る催し物。

ディナー・スーツ [dinner suit] 晩餐(ばんさん)会などに着る略式の礼服。

ディナー・パーティー [dinner party] 晩餐(ばんさん)会；午餐(ごさん)会。

ディナール [dinar] イラク，ヨルダン，アルジェリアなどの通貨単位。

ディノニクス [Deinonychus] 白亜紀前期の北アメリカに生息した肉食恐竜。＊「恐ろしい爪」の意。

ディバイス [device] ⇨デバイス。

ディバイダー [divider] 分割器。＊両脚とも針のついたコンパス。

ディバイデッド・スカート [divided skirt] ⇨キュロット・スカート。

ディバッグ ⇨デバッグ。

デイ・パック [day pack] 日帰りハイキング用の小型のリュックサック。

ディバリュエーション [devaluation] 〖経済〗平価切り下げ。↔リバリュエーション。

ティピカル [typical] 典型的な。

ディビジョン [division] ①分割。②分裂；あつれき。③(行政上の)区；部；区分。④(軍の)師団。

ティファニー [Tiffany] 〖商標〗ニューヨークの高級貴金属・宝石店。

ティファニー・ブルー [TIFFANY BLUE] 〖商標〗ティファニーのカンパニー・カラー。＊コマドリの卵の色(Robin egg blue)から。

ディファレンシエーション [differentiation] ①区別；差別。②多種化；多様化。

ディファレンシャル・ギア [differential gear] 〖自動車〗差動歯車装置。略デフ。

ディフィシット [deficit] 赤字；欠損。

ディフィニション [definition] ①定義すること。②再生音・再生画像の鮮明度。

ディフェンス [defense] 〖スポーツ〗防御；守備。略DF。↔オフェンス。

ディフェンダー [defender] ①防御者。②選手権保持者。③〖サッカーなど〗後衛。＝バックス。略DF。

ディフェンディング・チャンピオン [defending champion] 前回の優勝者。また，優勝チーム；タイトル防衛戦に臨むチャンピオン。

ディフォーメーション [deformation] ①変形；ひずみ。②⇨デフォルメ。

ディフューザー [diffuser] ①天井などに設置される空調用の吹き出し口。②香りを拡散させる器具。

ディフュージョン [diffusion] ①散布；普及。②拡散；流布。③ディフュージョン・ブランドの略。
ディフュージョン・インデックス [diffusion index] 景気動向指数。略DI[1]。
ディフュージョン・ブランド [diffusion brand] 一般向けの普及版ブランド商品。略ディフュージョン。
ディフレクター [deflector] ①そらせ板。②偏針儀。
ディプレッション ⇨デプレッション。
ディプログラミング [deprogramming] 信仰や信念を強制的に変えさせること；妄信から覚めさせること。
ディプログラム [deprogram] 洗脳を解くこと。
ディプロマ [diploma] 卒業〔修了〕証書；学位免状；賞状。
ディプロマシー [diplomacy] 外交；外交手腕；駆け引き。
ディプロマット [diplomat] 外交官。
ディプロマティスト [diplomatist] ①外交官。②外交上手な人。
ディベート [debate] 討論；討議；討論会。
ティペット [tippet] ①毛皮製のショール。②粗質で厚地の平織り，綾織りのラシャ地。
ディベルティメント [divertimento イタリア] 『音楽』嬉遊(きゆう)曲。
ディベロッパー ⇨デベロッパー。
ディボース [divorce] 離婚；完全な分離。
ディボット [divot] 『ゴルフ』打球のときクラブで削られた芝の断片。また，そのあとにできたくぼみ。
ディマンド ⇨デマンド。
ディミヌエンド [diminuendo イタリア] 『音楽』「次第に弱く演奏せよ」。記号dim.。＝デクレッシェンド。
ディメンション [dimension] ①寸法；大きさ；規模。②『数学』次元。
デイ・ユース [日day use] 宿泊のない，日中の客室利用。
デイライト [daylight] 昼の光；日光。
デイライト・スクリーン [daylight screen] 明るい場所でも映すことのできる映写幕。
デイライト・セービング・タイム [daylight-saving time] ⇨サマー・タイム。
デイライト・タイプ [daylight type] 『写真』昼光用のカラー・フィルム。
ティラニー [tyranny] 専制政治。
ティラノサウルス [tyrannosaurus ラテン] 中生代白亜紀後期に栄えた恐竜。＊最大の肉食恐竜。
ティラピア [tilapia] 東アフリカ原産の淡水魚。＊雌が口中で卵をふ化。
ティラミス [tiramisu イタリア] イタリアのチーズケーキの一種。＊マスカルポーネ，卵，ラム酒などで作る。
ティランジア [tillandsia] パイナップル科の寄生植物の総称。＊樹木や岩に着生する。⇨エア・プランツ。
デイリー [daily] 毎日の；日常の；(新聞が)日刊の。
デイリー・エクスプレス [The Daily Express] イギリスの大衆紙。
デイリー・サテライト・フィード [daily satellite feed] 人工衛星を使って行う国際中継放送。
デイリー・テレグラフ [The Daily Telegraph] イギリスの保守系新聞。
デイリー・ブリーフ [daily brief] アメリカ中央情報局(CIA)が毎朝ホワイト・ハウスに報告する重要機密情報資料。
デイリー・ミラー [The Daily Mirror] イギリスの日刊タブロイド新聞。
デイリー・メール [The Daily Mail] イギリスの保守系タブロイド紙。
ティルト [tilt] ①傾斜。②ピンボールで不正行為を行ったときの電光表示。＊ゲームが終了する。チルトとも。
ティルト・ステアリング [tilt steering] ドライバーの運転姿勢に合わせて，ステアリングの角度が調節できる装置。
ティルト・ハンドル [日tilt handle] 〖自動車〗運転者の体格に合わせて上下に動かすことのできるハンドル。
ディルドリン [dieldrin] 有機塩素系の殺虫剤。＊1981年，使用禁止。
ティルト・ローター方式 [tilt-rotor system] 垂直離着陸の手法の1つ。＊航空機の主翼の回転翼両端を，機体に対して傾けること。
ディレイ [delay] 遅らせる；延期する。
ディレード・スチール [delayed steal] 〖野球〗捕手が投手に返球すると同時，あるいは牽制(けんせい)球を投げると同時に盗塁すること。
ディレギュレーション [deregulation] 規則の緩和；規制撤廃。
ディレクター [director] ①(映画，テレビなどの)監督；演出家。②指揮者。
ディレクトリー [directory] ①人名簿。②コンピュータのディスク上でファイル名と記憶場所が読み込んである目録部分。＊ダイレクトリーとも。
ディレッタンティズム [dilettantism] 道楽；好事(こうず)。
ディレッタント [dilettante] 愛好家；好事(こうず)家。
ディンギー [dinghy] 1本マストに帆1枚の小型のヨット。
ディンクス [DINKS] 共働きで子供のいない夫婦。＊*d*ouble *i*ncome *n*o *k*idsの略。
ティンクリック [tingklikインドネシア] バリ島の竹製の琴。
ディンゴ [dingo] タイリクオオカミの一種。＊オーストラリア大陸とその周辺に生息する野生化した犬。
ティンバーレス [timbalesスペイン] ラテン音楽用の打楽器。＊小太鼓を2つ並べたもの。
ティンパニ [timpaniイタリア] 半球型の太鼓。
ティン・パラシュート [tin parachute] 買収された企業の従業員の退職金を高額に規定した契約。＊敵対的買収を防ぐために行う。
ティン・パン・アレー [Tin Pan Alley] ニューヨーク市ブロードウェイの楽器店・楽譜出版社が軒を並べて連なっている地区。
ディンプル [dimple] 〖ゴルフ〗ボールの表面につけてある小さなくぼみ。
ディンプル・キー [dimple key] 表面にくぼみがある鍵。＊ピッキングされにくい。
デウス [Deusラテン] 神；天主。
テーク ⇨テイク。
デー・ゲーム [day game] 〖スポーツ〗昼間に行う試合。↔ナイト・ゲーム，ナイター。
テーゼ [Theseドイツ] ①命題；主張。↔アンチテーゼ。②政治活動の方針などを示す綱領。
データ [data] 資料；情報。
～通信 中央のコンピュータと端末装置を通信回線で結んでデータを交換利用するシステム。
～放送 [～broadcasting] 〖テレビ，ラジオ〗電波のすきまを利用して，さまざまな情報をデジタルに信号化して送る放送。
データ・ウェアハウス [data warehouse] 情報の倉庫。＊蓄積された企業の膨大なデータを分析し，経営資源として活用するためのシステム。
データ・サイエンティスト [data scientist] ビッグ・データの内容を分析し，ビジネスの課題解決や将来予測を図る専門家のこと。
データ・センター [data center] 顧客のサーバーやネットワーク機器などを管理する施設。

データ・バンク [data bank]　各種のデータを大量にコンピュータに記憶させておいて，利用者の求めに応じて提供する機関。略DB。
データ・ファイル [data file]　データを磁気ディスクなどに記憶させたもの。
データ・プロセッシング [data processing]　データ処理。
データ・プロファイル [data profile]　UNEP Chemicalsが化学物質の環境への影響などの情報を収集·蓄積したもの。
データ・ベース [data base]　情報集積体。＊データを磁気ディスクなどに記憶させ，コンピュータを使って取り出せるようにしたもの。略DB。
データ・マイニング [data mining]　大量に蓄積されたデータの中から，必要な情報を見つけだすための技法。
データ・マン [日data man]　雑誌などで，記事の素材となるデータを取材する記者。⇨アンカー·マン。
データ・リンク [data link]　データをホスト·コンピュータと端末コンピュータ間で送受信する伝送経路。
データ・ロガー [data logger]　センサーで計測したデータを時系列で蓄積していく記録計。
デーツ [dates]　ナツメヤシの実。
デート [date]　①日付。②日時を約束して異性と会うこと。
デート・スポット [日date spot]　デート②に適した場所。
デートDV [日date domestic violence]　恋人など，顔見知りの人から受ける心理的·肉体的暴力。⇨ドメスティック·バイオレンス。
テーパー [taper]　円錐(えんすい)のような形に先細になること。また，その形。
テーパード・パンツ [tapered pants]　裾(すそ)すぼまりのパンツ。
テーパリング [tapering]　徐々に減らしていくこと。＊中央銀行の量的緩和政策の縮小や，薬の服薬量を少しずつ減らしていくことをさす。
テーピング [taping]　①けがの予防や保護のために，関節やけがの部位にテープを巻くこと。②磁気テープに録音すること。
テープ [tape]　細長い帯状の紙や布など。
磁気～　ビニール，ポリエステルなどのテープの表面に磁性物質を塗ったもの。＊録音，録画，コンピュータの記憶媒体などに用いる。
テープ・カット [日tape cut]　鉄道や道路，橋などの開通式のとき，入口に張り渡した紅白のテープを切ること。
テープ・デッキ [tape deck]　録音テープの再生装置。＊スピーカーは内蔵していない。略デッキ。
テープ・ヒス [tape hiss]　⇨ヒス·ノイズ。
テーブル [table]　①(洋式の)卓；食卓。②(一覧)表；目録。
～言語　〖電算〗統計や表の作成などのプログラムを作るときに用いるコンピュータ用の言語。
テーブルウェア [tableware]　皿，スプーンなど，食卓用の食器具類。
テーブル・カバー [table cover]　テーブル掛け。＊テーブル·クロスとも。
テーブル・コーディネーター [table coordinator]　食卓での演出のすべてを取り仕切る人。
テーブル・スピーチ [日table speech]　席についたままで行う短いあいさつ〔演説〕。略スピーチ。
テーブルスプーン [tablespoon]　食卓用の大型のスプーン；大さじ。
テーブル・セッティング [table setting]　食卓を飾り付け，食事の準備をすること。
テーブル・センター [日table center]　食卓や応接用テーブルの中央に敷く装飾用の布。

テーブル・タップ [table tap] 複数の差し込み口がある電源接続用器具。
テーブル・チャージ [日table charge] (レストラン，ナイトクラブなどの)席料。＝カバー・チャージ。
テーブル・テニス [table tennis] ⇨ピン・ポン。
テーブル・トーク [table talk] 食卓での雑談。
テーブル・マナー [table manners] (西洋料理の)食事の作法。
テーブル・マネー [table money] 交際費；接待費。
テーブル・リネン [table linen] 食卓用の布製品の総称。テーブル・クロス，ナプキン，プレース・マットなど。＊リネンは「麻」。
テーブル・ワイン [table wine] 食卓用のぶどう酒。
テープ・レコーダー [tape recorder] 磁気テープを使って録音，再生をする機械。略テレコ。
テーベ[1] [Thebaiギリシア] ギリシアのボイオチア地方の都市国家。＊7つの門で有名。
テーベ[2] [Thebes] ナイル川中流の古代エジプトの都市。
テーベー [TBドイツ] 肺結核。＊ドイツ語の*T*u*b*erkuloseの略。
テーマ [Themaドイツ] ①主題；題目。②〘音楽〙(楽曲の)主題；主旋律。
テーマ・ソング [日Themaドイツ＋song] 主題歌。
テーマ・パーク [日Themeドイツ＋park] 1つのテーマに基づき構成，演出された大規模レジャー施設。
テーマ・ミュージック [日Themaドイツ＋music] (映画やテレビ・ラジオの番組の)主題曲；主題音楽。略TM。
デーム [Dame] イギリス女性の称号。＊ナイトに当たる。⇨サー。
デーモン [demon] 悪魔；鬼神；鬼のような人。
テーラー [tailor] 紳士服専門の仕立て屋。また，裁断師。
テーラード [tailored] 注文仕立ての；(婦人服が)紳士服仕立ての。
テーラード・カラー [tailored collar] 前開きがV字形の折れ襟(えり)。＊男性の背広に見られる襟型。
テーラード・スーツ [tailored suit] 紳士服のようにかたい感じに仕立てた婦人服。
テーラー・メイド [tailor-made] あつらえの(服)；注文仕立ての(服)。
テール [tail] ①尾；しっぽ。②(飛行機・自動車などの)尾部；(スキーなどの)後端。＊テイルとも。
テールコート [tailcoat] 燕尾服(えんびふく)。⇨モーニング・コート。
テール・フィン [tail fin] ①(魚の)尾びれ。②レーシング・カーなどの後部のひれのように突き出た部分。
テールライト [taillight] 自動車・列車・飛行機などの尾灯。＊テール・ランプとも。
デオキシリボ核酸 ⇨DNA。
テオティワカン [Teotihuacan] メキシコの巨大な宗教遺跡群。＊太陽のピラミッド，月のピラミッドが残る。
デオドラント [deodorant] 殺菌効果のある；防臭効果のある。
デオドラント・シャンプー [deodorant shampoo] 殺菌作用のある成分が含まれたシャンプー剤。
テオブロミン [theobromine] カカオ豆に含まれるアルカロイドの一種。＊中枢神経刺激薬，降圧薬，利尿薬として用いられる。
デカ [deca-] 国際単位系(SI)で，10倍を表す語。記号da。
デカスロン [decathlon] 陸上の十種競技。
デカダン [décadentフランス] ①退廃的な(人)。②デカダンス派の作家。
デカダンス [décadenceフランス] 19世紀末のフランスを中心に興った，耽美

(たん/び)的・退廃的な文学・芸術の傾向。

デカダンティスム [décadentisme フランス] 退廃主義；デカダンス主義。

デカップリング [decoupling] ①切り離し；分断。②農業保護政策の1つ。

デカルコマニー [décalcomanie フランス] 写し絵〔転写〕の技法。略デカル。

デカログ [Decalogue] モーセの十戒。＊原義は「十の言葉」。

デカンタ [decanter] ぶどう酒などを入れて卓上に置く栓つきのガラスびん。＊デキャンタとも。

テ

テキーラ [tequila スペイン] メキシコのリュウゼツランの茎の汁からつくった蒸留酒。

テキサス・ヒット [日Texas hit] 〖野球〗内野手と外野手の中間にぽとりと落ちるヒット。

デキシー [Dixie] ①アメリカの南部諸州の異名。②デキシーランド・ジャズの略。

デキシーランド・ジャズ [Dixieland jazz] アメリカのニュー・オーリンズで生まれた最も古いジャズ。略デキシー。

テキスタイル [textile] 織物；布地。

テキスタイル・デザイナー [textile designer] 織物の織り方や色，図案・形を決める図案家。

テキスト [text] ①教える事柄の概要や要点をまとめた印刷物。②テキストブックの略。③〖電算〗文字で構成されたファイル。

テキスト・ファイル [text file] 〖電算〗文字コードによって表されるデータだけが含まれるファイル。⇨バイナリー・ファイル。

テキストブック [textbook] 教科書。略テキスト。

テキスト・マイニング [text mining] 企業内でたくわえてきた情報の中から，経営上重要なものを発掘し，有効活用する技術。

デキストリン [dextrin] でんぷんを加水分解して得た炭水化物の総称。糊精(こ/せい)。＊化粧品や健康食品などに利用。

テク テクノロジーの略。

財〜 余剰資金を有利な投資にまわして資産の運用を図る技術・方法。

テクスチャー [texture] ①生地。②(布地・木材などの)手ざわり。

テクトニクス [tectonics] 築造学；構造地質学。

テクニカラー [Technicolor] 〖商標〗カラー映画の方式の1つ。＊3種類のフィルターを通して撮影したフィルムを重ねて1本のフィルムにする。

テクニカル [technical] ①技術的な。②専門的な；学術的な。

テクニカル・カレッジ [technical college] 技術職業教育をする工芸高校や工業高専。⇨ポリテクニック。

テクニカル・ターム [technical term] 専門用語；学術用語。

テクニカル・ノックアウト [technical knockout] 〖ボクシング〗一方が負傷して試合が続行できなくなったときなどに，レフェリーが他方の勝ちを宣告すること。略TKO。

テクニカル・ポイント [technical point] 技による得点。

テクニカル・ライター [日technical writer] コンピュータ関連機器の使用法や技術的問題についてわかりやすく書く人。

テクニシャン [technician] 技巧にすぐれた人；技巧家。

テクニック [technic] 技法；技術；技巧。

テクニックス [technics] ①専門語。②技能；工芸。

テクネー [techné ギリシア] 技術(technology)の語源。

テクネチウム [technetium] 人工的に作られた最初の放射性元素。原子番号43。記号はTc。

テクノ [techno] ①「科学技術」「先

端技術」の意で複合語をつくる。②テクノ・サウンド，テクノ・ポップの略。
テクノ・エイド［techno-aid］ 身体の不自由な人の自立を補助するための福祉機器や器具などのこと。
テクノエコノミクス［technoeconomics］ 科学技術と経済学の両分野にまたがる学問。
テクノ・カット［日techno cut］ もみ上げを短くした髪型。
テクノクラート［technocrat］ ①技術〔科学〕畑出身の管理職者〔行政官僚〕。②技術家主義者。
テクノクラシー［technocracy］ ①技術家主義。②技術家政治。
テクノ・サウンド［日techno sound］ 機械の能力，技術を最大限に駆使した音響効果。略テクノ。
テクノ・スーパー・ライナー［techno super liner］ 最新の船舶技術で建造された超高速貨物専用の船舶。略TSL。
テクノストラクチャー［technostructure］ 企業内で，専門の知識，技能，経験をもった人たちで組織する集団。
テクノストレス［technostress］ 長時間コンピュータ作業にたずさわっている人に現れる心身の症状。＊不安感や焦燥(しょうそう)感，肩こりなど。
テクノフォビア［technophobia］ 技術恐怖症。
テクノ・ポップ［techno-pop］ コンピュータ制御のシンセサイザーやリズム・マシーンなどを用いるポピュラー・ミュージック。略テクノ。
テクノロジー［technology］ 科学技術。略テク。
テクノロジー・アート［technology art］ ⇨コンピュータ・アート。
テクノロジー・アセスメント［technology assessment］ 技術開発が社会に及ぼす影響を事前に分析，検討して評価すること。略TA。
テクノロジー・ギャップ［technology gap］ 技術格差。
テクノロジー・トランスファー［technology transfer］ 技術転移；技術流用。略TT。
テグム［taegùm(コリア)］ 朝鮮の伝統音楽で用いられる横笛。大笒。
デクラメーション［declamation］ 朗読(法)。
デグリー ⇨ディグリー。
デクレッシェンド［decrescendo(イタリア)］ 〖音楽〗「次第に弱く演奏せよ」。記号はdecresc.。符号は＞。↔クレッシェンド。
デコイ［decoy］ 鳥をおびき寄せるために使う鳥の模型。
デコーダー［decoder］ 〖電算〗解読器。＊符号化された情報をもとの形に戻す装置。↔エンコーダー。
デコード［decode］ 〖電算〗符号化された情報をもとの形に戻すこと。
デコクション［decoction］ ①(茶・薬草などを)煮出すこと。②煎じ薬。
デコパージュ［découpage(フランス)］ 家具や小間物に切り抜いた絵を貼り付け，装飾する工芸。
デコミッショニング［decommissioning］ 原子力発電所を解体，除染し，廃炉とするプロセス。
デコ・メール［Deco-mail］ 〖商標〗 NTTドコモの携帯電話によるメール・サービスの1つ。＊絵や写真，動画などを利用できる。
デコラ［Decola］ 〖商標〗合成樹脂板をはりつけた化粧板。
デコラティブ・アート［decorative art］ 装飾美術。
デコルテ［décolletée(フランス)］ ①襟(えり)ぐりが大きくあいた。②ローブ・デコルテの略。
デコレーション［decoration］ 装飾。
デコレーション・ケーキ［日decoration cake］ クリームやチョコレートなどで飾った大型のケーキ。
デコレーター［decorator］ 室内装飾

テ

家。
デコンストラクシオン [déconstructionフランス] 〖哲学〗脱構築；脱構築主義。＊フランスの哲学者J.デリダの用語。＝ディコンストラクション。
デコンタミネーション [decontamination] 除染。＊放射性物質，有毒ガス，病原菌などによる汚染の除去。
テコンドー [t'aekwŏndoコリア] 韓国発祥の格闘技。跆拳道。
デザート[1] [desert] 砂漠；荒野。
デザート[2] [dessert] 食事の最後に出る果物や菓子など。＝デセール。
デザイア [desire] 欲望；願望。
デザイナー [designer] (服飾などの)意匠家；図案家；(建築などの)設計家；舞台装置家。
デザイナーズ・マンション [日Designers' Mansion] オーダー・メイドのマンション。また，建築家の設計した個性的でおしゃれな集合住宅。
デザイナー・ドラッグ [designer drug] 合成麻薬；麻薬に似た症状を呈する薬物の総称。
デザイナー・ブランド [designer brand] 有名なデザイナーの名前を商標として使っている商品。
デザイナー・ベビー [designer baby] 遺伝子の操作により，親の希望する性質をもって生まれる赤ちゃん。
デザイン [design] ①意匠；図案；(絵などの)構図；造形。②設計；計画。
デザイン・イン [design-in] 自動車業界などで，部品メーカーと組み立てメーカーが設計段階から連携して製品開発に取り組むこと。
テザリング [tethering] スマートフォンの通信回線を用いて，パソコンや携帯ゲーム機などをインターネットに接続する機能。
デシ [deci-] 国際単位系(SI)で，10分の1を表す接頭辞。記号d。
デジ・カメ デジタル・カメラの略。
デシジョン [decision] 決定；裁決。
デシジョン・メーキング [decision making] (企業の)意思決定。
デジタイザー [digitizer] ①座標入力装置。②アナログ・データをデジタル化する装置。
デジタル [digital] 数量を数値によって表示する方式。＊ディジタルとも。↔アナログ。
〜課税 国をまたいで国際的に活動する巨大IT企業に対する課税。
〜処理 [〜processing] 音声や画像などのアナログの信号波形を0と1のデジタル信号に変えて処理すること。
〜時計 時刻を針で示すのではなく数字で表示する時計。
〜PBX デジタル化された構内用電話交換装置。＊PBXは*p*rivate *b*ranch e*x*changeの略。
〜放送 [〜broadcasting] 情報をデジタル処理して伝送する放送。
デジタル・アーカイブ [digital archive] 博物館，図書館などの収蔵品や文化資料などをデジタル化して保存すること。
デジタル・オーディオ・テープ・レコーダー [digital audio tape recorder] 音声をデジタル信号によって録音・再生するテープ・レコーダー。略DAT。
デジタル・カメラ [digital camera] 映像をデジタル信号に変換して記憶するカメラ。略デジ・カメ。
デジタル・サイネージ [Digital Signage] 電子看板。＊映像や情報を液晶ディスプレーなどに表示する広告媒体。
デジタル・タトゥー [digital tattoo] インターネット上の書き込みや画像が拡散され，消去が困難であることを入れ墨になぞらえたことば。
デジタル・ツイン [digital twin] Iotなどの技術により，デジタル空間に現実空間の環境を再現する技術。＊

シミュレーションなどに利用。
デジタル・ディバイド [digital divide] コンピュータを使いこなす能力の差で生じる経済格差。＊就職の機会や待遇の差。
デジタル・テレビ [digital television] デジタル放送受信用のテレビ受像機。
デジタル・トランスフォーメーション [digital transformation] 情報通信技術の浸透による変革。略DX。
デジタル・ネイティブ [digital native] 生まれたときからインターネットや携帯電話などが存在する生活環境の中で育ってきた世代。
デジタル・バーサタイル・ディスク ⇨DVD。
デジタル・ビデオ・カメラ [digital video camera] デジタル方式のビデオ・カメラ。＊小型で軽量。DVD，メモリー・カードなどが利用できる。
デジタル・フォト・フレーム [digital photo frame] デジタル写真立て。＊メモリー・カードなどを挿入(そうにゅう)し，液晶画面で画像を表示する。フォト・プレーヤーとも。
デジタル・フォレンジック [digital forensics] コンピュータに関する不正アクセスや情報漏れなどの原因を調査し，立証する証拠を収集すること。
デジタル・ブック [digital book] 小説や漫画などをダウンロードして，PCや携帯情報端末などで読む本。または，そのコンテンツ。＊オン・ライン書籍，デジタル書籍とも。
デジタル・プラットフォーマー ⇨プラットフォーマー。
デジタル・マーケティング [digital marketing] IT技術やインターネットを駆使して行うマーケティング。
デジタル・リマスター [digital remaster] 古い映画や録音テープを，最新のデジタル処理で高画質・高音質にすること。略リマスター。
デシネ [dessinerフランス] 『美術』線を基本にして素描すること。⇨デッサン，パンドル。
デシベル [decibel] 電力，電圧，音の強さなどを表す単位。記号dB，db。
デシマル [decimal] ①十進法の。②小数の。
デシマル・ポイント [decimal point] 小数点。
デジャ・ビュ [déjà vuフランス] 既視感。＊初めて見るのに，すでにどこかで見たと感じること。↔ジャメ・ビュ。
デシリットル [décilitreフランス] メートル法の体積の単位。1リットルの10分の1。記号dl。
デ・シン クレープ・デ・シンの略。
デス・エデュケーション [death education] 死への準備教育。
デスク [desk] ①(洋式の)机。②取材や編集の指揮をする責任者。
デスクトップ [desktop] 卓上型の；机上の。↔ラップトップ。
デスクトップ・アプリケーション [desktop applications] コンピュータのデスクトップ環境でインストールし，利用するアプリケーション・ソフト。
デスクトップ・パブリッシング [desktop publishing] 机上で編集・出版に関する作業ができるコンピュータ・システム。略DTP。
デスクトップ・プレゼンテーション [desktop presentation] プレゼンテーション用の資料をパソコンで作成すること。また，プレゼンテーションにパソコンを用いること。
デスク・プラン [desk plan] 机上で考えただけの計画。
デスクリプション [description] 記述；説明；描写。
デスク・ワーク [desk work] 机に向かってする仕事。↔フィールドワーク。

テスター [tester]　電気器具の回路を調べたり，電流や電圧，抵抗値を測定したりする小型の計器。

テスタメント [testament]　聖書。

デスティニー [destiny]　運命；宿命。

テスティモニー [testimony]　証明；証拠。

テスト・キャンペーン [test campaign]　新製品を試験的に売り出して広告活動を行うこと。

テスト・ケース [test case]　試験的にやってみる事柄。

テストステロン [testosterone]　睾丸(こうがん)から分泌される男性ホルモン。

テスト・ドライバー [test driver]　①開発中の自動車などの試走をする運転士。②システム開発のプログラム同士の整合性テストで，上位プログラムの代用に使うプログラム。

テスト・パイロット [test pilot]　新型飛行機の試験飛行をする操縦士。

テスト・パターン [test pattern]　テレビで，画像を検査・調整するために使う幾何学的な図形。

テスト・マーケティング [test marketing]　新製品を試験的に販売して，その反応をみること。

デストロイヤー [destroyer]　①破壊者。②駆逐艦。

デスベッド [deathbed]　臨終；死の床。

デスペラード [desperado]　無法者；ならず者。

デスペレート [desperate]　①絶望的な。②自暴自棄の。③必死の。

デス・マスク [death mask]　死んだ人の顔から型をとって作る面。

デス・マッチ [日death match]　①『格闘技』時間を制限しないで，勝負がつくまで行う試合。②死闘。

デス・メタル [death metal]　ヘビー・メタルの一種で，苛烈な歌詞を絶叫するように歌い，演奏するのが特徴のジャンル。

テスラ [tesla]　国際単位系(SI)の磁束密度の単位。記号T。

テセウス [Theseusギリシア]　『ギリシア神話』アテナイの王で，伝説的な英雄。

デセール [dessertフランス]　①デザート用のビスケット。②⇨デザート[2]。

デダクション [deduction]　演繹(えんえき)法。↔インダクション。

デタッチト・コート [detached coat]　裏地が取り外せるようになっているコート。

デタッチメント [detachment]　①無関心；超然とした態度。②分離。③派遣。

デタント [détenteフランス]　(大国間の)緊張緩和。

デッキ [deck]　①船の甲板。②列車の出入口の床。③テープ・デッキの略。

テッキー [techie]　ハイテク技術の専門家。

デッキ・チェア [deck chair]　船の甲板やベランダなどで使うズック張りの折りたたみ式寝椅子。

テックス[1] [tex]　糸の太さを表す単位。＊1テックスは1000メートルで1グラムの糸の太さ。

テックス[2]　①織物；生地。②軟質繊維板。＊パルプかす，おがくずなどで作った板。*tex*tureから。

テックス・メックス [Tex-Mex]　アメリカのテキサス州とメキシコの特徴を生かしたもの。＊ファッション，音楽，料理で用いる語。

デッサン [dessinフランス]　素描；下絵；線描きの単色画。⇨デシネ，パンドル。

デッド [dead]　①『ゴルフ』ボールがバウンドしないで落下点に止まること。②死んだような；すたれた。

デッド・アングル [dead angle]　死角。

デッドウエイト [deadweight]　自重。＊車両などのそれ自体の重さ。

デッド・エンド [dead end]　①袋小路。②ゆきづまった状態。

デッド・クロス [dead cross] 〘経済〙 相場が下降気味のとき，短期の移動平均線が下降し，中長期の平均線と交差すること。
デッド・コピー [dead copy] ①新製品を開発するとき，他社の同種の製品をそのまままねて作ること。②違法コピー。
デッド・ストック [dead stock] 売れ残って在庫になっている商品；不良在庫。
デッド・スペース [dead space] 建物の中で，十分に生かされていない空間。
デッド・ヒート [dead heat] 激しい競り合い；互角の戦い。
デッド・ヘッド [dead head] ①回送車〔飛行機〕；客を乗せていない車両〔航空機〕。② [D-H-] 業務中の移動などのために，自社の航空機に乗ること。＊業界用語。
デッド・ポイント [dead point] ①死点。②中心点。
デッド・ボール [dead ball] ①〘野球〙死球。＊和製用法。英語ではhit by pitch。②〘球技〙競技が一時停止状態にあるボール。
デッドライン [deadline] ①最終期限。②死線。
デッド・リフト [dead lift] パワー・リフティングで，床のバーベルを腰の高さまで引き上げる種目。
デット・リリーフ・アプローチ [debt relief approach] 包括的債務救済措置。＊累積債務を一定限度免除し，債務問題の打開を図ること。
デッド・ルーム [dead room] 無響室。＊音響の反射を最小にする。
デッドロック [deadlock] ①ゆきづまり；暗礁(あんしょう)。②〘電算〙システムに異常が発生し，停止状態になること。
デディケーション [dedication] ①献納。②(著書などの)献呈の辞。
デディケート [dedicate] ①奉納する。②(著書などを)献呈する。
テディ・ベア [teddy bear] ぬいぐるみの熊。＊アメリカ第26代大統領セオドア・ルーズベルトが狩猟中に子熊を見逃したという逸話に因む。
デトックス [detox] ①解毒。②体内の老廃物を排出すること。
デトネーション [detonation] ①内燃機関の異常爆発；爆燃。＝ノッキング。②ニトログリセリンなどの爆薬が，音速を超える速度で激しく爆発する現象。
テトラサイクリン [tetracycline] 放線菌から産生された抗生物質。＊スピロヘータ，リケッチアなどに有効。
テトラ・パック [Tetra Pak] 〘商標〙紙で作った角錐(かくすい)型の容器。
テトラポッド [Tetrapod] 〘商標〙中心から4方向に先細の円筒形の脚が出ている護岸用ブロック。
テトラミン [tetramine] ①エゾバイ科の巻き貝の内臓に含まれる毒素。②殺鼠(さっそ)剤。
テトリス [Tetoris] 箱詰めパズル。＊落ちてくる図形を，回転・移動させ，並べて消していくゲーム。テトロミノ(tetromino)＋テニス(tennis)から。
テトロドトキシン [Tetrodotoxin ドイツ] フグの卵巣や肝臓に含まれる猛毒。
テトロミノ [tetromino] パズルゲーム「テトリス」のブロックの名称。
テトロン [Tetoron] 〘商標〙ポリエステル系の合成繊維。
テナー [tenor] ⇨テノール。
テナー・サックス [tenor sax] テノール音域のサクソホン。⇨サックス。
テナント [tenant] (賃貸ビル・マンションなどの)借り主。
デニール [denier] 生糸や合成繊維の太さを表す単位。記号d, D。
テニス [tennis] 庭球。
テニス・エルボー [tennis elbow] テニスで，打球の衝撃など肘(ひじ)の酷使によって起こる肘の炎症。
デニッシュ [Danish] ①デンマーク風の。②デニッシュ・ペストリーの略。
デニッシュ・ペストリー [Danish pastry] バターを練り込んだパイ状の生地にドライ・フルーツなどを入れたデンマーク風菓子パン。略デニッシュ。
デニム [denim] 綾(あや)織りのじょうぶな綿布。＊ジーンズなどに使う。
テニュア [tenure] ①アメリカで，教員や公務員の終身在職権。②保有条件；土地・職などの保有権。

テヌート [tenutoイタリア] 〘音楽〙「音符の長さを十分に保って演奏せよ」。記号ten.。
デネブ [Deneb] 〘天文〙白鳥座のアルファ星。＊夏を代表する1等星。
テノール [Tenorドイツ] 男声の最高音域。また，その歌手。＝テナー。
デノスマブ [denosumab] 骨粗鬆症の治療薬。＊商品名，プラリア。
デノテーション [denotation] ①文字どおりの意味；明示。↔コノテーション。②〘論理学〙外延。
デノミネーション [denomination] 貨幣単位の呼称変更〔切り下げ〕。＊和製用法。略デノミ。
デパーチャー [departure] (列車・飛行機などの)出発。↔アライバル。
デパートメント [department] ①(会社の)部；課。②(官庁の)局；部。
デパートメント・ストア [department store] 百貨店。略デパート。
デ杯 ⇨デビス・カップ。
デバイス [device] ①装置。②パソコンを構成している部品，ディスプレー，プリンターなどの周辺機器。
デバイス・ドライバー [device driver] コンピュータと周辺機器を制御するためのプログラム。略ドライバー。
デバッグ [debug] プログラムの誤りを訂正すること。＊ディバッグとも。
デバリュエーション [devaluation] (貨幣の)平価切り下げ。
デビス・カップ [Davis Cup] 〘テニス〙ITF主催の男子国別対抗戦。＝デ杯。
デビット・カード [debit card] 即時決済機能を備えたキャッシュ・カード。
デビュー [débutフランス] (社交界や芸能界などに)初めて登場すること。
デビュタン [débutantフランス] 初舞台を踏む人；新人。
デビュタント [débutanteフランス] 初めて社交界に出る令嬢。
デビル [devil] 悪魔。
デビルズ・アドボケート [devil's advocate] 故意に否定的な立場をとる人；天(あま)の邪鬼(じゃく)。
デビルズ・フード・ケーキ [devil's food cake] 濃厚な味のチョコレート・ケーキ。
デビルフィッシュ [devilfish] 欧米人が嫌って食べないタコ，イカ，アンコウなどの通称。
デフ ディファレンシャル・ギアの略。
デ・ファクト・スタンダード [de facto standard] 〘電算〙市場競争によって定められた業界標準とみなされている規準。＊de factoはラテン語で「事実上の」という意。
デファンス [défenseフランス] ①腹膜刺激症状における筋性防衛。②パリの超高層ビル群。
デフォルト [default] ①債務不履行。②〘電算〙ソフトウェアの出荷時の初期設定値。③〘スポーツ〙棄権；不参加。
デフォルメ [déformerフランス] 〘芸術〙自然の形を意図的に変形して表現すること；誇張表現。＝ディフォーメーション。
デフ・シアター [deaf theater] 聴覚障害者を中心として結成した劇団。
デプス・インタビュー [depth inter-

view〕 心の奥底に隠されているものを探り出す面接法。

デフラグ〔defrag〕〖電算〗分散したファイルを修正し，最適化すること。＊defragmentationから。

デフ・ラグビー〔deaf rugby〕 聴覚障害者によるラグビー。

デブリ〔débris フランス〕〖登山〗雪崩(なだれ)で押し流されて積もった雪の塊や岩石の砕片。

デフリンピック〔Deaflympics〕 聴覚障害者の国際総合競技大会。＊4年に1度行われる。2001年，ローマ大会からIOCより承認を受ける。

デフレーション〔deflation〕 通貨の量が減り，貨幣価値が上がって物価が下がる現象。略デフレ。↔インフレーション。

デフレーター〔deflator〕 国民総生産などの経済量の比較をする際，名目値から物価上昇分を取り除いた実質値を得るために用いる物価指数。

デフレ・ギャップ〔日deflationary gap〕 総需要が総供給を下回った際の両者の差。↔インフレ・ギャップ。

デフレ・スパイラル〔deflationary spiral〕 物価の下落と収益の減少がさらなる景気の後退をまねく悪循環のこと。

デプレッション〔depression〕 ①憂鬱(ゆううつ)；意気消沈。②景気の衰退；恐慌。＊ディプレッションとも。

デプログラミング〔deprogramming〕 目覚めさせること；洗脳はずし。

デフロスター〔defroster〕 霜やくもりを取る装置。

テフロン〔Teflon〕〖商標〗合成樹脂の一種。＊熱，酸などに強い。

デペイズマン〔dépaysement フランス〕 文学や美術におけるシュールレアリスムの概念，制作方法。＊キリコ，マグリットなどの手法。原義は「違和感」「気分転換」。

デペイゼ〔Dépaysé フランス〕 洋菓子の材料と和菓子の材料を組み合わせた菓子。＊原義は，「異国情緒」。

デベロッパー〔developer〕 開発者；宅地開発業者。＊ディベロッパーとも。

デベロッピング・カントリー〔developing country〕 発展途上国；開発途上国。

デベロップメント〔development〕 ①(心身の)発達。②(土地などの)開発。③〖写真〗現像。

デポ〔depot〕 倉庫；(用具などの)保管所；(貨物の)中継集配所。＊デポーとも。＝ストック・ポイント。

〜剤〔〜medicine〕 薬の効力が長期間持続するようにした埋め込み式の注射剤や貼付剤。

デポジット〔deposit〕 ①預かり；預金。②担保；保証金；手付金。

〜方式 飲料の販売で，代金に容器代が含まれていて，容器を返すと容器代が返される方式。

テポドン〔Taepodong コリア〕 朝鮮民主主義人民共和国(北朝鮮)の弾道ミサイル。＊地名，大浦洞(テポドン)から。⇨ノドン。

デボネア〔debonair〕 ①優雅な；礼儀正しい。②愉快な；快活な。

デポ・プロベラ〔Depo-provera〕〖商標〗注射用避妊薬。

デポリューション〔depollution〕 水質，空気などの汚染の除去。

デボン紀〔Devonian period〕 地質時代の区分の1つ。古生代の中頃。約4億1千万年前から3億6千万年前まで。＊陸生植物，魚類，両生類が出現した。

デマ デマゴギーの略。

デマゴーグ〔Demagog ドイツ〕 民衆を扇動する人〔政治家〕。

デマゴギー〔Demagogie ドイツ〕 ①根拠のないうわさ。②民衆を扇動する宣伝；悪宣伝。略デマ。

デマレージ〔demurrage〕 貨物の保

管延滞料。

デマンド [demand] ①要求；請求；督促。②需要。＊ディマンドとも。↔サプライ。

デマンド・サイド [demand side] 経済社会での需要側。↔サプライ・サイド。

デマンド・チェーン・マネジメント [demand chain management] 消費者の購買行動から得られる情報をもとに，商品開発や生産管理，流通や販売体制を統合的に最適化していくシステム。

デマンド・バス [demand bus] 一定の地域で，乗降場所，順路など，利用者の要望に応じる方式のバス。

デマンド・プル・インフレ [demand-pull inflation] 需要が供給を上回ることによっておこるインフレ。

デミ [demi フランス] 半分の；部分的な。＊ドミとも。

デミグラス・ソース ⇨ドミグラス・ソース。

デミ・グローブ [demi-glove] 指先のない手袋。＝ハーフ・ミット，ミテーヌ。

テミス [Themis] 〖ギリシア神話〗法の女神。また，予言の女神。＊ゼウスの2番目の妻。

デミ・タス [demi-tasse フランス] 食後用の小型のコーヒー茶碗。また，それに入れたコーヒー。

デミング賞 [Deming Prize] 日本で，品質管理の研究や普及に業績のあった企業や個人に与えられる賞。

デメテル [Dēmētēr ギリシア] 〖ギリシア神話〗豊穣(ほうじょう)の女神。＊古典ギリシア語で，「母なる大地」という意。

デメリット [demerit] 欠点；短所；不利益になる点。↔メリット。

デモ [demo] デモ・テープ，デモンストレーションの略。

デモーニッシュ [dämonisch ドイツ] 悪魔的な；超自然的な。⇨デーモン。

デモクラシー [democracy] 民主主義；民主政治〔政体〕。↔オートクラシー。

デモクラット [democrat] ①民主主義者。②［D-］アメリカの民主党員。↔リパブリカン。

デモクラティック [democratic] 民主主義的な；民主的な。

デモクラティック・ソーシャリズム [democratic socialism] 社会民主主義。＊議会主義を基調とする。＝ソーシャル・デモクラシー。

デモグラフィー [demography] 人口統計学。

デモグラフィックス [demographics] 人口統計。＊住民の年齢・性別・収入・職業・教育程度などを把握し，分析する。

デモ・テープ [demo tape] 試聴〔審査〕用の録音テープ。略デモ。

デモデックス [demodex] ⇨アカラス①。

デモンストレーション [demonstration] ①示威運動。②実演；試聴。③公開演技〔競技〕。略デモ。

デモンストレーター [demonstrator] ①示威運動をする人。②商品の使い方などを実演してみせる人。

デュアリズム [dualism] 二元論。

デュアル [dual] 二重の；二元的な。

デュアル・コート [dual coat] ⇨リバーシブル・コート。

デュアル・システム [dual system] 〖電算〗結果の信頼度を高めるために，2系列のコンピュータに同じ処理をさせる方式。

デュアルSIM [dual SIM] 2枚のSIMカードが挿入でき，1つで2つの電話回線を使用できる携帯電話端末。＊同時に2つの回線で待ち受け状態を可能にするシステムをデュアル・スタンバイという。

デュアル・スラローム [dual slalom] ⇨パラレル・スラローム。

デュアル・ビジョン [日dual vision]

テレビ画面の片隅に，別の番組の画面を映すことができる受像機。
デュアル・ユース [dual-use] 民生用・軍事用の両方に利用できる技術。
デューク [duke] 公爵。
デュークス ⇨DEWKS。
デューティー [duty] ①義務；本分。②任務；職務。③税；関税。
デューティー・フリー [duty-free] 免税の；無税の。
デューティー・フリー・ショップ [duty-free shop] 免税店。＊タックス・フリー・ショップとも。
デュー・デリジェンス [due diligence] 資産の適正評価手続き。
デュー・プロセス [due process] 法の定める適正な手続き。＊個人の権利や自由を保護するためのもの。
デュエット [duetto(イタリア)] 二重奏；二重唱。＝デュオ。
デュエル [duel] 二者間の決闘，対決，勝負。
デュオ [duo] ⇨デュエット。
デュプリケート [duplicate] 複製(すること)。
デュ・ポン [Du Pont] 〖商標〗E.I.デュポンが1802年に創始したアメリカの総合化学会社。
デュラム小麦 [durum wheat] 超強力粉の原料となる小麦。＊マカロニやスパゲッティの材料。
デュラム・セモリナ [durum semolina] デュラム小麦を粗挽きにしたもの。
デュロック種 [dulock] 大型のブタ(豚)の一品種。＊産肉性が高い。
テラ [tera-] 国際単位系(SI)で1兆倍(10^{12})を表す接頭辞。記号T。
テラー [teller] ①話し手。②金融機関の窓口係；出納係。
デラウェア [Delaware] アメリカのデラウェア州原産のぶどう。＊小粒で甘い。
デラクール [Delacoule(フランス)] 〖商標〗ナイロンを原料とした合成皮革。
テラコッタ [terracotta(イタリア)] ①素焼きの土器・塑像。②(建物の外装に用いる)陶製のタイル。
デラシネ [déraciné(フランス)] ①根なし草。②祖国や故郷から離れた人。
テラス [terrace] ①居間などから庭に張り出して作った，屋根のない床。②台地；高台。
法～ 「日本司法支援センター」の愛称。
テラス・ハウス [terrace house] 庭付き2階建て集合住宅；連棟住宅。
テラゾー [terrazzo(イタリア)] 大理石の砕石をセメントで固めて表面を磨きあげたもの。＊床や壁材に用いる。
デラックス [deluxe] 豪華な；ぜいたくな。略DX。
テラバイト [terabyte] 情報量の単位の1つ。1テラバイトは10^{12}バイトを表す接頭辞。略TB。
テラ・フォーミング [terra-forming] 惑星地球化計画。＊太陽系の惑星を，人類が住めるような環境に変化させること。
テラマイシン [Terramycin] 〖商標〗抗生物質の一種，オキシテトラサイクリンの商品名。＊肺炎，赤痢，チフスなどに効果がある。
テラリウム [terrarium] ①陸生小動物の飼育場。②観賞用植物の栽培用ガラス容器。＊半密封状態で育てる。
テラ・ロッサ [terra rossa(イタリア)] (地中海沿岸に見られる)赤褐色の土壌。
テリア [terrier] イギリス原産の小形犬。＊愛玩用。テリヤとも。
デリート・キー [delete key] ファイルやデータを削除するときに使用するキー。略delキー。
テリーヌ [terrine(フランス)] 魚肉，鳥肉，レバーなどをすりつぶし，型に詰めてオーブンで蒸し焼きにした料理。
デリカ デリカテッセンの略。
デリカシー [delicacy] こまやかさ；

テ

思いやり；こまやかな心づかい。

デリカテッセン [delicatessen]　洋風の惣菜(そうざい)。また，その販売店。略デリカ。

デリケート [delicate]　①繊細な；(神経が)細かい。②微妙な。

デリシャス [delicious]　①おいしい。②［D-］北アメリカ原産のりんごの一品種。

テリトリー [territory]　①領土；地域。②縄張り；勢力圏。③(学問などの)分野；領域。④守備〔攻撃〕地域。

デリバティブ [derivative]　金融派生商品。＊株式，債券，通貨などの変動を見込んでする金融取引。

デリバリー [delivery]　配達。

テリブル [terrible]　恐ろしい；厳しい。

デリミター [delimiter]　『電算』データ・ベースや表計算ソフトで，項目などの区切りを表す文字。

デリンジャー現象 [Dellinger phenomenon]　太陽面の異常爆発で短波無線通信が突然とだえる現象。

デルタ [deltaギリシア]　①ギリシア語アルファベットの第4文字。＊Δ，δ。②(河口の)三角州。③女性の陰部を表す隠語。

デルタ航空 [Delta Air Lines, Inc.]　アメリカ・アトランタ市に本拠を置く大手航空会社。＊旧・ノースウエスト航空。

デルタ・フォース [Delta Force]　テロ活動からの人命救助，またテロ行為の撃滅などを目的としているアメリカ陸軍の特殊部隊。

デルタ・ロケット [Delta rocket]　アメリカの人工衛星打ち上げ用ロケット。

テルツェット [Terzettドイツ]　⇨トリオ①。

デルフィニウム [Delphiniumラテン]　キンポウゲ科の多年草と1年草。和名，飛燕草(ひえんそう)。＊夏に青や白色の花が咲く。

デルフォイ [Delphoi]　古代ギリシアのパルナソス山の南麓にある古代遺跡。＊アポロンの神殿があった地。

テルミン [Teremin]　電子楽器の元祖。＊2本のアンテナに手を近づけたり，遠ざけたりして音を出す。ロシアの物理学者テルミンが発明。

テルモス [Thermosflascheドイツ]　魔法瓶。

テレ・イグジスタンス [Tele-existence]　遠隔臨場感。＊ロボットでの作業が，まるで自分が行っているように思えること。

テレオロジー [Teleologieドイツ]　『哲学』目的論。＊ギリシア語のtelos(「目的」「終局」の意)から。

テレカ　テレホン・カードの略。

テレカンファレンス [teleconference]　テレビ，電話などの通信機器を使って遠隔地間で行う会議。

テレキネシス [telekinesisラテン]　⇨サイコキネシス。

テレキャスト [telecast]　テレビ放送。

テレ・クラ [日telephone club]　風俗営業の1つ。＊男性が入会金を払い，女性からの電話を個室で受けて会話をするクラブ〔店〕。＝テレホン・クラブ。

テレグラフ [telegraph]　①電信機。②電信。

テレグラム [telegram]　電報；電文。

デレゲーション [delegation]　代表団；派遣団。

テレコ　テープ・レコーダーの略。

テレゴニー [telegony]　感応遺伝；先天遺伝。

テレコネクション [teleconnection]　遠隔相関；遠隔影響。＊遠く離れた場所で，大気の気圧，気温，降水量などが互いに関連して変動する現象。

テレコミューティング [telecommuting]　⇨テレワーク。

テレコミュニケーション [telecommunication] 〖電信，電話，テレビ，ラジオなど〗 遠隔通信。略テレコム。

テレコム テレコミュニケーションの略。

テレコンバーター [teleconverter] カメラのレンズの焦点距離を延長して望遠化するための補助レンズ。

テレジェニック [telegenic] テレビ映りのよい。＝ビデオジェニック。

テレシネ [telecine] ①テレビ映画。②映画フィルムの映像をビデオ信号に変換する装置。＊*tele*vision *cine*projectorの略。

テレスコープ [telescope] 望遠鏡。

テレノベラ [Telenovelaスペイン] 南米で制作・放映されている大河メロドラマ。＊スペイン語で「テレビ小説」の意。

テレパシー [telepathy] 精神感応。＊ある人の考えや感情などが，言葉などの伝達手段によらずに，他の人に伝わること。

テレビ テレビジョンの略。

～電話 電話機とカメラが一体となった装置。＊離れた場所にいる人も会議に参加できる。

高品位～ [high-definition～] ⇨ハイビジョン。

テレビ・カメラ [television camera] 撮影現場で，被写体の映像を電気信号に変換するための機器。

テレビ・ゲーム [日television game] ディスプレーに映し出される画面をマイコンで操作して遊ぶゲーム。＝ビデオ・ゲーム。

テレビ・ショッピング [日television shopping] テレビで商品を紹介し，電話などで注文を受けて販売する方式。略テレ・ショップ。

テレビジョン [television] 画像を電気信号に変換・伝達し，離れた所で映像に再生する通信方式。また，その受像機。略テレビ，TV。

テレビ・マネー [television money] 〖テレビ〗 放映権料。

テレビン油 [terebinthinaポルトガル] マツ(松)の樹脂を蒸留してとる揮発性の油。＊溶剤，塗料の原料に用いる。

テレフォト [telephoto] 電送写真。

テレフォン ⇨テレホン。

テレプレゼンス [telepresence] 遠隔地にいる人に，現場にいるような臨場感をもたらす技術。

テレポーテーション [teleportation] 自分の体や物体を念力で瞬間移動させること。

テレポート [teleport] 通信衛星や光通信を利用した情報通信網の基地。

テレホン [telephone] 電話；電話機。＊テレフォンとも。

テレホン・アポインター [日telephone appointer] 無作為に電話をかけ，商品の販売や勧誘をする人。略テレ・アポ。

テレホン・カード [日telephone card] 公衆電話で，硬貨の代わりに使うカード。略テレカ。

テレホン・クラブ [日telephone club] ⇨テレ・クラ。

テレホン・セクレタリー [日telephone secretary] 契約を結んだ会社の電話の応対をする職業，またその人。

テレマーク [telemark] ①〖スキー〗 ジャンプ競技での着地の際，スキーを前後にずらしてひざを曲げ，脇を少し開く姿勢。＊ノルウェーの州名，テレマルクから。②⇨テレマーク・スキー。

テレマーク・スキー [telemark ski] 一方の足を曲げ，もう一方の足で雪をおしやるようにする滑走法。＊スキー板に靴の先だけが固定されていて，踵(かかと)を浮かすことができる。

テレ・マーケティング [日telephone marketing] 販売員が消費者に電話で商品の説明をして販売する活動。

テレマティクス [telematics] 離れた所へ情報を瞬時に通信する技術・方法。＊自動車のナビゲーション・システムや盗難防止の自動通報など。*tele*communication＋infor*matics*から。
テレメーター [telemeter] 遠隔測定装置。＊医療，人工衛星での観測データの受信などに利用される。
〜診断 遠隔計測器診断。＊病室と受信装置とを無線でつなぎ，血圧値，心電図などをモニタリングする。
テレメータリング [telemetering] 遠隔測定。＊観測データをテレメーターで伝達すること。
テレメディシン [telemedicine] 遠隔医療。＊テレビや電話を使う。
テレメトリー [telemetry] 遠隔測定法。
テレモニター [telemonitor] 電話回線を使って，外部から住宅内の様子を確かめる装置。
テレ・ラーニング [日tele learning] 遠隔授業。＊通信回線を使って，遠隔地，複数の場所での授業を行う。
テレワーク [telework] 情報通信技術を活用した，時間や場所にとらわれない働き方。
テロ テロリズム，テロルの略。
〜行為 暗殺，破壊などの暴力的手段によって相手に脅威を与えて政治目的を遂げようとする行為。
テロップ [telop] テレビ画面に字幕などを送り出す装置。また，その字幕。＊*tel*evision *o*paque *p*rojectorの略。⇨スーパーインポーズ。
テロメア [telomere] 単純な反復配列からなる染色体の末端領域。＊反復数の減少が老化に関係する。
テロメラーゼ [telomerase] 染色体にテロメアの反復配列を促す酵素。＊老化防止に関与する。
テロリスト [terrorist] テロリズムを信奉する人；暴力革命主義者。
テロリズム [terrorism] 暴力主義；暴力革命主義；テロ行為。略テロ。
テロル [Terror ドイツ] あらゆる暴力的手段で脅威を与え，対立するものを威嚇(いかく)すること。略テロ。
テロワール [terroir フランス] ワイン用のぶどうの生産地における，気候や土壌，人的要因などの総合的な環境要因のこと。
デン [den] ①獣の巣。②書斎；仕事部屋。③くつろげる私室。
テン・ガロン・ハット [ten-gallon hat] カウボーイなどがかぶる，つばが広くて長いひものついた帽子。＝カウボーイ・ハット。
テン・キー [日ten key] 『電算』0から9までの数字キー。
デング熱 [dengue fever] デング・ウイルスが蚊によって媒介され，発病する感染症。＊熱帯地方に多い。
デンジャー [danger] 危険；脅威。
テンション [tension] ①緊張；緊張状態〔関係〕。②張力。
テンス [tense] ①張りつめた；緊迫した。②『文法』時制。
テンセル [tencel] 『商標』セルロース系繊維。＊ソフトで丈夫。
テンダー [tender] 柔らかい；穏やかな；優しい。
テンダーロイン [tenderloin] ヒレ①。
テンダーロイン・ステーキ [tenderloin steak] テンダーロインを厚めに切って焼いた料理。
テンタティブ [tentative] 試験的な；ためらいがちな。
テンダリー [tenderly] 優しく；慎重に。
デンタル [dental] 歯科の；歯科医の。
デンタル・エステティック [dental esthetic] 審美歯科。
デンタル・フロス [dental floss] 歯間の汚れや歯垢(しこう)を取り除くため

のナイロン糸。略フロス。
デンチャー [denture] 義歯；入れ歯。
テンデンシー [tendency] 傾向；性向；気配。
テント・サウナ [日tent sauna] 〖商標〗キャンプなどで楽しむテント式のサウナ。
デンドリマー [dendrimer] 分子鎖が中心から放射状に伸びた樹状高分子化合物。
デンドロビウム [dendrobium] ラン科セッコク属植物の総称。
テン・ナイン [ten nines] 純度がきわめて高いこと。＊99.99999999パーセントの純度を表す。
テンパー [temper] 気分；気質；気性。
テンパイ [聴牌チャイナ] 〖麻雀〗必要な牌(ぱい)があと1枚くれば上がれる状態になっていること。
テンパリング [tempering] チョコレートを溶かして固めるときの温度調整作業。
テンピュール [tempur] 〖商標〗体圧分散素材の1つ。＊NASAがスペース・シャトル計画の中で，宇宙飛行士の体にかかる重力を緩和するために開発した素材。
テン・フィート運動 [ten-feet movement] 世界的な反戦市民運動の1つ。＊アメリカ国立公文書館に残る被爆直後の広島，長崎の記録フィルムを，1人10フィートずつ買い取り，公開しようとする運動。
テンプテーション [temptation] 誘惑。
テンプル [temple] ①寺院；神殿。②教会堂。③化粧室。④こめかみ。
テンプレート [template] ①流れ図を描くための定規板。＊図形部分がくりぬいてある。②歯の矯正用の型板。③パソコンのキーボードで，各キーの機能を表示したシート。
テンペ [tempehインドネシア] テンペ菌で発酵させたインドネシアの大豆発酵食品。
テンペスト [tempest] ①大嵐；暴風雨。②大騒動。
〜級 全長6.7メートルの2人乗りヨット。また，これによる競技。
テンペラ [tempera] ①顔料をにかわ，卵白などで練った絵の具。②①で描いた絵。また，その画法。
テンペラメント [temperament] 気質；気性。
テンポ [tempoイタリア] ①〖音楽〗演奏速度。②(仕事･活動の)速さ；調子。
テンポラリー [temporary] 一時的な；臨時の。
テンポラリー・ワーカー [temporary worker] 臨時雇い。
テン・モード [10mode] 乗用車の燃料測定方法で，燃料消費率や排ガスを調べるための10のパターン。＊現在は，10(市街地を想定)-15(郊外を想定)モードに移行。
テンメンジャン [甜麺醤チャイナ] 小麦粉を発酵させてつくった甘味噌。＊ペキンダック料理に使う。

ト

ドア・アイ [日door eye] 玄関の扉に取りつけたのぞき穴。＊英語ではpeephole。ドア・スコープとも。
ドア・イン・ザ・フェイス [Door in the Face] 譲歩的依頼法。＊先に過大な要求をして，相手に拒否されたら小さな本来の要求をする方法。
ドア・エンジン [日door engine] 〖電車，バスなど〗ドアの自動開閉装置。
ドア・ストッパー [door stopper] 扉の上方に取りつけたあおり止め。
ドア・チェーン [door chain] 防犯用にドアの内側に取りつけた鎖。
ドア・チェック [door check] ドアがゆっくりと開閉するように，ドアの上部に取りつけた装置。

ドア・ツー・ドア [door-to-door]　戸口から戸口へ配送すること。
ドア・ボーイ [日door boy]　ホテルやレストランなどの玄関で客の送迎をする男性。＝ドアマン。
ドアマット [doormat]　玄関に敷く靴ぬぐい；玄関マット。
ドアマン [doorman]　⇨ドア・ボーイ。
ドア・ミラー [door mirror]　自動車の前部ドアの外側に取りつけた，運転者が側面後方を見るための鏡。
トイ [toy]　おもちゃ。
トイカ　⇨TOICA。
トイザらス [Toys"Я"Us]　アメリカで創業された玩具のチェーン店。
トイツ [対子(チャイナ)]〘麻雀〙同じ牌(ぱい)2個の組み合わせ。
トイ・プードル [toy poodle]　体高26センチメートル，体重3キログラム前後の小形のプードル。＊愛玩(あいがん)犬。
トイメン [対面(チャイナ)]〘麻雀〙卓を隔てた向かい側。
ドイリー [doily]　卓上用の小さな装飾用の敷き物。
トイレ　トイレットの略。
トイレタリー [toiletry]　化粧品類。
トイレット [toilet]　①便所；手洗い。②化粧室；洗面所。略トイレ。
トイレット・ペーパー [toilet paper]　便所で使う紙。＊特に，円筒形に巻いたものをさす。
トウ　⇨トー。
トゥインクル・レース [日twinkle race]　東京大井競馬場で行われるナイター競馬。
ドゥー・イット・ユアセルフ [do-it-yourself]　自分で作ること；日曜大工。略DIY。
ドゥームズデイ [doomsday]　①最後の審判の日。②判決の日。
ドゥームズデイ・クロック [doomsday clock]　地球の最後を表す時計。＊核戦争の勃発による地球破滅の日の接近度を，午前零時から何分前かで示す。
ドゥー・ワップ [doo-wop]〘音楽〙リズム・アンド・ブルースのコーラスの一形態。＊ボーカルのバックでハミングやスキャットで歌う。
ドゥエ・ボットーニ [due bottoni(イタリア)]　第一ボタンが襟(えり)に2個ついたデザインのシャツ。＊イタリア語で，「ボタンが2つ」という意。
ドゥオモ [duomo(イタリア)]　大聖堂。
トゥクトゥク [tuktuk]　タイの3輪タクシー。
トウバンジャン [豆板醬(チャイナ)]　中国料理に使われる調味料の1つ，トウガラシ味噌。
トゥレット症候群 [Tourette syndrome]　複数のチック症が1年以上にわたってみられる症状。＊意志とは関係なく声が出たり，体が動いたりする症状をさす。
ドエリング [dwelling]　住居；住宅。＊ドゥエリングとも。
ドエル [dwell]　⇨ドエリング。
トー [toe]　①足の指。②(靴などの)つま先。③〘ゴルフ〙クラブのヘッドの先端の部分。④スケート靴の先端の部分。＊トウとも。
トーア　⇨Tor。
トーイック　⇨TOEIC。
トー・イン [toe-in]　自動車の前輪を少し内側に向けて取り付けること。＊車の直進性がよくなる。
トーガ [toga(ラテン)]　古代ローマ市民の衣服。＊1枚の布を体に巻きつける。
トーキー [talkie]〘映画〙映像とともに音声の出る映画。↔サイレント。
トー・キック [toe kick]〘サッカー〙足のつま先で蹴ること。
トーキング・サイン [talking sign]　赤外線音声情報案内システム。＊場所，方向などを音声で知らせる。
トーキング・ドラム [talking drums]

音程・音色が変えられる，鼓(つづみ)に似たアフリカの打楽器。＊かつては通信に用いられた。

トーキング・ペーパー [talking paper] 会議のための準備資料；討議資料。⇨ポジション・ペーパー。

トーク[1] [talk] はなし；おしゃべり。

トーク[2] [toque] 縁のない婦人用帽子。

ドーク [dawk] (ハト派でもタカ派でもない)中間派；妥協派。＊dove(鳩)＋hawk(鷹)から。

トーク・ショー [talk show] 有名人との対談やインタビュー番組，また，催し物。

トーク・ライブ [日talk live] 対談や座談会が中心のイベント。

トークン [token] ①代用硬貨。②象徴。③ユーザー認証に必要な情報の作成機能，またそれを納めたハードウェア及びソフトウェアのこと。

トーシューズ [toeshoes] 〖バレエ〗トー・ダンス用の，つま先が厚く，かかとのない靴；バレリーナの靴。

トーション [torchonフランス] レストランで，ウエイターがサービスのときに持つタオル。

トースター [toaster] 食パンを焼く電気器具。

トースト [toast] 一定の厚さに切って両面をきつね色に焼いた食パン。

ドーズ・リミット [dose limit] 被爆線量制限。

トータル [total] ①合計；総計。②全部；全体。

トータル・エネルギー・システム [Total Energy System] 石油やLPガスを燃料にして発電し，排熱を給湯，暖房などに使う方式。略TES。

トータル・ケア [total care] 全人的な治療。＊家庭環境から社会の状態まで配慮して行う。

トータル・コミュニケーション [total communication] 聴覚障害者との意思の伝達を，口話，手話，指文字，書字などの方法で行うこと。

トータル・ファッション [total fashion] 服，帽子，靴，かばん，アクセサリーなどに統一性をもたせた装い。＝トータル・ルック。

トータル・ヘルスプロモーション・プラン [Total Healthpromotion Plan] 心とからだの健康づくり。＊働く人を対象にした厚生労働省による施策。略THP。

トータル・ポイント [日total point] 総点；総計点数。

トータル・マーケティング [total marketing] 総合的な市場調査。

トータル・ルック [total look] ⇨トータル・ファッション。

トー・ダンス [toe dance] 〖バレエなど〗つま先で立って踊る舞踊。

トーチ [torch] ①たいまつ。②トーチ・ランプの略。

トーチカ [tochkaロシア] コンクリートでつくり，中に機関銃などを据えつけた小型の陣地。

トーチ・ランプ [日torch lamp] 小型バーナー。略トーチ。

トーチ・リレー [torch relay] オリンピックの聖火リレー。

ドーティー [dhotiヒンディー] インドの民族衣装。＊ヒンズー教徒の男性用腰布。

トーテミズム [totemism] トーテム崇拝。＊トーテムを守護神として崇拝する原始宗教。

トーテム [totem] 特定の氏族，部族などが神聖視し，崇拝する動・植物や自然現象。

トーテム・ポール [totem pole] トーテム像を描いたり，彫刻したりした標柱。

トーテンクロイツ [Totenkreuzドイツ] 死の十字架；死兆交差。＊死の直前に起こる現象。

ドードー [dodo] インド洋マスカリ

ーン諸島に生息していた大形の絶滅鳥。＊羽が退化し，飛べなかった。

トート・バッグ [tote bag]　大型の手提げかばん。＊toteは「携帯する」の意。

トートロジー [tautology]　同語反復。＊「馬から落ちて落馬する」など。

ドーナツ [doughnut]　小麦粉に牛乳，バター，鶏卵，砂糖などを混ぜてこね，油で揚げた洋菓子。

〜現象　①居住人口が都市の周辺部に移り，都心部の人口が減って，人口配置がドーナツ状になること。⇨スプロール現象。②大地震が起こる前に，その地域の周辺で中小地震が発生する現象。

〜面　⇨トーラス²。

トーナメント [tournament]　〖スポーツ〗勝ち抜き試合。↔リーグ戦。

トーナメント・プロ [日tournament pro]　〖ゴルフ，テニスなど〗競技会の賞金を収入源としているプロ選手。＝ツアー・プロ。

ドーパミン [dopamine]　カテコールアミンの一種。＊神経伝達物質として重要な働きをする。

ドーハ・ラウンド [Doha round]　世界貿易機関(WTO)が主催する多角的貿易交渉(新ラウンド)。＊正式名称は，Doha Development Agenda。

ドーピング [doping]　スポーツ選手が運動能力を高めるために特殊な薬物を使用すること。＊不正行為。

トービン税 [Tobin tax]　投機目的の取引抑制のために国際通貨取引に課税する制度。

ドープ・チェック [dope check]　スポーツ選手が興奮剤を使用したかどうかを検査すること。＊dopeは「麻薬」「興奮剤」。

トーフル　⇨TOEFL。

ドーベルマン・ピンシェル [Dobermann Pinscherᵈᶦ]　ドイツ原産の作業犬。＊警察犬，軍用犬に利用される。略ドーベルマン。

ドーマー・ウインドー [dormer window]　屋根裏部屋の採光のために屋根に突き出して作った窓。＝ゲーブル・ウインドー。

ドーミー [dormie]　〖ゴルフ〗マッチ・プレーで，勝ち越しているホール数と残りのホール数が同じになること。

ドーミー・ホール [dormie hole]　〖ゴルフ〗マッチ・プレーで，勝負の決まるホール。

ドーム [dome]　丸屋根；丸天井。

〜球場　屋根つきの球場。

溶岩〜　⇨トロイデ。

トーラー [Torah]　ユダヤ教で，律法のこと。＊狭義には，「モーセ五書」をさす。

トーラス[1] [Taurus]　①〖天文〗牡牛(おうし)座。②アニメに登場する人型機動兵器。モビル・スーツの一機種。＊①に由来する。

トーラス[2] [torus]　円環体；円環面。＊ドーナツ面とも。

ドーラン [Dohranドイツ]　俳優などが使う舞台化粧用の油性練りおしろい。

ドーリア式 [Dohric order]　ギリシアの古典建築の一様式。＊雄勁(ゆうけい)・簡素。パルテノン宮殿が代表的。

トーリー [Tory]　保守主義者。＊もとは，イギリスの保守党員のこと。

トール[1] [Thor]　北欧神話で，雷鳴・雨・農業の神。＊オーディンの息子。

トール[2] [toll]　使用料。＊高速道路や運河の通行料，港湾の使用料など。

トー・ループ・ジャンプ [toe loop jump]　後ろ向きで滑り，逆足のつま先で氷面を突いて踏み切る，フィギュア・スケートの基本のジャンプ。

トールゲート [tollgate]　有料道路などの通行料金徴収所。

トール・サイズ [tall size]　①背の高い人用の衣服。②高さのあるもの。

トール・ペインティング [tole painting]　白木の家具や小物入れなどに

アクリル絵の具で彩色すること。＊アメリカの伝統工芸。
トーン [tone] ①(音・声などの)調子。②(色の)明暗；濃淡；色あい；色調。
トーン・ダウン [tone down] (調子を)和らげること；弱めること。
トーン・ポリシング [tone policing] 主張の中身ではなく，話し方や態度を批判して相手の発言を封じ込めようとする行為。
トカイ [Tokaji ハンガリー] ハンガリー産の貴腐ワイン。
トカマク [tokamak ロシア] 核融合炉用の装置の1つ。＊環状の磁場を用いて，超高温のプラズマを閉じ込める。
トカレフ [Tokarev ロシア] 旧ソ連製の軍用自動拳銃。
ドギー・バッグ [doggy bag] レストランで食べ残した料理を入れる袋。＊「子犬(doggy)に食べさせる」という口実で持ち帰ることから。
トキシコロジー [toxicology] 毒物学；毒性学。
トキシン [Toxin ドイツ] 毒素。
トキソプラズマ [toxoplasma] 人や動物に寄生する原虫。
ドキソルビシン [doxorubicin] 抗がん剤の1つ。＝アドリアマイシン。
ドキュメンタリー [documentary] 作為を加えずに，事実をありのままに記録したもの。
ドキュメンテーション [documentation] ①証拠書類の提出。②文書資料の整理，管理。③コンピュータ・システムの開発から稼働までの記録。
ドキュメント [document] ①記録；文書；書類。②コンピュータのソフトウェア，ハードウェアの説明書。
ドクサ [doxa ギリシア] (真実に対して)当人の思い込みにすぎない事柄；臆見。↔エピステーメー①。
ドクター [doctor] ①医者。②博士；博士号。略Dr.。＝ドクトル。
ドクター・イエロー [日Doctor Yellow] 新幹線の電気軌道総合試験車の愛称。＊コンピュータ，各計測器を載せ，走行して測定する。車体の色が黄色であることから。
ドクター・オブ・フィロソフィー [Doctor of Philosophy] 博士号。
ドクター・カー [doctor car] 医師と看護師が同乗している救急車。＊別名「走る病院」。
ドクター・コース [日doctor course] (大学院の)博士課程。⇨マスター・コース。
ドクター・ストップ [日doctor stop] ①〖ボクシング〗試合中に選手が負傷し試合を続けるのは危険だと医師が判断したとき，試合をやめさせること。②医者が患者などの行為や行動に制限を加えること。
ドクター・ハラスメント [日doctor harassment] 患者に対し医者や医療従事者が暴言を吐いたり，嫌がらせをしたりすること。
ドクター・フィッシュ [doctor fish] コイ科の淡水魚，ガラ・ルファの通称。＊皮膚の古い角質を食べる習性がある。
ドクター・ヘリ [日doctor helicopter] 医師や看護師が同乗して医療活動を行いながら患者を搬送するヘリコプター。
ドクトリン [doctrine] ①教義；教理。②信条；学説。③主義；政策。
ドクトル [Doktor ドイツ] ⇨ドクター。
トクホ 消費者庁の認可を受けた特定保健用食品のこと。
ドグマ [dogma] ①原則。②独断；独断的な意見〔説〕。
ドグマチズム [dogmatism] 独断論；教条主義。
ドグマチック [dogmatic] 独断的な；ひとりよがりな。
トグル [toggle] 木製の棒状のボタン。＊ダッフル・コートにつける。
トグル・キー [toggle key] 押すたび

に，制御の状態を切り替えることができるキーボードのキー。＊Caps Lockキーや Num Lockキーなど。

ド・ケルバン病 [De Quervain disease] 親指の狭窄性腱鞘(けんしょう)炎。＊スイスの外科医フリッツ・ド・ケルバンが報告。

ドコサヘキサエン酸 [docosahexaenoic acid] 多価不飽和脂肪酸の一種。＊動脈硬化や血栓を予防する働きがある。マグロ(鮪)，イワシ(鰯)などの魚類に豊富に含まれる。略DHA。

トコフェロール [tocopherol] ビタミンEの化学名。

ドコモ [docomo] 日本最大の携帯電話サービス会社。NTTドコモ。＊*Do* *Co*mmunications over the *Mo*bile networkの略。

トサー [tosser] ⇨セッター①。

トス [toss] ①〖野球〗すぐ近くの味方にボールを下から軽く投げること。②〖バレーボール〗ネットぎわで味方に打ち込みやすいボールを上げること。③〖サッカー，ラグビーなど〗コインを投げ，落ちたときの表裏によって先攻，サイドを決めること。

トスカ [Tosca] 〖音楽〗プッチーニ作曲の歌劇。＊原作はフランスの劇作家サルドゥーの戯曲。

ドスキン [doeskin] ①雌鹿(めじか)のなめし革。②雌鹿のなめし革に似た感触と光沢をもたせた毛織物。

トス・バッティング [日toss batting] 〖野球〗ボールを下からゆるく投げさせ，それを軽く打つ打撃練習。

トタン 亜鉛メッキをした薄い鉄板のこと。＊ポルトガル語のTutanagaからとも。

トッカータ [toccataイタリア] 〖音楽〗鍵盤楽器のための，即興的で自由なスタイルで書かれた楽曲。

ドッキング [docking] ①2つのものが結びつくこと。②2つの宇宙船が宇宙空間で結合すること。

ドック [dock] ①船の建造，修理などのために，海岸に設けた施設。②人間ドックの略。

人間～ 短期間入院して受ける健康診断。＊和製用法。略ドック。

ドッグ・イア [dog-ear] ①耳折れ；折れ込み。②本のページの隅を折ること。

ドッグ・イヤー [dog year] 情報化社会の変化の速さ。＊犬の1年は人間の6～7年にあたることから。

ドッグウッド [dogwood] アメリカハナミズキ科の落葉高木。

ドッグ・サルベーション [dog salvation] 捨てられて行き場を失った犬を保護し，里親を見つける活動。

ドッグ・スクール [日dog school] 飼い犬のしつけや訓練を行う施設。

ドッグ・タッグ [dog tag] ①犬の鑑札。②アメリカの兵士が首につける金属製の認識票。

ドッグ・ファイト [dog fight] 激しい争い。特に，戦闘機同士の空中戦。

ドッグ・フード [dog food] 犬の餌；犬用の加工食品。

ドッグ・ラン [dog run] 犬の運動不足・ストレス解消のための運動場。

ドッグ・レース [dog race] 賭(か)けが目的の犬の競走。

ドッグレッグ [dogleg] 〖ゴルフ〗フェアウェイが右か左にくの字形に曲がっていること。

ドッジ [dodge] ①ひらりと体をかわす。②ごまかす。

ドッジボール [dodgeball] 2組に分かれて1個のボールをぶつけあい，相手側により多く当てた組を勝ちとする球技。

トット [tot] ①幼児。②酒の1杯。

ドット [dot] ①点。＊メール・アドレスなどに用いる記号「.」。②水玉(みずたま)模様。

ドット・コム [dot-com] インターネット上の企業を表すドメイン。「.com」。

ドット・プリンター [dot printer] 小さな点を組み合わせて文字を作る，コンピュータの印字装置。

ドット・マップ [dot map] 分布状態を点の大小や粗密で表した地図。

トッパー [topper] 〖服飾〗女性用の裾(すそ)広がりの半コート。

トッピング [topping] ケーキ，アイス・クリームなどの上に飾りのためにまぶすチョコレートやピーナツなどの細片。

トップ [top] ①頂上；てっぺん。②最高位；首位。③最高幹部。④新聞の紙面の右上の位置；週刊誌の巻頭。⑤〖ゴルフ〗ボールの上部を打つこと。

トップ・ガン [top gun] ①米空軍士官学校の最も優秀な卒業生。②トップ・クラスの人。

トップ・ギア [top gear] 〖自動車〗最高速のギア。↔ロー・ギア。

トップギャラン [topgallant] 帆船の上檣(じょうしょう)。＊トップ・マストの上の帆。

トップコート [topcoat] 春秋に着るオーバーコートより丈の短いコート。

トップ・コンディション [top condition] 最良の状態〔調子〕。

トップ・シークレット [top secret] 最高機密；極秘であること。

トップス [tops] 上半身に着る衣服。⇨ボトムス。

トップスピン [topspin] 〖卓球，テニスなど〗ボールの順回転。↔バックスピン①。

トップ・セラー [日top seller] 売れ行きが最高のもの。特に，書籍，CDなどのベスト・セラーの第1位。

トップ・ダウン [top-down] 組織の上層部がすべてを決定し，それを下部に実行させる経営方式。↔ボトム・アップ。

トップ・テン [top ten] ⇨ベスト・テン。

トップ・バッター [top batter] 〖野球〗1番打者；各回の先頭打者。

トップ・ハット [top hat] ⇨シルク・ハット。

トップ・ピック [top pick] ①トップ選出。②〖野球など〗ドラフト会議で1位指名の選手。

トップ・ページ [top page] ⇨ホームページ。

トップ・ヘビー [top-heavy] ①頭でっかちな；すわりの悪い。②〖ゴルフ，テニス〗クラブやラケットの上部が持ち手に比べて重いこと。

トップ・ボール [Top Ball] 〖商標〗芯(しん)に固形物を入れた軟式野球用のボール。

トップ・マネジメント [top management] 企業の最高経営陣。また，それによる経営管理。

トップ・モード [日top mode] 流行の最先端。＊特に，服装についていう。⇨ハイ・ファッション。

ドップラー効果 [Doppler effect] 〖物理〗観測者に対して音源が近づいてくると，振動数が多くなって高く聞こえ，逆に音源が遠ざかると低く聞こえる現象。＊1842年，オーストリアの物理学者ドップラーが発見。

ドップラー・ソナー [Doppler Sonar] ドップラー効果を利用して，超音波の反射波を測定し，目的物までの距離を求める装置。

トップ・ライト [top light] ①光を採り入れるための天窓。②〖映画，演劇〗頭上からの照明。

トップ・ランナー [日top runner] ①(陸上競技の)一流の走者。②(リレー競技の)第1走者。
　〜方式 [〜approach] 省エネ法で指定されている機器(自動車，電気製品など)の省エネルギー基準を，最もすぐれた機器の性能以上にする方式。

トップ・リーグ [Top League] 〖ラグビー〗社会人ラグビーの全国リーグ。

＊正式名称は，ジャパン・ラグビー・トップ・リーグ。

トップレス [topless] 胸部を露出した女性用の水着〔ドレス〕。⇨ボトムレス。

トップ・レベル [top level] ①最高水準；最高級。②最高幹部；首脳。

ドッペルゲンガー [Doppelgänger ドイツ] 二重身；生き写しの人。

トッポッキ [topoki コリア] 棒状の韓国餅と野菜などをコチュジャンを使って炒めた庶民料理。＊トッポギとも。

ドデカフォニー [dodecaphony] 〖音楽〗12音音階を用いた音楽。

トト [toto] 〖サッカー〗Jリーグのスポーツ振興くじの愛称。＊トトカルチョから。

トトカルチョ [totocalcio イタリア] イタリアのプロ・サッカーの試合で行われる，宝くじ式の賭(か)け事。

トドラー [toddler] 歩き始めの子供。＊子供服の年齢表示(2歳頃～7歳頃)に用いる。

トナー [toner] コピー機などで，像を紙の上に定着するのに用いる着色した粉末。

ドナー [donor] ①寄贈者。②(臓器の)提供者；献血者。↔レシピエント。

～休暇制度 骨髄移植のドナーが骨髄液や臓器提供に必要な期間を，特別休暇とする制度。

ドナー・カード [donor card] 臓器提供に同意したことを証明するカード。

トナカイ ツンドラ地帯に生息するシカ科の哺乳(ほにゅう)類。＊アイヌ語から。英語では，reindeer。

ドニー [donee] ①受贈者。②⇨レシピエント②。

トニー賞 [Tony Award] アメリカ・ブロードウェイで1年間に上演されたミュージカルや演劇の中からすぐれた作品・俳優・演出家などを選び，贈られる賞。

トニー・タイ [tony tie] 上から下まで幅が同じ，細いネクタイ。

トニック [tonic] ①強壮剤；栄養剤。②〖音楽〗主音。

トニック・ウォーター [tonic water] 香料を入れた炭酸飲料。＊ジンやウォッカに混ぜる。

ドネーション [donation] 寄付；寄贈品。

ドネル・ケバブ [doner kebab] トルコ料理の1つ。＊あぶり焼きにした羊肉の塊を薄切りにし，パンにはさんで食べる。

トパーズ [topaze フランス] 宝石の一種。黄玉。＊11月の誕生石。

トピアリー [topiary] ①植木を動物の形や幾何学的な図形に刈り込むこと。②ドライ・フラワーを束ねて樹木のように仕立てたインテリア。

トピック [topic] 話題；話のたね。

トピックス ⇨TOPIX。

トピック・ニュース [topic news] 世間で話題になっているニュース。

トフィー [toffy] ⇨タフィー。

ドブソン・ユニット [Dobson unit] 大気中のオゾン量を0.01mm単位で表した単位。記号DU。

トボガン [toboggan] ⇨リュージュ。

トポグラフィー [topography] 地形；地勢。

トポス [topos ギリシア] ①場所。②(文学で)常用される主題〔表現〕。

トポロジー [topology] 位相幾何学。

トマト [tomato] 南米アンデス高地原産のナス科の1年草。

トマト・ケチャップ [tomato ketchup] トマト・ピューレに食塩，砂糖，香辛料などを加えて作った調味料。

トマト・ピューレ [tomato purée フランス] トマトを煮て，裏ごししたもの。

トマホーク [Tomahawk] アメリカ海軍の中距離巡航ミサイル。

ドミ ⇨デミ。

ドミグラス・ソース [demiglace sauce] ブラウン・ソースの一種。＊

肉や野菜をトマト・ピューレと煮込み，裏ごしして味付けしたもの。＊デミグラス・ソースとも。

ドミトリー [dormitory] ①寮；寄宿舎；共同寝室。②郊外の住宅地。

ドミナント [dominant] ①支配的な；最有力な。②〘音楽〙属和音。

ドミノ [domino] ①仮装舞踏会用のフードと小仮面のついた外套(がいとう)。②28個の長方形の牌(はい)を用いる，西洋カルタの一種。

〜移植 臓器移植を受けた患者の臓器を，さらに別の患者に移植すること。

〜倒し ドミノの牌を立てて並べ，最初の1つを倒していくつまで倒れるかを競うゲーム。

〜理論 ある国が共産主義化されると，周辺の国々も次々に共産主義化されていくという理論。

ドミンゴ [Domingoスペイン] 日曜日。

トムキャット [Tomcat] アメリカ海軍艦上戦闘機の愛称。

トム・コリンズ [Tom Collins] ジン・ベースのカクテル。＊レモン・ジュース，砂糖，氷を加えたもの。

トムソン・ガゼル [Thomson's gazelle] ウシ科の偶蹄類。小型のレイヨウ(羚羊)の一種。＊アフリカの草原に住む。

トム・トム [tom-tom] 手でたたく胴の長い太鼓。

トム・ヤム [tom yamタイ] 〘料理〙酸味・辛味のきいたタイの代表的なスープ。＊エビを具にしたものは，トム・ヤム・クン，魚を具にしたものはトム・ヤム・プラーという。

ドメイン [domain] ①領地；領域。②〘経済〙企業や銘柄の活動領域。③〘電算〙インターネットなどのネットワーク上で構成する管理単位。

ドメイン・ネーム [domain name] 〘電算〙インターネットに接続するコンピュータの組織を示すことば。

ドメスティック [domestic] ①家庭の；家庭的な。②国内の；国産の。

ドメスティック・サイエンス [domestic science] 家政学。＝ホーム・エコノミクス。

ドメスティック・バイオレンス [domestic violence] 家庭内暴力；配偶者，恋人間での暴力。略DV。

トモグラフィー [tomography] X線の断層撮影法。

トモセラピー [TomoTherapy] 〘商標〙高性能コンピュータ制御による強度変調放射線治療装置。＊アメリカのトモセラピー社が開発。

ドラァグ・クイーン [drag queen] 女装した男性。＊ドラッグ・クイーンとも。

トライ [try] ①試してみること；やってみること。②〘ラグビー〙相手のインゴール内の地面にボールをつけること。＊5点の得点となる。

ドライ [dry] ①乾いた；乾燥した。↔ウエット。②割りきった；非情な。＊和製用法。↔ウエット。③(酒類などが)辛口(からくち)の。↔スイート[2]①。

ドライ・アイ [dry eye] 涙の分泌量が少ないため，目が乾く病気。

ドライ・アイス [dry ice] 炭酸ガスを冷却圧縮して固体にしたもの。

トライアウト [tryout] ①予選試合；実験公演。②スポーツ選手・俳優などのプロ入団テスト。

トライアスロン [triathlon] 遠泳，自転車，マラソンの3種目を連続して行う耐久レース。＝鉄人レース。

トライアル [trial] ①試すこと；試み；試行。②〘スポーツ〙試走；試技。

トライアル・アンド・エラー [trial and error] 試行錯誤。

トライアル・キット [trial kit] 試供品セット；お試しセット。

トライアローグ [trialogue] 鼎談(ていだん)；3人劇。

トライアングル [triangle] ①三角

形(をしたもの)。②細い鋼鉄棒を三角形に曲げた打楽器。③三角関係(の男女)。

ドライ・イースト [dry yeast] 酵母を乾燥させて粉末にしたもの。

ドライ・エリア [dry area] 地下室のある建物の外壁を取り囲むように掘り下げてつくられた空堀。＊採光・換気・防湿などが目的。

ドライ・カット [dry cut] 髪を乾いた状態でカットする方法。↔ウエット・カット。

ドライ・カレー [日dry curry] 野菜, 肉などと米飯を混ぜ, カレー粉を加えて炒めた料理。

ドライ・クリーニング [dry cleaning] 水を使わずに, 揮発性の溶剤で汚れを落とす洗濯法。

トライコロジー [trichology] 毛髪学。＊トリコロジーとも。

トライシクル [tricycle] 三輪自転車 ;(子供用)三輪車。

ドライ・シャンプー [dry shampoo] 湯や水を使わずに, ヘア・トニック(養毛剤)を用いる洗髪法。

ドライ・ジン [dry gin] 辛口(からくち)のジン。

ドライ・スキン [dry skin] 荒れ性の肌。

トライスター [Tristar] 〖商標〗アメリカのロッキード社製の大型ジェット旅客機。

ドライ・ソーセージ [dried sausage] 燻煙(くんえん)・乾燥させたソーセージ。

ドライ・デー [dry day] 禁酒日。

ドライバー [driver] ①(自動車などの)運転者。②〖ゴルフ〗1番ウッド・クラブの別称。③ねじまわし。④デバイス・ドライバーの略。

ドライ・バッグ [dry bag] アウトドアなどに用いられる耐水性にすぐれたバッグ。

ドライバビリティ [drivability] 自動車の運転のしやすさ。

ドライ・ビール [dry beer] 辛口のビール。＊アルコール度数が従来のものより高い(5パーセント程度)。

ドライビング・スクール [driving school] 自動車教習所。

ドライブ [drive] ①自動車を運転すること。②〖テニス, 卓球など〗ボールに順回転を与えて強打すること。また, その打球。③⇨ライナー①。④〖電算〗ハード・ディスク, CDなどの, 駆動装置。

ドライブ・イン [drive-in] 自動車に乗ったままで利用する食堂・売店・銀行・映画館など。

ドライブ・イン・シアター [drive-in theater] 自動車乗り入れ式の映画館。

ドライブウェイ [driveway] ①ドライブに適した道路。②通りから車庫や玄関までの車道。

ドライ・フーズ [dry foods] 乾燥食品 ; 水分を少なくした乾燥食品。

トライ・フォー・ポイント [try for point] 〖アメ・フト〗タッチダウンしたチームに1回だけ与えられる追加得点の機会。

ドライブ・サーブ [日drive serve] 〖テニス, バレーボール〗ボールに順回転を与えて強打するサーブ。

ドライブ・スルー [drive-through] 自動車に乗ったまま品物を注文し, 窓口で受け取る方式の店舗・食堂。

ドライブ・マップ [日drive map] 自動車用の道路地図。=ロード・マップ。

ドライ・フラワー [dried flower] (観賞・装飾用の)乾燥させた花。

トライフル [trifle] イギリスのデザートで, シェリー酒を含んだスポンジ・ケーキに, 生クリーム, 果物などを重ね, アイス・クリームを添えたもの。

ドライ・フルーツ [dried fruit] 乾果。＊果物を干したもの。

ドライブ・レコーダー [日drive re-

corder〕 自動車に搭載する映像・音声・走行データの記録装置。
ドライポイント〔drypoint〕 鋼鉄の針で彫る銅版画の技法。
トライポフォビア〔trypophobia〕 小さな穴や突起の集合体に嫌悪・恐怖を感じること。
ドライ・ポプリ〔日dry＋pot-pourri フランス〕 芳香のある花弁や葉，ハーブを乾燥させて作る英国風のポプリ。
トライボロジー〔tribology〕 摩擦学。
ドライ・マウス〔dry mouth〕 口腔乾燥症。
ドライ・マティーニ〔dry martini〕 辛口(からくち)のマティーニ。
ドライ・ミルク〔dry milk〕 粉ミルク。
ドライヤー〔dryer〕 ①乾燥器。②ヘア・ドライヤーの略。
トライラテラリズム〔trilateralism〕 3か国相互協力。
ドライ・ラボ〔dry lab〕 コンピュータ上で行う物理・化学の模擬実験。
ドライ・リハーサル〔dry rehearsal〕 〘テレビ，映画など〙カメラなしで行う下稽古。
トラウザーズ〔trousers〕 ズボン。
トラウト〔trout〕 サケ科ニジマス属の淡水魚。
トラウマ〔trauma ラテン〕 精神的外傷。⇨PTSD。
ドラキュラ〔Dracula〕 吸血鬼。＊イギリスの作家ブラム・ストーカー作の怪奇小説の主人公。
ドラクエ ⇨ドラゴン・クエスト。
トラクション・コントロール・システム〔traction control system〕 発進・加速時に車輪の空転を防止する自動制御機構。
トラクター〔tractor〕 牽引(けんいん)車。
トラコーマ〔trachoma〕 伝染性慢性結膜炎。＊トラホームとも。
ドラ・コン〔driving contest〕 ゴルフで対象ホールにおける第1打の飛距離を競うもの。
ドラゴン〔dragon〕 竜(りゅう)。＊伝説上の怪獣。
ドラゴン・クエスト〔Dragon Quest〕 〘商標〙ロール・プレイング・ゲームの名称。略ドラクエ。
ドラゴンフライ〔dragonfly〕 トンボ(蜻蛉)。
ドラゴン・フルーツ〔dragon fruit〕 ピタヤの一品種で，赤い果肉の果物。＊中南米原産。
トラサルディ〔TRUSSARDI〕 〘商標〙イタリアのファッション・メーカー。＊1910年，高級革手袋のメーカーとして創業。
トラジ・コメディ〔tragi-comédie フランス〕 悲喜劇。
トラジック〔tragic〕 悲劇的な；悲惨な。↔コミック①。
トラジディ〔tragedy〕 悲劇。↔コメディ。
トラス〔truss〕 棒状の鋼材を三角形になるように組み合わせる構成法。
トラスティー〔trustee〕 受託者。
ドラスティック〔drastic〕 強烈な；過激な；徹底的な；思いきった。
トラスト〔trust〕 (市場を独占するための)企業合同。
ドラセナ〔Dracaena ラテン〕 リュウケツジュ(竜血樹)属の常緑樹。＊葉の姿や模様が美しい。
トラッカー〔tracker〕 ①追跡者。②警察犬。
トラッキング〔tracking〕 人工衛星を地上から追跡，観測すること。
トラッキング・エラー〔tracking error〕 〘金融〙ファンドのリターン(期待収益率)とベンチ・マークのリターンとの乖離(かいり)率。＊指数が小さいほどすぐれた運用と評価される。
トラッキング・ストック〔tracking stock〕 事業部門株。＊特定の事業部門や子会社の業績に市場の株価を連動するようにした株式。

トラック[1] [track] ①陸上競技場の走路。②磁気テープなどで，データが記録される帯状の部分。

トラック[2] [truck] ①貨物自動車。＊イギリスでは，ローリー。②⇨トロッコ。

ドラッグ[1] [drag] ①引く；引きずる。②『電算』マウスのボタンを押したままカーソルで画面上を移動させる操作。

ドラッグ[2] [drug] ①薬品。②麻薬。

ドラッグ・アンド・ドロップ [drag and drop] データやアイコンの移動を行う際，ボタンを押したままマウスを移動させ，別の場所でボタンを離す操作法。

トラック・アンド・フィールド [track and field] ⇨アスレチックス。

ドラッグストア [drugstore] 薬品，日用雑貨，雑誌などの販売店。

トラック・ターミナル [日truck terminal] トラック用の貨物の集配所。

ドラッグ・ディーラー [drug dealer] 麻薬の売人；密売者。

トラック・バック [track back] ①カメラを被写体から遠ざけて撮る方法。②ブログの機能の1つ。リンク先の相手に，そのことを通知しながらリンクする機能。

ドラッグ・バント [drag bunt] ⇨セーフティー・バント。

トラック・ファーム [truck farm] 市場向けの野菜を栽培している農場。

トラックマン [日trackman] 競馬の予想屋。

ドラッグ・ラグ [drug lag] 新薬の承認・販売までにかかる，海外と日本との時間の差。

ドラッグ・レース [drag race] 加速性能を競う自動車競走。

トラッシュ [trash] ①くず；廃物。②駄作。

トラッド [trad] トラディショナル，トラディションの略。

トラットリア [trattoria イタリア] 気軽に入れる小さなイタリア料理店。

トラッピング [trapping] 『サッカーなど』パスされたボールを止める技術。＝トラップ。

トラップ [trap] ①『クレー射撃』クレー発射機。②防臭弁。＊排水用のS字〔U字〕管に水をためて臭気を防ぐ装置。③⇨トラッピング。

トラディショナル [traditional] 伝統的な；因襲的な。略トラッド。

トラディション [tradition] ①伝統；因襲。略トラッド。②伝承；伝説。

トラバース [traverse] ①『登山』山の斜面を横断する〔斜めに横切る〕こと。②『スキー』斜滑降。

トラバーユ [travail フランス] 労働；仕事。

トラピスチヌ [trappistine フランス] トラピスト女子修道会。

トラピスト [Trappists] カトリックの修道会の一派。

トラフ [trough] ①舟状海盆。②『気象』気圧の谷。

トラフィッキング [trafficking] ①不正取引；密売。②人身売買。

トラフィック[1] [traffic] ①取り引き；貿易。②交通；往来。③旅客；貨物。④『電算』コンピュータの情報量や情報の流れ。

トラフィック[2] ⇨TRAFFIC。

トラフ・ガーデン [trough garden] 箱庭。＊石製の飼い葉桶(トラフ)を使う。

ドラフト [draft] ①下図；下書き；草稿。②くじ引きで選抜すること。③ドラフト制の略。

～制 プロ野球で，新人選手の選択・交渉権を12球団で構成する選択会議で決定する制度。略ドラフト。

ドラフト・ビール [draft beer] 樽出しの生(なま)ビール。⇨ビール。

トラブル [trouble] ①紛争；もめごと。②心配(事)。③不調；故障。

トラブル・シューティング [trouble

shooting］ ①問題の解決；もめごとの解決。②〖電算〗コンピュータ操作の故障·不調などを解決すること。

トラブルメーカー ［troublemaker］ よくごたごたを起こす人；厄介者。

トラベラー ［traveler］ 旅行者。

トラベラーズ・チェック ［traveler's check］ 旅行者用小切手。略TC。

トラベリング ［traveling］ ①移動すること；旅行。②〖バスケットボール〗ボールを持ったまま3歩以上歩くこと。＊反則。

トラベル ［travel］ 旅行。

トラベル・エージェンシー ［travel agency］ 旅行代理店。＊トラベル・ビューローとも。

ドラマ ［drama］ ①劇；芝居。②劇的な出来事。

ドラマー ［drummer］ ドラム奏者。

ドラマチスト ［dramatist］ 劇作家；脚本家。

ドラマチック ［dramatic］ 劇的な；波瀾(はらん)に富んだ；印象的な。

ドラマツルギー ［Dramaturgieドイツ］ ①作劇法。②演劇論；演出法。

トラマドール塩酸塩 ［tramadol hydrochloride］ 経口持続性鎮痛剤。＊がん疼痛·慢性疼痛治療用。

ドラミング ［drumming］ ①ドラム演奏。②ゴリラのオスが威嚇(いかく)するため胸を両手で叩くこと。

トラム ［tram］ ⇨ストリートカー。

ドラム ［drum］ ①太鼓。②(機械の)円筒形の胴。

ドラムスティック ［drumstick］ ①打楽器をたたく棒；ばち。②鶏のもも肉の足先の部分。＊形がばちに似ていることから。

ドラム・セット ［drum set］ 演奏者が選んだ大小さまざまなドラム，シンバルなどの打楽器を配置したもの。

ドラム・マシーン ［drum machine］ 録音した楽器の音を組み合わせてリズムを自動演奏する装置。

ドラム・ロール ［drum roll］ 打楽器による効果音。＊表彰式，イベントなどで鳴らす。

トランキライザー ［tranquilizer］ 抗不安薬。

トランク ［trunk］ ①大型の旅行かばん。②トランク·ルームの略。

ドランク ［drunk］ 酔っ払い。

トランクス ［trunks］ ①ボクシングの選手などが穿くウエストがゴム入りの短いパンツ。②①の形の下着。

トランク・ルーム ［trunk room］ ①(倉庫業者の)家具保管倉庫。②乗用車の後部の荷物入れ。略トランク。

トランザクショナル・アナリシス ［transactional analysis］ 精神分析療法の1つ。交流分析。略TA。

トランザクション ［transaction］ ①業務；取り引き。②〖電算〗データ·ベースへの接続，データの更新などの一連の処理手続き。

トランザム ［Trans-Am］ アメリカ横断の。＊*trans-American*の略。

トランシーバー ［transceiver］ 携帯用の近距離無線通信機。

トランジスタ ［transistor］ ゲルマニウムやシリコンなどの半導体を利用した回路素子。

トランジット ［transit］ ①(空港での)乗り換え；乗り継ぎ；(船·航空機の)一時寄港。②運送；輸送。③［T-］アメリカの航海衛星。＊トランシットとも。

トランス[1] ［trance］ 恍惚(こうこつ)状態；昏睡状態。

トランス[2] トランスフォーマーの略。

トランスアミナーゼ ［transaminase］ アミノ基転移酵素。＊肝臓の機能の指標となる。

トランスクリプション ［transcription］ ①転写；複写。②録音；録画。

トランスコンチネンタル ［transcontinental］ 大陸横断の；大陸間の。

トランスジェニック ［transgenic］

ト

遺伝子を移植すること。
トランスジェンダー [transgender] 身体と心の性が一致しない人。＊自分の性に違和感を覚えているが，外科的手術(性別適合手術)は望まない。
トランス脂肪酸 [trans fatty acids] 硬化油を使用した食品，乳製品などに含まれる不飽和脂肪酸。＊過剰摂取は，心筋梗塞や狭心症のリスクを高める。略TFA。
トランスセクシュアル [transsexual] 性同一性障害で外科的手術により身体と心の性を一致させることを望む人。略TS。
トランスナショナル [transnational] 超国家的な；(企業などが)多国籍の。
トランスファー [transfer] ①移転；転勤。②乗り換え。③名義書き換え。④(遺伝子の)転移。
トランスファー・マシーン [transfer machine] 多数の自動工作機械をコンベヤーなどで連結して自動的に製品を作り出す装置。
トランスフォーマー [transformer] 変圧器。略トランス。
トランスフォーメーション [transformation] ①変形；変質。②形質転換。＊細胞分裂によるがん化など。③経済構造の改革。
トランスペアレンシー [transparency] 投影機(OHP)用のスライド。
トランスペアレント [transparent] 透明なさま；肌が透き通るようなさま。
トランスベスタイト [transvestite] 異性装者。略TV。
トランスポーテーション [transportation] 輸送；輸送〔交通〕機関。
トランスポゾン [transposon] 転移する性質をもつ遺伝子。
トランスポンダ [transponder] 通信衛星・放送衛星などに搭載して使用する送受信装置。＊航空交通管制に使用。略トラポン。
トランスミッション [transmission] ①動力伝達装置。②自動車などの変速装置。
トランスミッター [transmitter] 送信機；送話器。↔レシーバー①。
トランスルーセント [translucent] 半透明の；くもりガラスのような。
トランスレーショナル・リサーチ [translational research] 基礎研究を新しい医療技術・医薬品として実用化するための橋渡し研究。
トランスレーション [translation] 翻訳。
トランスレーター [translator] ①翻訳者。②〘電算〙あるプログラムを機械語や他のプログラムに変換するプログラム。
トランソニック [transonic] 音速に近い速さ；遷音速。
トランパー [tramper] 不定期貨物船。↔ライナー②。
トランプ[1] [tramp] 放浪者；宿無し。
トランプ[2] [trump] 西洋カルタ。
トランペット [trumpet] ピストンを3つ備えた高音用の金管楽器。
トランペット・スカート [trumpet skirt] 腰の下からの部分をトランペットのように裾(すそ)広がりにしたスカート。＝リリー・スカート。
トランポリン [Trampoline]〘商標〙金属性の枠に弾力性のあるマットを張った運動用具。＊空中で回転やひねりなどの演技を行う。
ドリア [doria フランス] ピラフにベシャメル・ソースとチーズをかけ，オーブンで焼いた料理。
トリアージ・タッグ [triage tag] 大災害や大事故の際，治療の優先順位を示す認識票。＊赤色，黄色，緑色，黒色で順位を示す。トリアージは「選別」「格付け」という意。
トリアーデ [Triade ドイツ]〘哲学〙ドイツの哲学者ヘーゲルの弁証法で，正・反・合の3つの契機のこと。

トリアス紀 [Triassic period] 三畳紀。＊爬虫(はちゅう)類やアンモナイトが栄えた，約2億4000万年〜約2億年前までの期。

ドリアン [durian] マレー半島原産の果実。＊強い香りがある。

ドリー [dolly] 〖映画，テレビ〗カメラをのせる台車。

トリートメント [treatment] (栄養を与えて)髪や肌の手入れをすること。＊原義は「取り扱い」「治療」。

ドリーネ [Doline ドイツ] 石灰岩台地で，石灰岩が雨水に溶解·浸食されてできたくぼ地。

ドリーマー [dreamer] 夢見る人；夢想家。

ドリーム [dream] 夢。

ドリーム・アナリシス [dream analysis] 〖心理学〗夢分析。

ドリーム・キャッチャー [dream catcher] 北米の先住民に伝わる羽飾りのお守り。

ドリーム・チェイサー [Dream Chaser] 再使用型有翼宇宙船。＊アメリカのシエラ・ネヴァダ社が開発中。JAXAと協力。

トリウム [Thorium ドイツ] 〖化学〗放射性元素の1つ。原子番号90。元素記号Th。＊原子炉用燃料。

トリエンナーレ [triennale イタリア] 3年ごとに開催される美術展覧会。＊イタリアのミラノで開かれる国際美術展が有名。⇨ビエンナーレ。

トリオ [trio イタリア] ①3重奏；3重唱。＝テルツェット。②3人〔3つ〕で組になること。

トリガー [trigger] ①銃の引き金。②引き上げ式のフィルム巻き上げ装置。

〜価格 ダンピングの事実調査を開始できる基準価格。

トリガー・ポイント [trigger point] 痛みの引き金となる箇所。

トリグリセリド [triglyceride] 中性脂肪。＊数値が高くなると動脈硬化を引き起こす。略TG。

トリクル・ダウン [trickle-down] 富裕層がさらに裕福になれば，貧困層にも自然と富が配分されていくという考え方。

トリクロロエチレン [trichloroethylene] 有機塩素系溶剤の1つ。＊人体に有害で，家庭用品への使用は禁止されている。略トリクロ。

トリコット [tricot] 畝織(うねおり)りの毛織物；メリヤス編みの生地。

トリコマイシン [trichomycin] 抗生物質の1つ。＊膣炎(ちつえん)，水虫などに効く。

トリコモナス [trichomonas ラテン] 鞭毛虫(べんもうちゅう)類に属する寄生虫。＊人体の消化管，膣(ちつ)などに寄生。

トリコロール [tricolore フランス] 3色旗；フランス国旗。

トリスタン [Tristan] 中世ヨーロッパの『トリスタン物語』の主人公の名。＊騎士トリスタンと王妃イゾルデとの悲恋を描いたもの。

トリチウム [tritium] 三重水素。＊水素の放射性同位元素。

トリッキー [tricky] ①狡猾(こうかつ)な；術策にたけた。②手のこんだ。

トリック [trick] ①ごまかし；からくり；策略。②手品；奇術。③トリック·プレー，トリック·ワークの略。

トリック・アート [trick art] だまし絵。

トリック・オア・トリート [trick or treat] ハロウィンで用いられる「お菓子をくれないと，いたずらするぞ」という決まり文句。

トリックスター [trickster] 神話や民話に登場する，機略に富む妖精，動物，道化役のこと。

トリック・プレー [trick play] ①〖スポーツ〗相手をまどわすためのプレー。②〖野球〗走者を欺いてアウトにするプレー。＊隠し球や見せかけの牽制(けんせい)など。略トリック。

トリック・ワーク [trick work] 〘映画〙特殊撮影(技術)。略トリック。

ドリッパー [dripper] コーヒーをたてる器具の1つ。＊こし袋に挽いたコーヒーを入れ，熱湯を注ぐ。コーヒー・ドリッパーとも。

トリッピング [tripping] 〘サッカー，バスケットボール〙故意に相手をつまずかせたり倒したりする行為。＊反則となる。

トリップ [trip] ①旅行；小旅行。②(麻薬やLSDによる)幻覚症状。

ドリップ [drip] ①したたり落ちること。②しずく；水滴。

ドリップ・コーヒー [drip coffee] コーヒーこし器から滴下させる方式で入れるコーヒー。

トリップス ⇨TRIPS。

トリップ・メーター [trip meter] 〘自動車など〙走行距離計の一種。＊数字を0に戻してそのときだけの走行距離を知ることができる。

トリッペル [Tripper ドイツ] 淋病(りんびょう)。

トリトン[1] [Toriton ギリシア] 〘ギリシア神話〙海神ポセイドンの息子。

トリトン[2] [toriton] 三重陽子。＊トリチウムの原子核。

トリニティー [Trinity] 〘キリスト教〙三位一体(さんみいったい)。

トリニトロトルエン [trinitrotoluene] 火薬の一種。略TNT。

トリパノソーマ [trypanosoma] 脊椎(せきつい)動物の血液内に寄生する病原虫。＊ねむり病の病原体。

トリハロメタン [trihalomethane] 有機ハロゲン化合物の一種。＊発がん性をもつ。水道水の塩素消毒などによって生じる。

トリビア [trivia] ①くだらないこと；取るに足らないこと。②雑学的な知識。

トリビアリズム [trivialism] 瑣末(さまつ)主義。

トリビュート [tribute] 賛辞；贈り物；貢ぎ物。

トリビュート・アルバム [tribute album] コンピレーション・アルバムの一種。称賛・尊敬の意をこめてつくるアルバム。また，追悼記念のアルバム。

トリビューン [tribune] ①古代ローマの護民官。②人民の権利の擁護者。

ドリフター [drifter] 漂流者；漂流物；流れ者。

トリプタン [Triptan] 偏頭痛治療薬。

ドリフト [drift] ①漂流；時流。②世間相場より上回る賃金を支給すること。③〘自動車〙コーナリングの一技法。＊後輪を滑らせて回る。

ドリフトネット [driftnet] 流し網。＊網漁の刺網の一種。

トリプトファン [tryptophan] 必須(ひっす)アミノ酸の1つ。＊発育・成長などに関与する。

ドリブラー [dribbler] スポーツでドリブルを得意とする選手。

トリプル [triple] 3つ〔3人〕の；3倍の；3重の。

〜安 株式・為替(かわせ)・債券の3つの市場が同時に値下がりすること。

ドリブル [dribble] ①〘バスケットボール〙片手でボールを床にはずませて進むこと。②〘サッカー〙ボールを小刻みに蹴って進むこと。③〘バレーボール〙1人の競技者が続けて2回ボールに触れること。＊反則。

トリプル・アクセル [triple Axel] 〘フィギュア・スケート〙片足を踏み切って跳び上がり，3回転半する跳躍演技。⇨ダブル・アクセル。

トリプルA [triple A] ①〘経済〙世界的な企業格付け機関が最優良銘柄に対してつける評価点。②〘野球〙アメリカのマイナー・リーグの最上級クラス。

トリプル・クラウン [triple crown]

3冠王。＊野球では首位打者，打点王，ホーム・ラン王の3つ，競馬では皐月(さつき)賞，日本ダービー，菊花賞の3つを独占受賞すること。

トリプル・ジャンプ [triple jump] 〖陸上競技〗三段跳び。

トリプル・スリー [日triple three] プロ野球で，1シーズンに打率3割以上・30本塁打以上・30盗塁以上を達成すること。

トリプル・プレー [triple play] 〖野球〗3重殺。

トリプル・ボギー [triple bogey] 〖ゴルフ〗パーより3打多い打数でホールアウトすること。⇨ダブル・ボギー，パー，バーディー，ボギー。

トリプル・マーカー・テスト [triple maker test] 胎児の出生前診断の1つ。

トリプレット [triplet] ①遺伝暗号の単位。②〖音楽〗三連音符。

トリマー [trimmer] 犬や猫などの手入れ(毛の刈り込みなど)を職業にしている人。＝グルーマー。

トリミング [trimming] ①〖写真〗不要な部分を切り取って構図を整えること。②犬や猫などのペットの毛を刈り込むこと。③服飾の縁飾り。④〖サーフィン〗サーフボードをコントロールすること。

トリム [trim] ①刈り込む。②装飾；縁取り。③きちんとした。

～運動 [～action] 健康の増進，身体の調整を目的として行う体操。

トリュフ [truffe フランス] フランス松露(しょうろ)。＊高級料理用。

トリリンガル [trilingual] 3か国語の；3か国語を話す。

トリル [trill] 〖音楽〗装飾音の一種。符号「～～～」。＊その音と半音または全音高い音を交互に速く演奏して音を震わせる。

ドリル [drill] ①錐(きり)；穴あけ機；削岩機。②反復練習。

トリレンマ [trilemma] 三者択一の窮地に立たされて進退きわまること。

ドリンク [drink] ①飲み物；飲料。②酒類；アルコール飲料。

～剤 疲労回復・体力増強などの目的で飲む飲料。

ドリンク・バー [日drink bar] レストラン店内の，飲み物のセルフ・サービス・コーナー。

ドル [dollar] アメリカ，オーストラリアなどの貨幣単位。＝ダラー。

～箱 企業などの売り上げの大部分を占めている商品など。

トルエン [toluene] 芳香族炭化水素の一種。＊染料，医薬，合成樹脂などの原料。

トルク [torque] 軸の回転力。

トルクーチカ [tolkuchka ロシア] ロシアのノミの市。＊かつては闇市(やみいち)。

トルク・コンバーター [torque converter] 流体式変速装置。＊自動車のノー・クラッチに利用。

ドル・クローズ [dollar clause] 貿易などの決済をアメリカ・ドルで行うことを取り決めた条項。

トルコ石 [turquoise] 宝石の一種。＊青または青緑色。12月の誕生石。＝ターコイズ。

トルソー [torso イタリア] ①(首や手足のない)胴体だけの彫像。②(服飾用の)胴体だけの人台。

ドルチェ [dolce イタリア] ①〖音楽〗「優しく甘美に演奏せよ」。②イタリア風の甘い菓子。

トルテ [Torte ドイツ] 焼き菓子の一種で，クリームや果物で飾りつけた円形のデコレーション・ケーキ。

トルティーヤ [tortilla スペイン] 〖料理〗トウモロコシの粉を水で溶き，円くのばして焼いたメキシコ料理。

トルテリーニ [tortellini イタリア] 〖料理〗パスタの一種。＊薄い生地に具を入れ，小さなリング状にする。

トルネード [tornado] ①竜巻(たつまき)；

大旋風。② [T-] イギリス，ドイツ，イタリアが共同開発した戦闘機。

ドルビー・デジタル [Dolby Digital] 音声のデジタル符号化方式。＊映画やDVDなどで利用される。

ドルフィン [dolphin] イルカ(海豚)。

ドルフィン・キック [dolphin kick] 〖水泳〗バタフライのキック法。＊両足をそろえて上下に動かし，足の甲で水を打って進む。

ドルフィン・セラピー [dolphin therapy] アニマル・セラピーの1つ。＊イルカと泳ぐことで心身の健康と平安を得る。

ト

トルマリン [tourmaline] 電気石。＊美しいものは宝石として使用。

ドルマン・スリーブ [dolman sleeve] 婦人服で袖(そで)ぐりが大きく，袖口に向かって細くなっている型の袖。

ドルメン [dolmenフランス] 数個の巨石を並べて立て，その上に1枚の平らな石を載せた古代の遺物。

ドル・ユーザンス [dollar usance] ドルで表示された輸入代金の為替手形の支払い期限。

トレアドル [toreadorスペイン] 闘牛士。⇨ピカドール，マタドール。

トレアドル・パンツ [toreador pants] 脚にぴったりした八分丈のズボン。＝サブリナ・パンツ。

トレイル [trail] ①通った跡；小みち。②けもの道；山の中の道。③オート・バイで山野を走ること。

トレイル・ランニング [trail running] 舗装されていない山の登山道や林道を走るランニング。＊トレ・ラン，トレール・ランとも。

トレイン [train] ①列車。②(婦人の正装で)床まで長く延びた裾(すそ)。

トレイン・サーフィン [train surfing] 旅客が列車の車体の外に乗り，移動すること。＊トレイン・ホッピング，トレイン・ヒッチングとも。⇨フレート・ホッピング。

トレイン・チャンネル [日Train Channel] 液晶ディスプレーを用いた電子広告。＊JRが電車内に設置。

トレイン・ビュー [日train view] ホテルなどの宿泊施設の部屋から鉄道や電車が見える景色。または，その景観を売りにする観光プラン。

トレー [tray] ①盆；(金属製の)浅い皿。②(浅い)書類整理箱。

トレーサー [tracer] ①追跡子。＊ある元素の移動を追跡するのに用いる放射性同位元素。②図面などをトレースする人。③〖電算〗あるプログラムの実行を追跡しチェックするプログラム。

トレーサビリティー [traceability] 追跡可能性；食品の安全を確保するための生産・流通履歴。

トレーシング・ペーパー [tracing paper] 図面などをトレースするのに用いる半透明の薄い紙。略トレペ。

トレース [trace] ①原図の上に半透明の薄い紙を重ねて原図を写すこと。②追跡すること。③〖登山〗踏み跡。また，それをたどること。④〖フィギュア・スケート〗滑走したあとにできる線。

トレーダー [trader] ①貿易業者。②自分で相場を張る証券業者。

トレーディング・カード [trading card] スポーツ選手，アニメのキャラクター，アイドルなどを題材とした，交換や収集目的のカード。略トレカ。

トレーディング・カンパニー [trading company] 貿易商社。

トレーディング・スタンプ [trading stamp] 商品の購入価格に応じて与えられる，販売促進のための証紙やスタンプ印。

トレード [trade] ①取引；貿易。②〖プロ野球〗2球団の間で選手を交換・移籍すること。

トレード・オフ [trade-off] ①交換；妥協のための取引。②〖経済〗(物価と雇用などの)相対関係。

トレード・シークレット [trade secret] 企業秘密；営業上の秘密。

トレード・バランス [trade balance] 貿易収支。

トレードマーク [trademark] ①登録商標。②お家芸；おはこ。略TM。

トレード・ユニオン [trade union] 労働組合。

トレーナー [trainer] ①スポーツ選手の健康管理，体調調整をする人。②綿ジャージーなどで作った運動着。=スウェット・シャツ。

トレーニング [training] 訓練；練習；(馬などの)調教。

トレーニング・ウェア [training wear] 運動着。

トレーニング・シューズ [training shoes] 運動練習用の靴。

トレーニング・パンツ [日training pants] 運動練習用の，足首まである長いパンツ。略トレ・パン。

ドレープ [drape] ①ひだ飾り。②厚地の織物で作ったカーテン。

トレーラー [trailer] ①牽引(けんいん)車に引かれて走る車両。②映画の予告編。

トレーラー・ハウス [trailer house] ⇨モービル・ホーム。

ドレーン [drain] ①排水溝。②医療用の排液管。

ドレーン・コック [drain cock] 排水栓。

トレカ トレーディング・カードの略。

トレジャー・ハント [treasure hunt] 宝探し。

トレジャラー [treasurer] 会計係；財務責任者；資金調達係。

ドレス [dress] ①ワン・ピース形の婦人服。②(婦人の)正装；礼服。

ドレス・アップ [dress up] 盛装〔正装〕すること。

ドレス・コード [dress code] パーティーなどにおける服装の指定。

ドレスメーカー [dressmaker] 婦人服を仕立てる人；洋裁店。略ドレメ。

ドレス・リハーサル [dress rehearsal] 本稽古；本番通りに衣装をつけて行う稽古。

トレッカー [trekker] トレッキングをする人。

トレッキング [trekking] 山歩き。

トレッキング・シューズ [trekking shoes] 軽登山靴。

ドレッサー [dresser] ①着付け係。②鏡台。③着こなし上手。＊日本独自の使用法。

ドレッシー [dressy] 上品でおしゃれな。↔スポーティー。

ドレッシング [dressing] ①着付け；服飾。②サラダなどにかける調味料。

ドレッシング・ルーム [dressing room] 化粧室；(劇場などの)楽屋。

トレッド [tread] ①タイヤの接地面。②自動車の左右の車輪の間隔。

ドレッド [dread] 縮らせた髪の毛を細く束ねたヘアスタイル。＊ドレッド・ヘアとも。

ドレッドノート [Dreadnought] ①イギリス海軍の戦艦の名称。② [d-] 大型戦艦。

トレッドミル [treadmill] ①踏み車；回転式の踏み輪。②単調な仕事。③⇨ランニング・マシーン。

ドレナージュ [drainage] 外科的な排液・排膿法。また，リンパ液の排出。

トレハロース [trehalose] 動・植物，菌類，微生物に含まれる天然の糖質。＊甘味料として加工食品，保湿成分として化粧品などに用いられる。

トレ・パン トレーニング・パンツの略。

トレ・ビアン [très bienフランス] 「とてもよい」「すてき」。

トレブル [treble] ①ソプラノの；かん高い声や音。②オーディオの高音部を調節するつまみ。

トレペ トレーシング・ペーパーの略。

トレミー星座［Ptolemy constellation］　北半球に見られる48の星座。＊トレミーは，古代ギリシアの天文学者プトレマイオスの英語名。
ドレメ　ドレスメーカーの略。
トレモロ［tremolo(イタリア)］〚音楽〛装飾音の１つ。＊１つの音または２つの音をできるだけ速く繰り返し演奏して音を震わせる。
トレランス［tolerance］　①忍耐；我慢。②寛容；寛大。↔イントレランス。
トレリス［trelis］　木製の格子垣。
トレンカ［日trenca］　レギンスの一種。足先と踵(かかと)の部分が出た形の女性用のボトムス。＊トレンカ・レギンスとも。
トレンチ［trench］　①塹壕(ざんごう)。②〚考古学〛発掘溝。
トレンチ・コート［trench coat］　ダブルでベルトのついた防水コート。＊第１次大戦中，イギリス兵がトレンチ①の中で着たことから。
ドレンチャー［drencher］　噴射式防火器具。
トレンチング［trenching］　地震予知のために，活断層付近を掘削してその活動状況を調べること。
トレンディ［trendy］　流行の；流行傾向の。
トレンディ・ドラマ［日trendy drama］　都会を舞台に，若い男女の恋愛，流行，ライフスタイルを描いたテレビ・ドラマ。
トレンド［trend］　傾向；流行。
トレンドセッター［trendsetter］　流行を生み出す人，またはそのもの。＊トレンダーとも。
トロイ・オンス［troy ounce］　純金の秤量単位。
トロイカ［troika(ロシア)］　ロシアの３頭立て馬車〔馬そり〕。
　～方式　三頭政治；３人の有力者で行う体制。
トロイデ［Tholoide(ドイツ)］　鐘状(しょうじょう)火山。＝溶岩ドーム。
トロイの木馬［Trojan horse］　①トロイ戦争でギリシア軍が敵を欺くため，兵を忍ばせた巨大な木馬。②〚電算〛コンピュータの不正プログラムの一種。
ドロー［draw］　①引き分け。②ドロー・ボールの略。
ドローイング［drawing］　①製図。②デッサン；素描。③くじ引き。
トローチ［troche］　薬を砂糖に混ぜて固めた錠剤。＊口に含んでなめながら徐々に溶かす。
ドローバック［drawback］　払いもどし；控除。
ドロー・ボール［draw ball］〚ゴルフ〛途中から左へ流れるように意識的に打ったボール。略ドロー。↔フェード・ボール。
トローリング[1]［trawling］　魚を底引き網で捕ること。
トローリング[2]［trolling］　船を走らせながら擬似餌(ぎじえ)で流し釣りをすること。
トロール［trawl］　底引き網。
ドローン［drone］　無人航行機。＊配送システム，ネット基地局などに利用する。
ドローンワーク［drawnwork］　麻地などのたて糸またはよこ糸を抜き，その部分をかがって模様を作る手芸。＊ドロンワークとも。
ドロシケ［Droschke(ドイツ)］　辻馬車。
トロッコ［truck］　レールの上を走らせる土木工事用の４輪無蓋(むがい)の手押し車。＊トラックのなまり。
トロット［trot］　①〚馬術〛速歩；だく足。②フォックス・トロットの略。
ドロップ［drop］　①あめ玉。②落下。③しずく。④〚ゴルフ〛池などに落ちたボールを，定められた位置に肩の高さから落下させること。
ドロップ・アウト［drop-out］　①落伍すること。②(体制・社会・組織から)

離脱すること。↔ドロップ・イン。③録音〔録画〕テープから音〔映像〕が消えること。

ドロップ・イン [drop-in] 体制への順応。＊組織や体制から離れないこと。↔ドロップ・アウト②。

ドロップ・オフ [drop-off] ①下落；急な下降。②がけ；落ち込み。③〘ラグビー〙試合再開のためのドロップキック。

ドロップキック [dropkick] 〘ラグビー〙ボールを地面に落とし，はね上がってくる瞬間に蹴ること。

ドロップ・ゴール [drop goal] 〘ラグビー〙ドロップキックしたボールがクロスバーを越えること。＊3点の得点になる。

ドロップ・シッピング [drop shipping] インターネット販売の形式の1つ。＊製造元や卸元が購買者に直接発送や代金請求をする。

ドロップゾンデ [dropsonde] 航空機からパラシュートで投下する気象観測発信機。

ドロップ・ハンドル [日drop handle] 〘自転車〙握りが下方についているハンドル。＊競輪，サイクリング用。

トロピカル [tropical] ①熱帯(地方)の。②平織りの薄地の毛織物。

トロピカル・フィッシュ [tropical fish] (観賞用の)熱帯魚。

トロピカル・プラント [tropical plant] 熱帯植物。

トロピカル・フルーツ [tropical fruits] 熱帯産の果物。＊ドリアン，マンゴーなど。

トロフィー [trophy] 入賞記念品や杯。

トロペジェンヌ [tropezienne] ブリオッシュ生地にムースリーヌ(バター入りカスタード・クリーム)をはさみ，あられ糖をまぶした菓子。＊南仏サントロペ生まれ。

トロポポーズ [tropopause] 圏界面。＊対流圏と成層圏との境界面。

ドロマイト [dolomite] 白雲石。＊サプリメントの原料。

トロリー [trolley] ①トロッコ；手押し車。②市街電車。

トロリー・バス [trolley bus] 無軌道の路面電車。＊架線から電力を供給してもらう。

ドロワーズ [drawers] ①タンス・食器棚などの，引き出し。②保温を主にした半ズボン。＊なまってズロースという。

トロンプ・ルイユ [trompe-l'oeil フランス] だまし絵。

トロンボーン [trombone] 2本の長いU字形の管を連結した形の金管楽器。

ドロンワーク ⇨ドローンワーク。

ドワーフ [dwarf] 神話，ファンタジー，ゲームなどに登場する小人。

トワイライト [twilight] 日没後の薄明かり；たそがれ。

トワ・エ・モア [toi et moi フランス] あなたと私。

トワリスト [toiliste フランス] デザイン画から型紙を作る人。

トワレット [toilette フランス] 化粧室；便所。＊英語のトイレット。略トワレ。

トン [ton] ①メートル法の質量の単位。1トンは1000キログラム。記号t。②ヤード・ポンド法の質量の単位。1英トン(ロングトン)は1016.047キログラム。1米トン(ショートトン)は907.184キログラム。

ドン[1] [Don スペイン] ①スペインの男性の名前の前につける敬称。②[d-](マフィアなどの)ボス；首領；親分。

ドン[2] [dong] ベトナムの通貨単位。記号VND。

トンカット・アリ [Tongkat Alii マレーシア] マレーシアやインドの熱帯雨林に自生するニガキ科の灌木(かんぼく)。＊根を煎(せん)じて飲む。

ドンキー [donkey] ①ロバ。②ばか

者；まぬけ。

トン・キロ [ton-kilometer] 貨物の輸送量を示す単位。記号t・km。＊貨物のトン数×輸送キロ数。

トング[1] [thong] サンダルの一種。＊草履(ぞうり)のような形をしている。

トング[2] [tongs] 物をはさむ道具。

ドンゴロス [dungarees] ①麻袋；麻糸で織った布。②粗末な衣服。＊ダンガリーから。

トンズ [筒子チャイナ] ⇨ピンズ[2]。

ドンタク [zondagオランダ] 日曜日；休日。

ドント・ノー・グループ ⇨DKグループ。

ドント方式 [d'Hondt system] 比例代表選挙での当選者議席の決定方式。＊ベルギーの法学者V.ドントが考案。

トンネル [tunnel] ①山腹，海底などを掘り抜いてつくった通路。②〖野球〗ゴロの打球が股間(こかん)を通り抜けるエラーのこと。

〜会社 帳簿上だけの実態のない会社。

〜効果 あるエネルギーをもつ粒子が，それよりも高いエネルギーの壁を通り抜ける現象。

トンネル・ダイオード [tunnel diode] ⇨エサキ・ダイオード。

トンパ文字 [東巴文チャイナ] 中国雲南(うんなん)省やチベットに住む少数民族ナシ族に伝わる象形文字。

ドン・ファン [Don Juanスペイン] 女たらし；漁色(ぎょしょく)家。

ドン・ペリ [Dom Pérignonフランス] 高級シャンペンの銘柄。＊ドン・ペリニヨンとも。

トンボーロー [東坡肉チャイナ] 〖中国料理〗豚のバラ肉をたれにつけ込み，蒸した料理。＊詩人蘇東坡(そとうば)が好んだことから。

トンボロ [tomboloイタリア] 陸繋(りくけい)砂州。

ドン・マイ [日Don't mind] 「気にするな」。＝ネバー・マインド。

ナ

ナーサリー [nursery] ①託児所；保育園。②子供部屋。

ナーサリー・ライム [nursery rhyme] 童謡；子守唄。

ナーシング・ホーム [nursing home] 介護を必要とする老人医療福祉施設；特別養護老人ホーム。

ナース [nurse] 看護師。

ナース・エイド [nurse aid] 看護助手。

ナース・コール [日nurse call] 入院患者が看護師を緊急呼び出しすること，または呼び出し装置。

ナース・ステーション [nurse station] 看護師詰め所。

ナース・センター [日nurse center] 「看護師等の人材確保の促進に関する法律」に基づき各都道府県に設置された看護師の再就職の情報などを提供する機関。

ナーセリー [nursery] 植物栽培園。

ナーダム [naadamモンゴル] モンゴル国の民族の祭典。＊ブフ(モンゴル相撲)，競馬，弓競技が行われる。

ナード [nerd] ①気のきかない人；間抜け。②何かにのめりこんでいる人；社会性がなく内向的な人。

ナーバス [nervous] ①神経質な；神経過敏な。②感じやすい。

ナーランダ [Nālandāサンスクリット] ①インド・ブッダガヤの北東(現在のビハール州ジキール)にある仏教遺跡。②スリランカの中心部にある仏教遺跡。

ナイアシン [niacin] ニコチン酸の別称。

ナイーブ [naive] 純真な；素朴な；うぶな。

ナイキ [Nike] ①⇨ニケ。②〖商標〗アメリカのスポーツ用品メーカー。

ナイス [nice] ①よい；立派な。②おいしい。③見事な；じょうずな。
ナイス・ガイ [nice guy] いい男；いいやつ；すてきな男。
ナイス・ショット [nice shot] 〖ゴルフ,テニスなど〗打球をほめることば,「お見事！」。
ナイスタチン [nystatin] 放線菌抗生物質の1つ。＊真菌を死滅させる。消化管カンジダ症治療に使用。
ナイス・バディ [nice body] 均整のとれた美しい身体；豊満で魅力的な身体。＊ナイス・ボディとも。
ナイス・ミドル [日nice middle] すてきな中年；魅力ある中年。
ナイター [日nighter] 〖野球, サッカーなど〗夜間試合。＝ナイト・ゲーム。↔デー・ゲーム。
ナイチンゲール [nightingale] ヨーロッパ産ツグミ科の渡り鳥の総称。＊小夜鳴鳥(さよなきどり), 夜鳴鶯(よなきうぐいす)。
ナイティー [nightie] ①女性の夜着。②子供用の寝間着。
ナイト[1] [knight] ①ヨーロッパ中世の騎士。②英国の爵位の1つ。③〖チェス〗騎士をかたどった, 将棋の桂馬にあたる駒(こま)。
ナイト[2] [night] 夜；晩。
ナイトウェア [nightwear] 夜着；寝間着。⇨ナイトドレス。
ナイト・ウォッチ [night watch] 夜警；夜番；夜勤の警備員。
ナイトガウン [nightgown] ゆったりとした寝室着。
ナイトキャップ [nightcap] ①夜寝るときにかぶる帽子。②寝酒。
ナイトクラブ [nightclub] 夜間の社交場。＊酒, 生演奏, ダンスなどを楽しむ。＝ナイト・スポット。
ナイト・クリーム [night cream] 肌にうるおいを与えるため, 夜寝るまえにつけるクリーム。
ナイト・ケア [日night care] 高齢者や認知症の人を夜間に介護する制度。⇨デイ・ケア。
ナイト・ゲーム [night game] ⇨ナイター。↔デー・ゲーム。
ナイト・ショー [日night show] (映画館などでの)深夜興行。
ナイト・スポット [night spot] ①夜の盛り場。②⇨ナイトクラブ。
ナイト・テーブル [night table] ベッドのそばに置く小さなテーブル。
ナイトドレス [nightdress] 女性用の寝間着。
ナイト・ビジョン・ゴーグル [night-vision goggles] 暗視双眼鏡。
ナイト・ビジョン・テクノロジー [night-vision technology] 夜間視度増幅技術。
ナイト・ホスピタル [night hospital] 昼間, 通勤・通学している患者を夜間は入院させて診療・治療を行う病院。
ナイトメア [nightmare] 悪夢；悪夢にうなされること。
ナイト・ラッチ [night latch] 夜錠。＊外側からは鍵であけ, 内側からはノブのつまみを回して施錠する。
ナイトロジェン・マスタード [nitrogen mustard] 白血病に有効な制がん剤。＊マスタード・ガスの誘導体。
ナイフ [knife] 洋風の小刀。
ナイフ・リッジ [knife ridge] 〖登山〗ナイフの刃のように切り立った尾根。
ナイラ [naira] ナイジェリアの通貨単位。
ナイル・パーチ [Nile perch] 中央アフリカ北部産の淡水魚。＊食用。
ナイロン [nylon] ポリアミド系の合成繊維の総称。⇨ポリアミド。
ナイン[1] [nein ドイツ] 「いいえ」。↔ヤー。
ナイン[2] [nine] ①9；9つ。②9人1組のもの。＊特に野球チーム。
ナウ [now] ①今；現在。②現代感覚にあふれた；新鮮な魅力がある。
ナウキャスト [nowcast] 気象庁による, 気象情報の短期間予測速報。
ナウマン象 [Naumann—] 約30万年前から約3万年前まで, 日本や極東大陸に生息した象。＊ドイツの地質学者E.ナウマンの名に因む。

ナゲット [nugget] 衣をまぶした鶏肉などの小さなかたまりを揚げたもの。＊原義は「貴金属の塊」。⇨チキン・ナゲット。

ナサ ⇨NASA。

ナシ・ゴレン [nasi goreng インドネシア] インドネシア，マレーシアのスパイシーな焼き飯。

ナショナリスト [nationalist] 民族主義者；民族自決主義者；国家主義者。

ナショナリズム [nationalism] ①民族主義；民族自決主義。②国粋主義；国家主義。

ナショナリゼーション [nationalization] 国有化；国営化。

ナショナリティー [nationality] ①国民性；民族性。②国籍。

ナショナル [national] ①国家の。②国立の。③全国的な。

ナショナル・アイデンティティー [national identity] 国民的一体感；民族的帰属意識。

ナショナル・アトラス [national atlas] 国勢地図帳。＊産業・交通・文化・人口などの実勢を，国の統計，調査などに基づいて編集したもの。

ナショナル・アンセム [national anthem] 国歌。

ナショナル・インタレスト [national interest] 国益；国家的利益。

ナショナル・カラー [national color] 国を象徴する色；国旗の色。

ナショナル・キャラクター [national character] 国民性。

ナショナル・コスチューム [national costume] 民族衣装。

ナショナル・コンセンサス [national consensus] 国民の合意；国民が共通にもつ意見。

ナショナル・セキュリティ [national security] 国家安全保障。

ナショナル・センター [日National Center] 労働組合の全国中央組織。

ナショナル・チーム [national team] スポーツなどで，国の代表選手団。

ナショナル・チェーン [national chain] 全国的規模でチェーン・ストアを展開している飲食・小売企業。

ナショナル・デー [national day] 建国記念日；独立記念日。

ナショナル・トラスト [National Trust] 自然環境の破壊防止のため，住民が土地などを買い取り，保護する制度。＊もとは，イギリスの観光資源保護団体の名称。

ナショナル・トレーニング・センター [National Training Center] 国内のトップレベルにあるスポーツ選手を対象としたトレーニング施設。

ナショナル・パーク [national park] 国立公園。

ナショナル・バンク [national bank] 国立銀行。

ナショナル・フラッグ・キャリア [national flag carrier] 国の代表的な航空会社・船舶会社。略フラッグ・キャリア。

ナショナル・ブランド [national brand] 全国的な知名度・普及率をもった商品及び商標。略NB。↔プライベート・ブランド。

ナショナル・プロダクト [national product] 『経済』国民生産。

ナショナル・ホリデー [national holiday] 国民の祝日。

ナショナル・ボンド [national bond] 国債。

ナショナル・ミニマム [national minimum] 国民の最低限度の生活水準。⇨シビル・ミニマム。

ナショナル・リーグ [National League] 『野球』アメリカ・プロ野球の２大リーグの１つ。略ナ・リーグ，NL。↔アメリカン・リーグ。

ナスカの地上絵 [Nazca lines] ペルー南部の乾燥地帯に描かれた巨大な

幾何学図形や動・植物などの絵。＊世界遺産。

ナスターチウム [nasturtium] ノウゼンハレンの通称，金蓮花(きんれんか)。＊ハーブとして料理に用いる。

ナスター・レース [NASTAR race] 〘スキー〙ハンディキャップ制を取り入れた回転競技。＊NASTARは，*Na*tional *Sta*ndard *R*aceの略。

ナスダック ⇨NASDAQ。

ナターレ [Natale(イタリア)] イタリア語で，クリスマス。

ナタ・デ・ココ [nata de coco(スペイン)] ココナッツ・ミルクを酵母菌で固めたデザート用の発酵食品。

ナチ [Nazi(ドイツ)] ナチスの党員。＊ナチス(Nazis)は複数形。

ナチス [Nazis(ドイツ)] ①「国家社会主義ドイツ労働者党」の通称。②同党の党員。＊Naziの複数形。正式名称はNationalsozialistische Deutsche Arbeiterpartei。

ナチズム [Nazism] ナチスの政治理念・支配体制。

ナチュラライズ [naturalize] ①帰化させる；市民権を与える。②動植物などを他国の風土に慣らす。③不自然でなくする。

ナチュラリスティック [naturalistic] 自然主義的。

ナチュラリスト [naturalist] ①自然主義者。②自然食主義者。③博物学者。

ナチュラリズム [naturalism] 自然主義。

ナチュラリゼーション [naturalization] ①帰化。②移入；移植。

ナチュラル [natural] ①自然の；天然の。②〘音楽〙本位記号。記号は「♮」。＊シャープ(♯)，フラット(♭)で変化した音をもとの高さに戻す。

ナチュラル・ウエーブ [日natural wave] ①自然にできたように髪につける波形のくせ。②くせ毛。

ナチュラル・ウォーター [natural water] 地下水を原水とし，濾過・加熱・殺菌処理をした飲料水。＊無機塩類などの添加はしない。⇨ナチュラル・ミネラル・ウォーター。

ナチュラル・カラー [natural color] 自然色。

ナチュラル・キラー細胞 [natural killer cell] リンパ球細胞の一種。＊悪性化した腫瘍(しゅよう)細胞やウイルス細胞を破壊する。略NK細胞。

ナチュラル・サイエンス [natural science] 自然科学。

ナチュラル・セレクション [natural selection] 自然淘汰。

ナチュラル・ターン [natural turn] 〘ダンス〙右回りの自然な回転。↔リバース・ターン。

ナチュラル・チーズ [natural cheese] 生チーズ。＊加工していないもの。⇨プロセス・チーズ。

ナチュラル・ハイ [日natural high] 自然に生じる，精神の高揚・解放感。

ナチュラル・ヒストリー [natural history] 博物学；自然誌。

ナチュラル・フーズ [natural foods] 自然食品。

ナチュラル・ミネラル・ウォーター [natural mineral water] 鉱床に蓄積された無機塩類を含む原水を濾過(ろか)・加熱・殺菌処理した飲料水。

ナチュラル・メーキャップ [natural makeup] 素肌を生かした化粧法。

ナック [knack] こつ；巧みな技。

ナックル [knuckle] ①指の関節。②ナックル・フォア，ナックル・ボールの略。

ナックル・カーブ [knuckle curve] 〘野球〙通常のカーブよりも球速があり，大きく縦に落ちる変化球。

ナックル・フォア [knuckle four] 〘ボート〙4人の漕手用の競技用ボート。略ナックル。

ナックル・ボール [knuckle ball] 〘野

球】関節を利用した変化球で，回転を与えないボール。略ナックル。

ナッシュ均衡 [Nash equilibrium] ゲーム理論の基本概念で，各プレーヤーが互いに最も有効な戦略をとった場合，全体に生じる均衡状態。＊アメリカの数学者J.ナッシュが考案。

ナッシング [nothing] ①何もないこと。②【野球】ボール球のカウントがゼロのこと。

ナッツ [nuts] クルミ，ピーナッツなど，堅い殻をもつ木の実の総称。

ナット [nut] ビス，ボルトと組み合わせて締めつけに使うねじ。

ナットウキナーゼ [Nattokinase] 納豆菌が大豆に作用して産生される酵素。＊血管系疾患の予防効果がある。

ナッピング [napping] 織物の表面に適度な温度を与え，摩擦板で加圧し，毛羽立たせること。

ナップ [nap] ①居眠り；うたたね。②油断する。

ナップザック [knapsack] ハイキングなどに使う簡便なリュックサック。

ナツメグ [nutmeg] ニクズクの種子から作られる香辛料。＊肉料理，菓子などに用いる。

ナティビティ [nativity] キリスト降臨の様子を表すクリスマスの人形セット。

ナトー ⇨NATO。

ナトリウム [Natrium ドイツ] 【化学】銀白色のアルカリ金属元素の1つ。元素記号Na。原子番号11。＊触媒，還元剤など，用途は多い。

ナトリウム・ランプ [日Natrium ドイツ + lamp] ガラス管内にナトリウム蒸気を封入し発光させる放電灯。

ナナコ [日nanaco] 【商標】非接触型の電子マネー。

ナニー [nanny] 乳母；育児・家事の手伝いをする人。

ナノ [nano-] 国際単位系(SI)で，10億分の1 (10^{-9})を表す接頭辞。記号n。

ナノ・インフルエンサー [日nano influencer] SNSのアカウントでフォロワー数が数千人規模のインフルエンサー。＊特定分野での拡散力が期待できる。

ナノ・カーボン [nano-carbon] 直径がナノメートル単位の炭素粒子で構成される素材。

ナノ・カプセル [nano capsule] ナノ単位の微粒子が何層にもカプセル状になったもの。

ナノグラフェン [Nanographene] ナノ単位のサイズをもつグラフェン(1原子の厚さの炭素シート)の総称。＊透明で通電性がよい。

ナノサージャリー [nanosurgery] 超微小手術。＊電子顕微鏡を用いて体内の細胞などごく微細なものに対して行う。

ナノセカンド [nanosecond] 10億分の1秒。記号ns。

ナノテクノロジー [nanotechnology] ナノメートルの単位で物質を扱う超精密技術。＊半導体,医学分野に応用。ナノテクとも。

ナノバイオロジー [nanobiology] 距離・時間・力の単位において極微レベルの領域で，生命現象などを研究・観察する生物学。

ナノバブル [nanobubble] 超微細気泡。

ナノプランクトン [nanoplankton] 超微小浮遊生物。

ナノプローブ [nanoprobe] ナノ単位(10億分の1)の観測に使用する探針。

ナノメートル [nanometre] 国際単位系の長さの単位。10億分の1 (10^{-9}) メートル。記号nm。＊光，特に紫外線の波長などを表すのに用いる。

ナノマシン [nanomachine] ナノメートル程度の大きさの，機械的な機能をもつ分子の集合体。

ナノマテリアル [nanomaterial] 100ナノメートル以下の物質・原料。

ナノメタル [nanometal] 実用金属材料(鉄, アルミニウム, 銅)の微細組織をナノ・スケールで制御し, 強度・延性・通電性などを高めた金属。＊新エネルギー・産業技術総合開発機構が開発。

ナパーム弾 [napalm bomb] ナフサ, パーム・オイルなどを主成分とする油脂焼夷(しょうい)弾。

ナバホ [Navajo] アメリカのネイティブ・アメリカン最大の部族。＊アリゾナ, ユタ, ニューメキシコなどに住む。

ナビゲーション [navigation] 経路誘導。

ナビゲーション・ニューロン [navigation neuron] 脳内神経細胞の働きの1つ, 脳内ナビ。＊泥酔状態でも, 家にたどり着くなどがその例。

ナビゲーター [navigator] ①航海士；航法士。②自動車レースで運転者に速度や方向を指示する同乗者。③案内をする人。

ナプキン [napkin] ①食事のとき, 衣服の汚れを防ぐために胸やひざにかける布。②生理用品。

ナフサ [naphtha] 原油の蒸留によって得られる粗製ガソリン。＊石油化学製品の原料。＝ナフタ²。

ナフタ¹ ⇨NAFTA。

ナフタ² [naphthaオランダ] ⇨ナフサ。

ナフタレン [naphthalene] コール・タールから精製した白い結晶。＊防臭・防虫剤として使われる。

ナポリタン [napolitainフランス] ナポリ風の味つけの料理。＊トマト・ソースであえたスパゲッティなど。

ナポレオン [Napoléon] ①ナポレオン3世が鋳造した20フラン金貨。②最高級のコニャック。③ [n-] トランプ・ゲームの一種。

ナポレオン・フィッシュ [Napoleon fish] ベラ科の巨大魚。別名メガネモチノウオ。＊熱帯地域に分布。

ナマステ [namasuteヒンディー] ヒンズー教徒が合掌して行うあいさつ。

ナムル [namulコリア] 朝鮮料理の1つで, ホウレン草, もやし, キュウリなどの和(あ)え物。

ナラタージュ [narratageフランス] 〖映画, テレビなど〗回想シーンなどで, 語り手が物語を補足しながら話を進めていく技法。＊narration＋montageから。

ナラティブ [narrative] 物語；話術。

ナラトロジー [narratologieフランス] 物語の構造や形式を分析する理論。

ナ・リーグ ナショナル・リーグの略。

ナリシング・クリーム [nourishing cream] 〖美容〗皮膚にうるおいを与え, 若々しさを保つ栄養クリーム。

ナリッシュ [nourish] 栄養・滋養を与えること；養育すること。

ナルキッソス [Narkissosギリシア] 〖ギリシア神話〗湖面に映る自分の姿に恋い焦がれ, 水仙の花と化した美少年。＝ナルシス。

ナルコチン [narcotine] 〖商標〗アヘンに含まれるアルカロイドの一種。＊鎮咳(ちんがい)剤。

ナルコレプシー [narcolepsy] 発作性睡眠；居眠り病。

ナルシス [Narcisseフランス] ⇨ナルキッソス。

ナルシシズム [narcissism] 自己愛；自己陶酔。

ナルシスト [narcist] 自己陶酔型の人。

ナレーション [narration] ①〖映画, テレビなど〗内容や筋などを場面の進行に応じて説明する画面外の声。②語り；話し方。

ナレーター [narrator] 語り手。

ナレッジ [knowledge] 知識。

ナレッジ・エンジニアリング [knowledge engineering] 人工知能の開発

の一分野；知識工学。

ナレッジ・マネジメント [knowledge management] 知識管理。＊個人のもつ知識や情報を，組織全体で共有・活用することで業績を上げる。

ナロー [narrow] 狭い；限られた。↔ブロード，ワイド。

ナローキャスティング [narrowcasting] ケーブル・テレビ放送など，特定の地域や視聴者を対象とする放送。

ナロー・シルエット [narrow silhouette] 〘服飾〙体にぴったりした外郭線。

ナロード [narod ロシア] 国民；民衆。

ナローバンド [narrowband] 狭帯域。↔ブロードバンド。

ナン [nan] インドやパキスタンの平焼き発酵パン。＊タンドールで焼く。

ナンセンス [nonsense] ばかげたこと；無意味なこと。＊ノンセンスとも。

ナンセンス・コドン [nonsense codon] 遺伝暗号のうち，どのアミノ酸とも対応せず，たんぱく質の生合成を終結に導くもの。＊ターミネーション・コドンとも。

ナンセンス・コメディ [nonsense comedy] たわいないギャグを売りものにする喜劇。

ナンタ [nanta コリア] 韓国のリズムやビートだけの非言語パフォーマンス。

ナンバー [number] ①数；番号。②曲目。③(定期刊行物の)号。④ナンバー・プレートの略。

ナンバーズ [Numbers] 購入者が当たり番号を選択する方式の宝くじ。

ナンバー・ディスプレー [日Number Display] NTTの「発信電話番号表示サービス」。

ナンバー・プレート [number plate] 自動車の登録番号板。略ナンバー。

ナンバー・ポータビリティ [mobile number portability] 携帯電話の加入者が契約会社を変更しても，もとの番号をそのまま使用できる制度。略ポータビリティ，MNP。

ナンバー・ワン [number one] ①最初；第1番。②第一人者。

ナンバリング [numbering] ①番号をつけること。②ナンバリング・マシーンの略。

ナンバリング・マシーン [numbering machine] 番号印字機。

ナンフ [nymphe フランス] ⇨ニンフ①。

ナン・プラー [num pla タイ] タイ料理で使う魚醤(ぎょしょう)。＊小魚を塩漬けにして，発酵させ，濾過(ろか)する。⇨ニョク・マム，パティス。

ナンプレ 3×3のボックスで構成された9×9の正方形のなかに，1から9までの数字を一度ずつ使って埋めるパズル。＊*Num*ber *pla*y，*num*ber *pla*ceから。数独(すうどく)とも。

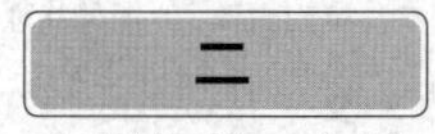

ニア・イースト [Near East] 近東。トルコからアラビア半島にある国々。＊ヨーロッパから見た呼び方。

ニア・ウォーター [near water] 天然水に果汁・ビタミンCなどを配合した，水のような飲料。

ニア・デス・エクスペリエンス [near-death experience] 臨死体験。

ニア・ミス [near-miss] 飛行機などの接触寸前の異常接近。

ニアリー・イコール [nearly equal] おおよそ等しいこと。

ニー [knee] ①ひざ；ひざがしら。②ズボンのひざの部分。

ニー・サポーター [knee supporter] 防御のためのひざあて。＊ニー・キャップ，ニー・パッドとも。

ニーズ[1] [needs] ①必要；需要。②必要なもの。＊ニードとも。

〜志向 [〜oriented] 企業などが社会的な要求に対応した研究や開発を行うこと。

ニーズ[2] ⇨NIES。
ニー・ソックス [knee-socks] ひざ上までの長い靴下。
ニート[1] [neat] きちんとした；すっきりした。
ニート[2] [NEET] 職業にも学業にも職業訓練にも就いていない若者。＊*N*ot in *e*ducation, *e*mployment or *t*rainingの略。
ニードル [needle] ①針；縫い針。②〘登山〙針のようにとがった岩峰。
ニードルワーク [needlework] ①針仕事。②手芸。また，その作品。
ニー・ハイ [knee high] ソックスやブーツの丈が，ひざ上まであること。
ニー・ハオ [你好チャイナ] 「こんにちは」。
ニーモニック・コード [mnemonic code] コンピュータの機械語を文字や記号の組み合わせに置き換えたプログラム。＊記憶コードとも。
ニーモン [mnemon] 記憶単位。＊脳が記憶しうる情報の最小限の単位。
ニーリング・バス [kneeling bus] 乗降口のステップの高さを調整する機能の付いたバス。
ニールセン調査 [Nielsen research] アメリカの視聴率調査会社・ニールセン社によるテレビの視聴率調査。
ニー・レングス [knee-length] ひざまでの丈。
ニェート [netロシア] 「いいえ」。＊ニェットとも。↔ダー。
ニエロ [niello] 銅，銀，鉛の硫黄化合物からなる黒色合金。＊金属の象嵌(ぞうがん)に使用。
ニカド電池 ニッケル・カドミウム電池の略。
ニグロ [Negro] 黒人。＊現在はアフリカン・アメリカンと呼ぶ。
ニグロイド [Negroid] 黒色人種。＊ネグロイドとも。
ニグロ・スピリチュアル [Negro spiritual] 〘音楽〙黒人霊歌(れいか)。略スピリチュアル。
ニクロム [Nichrome] 〘商標〙ニッケルとクロムとの合金。＊電気抵抗が大きく，電熱線などに利用される。
ニケ [Nikeギリシア] 〘ギリシア神話〙勝利の女神。＊ローマ神話のビクトリアにあたる。＝ナイキ。
ニゲラ [Nigella] キンポウゲ科の1年草。クロタネ草の別称。
ニコチン [Nikotinドイツ] タバコの葉に含まれる有毒なアルカロイド。＊タバコを故国フランスに持ち帰った駐ポルトガル大使ニコの名から。
ニコチン酸 [nicotinic acid] 水溶性のビタミンB複合体。＊欠乏するとペラグラをおこす。
ニコチン・パッチ [nicotine patch] 禁煙治療用のニコチンを含む貼り薬。
ニス [vernisオランダ] 光沢のある透明な上塗り剤。＊樹脂類などを油などの溶剤で溶かしたもの。英語ではvarnish。＝ワニス。
ニソワーズ・サラダ [Salade nicoiseフランス] トマト，ツナ，ゆで卵，オリーブなどを混ぜたサラダ。＊ニース(プロバンス)の郷土料理。
ニッカーボッカーズ [knickerbockers] ひざ下の裾(すそ)をボタンなどでしめた半ズボン。ニッカーズとも。
ニックネーム [nickname] あだ名；愛称。
ニッケル [nickel] 〘化学〙原子番号28の金属元素。元素記号Ni。＊合金やメッキ材料，貨幣などに用いる。
ニッケル・カドミウム電池 [nickel-cadmium cell] 充電可能なニッケルとカドミウムを電池の陽極と陰極にした電池。略ニカド電池。
ニッター [knitter] 編み物をする人；編み物業者。
ニッチ産業 [niche industry] 隙間(すきま)産業。＊需要があるにもかかわらず，商品の供給がされていなかった新しい分野に着目し，販路を開発する産業。

ニット [knit] ①糸で編んだ衣服。②糸をからみあわせてつくった布地。

ニットウェア [knitwear] ニット製の衣類の総称。

ニット・カフェ [日knit cafe] 編み物をしながら，お茶や食事をして楽しむカフェ。

ニッパー [nippers] ①針金などを切るはさみ。②ウエスト・ニッパーの略。

ニッパ・ハット [nipa hut] ニッパ椰子(やし)の葉で屋根を葺いた小屋。

ニッパ椰子(やし) [nipa palm] ヤシ科の植物。＊葉を屋根材とし，また，かごや帽子を編む。熱帯・亜熱帯の湿地に生育する。

ニップル [nipple] ①乳首；哺乳瓶の乳首。②継ぎ管。＊バルブの接合用。

ニッポニア・ニッポン [Nipponia nippon ラテン] 〖動物〗トキの学名。

ニトロ [nitro] ①窒素を含む硝酸または亜硝酸からつくった化合物。②ニトログリセリンの略。

ニトログリセリン [nitroglycerin] グリセリンの硝酸エステル。＊ダイナマイトの基剤や狭心症の発作を抑える薬として用いられる。略ニトロ。

ニトロゲン [nitrogen] 窒素。原子番号7，元素記号N。＊無味無臭の気体。空気の約78パーセントを占める。

ニトロセルロース [nitrocellulose] 硝酸繊維素。＊火薬・フィルムなどに用いる。

ニトロソアミン [nitrosoamine] 発がん性をもつ有機化合物の総称。

ニトロベンゼン [nitrobenzene] 芳香性のニトロ化合物。＊淡黄色の液体。溶剤，アニリンなどの原料。

ニナ・リッチ [Nina Ricci] 〖商標〗イタリア出身のパリの服飾デザイナー。＊衣服，香水が有名。

ニヒリスティック [nihilistic] 虚無的な。

ニヒリスト [nihilist] 虚無主義者；ニヒリズムを信奉する人。

ニヒリズム [nihilism] 虚無主義。

ニヒル [nihil ラテン] ①虚無的であること。②冷酷無情なさま。

ニフティ [nifty] すてきな；気のきいた。＊アメリカ口語。

ニブル [nibble] コンピュータで，情報量の単位。1バイトの半分(4ビット)に相当する。

ニホニウム [nihonium] 超アクチノイド人工放射性元素の1つ。理化学研究所の研究グループが発見。原子番号113。元素記号Nh。

ニュアンス [nuance フランス] 色合い・調子・感情などの微妙なちがい。

ニュー [new] ①新品；新しいもの。②新しい。

ニュー・アメリカン・キュイジーヌ [new American cuisine] 世界各国の食文化を取り入れて自由に解釈された，新しいアメリカ料理。

ニュー・イヤーズ・イブ [New Year's Eve] 大晦日(おおみそか)。

ニュー・ウエーブ [new wave] 芸術・思想などの新しい傾向。⇨ヌーベル・バーグ。

ニュー・エコノミー [new economy] ITやIT企業の発展とともに生まれた新しい経済。

ニューカマー [newcomer] 新しく来た者；新参者。＝レイトカマー。

ニュー・ガラス [new glass] 人工の合成原料と特殊な製法によりつくられたガラス。＊光ファイバーなど。

ニューク [nuke] 核の；核兵器の。＊nuclearの略。ヌークとも。

ニュークリア [nuclear] 核の；核兵器の；原子核の。

ニュークリア・ウインター [nuclear winter] 核の冬。＊核戦争の結果，急激な気温の低下により生物はすべて死滅するという予測。

ニュークリア・ウェポン [nuclear weapon] 核兵器。

ニュークリア・フィッション [nuclear fission] 核分裂。
ニュークリア・フュージョン [nuclear fusion] 核融合。
ニュー・サイエンス [new science] それまでの自然科学の価値観に東洋思想などを結びつけ，新たな科学観・人間観を追究する運動。＊1970年代アメリカを中心に展開された。ニュー・エイジ・サイエンスとも。
ニューサンス [nuisance] ①不快なもの。②音，振動，においなどで他人の健康的な生活を侵す不法行為。
ニュー・シネマ [new cinema] 1960～70年代のアメリカの若者を描いた反体制映画。
ニュー・ジャズ [new jazz] 〘音楽〙前衛的かつ実験的な新しいジャズのスタイル。＝フリー・ジャズ。
ニュース [news] 日々の出来事。また，その知らせ〔報道〕。
ニュース・アナリスト [news analyst] ニュース解説者。
ニューズウィーク [Newsweek] アメリカの時事週刊誌。＊1933年創刊。
ニュース・エージェンシー [news agency] 放送や新聞などの報道機関に各種のニュースを配信する通信社。＊共同通信，AP通信など。
ニュースキャスター [newscaster] ニュースに解説や論評を加えながら報道する人。＊英語ではアンカーマン(anchorman)。略キャスター。
ニュース・ソース [news source] ニュースの出所；情報提供者。
ニュース・バリュー [news value] 報道価値；ニュースとしての価値。
ニュース・フラッシュ [news flash] ニュース速報；ニュース特報。
ニュース・リリース [news release] 官庁・企業が広報のため報道機関に情報を提供すること。
ニュースレター [newsletter] 公的機関，企業，学会などで発行する定期刊行物。
ニュー・セラミックス [new ceramics] ⇨ファイン・セラミックス。
ニュー・タウン [new town] 大都市の住宅不足を解消するために，大都市近郊に造った計画的な都市。＝ネオポリス。
ニュー・ディール [New Deal] アメリカのルーズベルト政権が，1933年に開始した一連の大恐慌脱出策。
ニュー・テスタメント [New Testament] 新約聖書；ギリシア語聖書。↔オールド・テスタメント。
ニュー・トラディショナル [日new traditional] 〘服飾〙伝統的なアイビー・スタイルにコンチネンタル・スタイルを取り入れて現代的にしたもの。略ニュー・トラ。
ニュートラリズム [neutralism] 中立主義；中立政策。
ニュートラリティー [neutrality] 中立；中立の政策；不偏不党。
ニュートラル [neutral] ①中立の；不偏不党の。②〘自動車〙ギアが中立の。③中間の；ベージュ，グレーなどの中間色。
ニュートリノ [neutrino] 中性レプトンに属する素粒子。＊中性微子。電子型・ミュー粒子型・タウ粒子型があり，電荷をもたず，質量は小さい。
ニュートロン [neutron] 中性子。＊陽子とともに原子核を構成する電気的に中性の素粒子。
ニュートン [newton] 国際単位系(SI)の力の単位。記号N。＊イギリスの物理学者I.ニュートンの名から。
ニュートン環 [Newton's ring] 〘物理〙光波の干渉によってできる明暗の同心円状のリング。
ニュー・ノーマル [new normal] 世界規模の災厄が訪れたあとの，新たな常識や常態を表すことば。
ニュー・ハーフ [日new half] 男性から女性に性転換した人；女装した男

性。＝シーメール。
ニュー・ファッション [new fashion] ①新型。②最新流行の洋服。
ニュー・フェイス [new face] 映画などの新人；新顔。
ニュー・フロンティア [new frontier] ①新天地；目標とするもの。②[N-F-] 米国のケネディ第35代大統領が掲げた積極政策。
ニュー・ボーン・フォト [new born photography] 新生児期に赤ちゃんを撮影する記念写真。
ニュー・ミュージック [日new music] 1970年代に生まれた，日本独自のフォーク系ポピュラー音楽。
ニューメリック [numeric] 数字。＊特に，十進数をさす。
ニューメリック・チェック [numeric check] 『電算』入力されたデータの中に，五十音やアルファベットなどの，数値として扱えない文字種が含まれていないかを判別すること。
ニュー・モード [日new＋modeフランス] 『服飾』最新流行，またはその服装。
ニューヨーカー [The New Yorker] アメリカの雑誌。＊1925年創刊。
ニューヨーク・タイムズ [The New York Times] アメリカの代表的な日刊紙。＊1851年創刊。略NYT。
ニューヨーク・ダウ [日New York Dow] ⇨ダウ平均株価。
ニュー・ライト [New Right] 保守党・保守主義の中の進歩派。
ニューラル・ネットワーク [neural network] 『生物』神経回路網。＊生体の脳神経系を抽象化し，情報処理システムとして捉えたモデル。
ニュー・ルック [new look] 『服飾』最新流行型；新型。
ニュー・レフト [New Left] 新左翼。
ニューロ [neuro-] 神経の。
ニューロエシックス [neuroethics] 脳神経倫理学。
ニューロコンピュータ [neurocomputer] 人間の脳神経をモデル化し，高度の情報管理装置の実現をめざしたコンピュータ。
ニューロサイエンス [neuroscience] 神経科学。
ニューロシス [neurosis] ⇨ノイローゼ。
ニューロダイバーシティ [neurodiversity] 人間の脳機能や神経構造のちがいを優劣ではなく，個性として捉えようという考え方。
ニューロチップ [neurochip] 脳の神経細胞を模して開発されたLSI。
ニューロティック [neurotic] 神経の；神経症の。
ニューロパシー [neuropathy] 末梢神経障害。
ニューロロジー [neurology] 神経学。
ニューロン [neuronギリシア] 神経単位。＊神経細胞とそれから出ている神経繊維からなる。ノイロンとも。
ニョク・マム [nuoc mamベトナム] ベトナム料理の調味料の1つ。魚醤(ぎょしょう)。＊ヌク・マムとも。タイではナン・プラー，フィリピンではパティスと呼ぶ。
ニョッキ [gnocchiイタリア] パスタの一種。＊イタリア風すいとん料理に使うだんご型のもの。
ニルギリ [Nilgiri tea] 南インド南部産の紅茶。＊現地語で「青い山」の意。紅茶のブルー・マウンテンとも。
ニルバーナ [nirvānaサンスクリット] 涅槃(ねはん)；悟りの境地。
ニンバス [nimbus] ①雨雲。②(聖体の頭部にある)後光；光輪。③[N-] アメリカの気象衛星。
ニンビー ⇨NIMBY。
ニンフ [nymph] ①『ギリシア神話』美少女の姿をした水や森の精。＝ナンフ。②『釣り』水棲(すいせい)昆虫に似せてつくった毛針。
ニンフォマニア [nymphomania] 女性の色情症；女性の性欲亢進症。

ヌ

ヌイユ [nouille フラ ンス] デュラム小麦と卵，塩で作るフランスの麺。
ヌー [gnu] ウシ科の哺乳(ほにゅう)類。和名，ウシカモシカ。＊南アフリカの草原に生息する。
ヌース [nous ギリ シア] 英知；理性。
ヌーディー [nudie] 裸を売り物にした映画やショーや雑誌など。
ヌーディスト [nudist] 裸体主義者。
ヌーディズム [nudism] 裸体主義。
ヌード [nude] ①裸。②〘美術〙彫刻・絵画などの裸体像。
ヌード・カラー [nude color] 肌色。また，肌の色に近い色。
ヌード・ストッキング [nude stocking] 女性の肌色の靴下。
ヌード・マウス [nude mouse] 突然変異による無毛のハツカネズミ。＊実験用。
ヌード・モデル [nude model] 裸体モデル。
ヌートリア [nutria] ヌートリア科の哺乳(ほにゅう)類。＊南アメリカの水辺に生息。沼狸，海狸鼠(かいりねずみ)とも。
ヌードル [noodle] パスタ(西洋料理の麺類)の一種。＊細長く帯状のもの。
ヌーブラ [NuBra] 〘商標〙肌に密着する，医療用シリコン製のブラジャー。＊nudeとbrassiereから。
ヌーベル [nouvelle フラ ンス] ①新しい。②ニュース。③(フランスで)中編小説の総称。
ヌーベル・キュイジーヌ [nouvelle cuisine フラ ンス] フランス料理で，素材そのものの持ち味を生かした料理法。＊原義は「新しい料理」。
ヌーベル・バーグ [nouvelles vague フラ ンス] 1958年の秋頃からフランス映画界に現れた若い映画作家たちとその作品傾向。＊原義は「新しい波」。⇨ニュー・ウェーブ。
ヌーボー [nouveau フラ ンス] ①新式。②性格や行動が大まかでつかみどころがないこと。
ヌーボー・レアリスム [nouveau réalisme フラ ンス] 生活用品や工業製品を利用して自然・環境を表現しようとする芸術運動。
ヌーボー・ロマン [nouveau roman フラ ンス] ⇨アンチ・ロマン。
ヌーン [noon] 正午；昼の12時。
ヌガー [nougat フラ ンス] 砂糖と水飴を煮詰め，ナッツやドライ・フルーツを混ぜて固めたキャンディ。
ヌクテー [nŭkkte コリ ア] 朝鮮オオカミの異称。勒犬。＊朝鮮半島，シベリア，中国などに分布。
ヌクレアーゼ [nuclease] 核酸分解酵素。
ヌクレオチド [nucleotide] 核酸(DNAやRNA)の構成単位。
ヌナブット [Nunabut] カナダの準州。＊1999年に発足。イヌイットの自治政府が置かれている。
ヌバック [nubuck] 牛革の表地を削って毛羽立たせ，バックスキンのようにしたもの。
ヌル [null] ①無効の；無価値な。②〘数学〙ゼロの。③〘電算〙16進コードで00となっている文字。＊文字列の終了のコードとして用いる。数字の0ではない。
ヌンチャク 拍子木をひもや鎖(くさり)でつないだ武器。＊沖縄のことば。

ネ

ネアンデルタール人 [Homo sapiens neanderthalensis ラテ ン] 1856年ドイツのネアンデルタールで最初に発見された化石人類。
ネイチャー [nature] ①自然；天然。＊ネーチャーとも。②性質。③［N-］世界的に権威のあるイギリスの科学雑誌。

ネイチャー・トレイル [nature trail] 自然遊歩道。
ネイチャリズム [naturism] 自然崇拝。
ネイティブ [native] ①生まれながらの；母国の；自然のままの。②ネイティブ・スピーカーの略。
ネイティブ・アメリカン [Native American] アメリカの先住民。＊アメリカ・インディアンの呼び方に代わり提唱されている。
ネイティブ・スピーカー [native speaker] ある言語を母国語とする話し手。略ネイティブ。
ネイバー ⇨NAVER。
ネイバーフッド [neighborhood] ①近所；近隣。②隣人；住民。
ネイビー [navy] 海軍。
ネイビー・ブルー [navy blue] 濃紺色。＊イギリス海軍の制服の色。
ネイビー・ルック [navy look] ⇨マリン・ルック。
ネイリスト [nailist] 美爪(びそう)術師。
ネイル・アート [nail art] 爪に絵を画いたりしておしゃれをすること。
ネイル・エナメル [nail enamel] マニキュア用エナメル。
ネイル・サロン [nail salon] ネイル・アートや爪の手入れをする美容室。
ネイル・ファイル [nail file] 爪やすり。
ネーション [nation] 国民；民族；国。
ネーション・ステート [nation state] 国民国家；民族国家。
ネーデルランド [Nederland] ①ベルギー，オランダ，ルクセンブルクの3か国にあたる低地地域。＊原義は「低地の国々」。②オランダの現地での呼称。
ネーブル [navel] ①へそ。②ブラジル原産の甘く香りのよいオレンジの一種。＊ネーブル・オレンジとも。
ネーミング [naming] 命名。
ネーミング・ライツ [Naming rights] 命名権。＊スポーツ施設などの名称に，スポンサーとなる企業名やブランド名を付ける権利。
ネーム [name] ①名前。②背広などに刺繍(ししゅう)で入れる名前。③口絵，写真などに付ける短い説明。＊和製用法。英語ではキャプション。
ネーム・バリュー [日name value] 名前の重み；知名度。
ネームプレート [nameplate] 標札；名札。
ネオ [neo-] 最新の；近代の。
ネオ・コンサバティブ [neo-conservative] ①新保守主義派。②強大な軍事力を背景に，アメリカ流民主主義を広めようとする新保守主義者。略ネオ・コン。
ネオコン・ホーク [neocon hawk] アメリカの新保守主義タカ派。
ネオジム [Neodymドイツ] 希土類元素の1つ。原子番号60。元素記号Nd。
～磁石 ネオジムや鉄を主成分とする永久磁石。＊磁束密度が高い。
ネオシュガー [neosugar] 低カロリーの天然甘味料。
ネオ・ダダイズム [neo-dadaism] 1950年代にニューヨークを中心に興った新芸術運動。＊ネオ・ダダとも。⇨ダダイスム。
ネオテニー [neoteny] 幼形成熟；幼態成熟。
ネオ・ナチ [neo-Nazi] ネオ・ナチズムの信奉者。
ネオ・ナチズム [neo-Nazism] 新ナチズム。＊第2次大戦後に現れた，ドイツなどでの極端な反ユダヤ主義。
ネオフィリア [neophilia] 新しい物を好む人。
ネオポリス [neopolisギリシア] ⇨ニュー・タウン。
ネオ・ラッダイト [neo-Luddite] アメリカで，技術革新・高度情報化社会に反する生活を実践する人々。
ネオリアリズム [neorealism] ①新

写実主義。②国際政治で，新現実主義。③⇨ネオ・リアリスモ。

ネオ・リアリスモ［neo-realismo イタリア］第２次大戦後に興ったイタリアの映画芸術運動。＊デ・シーカ「自転車泥棒」など。＝ネオリアリズム。

ネオ・リベラリズム［neo-liberalism］新自由主義。＊経済的自由競争・市場原理を重視する。

ネオ・ロマンチシズム［neo-romanticism］〖文学〗新ロマン主義。＊唯美主義，耽美(たんび)主義的傾向が強い。

ネオン［neon］原子番号10の希ガス類元素。元素記号Ne。＊ネオン管として利用。

ネオン・サイン［neon sign］ネオンやアルゴンなどを封入した放電灯を使ったディスプレー。

ネオン・テトラ［neon tetra］観賞用熱帯魚の一種。＊アマゾン川原産。

ネオン・ランプ［neon lamp］ネオン・ガスを封入した小型の放電管。

ネガ ネガ・フィルムの略。

ネガ・カラー［日negative color］カラー写真の陰画用フィルム。

ネガティブ［negative］①否定的な；消極的な。↔ポジティブ。②⇨ネガ・フィルム。

ネガティブ・オプション［negative option］売り手が品物を勝手に送り付け，代金を請求する悪徳商法。

ネガティブ・キャンペーン［negative-campaign］選挙運動で，対立候補を中傷したり，欠点をあばいたりして自分の立場を有利にするやり方。略ネガ・キャン。

ネガティブ・シンキング［negative thinking］消極的な考え方をすること。＝マイナス思考。↔ポジティブ・シンキング。

ネガティブ・リスト［negative list］輸入制限品の目録。

ネガ・フィルム［negative film］〖写真，映画〗陰画。↔ポジ・フィルム。

ネガワット 節電可能な電力。＊節電によって余剰となった電力は，発電したのと同じ効果があるとする考え方に基づく。negative wattから。↔ポジワット。

ネクサス［nexus］連結；結びつき。

ネクスト・イレブン［Next 11］BRICSに次いで，急速な経済成長が見込まれる11の国々。略N-11。

ネクスト・バッターズ・サークル［next batter's circle］⇨ウエイティング・サークル。

ネクソン［NEXON］韓国で創業されたオン・ライン・ゲーム運営会社。

ネクター［nectar］①〖ギリシア神話〗神々が飲んだ不老長寿の酒。②しぼりたての果汁。

ネクタイ［necktie］①襟(えり)の周囲にアクセサリーとして巻く布。②男性がワイシャツの襟に締める細い布。

ネクタイ・ピン［日necktie pin］ネクタイなどに止める宝石などのついた飾りのピン。略タイピン。

ネクタリン［nectarine］油桃(あぶらもも)。＊果実に毛がない。

ネクトン［nekton］遊泳生物。

ネグリジェ［négligé フランス］ワン・ピース型の婦人用寝間着，または化粧着。

ネグレクト［neglect］①無視すること。②保護者の乳幼児に対する養育放棄。＊児童虐待にあたる。

ネグレリア・フォーレリ［Naegleria fowleri］原発性アメーバ性髄膜脳炎の原因菌。＊致死性が高い。

ネグロイド ⇨ニグロイド。

ネクローシス［necrosis］病理学的な細胞死；壊死(えし)。↔アポトーシス。

ネクロフィリア［necrophilia］死体愛好症。

ネクロフォビア［necrophobia］極端に死を恐れる病気；恐死症。

ネゴシエーション［negotiation］交渉；協定。

ネゴシエーター［negotiator］交渉

担当者。
ネスティング [nesting] ①巣づくり；巣籠もり。②家族や友人との生活を優先するライフスタイル。③入れ子構造。
ネスト・テーブル [nest table] 同じ形でサイズの異なるテーブルを組み込んだもの。
ネス・パ [n'est ce-pas ?フランス] 「そうでしょう」。＊同意を求めることば。
ネスレ [Nestlé] スイスに本社を置く世界最大の総合食品メーカー。
ネセサリー [necessary] ①必要な；不可欠な。②必需品。
ネチケット [netiquette] インターネットを使用する際の礼儀作法。＊net＋étiquetteフランスから。
ネチズン [netizen] 情報ネットワークの中で交流している仲間。＊net＋citizenから。
ネッカー・キューブ [Necker Cube] 錯視の立方体；反転図形。＊だまし絵に応用。スイスのルイス・アルバート・ネッカーが考案。
ネッカチーフ [neckerchief] 首に巻く，薄く柔らかい布。
ネッキング [necking] 首から上の男女の愛のふれあい。
ネック [neck] ①首；襟(えり)の型。②牛，羊などの首の部分の肉。
ネック・ウォーマー [neck warmer] 首周りを暖かくするために巻く襟(えり)巻き。
ネック・ゲイター [neck gaiter] 首から鼻付近までを覆う防寒具。＊夏には日焼け対策に用いられる。
ネック・ピース [neck piece] 携帯電話などを首から下げるためのひも。
ネックライン [neckline] 〘服飾〙襟(えり)の線；襟ぐり。
ネックレス [necklace] 首飾り。
ネッシー [Nessie] イギリスのネス湖にすむといわれる(未確認の)怪獣。
ネット [net] ①網；網状のもの。②球技用の網，またはその網にボールがあたること。③正味；純益。⇨グロス③。④インターネット，ネット・スコア，ネットワークの略。
ネット・アイドル [日net idol] インターネット上の活動を中心にするアイドル。
ネット・イン [日net in] 〘卓球，テニス，バレーボールなど〙(サーブ以外の)打球がネットにあたって相手側のコートに入ること。
ネット・オークション [net auction] インターネットを利用したオークション。＝インターネット・オークション。
ネット・カフェ [日net cafe] インターネットが使用できる喫茶店。＝インターネット・カフェ。
ネット・サーフィン [net-surfing] ホームページを次々と閲覧して回ること。
ネット・ショッピング [net shopping] インターネットで品物を購入すること。＝オン・ライン・ショッピング。
ネット・スーパー [日net supermarket] インターネットで商品を注文すると，即日または翌日に家まで商品を配達してくれるスーパーマーケット。＊主に，日用品，食料品などを扱う。
ネット・スコア [net score] 〘ゴルフ〙1ラウンドの自己の総打数からハンディキャップを差し引いた数。略ネット。
ネット・ストーカー [net stalker] メールやSNSを通じた付きまとい行為。＊サイバー・ストーカーとも。
ネット・バンキング [net banking] ⇨インターネット・バンキング。
ネット・プライス [net price] 正価；正札。
ネットフリックス [Netflix] アメリカの大手動画配信事業者，またはそのサービスの名称。
ネットボール [netball] ①〘テニス，

バレーボール】サーブがネットにふれて相手側コートに入ること。②バスケットボールのルールを基にした女子のみで行う球技。

ネット・リテラシー [net literacy] インターネット上の情報を正しく使いこなすための知識や能力。

ネットロア [netlore] インターネット上で，世界中に広まっている民話や噂(うわさ)話。＊internet＋folkloreから。

ネットワーキング [networking] 情報連絡網･人脈づくりをすること。

ネットワーク [network] ①網状組織。②テレビ，ラジオなどの放送網。③コンピュータなどの通信・回線網。略ネット。

ネットワーク・カメラ [network camera] ネットワークを通じて遠隔地からの操作，撮影や映像の閲覧も可能なカメラ。

ネットワーク・システム [network system] 通信網を整備して，情報の伝達・処理の効率化や合理化を図るシステム。

ネットワーク・ビジネス [日network business] ①ネットワーク上で行う業務の総称。②⇨マルチ商法。

ネットワーク・ワーム [network worm] ⇨ワーム③。

ネッビオーロ [nebbiolo イタリア] 高級赤ワイン用のぶどうの品種。＊タンニンに富む。

ネトル [nettle] ①イラクサ。＊ハーブ茶に使用。②イライラさせるもの。＊ネットルとも。

ネバー・アゲイン・キャンペーン [日Never Again＋Campaign] 原爆による悲劇を二度と繰り返させないことを訴える平和運動。

ネバー・エンディング [never-ending] 果てしない；永久の。

ネバー・ギブ・アップ [Never give up！] 「決してあきらめるな」。

ネバー・セイ・ダイ [Never say die.] 「弱音をはくな」の意味。

ネバー・マインド [Never mind.] ⇨ドン･マイ。

ネプチューン [Neptune] ①【ローマ神話】海神。＊ギリシア神話ではポセイドン。②海王星。

ネプツニウム [neptunium] 放射性元素の1つ。人工的に作られた超ウラン元素。記号Np，原子番号93。＊海王星(Neptune)の名から。

ネブライザー [nebulizer] 噴霧器。

ネフローゼ症候群 [nephrotic syndrome] 血中たんぱくの減少によって起こる腎疾患。

ネフロン [nephron] 腎臓の機能上の単位。

ネベ [névé フランス] 【登山】粒状の万年雪。

ネペンタ [nepenta スペイン] ①【植物】うつぼかずら。＊食虫植物。②苦痛を忘れさせる薬。＊ネペンテスとも。

ネポティズム [nepotism] 縁者びいき；同族登用；一族政治。

ネマトーデ [Nematode ドイツ] 線虫類。＊回虫，鉤虫(こうちゅう)，糸状虫など。

ネメシス [Nomesis ギリシア] 【ギリシア神話】人間の思い上がりに対して罰を下した女神。

ネモフィリン [nemophilin] ⇨マロニルシソニン。

ネル フランネルの略。

ネルソン [nelson] 【レスリング】首固め；首攻め。

ネロリ油 [neroli oil] 橙花油(とうかゆ)。＊化粧水･香水の原料。

ノア ⇨NOAA。

ノアの箱舟 [Noah's ark] 『旧約聖書』の創世記に登場するノアと一族とを洪水による滅亡から救った舟。

ノイ [noy] 騒音の程度を表す単位。＊うるささ，やかましさなど。

ノイジー・マイノリティ [noisy minority] 発言する少数派。↔サイレント・マジョリティ。

ノイズ [noise] ①不快な物音；雑音。②通信を妨害する電気信号。③〖哲学〗既存の秩序を壊し，新しい秩序を作り出すこと。

ノイズ・リダクション [noise reduction] 録音テープの雑音を低減する回路。

ノイズレス [noiseless] 雑音がないこと。余計なものがないこと。

ノイル・クロス [noil cloth] 絹の紬紡糸(ちゅうぼうし)。またその糸で織った織物。

ノイローゼ [Neurose ドイツ] 神経症；心身症。=ニューロシス。

ノウ・ハウ [know-how] ①知識・技術の情報。②物事の使用法。＊ノー・ハウとも。

ノエル [Noël フランス] キリスト降誕祭；クリスマス。

ノー・アクション・レター [no action letter] 法令適用事前確認手続き。＊特定の行為を行うに際して，違法性がないかを公的機関に事前に確認する。

ノー・カーボン紙 [no carbon paper] カーボン紙を用いなくても複写できる紙。=カーボンレス・ペーパー。

ノー・カウント [日no count] 〖スポーツ〗点数に入れないこと；無効。

ノー・カット [日no cut] 〖映画〗検閲や上映時間などの事情による削除や修正がされていないこと。

ノー・クラッチ [日no clutch] ⇨オートマチック・トランスミッション。

ノー・コメント [No comment.] 「何も言うことなし」。

ノー・サイド [no side] 〖ラグビー〗試合終了。

ノー・ショー [no-show] 予約をしていながら旅客機の搭乗時間やホテルに当日現れない人。

ノーズ・シャドウ [nose shadow] 鼻を高くすっきりと見せるために，鼻の両側に陰影をつける化粧法。

ノース・ポール [North Pole] 北極。↔サウス・ポール。

ノー・スモーキング [No Smoking] 「禁煙」。

ノー・スリーブ [no sleeve] 袖(そで)のない服。

ノー・タイム [日no time] ①〖野球など〗試合中断ののち，再開すること。②時間制限のないこと。

ノー・タッチ [日no touch] ①さわらないこと。②関与していないこと。③〖野球〗走者にボールでタッチしていないこと。

ノーチェ [noche スペイン] 夜。

ノー・チャージ [日no charge] 飲食店などで席料がないこと。

ノーチラス [Nautilus] アメリカが建造した世界最初の原子力潜水艦。＊J.ベルヌ作『海底二万里』の潜水艦の名から。原義は，「オウム貝」。

ノーティス [notice] ①注意；注目。②通知；報告。③警告。

ノート [note] ①覚書；注釈。②⇨ノートブック。

ノード [node] ①結び目；こぶ。②〖電算〗ネットワーク・システムの接続中継点。③物流などの拠点。

ノートテイカー [notetaker] 聴力に障害のある人に，手書き，またはパソコンで文字通訳をする人。

ノート・パソコン ノート型のパソコン。＊notebook personal computer から。

ノート・パッド [note pad] ウェブ上でメモ書きができ，保存機能をもつアプリケーション。

ノートブック [notebook] 帳面；手帳。略ノート。

ノートリアス [notorious] 札つきの；悪名高い。

ノートル・ダム [Notre-Dame フランス] カトリック教会における聖母マリアの

尊称。また，マリアに捧げられた聖堂。＊原義は，「われらの貴婦人」。

ノー・ニュークス［no nukes］反核，原発ゼロ運動のスローガンとして用いられることば。

ノー・パーキング［No Parking］「駐車禁止」。

ノービス［novice］〖スポーツ〗一定のランクに達していない初心者；競技などにおける新参者。

ノー・ヒット・ノー・ラン・ゲーム［日no-hit no-run game］〖野球〗投手が相手チームに安打・得点をまったく与えない試合。

ノー・ブランド［日no brand］無商標商品。⇨ジェネリック・ブランド。

ノーブル［noble］①高潔な。②貴族的。

ノー・フロスト［no frost］冷蔵庫の中に霜がつかないこと，また霜をとる装置。

ノーベル賞［Nobel prize］毎年，物理学・化学・生理学医学・文学・経済学・平和のために貢献した人に与えられる賞。＊スウェーデンの化学者A.ノーベルの遺志により設けられた。

ノーホー［NoHo］アメリカのニューヨーク市マンハッタン北部の芸術家が集まる街。＊*No*rth of *Ho*uston Streetの略。ソーホー[1]に対する語。

ノー・マーク［日no mark］①特定の人物・集団などについて注意・警戒を怠ること。②〖スポーツ〗守備側の警戒・妨害を受けていない状態。

ノーマライゼーション［normalization］①正常化；常態化。②誰もが等しく生きる社会の実現。＊高齢者，障害者，健常者の共生をめざす。

ノーマル［normal］①正規の；正常の。②精神が正常であること。↔アブノーマル。

ノーマル・テープ［normal tape］一般的な録音テープ。＊メタル・テープと区別する。

ノーマル・ヒル［normal hill］〖スキー〗ジャンプ競技で，ヒル・サイズ(HS)85～109メートル級ジャンプ。＊冬季オリンピックの正式種目。

ノーマル・モード［normal mode］画質モードの1つで，画像の圧縮率が高いもの。⇨ファイン・モード。

ノー・ミス［日no mistake］誤りがない；失敗がない。

ノームコア［normcore］自分らしく気取らない普通のスタイルを突き詰めるファッション。

ノー・メーク［no makeup］化粧をしていないこと。

ノー・モア［no more］「もう決して繰り返さない」。＊「ノー・モア・ヒロシマ」など，反対運動の呼びかけのことばとして用いられる。

ノー・ラン［no-run］〖野球〗無得点。＊本塁へ生還していないこと。

ノー・ラン・ストッキング［日no-run stockings］⇨ノンラン・ストッキング。

ノー・ワーク・ノー・ペイ［no work, no pay］働かなければ，賃金を支払わないという原則。

ノギス［Nonius[ドイツ]］円筒の内径・外径を測る工具。

ノクターン［nocturne］夜想曲。＊ピアノ曲の一形式。

ノクタンビュール［noctambule[フランス]］睡眠時遊行症のある人。

ノクトビジョン［noctovision］赤外線を利用して暗い所のものを見る暗視装置。

ノスタルジア［nostalgia］⇨ノスタルジー。

ノスタルジー［nostalgie[フランス]］郷愁。

ノズル［nozzle］液体や気体などを噴出させる細い管。

ノッカー［knocker］①訪問者がたたいて来訪を知らせる金具。②〖野球〗ノック③する人。

ノッキング［knocking］①ノックす

ること。②⇨デトネーション。
ノック [knock] ①打つこと。②戸を叩くこと。③〘野球〙守備練習で，野手に向けてトスをしてボールを打つこと。
ノックアウト [knockout] ①相手を打ち負かすこと。②〘ボクシング〙相手を打ち倒して，10秒以内に起きあがれないようにすること。略KO。③〘野球〙相手投手を次々と打ち込んで投手を交替させること。
ノック・アウト・マウス [knock-out mouse] 遺伝子組み換えマウス。＊特定の遺伝子を不活性化させた実験用のマウス。
ノック・オン [knock-on] 〘ラグビー〙ボールが競技者の手や腕にあたってから前方に落ちること。＊反則。
ノックス規制 [日NOx—] 自動車から排出されるNOx（窒素酸化物）の上限を定めた規制。⇨NOx。
ノックダウン [knockdown] ①組み立て式の；折りたたみ式の。②〘ボクシングなど〙相手の攻撃を受けた選手が，一瞬のうちに倒れること。
～輸出 ⇨KD輸出。
ノッチド・カラー [notched collar] V字形の切り込みがある背広の広襟(えり)。
ノッチバック [notchback] 〘自動車〙車体の後部が段状になっている普通タイプの乗用車。＊notchは俗語で「段差」。↔ファーストバック。
ノット [knot] ①結び目。②船舶の時速単位(毎時1海里)。記号はkt。
ノット・リリース・ザ・ボール [not release the ball] 〘ラグビー〙タックルで倒されたあともボールを離さずにいることで取られる反則。
ノドン [Nodongコリア] 朝鮮民主主義人民共和国(北朝鮮)の中距離弾道ミサイル。＊発射が確認された場所，廬洞(のどん)から。⇨テポドン。
ノニ [noni] 熱帯地方に自生する常緑樹で，モリンダ・シトリフォリアの通称。＊健康維持飲料。
ノニルフェノール [nonylphenol] 環境ホルモンの1つ。内分泌攪乱(かくらん)物質。＊乳化剤などの原料。
ノネナール [nonenal] 加齢臭の原因物質の1つ。＊皮脂中に分泌される過酸化脂質の酸化などで発生する。
ノバ [nova] 〘天文〙新星。
ノパリートス [nopalitosスペイン] ウチワサボテンの葉肉。＊食用。
ノビリティ [nobility] ①気高さ；高潔さ。②高貴の身分；貴族社会。＊ノブレスとも。
ノブ [knob] ドアや引き出しの取っ手。
ノブレス・オブリージュ [noblesse obligeフランス] 貴族や富裕層など，財産・権力の保有者が負う社会貢献義務。
ノベライゼーション [novelization] 映画・テレビドラマを小説化すること。＊ノベライズとも。
ノベル [novel] ①長編小説。②目新しい。
ノベルティー [novelty] ①珍しいもの。②広告主が自社名や商品名・宣伝文句などを書き入れて消費者に無料で配るもの。
ノマディスム [nomadismeフランス] 遊牧民的生活。
ノマド [nomad] ①遊牧民；放浪者。②自由人。
ノマドロジー [nomadologieフランス] 遊牧民のような自由な生活；放浪生活。
ノマド・ワーカー [日nomad worker] 外出先(カフェや図書館など)で，ノート・パソコンやタブレット端末などを用いて仕事をする人。＊ノマド族とも。
ノミナル [nominal] ①名ばかりの；名目上の。②名目為替相場。
ノミネーション [nomination] 指名；任命。
ノミネート [nominate] 指名する；

任命する；推薦する。
ノモグラフ [nomograph] 計算図表。＊ノモグラム(nomogram)とも。
ノモス [nomosギリシア] 道徳的な規範。⇨ピュシス。
ノルアドレナリン [noradrenaline] 副腎髄質などから分泌されるホルモン。＊神経を興奮させる作用がある。
ノルディック・ウォーキング [nordic walking] 両手にポール(ストック)を持って歩行するエクササイズ。
ノルディック種目 [Nordic Events] 〖スキー〗距離競技，ジャンプ競技，またはこれらの競技を組み合わせた複合競技。↔アルペン種目。
ノルディック複合 [Nordic combined] 〖スキー〗ジャンプ競技と距離競技とを組み合わせた種目。＊前半のジャンプ競技での得点差を後半の距離競技のスタートの際の時間に換算して差をつける。
ノルマ [normaロシア] 労働者が一定の時間内に達成すべき仕事量。
ノルム [normeフランス] 法規；規範。
ノロウイルス [Norovirusドイツ] 食中毒や胃腸炎を引き起こすウイルスの一種。＊カキなどを介して感染，また飛沫により集団感染が認められる。
ノワール [noirフランス] 黒の；陰気な。
ノン [nonフランス] 「いいえ」。↔ウイ。
ノン・アルコール・ビール [non-alcoholic beer] アルコール分の入っていないビール。
ノン・カロリー [日non-calorie] きわめてカロリーの低い；カロリー・ゼロの。
ノン・キャリア [日non career] 国家公務員採用総合職試験の合格者でない公務員の俗称。↔キャリア②。
ノン・グレア処理 [non-glare treatment] 〖電算〗ディスプレーを加工して，光の反射を防止すること。
ノンシャラン [nonchalantフランス] 無頓着な；だらしのない。
ノン・ステップ・バス [日non-step bus] 乗降口に段差のないバス。＊障害者や高齢者に配慮したもの。
ノン・ストア・リテイリング [non store retailing] 無店舗販売。＊商品情報をカタログやCATVなどで流し，消費者から注文を受ける。
ノン・セクション [日non section] どの分野とも限定されていない部門。
ノン・セクト [日non sect] どの政党・党派にも属さないで行動する人。
ノンタイトル・マッチ [nontitle match] 〖ボクシング，プロレスなど〗チャンピオンがそのタイトルをかけないで行う試合。
ノン・タリフ・バリア ⇨NTB。
ノン・トロッポ [non troppoイタリア] 〖音楽〗「ほどよく適度に演奏せよ」。
ノン・バーバル・コミュニケーション [non-verbal communication] 身ぶり・動作など，言語によらない伝達方式。↔バーバル・コミュニケーション。
ノンバンク [nonbank] 貸金業務のみの金融関連会社。＊信販会社，消費者金融会社，リース会社など。
ノンフィクション [nonfiction] 虚構によらず事実に基づいて書き著した文芸作品や映像作品。↔フィクション。
ノンブル [nombreフランス] 〖出版〗ページづけ。＊英語ではnumber。
ノンプロ [日nonpro] ⇨①アマチュア。②実業団野球。＊nonprofessionalから。
ノンプロフィット [nonprofit] 非営利の；利益を与えない。
ノン・フロン冷蔵庫 [non-flon refrigerator] フロンや代替フロンを冷媒として使っていない冷蔵庫。
ノンポリティカル [nonpolitical] 政治に関心のない人。略ノンポリ。
ノンラン・ストッキング [日nonrun stocking] 特殊な加工を施した伝線しにくい婦人用靴下。＝ノー・ラン・

ストッキング。

ノン・リニア [non linear] 非直線状の。

〜編集 [〜editing] 録画した動画をデジタル化してハード・ディスクに取り込み，パソコンなどで編集する方法。

ノン・ルフールマンの原則 [Non-refoulementフランス] 難民を迫害が予想される地域や国に送還，追放することを禁止する国際法上の原則。

ノン・レム睡眠 [non-REM sleep] 徐波睡眠。＊眠りが深く，成人では一夜の睡眠のうちの８割を占める。⇨レム睡眠。

ノ

ハ

バー [bar] ①横棒；手すり。②洋風の酒場。

パー [par] ①同等・等価。②〖ゴルフ〗各ホールに定められた基準打数。

バーガー [burger] ハンバーガーの略。

パーカー[1] [PARKER] 〖商標〗アメリカの万年筆メーカー。またその製品。

パーカー[2] [parka] フードつき上着。＊正式にはパーカ。⇨フッディー。

パーカッション [percussion] ドラム，シンバルなどの打楽器。

バーガンディ [Burgundy] フランス・ブルゴーニュ産の赤ぶどう酒。また，その色。

ハーキュリーズ [Hercules] アメリカ空軍の戦術輸送機C-130の愛称。＊ギリシア神話の英雄ヘラクレスにちなむ。

パーキング [parking] 駐車；駐車場。

〜軌道 [〜orbit] 待機軌道。＊静止衛星，惑星探査機が暫定的に乗る周回軌道。

パーキング・アシスト・システム [parking assist system] 車庫入れや縦列駐車などの，自動操作による駐車支援システム。

パーキング・エリア [parking area] ①駐車区域。②高速道路や有料駐車場の休憩施設。

パーキンソンの法則 [Parkinson's law] 「公務員の数は仕事の有無にかかわりなく一定の割合で増加する」という法則。＊イギリスの社会学者C.N.パーキンソンが指摘。

パーキンソン病 [Parkinson's disease] 脳の代謝異常により手足のふるえ，筋肉硬直などがおこる難病。＊イギリスの医師J.パーキンソンの報告による。

バーク [bark] 洋式帆船の一種。＊３本以上のマストで，最後尾は縦帆，前方は横帆のもの。

パーク [park] ①公園；遊園地。②駐車すること。

パーク・アベニュー [Park Avenue] ニューヨークの高級マンション，オフィス街。

パーク・アンド・ライド [park-and-ride] 最寄りの駅に車を駐車させ，そこから列車などに乗り換えて通勤するシステム。

バークシャー [Berkshire] イギリス・バークシャー州原産の黒豚。

ハーグ条約 [Hague Convention] 国境を越えて不法に連れ去られた子供の扱いについて定めた条約。＊ハーグ国際私法会議で締結された。日本は，2014年発効。

ハーグ宣言 [Hague Declaration] 地球温暖化防止，ならびに対策実行についての宣言。＊1989年，オランダのハーグで開催された環境首脳会議で採択。

パーク・レンジャー [日Park Ranger] 国立公園管理官。

ハーケン [Hakenドイツ] 〖登山〗岩壁や氷壁の間に打ち込んで足場とする鉄くさび。＝アイス・ハーケン。

バーゲン [bargain] ①掘り出し物；特価品。②売買契約；取り引き。
ハーケンクロイツ [Hakenkreuzドイツ] かぎ十字。＊ナチスの党章，1935～45年はドイツ国旗に用いられた。卐で表す。
バーゲン・セール [bargain sale] 商品の安売り。
バー・コード [bar code] 太さや間隔の異なる線の組み合わせで情報を表したもの。＊商品管理に利用。
パーコーメン [排骨麺チャイナ] 豚のあばら肉に衣をつけて揚げたものをのせたラーメン。＊パイクーメンとも。
パーゴラ [pergola] 木材などで組んだ園芸用のつる棚。
パーコレーション [percolation] 濾過(ろか)；浸透。
パーコレーター [percolator] 濾過(ろか)器の付いたコーヒーわかし。
パーサー[1] [parser] 〖電算〗構文解析プログラム。
パーサー[2] [purser] 航空機や客船などの客室乗務員の責任者。
バーサス [versus] 対(たい)。＊v.またはvs.と略記する。
バージ [barge] はしけ；短い距離の輸送にあたる小型船。
パージ [purge] 公職から追放すること。⇨レッド・パージ。
パーシェ方式 [Paasche formula] 物価などの指数算定方式。＊ドイツの経済学者H.パーシェの提唱。⇨ラスパイレス方式。
バージニティー [virginity] 処女性；純潔。
パーシモン [persimmon] 柿の木。＊ゴルフ・クラブのヘッドに使う。
バージャー病 [Buerger's disease] 閉塞性血栓性血管炎；特発性脱疽(だっそ)。＊報告者の名から。ドイツ語読みで，ビュルガー病とも。
パーシャル・フリージング [partial freezing] 微凍結法。＊－3℃前後で鮮度を維持する貯蔵法。
バージョン [version] ①コンピュータのプログラムなどの版。②翻訳。
バージョン・アップ [日version up] ⇨アップグレード③。
バージン [virgin] 処女。
バージン・アトランティック航空 [Virgin Atlantic Airways] イギリスの航空会社。＊「バージン」は「ヴァージン」と表記。
バージン・ウール [virgin wool] 原毛；再生，または加工されていない羊毛。＊防水性・耐久性がある。
バージン・ソイル [virgin soil] ①処女地；未開拓地。②学問や研究などの未開発分野。
バージン・ロード [日virgin road] 教会の赤いじゅうたんを敷いた通路。＊花嫁と花嫁の父親がこの上を通って入場する。
バース[1] [berth] ①船の停泊位置。②船や列車の寝台。
バース[2] [verse] ①韻文(いんぶん)。↔プローズ。②詩の1行。
パース [purse] さいふ；がま口。
バーズ・アイ・ビュー [bird's-eye view] 鳥瞰(ちょうかん)図；概観。
バース・コントロール [birth control] 産児制限。
バースデイ [birthday] 誕生日。
バースト [burst] ①破裂；爆発。②一気；奮発。
パースペクティブ [perspective] ①〖美術〗遠近法。②〖建築〗見取り図。③予想；見込み。
パーセク [parsec] 〖天文〗天体間の距離を表す単位。1パーセク≒3.26光年。記号はpc.。
パーセプション [perception] 知覚；認知；理解。
バーゼル条約 [Basel Convention] 有害廃棄物の国境を越える移動及びその処分の規制に関する条約。＊1989年に，UNEPがスイスのバーゼ

ハ

ルで採択。日本は93年加盟。

パーセンテージ［percentage］ 百分率；百分比。

パーセント［percent］ 100分のいくつにあたるかを示す単位。記号%。

パーソナライズ［personalize］ インターネットの各種サービスで，ユーザーの検索履歴などを踏まえた情報を提供していくこと。

パーソナリティー［personality］ ①個性；人格。②番組の司会者。

〜障害［〜disorder］ 感情や衝動のコントロール，対人関係の築き方が不安定であることなどから，日常生活に困難を抱えることが多い精神疾患。

パーソナル［personal］ ①個人的。②個人用の；小さくて手軽な。

ハ

パーソナル・エフェクツ［personal effects］ 身の回り品。＊海外旅行で課税対象とならないもの。

パーソナル・オピニオン［personal opinion］ 個人的意見。↔パブリック・オピニオン。

パーソナル・コミュニケーション［personal communication］ 個人と個人の間で行われる意思の伝達。

パーソナル・コンピュータ［personal computer］ 個人や家庭で使用する小型コンピュータ。略パソコン，PC。

パーソナル・スペース［personal space］ 他者に踏み入られると不快感が生じる，心理的な対人距離。

パーソナル・セリング［personal selling］ 販売員が客と対面して商品を販売する方法。

パーソナル・チェック［personal check］ 個人用小切手。

パーソナル・ヒストリー［personal history］ 履歴；自分史。

パーソネル［personnel］ 人員；職員；人事課。

パーソン［person］ ①人；人間；個人。②人物。③容姿。

パーソン・オブ・ザ・イヤー［Person of the year］ アメリカのニュース雑誌『タイム』の編集部がその年で最も活躍した人に贈る賞。

パーソン・トリップ調査［person trip survey］ 個人の移動調査。＊PT調査とも。

バーター［barter］ 交換取引。

〜貿易［〜trade］ 求償貿易。＊決済に代金を使わない貿易方式。

バーチ［birch］ 白樺。

パーチ［perch］ スズキ類の淡水魚。

パーチェス［purchase］ 購買；獲得。

〜法［〜method］ 企業結合の会計処理方法の1つ。＊被取得企業の資産・負債を公正な価値で再評価し，取得企業がそれを引き継ぐ方式。

バーチカル［vertical］ 垂直の；縦の。↔ホリゾンタル。

パーチメント［parchment］ 羊皮紙。

バーチャル［virtual］ 仮想の。

バーチャル・アーキテクチャー［virtual architecture］ 仮想建築。

バーチャル・ウォーター［virtual water］ 仮想水。＊農産物などの生産に要した水の量も間接的にはそれらとともに輸入したとする考え方。

バーチャル・カンパニー［virtual company］ 仮想会社。

バーチャル・ツアー［virtual tour］ ある場所を実際に観光しているかのように体験できるインターネット上のサービス。

バーチャル・モール［virtual mall］ 仮想商店街。＝サイバーモール。

バーチャル・ユーチューバー［virtual YouTuber］ 二次元・三次元のキャラクターをアバターにして演じる，動画配信サイトのバーチャル・タレント。＊モーション・キャプチャーの技術で本人とキャラクターを同期させている。

バーチャル・リアリティー［virtual reality］ 仮想現実。略VR。

バーツ [baht^{タイ}] タイの通貨単位。
パーツ [parts] 機械・器具の部品。＊パート①の複数形。⇨キット。
バーディー [birdie] 〖ゴルフ〗基準打数(パー)より1打少ない打数でホール・アウトすること。⇨ボギー。
パーティー [party] ①社交的な集まり。②一隊；仲間。③政党；党派。
パーティクル [particle] 粒子；細片。
パーティクル・ボード [particle board] 細かい木片に合成樹脂を加えて固めた板状の建材。
パーティシペーション [participation] 参加；参与；経営参加。
パーティション [partition] ①間仕切り。②〖電算〗論理的に分割されたディスクなどの領域。
ハーディング効果 [herding effect] 群衆行動；集団による同調。＊集団で行動をすることで安心感を得るという傾向。herdは「群集」「群れる」という意。
ハーデス [Hades^{ギリシア}] ①死者の世界。②〖ギリシア神話〗冥界の主神。
パーテル・ノステル [pater noster^{ラテン}] 主の祈りの最初のことば。＊キリシタン用語で「我らの父よ」の意。
バーテンダー [bartender] バーで酒類その他の飲料の調合などをする人。略バーテン。
ハート [heart] ①心臓。②思いやりの心。③トランプのカード印の1つ。
ハード [hard] ①堅い。↔ソフト。②激しい。③困難な。
パート [part] ①部分。②役割。③〖音楽〗楽器の担当部分；声域。④〖音楽〗編章。⑤パート・タイマー，パート・タイムの略。
バード・ウイーク [日bird week] 愛鳥週間。＊毎年5月10日〜16日の1週間。
ハードウェア [hardware] 〖電算〗コンピュータの記憶・演算装置，出入力装置などの装置・機器類。略ハード。↔ソフトウェア。
ハートウォーミング [heartwarming] 心温まる。
バード・ウォッチング [bird watching] 野鳥観察；探鳥。
ハード・エッジ [hard-edge] 色面の輪郭(りんかく)がはっきりと描かれていること。＊抽象画の一形式。
ハード・エネルギー [hard energy] 原子力，石油・石炭を利用したエネルギー。↔ソフト・エネルギー。
バード・カービング [bird carving] 野鳥の木彫り。
ハードカバー [hardcover] 〖出版〗上製本。↔ペーパーバック。
ハード・カレンシー [hard currency] 他国通貨と自由に交換できる国際決済通貨のこと。
ハード・グッズ [hard goods] 耐久消費材。↔ソフト・グッズ。
ハード・コア [hard core] ①核心；妥協しない部分。②ハード・コア・ポルノの略。
ハード・コア・ポルノ [日hard-core porno] 〖映画〗性描写の露骨なポルノ映画。略コア・ポルノ，ハード・コア。↔ソフト・ポルノ。
ハード・コート [hard court] 〖テニス〗セメント，土などでつくられた硬いコート。⇨グラス・コート，クレー・コート。
バードコール [birdcall] ①鳥笛。＊バード・ウォッチングで鳥寄せに使う。②鳥の鳴き声；鳥の鳴きまね。
ハード・コピー [hard copy] 〖電算〗プリンターで情報を印刷したもの。↔ソフト・コピー。
バード・サンクチュアリ [bird sanctuary] 野鳥保護区。
バード・ストライク [bird strike] (航空機と)野鳥との衝突。
ハード・セル [hard sell] 直接的な強い表現による商品の広告，販売方法。↔ソフト・セル。

ハ

バードソン [日Birdthon] 探鳥ゲーム。＊野鳥保護のための募金運動。bird+marathonから。
ハード・ターゲット [hard target] 厳重な防犯安全対策がとられていて，テロなどの攻撃を受けにくい人や施設。＊政府要人や原子力・軍などの施設。
パート・タイマー [part-timer] 時間ぎめで働く人；非常勤労働。略パート。↔フル・タイマー。
パート・タイム [part time] 時間勤務；非常勤労働。略パート。↔フル・タイム。
ハード・ディスク [hard disc] 〘電算〙アルミ合金などを用いたコンピュータの磁気記憶装置。略HD。
ハード・ディスク・ドライブ ⇨HDD。
ハードトップ [hardtop] 乗用車の型の1つ。＊硬い材質でつくられた屋根で，左右の窓に支柱がない。
ハード・ドラッグ [hard drug] 習慣性・依存性の強い麻薬。＊コカイン，ヘロインなど。
ハード・ドリンク [hard drink] アルコール分が強い飲み物。＊ウイスキーなど。↔ソフト・ドリンク。
ハード・トレーニング [hard training] 厳しく，激しい練習；猛訓練。
パートナー [partner] ①〘ダンス，スポーツなど〙2人1組となるときの相手。②相棒；共同経営者。③配偶者；つれあい。
パートナーシップ [partnership] 協力関係。
パートナー・ドッグ [日partner dog] 介護犬。障害者や高齢者の日常生活を援助するために訓練された犬。＊英語では，independence dog。
ハード・パワー [hard power] (アメリカの)軍事や経済などの強制力を背景とした対外強硬政策。↔ソフト・パワー。
ハートビート [heartbeat] ①心臓の鼓動。②活力；心の。
ハード・フォーク [hard fork] 暗号資産(仮想通貨)がアップグレードなどにより別々の系統へ分裂していくこと。
ハート・プラス・マーク [日heart plus mark] 外見だけでは伝わりづらい内部障害・内部疾患があることを周囲に知らせるマーク。
ハートフル [heartful] 愛情あふれる；真心のこもった。
ハートブレイク [heartbreak] 失意；悲嘆。
ハード・ボイルド [hard-boiled] 冷酷・非情な内容を，簡潔冷静に描写した小説。↔ソフト・ボイルド。
ハードボード [hardboard] 木材の繊維を加熱・圧縮してつくった硬質繊維板。
バードマン [birdman] 鳥人；飛行士。
ハード・ラック [hard luck] 不運；災難。
ハード・ランディング [hard landing] ①硬着陸。＊航空機や宇宙船などが，逆噴射せずに急降下し，着陸すること。②景気が急激に下降すること。↔ソフト・ランディング。
ハートランド [heartland] 心臓部；中心部；中心地。
ハード・リカー [hard liquor] 蒸留酒。＊ウイスキー，ブランデーなど。
ハードル [hurdle] ①〘陸上競技〙ハードル競走に使う木または金属製の枠型の用具。②障害物；困難。
～競走 [～race] 走路上のハードルを跳び越してその速さを競う障害物競走。
パードレ [padreポルトガル] ⇨バテレン。
ハート・レート [heart rate] 心拍数。
ハード・ロック [hard rock] 〘音楽〙強烈なビート・サウンドの正統派ロック。↔ソフト・ロック。
ハード・ワーク [hard work] 重労

働；困難な仕事；きつい仕事。

パート・ワーク [part work] 分冊百科；週刊百科。＊ファイル・マガジン，ワンテーマ・マガジンとも。

パードン [pardon] 「ごめんなさい」「もう一度言ってください」。

バーナー [burner] ガスまたは気化させた液体燃料と空気を混ぜて燃やす装置。＝ガス・バーナー。

バーニャ [banya ロシア] ロシアのサウナ。

バーニャ・カウダ [Bagna càuda イタリア] イタリア・ピエモンテ地方の野菜料理。＊野菜をアンチョビ，ニンニク，オリーブ・オイルを混ぜたディップ・ソースにつけて食べる。

ハーネス [harness] ①牛や馬，盲導犬などに付ける引き具。②登山などで身を守るために着用するチョッキ。

ハーバー [harbor] 港；船着き場。

バーバー [barber] 床屋；理髪店。

ハーバード大学 [Harvard University] マサチューセッツ州ケンブリッジにあるアメリカ最古の私立大学。

パーパス [purpose] 目的；意図；意志。

バーバリー [Burberry] 〖商標〗イギリスを代表するファッション・ブランド。＊防水性にすぐれた素材ギャバジン製のコートで知られる。

ハーバリウム [herbarium] ガラス瓶に入れたドライフラワーを専用のオイルや防腐剤に浸し，インテリアにする植物標本。

ハーバリスト [herbalist] ①漢方医。②ハーブ愛好家。

バーバリズム [barbarism] 無作法；野蛮な行為。

バーバル・コミュニケーション [verbal communication] 言葉による伝達方式。↔ノン・バーバル・コミュニケーション。

バービー人形 [Barbie Doll] 〖商標〗金髪で青い目のプラスチック製の着せかえ人形。

ハーフ [half] ①〖スポーツ〗試合の前半または後半。②両親のいずれかが外国出身の人。＊和製用法。③ハーフバックの略。

ハーブ [herb] 香味草の総称。

ハープ [harp] たて琴。

ハーフ・アンド・ハーフ [half-and-half] 半々の；中途半端の。

ハーフウェイ [halfway] ①途中。②〖野球〗塁と塁の間。また，走者が塁の途中まで進んでいること。③ハーフウェイ・ラインの略。

ハーフウェイ・ハウス [halfway house] ①病院と家庭の両方の機能を備えている高齢者のための施設。②社会復帰のための訓練施設。＊刑務所を出所した人，薬物・アルコール依存症の人などが利用する。

ハーフウェイ・ライン [halfway line] 〖サッカー，ラグビーなど〗ゴール・ラインと平行に引いた，フィールドを半分に区切った中心線。略ハーフウェイ。

パーフェクト [perfect] ①完全な；完璧。②パーフェクト・ゲームの略。

パーフェクト・ゲーム [perfect game] 〖野球〗完全試合。＊相手チームを無安打・無得点・無四死球・無失策で制すること。

パーフォレーション [perforation] ①穿孔；穴あけ。②ミシン目；(切手の)目打ち；(フィルムの縁の)穴。

ハーフ・コート [日half coat] 腰くらいまでの丈の外套(がいとう)。

ハープシコード [harpsichord] 〖音楽〗ピアノの前身の鍵盤楽器。＊イタリアではチェンバロ，フランスではクラブサンという。

ハーフタイム [halftime] 〖ラグビー，サッカーなど〗前半と後半の間の休憩時間。

ハーブ・ティー [herb tea] 香草茶。⇨フラワー・ティー。

ハーフトーン [halftone] ①中間色。②〖音楽〗半音。③写真製版の網版。

ハーフパイプ [halfpipe] スノー・ボード，スケートボード，スキーなどの競技種目の1つ。＊U字型の雪上コースを往復して，ジャンプや宙返りの技を競う。略HP。

ハーフバック [halfback] 〖ラグビー，サッカーなど〗中衛。略ハーフ，HB。

ハーフ・ボレー [half volley] 〖テニス，卓球〗ボールがコートにバウンドした瞬間に打つ打法。

ハーフ・マラソン [half marathon] 〖陸上競技〗フル・マラソンの半分の距離で行う競技。⇨フル・マラソン。

ハーフ・ミット [half mitt] ⇨デミ・グローブ。

ハーフ・ミラー [half mirror] 半透明鏡。＊明るいほうから見ると鏡だが，暗いほうからは透けて見える。

パープル [purple] 紫色。

パー・プレー [日par play] 〖ゴルフ〗各ホールの標準打数(パー)でプレーすること。⇨バーディー，ボギー。

バーベキュー [barbecue] 鳥獣肉のぶつ切りや野菜を金串に刺して直火で焼く野外料理。

ハーベスト [harvest] 収穫；収穫高；収穫期。

ハーベスト・ムーン [harvest moon] 収穫期の満月；仲秋の名月。

パーペチュアル・カレンダー [perpetual calendar] ①万年暦。②時計の付属機能で，日付修正不要の万年カレンダー。

バーベナ [Verbena(ラテン)] クマツヅラ科の1年草，多年草。美女桜の別名。

バーベル [barbell] 鉄棒の両端に鉄の円盤のおもりを装着したもの。＊トレーニング用。

バーボン [bourbon] トウモロコシとライ麦を原料とするウイスキー。＊アメリカのケンタッキー州バーボン郡が原産地。

パーマ パーマネント・ウエーブの略。

パーマネント [permanent] ①永久の；不変の。②パーマネント・ウエーブの略。

パーマネント・ウエーブ [permanent wave] 〖美容〗薬品を用いて毛髪を縮らせ，長期間もつウエーブをつけること。略パーマ，パーマネント。

パーマネント・ファイブ [permanent five] ⇨P 5。

パーマネント・プレス加工 [permanent press finish] 布地に防皺性，防縮性を施すため，樹脂加工をし，高温で熱処理をする加工。略PP加工。

パーマロイ [permalloy] 鉄とニッケルの合金。＊透磁率が高く，電気通信機器に使用。

バーミキュライト [vermiculite] 蛭(ひる)石。＊園芸用や，軽量コンクリートに混ぜて防音・防湿材に用いる。

バーミセリ [vermicelli(イタリア)] パスタ[2]の1つ。＊棒状で，スパゲッティより細い。

パーミッション [permission] 許可；免許。

バーミヤン遺跡 [Archaeological Site of Bamiyan] アフガニスタンの山岳地帯にある仏教遺跡。＊旧タリバン政権に爆破された。世界遺産。

バーミリオン [vermilion] 朱；朱色。

パー・ミル [per mill] 1000分の1を1とする単位。千分率。記号‰，ppt。

パーム [palm] ①手のひら。②ヤシ科の植物の総称。＊葉の形が手のひらに似ていることから。

パーム・オイル [palm oil] ①ヤシ油。②俗語で，賄賂(わいろ)。

パームトップ・コンピュータ [palmtop computer] 手のひらにのるくらいの小型コンピュータ。

パーム・ボール [palm ball] 〖野球〗変化球の1つ。＊親指と小指とでおさえて押し出すように投げる。

ハーム・リダクション [harm reduction] 薬物使用を直ちにやめることができない場合，薬物摂取による悪影響を軽減させていくことを主眼とする取り組み。

パーム・レスト [palm rest] キーボードの手前に置き，手首を載せる台。

ハーメルンの笛吹き男 [Rattenfänger von Hameln ドイツ] ドイツ中世の民間伝承。＊ハーメルンの街で130人の子供たちが一夜にして消えたという謎の事件に基づく。

ハーモナイゼーション [harmonization] ①調和；協調。②関税引き下げ法の1つ。＊高税率品ほど大幅に引き下げる。

ハーモニー [harmony] ①〘音楽〙和声；和音。②調和；一致。

ハーモニカ [harmonica] 唇を当て，息を吹いたり吸ったりして音を出す小型のリード楽器。

ハーモニックス [harmonics] 〘音楽〙①倍音。＊基本の整数倍の振動数をもつ音。②弦楽器の演奏法の1つ。

パーラー [parlor] ①談話室。②軽食喫茶店。

ハーラー・ダービー [hurler derby] 〘野球〙投手のシーズンを通しての勝ち数(勝率)争い。＊hurlerは「投手」の意。

パーライト [perlite] ⇨サーモコンクリート。

パーラメント [Parliament] (イギリスなどの)国会；議会。

パーリア ⇨パリア。

バール[1] [bar] 鉄梃(かなてこ)。

バール[2] [Bar ドイツ] 圧力の計量単位。記号はb。＊1バールは100キロパスカル。⇨パスカル。

パール [pearl] ①真珠。＊6月の誕生石。②真珠のような色。

パール・ハーバー [Pearl Harbor] 真珠湾。＊アメリカのハワイ州オアフ島にある。

ハーレー・ダビッドソン [Harley-Davidson] 〘商標〙アメリカのオート・バイ製造会社。また，同社製のオート・バイ。＊ハーレーとも。

ハーレクイン・ロマンス [Harlequin Romance] 〘商標〙カナダの出版社が発行する恋愛小説のシリーズ。

バーレスク [burlesque] 風刺寸劇。

ハーレム[1] [harem] ⇨ハレム。

ハーレム[2] [Harlem] アメリカのニューヨーク市マンハッタン区北東部にある，黒人やプエルトリコ人などの居住地区。＊再開発が進んでいる。

ハーレム・パンツ [harem pants] 全体にゆったりとし，裾口(すそぐち)をギャザーで絞ったズボン。＊ハレムの婦人服に似せたもの。

パーレン [Parenthese ドイツ] 〘印刷〙丸かっこの(　)。

バーン・アウト・シンドローム [burn-out syndrome] 燃えつき症候群。＊アメリカの精神分析医H.フロイデンバーガーの造語。

ハイ [high] ①高い；高価な；高級の；高性能の。↔ロー[2]。②麻薬などを吸って陶酔状態になること。

パイ[1] [pi ギリシア] ①ギリシア語アルファベットの16番目の文字(Π，π)。②円周率(π)。

〜中間子 [pi-meson] 〘物理〙原子核を構成する中性子と陽子を結びつける核力を媒介する素粒子。＊1935年，物理学者の湯川秀樹が提唱。

パイ[2] [pie] 小麦粉とバターを重ねて練り合わせ，果物・肉などをはさんで天火で焼いたもの。

パイ[3] [牌 チャイナ] 〘麻雀〙駒(こま)。

ハイアール [Haier] 中国の山東省青島を拠点とする家電メーカー。

バイアウト [buyout] 株を買い占めること；企業買収。

バイアス [bias] ①布地の織り目に

ハ

対する斜線。②偏見。

バイアスロン [biathlon] 〖スキー〗 距離競技と射撃競技とを組み合わせた複合競技。

ハイアラーキー [hierarchy] ⇨ヒエラルキー。

ハイ・アライ [jai-alaiスペイン] スペインの代表的球技。＊大理石で囲んだ室内コートで，敵味方の選手が交互にラケットでボールを壁に打ちつけ合い得点を競う。＝ペロタ。

バイイング・パワー [buying power] 企業の購買力；仕入れ力。

ハイウェイ [highway] ①幹線道路。②高速道路。

ハイウェイ・パトロール [highway patrol] 高速道路専用の交通取締り警察(官)。

ハイウェイ・ヒプノーシス [highway hypnosis] 高速道路催眠現象。

パイエット [paillette フランス] ⇨スパンコール。

ハイエナ [hyaena] アフリカのサバンナに生息する肉食動物。

バイエル[1] [Bayer ドイツ] 〖商標〗 ドイツの化学・製薬会社。

バイエル[2] [Beyer ドイツ] ピアノの入門者用教則本。＊ドイツの作曲家F.バイエルが著した。

ハイ・エンド [high end] 高級志向の；高価格の。↔ロー・エンド。

バイオ [bio-] ①生物の；生命の。②⇨バイオテクノロジー，バイオニクス。

〜医薬品 遺伝子組み換え技術や細胞培養技術を活用して大量生産された医薬品。

〜食品 バイオテクノロジー(遺伝子組み換えや細胞融合など)を用いて生産された食品。

〜燃料 生物体(トウモロコシやサトウキビなど)のもつエネルギーを利用したアルコール燃料。

バイオインダストリー [bioindustry] 遺伝子産業。

バイオインフォマティクス [bioinformatics] 生命情報科学。

バイオ・ウェザー [日bio weather] 生気象学に基づいて，人体への影響などの，健康予報を行うこと。

バイオエコロジー [bioecology] 生物生態学。

バイオエシックス [bioethics] 生命倫理学。

バイオエタノール [bioethanol] バイオマスから生成されるエタノール。＊石炭やガスの代替燃料。

バイオエレクトロニクス [bioelectronics] 電子生物学。＊生物がもつすぐれた機能，特に神経系の働きを工学的に応用・研究する学問。

バイオガス [biogas] 生物ガス。＊木質廃材，食品の残りなどの有機性廃棄物を発酵させて生成する。

〜発電 [〜generation] バイオガスの燃焼による発電。＊温暖化対策に効果的。

ハイ・オクタン [high-octane] オクタン価の高いガソリン。＝プレミアム・ガソリン。↔レギュラー・ガソリン。

バイオグラフィー [biography] 伝記；伝記文学。

バイオクリーン・ルーム [bioclean room] 無菌室。略BCR。

バイオケミストリー [biochemistry] 生化学。

バイオコンバージョン [bioconversion] 生物的転換。＊生物体，またその機能をエネルギー源として利用すること。

バイオコンピュータ [biocomputer] 〖電算〗 生命類似コンピュータ。＊シリコン・チップの代替物としてバイオチップを用いたもの。

バイオサイエンス [bioscience] 生物科学。

バイオシミラー [biosimilar] 特許有効期間終了後に発売される後発の

バイオ医薬品。
バイオス ⇨BIOS。
バイオスフィア [biosphere] 生物圏；生存圏。
バイオセーフティー・レベル [biosafety level] 微生物・病原体などの危険性に応じた実験施設のレベル(1〜4)。＊レベル4が最高度安全実験施設。略BSL。
バイオセキュリティー [biosecurity] ウイルスや病原体などの外部からの侵入，拡散を防止すること。
バイオセラミックス [bioceramics] 人工骨・人工歯根など，医療に用いるセラミックス。
バイオセンサー [biosensor] 生物感知器。
バイオチップ [biochip] 生体素子。＊バイオ分子(DNA，たんぱく質など)を高密度に基板上に固定したもの。
バイオディーゼル燃料 ⇨BDF。
バイオテクノロジー [biotechnology] 生命工学；生物工学；生体工学。略バイオ。
バイオテレメトリー [biotelemetry] 生物遠隔測定法。＊野生動物などに発信器をつけ，その移動状況などを調べる。⇨テレメトリー。
バイオテロリズム [bioterrorism] 生物兵器によるテロ。
バイオトロン [biotron] 生物環境調節実験室。
バイオナーサリー [bionursery] 組織培養，遺伝子組み換えなどを利用した育苗技術。
パイオニア [pioneer] ①開拓者；先駆者。② [P-] アメリカの無人宇宙探査機。
パイオニア・スピリット [pioneer spirit] 開拓者精神。
バイオニクス [bionics] 生体工学；生物工学。略バイオ。
バイオニック [bionic] ①生体工学の。②超人間的な。
バイオノイド [bionoid] 人造人間；人型ロボット。
バイオハザード [biohazard] 生物災害。＊病院や研究室から病原微生物が漏れ出して起きる。
バイオヒストリー [biohistory] 生命誌。
バイオフィードバック [biofeedback] 〖医学〗生体自己制御。＊神経・生理的状態を被験者に伝え，これに基づいて自己制御を行う。
バイオフィルム [biofilm] 菌膜。微生物が個体に付着してできる構造体。＊口腔内の歯垢(しこう)など。
バイオプシー [biopsy] 〖医学〗生体組織診断；生検。
バイオプラスチック [bioplastic] 分解性プラスチック。＊微生物の働きによって分解される。
バイオ・プリンティング [bio-printing] 3Dプリンターを利用して，人工的に皮膚組織や臓器を作ること。
バイオマーカー [biomarker] 生体内の変化を知るための指標。
バイオマイシン [biomycin] 抗生物質の1つ。＊結核の治療用。
バイオマス [biomass] 生物由来資源。＊産業資源となる生体物質。
バイオマス・エネルギー [biomass energy] 生物体からとり出すエネルギー。
バイオマテリアル [biomaterial] 人工臓器や人工関節などとして用いられる生体材料。
バイオミメティクス [biomimetics] 生物模倣。＊生物のすぐれた機能を人工的に再現し，工学や医学などへの応用をめざす研究。
バイオ・ミュージック [日bio music] 脳波を分析して開発された，ストレス解消用の音楽。
バイオメカニクス [biomechanics] 生体力学。＊人体構造や運動機能の研究に力学を応用するもの。
バイオメトリックス認証 [biometrics authentication]　生物学的認証。＊身体的特徴(網膜, 指紋, 静脈など)によって本人確認をする。
バイオメトリック・パスポート [biometric passport]　生体認証技術を応用したIC旅券。
バイオリアクター [bioreactor]　生体細胞内の生化学反応を利用して物質の合成・分解などを行う装置。
バイオリズム [biorhythm]　生物現象にみられる固有のリズム。
バイオリニスト [violinist]　バイオリン奏者。
バイオリン [violin]　4弦の擦弦(さつげん)楽器。＊同種の楽器中, 最も高音。
バイオレーション [violation]　①〘バスケットボールなど〙ファウル以外のすべての反則。②違反；妨害。
バイオレット [violet]　①スミレ(菫)。②スミレ色。
バイオレンス [violence]　暴力；激しさ。
バイオ・ロギング [bio logging]　生物に小型のセンサーやカメラをつけ, その行動や生態を記録し, 調査・研究する方法。＊logは「記録データ」。
バイオロジー [biology]　生物学；生態学。
バイオロジカル・コントロール [biological control]　天敵になる生物を用いて, 有害な生物を駆除すること。
ハイカー [hiker]　山野を歩く人；ハイキングをする人。
ハイ・カラ [日high collar]　①しゃれた；西洋風な。②目新しい。
バイカラー [bicolor]　2色の。
ハイ・キー [high-key]　〘映画, 写真など〙明暗がはっきりした明るい画調。↔ロー・キー。
ハイキング [hiking]　自然を楽しみながら山野を歩くこと。＝ハイク。
バイキング [Viking]　①8～11世紀に北欧に住んでいたノルマン人の別称。②バイキング料理の略。
～計画　アメリカNASAの火星無人探査機計画。
～料理　食べ放題の料理。＊好みの料理をとりわけて食べる方式。
ハイク [hike]　⇨ハイキング。
バイク [bike]　①原動機付き自転車。②モーターバイクの略。
ハイ・クオリティー [high quality]　高品質の。
ハイ・クラス [high-class]　高級な；上流階級の。
ハイ・グレード [high-grade]　高級な；良質の。
ハイ・グロス [high gloss]　光沢のある；つやのある。
ハイ・コマンド [high command]　最高司令部；首脳部。
バイザー [visor]　①帽子などのつば。②⇨サン・バイザー。
バイ・サイド [buy side]　商品を買う側。＊主に機関投資家のこと。
ハイジェニック [hygienic]　衛生的な。
バイシクル・モトクロス [bicycle motocross]　⇨BMX。
ハイジャック [hijack]　航空機などを乗っとること。＝スカイジャック。
ハイ・ジャンプ [high jump]　〘陸上競技〙走り高跳び。
バイス [vice-]　副；代理；次席。
ハイ・スクール [high school]　高等学校。
バイスタンダー [bystander]　①傍観者；見物人。②救急の現場に居合わせた人。
ハイ・スピード [high speed]　高速。
ハイ・スピード・スチール [high-speed steel]　高速度鋼。＊金属切削加工用の工具などに用いる。
バイス・プレジデント [vice-president]　副大統領；副社長。
ハイ・スペック [high-spec]　パソコ

ンなど，機器の性能が高いこと。
バイセクシュアル [bisexual] ①両性愛者。②両性の。
ハイゼニック・クリーム [hygienic cream] 『美容』油分量の少ないクリーム。
ハイ・センス [日high sense] 趣味や好みがよい。
ハイソ ①上流な感じ；高級な。②ハイ・ソサエティーの略。
ハイ・ソサエティー [high society] 上流社会。略ハイソ。
ハイ・ソックス [日high socks] ひざ下まである長めのソックス。
バイソン [bison] ⇨バッファロー②。
パイソン [python] ①ニシキヘビ；大蛇。② [P-]『ギリシア神話』大洪水のとき，泥の中から現れた大蛇。
ハイ・タッチ [日high touch] 『スポーツ』選手同士が両手を挙げてタッチをし，喜び合うこと。＊英語では，「ハイ・ファイブ(high five)」。
バイタリティー [vitality] 生命力；活力。
バイタル [vital] ①活力にあふれた；生き生きした。②重大な。
バイタル・サイン [vital signs] 生命徴候。
バイタル・チェック [vital check] 脈拍・血圧・体温などを調べること。
ハイツ [heights] 高台；丘。略Hts.。
ハイ・ティーン [日high teen] 10代後半の少年少女。↔ロー・ティーン。
ハイ・テク [high tech] ハイ・テクノロジーの略。↔ロー・テク。
ハイ・テクノロジー [high technology] 高度先端技術。略ハイ・テク。
ハイ・デッカー [日high decker] 座席が高い位置にあるバスや車両。
ハイ・テンション [high tension] ①高電圧。②(意識の)高揚状態。
バイト[1] アルバイトの略。
バイト[2] [beitel(オランダ)] 旋盤などで用いる金属を削る刃物。
バイト[3] [bite] 咬合(こうごう)。
バイト[4] [byte] コンピュータの情報量単位。＊1バイトは8ビット。
ハイド・アンド・シーク [hide and seek] かくれんぼ。
バイト・テロ [日Arbeit(ドイツ)＋terrorism] アルバイト店員が店内で起こした迷惑行為を写真や動画に収めてSNSに公開し，炎上騒ぎや苦情の原因となること。
ハイドランジア [hydrangea] セイヨウアジサイ。＊日本のガクアジサイがヨーロッパで改良された品種。
ハイドロ [hydro-] 水の；水素の。
ハイドロ・カルチャー [hydro culture] 人工培養土と水溶性の化学肥料を使用する植物の栽培法。
ハイドロキノン [hydroquinone] キノンを亜硫酸で還元して得られる無色の結晶。＊メラニン色素の合成を阻止する働きがある。写真現像剤，美白化粧品などに用いる。
ハイドロクロロフルオロカーボン ⇨HCFC。
ハイドロダイナミックス [hydrodynamics] 流体動力学。
ハイドロフォイル [hydrofoil] 水中翼船。
ハイドロフルオロカーボン ⇨HFC。
ハイドロプレーニング [hydroplaning] 自動車やオート・バイなどがぬれた道路を高速で走るとき，路面の水のためにタイヤが浮き上がって制御不能になる現象。
ハイドロプレーン [hydroplane] 水上飛行機；水中翼船。
ハイドロ・ボール [hydro ball] 『園芸』発泡煉石(多孔質)。＊ハイドロ・カルチャー用の植え込み材料。
ハイドロポニック [hydroponics] 水耕栽培；水栽培。
ハイドロメーター [hydrometer] 比重計。
ハイドロメカニクス [hydromechan-

ics〕 流体力学。
パイナップル [pineapple] パイナップル科の常緑多年草。また，その果実。＊ブラジル原産。パインとも。
バイナリー・オプション [binary option] 〘経済〙 満期時点における為替レートが上昇か下落かを予想する，二者択一の取引。
バイナリー・サイクル発電 [binary cycle generation] 地熱発電の発電方式の1つ。＊水より沸点の低い物質を熱温水で加熱・沸騰させ，その蒸気でタービンを回して発電する。
バイナリー・データ [binary data] 任意の2進数で表現されたデータ。
バイナリー・デジット [binary digit] 〘電算〙 2進数字。
バイナリー・ファイル [binary file] 〘電算〙 2進法の数値で構成されるファイル。⇨テキスト・ファイル。
バイナリー兵器 [binary weapon] 化学兵器の一種。＊2つの容器に別種類の化学物質を補塡。発射の衝撃で容器が壊れ，それらの物質が化学反応を起こし，猛毒を発生する。
ハイ・ネック [high-necked collar] 〘服飾〙 襟(えり)が高く，首にぴったりついていること。↔ロー・ネック。
バイノーラル [binaural] 立体感を強める音響再生方式。＊原義は「両耳の」。
ハイパー [hyper-] 超越した；過度の。
ハイパー・インフレーション [hyper inflation] 〘経済〙 超インフレ。
ハイパーサーミア [hyperthermia] 温熱療法。＊がんの治療法の1つ。
ハイパー・シュプリーム・カム [Hyper Suprime-Cam] すばる望遠鏡の超広視野カメラ。略HSC。
ハイパーソニック [hypersonic] 極超音速。＊音速の5倍以上。
ハイパーテキスト [hypertext] コンピュータ上の文章について，他の文章や画像へのリンクや参照を可能にするシステム。
ハイパーリンク [hyperlink] ハイパーテキストのような，複数の文書を結びつけ，リンク先にジャンプするための文字列やしくみ。
ハイパー・レスキュー [Hyper Rescue] 東京消防庁の特別高度救助隊。＊大規模災害に対応する。
バイパス [bypass] ①渋滞緩和のための迂回(うかい)路。②〘医学〙心臓・肝臓などの臓器に別の迂回する管をつくる手術。③水道などの側管。
ハイ・ヒール [high-heeled shoes] かかとの高い靴。↔ロー・ヒール。
ハイビジョン [High-Vision] ①〘商標〙「高精細度テレビジョン放送」(high-definition television)の愛称。＊NHKが開発。略HDTV。②①を受信できるテレビ受像機。＊高品位テレビの1つ。
ハイビスカス [hibiscus] アオイ科の植物。仏桑花(ぶっそうげ)。＊赤や黄色などの大きな花を咲かせる。マレーシアの国花。ハワイの州花。
ハイ・ピッチ [日high pitch] 調子が速い〔高い〕こと。
パイピング [piping] ①〘服飾〙玉縁(たまぶち)縫い。②〘料理〙ケーキについているクリームの飾り。
バイブ バイブレーションの略。
パイプ [pipe] ①管。②タバコのパイプ。③管楽器の総称。
ハイ・ファイ [Hi-Fi] 原音を忠実に再生すること，またはその装置。＊*hi*gh *fi*delityの略。
ハイ・ファッション [high fashion] 〘服飾〙オート・クチュールのように洗練されていて上品な装い。
バイフォーカル [bifocal] 2焦点眼鏡；遠近両用眼鏡。
パイプ・オルガン [pipe organ] 鍵盤をひくと，パイプに風が送られて音が出る楽器。⇨リード・オルガン。

パイプ・カット［日pipe cut］ 男性の避妊手術。
バイブス［vibes］ 気分が高揚する雰囲気。
ハイフネーション［hyphenation］ 欧文の単語を2行に渡って表記するときに，ハイフン(-)で分割すること。
パイプライン［pipeline］ ①石油・ガソリン・天然ガスなどを送るための遠距離輸送管。②連絡役。
ハイブラウ［highbrow］ ①知識人。②知識や教養を鼻にかける人。＊ハイブローとも。↔ローブラウ。
ハイブリッド［hybrid］ ①(生物の)雑種。②混成物；混成語；複合型。
～米［～rice］ 多収穫を目的としてつくられた雑種の米。
ハイブリッド・カー［hybrid car］ 動力源として2種類以上を使い分けて走行する低公害自動車。＊ガソリン・エンジンと太陽電池など。
ハイブリドーマ［hybridoma］ 複数の細胞を融合させてつくる雑種細胞。
バイブル［Bible］ ①聖書。②［b-］それぞれの分野で最も権威ある書物。
バイブル・ベルト［Bible Belt］ 聖書地帯。＊米国南部と中西部のキリスト教原理主義者の多い地帯。
バイブレーション［vibration］ ①振動。②⇨ビブラート。略バイブ。
バイプレーヤー［日byplayer］〖映画,演劇〗助演者；わき役。＝サイド・プレーヤー。
ハイブロー ⇨ハイブラウ。
ハイフン［hyphen］ 連字符(-)。＊欧文の句読符号の1つ。
ハイ・ペース［日high pace］ 物事の進み具合や歩き方などが速いこと。
ハイペロン［hyperon］〖物理〗重核子。＊中性子や陽子よりも大きい質量をもつ素粒子。
ハイボール［highball］ ウイスキーを炭酸水などで割り，氷を入れた飲み物。
ハイポキシア［hypoxia］ 低酸素症；酸素欠乏症。
ハイポトニック飲料［hypotonic—］ 機能性飲料。＊体液より浸透圧が低く，吸収されやすい。
ハイポニカ［hyponica］ 水耕栽培の一種。＊養分を含んだ水を循環させ，圧縮空気で酸素を供給する。
ハイ・ポリティクス［high politics］ 政治・軍事に限られた外交。↔ロー・ポリティクス。
ハイマート［Heimat(ドイツ)］ 故郷；郷土。
ハイム［Heim(ドイツ)］ 家；家庭；故郷。＊英語の「home」と同語源。
ハイムリック法［Heimlich maneuver］ 上腹部を圧迫して，気道に詰まった異物を除去する方法。
バイメタル［bimetal］ 熱膨張率の異なる2種類の金属を張り合わせた板。＊自動温度調節器などに使用。
ハイヤー［hire］ 客の求めに応じて営業所から派遣される，運転手つき自動車。＊原義は「雇う」。
バイヤー［buyer］ 買い手。＊特に外国から買い付けにきた輸入業者。↔サプライヤー。
バイヤーズ・マーケット［buyers'market］ 買い手市場。↔セラーズ・マーケット。
ハイ・ライズ・ジーンズ［high-rise jeans］ 股上(またがみ)の深い，ゆったりとしたジーンズ。
ハイ・ライズ・ビル［high-rise building］ 高層建築。
ハイライト［highlight］ ①〖美術,写真〗最も明るく見える部分。②〖音楽,演劇,放送〗最も興味を引く場面；見せ場。③〖印刷〗明るい箇所の網目を除いた写真製版。
バイラテラル［bilateral］ 双務的な；2国間の。
バイラルCM［viral CM］ ブログ，SNS，BBSなどで配信されるCM。＊口コミ効果をねらったもの。viralは

ハ

「ウイルスの」という意。
ハイランド [highland] ①高原；山岳地方。② [Highlands] イギリス・スコットランド高地。
ハイ・リスク・ハイ・リターン [日 high-risk, high-return] 損失の危険性も大きい代わりに，成功すれば利益も大きいさま。
バイリンガル [bilingual] 2か国語を話すこと，話せる人。
ハイル [Heil(ドイツ)] 「万歳！」。
パイル [pile] ①〖服飾〗タオル地のように毛羽立てた布地や織物。②〖建築〗基礎がために打ち込む杭(くい)。③原子炉。
パイル・ドライバー [pile driver] ①杭(くい)打ち機。②〖プロレス〗脳天杭打ち。
パイレーツ [pirate] ①海賊。②著作権侵害者。
パイレーツ・パンツ [pirates pants] 全体にゆったりとしていて，裾口(すそぐち)を絞ったズボン。
パイレート・エディション [pirated edition] 海賊版。
ハイ・レグ [high-leg] 股下から急に切れ上がっている女性用の水着や下着など。＊ハイレグ・カットとも。
ハイレゾ 音楽用CD音源を超えた高音質の音楽データ。＊ハイレゾ音源とも。High-Resolution Audioから。
ハイ・レベル [high-level] 水準が高いこと。
パイロット [pilot] ①水先案内人。②航空機の操縦士。
パイロット・サーベイ [pilot survey] 試験調査；予備調査。
パイロット・ショップ [pilot shop] ⇨アンテナ・ショップ。
パイロット・ファーム [pilot farm] 試験農場。
パイロット・フィルム [pilot film] スポンサー獲得のためにつくる見本用映像作品。
パイロット・プラント [pilot plant] 実験工場；試験工場。
パイロット・ボート [pilot boat] 水先案内船。
パイロット・ランプ [pilot lamp] 機械類の作動中を示す表示灯。
パイロマニア [pyromania] 放火癖；放火魔。
パイロン [pylon] ①航空機の胴体の下にミサイルや燃料を取り付けるための支柱。②⇨カラー・コーン。
パイン [pine] ①松。②⇨パイナップル。
パイン・ジュース [pineapple juice] パイナップルの果汁。
バインダー [binder] ①とじ込み用の表紙。②自動刈取機。③接合剤。
バインディング [binding] ①とじ合わせること。②〖ラグビー〗スクラムなどで味方の選手同士，あるいは敵味方が互いに組み合うこと。
パイント [pint] ヤード・ポンド法で，容積の単位の1つ。記号pt.。＊1パイントは，アメリカで約0.47リットル，イギリスで約0.57リットル。
バイン・ミー [bánh mì(ベトナム)] ベトナム風のサンドイッチ。
ハインリッヒの法則 [Heinrich's law] 労働災害においては，1件の重大事故の背後には29件の軽微な事故，その背景には300の無傷事故があるという経験則。
バウ [bow] ①船首；舳先(へさき)。②〖ボート，カヌー〗トップを漕(こ)ぐ漕手；舳(じく)手。＊バウ・サイドとも。↔ストローク。
ハウジング [housing] 住宅の建設，供給；住生活全般にわたる産業。
ハウス [house] ①家；住宅。②ハウス・ミュージックの略。
〜栽培 温室栽培。
ハウス・エージェンシー [house agency] 特定の企業のみの広告業務を行う広告会社。

ハウス・オーガン [house organ] 企業のPR誌；社内報。
ハウスキーパー [housekeeper] ①家政婦。②住宅や事務所の管理人。
ハウスキーピング [housekeeping] 家事；家政。
ハウスクリーニング [housecleaning] 一般家庭の清掃を請け負うこと。またその業者。
ハウス・ダスト [house dust] 室内塵(じん)。＊アレルゲンの1つ。
ハウステンボス [Huis Ten Bosch ラテン] オランダの町並みを模したテーマ・パーク。＊長崎県佐世保市にある。ハーグ森林公園にある王宮の名から。
ハウスハズバンド [househusband] 主夫。＊妻が仕事を持ち，夫が家事・育児を担当する。⇨ホームメーカー。
ハウスホールド [household] ①世帯；家庭。②家計。
ハウス・ミュージック [house music] 1980年代，シカゴのクラブ「ウェアハウス」のDJたちが始めたダンス音楽。＊ドラム・マシーンの機械的なビート，複数の音源のサンプリングなどが特徴。略ハウス。
ハウスワイフ [housewife] ①主婦。⇨ホームメーカー。②針箱。
ハウス・ワイン [house wine] レストランやホテルの自家製ワイン。
パウダー [powder] ①粉。②〖美容〗おしろい。③火薬。＝プードル²。
パウダー・ケーキ [powder cake] 化粧用の固形状ファンデーション。
パウダー・スノー [powder snow] 粉雪；さらさら雪。
パウダー・ルーム [powder room] 女性用の洗面所；化粧室。
ハウダニット [howdunit] どのようにして犯罪行為が行われたかの解明を重視する推理小説。
パウダリー [powdery] ①粉末状の。②砕けやすい。
パウチ [pouch] ①薄い2枚の膜の間に熱圧を加えはさむこと。＝ラミネート。②⇨ポーチ²。
バウチャー [voucher] ①保証人。②取引証票；証拠書類；引き換え券。
バウチャー・システム [voucher system] 支払い票制度。＊支払いを管理し，事務の簡略化を図る。
ハウ・ツー [how to] 方法；手引き。
バウハウス [Bauhaus] ドイツ・ワイマールの総合造形学校。＊1919年，建築家グロピウスが設立。33年，ナチスの弾圧により閉鎖。
バウムクーヘン [Baumkuchen ドイツ] 輪切りにすると樹木の年輪状の模様が出るドイツ菓子。＊Baumは樹，Kuchenは菓子のこと。
パウリスタ [paulista ポルトガル] ブラジル産のコーヒーを提供する喫茶店。＊原義は「サンパウロっ子」の意。
ハウリング [howling] オーディオ装置で，スピーカーから出た音がマイクに入って増幅され，再びスピーカーから放射されて雑音を生じる現象。
バウンサー [bouncer] ⇨ベビー・バウンサー。
バウンティー・ハンター [bounty hunter] 賞金稼ぎ。
バウンド [bound] 球などが地面にあたってはねること。
パウンド・ケーキ [pound cake] 小麦粉・バター・砂糖を1ポンドずつ混ぜ合わせて焼いた基本的なケーキ。
ハウンド・トゥース [hound's tooth] 千鳥格子。＊「猟犬の歯」という意味で，柄がそのように見える。
パエリア [paella スペイン] スペインの炊き込み御飯。＊肉，野菜，魚介類にサフランで香りを付けたもの。
パオ [包 チャイナ] 中国，モンゴルに住む遊牧民族の組み立て式布張り家屋。＝ゲル。
パオズ [包子 チャイナ] 中華饅頭(まんじゅう)。＊小麦粉に酵母を加えて発酵させた皮の中に，挽き肉や野菜餡(あん)などを包んで蒸す。

バオバブ [baobab]　パンヤ科の高木。＊アフリカやマダガスカルなどに分布。果実は食用。

ハカ [hakaマオリ]　①マオリ族の戦士の出陣踊り。②ラグビーの試合前に選手が行う出陣踊りをまねたパフォーマンス。⇨ウォー・クライ。

バガス [bagasse]　サトウキビなどの搾りかすの繊維。またそれで作った紙。

バガボンド [vagabond]　浮浪者；放浪者。

バカラ [baccarat]　①トランプを用いる洋式の賭博(とばく)。② [B-]〘商標〙フランスの高級クリスタル製品のメーカー。また，その製品。

バカロレア [baccalauréatフランス]　フランスの大学入学資格。

バカンス [vacancesフランス]　長い休暇。＊特に，フランスの夏の休暇をさす。⇨バケーション。

バギー [buggy]　①折りたたみ式の小型乳母車。②⇨サンド・バギー。

バギナ [vaginaラテン]　女性性器の膣(ちつ)。＊ワギナとも。

バキューム [vacuum]　①真空。②バキューム・クリーナーの略。

バキューム・カー [日vacuum car]　屎尿(しにょう)をくみとる車。

バキューム・クリーナー [vacuum cleaner]　真空掃除機。略バキューム。

ハグ [hug]　ぎゅっと抱きしめる。

バグ [bug]　〘電算〙プログラムのエラー部分。＊原義は「虫」。

パグ [pug]　中国原産の小形犬。＊鼻が低く，額にしわがある。

パクチー [phakchiタイ]　⇨コリアンダー。

ハクティビスト [hacktivist]　社会的・政治的な意図をもったハッカー。

パクテー [肉骨茶チャイナ]　薬膳の一種。＊骨付き豚肉，野菜の漢方煮込み。

バクテリア [bacteria]　細菌。

バクテリオファージ [bactériophageフランス]　生きた細菌に寄生して増殖するウイルス。＊ファージとも。

パクト [pact]　協定；契約；条約。

バグパイプ [bagpipe]　革袋に音管を取り付けたスコットランドの民族楽器。

バゲージ [baggage]　手荷物；小荷物。

バケーション [vacation]　休暇。⇨バカンス。

バケット [bucket]　①バケツ。②クレーンの先に取り付けて掘削したり，鉱石・土砂を運んだりする器具。

バゲット [baguetteフランス]　細長い棒状のフランス・パン。

パケット [packet]　〘電算〙デジタルデータの転送単位。＊原義は「包み」。

〜交換 [〜switching]　〘電算〙データ通信で，通信回線を高速・高品質にするための送受信方式。

バケット・シート [bucket seat]　背もたれが身体に沿って湾曲した形状の座席。＊飛行機やスポーツカー用。

バケット・リスト [bucket list]　死ぬまでにやりたいことをまとめたリスト。

パゴダ [pagoda]　東南アジアの仏教寺院の塔。

バザー [bazaar]　①慈善市。②⇨バザール①。

パサージュ [passageフランス]　①通路；アーケード；横丁。②通行；通過。

ハザード [hazard]　①危険物；障害物。②〘ゴルフ〙コース内の障害物。

ハザード・マップ [hazard map]　災害予測地図；防災地図。

ハザード・ランプ [hazard lamp]　自動車の緊急警告灯。

バザール [bazarフランス]　①イスラム文化圏の街頭市場。＝バザー。②大売出し。＊ペルシャ語bāzārに由来。

ハサップ　⇨HACCP。

バサロ・キック [Vassallo kick] 〖水泳〗潜水キック泳法。＊背泳競技で行われるスタート方法の1つ。
バジェット [budget] 予算；予算案。
ハシシ [hashish] 大麻から作られた麻薬。＊ハッシシとも。
パシフィック [Pacific] ①太平洋の。②平和な；泰平な；おだやかな。③パシフィック・リーグの略。
パシフィック・リーグ [Pacific League] 〖野球〗日本のプロ野球リーグの1つ。＊福岡ソフトバンクホークス，埼玉西武ライオンズ，千葉ロッテマリーンズ，北海道日本ハムファイターズ，オリックス・バファローズ，東北楽天ゴールデンイーグルスからなる。略パ・リーグ。↔セントラル・リーグ。
パジャマ [pajamas] 上下に分かれた寝間着。
パシュート [pursuit] 〖自転車競技，スピード・スケート〗先に完走するか，または相手を追い抜いたほうが勝者となる競技。＊チーム・パシュートとも。
パシュトゥーン [Pashtun] アフガニスタン，パキスタンに居住する民族。＊イスラム教を信仰する。
パシュミナ [pashmina] 極寒のヒマラヤ山脈に生息するヤギの冬毛で織ったショールやストール[2]。＊ウールの最高級品といわれる。
バジリコ [basilico イタリア] 香味野菜の一種。シソ科の植物。＊イタリア料理に用いる。＝バジル。
バジル [basil] ⇨バジリコ。
バス[1] [bass] 〖音楽〗①男声の最低音域，またはその歌手。②低音部を受けもつ楽器。③コントラバスの略。＝ベース[2]。
バス[2] [bath] 洋式の風呂。
バス[3] [bus] ①乗り合い自動車。②〖電算〗母線。＊コンピュータ内部の共通信号の回路。
バズ [buzz] がやがや言う；ざわめき。＊原義は「(ハチや機械などが)ブンブンとうなる音」。
パス[1] [pass] ①合格；通過。②定期券；無料乗車券；通行証。③〖スポーツ〗味方にボールを送ること。
パス[2] [path] 道；通り道。
バズーカ砲 [bazooka] 携帯式対戦車ロケット砲。
バスカー [busker] 大道芸人。
パスカル [pascal] 圧力の単位。記号はPa。⇨ヘクトパスカル。
ハスキー [husky] ⇨シベリアン・ハスキー。
ハスキー・ボイス [husky voice] かすれた感じのセクシーな低い声。
バスキュラー・アクセス [vascular access] 血液透析の際に，体内から血液を取り出し，戻すために造設される血液の経路。
バスキン [buskin] 編み上げの半ブーツ。また，靴の甲にゴムのまちが入った厚底の婦人用半ブーツ。
バスク [Basque フランス] ①フランスとスペインにまたがる地域。②バスク人。＊独自の言語・風習をもつ。
バスク・ジャケット [Basque jacket] 〖服飾〗ウエストラインから下にフレアの入った，体にぴったりした女性用の上着。
バスケット [basket] ①かご；ざる。②バスケットボールのゴールの網。③バスケットボールの略。
バスケットボール [basketball] 籠球(ろうきゅう)。＊地上3.05メートルの位置にある相手方の網の中へボールを投げ入れて得点を争う球技。1チーム5名。略バスケット。
パスコード [passcode] スマートフォンやタブレット端末などで，ロックを解除するための文字列・暗証番号。
バス・ストップ [bus stop] バスの停留所。
バズ・セッション [buzz session] 少人数のグループ討議で得られた結論

ハ

を持ち寄り，参加者全体で討議を進める方法。

バス・ソルト [bath salts] ①岩塩の入浴剤。②⇨MDPV。

パスタ[1] [Pasta(ドイツ)] 軟膏(なんこう)。

パスタ[2] [pasta(イタリア)] イタリアの麺類の総称。

バスター [日bastard] 〘野球〙打者がバントの構えから一転強打すること。＊bastard buntより。

バスタード [bastard] 非嫡出子。

バス・タオル [bath towel] 浴用の大判のタオル；湯上がりタオル。

バスタブ [bathtub] 浴漕。

パスチャライズ牛乳 [pasteurized milk] 低温殺菌牛乳。＊細菌学者パスツールが発見した加熱殺菌法に由来。

パスツレラ症 [pasteurellosis] イヌ・ネコの口内や爪に存在するパスツレラ菌による人獣共通の感染症。＊動物では敗血症や肺炎，人では咬傷(こうしょう)，創傷による皮膚炎。

パスティーシュ [pastiche(フランス)] ①寄せ集め；ごたまぜ。②模倣作品。

パスティス [pastis(フランス)] 茴香(ういきょう)で香りづけをした食前酒。

パステル [pastel] ①粉末顔料に白粘土を混ぜ，粘着剤で棒状に固めた西洋画の画材。②パステルで描いた画。

パステル・カラー [pastel color] やわらかな色調の中間色。

バスト [bust] ①胸像。②胸。＊特に女性の胸。③胸囲。

バスト・パッド [bust pad] 〘服飾〙女性の胸の膨らみを美しく豊かに見せるためにブラジャーに入れる詰め物。＝ブラ・カップ。

バストライン [bustline] 胸まわりの線。

パストラミ [pastrami] 香辛料をまぶした肉の燻製食品。

パストラル [pastoral] 田園曲；牧歌。

バス・パワー [bus power] USBなどを通じてコンピュータから電気を供給し，周辺機器を動作させる方式。

ハズバンド [husband] 夫；亭主。↔ワイフ。

パスポート [passport] 旅券；出国許可証。⇨ビザ。

パス・ボール [passed ball] 〘野球〙投手の投球を捕手が捕れずにボールがそれ，走者が進塁してしまうこと。

バズ・マーケティング [buzz marketing] SNSやブログなど，ネット上のコミュニティを活用した口コミによる宣伝手法。

パスモ ⇨PASMO。

ハスラー [hustler] 腕利き；やり手。

パズル [puzzle] 謎；判じもの。

バスルーム [bathroom] 浴室。

バスローブ [bathrobe] 風呂あがりに身にまとう部屋着。

パス・ワーク [日pass work] 〘サッカー，ラグビーなど〙チーム内でボールを渡し合うこと。

バズワード [buzzword] 一見専門用語のようにみえるが，実際には意味の不明確なことば。

パスワード [password] ①合いことば。②〘電算〙コンピュータの機密保持，安全性確保のための識別符号。

パセティック [pathetic] ①感動的；悲壮な；哀れを誘う。②［P-］チャイコフスキーの交響曲第６番「悲愴」。

バセドウ病 [Basedow's disease] 甲状腺機能亢進(こうしん)症。＊眼球突出，甲状腺肥大などの症状。ドイツの医師K.バセドウの名から。

パセリ [parsley] セリ科の西洋野菜。＊洋食や刺身のつまにする。

パソコン パーソナル・コンピュータの略。

パソ・ドブレ [paso doble(スペイン)] スペインの行進曲風の舞曲。＊闘牛場などで演奏される。

バター [butter] 乳酪(にゅうらく)；牛酪。

＊牛乳の脂肪分を分離して練り固める。

パター [putter] 〘ゴルフ〙グリーン上で用いる(パット用)クラブ。

バタークリーム [buttercream] バターに砂糖を加え十分に泡立てた菓子用クリーム。

バタード・チャイルド症候群 [battered child syndrome] 被虐待児症候群。

パターナリズム [paternalism] 父親的干渉〔温情〕主義。

バタービール [butterbeer] USJ「ハリー・ポッター」エリアで人気の飲み物で，バター・卵白・ジンジャーエール・シナモンなどを加えたノン・アルコール・ビール。＊飲むと白いヒゲのように鼻の下に泡がつく。英国の作家ローリングによる児童文学『ハリー・ポッター』に出てくる名物。

パターン [pattern] ①図案；模様。②型；見本。③〘服飾〙型紙。

〜認識 [〜recognition] 〘電算〙コンピュータで音声，図形，文字などを認識して，電気信号に直すこと。

パターン・プラクティス [pattern practice] 外国語学習法の1つ。＊基本文型を覚え，応用していく。

パターンメーカー [patternmaker] デザイン画をもとに，型紙を作る人。＝パタンナー。

パタニティ・ハラスメント [日paternity harassment] 育児休暇や時短勤務を希望する男性社員に対する，いやがらせ行為。

バタフライ [butterfly] ①蝶(ちょう)。②〘水泳〙バタフライ泳法。③ストリッパーが使う恥部を隠す布。＊和製用法。④移り気な人。

〜効果 [〜effect] 蝶の羽ばたきのような小さな力が周囲に徐々に波及して，やがて大きな影響を全体に及ぼしていくこと。

バタフライ・ナイフ [butterfly knife] 折りたたみ式ナイフの一種。

ハタ・ヨガ [Hatha yoga] 身体的な訓練・修養を基本とするヨガ。＊ハタは，サンスクリット語で「力」「強さ」の意。

パタンナー [日patterner] ⇨パターンメーカー。

バチェラー [bachelor] ①独身男性。②学士；学士号。

バチェラー・パーティー [bachelor party] 独身最後の夜に男性だけで行うパーティー。

バチェロレッテ・パーティー [bachelorette party] 結婚式を控えた女性が，独身最後の夜を女性の友人と過ごすパーティー。

バチカン [Vatican] ①イタリアの首都ローマ市内にある，ローマ教皇を元首とする世界最小の独立国。②ローマ教皇庁の別称。

バチスカーフ [bathyscapheフランス] 深海観測用の潜水艇。

バチスタ手術 [Batista procedure] 拡張型心筋症の患者に行われる，左室縮小形成術。

バチルス [Bazillusドイツ] ①桿(かん)状細菌。②社会に害毒を与えるもの。

ハツ 食用肉としての動物の心臓。＊焼き肉，焼き鳥用。heartsから。

ハッカー [hacker] ①〘電算〙コンピュータへの不法侵入者。＝クラッカー。②コンピュータやネットワーク・システムについて，高い技術や知識をもつ人。

バッカス [Bacchus] 〘ローマ神話〙酒神。＊ギリシア神話ではディオニュソス。

ハッカソン [hackathon] ソフトウェア開発関係者が一定期間集まり，アイデア出しや開発作業に取り組むイベント。＊ハックとマラソンの造語。

バッカナリア [bacchanalia] どんちゃん騒ぎ。＊酒神バッカスから。

バッキンガム宮殿 [Buckingham Palace］ ロンドンの市中にあるイギリス王室の宮殿。

ハッキング［hacking］ ①〖ラグビー〗相手チームの選手のすねを蹴る反則。②他のコンピュータに不法に侵入すること。⇨ハッカー①。

バッギング［bugging］ 盗聴。

パッキング［packing］ ①荷造り。②荷造り用の詰め物。③液体や気体がもれるのを防ぐための部品。

バック［back］ ①後ろ；背景。②後援者。③後退する。④バックストローク，バックハンドの略。

バッグ［bag］ ①かばん；手提げ。②ハンドバッグの略。③コンピュータで，1つの記憶媒体に複数の情報を詰め込むこと。

バッグ・イン・バッグ［日bag in bag］大きなバッグの中に入れる，小物を整理するためのバッグ。

パック[1]［pack］ ①包み；荷物。②〖美容〗肌の手入れの一方法。

～旅行 スケジュールの決まっているグループ旅行。

パック[2]［puck］ 〖アイスホッケー〗硬質ゴムでできた小円盤。

パック・アイス［pack ice］ 海氷；流氷群。

バック・アタック［back attack］〖バレーボール〗後衛の選手がバック・ゾーン内からジャンプ攻撃をすること。

バックアップ［backup］ ①支援。②控え。③〖野球など〗味方の選手の後方に回り込んで補助すること。④〖電算〗事故によってプログラムやデータが破壊されるのに備えてデータのコピーをとっておくこと。

バックウォーター現象［backwater phenomenon］ 河川や用水路などで，下流の水位変化が上流の水位に影響を及ぼす現象。

バック・エンド［back end］ ①研究や作業での最終段階。↔フロント・エンド。②原子力発電での終末処理や管理。＊廃炉，廃棄物の処理など。

バック・オーダー［back order］ 注文品の在庫がないため，未納になっている注文；繰り越し注文。

バック・オフィス［back office］ 事務管理部門。

バックギャモン［backgammon］ 西洋すごろく。

バックグラウンド［background］ ①背景。②背後の事情；環境。

バックグラウンド・ビデオ［background video］ 環境ビデオ；環境映像。略BGV。

バックグラウンド・ミュージック［background music］ ①〖テレビ，映画など〗背景として流す音楽。②環境音楽。略BGM。

バック・シーム［back seam］ 足の後ろの部分に直線の縫い目が入ったストッキング。

バック・シャン［日back＋schön ドイツ］後姿の美しい人。

バックス［backs］ ①⇨ディフェンダー③。②〖野球〗内外野手の総称。

パックス・アメリカーナ［Pax Americana］ 超大国アメリカの存在・圧力によって保たれる平和。

バックスイング［backswing］ 〖野球，テニス，ゴルフなど〗バット，ラケット，クラブを後方へ振り上げる動作。⇨フォロー・スルー。

バックスキン［buckskin］ ①シカ皮；シカ皮のなめした柔らかい革。②①に似せてつくったヒツジ皮。＊buckは「雄ジカ」。

バック・スクリーン［日back screen］〖野球〗センター後方のスタンドにある長方形の大きな塀。＊英語ではcenterfield screen。

バックステージ［backstage］ ①舞台裏；楽屋。②秘密に。

バックストリート［backstreet］ 裏通り；裏町。

バックストレッチ［backstretch］

〖陸上競技，競馬〗決勝点の反対側の直線走路。↔ホームストレッチ①。

バックストローク [backstroke]〖水泳〗背泳。略バック。

バックスピン [backspin] ①〖テニス，ゴルフ，卓球など〗ボールに逆回転を与える打法。↔トップスピン。②ブレークダンスで背中の上部を軸にして回転する踊り。

パックス法 [Pacte Civil de Solidarité フランス] 事実婚や同性カップルに，結婚と同様の法的権利を認めるフランスの法律。略PACS。

パックス・ロマーナ [Pax Romana] ローマの平和。＊ローマ帝国最盛期に続いた200年に及ぶ地中海世界の平和。パクス・ローマーナとも。

バック・ソナー [back sonar]〖自動車〗車体後部に取り付けた障害物探知器。＊超音波により，障害物と車体との間隔を運転者に知らせる。

バック・チャージ [back charge]〖サッカー，ラグビーなど〗相手選手の背後から体当たりする反則。

バック・チャンネル [back channel] 表には現れない外交ルート。

バックドラフト [backdraft] 逆気流現象。＊密閉された空間に充満したガスが，外気が流れ込んだことで，爆発的炎上を起こす。

バックドロップ [backdrop] ①劇の背景幕。②〖プロ・レス〗背後から相手を抱えて後方に投げる技。

バック・ナンバー [back number] ①定期刊行物の既刊号。②自動車などの後尾プレートの番号。

バック・ネット [日back net]〖野球〗ホーム・プレートの後方に張ってある網。＊英語ではbackstop。

バック・パス [back pass] サッカーで，味方ゴールキーパーにボールを戻すプレー。

バックパッカー [backpacker] バックパックを背負って旅をする人。

バックパック [backpack] 軽量金属製のパイプでできたフレーム付きリュックサック。

バックハンド [backhand]〖テニス，卓球など〗逆手打ち。略バック。↔フォアハンド。

バックビルディング現象 [Back Building phenomenon] 積乱雲が風上側で次々と発達し，風下では局地的に激しい降雨が持続する現象。＊集中豪雨の原因。

バックファイア [backfire] 内燃機関で不完全燃焼のために，発火が気化器に吹き返すこと。

バックフィット [backfit] 原子力発電所について，最新の知見を取り入れた基準を既存の施設にも適応すること。

バック・ホーム [日back home]〖野球〗走者を生還させないように野手が本塁に送球すること。

バックボーン [backbone] ①背骨。②気骨；筋金。③精神的支柱。

バック・マージン [日back margin] メーカーが商品の価格を下げ，差額を小売店に払い戻すこと。＝キックバック，リベート。

パックマン・ディフェンス [PacMan defence]〖経済〗逆転攻撃。＊企業乗っ取りの際，乗っ取ろうとする相手を逆に呑み込むこと。

バック・ミラー [日back mirror] 運転者が後方を見るための鏡。＊英語ではrearview mirror。

バックヤード [backyard] 裏庭。

バックライト [backlight] ①(舞台で)後方からの照明；逆光。②(液晶パネルの)背面光。

バックラッシュ [backlash] 跳ね返り；急激な反動；激しい反発。

バックル [buckle] ベルトなどの留め金具。

バックレス [backless] 背中の部分を露出した婦人用のドレス，水着。

パッケージ [package] ①荷造り；包装。②パッケージ・プログラムの略。
パッケージ・ツアー [package tour] ⇨パック旅行。
パッケージ・プログラム [package program] ①いつでも放送できる完成済みの番組。②〖電算〗でき合いのプログラム。略パッケージ。
バッケン・レコード [日bakken ノルウェー+record] 〖スキー〗ジャンプ競技で，そのジャンプ台での最長不倒距離。＊バッケンは「丘」の意。
パッサカリア [passacaglia イタリア] 〖音楽〗スペインが起源の3拍子の舞曲。＊バロック音楽の一形式。
バッジ [badge] ①記章；徽(き)章。②象徴。
バッジ・システム ⇨BADGE system。
パッシブ [passive] ①受動的な。②〖文法〗受動態。↔アクティブ[1]。
パッシブ・スモーキング [passive smoking] 受動喫煙；間接喫煙。＊非喫煙者が，周囲の喫煙者の影響で喫煙者と同じ状態になること。
パッシブ・ソーラー・ハウス [passive solar house] 集熱器などを使わず，間接的に太陽エネルギーを利用する省エネルギー建築。↔アクティブ・ソーラー・ハウス。
ハッシュタグ [hashtag] 〖電算〗#記号を付けることで，特定のキーワードを直ちに検索できる機能。
ハッシュド・ビーフ [hashed beef] 細切りの牛肉，玉ネギをソースで煮込んだ料理。
ハッシュ・パピーズ [Hush Puppies] 〖商標〗アメリカのシューズ・メーカー。また，その製品。＊カジュアル・シューズの代名詞。
ハッシュ・マネー [hush money] 口止め料；内済金。
パッショネート [passionate] 情熱的な；熱烈な。
パッション [passion] ①情熱；激情。②[P-] キリストの十字架上の受難。
パッション・フルーツ [passion fruit] 熱帯植物トケイソウの果実。＊ブラジル原産。
バッシング [bashing] ①強打すること；なぐること。②…たたき。
パッシング [passing] 自動車のヘッドライトを点滅させ，対向車や前車に合図を送ること。
ハッスル [hustle] 張り切る；頑張る。＊原義は「乱暴に押す」「強引に押し進む」。
パッセージ [passage] 文章や談話の句・節；音楽の楽曲の一部。＊パッサージとも。
パッセンジャー [passenger] 乗客。
ハッチ [hatch] ①船の甲板にある昇降口。②調理場から食堂へ料理などを出し入れするための窓口。
バッチ [batch] 一束；一括された束。
〜処理 [〜processing] 〖電算〗一括処理方式。
パッチ[1] [patch] 継ぎはぎ用の当て布。
パッチ[2] [patchi コリア] 股引(ももひ)き。
パッチギ [pakchigi コリア] 突き破る；乗り越える。
パッチ・テスト [patch test] 〖医学〗貼布試験。＊アレルギー反応の原因物質を調べる。
ハッチバック [hatchback] 〖自動車〗乗用車の後部に上下に開閉するドアを付け，荷物の出し入れを便利にした車。＝リフトバック。
バッチ・ファイル [batch file] 〖電算〗一連のコマンドを登録し，一括処理の実行を記述するファイル。
パッチワーク [patchwork] 大小さまざまの布をはぎ合わせて，1枚の布に縫い合わせる手芸。
バッティング[1] [batting] 〖野球〗ボールを打つこと。
バッティング[2] [butting] ①2つの

予定や計画が時間的に重なり合うこと。②〖ボクシング〗頭や肘(ひじ)を相手にぶつけること。＊反則。

バッティング[3] [vatting] 醸造用の大樽(おおだる)に入れて酒や味噌などを熟成させること。

パッティング[1] [patting] 〖美容〗化粧水をふくませた綿などで肌を軽くたたいて引き締めること。

パッティング[2] [putting] ⇨パット[2]。

バッティング・アベレージ [batting average] 〖野球〗打率。略アベレージ。

バッティング・オーダー [batting order] 〖野球〗打順。＝ラインアップ。

バッティング・センター [日batting center] 野球の打撃練習場。

バッテラ [bateriaポルトガル] しめ鯖の押し寿司。＊原義は「小舟」。

バッテリー [battery] ①電池。②〖野球〗投手と捕手の組み合わせ。

バッテリー・カー [battery car] 子供向けの電気自動車。

ハット [hat] ふちのある帽子。＊ふちのないものはキャップ(cap)。

バット[1] [bat] ①〖野球〗打撃棒。②コウモリ。＊小形の哺乳動物。

バット[2] [vat] ①料理の油切りに使う浅い容器。②〖写真〗現像などに使う平皿。③醸造用の大樽(おおだる)。

パット[1] [pat] 軽く叩くこと。

パット[2] [putt] 〖ゴルフ〗グリーン上のボールをホールめがけて軽く打つこと。＝パッティング[2]。

パッド [pad] ①当て物；詰め物。②スタンプ台。③1枚ずつはぎとって使う帳面。

ハット・トリック [hat trick] 〖サッカーなど〗同一選手が1試合で3点以上得点すること。

バッド・バンク [Bad Bank] 公的資金を使って金融機関の不良債権を買い取る資産管理会社。

ハッピー [happy] 幸福な；楽しい；満足な。↔アンハッピー。

ハッピー・アワー [happy hour] レストランやバーなどで，平日の夕方頃に実施される酒類の割引時間帯。

ハッピー・エンド [日happy end] 物語や事件などでの幸福な結末。＊英語ではhappy ending。

ハッピー・マンデー [日happy Monday] 国民の祝日を従来の日から月曜日に移し，3連休にする制度。

パップ [papオランダ] 糊(のり)状の薬を塗って湿布をすること。

バッファー [buffer] ①列車の緩衝装置。②〖美容〗つめ磨き。

バッファー・ステート [buffer state] 緩衝国。

バッファー・ストック [buffer stock] 緩衝在庫。＊景気の上昇・後退による一次産品の需要の急増・急減を緩和して価格を安定させるための方策。

バッファー・ストレージ [buffer storage] 〖電算〗緩衝記憶装置。＊2つの装置間の処理速度の差を調節する。バッファー・メモリーとも。

バッファー・ゾーン [buffer zone] ①緩衝地帯；非武装地帯。②⇨グリーンベルト。

バッファー・プレーヤー [buffer player] 牽制(けんせい)的投票者。

バッファロー [buffalo] ①水牛。②アメリカ野牛。＝バイソン。

バッフィー [baffy] 〖ゴルフ〗ウッド・クラブ4番の別称。

ハッブル宇宙望遠鏡 [Hubble Space Telescope] 1990年スペースシャトルで地球周回軌道に打ち上げられた反射式望遠鏡。＊天文学者ハッブルの名にちなむ。略HST。

ハッブルの法則 [Hubble's law] 「遠い銀河は，距離に比例する速度で後退している」という法則。＊アメリカの天文学者ハッブルが発見。

パテ[1] [pâtéフランス] 鳥獣肉や魚肉を詰めて焼き上げたパイ料理。

ハ

パテ[2] [putty]　接合剤；目止め剤。
バディ [buddy]　仲間；相棒。
パティ [patty]　挽き肉を円盤状に焼いた料理。＊パンにはさんで食べる。
パティオ [patioスペイン]　中庭。
パティオ・ローズ [patio rose]　小さくて花弁の多い四季咲きのバラ。
パティシエ [pâtissierフランス]　男性の菓子職人。＊女性形は，パティシエール(pâtissière)。
パティス [patis]　フィリピンの魚醤(ぎょしょう)。
パティスリー [pâtisserieフランス]　練った粉を生地にして作った菓子の総称。また，それを売る店。
バティック [batik]　インドネシアのジャワ島を中心に生産されている臈纈(ろうけつ)染めのサラサ。
ハデス [Hades]　①『ギリシア神話』冥界(めいかい)の王。＊ゼウス，ポセイドンの兄弟。②死者の国；冥土(めいど)。
バテレン [padreポルトガル]　キリスト教の宣教師。＝パードレ。
パテント [patent]　特許；特許権。記号pat.。
パテント・エージェント [patent agent]　特許代理人；弁理士。
パテント・トロール [patent troll]　買い集めて保有している特許権に基づき，大企業などを権利侵害で訴え巨額の損害賠償金やライセンス料を得る組織・個人。
パテント・プール [patent pool]　複数の企業や研究機関が特許権を持ち寄り，管理や技術の標準化を図るしくみ。
パテント・マップ [patent map]　特許情報を整理・分析した図表。
パトス [pathosギリシア]　情念；激情。↔エトス①，ロゴス。
パドック [paddock]　競馬場の下見所。
パ・ド・ドゥ [pas de deuxフランス]　バレエで，男女２人組の踊り。
バドミントン [badminton]　コート中央のネットをはさみ，ラケットでシャトルコックを打ち合う球技。
バトラー [butler]　給仕人；執事。
パトリオット [patriot]　①愛国者。②［P-］アメリカ陸軍が開発した対空ミサイル防御システム。
パトリオティズム [patriotism]　愛国主義；愛国心。
パドリング [paddling]　①『カヌー』櫂(かい)でこいで前進すること。②『サーフィン』両手で水をかいて板を進めること。
ハドル [huddle]　①群がる；詰め込む。②『アメ・フト』ダウンの間に行う作戦会議。
バトル [battle]　戦闘；交戦；闘争。
パドル [paddle]　①櫂(かい)；水かき。②ひれ状の足。
バトルシップ [battleship]　戦艦。
バトル・ロイヤル [battle royal]　『プロレス』多数のレスラーが入り乱れて行う勝ち抜き戦。
パドレス [padresスペイン]　お父さん；神父たち。
パトローネ [Patroneドイツ]　①35ミリなどの生フィルムを入れる容器。②薬莢(やっきょう)。
パトロール [patrol]　警察の巡回警ら制度。
パトロネージュ [patronageフランス]　後援；支援；贔屓(ひいき)。
パトロン [patron]　芸術家や芸人などを経済的に援助する後援者。
ハトロン紙 [Patronenpapierドイツ]　茶色の丈夫な紙。＊包装用。
バトン [baton]　①『陸上競技』リレー競走で，走者が受け渡しする中空の筒。②音楽の指揮棒。
バトン・ガール [日baton girl]　⇨バトン・トワラー。
バトン・タッチ [日baton touch]　①仕事の引き継ぎ。②⇨バトン・パス。
バトン・トワラー [baton twirler]　音

楽隊の先頭に立ち，バトンを振りながら行進する人。＝バトン・ガール。

バトン・パス [baton pass] 〖陸上競技〗リレー競走で，バトンを次の走者に渡すこと。＝バトン・タッチ。

バナー [banner] ①垂れ幕；横断幕。②ホームページ上の横長の細い見出し画像。

〜広告 [〜advertising] ①旗広告。②ホームページ上の帯状の広告。

バナキュラー [vernacular] ①お国柄。②方言；地方訛(なま)り。

パナマ帽 [panama hat] パナマ草(南米ペルー産の多年草)で作った帽子。＊夏用。

バナメイエビ [Litopenaeus vannamei] クルマエビ科のエビ。＊東太平洋原産。芝エビに似る。

バナル [banal] 平凡な；陳腐な。

ハニー [honey] ①はちみつ。②「いとしい人」という意味で，妻子，恋人などに対して呼びかけることば。

バニー・ガール [bunny girl] バーやクラブ[1]④で，ウサギの装いをして接客する女性。＊bunnyは「ウサちゃん」。

ハニー・トラップ [honey trap] 甘い罠。

パニーニ [panini イタリア] 丸型の小さなパンに，ハムやソーセージをはさんだイタリア式サンドイッチ。

ハニー・バケット [honey bucket] 肥桶(こえおけ)。

ハニー・バンタム [honey bantam] 甘味の強いトウモロコシ。

ハニーポット [honeypot] ハッカーの不正アクセスからシステムを守るために囮(おとり)を設置すること。＊honeypotは，「蜜壺」の意。

パニエ [panier フランス] ①かご。特に，ワインバスケット。②スカートのふくらみをだすためのペチコート。

ハニカム構造 [honeycomb structure] 正六角形，正六角柱を並べた構造。＊軽量で強度にすぐれる。切断面が蜂の巣状(honeycomb)に見えることから。

バニシング・クリーム [vanishing cream] 油分が少なく吸収の速い化粧下地用のクリーム。

パニック [panic] ①混乱状態。②恐慌。

〜障害 [〜disorder] 恐慌性障害。＊突然，動悸，めまい，吐き気などの症状が現れ，治まっても再発作の不安に悩まされる。

パニック・ルーム [panic room] 災害などから身を守るための緊急避難用の小部屋。

パニッシュメント [punishment] 罪；処罰；刑罰。

バニティー [vanity] ①空虚；虚栄。②化粧品入れ；流行の装飾品。

バニティー・バッグ [vanity bag] 化粧用具を入れる携帯用の小型かばん。＊バニティー・ケースとも。

バニラ [vanilla] ①メキシコ原産のラン科のつる草。②①から採った香料。＊食品用。

バニリン [vanillin] バニラの果実から得られる芳香成分。＊菓子の香料用。抗酸化作用がある。

パネトーネ [panettóne イタリア] 砂糖漬けの果物などを入れた円筒型のパン。＊クリスマス用。

ハネムーン [honeymoon] 新婚旅行。

パネラー [日paneler] ⇨パネリスト。

パネリスト [panelist] ①公開討論会の討論者。②(クイズ番組)などの解答者。＝パネラー。

パネル [panel] ①羽目板；規格の寸法・仕様でできた板。②〖美術〗画板。③写真・ポスターなどをはる展示板。④〖服飾〗スカートの上に重ねてたらす細長い布。⑤配電盤。⑥委員会；審議会。＊特に，WTOの国際紛争処理委員会をさす。

〜調査 [〜research] 任意に抽出した調査対象の消費行動，購買実態などを継続的に調査・分析する方法。
パネル・ディスカッション [panel discussion] 公開討論会。＊異なる意見をもつ数人の討論者が意見を述べ，のちに聴衆も討論に参加する。
パネル・ヒーター [日panel heater] オイルを入れた鋼板パネルに電気を通して暖房する器具。
パノプティコン [panopticon] イギリスの思想家ベンサムが提唱した一望監視施設。
パノラマ [panorama] ①全景。②〖美術〗全景画。
パノラマ・カメラ [panorama camera] ワイドな画面を写すカメラ。
パパイヤ [papaya] パパイヤ科の常緑高木。また，その実。＊果実は洋梨形。メキシコ原産。
ハバネラ [habaneraスペイン] キューバの民衆音楽。＊ゆっくりした2拍子のリズム。
ハバネロ [habanero] メキシコ原産のトウガラシ。＊チリ・ソースの原料。
パパラッツォ [paparazzoイタリア] 有名人をしつこく追いかけて写真を撮るカメラマン。＊複数形は，パパラッチ(paparazzi)。
ババロア [bavaroisフランス] 牛乳・砂糖・ゼラチン・生クリームなどを混ぜてつくった冷菓。
パピー [puppy] 子犬。
パピー・ウォーカー [puppy walker] 盲導犬候補としての子犬を生後2か月頃から約1年間家庭内で育てる，里親ボランティア。
ハビタット ⇨HABITAT。
ハビタブル・ゾーン [habitable zone] 住むのに適した地帯。
ハビット [habit] 習性；性癖。
ハビテーション [habitation] 居住地；住まい。
ハビトゥス [habitusラテン] ものの見方，振る舞い方などを持続的に生み出す性向。＊社会学者P.ブルデューの用語。
パヒューム ⇨パフューム。
パピヨット [papilloteフランス] ①骨付き肉の骨の部分を包む装飾的な紙。②魚や肉の紙包み焼き。
パピヨン [papillonフランス] ①蝶(ちょう)。②耳が蝶の形に似た小型犬。
パビリオン [pavilion] ①博覧会・見本市などの展示館。②庭園内の東屋(あずまや)。
パピルス [papyrusラテン] ①カヤツリグサ科の多年草。②古代エジプトで用いられた紙。＊英語のpaper，フランス語のpapier，ドイツ語のPapierの語源。
バビロン [Babylon] メソポタミア地方の古代都市。＊退廃した都市の象徴。『旧約聖書』「創世記」ではバベル。
ハブ[1] [hub] ①車輪やプロペラの中心部。②中枢。
〜空港 [〜airport] 基幹空港。＊乗り換えや貨物の積み替えの拠点となる大型空港。
ハブ[2] [HUB] 〖電算〗LANやUSBに接続するための集線装置。
パフ [puff] おしろいをつけるための化粧用具。
パブ [pub] イギリスの大衆的な飲み屋。＝パブリック・ハウス。
バブーシュ [babouche] 中東・北アフリカのスリッパ状の革製の履物。
バブーシュカ [babushkaロシア] 女性用の三角形のスカーフ。＊原義は「ロシアの老婦人」。
パフェ [parfaitフランス] アイス・クリームに果物，チョコレート，生クリームなどを添えたもの。
パフォーマー [performer] 実行者；演者；役者。
パフォーマティブ [performative] 行為遂行的。＊哲学者J.L.オースティンの用語。↔コンスタティブ。

パフォーマンス [performance] ①達成；性能。②既成の様式にあてはまらないすべての芸術的表現行為。③公演；上演。④コンピュータの性能。

パフ・スリーブ [puff sleeve] 〖服飾〗袖(そで)付けや袖口にギャザーを入れてふわっとふくらませた袖。

バプテスト [Baptist] ①プロテスタント教派の1つ。浸礼(しんれい)派。② [b-] 洗礼を授ける人。

バプテスマ [baptismaギリシア] 洗礼；浸礼。

ハプテン [hapten] たんぱく質と結合することにより免疫原性を示す物質。＊薬物アレルギーの要因となる。

ハフニウム [hafnium] ジルコニウム鉱物中に含まれる金属元素。原子番号72。記号Hf。＊原子炉の制御棒などに使用。

ハプニング [happening] ①偶発的出来事。②意表をついた出来事の表現効果を重視する前衛的芸術活動。

パフューマー [perfumer] 香水の調香師。

パフューム [perfume] 香り；香水。＊パヒュームとも。

バブリー [bubbly] 泡のような；うきうきした；豪華な。

パプリカ [paprikaハンガリー] アマトウガラシからつくった香辛料。カラーピーマンの一種。

パブリケーション [publication] ①発表；公布。②発行；出版。③出版物。

パブリシティー [publicity] ①広告風の情報提供活動。②企業・官庁・団体などの広報活動。

パブリシティー・エージェント [publicity agent] 広告代理店。

パブリック [public] 公の；公衆の。↔プライベート。

パブリック・アート [public art] 公共空間に設置された芸術作品。

パブリック・アクセス [public access] 市民がつくるメディア。＊視聴者が番組制作に参加し情報発信。

パブリック・アクセプタンス [public acceptance] 社会的合意性。＊企業が事業を始める際に，地域住民の理解と承認を得ること。略PA。

パブリック・アフェアーズ [public affairs] 政治・行政機関，企業などが，世論の啓発，積極的な社会貢献を行うためにする広報活動。略PA。

パブリック・インボルブメント [public involvement] 住民参画；住民参加方式。略PI[1]。

パブリック・エネミー [public enemy] 社会の敵。

パブリック・オピニオン [public opinion] 世論。↔パーソナル・オピニオン。

パブリック・オフィサー [public officer] 公務員。

パブリック・クラウド [public cloud] 不特定多数のユーザーに提供されるクラウド・コンピューティング環境。

パブリック・コース [public course] 〖ゴルフ〗会員制でなく一般に公開されているコース。

パブリック・コーポレーション [public corporation] 公共企業体。

パブリック・コメント [public comment] 意見公募。

パブリック・サーバント [public servant] 公僕；公務員；役人。

パブリック・サービス [public service] ①公益事業。②公務員。

パブリック・スクール [public school] ①アメリカの公立学校。②イギリスの上流階級の子弟のための私立中・高等学校。

パブリック・スペース [public space] 一般に開放された空間。＊自由に利用できるホテルのロビーや食堂など。

パブリック・ディプロマシー [public diplomacy] 広報外交；公開外交。

パブリック・ドメイン [public domain] 自由に使用できるソフトウェ

ア；著作権のないソフトウェア。略 PD。

パブリック・ハウス [public house] ⇨パブ。

パブリック・ビューイング [public viewing] スタジアムや特設広場に設置した大型スクリーンでスポーツの試合などを観戦すること。

パブリック・リレーションズ [public relations] ⇨PR²。

パブリッシング [publishing] 出版社；出版業者。

バブル [bubble] ①泡。②ペテン；詐欺。③狂乱地価・異常株高などの経済過熱状態を泡にたとえたもの。

バブル・ガム [bubble gum] 風船ガム。

バブル・ラップ [bubble wrap] 〚商標〛 気泡緩衝材。＊通称，プチプチ。

パブロフの犬 [Pavlov's dog] ロシアの生理学者パブロフが条件反射作用の実験に使った犬。

パペット [puppet] ①指人形；操り人形。②傀儡(かいらい)。

バベルの塔 [Tower of Babel] ①『旧約聖書』に記されている伝説の塔。＊ノアの子孫たちが天に届く塔を建てようとしたために神の怒りにふれ，塔の建設は失敗に終わった。②実現不可能な計画。

ハマス [Hamas] パレスチナのイスラム原理主義組織。

バミューダ・トライアングル [Bermuda Triangle] 魔の三角水域。＊フロリダ半島南端のマイアミ，プエルトリコ島のサンファン，バミューダを結ぶ三角地域で，船舶，航空機が謎の失踪をした。

バミューダ・パンツ [日Bermuda pants] 〚服飾〛ひざが少し見える長さの細めの半ズボン。＊バミューダ諸島の名から。バミューダ・ショーツとも。

ハミング [humming] 鼻歌。

ハミングバード [hummingbird] ハチドリ。＊鳥類中最も小さく，ホバリングしながら花の蜜を吸う。

ハム[1] [ham] ①豚肉を塩漬けにした後，燻製(くんせい)にしたもの。②⇨アマチュア無線。

ハム[2] [hum] ラジオやテレビの雑音。

ハム・エッグ [ham and eggs] 油で炒めた薄切りのハムに卵を落として焼いた料理。

ハムスター [hamster] ネズミ科の小動物。＊愛玩用，実験用。

ハムストリング [hamstring] 人の下肢後面の筋肉。＊大腿(だいたい)二頭筋，半膜様筋，半腱様筋のこと。

ハムラビ法典 [Code of Hammurabi] 紀元前18世紀中頃，バビロニアのハムラビ王が発布した法典。＊楔形(くさびがた)文字で記され，「目には目を，歯には歯を」の記述で知られる。ハンムラビ法典とも。

ハモンド・オルガン [Hammond organ] 〚商標〛円盤を回転させて電気振動を起こし音を出す電気オルガン。＊L.ハモンドが発明。

パラ・アスリート [para athlete] パラ・スポーツに取り組む選手。

バラード [ballade フランス] ①物語詩；叙事的な声楽曲。②自由な形式の器楽曲；譚詩(たんし)曲。

ハラーム [Harām アラビア] イスラム教における禁忌。また，その行為。＊ハラムとも。

ハラール [Halāl アラビア] イスラム教において許されたもの。＊ハラルとも。

ハラール・フード [halal food] イスラム教の戒律にのっとり処理した食肉の料理。＊ハラル・フードとも。

パライバ・トルマリン [paraiba tourmaline] ブラジルのパライバ州などで産出される銅リチア電気石。＊あざやかなブルーまたはグリーンの色味を放つ宝石。10月の誕生石。

バラエティ [variety] テレビの娯楽

番組で，タレント，歌手，芸人などが出演し，楽しい企画を盛り込んだもの。

バラエティ・ショップ [variety shop] ガラス製品・装飾品・人形など，趣味の品々を販売している店。

バラエティ・ストア [variety store] 雑貨品を中心に価格の安い広範な商品を取り扱う小売店。

パラキート [parakeet] 小型のインコ(鸚哥)。

バラクーダ [barracuda] カマス科の肉食性の海魚。＊熱帯・亜熱帯に生息。

バラクタ・ダイオード [varactor diode] 可変容量ダイオード。＊テレビ，ラジオや，移動体通信機器などに使用。

パラグライダー [日paraglider] ①折りたためる繊維製グライダー。②①を用いて，山の斜面から飛び出し，空中に舞い上がるスポーツ。

パラグラフ [paragraph] 文章の段落；節。

パラコート [paraquat] 除草剤の1つ。＊猛毒で，致死性が高い。

パラサイト [parasite] 寄生生物；居候(いそうろう)。

パラサイト・シングル [日parasite single] 社会人となっても親と同居している独身者。

パラジウム [palladium] 〖化学〗原子番号46の白金属元素。元素記号Pd。＊合金，装飾などに用いられる。

パラジクロロベンゼン ⇨PDB。

パラシュート [parachute] 落下傘。

ハラショー [khorosho(ロシア)] 「よろしい」「すばらしい」「承知した」。

バラスト [ballast] ①船体の安定を保つために船底に積む砂利や土。②鉄道や道路に敷く砂利や小石。

パラ・スポーツ [para sports] 障害者が行うスポーツ。

ハラスメント [harassment] 人を悩ませたり苦しめたりすること。

パラセール [parasail] パラシュートをつけ自動車やモーターボートに引っ張られて空に上がるスポーツ。＊パラセーリングとも。

パラソル [parasol] 婦人用の日傘。

パラダイス [paradise] ①天国；楽園。②桃源郷。⇨エル・ドラド，シャングリ・ラ，ユートピア。

パラダイム [paradigm] ①範列；規範。②枠組みとしての認識の体系。

パラダイム・シフト [paradigm shift] ある時代における社会の規範や概念，思想の枠組みが劇的に変化すること。

パラチノース [palatinose] 〖商標〗抗齲蝕(うしょく)性の甘味料。＊甘さは砂糖の半分以下。

パラチフス [Paratyphus(ドイツ)] パラチフス菌により発症する消化器系の感染症。

バラック [barrack] ①兵舎。②間に合わせの粗末な家屋。

バラッド [ballad] 悲劇的・悲喜劇的な内容の物語詩にメロディーをつけたもの。＊口承説話，民間伝承に由来。

ハラッパー [Harappa] パキスタン北東部パンジャブ地方にあるインダス文明の都市遺跡。＊ハラッパとも。

パラドール [parador(スペイン)] スペインの中世の城や修道院を修復・改造した国営の高級ホテル。

パラドックス [paradox] 逆説。＊矛盾しているようで実は正しい説。

パラノイア [paranoia] 偏執病；妄想症。⇨モノマニア。

パラフィリア [paraphilia] 異常性愛。

パラフィン [paraffin] 石ろう。＊ろうそく，クレヨンの原料。

〜紙 [〜paper] パラフィンをしみこませた防水紙。

パラフレーズ [paraphrase] ①解説；言い換え。②〖音楽〗改編曲。

ハラペーニョ [jalapeño(スペイン)] メキシ

コ産の非常に辛いトウガラシ。

パラペット [parapet] 屋上やバルコニーなどの外周部に設けられる手すり壁・胸壁。

パラベン [paraben] 防腐剤の一種。＊食品・医薬品・化粧品などに使用。パラ・オキシ安息香酸エステル(para-hydroxybenzonate)から。

パラボラ [parabola] 〖数学〗放物線。

パラボラ・アンテナ [parabolic antenna] 電波を放物面をもつ内側で反射させるお椀型の指向性アンテナ。＊衛星放送の受信やマイクロウエーブ中継などに使われる。

パラマウント映画 [Paramount Pictures Corporation] アメリカの映画製作・配給会社。

ハラム ⇨ハラーム。

パラメーター [parameter] ①〖数学〗補助変数；媒介変数。②限界；限度。③〖電算〗プログラムを実行するときのオプション情報。

パラメディカル [paramedical staff] 医師を支える医療従事者。＊看護師・理学療法士など。paraは,「側面」「補強」という意。

パラメディック [paramedic] 海外における特別救急救命士。＊高度な救急医療を行う技術・資格をもつ。

バラモン [brāhmana サンスクリット] 僧侶階級。＊インドのカースト制度で最上層。

バラモン教 [Brahmanism] 古代インドでバラモン階級を中心に発達したベーダを経典とする民族宗教。

バラライカ [balalaika ロシア] 三角形の胴をした，ウクライナの民族弦楽器。

パララックス [parallax] ①〖天文〗視差。＊同一天体を地上の2点で観測したときの視角の違い。②〖写真〗カメラのファインダーで見る像とフィルムに写る像とのずれ。

パラリーガル [paralegal] 弁護士のもとで補助的な業務を担う者。

パラリンピアン [paralympian] パラリンピックの選手・出場経験者。

パラリンピック [Paralympic Games] 障害者による国際総合競技大会。＊国際パラリンピック委員会(IPC)が主催。オリンピックと同じ年・場所で開催される。

ハラル ⇨ハラール。

パラレル [parallel] ①平行；平行線。②〖電気〗並列。③〖スキー〗2本のスキーを平行にそろえて滑る技術。

パラレル・カレンシー [parallel currency] 〖経済〗並行して流通する貨幣。

パラレル・スラローム [parallel slalom] 〖スキー〗回転競技の一種。＊併設された2つのコースで，2人の選手が同時にスタートしてその速度を競う。＝デュアル・スラローム。

パラレル・ターン [parallel turn] 〖スキー〗左右のスキーを平行にそろえたまま回転する滑走方法。＊パラレル・クリスチャニアとも。

パラレル・ワールド [parallel worlds] (SFで)平行世界；異次元世界。

バランス [balance] ①つり合い；平衡。②貸借の均衡。

バランス・オブ・パワー [balance of power] 勢力均衡。

バランス・シート [balance sheet] 貸借対照表。略B／S。

バランス・ファンド [balanced fund] オープン型投資信託の一種。＊株式に債券や優先株などを組み合わせて資産を運用する。

バランス・ボール [balance ball] エクササイズやバランス感覚のトレーニングに役立つ，空気でふくらませて腰かけられる大きさのボール。

バリア [barrier] ①境界線；防護壁。②障害；障壁。＊バリアーとも。

パリア [pariah] インドのカースト社会での不可触民；最下層民。＊パーリアとも。

ハリアー［Harrier］ イギリス空軍のV/STOL戦闘攻撃機。
パリアティブ・ケア［palliative care］緩和療法。
バリア・フリー［barrier-free］ ①障壁なし。②高齢者や障害者にとって日常生活の妨げとなる障害を取り除き，生活しやすくすること。
バリア・フリー・マップ［日barrier free map］ 地区内のバリア・フリー情報をまとめた地図。
バリアブル・コンデンサー［variable condenser］ 可変蓄電器。略バリ・コン。
バリアント［variant］（写本などの）異稿。
パ・リーグ パシフィック・リーグの略。
ハリウッド［Hollywood］ アメリカ・ロサンゼルス市にある映画産業の中心地。
バリウム［Barium ドイツ］〘化学〙原子番号56のアルカリ土類金属元素。元素記号Ba。＊合金材料やレントゲン撮影の造影剤に用いられる。
バリエーション［variation］ ①変化；多様性。②〘音楽〙変奏曲。
バリカン［Barriquand フランス］ 散髪用の金属製の用具。＊フランスの製造会社の名から。＝ヘア・クリッパー。
パリ・クラブ［Paris Club］ 主要債権国会合。＊22か国が恒常的メンバー。パリで開催される。
バリケード［barricade］ 防柵；防壁；障害物。
ハリケーン［hurricane］ 西インド諸島などで発生する強い熱帯低気圧。
パリ・コミューン［Commune de Paris フランス］ 1871年３月18日にパリで樹立された革命的自治政権。＊72日間で崩壊。略コミューン。
パリ・コレクション［Paris Collection］ パリで行われる高級衣装店専属デザイナーによる創作デザイン発表会，またその作品。略パリ・コレ。
バリコン バリアブル・コンデンサーの略。
パリ祭 フランス革命(1789年７月14日)により，王政が廃止になったことを祝う日。＊正式には「フランス国民祭」(Fête nationale française フランス)。
パリサイ人［pharisee］ 古代ユダヤ教の一派。＊律法の厳守を主張し，イエスを論難。
パリジェンヌ［parisienne フランス］ パリ娘。↔パリジャン。
ハリジャン［harijan］ インドのカースト制における最下層民のこと。＊「神の子」の意で，カースト制撤廃を唱えたガンディーの命名。
パリジャン［parisien フランス］ パリに生まれ育った男性。↔パリジェンヌ。
バリスタ［barista イタリア］ コーヒー店のカウンターで，客の注文に応じてエスプレッソなどのコーヒーを淹(い)れる専門家。
バリスター［varistor］ 抵抗素子。＊避雷針，保護回路などに使用。
パリスの審判［The Judgment of Paris］〘ギリシア神話〙トロイアの王子パリスが，３人の女神のうち，誰が最も美しいかを判定させられたこと。＊トロイ戦争の発端とも。
パリティー［parity］ ①同格；等価；等量。②類似；平価。③偶奇性。＊素粒子の特徴を示す数値。④コンピュータの正誤検出·訂正方法の１つ。
パリティー・チェック［parity check］〘電算〙奇偶検査方式。＊データの単位ごとに，末尾に１ビット分付け加えて検査する。
バリデーション［validation］ ①認めること。②認知症患者の介護法で，患者の行動や言動を否定することなく受け入れ，交流をもつこと。
バリトン［baritone］〘音楽〙男声の中音域，またはその歌手。
パリバ［Paribas］〘商標〙フランスの

ハ

パリに本拠地を置く，大手金融グループ。＊正式名，BNPパリバ。

バリュー［value］ 価値；真価。

バリュー・アナリシス［value analysis］ 価値分析。＊品質を落とさず価格を低減させるための分析。略VA。

バリュー・エンジニアリング［value engineering］ 価値工学。略VE。

バリュー・チェーン［value chain］ 開発から販売に至るまでの業務の流れを機能別に捉え，付加価値の生まれている部分を把握し，効率化や競争力強化を図る経営手法。

バリュー・プライス［日value price］ 手頃な値段；お得な価格。

パル［pal］ 友達；仲間。

バルーン［balloon］ 風船；気球。

バルカロール［barcarolleフランス］ ベニスの舟歌。

バルカン［Vulcan］〘ローマ神話〙火と鍛冶(かじ)仕事の神。＊ギリシア神話ではヘーパイストスに当たる。

バルキー・セーター［bulky sweater］ 太い毛糸でざっくり編んだセーター。

パルクール［Parkourフランス］ 「走る」「跳ぶ」「登る」という動作で体を鍛えるフランス発祥のスポーツ。⇨フリー・ランニング。

バルク・キャリアー［bulk carrier］ ばら積み貨物専用の運搬船。

バルク・セール［bulk sale］ 一括販売；抱合わせ販売。

バルク品［bulk］〘電算〙非正規品。↔リテール品。

バルク・ライン［bulk line］ ①米の生産費を算出する際に基準となる線。②医薬品の価格を設定する際の基準値。

バルク・ワイン［bulk wine］ 原料として輸入されたブレンド用ワイン。

パルコ［parcoイタリア］ 専門店を集めた百貨店。＊原義は「公園」「広場」。

バルコニー［balcony］ ①露台。⇨ベランダ。②劇場の2階正面席。

パルサー［pulsar］ 規則的周期で脈動電波(パルス)を発する天体。

バルサミコ酢［balsâmicoイタリア］ 煮詰めたぶどうの果汁を熟成させて作った高級な醸造酢。

ハルシオン［Halcion］〘商標〙睡眠導入剤。＊トリアゾラムの商品名。

パルス［pulse］ ①脈拍。②衝撃電流；脈動電波。＊プルスとも。

パルタイ［Parteiドイツ］ 党派；政党。

パルチザン［partisanフランス］ 遊撃隊；不正規軍；ゲリラ隊。

パルティータ［partitaイタリア］ 組曲；変奏曲。

パルテノン［Parthenon］ アテネのアクロポリスの丘に建つ神殿。＊ドーリア式の代表的な建物。

パルトー［paletotフランス］ ゆったりした腰丈のハーフ・コート。⇨トッパー。

バルトリン腺［Bartholin's gland］〘医学〙大前庭腺。＊女性の膣口に左右一対ある。

パルドン［pardonフランス］ 「ごめんなさい」「失礼しました」。

パルナス［Parnasseフランス］ ①ギリシアの山の名で，アポロとミューズの霊地。②詩壇；文学界；詩文集。＊パルナッソスとも。

バルネオセラピー［Balneotherapyドイツ］ 温泉療法。

バルネラビリティー［vulnerability］ 脆弱(ぜいじゃく)さ。特に，情報セキュリティや不正犯罪など高度情報社会のもつ脆弱性。

バルビゾン派［École de Barbizonフランス］ 19世紀，フランスで生まれた絵画の一潮流。＊コローやミレーなど。

パルピテーション［palpitation］ ときめき。＊原義は「動悸」「ふるえ」。

バルブ[1]［bulb］ ①電球。②球根。

バルブ[2]［valve］ ①真空管。②弁。

パルプ［pulp］ 木材から植物繊維をとり出してつくる製紙の原料。

パルボ [parvovirus] パルボウイルスによるイヌの感染症。＊嘔吐(おうと)，下痢などの症状を呈し致死率が高い。

ハルマゲドン [Harmagedonギリシア] 神とサタンの最終戦争。＊『新約聖書』「黙示録」に記述される。＊アルマゲドンとも。

ハルマッタン [harmattan] アフリカ内地から西方へ吹く乾燥した貿易風。＊11月から3月に多く，風塵を伴う。ハマターンとも。

パルム・ドール [Palme d'Orフランス] カンヌ国際映画祭で，コンペティション部門の最優秀作品に贈られる賞。

パルメザン・チーズ [Parmesan cheese] イタリア北部パルマ地方産の粉チーズ。

バレエ [balletフランス] 舞台舞踊劇。＊歌詞や台詞を伴わない。

ハレーション [halation] 〖写真など〗強い光線があたって画面がぼやけること。

ハレー彗星(すいせい) [Halley's Comet] 周期約76年の大彗星。＊1682年，イギリスの天文学者E.ハレーが軌道を計算したことから。

パレード [parade] ①行列；行進。②観閲式。

パレート最適 [Pareto's Optimum] 〖経済〗資源配分を効率的に行うための条件。＊1つの資源配分を選択するとき，集団内の誰かの犠牲なしには他の誰かの効用を改善できないような状態。

バレーボール [volleyball] 2チームがコート中央のネットをはさんで向かい合い，手でボールを打ち合って得点を競う球技。排球。＊6人制と9人制がある。

パレオ [paréoフランス] 腰巻き風のスカート。＊もとは，タヒチの伝統的な女性の衣服。

パレス [palace] ①宮殿。②娯楽，スポーツ競技のための大きな建築物。

パレスチナ [Palestinaラテン] 西アジアの西端，ヨルダン川と地中海南東岸の地域。

パレスチナ解放機構 ⇨PLO[1]。

パレタ [paleta] フルーツ入りのアイス・キャンディ。＊メキシコの氷菓子。

バレッタ [barretteフランス] 棒状の髪留め。＊バレットとも。

パレット[1] [paletteフランス] ①絵の具を溶いたり混ぜたりする板。②〖電算〗グラフィック・ソフトなどの色を作成する機能。

パレット[2] [pallet] 商品運搬用の荷台。または枠組み。

ハレム [harem] イスラム教国の王室・上流家庭に設けられている婦人専用の部屋。＊近親者以外は男子禁制。ハーレムとも。

バレリーナ [ballerinaイタリア] バレエの女性ダンサー。＊本来は，主役の女性ダンサーのこと。

バレル [barrel] ①樽(たる)。②石油の計量単位。＊1バレルは約159リットル。バーレルとも。

ハレルヤ [hallelujah] 神をたたえることば。＊アレルヤとも。

バレンシア [Valencia] ①羊毛と絹，木綿を混ぜて織った布地。②オレンジの一種。

バレンタイン・デー [Valentine's Day] 2月14日の聖バレンタイン殉教記念日。＊日本では，女性が男性に愛を告白する日。

バレンティノ・ガラバーニ [Valentino Garavani] 〖商標〗イタリアの服飾デザイナー。また，その製品。＊表記は「ヴァレンティノ」。

ハロウィン [Halloween] 〖キリスト教〗万聖節の前夜祭。＊10月31日の夜に行われる。

ハロー [halo] ①太陽や月の周りに見られる暈(かさ)。②〖天文〗銀河系の中心部を取り巻く部分。③光輪；後光。
〜効果 [〜effect] 威光効果。＊一

部の特徴・評価が他の面にまで及び過大評価してしまうこと。

ハロー・ページ [日Hello Pages] 〖商標〗NTTが発行する五十音順電話帳の愛称。⇨タウン・ページ。

パロール [paroleフランス] 個々の言語行為。＊言語学者ソシュールが命名。⇨ラング[1]。

ハロー・ワーク [日Hello Work] 公共職業安定所の愛称。

パロキアル [parochial] ①教区のための；偏狭。②カトリック系などの中・高校。＊parochial schoolの略。

ハロゲン [Halogenドイツ] 〖化学〗塩素，フッ素，臭素，ヨウ素，アスタチンの5元素。

パロチン [parotin] 唾液腺(だえきせん)ホルモン。＊耳下腺，顎下腺(がくかせん)から分泌され，骨成長作用がある。

バロック [baroqueフランス] 17世紀ルネサンス以後，イタリアに興った芸術様式。＊ポルトガル語のbarroco（歪んだ真珠)から。

〜音楽 16世紀末から18世紀中頃のヨーロッパで栄えた音楽。＊作曲家ではバッハ，ビバルディなど。

バロット [ballot] ①投票；無記名投票。②投票用紙。③くじ引き。

パロット [parrot] オウム科の鳥のうち大形のもの。

パロディー [parody] 文学作品の内容・要素を借り，それに風刺や滑稽味を加えたりして，別の作品に作り変えたもの。

ハロ・ハロ [halo-haloタガログ] かき氷にフルーツやクリームなどを載せたフィリピンの氷菓子。

バロメーター [barometer] ①気圧計；晴雨計。②指標；評価基準。

ハロン[1] [furlong] 競馬で使用する距離の単位。1ハロンは8分の1マイル(約200メートル)。

〜棒 [〜pole] 〖競馬〗走路に立っている標識。＊1ハロンごとに立ててある。

ハロン[2] [halon] フロンガスの一種でフロンよりも強力なオゾン層破壊物質。＊臭素を含む。

バロン [baron] 男爵。

バロン・ドール [ballon d'Orフランス] 〖サッカー〗年間最優秀選手。＊「黄金のボール」の意。

パワー [power] ①力；能力。②動力；馬力。

パワー・アンプ [power amp] ⇨メイン・アンプ。

パワー・ウインドー [power window] 〖自動車〗窓の自動開閉装置。

パワー・エリート [power elite] 権力者。

パワー・ゲーム [power game] 権力闘争。＊大国の間の主導権争い。

パワー・コンディショナー [power conditioner] 太陽光パネルなどで発電した直流電力を，家庭で使える交流電力に変換する装置。

パワー・シフト [power shift] 権力移行。＊新しい勢力，新秩序が生まれること。

パワー・ステアリング [power steering] 〖自動車〗動力操縦装置。＊油圧ポンプを作動させてハンドル操作を軽く，容易にする。略パワ・ステ。

パワー・ステーション [power station] 発電所。

パワー・スポット [日power spot] そこに立つと，霊的なエネルギーが感じられるという場所。

パワード・スーツ [powered suit] 人間の身体機能を電動作動で強化した衣服型の装置。＊ロボット・スーツ，パワー・アシスト・スーツとも。

パワー・トランジション [power transition] 権力の移り変わり；権力移行。

パワー・ハラスメント [日power harassment] 職場内で職務権限などをもとに上司が部下に対して行う，

ハ

いじめや嫌がらせ。略パワ・ハラ。

パワーポイント [PowerPoint] 〖商標〗マイクロソフト社製のプレゼンテーション用ソフトウェア。＊プロジェクターでスクリーンに映し出す資料をパソコンで製作する。略称「パワポ」。

パワー・ポリティクス [power politics] 軍事力を背景にした外交政策。

パワー・ランチ [power lunch] ⇨ビジネス・ランチ。

パワー・リフティング [power lifting] 〖スポーツ〗重量挙げに似た競技。＊スクワット，ベンチ・プレス，デッド・リフトの3種目がある。

パワー・ワード [日power word] 非常に強いインパクトを与えることば。

ハワイアン・ギター [Hawaiian guitar] ⇨スチール・ギター。

パワ・ステ パワー・ステアリングの略。

パワ・ハラ パワー・ハラスメントの略。

パワフル [powerful] 強力な；有力な。

バン[1] [bun] ①ハンバーガーなどに使用する丸いパン。⇨バンズ。②束髪。

バン[2] [van] ①〖自動車〗箱型の有蓋(ゆうがい)貨物自動車。②ライト・バンの略。＊caravanの短縮形。

パン[1] [pan] ①平鍋(ひらなべ)。②〖映画，テレビ〗カメラの位置は動かさずに，レンズの方向を上下・左右に動かして撮影すること。

パン[2] [Pan] 〖ギリシア神話〗牧羊神。＊アルカディア地方では，森や家畜の神。ヤギの角と蹄(ひづめ)をもつ。

パン[3] [pão ポルトガル] 小麦粉にイースト[2]を加えて発酵させ焼いたもの。

バン・アレン帯 [Van Allen radiation belt] 地球を取り巻く放射能の強い地域。＊1958年，アメリカの物理学者バン・アレンらが発見。

ハンガー[1] [hangar] 航空機の格納庫。

ハンガー[2] [hanger] 洋服掛け。

バンカー[1] [banker] 銀行家。

バンカー[2] [bunker] ①船の石炭庫。②〖ゴルフ〗コース内の障害としてつくられた窪地(くぼち)や砂地。

バンカー・ショット [bunker shot] 〖ゴルフ〗バンカーから脱出するためのショット。また，その技術。

ハンガー・ストライキ [hunger strike] 断食による示威行動。略ハン・スト。

ハンガー・ディスプレー [hanger display] つり広告。

バンガード [vanguard] ①前衛；先駆者。↔リア・ガード。②政治運動の指導者。③[V-] アメリカ海軍開発の初期のロケット。

ハンガー・ノック [hunger knock] 長時間の激しい運動後に，極度の低血糖状態に陥ること。

ハンカチーフ [handkerchief] 小型の手ふき。＊ハンカチ，ハンケチ，チーフとも。

バンガロー [bungalow] ①軒が深く平屋のベランダ付き住居。②⇨ヒュッテ。

バンガロール [Bangalore] ⇨ベンガルール。

バンク [bank] ①銀行。②土手；堤防。③飛行機が旋回のために機体を傾けること。

パンク[1] [puncture] タイヤのチューブが破れ，空気が抜けること。

パンク[2] [punk] ①奇抜な服装や髪型を好む若者の風俗文化。②青二才；不良。③パンク・ロックの略。

バンク・アクセプタンス [bank acceptance] 銀行引き受け手形。＊手形の買い取り・支払いなどを銀行が保証した為替手形。

ハング・アップ [hang-up] プログラム実行中にオペレーティング・システ

ム(OS)が停止し，ソフトウェアが動作しなくなる状態。

ハングオーバー [hangover] 二日酔い；残存物。

ハング・グライダー [hang glider] ブーメラン形の金属枠に帆布を貼ったものを翼にして滑空するスポーツ。

バング・スタイル [bang style] 前髪を額に垂らした髪型。＊バングとも。

パンクチュアル [punctual] きちょうめんな；時間厳守の。

パンクチュエーション [punctuation] 句読点；句読法。

ハング・テン [hang ten] 〖サーフィン〗サーフボードの先端に両足の指を折り曲げて引っかけたままで滑走する技術。

バンク・ホリデー [bank holiday] 英国の祝祭日。＊「銀行の定休日」の意。

バンクラプシー [bankruptcy] 破産；倒産。

バンクラプト [bankrupt] 破産者；支払い不能者。

ハングリー [hungry] 空腹の；(精神的)飢え。

ハングル [hangŭl^{コリア}] 朝鮮固有の文字。

バングル [bangle] 丸い形の腕輪。

パンクロ パンクロマティック・フィルムの略。

バンク・ローン [bank loan] 銀行間借款(しゃっかん)。＊開発途上国へ融資する際，相手国の銀行を経由すること。

パンク・ロック [punk rock] 〖音楽〗1970年代半ばにおこったロック・ミュージック。＊既成の道徳や社会通念に対する反抗を表した。略パンク。

パンクロマティック・フィルム [panchromatic film] 全整色フィルム。＊最も自然に近い状態に再現する。略パンクロ。

パンゲア [Pangaea] 大陸移動説で，約2億年前に存在していたとされる超大陸。＊A.L.ウェーゲナーの説。

パンケーキ [pancake] ⇨ホットケーキ。

パンケーキ・クラッシュ [pancake collapse] 高層建築物で，上階が崩壊したためにその重みで下の階が連鎖的に次々と崩壊する現象。

バンケット [banquet] 晩餐(ばんさん)会；宴会。

バンコマイシン [vancomycin] 抗生物質の1つ。＊MRSA感染症の治療に使用。

パンサー [panther] 豹(ひょう)。＊特に，黒豹。

ハンサム [handsome] 顔立ちのよい；美男子の。

バンサンカン [vingt-cinq ans^{フランス}] 25歳。特に，25歳の女性。

バンジー・ジャンプ [bungy jump] 足首をゴム製の綱で固定し，高い橋の上などから水面めがけて飛びおりる遊び。

パンジェンシー [pungency] ①ピリッとする辛さ；渋味。②皮肉・機知などの鋭さ；辛辣(しんらつ)さ。

バンジョー [banjo] 撥(はつ)弦楽器の1つ。＊カントリー・アンド・ウエスタンなどの演奏に用いる。

バンズ [buns] 小型で甘味のある丸いパン。

ハンズ・オン [hands-on] 展示物や作品に直接触れるなど，参加体験型の学習方法の1つ。

ハン・スト ハンガー・ストライキの略。

パン・スト パンティー・ストッキングの略。

ハンズフリー [handsfree] ①手を使わずに操作できること。②受話器を持たずに通話できる機能。

パンセ [pensée^{フランス}] ①思索；追憶。② [Pensées] パスカルの著書『瞑想(めいそう)録』。

パンセイズム [pantheism] 汎神

(はんしん)論；万有神論。

ハンセン病 [Hansen's disease] 癩(らい)菌によって起こる慢性の感染症。＊ノルウェー人医師G.H.ハンセンの名から。＝レプラ。

ハンター [hunter] ①狩猟者。②探求者。

ハンター・キラー [hunter killer] 対潜水艦掃討作戦，及びその部隊。

ハンター・ラッセル症候群 [Hunter Russel's syndrome] 有機水銀による中枢神経疾患。＊言語障害，視野狭窄，運動機能障害などの症状を呈する。

ハンタウイルス [Hantavirus] ブニヤウイルス科に属するウイルス。＊腎症候性出血熱やハンタウイルス肺症候群を引き起こす。

パンタクール [pantacourtフランス] 裾幅が広く，丈の短いパンタロン。

パンタグラフ [pantograph] ①電車などのひし形の集電装置。②縮図器。

バンダナ [bandanna] 絞り染めの四角の布。＊首に巻いたり，ハンカチーフとして使ったりする。

バンタム級 [bantamweight] ボクシング重量別階級の1つ。＊プロでは115ポンド超え118ポンドまで。

バンダリズム [vandalism] 公共物，芸術品などに対する破壊行為。＊5世紀にローマに侵攻したバンダル族の破壊・略奪行為から。

パンタロン [pantalonフランス] 裾(すそ)が広がったズボン。

パンチ [punch] ①〖ボクシング〗拳(こぶし)で打つこと。②相手を圧倒する気迫。③穴あけ。④ワインにレモンなどを入れた飲み物。＊ポンチとも。

パンチェン・ラマ [Panchen Lama] チベット仏教ゲルグ派の最高指導者ダライ・ラマに次ぐ高僧の称号。

パンチ・ドランカー [日punch-drunk＋er] 頭部への打撃が重なり，脳に障害が生じたボクサー。

パンチ・パーマ [日punch permanent] 短く刈り込んだ頭髪に細かいウエーブをつけた男性の髪型。

ハンチング [hunting cap] 狩猟用の帽子。

パンチング [punching] 〖サッカー〗ゴールキーパーが拳(こぶし)でボールをはじくこと。

ハンチントン病 [Huntington's disease] 進行性脳萎縮。＊不随意運動(舞踏様運動)と人格変化，認知症を主症状とする。1872年，アメリカの医師ハンチントンが報告。

パンツ [pants] ①男性の下着。②ズボン。

ハンデ ハンディキャップの略。

ハンディー [handy] 手頃な；便利な。

パンティー [panty] 女性用下穿き。

ハンディー・カメラ [日handy camera] 片手で操作できる軽量小型のカメラ。

パンティー・ストッキング [日panty stocking] パンティーとストッキングを合わせたタイツ型の下穿き。略パン・スト。＊英語ではpanty hose。

ハンディー・ファン [日handy fan] 持ち運びできる小型の携帯扇風機。＊ポータブル・ファンとも。

ハンディキャップ [handicap] ①勝負をおもしろくするために優勢(劣勢)なものに与える不利(有利)な条件。②不利な条件。略ハンデ。

ハンディクラフト [handicraft] ⇨ハンドクラフト。

バンディット [bandit] 悪漢；盗賊。

ハンディ・トーキー [Handie-Talkie] 〖商標〗携帯用無線機。

ハンティング [hunting] 狩猟。

バンディング [banding] 渡り鳥に番号付きの脚輪をつけること。

ハンティング・ワールド [Hunting World] 〖商標〗アメリカのバッグ製造会社。また，その製品。

バンデージ [bandage]　包帯；はち巻き。
パンテオン [Pantheonラテン]　万神殿。＊古代ローマ，ギリシア時代に神々を一堂に集めて祀(まつ)る。
パンデミック [pandemic]　(インフルエンザなどの)世界的な大流行。↔エンデミック。
パンデミック・ワクチン [pandemic vaccine]　世界的に流行している感染症のウイルスをもとに製造され，予防接種に用いられる薬剤。
ハント [hunt]　①狩りをする。②物色する。
ハンド [hand]　①手。②ハンドリングの略。③〘トランプなど〙持ち札。
バント [bunt]　〘野球〙バットにボールを軽く当てて内野に転がすこと。↔ヒッティング。

バンド[1] [band]　①ベルト；帯。②楽団。③周波数帯。④動物などの一群。
バンド[2] [bund]　(アジアの)船着場；海岸通り。
パント　パント・キックの略。
ハンドアウト [handout]　(会議などで配る)刷り物；企業などが報道目的で作成する宣伝用の資料。
バント・エンド・ラン [bunt-and-run]　〘野球〙打者がバントするのと同時に走者が盗塁をして進塁する作戦。
ハンドオフ [handoff]　①〘ラグビー〙球を持っていないほうの手で相手選手を突き放すこと。②〘アメ・フト，バスケットボール〙手渡しのパス。
ハンドカート [handcart]　手押し車。
バンド・カラー [band collar]　詰め襟(えり)；立ち襟。
パント・キック [日punt kick]　〘ラグビーなど〙手に持ったボールを落とし，地面につく前に蹴ること。[略]パント。
ハンドクラッピング [handclapping]　拍手；手拍子。
ハンドクラフト [handcraft]　手工芸；手工芸品。＊ハンディクラフトとも。
ハンドシェイク [handshake]　①握手。②承認を得てからコンピュータの動作を開始する方式。
ハンド・スキャナー [hand scanner]　手で持って操作するバー・コード読み取り装置。
ハンド・スピナー [hand spinner]　放射状の錘(おもり)がボール・ベアリングでつながっていて，中心部を指ではさみ錘を弾くと，勢いよく回転する玩具。
バンド・デシネ [bande dessinéeフランス]　フランス，ベルギー地域の漫画。
パントテン酸 [pantothenic acid]　ビタミンB複合体の1つ。＊発育促進，新陳代謝に重要な働きをする。
ハンド・ニット [hand-knit]　手編み；手編み製品。
バンドネオン [bandoneónスペイン]　〘音楽〙ボタン式の小型アコーディオン。
ハンドバッグ [handbag]　婦人用手提げかばん。[略]バッグ。
ハンドブック [handbook]　手引書。
ハンド・ブレーキ [hand brake]　①手動制動機。②⇨サイド・ブレーキ。
ハンドベル [handbell]　〘音楽〙振鈴。
ハンド・ヘルド [hand-held]　持ち運びができる；小型の。
ハンドボール [handball]　1チーム7人で，ボールを相手のゴールに投げ入れて得点を競う球技。
パントマイム [pantomime]　無言劇。＊身振りと表情だけで演ずる。[略]マイム。
バンドマスター [bandmaster]　(楽団の)楽長；楽団指揮者。[略]バンマス。
ハンド・マネー [hand money]　手付金。
ハンドメイド [handmade]　手づくり；手製。
パンドラ [Pandora]　〘ギリシア神話〙ゼウスが泥土でつくった地上最初の

女性。
～の箱 ゼウスがパンドラに与えた箱。＊箱を開くと封じ込められていた災難と苦悩が飛び出して，希望だけが中に残ったという。
ハンドラー [handler] 犬の調教師。
パントリー [pantry] 配膳室；食糧や食器を貯蔵しておく部屋。
ハンドリング [handling] ①〖サッカー〗ゴールキーパー以外の選手がボールに手を触れる反則。略ハンド。②〖バスケットボールなど〗ボールの処理，扱い。③〖自動車〗ハンドルの操作。④動物のしつけや世話。
ハンドル [handle] ①機械や自動車などの操作をするための握りの部分。②ハンドル・ネームの略。
バンドル [bundle] ①束；包み。②一括販売方式。
パンドル [peindre フランス] 〖美術〗色を塗ること。⇨デシネ，デッサン。
ハンドル・ネーム [日handle name] 〖電算〗インターネットで使うペン・ネーム。略ハンドル。＝ユーザー・ネーム。
ハンドワーク [handwork] 手製；手仕事。
バンドワゴン [bandwagon] ①パレードの先頭を走る楽隊車。②時流に乗って優勢な政党・主義。
パンナ・コッタ [panna cotta イタリア] 牛乳に生クリーム，ゼラチンなどを加えて冷やし固めた冷菓。
バンパー [bumper] 〖自動車〗緩衝器。
ハンバーガー [hamburger] 円形のパンにハンバーグ・ステーキをはさんだもの。略バーガー。
ハンバーグ [Hamburg] ①ドイツ・ハンブルグの英語読み。②ハンバーグ・ステーキの略。
ハンバーグ・ステーキ [Hamburg steak] 挽き肉にタマネギのみじん切り，卵，調味料を加えて形を整え，油で焼く料理。略ハンバーグ。
バンパイア [vampire] ①吸血鬼。②中南米に住む吸血コウモリ。③⇨バンプ²。
パンパス [pampas] アルゼンチンの大草原。＊パンパとも。
バンバンジー [棒棒鶏 チャイナ] 中国料理の1つ。＊鶏肉の胡麻味噌あえ。
バンビ [Bambi] 子鹿の呼び名。＊オーストリアの作家F.ザルテンの童話に登場する主人公の名前から。
バンプ¹ [bump] ①衝突。②尻をぶつけ合うロックのダンス。
バンプ² [vamp] 妖婦；男を誘惑する女。＊バンパイア(vampire)から。
パンフ パンフレットの略。
バンブー [bamboo] タケ(竹)。
パン・フォーカス [pan-focus] 〖映画，テレビ〗近景から遠景まですべてに焦点が合っていること。↔アウト・フォーカス。
パンプキン [pumpkin] カボチャ。
パンプス [pumps] 留め金やひものない婦人用の靴。
ハンブル [humble] 質素な。
パンフレット [pamphlet] ①仮とじの小冊子。略パンフ。②カタログ本。
ハンペン [方餅 チャイナ] 白身の魚肉をすりつぶした中に，山芋や米の粉を混ぜて味付けし，蒸したもの。
バン・ホーテン [Van Houten] 〖商標〗オランダの食品メーカー。また，同社製のココア。＊世界ではじめてココア・パウダーを作る。
ハンマー [hammer] ①つち；木づち。②鍵盤楽器で弦などの発音体をたたく木づち。③ハンマー投げに使う金属製の球。
～投げ [～throw] 〖陸上競技〗ハンマーを遠心力を利用して投げ，その距離を競う競技。
ハンマー・プライス [hammer price] (オークションでの)落札価格。
バンマス バンドマスターの略。

ハンムラビ法典　⇨ハムラビ法典。
ハンモック [hammock]　吊(つ)り床。＊網や麻布で作る。
パンヤ [panhaポルトガル]　パンヤ科の落葉高木。またその種子を包んでいる綿毛状の繊維。＊クッションなどの詰め物として利用する。＝カポック。
バン・ロゼ [vin roséフランス]　白と赤の中間のバラ色のぶどう酒。略ロゼ。

ヒ

ビアード [beard]　あごひげ。
ビア・ガーデン [beer-garden]　ビールを提供する庭園，そのような雰囲気の店。＊ビヤ・ガーデンとも。
ピア・カウンセリング [peer counseling]　悩みや障害を抱えている仲間の相談にのり，自らの経験を生かして相談者の自立を援助する活動。＊ピアは「仲間」「同輩」の意。
ピア・サポート [日peer support]　仲間同士，豊かな人間関係を結ぶために行う活動。
ピアジェ [Piaget]〘商標〙スイスの宝飾・時計メーカー，またその製品。
ピアス [pierced earring]　耳たぶにあけた穴に通してつける耳飾り。
ピアッツァ [piazzaイタリア]　広場。
ヒアデス星団 [Hyades star cluster]　牡牛(おうし)座の首星アルデバランの周囲に広がる散開星団。
ピアニカ [日pianica]〘商標〙鍵盤の付いたたて笛の一種。＊ピアノとハーモニカの合成語。
ピアニシモ [pianissimoイタリア]〘音楽〙「きわめて弱く演奏せよ」。記号はpp。＊ピアニッシモとも。↔フォルティシモ。
ピアニスト [pianist]　ピアノ演奏者。
ピアノ [pianoイタリア]〘音楽〙①鍵盤楽器。②「弱く演奏せよ」。記号はp。↔フォルテ。
ヒアリ [FireAnt]　高い繁殖力と攻撃性を特徴とする南米原産の蟻。
ヒアリング [hearing]　①公聴会；聴聞会。②聞き取り。＝リスニング。
ピアリング [Pierring]〘商標〙クリップ式イヤリングの一種。
ヒアリング・エイド [hearing aid]　補聴器。
ヒアリング・ドッグ [hearing dog]　聴導犬。
ヒアルロン酸 [hyaluronic acid]　多糖類物質の1つ。＊保湿力が高い。健康食品，化粧品に使用。
ピア・レビュー [peer review]　研究者仲間やその分野の専門家が，研究内容・成果を公正に評価・審査すること。査読。
ピーアール　⇨PR²。
ビー・エム・ダブリュー [BMW]〘商標〙ドイツの自動車メーカー。また，その乗用車。*B*ayerissche *M*otoren *W*erke AGの略。
ビーカー [beaker]　実験用の注ぎ口のついた広口円筒形のガラス容器。
ビーガン [vegan]　極端な菜食主義者。＊ベーガンとも。
ピーク [peak]　①山頂。②最高潮に達する点。
ピーク・アウト [peak out]　①頂点を過ぎること。②証券市場で，価格が最高値を示すこと。
ピーク・カット [日peak cut]　電力消費が頂点になる時間帯の需要を抑えること。
ピーク・シフト [日peak shift]　電力消費が最大になる時間帯を，別の時間にずらすこと。
ビークル [vehicle]　①乗り物；車。②手段；媒体。
ビーグル [beagle]　①耳の垂れた小型の猟犬。＊愛玩用。スヌーピーのモデル。②[B-]　イギリス海軍の測量船。＊ダーウィンが乗船。
ピーケー [PK]　⇨ペナルティー・キック。

ピー・コート [pea coat] 防寒用ダブルの7分丈コート。
ピーコック [peacock] ①雄のクジャク。↔ピーヘン。②気取り屋。
ビーコン [beacon] ①かがり火。②船舶・航空機の標識灯。
ビーズ [beads] 手芸・服飾用のガラスの飾り玉。＊糸を通す穴がある。
ピース[1] [peace] 平和。
ピース[2] [peas] エンドウ豆。
ピース[3] [piece] ①小片。②部分。
ピース・コー [Peace Corps] アメリカの平和部隊。＊青年海外協力隊のような役割を果たす。
ビースト [beast] 動物；獣。
ピース・ボート [Peace Boat] 平和を訴える日本の市民活動組織。
ピース・マーク [peace mark] 平和，反戦のシンボル・マーク。＊核軍縮(Nuclear Disarmament)の頭文字を手旗信号の形でデザインしたもの。
ピースメーカー [peacemaker] 仲裁人；調停者。
ピースワーク [piecework] 出来高払いの仕事；手間仕事。
ヒーター [heater] 暖房器；暖房装置。
ピーター・パン・シンドローム [Peter Pan syndrome] 大人になることを拒み，夢の世界に逃避する心理。＊アメリカの心理学者D.カイリーが著書の中で用いたことから。
ピーター・ラビット [Peter Rabbit] 英国のビアトリクス・ポター作の童話に出てくる主人公のウサギの名前。
ピータン [皮蛋ﾋﾟｰﾀﾝ] アヒル，ニワトリの卵を殻のまま灰・塩などにつけたもの。＊中国料理の前菜に用いる。
ビーチ [beach] 浜辺；海岸。
ピーチ [peach] モモ(桃)。
ピーチ・アビエーション [Peach Aviation] 関西国際空港を拠点とする日本初の格安航空会社(LCC)。＊ブランド名，Peach(ピーチ)。
ビーチ・ウェア [beach wear] 浜辺で着る服。
ビーチ・クリーン [beach clean] 浜辺で行われるボランティアの清掃活動。
ビーチコーミング [beachcombing] 海岸に打ち上げられた漂着物を拾い集めること。
ピーチ・スキン [日peach skin] モモの肌のようにうぶ毛が密生したような生地。＊薄起毛ともいう。
ビーチ・ハウス [beach house] 海水浴場の宿泊・休憩所。
ビーチ・バレー [beach volleyball] 〖球技〗砂浜で行う2人制のバレーボール。
ビーチ・フラッグス [beach flags] ライフセービング競技の1つ。＊うつ伏せの状態から合図で起き上がり，走ってフラッグ(短いホース)を奪い合う。
ビーツ [beets] ⇨ビート[2]。
ヒート [heat] ①熱；暑気；炎熱。②熱烈；激烈。③圧力；尋問。
ビート[1] [beat] ①〖音楽〗拍子。＊特にジャズ音楽でリズム感にあふれていること。②〖水泳〗蹴り足。＊和製用法。
～板 〖水泳〗浮力のある板。＊脚力強化用。＝キックボード。
ビート[2] [beet] ①甜菜(てんさい)；西洋赤カブ。②サトウダイコン。
ヒート・アイランド [heat island] 都市高温化。＊周辺部より地上気温が高い都市部をいう。
ヒート・アップ [heat up] 加熱する；熱気を帯びる。
ヒート・ガン [heat gun] 電熱線で発生させた熱風で，塗装の乾燥や樹脂の加工などに用いる機器。
ビート・ジェネレーション [beat generation] 第2次世界大戦後のアメリカに出現した若い作家や詩人のグループ。＊物質文明を拒否し，人

ヒ

間の解放をめざした。ビートニク(Beatnik)とも。

ヒート・ショック [heat shock] 家の中での温度変化が健康に悪影響を及ぼすこと。＊冬場の浴室で，血圧の急変から，脳卒中，脳梗塞などを引き起こすことなどをさす。

ヒート・テック [HEAT TECH] 〖商標〗吸湿・発熱素材製の機能性ウェア。＊ユニクロと東レが共同で開発。

ヒート・パイプ [heat pipe] 熱伝導管。＊パイプの中に伝熱物質のアンモニアや水などの液体を封入。

ヒート・ポンプ [heat pump] フロン・ガスなどを使って温度を調節する冷暖房装置。

ピート・モス [peat moss] ミズゴケを主成分とする泥炭ごけ。

ビートル [beetle] カブト虫。

ビードロ [vidroポルトガル] ①ガラス；玻璃(はり)。②ガラス製の器具。

ビーナス [Venus] ①〖ローマ神話〗愛と美の女神。＊ギリシア神話ではアフロディテ。②〖天文〗金星。

ピーナツ [peanut] 南京豆；落花生。

ピーナツ・バター [peanut butter] 落花生をすりつぶしてペースト状にしたもの。

ビーバー [beaver] ビーバー科の哺乳(ほにゅう)類。＊足に水かきがあり，川の水をせき止めて巣を作る。海狸(かいり)とも。

ビーパー [beeper] ⇨ポケット・ベル。

ビーバップ [bebop] 1940年代にアメリカでおこった装飾音，アドリブの多いジャズ。＊ビバップとも。

ピーピング・トム [Peeping Tom] のぞき見する者；知りたがり屋。

ヒーブ [HEIB] 消費者と企業のパイプ役を果たす企業内消費者問題専門職。＊*h*ome *e*conomists *i*n *b*usiness の略。

ビーフ [beef] 牛肉。

ビープ [Veep] ①副大統領。②[v-]副社長；副会長。

ビーファロー [beefalo] バッファローと食肉牛を交配，改良して生まれた食肉牛。

ピー・フォン [日P-Phone] 警視庁仕様の携帯電話。＊写真を一斉に配信，同時に5人が通話できるなどの機能を備えている。

ビーフ・シチュー [beef stew] 牛肉と野菜をブラウン・ソースで長時間煮込んだ料理。

ビーフ・ジャーキー [beef jerky] 牛の乾燥肉。

ビーフステーキ [beefsteak] 牛肉を焼いたもの。＝ビフテキ。略ステーキ，テキ。

ビーフ・ストロガノフ [beef Stroganoff] 薄切り牛肉やタマネギなどを炒めて煮込んだロシア料理。

ビーフン [米粉チャイナ] 中国料理に使う乾麺。＊原料は米の粉。

ピーヘン [peahen] 雌のクジャク。↔ピーコック。

ピーマン [pimentフランス] ナス科の1年草。また，その果実。

ビーム [beam] ①梁(はり)；桁(けた)。②光や電波の流れの束。

ビーム・アンテナ [beam antenna] 〖放送〗電波を一定方向に集中させるアンテナ。＝カーテン・アンテナ。

ビーム・ライダー [beam rider] ミサイル誘導の方式の1つ。

ヒーラー [healer] 治療者。

ピーラー [peeler] 皮むき器。

ヒーリング [healing] 治療すること；回復すること；いやすこと。

ヒール [heel] ①かかと。②〖プロレスなど〗悪役。↔ベビー・フェイス②。

ビール [bierオランダ] 麦酒。

黒～ 焦がした麦芽を使用した，黒褐色で苦味が少ないビール。

生(なま)～ 発酵した酵母を加熱殺菌していないビール。

ヒール・アウト [heel out] 〖ラグビー〗スクラムの中のボールをかかとで後方に蹴り出すこと。
ヒーロー [hero] ①英雄。②物語の(男性)主人公。↔ヒロイン。
ビーン・ボール [bean ball] 〖野球〗投手が打者の頭をねらって投げる球。⇨ダスター③。
ピエール・カルダン [Pierre Cardin] 〖商標〗フランスの服飾デザイナー。また，その製品。
ピエゾ効果 [piezoelectric effect] 圧電効果。
ピエタ [Pietàイタリア] 嘆きの聖母像。
ピエ・ド・プール [pied-de-pouleフランス] 千鳥格子の模様。
ヒエラルキー [Hierarchieドイツ] ピラミッド型の階級支配制度。＝ハイアラーキー。
ピエリア [Pieria] 〖ギリシア神話〗オリンポス山麓にあるミューズ(ムーサ)生誕の地。
ピエロ [pierrotフランス] 道化師。
ヒエログリフ [Hieroglypheドイツ] 古代エジプトの象形文字。
ビエンナーレ [biennaleイタリア] 2年に1回開催される美術展。＊ベネチアとサンパウロの国際美術展が有名。⇨トリエンナーレ。
ピオーネ [Pioneイタリア] 黒ぶどうの一種。＊巨峰とカノンホール・マスカットを交配したもの。
ビオス [bios] 酵母の増殖を促す物質の総称。
ビオトープ [Biotopドイツ] 動植物の安定した生活環境の小規模な生息空間。
ビオラ[1] [violaイタリア] バイオリンよりひとまわり大きい弦楽器。＊バイオリンとチェロの中間音域をもつ。
ビオラ[2] [Viola] スミレ科の植物で，パンジーの小輪多花性種のもの。
ビカーラ種 [Anguilla bicolor] インドネシアなど東南アジア産のウナギ。＊味，食感が日本鰻に近い。
ピカタ [piccataイタリア] 味付けした薄切り肉に小麦粉と卵をつけてバターで焼く肉料理。
ピカデリー [Piccadilly] ロンドン市中央部，テムズ川北側の繁華街。
ピカドール [picadorスペイン] 騎馬闘牛士。⇨トレアドル，マタドール。
ピカレスク小説 [picaresque novel] 悪漢小説。＊16世紀スペインに始まったならず者を主人公にした小説。
ピギーバック方式 [piggyback system] 荷物を積んだトラックやトレーラーをそのまま貨車にのせて輸送する方式。
ビギナー [beginner] ①初心者。②創始者。
ビギナーズ・ラック [beginner's luck] 賭け事で，初心者につきが回ること。
ビキニ [Bikini] ①マーシャル諸島共和国北端の環礁(かんしょう)。＊もとはアメリカの信託統治領。1946年原爆実験場となった。② [b-] 露出部分の多いツー・ピース型の水着。
ビギン [biguin] 〖音楽〗西インドのマルティニーク島で生まれた民俗舞曲のリズム。
ビクーニャ [vicuñaスペイン] 南米アンデス山に生息する草食性哺乳(ほにゅう)類。また，その毛で織った高級な毛織物。＊ペルーの国章に描かれている。
ピクシー [pixie] いたずら好きな小さな妖精(ようせい)。
ピクシー・ハット [pixie hat] (ピクシーがかぶっているような)とんがり帽子。
ピクセル [pixel] 〖電算〗画素。ディスプレーの画面を構成する最小単位の点。
ビクティム [victim] 犠牲者。
ピクトグラム [pictogram] ①絵文字；象形文字。ピクトグラフ。②絵画図表。⇨アイソタイプ，ビジュアル・ランゲージ。

ピクトリアル [pictorial] 絵入りの；絵のような。
ビクトリー [victory] 勝利；優勝。
ビクトリー・ラン [日victory run] 競技の優勝者がゴールしたあと観客の歓呼に応えて競技場を回ること。
ピクニック [picnic] ①遠足；行楽。②野外でする食事。③楽しい経験。
ピグマリオン効果 [Pygmalion effect] 他者からの期待値が学業成績や作業成果を上昇させる現象。＊ギリシア神話に由来。
ピグミー [Pygmy] アフリカ中部の熱帯雨林に住む成人男性の平均身長が150センチメートル以下の民族の総称。
ピクルス [pickles] 野菜の酢漬け。
ピケ[1] ⇨ピケット。
ピケ[2] [piqué フランス] 畝(うね)または菱形を浮き織りにした織物。
ピケット [picket] 労働争議中のスト破りの見張り役。略ピケ。
ピコ[1] [pico-] 国際単位系(SI)で1兆分の1 (10^{-12})を表す接頭辞。記号p。
ピコ[2] [picot フランス] ⇨ピコット。
ピコグラム [picogram] 1兆分の1グラム。記号pg。
ピコット [picot] 編み物やレースの縁につける玉状の飾り。略ピコ。
ビザ [visa] 入国許可証；査証。⇨パスポート。
ピサ [Pisa] イタリアの古都。＊ピサ大聖堂や斜塔，ピサ大学などがある。ガリレオの生誕地としても有名。
～の斜塔 [Torre di ～ イタリア] ピサ大聖堂に付属する鐘楼。＊傾斜したまま建っている。
ピザ ピザ・パイの略。
ビザール [bizarre フランス] 風変わりな；奇妙な。
ビザ・カード [VISA Card] 世界でも有数のクレジット・カードの国際ブランド。
ピザ・パイ [pizza pie] パン生地を円(まる)くのばし，その上にサラミ，チーズ，トマトなどをのせて天火で焼いた食物。略ピザ。＝ピッツア。
ビザンチン様式 [Byzantine Style] コンスタンチノープルを中心に発達し，栄えたキリスト教建築様式。
ビシソワーズ [vichyssoise フランス] ジャガイモやセイヨウネギなどを入れた冷たいクリーム・スープ。
ビジター [visitor] ①訪問者。②〘ゴルフ〙会員以外の競技者。③⇨ビジティング・チーム。
ビジット [visit] ①訪問すること。②ウェブ・サイトの閲覧数を数える単位の1つ。
ビジティング・チーム [visiting team] 〘スポーツ〙本拠地でない球場で試合するチーム。＝ビジター。↔ホーム・チーム。
ビジネス [business] ①業務；営業。②仕事；職業。
ビジネス・インキュベータ [日business incubator] 経済産業省による，新事業支援施設。
ビジネス・インテリジェンス [business intelligence] 企業にたくわえられたデータを集約・分析・管理し，経営戦略に生かすための方法。
ビジネス・エシックス [business ethics] 経営倫理；企業倫理。
ビジネス・オートメーション [business automation] コンピュータの導入により企業内の事務処理を自動化すること。
ビジネス・クラス [business class] ⇨エグゼクティブ・クラス。
ビジネス・コンサルタント [business consultant] 経営コンサルタント。＊マネジメント・コンサルタントとも。
ビジネス・サーベイ [business survey] 景気動向調査。
ビジネス・スクール [business school] ①経営専門学校，実務学校などのこと。②アメリカの大学の経営学部大学院。＊ハーバード大学，シカゴ大学などが有名。

ビジネス・チャット [business chat] ビジネスの相談や連絡などで用いられるチャット形式のコミュニケーション・ツール。

ビジネス・パーソン [business person] ①ビジネスマン，ビジネス・ウーマンに代えていう語。②実業家；経営者。

ビジネス・ホテル [日business hotel] ビジネスマンが出張で利用するホテル。＊宿泊費が安く，交通の便のよい場所にある。

ビジネスマン [businessman] ①実業家。②会社員。

ビジネス・モデル [business model] 消費者と取引先の間の一連の経済行為をモデル化したもの。

〜特許 [〜patent] コンピュータ・ソフトを使った，ビジネス方法に関連する発明に与えられる特許。

ビジネスライク [businesslike] 事務的な；能率的な。

ビジネス・ランチ [business lunch] 仕事の打ち合わせや商談を行いながらの昼食。＝パワー・ランチ。

ビジネス・ローン [business loan] 事業金融。⇨ターム・ローン。

ピシバニール [Picibanil] 〖商標〗免疫療法用の抗がん剤。＊消化器がん，甲状腺がんなどに適用。

ビジブル [visible] 目に見える；明白な。↔インビジブル。

ヒジャブ [hijab アラビア] イスラム教国の女性がかぶるスカーフ。＊ヘジャブとも。

ビジュアライゼーション [visualization] 視覚化；図表化。

ビジュアリスト [visualist] ①視覚型の人。②映像によって表現する人。

ビジュアル [visual] 視覚的な；目に見える。

ビジュアル・エフェクト [visual effects] ⇨VFX。

ビジュアル・コミュニケーション [visual communication] 視覚伝達。↔オーラル・コミュニケーション。

ビジュアル・デザイン [visual design] 視覚的なデザイン。＊写真，イラスト，コンピュータ・グラフィックスなどを用いる。

ビジュアル・フライト [visual flight] 有視界飛行。

ビジュアル・マーチャンダイジング [visual merchandising] 視覚的効果を重視した商品の販売政策。

ビジュアル・ランゲージ [visual language] 視覚言語。＊造形的要素を媒介として意思を伝達する。⇨アイソタイプ，ピクトグラム。

ビジュー [bijou フランス] ①宝石。②宝石のようなきらきらしたガラス。

ビシュヌ神 [Vishnu サンスクリット] ヒンズー教三神の1つ。ビシュヌ派の主神。

ヒジュラ暦 [Hijri calendar] イスラム教社会での暦法。＊ムハンマドがメッカからマディーナへ聖遷(ヒジュラ)した西暦622年を「ヒジュラの元年」とした。イスラム暦とも。

ビショップ [bishop] ①カトリック教会の司教；ギリシア正教や聖公会の主教；プロテスタントの監督。②〖チェス〗僧正。＊駒(こま)の1つ。

ビショップ環 [Bishop's ring] 火山の大噴火の後，大気中に浮遊する火山灰が太陽光線をさえぎり，光線が屈折することで現れる光の輪。

ビジョン [vision] ①展望。②視覚。

ピジョン [pigeon] ハト(鳩)。

ピジン [pidgin] 混成語。

ピジン・イングリッシュ [pidgin English] 東南アジア，オセアニア，西アフリカなどで使われる英語。

ヒス ⇨ヒステリー。

ビス [vis フランス] ねじ。＊特に小さい雄ねじ。

ビスク [bisque フランス] 貝・魚・鶏などを

煮詰めたクリーム状の濃いスープ。
ビスク・ドール [bisque doll] 素焼きの白磁でつくられたアンティーク人形。
ビスケット [biscuit] 小麦粉を練り天火で固く焼いた菓子。
ビスコース [viscose] 木材パルプに水酸化ナトリウムと二酸化炭素を作用させてつくった液体。＊レーヨンやセロハンなどの材料。
ビスコッティ [biscottiイタリア] イタリアのトスカーナ地方の焼き菓子。
ビスタ [vista] 景色；見通し；展望。
ビスタ・カー [日vista car] 2階式展望車。
ピスタチオ [pistachio] ウルシ科の落葉樹。また，その実。＊洋酒，洋菓子の材料。
ピスタチオ・グリーン [pistachio green] ピスタチオの実の色に似たグリーン色；薄黄緑色。
ヒスタミン [Histaminドイツ] たんぱく質の分解によって生体組織内に生じる有毒成分。＊アレルギー疾患の原因となる。
ビスチェ [bustierフランス] ストラップのないキャミソール型のドレスの上半身部分。＊もとは，肩紐のないウエストまでの下着のこと。ビュスチェとも。
ヒステリー [Hysterieドイツ] ①精神的な原因により運動麻痺(まひ)，痙攣(けいれん)などを起こす神経症。②興奮状態に陥ること。略ヒス。
ヒステリシス [hysteresis] 電磁気・弾性などにみられる履歴現象。
ヒステリック [hysteric] ヒステリー状態の；興奮状態の。
ピスト [pisteフランス] ①自転車競技場。②フェンシング競技に使う床面。
ヒストグラム [histogram] 統計用柱状グラフ。
ピスト・バイク [piste bike] 固定ギアでブレーキがない競技用自転車。＊ピストとも。
ヒストリー [history] ①歴史；沿革；変遷。②経歴；来歴。③史劇。
ヒストリカル・ランドマーク [historical landmark] 遺跡。
ピストル [pistol] 拳銃(けんじゅう)；短銃。
ビストロ [bistroフランス] 小さなフランス料理店・酒場。
ピストン [piston] ①空洞のシリンダー内を往復する筒状の棒。②『音楽』金管楽器の調整弁装置。
ヒス・ノイズ [hiss noise] テープ再生の際，磁性材料の不均一やヘッドとの当たりむらなどが原因で生じる雑音。＊テープ・ヒスとも。
ヒスパニック [Hispanic] アメリカ合衆国でスペイン語を話すラテン・アメリカ系市民。
ヒズボラ [Hezbollah] レバノンのイスラム教シーア派の政治・軍事組織。＊「神の党」を意味する。
ビスマス [bismuth] 金属元素の1つ。原子番号83。元素記号Bi。＊蒼鉛(そうえん)。医薬品，半導体などに利用。
ピタ [pita] 中近東地方の伝統的な平焼きパン。＊中の空洞に，味付けした肉や野菜を詰めて食べる。
ビター [bitter] ①苦味のある。②苦味が強いビール。
ピタゴラスの定理 [Pythagorean theorem] 『数学』幾何学の三平方の定理。＊古代ギリシアの哲学者・数学者ピタゴラスの発見。
ビタミン [vitamin] 生物が生存するうえで必要な有機化合物の総称。＊ビタミンA，B_1，B_2，C……など。バイタミンとも。
ビタミン・カラー [vitamin color] オレンジ色や黄色など，柑橘(かんきつ)類にみられるような明るい色。
ピチカート [pizzicatoイタリア] 『音楽』弦楽器の奏法。＊指先で弦をはじく。
ピッキング [picking] 錠をこじ開けること。

ヒ

ピック [pick] ①〖登山〗ピッケルなどの鋭くとがった部分。②〖音楽〗弦をはじいてひくためのつめ，ばち。

ピックアップ [pickup] ①拾い上げる；選び出す。②客などを車に乗せること。③音を再生する装置。④〖ラグビー〗ラック内の球を手で拾い上げること。＊反則となる。

ピックアップ・サービス [pickup service] 販売店やメーカーが宅配業者を派遣し，修理の必要な製品を引き取るサービス。

ビッグ・アップル [Big Apple] ニューヨーク市の愛称。

ビッグ・イシュー [The Big Issue] 〖商標〗路上生活者自立支援のために発行されている雑誌。＊1991年にロンドンで創設。

ビッグ・イヤー [Big Ear] 〖サッカー〗UEFAチャンピオンズ・リーグ優勝カップの通称。

ビッグ・エア [big air] スノーボードやスケートボードなどで，巨大な滑走路のジャンプ台から飛び出し，空中で見せる技の難易度や完成度を競うスポーツ。

ビッグ・エッグ [Big Egg] 東京ドームの愛称。

ピックオフ・プレー [pickoff play] 〖野球〗投手または捕手が走者を見ず野手のサインで牽制球を送ること。

ビッグ・カード [big card] 〖スポーツ〗呼びものの試合。

ビッグ・クランチ [big crunch] 宇宙の終焉(しゅうえん)の形態の1つ。＊ビッグ・バンにより膨張したと考えられる宇宙が，重力の働きで超高密度収縮に転じるという考え方。

ビッグ・サイエンス [big science] 巨大科学。＊宇宙開発，原子力開発など規模・予算の大きな開発計画。

ビッグ・ショット [big shot] 実力者；大物。

ヒッグス粒子 [Higgs particle] 〖物理〗素粒子の標準理論で予測された万物の質量の起源となる粒子。＊2012年，大型ハドロン衝突型加速器(LHC)でヒッグス粒子と見られる新粒子の発見を報告。

ビッグ・データ [big data] インターネットの普及により従来のデータ・ベース管理ツールでは記録・保管などが困難な巨大な情報。

ビッグ・ネーム [big name] 重要人物；名士。

ビッグバード [BIG BIRD] 羽田空港(東京国際空港)の旅客ターミナルの愛称。

ビッグ・バン [big bang] ①宇宙の初期に起こった大爆発。＊物理学者G.ガモフが提唱。推定で約137億年前。②1986年のロンドン取引所での金融自由化政策。

ビッグ・ビジネス [big business] 巨大企業；巨大産業。＊アメリカの『フォーチュン』誌が毎年発表する「世界の大会社に関する調査」で取り上げられる大企業のこと。

ピック病 [Pick's disease] 脳の前頭葉と側頭葉の萎縮性神経疾患。＊認知力低下や人格の変化がみられる。

ビッグ・ブラザー [big brother] ①兄；兄貴。②[B- B-] 独裁者。＊ジョージ・オーウェルの小説より。

ビッグ・ベン [Big Ben] イギリスの国会議事堂の大時計。

ビッグ・マウス [big mouth] 大口をたたく人；ほら吹き。

ビッグ・リップ [big rip] 宇宙終焉(しゅうえん)の仮説の1つ。＊急速度で宇宙の膨張が進み，やがて破滅するという説。ripは，「引き裂く」の意。

ピッケル [Pickel(ドイツ)] 〖登山〗杖の先につるはし状の金具をつけた登はん用具。

ヒッコリー [hickory] クルミ科の落葉樹。＊北米原産。家具・工芸・スキー板の材料。

ピッコロ [piccolo^{イタリア}] フルートより小型で，音域の高い木管楽器。
ビッチ [bitch] ①雌(めす)犬；(キツネ，オオカミなどの)雌。②あばずれ女。
ピッチ [pitch] ①調子；速度。②ねじ山とねじ山の間隔。③〖音楽〗音の高さ；調子。④〖水泳，ランニング〗腕や脚を動かす回数・調子。⑤〖ボート〗１分間にこぐストロークの回数。⑥サッカーなどのグラウンド。⑦〖印刷〗文字間，行間の寸法。
〜走法 〖陸上競技，スケート〗狭い歩幅で走る〔滑る〕こと。↔ストライド走法。
ピッチアウト [pitchout] 強打者を敬遠したり，スクイズ，ヒット・エンド・ラン，盗塁などを防ぐために投手がストライクコースを大きくはずして投げるプレー。⇨ウエスト・ボール。
ヒッチハイク [hitchhike] 通りがかりの車に乗せてもらい，目的地をめざす旅の仕方。
ピッチング [pitching] ①〖野球〗投球。②船舶・飛行機の縦揺れ。↔ローリング②。
ピッチング・マシーン [pitching machine] 〖野球〗打撃練習用の投球機。
ピッツア [pizza^{イタリア}] ⇨ピザ・パイ。
ヒッティング [hitting] 〖野球〗打つこと。↔バント。
ヒット [hit] ①〖野球〗安打。②映画・音楽などが大当たりすること。③〖ボクシング〗有効打。④魚が餌(えさ)に食いつくこと。
ビット [bit] 〖電算〗情報量の最小単位。＊2進法の1桁(けた)。
ピット [pit] ①〖陸上競技〗跳躍競技の砂場。②〖ボウリング〗ピンが落ちる穴。③自動車レースの給油・補修所。
ピット・イン [日pit in] 自動車レースで，給油・整備のためにピットに入ること。
ヒット・エンド・ラン [hit-and-run] 〖野球〗走者が投手の投球と同時に走り，打者が打つプレー。略エンド・ラン。
ピット・クルー [pit crew] 自動車レースで，出場した車の整備を担当する作業員。
ビットコイン [Bitcoin] 暗号資産(仮想通貨)の一種。＊インターネット上で流通するデジタル通貨。
ピット・サービス [日pit service] 自動車のメンテナンスを行うサービス。
ヒット・チャート [hit chart] 流行歌の人気やCD売り上げの順位を表したもの。
ピット・マスター [pit master] バーベキューを取り仕切る料理人。
ビットマップ・ディスプレー [bitmap display] 画面表示をドット単位で行う表示装置。
ヒット・マン [hit man] 殺し屋。
ヒッピー [hippie] 1960年代後半にアメリカに出現した，既成の制度や慣習にとらわれず，自由な生き方を望んだ若者たち。
ヒップ [hip] ①尻；腰。②腰回りの寸法。略号H。③粋(いき)な；進んでいる；センスのよい。
ヒップ・パッド [hip pad] 腰の線を整え，美しく見せるための当て物。
ヒップ・ハンガー [日hip hanger] ウエストラインを腰骨に引っ掛けて穿くズボンやスカート。＊ヒップボーンとも。⇨ローライズ・パンツ。
ヒップ・ホップ [hip-hop] 1970年代後半から始まったニューヨーク市ブロンクス地区の黒人の若者たちによる新感覚の踊りと音楽。
ビデ [bidet^{フランス}] 女性用局部洗浄器。
ビデオ [video] ①テレビの映像。②ビデオテープ，ビデオテープ・レコーダーの略。
ビデオ・アシスタント・レフェリー ⇨VAR²。
ビデオ・オン・デマンド [video on de-

mand] 自分の都合のよい時間に好きな番組を呼び出して視聴すること。＊CATVのサービスの1つ。

ビデオ・カメラ [video camera] 映像をビデオ用テープに録画するためのカメラ。

ビデオ・キャプチャー [video capture] 他の映像機器からのビデオ画像をコンピュータのファイルに取り込むこと。

ビデオ・クリップ [video clip] ⇨ミュージック・ビデオ。

ビデオ・ゲーム [video game] ⇨テレビ・ゲーム。

ビデオジェニック [videogenic] ⇨テレジェニック。

ビデオ・ジャーナリスト [video journalist] 映像記者。

ビデオディスク [videodisc] テレビの映像と音声を磁気ディスクに記録したもの。略VD。

ビデオテープ [videotape] 録画・録音用磁気テープ。略ビデオ。

ビデオテープ・レコーダー [videotape recorder] 映像と音声をビデオテープに記録・再生する装置。略ビデオ，VTR。

ビデオ・リサーチ [Video Research Ltd.] 日本のテレビ番組の視聴率，ラジオ番組の聴取率調査会社。

ビデオ・レター [日video letter] 手紙の代わりにビデオテープ画像を用いて報告するもの。

ピテカントロプス・エレクトゥス [Pithecanthropus erectusラテン] 直立猿人。＊1891年，オランダの人類学者E.デュボワがジャワ島で化石を発見し，1894年に命名。

ピトー管 [Pitot tube] 〘物理〙圧力差を利用した流体速度測定装置。＊航空機の速度を測定する。

ヒト・ゲノム [human genome] 人間の全遺伝情報。

ヒドラ [Hydra] ①〘ギリシア神話〙英雄ヘラクレスが退治した9つの頭をもつ巨大な水蛇。②〘天文〙うみへび座。③ [h-] 口の周辺に触手をもっている腔腸(こうちょう)動物。

ヒドラジン [hydrazine] 〘化学〙窒素と水素の化合物。＊無色の液体で，空気中で強く発煙する。還元剤，ロケット燃料に用いられる。

ピナクル [pinnacle] 西洋建築の尖塔。

ビニール [vinyl] ビニール化合物の総称。＊繊維，接着剤，塗料などの原料。

ビニール・ハウス [日vinyl house] 合成樹脂のフィルムで覆った簡易な温室。＊英語ではgreenhouse。

ビニール・ペイント [vinyl paint] ビニール樹脂を用いた塗料。

ビニロン [日vinylon] ポリビニル・アルコール系の合成繊維の総称。＊吸湿性・耐熱性にすぐれる。vinyl＋nylonから。

ビネガー [vinegar] 食用酢。

ビネグレット・ソース [vinaigrette sauce] ⇨フレンチ・ドレッシング。

ピノー [pineauフランス] フランス産のぶどう果汁とコニャック入り食前酒。

ヒノキチオール [hinokitiol] ヒノキやヒバに含まれる芳香性物質。＊殺菌・抗菌作用，消炎作用がある。

ピノ・ノワール [pinot noirフランス] フランス・ブルゴーニュ原産の紫色のぶどうの一品種。＊赤ワイン用。

ビバ [vivaイタリア] 「万歳」。ビーバとも。

ビバーク [Biwakドイツ] 〘登山〙野宿。

ビハインド [behind] 遅れている；負けている。↔アヘッド，リード[1]。

ビバリー・ヒルズ [Beverly Hills] ロサンゼルスの高級住宅地。＊ハリウッドに近接。

ビバリウム [vivarium] 自然動物園；生態動物園。

ビバレッジ [beverage] 飲料；飲物。

ビビッド [vivid] 生き生きとした；

ヒ

あざやかな。
ビビンバ [pibimpap コリア] 朝鮮料理の混ぜごはん。＊飯の上に，もやし，白菜などの具をのせたもの。
ビフィズス菌 [lactobacillus bifidus ラテン] 腸内に存在する乳酸菌の一種。＊有毒アミンやアンモニアなどの毒性を抑える。ビヒズス菌とも。
ビフォア・サービス [日before service] 販売前に行うサービス。↔アフター・サービス。
ビブス [bibs] 練習で着用する網織り状のベスト。＊bibは「よだれかけ」。
ビフテキ ⇨ビーフステーキ。
ヒプノティズム [hypnotism] 催眠；催眠術。
ビブラート [vibrato イタリア] 音を連続的にふるわせる歌い方や奏法。＝バイブレーション。
ビブラフォン [vibraphone] 電気装置の共鳴管のついた鉄琴。
ビブラム [Vibram] 〘商標〙登山靴の一種。＊靴底が頑丈なゴム製で鋲(びょう)のような突起が多数ある。
ビブリオ [vibrio] 桿状(かんじょう)細菌の一種。＊コレラ菌，腸炎ビブリオなど。
ビブリオグラフィー [bibliography] 書誌学；文献目録。
ビブリオ・バトル [日biblio-＋battle] おもしろいと思う本を紹介し合い，投票数により勝敗を競うイベント。
ビフレンダー [befriender] 乳幼児突然死症候群で子供を亡くした人の悲しみや悩みの相談にのり，支えになる人。
ヒブ・ワクチン [Hib vaccine] 〘医療〙細菌性髄膜炎などのヒブ感染症を予防するワクチン。＊Hibは*H*aemophilus *i*nfluenzae Type *b*の略。
ビヘイビア [behavior] 行為；ふるまい。
ピペット [pipette フランス] 液量計。＊細いガラス管でできている。
ヒポクリット [hypocrite] 偽善者。
ピボット [pivot] ①片脚旋回；旋回軸。②〘バスケットボールなど〙片足を軸に，もう一方の足を動かしながら体の向きや位置を変えること。
ヒポポタマス [hippopotamus] カバ(河馬)。＊アフリカに生息。
ヒマラヤン [Himalayan] ペルシャ猫とシャム猫を交配した家猫。
ヒム [hymn] 賛美歌。
ピメント [pimento] ①西洋トウガラシの一種。②ピメントの実からとった香辛料。⇨オールスパイス。
ヒヤリ・ハット 医療現場などで，重大な事故には至らなかったものの，当事者が「ひやり」としたり「はっと」したりした事例のこと。
ビヤンド [viande フランス] 肉料理。
ピュア [pure] 純粋な；清純な。
ピュア・モルト [pure malt] ブレンドしていないウイスキー。
ビュー [view] ①景色；展望。②見解；考え方；所見。
ビューアー [viewer] ①フィルム編集用に小型化した機械。②スライドなどの拡大透視装置。
ビューグル [bugle] ①(装飾用の)ガラス玉。②角(つの)笛；猟笛。
ヒューゴ・ボス [HUGO BOSS] 〘商標〙ドイツの高級紳士服メーカー。また，その製品。＊1923年，軍服や作業着のメーカーとして創業。
ヒューズ [fuse] 電流の流れすぎを防止するための電気回路につける導体。＊鉛とスズ(錫)の合金やタングステンで作る。フューズとも。
ヒューズ・コック [日fuse cock] ガス用の安全コック。
ピューター [pewter] スズ(錫)を主体とする合金。また，その製品。
ビューティー [beauty] 美；美人。
ビューティー・サロン [beauty salon] 美容院。＝サロン・ド・ボーテ。
ビューティー・スポット [beauty spot] ①つけぼくろ。②景勝地。

ビューフォート風力階級［Beaufort wind scale］ 地表の風力の状態を0～12に分けた風力階級。＊イギリスのビューフォートが考案。

ビューポイント［viewpoint］ ①観点。②見晴らし台。

ピューマ［puma］ ネコ科の食肉獣。＊南北アメリカに生息。

ヒューマニスト［humanist］ 人道主義者；人文主義者。

ヒューマニズム［humanism］ 人道主義；人間至上主義。＝ユマニスム。

ヒューマニティー［humanity］ 人間性；人間らしさ。＝ユマニテ。

ヒューマノイド［humanoid］ (SFなどの)人造人間；人間型ロボット。

ヒューマン［human］ 人間の；人間的な。

ヒューマン・アセスメント［human assessment］ 企業内での人物査定・人間評価。

ヒューマン・インターフェース［human interface］ ⇨マン・マシン・インターフェース。

ヒューマン・エコロジー［human ecology］ 人間生態学。

ヒューマン・エラー［human error］ 人間の犯す過ち。＊機械の誤作動に対するもの。

ヒューマン・エンジニアリング［human engineering］ ⇨HE。

ヒューマン・キャピタル［human capital］ 人的資本。

ヒューマン・タッチ［日human touch］ 人間味；人情味；親近感。

ヒューマン・チェーン［human chain］ 人間の鎖。＊抗議行動の一種。

ヒューマン・ドキュメント［human document］ 人間の記録；生活記録。

ヒューマン・ビートボックス［human beatbox］ リズムやスクラッチや効果音などを口まねしてラップ音楽を表現する方法。

ヒューマン・ライツ［human rights］ 人権。

ヒューマン・ライブラリー［human library］ 障害者やマイノリティの人を本に見立てて貸し出し，時間を限定して対話できるイベント。

ヒューマン・リソース・マネジメント［human resource management］ 働く人を労働力としてではなく人的資源として捉え，組織内の適切な人材育成や配置などを考える経営手法。

ヒューマン・リレーションズ［human relations］ 組織における人間関係。略HR。

ヒューミント［humint］ スパイによる情報収集活動；諜報(ちょうほう)活動。＊*Hum*an *Int*elligenceの略。

ヒューム管［Hume pipe］ 遠心鉄筋コンクリート管。＊水道管，排水管用。発明者ヒューム兄弟の名から。

ビューラー［日BEAURA］〖商標〗アイラッシュ・カーラーの商品名。

ヒューリスティック・アプローチ［heuristic approach］ 試行錯誤をしながら各段階で検討・評価を繰り返し，問題解決に至る方法。＊heuristicは，「発見的方法」の意。

ピューリタン［Puritan］ 清教徒。＊16世紀後半，英国国教内に生まれたプロテスタントの一派。

ピューリッツァー賞［Pulitzer Prize］ 毎年，アメリカの報道・文学など21部門のすぐれた作品に与えられる賞。＊ジャーナリスト，J.ピューリッツァーに由来。

ピューレ［purée フランス］〖料理〗果実や野菜の裏ごし。＝マッシュ。

ヒューレット・パッカード［Hewlett-Packard］〖商標〗アメリカのコンピュータ関連製品メーカー。略HP。

ビューロー［bureau］ ①官庁の部局。②事務所。③引き出し付きの事務机。④寝室の鏡のついたタンス。

ビューロクラット [bureaucrat] 官僚；官僚主義者。
ピュシス [physisギリシア] (万物の根源である)自然。⇨ノモス。
ヒュッテ [Hütteドイツ] 山小屋。=バンガロー。
ビュッフェ [buffetフランス] 駅や列車内の立ち食い食堂。＊ブッフェとも。
ヒュブリス [hubris] うぬぼれ；不遜；傲慢。
ビュルガー病 ⇨バージャー病。
ヒュレー [hyleギリシア] 質料。＊アリストテレス哲学の主要概念。↔エイドス③。
ヒュンダイ [Hyundaiコリア] 韓国の自動車会社。＊「現代」とも表記。
ビラ [villaイタリア] 郊外の邸宅；別荘。
ピラー [pillar] 柱状のもの；支柱。
ピラカンサ [Pyracanthaラテン] バラ科の植物。＊秋・冬，橙黄色や紅色の丸い実が密生する。
ピラティス [Pilates] ゆったりとした動きで，筋力を鍛える運動。
ピラニア [piranhaポルトガル] 南米のアマゾン川などにすむ肉食の淡水魚。
ピラフ [pilafフランス] 洋風焼きめし。
ピラミッド [pyramid] 古代エジプト王・王族の墓。
ピラミッド・スキーム [pyramid scheme] ①ピラミッド状に広がっていく人脈・組織。②ネズミ講。
ピラミッド・セリング [pyramid selling] ⇨マルチ商法。
ピラルク [pirarucuポルトガル] 南米の奥地にすむ，世界最大級の淡水魚。
ビリーフ [belief] 信頼；信念；信仰。
ピリオド [period] ①終止符(.)。略ピリ。②時期；時代。
ビリオネア [billionaire] 億万長者。⇨ミリオネア。
ビリケン [Billiken] アメリカで考案された福の神。＊尖った頭，つりあがった目が特徴。
ビリヤード [billiard] 玉突き；撞球(どうきゅう)。
ビリング [billing] ①役者の上演序列。②広告会社の広告主に対する請求。③電話の利用状況をインターネットで知らせるサービス。
ピリング [pilling] 布地に毛玉ができること，またその毛玉。
ピリン系薬剤 [pyrine medicine] 解熱鎮痛剤。＊副作用がある。
ヒル [hill] 丘；小山。
ビル[1] [bill] ①勘定書；請求書。②証券；証書。③ちらし。④紙幣。
ビル[2] ビルディングの略。
ピル [pill] ①⇨オーラル・ピル。②錠剤。
ヒル・クライム [hill climb] 山路や悪路などを走ってタイムを競うオート・バイ，自動車の競技。
ピルグリム・ファーザーズ [Pilgrim Fathers] メイフラワー号で1620年新大陸に移住したイギリス清教徒の一団。＊「巡礼者の祖」の意。
ヒル・サイズ [hill size] 〘スキー〙ジャンプ競技で，踏み切り台の先端からL点(安全に着地できる地点)までの距離。略HS。
ピルスナー [pilsner] ①苦味のある軽い貯蔵ビール。②台のついた逆円錐形の細長いビール用グラス。＊ピルスナー・グラスとも。
ビルダー [builder] ①建築業者。②合成洗剤に加えられる研磨剤。
ビルダーバーグ会議 [Bilderberg meeting] 1954年から毎年1回開かれている，欧米の首脳や財界関係者が世界の重要課題について討議する極秘会議。
ビルディング [building] 高層建築。
ビルト・イン [built-in] つくり付けの；内蔵の。
ビルト・イン・スタビライザー [built-in stabilizer] 〘経済〙自動安定装置。＊景気の変動をある程度自動的に調整する機能のこと。

ビルトゥオーソ [virtuosoイタリア] 名演奏家；名手；名人；巨匠。
ビルドゥングス・ロマン [Bildungsromanドイツ] 近代教養小説；発展小説。＊トーマス・マンの『魔の山』，ロマン・ロランの『ジャン・クリストフ』の類。
ビルド・ダウン [build-down] 新兵器，特に核兵器を1つ配備すると，既存兵器を2つ廃棄する方式。＊STARTでのアメリカの提案。
ビル・ブローカー [bill broker] 手形や証券の仲買業者。
ビルベリー [bilberry] コケモモ。＊実は，アントシアンを多く含む。
ビルボード [billboard] ①屋外の広告掲示板。②[B-]〘商標〙アメリカ最大の音楽週刊誌。＊1894年創刊。
ヒレ [filetフランス] ①牛・豚の腰肉。＊脂身がなく最高級の肉。＝テンダーロイン。②魚の切り身。＊フィレとも。
ビレイ [belay] 〘登山〙ザイルを巻き付けることのできる岩壁や木の突起。または，ザイルで確保すること。
ビレッジ [village] 村；村落。
ヒレ・ミニョン [filet mignonフランス] 牛ヒレ肉のうち，最も尾に近い部分。
ヒロイズム [heroism] 英雄主義；英雄気取り。
ヒロイック [heroic] 英雄的な。
ヒロイン [heroine] 物語の女性主人公。↔ヒーロー。
ピローク [pirogロシア] 伝統的なロシア風パイ。
ビロード [veludoポルトガル] 表面に細かな毛羽が密生し，滑らかな光沢の絹織物。＝ベルベット。
～革命 1989年末にチェコスロバキアで，犠牲者を出さずに成功した市民革命。
ピロー・トーク [pillow talk] 夫婦や恋人が交わす寝床での語らい；睦言(むつごと)。＊pillowは「まくら」。
ピロシキ [pirozhkiロシア] パン生地の中に肉・卵・野菜を詰めて油で揚げたロシア風肉まんじゅう。
ピロティ [pilotisフランス] 1階は支柱だけで2階以上を部屋などに利用するようにした建物。
ヒロポン [Philopon] 〘商標〙覚醒剤の一種。塩酸メタンフェタミンの商品名。＊医療用途以外は使用禁止。
ピロリ菌 ⇨ヘリコバクター・ピロリ。
ピン[1] [pin] ①留め針。②〘ゴルフ〙ホールに立てる旗竿(さお)。③〘ボウリング〙ボールの標的柱。④くさび。
ピン[2] [pintaポルトガル] ①カルタやさいころの1の数。②第一番；最上のもの。↔キリ。③上前(うわまえ)。
ピンイン [拼音チャイナ] 中国語のローマ字による標音方式。
ピン・カール [pin curl] 〘美容〙髪の毛をピンで止めてカールする方法。
ピンキー [pinky] 桃色がかった。
ピンキー・リング [pinkie ring] 小指にはめる指輪。＊ピンキーは「小指」のこと。
ピンキング [pinking] 布や紙の縁をギザギザに切ること。
ピンク [pink] ①桃色。②性的な。
ピンク・サロン [日pink salon] 風俗営業の1つ。＊ホステスに性的サービスをさせる酒場。
ピンクッション [pincushion] ①針刺し。②ヤマモガシ科の熱帯植物。
ピンク・リボン [Pink Ribbon] ピンク色のリボンをシンボルに，乳がんの早期発見，診断・治療の啓発活動を行う運動の通称。
ピンク・レディ [pink lady] ピンク色の女性用カクテル。
ビンゴ [bingo] 数字合わせのゲーム。＊選ばれた升(ます)の数字と手持ちのカードの数字を合わせるもの。
ヒンジ [hinge] ①ちょうつがい。②かなめ；中心。
ピンズ[1] [pins] ⇨ピン・バッジ。
ピンズ[2] [餅子チャイナ] 〘麻雀〙円の模様

の牌(ぱい)。＝トンズ。

ヒンズー教 [Hinduism]　インド固有の民族宗教。＊バラモン教を起源とし，種々の神，生物，無生物を崇拝対象とする。ヒンドゥー教とも。

ピンストライプ [pinstripe]　極細の縦縞(しま)；細い縦縞の服地やスーツ。

ピンセット [pincette]　小さなものをつまむための器具。＊金属製でV字形。

ヒンターランド [Hinterland ドイツ]　①後背地。＊都市や港などの背後にあって，その経済的な繁栄を支える地域。②事務所や広告物の設置に適した地域。

ピン・タック [pin tuck]　〖服飾〗細く縫った飾りひだ。

ピンチ [pinch]　危機；困難な状況。

ピンチ・アウト [pinch out]　親指と人差し指を閉じた状態から外側に押し広げ，タッチ・パネルの画像を拡大させること。＊逆に，縮小させることをピンチ・インという。

ピンチ・ヒッター [pinch hitter]　〖野球〗代打；代打者。

ピンチ・ペニー [pinch penny]　①けち；しみったれ。②倹約。

ピンチョス [pinchos スペイン]　スペイン料理の1つ。＊小さな串(くし)に肉，魚，野菜などを刺した軽食。

ピンチ・ランナー [pinch runner]　〖野球〗代走；代走者。

ヒンディー語 [Hindi]　インドの公用語。

ビンディング [Bindung ドイツ]　〖スキー〗スキー靴をスキー板に固定させる締め具。＊英語ではbinding。

ビンテージ [vintage]　年代もの；最上級の。

ビンテージ・イヤー [vintage year]　ワインの醸造年。

ビンテージ・ワイン [vintage wine]　年代ものの極上のワイン。

ヒント [hint]　暗示；手がかり。

ピント　①⇨フォーカス[1]。②物事の中心となる点。＊「brandpunt オランダ」より。

ピンナップ [pinup]　女優やモデルなどの魅力的な写真。＊壁にピンでとめることから。ピンアップとも。

ピン・バッジ [pin badge]　ピンで留める小さなバッジ。＊観光地などの土産やスポーツ大会を記念して発売される。＝ピンズ[1]。

ピンポイント [pinpoint]　①針の先。②精密な；正確な。

ピンポイント・アタック [pinpoint attack]　密集した建造物の中から軍事目標だけを正確に攻撃すること。

ピンホール [pinhole]　針穴；針であけたような小さな穴。

ピンボール [pinball]　傾斜した盤の中で転がる球をはじき返し，盤上のピンに当てて得点を競うゲーム機。

ピン・ポン [ping-pong]　〖スポーツ〗卓球。＝テーブル・テニス。

ピン・レバー・ウォッチ [pin lever watch]　歯車の制御部分に鋼製のピンを使った使い捨ての腕時計。

フ

プア [poor]　①貧乏な；貧弱な。↔リッチ。②取るに足らない。

ファー [fur]　毛皮；毛皮製品。

ファー・イースト [Far East]　極東地域。

ファーウェイ [Huawei]　中国の大手通信機器メーカー。

ファーザー [father]　父。↔マザー。

ファーザー・コンプレックス [日 father-complex]　女性が父親風の男性に愛情を感じる傾向。

ファージ [phage]　⇨バクテリオファージ。

ファース [farce]　笑劇；道化芝居。＝ファルス[1]。

ファースト [first]　①第1の；最初の。②〖野球〗1塁；1塁手。

ファースト・インプレッション [first impression] 第一印象。
ファースト・エイド・キット [first-aid kit] 救急箱。
ファースト・クラス [first class] ①一流；上等；最高級。②旅客機・客船などの1等席。
ファースト・ストライク [first strike] 核兵器による第1撃。
ファースト・トラッキング [fast tracking] ①建築で，早期着工方式。②通商協定の一括承認手続き。
ファースト・ネーム [first name] ⇨クリスチャン・ネーム。
ファースト・パーソン・シューティング・ゲーム [first person shooting game] 主人公から見た視点で，武器を操作して戦うシューティング・ゲーム。
ファーストバック [fastback] 〘自動車〙車体の後部が流線型になっている乗用車。↔ノッチバック。
ファースト・フード [fast food] 店頭ですぐに食べられる，また持ち帰りのできる食事。＊ハンバーガー，フライドチキンなど。ファスト・フードとも。↔スロー・フード。
ファースト・フラッシュ [first flash] 春に摘まれる一番摘みの紅茶。
ファースト・ブレーク [fast break] 〘バスケットボール，バレーボールなど〙速攻。＊相手の守備態勢が整わないうちに攻撃する。
ファースト・ラン [first run] 映画の封切り。⇨ロード・ショー。
ファースト・レディー [first lady] ①大統領夫人；総理大臣〔首相〕夫人；元首夫人。②各界で活躍している女性。
ファーニチャー [furniture] 家具；調度。＊ファニチャーとも。
ファーネス [furnace] 炉；溶鉱炉。
ファーブル [Jean Henri Fabre] フランスの昆虫学者，博物学者。＊『昆虫記』の著者。
ファーマーズ・マーケット [farmer's market] 農産物直販店。
ファーマシー [pharmacy] 薬局。
ファーミング [Pharming] フィッシング詐欺の一種。＊偽のウェブ・サイトをつくり，利用者IDやカード番号などの個人情報を入力させて詐取する犯罪行為。
ファーム[1] [farm] ①農園；農場。②プロ野球の2軍。
ファーム[2] [firm] ①会社；商会。②堅実な。
ファームウェア [firmware] 〘電算〙ソフトウェアをROMなどに組み込んでハードウェア化したもの。
ファーム・ステイ [farm stay] 農家に泊り込み，農業・酪農を体験すること。
ファーム・バンキング [firm banking] 銀行のコンピュータと企業とを結んで行う金融業務サービスのシステム。
ファイア [fire] 火；火事。
ファイア・アラーム [fire alarm] 火災報知器。
ファイア・ウォール [fire wall] ①銀行と証券会社の間の利益相反や不正取引防止のために設ける規則。②ネットへのウイルス侵入や不正アクセスを防ぐための防御システム。
ファイアストーム [firestorm] ①火災旋風。②学生などがたき火を囲んで，歌ったり踊ったりしてさわぐこと。
ファイアプルーフ [fireproof] 耐火の；不燃性の。
ファイアマン [fireman] ①消防士。②⇨リリーフ・ピッチャー。
ファイター [fighter] ①闘士；闘志のある人。②戦闘機。③〘ボクシング〙相手に接近して戦うことを得意とするボクサー。
ファイティング・スピリット [fighting spirit] 闘志；闘争精神。

ファイト [fight] ①戦意；闘志。②試合。③〖スポーツ〗「がんばれ」という掛け声。
ファイト・ケミカル [phyto chemical] 植物由来の化学成分。＊ポリフェノール，イソフラボンなどの類。
ファイト・マネー [fight money] 格闘技の試合の報酬金。
ファイナリスト [finalist] 音楽コンクールで最終審査に残った出場者。また，スポーツで決勝戦に出場する選手。
ファイナリゼーション [finalization] 決着；完結。
ファイナル [final] ①最後の。②〖スポーツ〗決勝戦。③〖新聞〗最終版。
ファイナンシャル [financial] 財政上の；金融の。＝フィナンシャル。
ファイナンシャル・アナリスト [financial analyst] 〖経済〗証券・投資などに関して動向分析をする専門家。
ファイナンシャル・ビル ⇨FB[1]。
ファイナンシャル・プランナー [financial planner] 財産づくりや資産運用のアドバイスをして，人生設計の相談にのる人。略FP。
ファイナンス [finance] ①財政；財務。②財源；融資。
ファイナンス・リース [finance lease] ユーザーが指定した設備や機械をリース会社が購入し，貸借期間中に代金を回収する取引。
ファイバー [fiber] ①繊維(質)。②パルプの繊維を圧縮してかためたもの。＊電気の絶縁体などに用いる。
光～ ⇨オプティカル・ファイバー。
ファイバー・グラス [fiber glass] ⇨グラス・ファイバー。
ファイバースコープ [fiberscope] 内視鏡。
ファイバーボード [fiberboard] 植物繊維で作った板材。
ファイブ・スター [five-star] 5つ星。＊ホテル，レストランの格付けの最上級を表す。
ファイル [file] ①紙ばさみ。②書類・新聞などをとじ込んだもの。③〖電算〗コンピュータに記憶・整理されているデータ。
ファイル・アクセス・メソッド [file access method] コンピュータ内の各種ファイルのデータを読み書きする方法。
ファイル交換ソフト [file exchange software] 〖電算〗インターネット上で，ファイルをユーザ間で共有・交換するためのソフト。⇨ウィニー。
ファイル・システム [file system] ①書類などをファイルによって整理・保管しておく方式。②オペレーティング・システムの一部で，ファイルの管理(データの記憶，作成，削除など)に関するしくみ。＊ファイリング・システムとも。
ファイン [fine] ①立派な；すばらしい。②晴れているさま。③精密な。
ファイン・ケミカル [fine chemical] 精密化学。＊付加価値の高い医薬品・香料などをいう。
ファイン・セラミックス [fine ceramics] 電磁気的性質，光化学的性質などが特にすぐれている高精度な無機質材料。＊電子部品，機械部品，医療などに利用。略FC。＝ニュー・セラミックス。
ファインダー [finder] ①カメラののぞき窓。＊被写体の撮影範囲や焦点をあわせるためのもの。②高倍率望遠鏡に付属した焦点調整のための低倍率の望遠鏡。
ファイン・チューニング [fine tuning] 政府の金融・財政政策の1つ。景気変動を抑制するため，税金・経費を微調整すること。
ファイン・フード [fine food] 高付加価値食品。＊ヨード卵，ホモ牛乳など。
ファイン・プレー [fine play] 〖スポーツ〗好守備；美技。

ファイン・ポリマー [fine polymer] 高価で高純度の重合体の総称。
ファイン・モード [fine mode] 高画質モード。＊画像の圧縮率が低い。⇨ノーマル・モード。
ファウナ [fauna] 動物相。＊一定の地域，または一時期の生態系に属する動物の全種類。
ファウル [foul] ①〘スポーツ〙反則行為。②〘野球〙打球がファウル・ラインの外に出てしまうこと。またその打球。↔フェア[1]③。
ファウル・チップ [foul tip] 〘野球〙ボールが打者のバットをかすって直接捕手のミットに収まった打球。＊ストライクとなる。略チップ。
ファウル・ライン [foul line] 〘野球〙本塁から1塁あるいは3塁を通って，外野までの延長線。
ファウンダー [founder] 創立者；元祖；発起人。
ファウンデーション [foundation] ①体型を整えるための婦人用下着。②⇨ファンデーション。③ [F-]財団。
ファウンテン・ペン [fountain pen] 万年筆。
ファウンドリー [foundry] 半導体デバイスの製造会社。
ファカルティー [faculty] ①才能；手腕。②大学の学部；教授団。
ファクシミリ [facsimile] 複写電送装置。＊写真・図面・文字などを電話回線を使って送り，送信画と同じ画像を再現する。＝ファックス，FAX。
ファクター [factor] ①要素；要因。②〘数学〙因数。
ファクタリング [factoring] ①債権買い取り業。＊企業の売掛債権を買い取り，債権の管理を行う。②〘数学〙因数分解。
ファクト [fact] 事実；現実；証拠。
ファクト・シート [fact sheet] データ表。＊事実を図表化。
ファクト・チェック [fact check] 発言や文書の内容が正しいかどうか確認をすること。
ファクト・ブック [fact book] 会社概要や関連市場動向などの事実関係を客観的に記載した冊子。＊株主，投資家，報道機関に配布する。
ファクトリー [factory] 工場；製造所。
ファクトリー・オートメーション [factory automation] 工場・製造部門をコンピュータや産業用ロボットを利用して自動化すること。略FA。
ファクトリー・チーム [factory team] 自動車メーカー直属の技師・整備係や運転者などで編成したオート・レース用チーム。
ファクトリー・ブランド [日factory brand] 他のメーカーの製造依頼を受けている工場が，独自の商品を製造・販売するときのブランド。
ファゴット [fagotto伊] 低音用木管楽器。
ファサード [façade仏] 建物の正面，外観。
ファザ・コン ファーザー・コンプレックスの略。
ファジー [fuzzy] ①ぼやけた。②論理があいまいな。
ファシスト [fascist] ①ファシズムの信奉者。②ファシスト党の党員。
ファシズム [fascism] 独裁的な全体主義。＊イタリアのムッソリーニの政治思想。
ファシリティ [facility] ①器用さ。②施設。
ファシリティ・マネジメント [facility management] 効率的な生産活動を行うための設備・施設管理。
ファシリテーション [facilitation] 支援；容易にすること；簡便化。
ファシリテーター [facilitator] 討論などの司会進行役；議論を容易にする人；補助役；まとめ役。
ファスティング [fasting] 断食；絶

食。

ファスト・パッキング [fast packing] 通常の登山と比べて遥かに軽い装備で臨むこと。

ファスト・ファッション [fast fashion] 『服飾』気軽に素早く取り入れられる低コストなファッション。

ファスト・フード ⇨ファースト・フード。

ファスナー [fastener] 衣類・かばんなどに用いる締め金。⇨ジッパー，チャック[1]。

ファタハ [Fatahアラビア] パレスチナの政党で，PLO内の最大勢力。＝アル・ファタ。

ファック [fuck] (陰語で)性交。

ファックス [fax] ⇨ファクシミリ。

ファッショ [fascioイタリア] ①ファシスト党。②ファシズム的な傾向をもつ人や運動などをさす語。

ファッショナブル [fashionable] 流行にのっているさま。

ファッション [fashion] ①流行；はやり。②方法；流儀。

ファッション・アドバイザー [日fashion adviser] 顧客の好みの洋服や小物を選び，コーディネートの仕方をアドバイスする人。

ファッション・ウォッチ [fashion watch] 装飾を施した腕時計。

ファッション・コーディネーター [fashion coordinator] 服飾関係の商品について，流行や商品の特徴から調和のある演出を考える人。

ファッション・ショー [fashion show] 新作の衣類などの発表会。

ファッション・ビル [日fashion building] 衣料品店，飲食店などの専門店が入っているしゃれたビル。

ファッション・ヘルス [日fashion health] 個室で女性がマッサージなどのサービスを行う性風俗店。略ヘルス。

ファッション・モデル [fashion model] 新作や流行の服を着て，観客に見せたり，写真に写されたりすることを職業とする人。

ファット [fat] ①太った；肉づきのよい；脂肪の多い。②肥沃な；肥えた。

ファッド [fad] 気まぐれ；一時的な流行；道楽。

ファット・スプレッド [fat spread] 低脂肪のマーガリン。＊食用油脂分80パーセント未満のもの。

ファット・バイク [fat bike] タイヤの太さがマウンテン・バイクの約2倍ある，オフ・ロード向きの自転車。

ファディッシュ [faddish] 気まぐれな；物好きな；一時的流行の。

ファド [fadoポルトガル] ポルトガルの民謡。＊哀愁を帯びた旋律が特徴。

ファナティシズム [fanaticism] 熱狂；狂信。＊ファナティズムとも。

ファナティック [fanatic] 熱狂的；狂信的。

ファニー・フェース [funny face] 個性的でかわいい顔立ち。

ファニチャー [furniture] ⇨ファーニチャー。

ファブ [fab] すばらしい；信じられない。＊fabulousから。

ファブリック [fabric] ①布地；織物。②構造；建て物。

ファブレス企業 [fabless company] 製造部門をもたず，企画・開発・販売のみを行う企業。

ファブレット [Phablet] 画面サイズが5.5～7インチの端末。＊*Ph*one＋T*ablet* から。

ファフロツキーズ現象 [fafrotskies] 空から降ってくるはずのないものが降ってくる現象。＊falls from the skiesからの造語。

プア・ホワイト [poor white] (アメリカの)貧乏な白人。＊南部の貧しく社会的地位の低い人々をさす。

ファミ・コン ファミリー・コンピュータの略。

ファミリア [familiar] ①親密な。②ありふれた；よく知られている。
ファミリー [family] ①家族；一家。②族；群。
ファミリー・コンピュータ [FAMILY COMPUTER] 〖商標〗任天堂が開発したテレビゲーム専用のコンピュータ。略ファミ・コン。
ファミリー・ツリー [family tree] 系統樹；家計図。
ファミリー・ネーム [family name] 姓；苗字。⇨クリスチャン・ネーム。
ファミリー・ファンド [日family fund] 投資家が毎月設定した信託金を集めて合同運用する投資信託の一形態。
ファミリー・プラン [日family plan] 家族計画。＊特に，受胎調節についていう。
ファミリー・ブランド [family brand] 同一メーカーの製品につける共通の商標。
ファミリー・ホーム [日familiy home] 児童虐待などで親と暮らすことのできない子供を養育者の家庭に迎え入れ，家庭的な環境のもとで養育する制度。
ファミリー・ユース [family use] 家庭で使用すること；家庭用。
ファミリー・ライフ・サイクル [family life cycle] 家族の誕生から最期までの変化の過程。
ファミリー・レストラン [family restaurant] 家族連れ向きの気軽に食事のできるレストラン。略ファミ・レス。
ファム [femmeフランス] ①女；女性；婦人。②女性用の服飾品・化粧品などの商品に用いる語。↔オム。
ファム・ファタール [femme fataleフランス] 運命の女性；魔性の魅力をもち，男性を破滅させる女性。
ファラオ [Pharaoh] 古代エジプト王の称号。
ファラッド [farad] 静電気容量の単位。記号はF。＊イギリスの物理学者M.ファラデーの名から。
ファラフェル [falafel] ①中近東料理で，ロール・パンに味付け野菜を詰めたもの。②ひよこ豆，またはそら豆を混ぜた中東風コロッケ。
ファランドール [farandoleフランス] 南フランス・プロバンス地方の民族舞踊。＊笛とタンバリンに合わせて男女が手をつなぎ，輪になって踊る。
ファルクラム [Fulcrum] ロシアの戦闘機Mig-29のNATOコード名。愛称，ラースタチュカ(燕つばめ)。＊フルクラムとも。
ファルス[1] [farceフランス] ⇨ファース。
ファルス[2] [phallusラテン] 男根；陰茎。＝ペニス。
ファルセット [falsèttoイタリア] 〖音楽〗裏声；仮声。＊特に，男性についていう。⇨カウンターテナー。
ファルファッレ [farfalleイタリア] 蝶(ちょう)形のショート・パスタ。
ファン [fan] ①映画やスポーツ，また俳優や選手などの熱心な愛好者，支援者。②扇；扇風機；送風機。
ファンキー [funky] ①素朴な；原始的な。②〖服飾〗原色を多く用いること；派手な様子。
ファンクション [function] ①機能；役割。②〖数学〗関数。
ファンクション・キー ⇨fnキー。
ファンゴ [fangoイタリア] イタリアで産出する温泉泥。＊リウマチの治療，美容術に用いられる。
ファンシー [fancy] ①空想；幻想。②意匠をこらした；奇をてらった。
ファンシー・グッズ [fancy goods] 装身具や小間物などの趣味的な品物。
ファンシー・ドレス [fancy dress] ①仮装舞踏会用の仮装服。②奇をてらった変わった服；おもしろい服。
ファンシー・フード [fancy food] ①意匠を凝らしたケーキや菓子など。

②イモムシ，イナゴ，ヘビなどの缶詰。＊如何物(いかもの)に類する食品。

ファンシー・ボール [fancy ball] 仮装舞踏会。

ファンシー・ヤーン [fancy yarn] 種類・太さなどの異なった糸を縒りあわせた装飾糸。

ファン・ジェット [fan-jet] 羽根車付きターボジェット。＊燃料の効率がよく，騒音が少ない。

ファンタジー [fantasy] ①想像；空想。②〖音楽〗幻想曲。

ファンタジスタ [fantasista伊] 〖サッカー〗卓越したプレーで観客を魅了する選手。

ファンタスティック [fantastic] ①幻想的な。②「すばらしい！」。

ファンダメンタリスト [fundamentalist] 聖書やコーランの記述を文字通りに信ずる人；原理主義者。

ファンダメンタリズム [fundamentalism] 原理主義；根本主義。

ファンダメンタル [fundamental] 基本的な；根本的な。

ファンダンゴ [fandangoスペイン] 〖音楽〗スペインの軽快な民族舞踊。また，その曲。

ファンデーション [foundation] 化粧用の下地クリーム。また，肌色のクリーム。

ファンド [fund] 基金；資金。

ファンド・オブ・ファンズ [fund of funds] 既存の投信ファンドを複数組み合わせて作るファンド。

ファンド・トラスト [fund trust] 信託銀行が投資家に代わり，自由裁量で運用する金融商品。

ファンド・マネージャー [fund manager] 金融・資産運用の専門担当者。

ファンド・マネジメント [fund management] 資金管理；資金運用。

ファントム [Phantom] アメリカ空・海軍の戦闘機。＊原義は「幻影」。

ファンド・レイジング [fund raising] NPO活動に必要な資金を，会費，助成金，寄付などとして，法人，政府，また個人などから集めること。

ファンネル [funnel] ①じょうご；漏斗(ろうと)。②オート・バイなどのエンジンの関連部品。

ファンファーレ [Fanfareドイツ] 〖音楽〗祝典で演奏する小曲。＊金管楽器(主にトランペット)を華やかに鳴り響かせる。

ファンブル [fumble] ①しくじる。②〖野球〗打球を一度グラブに入れながら落としてしまうこと。③〖アメ・フト〗パスされたボールを捕り損なうこと。

ファンレス [fanless] コンピュータや周辺機器の冷却用ファン(送風機)がないこと。

ブイ [buoy] ①浮標。⇨ソノブイ。②救命用の浮き袋。

フィー [fee] ①報酬；謝礼。②給料；手数料。③心付け；祝儀。

フィアット [Fiat] 〖商標〗イタリアを代表する自動車メーカー。また，同社製の自動車。

フィアンセ [fiancé (男), fiancée (女) フランス] 婚約者；いいなずけ。

フィージビリティ [feasibility] 実現可能性。

フィーダー [feeder] ①えさ箱。②給電線。③航空・鉄道の支線。④(プリンターの)用紙の送り装置。

フィーチャー [feature] ①顔の造作。②特集記事。③特別番組。④軽音楽で，あるアーティストや楽器を中心に楽曲を印象づけて演奏すること。＝フィーチャリング。

フィーチャー・フォン [feature phone] 通話機能を重視した携帯電話。＊カメラやワン・セグ放送，映像再生などの機能をもつ。⇨ガラパゴス携帯。

フィーチャリング [featuring] ⇨フィーチャー④。

フィート [feet] ヤード・ポンド法で，長さの単位。記号ft。＊1フィートは12インチ(約30.48センチメートル)。footの複数形。
フィードバック [feedback] ①電気回路で，出力したものの一部を入力側に戻すこと。②反応；意見。
フィーバー [fever] 熱狂；熱中。
フィーリング [feeling] 感じ；気分。
フィールズ賞 [Fields prize] 国際数学者会議が，すぐれた業績をあげた世界の40歳以下の数学者に，4年に1度与える賞。＊カナダの数学者フィールズの基金で設立。
フィールディング [fielding] 〖野球〗守備；守備力。
フィールド [field] ①領域；活動分野。②〖陸上競技〗トラックの内側，またはそこで行う競技。
フィールド・アスレチック [field athletic] 自然の地形を利用したスポーツ施設。＊木登りやロープ渡りなどのポイントを通過し，目的地点まで達する。
フィールド・エンジニア [field engineer] 顧客のもとに出向いて，保守・点検や修理・復旧作業などを担う技術者。＊こうした業務をフィールド・サービスという。
フィールド・オフィス [field office] 地方事務所；出先機関。
フィールド・ゴール [field goal] 〖アメ・フト〗ボールをキックして直接ゴールポストを越えること。
フィールド・サーベイ [field survey] 実地調査。
フィールド・サイン [field sign] 野生動物の生活の痕跡。＊糞，足跡など。
フィールド・シート [日field seat] 野球場のファウル・ゾーンまでせり出している座席。
フィールド・スコープ [日field scope] 野外で遠方の野鳥や動物の観察に用いられる望遠鏡。
フィールド・スタディ [field study] 校外学習；現地調査。
フィールド・スポーツ [field sports] 野外スポーツ。＊狩猟，釣りなど。
フィールド・ノート [field note] 実地観察記録。
フィールド・プレーヤー [field player] 〖サッカー，ホッケーなど〗ゴールキーパー以外のプレーヤー。
フィールドワーク [fieldwork] 実地調査。↔デスク・ワーク。
フィエスタ [fiesta スペイン] ①祭り。②祝日；休日。
フィエラ [fiera イタリア] 見本市。
フィガロ [Le Figaro] フランスの保守系朝刊紙。＊1826年創刊。
フィギュア [figure] ①容姿。②数字。③フィギュア・スケートの略。
フィギュア・スケート [figure skating] 音楽にあわせて氷上に図形を描くように滑る競技。＊シングル，ペア，アイス・ダンスなどがある。略フィギュア。
フィギュラティフ [figuratif フランス] 具象的な作品。
フィクサー [fixer] ①もめごとの調停者；黒幕。②〖写真〗定着剤。
フィクション [fiction] ①つくりごと；虚構。②小説；創作。↔ノンフィクション。
フィクスチャー [fixture] ①備え付けの家具；据付けの備品。②人工の歯根部。
フィジオロジー [physiology] 生理学。
フィジカル [physical] ①肉体の。②物理学の。↔メタフィジカル。
フィジカル・セラピスト [physical therapist] 理学療法士。略PT。
フィジカル・ディスタンス [physical distance] ⇨ソーシャル・ディスタンス②。
フィジカル・フィットネス [physical fitness] 体調を整えること。

フ

フィジカル・プロテクション [physical protection]　核物質の防護。＊核ジャック対策。

フィジックス [physics]　物理学。

フィズ [fizz]　①発泡性飲料。＊シャンパンやソーダ水など。②炭酸水で割ったアルコール飲料。

フィスカル・イヤー [fiscal year]　〚経済〛会計年度；事業年度。

フィスカル・ポリシー [fiscal policy]　財政政策。＊経済の安定成長や完全雇用などの目標を達成するために財政の内容や規模を操作する。

フィスチュラ [Fistula]　産科瘻孔(ろうこう)。＊若い年齢での困難な分娩などが原因。アフリカ，中東などで見られる。

ブイ・ゾーン [日V zone]　ジャケットを着た場合のV字型に開いた胸元の部分。

ブイ・ターン [日V-turn]　地方出身者が別の地方で就職すること。⇨ユー・ターン。

フィックス [fix]　①固定すること。②修理すること。③プログラムの誤りを直すこと。

フィッシャーマンズ・セーター [fisherman's sweater]　生成りの太い毛糸で，鹿の子柄，太い縄編み模様などを組み合わせて編んだセーター。＊防寒用。北欧の漁師が着用。

フィッシャーマンズ・ワーフ [Fisherman's Wharf]　サンフランシスコの波止場にある観光名所。

フィッシュ [fish]　①魚。②魚料理。

フィッシュ・アンド・チップス [fish and chips]　イギリスの代表的な庶民料理で，揚げた白身魚に細切りジャガイモのから揚げを添えたもの。

フィッシング[1] [fishing]　魚釣り。

フィッシング[2] [phishing]　ウェブやメールで，特定サイトや金融機関などになりすまし行われる詐欺行為。

フィッター [fitter]　①洋服の仮縫い師。②シュー・フィッターの略。

フィッチ・レーティングス [Fitch Ratings]　ニューヨーク，ロンドンを本拠地とする国際格付け会社。

フィッティング [fitting]　①仮縫い。②備品；設備。

フィッティング・ルーム [fitting room]　仮縫い室；試着室。

フィット [fit]　①ふさわしい。②服などが体にぴったり合う。

フィットネス [fitness]　①健康であること。②健康のためのスポーツ。

フィットネス・ウォーキング [fitness walking]　歩くことを運動として行うこと。＊健康と体力作りが目的。ヘルシー・ウォーキングとも。

フィットネス・クラブ [fitness club]　⇨アスレチック・クラブ。

フィデリティー [fidelity]　①忠実；迫真性。②原音を再生する忠実度。

フィトンチッド [fitontsidï(ロシア)]　樹木が発散する芳香性物質。

フィナーレ [finale(イタリア)]　①〚音楽〛最終楽章。②〚演劇など〛大詰め；最終場面。

フィナンシャル　⇨ファイナンシャル。

フィナンシャル・タイムズ [The Financial Times]　1888年創刊のイギリスの日刊経済紙。略FT。

フィニッシュ [finish]　①終わり；しめくくり。②〚スポーツ〛競技の最終場面。＊陸上競技ではゴール。体操では着地。

フィネス [finesse]　①手際のよさ；巧妙。②精巧な技術。

ブイ・ネック [V neck]　〚服飾〛V字型の襟(えり)。

フィフティー・フィフティー [fifty-fifty]　五分五分；2つのものが同等であること。

フィブリノーゲン [fibrinogen]　血漿(けっしょう)中のたんぱく質の1つ，繊維素原。＊動物の血液凝固に重要な役割を果たす。

フィメール [female] ①女性。②動物の雌。↔メール2。

ブイヤベース [bouillabaisseフランス] 魚介類を煮込んだサフラン風味の洋風寄せ鍋料理。＊フランスの漁師町マルセイユの名物料理。

フィヨルド [fjordノルウェー] 峡湾；氷河の浸食でできた奥深い入り江。

ブイヨン [bouillonフランス] ①肉・魚と香味野菜を煮出した汁。=スープ・ストック。②細菌培養に使う肉汁。

フィラ [Fila] 〖商標〗イタリアで創業されたスポーツ用品のメーカー。また，その製品。

フィラテリスト [philatelist] 切手愛好家；切手収集家。

フィラメント [filament] ①長い繊維。②電球や真空管の発光コイル。

フィラリア [filaria] 糸状虫。＊イヌなど，魚類以外の脊椎(せきつい)動物に寄生し，フィラリア症を起こす。

フィランソロピー [philanthropy] 博愛主義；慈善；公益活動。

フィリップス [Philips] 〖商標〗オランダの総合電気機器メーカー。

フィリップス曲線 [Phillips curve] 失業率と賃金上昇率との関係を示す曲線。＊イギリスの経済学者A.フィリップスにちなむ。

フィリバスター [filibuster] 議事妨害。＊牛歩戦術や不信任案提出など。「指揮に従わない者」を意味するスペイン語から。

フィリピーノ [Filipino] フィリピン人。＊女性はFilipina。

フィリング [filling] ①詰め物。②〖料理〗サンドイッチやパイ2などの中味。

フィルター [filter] ①濾過(ろか)器。②濾光器。③ニコチンやタールを取り除くために紙巻きタバコに取り付けた吸い口。④濾波器。

フィルダース・チョイス [fielder's choice] 〖野球〗野手選択。＊打球を捕った野手が1塁へ送球せずに他の塁の走者を刺そうとし，結果的に全走者をセーフにしてしまう。

フィルター・スラッジ [filter sludge] 原子炉冷却水などを浄化する際に発生する油かすが入った液体。

フィルター・バブル [filter bubble] 検索などの利用履歴に応じた情報が提示されることで，関心のない情報や思想から遠ざけられ，泡に包み込まれたようになる状態。

フィルタリング [filtering] ①選別。②情報の選り分け。

フィルタリング・サービス [filtering service] アダルト・サイトをはじめ，未成年にとって有害なウェブ・サイトの閲覧に制限をかけるサービス。

フィルハーモニー [Philharmonyドイツ] 交響楽団の名称に使われる語。

フィルム [film] ①薄い膜。②〖写真，映画〗感光剤を塗布した映像記録用の薄い合成樹脂膜。③映画。

フィルム・アーカイブ [film archive] 映画資料館。＊映画や映画関連資料を収集・保存，また，復元・公開する。

フィルム・コミッション [Film Commission] 映画，テレビ・ドラマ，CMなどのロケーション撮影を誘致し，実際のロケをスムーズに進めるための支援を行う非営利の公的機関。

フィルム・ノワール [film noirフランス] フランス映画で，暗黒街を舞台にした映画。＊1940〜60年代に流行。

フィルム・バッジ [film badge] 被曝線量を測定するための線量計の一種で，放射線検出用の写真フィルム。＊放射線業務従事者が使用。

フィルム・ライブラリー [film library] 映画の保存，上映，貸し出しをする施設。

フィルモグラフィー [filmography] 監督，俳優などの特定の映画人が生涯にかかわった全作品の一覧表。

フィレ　⇨ヒレ。
ブイログ［vlog］　短い動画を中心として公開するブログ。＊video＋blogから。
フィロソフィー［philosophy］　哲学。
フィン［fin］　①サーフボードの後部に付いている方向安定用の板。②潜水用の足ひれ。
フィンガー［finger］　①指。②空港の送迎用の桟橋。
フィンガー・タット［Finger Tutting］　手の指を中心に，手首や肘(ひじ)なども使って細かな動きを組み合わせて見せるダンス。＊タットとも。
フィンガープリント［fingerprint］　指紋；指紋をとること。
フィンガー・ボウル［finger bowl］　食後に指先を洗うための水を入れる容器。
フィンガー・ポスト［finger post］　(指形の)道標；道しるべ。
フィンテック［FinTech］　IT技術を活用した金融サービス。＊Finance(金融)とTechnology（技術)を組み合わせた造語。
プーアール茶［普洱茶チャイナ］　中国雲南省南部原産の黒褐色の健康茶。
フーガ［fugaイタリア］　〘音楽〙遁走(とんそう)曲。＊主題が各声部に規則的に反復され進行する。
ブークレー［bouclé フランス］　布面に糸の輪が出た織物。
ブーケ［bouquetフランス］　①花束。②花の香り。
ブーケ・ガルニ［bouquet garniフランス］　香味草の束。＊煮込み料理に用いる。
ブーケ・トス［bouquet toss］　結婚式で，新婦が独身の女性に後ろ向きにブーケを投げること。＊受け取った女性は次に花嫁になれるという。
ブーゲンビリア［bougainvillea］　オシロイバナ科の熱帯植物。
フーズ［foods］　食品。
ブース［booth］　①投票所や語学練習などの個人練習用仕切り。②電話ボックス。③高速道路料金徴収所。
ブースター［booster］　①〘電気〙昇圧器。②多段式ロケットの1段目。
～局［～station］　〘放送〙受像困難な地域に設ける中継局。
フーダニット［whodunit］　犯人当ての探偵小説；推理小説。＊Who done(=did) it ? から。
ブータン［Bhutan］　ヒマラヤ山脈東部にある小王国。＊チベット仏教を国教とする。正式名称はブータン王国(Kingdom of Bhutan)。
ブーツ［boots］　長靴；深靴。
ブーツ・カット［boots cut］　裾(すそ)を広くし，後ろのほうを少し長くしたスタイルのズボン。
ブーティー［bootee］　くるぶしが出るくらいの丈のショート・ブーツ。
フーディーズ［foodies］　高級料理の美食家。
フーデッド［hooded］　フード付きの。
フード[1]［food］　食物；食料。
フード[2]［hood］　①頭巾(ずきん)。②レンズの覆い。③台所の換気扇の覆い。④⇨ボンネット②。
ブート［boot］　コンピュータの電源を入れ，システムを起動すること。
ブードゥー教［voodoo］　西インド諸島ハイチやアメリカ南部で信仰されている原始宗教。＊ブードゥーは「精霊」の意。
ブート・キャンプ［boot camp］　(俗語で)アメリカ海軍や海兵隊の基礎訓練キャンプ；新兵訓練所。
フード・コーディネーター［日food coordinator］　飲食店の仕入れから販売までを調整し，指導する人。また，食品メーカーで，新商品の開発に当たる人。
フード・コート［food court］　ショッピング・センターやデパートなどにある飲食店街。

フ

ブート・ジョロキア [Bhut Jolokia] 世界で最も辛い唐辛子。＊北インド，バングラデシュ産。

フード・スタンプ [food stamp] (アメリカ政府発行の)食料引換券。＊低所得者に対する社会保障制度。

フード・セキュリティ [food security] 食料の安全保障。＊災害時に備えて食料備蓄をする政府の政策。

フード・チェーン [food chain] 〖生物〗食物連鎖。

フード・ドライブ [food drive] 家庭内で余った食品を持ち寄り，地域の福祉団体やフード・バンクなどを通じて寄付する活動。

フード・バンク [food bank] 企業などから食品の余剰品，(消費・賞味期限内の)売れ残り品などを寄付してもらい，無償で必要とする人々や団体に配給する活動。または，それを行う団体。

フード・ファイター [日food fighter] 早食いや大食いを得意として大会などに出場する人。

フード・プロセッサー [food processor] 食品加工器。＊材料を刻む，練るなどの下処理をする。

フード・マイレージ [food mileage] 輸入農産物が，環境に与える負荷を数値化したもの。

プードル[1] [poodle] 愛玩犬の一種。＊フランス原産。独特のスタイルに毛を刈り込む。

プードル[2] [poudre フランス] ⇨パウダー。

ブートレグ [bootleg] ①CDやDVDの海賊盤。②密造酒。

フード・ロス [food loss] 食品廃棄物。＊まだ食べられるのに捨てられている食物をさす。

ブービー [booby] 〖スポーツ〗成績が最下位のこと。＊日本では最下位から2番目をいう。

フープ [hoop] ①輪。②スカートに入れる輪骨。

プーマ [Puma] 〖商標〗ドイツのスポーツ用品メーカー。また，その製品。

ブーミング [booming] ①ブーンと鳴ること。②にわか景気の；ブームになっている様子。

ブーム [boom] ①突然人気が出ること；にわか景気。②〖放送，映画〗マイクやカメラを吊り下げ，自在に動くようにした装置の腕木。

ブーメラン [boomerang] ①オーストラリアの原住民が狩猟に用いる「く」の字型の飛び道具。②自分が画策したことが，我が身に戻ってくること。

〜効果 [〜effect] 先進国の資本・技術援助を受けた発展途上国の生産力が増大し，先進国への輸出増加となること。

フーヨーハイ [芙蓉蟹 チャイナ] 中国料理の1つで，カニ肉と長ねぎなどを卵に加えて油で焼いたもの。

フーリガン [hooligan] ①ならず者；ごろつき；乱暴者。②熱狂的で暴力的なサッカー・ファン。

フール [fool] ①ばか；愚者。②ばかにする；だます。

プール [pool] ①水泳競技場。②共同利用のための備蓄。③生産者連合。④ビリヤードの一種。

〜取材 [〜reporting] 代表取材。＊選ばれた代表が他の報道陣に報告をする義務を負う。

〜熱 咽頭結膜熱の通称。＊アデノウイルスによる感染症。

プール・バー [pool bar] ビリヤードを楽しみながら酒を飲む店。

ブールバール [boulevard フランス] 広い並木道；大通り。＊ブールバードとも。

フールプルーフ [foolproof] 誰にでも扱える；絶対確実な。

ブール・マニエ [beurre manié フランス] 西洋料理で，小麦粉とバターを練り合わせたもの。

フェア[1] [fair] ①公正な。↔アンフェア。②美しい；清純な。③〚野球〛打球がファウル・ラインの内側に入ること。＊英語ではfair ball。↔ファウル。④博覧会；見本市。＊ラテン語で「休日」の意。

フェア[2] [fare] 運賃；料金。

フェア・アイル [Fair Isle] スコットランド北東部フェア島発祥の手編みのセーター。＊幾何学模様を特徴とする。

フェアウェイ [fairway] 〚ゴルフ〛ティー・グラウンドからグリーンまでの芝生の地域。＊原義は「障害のない通路」。

フェアウェル [farewell] 「さよなら」「ごきげんよう」。＊good-byより形式張った言い方。

フェアグラウンド [fairground] 屋外市；品評会。

フェア・トレード [fair trade] 発展途上国で生産された作物や製品を，適正な価格で継続的に直接購入し，貧困解消や自立を支援すること。

フェアネス [fairness] ①公明正大。②美しさ；色白。③順調。

フェア・プレー [fair play] ①〚スポーツ〛正々堂々と競技を行うこと。②公明正大な態度・行動。

フェア・ユース [fair use] 著作物を公正に利用する場合は，著作権者の許諾がなくても著作権の侵害にはならないということ。

フェアリー [fairy] 妖精(ようせい)。

フェアリー・テール [fairy tale] おとぎ話。

フェイク [fake] ①偽の；見せかけの。②〚音楽〛ジャズの即興演奏。

フェイク・ニュース [fake news] 主にインターネットを中心に発信される虚偽の情報をもとにした報道。

フェイク・ファー [fake fur] 人工毛皮；模造毛皮。

フェイシャル [facial] 顔の；顔面の。

フェイジョアーダ [feijoada ポルトガル] 黒豆，肉類，香辛料などを煮込んで作るブラジルの豆料理。

フェイス[1] [face] ①顔。②〚ゴルフ〛クラブのボールを打つ面。＊フェースとも。

フェイス[2] [faith] ①信頼；誠意。②信仰；教義。

フェイス・オフ [face-off] 〚アイスホッケー〛試合開始。

フェイス・カード [face-card] トランプの絵札。

フェイス・ガード [face guard] ①運動時に使用する，顔面を保護するための器具。②唾液や血液などからの感染を防止するために装着する器具。＊フェイス・シールドとも。

フェイス・ツー・フェイス [face-to-face] 面と向かって；向かい合って；差し向かいで；直面して。

フェイス・バリュー [face value] ①額面価格。②顔が効くこと。

フェイスブック [Facebook] アメリカのソーシャル・ネットワーキング・サービス。＊世界最大規模のユーザーをもつ。無料で参加でき，実名登録制。略FB。

フェイス・リフト [face-lift] ①⇨リフト・アップ。②建物や室内の改装。

フェイル・セーフ [fail-safe] 一部の故障や誤作動などがシステム全体に致命的なダメージを及ぼさないように働くバックアップのための機構。

フェイント [feint] ①見せかけ。②〚スポーツ〛相手を牽制(けんせい)して，相手の予想外の動作をすること。

フェーズ [phase] 様相；局面。＊フェイズとも。

フェータル [fatal] 致命的な；宿命的な。

フェード [fade] ①ぼかし。②フェード・ボールの略。

フェード・アウト [fade-out] 〚映画，放送〛音や映像がだんだん消えていくこと。略FO。↔フェード・イン。

フェード・イン [fade-in]〖映画，放送〗画面や音が次第に現れること。略FI。↔フェード・アウト。

フェード・ボール [fade ball]〖ゴルフ〗最初はまっすぐに飛び，途中からゆるやかに右へ流れていく球。略フェード。↔ドロー・ボール。

フェーバリット [favorite] ①最もお気に入りの人。または，もの。②本命。

フェーブル [fable] 寓話(ぐうわ)。

フェーム [fame] ①名声；有名。②評判；世評。

フェーン現象 [Föhnドイツ—] 風上から登ってきた気流が山を越え乾燥した熱風となって吹きおろす現象。

フェザー [feather] 鳥の羽。

フェザーカット [feathercut]〖美容〗鳥の羽毛のような柔らかなカットとウエーブの髪型。

フェザー級 [featherweight] ボクシングの重量別階級の1つ。＊プロでは122ポンド超え126ポンドまで。

フェザー・プレーン [feather plane] 超軽量の模型飛行機。

フェズ [fez] トルコ帽。＊フェルト製で，つばがない。

フェスタ [festaイタリア] 祭り；祝祭日。

フェスティバル [festival] 祝祭；祭典；催し物。

フェチ ⇨フェティシスト。

フェットチーネ [fettuccineイタリア] イタリアの平たい紐(ひも)状のパスタ。

フェティシスト [fetishist] ①呪物(じゅぶつ)崇拝者。②特定の物に対し執着する人。＊フェチとも。

フェティシズム [fetishism] ①物神・呪物(じゅぶつ)崇拝。②崇物症。

フェデックス ⇨FedEx。

フェデラリスト [federalist] 連邦制度の支持者；連邦主義者。

フェデラリズム [federalism] 連邦主義。

フェデレーション [federation] 連邦；連合；連合政府。

フェドーラ [fedora] フェルト製の中折れ帽。

フェド・カップ [Fed Cup]〖テニス〗ITF主催の女子国別対抗戦。

フェニールケトン尿症 [phenylketonuria] アミノ酸代謝異常によって起きる遺伝性疾患。

フェニキア文字 [Phoenician letters] 古代，東地中海でフェニキア人が使用していた最古の表音文字。＊アルファベットの基礎となる。

フェニックス [phoenix] ①ヤシ科の常緑高木。②〖エジプト神話〗火の鳥；不死鳥。③[P-] アメリカ海軍の空対空ミサイル。

フェノール [phenol] 石炭酸。＊無色で特有の臭いのある結晶。防腐剤，消毒剤，染料の原料となる。

〜樹脂 [phenolic resin] フェノールとホルムアルデヒドの縮重合によって造られる熱硬化性樹脂。＊ベークライトとも。

フェノールフタレイン [phenolphthalein] フェノールと無水フタル酸を加熱してつくる白色粉末。＊酸と塩基を区別する指示薬に用いられる。

フェノバルビタール [phenobarbital] バルビツール酸系の抗てんかん薬。＊鎮静・睡眠作用がある。商品名は，ルミナール。

フェノメノン [phenomenon] 事象；現象。＊フェノメナは複数形。

フェビアン協会 [Fabian Society] イギリスで1884年に結成された漸進的な社会主義を唱える団体。＊古代ローマの将軍ファビウスに因む。

フェミサイド [femicide] 女性差別を背景とした，女性を標的とする暴力・虐待による殺人。

フェミナ賞 [Prix Feminaフランス] フランスの文学賞。＊ゴンクール賞の1週間後，12名の女性作家が審査。雑誌『フェミナ』が1904年創設。

フェミニスト [feminist] 女性を尊重する男性；男女同権主義者。
フェミニズム [feminism] 女権拡張主義；男女同権主義。↔アンチ・フェミニズム。
フェミニン [feminine] 女性の；女らしい；優しい。↔マスキュリン。
フェムト [femto-] 国際単位系(SI)で，1000兆分の1 (10^{-15})を表す接頭辞。記号f。
フェムトメートル [femtometre] 国際単位系(SI)の長さの単位。1フェムトメートルは10^{-15}メートル。記号fm。＊核物理学で使用される。
フェラーリ [Ferrari] 〘商標〙イタリアの自動車メーカー。またその乗用車。
フェライト [ferrite] 酸化鉄とコバルト，マンガンなどの酸化物を焼結して作った磁性材料。
フェラガモ [Ferragamo(イタリア)] 〘商標〙イタリアの靴やバッグなどのメーカー。また，その製品。＊創立者はサルバドーレ・フェラガモ。
フェラチオ [fellatio(ラテン)] 男性の性器を唇や舌で愛撫(あいぶ)する行為。↔クンニリングス。
フェリーボート [ferryboat] 旅客・貨物・車両を運搬する船。＝カー・フェリー。略フェリー。
フェルト [felt] 羊毛などの獣毛繊維を圧縮して作った布地。
フェルト・ペン [felt pen] フェルトの書き芯(しん)をつけた速乾性筆記具。
フェルマータ [fermata(イタリア)] 〘音楽〙①延長記号。「𝄐」。＊音符や休止符を長く持続させる。②終止記号。
フェルミ [fermi] 原子物理学で用いる長さの単位。10^{-15}メートル。記号fm，F。＊イタリアの物理学者E.フェルミの名から。ユカワとも。SIでは，フェムトメートルを使用。
フェルミウム [fermium] 超ウラン元素の1つ，原子番号100の人工放射性元素。元素記号Fm。
フェルミオン [fermion] スピン(角運動量)が半整数倍の粒子。＊クォーク，電子，陽子，中性子など。イタリアの物理学者E.フェルミの名から。フェルミ粒子とも。
フェレット [ferret] ケナガイタチ。＊夜行性。愛玩用。
フェロアロイ [ferroalloy] 合金鉄。
フェロー [fellow] ①仲間；友達。②特別研究員；特待校友；大学評議員。
フェローシップ [fellowship] ①研究奨学金。②大学の特別研究員(フェロー)の地位。
フェロモン [pheromone] 動物が情報伝達のために体外に分泌する誘引物質。
フェンシング [fencing] 〘スポーツ〙西欧流の剣術。＊フルーレ，エペ，サーブルの3種目がある。
フェンス [fence] 囲い；垣根；柵(さく)。
フェンダー [fender] 自動車などの泥よけ。
フェンディ [Fendi] 〘商標〙イタリアのアパレル・ブランド。また，その製品。＊FFのマークで有名。
フェンネル [fennel] セリ科の多年草。ウイキョウ(茴香)。＊実は医薬用・香味料用。
フェンリル [Fenrir] 〘北欧神話〙狼の怪物。
フォア・グラ [foie gras(フランス)] ガチョウの肥大した肝臓。＊パテやソテーにして食べる。最高級のオードブル。フォワ・グラとも。
フォアサム [foursome] 〘ゴルフ〙4人が2人1組になり，各組のプレーヤーが1つのボールを交互に打つマッチ・プレー。＊フォアボール・マッチとも。
フォアハンド [forehand] 〘テニス，卓球など〙ラケットを持つ手の側にきた球をそのまま打つ自然な打ち方。↔バックハンド。

フォア・ボール [日four balls] 〖野球〗四球。

フォアマン [foreman] 監督；職長。

フォー [phoベトナム] ベトナム料理の米粉でつくった平うち麺(めん)。また，それをスープに入れ，鶏肉などの具を加えた料理。

フォー・ガー [pho gaベトナム] ビーフンに鶏肉入りスープをかけたベトナムの麺(めん)料理。

フォーカス[1] [focus] 焦点。＝ピント。

フォーカス[2] [forecast] ①予測。②〖競馬〗連勝式勝馬投票券。

フォーキャスト [forecast] 予知；予測；予報；先見。

フォーク[1] [folk] ①人々；民族。②フォーク・ソングの略。

フォーク[2] [fork] ①手の形をした洋風の食器。②フォーク・ボールの略。

フォーク・ソング [folk song] ①民謡。②アメリカで生まれた民謡調の創作歌。略フォーク。

フォーク・ダンス [folk dance] ①民俗舞踊。②レクリエーション用のダンス。

フォーク・ボール [fork ball] 〖野球〗回転が少なく打者の手元で不規則に落ちる変化球のこと。＊投球時の指の形がフォークに似ていることから。略フォーク。

フォークリフト [forklift] フォーク型の２本の腕を上下させて荷物の積み降ろしや運搬をする車。

フォークロア [folklore] 民間説話；民俗学。

フォーサイト [foresight] 洞察力。

フォース [force] ①力；勢力。②軍隊。

フォース・アウト [force-out] 〖野球〗封殺。＊後続の打者が走者となったために次塁へ進まねばならないとき，次塁へ送球してアウトにすること。

フォース・プレー [force play] 〖野球〗塁上に走者がいるときに，打者がゴロを打って，塁上の走者を進塁させなければならない状況。

フォーチュン [Fortune] アメリカの経済誌。＊1930年創刊，隔週刊。

フォーチュン・クッキー [fortune cookies] おみくじ入りのクッキー。＊中華料理店で食後に出される，餃子(ぎょうざ)の両端をつまんだような形のもの。

フォーディズム [Fordism] 自動車王H.フォードが提唱した経営理念。＊大量生産システムなど。

フォー・ナイン [four nines] 1000分の999.9以上の金の含有率。＊金塊の純度を示す。

フォー・ビート [four-beat] 〖音楽〗ジャズの演奏法。＊４分の４拍子で，１小節に４つの音が入る。

フォービスム [fauvismeフランス] 〖美術〗野獣派。＊20世紀初頭にフランスで興った革新的な芸術運動。

フォーフィッテッド・ゲーム [forfeited game] 〖スポーツ〗没収試合；放棄試合。

フォーブス [Forbes] アメリカの経済誌。＊世界的な月刊誌。

フォーマット [format] ①形式。②〖放送〗番組構成。③〖電算〗磁気テープなどの記入形式。④〖電算〗(CDやDVDなどの)初期化。

フォーマル [formal] 正式の；公式的な。↔インフォーマル。

フォーマル・ウェア [formal wear] 正式な場で着る服装；正装。

フォーマル・ドレス [formal dress] 夜会出席用の改まった服。＊女性はイブニング・ドレス，男性はタキシード・燕尾(えんび)服など。↔インフォーマル・ドレス。

フォーミュラ [formula] ①定則；決まり文句。②〖数学, 化学〗式；公式。③調理法；薬の処方箋。④レーシング・カーの公式規格。⇨Ｆ１。

フォーミュラ・カー [formula car] 国際自動車連盟により規定されてい

る競技用自動車。⇨レーシング・カー。
フォーミュラ・プラン [formula plan] あらかじめ計画した方式で行う証券投資の方法。
フォーミュラ・ワン ⇨F1。
フォーム[1] [foam] 泡。
フォーム[2] [form] ①形；形態。②〖スポーツ〗姿勢。
フォーム・ラバー [foam rubber] 多孔性ゴム。＊細かい気泡を含むスポンジ状のゴムで，防寒衣料，寝具などに用いられる。
フォーメーション [formation] ①形づくること；形成。②〖スポーツ〗攻撃・防御の選手の配置。
フォーラム [forum] 公開討論会；交流広場。
フォーリーズ [follies] コントや踊りなどをまじえた風刺劇。またそれを行う演芸場。
フォーリナー ⇨フォリナー。
フォール [fall] ①〖レスリング，プロレス〗相手の両肩を同時にマットにおさえつけること。②落下。③秋。＊アメリカでの用法。④滝。
フォールアウト・シェルター [fallout shelter] 核シェルター。＊falloutは「放射性降下物質」の意。
フォールト [fault] ①欠点；落ち度。②罪；過失。③断層。④〖テニス，卓球など〗サーブの失敗。
フォールト・トレラント・コンピュータ [fault-tolerant computer] システムの一部にトラブルが生じても処理中の仕事に影響を及ぼさないコンピュータ。＊銀行のオン・ライン・システム，通信制御システムなど。略FTC。
フォカッチャ [focaccia イタリア] 生地にハーブとオリーブ油で風味をつけた平たいイタリアのパン。＊ピザの原型。
フォスター・チャイルド [foster child] 里子。
フォスター・プラン [Foster Plan] 発展途上国の子供の里親になり，就学や生活改善などの援助を行う制度。
フォスター・ペアレント [foster parent] 里親。
フォックス [fox] キツネ(狐)。
フォックス・トロット [fox-trot] 4分の4拍子のテンポの速いジャズ系の社交ダンス。略トロット。
フォッグ・ライト [fog light] 霧中用の信号灯。＊フォッグ・ランプとも。
フォッサ・マグナ [Fossa Magna ラテン] 中央大地溝帯。＊本州の中央部を東西に二分する。
フォトカプラ [photocoupler] 電気信号を光の形でつなぎあわせる電子部品。＊発光ダイオードやフォトダイオードなどを1組にして構成。
フォトグラフ [photograph] 写真。略フォト。
フォトグラファー [photographer] 写真家；撮影者。⇨カメラマン。
フォトグラフィー [photography] 写真術。
フォトクロミック・ガラス [photochromic glass] 光互変性ガラス。＊光が当たると色のつくガラスで，眼鏡に用いられる。
フォトジェニー [photogénie フランス] 〖映画〗カメラで捉えた映像の中に映画特有の美を見いだそうという前衛的な技法。
フォトジェニック [photogenic] 写真うつりのよい；写真向きの。
フォトジャーナリスト [photojournalist] 報道写真家。
フォトショップ [Photoshop] 〖商標〗アドビ社の開発した写真・画像編集ソフト。
フォト・スタジオ [photo studio] 写真館。
フォト・ストレージ [photo storage] デジタル・カメラ用の記憶装置。
フォトダイオード [photodiode] 光を電気信号に変換する半導体ダイオ

ード。
フォトトランジスタ [phototransister] 光を電気信号に変換する半導体トランジスタ。
フォト・ブック [photo book] デジタル・カメラやスマートフォンで撮影した写真をもとに，オリジナルの写真集を製作するサービス。
フォト・フレーム [photo frame] 写真立て。
フォト・リアリズム [photo realism] ⇨スーパーリアリズム。
フォトレジスト [photoresist] 耐酸性感光樹脂。＊プリント基板，IC回路などの作製に使われる。
フォト・レタッチ [photo retouching] 写真や映像を修整すること。
フォトン [photon] 光量子；光のエネルギーを運ぶ粒子。
フォノグラフ [phonograph] 蓄音機。
フォボス [Phobos] 火星の衛星。
フォリナー [foreigner] ①外国人；異邦人。②外国船；外来物〔品〕。
フォルク [Volkドイツ] 国民；人民；民衆。
フォルクスワーゲン [Volkswagen] 〖商標〗ドイツの自動車メーカー。また，その乗用車。略VW。
フォルクローレ [folkloreスペイン] ラテン系の民俗音楽。
フォルダー [folder] ①折りたたみ式の器具や印刷物。②〖電算〗ファイルをまとめて収納する場所。
フォルダブル [foldable] 折り畳みが可能であること。
フォルテ [forteイタリア] 〖音楽〗「強く演奏せよ」。記号はf。↔ピアノ②。
フォルティシモ [fortissimoイタリア] 〖音楽〗「最も強く演奏せよ」。記号はff。↔ピアニシモ。
フォルテピアノ [fortepianoイタリア] ①18世紀につくられた初期のピアノ。②〖音楽〗「強くそして直ちに弱く演奏せよ」。記号はfp。
フォルト・ライン [fault line] ①断層線；断絶。②異なる文明の断絶。
フォルマリズム [formalism] 形式主義。＊文学を言語機能・形態面から考察する。フォーマリズムとも。
フォルム [formeフランス] 姿；形；形式；有様。
フォレンジック [forensic] 犯罪捜査における情報分析；科学捜査・鑑識；法医学。
フォロー [follow] ①あとに従うこと；後の処理・対策をすること。②〖サッカーなど〗ボールを持っている人のあとを追うこと。③〖電算〗他のユーザーの投稿(ツイート)を自分のタイムライン上に表示すること。⇨フォロワー。
フォロー・アップ [follow-up] ①追跡調査；継続監視。②追跡；追及。
フォロー・ウインド [日follow wind] 〖ゴルフ，ヨットなど〗追い風；順風。↔アゲンスト・ウインド。
フォロー・スルー [follow-through] 〖野球，テニス，ゴルフなど〗球を打った後，腕を打球の方向に伸ばすこと。⇨バックスイング。
フォロー・リクエスト [follow requests] 〖電算〗ツイッターやインスタグラムで，非公開の投稿(鍵つきのツイート)を閲覧できるように承認申請をすること。
フォロワー [follower] ①あとに続く人やもの。②信奉者；追っかけ。③〖電算〗ツイッターで，自分のツイートを閲覧できるよう登録しているユーザーのこと。
フォワーダー [forwarder] 自らは輸送手段を持たず，荷主と運送業者を仲介し船舶・航空・鉄道などを用いて運送を担う，貨物利用運送事業者。
フォワード [forward] ①前方の；前進の。②〖ラグビー，サッカーなど〗前衛。略FW。③〖経済〗先物為替取引。

フォワード・ガイダンス [forward guidance] 中央銀行による，金融政策の先行き指針。
フォワード・ルッキング [forward-looking] 前向きの；進歩的な。
フォン[1] [fondフランス] スープやシチュー用の出し汁。
フォン[2] [phon] ⇨ホン。
フォンダン [fondantフランス] 砂糖を煮詰めて作った菓子用の糖衣。
フォンデュ [fondueフランス] スイスの鍋料理。⇨チーズ・フォンデュ。
フォント [font] ①大きさや字体が同一の文字のセット。②〘電算〙コンピュータで使用する文字データ。
フォン・ド・ボー [fond de veauフランス] フランス料理のソースやシチューの下地で使われる子牛肉の出し汁。
ブギ・ウギ [boogie-woogie] アメリカで黒人のダンス音楽として流行した，陽気でリズミカルなジャズ。
フクシア [fuchsiaラテン] アカバナ科の低木。釣浮草。＊南米原産。ドイツの植物学者L.フューシャに由来。フューシャ，ホクシャとも。
ブコ [buco] 若いココナッツの果肉。
フコイダン [fucoidan] 硫酸多糖の一種で，ワカメやモズクなどの海藻類に含まれるぬめり成分。
プシー [psiギリシア] ①ギリシア文字の23番目の文字(Ψ，ψ)。②⇨サイ。
プシュケー [psychēギリシア] ①心；精神。②［P-］〘ギリシア・ローマ神話〙エロス(Eros)に愛された美女。
プジョー [Automobiles Peugeot] フランスの自動車メーカー。
ブズーキ [bouzoukiギリシア] リュートに似たギリシアの民族楽器。＊ブズキとも。
プタキロサイド [ptaquiloside] ワラビやゼンマイに含まれる発がん物質。＊灰汁(あく)抜きで除去される。
ブタジエン [butadiene] 不飽和炭化水素。＊合成ゴムの原料。
フタル酸 [phthalic acid] ナフタリンを酸化して作る無色の柱状結晶。＊合成樹脂，可塑剤などに使用。
ブタン [butane] メタン系炭化水素。＊ガス・ライターやプロパン・ガスの原料。
プチ [petitフランス] 小さい；かわいい。
プチアリン [ptyalin] 消化酵素の一種。唾液(だえき)アミラーゼ。
プチ・ガトー [petit gâteauフランス] 小さな菓子。
プチ・フール [petits foursフランス] 一口大の小さなデザート用の菓子。
プチ・ブルジョア [petit bourgeoisフランス] 小市民。＊ブルジョアとプロレタリアの中間に位置する中産階級。略プチ・ブル。
フッカー [hooker] 〘ラグビー〙スクラムの最前列で投げ入れられた球を後ろへ送る役目の選手。
ブッカー賞 [Booker Prize] イギリスの文学賞。
ブッキー [bookie] 賭博(とばく)の胴元。＝ブックメーカー④。
ブッキッシュ [bookish] ①本好きの；書物だけの知識の。②堅苦しい。
フッキング [hooking] 〘ラグビー〙セット・スクラム内のボールを足で味方の方へかき入れること。
ブッキング [booking] 座席・部屋などの予約。⇨オーバーブッキング。
フック [hook] ①ホック；留めかぎ。②〘ボクシング〙腕を曲げて打つこと。③〘ゴルフ〙(右ききの場合)打球が途中から左方向に曲がって飛ぶこと。↔スライス②。
ブック [book] ①本。②胴元を務める。
ブックエンド [bookend] 本立て；本支え。
ブック・オン・デマンド [book on demand] 受注出版。＊絶版書などを読者の注文に応じて出版する。
ブックキーピング [bookkeeping]

簿記。

ブック・バンド [日book band] 本を持ち歩くときにまとめて十文字に縛るバンド。

フック・ボール [hook bowl] 〖ボウリング〗ピンの直前で投げた腕の逆の方向に曲がるボール。

ブックマーク [bookmark] ①しおり。②〖電算〗よく使うURLを登録し，後に参照できるようにしたもの。＊「お気に入り」とも。

ブックメーカー [bookmaker] ①出版社；製本業者。②編集者；出版者。③金もうけ主義の著述家，編集者など。④⇨ブッキー。

フック・ライン [hook line] 〖ゴルフ〗(右ききの場合)グリーン上で打球が途中から左方向に曲がると予想される芝の状態。↔スライス・ライン。

ブックレット [booklet] 小冊子。

ブック・レビュー [book review] 新刊図書の紹介；書評。

プッシー[1] [pushy] 厚かましい；ずうずうしい；強情な。

プッシー[2] [pussy] 女性の性器を表す隠語。＊原義は「子ねこ」。

ブッシェル [bushel] ヤード・ポンド法で穀物の計量に用いる単位。記号bu。

ブッシュ [bush] 灌木(かんぼく)；やぶ。

プッシュ [push] ①押すこと；推進。↔プル。②〖野球，ゴルフなど〗軽く押すように打つこと。③〖サッカー〗ボールを足で軽く押すようにしてシュートやパスをすること。

ブッシュクラフト [bushcraft] 森林などの自然環境の中で，自然の素材を使って生活の知恵を身に着けていくアウトドアのスタイル。

ブッシュ・ド・ノエル [bûche de noël フランス] 薪(たきぎ)型のロール・ケーキにチョコレートなどでデコレーションしたクリスマス用ケーキ。

プッシュ・ホン [日push phone] 押しボタン式電話機。

ブッシュマン [Bushman] ⇨サン[1]。

プッシュ・ロック [push lock] ノブの真ん中のボタンを押すとかかるしくみの錠前。＝モノロック。

プッシング [pushing] 〖バスケットボール，サッカーなど〗手または腕で相手選手の体を押すこと。＊反則。

ブッダ [Buddha サンスクリット] 釈迦(しゃか)；仏陀の尊称。＊Budh(目覚める)を語源とし，「真理を悟った人」の意。

フッター [footer] 〖電算〗データを印字したときに，ページの下部に印刷する文字や図形。↔ヘッダー。

ブッチャー [butcher] 肉屋。

フッディー [hoodie] フードつきスウェット・シャツ。⇨パーカー[2]。

フット [foot] ①足；足どり；歩行。②くるぶしより下の部分。③長さの単位。⇨フィート。

プット・オプション [put option] 株式，債券などを，ある期限で売る権利。略プット。↔コール・オプション。

フットサル [futsal] 5人制のサッカー。＊フィールドの広さは11人制の約9分の1。

フットノート [footnote] 脚注。↔ヘッドノート。

フットプリント [footprint] 足跡；足型。

フットボール [football] ①(米国で)アメリカン・フットボール。②(英国で)ラグビー，サッカー。

フットライト [footlights] 脚光；舞台の観客側の床から出演者を照らす照明。

フット・レスト [foot rest] 高速バスなどに設置されている，足を載せるための台。

フットワーク [footwork] ①〖スポーツ〗足の運び方や構え。②機敏に行動すること。

ブディスト [Buddhist] 仏教徒。

ブディズム [Buddhism] 仏教。

フ

ブティック [boutique フランス] 洋服や装身具を売るしゃれた店。
プディング [pudding] 牛乳や卵を蒸し固めた洋風菓子。=プリン。
フトラフール [Futraful] 〖商標〗抗がん剤の1つで，代謝拮抗薬。
ブノワ賞 [Prix Benois de la Danse] バレエ・ダンサーや振付け師などに贈られるロシアの賞。＊バレエ界のアカデミー賞といわれる。
ブブゼラ [vuvuzela] 南アフリカの民族楽器で，1メートルほどの長さのラッパ。＊主に，サッカーの試合の応援に使用する。
ブミプトラ政策 [Bumiputra マレー] マレーシアのマレー系国民優先政策。＊ブミプトラは「土地の子」の意。
フューシャ [fuchsia] ⇨フクシア。
フュージョン [fusion] ①溶解；融合。＊原子物理学では，原子核の融合。②⇨クロスオーバー②。
フューチャー [future] 未来。
フューチャーズ [futures] 先物契約。＊future's contractの略。
フューチャリズム [futurism] 未来派。＊20世紀初頭，イタリアで始まった芸術運動。
フューネラル [funeral] 葬儀；告別式。
フュエル [fuel] 燃料。
フュゾー [fuseau フランス] 体にぴったりしたシルエットの先細のパンツ。
フラー [hurrah] 歓呼の声のこと；喝采(かっさい)。
プラーク [plaque] ①歯垢(しこう)。②記念額。
フラーレン [fullerene] 球状やチューブ状の炭素の構造体。＊チューブ状の構造体は，カーボン・ナノチューブ。
フライ[1] [fly] ①〖野球〗飛球。②はえ。③〖釣り〗毛針。
フライ[2] [fry] 揚げ物料理。
プライウッド [plywood] ベニヤ板；合板。
プライオリティ [priority] 優先権；優先順位。
フライ・キャスティング [fly casting] 毛針を用いた投げ釣り。
フライ級 [flyweight] ボクシングの重量別階級の1つ。＊プロでは108ポンド超え112ポンドまで。
フライス [fraise] 金属用の切削工具。=ミーリング・カッター。
プライス [price] 値段；価格。
プライズ [prize] 賞。
プライス・インデックス [price index] 物価指数。略PI。
プライス・カード [price card] 商品の価格を表示した値札。
プライス・ダウン [日price down] 値下げ。
プライズ・マネー [prize money] 賞金。
プライス・リーダーシップ [price leadership] 価格先導制。＊価格の設定・変更が少数の有力企業によって行われること。
ブライダル [bridal] ①結婚式の。②花嫁の。
ブライダル・シャワー [bridal shower] 花嫁になる女性を祝福する，女性のみで行う前祝いパーティー。
ブライダル・フェア [bridal fair] 結婚を控えるカップルを対象とした，試食や試着などの体験イベント。
ブライダル・ベール [bridal veil] ①花嫁がかぶる純白のベール。②ツユクサ科の多年草。＊小さな白い花が咲く。
フライト [flight] ①航空機の飛行。②〖スキー〗ジャンプで飛び上がったときの空中飛行。③〖陸上競技〗ハードルを飛び越えること。
ブライド [bride] ①花嫁；新婦。↔ブライドグルーム。②飾りひも。
プライド [pride] 誇り；自尊心。
フライト・アテンダント [flight at-

tendant] ⇨キャビン・アテンダント。
フライト・エンジニア [flight engineer] 航空機関士。
ブライドグルーム [bridegroom] 花婿；新郎。↔ブライド。
フライト・コントロール [flight control] ①航空交通管制。②航空機の操縦装置。
フライド・チキン [fried chicken] 鶏肉のから揚げ。
フライト・データ・レコーダー [flight data recorder] 自動飛行記録装置。＊事故原因の究明に役立てる。フライト・レコーダーとも。略FDR。⇨ボイス・レコーダー。
フライト・ナンバー [flight-number] 飛行便の番号。
フライト・バッグ [flight bag] 航空バッグ；航空会社名の入ったバッグ。
フライハイト [Freiheitドイツ] 自由。
プライバシー [privacy] 私生活；私生活権。
プライバシー・ポリシー [privacy policy] インターネットでサービスを提供する企業などが示す，個人情報の取り扱い方針。
フライ・フィッシング [fly-fishing] 〘釣り〙毛針釣り。
プライベート [private] 個人的な；内密の。↔パブリック。
プライベート・オファーリング ⇨PO[1]。
プライベート・クラウド [private cloud] 特定の企業や個人だけを対象としたクラウド・コンピューティング環境。
プライベート・バンキング [private banking] 富裕層を対象とした金融情報の提供・資産管理サービス。
プライベート・ブラウジング [private browsing] ブラウザーの利用後に，閲覧履歴やログイン情報を自動で削除する機能。
プライベート・ブランド [private brand] 自家商標。＊消費者のニーズにかなう商品を開発。店舗を持ち，自社の商品を販売する。略PB。↔ナショナル・ブランド。
フライホイール [flywheel] はずみ車。
フライボード [Flyboard] 〘商標〙水上バイクから噴射された水の水圧で空を飛ぶ，マリン・スポーツ。
プライマリー [primary] ①初歩の；最初の。②初級。③初級用のグライダー。⇨ソアラー，セカンダリー②。
プライマリー・スクール [primary school] 小学校；初等学校。
プライマリー・ディーラー [primary dealer] 連邦銀行の債権を売買することができる，アメリカ政府承認の証券ディーラー。
プライマリー・バランス [primary balance] 基礎的財政収支。略PB。
プライマリ・ケア [primary care] 初期医療；一次医療。＊専門的な治療を施す前の治療。
プライム [prime] ①最初の；第一の。②一流の；最上の。③根本の；もとの。④〘数学〙素数。
プライム・コスト [prime cost] 仕入れ原価。
プライム・タイム [prime time] ⇨ゴールデン・アワー。
プライム・ミニスター [prime minister] 総理大臣；首相。
プライム・レート [prime rate] 超一流企業に無担保で金を貸し付ける際の最優遇短期貸出金利。
フライヤー[1] [flier] ①飛行機；飛ぶもの(鳥・昆虫など)。②急行列車；快速艇。③ちらし；びら。
フライヤー[2] [fryer] ①食用の若鶏。⇨ブロイラー，ロースター[1]。②揚げもの用の鍋。
ブライヤー [briar] ツツジ科の常緑低木。＊地中海沿岸原産。パイプやステッキの材料に使用。

フライング [flying] ①飛行。②フライング・スタートの略。
フライング・ゲット [日flying get] ゲーム・ソフトやCDなどを正規の発売日前に購入すること。略フラゲ。
フライング・スタート [日flying start] 合図が鳴る前にスタートすること。＊規定回数を超えると失格。英語ではfalse start。
フライング・ソーサー [flying saucer] 空飛ぶ円盤。略ソーサー。
フライング・ディスク [flying disc] プラスチック製の円盤を投げるスポーツ。⇨フリスビー。
フライング・ヒル [flying hill] 〖スキー〗ジャンプ競技で，ヒル・サイズ(HS)185メートル以上のジャンプ。
ブラインド [blind] ①日よけ。②ベネチアン・ブラインドの略。③〖ゴルフ〗ティー・グラウンドからピンが見えないこと。
ブラインド・サイド [blind side] 〖ラグビー，アメ・フト〗スクラムの位置からみてタッチラインまでの距離が短いほうの側。↔オープン・サイド。
ブラインド・サッカー [blind soccer] ゴールキーパー以外の選手がアイ・マスクを着用してプレーする，視覚障害者を中心としたサッカー。
ブラインド・タッチ [日blind touch] ⇨タッチ・タイピング。
フラウ [Frau^{ドイツ}] 妻；主婦。
ブラウザー [browser] wwwでホームページを見るための閲覧用ソフトウェア。
ブラウジング[1] [blousing] 〖服飾〗ウエストラインの上にゆったりしたふくらみをもたせること。
ブラウジング[2] [browsing] 〖電算〗ウェブやブラウザーなどで，データや情報を閲覧すること。
ブラウス [blouse] 薄手の生地で作った上着；仕事着。
プラウド [proud] ①誇る。②高慢な；尊大な。③名誉を重んずる。
ブラウン[1] [Braun] 〖商標〗ドイツの生活機器メーカー。また，その製品。
ブラウン[2] [brown] 褐色の；茶色の。
ブラウン運動 [Brownian movement] 液体中または気体中に浮遊する微小粒子が不規則に運動する現象。＊1827年イギリスの植物学者R.ブラウンが発見したことで命名。
ブラウン管 [Braun tube] 陰極線管。＊テレビ受像管など用。
ブラウン・シュガー [brown sugar] ①黒砂糖。②俗称で，ヘロイン。
フラウンス [flounce] 〖服飾〗スカートの裾(すそ)や袖(そで)のひだ飾り。
ブラウン・ソース [brown sauce] 小麦粉をバターで褐色に炒め，野菜などと煮込んで裏ごしし，調味料を加えたソース。
フラウンホーファー線 [Fraunhofer line] 太陽光の連続スペクトルに見られる暗線。＊1814年，ドイツの物理学者フラウンホーファーが発見。
プラカード [placard] スローガン・国名・校名などを掲げる板。
ブラ・カップ [日bra cup] ⇨バスト・パッド。
ブラキストン・ライン [Blakiston's line] 本州と北海道を分ける動物分布境界線。＊発見した英国人の動物学者の名前に因む。
プラグ [plug] ①電気コードの差し込み用器具。②内燃機関の燃料点火栓。＝スパーク・プラグ。
プラグ・イン [plug-in] 〖電算〗システムの機能を追加・拡張するためのソフトウェア。
プラグ・イン・ハイブリッド・カー [plug-in hybrid car] 家庭用電源からバッテリーに直接充電できるハイブリッド・カー。
フラクション [fraction] ①部分；断片。②左翼政党が労働組合などの中につくる党員組織。

フラクタル [fractal] 樹木や雲，海岸線などのように，全体像と一部分が相似になる性質をもつ図形。

プラクティカル [practical] 実際的な；実用的な。

プラクティス [practice] ①練習；実習。②実行；実施。

プラグマティスト [pragmatist] プラグマティズムの信奉者。

プラグマティズム [pragmatism] 実用主義。＊真理は実践･経験により示されるとする。

プラグマティック [pragmatic] 実用的な；実利的な。

フラグメンテーション [fragmentation] 分裂；細分化。

フラグメント [fragment] ①断片；破片；断章。②未完の遺稿。

ブラケット [bracket] ①〘印刷〙角かっこ［ ］。②壁かけ式照明器具。

プラザ [plaza] 広場；市場。

ブラザー [brother] 兄弟；兄；弟。

ブラシ [brush] ①刷毛(はけ)。②筆；画筆。③発電機や電動機で，整流子に接触させて外部に電流を伝えたり，または外部から供給させたりすること。＊ブラッシュとも。

プラシーボ [placeboラテン] 偽薬。＊患者に効用があると偽って与える薬。

ブラシノライド [brassinoride] 植物ホルモンの一種。＊植物の発芽･生長を促進する。

ブラジャー [brassiere] 〘服飾〙胸の形を整える婦人用下着。

フラジャイル [fragile] ①壊れやすい。②「取扱い注意」の張り札の語。

ブラス [brass] ①真ちゅう；黄銅。②真ちゅう製品。③吹奏楽器。

プラス [plus] ①〘数学など〙「＋」の記号；数を加えること。②〘電気〙陽極。③長所；利益。↔マイナス。

～思考 ⇨ポジティブ･シンキング。

プラス・アルファ [日plus＋alphaギリシア] いくらかのものを付け加えること。

フラスコ [frascoポルトガル] 〘化学〙とっくり型の首の長いガラス製化学実験用容器。

プラスター [plaster] ①石膏(せっこう)；漆喰(しっくい)。②膏薬(こうやく)。

プラスターボード [plasterboard] 〘建築〙石膏(せっこう)板。

プラスチック [plastic] 合成樹脂。＊プラスティックとも。

～爆弾 [plastic bomb] 火薬とゴム状の化合物を練り合わせた爆弾。

プラスチック･サージャリー [plastic surgery] 形成外科。

プラスチック・フリー [plastic free] プラスチックを使用しないこと。

プラスチック・マネー [plastic money] ⇨クレジット･カード。

プラスチック･モデル [日plastic model] プラスチック製の組立模型。⇨プラモデル。

プラスティネーション [plastination] 人や動物の遺体の保存･標本化のための技術。＝プラストミック。

ブラスト [blast] 突風；爆発。

ブラスト･オフ [blast-off] (ロケットやミサイルの)発射；打ち上げ。

プラストミック [Plastomic] ⇨プラスティネーション。

フラストレーション [frustration] 〘心理〙欲求不満。

ブラス・バンド [brass band] 吹奏楽団。

プラズマ [plasma] ①〘物理〙正負の荷電粒子が混在している状態。②血漿(けっしょう)。

～乳酸菌 ラクトコッカスを活性化した乳酸菌。＊免疫力を高める作用がある。正式名はLactococcus lactis JCM5805株。

プラズマ･ディスプレー [plasma display] ネオンなどの放電ガスを封入した薄型の表示装置。

プラズマ･テレビ [plasma television] プラズマ・ディスプレー・パネルを使

ったテレビ受像機。

プラスミド [plasmid] 〖生物〗核外遺伝子。＊染色体とは別に存在し，独自の増殖機構をもつ。

プラセンタ [placenta] ①胎盤。②胎盤から抽出したエキス。＊サプリメントや化粧品に使用。

プラダ [Prada] 〖商標〗イタリアのバッグや洋服などのメーカー。

プラタナス [platanus(ラテ)] スズカケノキ。＊街路樹・庭木に用いられる。

フラ・ダンス [日hula＋dance] ハワイの民族舞踊。

プラチナ [platina(スペイン)] 白金。原子番号78。元素記号Pt。＊触媒，電極，歯科材料，高級装飾品用。

プラチナ・バンド [Platinum frequency bands] 700メガヘルツ～900メガヘルツの周波数帯の通称。＊携帯電話の電波に割り当てられる。

フラッグ [flag] ①旗。②〖電算〗プログラム上の目印や符号。

ブラック [black] ①黒；黒色。②不正な。③黒人。↔ホワイト。⇨カラード。④ブラック・コーヒーの略。

～企業 ①反社会的団体との繋がりのある会社。②過酷な労働，違法労働を強いる会社。

～校則 社会通念にそぐわない不合理な学校規則や心得，独自ルール。

ブラック・アイスバーン [日black＋Eisbahn(ドイツ)] 一見凍っているようには見えないアイスバーン。＊夜間の走行は危険。

ブラックアウト [blackout] ①〖映画，演劇など〗暗転。②報道管制；放送中止。③〖テレビなど〗画面が急に消えること。④灯火管制；停電。

ブラック・コーヒー [black coffee] ミルクや砂糖を入れないコーヒー。＝カフェ・ノワール，ストレート。略ブラック。

ブラック・コメディ [black comedy] 〖映画，演劇〗ブラック・ユーモアを含んだ喜劇。

ブラック・シープ [black sheep] ①面汚し；厄介(やっかい)者。②異端者。

フラッグシップ [flagship] ①旗艦。②店を代表する主力製品。

ブラックジャック [Blackjack] ①トランプ遊びの1つ。②旧ソ連空軍の大型超音速戦略爆撃機。

ブラック・シャフト [black shaft] 〖ゴルフ〗高強度炭素繊維を柄に使ったクラブ。＊軽くて反撥(はんぱつ)力が強い。

フラックス [flax] 亜麻。また，その繊維。

ブラック・スモーカー [black smoker] 深海の海底で，沈着物の筒状の口(チムニー)から吹き上げている300℃を超える熱水。

ブラック・スワン [black swan] 予期せぬ衝撃的な出来事。＊17世紀に黒鳥の発見によって，当時の常識が覆された出来事に由来。

ブラック・タイ [black tie] ①黒の蝶ネクタイ。②タキシードの略礼装。⇨ホワイト・タイ。

ブラック・タイガー [black tiger] クルマエビ科の食用エビ。和名ウシエビ。＊黒い縞(しま)模様が特徴。

ブラック・チェンバー [black chamber] 政府の諜報(ちょうほう)機関。

ブラック・バイト [日black＋Arbeit(ドイツ)] スタッフに対して過酷な労働条件や違法な業務を課すアルバイト。

ブラック・バス [black bass] 北米原産の肉食淡水魚。＊ルアー釣りの対象魚。

ブラック・パワー [Black Power] 人種差別に抗議し，人種平等の促進をめざすアメリカの黒人運動。

ブラックフェイス [blackface] 黒人以外の演者が顔を黒く染めて，黒人に扮した役を演じること。＊差別表現として認識されている。

ブラック・フライデー [Black Friday]

アメリカにおける感謝祭(11月の第4木曜日)の翌日。＊クリスマス商戦の初日に該当する。

ブラック・ペッパー [black pepper]〘料理〙黒コショウ。

ブラックベリー [blackberry] アメリカ原産のキイチゴの一種。＊実は黒く，ポリフェノールを多く含む。

ブラック・ホール [black hole]〘天文〙大質量，超高密度により，光や電波までが放射できなくなり，観測が不可能になった天体。

ブラック・ボックス [black box] ①機能はわかるが，外からは内部構造が不明な機械など。②地下核実験探知用封印自動地震計。③航空機のフライト・データ・レコーダー，ボイス・レコーダーの総称。

ブラック・マーケット [black market] 闇(やみ)市。

ブラック・マネー [black money] 不正所得。

ブラック・マンデー [Black Monday]〘経済〙暗黒の月曜日。＊1987年10月19日(月曜日)ニューヨーク株式市場の株価が大暴落した日。

ブラック・ミュージック [black music] 黒人音楽。

ブラック・ユーモア [black humor] おかしさの中にも不安・不吉・不気味さを感じさせるようなユーモア。

ブラック・ライブズ・マター [Black Lives Matter] 黒人差別への抗議運動。＊2020年5月にアメリカで発生した，白人警察官による黒人男性への暴行死を契機として世界的規模に拡大。略BLM。

ブラックリスト [blacklist] 要注意人物の名簿。

ブラッシー [brassie]〘ゴルフ〙2番ウッドのクラブ。

フラッシャー [flasher] ①点滅灯。②方向指示器。

フラッシュ [flash] ①〘写真〙閃光(せんこう)装置。⇨ストロボ①。②〘映画など〙瞬間的な短い場面。

ブラッシュ ⇨ブラシ。

ブラッシュアップ [brushup] やり直し；修理；手入れ。

フラッシュオーバー [flashover] 火災の際，室内に充満した可燃性ガスが引火し，燃え上がる現象。

フラッシュガン [flashgun] シャッターを押すと同時にフラッシュを光らせる写真撮影用の装置。

フラッシュ・ニュース [日flash news] 報道での至急速報。

フラッシュバック [flashback] ①〘映画，テレビ〙場面の瞬間的切り返し。②薬物使用をやめたあとに現れる幻覚や妄想などの禁断症状。③強いトラウマを受け，後になり当時の記憶がよみがえること。⇨PTSD。

フラッシュ・フラッド [flash flood] 突然激しく降る局地的大雨。

フラッシュ・マーケティング [flash marketing] インターネット上で，期間を限定した割引特典を設けて商品を販売する手法。

フラッシュ・メモリー [flash memory] 電源を切っても内容が保存される半導体メモリー。＊書き込みが繰り返し可能。

フラッシュ・モブ [flash mob] インターネット，SNS，Eメールでの呼びかけに応じた不特定多数の人々が公共の場へ突如集合し，決められた行動をとったあとすぐに解散する行為。＊flash(一瞬の)＋mob(群集)から。

フラッシュライト [flashlight] ①閃光(せんこう)灯。②懐中電灯。

ブラッシング詐欺 [brushing scam] ネット・ショッピングのサイトで出品者が評価を高めるために，虚偽の注文と商品の発送により，自らレビューを書き込む詐欺の手法。

ブラッスリー [brasserieフランス] ①ビール醸造所。②喫茶店などを兼ねたビア・ホール。＊ブラッセリーとも。

フラッター [flutter] ①オーディオの再生音のむら。②航空機の翼・胴体などに生じる激しい振動。

プラッター [platter] ①大皿；大皿に盛った料理。②レコード盤。③ハード・ディスク内の磁性体を塗布した金属製のディスク。

ブラッディ・メアリー [Bloody Mary] ウォッカをベースに，トマト・ジュースを加えたカクテル。＊16世紀イングランドの女王メアリー1世の名から。

フラット [flat] ①平らなこと。②〖写真，テレビ〗画面が単調なこと。③〖音楽〗変記号。＊半音下げる記号で，♭で表す。↔シャープ。④共同住宅。⑤〖スポーツ〗競技の記録で端数のない所要時間。

ブラッド [blood] ①血；血気。②血統；家柄。③流血；殺人。

フラット・カラー [flat collar] 〖服飾〗平襟(えり)。

フラット・シューズ [flat shoes] 先が丸く，かかとが低い女性用の靴。

ブラッドストーン [bloodstone] 宝石の1つ。血石。＊濃緑色のなかに血液の色に似た赤茶色の斑点がある。3月の誕生石。＝ヘリオトロープ。

プラットフォーマー [platformer] インターネット上のサービスやシステムの基盤を提供する事業者。＊GAFAなどをさす。

ブラッド・プレッシャー [blood pressure] 血圧。

プラットホーム [platform] ①駅の乗降場。略ホーム。②演壇；壇。③政党の綱領。④コンピュータなどの基本的な仕様や構造。

フラット・レース [flat race] 〖陸上競技〗ハードル競走とリレー，3000メートル障害以外のトラック競技。

フラッパー [flapper] おてんば娘。

フラップ [flap] (飛行機の)下げ翼。

フラップ・ポケット [flap pocket] 〖服飾〗ふたのついたポケット。

フラッペ [frappé フランス] 洋風冷菓の一種。＊かき氷の上に果物などをのせ，シロップをかけたもの。

プラティー [platy] カダヤシ科の卵胎生の魚。＊メキシコ，グアテマラ原産。3～5センチメートルで，色彩が美しい。＝ムーンフィッシュ。

プラトー [plateau] ①高原。②〖心理学〗高原現象。＊学習過程で進歩が一時的に停滞すること。

プラトーン [platoon] 歩兵などの小隊。

プラトーン・システム [platoon system] ⇨ツー・プラトーン・システム①。

プラトニック・ラブ [Platonic love] 純粋で精神的な愛。＊ギリシアの哲学者プラトンの名に因む。

プラナリア [planaria] 再生能力の高さから実験に用いられることが多い，扁形動物の総称。

プラネタリウム [Planetarium ドイツ] ドーム型の天井に，天体の位置や運行を投影する装置。

プラネット [planet] 〖天文〗惑星；遊星。

フラノ 〖服飾〗緻密(ちみつ)に織られた毛織物。＊フランネル(flannel)から。

フラペチーノ [Frappuccino] 〖商標〗コーヒーとミルクなどを氷とミキサーにかけて作る飲み物。＊スターバックスが販売。

ブラフ [bluff] はったり；虚勢。

フラ・フープ [Hula Hoop] 〖商標〗遊具の1つで，直径1メートルほどのプラスチックの輪。

ブラフマン [Brahman サンスクリット] 梵(ぼん)。＊インドのバラモン教で，宇宙の根本原理。＝アートマン。

フラボノイド [flavonoid] 緑茶や柑橘(かんきつ)類の皮に含まれる高分子化合物。＊血圧の降下作用がある。

フラミンゴ [flamingo] 紅ヅル。
プラム [plum] 西洋スモモ。
フラメンコ [flamencoスペイン] 〖音楽〗スペイン南部アンダルシア地方の民族舞踊，また，その曲。
プラモデル 〖商標〗プラスチック・モデルの登録商標。
フラワー[1] [flour] ①穀物の粉末。②小麦粉；メリケン粉。
フラワー[2] [flower] 花。
フラワー・アレンジメント [flower arrangement] 装飾性の高い洋風の生け花。
フラワー・ティー [flower tea] 香草の花・葉・実などを煎(せん)じた飲み物。⇨ハーブ・ティー。
フラワー・デザイン [flower design] 生け花や鉢花を用いた装飾や環境設計。
フラワー・デモ [日flower demo] 性暴力や性暴力の不当判決に抗議するための運動。
フラワー・ランゲージ [日flower language] 花ことば。
フラワー・リフォーム [flower reform] 観賞用植物を一定期間預かり，その間に栽培，管理して活力を再生させるシステム。
フラン [francフランス] フランス，ベルギーなどの旧貨幣単位。＊1フランは100サンチーム。
ブラン[1] [blancフランス] 白色。
ブラン[2] [bran] 麩(ふすま)。＊小麦を挽いた後に残る皮。
プラン [plan] ①計画；企画。②〖建築〗平面図。
フランク [frank] 率直な。
ブランク [blank] 空白；白紙；空所。
プランク [plank] うつ伏せの状態で両腕を床に付け，体を浮かせて姿勢を保つ筋力トレーニング。
プランクトン [plankton] 浮遊生物。＊植物性(珪藻(けいそう)類)と動物性(クラゲ類)のものがある。
フランクフルト学派 [Frankfurter Schuleドイツ] マルクス主義，精神分析学を基に，批判理論を展開した社会学者・哲学者のグループ。＊1930年代，M.ホルクハイマーらが創設。
フラングレ [Franglaisフランス] フランス語に取り入れられている英語からの外来語；フランス製英語。＊フランス語(Français)と英語(Anglais)の合成語。
ブランケット [blanket] ①毛布。②〖物理〗原子炉の内壁にある装置。
〜判 〖印刷〗ふつうの日刊紙の大きさ。⇨タブロイド。
ブランケット・エリア [blanket area] 難視聴地域。＊他の放送局の電波で受信が妨げられる地域。
フランケンシュタイン [Frankenstein] イギリスの作家メアリー・シェリーの怪奇小説に登場する人造人間を創造した科学者の名。
プランジャー [plunger] パイプや排水管のつまりを取り除くための吸引器具。＝ラバー・カップ。
フランス・パン [日France＋pãoポルトガル] グルテンの少ない小麦粉を使用し，弱い温度で長時間かけて焼いた表皮の硬いパン。
フランセ [françaisフランス] ①フランスの。②フランス語。
プランター [planter] 草花栽培用の長方形の容器。
フランダース [Flanders] ⇨フランドル。
プランタン [printempsフランス] ①春。②青春。
ブランチ[1] [branch] ①支店；支局。②〖電算〗1つのコンピュータ装置に複数の周辺機器をつないで同時に使えるようにしたもの。＊原義は「分岐」「枝分かれ」。
ブランチ[2] [brunch] 昼食を兼ねたおそい朝食。
フランチャイザー [franchiser] フ

フ

ランチャイズ・チェーンの本部，親業者。＊加盟小売店はフランチャイジー。

フランチャイズ ［franchise］ ①プロ・スポーツチームの本拠地，また，その興行権。②一手販売権。

フランチャイズ・チェーン ［franchise chain］ 加盟小売店に対して一定地域内での販売権を与える代わりに，直営店同様に管理する形態。略FC。

ブランチング ［blanching］ 冷凍野菜食品を製造する際の加熱処理。

プランティン ［plantain］ 料理用バナナ。＊大形で，甘味がない。

ブランディング ［branding］ 製品のブランド名や商標を定めて販売戦略に役立てること。

ブランデー ［brandy］ ぶどう酒を蒸留させて作ったアルコール分の強い酒。

プランテーション ［plantation］ 熱帯・亜熱帯地域における大規模農場。＊黒人奴隷や先住民の安い労働力を利用して，コーヒー，綿花，ゴムなどを栽培した。

ブランデンブルグ門 ［Brandenburger Tor］ ドイツの首都ベルリンにあるドイツ統一の象徴とされている門。

ブランド ［brand］ 商標；銘柄。

～志向 銘柄品，また，有名学校や企業などを好む傾向。

～米 ［～rice］ 銘柄米。＊産地や品種のよさを売り物にする。

プラント ［plant］ 工場設備；機械一式。

～船 船上でプラントを組み立てて現地へ運ぶ船。

～輸出 ［日 ～export］ 設備・技術など大規模な工場施設建設の一式を輸出すること。

ブランド・イメージ ［brand image］ 特定の商品銘柄に対して一般の消費者が抱く印象。

ブランド・エクイティ ［brand equity］ ブランドの資産的価値。

ブランド・マネジメント ［brand management］ ブランドの価値を高めるための継続的な活動。

フランドル ［Flandre仏］ ベルギー西部からフランス北部にまたがる地域。＊英語名フランダース。

ブランド・ロイヤルティー ［brand loyalty］ 『広告』銘柄・商標忠実度。

プランナー ［planner］ 立案者。

ブラン・ニュー ［brand-new］ 真新しい；最新の。

プランニング ［planning］ 計画・企画を立てること。

フランネル ［flannel］ ⇨フラノ。

フランベ ［flambé仏］ フランス料理で，仕上げに洋酒を注ぎ，火をつけてアルコール分を飛ばす料理法。

フランボワーズ ［framboise仏］ ⇨ラズベリー。

ブランマンジェ ［blancmanger仏］ 牛乳にコーンスターチ，ゼラチンを混ぜて冷やし固めたデザート。＊ブラマンジェとも。

プリアンプ ［preamp］ 『電気』前置増幅器。＊チューナーやプレーヤーからの信号を増幅し，音質・特性の調整をする装置。

フリー ［free］ ①自由な。②フリー・ランサーの略。③無料の。

フリー・アドレス ［日free address］ オフィス内で決まった机をもたず，自由に場所を選べるスタイル。

フリー・アルバイター ［日free＋Arbeiter独］ ⇨フリーター。

フリーウェア ［freeware］ 著作権つきのソフトウェアで，無料で使用できるもの。

フリーウェイ ［freeway］ 信号や踏切のない自動車専用道路。

フリー・エージェント ［free agent］ 『スポーツ』自由契約選手。略FA。

フリー・エントリー ［free entry］ 自由参入；自由参加。

フリー・キック [free kick] 〖サッカー，ラグビーなど〗相手側の反則によって与えられるプレースキック。略FK。
フリーク [freak] ①奇人；珍奇なもの。②熱狂者；マニア。
フリークエンシー [frequency] ①しばしば起こること；頻度。②〖物理〗振動数；周波数。
フリークエント・フライヤー・プログラム [frequent flier program] 略FFP。⇨マイレージ・サービス。
フリー・クライミング [free climbing] 道具を一切使わずに，素手と命綱だけで岩登りをすること。
フリーザー [freezer] 冷凍室；冷凍装置。
フリージア [freesia] アヤメ科の多年草。和名は浅黄(あさぎ)水仙。
フリー・ジャズ [free jazz] ⇨ニュー・ジャズ。
フリージング・ポイント [freezing point] 氷点；凝固点。
フリース [fleece] ①表面を起毛させた厚手の毛織物。②ポリエチレン樹脂でつくられたやわらかい起毛仕上げの素材。
フリーズ[1] [freeze] ①凍る；凍りつく；凍らせる。②ぞっとさせる。③コンピュータが作動しなくなること。④[Freeze！]「止まれ！」「動くな！」。
フリーズ[2] [frieze] 〖服飾〗厚手でざらざらした感じの目の荒い布地。
フリー・スクール [free school] 生徒の自主性にまかせ，自由に学ぶことができる教育や学校形態。
フリー・スケーティング [free skating] 〖フィギュア・スケート〗音楽に合わせて自由に滑り，姿勢や動作の優雅さと技術を競う種目。⇨ショート・プログラム。
フリースタイル [freestyle] ①〖レスリング〗相手の腰から下を攻撃してよいもの。⇨グレコ・ローマン・スタイル。②〖水泳〗自由形。
フリースタイル・スキー [freestyle skiing] ゲレンデやジャンプ台を使って自由に行う創作スキー競技。＊エアリアル，モーグル，アクロ，ハーフパイプなどがある。
フリーズ・ドライ [freeze-dry] 食品や血液を凍結乾燥する方法。略FD。
フリー・スロー [free throw] 〖バスケットボール，ハンドボールなど〗相手チームの反則によって与えられる自由投球。
フリーゼ [frisé フランス] カールしている髪型。
フリーター [日freeter] アルバイトのみで生計を立て，定職をもたない人。＊フリー・アルバイターから。
ブリーダー [breeder] ①純血種の犬や猫の繁殖を業とする人。②増殖炉；核分裂物質を造る原子炉。
フリー・ダイヤル [日free dial] 電話料金を着信人が払うサービス。
フリーダム [freedom] 自由；開放。
ブリーチ [bleach] ①漂白剤。②〖美容〗髪の毛やむだ毛の脱色。
ブリー・チーズ [Brie cheese] フランス北東部にあるブリー地方原産のチーズ。＊白くてやわらかい。ブリーとも。
ブリーチング [breaching] 鯨(くじら)が海面上にジャンプすること。
プリーツ [pleats] 〖服飾〗折りひだ；折り目。
ブリーディング・ローン [breeding loan] 種の保存のため動物園や水族館同士で行う希少動物の賃借契約。
フリー・トーキング [日free talking] 自由討論。
フリードマン比率 [Friedman ratio] 〖経済〗国民総生産(GNP)に対する政府支出の比率。＊アメリカの経済学者M.フリードマンの学説より。
フリー・トレード [free trade] 自由

貿易；自由貿易主義。
フリー・トレード・ゾーン [free trade zone] 自由貿易地域。＊貿易振興のため，関税優遇措置などがとられている地域。略FTZ。
プリー・バーゲニング [plea bargaining] 司法取引；有罪答弁取引。
フリー・パス [free pass] ①無料入場券。②無審査で通過すること。
フリー・バッティング [日free batting] 〖野球〗打ちやすい球を投げてもらい自由に打つ打撃練習法。
フリーハンド [freehand] 定規などを使わず手で自在に描くこと。
フリー・ハンド [free hand] 行動の自由；自由裁量；他からの制約を受けないこと。
ブリーフ [brief] ①〖服飾〗男性用のぴったりした短い下穿き。②要約；短い報告書。
フリー・ファイナンシャル・ファンド [free financial fund] 大口投資家向けの公社債投資信託。
ブリーフィング [briefing] 事前の要旨説明；状況報告。
フリー・フォー・オール [free-for-all] ①自由参加の；飛び入り自由の。②入場無料の。
フリー・フォール [free fall] 自由落下。＊落下傘が開くまでの降下や宇宙船の慣性飛行。
ブリーフケース [briefcase] 書類かばん。
フリー・フライヤー [Free Flyer] スペースシャトルから離れて作業する無人宇宙実験室。
フリー・ペーパー [free paper] 無料で配布する新聞・雑誌。
フリー・ポート [free port] 自由港；関税のいらない港。
フリー・マーケット [flea market] ①ノミの市；がらくた市。②不用品を広場などで売買・交換する市民運動。略フリマ。
フリーミアム [freemium] 基本的なサービスは無料で提供し，特別な機能やサービスは有料で提供するビジネス・モデル。
フリーメーソン [Freemason] 18世紀，ロンドンで結成された国際的な秘密結社。
フリー・メール [日free mail] 無料で利用できる電子メールアカウント。
フリー・ライダー [free rider] 対価を支払わずに利益・便益を受ける人；不労所得者。＊「ただ乗りする人」の意。
フリー・ランサー [free-lancer] 自由契約者。＊組織に所属しない俳優・歌手・ジャーナリストなど。略フリー。＝フリー・ランス。
フリー・ランス [free lance] ①自由契約；無所属。②⇨フリー・ランサー。
フリー・ランニング [free running] パルクールをもとにしたアクロバティックなスポーツ。
プリインストール [preinstall] 〖電算〗購買時のパソコンに，OSやさまざまなアプリケーション・ソフトがインストールされていること。
プリエ [plié フランス] バレエで，背筋を伸ばしたままひざを曲げる動作。
ブリオッシュ [brioche フランス] 卵やバターを多量に使った菓子パン。
プリオン [prion] たんぱく質性の感染因子。＊異常型は，狂牛病やヤコブ病の病原体とされる。
フリカッセ [fricassée フランス] バターで炒めた細切り肉をホワイト・ソースで煮込んだ料理。
ブリキ [blik オランダ] 錫(すず)メッキをした薄い鉄板。
フリクション [friction] 摩擦；紛争；あつれき。
プリ・クラ ⇨プリント倶楽部(くらぶ)。
プリクラッシュ・セーフティ・システム [precrash safty system] 自動車の衝突被害軽減システム。

フリゲート [frigate] アメリカでは巡洋艦と駆逐艦の中間の軍艦。イギリスでは小型駆逐艦。
ブリコラージュ [bricolageフランス] ①ありあわせのものを寄せ集めてつくること。②急場をしのぐこと。＊原義は「修繕」「ごまかし」。
ブリザード [blizzard] 大吹雪；雪あらし。＊特に，南極の暴風雪のこと。
プリザーブ [preserves] ジャムなど，煮詰めて保存する食品。
プリザーブド・フラワー [preserved flower] 生花を専用の溶液を用いて特殊加工した花。
フリスビー [Frisbee] 〘商標〙フライング・ディスクの商品名。
プリズム[1] [prism] 〘物理〙光を分散・屈折・全反射・複屈折させる光学部品。
プリズム[2] [PRISM] アメリカ国家安全保障局(NSA)の極秘の通信監視プログラム。＊正式名称は，US-984XN。元NSA局員エドワード・スノーデンが明らかにした。
プリズン [prison] ①刑務所；監獄。②拘置所。③監禁。
プリセプター [preceptor] マン・ツー・マンで先輩看護師が新人教育を担当する手法。
ブリタニカ百科事典 [Encyclopaedia Britannica] 〘商標〙18世紀にイギリスで創刊された百科事典。＊現在はデジタル版のみ。略EB。
フリッカー [flicker] ①光の明滅。②〘テレビ，電算〙画面のちらつき。
プリツカー賞 [The Pritzker Architectural Prize] 国際的な建築賞。＊建築界のノーベル賞といわれる。
フリッカー・テスト [flicker test] 疲労度や注意力の低下を，光のちらつきを見せて測定するテスト。
フリック [flick] タッチ・パネルの操作で，指やペンで触れた画面をスライドさせること。
フリッグ [Frigg] 北欧神話の主神オーディンの妻で，最高位の女神。＊「金曜日」は，Freitag(フリッグの日)から。
ブリック [brick] ①煉瓦(れんが)；煉瓦状のもの。②(イギリスで)積み木。
プリッグ [prig] ①几帳面な人；気取り屋。②潔癖症の人。
ブリックス ⇨BRICS。
ブリッジ [bridge] ①橋。②船橋。③列車の車両と車両の連結部分。④トランプ・ゲームの一種。⑤義歯のつなぎの部分。⑥眼鏡の鼻にまたがる部分。⑦〘レスリング〙あおむけになって頭と両足を支点として体を反らせること。
ブリッジ・バンク [bridge bank] 金融機関が破綻したとき，一定期間，その経営を引き継ぐ受け皿銀行。
ブリッスル [bristle] 豚などの剛毛；荒毛；ブラシなどの堅くて密な毛。
フリッター [fritter] 西洋風揚げ物。＊野菜・肉・魚にメレンゲなどを混ぜた軽い衣をつけて揚げる。
フリット [frittoイタリア] ⇨フリッター。
フリッパー [flipper] ①ひれ状の足；水かき。②テレビのチャンネルを次次に変えて見る人。
フリップ [flip] ①理解しやすいようにまとめた図表や説明などを記したカード。＊フリップ・チャートとも。②はじくこと。③宙返り；とんぼ返り。
プリティー [pretty] かわいい；愛らしい。
ブリティッシュ [British] イギリスの；イギリス風の。
プリテンド [pretend] ①ふりをする；見せかける。②主張する。
ブリヌイ [bliniロシア] クレープに似たロシア風薄餅。
プリ・フィクス [prix fixeフランス] 定食。また，その料金。
プリフィックス [prefix] ①接頭辞。②人の名前に付ける敬称。＊Mr., Dr.など。プレフィックスとも。
プリプレグ [prepreg] 炭素繊維に

熱硬化性樹脂をしみこませた強化プラスチック素材。＊航空・宇宙分野に用いられる。

プリペイド・カード [prepaid card] 代金前払い式磁気カード。略PC。

フリホーレス [frijoles スペイン] メキシコ料理の1つで，豆の煮込み。

プリマ フリー・マーケットの略。

プリマ・ドンナ [prima donna イタリア] 〖音楽〗オペラで主役を務める女性歌手。略プリマ。

プリマ・バレリーナ [prima ballerina イタリア] 主役のバレリーナ。略プリマ。

ブリミア [bulimia] 病的飢餓；過食症。＊摂食障害の1つ。↔アノレクシア。

プリミティブ [primitive] 原始的な；素朴な。

プリミティブ・アート [primitive art] 原始的で素朴な造形芸術。

ブリム [brim] 帽子のつば。

プリムラ [primula ラテン] サクラソウ科の多年草。＊和名は常盤桜(ときわざくら)。

プリムローズ [primrose] ①プリムラ類の一種，サクラソウ。＊ヨーロッパ原産。②プリムローズの花の色のような淡緑黄色。

ブリュメール [Brumaire フランス] ①ナポレオン・ボナパルトが総裁政権を倒した軍事クーデター。②フランスの革命暦の第2の月で，霧月。

ブリリアント [brilliant] きらきらときらめく；頭のよい。

ブリリアント・カット [brilliant cut] ダイヤモンドの研磨法の1つで，頭部から入った光が全部反射するようなカット。＊通常は58面体。

フリル [frill] 〖服飾〗ひだをとって波形にしたふち飾り。

プリレコーディング [prerecording] 音声を先に録音し，それに合わせて画面を撮影すること。↔アフター・レコーディング。

プリン ⇨プディング。

プリンキピア [Principia ラテン] ニュートンの主著『自然哲学の数学的諸原理』の略称。

ブリンクマン指数 [Brinkman index] 喫煙による肺がん発生の危険性を表す指数。

フリンジ [fringe] 〖服飾〗ショールやストールなどのふさ飾り。

プリンシパル [principal] ①主要な。②支配者；長官；社長；校長。

プリンシプル [principle] 主義；原理；原則。

フリンジ・ベネフィット [fringe benefit] 給与以外の付加給付。

プリンス [prince] ①皇太子；王子。↔プリンセス。②その世界で将来を嘱望(しょくぼう)されている男性。

プリンス・コンソート [prince consort] 女王の配偶者；女王の夫君。

プリンス・メロン [日prince melon] 日本種のマクワウリと洋種のメロンとの交配種。＊果皮に網目がない。

プリンセス [princess] 皇太子妃；王妃。↔プリンス①。

プリンセス・コート [princess coat] 〖服飾〗ウエストに切り替えのない裾(すそ)広がりのコート。

プリンター [printer] 印刷機；印字装置。

フリント [flint] ①火打石。②ライターの発火石。

プリント [print] ①印刷。②版画。③〖写真〗焼き付け。④〖服飾〗型紙をあてて模様を染め付けること。

プリントアウト [printout] プリンターで印刷されたもの。また，プリンターの印刷出力。

フリント・ガラス [flint glass] 光学用鉛ガラス。＊屈折率，絶縁性が高い。

プリント基板 [printed-circuit board] 絶縁体の板の表面や内部に，電子回路のパターン図を熱で転写したもの。

プリント倶楽部 [日print club] 〖商標〗人気キャラクターやタレントな

どの映像と一緒に撮影できる写真機。＊街頭やゲーム・センターなどに設置。略プリ・クラ。
プリント配線 [printed wiring] プラスチック板に金属箔をはりつけて電子回路の配線をしたもの。
フル [full] ①十分。②限度いっぱいであるさま。
～代表 サッカーなどで，全選手から選抜された代表によって構成されるチーム。＊A代表とも。
ブル [bull] ①雄牛。②〖経済〗株式の強気な買い。↔ベア[2]②。
プル [pull] 引くこと。↔プッシュ①。
フルイド [fluid] ①流体。②流動性の；流体の。
フルー [flu] インフルエンザ。
ブルー [blue] ①青色の。②憂うつな。
ブルー・インパルス [Blue Impulse] 航空自衛隊のアクロバット飛行チーム。＊「青空の衝撃」の意。
ブルー・オーシャン [blue ocean] 競争相手の少ない未開拓市場。↔レッド・オーシャン。
ブルー・カラー [blue-collar worker] 工場労働者。⇨ホワイト・カラー。
ブルー・ギャラクシー [blue galaxy] 〖天文〗特殊天体の1つで，青色恒星状天体のこと。
ブルーギル [bluegill] スズキ目の淡水魚。＊原産地はミシシッピ川流域。
ブルーグラス [bluegrass] ①牧草。②アメリカ南部の伝統的なカントリー・ミュージック。
ブルー・シールド [Blue Shield] 文化財を保護するための標章。
ブルー・ジーンズ [blue jeans] ジーンズでつくった藍染めのパンツ。
ブルース [blues] 4分の4拍子の哀調を帯びた黒人の音楽。＊ジャズの源といわれる。
ブルーストッキング [bluestocking] 18世紀中頃，イギリスの女性の解放や参政権を求めた女性知識人のグループ名。＊会員が青い靴下を履いていたことから。
ブルー・ゾーン [blue zone] ①国連停戦監視区域。②健康で長寿の人々が多く居住する地域。
ブルータル [brutal] 残忍な；粗暴な；容赦のない。
ブルー・チーズ [blue cheese] 青かびチーズの総称。＊平たく小円型。
ブルー・チップ [blue chip] アメリカの株式市場の優良株。
フルーツ [fruit] 果物；果実。
フルーツ・パーラー [日fruit parlor] 果物店と喫茶店を兼ねた店。
フルーツ・ビネガー [fruit vinegar] 果実酢。
フルーツ・ポンチ [日fruit punch] 数種の果物を小さく切り，シロップをかけた食べもの。
フルーティー [fruity] 果物の風味がある；果物に似た。
ブルー・デー [日blue day] 生理日。
プルーデンス政策 [prudence policy] 金融システムの安定化を図るための諸政策。
フルート [flute] 木管楽器の一種で，高音域を受け持つ様式の横笛。＊現在は金属性のものが多い。
プルートー [Pluto ラテ] ①〖ローマ神話〗死後の世界の王。＊ギリシア神話のハーデス。②冥王(めいおう)星。
ブルートゥース [Bluetooth] 〖商標〗パソコンやスマートフォンなどのデジタル機器を無線で接続する通信規格。
ブルート・フォース・アタック [brute-force attack] 情報セキュリティ用語でパスワード解析法の1つ。＊考えられる限りの暗号を検証・解読し，パスワードを取得する攻撃方法。brute-forceの原義は「力づく」。
ブルー・ノート [blue note] ①〖音楽〗ブルースなどで用いる，3度(ミ)

フ

と7度(シ)の音を半音下げた音階。②[B- N-] ニューヨーク発祥のジャズ・クラブ。

ブルー・バード [blue bird] 幸福の象徴「青い鳥」。＊ベルギーの作家メーテルリンクの作品から。

プルーフ [proof] ①証拠；証明。②〖印刷〗校正刷り。③アルコール飲料の標準強度。

ブルー・フォックス [blue fox] 青ギツネ。また，その毛皮。

ブルー・ブック [blue book] ①イギリスの議会や政府の報告書。②アメリカの紳士録。

ブルー・プラーク [blue plaque] イギリス国内に設置された銘板。＊著名人が住んでいた家，歴史的な出来事があった場所に設置されている。

ブルー・ブラッド [blue blood] 貴族；名門。

ブルーベリー [blueberry] コケモモの実。＊ジャムの材料。

ブルー・ヘルメット [blue helmet] 国連の平和維持部隊。またその隊員。

ブルー・マウンテン [Blue Mountain] ジャマイカ産のコーヒーの銘柄の1つ。＊山脈の名から。

ブルーム[1] [bloom] ①花；開花。②果実の表面の白い粉。

ブルーム[2] [broom] ①ほうき。②カーリングで，ストーンを滑らせて速度調節に使うほうき。

ブルームバーグ [Bloomberg] アメリカの総合情報サービス会社。

ブルームバーグ・ビジネスウィーク [Bloomberg Businessweek] アメリカのビジネス雑誌。＊1929年創刊。

ブルー・ライト [blue light] 可視光線のうち，波長が380～495ナノメートルの青色光。＊デジタル機器から発せられる光は，網膜まで到達し，眼を疲労させる。

プルーラリズム [pluralism] 多元論；多元主義。

ブルー・リボン [Blue Ribbon] 北朝鮮の拉致被害者救出活動の象徴として胸に着ける青いリボンのバッジ。

ブルー・リボン賞 [Blue Ribbon Award] 東京のスポーツ新聞社の映画担当記者が選考する年間の優秀映画，俳優に贈られる賞。

フルール [fleur フランス] ①花。②柔らかいイメージ・デザインの婦人服。↔タイユール。

フルーレ [fleuret フランス] 〖フェンシング〗剣の一種。また，それを使って行う競技。

ブルーレイ・ディスク ⇨BD[3]。

プルーン [prune] セイヨウスモモの実。＊ビタミン，ミネラルに豊む。

プルオーバー [pullover] 頭からかぶって着るセーター。

フルオロカーボン [fluorocarbon] 〖化学〗フレオン，フロンなどの正式名。＊オゾン層破壊の原因。

ブルカ [burka] イスラム社会の女性が全身を覆うベール。＊外が見えるように顔の部分は網状になっている。

フル・カウント [full count] ①〖野球〗3ボール，2ストライクのこと。②〖ボクシング，レスリング〗定められた数を勝敗が決まるまで数えること。

ブルガダ症候群 [Brugada syndrome] 原因不明の心拍異常が突然起こり，心停止に至る可能性がある病気。＊スペインの医師ブルガダ兄弟が報告。

フル・カラー [full color] パソコンのグラフィック表示のモードの1つ。＊24または36ビット・カラー。

ブルガリ [BVLGARI] 〖商標〗イタリアのローマで1884年に創業した高級宝飾店。

フルクトース [fructose] 単糖類の1つ，果糖。＊果実，蜂蜜中にある。

フル・コース [日full course] 正餐(せいさん)で，一定の順序に従って供される料理。

ブルゴーニュ [Bourgogneフランス] ①フランス中東部の地方。②ブルゴーニュ産のワイン。

プルコギ [pulkogiコリア] 韓国料理の一種。＊たれを付けた牛肉や野菜をドーム型の鉄板で焼く。

フル・コミット [日full commit] 仕事などに全力で打ち込むこと。

プル・サーマル計画 [plutonium thermal Utilization Plan] プルトニウムとウランの混合酸化物燃料(MOX)を軽水炉で燃焼させ再利用する計画。

プルシャ [purusaヒンディー] ①インド哲学で，原初の人間。②純粋精神。

ブルジョア [bourgeoisフランス] ①資本家階級に属する人；金持ち。②ブルジョア革命の担い手となった市民階級。↔プロレタリア。

ブルジョアジー [bourgeoisieフランス] ①市民階級。②資本家階級。↔プロレタリアート。

プルス [Pulsドイツ] ⇨パルス。

フル・スクラッチ [日full scratch] 既製品を使用せずに作品やプログラムを作り上げること。

フル・スケール [full-scale] ①実物大の。②本格的な；全体的な。

ブルスケッタ [bruschettaイタリア] イタリア風ガーリック・トースト。

フル・セット [full set] 〖テニス，卓球，バレーボールなど〗勝負がつかず最終セットまで戦うこと。

ブルゾン [blousonフランス] 身頃の裾(すそ)をバンドなどで止め，背中をふくらませた上着。

フル・ターンキー輸出 [full turnkey export] 一括受注・発注方式。⇨ターンキー方式。

フル・タイマー [full-timer] 常勤労働者。↔パート・タイマー。

フル・タイム [full time] 常勤労働。↔パート・タイム。

プル・タブ [pull tab] 飲み物の缶のふたを開けるための引き手。＝リング・プル。

ブルドーザー [bulldozer] 土砂の掘削，盛り土などを行う土木作業車。

ブルドッグ [bulldog] 英国原産のほおの皮がたるんだ大型犬。

プル・トップ [pull-top] 缶詰でつまみを引き起こしてふたを開ける方式。

プルトニウム [plutonium] 原子番号94の人工放射性元素。元素記号Pu。＊ウラン238からつくられる。

〜爆弾 プルトニウム239を核分裂物質として用いた原子爆弾。＊長崎へ投下されたのはこの方式のもの。

プルニエ [prenierフランス] 魚を材料としたフランス料理。

フル・ネーム [full name] 姓名。

ブルネット [brunetteフランス] 褐色の髪，または髪・目・皮膚の色が褐色がかった人のこと。

フル・ハイビジョン・テレビ [Full Hi Vision TV] 高品位テレビ(HDTV)中，最も高解像度(1920×1080ピクセル)のテレビ。

フル・ハウス [full house] ①トランプ・ゲームのポーカーで，スリー・カードとワン・ペアの組み合わせ。②満員；満席。

フルバック [fullback] 〖ラグビー，アメ・フトなど〗後衛。略FB。

フルフィルメント [fulfillment] 通信・ネット販売における，商品の受注から決済に至るまでのプロセス。

フル・フェイス・ヘルメット [日full face helmet] 顔全体を覆うタイプのヘルメット。

フル・フラット [full flat] 段差や傾斜がなく，背もたれを倒して椅子やベッドに使える状態のもの。

ブルペン [bullpen] 〖野球〗控え投手の投球練習場。

フル・ボディ [full-bodied] ぶどう酒などの飲料で，コクのある飲み口のもの。

ブルマー [bloomers] 裾(すそ)にゴムの入った女性用の下穿き。＊考案者の名から。ブルーマーとも。
フル・マーク [full mark] 満点。
ブル・マーケット [bull market] 強気相場；上昇相場。↔ベア・マーケット。
フル・マラソン [日full marathon] 〖陸上競技〗42.195キロメートルを走るマラソン。＊英語では，full-length marathon。
プルメリア [Plumeria] キョウチクトウ科の植物。＊熱帯アメリカ原産。ハワイではレイに用いる。
フル・レングス [full-length] 〖服飾〗①裾(すそ)が床に届く長さの着丈。②足の付け根まで覆う長さの靴下。
フル・レンジ [full range] 箱に入っていないスピーカーで，全帯域用のもの。⇨ウーファー，スコーカー，ツイーター。
ブルワリー [brewery] ビールの醸造所。
プレ [pre-] 前の；以前。
フレア [flare] ①スカートやコートの裾(すそ)が広がって波打っている状態。②太陽の黒点付近で発生する電磁波と荷電粒子の放出が増大する現象。＊電波障害，磁気嵐の原因。③熱源追尾誘導兵器の追撃を欺くための火炎弾。
フレア・スカート [flared skirt] 裾(すそ)が朝顔型に広がったスカート。
プレアデス [Pleiades] ①〖天文〗牡牛(おうし)座に位置する散開星団。和名は昴(すばる)。②〖ギリシア神話〗アトラスとプレイオネとの間に生まれた7人の娘たち。
プレイグ [plague] ①疫病；黒死病。②天罰；災害。
プレイステーション ⇨PS²。
プレイステーション・ポータブル ⇨PSP。
ブレイディ法 [Brady Act] アメリカの銃砲規制法。＊レーガン大統領暗殺未遂事件の際，銃弾を受けたブレイディ報道官の名から。
プレイボーイ [PLAYBOY] 〖商標〗アメリカの男性向け雑誌。
フレイル [frailty] 加齢による運動機能・認知機能の低下，慢性疾患などによって生活機能が衰えている状態。
ブレイン [brain] ①脳；頭脳；知能。②ブレイン・トラストの略。
ブレインウォッシング [brainwashing] 洗脳。
ブレイン・スキャナー [brain scanner] 放射性物質を用いて脳の障害の診断をする医療機器。
ブレインストーミング [brainstorming] 自由な討論から，独創的な着想・手法を導き出す集団思考開発法。
ブレイン・トラスト [brain trust] 政府・企業などに助言する，学識経験者や専門家。略ブレイン。
ブレイン・ドレーン [brain drain] 頭脳流出。＊優秀な人材が研究環境や報酬条件などのため海外へ出てしまうこと。
ブレイン・マシン・インターフェイス [brain-machine interface] 脳と機械の間で直接情報のやりとりを行い，機械の操作や外部情報の認識などを可能にする技術。
フレー [hurray] 応援の掛け声。
プレー [play] ①遊び。②競技；競技すること。③芝居。④演奏。＊プレイとも。
プレーイング・スカルプチャー [playing sculpture] 遊戯彫刻物。＊コンクリート製の造形物。
プレーイング・マネージャー [playing manager] 〖スポーツ〗監督兼選手。
プレー・オフ [play-off] ①〖ゴルフ，サッカーなど〗同点の際に行う決勝試合。②〖野球〗優勝決定戦。
ブレーカー [breaker] 〖電気〗回路

フ

遮断器。＝サーキット・ブレーカー。
プレー・ガイド［日play guide］ 映画・演劇・音楽会などの案内や入場券販売所。＊英語ではticket agency。
ブレーキ［brake］ ①自動車などの制動装置。②物事の進行を妨げたり抑えたりするもの；歯止め。
ブレーキ・オイル［日brake oil］ ブレーキを作動させるための非鉱油系の油。＊英語ではbrake fluid。
フレーク［flake］ 薄く切った食品。
ブレーク［break］ ①〚ボクシング〛組みついている選手を引き離すためにレフェリーが発する命令。②休憩。③急変；大人気。＊原義は「壊す」。ブレイクとも。
ブレークスルー［breakthrough］ 突破；難問解決；克服。
ブレークダウン［breakdown］ ①故障；破損。②挫折(ざせつ)；神経衰弱。③内訳；分業。④〚ラグビー〛タックル後のボール争奪戦。
ブレークダンス［breakdance］ アクロバティックなディスコ・ダンス。⇨ヒップ・ホップ，ラップ[2]。
ブレーク・ポイント［break point］〚テニス〛レシーバーが次のポイントを取ると，そのゲームに勝つことができる状況。
プレーゴ［prēgo イタリア］「どうぞ」「ごめんください」。
フレージング［phrasing］〚音楽〛楽曲の区切り法。
フレーズ［phrase］ ①句；語句。②〚音楽〛旋律のひと区切り。
ブレース［brace］ ①締め金。②〚印刷〛中括弧，｛｝の形。③歯列矯正器。
プレース［place］ 場所；立場；余地。
プレースキック［placekick］〚サッカー，ラグビーなど〛ボールを地上に置いて蹴ること。
プレース・マット［place mat］ テーブルの上に敷く一人用の敷きもの。＊食器やカトラリーを置く。日本では，ランチョン・マットともいう。
プレースメント［placement］ ①〚サッカー，アメ・フトなど〛蹴るために，ボールを地面に置くこと。②職業紹介。＊原義は「配置」。
ブレーゼ［braisée フランス］ 肉や魚の蒸し煮。＊ブレゼとも。
ブレード[1]［blade］ ①刃。②タービンの羽根。③〚ボート〛オールの水かき部分。④石刃(せきじん)。
ブレード[2]［braid］〚服飾〛テープ状のひも。
プレート［plate］ ①板金。②地球の表層を覆う硬い岩石層。③〚電気〛真空管の陽極。
プレート・アンパイア［plate umpire］〚野球〛主審；球審。
プレート・テクトニクス［plate tectonics］〚地学〛地球の表層はプレートで覆われており，地殻の構造をそのプレートの動きとして捉える学説。
フレート・ホッピング［Freight hopping］ 貨物列車の車体の外側に乗って旅客が移動すること。⇨トレイン・サーフィン。
フレート・ライナー［freight liner］ 高速直行コンテナ輸送列車。
フレーバー［flavor］ 風味；調味料。
プレー・パーク［日play park］ 子供が自由な発想で遊べるように，禁止事項を少なくした遊び場。
プレーバック［playback］ 録音・録画の再生。
フレーバリスト［flavorist］ 香料の調合師。
プレー・フード［play food］ プラスチック製の料理見本。
プレーボーイ［playboy］ ①遊び好きの男。②⇨プレイボーイ。
プレー・ボール［play ball］〚野球〛「試合開始」。
フレーミング［flaming］ 電子メール

や電子掲示板などで，個人攻撃や相手を侮辱(ぶじょく)したりすること。

フレーム[1] [flame] ①炎；情熱。②ネットワーク上で喧嘩すること。

フレーム[2] [frame] ①枠；縁。②自動車・自転車の車体枠。③テレビ画面の枠。④〖ボウリング〗回。＊1ゲームは10フレームからなる。

フレーム・アップ [frame-up] でっち上げ；陰謀。

フレームワーク [framework] ①枠組み。②構造；体制。

プレーヤー [player] ①競技者。②演奏者；演技者。③〖テニス〗認定選手。④CDやDVDの再生装置。

プレーリー [prairie] 北アメリカ大陸にある肥沃(ひよく)な大草原。

プレーリー・ドッグ [prairie dog] リス科げっ歯類の小動物。＊後肢で立ち上がり見張りをする。

プレーン [plain] ①明白な。②単純な；まじりけのない。

プレーン・ソーダ [plain soda] 無味無臭のソーダ水。

プレーン・テキスト [plain text] コンピュータ上のテキストで，文字の大きさや色・種類などの情報が含まれていないデータ。

プレーン・ヨーグルト [plain yogurt] 無糖で無添加のヨーグルト。

ブレオマイシン [bleomycin] 抗がん性抗生物質の一種。＊皮膚がん，悪性リンパ腫などに有効。

プレカット・ハウス [precut house] 〖建築〗前もって加工した建築用材を，現場で組み立てる方式の住宅。

プレカリアート [precariat] 不安定な雇用条件で働いている労働者，また失業者。＊precarious（不安定な）+Proletariat(労働者階級)から。

フレキシビリティー [flexibility] 柔軟性；適応性；融通性。

フレキシブル [flexible] 柔軟なこと；しなやかなこと。

〜生産システム ⇨FMS[1]。

フレキシブル・コンテナ・バッグ [flexible container bag] 土砂や穀物など粒状のものを輸送・保管するために使用される袋。略フレ・コン・バッグ。

ブレグジット [Brexit] イギリスの欧州連合(EU)離脱。

フレグランス [fragrance] ①香り；芳香。②芳香製品。＊石鹸(せっけん)，香水など。

プレコグニション [precognition] 予知；予知能力。＊心霊現象において用いることば。

ブレザー [blazer] おしゃれな感じの背広型上着。＊ブレザー・コートとも。

プレ・シーズン・マッチ [日pre-season match] Jリーグで，シーズン前に行われる公認の練習試合。＊野球のオープン戦に当たる。

プレジデント [president] ①大統領。②総裁；学長。③社長。

プレジャー・ボート [pleasure boat] レジャー用ボートの総称。

プレシャス [precious] 高価な；貴重な。

ブレス [breath] 息；呼吸；息つぎ。

プレス [press] ①押しつけること；アイロンをかけること。②型押し機。③印刷；印刷機。④新聞社。⑤重量挙げの種目の1つ。押し挙げ。＊現在は行われていない。⑥レコードやCDを原盤から複製すること。⑦⇨プレッシング。

プレス・カード [press card] 記者証。

プレス・カンファレンス [press conference] 記者会見。

プレス・キャンペーン [press campaign] 新聞紙上で，ある特定の問題を連続して報道することで，世論を喚起しようとする活動。

プレスクール [preschool] ①保育園；幼稚園。＊プリスクールとも。

②小学校入学以前の。

プレス・クラブ [Press Club] 外国人記者クラブ。また，「日本外国特派員協会」の通称。

プレスクリプション [prescription] ①規定；法規。②処方；処方薬。＊プリスクリプションとも。

ブレス・ケア [breath care] 口臭予防。

フレスコ [fresco伊] 西洋壁画の画法の1つ。＊生乾きの漆喰(しっくい)の壁面に水性の顔料で描く。

プレス・コード [press code] 新聞の編集要項。

プレス・センター [press center] 報道機関の取材記者用の詰め所。

プレステ 〖商標〗家庭用ゲーム機の一種。＊PlayStationの略。

プレステージ [prestige] 名声；威信。

ブレスト [breast] ①胸。②ブレストストロークの略。

プレスト [presto伊] 〖音楽〗「非常に速く演奏せよ」。

ブレストストローク [breaststroke] 〖水泳〗平泳ぎ。略ブレスト。

プレスト・パウダー [pressed powder] 固形状の白粉。

プレストレスト・コンクリート [prestressed concrete] 鋼弦コンクリート。＊圧縮応力を与え，引っ張りに強くしたもの。略PSコンクリート。

プレス・ハム [日press ham] 寄せハム。＊豚肉・牛肉・馬肉の切れ端を集めて押し固めたもの。

プレス・リリース [press release] 政府などがする報道機関向けの発表。

プレス・ルーム [press room] 新聞記者室；記者会見室。

ブレスレット [bracelet] 腕輪。

プレゼン プレゼンテーションの略。

プレゼンス [presence] ①存在感。②出席；同席。

プレゼンター [presenter] ①贈呈者。②総合司会者。＊プレゼンテーター(presentation＋-or)は，和製用法。

プレゼンティーイズム [presenteeism] 疾病就業。＊出勤しても，健康上の問題で本来のパフォーマンスを発揮できない状態。

プレゼンテーション [presentation] ①発表；説明。②〖広告〗広告代理店が広告主に対して広告計画の提示や説明を行うこと。略プレゼン。

プレタ・ポルテ [prêt-à-porter仏] 高級既製服。＊著名デザイナーによるもの。⇨コンフェクション②。

フレックスタイム [flextime] 自由勤務時間制。

ブレックファスト [breakfast] 朝食。

プレッシャー [pressure] 圧力；心理的な圧迫感。

プレッシャー・グループ [pressure group] 圧力団体。

フレッシュ [fresh] 新しい；若い。

フレッシュパーソン [freshperson] 新入生。＊フレッシュマン(freshman)の意味の男女共用語。

フレッシュマン [freshman] 新人；新入社員；新入生。

プレッシング [pressing] 〖サッカー，バスケットボール〗相手にプレッシャーをかけてボールを奪うこと。＊プレスとも。

プレッツェル [Bretzel独] 棒状やひもを結んだ形をした塩味の堅いパン，またビスケット。＊ブレッツェルとも。

ブレッド [bread] パン。

プレッピー [preppie] アメリカのプレパラトリー・スクールの学生。また，卒業生。

ブレティン [bulletin] ①告示；広報；定期刊行物。②ニュースの速報。③学会報告；研究紀要。

ブレティン・ボード・システム ⇨

BBS。

プレデター [predator] ①略奪者。②[P-] アメリカ空軍の無人偵察機。

フレネミー [frenemy] 友人のように振る舞う敵。

プレハブ [prefab] 組立て式建物。＊工場でつくった壁・屋根・床などの部材を現場で組み立てる。

プレパラート [Präparat ドイツ] 顕微鏡観察用の標本。＊2枚のガラスに観察材料をはさんだもの。

プレパラトリー・スクール [preparatory school] ①アメリカの有名大学進学が目的の寮制の私立中・高等学校。②大学進学予備校。＊和製用法。プレップ・スクールとも。

プレパレーション [preparation] 病気の子供が治療や検査を受けるとき，恐怖心をやわらげるため事前に説明をして心の準備を助けること。

プレパンデミック・ワクチン [prepandemic vaccine] 感染症が世界的な大流行を迎える前に製造・接種されるワクチン。

プレビシット [plebiscite] 権力者が自己の正当性などを問うために行う国民投票。⇨レファレンダム。

プレビュー [preview] ①試写；試演。②内見；内覧。③予告編。④〖電算〗データを印刷する前に，その状態を画面上で見ることができる機能。

プレホスピタル・ケア [prehospital care] 病院前救護。＊救急車内における適切な応急処置のこと。

プレミア[1] [premier フランス] 〖演劇，映画など〗初日；初演；封切り。

プレミア[2] プレミアムの略。

プレミア・ショー [premiere show] ①〖映画〗有料試写会。②〖演劇〗初日；初演。

プレミアム [premium] ①入場券などの価格に上のせした割増金。略プレミア。②手数料。③割増金；手形などの打歩(うちぶ)。④景品；おまけ。略プレミア。

プレミアム・ガソリン [premium gasoline] ⇨ハイ・オクタン。

プレミア・リーグ [Premier League] イングランドのサッカーのトップリーグ。

プレリュード [prélude フランス] 〖音楽〗前奏曲；序曲。

ブレンダー [blender] ①料理用のミキサー。②ウイスキーの原酒を調合する人。

フレンチ・カジュアル [French casual] シンプルで小粋(こいき)な普段着。

フレンチ・カンカン [French cancan] 〖ダンス〗フリルのついた長いスカートをたくし上げ，脚を高くはね上げる踊り。略カンカン。

フレンチ・キス [French kiss] ⇨ディープ・キス。

フレンチ・スリーブ [French sleeve] 〖服飾〗身頃から続いた袖(そで)。

フレンチ・トースト [French toast] 卵・砂糖・牛乳を混ぜた中に浸した食パンを，バターで焼いたもの。

フレンチ・ドレッシング [French dressing] サラダ油・酢・塩・コショウを混ぜたソース。＝ビネグレット・ソース。

ブレンデッド・ファミリー [blended family] ⇨ステップファミリー。

ブレンド [blend] 混合；調合。⇨ミックス。

ブレンド・ウイスキー [blended whiskey] 数種類のモルト原酒と精製アルコールを混ぜたウイスキー。⇨グレーン・ウイスキー，モルト・ウイスキー。

フレンドシップ [friendship] 友情。

フレンドリー [friendly] 友好的な；好意的な。

フレンドリー・ボトル [friendly Bottle] 環境配慮型再生ペット・ボトルの名称。＊品質は新品と同じ。

プロ プロフェッショナル，プロダクションの略。
フロア [floor] ①床(ゆか)。②階。
プロアクティブ [proactive] 先取りする；前方向の。
フロア・シフト [floor shift] 〚自動車〛変速機が運転席横の床についている形式。
フロア・ショー [floor show] 客席と同じ高さの床の上でのショー。↔ステージ・ショー。
フロア・スタンド [日floor stand] 床に置く大型の電気スタンド。
フロア・ディレクター [floor director] 〚放送〛演出助手。略FD。
フロア・プライス [floor price] 〚経済〛最低価格；底値。
フロア・マネージャー [floor manager] ①〚放送〛演出者の補佐役。②デパートの売り場監督。
ブロイラー [broiler] ①肉のあぶり焼き用調理器具。②食肉用に飼育された3か月未満の若鶏。
フロイライン [Fräulein ドイツ] 娘；令嬢；未婚女性に対する敬称。
フロー [flow] ①流れ。②〚経済〛一定期間中に生産・流動した総量。
ブロー [blow] ①〚美容〛ブラシとハンド・ドライヤーで髪型を整えること。②〚ボクシング〛打撃。
フロー・インフレ [flow inflation] 商品・サービス価格が上昇すること。↔ストック・インフレ。
ブローカー [broker] 仲買人。
ブロークン [broken] ①発音・文法などが変則なこと。②壊れた。
ブロークン・アロー [broken arrow] 重大な核兵器事故。＊「折れた矢」という意。
ブロークン・イングリッシュ [broken English] 発音や文法がいい加減な片言英語。
ブロークン・ウインドー・セオリー [broken windows theory] 割れ窓理論。＊割られた窓ガラス(軽微な犯罪)を放置すると，より重大な犯罪を誘発することになるという犯罪取り締まりの考え方。
ブロークン・ハート [broken heart] 失意；失恋。
ブローシャー [brochure] 質のよい紙を使用した，しゃれたデザインのパンフレット。
プローズ [prose] 散文。↔バース²。
フローズン [frozen] 凍った；凍結された。
フローズン・フード [frozen food] 冷凍食品。
フローター・サーブ [日floater serve] 〚バレーボール〛変化球サーブ。⇨ドライブ・サーブ。
ブローチ [brooch] 洋服の襟(えり)や胸元につける装飾品。
フローチャート [flowchart] ①流れ作業図。②〚電算〛流れ図。＊プログラムを組む前に必要な手順を記号で表したもの。
フロート [float] ①〚釣り〛浮き。②アイス・クリームを浮かせた飲み物。③〚経済〛変動為替相場。
ブロード [broad] 幅の広い；広々とした。↔ナロー。
ブロードウェイ [Broadway] アメリカ・ニューヨーク市の大通り。＊興行街として有名。
ブロードキャスト [broadcast] ①放送する；放送番組。②ネットワーク上で，接続されているすべての端末に対しデータ送信を行うこと。
ブロードクロス [broadcloth] 良質な平織りの毛織物・綿織物。＊単にブロードとも。英名はポプリン。
ブロードバンド [broadband] 広帯域の周波数を利用し，大容量の情報を伝達する技術。＊常時接続可能な高速インターネットのこと。略BB。↔ナローバンド。
ブローニー [Brownie] 〚写真〛ロール・フィルムの判型の1つで，6×9

センチメートルのもの。＊コダック社のカメラ名から。

ブローニング［Browning］ ブローニング式自動拳銃。＊設計者のJ.M.ブローニングの名から。

プローブ［probe］ ①大気圏外の調査用の無人探査機。②発信機；遠隔監視装置。＊野生動物などの生態を知る。

ブローム［Brom(ドイツ)］ ハロゲン族元素の1つ。臭素。原子番号35。元素記号Br。＊酸化剤，殺菌剤用。

フローラル［floral］ ①花に関するさま。②花のように華やかなさま。

フローリング［flooring］〖建築〗床張り；床仕上げ材。

プローン［prawn］ 車エビ，テナガエビなど，中型の食用エビの総称。＊大型はロブスター(lobster)，小型はシュリンプ(shrimp)。

ブロガー［blogger］ ブログの作者・運営者；ブログに書き込みをする人。

プロキシ・サーバー［proxy server］〖電算〗セキュリティ機能を受け持つ代理サーバー。

プロキシ・ファイト［proxy fight］(株主総会前の)委任状争奪戦。

プロキュアメント［procurement］資材や部品の調達。

ブログ［blog］ 個人が情報発信するインターネットのサイトやホームページ。＊web+logから。

プログラマー［programmer］ ①〖電算〗プログラム作成者。②〖放送〗番組作成者。

プログラミング［programming］〖電算，放送〗プログラムを作成すること。

プログラム［program］ ①〖放送〗番組。②予定；計画。③〖電算〗コンピュータに対して，仕事の内容・手順などを指示する特定の言語の集まり。
～言語［～language］〖電算〗コンピュータに処理させる仕事の内容・手順を命令するための言語。＝コンピュータ言語。

プログレス［progress］ ①進歩；発展。②［P-］ロシアの宇宙貨物船。

プログレス・バー［progress bar］〖電算〗実行中の操作の進捗状況を表示するバー。＊タスクの終了までの時間を知ることができる。プログレス・メーターとも。

プログレッシブ［progressive］ 進歩的；進歩主義者。↔コンサバティブ。

ブロケード［brocade］ 金襴(きんらん)；金糸・銀糸を使った豪華な絹織物。

プロゲステロン［Progesterone］ 黄体ホルモン。＊無月経治療に利用。

プロザック［Prozac］〖商標〗抗うつ剤の一種。

プロシージャ［procedure］ コンピュータのプログラムで，一連の処理を1つにまとめた手順・手続き。

プロシーズ［proceeds］ 収益；売上高。

プロジェクション［projection］ ①投射；発射。②計画。③投影法；平面図法。

プロジェクション・マッピング［projection mapping］ 建築物などの立体物の表面に映像を投影する技術。その技術を用いたパフォーマンス。

プロジェクター［projector］ ①映写機；投影機。②計画者。

プロジェクト［project］ ①研究・事業などの企画。②開発事業。

プロジェクト・チーム［project team］企画開発班。略PT。＝タスク・フォース。

プロジェクト・ファイナンス［project finance］ 特定の事業計画に対し，収益性を評価して行う融資。

プロジェクト・マネージャー［project manager］ 計画全体の進行を管理し，責任を負う管理者。

プロジェクト・メソッド［project method］ 生徒が自発的に学習計画

を立て，それを遂行するように企図された教授法。

ブロシェット [brochetteフランス] 焼き串(ぐし)料理。また，焼き串。

プロジェリア [Progeria] 早老症疾患の1つで，小児の遺伝子疾患。

プロシューマー [prosumer] 消費者としてだけではなく，生産活動も行う人々。＊producer＋consumerから。A.トフラーの造語。

フロス [floss] ①植物の絹状のもの。＊繭綿(まゆわた)やトウモロコシのひげなど。②デンタル・フロスの略。

プロスタグランジン [prostaglandin] 生理活性物質の一種。＊子宮筋収縮，血管拡張などの生理作用を示す。

フロスティ [frosty] 霜で覆われた；冷ややかな；冷淡な。

プロスティテュート [prostitute] 売春婦；娼婦(しょうふ)。

フロスト [frost] 霜；氷結。

プロスペクト [prospect] 見通し；展望。

プロセス [process] ①手順；工程。②食品保存のための加工処理。③〘印刷〙写真製版の平版のこと。④⇨タスク③。

プロセス・イノベーション [process innovation] 生産工程・生産技術に技術革新をもたらすこと。

プロセス・コントロール [process control] コンピュータなどで生産工程を自動的に制御すること。

プロセス・チーズ [process cheese] 生チーズを加熱殺菌し，固めた加工チーズ。⇨ナチュラル・チーズ。

プロセッサー [processor] 〘電算〙コンピュータにおける命令を解読・実行する装置。

プロセニアム・アーチ [proscenium arch] 額縁舞台。＊舞台と客席が額縁状のアーチで区切られている部分。

プロダクション [production] ①生産。↔コンサンプション。②映画・テレビなどの作品の製作会社。③出版物の編集・制作を請け負う会社。

プロダクション・コントロール [production control] 生産管理。

プロダクティビティー [productivity] 生産性；生産力。

プロダクト [product] 生産品；製品。

プロダクト・アウト [日product out] 企業側の売りたいものを優先させて商品化し，市場に出すこと。↔マーケット・イン。

プロダクト・デザイン [product design] 主に，実生活に関わる道具や器物，家電製品などの量産品のデザインのこと。

プロダクト・イノベーション [product innovation] 従来にない画期的な新製品を開発すること。

プロダクト・プランニング [product planning] 新製品の開発・生産計画。

プロダクト・プレースメント [product placement] ドラマや映画などの小道具として，実際の企業の名前や商品を登場させる広告手法。

プロダクト・マネージャー [product manager] 新製品の開発から，商品化・販売までを担当する専門家。

プロダクト・ライフ・サイクル [product life cycle] 製品が市場に現れ，売り上げが低下して姿を消すまでの過程。

プロ・チョイス [pro-choice] 妊娠中絶肯定の。↔プロ・ライフ。

ブロッカー [blocker] ①〘フットボール〙体当たりして相手の動きを妨害すること。②遮断(しゃだん)薬；何らかの作用を阻止する物質。

ブロッキング [blocking] ①〘スポーツ〙防御すること。②〘医学〙神経を麻酔などを用いて遮断すること。③⇨ブロッキング現象。④有害なサイトをプロバイダーや通信事業者が強制的に遮断すること。

〜現象 [〜appearance] 〘気象〙優

フ

勢な停滞性高気圧により，移動性の低気圧の経路が妨げられる現象。

フロック[1]［fluke］ まぐれ；思いがけないよい結果。

フロック[2]［frock］ ①婦人・子供用の上下続きの洋服。②フロック・コートの略。

フロッグ［frog］ ①カエル(蛙)。②飾りボタン。③生花で用いる剣山。

ブロック[1]［bloc］ 政治・経済政策上の共通の目的のために結合した国家・団体・連合体。

〜紙［〜newspaper］ 地方新聞のうち，数県にまたがる地域を販売対象としているもの。

ブロック[2]［block］ ①やや大きい塊。②〘建築〙コンクリートを固めてつくった四角い塊。③土地の１区画。④〘スポーツ〙防御・阻止すること。⑤〘電算〙プログラミングで，複数のコードを一括してまとめたもの。

フロック・コート［frock coat］ 男性用の通常礼服。略フロック。

ブロック・サイン［日block sign］〘野球など〙ベンチから選手へと送られる組合せサイン。＊英語ではcoded sign。

フロックス［Phlox］ ハナシノブ科の植物。＊シバザクラやキキョウナデシコなど。北アメリカ原産。

ブロック・チェーン［block chain］インターネット上の取引記録を複数のコンピュータで同期する技術。＊暗号資産(仮想通貨)のデータ管理に利用。

ブロックバスター［blockbuster］ ①大型高性能爆弾。②大広告。③超大作映画；超ベストセラー。④画期的な効果と売り上げのある大型新薬。

フロッグマン［frogman］ 潜水夫。

ブロッケン現象［Brocken phenomenon］ 山頂で太陽を背にして霧に向かったとき，観測者の影が前方の霧に映り，その頭の周りに光の輪が見える光学現象。＊ドイツのブロッケン峰でよく見られる。

ブロッコリー［broccoli イタリア］ カリフラワーの一種。＊緑色の茎と花球部分を食用にする。

プロッター［plotter］ ①コンピュータの図形作成装置。②陰謀者。

プロット［plot］ 小説・脚本などの構想，筋。

フロッピー［floppy］ ①ばたばたする；だらしのない。②フロッピー・ディスクの略。

フロッピー・ディスク［floppy disc］〘電算〙コンピュータやワード・プロセッサーなどに用いる円盤型の磁気記録媒体。＝ディスケット。略フロッピー，FD。

プロップ［prop］ ①〘演劇〙小道具。②〘ラグビー〙フォワード最前列の両端の２人のプレーヤー。

プロップジェット［propjet］ ガスタービンの力でプロペラを回転させるジェット・エンジン。

プロテアーゼ［protease］ たんぱく質の加水分解酵素。

〜阻害剤 エイズ治療薬の１つ。

プロテイン［protein］ たんぱく質。

プロテオース［proteose］ たんぱく質酵素分解物質。＊栄養補助食品，化粧品などに使用。

プロテオーム［proteome］ 細胞内のすべてのたんぱく質。＊protein＋genomeから。

プロテクション［protection］ ①保護；防御。②保護者；防護物。③〘経済〙保護貿易制度。

プロテクター［protector］ ①保護者。②〘スポーツ〙防護用具。＊胸あてやひざあてなど。

プロテクト［protect］ ①保護。②〘電算〙記憶装置に書き込み禁止の措置を施し，記憶内容を保護すること。また，プログラムなどが不法にコピーされないように防御すること。

プロテジェ [protégé仏] 育成・指導を受ける側の者。＊原義は，「被保護者」「秘蔵っ子」。⇨メンター，メンタリング。
プロテスタンティズム [Protestantism] キリスト教の新教，また，その教義。↔カトリシズム。
プロテスタント [Protestant] キリスト教の新教徒。↔カトリック。
プロテスト [protest] 抗議する；異議を申し立てる。
プロテスト・ソング [protest song] 〖音楽〗政治や社会問題をテーマに，それに対し抗議する内容をもつ楽曲。
プロデューサー [producer] 〖映画，演劇，放送〗制作責任者。
プロデュース [produce] 〖映画，放送など〗制作・演出すること。
プロトコル [protocol] ①外交慣習。②条約や協定などの議定書。③コンピュータ間の通信のための手順。
プロトタイプ [prototype] 原型；模範；標準。
プロトプラスト [Protoplast独] 〖生物〗原形質体。＊植物細胞の細胞壁を取り除いた部分。
プロドラッグ [prodrug] 薬理作用はないが，体内に取り込まれると薬効を現す薬物。＊副作用が少ない。
プロトン [proton] ①〖物理〗陽子。②[P-] 旧ソ連が開発した商業衛星打ち上げロケット。
プロパー [proper] ①固有の；本来の。②その道の専門家。
プロバイダー [provider] インターネットの提供事業者。＊ISPとも。
プロパガンダ [propaganda] 宣伝。＊特に特定の主義・思想を強調する。
プロパティ [property] ①財産；所有物。②特性；特質。③〖電算〗ファイルなどの属性に関する情報。
プロ・パテント [pro-patent] 特許権，知的財産権の保護強化政策。
プロバビリティー [probability] ①見込み；蓋然(がいぜん)性。②確率。
プロパン・ガス [propane gas] 液化石油ガス。略PG。
プロバンス [Provence仏] フランス南東部，地中海を臨む地方。
プロビタミン [provitamin] 動物の体内でビタミンに変わる物質。
プロピレン [propylene] 〖化学〗エチレン系炭化水素の一種。＊可燃性気体で，石油化学工業の基礎原料。
プロファイラー [profiler] ①犯罪心理分析官。②〖電算〗プログラムの進捗状況を解析・監視するツール。
プロファイリング [profiling] 犯罪捜査で，蓄積されたデータを活用して，事件の犯人像を，さまざまな角度から推理し，犯人に迫ること。
プロファイル [profile] ①⇨プロフィール。②コンピュータの基本ソフトで，設定情報の集まりのこと。
プロフィール [profile] ①横顔；輪郭。＊プロファイルとも。②人物紹介。
プロフィット [profit] 利益；収益。
プロフェッサー [professor] 大学教授。略Prof.。
プロフェッショナリズム [professionalism] 専門家気質；プロ意識。↔アマチュアリズム。
プロフェッショナル [professional] ①専門的な。②本職；玄人；専門家。略プロ。↔アマチュア。
プロフェッション [profession] ①専門職；職業。②信仰の告白。
プロブレム [problem] 問題；課題。
プロペラ [propeller] ①航空機や船舶の推進器。②水車などの羽根車。
プロポーザル [proposal] 提案；申し出；結婚の申し込み。
プロポーション [proportion] ①割合。②調和；均整。
プロポーズ [propose] 結婚を申し込むこと。
プロボカトゥール [agent provocateur] (警察の)おとり捜査官。＊原

フ

義は「扇動者」。

プロ・ボ・ノ [pro bo-no] 職業上もち得る知識・技術を提供し，社会貢献をするボランティア活動。＊アメリカ発祥の活動。ラテン語probono publico(公共善のために)の略。

プロポフォール [propofol] 全身麻酔用の強力な麻酔薬。＊妊産婦・小児には投与禁忌。

プロポリス [propolis] 蜂脂(はちやに)；蜂蠟(はちろう)。＊フラボノイドを含む。

フロマージュ [fromageフランス] チーズ；乾酪。

ブロマイド [bromide] 俳優・歌手・運動選手などの肖像写真。

プロミス [promise] ①約束；契約。②前途の見込み；可能性。

プロミス・リング [promise ring] ⇨ミサンガ。

フ

プロミネンス [prominence] ①〖天文〗太陽の紅炎。②話し手が文中のある語句を強調して発音すること。

プロミネント [prominent] 突出した；顕著な；傑出した。

プロム [prom] アメリカの高校・大学の卒業記念のダンス・パーティー。

プロムス [The Proms] イギリスのロンドンで毎年夏に開催されるクラシックの音楽祭。＊8週間にわたり，100以上のイベントが行われる。BBCプロムスとも。

プロムナード [promenadeフランス] 散歩道；遊歩道路。

プロムナード・ポジション [promenade position] 社交ダンスで，男性の体右側と女性の体左側を近づけ，その反対側をV字形に開いた位置のこと。

プロメチウム [promethium] 原子番号61の人工放射性元素。記号はPm。＊ギリシア神話のプロメテウスの名から。

プロメテウス [Prometheusギリシア] 〖ギリシア神話〗天界の火を盗んで人類に与えた巨人神。

プロモーション [promotion] ①昇進；昇格。②販売促進；宣伝資料。③興行。

プロモーション・ビデオ [日promotion video] ⇨ミュージック・ビデオ。

プロモーター [promoter] ①主催者；興行師。②がんの促進因子。

プロモート [promote] ①宣伝によって販売を促進する。②行事・興行を行う。

プロ・ライフ [pro-life] 妊娠中絶否定の。↔プロ・チョイス。

プロラクチン [prolactin] 脳の下垂体前葉から分泌されるホルモン。＊女性では乳腺の発育を，男性では前立腺の発育を促す作用がある。

フロリゲン [florigen] 開花ホルモン。

フロリスト [florist] 花屋；草花栽培者。

プロ・レスリング [professional wrestling] 興行を目的としたレスリング。略プロ・レス。

プロレタリア [Proletarierドイツ] 無産階級；労働者階級；賃金労働者。↔ブルジョア。

プロレタリアート [Proletariatドイツ] 労働者階級。↔ブルジョアジー。

プロローグ [prologue] ①〖演劇〗序言；前口上。②発端。↔エピローグ。

フロン [日flon] ⇨フロン・ガス。

フロン・ガス [日flon gas] 〖化学〗フルオロカーボンの通称。＊成層圏のオゾンを破壊し，オゾン・ホールを作る。フレオン・ガス，フルオロカーボンとも。

ブロンズ [bronze] ①青銅。②銅像。

フロンティア [frontier] ①新分野。②開拓線。＊アメリカ開拓期における西部開拓地の最前線。

～電子理論 [～electron theory] 量子力学の分子反応における電子の

役割を予測した理論。＊ノーベル化学賞を受賞した福井謙一の理論。

フロンティア・スピリット [frontier spirit] 開拓者精神。

フロント [front] ①正面；前面。②ホテルなどの受付；帳場。③戦線；前線。④フロント・オフィスの略。

〜企業 暴力団や暴力団周辺者が経営し，その利益を暴力団に提供する企業。また，その経営者や従業員。＊企業舎弟とも。

ブロンド [blonde] 金髪；金髪の女性。＊男性形はblond。

フロント・エンド [front end] コンピュータ処理の入力側。↔バック・エンド①。

フロント・オフィス [front office] ①会社などの本部。②〖野球〗球団の経営首脳陣。略フロント。

フロント・ガラス [日front glass] 〖自動車〗運転席前面の窓ガラス。

フロント・ドライブ [front-wheel drive] 〖自動車〗前輪駆動。略FWD。↔リア・ドライブ。

フロント・ページ [front page] 新聞の第1面。

フロント・マン [front man] ①代表者。②ホテルなどで，受付業務を行う人。③バンドのリード・ボーカル。

フロント・ランナー [front-runner] 先頭に立つ人；第一人者。

プロンプター [prompter] ①演技中の俳優に，舞台の陰で小声でせりふを教える役割の人。②講演・コンサートなどで，原稿や歌詞などを液晶モニターに表示する装置。＊正しくは，teleprompter。

ブンゼン灯 [Bunsen burner] ガス燃焼装置。＊実験用器具で，ドイツの化学者R.ブンゼンの発明。

ブンデスバンク [Bundesbankドイツ] ドイツ連邦銀行。

ブンデスリーガ [Bundesligaドイツ] ドイツのプロ・サッカーリーグ。

ブント [Bundドイツ] ①同盟。②共産主義者同盟。

フンボルト・ペンギン [Humboldt penguin] 南米ペルーからチリ北部沿岸のフンボルト海域に生息する中形のペンギン。

へ

ヘア [hair] ①髪の毛；頭髪。②陰毛。

ベア[1] [bare] ①裸の；むきだしの。②無一物の；そのままの。

ベア[2] [bear] ①熊；乱暴者。②〖経済〗株式の弱気な買い。↔ブル②。

ベア[3] ベース・アップの略。

ペア[1] [pair] ①対(つい)；2人で1組になるもの。⇨カップル。②〖テニス，卓球〗ダブルスを組む2人。③ペア・オール，ペア・スケーティングの略。

ペア[2] [pear] 西洋ナシ。

ヘア・ウィッグ [hair wig] かつら。

ペア・オール [pair-oar] 2人こぎのボート。略ペア。

ヘア・カーラー [hair curler] 髪の毛をカールさせる電気器具。

ヘア・カラー [hair color] 毛染め剤。

ペア・ガラス [日pair glass] 複層ガラス。＊断熱，遮音に効果がある。

ヘア・クリーム [hair cream] 髪に栄養とつやを与えるクリーム。

ヘア・クリッパー [hair clipper] ⇨バリカン。

ヘアクロス [haircloth] 馬巣(ばす)織り。＊馬毛で織ったもので，洋服の芯地に使用。

ヘア・ケア [hair care] 髪の手入れ。

ヘア・コンディショナー [hair conditioner] ⇨リンス。

ペア・スケーティング [pair skating] フィギュア・スケートの競技種目の1つ。＊男女2人が組み，音楽に合わせて行う。略ペア。

ヘアスタイル [hairstyle] 髪型。

ヘア・スプレー [hair spray] 髪の型

くずれ防止のための噴霧状の整髪料。
ヘアダイ [hairdye] 毛染め剤。
ベア・トップ [bare top] 〖服飾〗肩や背を露出したデザインの服。
ヘア・トニック [hair tonic] 養毛・育毛作用のある頭髪用の化粧品。
ヘア・ドライヤー [hair dryer] ぬれた髪を乾かすための美容器具。略ドライヤー。
ヘア・トリートメント [日hair treatment] 洗髪後，栄養・油分を補い，頭髪や頭皮を健康な状態にすること。また，それに使う化粧品。
ヘアドレッサー [hairdresser] 美容師；理容師。
ヘア・ヌード [日hair nude] 陰毛が見える裸体。
ヘア・バンド [hair band] 髪の乱れを防ぐため，またおしゃれ用の飾りとして用いるバンド。
ヘアピース [hairpiece] つけ毛；かもじ。
ヘアピン [hairpin] 〖美容〗髪を留めるために用いるピン。
ヘアピン・カーブ [日hairpin curve] ヘアピンのように急角度に曲がった道路。
ベア・マーケット [bear market] 〖経済〗弱気市場；値下がり相場。↔ブル・マーケット。
ヘア・マニキュア [hair manicure] 髪の毛の表層をコーティングして染める方法。
ヘア・リキッド [hair liquid] 男性用の液体整髪料。
ベアリング [bearing] 機械の軸受け。
ペアリング [pairing] 動物が交尾すること。
ベアルネーズ・ソース [日béarnaise フランス+sauce] ワインとエシャロット風味の温かいソース。
ペアレント [parent] ①親。②ユース・ホステルの管理者。
ベイ [bay] 湾；入り江。
ペイ [pay] ①賃金；給料。②引き合うこと。
ベイ・ウインドー [bay window] 張り出し窓；出窓。
ベイ・エリア [bay area] (都市の)湾岸地域；水辺地区。
ペイオフ [payoff] ①支払い日。②わいろ。③破綻した金融機関の預金者保護制度。
ベイサイド [bayside] 湾岸。
ペイズリー [paisley] 勾玉(まがたま)の形の模様。また，その模様の布。
ベイツ擬態 [Bates'mimicry] 標識的擬態。＊毒をもたない動物が，有毒なものに色彩などを似せて捕食を回避すること。
ペイデイ [payday] 給料日。
ペイ・テレビ [pay TV] 有料テレビ放送。＊主にCATV。
ベイト [bait] ①誘惑する。②いじめる；悩ます。③餌をつける。
ヘイト・クライム [hate crime] 憎悪犯罪。＊人種，民族，宗教，性的指向などに対する偏見や差別意識がもとで引き起こされる犯罪をさす。
ヘイト・スピーチ [hate speech] 差別的憎悪発言；差別扇動表現。＊国籍や人種，宗教のちがいなどから，その集団に対して暴力で排除しようとしたり，侮辱したりする行為。
ペイ・パー・ビュー [pay-per-view] 有料テレビの一方式。＊視聴した番組単位で料金が課金される。略PPV。
ヘイ・フィーバー [hay fever] 花粉症。＊アレルギー性鼻炎など。
ベイ・ブリッジ [bay bridge] 湾をまたぐように架けた橋。
ベイブレード [Beyblade] 〖商標〗ベーゴマをもとにつくられた，盤上で互いのコマを弾き合うゲーム。
ペイペイ [PayPay] 〖商標〗バー・コード，QRコードを用いたスマートフォン決済アプリの1つ。

ペイメント [payment] ①支払い。②支払い金。③報酬。
ベイリー・ビーズ [Baily's beads] 金環日食を観察した際に見られる月のクレーターから漏れるビーズ状の太陽光。
ベイ・リーフ [bay leaf] 乾燥した月桂樹の葉。＊香辛料・香水用。
ベイル [bail] ①保釈；保釈金。②城の壁；城の外庭。
ベイルアウト [bailout] 〘経済〙政府による緊急救済。
ペイロード [payload] ①有料荷重。②搭載物。
ペイロード・スペシャリスト [payload specialist] スペースシャトルの搭乗科学技術者。略PS。
ペイン・クリニック [pain clinic] 疼痛(とうつう)など，痛みを対象とした治療を専門に行うクリニック。
ペインター [painter] 塗装工；画家。
ペイント [paint] ①塗料。②絵の具。＝ペンキ。
ヘウレーカ ⇨ユリイカ。
ベーカリー [bakery] パン・洋菓子などを製造・販売する店。
ベーキング・パウダー [baking powder] ふくらし粉。
ベークド・ポテト [baked potato] オーブンなどで焼いたジャガイモ。
ベークライト [Bakelite] 〘商標〙ホルムアルデヒドと石炭酸から作る合成樹脂。＊食器・電気絶縁材用。
ベーグル [bagel] ユダヤの伝統的な堅焼きパン。＊ドーナツ型。油脂を含まず弾力性がある。
ベーコン [bacon] 豚肉の塩漬けを燻製(くんせい)にしたもの。
ページ [page] ①書籍や帳簿などの紙の一面。また，順序をつけた数字，ノンブル。記号p。②コンピュータのプログラムを一定の大きさで区切ったもの。③小姓(こしょう)。
ペーシェンス [patience] ①忍耐；根気。②トランプ占いの1つ。
ペーシェント [patient] 患者；病人；受診者。
ページェント [pageant] ①野外劇。②祭りなどの(仮装)行列。
ベーシス [basis] ①基礎；基盤；根拠。②〘経済〙債券の先物価格と現物価格との差。
ベーシック[1] [basic] ①基礎的な；基本的な。②〘化学〙塩基性の。
ベーシック[2] [BASIC] 〘電算〙会話型の高水準プログラム言語。
ベーシック・インカム [Basic Income] 最低限所得保障。＊福祉制度の構想。
ページ・ビュー [page view] ウェブ・サイトの閲覧数を表す単位の1つ。
ページ・ボーイ [page boy] ①ホテルの給仕。⇨ベルボーイ。②毛先を内巻きにカールする女性の髪型。
ベージュ [beige フランス] 染めていない羊毛の色。＊明るい薄茶色。
ペーシング [pacing] コミュニケーション技法の1つ。＊話し方や呼吸などのペースを相手に合わせる。
ベース[1] [base] ①土台；基本。②〘野球〙塁。③基地。④主成分。
ベース[2] [bass] ⇨バス[1]。
ペース [pace] ①歩調；速度。②進み具合。③力の配分。
ベース・アップ [日base up] 基準(ベース)賃金の引き上げ。略ベア。
ベース・キャンプ [base camp] ①〘登山〙前進基地。②〘軍事〙基地。
ベース・コーチ [base coach] 〘野球〙1塁，3塁のコーチャーズ・ボックスに立ち，打者や走者に指示する人。略コーチ。＊コーチャーとも。
ベース・コート [base coat] ①ペンキ塗装の前の下塗り。②爪の保護と塗りむらを防ぐための，マニキュアの基礎塗り。
ベース・ダウン [日base down] 基準

へ

賃金の引き下げ。
ペースト [paste] ①糊(のり)。②肉・野菜をすりつぶしたもの。③半田付けに使う被膜除去剤。
ベースボール [baseball] 野球。
ペースメーカー [pacemaker] ①〘陸上競技〙中・長距離競走で先頭に立ってペースを作る者。②〘医学〙自動式心室収縮装置。
ベース・メタル [base metal] 常用金属；汎用(はんよう)金属。＊鉄・銅・亜鉛など，埋蔵量・産出量が多く，精錬が容易なもの。↔レア・メタル。
ベースメント [basement] ①地階。②建造物の基層部。
ベース・ライン [base line] ①基準線；最低線。②〘野球〙塁と塁を結ぶ線。③並び線。＊欧文フォントの各文字下端(p, q, gの下部は除く)をそろえるための基準線。
ベースライン＆クレジット方式 [Baseline and Credit Approach] 温室効果ガスの削減事業で，実施されなかった場合の排出量を基準として，実施後に削減された分の削減量をクレジットとして取引できる方式。
ベース・ロード電源 [base load—] 基幹負荷電源。＊電力会社が一定量の電力を安定的に供給でき，優先して運転される電源。
ベーゼ [baiserフランス] 口づけ；キス。
ヘーゼルナッツ [hazelnuts] 西洋はしばみの果実。＊栄養素が豊富。チョコレート菓子などに使う。
ペーソス [pathos] 哀感；哀愁。
ベータ [betaギリシア] ギリシア文字のアルファベットで2番目の文字(Β, β)。
～線 [～rays] 〘物理〙原子核のベータ崩壊により放出される放射線。⇨アルファ線，ガンマ線。
ベーダ [Vedaサンスクリット] インド最古のバラモン教の経典。＊原義は「知識」。
ベータ・アミロイド [beta-amyloid] アルツハイマー病の脳に見られる老人斑に関係が深いとされるたんぱく質。＊脳細胞を破壊する。
ベータ・カロテン [β-carotene] 緑黄色野菜に含まれる赤黄色の色素(カロテン)のうち，含まれる量が最も多いもの。＊カロテンには他にαとγがある。
ベータ・グルカン [Beta glucan] 多糖類の1つで，アガリクスなどのキノコ類，海藻類などに含まれている成分。＊抗酸化作用がある。
ベータトロン [betatron] 〘物理〙磁気誘導電子加速装置。
ベーチェット病 [Behçet's disease] 〘医学〙難病の一種。＊口腔粘膜，陰部粘膜に潰瘍ができ，消化器，脳などにも病変が及ぶ。1937年トルコの医師ベーチェットが発見。
ベーパー [vapor] ①水蒸気；湯気；霧。②空想。③憂鬱(ゆううつ)症。
ペーハー [pHドイツ] 水素イオン濃度を示す単位。＊英語読みは「ピーエイチ」。
ペーパーウエイト [paperweight] 文鎮；紙押さえ。
ペーパー・カンパニー [日paper company] 登記はしてあるが実体のない名目だけの会社や法人。
ペーパークラフト [papercraft] 折り紙；紙工芸。
ペーパー・クロマトグラフィー [paper chromatography] 〘化学〙濾紙(ろし)式色層分析法。⇨クロマトグラフィー。
ペーパー商法 [paper marketing] 現物まがい商法。＊商品の現物を渡さず，預り証などと引き換えに金をとる詐欺商法。
ペーパー・テスト [paper test] 筆記試験。
ペーパー・ドライバー [日paper driver] 運転免許証を持っていながら長年，車の運転をしていない人。
ペーパーバック [paperback] 〘出

版〗紙表紙の本；仮装本。＝ソフト・カバー。↔ハードカバー。

ペーパー・ホルダー [paper holder] ①書類ばさみ。②トイレットの巻紙かけ。

ペーパーワーク [paperwork] 事務処理；書類仕事。

ヘーパイストス [Hephaistos] 〖ギリシア神話〗オリンポス十二神の中の「火と鍛冶の神」。＊ローマ神話のバルカン。ヘパイストスとも。

ペーブメント [pavement] 舗装；舗装道路。

ベール [veil] ①婦人が顔を覆う薄い布。②覆い隠すもの。

ペール [pail] 手桶(ておけ)。

ペール・オレンジ [pale orange] 淡い橙色。＊肌色(flesh color)の言い換え語。

ペーロン [飛龍チャイナ] ①中国式の競漕(きょうそう)。また，その船。②船競漕の行事。＊長崎などで行われている。

ベガ [Vega] 〖天文〗琴座のアルファ星；七夕の織女星。

ペガサス [Pegasus] ①〖ギリシア神話〗翼をもつ天馬。②〖天文〗ペガサス座。③アメリカの流星塵(じん)観測用科学衛星。＊ペガソスとも。

ペカン [pecan] クルミ科の落葉高木。＊楕円形の果実を食用とする。北アメリカ原産。ピーカンとも。

ヘキサグラム [Hexagram] 星型多角形の一種。六芒星(ろくぼうせい)。

ヘキサゴン [hexagon] 六角形。

ペキニーズ [Pekingese] 四肢が短く，美しい長い毛に覆われた小形犬。＊かつて中国の宮廷で飼われていた。

ペキン・ダック [Peking duck] ①中国産ペキン種のアヒル。②①を丸焼きにした中国料理。

ベクター [vector] ①遺伝子の運搬体。②飛行機などの進路。

ヘクタール [hectare] メートル法の単位で100アールのこと。記号ha。

ペクチン [pectin] 果実に含まれる酸性多糖類の一種。

ヘクト [hecto-] 国際単位系(SI)で，100倍を表す接頭辞。記号h。

ヘクトパスカル [hectopascal] 気圧を表す単位。＊1ヘクトパスカルは100パスカル。記号hPa。

ベクトル [Vektorドイツ] 〖数学，物理〗大きさと向きで表す量。＊速度・力などに用いる。↔スカラー[1]。

ベクトル・フォント [vector font] コンピュータの書体の一種。＊文字をベクトル(大きさと向きで表す線分)で表示する方式。

ベクレル [Becquerel] 国際単位系(SI)の放射線量の単位。記号Bq。＊1個の原子核が1秒間に崩壊する放射線量が1ベクレル。

ヘゲモニー [Hegemonieドイツ] 指導権；主導権；覇権。

ヘゲモニズム [hegemonism] 覇権主義。＊大国による領土拡張政策。

ペコー [pekoe] インド，ジャワ産の高級紅茶。＊ピコーとも。

ベゴニア [begonia] シュウカイドウ科の植物。＊観賞用。

ペコリーノ [pecorinoイタリア] 羊の乳を原料としたイタリアのチーズ。＊硬質で塩分が多い。

ペザント [peasant] ①農夫；農民。②田舎者。

ベジタブル [vegetable] 野菜；青物。

ベジタリアン [vegetarian] 菜食主義者。

ヘジテーション [hesitation] 躊躇(ちゅうちょ)；ためらい；口ごもり。

ペシミスティック [pessimistic] 悲観的な；厭世(えんせい)的な。↔オプチミスティック。

ペシミスト [pessimist] 悲観論者；厭世(えんせい)家。↔オプチミスト。

ペシミズム [pessimism] 悲観論；厭世(えんせい)観。↔オプチミズム。

ヘジャブ ⇨ヒジャブ。

へ

ベシャメル・ソース [béchamel sauce] ⇨ホワイト・ソース。
ヘジラ [Hegiraアラビア] イスラム暦元年；聖遷。＊イスラム教の開祖ムハンマドが西暦622年にメッカからメジナへ移住したことから。ヒジュラとも。
ペスカトーレ [pescatoreイタリア] 魚介類とトマト・ソースを用いたスパゲッティ。
ベスト[1] [best] ①最上の；最良の。↔ワースト。②最善；全力。
ベスト[2] [vest] ⇨チョッキ。
ペスト [Pestドイツ] ペスト菌による急性の感染症。
ベスト・エイト [日best eight] 勝ち残りの8人〔チーム〕。
ベスト・コンディション [best condition] 最良の状態。
ベスト・セラー [best-seller] 一定期間内に特によく売れた本やCD。
ベスト・テン [日best ten] ある部門における上位の10人〔チーム〕。
ベスト・ドレッサー [日best dresser] 洋服の着こなしが洗練されていて，じょうずな人。
ベスト・ナイン [日best nine] 『野球』シーズン終了後，ポジションごとに選出した9人の優秀選手。
ベスト・バウト [best bout] 格闘技などにおける最高の試合。
ベスト・マン [best man] 結婚式で新郎の付き添い役の人。
ペストリー [pastry] パイなど，練り粉の菓子。
ヘスペロス [Hesperosギリシア] 『天文』宵の明星。＊金星のこと。
ペセタ [pesetaスペイン] スペインの旧通貨単位。＊現在は，ユーロを使用。
ペソ [pesoスペイン] ラテン・アメリカ諸国，フィリピンの通貨単位。
ベタ [betta] 東南アジアに住む淡水魚。＊闘魚の一種。
ペタ [peta-] 国際単位系(SI)で1000兆倍(10^{15})を表す接頭辞。記号P。
ベター・ハーフ [better half] 良き伴侶；愛妻。
ベター・プライス・ゾーン [better price zone] 商品の価格が上位にある商品群。＊デパートや専門店などの高級品売り場の価格帯に相当。
ペダル・ペール [pedal pail] 足で踏んでふたの開閉をするゴミ入れ。
ペダルボート [pedal boat] 足踏み式ボート。
ペダンチズム [pedantism] 衒学(げんがく)趣味。＊ペダントリーとも。
ペダンチック [pedantic] 衒学(げんがく)的。
ペダント [pedant] 学者ぶる人；知ったかぶりをする人；衒学(げんがく)的な人物。
ペチカ [pechkaロシア] ロシア式暖炉。
ペチコート [petticoat] スカートの下に着ける婦人用下着。
ペチャ [pechaインドネシア] 東南アジアで客を乗せて走る人力車。
ペチュニア [petunia] ナス科の1年草。ツクバネアサガオ。＊南米原産。
ペッカリー [peccary] 南米のヘソイノシシ。＊高級皮手袋の材料。
ペッグ [peg] ①掛け釘；留め釘。②弦楽器の糸巻き。
ベックマン温度計 [Beckmann's thermometer] 精密な水銀温度計。＊ドイツの化学者E.O.ベックマンが考案。
ペッサリー [pessary] 女性用避妊具。
ヘッジ [hedge] ①生け垣。②防護手段。③(為替取引の)掛けつなぎ売買で損失を防ぐこと。＊ヘッジングとも。
ヘッジ・ファンド [hedge fund] 『経済』高い投資効率を目的に，国際金融市場に展開する投機的ファンド。
ヘッダー [header] 『電算』データを印字したとき，ページの上部に印刷する文字や図形。↔フッター。

ベッチン ⇨ベルベティーン。
ベッティング [betting] 賭(か)け事。
ペッティング [petting] 愛撫(あいぶ)。
ヘット [vetオランダ] 牛の脂肪，それからとった料理用脂。⇨ラード。
ヘッド [head] ①頭。②かしら；長。③標題；見出し。④テープ・レコーダーなどの，録音・消去を行う部分。⑤〖ゴルフ〗クラブの先端部分。
ベット [bet] 賭(か)け；賭けること。
ベッド [bed] 寝台。
ペット[1] [pet] ①愛玩動物。②お気に入り；寵児(ちょうじ)。
ペット[2] ⇨PET。
ヘッドアップ・ディスプレー [head-up display] 〖自動車，航空機〗前方表示装置。＊計器が斜め上に向いているので，運転者(操縦者)は正面を向いたままで表示を確認できる。略HUD。
ベッド・イン [日bed in] 男女が性行為をすること。
ヘッドギア [headgear] 頭部保護用の防具。
ヘッドクォーター [headquarters] ①本部；司令部；本拠。②本部員；司令部員。
ヘッド・コーチ [head coach] 〖スポーツ〗主任コーチ。
ヘッドスピン [headspin] ブレークダンスの技法の一種で，逆立ちして頭を支えにして回ること。
ヘッド・スライディング [日head sliding] 頭から滑り込むこと。
ヘッドセット [headset] ヘッドホンとマイクが一体となった通話装置。＊両手が自由に使える。
ペット・セラピー [pet therapy] ⇨アニマル・セラピー。
ベッド・タウン [日bed town] 大都市周辺の衛星都市的住宅都市。
ペット・ネーム [pet name] 愛称。
ヘッドノート [headnote] 頭注。↔フットノート。
ヘッドバンギング [headbanging] ライブの観客が演奏に合わせて激しく首を振る動作。
ヘッド・ハンティング [head hunting] 有能な人材をより有利な条件で引き抜き，別の会社に移籍させること。
ヘッドピース [headpiece] ①かぶるもの。＊帽子，ヘルメットなど。②書籍・雑誌などの最初のページや記事のトップに入れるカット。
ヘッド・ボイス [head voice] 〖音楽〗頭声；裏声。↔チェスト・ボイス。
ヘッドホン [headphone] 頭にかけ，両耳を覆う形のイヤホン。
ペット・ボトル ⇨PETボトル。
ヘッド・マウント・ディスプレー [head mounted display] 頭部装着型映像表示装置。＊バーチャル・リアリティー(仮想現実)を体感できる。略HMD。
ベッド・メーキング [bed making] ベッドのシーツやカバーを整えること。
ヘッドライト [headlight] 前照灯。
ヘッドライン [headline] 新聞・雑誌の記事の見出し。
ヘッドランド [headland] 砂浜の浸食を防ぐために設置される人工岬。
ベッドルーム [bedroom] 寝室。
ペット・ロス [pet loss] ペットを失ったときの悲しみから立ち直れない状態。
ヘッドロック [headlock] 〖プロレス〗相手の頭を片腕でかかえ，両手を組んで締める技。
ペッパー ⇨ペパー。
ベツレヘムの星 [Star of Bethlehem] ①キリスト生誕のときに輝いた星。②クリスマス・ツリーの天辺の星。
ペディキュア [pedicure] 〖美容〗足の爪(つめ)の化粧。⇨マニキュア。
ペティ・ナイフ [日petitフランス＋knife] 小型の調理用ナイフ。

へ

ペディメント [pediment] 〘建築〙 古代ギリシア・ローマ建築にみられる切妻(きりつま)風の壁。
ヘディング [heading] ①〘サッカー〙ボールを頭部で処理すること。②標題。
ベデカー [Baedeker(ドイツ)] 〘商標〙ドイツの出版社ベデカーの赤表紙のヨーロッパ各地の旅行案内書。
ペデストリアン [pedestrian] 歩行者。
ペデストリアン・デッキ [pedestrian deck] 自動車道と分離した高架歩道。
ヘデラ [hedera] ウコギ科のつる性植物。和名キヅタ(木蔦)。
ベテラン [veteran] その道の熟達者。⇨エキスパート。
ベテルギウス [Betelgeuse] 〘天文〙オリオン座のα(アルファ)星。＊赤色の超巨星。⇨リゲル。
ヘテロ[1] [hetero] ヘテロセクシュアルの略。
ヘテロ[2] [hetero-] 異なった。↔ホモ[2]。
ヘテローシス [heterosis] 〘生物〙雑種強勢。
ヘテロジニアス [heterogeneous] 異質の；不均質な。↔ホモジニアス。
ヘテロセクシュアル [heterosexual] 異性愛者。↔ホモセクシュアル，レズビアン。
ヘテロドキシー [heterodoxy] 異端；異説。
ヘテロドックス [heterodox] 異端の；異説の。↔オーソドックス。
ベドウィン [Bedouin] アラビア半島から北アフリカの砂漠を中心に遊牧生活を送るアラブ系遊放民。
ベトコン [Vietcong] 南ベトナム解放民族戦線。＊ベトナム政府，アメリカ側の呼称。
ヘドニズム [hedonism] 快楽主義；享楽主義。
ペドファイル [pedophile] 小児性愛者。＊性的倒錯の一種。
ペドフィリア [pedophilia] 小児性愛。
ペドメーター [pedometer] 歩数計。
ペトリ皿 [Petri dish] 細菌培養用のふたの付いた容器。＊ドイツの医師P.J.ペトリの考案。＝シャーレ。
ペトローリアム [petroleum] 石油。
ペトログラフ [petrograph] 古代文字；岩石彫刻。
ペナルティー [penalty] ①罰則；処罰。②罰金。
ペナルティー・エリア [penalty area] 〘サッカー〙ゴール前の長方形の罰則区域。
ペナルティー・キック [penalty kick] ①〘ラグビー〙相手の反則によって与えられたキック。②〘サッカー〙ペナルティー・エリア内での守備側の反則に対して攻撃側に与えられるキック。略PK。
ペナルティー・ゴール [penalty goal] 〘サッカー，ラグビー〙ペナルティー・キックによる得点。略PG。
ペナルティー・ボックス [penalty box] 〘アイスホッケー〙反則行為のあった選手が規定時間，待機するリンク脇にある席。
ペナント [pennant] ①細長い三角の旗。②〘野球など〙優勝旗。
ペナント・レース [pennant race] 〘プロ野球〙公式リーグ戦。
ペニー [penny] ①イギリスの補助通貨単位。1ポンドの100分の1。＊複数形はペンス。②アメリカにおける1セント硬貨の別称。
ペニー・オークション [penny auction] 入札するたびに手数料がかかるインターネット・オークション。＊低額で入札が開始できるが，落札できなかった場合は，手数料を失う。
ペニシリン [penicillin] 青かびの一種を培養した液から作る抗生物質。

へ

＊化膿性疾患，肺炎などに効く。

ペニシリン・ショック［penicillin shock］〘医学〙ペニシリン投与により起こる副作用の1つ。＊重篤なアレルギー症状を起こすことがある。

ペニス［penis］⇨ファルス[2]。

ベニヤ板［veneer］〘建築〙薄板を繊維方向が互いに直交するように張り合わせた合板。

ヘネシー［Hennessy］〘商標〙コニャック・ブランデーの高級品。

ベネチアン・グラス［Venetian glass］ベネチア産の装飾ガラス工芸品。

ベネチアン・ブラインド［Venetian blind］上げ下げが可能なすだれ式の日よけ。略ブラインド。

ペネトレーション・テスト［penetration test］〘電算〙侵入テスト。＊ネットワークに接続されたシステムに脆弱(ぜいじゃく)性がないかどうかを，実際に侵入を試みることで安全性を検証する手法。

ペネトレーター［penetrator］月や惑星の表面に激突してもぐりこみ，内部構造を探査する砲弾状の観測機器。＊penetrate「突き刺さる」から。

ベネトン［Benetton］〘商標〙イタリアの服飾メーカー。また，そのブランド。

ベネフィット［benefit］①利益；恩恵。②慈善興行。

ベネルクス［Benelux］ベルギー，オランダ(ネーデルランド)，ルクセンブルクの3か国の集合を示す語。＊*Be*lgium, the *Ne*therlands and *Lux*embourgから。

ペネロペ［Pēnelopē ギリシア］〘ギリシア神話〙英雄オデュッセウスの妻。

ペパー［pepper］胡椒(こしょう)。＊ペッパーとも。

ペパーミント［peppermint］①シソ科の多年草。西洋ハッカ。②ハッカが主成分のリキュール。略ミント。

ヘパリン［heparin］抗凝固薬の1つ。＊肝臓，肺，毛細血管周辺のマスト細胞で生合成される。

ヘビー［heavy］①重い；強度の。↔ライト[1]③。②〘スポーツ〙激しい頑張り。

ベビー［baby］①赤ちゃん；乳児。②赤ちゃん用の；小型の。

ベビー・オイル［baby oil］赤ちゃんをはじめ，大人でも使用できる保湿用のオイル。

ベビー・ギャング［日baby gang］大人顔まけのいたずらっ子。

ヘビー級［heavyweight］ボクシングの重量別階級の1つ。＊プロでは200ポンド超え無制限。

ベビー・サークル［日baby circle］赤ちゃん用の組立式の柵(さく)。＊英語ではplaypen。略サークル。

ベビー・シッター［baby-sitter］両親が留守の間，雇われて子供の世話をする人。

ヘビー・スモーカー［heavy smoker］大量にタバコを吸う人。

ベビー・スリング［baby sling］乳幼児を抱っこするための幅広の布。

ヘビー・デューティー［heavy-duty］耐久性があること。

ベビー・ドール［baby doll］①子供っぽくあどけない女性。②フリルなどのついた短い丈の女性用夜着。

ベビー・パウダー［baby powder］汗しらず。

ベビー・バウンサー［baby bouncer］乳児の椅子の一種。＊座面が揺れ動く。略バウンサー。

ベビー・ピンク［baby pink］明るくて淡い桃色。

ベビー・ブーマー［baby boomer］ベビー・ブームに生まれた人。＊特に，団塊(だんかい)の世代(1947～49年生まれ)をさす。

ベビー・ブーム［baby boom］出生率が急激に増えること。＊1947～49年，71～74年頃の出生率をさす。

ベビー・フェイス [baby face]　①童顔。②〖プロレス〗善玉役。↔ヒール②。
ヘビー・メタル [heavy metal]　〖音楽〗強烈なビートと電子装置による金属音のロック音楽。略ヘビ・メタ。
ヘビー・ユーザー [heavy user]　コンピュータや携帯電話，ゲーム機などの利用が極端に多い利用者。
ベビー・リーフ [baby leaf]　葉が若く，柔らかいうちに収穫したサラダ用野菜。
ヘビー・ローテーション [heavy rotation]　①〖放送〗同じ音楽や情報を繰り返し流すこと。②気に入った衣服や装飾品を頻繁に着用すること。略ヘビ・ロテ。
ヘビ・メタ　ヘビー・メタルの略。
ペプシン [Pepsinドイツ]　胃液に含まれるたんぱく質分解酵素。
ペプチド [peptide]　2個以上のαアミノ酸がペプチド結合によってできる化合物の総称。
ペプトン [peptone]　たんぱく質がペプシンによって分解されてできる物質。＊微生物の培養液に用いる。
ヘブライ人 [Hebrews]　古代イスラエルの民の，他民族による呼び名。
ヘブライズム [Hebraism]　古代イスラエル人の思想を根拠とした文化・思想・宗教。⇨ヘレニズム。
ヘブン [heaven]　天；天国；至福の場所。↔ヘル[1]。
ヘブン・アーティスト [日Heaven Artist]　東京都の大道芸人公認制度，またそのライセンス保持者。
ペヘレイ [pejerreyスペイン]　南米原産のスズキ目の淡水魚。
ペペロンチーノ [peperoncinoイタリア]　①トウガラシ。②①を入れたオリーブ油であえたパスタ料理。
ヘボン式 [Hepburn Style]　日本語を表すローマ字のつづり方の1つ。＊創始者J.C.ヘボンの名から。
ヘマトクリット [hematocrit]　血液中の赤血球の容積百分率。
ヘム[1] [hem]　洋服のヘリ；縁(ふち)。
ヘム[2] [heme]　ヘモグロビンの色素成分。
ヘムライン [hemline]　スカートやドレスなどの裾(すそ)線。
ヘモグロビン [Hämoglobinドイツ]　赤血球に含まれる赤色色素たんぱく質。
ヘモフィリア [hemophilia]　血友病。
ヘモロイド [hemorrhoids]　痔疾(じしつ)。
ヘラ [Hēraギリシア]　〖ギリシア神話〗女性の守護神。＊ゼウスの妻。ローマ神話のジュノー。
ペラグラ [pellagra]　ニコチン酸欠乏症。
ヘラクレス [Hēraklēsギリシア]　〖ギリシア神話〗12の功業をなしとげた英雄。＊英語ではハーキュリーズ。
ベラドンナ [belladonna]　有毒なアルカロイドを含むナス科の多年草。＊根と葉は鎮痛剤などに使用。
ベラム [vellum]　子羊や子牛の皮を鞣(なめ)して作った上等な紙。
ヘラルド [herald]　①先触れ。②報道者；伝達者。
ベランダ [veranda]　部屋に接して建物から張り出した縁(えん)。⇨バルコニー。
ヘリ　ヘリコプターの略。
ベリー [berry]　イチゴやグーズベリーなど，多肉質の果実の総称。
ベリー・ショート [日very short]　特に短く切ったショート・ヘア。
ベリー・ダンス [belly dance]　腰や腹部をくねらせて踊る官能的な踊り。＊中近東など，アラブ文化圏で発達した。ベリーは「腹部」の意。オリエンタル・ダンスとも。
ベリー・ペイント [belly paint]　安産と健康を願い，妊婦の腹部に絵を描くこと。
ペリーラ [perilla]　大葉のベビー・リ

ーフ。
ベリー・ロール [belly roll] 〖陸上競技〗走り高跳びの跳び方で，腹ばいになった形でバーを越える跳び方。
ヘリウム [Helium ドイツ] 〖化学〗原子番号2の希ガス元素の1つ。記号He。＊気球やネオン・サイン用。
ペリエ [Perrier フランス] 〖商標〗南フランス産の天然発泡性のミネラル・ウォーター。
ヘリオグラフ [heliograph] ①太陽撮影用写真機。②太陽光反射信号機。③光度計。
ヘリオス [Hēlios ギリシア] 〖ギリシア神話〗太陽神。＊原義は「太陽」。
ヘリオスコープ [helioscope] 太陽観測用の望遠鏡。
ヘリオスタット [heliostat] 日光を平面鏡に反射させ，太陽光を常時一定方向に導く回転鏡装置。
ペリオスチン [periostin] たんぱく質の一種。＊アトピー性皮膚炎が慢性化する原因となる物質。
ヘリオトロープ [heliotrope] ①ムラサキ科の多年草。＊ペルー原産で，香水の原料。②⇨ブラッドストーン。
ヘリオトロン [Heliotron] 核融合実験装置。＊京都大学が開発・試作。
ベリ・カード [日verification card] 受信状態を報告すると，放送局から送られてくる確認のためのカード。
ペリカン [pelican] ①ペリカン目ペリカン科の鳥の総称。＊温・熱帯に生息。②[P-]〖商標〗ドイツを起源とする文房具のブランド。
ヘリコバクター・ピロリ [Helicobacter pylori] 胃の粘膜に感染するグラム陰性桿菌(かんきん)。＊胃潰瘍，胃がんなどの原因といわれる。＝ピロリ菌。
ヘリコプター [helicopter] 機体上の大型の回転翼により飛行する航空機。略ヘリ。
ヘリコプター・マネー [helicopter money] 政府や中央銀行が対価を企図せず，大量のお金を市中へ供給すること。
ヘリ・コミューター [日heri commuter] ヘリコプターによる局地航空便。
ヘリ・サイン [日heli sign] 学校や庁舎など，公共施設の屋上に書かれた災害時用ランド・マーク。
ペリジー [perigee] 〖天文〗近地点。↔アポジー。
ペリスコープ [periscope] 潜望鏡。
ヘリテージ [heritage] 遺産；伝承。
ヘリパッド [helipad] ヘリコプターの離着陸帯。＊ビルの屋上などに設置する，簡易なものをさす。
ペリフェラル [peripheral] パソコンの周辺機器。＊マウスやキーボードなど。
ベリブ自転車 [Velib' フランス] (パリの)大規模貸自転車事業の愛称。＊Velo(自転車)とLiberte(自由)から。
ベリベリ [beriberi] 脚気(かっけ)。
ヘリポート [heliport] ヘリコプターの発着場。
ベリリウム [beryllium] 〖化学〗原子番号4，元素記号Beの金属元素。＊軽金属や航空機などの材料用。
ペリル・ポイント [peril point] 国内産業に打撃を与えない範囲の最低輸入関税率。＊perilは「危険」の意。
ヘリング [herring] ニシン(鰊)。
ヘリンボーン [herringbone] 〖服飾〗杉綾(すぎあや)織り。
ヘル[1] [hell] 地獄；冥土(めいど)。↔ヘブン。
ヘル[2] [Herr ドイツ] 男性に対する敬称。＊英語のミスター。
ベル[1] [bell] 呼び鈴；鐘(かね)。
ベル[2] [belle フランス] ①美女。②美しい。
ベルーフ [Beruf ドイツ] 職；職業。
ベル・エポック [Belle Epoque フランス] 古きよき時代。＊20世紀初めから第1次世界大戦までの平和で豊かな芸

へ

術の栄えた時代のこと。

ベルガモット [bergamoteフランス]　ミカン科の常緑低木。＊イタリア原産。実の果皮はレモン色で，芳香のある油が採れる。

ベル・カント [bel cantoイタリア]　〖音楽〗柔らかな響きや滑らかな節回しを重視するイタリア式の唱法。

ベルギー・ワッフル [Belgian waffle]　⇨ワッフル。

ベルク [Bergドイツ]　山；山側。

ベルサーチ [Versace]　〖商標〗イタリアの高級服飾メーカー。また，その製品。＊表記は，「ヴェルサーチ」。

ベルサイユ宮殿 [Château de Versaillesフランス]　ルイ王朝の宮殿。＊1624年に建立。後期バロック様式建築を代表する。

ヘルシー [healthy]　健康な；健全な；健康によい。

ペルシャ [Persia]　イランの旧称。

ヘルス [health]　①健康；健全；壮健。②ファッション・ヘルスの略。

ヘルス・クラブ [health club]　健康増進を目的とするインドア型の会員制スポーツ・クラブ。

ヘルス・ケア [health care]　健康管理。

ヘルス・ツーリズム [health tourism]　旅行を通じた健康増進や疾病の予防・回復を図る観光形態。

ヘルス・メーター [日health meter]　家庭用の小型体重計。

ヘルス・リテラシー [health literacy]　健康維持に必要な情報を探し出し，適切に使いこなせる能力。

ヘルス・ワーカー [health worker]　無医村地域などで医療者の代わりに，保健衛生の指導や相談に当たる人。＊コミュニティ・ヘルス・ワーカーとも。

ペルセウス [Perseus]　〖ギリシア神話〗メドゥーサを退治した英雄。＊ゼウスとダナエとの子。

ペルソナ [personaラテン]　①人；登場人物。②(詩などの)語り手。③〖心理学〗外的人格。＊外界への適応に必要な社交的人格。④仮面。

ヘルツ[1] [Hertzドイツ]　〖物理〗音波・電磁波などの1秒間に繰り返される周期の数。記号Hz。＊ドイツの物理学者H.R.ヘルツの名から。⇨サイクル②。

ヘルツ[2] [Herzドイツ]　心；心臓。

ヘルツシュプルング・ラッセル図 [Hertzsprung-Russell diagram]　〖天文〗星の分類に用いられる図の1つ。＊横軸に星のスペクトル型，縦軸に絶対等級をとる。略HR図。

ペルテス病 [Perthes disease]　股関節部分の血流障害により大腿骨骨頭が壊死(えし)する病気。＊1歳半～12歳頃の男児に多い。

ベル・テント [bell tent]　1本のポールで立ち上がる円錐型のテント。

ベルト [belt]　①腰部に締める紐(ひも)や帯。②帯状をしている地域。③2個の車輪に掛け渡し，動力を伝える帯状のもの。

ベルトライン [beltline]　〖ボクシング〗トランクスのウエスト部分の線。＊このラインより下を打つと反則。

ヘルニア [herniaラテン]　〖医学〗臓器の一部が異常な位置に逸脱した状態。

ベルヌ条約 [Berne Convention]　文学や美術の著作物・著作者の権利の保護に関する国際条約。＊1886年，スイスのベルヌで制定された。

ヘルパー [helper]　①お手伝い；助手。②ホーム・ヘルパーの略。

ヘルパンギーナ [herpangina]　〖医学〗ヘルペス・ウイルスにより口腔内にできる炎症性の潰瘍(かいよう)。

ヘルプ [help]　①援助。②助手。③〖電算〗ソフトウェアの使用方法を教えてくれる機能。

ヘルプ・デスク [help desk]　顧客や従業員からの問い合わせに対応する

部署。

ヘルペス [Herpes ドイツ] 疱疹(ほうしん)。＊単純性疱疹，帯状疱疹など。

ベルベット [velvet] ⇨ビロード。

ベルベティーン [velveteen] 綿のビロード。＊ベッチン(別珍)とも。

ベルボーイ [bellboy] ホテルの玄関で，客の荷物を運ぶ男性。⇨ポーター，ページ・ボーイ。

ベル・ボトム [bell-bottom] ズボンの裾(すそ)がラッパ状に開いていること。

ベル・マーク [日bell mark] 教育設備助成票の通称。

ヘルマン・ハープ [Hermann Harp] ドイツ製の小型のハープ。＊ヘルマン・フェー氏がダウン症の息子のために開発。

ペルム紀 [Permian period] 地質時代で古生代の最後の紀。＊約２億9000万年前から２億5000万年前までの期間。両生類・サンゴ類などが繁栄し，裸子植物も現れた。二畳紀とも。

ヘルメス [Hermēs ギリシア] 〘ギリシア神話〙富と幸運の神。＊ローマ神話のメルクリウス(Mercurius)。英語ではマーキュリー。

ヘルメット [helmet] 頭部を衝撃から守るための保護帽。

ベルモット [vermouth フランス] ニガヨモギ入りのリキュール。＊食前酒やカクテルに用いられる。

ベルリンの壁 [Berlin Wall] 旧東ドイツ政府によって建設された東西ベルリンを隔てるコンクリートの壁。＊1990年，ドイツ統一により撤去。

ベルン・クライテリア [Bern Criteria] ワシントン条約の野生動植物の取引に関する規制基準。＊criteriaは「標準」「尺度」の意。

ベレー [béret フランス] 円形の縁のない帽子。

ペレストロイカ [perestroika ロシア] ①再編；改造；改革。②旧ソ連におけるゴルバチョフ政権の改革路線の基本政策。

ペレット [pellet] ①燃料棒の材料となる円筒状の酸化ウラン。②動物が吐き出す羽，骨などの塊。③ぬいぐるみに入れるプラスチック製の細かい粒。＊原義は「小球」。

〜燃料 木質ペレットを燃料にした再生可能エネルギー。

ヘレニズム [Hellenism] ①ギリシア的な文化・思想・宗教。②アレクサンドロス大王の東征後，東方文化と融合したギリシアの文化。

ヘレネ [Helenē ギリシア] 〘ギリシア神話〙ゼウスとレダの娘で，美と航海の神。

ヘレンド [Herend] 〘商標〙陶磁器製の高級洋食器，人形などのメーカー。また，その製品。＊ハンガリーの首都ブダペストのヘレンド村で創業。

ベロア [velours フランス] ベルベットに似た風合いの織物。

ヘロイン [heroin] モルヒネ系の麻薬。＊依存性が強く，禁断症状を呈する。製造・所持・使用禁止。

ベロシティ [velocity] 速度；速さ。

ペロタ [pelota] ⇨ハイ・アライ。

ベロ・タクシー [VELOTAXI] 電動アシスト付き自転車タクシー。＊Veloは「自転車」の意。

ベロ毒素 [vero toxin] 腸管出血性大腸菌が出す毒素。＊O-157など。

ベロニカ [Veronica] 処刑場へ向かうキリストの顔の汗をぬぐうために布を提供した聖女の名。

ペン[1] [pen] ①インクをつけて書く筆記用具。②万年筆・ボールペンなど筆記用具の総称。③文筆活動。

ペン[2] [PEN] ⇨ペン・クラブ。

ベンガラ [Bengala オランダ] ①酸化鉄を主成分とする赤色顔料。＊塗料・研磨剤などに用いる。インドのベンガル地方産。②ベンガラ縞(しま)の略。

〜縞 [〜stripe] 江戸時代，ベンガル地方から輸入した縞織物。

ベンガルール [Bengaluru] IT関連産業が発達したインドのデカン高原南部にある地域。

ペンキ [pek オラ ンダ] ⇨ペイント。

ペンギン [penguin] 南半球の沿岸に住む海鳥。*脚は短く，水かきをもち，氷上では直立して歩く。

ペン・クラブ [PEN Club] 国際ペンクラブ。*文学を通して各国間の相互理解を図り，表現の自由を守ることを目的とした団体。1921年イギリスのロンドンで設立。略PEN。

日本〜 国際ペンクラブの日本支部。*1935年島崎藤村を会長として創設。

ベンジャミン [benjamin] クワ科の常緑高木。*熱帯アジア原産。

ペンション [pension] ①洋風の民宿。②年金；恩給。

ペンシル・シルエット [pencil silhouette] 〘服飾〙鉛筆のような細身の輪郭(りんかく)のドレス。

ペンシル・ストライプ [pencil stripe] 鉛筆で書いたくらいの細い縞(しま)模様。

ペンシルパズル [pencilpuzzle] 〘商標〙問題の答えを次々に書き込み，最終的な答えを導く形式のパズル。*迷路，クロスワード・パズル，ナンプレ(ナンバー・プレース)など。

ベンジン [Benzin ドイ ツ] 石油の分留によって得られる揮発油。*燃料のほか洗浄・溶剤に用いられる。

ベン図 [Venn diagram] 〘数学〙集合間の関係を，直観的に把握するために用いられる図。*イギリスの論理学者J.ベンの名より。

ペンス [pence] ペニーの複数形。

ベンゼン [benzene] 石炭の分留から得られる揮発性の液体。*医薬・染料・香料用。=ベンゾール。

ベンゾール [benzole] ⇨ベンゼン。

ベンダー [vendor] ①販売業者。②⇨ベンディング・マシーン。

ペンタグラム [pentagram] 正五角形に内接する星形の正多角形；五芒星。

ペンタゴン [Pentagon] アメリカ国防総省の通称。*原義は「五角形」。

ペンタスロン [pentathlon] 〘陸上競技〙五種競技。*男子は，走り幅跳び・槍投げ・200m競走・円盤投げ・1500m競走。女子は，砲丸投げ・走り高跳び・200m競走・80m障害・走り幅跳び。

ペンタプリズム [pentaprism] 〘物理〙五角プリズム。*入射した光は直角に屈折する。

ペンダント [pendant] ①〘服飾〙鎖やひもで首からぶらさげて胸に飾るもの。②つり下げ式照明器具。

ベンチ [bench] ①長椅子。②⇨ダッグアウト。③〘スポーツ〙試合中の監督，コーチ，控え選手。

ベンチ・ウォーマー [bench warmer] 〘スポーツ〙補欠選手；控え選手。

ベンチ・プレス [bench press] パワー・リフティングの種目の1つ。*ベンチにあおむけに寝て，バーベルを差し上げる。

ベンチ・マーク [bench mark] ①測量で，水準基標。②コンピュータのハードウェア，ソフトウェアの性能を測定・評価するための指標。③資産運用や株式投資などにおいて，収益率や騰落率を比較・評価するための指標。*原義は，「基準点」。

ベンチャー [venture] ①新興企業。②冒険；投機；思惑。

ベンチャー・キャピタル [venture capital] 新興企業の株式を取得し，資金を提供する企業。

ベンチャー・ビジネス [venture business] 最新の技術や高度の知識を駆使して新しい分野の事業に乗り出す企業。=スモール・ビジネス。

ベンチレーション [ventilation] ①換気。②公開討議。

ベンチレーター [ventilator] 換気

扇；通風機。

ベンツ[1] [Benz] ⇨メルセデス・ベンツ。

ベンツ[2] [vents] コート・背広の裾(すそ)に入れる切り込み。

ペンティアム [Pentium] 〖商標〗インテル社製のCPU。

ペンディング [pending] 保留；未決。

ベンディング・マシーン [vending machine] 自動販売機。＝ベンダー。

ペンテコステ派 [Pentecostals] 1900年頃にアメリカで始まった聖霊運動から生まれたプロテスタント系教派。＊異言や神による治癒を重視。

ベント[1] [bent] イネ科の多年草。＊芝生の一種。ベント・グラスとも。

ベント[2] [vent] 原子炉格納容器内の圧力を下げるために放射性物質を含む水蒸気を外部に排出すること。＊原発事故の際の緊急措置。

ベントス [benthos] 底生生物。＊湖沼・河川・海の底に群生する生物の総称。プランクトン(浮遊生物)やネクトン(遊泳生物)に対する語。

ペントタール [pentothal] 速効的な静脈麻酔薬。＊短時間の外科手術，自白剤としても使用。チオペンタール・ナトリウムの別名。

ペントハウス [penthouse] ①高層建築の最上階の高級住宅。②[P-]アメリカの男性向けの雑誌。

ベントレー [Bentley] 〖商標〗イギリスの高級車，スポーツ・カーのメーカー。また，その自動車。＊ドイツのフォルクスワーゲン・グループ傘下。

ペンネ [penne(イタリア)] パスタの一種。＊両端がペン先のように斜めにカットされている。

ペン・ネーム [pen name] 筆名；雅号。

ヘン・パーティー [hen party] 女性だけの社交的な集まり。＊ヘン(hen)は「めんどり」の意。↔スタッグ・パーティー。

ペン・パル [pen pal] 文通の相手。＝ペン・フレンド。

ヘンプ [hemp] 大麻；麻。

ペン・フレンド [pen-friend] ⇨ペン・パル。

ペンホルダー [penholder] ペン軸；ペン掛け。

ヘンリー・ネック [Henley neckline] 丸首で，前に短い前立を付け，ボタン留めする襟(えり)の形。

ホ

ボア [boa] ①毛皮，羽毛製の婦人用襟(えり)巻き。②中南米に生息する大蛇。

ポア [pore] ①毛穴。②(植物の)気孔。

ポアソン [poisson(フランス)] 魚；魚介料理。

ポイ [poi] ハワイのタロイモ料理。

ホイール [wheel] ①〖自動車〗車輪。②〖ラグビー〗スクラムを回転させること。

ホイール・キャップ [日wheel cap] 〖自動車〗車輪取り付け部を砂泥からまもるための皿状の覆い。

ボイコット [boycott] ①不買同盟；不買運動。②排斥。＊団結してある物事や人を拒絶すること。③学生の授業放棄。

ボイジャー計画 [Voyager program] NASAの無人惑星探査機「ボイジャー」による，太陽系外惑星などの探査計画。＊1977年，1・2号を打ち上げ，外惑星の撮影に成功，新衛星を発見する。原義は「航海者」。

ボイス [voice] ①音声。②〖文法〗態。

ボイス・トレーニング [voice training] 発声訓練；腹式呼吸でよく通る声を出すための訓練。

ボイス・パーカッション [日voice percussion] 声や息の出し方で打楽器の音を表現する演奏方法。

ボイスプリント [voiceprint] 声紋。
ボイス・メール [voice mail] 電子メールと留守番電話の機能を複合したシステム。
ボイス・レコーダー [voice recorder] 航空機に搭載される操縦室内部の音声や管制塔との交信を自動的に録音する装置。＊事故やニア・ミスなどの原因究明に役立つ。⇨フライト・データ・レコーダー。
ポイズン [poison] 毒；有毒物。
ポイズン・ピル [poison pill] 〖経済〗敵対的企業買収に対する防衛手段の1つ。＊他の株主に安価な価格で新規株を発行し買収者側に対抗する。
ボイセンベリー [boysenberry] ブラックベリーの一種。＊ヨーロッパキイチゴ，ブラックベリー，ローガンベリーの交配種。ビタミン，アントシアンを豊富に含む。
ホイッスル [whistle] ①汽笛。②〖スポーツ〗審判が吹く合図の笛。
ホイッスル・ブロワー [whistle blower] 企業内告発者。
ホイップ [whip] 〖料理〗卵や生クリームを泡立てること。
ホイップ・クリーム [whipped cream] 〖料理〗泡立てた生クリーム。
ボイド [void] ①空間；空虚。②(旅券などが)無効の。
ボイラー [boiler] 水などの液体を熱して，高温・高圧の蒸気を発生させる装置。
ボイリング・ポイント [boiling point] 沸騰(ふっとう)点。
ホイル [foil] 金属の箔(はく)。
ボイル [boil] ①煮る；ゆでる；沸騰させる。②憤激する；激高する。
ボイル・シャルルの法則 [Boyle Charles's law] ⇨ゲイ・リュサックの法則。
ボイルド・エッグ [boiled egg] ゆで卵。
ポインセチア [poinsettia] トウダイグサ科の常緑低木。＊メキシコ原産。クリスマスに飾る。
ポインター [pointer] ①スペイン原産の狩猟犬。②コンピュータの画面上でマウスの位置を示すカーソル。
ポインティング・デバイス [pointing device] 画面上の任意の位置を指定するための入力機器。＊マウス，タブレットなど。
ポインテッド・カラー [pointed collar] 先端のとがった襟(えり)。
ポイント [point] ①点。②要点。③〖スポーツ〗競技の得点。④鉄道のレールの切り換え装置。⑤〖印刷〗活字の大きさの単位。
ポイント・オブ・ビュー [point of view] 観点；見方；考え方。
ポイント・カード [日point card] 購買額に応じたポイントを貯めて，割引や特典を受けるためのカード。
ポイント・ゲッター [point getter] 〖スポーツ〗試合でよく得点をあげる選手。
ボウ [bow] ①弓；弓状のもの。②蝶(ちょう)結び。
ボウイング [bowing] 〖音楽〗弦楽器の弓の使い方。
ボウ・タイ [bow tie] 蝶(ちょう)ネクタイ。＊ボー，ボウとも。
ボウリング [bowling] 〖スポーツ〗レーンの上に並んだ10本のピンをボウルを転がして倒す競技。＊ボーリングとも。
ボウル [bowl] ①口が丸く深い鉢。②円形競技場。③パイプの火皿。④ボウル・ゲームの略。⑤ボウリング用のボウル。＊ボールとも。
ボウル・ゲーム [bowl game] 〖アメ・フト〗シーズン後に行われる選抜試合。⇨ライス・ボウル。
ホエイ [whey] 乳清。
ホエール・ウォッチング [whale watching] 鯨の観察。

ポエジー［poésieフランス］ 詩；詩情；詩精神。＝ポエトリー。
ポエット［poet］ 詩人。
ポエティカル［poetical］ 詩の；詩情豊かなさま。＊ポエティックとも。
ポエトリー［poetry］ ⇨ポエジー。
ポエトリー・リーディング［poetry reading］ 詩を朗読する表現形態；詩の朗読会。
ポエム［poem］ 詩。
ボー［baud］ 〖電算〗伝送速度の単位。＊1秒当たり伝送可能な電気信号の数。
ボーイ・スカウト［Boy Scouts］ 心身ともに健全な少年の育成を目的とした社会教育運動。↔ガール・スカウト。
ボーイズ・ラブ［日boys love］ 男性同士の性愛を描く漫画・小説などのジャンル。略BL。
ボーイ・ソプラノ［boy soprano］ 変声期前の少年の高音域。
ボーイッシュ［boyish］ 男の子っぽい；少年のような。↔ガーリッシュ。
ボーイ・ミーツ・ガール［boy-meets-girl］ 物語などがお決まりのパターンであるさま；月並みの；よくあるロマンスの。
ボーイング［Boeing Company］〖商標〗アメリカ最大のジェット機メーカー。また，その機種。
ポーカー［poker］ トランプ・ゲームの1つ。＊カードの組み合わせ(手役)の強さによって争う。
ポーカー・フェイス［poker face］ 無表情な顔。＊トランプのポーカーで，自分の手の内を知られまいとして表情を変えないことから。
ホーカム［Hokum］ ロシア陸軍の攻撃ヘリコプターKa-50。＊NATOのコードネーム。愛称は「チョールナヤ・アクーラ」(黒い鮫)。
ボー・カラー［bow collar］ 〖服飾〗前で蝶(ちょう)結びにした襟(えり)。
ボーカリスト［vocalist］ 歌い手；声楽家。
ボーカル［vocal］ ①声の。②声楽；歌唱。↔インストゥルメンタル。
ボーカロイド［VOCALOID］〖商標〗歌声合成技術またはそのキャラクターのこと。＊ヤマハが開発。vocal＋-oidから。ボカロとも。
ボー・ガン［bow gun］ 石弓。＊引き金を引いて矢を発射する弓。＝クロスボー。
ボーキサイト［bauxite］ アルミニウム鉱石。＊アルミニウム，ミョウバンの原料。
ホーク［hawk］ ①タカ。＊小形の猛禽(もうきん)類。②タカ派の人；強硬派。
ボーク［balk］〖野球〗投手の反則投球行為。＊ボークが宣告された場合，走者は次塁へ進塁できる。
ボーグ［vogueフランス］ ①流行；ファッション。②［V-］アメリカのファッション雑誌。＊表記は，「ヴォーグ」。
ポーク［pork］ 豚肉。
ポーク・カツレツ［pork cutlet］ 豚カツ。略ポーク・カツ。
ポーク・ソテー［日pork＋sautéフランス］ 豚肉をバターやサラダ・オイルで焼いた料理。
ポーク・チョップ［pork chop］ 豚のあばら骨付き肉。また，その料理。
ボーゲン［Bogenドイツ］ ①スキーの先端を閉じてハの字形にして回転するもの。②〖音楽〗弦楽器の弓。
ポージー・リング［poesy ring］ 内側に詩やメッセージを刻んだ指輪。＊ポージーは古語で，「銘」の意。
ボージョレ・ヌーボー［Beaujolais nouveauフランス］ フランスのボージョレ地区産でその年造られたヌーボー(試飲新酒)仕様の赤ワイン。
ポーション［portion］ ①部分；分け前。②運命。
ホース[1]［hoosオランダ］ 水やガスなどを送るための管。

ホース[2] [horse] ウマ(馬)。
ポーズ[1] [pause] 休止；間(ま)。
ポーズ[2] [pose] ①姿勢；姿。②意識的に気どった姿勢。
ホースシューズ [horseshoes] 蹄鉄(ていてつ)投げ競技。
ホースパワー [horsepower] 馬力。＊75キログラムの物体を１秒に１メートル上げる仕事率。略HP。⇨PS[1]。
ホースラディッシュ [horseradish] 西洋ワサビ。
ボース粒子 [Bose particle] ⇨ボソン。
ホース・レース [horse race] 競馬。
ポースレン [porcelain] ①磁器。②陶器製の義歯。＊ポーセリンとも。
ボースン [boatswain] ①水夫長；甲板長。②親方。
ボーダー[1] [boarder] 寄宿生。
ボーダー[2] [border] ①へり；ふち。②国境。
ポーター [porter] 荷物運搬人。
ボーダー・ライン [border line] 境目；どっちつかず。
～人格障害 [～personality disorder] 境界性パーソナリティ障害。＊感情・行動の抑制が困難で，対人関係が不安定になる精神疾患。略BPD。
ボーダーレス [borderless] 無境界；脱境界。
ポータビリティ [portability] ①携帯できること；可搬性。②⇨ナンバー・ポータビリティ。
ポータブル [portable] 持ち運びができる；携帯用。
ポータル [portal] ①玄関；門。②インターネットの入口。
ポータル・サイト [portal site] インターネットに接続する際に，最初に表示されるサイト。
ポーチ[1] [porch] 屋根付きの張り出し玄関；車寄せ。
ポーチ[2] [pouch] 手提げ袋；タバコ入れ。＝パウチ。
ポーチド・エッグ [poached egg] 落とし卵。＊酢を加えた熱湯の中に卵を落としてゆでたもの。
ボーディング [boarding] ①下宿；寄宿舎。②乗船；乗車；搭乗。
ボーディング・カード [boarding card] 飛行機の搭乗券。＊ボーディング・パスとも。
ボーディング・スクール [boarding school] 全寮制の学校。
ボーディング・ブリッジ [boarding bridge] 搭乗橋。＊乗客の誘導用の，ターミナル・ビルと航空機や船をつなぐ通路。
ホーデン [Hoden ドイツ] 睾丸(こうがん)。
ボート [vote] ①投票；賛否表示。②投票権；選挙権。③決議。
ポート [port] ①港；波止場。②船の左舷。③コンピュータと周辺機器をつなぐコネクターや端子。
ボード [board] ①板。②サーフボードの略。③『電気』集積回路などの回路基板。④委員会；役員会。
ボード・ゲーム [board game] 盤上の駒を動かし，勝敗を争うゲーム。
ボードセーリング [boardsailing] 帆を備えたサーフボードに乗って水上を帆走するスポーツ。＝ウインドサーフィン，セーリング・ボード。
ポート・タワー [port tower] 港や海を見渡せる展望塔。
ボート・ネック [boat neck] 『服飾』ボートの舟底形の襟(えり)ぐり。
ボート・ピープル [boat people] 小船で国外へ逃れた難民。⇨ランド・ピープル。
ボードビリアン [vaudevillian] 寄席(よせ)芸人；軽演劇俳優。
ボードビル [vaudeville フランス] 歌や踊りを交えた軽い喜劇や寄席演芸。
ポートフォリオ [portfolio] ①資産構成。②紙ばさみ。③作品集。
ボート・マッチ [vote match] 選挙

において，自分の考え方と近い候補者や政党をインターネット上のアンケート回答により調べることができるサービス。

ボード・メンバー [board member] 取締役会を構成する会員。

ポートレート [portrait] 肖像；肖像写真。

ポート・ワイン [port wine] 甘味のあるぶどう酒。＊ポルトガル産。

ボーナス [bonus] 賞与；特別手当。

ポーピエット [paupiette フランス] 薄切りの肉や魚で，野菜や挽き肉などを筒状に巻いたもの。

ホープ [hope] ①希望。②期待される人物。

ポープ [Pope] ①ローマ教皇(法皇)。②(東方正教会の)総主教。

ポーポイズ現象 [porpoising] 着陸時に飛行機の機体が，上下にバウンドする現象。＊ポーポイズは「ネズミイルカ」。

ホーボー [hobo] 放浪者。

ホーマー [homer] ⇨ホーム・ラン。

ホーミー [xoomi モンゴル] 倍音唱法；喉歌(のどうた)。＊西部モンゴル諸族に伝わる歌唱法。

ホーミング [homing] ①伝書鳩などがもつ帰巣本能。②〖軍事〗ミサイルなどの自動追尾方式。③家に関するもの(調度品，庭)を整えること。

ホーミング・ビーコン [homing beacon] 誘導電波標識。

ホーム [home] ①家庭；うち。②家庭的な形態の施設。③本塁ベース。

ホーム・アドバンテージ [home advantage] スポーツで，本拠地で試合を行うチームや選手のほうが優位であること。

ホーム・アンド・アウェー [home and away] 〖サッカー，野球〗互いのホーム・グラウンドを交互に使用して試合を行う方式。

ホーム・イン [日home in] 〖野球〗走者が本塁に帰ること。

ホーム・ウェア [日home wear] ⇨ホーム・ドレス。

ホーム・エコノミクス [home economics] ⇨ドメスティック・サイエンス。

ホーム・エコノミスト [home economist] 家政学者。

ホーム・オートメーション [日home automation] 家庭内の防災・冷暖房・家事などの自動化。略HA。

ホームカミング・デー [homecoming day] 大学が卒業生や旧教職員を母校に招き，歓待する日。

ホーム・クッキング [home cooking] 家庭料理。

ホーム・グラウンド [home ground] ①〖スポーツ〗本拠地の球場。②活躍し慣れた場所。

ホームグロウン・テロ [homegrown terrorism] その国で育った人がイスラム過激派の思想に共鳴し，自国を標的として行うテロ行為。

ホーム・ケア [home care] 在宅看護。

ホーム・ゲーム [home game] 〖野球〗本拠地で行うゲーム。↔ロード・ゲーム。

ホーム・コメディ [日home comedy] 〖テレビ，映画〗家庭内の出来事がテーマの喜劇。

ホーム・サーバー [home server] 家庭内のデジタル機器や家電を接続したときに，ネットワークの中心となってデータを保存するコンピュータ。

ホーム・シアター [home theater] 家庭で映画を鑑賞するために，大画面テレビやプロジェクターなどの装置を備えること。

ホームシック [homesickness] 郷愁から故郷や家を恋しく思うこと；里心。⇨ノスタルジー。

ホーム・スチール [日home steal] 〖野球〗投手のモーションを盗んで，

本塁へ盗塁すること。

ホームステイ [homestay] 外国の一般家庭に寄留して勉強や観光をすること。

ホームストレッチ [homestretch] ①〖陸上競技, 競馬〗ゴール前の直線コース。↔バックストレッチ。②仕事の最後の追い上げ部分。

ホームスパン [homespun] 太い手紡ぎの羊毛糸の毛織物。また, 手織風の布地。

ホーム・セキュリティ・システム [home security system] 家庭で発生する異常事態をセンサーで感知し, コンピュータを使って対処できるようにしたシステム。

ホーム・センター [home center] 台所用品, 園芸用品, 自動車用品などの生活用品をそろえた大型店舗。

ホーム・ターミナル [日home terminal] 〖電算〗家庭用の端末機。

ホームタウン・デシジョン [hometown decision] 〖スポーツ〗地元や自国の選手やチームに, ジャッジが有利な採点·判定をすること。

ホーム・チーム [home team] 〖スポーツ〗本拠地で試合を行う地元チーム。↔ビジティング·チーム。

ホーム・ドア [日platform door] 乗客の転落や電車との接触を防ぐために, プラットフォームと線路の間に設けられる開閉式の扉。

ホーム・ドクター [日home doctor] かかりつけの医者。＊ファミリー·ドクターとも。

ホーム・ドラマ [日home drama] 家庭の日常生活を題材とした劇。

ホーム・トレード [日home trade] 在宅でパソコンを用いて証券取引を行うこと。

ホーム・ドレス [日home dress] 家庭着；普段着。＝ホーム·ウェア。

ホーム・バー [日home bar] 居間に設けたバー形式の飲酒コーナー。

ホーム・パーティー [日home party] 家庭内で開く小宴会。

ホーム・バンキング [home banking] 〖電算〗家庭の端末機を使って, 在宅のままで支払いや預金, 振替えができるシステム。略HB。

ホームビルダー [homebuilder] 住宅建設業者。

ホーム・フリージング [home freezing] 家庭で, 肉や魚, ゆでた野菜, つくった料理などを冷凍すること。

ホーム・プレート [home plate] 〖野球〗本塁に設置してある五角形のプレート。また本塁。＝ホーム·ベース。

ホームページ [homepage] ブラウザーを利用して閲覧する, ウェブのトップ·ページや目次ページ。略HP。

ホーム・ベース [home base] ⇨ホーム·プレート。

ホーム・ヘルパー [日home helper] ①家事援助者。②訪問介護員。＊身体障害者, 高齢者のために事業者などから派遣されて介助や家事を行う人。略ヘルパー。

ホーム・ポート [home port] 母港。

ホーム・ポジション [home position] キーボード操作時に, 指を置いておく基本位置。

ホームメイド [homemade] 自家製；手作り。

ホームメーカー [homemaker] ハウスワイフ(主婦)に代わることば。＊家庭を一緒に営むという意から, 女性, 男性ともに使用。

ホーム・ラン [home run] 〖野球〗本塁打。略HR。＝ホーマー。

ホーム・ラン・ダービー [日home run Derby] 〖野球〗本塁打王争い。

ホームランド [homeland] ①自国；故国；母国。②本拠地；拠点。

ホームルーム [homeroom] 学級の自治活動を育成する教育活動, 及びその時間。

ホームレス [homeless] ①住む家が

ない人。②路上生活者。

ホームワーク [homework] ①宿題。②内職。

ポーラ [poral] 糸によりをかけ平織りにした薄地の織物。＊夏服用。

ポーラー・タイ [polar tie] ⇨ループ・タイ。

ポーラー・パトロール気球 [polar patrol balloon] 南極周回気球。＊オゾンホールや太陽エネルギー粒子などの調査のために南極大陸上の成層圏を一周する。略PPB。

ポーラー・フロント [polar front] 極前線。＊極地方の寒帯気団と熱帯気団との境界にできる不連続線。

ポーラー・ベア [polar bear] ホッキョクグマ；シロクマ。

ホーリー・ネーム [holy name] ①教祖から与えられる宗教上の呼び名。② [H-] キリストの御名。

ボーリング[1] [boring] 地中に深く穴をあけること。

ボーリング[2] ⇨ボウリング。

ホール[1] [hall] ①会館；公会堂。②大広間。③ダンス・ホールの略。

ホール[2] [hole] ①穴。②〖ゴルフ〗グリーン上の打球を入れる穴。＝カップ。③〖ゴルフ〗ティー・グラウンドからグリーンまでの名称。

ボール[1] [ball] ①球。②〖野球〗投球がストライク・ゾーンに入らないこと。↔ストライク①。③⇨ダンス・パーティー。

ボール[2] [bowl] ⇨ボウル。

ポール[1] [pole] ①柱。②電車の屋根についている集電用の棒状のもの。③〖陸上競技〗棒高跳び用の棒。

ポール[2] [poll] ①頭；人。②投票；選挙人名簿。③世論調査。

ホール・アウト [hole out] 〖ゴルフ〗ラウンド(18ホール)を終了すること。

ホール・イン・ワン [hole in one] 〖ゴルフ〗最初の1打でホールに球が入ること。

ホール・オブ・フェーム [Hall of Fame] 野球などの殿堂。＊野球人最高の栄誉とされる。「栄誉の殿堂」という意。

ボール紙 [cardboard] 藁(わら)などを原料にした薄茶色の粗い厚紙。

ポールスター [polestar] 北極星。

ホール・スタッフ [日hall staff] 接客係。

ホールセール・バンキング [wholesale banking] 企業金融；卸売銀行業務。＊大企業・政府・機関投資家などを対象とする金融・証券業務。↔リテール・バンキング。

ホールセラー [wholesaler] 卸売業者；大規模販売業者。

ポール・タックス [poll tax] 人頭税。

ポール・ダンス [pole dancing] 天井までの金属製のポールを使うダンス。＊もとは，ショー・ビジネス，ストリップ・クラブで行われていた。

ホールディング [holding] ①〖サッカー，バスケットボールなど〗相手選手に抱きつく，また体の一部をつかむなどの反則行為。②〖バレーボール〗ボールを手または腕の上に静止させる反則行為。

ホールディング・カンパニー [holding company] 持株会社。略HD。

ホールディングス [holdings] ⇨ホールディング・カンパニー。

ホールド [hold] ①支える。②〖登山〗岩登りの手がかり，足がかり。③〖ボクシング〗相手に抱きつくこと。④〖レスリング〗相手をマットに押さえ込むこと。⑤〖プロ野球〗中継ぎ投手のチームの勝利に対する貢献度の評価法。

ボールト [vault] ①アーチ型丸天井。②地下埋葬室。③金庫室。

ボールド [bold] 〖印刷〗肉太の欧文活字。＊正しくはボールドフェイス。

ホールド・アップ [Hold up！] 「手を上げろ！」。

ボールパーク [ballpark]　野球をはじめとした球技を楽しめる広場。
ホール・フード [whole food]　無添加食品；自然食品。
ボール・プール [ball pool]　子供が中に入って楽しむ，カラフルなボールで満たされた遊具。＊ボール・テント，ボール・ハウスとも。
ボール・ベアリング [ball bearing]　回転する心棒の摩擦を減らすために，鋼鉄の球を利用した軸受け。
ポール・ボールド [pole vault]　〖陸上競技〗棒高跳び。
ポール・ポジション [pole position]　自動車競走で，予選タイムが最もよかった車に与えられる，本選における最前列の最良位置。
ホール・ボディ・カウンター [whole body counter]　内部被曝(ひばく)線量測定装置。
ボールルーム [ballroom]　舞踏会場；ダンス会場。
ボーロ [boloポルトガル]　ポルトガル風の小さな丸いビスケット。
ホーン [horn]　警笛。
ボーン [bone]　骨。
ボーン・上田賞 [Vaughn Ueda Prize]　すぐれた国際報道で功績のあった日本のジャーナリストに贈られる賞。＊1950年創設。正式名称「ボーン・上田記念国際記者賞」。
ポーンショップ [pawnshop]　質屋。
ボーン・チャイナ [bone china]　骨灰と磁土を混ぜて焼いた白色磁器。
ボーンヘッド [bonehead]　①間抜け；へまなやつ。②スポーツなどで間の抜けたプレーや判断ミスのこと。
ボギー [bogey]　〖ゴルフ〗パーより1打多い打数でホール・アウトすること。⇨バーディー。
ボギー車 [bogie car]　車体が自由に回転できる構造の汽車や電車。
ボキャブラリー [vocabulary]　語彙(ごい)。
ボクサー [boxer]　①ボクシングの選手。②ドイツ原産の中形の狩猟犬。
ボクササイズ [日boxercise]　健康増進や体力保持のために，ボクシングの動きを取り入れた運動。＊boxing＋exerciseから。
ホクシャ [fuchsiaラテン]　⇨フクシア。
ボクシング [boxing]　拳闘(けんとう)。
ポグロム [pogrom]　虐殺；集団暴行。
ボケーション [vocation]　天職；使命感。
ポケッタブル [pocketable]　ポケットに入るくらいの大きさの。＊ポケット・サイズとも。
ポケット [pocket]　洋服などに付けられた小さな袋状の物入れ。
ポケット・パーク [pocket park]　ビル街や団地内にある小さな公園。
ポケット・ベル [日pocket bell]　携帯用の小型無線呼び出し機。略ポケ・ベル。＝ビーパー。
ポケット・マネー [pocket money]　こづかい銭。
ポコ・ア・ポコ [poco a pocoイタリア]　〖音楽〗徐々に。
ボコ・ハラム [Boko Haram]　ナイジェリアのイスラム過激派，サラフィー・ジハード主義組織。＊Bokoは「西洋式の非イスラム教育」，Haramは「罪」の意。
ホサナ [hosanna]　イエス・キリストのエルサレム入りを歓喜して迎えた民衆の歓声。また，典礼の中で用いられる神を讃えることば。＊ヘブライ語で「救いたまえ」の意。
ボサ・ノバ [bossa novaポルトガル]　サンバにモダン・ジャズが混じったブラジル生まれの音楽。
ポジ　ポジティブの略。
ポシェット [pochetteフランス]　①小さな胸ポケット。②首や肩からつる小型のバッグ。
ポジショニング [positioning]　①位置取り。②ターゲット市場で自社の位置を明確にするための方策。③〖サッカー，ラグビーなど〗相手の戦略を見抜いて位置取りをすること。

ポジショニング・マップ [positioning map] 縦横の２軸で市場における商品・ブランドの位置づけを表現し，優位なポジションを探る方法。

ポジション [position] ①地位；部署。②〖野球〗守備の定位置。③〖経済〗金融における純外部負債。

ポジション・ペーパー [position paper] 討議資料。＊政府・政治団体などが，その立場を表明するために出す文書。⇨トーキング・ペーパー。

ポジティブ [positive] ①積極的な。②〖写真〗陽画。略ポジ。③〖電気〗陽極。④〖医学〗陽性。↔ネガティブ。

ポジティブ・アクション [positive action] 積極的差別撤廃措置。＊少数民族，女性，障害者などに対する積極的な登用・雇用などの施策。

ポジティブ・シンキング [positive thinking] 積極的な考え方をすること。＝プラス思考。↔ネガティブ・シンキング。

ポジトロンCT ⇨PET²。

ポジ・フィルム [positive film] ⇨ポジティブ②。↔ネガ・フィルム。

ポジャギ [pojagi(コリア)] 韓国の伝統的なパッチワーク手芸。＊シルクや麻の布を使用。

ボジョレー・ヌーボー ⇨ボージョレ・ヌーボー。

ポジワット 太陽光発電などによる創エネ。＊positive wattから。↔ネガワット。

ボス [boss] 親分；首領。

ホスゲン [Phosgen(ドイツ)] 一酸化炭素の燃焼で生じる有毒ガス。＊フォスゲンとも。

ポス・システム ⇨POSシステム。

ポスター [poster] 広告宣伝のための貼(は)り紙。

ポスター・カラー [poster color] 広告図案用の不透明絵の具。

ホスタイル [hostile] ①敵意ある；敵対する。②敵性の；友好的でない。

ホスタイル・テイクオーバー [hostile takeover] 敵対的買収。

ホスティリティー [hostility] ①敵意；敵愾(がい)心。②敵対行為；戦争。

ポスティング [posting] ①個人の郵便受けに宣伝用のチラシや広告を配ること。②インターネットの掲示板に投稿すること。

ポスティング・システム [posting system] アメリカの大リーグ球団が日本のプロ野球選手獲得のために行う入札制度。＊落札した球団は，選手の所属球団へ移籍金を支払う。

ホステス [hostess] バーやキャバレーなどの接客係の女性。↔ホスト。

ホスト [host] ①接待役の主人。↔ゲスト①。②ホスト・クラブの接客係。↔ホステス。③ホスト・コンピュータの略。

ポスト[1] [post] ①郵便箱。②地位；役職。③証券取引所の立ち合い場所。

ポスト[2] [post-] 後の；…以後。

ポスト・イット [Post-it] 〖商標〗糊(のり)つきの付箋(ふせん)。

ポスト・オフィス [post office] 郵便局。略PO。

ポストカード [postcard] 郵便はがき。

ホスト・カントリー [host country] 国際会議などの主催国。

ポス・ドク [postdoc] ポスト・ドクターの略。

ホスト・クラブ [日host club] 男性の接客係がサービスをする，女性客のためのクラブ。

ポスト・コロニアリズム [post-colonialism] 植民地主義やそれ以後の文化，歴史などを対象とする文芸批評の理論・思想。

ホスト・コンピュータ [host computer] 〖電算〗システム全体の上位(主)

コンピュータ。＊命令や制御を中心的に行う。略ホスト。

ポスト・シーズン [post-season] 〚スポーツ〛シーズン終了後。⇨シーズン・オフ。

ポストスクリプト [postscript] ①追伸。略P.S.。② [P- S-]〚電算〛ページ記述言語。

ポスト・ドクター [日post doctor] 博士号を取ってすぐ後の研究者；博士研究員。＊英語ではpostdoctoral fellow。略ポス・ドク。⇨オーバー・ドクター。

ホスト・ネーション・サポート [host nation support] 有事の際，同盟軍を受け入れるために施設，輸送，装備などの支援体制を整えること。略HNS。

ポスト・ハーベスト [post harvest] 防虫・防カビなどのために，収穫後の農産物に農薬を散布する処置。

ホスト・ファミリー [host family] ホームステイの学生を受け入れる家庭。

ホスト・マザー [host mother] ①ホームステイ先の家庭の母親。②代理母。＊夫婦の受精卵を第三者の女性の子宮に移植して出産する。

ポストモダニズム [postmodernism] 脱近代主義。＊近代の合理性・機能性を否定して，古典的な様式や手法を取り入れようとするもの。

ボストン・バッグ [Boston bag] 底が長方形の手提げかばん。

ホスピス [hospice] 終末期にある患者に対して治療と介護を行う施設。＊延命治療は行わず，苦痛の緩和を重視する。

ホスピタリズム [hospitalism] ①病院や施設で長期間生活する人に生じる独特の心身症状。②病院制度。

ホスピタリティ [hospitality] 歓待；もてなし。

ホスピタル [hospital] 病院。

ホスピタル・クラウン [Hospital Clown] ⇨クリニ・クラウン。

ポセイドン [Poseidōnギリシア] ①〚ギリシア神話〛海神。＊ローマ神話のネプチューン。②アメリカ海軍の潜水艦発射弾道ミサイル。

ボソン [boson] スピン(角運動量)が0，または1，2，3のような整数倍の粒子。＊光子，中間子など。インドの物理学者S.Boseの名に因む。＝ボース粒子。

ホタ [jotaスペイン] スペインの民族舞踊。＊カスタネットを鳴らしながら，男女で踊るテンポの速い踊り。

ポタージュ [potageフランス] 〚料理〛とろみのある濃い不透明なスープ。＊本来はスープの総称。⇨コンソメ。

ボタニー [botany] 植物学。

ボタニカル [botanical] 植物の；植物由来の；植物学の。

ボタニカル・アート [botanical art] 植物画。＊植物を細密に写生する。

ボタニカル・ガーデン [botanical garden] 植物園。

ポタリング [pottering] 自転車で自分の気分・体調に合わせて走ること。

ボタン [button] ①衣類の合わせ目部分を留めるもの。②指で押して機械などを作動させるための突起物。

ボタン・ダウン [button down] 〚服飾〛襟(えり)先をボタンで留めるデザインのワイ・シャツ。

ボタンホール [buttonhole] ボタン穴。

ボタン・ロック [button lock] 暗証番号を押して開閉する電子鍵。

ホチキス [Hotchkiss paper fastener] 〚商標〛ステープラーの商品名。＊ホッチキスとも。

ホック ⇨フック①。

ボックス [box] ①箱。②〚野球〛定められた位置。③箱型の小さな建物。

ボックス・オフィス [box office] ①切符売り場。②興行成績。

ボックス・シート [box seat] ①電車などの2人ずつ向かい合って座る席。②劇場の升(ます)席。

ボックス相場 [box market price] 〖経済〗上限と下限が決まっている価格の中だけで動く相場。

ホッケー [hockey] L字型のスティックを使って，ボールを相手側のゴールに入れて得点し，勝敗を競う球技。＊1チーム11人で行う。

ポッシビリティー [possibility] 可能性；蓋然(がいぜん)性；将来性；見込み。

ポッシブル [possible] 可能な；起こりうる。↔インポッシブル。

ボッチャ [Boccia] 重度脳性麻痺者，または同程度の四肢重度機能障害者のためにヨーロッパで考案されたスポーツ。＊カラー・ボールを使って行う。パラリンピックの正式種目。

ホット [hot] ①暑い；熱い。↔クール[1]，コールド。②話題などが最新の。③激しいさま。④ホット・ジャズの略。

ボット [bot] 〖電算〗①自動的に実行するプログラム。また，遠隔操作などで，攻撃者の指令どおりに不正行為を働くプログラム。②ツイッターにおける自動発言システム。＊robotから。

ポット [pot] ①つぼ。②魔法瓶。③マリファナ；大麻。＊俗語。

ポッド [pod] ①豆のさや。②蚕のまゆ。③小鳥の小群。

ボット・ウイルス [bot virus] パソコンを遠隔操作するコンピュータ・ウイルス。＊ボットは，robotから。略BOT。

ホット・ウォー [hot war] 直接武力を行使する熱い戦争。↔コールド・ウォー。

ホット・エア・バルーン [hot air balloon] 熱気球。

ポッドキャスティング [podcasting] ネット上の音声データを，携帯プレーヤー(アイポッド)に保存して好きなときに聴取するシステム。＊アップル社のiPodとbroadcastingから。

ホット・ケーキ [hot cake] 小麦粉に卵・牛乳・砂糖・ふくらし粉を加え，両面を焼いた洋菓子。＝パンケーキ。

ホット・ジャズ [hot jazz] 即興的に激しく演奏するジャズ。略ホット。↔クール・ジャズ。

ホット・スナック [日hot snack] コンビニエンス・ストアで売られる，揚げ物などの温かい軽食。

ホット・スプリング [hot spring] 温泉。

ホット・スポット [hot spot] ①〖地学〗地球深部の高温の物質(マグマ)が絶えず上昇してくる地点。②軍事的紛争地域。③〖電算〗マウス・クリックにより指定される画面上の領域。④放射性物質の汚染濃度が高い地域。

ホット・ドッグ [hot dog] ①細長いパンにソーセージや野菜をはさんだ食物。②〖スキー，サーフィンなど〗ボード上で妙技を演じること。

ホット・ニュース [hot news] 最新のニュース。

ボット・ネット [bot net] 〖電算〗ボット・ウイルスに感染し，外部支配を受けるようになったコンピュータ・ネットワーク。

ホット・パーティクル [hot particle] 原子炉事故，核実験などにより大気中へ放出される放射能をもつ不溶性の微粒子。＊特に毒性の強いプルトニウム粒子をさす。

ホット・パンツ [hot pants] 女性用の，特に短いパンツ。＊ショート・ショーツとも。

ホット・フラッシュ [hot flush] 更年期の女性に起こりやすい，体のほてりや多汗の症状。

ホット・プレート [hot plate] 鉄板焼きなどに使う調理器具。

ホット・マネー [hot money] 国際金

融市場で動く投機的な短期資金。

ポットマム [potmum]　秋ギクを鉢物用として草丈を低く栽培したもの。

ホット・ヨガ [hot yoga]　室温39度前後，湿度55～65パーセントに保たれた場所で行うヨガ。

ホット・ライン [hot line]　①各国政府首脳間の緊急時直通の回線。②緊急用電話。

ポットラック [potluck]　有りあわせの食事；料理持ちよりで行うパーティー。＊原義は「なべの運」。

ホット・ラボ [hot laboratory]　高放射性物質の処理を行う実験室。

ホッパー [hopper]　石炭・砂利・穀物などの貯蔵槽。

ホッピー [Hoppy]　〖商標〗麦芽やホップを原料にするビール風の飲料で，焼酎で割って飲まれる。

ホップ [hop]　①跳ぶこと。②〖野球〗投球が打者の近くで浮き上がること。③クワ科の多年草のつる草。＊ビールの風味づけに用いられる。

ポップ [pop]　大衆的な；通俗的な；ノリのいい。

ポップ・アート [pop art]　〖美術〗1960年代，アメリカに興った現代美術の一潮流。＊広告，漫画，報道写真などを素材として扱う。ポピュラー・アート(大衆芸術)の略。

ポップ・アイコン [pop icon]　音楽など，その時代の大衆文化を象徴する人物。

ポップ・アップ [pop-up]　飛び出し式の；(絵本などで)開くと絵が飛び出す。

～広告 [～advertising]　ウェブ・ページにアクセスしたときに，自動的に表示される広告。

ポップ・アップ・ストア [pop-up store]　空き店舗やテナントに期間限定で開設される小売店舗。

ポップ・アップ・メニュー [pop-up menu]　パソコン画面の最前面に表示されるメニューの総称。

ポップ・カルチャー [pop culture]　大衆文化。

ポップス [pops]　⇨ポピュラー・ミュージック。

ポップ・スター [pop star]　ポップスを歌う人気者。

ポップ・フライ [pop fly]　〖野球〗内野にあがる小飛球。

ポップ・ワード [日pop word]　意味は不明だが，響きのよい即興言語。

ボツリヌス菌 [botulinus bacillus]　食中毒の原因となる嫌気性桿菌(かんきん)。

ボディー [body]　①身体。②車体；船体；機体。③洋裁で使う人台。④ボディー・ブローの略。

ボディー・ウェア [body wear]　直接体につける下着。＊レオタード，ボディースーツなど。

ボディーガード [bodyguard]　要人などを警護・護衛する人。

ボディー・コンシャス [body conscious]　女性の体の線がはっきり出るように意識的にデザインした服。略ボディ・コン。

ボディー・シャンプー [日body shampoo]　〖美容〗体の洗浄用シャンプー。

ボディースーツ [bodysuit]　シャツとパンティーがひと続きになった女性用下着。

ボディー・スキャナー [body scanner]　保安目的で空港などに設置される，電磁波を利用し衣服の内側に不審物がないか調べる機器。

ボディー・チェック [body check]　①空港などでの身体検査。②〖アイスホッケー〗体当たりすること。

ボディー・トーク [body talk]　身ぶり・しぐさで表現すること。

ボディー・ビル [body building]　鉄亜鈴やバーベルその他の道具を使って筋肉を増強する運動。

ボディー・ブロー [body blow]　〖ボクシング〗相手の胸や腹などへの打

撃。略ボディー。

ボディー・ペインティング [body painting] 裸体に絵の具で幻想的な絵を描いたり，極彩色の色を塗ったりすること。

ボディー・ランゲージ [body language] 身ぶり，手ぶりで意思や感情を伝達すること。

ポテト [potato] ①ジャガイモ。②サツマイモでつくった菓子。

ホテル [hotel] 西洋式旅館。

ポテンシャル [potential] ①潜在能力；可能性。②〖物理〗電位差。

ポテンシャル・エネルギー [potential energy] 〖物理〗位置エネルギー。

ポテンツ [Potenzドイツ] 男性の性的能力；勃起(ぼっき)力。↔インポテンツ。

ポトス [Pothosラテン] サトイモ科の蔓性観葉植物，黄金葛(おうごんかずら)の別名。

ボトックス [botox] 〖美容〗ボツリヌス菌から抽出した薬品をシワの部分に注射する治療法。＊筋緊張をゆるめ，シワを目立たなくする。

ポ・ト・フ [pot-au-feuフランス] 大きく切った肉，野菜，香草を入れて長時間煮込んだフランスの家庭料理。

ボトム [bottom] ①底；下部。②根本；基礎。③サーフボードの裏。④⇨ボトムス。

ボトム・アップ [bottom-up] 企業経営などで，アイデアや情報が下部から上層部へ伝達される管理方式。↔トップ・ダウン。

ボトムス [bottoms] 腰から下に着用する衣服。＊ズボン，スカートなど。＝ボトム。↔トップス。

ボトム・ライン [bottom line] ①最終収益〔損失〕。②最終結果。

ボトムレス [bottomless] ①底なしの；計り知れない。②下半身を露出した。⇨トップレス。

ボトル [bottle] ①瓶(びん)。②酒の瓶。

ボトル・キープ [日bottle keep] バーなどで客が自分用の酒をボトルごと買って置いておくこと。

ボトルネック [bottleneck] ①支障；隘路(あいろ)。②〖電算〗処理速度や通信速度の向上を阻害する要素や原因。

ボトル・ワイン [bottled wine] 瓶(びん)ワイン。↔グラス・ワイン。

ボナンザ [bonanza] 大当たり；豊かな鉱脈。

ボナンザグラム [bonanzagram] 文章の空白欄に正しい語句を入れるクイズ。

ポニー [pony] 体高1.5メートルほどの小型のウマ(馬)。

ボニータ [bonitaスペイン] 可愛い娘；美しい女性。

ポニーテール [ponytail] 〖美容〗髪を後ろで1つにたばねてポニーの尾のように垂らしたスタイル。

ボノボ [bonobo] チンパンジーに似た類人猿の一種。＊ピグミー・チンパンジーとも。学名Pan paniscus。

ホバークラフト [Hovercraft] 船底から空気を吹き出し船体を浮き上がらせ水面を走る乗り物。略GEM。

ポバティー [poverty] ①貧乏；貧困。②欠乏。③貧弱；劣等。

ホバリング [hovering] ヘリコプターや鳥などの空中停止。

ホビー [hobby] 趣味；道楽。

ポピー [poppy] 芥子(けし)。＊特に，ヒナゲシ(虞美人(ぐびじん)草)の通称。

ホビー・クラフト [日hobby craft] 趣味の工作や工芸。

ポピュラー [popular] 人気のある；大衆的な。

ポピュラー・ミュージック [popular music] 〖音楽〗大衆に人気のある軽音楽。＝ポップス。略ポピュラー。

ポピュラリティー [popularity] 人気；評判；大衆性。

ポピュリズム [populism] 大衆迎合主義；衆愚政治。＊本来は，19世紀末アメリカでの社会改革運動のこと。

ポピュレーション [population] 人

口；住民数。

ボビン [bobbin] ミシン糸やコイル用の電線等を巻き取る筒状の器具。

ボビン・レース [bobbin lace] ボビンを使った透かし模様のレース編み。

ボブ [bob] 女性や子供の短髪；おかっぱ。＊ボブカットとも。

ボブスレー [bobsleigh] 〘スポーツ〙ハンドル，ブレーキの付いた２人または４人乗りの鋼鉄製のそりで，氷で作られたコースを滑降する競技。

ホフブロイハウス [Hofbrauhaus ドイツ] ドイツ原産のビール。＊原義は「宮廷の醸造所」。ホフブロイとも。

ホフマー [Hochma] 『旧約聖書』のことば，ヘブライ語で「知恵」。＊英語で，wisdomと訳す。

ホフマン方式 [Hoffmann method] 被害者の推定年間総収入から，生活費・税金を差し引いて計算する損害賠償額の算出方法。＊ドイツの統計学者F.L.ホフマンの考案による。

ポプラ [poplar] ヤナギ科の落葉高木。＊街路樹に用いる。

ポプリ [pot-pourri フランス] 乾燥した花弁を香料と混ぜたもの。

ポプリン [poplin] うね織りのつやのある平織物。＊ブロードクロスのイギリスでの言い方。

ボヘミアン [Bohemian] ①伝統にとらわれず，自由気ままに生きる人。②⇨ロマ。

ボヘミアン・グラス [Bohemian glass] ボヘミア地方でつくられるクリスタル製品。

ホホバ・オイル [jojoba oil] 北米産のツゲ科の小低木ホホバの種子から採る油。＊石鹸(せっけん)・化粧品用。

ポマード [pomade] 男性用の油性整髪料。

ボム [bomb] ①爆弾；手りゅう弾。②放射性物質を入れる鉛製容器。

ホムス [khomus] 口琴。＊竹製・金属製の楽器。自然の物音，動物の鳴き声などを表現する。

ホムンクルス [Homunculus] ヨーロッパで，錬金術師がつくり出すと信じられた人工生命体。

ホメオスタシス [homeostasis] 〘生物〙生体恒常性；恒常性維持。＊環境が変化しても，生理的性質を一定に保とうとする傾向。

ホメオパシー [homeopathy] 民間療法の１つ。＊科学的証拠は不十分であると，学術会議が効果を否定。

ポメラニアン [Pomeranian] ドイツ原産の毛の長い小型犬。＊愛玩用。

ホモ[1] [homo] ホモセクシュアルの略。

ホモ[2] [homo-] 同一の；均一の。↔ヘテロ[2]。

～牛乳 [homogenized milk] 消化のよい均質牛乳。

ホモ・エコノミクス [homo economicus ラテン] 経済人。

ホモ・エレクトス [homo erectus ラテン] 直立猿人；原人。

ホモ・サピエンス [homo sapiens ラテン] ①現生人類(ヒト)の学名。②知性人；英知人。

ホモジナイズ [homogenize] (ミルク中の乳球を)均質化すること。

ホモジニアス [homogeneous] 同質の；均質の。↔ヘテロジニアス。

ホモセクシュアル [homosexual] (特に男の)同性愛者。略ホモ。↔ヘテロセクシュアル，レズビアン。

ホモソーシャル [homosocial] 主に男性同士の恋愛関係を伴わない親密な結びつきをさすことば。＊ホモフォビアやミソジニーを背景とする関係性と捉えられている。

ホモニム [homonym] 同音異義語。

ホモ・ハビリス [homo habilis ラテン] 東アフリカで発見された数百万年前の化石人類。

ホモフォニー [homophony] 〘音楽〙単旋律音楽。＊主旋律に対して，和声的に伴奏付けしていく音楽の様式。

↔ポリフォニー。⇨モノフォニー。
ホモフォビア [homophobia] 同性愛嫌悪。
ホモ・ルーデンス [homo ludens] 遊戯人。＊遊びが人間活動の本来の姿であるとする人間観。オランダの歴史家J.ホイジンガーが提唱。
ボヤージュ [voyageフランス] 旅行。
ホラー [horror] ①恐怖；戦りつ。②憎悪；嫌悪(けんお)。
ホライズン [horizon] ①地平線；水平線。②視野；範囲；限界。
ポラリス [Polaris] ①北極星。②アメリカ海軍の潜水艦発射弾道ミサイル。
ポラロイド・カメラ [Polaroid Camera] 〖商標〗アメリカのポラロイド社製の特殊即時現像カメラ。
ボランタリー・チェーン [voluntary chain] 任意連鎖店。↔レギュラー・チェーン。
ボランタリズム [voluntarism] ボランティア活動を自発的に行おうとすること。
ボランチ [volanteポルトガル] 〖サッカー〗フォワードとディフェンダーの間に位置し，攻守の要となって深い位置からゲームを組み立てる選手。
ボランツーリズム [voluntourism] ボランティアと観光を兼ねた活動。
ボランティア [volunteer] 公共福祉のために自発的に無償で奉仕活動をする人。
ポリアーキー [poliarchy] 多頭政治；複数の指導者により行われる政治体制。
ポリアミド [polyamide] 〖化学〗アミド結合をもつ高分子化合物の総称。＊ナイロン繊維の原料。⇨ナイロン。
ポリープ [polyp] ①〖医学〗皮膚や粘膜上にできる肉のかたまり。②⇨ポリプ。
ボリウッド [Bollywood] インド映画の中心地ボンベイ。＊Hollywood＋Bombayから。ボンベイは現ムンバイ(Mumbai)。
ポリウレタン [polyurethane] 〖化学〗高分子化合物の一種。＊マットレスや断熱材などに利用される。
ポリエステル [polyester] 〖化学〗エステル結合をもつ高分子化合物で，合成樹脂の一種。＊繊維・建築材などに使用。
ポリエステル・フィルム [polyester film] ポリエステルの薄膜。＊磁気テープや包装用。
ポリエチレン [polyethylene] 〖化学〗エチレンを重合して作られる合成樹脂。＊包装材料などに使用。
ポリ塩化ビニル [polyvinyl chloride] 〖化学〗塩化ビニルを重合して得られる高分子化合物。＊硬質パイプや合成繊維などに使用。略塩ビ，PVC。
ポリ塩化ビフェニル [polychlorinated biphenyl] ビフェニル基に塩素が付着した化合物。＊毒性が強く，製造・使用禁止。略PCB。
ポリオ [polio] 〖医学〗脊髄(せきずい)性小児麻痺(まひ)。
ポリカーボネート [polycarbonate] 高性能樹脂の1つ。＊耐熱性・強度などにすぐれている。
ポリガミー [polygamy] 複婚。＊一夫多妻，一妻多夫の形をいう。↔モノガミー。
ポリグラフ [polygraph] うそ発見器。⇨PGR。
ポリクローナル抗体 [polyclonal antibody] 多クローン抗体。＊種々の抗原に免疫ができた人の血清から調製した，異なった特異性をもつ抗体が混在しているもの。↔モノクローナル抗体。
ポリクローム [polychrome] 多彩画；多色刷り。↔モノクローム。
ポリグロット [polyglot] 数か国語に通じている人；多言語使用者。
ポリゴン [polygon] コンピュータ・

グラフィックスで，物体の表面を，多角形を用いて表す場合の個々の多角形。

ポリシー [policy] 政策；方針。

ポリシー・ボード [policy board] ①政策決定機関；政府・政党などの政策を討議・決定する委員会。②日本銀行の金融政策委員会。

ポリシー・ミックス [policy mix] 経済に関する複数の課題を解決，目標を達成するために，財政・金融政策などを組み合わせて用いること。

ポリジーン [polygene] 量的形質に関与する遺伝子。＊身長や体重など。

ボリシェビキ ⇨ボルシェビキ。

ボリショイ劇場 [Bol'shoi Teatr ロシア] ロシアを代表するバレエ・オペラ劇場。

ホ

ポリス[1] [police] 警察；警官。

ポリス[2] [polis ギリシア] ①古代ギリシアの都市国家。②都市。

ポリス・アカデミー [police academy] 警察学校。

ポリス・コート [police court] 警察裁判所。＊アメリカ，イギリスで交通違反などのスピード裁判を行う。

ポリスチレン [polystyrene] スチレンの重合体で，熱可塑性樹脂。＝スチロール樹脂，ポリスチロール。

ポリスチロール [Polystyrol ドイツ] ⇨ポリスチレン。

ホリスティック [holistic] 全体的；包括的。

ポリス・ボックス [police box] 交番。略PB。

ポリセントリズム [polycentrism] 多極主義。

ホリゾンタル [horizontal] 水平の；横の。↔バーチカル。

ホリゾント [Horizont ドイツ] 〖演劇〗奥行きのある感じを出すために舞台の奥に設けた淡い灰色の壁または幕。

ホリック [-holic] 「中毒」または「中毒者」を意味する接尾語。

ポリッシュ・リムーバー [polish remover] 〖美容〗マニキュアの除光液。

ポリッシング [polishing] 磨くこと；つや出し。

ポリティカル・コレクトネス [political correctness] 言語表現や用語に人種・民族・宗教・性などにかかわる差別・偏見が含まれていないこと。＊原義は「政治的公正」。略ポリ・コレ；PC。

ポリティカル・フィクション [political fiction] 政治社会空想小説。略PF。

ポリティシャン [politician] 政治家；政治屋。⇨ステーツマン。

ポリティクス [politics] 政治；政治学。

ホリデー [holiday] 休日；祝祭日。

ポリテクニック [polytechnic] 工芸学校：科学技術専門学校。

ボリバル革命 [Bolivarian Revolution] ベネズエラのチャベス大統領が進めた社会開発プログラム。＊Bolivarは南アメリカ独立運動の指導者。

ポリビニル・アルコール [polyvinyl alcohol] 水溶性の高分子化合物の1つ。＊無色の粉末で，繊維・フィルム・接着剤などに用いる。

ポリプ [polyp] 付着生活をする水生の腔腸(こうちょう)動物有刺胞類の形態。＊イソギンチャクなど。＝ポリープ。

ポリファーマシー [polypharmacy] 〖医学〗患者に多種類の薬剤を同時に投与すること。

ポリフェノール [polyphenol] 水酸基が2個以上あるフェノール。＊赤ワインなどに含まれ，動脈硬化を防止。抗アレルギー作用もある。

ポリフォニー [polyphony] 〖音楽〗複旋律音楽。＊各声部が独立していながら，全体として調和のとれた和声をつくりだす。↔ホモフォニー。⇨モノフォニー。

ポリフォニック [polyphonic] 〖音楽〗韻律や抑揚に変化があるさま。
ポリプロピレン [polypropylene] 〖化学〗プロピレンを重合して得られる高分子化合物。＊フィルムや合成繊維として使用される。略PP。
ポリペプチド [polypeptide] アミノ酸がペプチド結合によってできる高分子化合物。
ポリマー [polymer] 〖化学〗重合体。＊同種の単量体(モノマー)を重合させてできた高分子化合物。↔モノマー。⇨オリゴマー。
ポリューション [pollution] 環境汚染；公害。
ボリューム [volume] ①書籍の巻；冊。略Vol., vol.。②音量。③質量感。④容量。
ボリューム・ゾーン [volume zone] ①最も売れる価格帯。②中間所得層。
ポリリズム [polyrhythm] 音楽で，リズムの異なる複数のパートが同時に演奏されること。
ポリローグ [polylogue] 多人数討論。
ポルカ [polka] 〖音楽〗ボヘミアで生まれた4分の2拍子の軽快な舞曲。
ポルカ・ドット [polka dot] 水玉模様。＊ボヘミア地方のハンカチーフの模様に多いことから。
ボルケーノ [volcano] 火山；噴火口。
ボルサリーノ [Borsalinoイタリア] 〖商標〗イタリアの帽子メーカー。また，その製品。
ポルシェ [Porscheドイツ] 〖商標〗ドイツの高級自動車メーカー。また，その乗用車。
ボルシェビキ [Bol'shevikiロシア] ロシア社会民主労働党の左派。＊レーニンを指導者とし，マルトフらのメンシェビキと対立した。原義は「多数派」。↔メンシェビキ。
ボルシチ [borshchロシア] 肉・野菜などを入れ，ビートで色をつけて煮込んだロシア式シチュー。
ホルス [Horus] ①〖エジプト神話〗鷹頭をもつ太陽神。②独・仏共同で打ち上げた全天候型の偵察衛星。
ホルスター [holster] 拳銃(けんじゅう)携帯用の革ケース。
ホルスタイン [Holsteinドイツ] ドイツ北西部のホルスタイン産の乳牛。＊搾乳量が多い。
ボルゾイ [borzojロシア] ロシア原産の狩猟犬。＊大形で，全身絹糸状の長い毛で覆われている。
ホルター [halter] ①馬の端綱(はづな)。②〖服飾〗袖(そで)なしで肩や背を露出するデザインの婦人服。＊水着やイブニング・ドレスなどに見られる。
ホルダー [holder] ①はさむもの。②保持者。
ポルターガイスト [Poltergeistドイツ] 家のなかで原因不明の物音がしたり，突然家具が動いたりする現象。＊原義は「騒がしい霊」。
ボルダリング [bouldering] フリー・クライミングの一種。＊手足だけで3～4メートルほどの岸壁や人工壁をよじ登る。
ポルチーニ [porciniイタリア] ヤマドリタケ。＊茸(きのこ)の一種。肉厚で香りがよく，イタリアやポーランドの煮込み料理に使われる。
ボルテージ [voltage] ①〖物理〗電位差；電圧。②内にみなぎる力やその度合い。
ボルテックス [vortex] 渦巻き；旋風；竜巻。
ボルト[1] [bolt] 雄ねじ。＊ナットと組み合わせて用いる。
ボルト[2] [volt] 国際単位系(SI)で，電圧・起電力の単位。記号V。
ポルノグラフィー [pornography] 性を主題とし，露骨に描写・表現した文学・写真・絵などの総称。略ポルノ。
ボルボ [Volvo] 〖商標〗スウェーデンの自動車メーカー。また，その乗用車。

ホルマリン [Formalin ドイツ] 〘化学〙 ホルムアルデヒドの水溶液。＊消毒薬・防腐剤に用いる。

ホルミシス効果 [hormesis effect] 有害な物質であっても，低濃度，微量の使用の場合，逆に有益な作用をもたらすという現象。＊低線量放射線は活性酸素を抑制するなど。

ホルムアルデヒド [Formaldehyde ドイツ] 〘化学〙 メチルアルコールの酸化によって得られる，刺激臭のある無色の気体。⇨ホルマリン。

ホルムズ海峡 [Strait of Hormuz] ペルシャ湾とオマーン湾を結ぶ海峡。＊原油輸送の重要地点。

ホルモン [Hormon ドイツ] 〘生物〙 内分泌腺。＊体内の器官や組織で生成され，器官の働きを調整する。

黄体～ 黄体や胎盤から分泌される雌性ホルモン。

開花～ 花芽の分化を促進する植物ホルモン。

環境～ 内分泌攪乱(かくらん)物質(endocrine disruptor)。生体に性ホルモン，特に女性ホルモンに似た作用を及ぼす化学物質の総称。＊原因物質は，DDT，有機スズ，PCB，ダイオキシンなど。

ホルン [Horn ドイツ] 〘音楽〙 角笛から発達した金管楽器。

ボレー [volley] 〘サッカー，テニス〙 地面にボールが落ちないうちに蹴る，あるいは打ち返すこと。

ボレー・シュート [日volley shot] 〘サッカー〙 空中に浮いているボールをゴールに向かって蹴ること。

ボレロ [bolero スペイン] ①〘音楽〙 4分の3拍子のスペイン舞曲。②ボタンのない短い上着。

ポレンタ [polenta イタリア] 〘イタリア料理〙 トウモロコシの粗挽き粉を加熱しながら練り上げたもの。

ポロ [polo] 〘スポーツ〙 1チーム4人で，馬上からスティックでボールを打ち，相手のゴールに入れて得点を競う騎乗競技。

ホログラフィー [holography] 干渉性のよい光を利用して，3次元像を記録・再生する方法。

ホログラム [hologram] ホログラフィーを記録したもの。

ホロコースト [holocaust] ①大虐殺。②第2次世界大戦中の，ナチスによるユダヤ人大虐殺。⇨ショアー。

ポロ・シャツ [polo shirt] 2～3個のボタンの前あきで襟(えり)付きのシャツ。＊ポロ競技で着たことから。

ホロスコープ [horoscope] (西洋の)星占い；星占い用の天宮図。

ボロ・タイ [bolo tie] ⇨ループ・タイ。

ホロニック・パス [holonic path] 全体と個の調和を図るための方法論。

ポロネーズ [polonaise フランス] ①4分の3拍子のゆっくりとしたポーランド風舞曲。②〘料理〙 ポーランド風。

ボロネーゼ [bolognese イタリア] イタリアのボローニャ地方の，肉と香味野菜にトマトを加えて煮込んだソース。また，それを使ったパスタ。

ボロブドゥール遺跡 [Borobudur] インドネシア・ジャワ島にある仏教遺跡。＊シャイレーンドラ朝(8～9世紀)に建造。ボロは「僧院」，ブドゥールは「高い丘」という意。

ポロロッカ [pororoca ポルトガル] 毎年春の大潮のときに起こるアマゾン川の潮津波。＊河口から上流へ向かって潮が逆流する現象。

ボロン [boron] 〘化学〙 ホウ素。原子番号5。元素記号B。＊化合物はガラスの原料。

ホワイエ [foyer フランス] ⇨ロビー①。

ホワイダニット [whydunit] なぜ犯行に至ったのか動機の解明に重点を置く推理小説。

ホワイト [white] ①白；白色。②白人。↔ブラック。⇨カラード。

ホワイトアウト [whiteout] 南極などで氷雪のために一面白一色となり，天地の区別がつかなくなる現象。
ホワイト・ウォーター [white water] 白い波が立った水面；川の激流。
ホワイト・ガソリン [white gasoline] 鉛添加物を含んでいないガソリン。
ホワイト・カラー [white-collar] 事務系の労働者。⇨ブルー・カラー。
ホワイトカラー・エグゼンプション [white-collar exemption] ホワイト・カラー労働時間規制適用免除制度。略WE。
ホワイト・ゴールド [white gold] 金・ニッケル・亜鉛の合金。＊白金の代用とする。
ホワイト・スモッグ [white smog] 「光化学スモッグ」のこと。
ホワイト・ソース [white sauce] 小麦粉をバターで炒め，牛乳を加えて塩・コショウで味を整えた白色のソース。＝ベシャメル・ソース。
ホワイト・タイ [white tie] ①白色の蝶ネクタイ。②燕尾(えんび)服の正装。⇨ブラック・タイ。
ホワイト・デー [日White Day] バレンタイン・デーのお返しに，男性が女性に贈り物をする日(3月14日)。
ホワイト・ナイト [white knight] ①政治改革者。②被買収の危機にある企業にとっての救世主。＊「白馬の騎士」から。
ホワイトニング [whitening] 〖美容〗日焼けによるシミ・そばかすを予防し，肌を白くすること。
ホワイト・ノイズ [white noise] 白色騒音。＊可聴周波数の音波をすべて含む雑音。
ホワイト・ハウス [the White House] ①ワシントンのアメリカ大統領官邸。②アメリカ政府。
ホワイト・ハッカー [white hacker] サイバー攻撃の対処など，高度な技術や知識を善良な目的に使用するハッカー。
ホワイト・ペーパー [white paper] 白書。
ホワイト・ペッパー [white pepper] 〖料理〗白コショウ。＊ブラック・ペッパーより軽い芳香と辛味がある。
ホワイト・ボード [white board] 白板。＊水性フェルト・ペンで書く。
ホワイトホール [Whitehall] イギリスの首都ロンドンの官庁街。
ホワイト・ホール [white hole]〖天体〗ブラック・ホールの対極に位置づけられる，あらゆる物質を放出するという理論上の天体。
ホワイト・ミート [white meat] 鶏，兎(うさぎ)，子牛などの白身の肉。
ホワイト・リカー [日white liquor] 焼酎(しょうちゅう)。
ポワソン [poisson フランス] 魚；魚肉。
ポワレ [poêler フランス] フライパンに油をひき，ふたをして肉や野菜を加熱すること。また，その料理。
ポワロ [poireau フランス] ⇨リーキ。
ホン [phon] 〖物理〗音の大きさを表す単位。＊フォンとも。
ボン [bon フランス] 「うまい」「よい」。
ホンキー [honkie] (俗語で)白人。
ホンキー・トンク [honky-tonk] ①安っぽい酒場。②安っぽく演奏するラグタイム音楽。
ボンゴ [bongo スペイン] 〖音楽〗対になった小太鼓。＊ラテン音楽で用いる。
ボンゴレ [vongole イタリア] 貝類を使ったイタリア風米料理やスパゲッティ。
ホンコン・フラワー [日Hong Kong+flower] 〖商標〗プラスチック製の造花。
ボン・サンス [bon sens フランス] ①良識。②センスのよいこと。
ボンジュール [bonjour フランス] 「おはよう」「こんにちは」。
ボンジョルノ [bongiorno イタリア] 「おはよう」「こんにちは」。
ポンス [pons オランダ] ダイダイのしぼり

汁。*なまって，ぽん酢(ず)。

ボンソワール [bonsoirフランス] 「こんばんは」「さようなら」「おやすみ」。

ポンチ ⇨パンチ④。

ポンチョ [ponchoスペイン] 袖(そで)なし外套(がいとう)。*もとは南米の民族衣装。

ボンディング加工 [bonding finish] 2種類以上の生地，また，異なった素材物(織物と糸，編物と織物など)を接着して一体化する加工。

ボンデージ [bondage] ①奴隷(どれい)の身。②束縛；監禁。③身体を縛る遊び(サド・マゾ趣味)。

ボンド [bond] ①〘経済〙公社債；証券。②[B-]〘商標〙接着剤。

〜制度 [〜system] 建設工事の入札制度の1つ。工事完成保証制度。

ポンド[1] [pond] 池。

ポンド[2] [pound] ①重さの単位。*1ポンドは約454グラム。②イギリスの通貨単位。*1ポンドは100ペンス。

〜地域 ポンドを取引通貨の中心として，貿易・対外決済を行っている地域。=スターリング・ブロック。

ボン・ナネ [Bonne annéeフランス] 「新年おめでとう」。

ボン・ニュイ [Bonne nuitフランス] 「おやすみなさい」。

ボンヌ図法 [Bonne projection] 地図投影法のうちの正積図法の1つ。*中緯度地方の地図に用いる。18世紀末，フランスのボンヌが考案。

ボンネット [bonnet] ①つばのない婦人・子供用帽子。②〘自動車〙エンジン部を覆っている車体の部分。=フード[2]。

ポンパドール [pompadourフランス] ①女性の髪型の1つ。*フランスのルイ15世の愛人の名前から。②前髪を後ろになでつけた男性の髪型。

ポンピドゥー・センター [Centre Pompidouフランス] パリにある国立総合文化施設。*近代美術館，公共図書館などを備える。1977年，開館。

ポンプ [pump] 圧力の働きによって液体や気体を，吸い上げたり送ったりする装置。

ホンブルグ [homburg] つばが両側で反り上がりクラウンの中央に折れ目がついた帽子。*男性の礼装用。

ボンベ [Bombeドイツ] 高圧の気体や液体を入れるための鋼鉄製円筒型容器。=ガスボンベ。

ボンベイ [Bombay] ⇨ムンバイ。

ボン・ボヤージュ [Bon voyageフランス] 「よい旅を」「よい航海を」。

ボンボン [bonbonフランス] ウイスキー，果汁を砂糖やチョコレートでくるんだ洋菓子。

ポンポン [pomponフランス] 玉房状の飾り玉。*装飾用。

ボン・マルシェ [bon marchéフランス] 掘り出し物；得な買物。

ボンレス・ハム [boneless ham] 牛・豚のもも肉の骨を抜き加工したハム。

マ

マーカー [marker] ①目印；目印をつけるための用具。②〘バレーボールなど〙ネットの両端の白い布。③〘ゴルフ〙スコアの記録係。④⇨マーキング・ペン。

〜原油 [〜crude oil] 国際的な原油取引の際に価格決定の指標となる原油。

腫瘍(しゅよう)〜 [tumor〜] 体内に腫瘍ができたことに反応して作られるがん細胞特有の物質。*尿や血液から検出される。

マーガリン [margarine] 人造バター。*主に植物油を使用。

マーガレット [margueriteフランス] キク科の多年草。*カナリア諸島原産。

マーキーズ [marquise] 先のとがった長円形にカットしてある宝石。

マーキュリー [Mercury] ①〘ローマ神話〙商業の神。*ギリシア神話のヘルメス。メルクリウスの英語名。②水星。③［m-］水銀。

～計画［Project～］ アメリカ初の有人宇宙飛行計画。＊1958年から63年にかけて実施。

マーキング［marking］ ①標識。②印をつけること。③動物が縄張りを示すため尿で臭いをつけること。

マーキング・ペン［marking pen］ マジック・インキ，フェルト・ペンなどの総称。＊マーカーとも。

マーク［mark］ ①目印；記号。②商標。③〖スポーツ〗記録・成績などがある基準以上に達すること。④特定の人物や物事，商品などに，注意や関心を払うこと。

マークアップ［markup］ ①〖経済〗原価に含まれる利潤。＊マージンとも。②文章の修正や訂正の書き込みをすること。

～言語［～languge］〖電算〗文章の構造，レイアウトや文字情報に関する指定をテキスト・ファイル中に記述する言語。

マーク・シート方式［日mark sheet＋method］ テストや調査で，回答済みのマーク・シートをコンピュータに読み取らせ採点・集計する方式。

マーク・センス［日mark sense］ ⇨マーク・シート方式。

マーク・リーダー［mark reader］ マーク・シートの情報を読み取る装置。

マーケター［marketer］ 市場調査に基づき販売戦略を練るマーケティングの担当者。

マーケッタビリティ［marketability］ 市場性；市場への適応性。

マーケット［market］ ①市場(しじょう)；相場。②日用品や食料品を売る店の集まっている所；市場(いちば)。

マーケット・アナリシス［market analysis］ 市場分析。

マーケット・イン［日market in］ 消費者のニーズを十分汲み取って，商品を企画・開発し，市場に出すこと。↔プロダクト・アウト。

マーケット・シェア［market share］ 市場占有率。略シェア。

マーケット・セグメンテーション［market segmentation］ 市場細分化。＊特定商品を，年齢・嗜好(しこう)・所得などの異なる顧客のニーズや欲求に応じて市場設定すること。

マーケット・バスケット方式［market basket method］ 労働者がどの程度の賃金で生活を賄えるかを計算して，必要な賃金を算出する方式。

マーケット・プライス［market price］ 市場価格；時価。

マーケットプレイス［marketplace］ インターネット上で売り手と買い手が自由に参加できる取引市場。

マーケット・リーダー［market leader］ 購買に関し周囲に影響を与える人。

マーケティング［marketing］ 市場戦略活動。

マーケティング・コミュニケーション［marketing communication］ マーケティングを進めていくために必要な商品情報の伝達。

マーケティング・マネジメント［marketing management］ マーケティングの総合的な運営・管理。

マーケティング・ミックス［marketing mix］ 企業が，製品・価格・場所・販売促進の要素を組み合わせて販売計画を立てること。

マーケティング・リサーチ［marketing research］ 実態調査を中心とした市場調査。＊マーケティング・サーベイとも。

マージ［merge］〖電算〗コンピュータで，複数のファイルを合成して1つのファイルにすること。＊原義は「合併する」「併合する」。

マージナル［marginal］ ①ふちの；端の。②境界の；限界の。

マージナル・コスト [marginal cost] 限界費用。＊生産量の増加によって生じる費用の追加。略MC。
マージャー [merger] (企業の)合併；吸収合併。
マーシャル [marshal] ①元帥；司令官。②裁判所執行官；警察署長。
マーシャル・アーツ [martial arts] ①東洋の格闘技。②空手，キック・ボクシングなどを混合した，アメリカ生まれの格闘技。＊もとは，中国武術の英訳。
マージャン [麻雀チャイナ] 中国起源の室内娯楽。＊136枚の牌(ぱい)を用い，ふつうは4人で行う。
マージョラム [marjoram] シソ科の多年草。＊香味料に用いる。
マージン [margin] ①販売手数料。②株式売買の証拠金。③〖印刷〗余白；欄外。
マース ⇨マルス。
マーストリヒト条約 [Maastricht Treaty] 欧州連合条約。＊EUの政治・経済統合の理念を示した基本法。
マーズ・パスファインダー [Mars Pathfinder] NASAのジェット推進研究所(JPL)がディスカバリー計画の一環として打ち上げた火星探査機。＊1996年に発射，翌年7月4日火星に軟着陸した。
マーダー [murder] 計画的な殺人；殺人事件。
マーチ [march] ①行進。②行進曲。
マーチャンダイザー [merchandiser] 商品の開発，仕入れ，価格決定，陳列，販売促進などの担当者。
マーチャント [merchant] 商人；貿易業者。
マーチャント・バンク [merchant bank] 外国為替引受業者で，証券の受入，企業の合併の仲介，投資顧問業務などを行う金融機関。＊もとは，イギリスで発展した貿易手形引受・証券発行業務を行う金融会社。
マーチング・バンド [marching band] 行進楽隊；吹奏楽を行進しながら演奏する楽団。
マート [mart] 市場。
マートル [myrtle] フトモモ科の植物。和名はギンバイカ(銀梅花)。＊ハーブやアロマ用。「祝いの木」といわれ，結婚式のリースに使われる。
マーフィーの法則 [Murphy's Law] 先達の経験から生まれたユーモラスで，しかもペーソスにあふれた発見や知恵をまとめたもの。
マーブル [marble] ①大理石；大理石模様。②ビー玉。
マーブル・ケーキ [marble cake] プレーンな生地とココアやチョコレートなどを混ぜた生地でつくるケーキ。＊切り口が大理石模様にみえる。
マーベリック [maverick] ①所有者の焼印のない子牛。②一匹狼。
マーボー豆腐 [麻婆―チャイナ] 中国・四川料理の1つ。＊豚の挽き肉，小さく切った豆腐やネギなどに，とうがらし味噌を加えて炒め煮したもの。
マーマレード [marmalade] 柑橘(かんきつ)類の表皮でつくったジャム。
マーメイド [mermaid] 人魚。
マーモセット [marmoset] キヌザル科の哺乳(ほにゅう)類の総称。＊リスに似る。熱帯雨林に生息。
マーライオン [Merlion] 伝説上の動物。上半身はライオン，下半身は人魚。＊シンガポールの象徴。
マール [Maarドイツ] 激しい火山の爆発によって生じる大きな陥没地形。＊ドイツ西部の地方の方言で，「湖」の意。
マイカ [mica] 雲母(うんも)。
マイ・カー [日my car] 自家用車。
マイク マイクロホンの略。
マイグレーション [migration] データやソフトウェアを新しいシステムやプラットホームに移行させること。

マイクロ [micro-] ①極小；微小な。↔マクロ。②国際単位系(SI)で，100万分の1 (10^{-6})を表す接頭辞。記号はμ。＝ミクロ。

マイクロ・インフルエンサー [日micro influencer] 特定の分野で強い影響力をもつインフルエンサー。

マイクロウエーブ [microwave] 極超短波。＊波長が1ミリメートル～1メートルまでの直進性の電波。

マイクロエレクトロニクス [microelectronics] ICやLSIなどを応用した電子工学技術。略ME。

マイクロカプセル [microcapsule] 5～50ミクロンの微小な容器。＊医薬品，人工血液などに用いられる。

マイクロキュリー [microcurie] 放射能の強さを表す単位。1キュリーの100万分の1。記号はμCi。

マイクロクーロン [microcoulomb] 電気量の単位。100万分の1クーロン。＊1クーロンは1アンペアの電流によって1秒間に運ばれる電気量。

マイクロクレジット [microcredit] 小規模融資。＊低所得者や貧困層などに対してNGOや国際機関などが行う少額の事業資金の融資。

マイクロコントローラー [microcontroller] 電子機器に組み込まれた集積回路。略マイコン。

マイクロコンピュータ [microcomputer] 〖電算〗超小型コンピュータ。略マイコン。

マイクロサージェリー [microsurgery] 顕微鏡下で手術部分を拡大しながら行う外科手術。

マイクロ・シーベルト [micro sievert] ある期間に被曝(ひばく)した線量当量を示す単位。記号 μSv。＊1シーベルト(Sv)は1000ミリシーベルト(mSv)で100万μSv。

マイクロスコープ [microscope] 顕微鏡。＝ミクロスコープ。

マイクロスコピック ⇨ミクロスコピック。

マイクロセカンド [microsecond] 100万分の1秒(10^{-6}秒)。記号はμs。

マイクロゾーニング [microzoning] 地震対策の1つで，地域の地盤の硬軟・表面層の厚さなどを考慮して，地震動の強さ，建物の被害率などを図示すること。

マイクロソフト [Microsoft] 〖商標〗アメリカのパソコン・ソフトウェア会社。＊ビル・ゲイツらが創設。略MS。

マイクロチップ [microchip] 超小型集積回路。

マイクロバースト [microburst] 地表付近に起こる破壊力の強い下降気流。⇨ダウン・バースト。

マイクロバス [microbus] 小型バス。＊定員11人以上30人未満。

マイクロビーズ [microbeads] 洗顔料や歯磨き粉などとして用いられる微小なプラスチック粒子。＊マイクロプラスチックの一種。

マイクロファイバー [microfiber] 超極細の合成繊維。＊吸水・保温性，速乾性にすぐれる。

マイクロフィッシュ [microfiche] 多くの文献が収録できるカード状のフィルム。

マイクロフィルター [microfilter] ①精密濾膜(ろまく)；高機能分離膜。②ADSLの利用時に発生する高周波を取り除く機器。

マイクロフィルム [microfilm] 書類や図面などを保存するための縮小写真フィルム。

マイクロプラスチック [microplastic] 直径5ミリメートル以下のプラスチックのかけら。＊レジ袋やペット・ボトルなどに由来し，海洋汚染の原因となっている。

マイクロプログラム [microprogram] 〖電算〗命令を実行する際に作動する細分化されたプログラム。

マイクロプロセッサー [microprocessor〕〖電算〗1個ないし数個のLSIを用いる超小型演算処理装置。略MPU。

マイクロボルト〔microvolt〕電圧の単位で，100万分の1ボルト。記号はμV。

マイクロホン〔microphone〕音声を電気信号に変換する機器。略マイク。

マイクロマイクロ〔micromicro〕100万分の1の100万分の1（1兆分の1）。10^{-12}。記号は$\mu\mu$。＊国際単位系では「ピコ(p)」で表す。

マイクロメーター〔micrometer〕測微計。＊ネジを利用し針金や金属板の板厚を精密に測る道具。

マイクロロボット〔microrobot〕〖医学〗人体内で検査･治療ができるような極小ロボット。

マイコトキシン〔mycotoxin〕カビの毒素。＊発がん性があり，神経に悪影響を与えることもある。

マイコプラズマ〔mycoplasma〕微生物の一種で，動物に肺炎･関節炎などを起こす病原菌。＊ウイルスと細菌の中間的性質をもつ。

マイコン マイクロコンピュータ，マイクロコントローラーの略。

マイコン・メーター マイクロコンピュータが24時間ガスの使用状況を監視する装置。＊非常時(震度5強以上の地震発生やガス漏れなど)に，センサーが感知して自動的にガスの供給を停止する。*mic*rocomputer-*con*trolled gas meterから。

マイスター〔Meisterドイツ〕①師匠。②巨匠；大家(たいか)。⇨マエストロ。

マイセン磁器〔Meissen chinaware〕ドイツ･マイセン特産の高級な磁器。

マイ・ドキュメント〔my documents〕〖電算〗ユーザー用のデータを収納するファイル･フォルダー。

マイトマイシン〔Mitomycin〕抗がん剤の一種で，放線菌から得られた抗腫瘍性抗生物質。＊日本で発見。

マイトレーヤ〔maitreyaサンスクリット〕弥勒菩薩(みろくぼさつ)のサンスクリット名。

マイナー〔minor〕①〖音楽〗短調。↔メジャー¹。②重要でない。③マイナー･リーグの略。↔メジャー¹。

マイナー・チェンジ〔minor change〕小規模な手直し。

マイナー・リーグ〔minor league〕〖プロ野球〗アメリカのメジャー･リーグを除いた下位リーグのこと。略マイナー。↔メジャー･リーグ。

マイナー・レーベル〔minor label〕個人または小資本のレコード会社のレーベル(レコードのブランド)。↔メジャー･レーベル。

マイナス〔minus〕①〖数学など〗数を減らすこと；「－」の記号。②〖電気〗陰極。③負債；欠損。④不利。↔プラス。

～思考 ⇨ネガティブ･シンキング。

～成長〔～growth〕国内総生産などの成長率がマイナスになること。

マイナス・イオン〔日minus ion〕マイナスに帯電した空気中のイオン。＊水しぶきの多い場所に存在する。

マイナス・イメージ〔日minus image〕好ましくない印象。

マイナス・シーリング〔日minus ceiling〕国の予算編成で，各省庁の概算要求基準を前年度予算額よりも低い額にすること。

マイナポータル マイ･ナンバーに関する情報にアクセスできる，政府運営のポータル･サイト。

マイ・ナンバー〔日my number〕社会保障や税などに関する情報を一元管理するため，住民票をもつ国民一人ひとりに割り当てられる個人番号。

マイノリティ〔minority〕少数派；弱者。↔マジョリティ。

マイ・バッグ〔日my bag〕買物をする際，消費者が持参する袋。

マイ・ブーム〔日my boom〕自分だけが夢中になっている物や出来事。

マイ・ペース ［日my pace］ 自分に適した速度で(物事を)進行すること。
マイム[1] ［mime］ パントマイムの略。
マイム[2] ［MIME］ 電子メールで，英字以外の文字・言語，動画，音声など，さまざまなデータの形式を扱うための規格。＊*M*ultipurpose *I*nternet *M*ail *E*xtensionの略。
マイヨ・ジョーヌ ［maillot jaune フラ ンス］ 〖自転車〗ツール・ド・フランスで総合成績トップの選手に贈られる黄色いジャージー。
マイ・ライン ［日My Line］ 電話をかける際に自動的に登録した会社のサービスを利用できる制度。
マイル ［mile］ ヤード・ポンド法における長さの単位。記号mil。＊1マイルは約1609メートル。
マイルストーン ［milestone］ ①(石造りの)里程標。②画期的な出来事。
マイルド ［mild］ 口当たりの柔らかい。
マイルド・ハイブリッド ［mild hybrid］ エンジンを主体としてモーターが動力を補助する役割を担い，燃費を向上させる自動車のシステム。
マイルド・リセッション ［mild recession］〖経済〗ゆるやかな景気後退。
マイレージ ［mileage］ ①総マイル数。②(一定時間内の)乗り物のマイル表示距離。
マイレージ・サービス ［mileage service］ 航空会社が自社の航空路線の総搭乗マイル数に応じて，乗客に特典を与える制度。＝フリークエント・フライヤー・プログラム。
マイン ［mine］ ①鉱山；鉱脈。②地雷。
マイン・カンプ ［Mein Kampf ドイ ツ］ ヒトラーの著書『わが闘争』の原題。
マインド ［mind］ 心；精神。
マインド・コントロール ［mind control］ 人の精神を望むとおりに支配すること。
マインドセット ［mindset］ 物事を判断するときの基準になる考え方。
マインドフルネス ［mindfulness］ 自分自身の精神状態に意識を傾ける瞑想法。
マウス[1] ［mouse］ ①はつかネズミ。②〖電算〗ディスプレー上のカーソルを動かすための装置。
マウス[2] ［mouth］ 口。
マウスウォッシュ ［mouthwash］ うがい薬；口臭防止剤。
マウス・ツー・マウス ［mouth-to-mouth］ 人工呼吸法の1つ。＊救護者が傷病者の口に直接呼気を吹き込む。
マウス・パッド ［mouse pad］ コンピュータのマウスを滑らかに動かすために，下に敷くパッド。
マウスピース ［mouthpiece］ ①〖ボクシング〗口中の損傷を防ぐために用いるゴム製の防具。②楽器の口にくわえる部分。③パイプの吸い口。
マウス・ユニット ［mouse unit］ 毒性の強弱を表す単位。＊体重約20グラムのマウスを15分間で死に至らせる量を1マウス・ユニットとする。
マウル ［maul ラグ ビー］ 町；村落。
マウンティング ［mounting］ ①雄のサルが自分の優位を誇示するために，仲間のサルの背中に乗りかかること。②会話やSNSのやりとりにおいて自分の優位性を示そうとする行為。＝マウント③。
マウンテン・ゴリラ ［mountain gorilla］ 人間に最も近い霊長類の一種。＊ウガンダ，ザイール，ルワンダの山地林に生息。
マウンテン・バイク ［mountain bike］ 全地形型自転車。＊特に，山岳地を走る自転車のこと。略MTB。
マウント ［mount］ ①絵・写真をはる台紙；スライドをはさむ枠。②台；台座。③自分の優位性を示すこと。
マウンド ［mound］ ①小さな丘；土手。②〖野球〗投手の投球場所。

マエストロ [maestroイタリア] 大音楽家；芸術上の巨匠。⇨マイスター。
マオ・カラー [Mao collar] 立ち襟(えり)。＊中国の人民服や日本の学生服に見られる。Maoは，中国の初代国家主席であり思想家の毛沢東。
マオタイ酒 [茅台酒チャイナ] 中国の蒸留酒の1つ。＊コーリャンが原料。貴州省茅台(まおたい)で造られたことから。
マオリ族 [Maori] ニュージーランドの先住民。＊ポリネシア語系のマオリ語を用いる。
マカ [maca] 南米ペルー・アンデス山脈産の根菜。
マカオ [Macao] 中国広東省南部の特別行政区。＊中国名「澳門(アオメン)」。
マガジン [magazine] ①雑誌。②フィルムの巻き取り枠。⇨カートリッジ①。
マガジン・ラック [magazine rack] 新聞・雑誌入れ。
マカデミア・ナッツ [macadamia nut] ヤマモガシ科の常緑樹の実。＊菓子に使用。オーストラリア原産。
マカフィー [McAfee] インターネットのセキュリティ対策用のソフトやハードウェアの開発・製作会社。
マカレナ [Makarenaスペイン] スペインの歌とダンス。＊マカレーナとも。
マカロニ [macaroniフランス] イタリア特産の細い管状の洋風めん類。
マカロニ・ウエスタン [日macaroni western] 〖映画〗イタリア製西部劇。＝スパゲッテイ・ウエスタン。
マカロン [macaronフランス] メレンゲに砂糖，粉末のアーモンドを混ぜて焼いた丸くて小さい洋菓子。
マキシ [maxi] ①くるぶしが隠れるくらいの丈のロング・スカートやコート。⇨ミディ[2]，ミ・モレ。②マキシマムの略。
マキシマム [maximum] ①最大限；最高；極限。②〖数学〗極大。略max.。↔ミニマム。
マキシム [maxim] 格言；金言。
マキャベリズム [Machiavellianism] 目的のためには手段を選ばない政治思想；権謀術数主義。＊ルネサンス期の思想家マキャベリに由来。
マグ [mug] 取っ手のついた大きめのカップ。＊マグ・カップとも。
マグサイサイ賞 [Magsaysay Award] アジア地域で社会奉仕や文化に貢献した人や団体に贈られる賞。＊フィリピンの元大統領マグサイサイの名から。アジアのノーベル賞とも。
マクスウェル [maxwell] CGS単位系における磁束の電磁単位。記号Mx。＊イギリスの物理学者J. C.マクスウェルの名から。
マグダラのマリア [Maria Magdalena] 〖キリスト教〗イエスによって「7つの悪霊」から救われた女性。
マグナ・カルタ [Magna Cartaラテン] 大憲章。＊1215年，イギリスで貴族が国王に自分たちの権利を承認させた文書。イギリス憲法の基礎となる。
マグナム [magnum] 大量の火薬を装塡(そうてん)して威力を増した銃弾。また，それを使用する大型拳銃。
マグニチュード [magnitude] 地震の規模を表す尺度。記号はM。
マグネシウム [magnesium] 原子番号12の銀白色の軽金属。元素記号はMg。＊還元剤，断熱材などに利用。
マグネチック [magnetic] 磁気を帯びた；磁石の。
マグネチック・カード [magnetic card] 磁気カード。＊コンピュータで読み取る。
マグネチック・テープ [magnetic tape] 磁気テープ。略MT。
マグネット [magnet] 磁石。
マグネトロン [magnetron] マイクロ波用真空管。＊電子レンジに使用。
マグノリア [magnolia] モクレン属の花木。＊樹皮と花に芳香がある。
マグマ [magma] 岩漿(がんしょう)。＊地球の内部の液状体。

マクラメ [macramé フランス] より糸を結び合わせて，さまざまな模様を編むもの。

マグリブ [Maghreb] アフリカ北西部地方のモロッコ，アルジェリア，チュニジアなどの総称。

マクロ [macro-] 巨視的な。↔マイクロ①，ミクロ。

マクロ・ウイルス [macro virus] ワープロや表計算ソフトなどのマクロ命令を悪用して作成されたコンピュータ・ウイルス。

マクロ経済学 [macroeconomics] 巨視的経済学。＊経済社会全体を対象とする。↔ミクロ経済学。

マクロコスモス [Makrokosmos ドイツ] 大宇宙。↔ミクロコスモス。

マクロスコピック [macroscopic] 肉眼による；巨視的な。↔ミクロスコピック。

マクロビオティックス [macrobiotics] 自然食による長寿法。

マクロファージ [macrophage] 白血球の一種。大食細胞。＊異物，細胞の残骸などを取り込み消化する。

マクロ命令 [macroinstruction] あらかじめ登録された基本命令。＊表計算などのソフトに用いられる。

マクロレンズ [macrolens] 接写・拡大撮影用レンズ。

マザー [mother] 母。↔ファーザー。

マザー・イン・ロー [mother-in-law] 義母；しゅうとめ；夫〔妻〕の母。

マザー・グース [Mother Goose] 英米の伝承童謡。＊ナーサリー・ライムとも。

マザー・コンプレックス [日mother complex] 成人しても母親から離れることができない男性の心理的な傾向。略マザ・コン。⇨エディプス・コンプレックス，エレクトラ・コンプレックス。

マザーズ [Mothers] 東京証券取引所に設立された新興企業向けの株式市場。＊東証マザーズとも。

マザーズ・デー [Mother's Day] 母の日。＊5月の第2日曜日。

マザーズ・バッグ [日mother's bag] 子育て中の母親がもつバッグ。＊哺乳瓶(ほにゅうびん)，オムツ，着替えなどを入れる。マザー・バッグとも。

マザー・テープ [mother tape] 本(もと)テープ。＊レコードやテープの複製をつくるときの親テープ。⇨マスター・テープ。

マザー・パール [mother-of-pearl] ①真珠層。②白蝶貝。

マザー・ボード [mother board] 〘電算〙パソコンのメイン基板。

マザー・マシン [mother machine] 機械を作る機械。

マザーランド [motherland] 母国；祖国。

マザ・コン マザー・コンプレックスの略。

マサラ [masala ヒンディー] インドの混合香辛料。

マシーン [machine] ①機械。②自動車；オート・バイ。＊特に，レース用のもの。

マジシャン [magician] ①魔法使い；魔術師。②奇術師；手品師。

マジック [magic] ①魔法；魔術。②手品；奇術。③マジック・インキ，マジック・ナンバーの略。

マジック・インキ [Magic Ink] 〘商標〙速乾性の油性インキをフェルトの軸にしみこませた筆記用具。略マジック。⇨フェルト・ペン。

マジック・テープ [Magic Tape] 〘商標〙衣服などに用いる接着具。

マジック・ナンバー [magic number] ①〘野球〙優勝に最も近いチームが優勝するための残りの勝ち星の数。略マジック。②原子核が安定するための陽子と中性子の数。

マジック・ハンド [日magic hand]

⇨マニピュレーター①。

マジック・マッシュルーム [magic mushroom] 幻覚誘発物質を含む数種のキノコ。＊麻薬に指定。

マジック・ミラー [日magic mirror] 一方の側からだけ透視できるガラス。＊マジック・ガラスとも。

マシニング・センター [machining center] 複合加工工作機械；数値制御工作機械。＊コンピュータ制御により，多種・多数の工具を交換しながら，加工作業を行う。略MC。

マシュマロ [marshmallow] 卵白・ゼラチン・水あめ・香料を泡だてて冷やし固めた洋菓子。

マシュラビーヤ [mashrabiyaアラビア] イスラム建築の轆轤(ろくろ)細工の木製の格子窓。

マジョラム [marjoram] シソ科の多年草。＊肉料理に用いる。

マジョリカ [majolica] イタリアのマジョリカ島に始まった陶器で，白いうわぐすりを使用し，その上に絵を描いたもの。＊マヨリカとも。

マジョリティ [majority] 多数；多数派。↔マイノリティ。

マシン・ランゲージ [machine language] 〖電算〗機械語。＊コンピュータが直接理解し実行できる言語。

マス[1] [mass] ①集団；多数；大衆。②⇨マッス。

マス[2] マスターベーションの略。

マスカット [muscat] 大粒で黄緑色のぶどう。＊ヨーロッパ原産。

マスカラ [mascara] 〖美容〗まつ毛を濃く，長く，カール効果をもたせる化粧料。

マス・カルチャー [mass culture] 大衆文化；マスコミ文化。

マスカルポーネ [mascarponeイタリア] イタリア・ロンバルディア産のクリーム状のチーズ。＊ティラミスの材料。

マスカレード [masquerade] 仮装舞踏会；仮面舞踏会。

マスキュリズム [masculism] 男権拡張主義。⇨フェミニズム。

マスキュリン [masculine] 男らしい；(女性が)男っぽい。↔フェミニン。

マスキング・テープ [masking tape] 塗装やコーキングなどで，作業個所以外の場所を汚さないように保護するための粘着テープ。

マスク[1] [mask] ①仮面；覆面。②鼻・口を覆ってほこりや病原菌などを防ぐガーゼ製の布。③〖野球〗捕手や主審が顔面を保護するために用いる防具。④顔；容貌(ようぼう)。

マスク[2] [musk] 麝香(じゃこう)。＊香料。ジャコウジカの雄の分泌物からとれる。＝ムスク。

マスクメロン [muskmelon] メロンの一品種。＊muskのような香りがすることから。

マス・ゲーム [mass game] 集団で行うダンスや徒手体操。

マスコット [mascot] 人形や小動物など，お守りとして大切にするもの。

マスコット・バット [mascot bat] 〖野球〗素振り用のバット。＊鉛が入っていて，試合用のものより重い。

マス・コミ [日mass communication] 新聞・雑誌・テレビ・ラジオなどの媒体とそれらによる情報伝達活動。↔ミニ・コミ。

マス・スクリーニング [mass screening] 集団検診。

マス・スタート [mass start] スピード・スケートなどで多人数の選手が一斉にスタートし順位を競う種目。

マス・ソサエティー [mass society] 大衆社会。

マスター [master] ①店の主人；経営者。②「修士」の学位。③技術・こつなどを修得すること。④CDやDVDなどの複製用原盤。

マスター・オブ・アーツ ⇨MA。

マスター・カード [Mastercard] 〖商標〗クレジット・カードの代表的な国

際ブランドの1つ。

マスター・キー [master key] 合い鍵(かぎ)；親鍵。

マスター・コース [日master course] 大学院の修士課程。⇨ドクター・コース。

マスターズ [Masters] ①中・高年のスポーツ競技大会。②マスターズ・トーナメントの略。

マスター・ステーション [master station] ⇨キー・ステーション。

マスターズ・トーナメント [The Masters Tournament] 〖ゴルフ〗アメリカのジョージア州オーガスタで開催されるゴルフ国際トーナメント。＊世界4大競技大会の1つ。略マスターズ。

マスターズ・リーグ [Masters League] 日本のプロ野球OBで行うリーグ。

マスター・テープ [master tape] 編集・加工をしていない録音をしたままのもとのテープ。略MT。⇨マザー・テープ。

マスタード [mustard] 洋がらし。

マスタード・ガス [mustard gas] ⇨イペリット。

マスター・ナラティブ [master narrative] 支配者の物語。↔カウンター・ナラティブ。

マスターピース [masterpiece] 名作；傑作。＊マスター・ワークとも。

マスター・ファイル [master file] 〖電算〗親ファイル。＊1つの系列のファイルの中で基本となるもの。

マスター・プラン [master plan] 基本的な計画。

マスターベーション [masturbation] 自慰。略マス。＝オナニー。

マスタング [mustang] ①アメリカの平原地帯にいる半野生馬。②[M-]アメリカ空軍の長距離戦闘機。③[M-]〖商標〗アメリカのフォード社製の自動車の名。＊ムスタングとも。

マスチック [mastic] カンラン科の乳香樹から採れる天然樹脂。

マスチフ [mastiff] チベット原産の大形猟犬。＊短毛で，耳が垂れている。イギリスで改良された。

マス・デモクラシー [mass democracy] 大衆民主主義。

マスト [mast] 帆柱。

〜細胞 [〜cell] 肥満細胞。＊アレルギーを引き起こす原因となる細胞の1つ。

マスト・アイテム [must item] 必需品；持つべきもの。＊単に，マストとも。

マスト・クライミング [Mast Climbing] タワー・クレーンのクライミング方法の1つ。＊クレーン本体がマスト(支柱)を継足しながら昇降する。超高層ビルの建設用。

マストドン [mastdon] ゾウやマンモスに似た長鼻目の化石獣。＊中生代〜洪積世に北アメリカ大陸に生息。「古代のゾウ」と呼ばれる。

マスト・バイ [must-buy] 買うべき商品のこと。

マス・ナンバー [mass number] 質量数。＊原子核を構成する核子(陽子と中性子)の和。

マス・ファッション [mass fashion] 〖服飾〗大衆に受け入れられ，大量生産されている比較的安価な製品。

マス・プロダクション [mass production] 大量生産。略マス・プロ。

マス・メディア [mass media] 一般大衆への情報伝達媒体。

マズルカ [mazurkaポーランド] ポーランドの軽快な民族舞踊，またはその舞曲。

マズローの法則 [Maslow's hierarchy of needs] 欲求の5段階説。＊人間の欲求は，下位から順に，生理的欲求—安全の欲求—帰属の欲求—自我の欲求—自己実現の欲求の5段階で構成され，下位の欲求が満たされると，より高次の欲求の充足を望むというもの。

マ

マセマティックス [mathematics] 数学；数学的手法。
マゼラン星雲 [Magellanic Cloud] 南天に肉眼で見える地球に最も近い星雲。＊大マゼラン星雲「旗魚(かじき)座」と小マゼラン星雲「巨嘴鳥(きょしちょう)座」からなる。1520年，マゼランが世界一周航海のときに発見。
マゼラン・ペンギン [Magellanic penguin] マゼラン海峡，フォークランド諸島に生息する中形のペンギン。
マゼンタ [magenta] 〘化学〙深紅色を呈するアニリン染料の一種。
マゾ マゾヒスト，マゾヒズムの略。
マゾヒスティック [masochistic] 被虐(ひぎゃく)的な。↔サディスティック。
マゾヒスト [Masochist ドイツ] ①被虐症の人。②苦痛を受けることに快感を覚える人。略マゾ。↔サディスト。
マゾヒズム [masochism] 被虐症。＊オーストリアの作家ザッヘル・マゾッホの名前から。略マゾ。↔サディズム。⇨SM[1]。
マター [matter] ①事柄；問題。②物質；成分。
マターナル [maternal] 母の；母らしい；母性的な。
マタドール [matador スペイン] 主役の闘牛士。＊最後に牛に止めを刺す。⇨トレアドル，ピカドール。
マタニティ [maternity] ①母性；母らしさ。②妊婦の。
マタニティ・ウェア [maternity wear] 妊婦服。
マタニティ・スイミング [maternity swimming] 安産のために行う妊婦の水泳。
マタニティ・ドレス [maternity dress] ⇨マタニティ・ウェア。
マタニティ・ハラスメント [maternity harassment] 働く女性が妊娠や育児を理由に職場で受ける精神的・肉体的嫌がらせ。＊出産後の就業継続を困難にする要因となる。略して，マタ・ハラとも。
マタニティ・ブルー [maternity blue] 出産直後の女性に起こりがちな不眠や精神の不安定な状態。
マタニティ・マーク [日maternity mark] 妊婦であることを周囲に知らせ，公共交通機関での配慮を求めやすくするためのマーク。
マダム [madame フランス] ①女主人；奥様。＝ダーム。②バーやクラブなどの女主人。
マダム・タッソー館 [Madame Tussauds] イギリス・ロンドンにある蠟(ろう)人形館。＊1835年，蠟人形彫刻家マリー・タッソーが創設。
マチエール [matière フランス] 〘美術〙①絵の具の肌合い；仕上がり具合。②素材；材料；物質。
マチネ [matinée フランス] 〘演劇〙昼間興行。↔ソワレ。
マチュア [mature] 成熟した；大人の；分別のある。
マチュ・ピチュ [Machu Picchu] 南米ペルーのクスコ地方の標高2280メートルにあるインカ帝国の要塞都市遺跡。
マッキントッシュ [mackintosh] ①りんごの一品種。②防水加工を施した布の一種。③[M-]〘商標〙アップル社製のパソコン。略Mac。
マックス [max.] ⇨マキシマム。
マッコリ [Makgeolli コリア] 朝鮮半島の大衆的な濁り酒。＊マッカリとも。
マッサージ [massage] 健康・美容のために筋肉をもみほぐすこと。
マッシャー [masher] 野菜，肉，魚をすりつぶす調理器具。
マッシュ [mash] ⇨ピューレ。
マッシュ・アップ [mash up] ①複数の曲を組み合わせて，1つの曲に作り上げる技法。②インターネット上のコンテンツや音楽・動画などを組み合わせ，新たなサービスとして提供すること。

マッシュ・ポテト [mashed potato] ゆでてつぶしたじゃがいもに，塩・バターなどで味付けした食物。

マッシュルーム [mushroom] ハラタケ科の食用キノコ。＊人工栽培。＝シャンピニオン。

マッス [mass] 〘美術〙量感。

マッスル [muscle] ①筋肉；筋力。②力ずくで押し進む。

マッスル・スーツ [muscle suit] 〘商標〙福祉介護，作業用の動作補助ウェア。＊圧縮空気を用いた人工筋肉で腕や腰の関節の働きを補助する。

マツダ [Mazda] ゾロアスター教の最高神。＊正式には，アフラ(神)・マズダ(知恵)。

マッチ [match] ①試合；勝負。②よく調和していること；つりあいがとれていること。③発火用具の1つ。

マッチ・プレー [match play] 〘ゴルフ〙各ホールごとに勝ち負けを決めていく方式のゲーム。↔ストローク・プレー。

マッチ・ポイント [match point] 〘スポーツ〙試合の勝敗を決定する最後の得点。

マッチ・ポンプ [日match＋pompオランダ] 問題の火付け役でありながら，一方でもみ消してやるともちかけて金品をまきあげること。

マッチメイト [matchmate] 好敵手；相手；競争者。

マッチ・メーカー [match maker] ①マッチの製造者。②仲人。③〘スポーツ〙試合の組み合わせを決める人。

マッチョ [macho] (筋肉や体型などの)男らしさ；男っぽさ。

マッチング [matching] ①組み合わさったものが釣り合うこと；調和。②異なるものを対比すること。

マッチング・ギフト [matching gift] 企業の社会貢献の1つ。＊自社の社員が社会福祉のために寄付した額と同額を企業も寄付すること。

マット [mat] 洋式の敷物の1つ。＊寝具用，運動用など。

マッド [mad] ばかげた；無謀な。

マット・カラー [matte color] 光沢のない絵の具。また，つや消しの色。

マッド・サイエンティスト [mad scientist] 天才的頭脳をもっているが，著しく倫理観・道義心に欠ける科学者。＊SF小説に登場。

マットレス [mattress] ふとんの下やベッドの上に敷く，洋式の弾力性のある敷き物。

マッハ [Machドイツ] 高速飛行体の速度を表す単位。記号はM。＊オーストリアの物理学者E.マッハの名から。

マッピング [mapping] ①位置や分布などを割り当てたり，対応付けたりすること。②3次元グラフィックスにおいて，物体の表面にさまざまな効果を施し，質感を変えること。

マップ [map] ①地図；天気図。②顔。③地図を作る。

マテ [mateスペイン] 南米産のお茶。＊ジェルバの葉から作る。

マティーニ [martini] カクテルの一種。＊ジンとベルモットを混ぜ，オリーブの実などを添える。

マディソン・アベニュー [Madison Avenue] ニューヨーク市マンハッタン島を縦に走る大通りで，アメリカ広告業界の代名詞。

マデイラ [Madeira] アフリカ北西岸沖のマデイラ島産の白ワイン。

マテリアリスト [materialist] 唯物論者。

マテリアリズム [materialism] 唯物論。↔アイデアリズム，スピリチュアリズム。

マテリアリティ [materiality] CSRにおける企業の重要課題。

マテリアル [material] ①原料；材料。②〘美術〙材質感。

マテリアルズ・インフォマティクス

[materials informatics]　AIやデータベースなどの情報科学を活用し，効率的に新素材を探し出す手法。

マテリアル・バランス [material balance]　事業活動に要する資源・エネルギーの量と，それにより発生する環境負荷物質との関係。

マテリアル・ハンドリング [material handling]　物流拠点内の移動に関する業務全般。または物流機能の効率化を図る技術・方法のこと。

マドモアゼル [mademoiselleフランス]　未婚女性；お嬢さん。

マドラー [muddler]　コップの中の飲み物をかきまぜる細い棒。

マドラサ [madrasaアラビア]　イスラムの教育施設。

マドラス・チェック [Madras check]　多色の糸で格子模様を織り出した木綿の生地。＊インドのマドラス地方の製品から。

マトラッセ [matelasséフランス]　模様を浮き出させた二重織りの生地。

マドリガル [madrigal]　①田園詩；叙情短詩。②無伴奏合唱曲。＊14世紀イタリアの世俗声楽曲が始まり。

マトリックス [matrix]　①〖数学〗行列。②〖電算〗データの配列。＊原義は「生み出すもの」。

マトリョーシカ [matryoshkaロシア]　ロシアの木製入れ子式人形。

マドレーヌ [madeleineフランス]　貝の形をした型で焼いた，バターをふんだんに使ったスポンジ・ケーキ。

マトロート [mateloteフランス]　魚や肉にタマネギ，ワインの煮切りを加えた煮込み料理。

マドロス [matroosオランダ]　船乗り；水夫。

マトン [mutton]　羊肉。

マドンナ [Madonnaイタリア]　①聖母マリア。②美しい人；あこがれの女性。

マナ[1] [manaメラネシア]　メラネシアなど，太平洋諸島の諸民族の間で信じられている超自然的な力。

マナ[2] [manna]　昔，イスラエル人が荒野の旅をしているときに神から恵まれた食物。＊マンナとも。

マナー [manner]　①礼儀作法。②態度；動作。

マナー・モード [日manner mode]　携帯電話で，周囲の迷惑にならないよう着信音を停止する機能。＊英語ではsilent mode。

マナティー [manatee]　マナティー科の水性哺乳(ほにゅう)類の総称。＊前肢は鰭(ひれ)状，後肢は退化している。

マニア [mania]　①心酔。②1つのことにひどく熱中する人。

マニアック [maniac]　①熱中している。②熱中者；愛好者。

マニエール [manièreフランス]　型；手法；表現方法。

マニエリスム [maniérismeフランス]　技巧主義。＊16～17世紀，ヨーロッパに興った芸術様式。

マニキュア [manicure]　〖美容〗手の爪の手入れ法。⇨ペディキュア。

マニッシュ [mannish]　(女性が)男っぽいこと；(子供が)大人ぶっていること。

マニピュレーター [manipulator]　①遠隔自動操縦装置。＊危険を伴う原子炉などの作業を，防御壁を通して遠隔操作する。＝マジック・ハンド。②電子楽器や打ち込みのサウンドを取り入れるミュージシャン。

マニフェスト[1] [manifest]　①明白な。②積荷目録；乗客名簿。

マニフェスト[2] [manifesto]　①宣言。②政党の政策綱領。

マニュアル [manual]　①手引き；案内書；便覧。②手動式の。

マニュアル車　クラッチ，アクセル，ブレーキをペダル操作し，変速操作を手動で行う自動車。＊マニュアルは*m*anual *t*ransmissionから。略MT車。

マニュアル・マニピュレーター [manual manipulator] 1つの動作ごとに人間が遠隔操作する産業用ロボット。

マニュスクリプト [manuscript] ①原稿。②手写本。略MS。

マニュファクチュア [manufacture] 工場制手工業。

マヌカ・ハニー [manuka honey] ニュージーランドに自生するフトモモ科の低木マヌカの花から採集した蜂蜜。＊殺菌力が強い。

マヌカン ⇨マネキン。

マネー [money] 貨幣；金銭。

マネー・オーダー [money order] 郵便為替(かわせ)。

マネー・ゲーム [money game] 金利差を利用して利益を得るために資金運用をすること。

マネー・サプライ [money supply] 中央銀行と市中金融機関による民間への通貨の供給量。

マネージ [manage] 管理する；処理する。

マネージド・サービス [managed service] サーバーの運用管理，保守業務などを担うサービス。

マネージャー [manager] ①支配人；管理人。＊マネジャーとも。②チームの世話係。＊アメリカ野球界では監督をさす。③芸能人のスケジュール調整係。

マネー・ストック [money stock] 通貨供給量。＊マネー・サプライの後継名称。

マネー・ハンドリング [money handling] 資産運用。

マネー・フロー [money flow] 通貨の流れ。

マネー・ポジション [money position] 金融機関の資金調達と運用の資金ポジションにおいて，外部負債が余資を上回り，与信超過の状態。↔ローン・ポジション。

マネー・マーケット [money market] 金融市場。＊主に短期資金の運用・調達を行う。

マネーメーカー [moneymaker] ①蓄財家。②金もうけになる仕事。

マネー・ロンダリング [money-laundering] 資金の洗浄化。

マネキン [mannequin] ①陳列用人形。②ファッション・ショーのモデル。③商品の説明・販売にあたる派遣店員。＝マヌカン。

マネジメント [management] ①管理；管理者。②経営者。＊マネージメントとも。

マネジメント・サイクル [management cycle] 経営管理機能の循環。

マネジメント・シミュレーション [management simulation] 企業経営の擬似模型実験。

マネジメント・バイアウト [management buyout] M&Aの防衛手段の1つ。＊企業の経営者や幹部社員が，株主や親会社から株式，営業資産を買い取り，経営権を取得するもの。略MBO。

マネタイズ [monetize] 無料ネット・サービスにおいて，収益を生む事業に発展させること。

マネタリー [monetary] 通貨の；貨幣の；金銭の；財政の。

マネタリー・サーベイ [monetary survey] IMFに加盟している国の中央銀行が通貨金融統計方式に基づき作成する各種金融機関の貸借対照表。

マネタリー・ベース [monetary base] 日本銀行が市中へ直接的に供給する通貨。

マネタリスト [monetarist] 通貨主義者。

マネタリズム [monetarism] 通貨主義。＊アメリカの経済学者M.フリードマンが提唱。

マノメーター [manometer] 流体圧力計。

マハーバーラタ [Mahābārata サンスクリット]

マ

古代インドの国民的叙事詩。
マハラジャ [maharaja] インドの土侯国の王；地方君主。
マフ[1] ⇨MUF。
マフ[2] [muff] 毛皮を筒状にし，両側から手をさし入れて寒さを防ぐ手袋。
マフィア [Mafia] アメリカの秘密犯罪組織。＊もとは19世紀イタリアのシチリア島に興った秘密結社。
マフィン [muffin] 酵母を使用しない丸いパン。
マフラー [muffler] ①襟(えり)巻き。②〖自動車など〗消音器。
マペット [mappet] 操り人形・指人形の総称。＊marionette＋puppetから。
マベ・パール [mabe pearl] 養殖の半円真珠。
マベリック [maverick] ①焼き印のない，群れからはぐれた小牛。②一匹狼。＊特に，政党人を指す。
マホガニー [mahogany] センダン科の常緑高木。＊赤褐色の堅い木材で，家具などに用いられる。
マホメット教 ⇨イスラム教。
マヤ [Maya] 4～15世紀にユカタン半島付近で栄えた文明。またその民族。＊石造りの神殿，象形文字などが特徴。
マヨネーズ [mayonnaiseフランス] 卵黄にサラダ油，酢，からし，塩などを混ぜて乳化させたソース。
マヨリカ [maiolicaイタリア] ⇨マジョリカ。
マラカス [maracasスペイン] ヤシ科のマラカの果実の殻を干して中に豆やビーズを入れた中南米の民族楽器。
マラゲーニャ [malagueñaスペイン] スペインのフラメンコ舞曲の一種。
マラソン [marathon] 〖陸上競技〗42.195キロメートルの長距離レース。＝フル・マラソン。
マラボー [marabou] ①コウノトリ科の鳥で，アフリカハゲコウ。＊サハラ以南のアフリカに生息する。②羽毛のふち飾り。
マラリア [Malariaドイツ] 熱帯・亜熱帯地方特有の熱性の感染症。＊ハマダラ蚊(か)により媒介される。
マリア [Maria] ①イエス・キリストの母。②⇨マグダラのマリア。
マリアージュ [mariageフランス] ①結婚；婚姻。②料理とワインなどの飲み物の組み合わせが良いこと。
マリアッチ [mariachiスペイン] メキシコで野外ダンスのために編成される楽団。また，その音楽。
マリーゴールド [marigold] キク科タゲテス属の1年草。＊メキシコ原産。夏に黄・橙色などの花をつける。
マリーシア [maliciaポルトガル] サッカーにおける，試合に勝つためのずる賢さ。
マリーナ [marina] ヨットやモーターボートの停泊所。
マリーン ⇨マリン。
マリオネット [marionetteフランス] 糸操り人形，またそれを使った劇。⇨ギニョール。
マリッジ [marriage] ①結婚。②トランプで，同じ種類のキングとクイーンがそろうこと。
マリッジ・ブルー [日marriage blue] 結婚を前にして気分が塞(ふさ)ぐこと。
マリニエール [marinièreフランス] ①水兵服；セーラー服。②船乗り風の(料理)。
マリネ [marinéフランス] 酢・ぶどう酒・油・香味料などに漬けた魚・肉料理。
マリネード [marinade] マリネ用の酢・香辛料などを合わせた漬け汁。
マリファナ [marijuanaスペイン] 麻薬の一種で，大麻草の穂や葉などを乾燥し，切り刻んだもの。＊喫煙すると，妄想，幻覚，攻撃的行動などがみられる。マリワナ(marihuana)とも。
マリン [marine] ①海の。②[M-]アメリカ海兵隊。＊マリーンとも。
マリン・スノー [marine snow] プランクトンの遺骸が海中に漂い，白い雪が流れているように見える現象。
マリン・スポーツ [marine sports] 海岸・海洋で楽しむスポーツ。
マリンバ [marimba] 木琴の一種。＊金属製の共鳴管がついている。
マリン・ビーフ [日marine beef] 魚肉を濃縮したたんぱく質でつくられる人工肉。
マリン・ブルー [marine blue] 海のような濃い青色。
マリン・ルック [marine look] 水兵服のようなデザインの装い。＝ネイビー・ルック。
マルウェア [malware] 不正な動作を行う目的で作成されたソフトウェア。＊接頭辞「mal-」は「悪意のある」という意。
マルーン [maroon] ①マロニエの木の実。②マロニエの木の実の表皮のようなえび茶色。
マルガリータ [margarita] テキーラにライムなどを加えたカクテル。
マルキシズム [Marxism] マルクス主義。＊19世紀中頃，マルクスとエンゲルスにより提唱された史的唯物論に立脚した思想体系。科学的社会主義とも。
マルキスト [Marxist] マルクス主義者。
マルク [Markドイツ] ドイツの旧貨幣単位。＊1マルクは100ペニヒ。
マルサス主義 [Malthusianism] 人口は幾何級数的に増すが，食糧は算術級数的にしか増えないという原則に立ち，人口増加を抑制すべきだとする考え方。＊イギリスの経済学者T.R.マルサスの唱えた説。
マルシェ [marchéフランス] 市場；見本市。
マル・シップ [日Maru ship] ①日本船。②外国の船会社に貸し出した日本籍の船舶。＊日本船の「…丸」という名から。
マルス [Marsラテン] ①〘ローマ神話〙軍神。＊ギリシア神話のアレス。②火星。＊マースとも。
マルセイエーズ ⇨ラ・マルセイエーズ。
マルソー [morceauフランス] かけら；断片；1作品。
マルターゼ [Maltaseドイツ] 麦芽糖を加水分解してぶどう糖をつくる酵素。
マルチ [multi-] 多くの；多様の。
～商法 [multilevel marketing system] 連鎖販売取引。＊顧客に特典を与え，新規の客を勧誘するなど，次々と顧客をネズミ算式に拡大していくもの。＝ネットワーク・ビジネス，ピラミッド・セリング。
マルチアングル [multiangular] 多角の；多角的。
マルチーズ [Maltese] 白毛の小型愛玩犬。＊地中海マルタ島原産。
マルチウインドー [multiwindow] 〘電算〙通常のディスプレー画面を複数の領域に分割し，異なる情報を同時に表示する機能。
マルチクラウド [multicloud] 複数の異なるクラウド・サービスを組み合わせて利用すること。
マルチコプター [multicopter] 3枚以上の回転翼をもち，空撮などに利用される無人航空機。＊マルチ・ローターとも。
マルチスキャン [multiscanning] 複数の走査周波数に対応するように作られたモニター方式。
マルチスクリーン方式 [multiscreen system] 〘映画〙多数の映写機で，同時に異なる場面を見せる方式。
マルチタスク [multitasking] 〘電算〙1台のコンピュータで同時に2種以上の仕事ができること。
マルチ・タッチ [multi touch] 複数の場所に指で触れる操作が可能なタッチ・パネル。
マルチ・タレント [日multi talent] 何でもこなす多芸な芸能人。
マルチチャンネル [multichannel]

多重通信。
マルチチュード［multitude］ 自主的多数派。＊イタリアの政治学者アントニオ・ネグリによる概念。原義は「群衆」「多数性」。
マルチ・ディスプレー［multidisplay］ 1台のコンピュータで複数のディスプレーを表示させる手法。
マルチデバイス［multidevice］ 複数の端末で同じサービスやコンテンツを利用すること。
マルチトラック［multitrack］ 多重録音が可能であるさま。また，多重録音が可能なテープなど。
マルチナショナル［multinational］ 多国籍の。
マルチナショナル・コーポレーション［multinational corporation］ 多国籍企業。＝ワールド・エンタープライズ。
マルチパーパス・カー［multipurpose car］ 多目的に使える自動車。
マルチ・ハザード［multi hazard］ 多様な被害をもたらす災害。
マルチパック［multipack］ 缶飲料などを6本1組にまとめる包装，またその販売方法。
マルチ・ヒット［日multi-hit］〖野球〗 1試合に1人の打者が2本以上のヒットを打つこと。
マルチフラッシュ［multiflash］〖写真〗多閃光(たせんこう)撮影装置。＊分解写真の撮影に用いる。
マルチプル［multiple］〖数学〗倍数。
～広告［～page advertising］ 新聞・雑誌などで同一内容の広告を数ページにわたって掲載すること。
マルチプル・チョイス［multiple-choice (system)］ 多肢(たし)選択法。＊客観テストの一方式。
マルチプレーヤー・オン・ライン・バトル・アリーナ［multiplayer on-line battle arena］ 多数のプレーヤーが2チームに分かれ，協力しながら相手チームを攻めるオン・ライン・ゲーム。略MOBA。
マルチプログラミング［multiprogramming］〖電算〗複数のプログラムを同時併行的に処理すること。＝コンカレント・オペレーション。
マルチプロセッサ・システム［multiprocessor system］〖電算〗複数のコンピュータをおのおの対等に結合させ，多数のプログラムを同時に実行できるシステム。
マルチポーラー［multipolar］ 多極の；多極構造の。
マルチボックス［multibox］ 入出力部分の端子がまとめられた機器。＊舞台やコンサートで使用。
マルチメディア［multimedia］ 複合媒体。＊映像・音響・文字など多くの伝達媒体を組み合わせる技法。
マルチリンガル［multilingual］ 多数の言語を話す〔使う〕こと。⇨バイリンガル。
マルチング［mulching］ 乾燥や多湿を防ぐため，藁(わら)やビニールなどで作物の根元を覆う野菜の栽培法。
マルツ［Malzドイツ］ ⇨モルト。
マルトース［maltose］〖化学〗麦芽糖。＊水に溶け，甘い。
マルメロ［marmeloポルトガル］ バラ科の落葉高木。＊中央アジア原産。果実はジャム・果実酒などに用いる。
マレット［mallet］ ①ポロやクロッケーなどで用いる長い木槌(きづち)。②マリンバなど，打楽器で用いる木槌。
マロー［mallow］ アオイ科ゼニアオイ属の草。＊葉は食用，花はハーブ・ティーに用いる。
マロニエ［marronnierフランス］ トチノキ科の落葉高木。＊街路樹に利用。
マロニルシソニン［malonylshisonin］ 赤シソの葉から抽出される赤紫色の色素。＝ネモフィリン。
マロリー・ワイス症候群［Mallory Weiss syndrome］ 嘔吐(おうと)後，腹圧によって食道にできた裂傷から出血を起こす症状。

マロン [marron フランス] ①クリ(栗)；クリの実。②クリ色。

マロン・グラッセ [marrons glacés フランス] クリ(栗)を砂糖と香料で煮詰めたフランス菓子。

マロン・シャンティ [marron Chantilly フランス] クリ(栗)を混ぜたクリームを使用した洋菓子。

マン [man] 男；男性。↔ウーマン。

マンイーター [maneater] 人食い。＊人を襲って食うサメ，ライオン，トラなど。

マン・ウォッチング [man watching] 人間の行動観察。＊イギリスの動物学者D.モリスの著書から。

マン・オブ・ザ・イヤー [man of the year] その1年間に最もすばらしい業績を残した人。⇨パーソン・オブ・ザ・イヤー。

マンガン [mangaan オランダ] 原子番号25の赤灰色で磁性をもつ金属元素。元素記号Mn。＊ガラス，陶器の着色用。

マングース [mongoose] ジャコウネコ科の肉食獣。

マングローブ [mangrove] 熱帯・亜熱帯の湾や河口に群生するヒルギ科などの常緑樹。

マンゴー [mango] 東南アジア原産のウルシ科の果樹。＊楕円形の実で，「果実の王」といわれる。

マンゴスチン [mangosteen] マレー半島原産のオトギリソウ科の常緑高木。＊「果実の女王」といわれる。

マンシェット [manchette フランス] ①ロースト・チキンやフライド・チキンなどの骨の部分に付ける紙製の飾り。②血圧計の環状帯。

マンション [mansion] 高層集合住宅。＊原義は「大邸宅」。

マンシングウェア [Munshingwear] 『商標』アメリカのゴルフ・ウェアのメーカー，またその製品。

マンスプレイニング [mansplaining] 男性が女性に対して上から見下ろすような態度で物事を語ること。

マンスリー [monthly] ①月刊紙；月刊誌。②月1回の。

マンタ [manta] イトマキエイ科の魚。＊熱帯に広く分布。マンタエイとも。

マンダラ [Mandala サンスクリット] 仏や菩薩(ぼさつ)を幾何学的に一定の方式で並べて描き，真理や宇宙観を表現した図像。＊漢字で「曼陀羅」「曼荼羅」。

マンダリン [mandarin] ①中国の官吏。②北京官話；中国の公用語。③温州(うんしゅう)みかん。④オレンジを主材料としたリキュールの一種。

マンダリン・カラー [mandarin collar] ⇨チャイニーズ・カラー。

マン・ツー・マン [man-to-man] ①1人対1人。②マン・ツー・マン・ディフェンスの略。

マン・ツー・マン・ディフェンス [man-to-man defense] 『バスケットボール，サッカーなど』各人が相手チームの1人ずつをそれぞれマークする守備戦術。＊マン・マークとも。↔ゾーン・ディフェンス。

マンディリオン [Holy mandylion] 自印聖像。＊イエス・キリストの顔が，奇蹟によって布に刻印されたと伝えられる正教会のイコン。

マントラ [mantra サンスクリット] ヒンズー教で，真言(しんごん)。＊密教で陀羅尼(だらに)のこと。

マンドリル [mandrill] ヒヒ属のサルの一種。＊西アフリカの熱帯林に生息し，赤・ピンク・白・青の派手な体色をしている。

マンドリン [mandolin] 弦楽器の一種。＊洋梨を縦に割った形の胴に，2本1組の鋼製の弦が4組ある。

マントル [mantle] 地球の地殻と核の間の岩石の層。＊原義は「外套(がいとう)」「覆い」。

マントルピース [mantelpiece]　暖炉；暖炉の上の飾り棚。
マンナ　⇨マナ[2]。
マンナン [mannan]　多糖類の一種。＊コンニャクイモや海藻(かいそう)類に含まれる。低カロリー食品。
マンネリズム [mannerism]　型にはまっていて新鮮味のないこと。略マンネリ。
マンハッタン [Manhattan]　①ニューヨーク市の島。またその中心となる地区。②カクテルの一種。＊ウイスキーにベルモットを加える。
マンパワー [manpower]　人的資源；有効総人員。
マン・パワー [man power]　人力。＊1馬力の10分の1。
マンボ [mamboスペイン]　ルンバにジャズを取り入れたラテン音楽。
マンホール [manhole]　路面にある下水道などの作業員の出入口としてつくられた穴。
マンホール・トイレ [日manhole toilet]　災害時に，下水道管路に敷設したマンホールの上に簡易便座や個室を設けるトイレ。
マンボ・ズボン [日mamboスペイン＋juponフランス]　細身のズボン。
マン・マシン・インターフェース [man-machine interface]　コンピュータなどの機械とそれを操作する人間との媒介となるキーボード，マウスなどの機器の総称。また，そのシステム。略MMI。
マンマンデー [慢慢的チャイナ]　ゆっくりとした様子。↔カイカイデー。
マンモグラフィー [mammography]　乳房X線撮影装置。＊乳がんなどの診断に用いる。
マンモス [mammoth]　①洪積世に広く分布していた長毛の象。②巨大な。
マンモス・タンカー [mammoth tanker]　重量が6万トン以上の大型油送船。
マンモン [mammon]　①富；金銭。②財閥。

ミ

ミーアキャット [meerkat]　ジャコウネコ科の小形の哺乳(ほにゅう)類。＊アフリカに生息する。
ミーイズム [meism]　自己中心主義。
ミーガン法 [Megan's Law]　(アメリカの)性犯罪者情報公開法の俗称。＊メーガン法とも。
ミーティング [meeting]　会合；打ち合わせ；会議。
ミート[1] [meat]　食用の肉。
ミート[2] [meet]　①出会う。②〖野球〗ボールにバットをうまく当てること。
ミート・ソース [meat sauce]　挽き肉入りソース。
ミート・パイ [meat pie]　挽き肉の具をパイ生地で包んで焼いたもの。
ミート・ローフ [meat loaf]　挽き肉に野菜，香辛料などを加え，蒸し焼きにした料理。
ミーニング [meaning]　意味；意義。
ミー・ハー　巷の流行に流されやすい人；話題の事柄にすぐに夢中になる軽薄な人。
ミーム [meme]　模倣を通じて伝達される仮想の文化的な遺伝単位。
ミイラ [mirraポルトガル]　人間または動物の遺骸(いがい)が腐敗せずに原形を保ったまま乾燥したもの。
ミーリング・カッター [milling cutter]　⇨フライス。
ミール [meal]　①食事。②トウモロコシ，豆などを挽いた粉。
ミール・キット [meal kit]　食材や調味料など材料一式をセットにした商品や配達サービス。
ミール・クーポン [meal coupon]　レストランで使用できる食事券。
ミーンズ・テスト [means test]　資

産調査。

ミーン・バリュー [mean value] 平均値；平均数。

ミエローマ [myeloma] 骨髄腫。

ミオキミア [myokymia] 顔面，特に下瞼(まぶた)がピクピクと細かく痙攣(けいれん)する病気。

ミオクローヌス [myoclonus] 大脳，脳幹部，脊髄(せきずい)などの病変や，神経系の過度の興奮による不随意的筋収縮。＊プリオン病，クロイツフェルト・ヤコブ病などで見られる。

ミオグロビン [myoglobin] 筋肉細胞内に含まれる色素たんぱく質。

ミオシン [myosin] 筋肉の収縮に関与する主要なたんぱく質。

ミカエル [Michael] キリスト教で，大天使の１人。＊悪魔から信者を守る守護者。

ミキサー [mixer] ①セメントや砂利の混合機。②〖放送〗音量・音質を調整する装置や技術者。③果実や野菜のジュースをつくる調理器具。

〜車 [〜car] ⇨コンクリート・ミキサー。

ミキシング [mixing] 〖放送〗録音・録画するときに複数の音声や映像を調整し，効果的な音・映像をつくりあげること。

ミクシィ ⇨mixi。

ミクスチャー [mixture] 混合物。

ミクスト・メディア [mixed media] 現代アートにおいて，複数の素材を取り混ぜて作品をつくる技法。

ミグレイン [migraine] 片頭痛。

ミクロ [micro-フランス] ①⇨マイクロ。②微視的な；微小。↔マクロ。

ミクロ経済学 [microeconomics] 微視的経済学。＊企業内での経済事象などを扱う。↔マクロ経済学。

ミクロコスモス [Mikrokosmosドイツ] 小宇宙；縮図。↔マクロコスモス。

ミクロスコープ [Mikroskopドイツ] ⇨マイクロスコープ。

ミクロスコピック [microscopic] 顕微鏡でしか見えないさま；微視的。＊マイクロスコピックとも。↔マクロスコピック。

ミクロフィジックス [microphysics] 微視的物理学。

ミクロネーション [micronation] 国家としては幅広く認証されてはいない自称独立国。

ミクロメーター [Mikrometerドイツ] ⇨マイクロメーター。

ミクロン [micronフランス] メートル法の長さの単位。１ミクロンは，1000分の１ミリメートル。記号はμ。

ミケーネ文明 [Mycenaean civilization] 紀元前3000年〜前1000年頃まで，ギリシア本土のミケーネを中心に栄えた青銅器文明。

ミサ [missaラテン] カトリック教会の聖餐(せいさん)式。

ミサイル [missile] 誘導式のロケット弾。

巡航〜 命中度が高く，レーダーによる捕捉がきわめて困難なコンピュータ制御の有翼ミサイル。

〜療法 [〜therapy] がん細胞を殺す治療法。＊モノクローナル抗体により，がん細胞に制がん剤をミサイルのように的確に狙い打ちする。

ミザリー・インデックス [misery index] 失業率と物価上昇率を組み合わせて指数化したもの。

ミサンガ [micangaポルトガル] ししゅう糸などで作られた，手首に巻く輪(わ)。＝プロミス・リング。

ミサンドリー [misandry] 男性嫌悪。

ミザントロープ [misanthrope] 人間嫌い；厭世(えんせい)家。

ミシュラン [Michelinフランス] 〖商標〗レストランやホテルの旅行案内書。＊評価を星の数で格付けする。ミシュラン社はフランスのタイヤ会社。

ミシン 布地，皮革，紙などを糸で縫い合わせる機械。＊sewing machineから。マシン(machine)の転化。

ミス[1]［miss］　失敗；間違い。

ミス[2]［Miss］　①未婚女性の敬称。②未婚女性対象のコンテスト優勝者。

ミス[3]［myth］　神話；つくり話。

ミズ［Ms.］　女性の敬称。＊独身女性と既婚女性の敬称を男性(Mr.)と同じように1つにしたもの。

ミスアンダースタンディング［misunderstanding］　誤解。

ミスキャスト［miscasting］　俳優のもち味が生かされない配役。

ミス・コン［日miss contest］　若い未婚女性が対象のコンテスト。

ミスコンダクト［misconduct］　科学者の研究・成果発表における不正行為。＊「違法行為」「不始末」の意。

ミスジャッジ［misjudgement］〘スポーツ〙誤審。

ミスター［Mr.］　①男性の敬称。②団体やチーム名につけて，それを代表する男性であることを表す。

ミスティー［misty］　ぼんやりしたさま；あいまいなさま。

ミステイク［mistake］　①失敗；誤り。②誤解。

ミステリアス［mysterious］　神秘的な；不可思議な。

ミステリー［mystery］　①神秘。②宗教上の神秘的教義。③推理・怪奇小説。

ミステリー・サークル［日mystery circle］　畑の中の小麦などの作物が円形状に倒される現象。＊英語ではcrop circle。

ミステリー・ショッピング［mystery shopping］　覆面調査。

ミステリー・ツアー［mystery tour］　行き先が謎の観光旅行。

ミステリー・ハンター［日mystery hunter］〘テレビ〙世界各地を訪ね，その地の「不思議なこと」をクイズにし，その謎を解説する人。

ミスト［mist］　霧；もや。

ミスト・サウナ［日mist＋sauna フィンランド］　温水を霧状にして噴き出すサウナ。

ミストラル［mistral フランス］　フランス地中海岸地方に吹く季節風。＊北または北西の寒風。

ミストレス［mistress］　①女主人；女将(おかみ)。②夫人；主婦。③情婦。

ミスフォーチュン［misfortune］　不幸；災難。

ミスプリント［misprint］　誤植；文字を間違えて印刷すること。

ミスマッチ［mismatch］　不釣り合いな組み合わせ；不似合い。

ミス・ユニバース［Miss Universe］　世界規模のミス・コン。＊1952年，アメリカで始まる。

ミスリード［mislead］　誤り導くこと；人を誤らせること。

ミセス［Mrs.］　既婚女性の敬称。

ミゼット［midget］　①小人。②超小型の。

ミゼラブル［misérable フランス］　悲惨；無情。

ミソジニー［misogyny］　女性嫌悪。

ミソロジー［mythology］　神話；神話学。

ミダス［Midas］〘ギリシア神話〙小アジアのフリギアの王。＊触れるものすべてが黄金となる力をもつ。

ミックス［mix］　①混合する。⇨ブレンド。②ミックス・ダブルスの略。

ミックス・ジュース［mixed juice］　いろいろな果物を混ぜたジュース。

ミックス・ゾーン［mixed zone］　競技場内に設けられている，スポーツ選手の取材場所。

ミックス・ダブルス［mixed doubles］〘テニス，卓球など〙混合複；男女組のダブルス。略ミックス。

ミッション［mission］　①使節団；代表団。②布教活動。③任務；使命。

ミッション・スクール［mission school］　キリスト教の伝道のために

創立された学校。
ミッション・スペシャリスト [mission specialist] 広く全体に責任を負う宇宙飛行士。略MS。
ミッシング [missing] 欠けている；行方不明の。
ミッシング・マス [missing mass] 見失われた質量。＊宇宙に，存在は確認されているが，光で見ることができない物質。⇨ダーク・マター。
ミッシング・リンク [missing link] ①生物の進化の過程で，類人猿と人間の間に存在したと考えられる動物。②系列を完成するのに欠けている部分。＊原義は「失われた環(わ)」。
ミッソーニ [Missoni] 〖商標〗イタリアのニット・メーカー。また，その製品。＊幾何学模様・抽象模様が特徴で，色づかいも華やか。
ミット [mitt] 〖野球〗捕手と１塁手が捕球のためにはめる革製の用具。
ミッドウエスト [Midwest] アメリカの中西部。
ミッドサマー [midsummer] 真夏；夏至(げし)の頃。
ミッドシップ・エンジン [midship engine] 〖自動車〗座席と後車軸の間に取りつけるタイプのエンジン。＊スポーツ・カーなどで採用。
ミッドナイト [midnight] 真夜中；深夜。
ミッドナイト・エクスプレス [日midnight express] 夜行長距離高速バス。＊深夜，高速道路を走る。
ミッドナイト・サン [midnight sun] 高緯度地方で夏に見られる真夜中の太陽。
ミッドナイト・ショー [midnight show] 深夜興行。
ミッドフィールダー [midfielder] 〖サッカーなど〗フォワードとディフェンダーの間で，攻守両面にわたってプレーする選手。略MF。
ミッドポイント [midpoint] ①中間点。②測定値の最大値と最小値の単純平均値。
ミッフィー [Miffy] オランダの作家ディック・ブルーナの絵本に登場する主人公(兎うさぎ)の名前。＊「うさこちゃん」とも。
ミディ[1] [middy] ①アメリカ海軍兵学校生徒。＊midshipmanが正式な名称。②セーラー服風のブラウス。
ミディ[2] [midi] ふくらはぎの半ばが隠れるほどの長さのスカート。＊ミ・モレとマキシの中間の丈。
ミディ[3] ⇨MIDI。
ミディアム [medium] ①媒体；媒介物。②〖料理〗肉を中程度に焼くこと。⇨レア，ウェル・ダン。
ミディアム・サイズ [medium size] ふつうサイズ；Mサイズ。
ミディアム・レア [medium rare] 肉の焼き方で，半生焼き。
ミティゲーション [mitigation] ①緩和；軽減。②環境の等価交換。
ミテーヌ [mitaineフランス] ⇨デミ・グローブ。
ミトコンドリア [mitochondria] 動植物の細胞質中に存在する粒状・棒状の小体。＝コンドリオソーム。
ミトラ教 [Mithraism] 太陽神ミトラを主神とする古代ペルシアの密儀宗教。＊ミスラス教とも。
ミドリフ [midriff] ①横隔膜。②〖服飾〗へそを出した短い上着。
ミドル [middle] ①中間の；真中の。②中年；中等。
ミドル・イースト [Middle East] 中東。＊ヨーロッパから見た，リビアからアフガニスタンに及ぶ地域。
ミドル・エイジ [middle age] 中年。
ミドル級 [middleweight] ボクシングの重量別階級の１つ。＊プロでは154ポンド超え160ポンドまで。
ミドル・クラス [middle class] ①中産階級。②中級。
ミドル・ネーム [middle name] 中間

名。＊3つの部分で構成されている人名の真中の部分。

ミドル・ホール [middle hole] 〖ゴルフ〗パー4のホール。

ミドル・マネジメント [middle management] 中間管理職。

ミトン [mitten] 親指だけが分かれている形の手袋。

ミナレット [minaret] 尖塔(せんとう)。＊特に，イスラム建築で，モスクに付属する高い塔。

ミニ [mini-] ①小さい；小型の。②ミニスカートの略。

ミニアチュア [miniature] ①⇨ミニアチュール。②⇨ミニチュア。

ミニアチュール [miniatureフランス] 装飾画；細密画。

ミニオン [minion] お気に入り；寵児(ちょうじ)。＊中世フランス語から。

ミニカー [minicar] ①小型自動車。②ミニチュア・カーの略。

ミ

ミニ・コミ [日mini communication] 少数の限定された人たちを対象とした情報伝達またはその媒体。↔マス・コミ。

ミニ・コンポ [日mini component] 自由な組み合わせができる小型のオーディオ装置。

ミニ・シアター [日mini theater] 座席数300以下の小規模な映画館。

ミニスカート [miniskirt] ひざ上の短い丈のスカート。略ミニ。

ミニスター [minister] ①大臣；閣僚；公使。②聖職者；牧師。

ミニステート [ministate] 人口が少なく領土の小さな独立国。

ミニストリー [ministry] ①大臣の職；聖職。②省；内閣。③聖職者。

ミニチュア [miniature] ①小さいもの。特に，小型模型。②縮図。＊ミニアチュアとも。

ミニチュア・カー [miniature car] 正縮尺でつくられた小型の自動車模型。略ミニカー。

ミニチュア・ブック [miniature book] 豆本。

ミニッツ・ステーキ [minute steak] 刻み目をつけて焼く小型の薄いステーキ。

ミニットマン [Minuteman] アメリカ空軍の大陸間弾道ミサイル。＊原義は「アメリカ独立戦争時の民兵」。

ミニディスク [MiniDisc] 録音・再生が可能な，小型で円盤状の記憶媒体。略MD。

ミニ・トマト [日mini tomato] トマトの一品種。＊果実が小さく，収穫数が多い。プチ・トマトとも。

ミニピル [minipill] 黄体ホルモンのみでできた経口避妊薬。

ミニマム [minimum] ①最少量；最低限度。②〖数学〗極小。略min.。↔マキシマム。

ミニマム・アクセス [minimum access] 〖経済〗最低限の輸入目的量。

ミニマム・エッセンシャルズ [minimum essentials] 最低限必要な教養の水準。

ミニマム級 [minimumweight] ボクシングの重量別階級の1つ。＊プロでは105ポンド以下。=ストロー級。

ミニマリスト [minimalist] ①ミニマリズムやミニマル・アートを志向する芸術家。②必要最低限の物だけで暮らす人。

ミニマリズム [minimalism] ①装飾的要素を最小限に抑えて，最大の効果をあげようとする芸術上の主張。②〖服飾〗素朴で余分な装飾を省いたスタイル。

ミニマル [minimal] 最小限度の；極小の。

ミニマル・アート [minimal art] 最小限の造形手段を用い，技巧に走らず簡素であることをめざした絵画・彫刻。＊1960年代にアメリカで起きた反芸術運動。

ミニマル・ミュージック [Minimal

Music〕 最小限のパターン化された音型を反復させる音楽。＊1960年代アメリカに始まり，70年代に世界的に流行。
ミニマル・ライフ〔minimal life〕 必要最低限の物で，暮らしの質を落とさないようにする生活のこと。
ミニ・レター〔日mini letter〕 便箋と封筒を兼ねた切手付通信用紙。
ミニ・ロト〔日mini lotto〕 数字選択の宝くじ。＊1～31の数字の中から5個の数字を選択する。
ミネストローネ〔minestroneイタリア〕〘料理〙野菜を煮込んだ中にパスタを入れたイタリア風スープ。
ミネラル〔mineral〕 ①鉱物；無機物。②動物に生理作用上必要な無機塩類。
ミネラル・ウォーター〔mineral water〕 無機塩類を多く含んだ水。⇨エビアン。
ミネルバ〔Minervaラテン〕 〘ローマ神話〙知恵・芸術・学問・武勇の女神。＊フクロウを伴う。ギリシア神話ではアテナ。
ミノス〔Minosギリシア〕〘ギリシア神話〙クレタ島の王。＊ゼウスとエウロペの子。
ミノタウロス〔Minotaurosギリシア〕〘ギリシア神話〙牛頭人身の怪物。
ミミクリー〔mimicry〕〘生物〙擬態；模倣；物真似。＝ミメーシス。
ミミック〔mimic〕〘演劇〙身振り；表情術。
ミメーシス〔mimēsisギリシア〕 ①(芸術における)模倣。②⇨ミミクリー。
ミモザ〔mimosa〕 ギンヨウアカシアの通称。＊淡黄色の小球形の花が集まって咲く。
ミモザ・サラダ〔mimosa salad〕 野菜サラダの上に，ゆで卵の黄身を裏ごししてふりかけたもの。
ミ・モレ〔mi-molletフランス〕 ひざ頭が隠れる長さのスカート。⇨マキシ①，ミディ²。
ミモレット〔Mimolette〕 フランス産の高級チーズ。＊固くなるほど風味が増す。
ミューオン〔muon〕 ミュー粒子。＊レプトンの一種。
～触媒核融合〔～catalyzed nuclear fusion〕 重水素，三重水素間で，ミュー粒子が媒介となって起きる核融合反応。
ミュージアム〔museum〕 博物館；美術館。
ミュージアム・トーク〔日museum talk〕 博物館や美術館で，学芸員などが展示物を鑑賞しながら直接解説をすること。
ミュージカル〔musical〕 ①ミュージカル・コメディの略。②〘映画，演劇〙音楽を主体に構成された劇。
ミュージカル・コメディ〔musical comedy〕 歌と踊りで構成される大衆演劇。略ミュージカル。
ミュージシャン〔musician〕 音楽家。
ミュージック〔music〕 音楽。
ミュージック・コンクレート〔musique concrèteフランス〕 具体音楽。＊自然界の音を編集，加工して作る。
ミュージック・セラピー〔music therapy〕 音楽療法。
ミュージック・テープ〔music tape〕 音楽を録音したテープ。
ミュージック・ビデオ〔music video〕 ポピュラー音楽で，CDを発表するに際して制作される映像作品。＝ビデオ・クリップ，プロモーション・ビデオ。
ミューズ〔Muse〕〘ギリシア神話〙芸術を司る女神ムーサの英語名。
ミューズリー〔muesli〕 燕麦(えんばく)に未精製の穀物，ドライ・フルーツやナッツなどを混ぜ合わせたスイス発祥のシリアル。＊ムーズリーとも。
ミュータント〔mutant〕 ①突然変異体；遺伝の法則にはずれて出てきた変異体。②異端児。

ミューテーション [mutation] ①突然変異；変化；変質。②コンピュータ・ウイルスが突然変異する機能。
ミュート [mute] 〖音楽〗弱音器。
ミュール[1] [mule] ラバ。＊雄ロバと雌ウマとの間に生まれた雑種。
ミュール[2] [muleフランス] つっかけ；スリッパ。
ミュトス [mythosギリシア] 民間伝承；説話；神話。
ミュンヒハウゼン症候群 [Munchhausen syndrome] 虚偽性障害の一種。＊周囲の関心や同情を引くために病気を装ったり，自傷行為をしたりして病院の入退院を繰り返す。
ミラー [mirror] 鏡。
～衛星 [～satellite] 地上からのレーザー光を反射し，敵のミサイルを攻撃する軍事衛星。
ミラー・ガラス [mirror glass] 熱線反射ガラス。
ミラー・サイト [mirror site] あるウェブ・サイトと内容が同一の複製サイト。＊アクセス集中によるサイトの負荷軽減のためにつくられる。
ミラージュ [Mirageフランス] ①フランス空軍の戦闘爆撃機。②[m-] 蜃気楼(しんきろう)。
ミラー・ボール [mirror ball] 小さな鏡を多数表面に貼った球。＊ディスコ・ボールとも。
ミラーリング [mirroring] データを記録する際，同じ内容のデータを複数の記憶装置に記録すること。
ミラクル [miracle] 奇跡。
ミラクル・フルーツ [miracle fruit] 熱帯アフリカ産のアカテツ科に属する小果樹。＊食べた後，酸っぱいものを食べても甘く感じる。
ミラ・ショーン [Mila Sohön] 〖商標〗ミラノの服飾デザイナー。また，その製品。
ミランダ警告 [Miranda warning] 権利の告知。＊黙秘権など4項目の権利の告知がなされていなければ，被疑者の供述は公判で証拠として採用することが出来ないとするルール。
ミリ [milli-] ①国際単位系(SI)で，1000分の1 (10^{-3})を表す接頭辞。記号m。②ミリメートルの略。
ミリオネア [millionaire] 百万長者；大富豪。⇨ビリオネア。
ミリオン [million] ①100万。②多くの。
ミリオン・セラー [million seller] 100万以上の売り上げを記録したCDや書籍。⇨ベスト・セラー。
ミリセカンド [millisecond] ミリ秒。1000分の1秒。記号はmsec。
ミリタリー [military] ①軍隊の；軍用の；陸軍の。②軍隊；軍人；兵士。
ミリタリー・インダストリー [military industry] 軍需産業。
ミリタリー・ガバメント [military government] 軍事政権；軍政。
ミリタリー・バランス [military balance] ①軍事力のバランス。②[The M-B-] イギリスのシンクタンクの国際戦略研究所が毎年発行する世界各国の軍事情勢の報告書。
ミリタリー・ルック [military look] ⇨アーミー・ルック。
ミリタリスト [militarist] 軍国主義者。
ミリタリズム [militarism] 軍国主義；軍事至上主義。
ミリタント [militant] 好戦的な人；闘士。
ミリバール [millibarフランス] 圧力の単位。1000分の1バール。記号はmb。＊現在はヘクトパスカル(hPa)を用いる。1mbは1hPa。
ミリメートル [millimètreフランス] メートル法の長さの単位。1メートルの1000分の1。記号mm。略ミリ。
～波 [～wave] ⇨EHF。
ミル [mill] ①製粉所。②粉砕器；粉挽き器。

ミルキー・ウェイ [Milky Way] 天の川；銀河。⇨ギャラクシー①。
ミルキー・ハット [milky hat] 中折れ型の軽い布製の帽子。
ミルク [milk] 牛乳。
ミルク・コーヒー [日milk coffee] ミルク入りコーヒー。⇨カフェ・オ・レ，カフェ・ラテ。
ミルク・セーキ [milk shake] 牛乳に卵・砂糖・香料を入れてよくかきまぜた冷たい飲み物。
ミルク・ファイバー・ライス [日milk fiber+rice] 米に麦を加え牛乳で炊いたごはん。＊学校食事研究会が考案したもの。
ミルク・フォーム [milk foam] 泡立てた牛乳。＝フォームド・ミルク。
ミルク・ローリー [日milk lorry] 酪農家から原乳を集めて製乳工場へ運搬するタンク・ローリー。
ミル・フィーユ [mille-feuilleフランス] パイ皮を幾重にも重ねて間にクリームをはさんだケーキ。
ミレニアム [millennium] ①千年間；千年紀。②〖キリスト教〗千年至福期；千年王国。
ミンク [mink] イタチ科の小動物。また，その毛皮。
ミンク鯨 [minke whale] ナガスクジラ科の哺乳(ほにゅう)類，コイワシクジラ。＊胸びれの上面に白斑がある。
ミンサー [mincer] 挽き肉器；食材をつぶしてすりおろす調理器具。
ミンスク [Minsk] ①ベラルーシ共和国の首都。②旧ソ連海軍のキエフ級航空母艦。
ミンストレル [minstrel] ①吟遊(ぎんゆう)詩人。②中世ヨーロッパで宮廷に仕えた音楽家。
ミンチ ⇨メンチ。
ミント [mint] ①薄荷(はっか)。②ペパーミント，スペアミントなどの総称。③造幣局。
ミント・ジュレップ [mint julep] バーボン・ウイスキーやミントの葉，砂糖などでつくるカクテル。

ム

ムーア人 [Moor] マグレブ地方のイスラム教徒で，アラブ化したベルベル人のこと。
ムーサ [Musaギリシア] ⇨ミューズ。
ムース [mousseフランス] ①泡立てたクリームを用いた菓子・料理。②〖美容〗泡状の整髪用クリーム。
ムー大陸 [Mu Continent] かつて太平洋にあったとされる伝説上の大陸。
ムーチョ [muchoスペイン] 大いに；たくさんに。
ムーディー [moody] 雰囲気のいい。＊和製用法。
ムーディーズ [Moody's Investors Service, Inc.] アメリカの投資顧問会社。＊企業などの格付けを行う。
ムード [mood] ①気分；雰囲気。②〖言語〗叙法。
ムード・ミュージック [mood music] 雰囲気を盛り上げるような音楽。
ムード・メーカー [日mood maker] 雰囲気を盛り上げる人。
ムートン [moutonフランス] 羊の毛皮。＊ムトンとも。
ムービー [movie] 映画。
ムービング・セール [moving sale] 引っ越しセール。
ムーブメント [movement] ①動き；動作。②社会的運動。③〖音楽〗楽章。
ムームー [muumuuハワイ] ハワイの女性用民族服。＊色あざやかで，ゆったりとしたスタイルのドレス。⇨アロハ・シャツ。
ムーラン [moulinフランス] 風車。
ムーラン・ルージュ [Moulin Rougeフランス] パリのモンマルトルにあった大衆演劇館。＊観光客向け劇場として現存。「赤い風車」の意。
ムール貝 [mouleフランス] 貽貝(いがい)。＊

黒い2枚貝で南欧の料理に用いる。
ムーン [moon] 月。
ムーンウォーク [moonwalk] ①ブレークダンスのステップの1つで，後退しながら前進しているように見せるもの。②無重力の月面歩行。
ムーンサルト [moonsault] 〖体操〗月面宙返り。
ムーンショット [moonshot] 月にロケットを打ち出すような，壮大な目標や挑戦のこと。
ムーンストーン [moonstone] 月長石(げっちょうせき)。＊準宝石の一種。
ムーン・バギー [moon buggy] アポロ計画で使用された月面探査用自動車。＊LRVの通称。
ムーンフィッシュ [moonfish] ①円形の魚の総称。＊マンボウなど。②⇨プラティー。
ムーンフェイス [moonface] ステロイド剤の長期服用などにより生じる満月様顔貌。
ムーン・フェイズ [moon phase] 月の満ち欠け，またはそれを機械式時計の文字盤に表示させる機能。
ムーンボー [moonbow] 月虹(げっこう)。
ムーンライト [moonlight] ①月光。②夜間のアルバイト。
ムーンロック [moonrock] ヘロインとクラック③から作られる合成喫煙麻薬。＊ロック(石)とはクラックの錠剤のこと。
ムエタイ [muaythai タイ] タイ式ボクシング。＊タイの国技。キック・ボクシングの原型。
ムガル帝国 [Mughal] インドの最後のイスラム王朝。＊1526〜1858年。ムガール帝国とも。
ムコ多糖類 [mucopolysaccharide] 〖化学〗アミノ酸とウロン酸を含む多糖類の総称。＊ヒアルロン酸，コンドロイチン硫酸など。
ムサカ [musakka トルコ] ナスやトマト，挽き肉を重ね，上にチーズ，ベシャメル・ソースをかけ，焼いた料理。＊地中海沿岸の伝統料理。
ムジャヒディーン [mujāhidīn アラビア] イスラム聖戦(ジハード)を闘う者。
ムスカリ [muscari] ユリ科の多年草。＊春，紫色の筒状の小さな花が咲く。
ムスカリン [muscarine] 毒きのこに含まれるアルカロイド。
ムスク [musc フランス] ⇨マスク[2]。
ムスコン [muscone] 麝香(じゃこう)の芳香成分。＊香水用。
ムスリーヌ・ソース [mousseline sauce フランス] マヨネーズに泡立てたクリームを加えて作るソース。
ムスリム [Muslim] イスラム教徒。＊女性形はムスリマ(Muslima)。モスレムとも。
〜同胞団 [〜Brotherhood] スンニ派のイスラム原理主義組織。＊1928年，エジプトで結成。
ムチン [mucin] たんぱく質と糖が結合した粘性物質。＊納豆や山芋などに含まれる。
ムック [mook] 雑誌と書籍の中間的な出版物。＊magazine＋bookから。
ムックリ アイヌの民族楽器。＊口琴の一種で，竹製。
ムッシュー [monsieur フランス] 男性に対する敬称。＊英語のミスターに相当。
ムニエル [meunière フランス] 魚に小麦粉をまぶし，バター焼きにした料理。
ムハマディア [Muhammadia] インドネシアの改革派イスラム教団体。
ムハンマド [Muhammad] イスラム教の創始者マホメットのアラビア名。
ムラート [mulato スペイン] 南米の黒人と白人の間に生まれた人。
ムンバイ [Mumbai] インドのマハラシュトラ州の州都で，インド最大の都市。＊1995年，英語での名称ボンベイから現地語ムンバイに変更。
ムンプス [Mumps ドイツ] 流行性耳下腺炎。おたふくかぜのこと。＊ウイル

ム

ス性の感染症。

メ

メイク ⇨メーキャップ。
メイズ[1] [maize] トウモロコシ。
メイズ[2] [maze] ①迷路；迷宮。②混乱；当惑。
メイデン [maiden] ①少女；未婚女性。②未婚の；処女の；初の。
メイド [maid] ①お手伝いさん；家政婦。②未婚の女性。
メイド・カフェ [日maid cafe] メイドの恰好をした女性が接客にあたる喫茶店。＊「メイド喫茶」とも。
メイフラワー [mayflower] ①5月の花。特にサンザシ。②[M-]1620年，清教徒の一団を乗せてイギリスから新大陸へ渡航した船の名。⇨ピルグリム・ファーザーズ。
メイプル ⇨メープル。
メイン [main] 中心的な；主要素。＊メーンとも。
メイン・アンプ [main amp] 〖電気〗主増幅器。＝パワー・アンプ。⇨プリアンプ。
メイン・イベント [main event] 興行・催しなどの主要試合や出し物。
メイン・カルチャー [main culture] 正統的な文化。↔サブカルチャー。
メイン・ゲート [main gate] 主な出入口；正面玄関。
メイン・コース [main course] 正餐(せいさん)の主要料理。
メイン・スタンド [日main stand] 正面観覧席。
メイン・ストリート [main street] 目抜き通り。
メインストリーム [mainstream] 主流；本流。
メイン・タイトル [main title] ①主見出し。②〖映画，テレビ〗作品の題名を示す字幕。↔サブタイトル。
メイン・ディッシュ [日main dish] 主な料理；本番。
メイン・テーブル [日main table] 主賓席；議長席。
メイン・バンク [日main bank] 企業の主要取引銀行。
メインフレーム [mainframe] コンピュータ本体；汎用コンピュータ。
メイン・ポール [日main pole] 競技場の正面に立っている旗ざお。
メイン・メモリー [main memory] 〖電算〗主記憶装置；コンピュータ内部の記憶装置。
メーカー [maker] ①製造業者。②作る人。↔ユーザー。
メーガン法 ⇨ミーガン法。
メーキャップ [makeup] ①化粧；化粧法。②〖印刷〗本組み。＊メークアップとも。略メイク。
メーキング [making] 映像作品など，その製作過程をフィルムに記録すること。
メークアップ ⇨メーキャップ。
メー・クイン [May Queen] ジャガイモの一品種。＊楕円形。「メー・デー(5月祭)の女王」の意。
メーター [meter] 計測器。
メーター・スタンプ [meter stamp] 切手の代わりに使う郵便料金を示したシール。
メーデー [Mayday] 船舶・航空機などが用いる国際救難信号。＊フランス語「メデ(私を助けて)」から。
メー・デー [May Day] 5月1日の労働者の祭典。
メート [mate] 友達；仲間。＊メイトとも。
メートル [mètre フランス] メートル法の長さの単位。記号はm。
メープル [maple] カエデ。
メープル・シロップ [maple syrup] サトウカエデの樹液を煮詰めて作る蜜(みつ)。
メープル・リーフ金貨 [maple leaf gold coin] カナダ政府発行の金貨。

＊国章のカエデの葉がデザインされている。

メーラー [mailer] 電子メールを送受信するためのソフトウェア。＝メール・ソフト。

メーリング・リスト [mailing list] 一度の送信で，特定のグループの人全員にメールを送るシステム。また，そのリスト。略ML。

メール[1] [mail] ①郵便；郵便物。②Eメールの略。

メール[2] [male] ①男の；男性的の；雄の。↔フィメール。②強い。③雄性植物。

メール・アカウント [mail account] メールの使用権。＊サーバーからアドレスを取得したユーザーに与えられる。

メール・アドレス [mail address] 電子メールを送受信するための宛て先。略メル・アド。

メール・オーダー [mail order] 通信販売。

メール・サーバー [mail server] 電子メール・システムで送信側・受信側の管理機能をもつコンピュータ。

メール・サーベイ [mail survey] 郵便調査法。

メール・ソフト ⇨メーラー。

メール・フォーム [日mail form] ウェブ・サイトに設けられた，運営者への問い合わせ用の入力欄。

メールボックス [mailbox] ①郵便箱；個人の郵便受け。②〖電算〗送付された電子メールを一時的に蓄える契約サーバー内のメモリ領域。

メール・マガジン [mail magazine] インターネットで定期的に配信される各種の記事。略メル・マガ。

メーン ⇨メイン。

メカ メカニカル，メカニズム，メカニックの略。

メガ [mega-] ①国際単位系(SI)で，100万倍(10^6)を表す接頭辞。記号M。②巨大な。

メガカンパニー [megacompany] 巨大企業。

メガキャリア [megacarrier] 巨大航空会社；大規模通信事業者。

メガクエイク [megaquake] 巨大地震。

メガシティ [megacity] 巨大都市。＊人口1000万人以上の大都市。

メガ・ソーラー [mega-solar] 出力1メガワット(1000kW)以上の太陽光発電。＊再生可能エネルギーのベース電源となり得る。

メガチャーチ [megachurch] アメリカのプロテスタント系の巨大教会。

メガトレンド [megatrend] 大きな社会潮流。＊アメリカの社会学者J.ネイスビッツの著書名から。

メカトロニクス [日mechatronics] 電子工学と機械工学の結合した産業，またその製品。

メガトン [megaton] 質量の単位。記号はMT。＊主に核爆弾の威力を示すときに用いる。

メカニカル [mechanical] 機械的な；無意識の。略メカ。＝メカニック。

メカニズム [mechanism] ①機械装置。略メカ。②機構；しくみ。

メカニック [mechanic] ①機械工。②⇨メカニカル。略メカ。

メカニックス [mechanics] 力学；機械学。

メガバイト [megabytes] 情報量の単位。100万バイト。記号はMB。

メガバンク [megabank] 巨大銀行。

メガピクセル [megapixel] デジタル・カメラなどで1枚の画像の画素数が，100万以上である機種。

メガ・ヒット [mega hit] 100万単位で商品が売れること。

メガビット [megabits] 100万ビット。⇨ビット。

メガ・ファーマ [mega pharma] 巨大製薬企業。

メガフロート [日Megafloat] 巨大型浮体式構造物。＊浮体ブロックを海洋上で接合。浮体空港や原発事故で排出した汚染水の貯蔵に用いる。
メガヘルツ [megahertz] 周波数の単位。100万ヘルツ。記号はMHz。
メガホン [megaphone] 拡声器。
メガロポリス [megalopolis] 巨大都市圏。
メガロマニア [megalomania] 誇大妄想。
メコネサンス [méconnaissanceフランス] 相互誤認。
メサイア [Messia] ①⇨メシア。②ドイツの作曲家ヘンデルのオラトリオ。
メシア [Messiah] ①ユダヤ教の救世主。②イエス・キリストが救世主であることを示す尊称。＊メサイアとも。
メシエ・カタログ [Messier catalogue] フランスの天文学者C.メシエが作成した，世界最初の星雲・星団目録。
メジャー[1] [major] ①〖音楽〗長調。↔マイナー。②重要なほうの。③メジャー・リーグの略。↔マイナー。
メジャー[2] [measure] ①寸法。②ものさし；はかり。③判断や評価の基準；尺度。
メジャー・カップ [日measuring cup] 目盛り付きの計量カップ。
メジャーズ [Majors] 国際石油資本の総称。
メジャー・リーグ [Major League] 〖野球〗アメリカのプロ野球の最上位リーグ。＊ナショナル・リーグとアメリカン・リーグの2つがある。＝大リーグ。略メジャー，MLB。↔マイナー・リーグ。
メジャー・レーベル [major label] 大きなレコード会社のレーベル(レコードのブランド)。↔マイナー・レーベル。
メス [mesオランダ] 解剖・外科用の小刀。
メスカリン [mescaline] サボテンに含まれるアルカロイドの一種。＊麻酔作用，色彩の幻覚も生じる。
メスシリンダー [Messzylinderドイツ] ガラス製の細長い目盛りつき液量計。＊科学実験用。
メスティーソ [mestizoスペイン] 中南米の先住民(インディオ)とスペイン人との間に生まれた人々。
メセタ [Mesetaスペイン] スペインのイベリア半島中央部の広大な乾燥台地。
メセナ [mécénatフランス] 企業などが行う文化支援；芸術支援。
メゾ [mezzoイタリア] 半ばの；中間の。
メソジスト [Methodist] キリスト教におけるプロテスタントの一派。＊厳格な宗教生活を送る。
メソセリオーマ [mesothelioma] アスベストを吸引した人の胸膜や腹膜にできる悪性中皮腫。
メゾ・ソプラノ [mezzo-sopranoイタリア] 〖音楽〗女性の中高音域(ソプラノとアルトの間)，またその声域の歌手。
メゾチント [mezzotint] 銅版画の一技法。すじ彫り銅版。
メソッド [method] 方法；方式。
メソドロジー [methodology] 方法の体系；方法論。
メゾネット [maisonetteフランス] 中高層住宅で各戸が2階式のもの。
メゾ・ピアノ [mezzo pianoイタリア] 〖音楽〗「やや弱く」。記号はmp。
メゾ・フォルテ [mezzo forteイタリア] 〖音楽〗「やや強く」。記号はmf。
メソポタミア [Mesopotamia] 西アジアのチグリス川とユーフラテス川の流域地方。＊紀元前3000年頃，古代文明が興る。
メソン [meson] 〖物理〗中間子。＊旧称は，メソトロン，湯川粒子。
メゾン [maisonフランス] 家；邸宅。
メタ [meta-] 超；高次；後に；共に。
メタ・アナリシス [meta-analysis] 類似した複数の研究で得られたデー

タを統合し，ある要因との関連性を統計的に解析すること。

メタ言語 [metalanguage]　高次言語。

メタサイコロジー [metapsychology]　超心理学。＊無意識の領域について研究する心理学の1分野。

メタセコイア [metasequoia]　スギ科の落葉高木。＊中国で1940年代に現生種が発見された。遺存種の1つ。

メタデータ [metadata]　データ自身の付加情報を表すデータ。

メタノール [Methanolドイツ]　アルコールの一種。＊無色・揮発性の液体で，溶剤・燃料などに用いられる。＝メチール，メチルアルコール。

〜自動車　メタノールを燃料にして走る低公害車。

メタバース [metaverse]　インターネット上の三次元仮想空間。＊meta＋universeから。

メタファー [metaphor]　隠喩(いんゆ)。＊メタフォールとも。

メタフィジカル [metaphysical]　形而上(けいじじょう)学的。↔フィジカル。

メタフィジックス [metaphysics]　形而上学。

メタフォリカル [metaphorical]　隠喩(いんゆ)的な；比喩的な。

メタボ　メタボリック・シンドロームの略。

メタボリズム [metabolism]　新陳代謝；エネルギー代謝。

メタボリック・シンドローム [metabolic syndrome]　内臓脂肪型肥満により，糖尿病・心筋梗塞(こうそく)・脳卒中などの生活習慣病が引き起こされやすくなった状態のこと。略メタボ。

メタミドホス [methamidophos]　有機リン系殺虫剤。＊毒性が強く，日本では製造・使用禁止。

メタモルフォーゼ [Metamorphoseドイツ]　変容；変形；形態変化。

メタリック [metallic]　金属的なさま。

メタル [metal]　金属；合金。

メダル [medal]　金属製の記章。

メタル・ウッド [metal wood]　〘ゴルフ〙金属製のヘッドのクラブ。

メタル・テープ [metal tape]　磁性材料に純鉄の粉末を使った高感度の録音テープ。⇨ノーマル・テープ。

メタル・フレーム [metal frame]　金属製のメガネ枠。

メタン [Methanドイツ]　〘化学〙炭化水素の1つ。＊無色の可燃性気体。メタン・ガスとも。

メタン・ハイドレート [methane hydrate]　海底でメタン・ガスと水の化合物がシャーベット状に沈殿している個体結晶。＊新しいエネルギー資源として注目されている。

メタンフェタミン [methamphetamine]　覚醒剤の一種。＊商品名はヒロポン。

メチール [Methylドイツ]　⇨メタノール。

メチエ [métierフランス]　①職業。②芸術家などの専門家的な技巧・技術。

メチシリン耐性黄色ブドウ球菌 [Methicillin-Resistant-Staphylococcus aureus]　従来の抗生物質が効かない黄色ブドウ球菌。＊抗生物質の長期大量使用が原因。食中毒などの感染の原因となる。略MRSA。

メチルアルコール [Methylalkoholドイツ]　⇨メタノール。

メチロン[1] [methylone]　危険ドラッグの一種。＊幻覚作用，興奮作用がある。麻薬指定。

メチロン[2] [metilon]　スルピリンの別名で，解熱鎮痛剤。

メッカ [Mecca]　サウジアラビア西部の都市。＊ムハンマドの生誕の地。

メッシュ[1] [mècheフランス]　髪の毛の一部を染めること。

メッシュ[2] [mesh]　①金網の目。②網目状の織物。

メッセ [Messeドイツ]　見本市；常設国

際見本市。
メッセージ [message] ①伝言；口上。②声明。③アメリカ大統領の教書。
メッセージ・ソング [message song] 主張を盛り込んだ歌。
メッセンジャー [messenger] 使者；配達人。
メッセンジャー・アプリ [Messenger application] スマートフォンやIP電話などで特定の人とメッセージを交換できる機能をもつアプリの総称。＊LINEが代表的。
メッセンジャー・ボーイ [messenger boy] 品物などを先方へ届ける少年；配達係。
メッチェン [Mädchen ﾄﾞｲﾂ] 娘；おとめ。
メディア[1] [Medea] 〖ギリシア神話〗コルキスの王女で，美しい妖術(ようじゅつ)使い。＊エウリピデス作の代表的悲劇『メディア』の主人公。
メディア[2] [media] 媒介；手段；マス・コミ。
メディア・アート [media art] 表現にCGやビデオ・アートなどのメディア新技術を利用した総合的な芸術。
メディアクラシー [mediacracy] マス・メディアがもつ影響力。
メディア・コンプレックス [media complex] ①複合メディア施設。②複数のメディアで展開するマーケティング戦略。
メディア・ジャック [日media jack] 広告媒体を買い取り，特定の広告で埋めること。
メディア・スクラム [media scrum] 集団的な加熱取材。
メディア・ミックス [media-mix] ①新聞，雑誌，テレビ，ラジオなどの媒体を効果的に組み合わせること。②何種類もの媒体を同時に用いること。また，用いたもの。
メディア・リサーチ [media research] マス・コミの媒体をいかに用いたら効果的であるかを調査すること。
メディア・リテラシー [media literacy] メディアの特性を理解し，活用・分析する能力。
メディア・レップ [media rep] インターネット上の広告の一次代理店。＊repは，representativeから。
メディアン [median] 統計学における中央値。＊メジアンとも。
メディエーション [mediation] 調停；斡旋；仲介；和解。
メディエーター [mediator] 調停者；仲介者。
メディカル [medical] 医学の；医療の。
メディカル・エンジニアリング [medical engineering] 医用電子工学。略ME。
メディカル・チェック [medical checkup] ①健康診断。②事故防止のために運動前に行われる医学的診断。
メディカルツーリズム [medical-tourism] 〖商標〗他国での医療を主目的として観光を兼ねる旅行。
メディカル・テクノロジスト ⇨MT。
メディケア [medicare] アメリカの高齢者医療保険制度。
メディシン [medicine] ①医学。②医薬；薬品；内服薬。
メディテーション [meditation] 瞑想(めいそう)。
メテオ [meteor] 隕石(いんせき)；流星。
メデジン・カルテル [Cartel de Medellín ｽﾍﾟｲﾝ] コロンビアの都市メデジンを拠点とする麻薬密売組織。
メドゥーサ [Medusa] 〖ギリシア神話〗頭髪はへびで，黄金の翼を持ち，その顔を見た者は直ちに石になったといわれる魔女。＊怪物ゴルゴン3姉妹の末の妹。メドゥサとも。
メトニミー [metonymy] 換喩(かんゆ)。＊king→crownなど，隣接性を契機とした意味の置き換え。

メトリック [Metrikドイツ] ①韻律法〔学〕。②〖音楽〗拍節法。

メドレー [medley] ①〖音楽〗連続演奏。②メドレー・リレーの略。
個人〜 [individual〜] 〖水泳〗1人の泳者が，バタフライ・背泳ぎ・平泳ぎ・自由形の順に等距離ずつ泳ぐ競技。

メドレー・リレー [medley relay] ①〖陸上競技〗4人の走者が異なる距離を継走する競技。⇨スウェーデン・リレー。②〖水泳〗4人1組で100メートルずつ，背泳ぎ・平泳ぎ・バタフライ・自由形の順に行う競技。略メドレー。

メトロ [métroフランス] 地下鉄。⇨アンダーグラウンド，サブウェイ，チューブ。

メトロノーム [Metronomドイツ] 〖音楽〗拍子測定器。＊演奏のテンポを正しく計るための振り子式器械。

メトロポリス [metropolis] 首都；大都市。

メトロポリタン [metropolitan] 首都の；大都会の。

メニエール病 [Ménière's syndrome] 自律神経・ホルモンの変調などによっておこる平衡障害。＊フランスの耳鼻科医P.メニエールが発見した。

メニュー [menu] ①献立表。②催し物・スポーツの練習などの内容。③コンピュータのディスプレー上に表示された操作手順の一覧。

メニュー・バー [menu bar] コンピュータの画面の最上部または最下部にあるメニューを並べた場所。

メヌエット [Menuettドイツ] 〖音楽〗フランスの田園の踊りに起源をもつ4分の3拍子の舞曲。

メノポーズ [menopause] 更年期；閉経期。

メビウスの帯 [Möbius band] 細長い長方形を1回ねじって両端を張り合わせてつくる環(わ)。＊センターラインを切ると1つの大きな環になる。ドイツの数学者A.F.メビウスが提示。メビウスの環とも。

メフィストフェレス [Mephistophelesドイツ] ゲーテの戯曲『ファウスト』に登場する悪魔。略メフィスト。

メメント・モリ [memento moriラテン] 死を象徴することばや物；死の警告。＊原義は「死を想え」。

メモ [memo] メモランダムの略。

メモランダム [memorandum] 記録；覚書。略メモ。

メモリアル [memorial] 記念物；記念碑。

メモリアル・パーク [memorial park] ①公園墓地；霊園。②記念公園。

メモリアル・ホール [memorial hall] 記念館。

メモリー [memory] ①記憶；思い出。②記念。③〖電算〗記憶装置。⇨RAM，ROM。

メモリー・カード [memory card] 〖電算〗半導体が内蔵された，カード式の記憶装置。

メモリー・スティック [memory stick] 〖商標〗デジタル・カメラやビデオ・カメラなどに利用される，薄い板状のメモリー・カード。

メモワール [mémoiresフランス] ①外交上の覚書。②回想録。

メラトニン [melatonin] 松果体ホルモン。＊睡眠のリズムを調節する働きをもつ。

メラニン [melanin] 動物の，主に体表にある黒褐色の色素。

メラノーマ [melanoma] 悪性の黒色腫。＊メラニン細胞から発生する。

メラノサイト [melanocyte] メラニンを形成する細胞。＊紫外線を浴びると活性化する。しみの原因。

メラミン樹脂 [melamine resin] 合成樹脂の一種。＊耐火・耐熱にすぐれる。

メランコリア [melancholia] 憂鬱

(ゆううつ)症。

メランコリー [melancholy] 憂鬱；もの思い。

メランコリック [melancholic] 憂鬱なさま。

メランジ [mélangeフランス] 〖服飾〗異素材のものを組み合わせて作った服。

メリー・ゴー・ラウンド [merry-go-round] 回転木馬。

メリケン アメリカの；アメリカ製。＊アメリカンから。

〜粉 小麦粉。

メリット [merit] 功績；利点。↔デメリット。

メリット・システム [merit system] 実績主義。＊任用・昇進などを，実力本位で行う。⇨スポイルズ・システム。

メリディアン [meridian] ①子午線；経線。②最盛期。③経絡(けいらく)。

メリトクラシー [meritocracy] ①成果主義；実力主義。②能力主義社会；学歴社会。③知的エリート階級。

メリノ [merino] スペイン原産のヒツジ(羊)。

メリノ・ウール [merino wool] メリノ種の羊から取れる最高級のウール。＊毛は細く，弾力性に富む。

メリヤス [mediasスペイン] 綿糸・毛糸などを編んでつくる，伸縮する布地。

メリロート [melilot] マメ科のハーブ。セイヨウエビラハギ。＊浮腫や消化不良を改善する作用がある。

メリンス [merinosスペイン] メリノ種の羊の毛を薄く柔らかく織った毛織物。

メル・アド メール・アドレスの略。

メルカトル図法 [Mercator Projection] 地図投影法の1つ，正角円筒図法。＊赤道で地球に接する円筒を投影する。1569年，オランダの地理学者メルカトルが発表。

メルカリ [Mercari] スマートフォンで利用できるフリー・マーケットのアプリ，またはその運営会社。

メルクマール [Merkmalドイツ] 目印；指標。

メルクリウス [Mercurius] 〖ローマ神話〗商業の神。＊ギリシア神話のヘルメス。英語ではマーキュリー。

メルコスール ⇨MERCOSUR。

メルシー [merciフランス] 「ありがとう」。

メルセデス・ベンツ [Mercedes-Benzドイツ] 〖商標〗ドイツの自動車会社ダイムラー製の乗用車，バス，トラックのブランド名。略ベンツ。

メルティング・ポイント [melting point] 〖物理〗融点。＊固体物質が液体になる温度。略MP。

メルティング・ポット [melting pot] ①坩堝(るつぼ)。②さまざまな人種・文化などが混ざり合った場所。

メルトスルー [meltthrough] 溶融貫通。＊炉心溶融で焼け落ちた核燃料が，原子炉の圧力容器の底を溶かして格納容器に達する状態。原子炉の建屋も突き破り外部に漏出することはメルトアウトという。

メルトダウン [meltdown] 原子炉の炉心が高熱のため溶融すること。

メルトン [melton] 厚地の綾(あや)織りのラシャ地。

メルヘン [Märchenドイツ] 童話；おとぎ話。

メル・マガ メール・マガジンの略。

メルルーサ [merluzaスペイン] タラ目の深海魚。＊淡泊な味の白身魚。

メレンゲ [meringueフランス] 卵白を泡立てて砂糖を加えたもの。

メロー [mellow] 熟して甘い；豊かで美しい；円熟。＊メロウとも。

メロディアス [melodious] 音楽的な；旋律が美しい。

メロディー [melody] 旋律。

メロディー・ライン [日melody line] 主旋律の流れ。

メロディー・ロード [日melody road] 自動車が一定の速度で走行すると音楽が流れる道路。

メロディカ [melodica] 〖商標〗ドイ

ツ製の鍵盤ハーモニカ。＊日本ではピアニカが一般名詞化。

メロドラマ［melodrama］ 通俗的な恋愛劇。

メロン［melon］ ウリ科の1年草。また，その果実。

メロン・パン［日melon＋pão ポルトガル］ 菓子パンの1つ。＊円形のパン生地の上に，ビスケット生地をのせ，網目の筋をつけて焼いたもの。

メンシェビキ［Men'sheviki ロシア］ ロシア社会民主労働党の右派。＊レーニンの率いるボルシェビキと対立，分裂。原義は「少数派」。

メンション［mention］ ①言及。②@ユーザー名を含んだツイート。

メンス［menses］ 月経；生理。＊ドイツの語のMenstruationから。

メンズ［men's］ 紳士用。↔レディーズ。

メンズ・ウェア［men's wear］ 紳士服。

メンソール［menthol］ ⇨メントール。

メンター［mentor］ 良い指導者・助言者；良き師。

メンタリティー［mentality］ 心的傾向；精神作用；知性。

メンタリング［mentoring］ 人材育成，指導法の1つ。＊豊富な知識や経験のある指導者(メンター)が，経験の浅い人(プロテジェ)に対して，継続的に行う支援や行動全体をさす。

メンタル［mental］ 心の；精神の。

メンタル・クリニック［mental clinic］ 心療内科。

メンタル・テスト［mental test］ 心理検査。

メンタル・トレーニング［mental training］ 精神面の充実・安定を目的とするトレーニング。

メンタル・ヘルス［mental health］ 心の健康；精神衛生。

メンタル・リハーサル［mental rehearsal］ ⇨イメージ・トレーニング。

メンチ［mince］ 挽き肉。＝ミンチ。

メンチ・カツ［日mince cutlet］ 挽き肉とタマネギ，調味料を混ぜ，パン粉をつけて揚げた料理。

メンツ［面子 チャイナ］ 体面。

メンテナンス［maintenance］ 維持；管理；保全。

メンデルの法則［Mendel's laws］ オーストリアの植物学者G.J.メンデルがエンドウの交配によって発見した遺伝の法則。＊顕性・分離・独立の3つの法則から成る。

メントール［Menthol ドイツ］ 薄荷(はっか)脳。＊食用・麻酔剤などに用いる。＝メンソール。

メンバー［member］ 会員；陣容。

メンバーシップ［membership］ メンバーとしての地位・資格。

メンバーズ・カード［日members card］ 会員証。

メンヒル［Menhir ドイツ］ ヨーロッパで，紀元前に立てられた石柱。

メンフィス［Memphis］ ①ナイル川下流にある古代エジプトの遺跡。②アメリカのテネシー州にある都市。

メンマ［麺碼児 チャイナ］ タケノコの加工食品。＊中国料理で用いる。

モ

モアイ［moai］ 南太平洋のイースター島に残る，人間の顔をした巨大な石像群。

モアレ［moiré フランス］ ①木目模様の織物。②〘印刷〙網目の重なりによって生じる斑紋(はんもん)。

モイスチャー［moisture］ 湿気；うるおい。

モイスチャライザー［moisturizer］ 乳液など，保湿効果のある化粧品。＊モイスチャー・クリームとも。

モイスト・ポ・プリ［moist＋pot-pourri フランス］ 生乾きのハーブに粗塩を加

え，保存処理をしてつくるフランス風のポ·プリ。⇨ドライ·ポ·プリ。

モーグル・スキー [mogul ski] 〖スキー〗フリースタイルの一種目。＊凹凸のある急斜面をターンとジャンプを混ぜて滑降し，演技やスピードを競う。

モーゲージ [mortgage] 抵当；抵当権。

モーション [motion] ①動作；身ぶり；運動。②異性の気をひくために働きかけること。

モーション・キャプチャー [motion capture] 人間や動物の動きをデジタル・データとして取り込む技術。＊コンピュータ・グラフィックスで架空のキャラクターとして動かす。

モーション・トレース [motion trace] 移動する物体の軌跡を残しながら連続画像で表示する映像効果技術。＊アスリートの手足の動きなどをストップ·モーションで見られる。

モーション・ピクチャー [motion picture] 活動写真；映画。

モーター・イン [motor inn] 自動車で旅行する人のための宿泊所。＝モーテル。

モーターカー [motorcar] 自動車。＊英国での言い方。⇨オートモービル。

モーター・グライダー [motor glider] エンジン付きのグライダー。＊自力で離陸·飛行できる。

モーターサイクル [motorcycle] ⇨モーターバイク。

モーター・ショー [motor show] 自動車見本市。

モーターバイク [motorbike] 自動二輪車。略バイク。＝オート·バイ。

モーター・プール [motor pool] ①駐車場。＊和製用法。②官庁などの，待機乗用車の集まり。

モーターボート [motorboat] 発動機を動力とする小型高速艇。

モータウン [Motown] ①デトロイト生まれのリズム·アンド·ブルース系の音楽。②デトロイト市にあるレコード会社。＊motor＋townから。

モータリゼーション [motorization] 車社会化。＊自動車が日常生活に欠かせないものとなった現象のこと。

モータル [mortal] 死ぬ運命にある；致命的な。↔イモータル。

モーダル・シフト [modal shift] 貨物輸送の効率化。＊道路渋滞·大気汚染などの環境悪化に対処する方式に切り替えること。

モーティブ [motive] 動機；誘因。

モーテル [motel] ①⇨モーター·イン。②車で乗り入れる同伴ホテル。

モード[1] [mode] ①方法；形式；様式。②音階。③〖数学〗最頻値。

モード[2] [mode フランス] 流行；流行の型。

モーニング [morning] 朝；午前。

モーニング・カップ [日morning cup] 大きめのコーヒー·カップ。＊朝食のときに用いる。

モーニング・コート [morning coat] 男子の昼用礼服。＝モーニング·ドレス。⇨テールコート。

モーニング・コール [日morning call] 朝，指定時間に電話で起こすホテルの宿泊客へのサービス。＊英語ではwake-up call。

モーニング・サービス [日morning service] 喫茶店·レストランなどで早朝から正午までの特別メニュー。

モーニング・シックネス [morning sickness] つわり；悪阻(おそ)。

モーニング・ドレス [morning dress] ①女性用の家庭着。⇨ホーム·ドレス。②⇨モーニング·コート。

モービル ⇨モバイル。

モービル・ホーム [mobile home] 大型の移動住宅。＊長期滞在用。＝トレーラー·ハウス。⇨キャンピング·カー。

モービル・ホン ⇨モバイル·ホン。

モーブ [mauve]　①藤色。②藤色のアニリン染料。＊最初の合成染料。
モーフィング [morphing]　コンピュータ・グラフィックスの一種。＊複数の画像を合成・加工すること。
モーメント [moment]　①瞬間。②契機；きっかけ。③能率。＊モメントとも。
モール[1] [mall]　①ショッピング・モールの略。②木陰のある遊歩道。
モール[2] [maul]　〘ラグビー〙ボールを持っている選手の周囲に両チームの選手が立ったまま体を密着させてかたまっている状態。⇨ラック[2]。
モール[3] [mogol ﾎﾟﾙﾄｶﾞﾙ]　浮き織りの絹織物。＊帯地・袋物地用。ムガル帝国の特産品。
モールスキン [moleskin]　①モグラの毛皮。＊滑らかで光沢があり，高級品。②①に似せて織った厚手の繻子(しゅす)織物。
モールス符号 [Morse code]　「トン」と「ツー」の２種類の符号の組み合わせで送る電信符号。
モカ [moka ﾌﾗﾝｽ]　アラビア半島モカ地方産のコーヒーの１品種。
モガ　モダン・ガールの略。
モカシン [moccasin]　北アメリカ先住民が履く，柔らかいシカ皮製のかかとのない靴。
モケット [moquette ﾌﾗﾝｽ]　二重ビロード織物。
モザイク [mosaic]　①種々の色彩の石・貝・ガラス・大理石の小片をはめ込んでつくる絵画。②異なった遺伝子型の細胞が混在した状態。またその単体。③被写体の詳細を隠す場合に用いる映像手法。
　〜病 [〜disease]　ウイルスが原因で起こる植物の病気。＊葉や茎に白っぽいまだらが出る。
モサド [Mossad]　イスラエルの中央公安情報機関。
モジュール [module]　①基準寸法。②〘電算〙交換可能な部品やソフトウェアなどの基準単位。③宇宙船の母船や宇宙ステーションから離れても活動できる機能をもつユニット。
モジュラー・ジャック [modular jack]　モデムや電話機と電話回線をつなぐコネクター，またはコネクターの付いたケーブル。
モジュラー・ステレオ [日modular stereo]　スピーカーを本体と別にした卓上型ステレオ。＊ミニ・コンポの原型。
モジュラー生産 [modular production]　規格化された部品をつくり，最少種類の部品で最多種類の製品を生産する方式。
モジュラー・ホーム [modular home]　住宅建築法の１つ。＊工場で１部屋単位に造り，それを現場に運んで１軒の家に組み立てる方式。
モジュレーション [modulation]　①調音。②〘音楽〙転調。③電波の変調。
モス [moth]　①蛾(が)。②しみ。
モスキート [mosquito]　蚊(か)。
　〜音　20代前半までの若者にだけ聞こえる不快な音。
モスキート・ノイズ [mosquito noise]　静止画像や動画のデータを圧縮した際，輪郭部分に蚊が群がっているような画像の乱れが生じること。
モスク [mosque]　イスラム教の礼拝堂。
モス・グリーン [moss green]　苔(こけ)のような黄緑色。
モスコ・ミュール [Moscow mule]　カクテルの一種。＊ウォッカにライム・ジュースとジンジャー・エールを加える。
モスリン [muslin]　①メリンスの別称。②薄地の綿織物。
モスレム [Moslem]　⇨ムスリム。
モダナイズ [modernize]　現代化する；近代化する。
モダニスト [modernist]　現代主義

者；近代主義者。
モダニズム [modernism] ①現代風；当世風。②現代主義；近代主義。
モダニティ [modernity] 現代性；近代性；今様。
モダリティ [modality] ①様式；様態；形態。②文章上での話し手の判断や認識の仕方。③外交上の取り決め。
モダン・アート [modern art] 近代美術。＊20世紀に生まれた超現実主義・抽象主義的傾向のものをさす。
モダン・ガール [日modern girl] 昭和初期の頃の現代娘。略モガ。
モダン・クラフト [modern craft] 手づくりのよさを生かした生活用品。
モダン・ジャズ [modern jazz] 1940年代，アメリカで生まれたジャズ。＊アド・リブ演奏などが特徴。
モダン・ダンス [modern dance] 近代舞踊。＊自由で独創的な表現を重視している。
モダン・バレエ [modern ballet] 近代バレエ。＊自由な創作バレエ。
モダン・ボーイ [日modern boy] 昭和初期の頃の現代風青年。略モボ。
モダン・リビング [modern living] 現代風な生活様式。
モチーフ [motif フランス] ①創作の動機となる中心思想。②〖音楽〗楽曲を構成する最小単位。③編み物の素材となる編布の構成単位。
モチベーション [motivation] ①動機付け。②刺激。
モチベーション・リサーチ [motivation research] 購買動機調査。
モッキングバード [mockingbird] マネシツグミ。＊他の鳥の声をまねて鳴く。
モック・アップ [mock-up] 実物大の模型。＊実験・研究・展示用。
モック・シューズ [moc shoes] スニーカーの一種。＊甲の部分に，ジッパーや伸縮性のある素材を使用。
モッツァレラ [mozzarèlla イタリア] イタリア産のソフトな生チーズ。＊甘い香りと軽い酸味がある。
モットー [motto] 格言；座右の銘。
モッブ ⇨モブ。
モップ [mop] 棒ぞうきん。
モディカ・チョコレート [Cioccolate di Modica イタリア] カカオ粒，砂糖，香辛料のみでつくった，気温36度以上でも溶けにくいチョコレート。＊イタリア・シチリア島原産。
モディスト [modiste フランス] 婦人服や帽子，装身具などの流行服飾品を扱う店，またその服飾品。
モディファイ [modify] 修正する；変更する；改造する。
モディフィケーション [modification] 変更；加減；修正。
モデム ⇨MODEM。
モデラート [moderato イタリア] 〖音楽〗「中くらいの速さで」。
モデリング [modeling] ①〖美術〗立体感を出すために肉づけや陰影を施すこと。②〖自動車など〗設計図に基づき模型や原型を製作すること。＊モドレとも。
モデル [model] ①模型；ひな型。②模範。③制作対象の人物や物。④小説などで，登場人物や出来事の素材となった事件。
モデル・ガン [model gun] 模造拳銃(けんじゅう)。
モデル・ケース [model case] 模範例；典型的・標準的な事例。
モデル・スクール [model school] 実験校。
モデル・チェンジ [日model change] 外観を変えること。
モデル・ハウス [model house] 見本用の住宅。
モデル・ルーム [日model room] マンションなどの販売時に，完成見本として展示される実物大の部屋。
モデレーター [moderator] ①仲裁者；討論会などの司会者。②原子炉の減速材。③インターネット上で，電子メールが適切なものかどうかを判断し，調停・仲裁する人。

モトクロス [motocross]　オート・バイで山岳の悪路や急坂のコースを走るレース。＊motorcycle＋cross-country raceから。

モトローラ [Motorola]〖商標〗アメリカの大手電子・通信機器・半導体メーカー。また，その製品。

モナーキー [monarchy]　君主制；君主政治。

モナコ・グランプリ [Monaco Grand Prix]　モナコ公国のモンテ・カルロ開催の自動車世界選手権レース。

モナザイト [monazite]　希土類元素の原料の鉱石。＊放射性物質を含む。

モナステリー [monastery]　男子修道院。

モナド [monad]〖哲学〗単子。＊ライプニッツ哲学の用語。

モナドロジー [Monadologie(ドイツ)]　単子論。＊ドイツの哲学者ライプニッツの形而上(けいじじょう)学説。

モナミ [mon ami(男性), mon amie(女性)(フランス)]　わが友；私の愛人。

モナムール [mon amour(フランス)]　私のいとしい人。

モニター [monitor]　①記事・放送の内容についての感想や意見を報告する人。②企業からの依頼で，新製品の性能・機能について報告すること，またその人。③モニター・テレビの略。

モニター・テレビ [monitor television]　①ビデオやオーディオ機器と接続できるテレビ。②〖放送〗制作現場で放映の画面と同じ画面を見るテレビ。略モニター。

モニター・プログラム [monitor program]〖電算〗監視プログラム。

モニタリング [monitoring]　①継続監視。②企業の消費者調査などで関係者のサービス評価や消費者動向などを調査すること。

モニタリング・ポイント [monitoring point]　放射能自動観測地点。＊原子力研究所や原子力発電所に置く。

モニタリング・ポスト [monitoring post]　放射能漏れを自動的に観測する装置。

モニュメント [monument]　①記念碑。②遺跡。③金字塔。

モノ [mono-]　単一の。

モノガミー [monogamy]　一夫一婦制。↔ポリガミー。

モノカルチャー [monoculture]　ある1種類の農作物だけを栽培すること；単式農法。

モノクラシー [monocracy]　⇨オートクラシー。

モノグラフ [monograph]　専攻論文。＊ある特定の一分野がテーマ。フランス語ではモノグラフィー。

モノグラム [monogram]　文字を組み合わせて図案化したもの。

モノクル [monocle]　片眼鏡；単眼鏡。

モノクロ　モノクロームの略。

モノクローナル抗体 [monoclonal antibody]　ある種の抗原にのみ反応する単一な抗体。↔ポリクローナル抗体。

モノクローム [monochrome]　①〖美術〗単色画。↔ポリクローム。②白黒写真。略モノクロ。↔カラー²。

モノコック [monocoque]〖航空機，自動車など〗胴体とフレームが一体となった構造。

モノセックス [日monosexual]　外見上男女の区別がつかないこと。＝ユニセックス。

モノタイプ [Monotype]〖商標〗自動鋳造植字機。＊19世紀末，アメリカのT.ランストンが発明。

モノトーン [monotone]　①〖音楽〗単調音。②一本調子；単調。③〖美術〗単色づかい。＊モノトニーとも。

モノフォニー [monophony]　単旋律の音楽。また，その様式。⇨ポリフォニー，ホモフォニー。

モノフォビア [monophobia] 孤独恐怖症。

モノポリー [monopoly] ①独占。②[M-]〘商標〙不動産売買により資産の独占を競うボード・ゲーム。

モノマー [monomer] 単量体。＊重合体を構成する基本単位で，低分子化合物。↔ポリマー。⇨オリゴマー。

モノマニア [monomania] 偏執狂。＊一事に病的に熱中する状態。

モノライン [Monoline Insurance Company]〘商標〙モノライン保険会社。＊金融保証専門の保険会社。

モノラル [monaural] 立体音響でないCDやテープの音。↔ステレオ。

モノラル・レコード [monaural record] 立体音響でないレコード盤。↔ステレオ・レコード。

モノリス [monolith] ①オーストラリアのウルル(エアーズ・ロック)，アメリカのストーン・マウンテンなどの単一の巨大な岩。②火星の表面に見える長方体型の巨大な岩石。

モノレール [monorail] 単軌鉄道。＊跨座(こざ)型と懸垂型がある。

モノローグ [monologueフランス] 独白；独演劇。↔ダイアローグ。

モノロック [monolock] ⇨プッシュ・ロック。

モバイル [mobile] ①移動しやすい；可動性の。②気まぐれな；活動的な。＊モービルとも。

モバイル・アクセス [mobile access] 移動体通信。＊電話回線のない外出先でもインターネットや企業ネットワークへ接続できる。

モバイル・ゲーム [mobile game] 携帯電話機能を用いて行うコンピュータ・ゲーム。

モバイル・コンピューティング [mobile computing] 携帯できるコンピュータを利用し，場所を限定せずに情報を処理すること。また，そのシステムや端末。

モバイル・バッテリー [mobile battery] スマートフォンやタブレット端末の電源が切れたときに，外出先でも使用できる予備の電源。

モバイル・バンキング [mobile banking] 携帯端末などを通じて，銀行などの金融機関のサービスを利用すること。

モバイル・ファースト [mobile first] ウェブ・サイトなどの構築にあたり，パソコン向けよりも携帯端末向けを優先して設計すること。

モバイル・ファーマシー [mobile pharmacy] 大規模災害時に，調剤と医薬品の供給を行う移動薬局として機能する車両。

モバイル・ホン [mobile phone] 携帯電話。＊モービル・ホンとも。

モバイル・ワーク [mobile work] 会社以外の場所で，スマートフォンなどを使用して仕事を行うこと。また，そのような勤務形態。

モバゲー [Mobage]〘商標〙ディー・エヌ・エー(DeNA)が運営するスマートフォン用ポータルサイト。

モビール [mobile] 動く彫刻。＊木片や金属片を糸や針金でつるし，バランスの美しさを楽しむ。↔スタビール。

モヒカン・カット [Mohican cut] 頭の上部の髪を前後に細長く残した髪型。＊アメリカの先住民族モヒカン族の風習から。

モビリティ [mobility] ①移動性；流動性；可動性。②活動性；運動性。

モビレージ [日mobillage] 自動車で乗り入れられるキャンプ場。＊mobile＋villageから。

モビング [mobbing] ①小鳥などが捕食者のタカやフクロウなどの猛禽(もうきん)類を，群れをなして攻撃する行動。②職場での組織的な嫌がらせ。

モブ [mob] 暴徒；群衆。

モブ・キャラクター [日mob character] 漫画・アニメ・ゲームなどで，名前のないその他大勢として描かれる人物。略モブ・キャラ。
モブログ 携帯電話でインターネットを使用して更新するブログ。＊mobile＋blogから。
モヘア [mohair] アンゴラウサギやアンゴラヤギの毛。また，それでつくった織物や編み物。
モペット [moped] 補助エンジン付き自転車。＊モペッドとも。
モヘンジョダロ [Mohenjo-Daro] パキスタン南部・インダス川流域のインダス文明最大の都市遺跡。
モボ モダン・ボーイの略。
モホロビチッチ不連続面 [Mohorovičić discontinuity] 地殻とマントルの境界面。
モメンタム [momentumラテン] ①変動する株価や相場の価格を分析するための指標。②〘物理〙運動量。＊原義は「方向性」「勢い」。
モメント ⇨モーメント。
モラール [morale] 士気；風紀。
モラール・サーベイ [morale survey] 勤労意欲調査。
モラトリアム [moratorium] ①猶予。②青年がアイデンティティーを獲得するまでの猶予期間。
モラリスト [moralist] ①道徳家；道徳的な人。②16～18世紀のフランスで，人間性や人間の生き方を書き記した思想家たち。＊モンテーニュ，パスカルなど。
モラリティー [morality] 道徳；徳性；倫理性。
モラル [moral] 道徳；倫理。
モラル・センス [moral sense] 道徳心；道徳観念。
モラル・ハザード [moral hazard] ①道徳的危険。＊保険加入者の道義性の欠如から，故意，または不注意で起こした危険。モラル・リスクとも。②倫理崩壊；倫理の欠如。
モラル・ハラスメント [moral harassment] 直接的な暴力ではなく，言葉や態度による精神的な嫌がらせのこと。略モラ・ハラ。
モリブデン [Molybdänドイツ] 原子番号42の金属元素。元素記号Mo。＊耐熱材料，特殊鋼製造用。
モリン・ホール [morin khuurモンゴル] 胡弓の1つ。＊モンゴルの弦楽器。
モル [mole] 〘化学〙物質の量を表す単位の一種。記号はmol。
モルガン・スタンレー [Morgan Stanley] 〘商標〙アメリカの金融持株会社。略MS。
モルグ [morgueフランス] ①死体置場。②新聞社の資料室。
モルタル [mortar] セメントと砂を練り合わせたもの。＊外壁塗装，タイル貼りなどに使用される。
モルト [malt] 麦芽。＊ウイスキー，ビールの醸造用。＝マルツ。
モルト・ウイスキー [malt whisky] 原酒。＊長年貯蔵されたもの，またモルトだけのウイスキー。
モルヒネ [morphineオランダ] ケシから抽出されるアヘンの主成分。＊麻酔・鎮痛剤として使用される。
モルモット [marmotteフランス] ①医学実験用テンジクネズミの通称。＝ギニア・ピッグ。②他人に利用される人。
モルモン教 [Mormonism] 末日聖徒イエス・キリスト教。＊キリスト教の一派で，1830年アメリカで創立。
モルワイデ図法 [Mollweide's projection] 地図投影法の一種。＊正積図法の擬円筒図法。1805年，ドイツの天文学者K.B.モルワイデが考案。
モレク [Molech] キリスト教で，イスラエル人が子供を人身御供にして祭った異教の神。
モロヘイヤ [molokheiyaアラビア] 東地中海原産のシナノキ科ツナノ属の1年草。＊食用。葉を刻んだり，ゆでたりするとぬめりがでる。

モンキー [monkey] ①猿。②モンキー・スパナの略。

モンキー・スパナ [monkey spanner] 自在スパナ。＊ボルトをはさむ部分がサイズによって自由に調節できる。モンキー・レンチとも。略モンキー。

モンキー・バナナ [日monkey banana] 皮が薄く，香りがよい小型のバナナ。

モンキー・ビジネス [monkey business] 詐欺(さぎ)；いんちき。

モンク [monk] 修道士。

モンゴリアン [Mongolian] モンゴル人；蒙古人種。

モンゴロイド [Mongoloid] 蒙古人種；黄色人種。⇨コーカソイド，ニグロイド。

モン・サン・ミシェル [Mont Saint-Michelフランス] フランスのサン・マロ湾上に浮かぶ小島にある修道院。

モン・シェリー [mon chériフランス] 愛しい人(男)。＊女性はマ・シェリー。

モンスーン [monsoon] 季節風。

モンスター [monster] 怪物；ばけもの。

モンスター・クレーマー [日monster claimer] 商品やサービスに対する理不尽な要求や苦情を呈する人。＊モンスター・カスタマーとも。

モンスター・ペアレント [日monster parent] 学校に，自己中心的で理不尽な要求を突きつける保護者。

モンスター・ペイシェント [日monster patient] 医療機関やスタッフに対し理不尽な要求や苦情を呈す，暴力をふるうなどの行動を示す患者。

モンステラ [Monsteraラテン] サトイモ科の蔓性植物，ホウライショウ(蓬莱蕉)。＊黄白色の仏炎苞(ぶつえんほう)をもつ花が咲く。

モンタージュ [montageフランス] 『映画，写真』多くの像を組み合わせて1つの画面を構成すること。

〜写真 [photomontage] 合成写真。＊犯人捜査に利用される。

モンテ・カルロ・シミュレーション [Monte Carlo simulation] 乱数をシステム的に多数発生させて行う確率実験。

モンテッソーリ・メソッド [Montessori method] イタリアの女性教育家モンテッソーリが提唱した教育法。＊子供の個性・自発性を尊重し，そのための環境を整える。

モン・パリ [mon Parisフランス] 「わがパリ」。＊歌曲の題名。

モンパルナス [Montparnasseフランス] パリ南西部，セーヌ川左岸の盛り場。＊19世紀以来，画家，文人のたまり場として有名。

モン・ブラン [Mont Blancフランス] ①フランスとイタリアの国境にまたがるアルプス山脈の最高峰。＊4810メートル。②『商標』ドイツの万年筆メーカー。また，その製品。③ゆでた栗(くり)の裏ごしをしぼって飾った洋菓子。

モンマルトル [Montmartreフランス] セーヌ川右岸にあるパリで一番の歓楽街。＊近代美術発祥の地。

モンロー主義 [Monroe Doctrine] アメリカ第5代大統領のJ.モンローが唱えた，欧米両大陸間の相互不干渉・非植民の原則。

ヤ

ヤー [jaドイツ] 「はい」。↔ナイン[1]。

ヤーウェ [Yahweh] ⇨エホバ。

ヤーコン [yacon] アンデス高地原産のキク科の根菜。

〜茶 [〜tea] ヤーコンの葉・茎で作る茶。＊ポリフェノールを豊富に含む。

ヤーズ [Yaz] 『商標』月経困難症治療薬。＊副作用として血栓症を起こす危険性がある。

ヤード [yard] ①ヤード・ポンド法の長さの単位。記号はyd。＊1ヤードは3フィートで約91.44センチ。②庭；構内。③⇨ヤール。

ヤードスティック方式 [Yardstick System] 基準原価方式。＊公共料金などの料金制度に採用。ヤードスティックは「物差し」の意。

ヤード・セール [yard sale] 自宅の庭を利用した不用品の販売。⇨ガレージ・セール。

ヤード・ポンド法 [yard-pound system] 長さにヤード，質量にポンドを用いる基本単位系。＊主にイギリス，アメリカで用いられている。

ヤール [yard] 服地の長さの単位。＊ヤードがなまったもの。

ヤーン [yarn] 紡ぎ糸；織り糸。

ヤーン・ダイ [yarn-dyeing] 糸染め；先染め。＊織る前に糸を染める。

ヤオトウ [揺頭チャイナ] 合成麻薬の俗称。

ヤク [yak] チベットの山岳地帯に生息するウシ科の哺乳(ほにゅう)類。＊運搬用・乳用。毛は衣服用。

ヤコブ [Jacobusラテン] 『旧約聖書』で，イスラエル民族の祖。

ヤ

ヤシュマク [yašmaqアラビア] イスラム教徒の女性が外出の際，顔を隠すためにかぶるベール。

ヤソ [耶蘇チャイナ] イエス・キリスト。＊イエスの中国音訳から。

〜教 キリスト教の異称。

ヤトロファ [jatropha curcusラテン] バイオディーゼル燃料の原料となるトウダイグサ科の落葉低木。＊中南米原産。別名，ナンヨウアブラギリ。

ヤヌス [Janusラテン] 〖ローマ神話〗戸口や門を守護する双面神。＊物事すべての初めを支配する。

ヤハウェ [Yahweh] ⇨エホバ。

ヤフー[1] [Yahoo] 人間の形をした野獣。＊イギリスの作家スウィフトの『ガリバー旅行記』に登場する。

ヤフー[2] [Yahoo!] 〖商標〗インターネット・ポータルサイト。また，それを運営している企業。

ヤムチャ [飲茶チャイナ] 茶や酒を飲みながら，せいろの中から好きなものを選んで食べる方式の中国料理。

ヤンキー [Yankee] ①アメリカ人の俗称。②(日本で)不良の総称。

ヤング・アダルト [young adult] ①10代の後半から20代前半の人。②落ち着いた雰囲気の若者。略YA。

ヤング・エグゼクティブ [young executive] 若くして管理職に就いた青年実業家。

ヤング・ケアラー [young carer] 18歳未満で家族の介護を担う子供や若者のこと。

ヤング・コーン [young corn] トウモロコシの若い穂。

ヤング率 [Young's modulus] 〖物理〗伸び弾性率。

ヤンコー [秧歌チャイナ] 田植歌に似た古くから伝わる中国の労働歌。

ヤントラ [yantraサンスクリット] 金属製の板に幾何学的図形を描いたもの。＊ヒンズー教の祭儀や瞑想の補助具として使われる。

ヤンピー [羊皮チャイナ] 羊や山羊の皮。＊衣料用。

ユ

ユー [you] 君(きみ)；あなた。

ユーカラ [Yukarアイヌ] アイヌ民族に口承されてきた英雄叙事詩。

ユーカリ [eucalyptus] オーストラリア原産のフトモモ科の常緑高木。

ユークリッド幾何学 [Euclidean geometry] 紀元前300年頃のギリシアの数学者ユークリッドが大成した幾何学。

ユーグレナ [Euglenaラテン] ミドリムシ(原生生物)の別名。

ユーゲント [Jugendドイツ] 青年；若者。

ユーコード [Ucode] ユビキタス・コ

ンピューティングにおいて，ものや場所を識別させるために割り振られる世界共通の通し番号(ID)体系。＊観光案内などに利用。

ユーザー [user] 使用者；利用者。↔メーカー。

ユーザー・アカウント [user account] ユーザーがコンピュータやインターネットを利用する権利。略アカウント。

ユーザー・インターフェース [user interface] 利用者とコンピュータの間で情報の受け渡しを行うためのしくみの総称。＊ハードウェアやソフトウェアなどをさす。

ユーザー・エクスペリエンス [user experience] 製品やサービスの利用を通じてユーザーが得る，楽しさや心地よさの体験。略UX。

ユーザー・オリエンテッド [user-oriented] 顧客第一主義。

ユーザー生成コンテンツ [user generated contents] 利用者が作り出す文章・音楽・動画などの作品。略UGC。＊ユーザー・クリエイテッド・コンテンツとも。

ユーザー・ネーム [user name] ⇨ハンドル・ネーム。

ユーザビリティ [usability] 有用性；利便性。＊特に，コンピュータやプログラムの使いやすさのこと。

ユーザンス [usance] 手形の支払期限。

ユーザンス・ビル [usance bill] ユーザンスのついた為替手形。

ユージェニックス [eugenics] 優生学。

ユージュアル [usual] いつもの；通例の；普通の。

ユース [youth] ①青年；若人。②ユース・ホステルの略。

ユース・オリンピック [Youth Olympic Games] 15歳から18歳のアスリートを対象とした国際スポーツ競技大会。＊4年に1回開催。

ユーズド [used] 中古の；使用済みの。

ユーズド・カー [used car] 中古車。

ユーストレス [eustress] 良いストレス。＊生体の運動の原動力となるストレス。↔ディストレス。

ユースフル [useful] 有用な；有益な。↔ユースレス。

ユース・ホステル [youth hostel] 青少年の旅行者が安い費用で泊まれる会員制の宿泊施設。略ユース，YH。

ユースレス [useless] 無益な；無用な。↔ユースフル。

ユー・ターン [日U-turn] 都会で働いていた人が自分の故郷に帰って生活すること。⇨ブイ・ターン。

ユータナジー [euthanasie フランス] 安楽死。＝オイタナジー。

ユーチューバー [YouTuber] 動画共有サイトのユーチューブで自作の動画を投稿する人。＊動画の再生回数に応じて広告収入を得る。

ユーチューブ [YouTube] 『商標』インターネットの動画共有サイト。

ユウツァイ [油菜 チャイナ] アブラナ科の中国野菜。＊おひたし，炒め物用。

ユーティリティー [utility] ①役に立つこと；有用性。②ユーティリティー・プログラム，ユーティリティー・ルームの略。③ゴルフのクラブ。

ユーティリティー・プログラム [utility program] 『電算』すべてのデータ処理に応用できる汎用(はんよう)性の高いプログラム。略ユーティリティー。

ユーティリティー・ルーム [utility room] 家事をする部屋。また，病院の作業室。略ユーティリティー。

ユーテルサット [Eutelsat] ヨーロッパの通信衛星運営企業。

ユートピア [Utopia] 理想郷。＊イギリスのトマス・モアの小説から。

ユートピアン [utopian] ①夢想家；空想家。②空想的社会改良家。

ユーノ [Juno ラテン] 〖ローマ神話〗主神ユピテルの妻で，最高位の女神。＊ギリシア神話の女神ヘラに当たる。
ユーバー杯 [Uber Cup] バドミントン女子世界選手権大会の団体優勝国に贈られる賞杯。
ユーフェミズム [euphemism] 修辞学で，婉曲(えんきょく)語法；遠回しな表現。
ユーフォニアム [euphonium] チューバに似た低音の金管楽器。
ユーフォリア [euphoria] 過度の幸福感；上機嫌；陶酔。
ユーモア [humor] 上品なしゃれやおかしみ。⇨ウイット。
ユーモラス [humorous] 滑稽(こっけい)なさま；おかしみのあるさま。
ユーモリスト [humorist] ①ユーモアのある人。②ユーモア作家。
ユーモレスク [humoresque] 〖音楽〗軽やかな器楽曲。
ユーラシア [Eurasia] ヨーロッパとアジアの総称。
ユーレイルパス [Eurailpass] ヨーロッパ鉄道均一周遊券。
ユーレカ ⇨ユリイカ。
ユーロ [Euro] ①ヨーロッパの。②EU(欧州連合)の統一通貨の名称。＊ECUに代わるもの。
～円債 [Euroyen bond] ヨーロッパ金融市場の円建て債券。
ユーロ･アトランティック [Euro Atlantic] 欧大西洋。＊西ヨーロッパからロシアまでの地域。
ユーロカレンシー [Eurocurrency] 発行国以外の国に預金されている外貨預金(ユーロダラー，ユーロ円など)の総称。＝ユーロマネー。
ユーロクラット [Eurocrat] EUの各機関に勤務する官僚。
ユーロコミュニズム [Eurocommunism] 自主的で柔軟な西欧の共産主義路線。＊イタリア，フランス，スペインなどの共産主義政党の路線。
ユーロサトリ [Eurosatory] 防衛，安全保障に関する製品の国際見本市。＊アメリカ，ロシア，欧州各国の企業が参加する。
ユーロスター [Eurostar] ユーロトンネルを通る特急列車。＊ロンドンとフランス，ベルギー間を走る。
ユーロダラー [Eurodollar] 主にヨーロッパの金融市場で運用されているドル資金。⇨アジア･ダラー。
ユーロトンネル [Eurotunnel] ヨーロッパ大陸とイギリスを結ぶドーバー海峡下のトンネル。
ユーロピアン ⇨ヨーロピアン。
ユーロビジョン [Eurovision] ヨーロッパ･テレビ番組中継組織。
ユーロファイター･タイフーン [Eurofighter Typhoon] イギリス，ドイツ，イタリア，スペインの4か国が共同開発した新型の戦闘機。
ユーロポート [Europort] オランダのロッテルダム港。＊EUの中継基地。
ユーロポール [Europol] 欧州刑事警察機構の通称。＊本部はオランダのハーグにある。
ユーロボンド [Eurobond] ヨーロッパの金融市場で発行される外貨の債券。＊ユーロ債とも。
ユーロマネー [Euromoney] ⇨ユーロカレンシー。
ユカワ [yukawa] 原子物理学で用いる長さの単位で，10^{-15}メートル。記号Y。＊物理学者･湯川秀樹の名に因む。フェルミとも。
ユグノー [Huguenot フランス] 16～18世紀のフランスにおけるカルバン派プロテスタントの通称。
ユダ ⇨イスカリオテのユダ。
ユダヤ教 [Judaism] 『旧約聖書』を唯一の聖典とし，エホバを信奉するユダヤの民族宗教。
ユッケ [yukhoe コリア] 朝鮮料理の1つで，牛の赤身肉の刺身。
ユナイテッド [united] 連合した；合併した。

ユナニ医学 [Yunani] 古代ギリシア医学を起源とするイスラム圏の伝統医学。＊ユナニは,「ギリシアを源とする」という意。

ユニ [uni-] 1つの；1つにまとまった。

ユニーク [unique] 独特の；類のない。

ユニーク・ユーザー数 [unique user number] 特定の期間にそのホームページを見た人の正味の数値。＊ユニーク・ブラウザーとも。

ユニオン [union] ①同盟；統一；連合。②労働組合。

ユニオン・ジャック [Union Jack] イギリスの国旗。

ユニオン・ショップ [union shop] 被雇用者は労働組合に加入しなければならないという制度。⇨オープン・ショップ，クローズド・ショップ。

ユニオン・スーツ [union suit] 上下がひと続きの肌着。

ユニキャスト [unicast] コンピュータ・ネットワークにおいて，アドレスを指定して，特定の相手にデータを送信すること。⇨ブロードキャスト②。

ユニクロ [UNIQLO] 〖商標〗カジュアル衣料品の製造会社。また,販売店。

ユニコード [Unicode] 〖電算〗国際標準文字コード。

ユニコーン [unicorn] 一角獣。＊伝説上の動物。

〜企業 企業価値が時価総額10億ドル以上と評価される非上場のベンチャー企業。

ユニサイクル [unicycle] 一輪車。

ユニセックス [unisex] ⇨モノセックス。

ユニセフ [UNICEF] 国連児童基金。＊*U*nited *N*ations *I*nternational *C*hildren's *E*mergency *F*undの略。1946年設立。本部はニューヨーク。

ユニゾン [unison] 〖音楽〗①同じ高さの音。②斉唱；斉奏。

ユニタード [unitard] 上下ひと続きで足まで覆うレオタード。＊バレエ・ダンサーやフィギュア・スケートの選手などが着用。

ユニックス [UNIX] 〖商標〗アメリカのA&ATベル研究所が1969年に開発したオペレーティング・システム。

ユニット [unit] ①単位。②単元。

ユニット・キッチン [日unit kitchen] ガス台・流し・調理台などを統一して配列した台所設備。

ユニット・ケア [unit care] 介護施設に入所した高齢者を少人数のグループに分け，生活単位(ユニット)ごとに介護を行う方式。

ユニット・コントロール [unit control] 1単位ごとの商品の動きを管理する在庫管理方式。

ユニット・バス [日Unit bath] 浴槽・床・壁などが一体化している浴室。

ユニット・ファニチャー [日unit furniture] 組み合わせ式の家具。

ユニット・プライシング [unit pricing] 単位価格表示。

ユニット・ロード [unit load] 荷物を単一の物品としてまとめ，運搬・保管すること。

ユニティー [unity] ①単一；統一。②一致；調和。

ユニテリアン [Unitarians] 三位(さんみ)一体の教理を認めず，キリストの神性を否定する教派。

ユニバーサル [universal] ①宇宙の；全世界の。②普遍的；万能の。

ユニバーサル・コピーライト・コンベンション ⇨UCC。

ユニバーサル・サービス [universal service] 全国均質サービス。

ユニバーサル・ジョイント [universal joint] 自在継ぎ手。

ユニバーサル・スタジオ・ジャパン ⇨USJ。

ユニバーサル・スペース [universal

space〕 多用途に使用できるようにつくった建物の内部。
ユニバーサル・タイム〔universal time〕 世界時；万国標準時。略UT。
ユニバーサル・ツーリズム〔universal tourism〕 高齢や障害の有無にかかわらず，すべての人が楽しめるように整備された旅行。
ユニバーサル・デザイン〔universal design〕 年齢，性別，障害の有無に関係なく誰もが利用しやすいように配慮したデザイン。略UD。
ユニバーサル・デザイン・フード〔universal design food〕 普段の食事から介護食にまで利用できる，食べやすさに配慮した食品。
ユニバーサル・バンク〔universal bank〕 銀行業務と併せて投資・証券・保険業務などのサービスを総合的に担う金融機関。
ユニバーサル・ファッション〔universal fashion〕 年齢，性別，障害の有無に関係なく，心地よく，おしゃれに着こなすことのできる衣服。
ユニバーサル・ホッケー〔universal hockey〕スティックを使い，穴のあいたプラスチック製のボールを相手チームのゴールに入れて得点を競う室内球技。＊6人1組で行う。
ユニバーシアード〔Universiade〕 国際学生スポーツ大会。＊2年に1度夏季と冬季に開かれる。
ユニバーシティー〔university〕 大学院もある総合大学。⇨カレッジ。
ユニバース〔universe〕 宇宙；全世界。
ユニフォーミティー〔uniformity〕 画一性；均等性。
ユニホーム〔uniform〕 ①制服。②そろいの運動服。③軍人；制服組。
ユニラテラリズム〔unilateralism〕 ①単独行動主義。②一方的軍備縮小論；片務主義。
ユネスコ〔UNESCO〕 国際連合教育科学文化機関。＊*U*nited *N*ations *E*ducational *S*cientific and *C*ultural *O*rganizationの略。
ユビキタス〔ubiquitous〕 ユビキタス・コンピューティングの略。
ユビキタス・コンピューティング〔ubiquitous computing〕 日常生活の至る所に情報端末機器が組み込まれ，その存在を意識することなく利用できるコンピュータ社会。
ユビキノン〔ubiquinone〕 脂溶性のビタミン様物質。＊抗酸化作用がある。コエンザイムQとも。
ユピテル〔Jupiterラテ〕〘ローマ神話〙最高至上の神。ユーノの夫。＊ギリシア神話のゼウス。英語読みではジュピター。
ユマニスム〔humanismeフラ〕 ⇨ヒューマニズム。
ユマニチュード〔Humanitudeフラ〕 認知症介護法の1つ。＊「見る」「話す」「触れる」「立つ」の4つを基本要素とし，認知症患者とのコミュニケーションを改善する。
ユマニテ〔humanitéフラ〕 ①⇨ヒューマニティー。②〔H-〕 フランスの日刊紙。
ユリア樹脂〔urea resin〕〘化学〙尿素とホルムアルデヒドとの重合によってつくられる合成樹脂。
ユリイカ〔eureka〕「わかった」。＊古代ギリシアのアルキメデスが金の純度の測定方法を見つけたときに発したことば。＊ユーレカ，エウレカ，ヘウレーカとも。
ユリウス暦〔Julian calendar〕 現行の太陽暦(グレゴリオ暦)の基礎。＊紀元前46年，ユリウス・カエサルの命により制定された。
ユリシーズ〔Ulysses〕 ①〘ギリシア神話〙オデュッセウスのラテン語名。②アイルランドの小説家J.ジョイスの長編小説。
ユレダス〔UrEDAS〕 早期地震検知

警報システム。＊JRが開発。*U*rgent *E*arthquake *D*etection and *A*larm Systemの略。

ヨウ素 ⇨ヨード。

ヨーガ ⇨ヨガ。

ヨーク [yoke] ①〖服飾〗肩やスカートの上部に入れる切り替えの布。②〖ボート〗舵(かじ)の横柄。

ヨークシャー種 [Yorkshire—] イングランド北部ヨークシャー産の豚の品種のこと。＊大きくて白いことから，Large Whiteとも。

ヨークシャー・テリア [Yorkshire terrier] 英国原産の小型愛玩犬。

ヨーグルト [yogurt] 牛乳やヤギの乳を乳酸菌により発酵・凝固させた食品。

ヨーデル [Jodelドイツ] アルプス地方の民謡，またはその歌唱法。＊ファルセット(裏声)をおりまぜるのが特徴。

ヨード [Jodドイツ] 〖化学〗原子番号53のハロゲン元素。元素記号I。＊医薬品，染料などに使用。＝ヨウ素。

〜卵 〖商標〗ヨウ素を多く含んだ飼料を与えたニワトリの卵。

ヨード131 [iodine 131] 核分裂時に生ずる物質で，ヨウ素の放射性同位元素。

ヨードチンキ [Jodtinkturドイツ] 外用の消毒殺菌剤。＊エチルアルコールにヨードとヨウ化カリウムを溶かしたもの。略チンキ，ヨーチン。

ヨーロッパ・チャンピオンズ・リーグ [UEFA Champions League] 〖サッカー〗UEFAが主催する，ヨーロッパのクラブ・チャンピオンを決める大会。＊ウェファ・チャンピオンズ・リーグとも。

ヨーロッパ連合 ⇨EU[2]。

ヨーロピアン [European] ①ヨーロッパの；欧州人の。②ヨーロッパ人；欧州人。＊ユーロピアンとも。

ヨーロピアン・プラン [European plan] ホテルの料金の計算方式で，室料と食事代が別勘定方式のもの。

ヨガ [yogaサンスクリット] 瞑想(めいそう)によって精神を統一し，解脱の境地に至るインド固有の修行法。＊ヨーガとも。

ヨクト [yocto-] 国際単位系(SI)で，10^{-24}を表す接頭辞。記号y。

ヨタ [yotta-] 国際単位系(SI)で，10^{24}を表す接頭辞。記号Y。

ヨット [yacht] 洋式の小型帆走船。

ヨット・パーカー [yacht parka] ヨット用のアノラック。⇨アノラック。

ヨット・ハーバー [yacht harbor] ヨット専用の港。⇨マリーナ。

ヨニ [yoniサンスクリット] 女性の性器；女陰像。＊豊穣の象徴。

ヨヒンビン [yohimbine] 熱帯アフリカ産の木ヨヒンベの樹皮から採れる毒性アルカロイド。＊催淫(さいいん)作用がある。

ヨブ[1] [Job] 〖キリスト教〗『旧約聖書』中の，神への堅い信仰を支えに過酷な試練を耐え抜いた義人。

ヨブ[2] [yob] 反抗的な若者。＊boyの逆つづり。ヨッブとも。

ヨベル [Yobhelヘブライ] 安息の年。＊ヨベルは「雄羊の角」という意味。英語では，jubilee(ジュビリー)。

ラ

ラーク [lark] ヒバリ(雲雀)。

ラーゲル [lager ロシア] 捕虜収容所。＊特に第2次世界大戦後の旧ソ連の捕虜収容所をさす。ラーゲリとも。

ラージ [large] 大きい；広い。＊原義は，「豊富な」。↔スモール。

ラージ・ヒル [large hill] 〖スキー〗ジャンプ競技で，ヒルサイズ(HS)110メートル以上のジャンプ。＊冬季オリンピックの正式種目。

ラード [lard] 豚脂。⇨ヘット。

ラ

ラーニング [learning]　①学習すること。②学問。

ラーニング・ディスアビリティー ⇨LD[1]。

ラーマーヤナ [Rāmāyanaサンスクリット]　古代インドのサンスクリット大長編叙事詩，ラーマー王の物語。＊民間伝承を詩人バールミキが編纂(へんさん)。

ラーメン [拉麺チャイナ]　中華そば。

ラーメン構造 [Rahmenドイツ＋construction]　〖建築〗近代建築の構造方式の1つ。＊部材の各接合部が強固に接合されている。

ラーユ [辣油チャイナ]　唐辛子油。＊中国料理に用いる。

ライ [lie]　①うそ；まやかし。②〖ゴルフ〗打球の位置。③〖ゴルフ〗ヘッドのシャフトへの取り付け角度。

ライアビリティー [liability]　①負債；借金。②責任；義務。

ライオット [riot]　暴動；暴力沙汰。

ライオン [lion]　獅子(しし)。＊ネコ科の肉食獣。「百獣の王」といわれる。

ライオンズ・クラブ [Lions Club]　有力実業家の国際的な社会奉仕団体。＊Lionsは，*l*iberty(自由)，*i*ntelligence(知性)，*o*ur *n*ation's *s*afty(わが国の安全)の略。

ライオンズ・シェア [lion's share]　最も大きい分け前；うまい汁。

ライカ [Leicaドイツ]　〖商標〗ドイツのライカ社製の高級小型カメラ。

ライガー [liger]　雄ライオンと雌トラとの1代雑種。＊lion＋tigerから。

ライ症候群 [Reye's syndrome]　〖医学〗風邪などに感染後，治りかけの子供に起きる急性症状。＊オーストラリアの医者R.D.ライの名から。

ライス [rice]　①米。②洋食店などの洋皿に盛って出すご飯。

ライス・シャワー [rice shower]　結婚式終了後，教会の外で，客が新郎・新婦に米を降り注ぐセレモニー。

ライス・テラス [rice terrace]　棚田。

ライス・ペーパー [rice paper]　①紙巻きタバコの巻き紙。②米の粉で作る薄い皮。＊ベトナム料理で使用。

ライス・ボウル [Rice Bowl]　〖アメ・フト〗アメリカン・フットボール日本選手権。＊アメリカの習慣にならい日本の名産の名を冠した。

ライス・ボール [rice ball]　おむすび。

ライセンサー [licenser]　実施許諾者。＊特許や免許を与える側。

ライセンシー [licensee]　実施権者。＊特許や免許を受ける側。

ライセンス [license]　①免許；許可。②特許。

〜生産 [〜production]　海外で開発された製品を許可料を支払い国内で生産する方法。

ライセンス・ビジネス [license business]　版権の所有者がその使用(生産・販売)権利を許諾し，使用料を徴収する事業。

ライソゾーム [lysosome]　〖生物〗細胞内に侵入する細菌などを分解処理する組織体。

ライター[1] [lighter]　①点火器。②はしけ。

ライター[2] [writer]　著述家；執筆者。

ライダー [rider]　乗り手；騎手；運転者。

ライチ [liche]　茘枝(れいし)。＊中国原産の果実。甘くて果汁に富む。

ライ・ディテクター [lie detector]　うそ発見器。＊detectorは「検出器」。

ライティング [lighting]　照明。

ライディング [riding]　①乗馬；乗ること。②〖レスリング〗寝技で相手を押さえつけること。

ライティング・デスク [writing desk]　①書き物机。②⇨ライティング・ビューロー。

ライティング・ビューロー [writing bureau]　戸棚のふたを倒すと書卓になる，収納をかねた机。

ライディング・ブリーチズ [riding breeches] ⇨ジョッパーズ。

ライト[1] [light] ①光；照明。②明るい；淡い。↔ダーク。③軽い。↔ヘビー①。

ライト[2] [right] ①右；右側。↔レフト。②正義。③〖野球〗右翼；右翼手。↔レフト。

ライド [ride] ①乗る；乗って行く。②乗ること；乗り物旅行。

ライト・アート [light art] 光の芸術。＊ネオン管・レーザー光線・LEDなどを用いる。

ライト・アップ [light up] 夜間に建物，橋，木々などを照明で浮かび上がらせること。

ライト・インダストリー [light industry] 軽工業。

ライト・ウイング [right wing] 右派；右翼。↔レフト・ウイング。

ライト・オペラ [light opera] ⇨オペレッタ。

ライト級 [lightweight] ボクシングの重量別階級の1つ。＊プロでは130ポンド超え135ポンドまで。

ライト・サイジング [right-sizing] 適正型；ちょうどよい規模にする。

ライドシェア [rideshare] 自動車の相乗り。または相乗りする人同士を結びつけるサービスのこと。

ライトニング [lightning] 稲妻；稲光。

ライト・ノベル [日light novel] (若者向けの)気軽に読める小説。

ライトハウス [lighthouse] 灯台。

ライト・バン [日light van] 〖自動車〗後部に荷物を積めるように作られた箱型自動車。略バン[2]。

ライト・ビール [light beer] アルコール度数が低いビール。

ライト・フライ級 [light flyweight] ボクシングの重量別階級の1つ。＊プロでは105ポンド超え108ポンドまで。

ライト・ブルー [light blue] 明るい青色。

ライト・ヘビー級 [light heavyweight] ボクシングの重量別階級の1つ。＊プロでは168ポンド超え175ポンドまで。

ライト・ペン [light pen] 〖電算〗ディスプレー上の図形や文字を修正するのに用いる手動の入力装置。

ライト・ボディ [light-bodied] 酒類のアルコール成分が少なく，軽い飲み口のもの。また，たばこのニコチン含有量が少ないこと。

ライトモチーフ [Leitmotiv(ドイツ)] ①〖音楽〗人物・感情などを象徴的に表す楽句。②〖芸術〗中心的思想。

ライナー [liner] ①〖野球〗直飛球。＝ドライブ，ライン・ドライブ。②定期船；定期便。↔トランパー。③裏当て。

ライナー・ノーツ [liner notes] CDやレコードのジャケットについている解説文。

ライナック [linac] X線照射装置。＊がん治療用。*lin*ear *ac*celerator(線形加速器)から。リニアックとも。

ライニング [lining] ①〖服飾〗裏地。②腐蝕防止用の内張り。

ライノタイプ [Linotype] 〖商標〗自動欧文鋳造植字機。＊line of typeの略。⇨モノタイプ。

ライバル [rival] 好敵手；恋敵(がたき)。

ライフ [life] ①生命。②生涯；人生。

ライブ [live] ①生放送の；実況の。②生演奏。

ライフ・イベント [life event] 就職や結婚など，人生の節目で起きる大きな出来事。

ライフ・エクスペクタンシー [life expectancy] 平均寿命。

ライフガード [lifeguard] 海水浴場の監視員；水難救助員。

ライブ・コマース [live commerce] インターネット上の生放送の動画配

信と合わせて，紹介している商品を販売･購入できるしくみ。
ライフ・サイエンス [life science] 生命科学。
ライフ・サイクル [life cycle] ①生涯過程。②〘生物〙生活環。＊生物の誕生から死までの過程。③〘経済〙商品の寿命。
ライフ・サイクル・アセスメント [life cycle assessment] 製品の製造・販売･使用･廃棄･再利用のそれぞれの段階での環境への影響を分析・評価すること。略LCA。
ライフ・サイクル・エネルギー [life cycle energy] 製品の一生涯(製造・輸送･販売･使用･廃棄･再利用)の各段階において消費するエネルギー。
ライフ・サイクル・コスト [life cycle cost] 製品の資材調達から廃棄に至る全工程で必要な費用。
ライフ・サイズ [life-size] 等身大；実物大。
ライフ・ジャケット [life jacket] 救命胴衣。＊ライフ･ベストとも。
ライフスタイル [lifestyle] ①生活様式。②自己流の生き方。
ライフ・ステージ [life stage] 人間の一生を，幼年期･少年期･青年期･壮年期･老年期などに区分したときの各段階。
ライブ・ストリーミング [live streaming] 音声や動画などを，ネットワーク上で生中継すること。
ライフセーバー [lifesaver] ①水難救助隊員。②人命救助者。
ライフセービング [lifesaving] ①1次救命措置；水難救助；人命救助。②①の訓練技術を競技にしたもの。
ライフ・タイム・バリュー [life time value] 顧客生涯価値。＊1人の顧客から取引期間全体を通して得られる利益の指標。略LTV。
ライフ・デザイン [life design] 生活設計。
ライブ・ハウス [日live house] 生演奏を聴かせる店。
ライフハック [lifehack] 仕事のコツ。特に，情報処理を効率的に行うための方法論。
ライブ・ビューイング [日live viewing] コンサートや演劇，スポーツなどの中継映像を，別の映画館などで上映すること。
ライフ・プラン [日life plan] 就職や結婚など，生涯における大きな出来事を見越した人生設計。
ライフボート [lifeboat] 救助艇。
ライフ・ライン [life line] ①生命線。＊電気･水道･交通網など毎日の生活を維持するうえで欠かせないもの。②命づな；救命索。
ライブラリアン [librarian] ①図書館司書；図書館員。②プログラムやデータの記録に用いられる媒体の維持･管理を行う人。
ライブラリー [library] ①図書館。②叢書(そうしょ)。③コンピュータで，汎用性の高いデータやプログラムをまとめて保存しておくところ。
ライフル [rifle] 施条(しじょう)銃。＊銃身の内側に弾丸を回転させるためのらせん状の溝がついている。
ライブ・レコーディング [live recording] 〘音楽〙演奏会などの演奏をそのまま録音すること。
ライフログ [lifelog] 個人の日常生活の様子を継続的にデジタル･データに記録すること。＊life＋logから。
ライフワーク [lifework] 一生をかけた仕事･研究など；一生を通じてする仕事。
ライボゾーム ⇨リボソーム。
ライム[1] [lime] ①東南アジア原産の柑橘(かんきつ)類。②石灰。
ライム[2] [rhyme] 韻；脚韻。
ライム病 [Lyme disease] マダニの刺傷によって起こる感染症。＊紅斑・発熱など。欧州，北米に多い。

ライムライト [limelight] ①石灰片を酸水素ガスの炎に当てると発生する強烈な白色光。＊かつて欧米で舞台照明に用いた。②名声。

ライラック [lilac] モクセイ科の落葉低木。＊薄紫色の花をつけ，よい香りがする。別名リラ。

ライン[1] [line] ①線。②航路。③行(ぎょう)；列。④企業組織の中で，製造・販売などに直接関係する部門。↔スタッフ[1]③。⑤上から下への1本の命令系統。⑥〖スポーツ〗競技に必要な各種の線。⑦方向。

ライン[2] [LINE] 〖商標〗携帯電話，iPhone，Android，PCで使用できる無料メール・アプリ。

ライン・アウト [line-out] 〖ラグビー〗タッチラインの外にボールが出たときの試合再開の方法。

ラインアップ [lineup] ①⇨バッティング・オーダー。②陣容；顔ぶれ；構成。＊ラインナップとも。

ライン・エディター [line editor] 〖電算〗行単位で編集する機能をもつプログラム。

ライン・オフ [line off] 流れ作業で，自動車などが組み立てを完了して工程から離れること。

ラインストーン [rhinestone] ガラス製の模造宝石。

ラインズマン [linesman] 〖テニス，バレーボールなど〗線審。

ライン・ダンス [日line dance] 大勢のダンサーが1列に並んで踊るダンス。

ライン・ドライブ [line drive] ⇨ライナー①。

ライン・ネットワーク [line network] 放送局を中継回線で結び，系列下のテレビ，ラジオ局で同時に放送する放送網。

ラインバッカー [linebacker] 〖アメ・フト〗守備側の第2ラインを形成する選手。略LB。

ライン・プリンター [line printer] 〖電算〗1行単位で印字する装置。略LP。⇨シリアル・プリンター。

ライン・マネージャー [line manager] 企業の製造・販売などの一連の流れを管理する責任者。

ラインメン [linemen] 〖アメ・フト〗攻撃側の最前線にいる選手。

ラウドスピーカー [loudspeaker] 拡声器。略スピーカー。

ラウンジ [lounge] （ホテルなどの）休憩室；談話室。

ラウンジ・ウェア [lounge wear] 家庭で着るくつろぎ着。

ラウンダーズ [rounders] イギリスやアイルランドのバットとボールを使うスポーツ。＊野球の元祖といわれる。

ラウンド [round] ①丸い。②〖ゴルフ〗1巡。③〖ボクシング，レスリング〗試合の回。④関税一括引下げ交渉。⇨ウルグアイ・ラウンド。

ラウンドアバウト [Roundabout] 環状交差点。＊信号機がない。

ラウンド・ダンス [round dance] 円舞。＊ペアが回りながら踊る。

ラウンド・テーブル [round table] 円卓；円卓会議。＊round table conferenceの略。

ラウンド・ナンバー [round number] 端数のない数。

ラウンド・ネック [round neck] 丸首襟；丸く開いた襟元。＊クルー・ネック(crew neck)とも。

ラオチュー [老酒(ラオチュー)] 高級な中国の醸造酒。＊紹興(しょうこう)酒もその1つ。

ラガー [rugger] ⇨ラグビー。

ラガーマン [日rugger man] ラグビーの選手。＊英語ではrugby player。

ラガー・シャツ [rugger shirt] ラグビー選手が着る綿ジャージー製のシャツ。

ラガード [laggard] 新しい商品やサービスが普及しても最後まで受け入

ラ

れない人，または最後に受け入れる人。

ラガー・ビール [lager beer]　発酵したビールを熱処理してびんに貯蔵したビール。↔生ビール。

ラギッド [rugged]　無骨な，いかめしいといった意味をもつ，男性のファッション・スタイルを表すことば。

ラグ[1] [lag]　遅れること；遅延；時間的なずれ。⇨タイム・ラグ。

ラグ[2] [rag]　①布切れ。②ラグタイムの略。

ラグ[3] [rug]　①ラグ・マットの略。②ひざ掛け。＊イギリス産の織物。

ラグー [raguイタリア]　肉や魚介類を細かく切り，煮込んで作るソース。

ラクーン [raccoon]　アライグマ。

ラグーン [lagoon]　①潟湖(せきこ)。＊砂州などによって外洋から切り離されたもの。②貯水池。

ラグジュアリー [luxury]　ぜいたく；快楽；満足；娯楽品。

ラグタイム [ragtime]　シンコペーションを多用するジャズの先駆的音楽。略ラグ。

ラクトアイス [Lactoice]　脂肪分3パーセント以下のアイスクリーム。

ラクトーゼ [Laktoseドイツ]　乳糖。＊ラクトースとも。

ラクトコッカス [lactococcus]　乳酸菌の一種。＊ヨーグルト，チーズなどに含まれる。⇨プラズマ乳酸菌。

ラクトバチルス [lactobacillus]　乳酸桿菌(かんきん)。略LB。

ラクトフェリン [lactoferrin]　哺乳(ほにゅう)類の乳汁中に存在する糖たんぱく質。＊抗菌作用がある。

ラグビー [Rugby]　〖スポーツ〗1チーム15人が2組に分かれ，革製の楕円形のボールを用いて行うフットボール。＝ラガー。

ラグ・マット [rug mat]　床の一部分を覆う敷物。略ラグ。

ラグラン [raglan]　〖服飾〗襟(えり)ぐりから袖(そで)下にかけて斜めに切り替えた袖。＊イギリスのL.ラグラン伯爵から。ラグラン・スリーブとも。

ラクロス [lacrosse]　〖スポーツ〗1チーム10人が，先に網のついたスティックで，ボールを相手のゴールに入れて勝敗を競う球技。

ラゲージ [luggage]　旅行用の荷物；旅行かばん。

ラケット [racket]　球技で，ボールやシャトルコックを打つための用具。

ラケットボール [racquetball]　天井と4面の壁に囲まれたコートで，壁に当たってはね返ってくる相手のボールを打ち返す球技。

ラコステ [Lacoste]　〖商標〗フランスのアパレルメーカー。また製品。＊ワニのマークで有名。

ラザニア [lasagnaイタリア]　薄板状にのして長方形にかたどったパスタ。

ラザロ [Lazarus]　〖キリスト教〗死後，イエスによって甦(よみがえ)らされたという『新約聖書』中の人物。

ラジアル [radial]　放射状の。

ラジアル・タイヤ [radial tire]　〖自動車〗タイヤ内部の繊維層を放射状にした高速走行用タイヤ。

ラジアン [radian]　〖数学〗弧度。記号rad。＊1ラジアンは約57度。

ラジウス [Radius]　〖商標〗登山用の携帯コンロ。

ラジウム [radium]　原子番号88のアルカリ土類金属元素。元素記号Ra。＊放射線療法などに用いられる。1898年キュリー夫妻が発見。

ラジエーション [radiation]　①放射；放射能。②放射線。

ラジエーター [radiator]　①暖房装置の熱放射器。②〖自動車〗水冷式エンジンの冷却器。③〖放送〗送信用アンテナ。

ラジオ [radio]　電波による音声の受信機。また，その放送様式。

ラジオアイソトープ [radioisotope]

〖物理〗放射性同位元素。略RI。

ラジオカーボン・テスト [radiocarbon test] 放射性炭素の放射能含有量から判定する古生物体の年代推定法。

ラジオ・コントロール [radio control] 無線操縦。略ラジ・コン。

ラジオ・コンパス [radio compass] 無線方向探知器。

ラジオ・ジャパン [Radio Japan] NHKの海外向けラジオ放送。＊正しくは「NHKワールド・ラジオ日本」。

ラジオゾンデ [Radiosonde ドイツ] 高層大気の気象観測装置。略ゾンデ。

ラジオ・テレスコープ [radio telescope] 電波望遠鏡。

ラジオテレメトリー [radiotelemetry] 野生動物に電波発信器を取り付け，移動場所を追跡して行動や生態を研究・調査すること。

ラジオ・トラッキング [radio tracking] 野生動物に電波発信器などをつけて，その跡を追跡すること。

ラジオ・ビーコン [radio beacon] 無線電波を発信して船舶や航空機に位置を知らせる装置。

ラジオメーター [radiometer] 放射線測定器。

ラジ・カセ [radio-cassette recorder] ラジオとカセット・テープ・レコーダーを一体にした装置。

ラジカル [radical] ①急進的な；過激な。②根本的な。＊ラディカルとも。

ラジコ [radiko] 〖商標〗パソコンやスマートフォンで日本のラジオ放送をライブで聴取できるサービス。＊Internet Protocol simulcast radio (radiko.jp)の略称。

ラジ・コン ラジオ・コントロールの略。

ラシャ [raxa ポルトガル] 織った後，縮絨(しゅくじゅう)し，毛羽立てた厚い布。

ラジャー [roger] 「了解」。

ラショナリズム [rationalism] 合理主義；理性主義。

ラショナリゼーション [rationalization] 合理化。

ラショナル [rational] 理性のある；合理的な。

ラス遺伝子 [ras gene] 発がん遺伝子の一群。

ラスカー賞 [Lasker Award] アメリカで最も権威のある医学賞。＊正式名は，Albert Lasker基礎医学研究賞。

ラスカル [rascal] ①いたずらっ子。②悪党；ならず者。

ラスク [rusk] パンに粉砂糖と卵白を混ぜたものをぬり，天火で焼いた菓子。

ラスター [raster] 〖電気〗ブラウン管の走査線の図形。

ラスト[1] [last] 最後；終わり。

ラスト[2] [rust] ①錆(さび)。②にぶること；持ちぐされ。③錆色。

ラスト・スパート [last spurt] ①〖スポーツ〗ゴール間近に出す精一杯の力。②最後の頑張り。

ラスト・ネーム [last name] 姓；名字。

ラスト・ベルト [rust belt] アメリカ中西部に位置する，主要産業の衰退した「さびついた工業地帯」。

ラスト・ラップ [last lap] 〖スポーツ〗最後の1周。

ラスト・ワン・マイル [last one mile] 通信事業者側からの言い方で，ユーザーにネットワーク接続を提供する場合の最終行程。

ラスパイレス指数 [Laspeyres index] ラスパイレス方式によって算出された物価指数。

ラスパイレス方式 [Laspeyres formula] 加重平均による物価指数算定方式。＊提案者のドイツ人経済学者E.ラスパイレスの名から。⇨パーシェ方式。

ラズベリー [raspberry] キイチゴの一種。＊ジャム，果実酒用。＝フランボワーズ。

ラズベリー賞 [Raspberry Award] その年最悪の映画や出演者に贈られる賞。＊正式名称はゴールデン・ラズベリー賞。

ラス・ボード [lath board] 壁地に用いる穴のあいた石膏(せっこう)の板。

ラス・ボス [日last boss] コンピュータ・ゲームなどで最後に現れる敵のこと。＊ラスト・ボスの略。

ラスボラ [rasbora] コイ科の淡水魚。＊観賞魚。東南アジアに生息。

ラダー [rudder] 船の舵(かじ)；航空機の方向舵(だ)。

ラタトゥイユ [ratatouilleフランス] 南仏・プロバンス地方の代表的な料理。＊野菜をオリーブ油とにんにくで煮込んだもの。

ラタン [rattan] 籐(とう)。＊家具用。

ラッカー [lacquer] 樹脂やセルロースなどからつくられた速乾性の塗料。

ラッキー [lucky] 幸運な；縁起のよい。↔アンラッキー。

ラッキー・セブン [lucky seventh] 〖野球〗7回表裏の攻撃のこと。

ラッキー・ゾーン [lucky zone] 〖野球〗外野の両翼に設けられた柵(さく)とスタンドの間の区域。＊この区域に入った打球はホーム・ランとなる。

ラッキー・ボーイ [lucky boy] 〖スポーツ〗試合で好結果を出した幸運な男性選手。

ラック[1] [rack] 棚。

ラック[2] [ruck] 〖ラグビー〗地上にあるボールのまわりに両チームの選手が集まって体を密着させてボールを奪い合う状態。⇨モール[2]。

ラッコ イタチ科の海獣。＊アイヌ語。

ラッサ熱 [Lassa fever] ウイルス性の高熱を主症状とする感染症。＊ナイジェリアのラッサで発見。

ラッシャー [rusher] ①突進する人；多忙な人。②〖ボクシング〗猛攻で相手を追いつめる選手。

ラッシュ [rush] ①一時的に多数押し寄せたり，集中的に起こったりすること。②ラッシュ・アワーの略。

ラッシュ・アワー [rush hour] 通勤・通学者で，朝夕乗り物が混雑する時間帯。㊥ラッシュ。

ラッシュ船 ⇨LASH。

ラッセル [Russel] ①〖登山〗雪を踏んで道を開きながら進むこと。＊和製用法。②⇨ラッセル車。

〜車 除雪機関車。

ラッセル・アインシュタイン宣言 [Russell-Einstein Manifesto] イギリスの哲学者B.ラッセル卿とアメリカの物理学者A.アインシュタイン博士を中心に，1955年，核兵器廃絶・科学技術の平和利用を提唱した宣言。

ラッセル音 [Rasselgeräuschドイツ] 〖医学〗聴診器をあてると聞こえる呼吸器の異常音。＊ラ音とも。

ラッチ [latch] かんぬき；掛け金。

〜回路 [〜circuit] 1ビットの情報を保持することができる電子回路。

ラット [rat] ①ハツカネズミ(マウス)より大きいネズミの総称。②裏切り者；脱党者；警察のイヌ。

ラッパ [喇叭チャイナ] ①金管楽器の総称。②誇大な宣伝。

ラッパー [rapper] ラップ[2]の歌手。

ラッピング [wrapping] 包装。

〜広告 [〜advertising] バス，電車，航空機などの乗り物や建築物に，商品の広告を塗装，また印刷したフィルムをはりつける広告手法。

ラップ[1] [lap] ①〖陸上競技，スケート，水泳〗コースの1周，1往復。②ラップ・タイムの略。③ひざ。

ラップ[2] [rap] 〖音楽〗軽やかに話すような唱法。＊ヒップ・ホップ文化の一要素。

ラップ[3] [wrap] ①包むこと。②食品保存用のポリエチレン製の包み紙。

〜口座 [〜account] 金融機関と一任契約を結び，投資信託・株式売買・

資産運用などのサービスを包括的に取り扱う口座。

ラッファー・カーブ [Laffer curve] 税率と税収の関係を表す曲線。＊アメリカの経済学者A.ラッファーの名に因む。

ラップ・スカート [日wrap skirt] 巻きスカート。

ラップ・タイム [lap time] 〖陸上競技，スケート，水泳〗競走路の1周，プールの1往復に要した時間。略ラップ。

ラップトップ [laptop] ひざ乗せ型の。↔デスクトップ。

ラップトップ・コンピュータ [laptop computer] ひざの上に乗せられる小型コンピュータ。

ラップ・バトル [日rap battle] 即興の歌詞でラップの技術を競い合うこと。＊MCバトルとも。

ラテ [latte イタリア] ①コーヒーにミルクを入れた飲み物。②カフェ・ラテの略。＊原義は「牛乳」。

ラティーノ [Latino] ①アメリカ在住のラテン・アメリカ系の人々。＊女性形はラティーナ(Latina)。②ラテン・アメリカに住む人々。

ラディカル ⇨ラジカル。

ラティス [lattice] 格子；格子戸。

ラティチュード [latitude] ①緯度。②〖写真〗露光寛容度。

ラディッシュ [radish] ①ハツカダイコン。②赤カブ。

ラテックス [latex] ゴムの樹皮から採取される乳樹脂。＊ゴム製品に使用。

ラテン・アメリカ [Latin America] ラテン系言語を使う中南米諸国の総称。⇨アングロ・アメリカ。

ラテン音楽 [Latin-American music] 中南米音楽の総称。＊ブラジルのサンバやキューバのルンバ[2]など。

ラドン [radon] 原子番号86の希ガス類元素。元素記号Rn。＊放射性同位体。

ラナウイルス [Ranavirus] 蛙などの両生類の大量死や減少を引き起こすウイルス。

ラ・ニーニャ [La Niña スペイン] 南アメリカのエクアドルからペルーにかけての沖合で，海水の温度が異常に下がる現象。＊異常気象の原因。原義は「少女」。⇨エル・ニーニョ。

ラノリン [lanolin] 羊毛脂；羊毛蠟(ろう)。＊化粧品，軟膏(なんこう)に使う。

ラバ [lava] 溶岩。

ラバー[1] [lover] ①恋人。②愛好家。

ラバー[2] [rubber] ①弾性ゴム。②消しゴム。

ラバー・カップ [rubber cup] ⇨プランジャー。

ラバー・シューズ [rubber shoes] ゴム靴。

ラバー・セメント [rubber cement] 生ゴムを溶かした接着剤。

ラバー・ソール [rubber sole] ゴム底の靴。

ラバーブ [rabāb アラビア] リュート属の弦楽器の一種。＊バイオリン属の原型。イスラム文化圏で演奏される。

ラバー・ラケット [rubber racket] 〖卓球〗表面にゴムを張ったラケット。

ラバトリー [lavatory] 洗面所；化粧室。⇨ウォーター・クロゼット。

ラバリエ [lavallière フランス] 蝶(ちょう)結びにした大きなネクタイ。＊ルイ14世が寵愛した女性の名から。

ラパン [lapin フランス] ウサギの毛皮。

ラビ [rabbi] ①ユダヤ教の指導的聖職者。②ユダヤの律法博士。

ラビオリ [ravioli イタリア] イタリア風餃子(ぎょうざ)。＊薄くのばしたパスタに，挽き肉などの具をはさんだもの。

ラビゴット・ソース [sauce ravigote フランス] 油，果実酢にタマネギなどの香味野菜を混ぜたソース。

ラピス・ラズリ [lapis lazuli] 青金石。＊アフガニスタン原産の宝石。

ラビット [rabbit]　①飼いうさぎ；家うさぎ。②弱虫；下手の横好き。③〘陸上競技〙ペースメーカーの愛称。

ラピッド・ファイヤー [rapid fire]　速射。＊射撃競技の1つ。

ラピュタ [Laputa]　スウィフト作『ガリバー旅行記』に出てくる空飛ぶ島。

ラビリンス [labyrinth]　迷路；迷宮。

ラビング [rubbing]　①拓本；石刷り。②ネコが，口の周囲，こめかみ，尾などにある臭腺を人やものにこすりつける行為。

ラフ [rough]　①粗雑な。②ざらざらしているさま。③下書き。④〘テニス〙ラケットのガットの裏面。⑤〘ゴルフ〙コース内の雑草地帯。

ラブ [love]　①愛情；恋愛。②恋人；愛人。③〘テニス〙無得点。

ラファエル [Raphael]　ユダヤ教，キリスト教の大天使の1人。＊ラファエロとも。

ラブ・アフェア [love affair]　情事；恋愛事件。

ラフィア [raffia]　ラフィア椰子(やし)。＊葉柄からとった繊維で敷物や帽子を作る。アフリカ原産。

ラ・フォーレ [la forêtフランス]　森。

ラブ・ゲーム [love game]　〘テニスなど〙一方が無得点のゲーム。

ラブ・コール [日love call]　①愛をこめて呼びかけること。②熱心に呼びかけること。

ラブ・シーン [love scene]　恋愛を演じる場面；濡れ場。

ラフ・スケッチ [rough sketch]　大まかなスケッチ；下絵。

ラプソディー [rhapsody]　〘音楽〙狂詩曲。＊即興的かつ自由奔放。

ラブ・ソング [love song]　恋の歌；恋愛詩。

ラブ・チャイルド [love child]　「非嫡出子」の俗称。

ラフティング [rafting]　数人の仲間と専用のゴム・ボートに乗り，急流を漕いで下るレジャー・スポーツ。

ラフト [raft]　いかだ；救命ボート。

ラフ・プレー [rough play]　〘スポーツ〙反則に近い粗雑で乱暴なプレー。

ラブ・ホテル [日love hotel]　情事のための同伴ホテル。⇨モーテル②。

ラブラドール・レトリバー [Labrador-retriever]　イギリス原産の猟犬。＊大型で，盲導犬としても活躍。

ラ・フランス [La Franceフランス]　フランス原産の洋ナシ(梨)。＊独特な芳香がある。

ラブリー [lovely]　可愛らしい；素敵な。

ラフレシア [Raffflesiaラテン]　東南アジアのジャングルにみられる寄生植物。＊開花すると強い臭いを放つ。

ラブ・ロマンス [日love romance]　恋愛物語；恋愛事件。

ラベル [label]　①札；張り紙。＝レッテル。②レコードの中央の円形の紙。③〘電算〙磁気テープの上に付ける印。⇨レーベル。

ラペル [lapel]　襟(えり)の折り返し。

ラベンダー [lavender]　シソ科の常緑低木。＊香りがよく香料の原料。

ラボ　ラボラトリー，ランゲージ・ラボラトリーの略。

ラポール [rapportsフランス]　親密な関係；信頼感。

ラボラトリー [laboratory]　①実験室；研究所。②〘写真〙現像室。略ラボ。

ラマ[1] [lama]　①ラマ教の高僧。②ラマ教の僧侶(そうりょ)に対する敬称。

ラマ[2] [llama]　ラクダ科の動物。＊南米アンデスの高地で荷物の運搬に使われている。

ラマーズ法 [Lamaze method]　〘医学〙自然無痛分娩(ぶんべん)法。＊フランスの産科医F.ラマーズの名から。

ラマ教 [Lamaism]　チベット仏教の俗称。⇨チベット仏教。

ラマスーン [Ramasun]　タイの民話

に登場する「雷神」。＊台風の名に用いられる。

ラマダーン［Ramadan］ イスラム暦の９月。＊イスラム教徒はこの１か月間，日の出から日没まで断食する。

ラマルキズム［Lamarckism］〖生物〗用不用説。＊フランスの生物学者ラマルクの進化思想。

ラ・マルセイエーズ［La Marseillaise フランス］ フランスの国歌。＊単に，マルセイエーズとも。

ラマン効果［Raman effect］〖物理〗単光色を物質に当てて散乱させるとき，その物質に特有な波長の光が混ざる現象。＊1928年インドの物理学者C.ラマンが初めて実測した。

ラミダス猿人［Ardipithecus ramidus ラテン］ 約440万年前のエチオピアに生息していた化石人類。

ラミネート［laminate］ ①延ばして薄い板にすること。②合板にすること。③⇨パウチ①。

ラム[1]［lamb］ 子羊。また，その毛皮や肉。

ラム[2] ⇨RAM。

ラム[3]［rum］ ラム酒。＊さとうきびからつくった蒸留酒。西インド諸島原産。

ラム・ウール［lamb's wool］ 子羊の毛。また，それからつくった毛織物。＊ラムズ・ウールとも。

ラムサール条約［Ramsar Convention］ 国際湿地条約。正式名「特に水鳥の生息地として国際的に重要な湿地に関する条約」(Convention on Wetlands of International Importance Especially as Waterfowl Habitat)。＊1971年，イランのラムサールで採択。

ラムジェット・エンジン［ramjet engine］ ジェット・エンジンの一種で，吸入した空気をラム圧(機体の推進による動圧)によって圧縮し，そこに燃料を噴射して燃焼を起こさせるしくみのエンジン。

ラムスキン［lambskin］ 子羊のなめし革。

ラムダ・ロケット［Lambda rocket］ 東大宇宙航空研究所が開発した宇宙観測用ロケット。

ラム・チョップ［lamb chop］ 子羊の骨つき背肉を切り分けたもの。また，それを焼いた料理。

ラムネ［日lemonade］ 炭酸水を含んだ清涼飲料の一種。

ラメ［lamé フランス］ ①金糸・銀糸の混ざった糸。またそれが織り込まれた布。②〖美容〗メーキャップに用いる，キラキラと輝く粒状のもの。

ラ・メール［la mer フランス］ 海。

ララバイ［lullaby］ 子守歌。

ラリー［rally］ ①〖テニス，卓球など〗ボールを続けて打ち合うこと。②定められた道を一定の時間内で走る長距離自動車競走。

ラリエット［lariat］ 鎖や革紐を首にかけ，両端を結んだネックレス。

ラルース［Larousse フランス］〖商標〗フランスの出版社。＊百科事典で有名。

ラルゴ［largo イタリア］〖音楽〗「ゆっくり荘重に」。

ラルフ・ローレン［Ralph Lauren］〖商標〗アメリカの服飾メーカー。＊ポロのブランドで有名。

ラレンタンド［rallentando イタリア］〖音楽〗「だんだんとゆるやかに」。記号はrall.。↔アッチェレランド。

ラワン［lauan タガログ］ フタバガキ科の高木。＊家具・建築材用。

ラン[1] ⇨LAN。

ラン[2]［run］ ①走る。②〖映画，演劇など〗連続興行。③〖野球〗得点。④靴下や編物のほつれ。⑤〖電算〗プログラムの実行。

ラン・イチ 牛肉の部位の名称。背中側の腰からももにかけての赤身肉。＊ランプ(rump)＋イチボ(aitchbone)から。

ランウェイ [runway]　①走路；滑走路；車道。②(劇場の)花道。
ランカー [ranker]　スポーツなどの競技で実力を示す順位に名前の載っている選手。
ランガージュ [langageフランス]　言語活動。＊言語学者ソシュールの用語。
ランキング [ranking]　順位；序列；格付け。
ランク [rank]　①順位；等級。②順位をつけること。
ラング[1] [langueフランス]　制度化された言語。＊ソシュールの用語。
ラング[2] [lung]　肺。
ラングスティン [langoustine]　ヨーロッパアカザエビ。別名スカンピ。
ランゲージ [language]　言語。
ランゲージ・プロセッサー [language processor]　言語翻訳プログラム。
ランゲージ・ラボラトリー [language laboratory]　個人用の視聴覚機器を備えた語学専用教室。略ラボ，LL。
ランゲルハンス島 [islets of Langerhans]　〖医学〗膵臓(すいぞう)内部に島状に散在し，インスリンを分泌して血糖値を低下させる役目をもつ組織。＊発見者のドイツの医師P.ランゲルハンスの名にちなむ。
ランサムウェア [ransomware]　身代金要求型不正プログラム。＊マルウェアの一種で，パソコン内部に侵入してデータを盗み取り，データを回復させるための金銭を要求する。
ランジェリー [lingerieフランス]　婦人用の装飾的な下着や部屋着。
ランス [Lance]　アメリカ陸軍の中距離弾道ミサイル。
ラン・スルー [run-through]　〖放送，演劇〗本番前の通し稽古。
ランタナ [Lantanaラテン]　クマツヅラ科の常緑低木。和名，「七変化」。＊亜熱帯アメリカ原産。
ランダム [random]　無作為なこと；行きあたりばったりなこと。
ランダム・アクセス [random access]　〖電算〗すべてのデータの読み出し・書き込みが，データの順序に関係なく迅速に行える機能。↔シーケンシャル・アクセス。
ランダム・アクセス・メモリー　⇨RAM。
ランダム・サンプリング [random sampling]　無作為標本抽出法。
ランタン [lantern]　携帯用の手提げランプ；角灯。
ランチ[1] [launch]　①大型船に積み込む連絡用の小型船。②小型蒸気船。
ランチ[2] [lunch]　①昼食。②西洋風の簡単な食事。
ランチ[3] [ranch]　牧場；農場。
ランチ・ジャー [日lunch jar]　保温機能がある弁当容器。
ランチタイム [lunchtime]　昼食時。
ランチ・ボウル [lunch bowl]　丼型の弁当容器。
ランチャー [launcher]　①ミサイルの発射装置。②〖電算〗プログラムをクリックするだけで簡単に呼び出すためのメニュー・ソフト。
ランチュウ [蘭鋳チャイナ]　金魚の一品種。＊背びれがなく頭部に瘤(こぶ)がある。
ランチョン [luncheon]　正式な午餐(ごさん)。
ランチョン・マット [日luncheon mat]　⇨プレース・マット。
ランディング [landing]　①飛行機の着陸。↔テイク・オフ①。②(スキーのジャンプなどの)着地。
ランディング・バーン [日landing＋Bahnドイツ]　〖スキー〗ジャンプ競技で，着地後の滑走路。＊バーンは「道」。
ランデブー [rendezvousフランス]　①逢い引き。②宇宙船や人工衛星が宇宙空間でドッキングを行うために接近して飛行すること。
ランド・アート [land art]　⇨アースワーク。
ランドサット　⇨LANDSAT。

ランドスケープ [landscape] ①景色；眺め。②風景画。
ランドスケープ・モード [landscape mode] 印刷時やデジタル機器の画面表示で，風景写真のような横長の状態のこと。
ランドセル [ransel オランダ] 小学生の通学用背負いかばん。
ランド・ピープル [land people] 陸路で母国から外国へ脱出する難民。⇨ボート・ピープル。
ランド・ブリッジ [land bridge] コンテナを用いるなどして行う海陸一貫国際輸送方式。
ランドマーク [landmark] ①境界標；陸上の目印。②歴史的建築物。
ランドリー [laundry] 洗濯屋。
ランドルト環 [Landolt ring] 視力判定で使う一部分が切れた円。＊フランスの医師E.ランドルトが考案。
ランド・ローバー [Land Rover] イギリスで創設された四輪駆動車メーカー。
ランナー [runner] ①〖陸上競技〗走者。②〖野球〗出塁した走者。③植物の匍匐(ほふく)茎；地上に張った蔓状の茎。
ランナーズ・ニー [runner's knee] 〖医学〗膝蓋軟骨軟化症。＊ランニングにより膝痛を生じる疾患。
ランナーズ・ハイ [runner's high] 走っている最中に一種の陶酔状態に陥ること。
ランナウェイ [runaway] ①逃亡者；脱走者。②家出；かけおち。
ランニング [running] ①走ること；競走。②経営・管理。
ランニング・ウォッチ [running watch] ランニングやジョギングで，経過時間や心拍数などさまざまなデータを得られる腕時計。
ランニング・コスト [running cost] 〖経済〗運転資金；維持管理費。↔イニシャル・コスト。
ランニング・ストック [running stock] 〖経済〗運転在庫；運営上必要な在庫。
ランニング・バイク [running bike] 子供向けの，ペダルなしで地面を蹴って進む自転車。
ランニング・ホーマー [日running homer] 〖野球〗打球が外野を転がっている間に，打者が本塁まで生還し得点するもの。
ランニング・マシーン [running machine] 室内でランニングをするための健康器具。＝トレッド・ミル。
ランバー・サポート [日lumbar support] 〖自動車〗疲労軽減のために背もたれの角度などが調整できるようになっているシート。
ランバダ [lambada] ブラジルの軽快なリズムのダンス音楽。
ランバン [Lanvin] 〖商標〗パリのオート・クチュール。
ランプ[1] [lamp] ①石油灯。②電灯。
ランプ[2] [ramp] ①斜面。②ランプウェイの略。
ランプ[3] [rump] 牛の尻肉。＊脂肪が少ない。
ランプウェイ [rampway] 自動車用道路の出入口の傾斜路。略ランプ。
ランプシェード [lampshade] ランプのかさ。
ラン・フラット・タイヤ [日run-flat tire] 〖自動車〗パンクしてもある程度の距離を走り続けられるタイヤ。
ランブル・シート [rumble seat] 〖自動車〗折りたたみ式の後部補助席。
ランボルギーニ [Lamborghini] 〖商標〗イタリアの高級自動車メーカー。また，その自動車。＊1962年，F.ランボルギーニが創業。
ランヤード [lanyard] アクセサリーやカメラなどを吊り下げるひも。

リ

リア [rear] 後ろの；後部の。
リア・ウインドー [rear window] 〖自動車など〗後部の窓。
リア・エンジン [rear engine] 車体・機体後部に付いているエンジン。
リア・ガード [rear guard] 後衛。↔バンガード①。
リアクション [reaction] 反動；反応。
リアクター [reactor] ①原子炉。②〖化学〗反応器。
リアクタンス [reactance] 電気回路に交流を流したときに生じる電気抵抗。
リアス海岸 [rias coast] 起伏の多い陸地が沈降したためにできた，複雑に入り組んだ海岸。＊riaはスペイン語で「入江」の意。
リア・ドライブ [rear drive] 〖自動車〗後輪駆動。↔フロント・ドライブ。
リア・プロジェクション・テレビ [rear projection television] 背面投影式の大画面薄型テレビ。
リア・ホイール [rear wheel] 後輪。
リアライズ [realize] 理解する；実感する；実現する。
リアライゼーション [realization] ①認識；理解；実感。②実現；現実化。
リアリスティック [realistic] 写実的な；現実的な。
リアリスト [realist] ①現実主義者。②〖芸術〗写実主義者。③〖哲学〗実在論者。
リアリズム [realism] ①現実主義。②〖芸術〗写実主義。③〖哲学〗実在論。
リアリティー [reality] ①現実性；真実性。②実体；実在。
リアル [real] 実際の；事実上の。
リアル [rial(ペルシア)] イランなどの通貨単位。
リアル・オプション [real option] 不確実な要素が多い状況で，新規参入や事業拡大，縮小・撤退など，企業の意思決定を柔軟に変更できる権利。
リアル・タイム [real time] ①即時。②実時間；同時間。
リアル・ファー [real fur] 本物の動物の毛皮を使用した天然の素材。＊フェイク・ファー(模造毛皮)に対することば。
リアル・ポリティクス [real politics] 現実路線の政策。
リーガ・エスパニョーラ [Liga Española(スペイン)] スペインのプロ・サッカー・リーグの愛称。
リーガル [legal] ①法律の；合法的な。↔イリーガル。②弁護士の。
リーガル・エイド [legal aid] 法的扶助。＊貧困者に対する弁護士費用免除など。
リーガル・サポート [legal support] 司法支援。
リーガル・テック [legal tech] 法務業務に情報技術を取り入れ，裁判や契約などに関わる事務の効率化を図ること。
リーガル・マインド [legal mind] 法律を的確に適用する精神・能力。
リーキ [leek] 西洋ねぎ；ポロネギ。＝ポワロ。
リーク [leak] ①漏電。②秘密・情報を故意にもらすこと。
リーグ [league] 連盟；同盟；連合。
大〜 ⇨メジャー・リーグ。
〜戦 [〜game] 〖スポーツ〗総あたり戦。↔トーナメント。
リーケージ [leakage] (秘密・電話などが)もれること。
リーサル・ウェポン [lethal weapon] 死の兵器；凶器。＊リーサルは「致命的な」の意。
リーシュマニア症 [leishmaniasis] トリパノソーマ科の鞭毛(べんもう)虫リーシュマニアによる人獣共通感染症。＊熱帯，亜熱帯地域に多い。

リージョナリズム [regionalism] ①地方主義。②地方分権主義。

リース[1] [lease] 長期にわたる機械や設備の賃貸借。⇨レンタル。

リース[2] [wreath] 花輪飾り。＊クリスマスの飾りや葬儀の際に飾る。

リーズナブル [reasonable] ①正当な；道理にかなった。②手頃な。

リースバック [leaseback] 所有していた不動産などを貸し手に売却したあとで，その物件を借り受けて使用料を支払う方式。

リース・マンション [日lease mansion] 賃貸用マンション。＊投資目的で，管理は業者にまかせる。

リースリング [Rieslingドイツ] ドイツの代表的な白ワイン用のぶどう。

リーズン [reason] ①理由；原因；道理。②理性。

リーゼント・スタイル [regent style] 〘美容〙ポマードを使って髪を後ろに流す男性の髪型。

リーダー[1] [leader] ①指導者；指揮者。②〘印刷〙点線(……)。③録音テープ先端の巻取り用の部分。

リーダー[2] [reader] ①読者。②学校用の読本。

リーダーシップ [leadership] ①指導力；統率力。⇨イニシアティブ。②指導者としての地位・任務。

リーダーシップ・サーベイ [readership survey] 新聞・雑誌などの広告や記事についての読者注目率調査。

リーチ[1] [立直チャイナ] 麻雀の役の1つ。＊聴牌(てんぱい)を宣言すると成立。

リーチ[2] [reach] ①伸ばした腕の長さ。②〘テニス〙守備範囲。③〘ボクシング〙選手の腕の届く範囲。

リーディング[1] [leading] 導くさま；先導するさま；首位の；主要な。

リーディング[2] [reading] 読むこと：読書；朗読；読み物。

リーディング・インダストリー [leading industry] 主導産業。

リーディング・カンパニー [leading company] ①その業界で主導的地位にある企業。②一国の主要企業。

リーディング・グラス [reading glasses] ①読書用のめがね。②老眼鏡。

リーディング・ケース [leading case] 先例となるような判例。

リーディング・ジョッキー [leading jockey] 〘競馬〙年間最多勝利騎手。

リーディング・ヒッター [leading hitter] 〘野球〙首位打者。

リーディング・ルーム [reading room] ①読書室；閲覧室。②校正室。

リート [Liedドイツ] ①ドイツ歌曲。②歌曲。＊原義は「歌」。

リード[1] [lead] ①指導する。②相手より得点が多いこと。⇨アヘッド。↔ビハインド。③〘野球〙次塁へ進もうと走者が塁を離れること。④記事の要点をまとめた前文。

リード[2] [reed] 管楽器やオルガンなどの発音装置；舌。

リード・オフ・マン [lead-off man] ①〘野球〙先頭打者。②先頭に立って人々を引っ張っていく人。

リード・オルガン [reed organ] 金属製のリード[2]を使って音を出すオルガン。⇨パイプ・オルガン。

リード・ギター [lead guitar] 主旋律を受け持つギター。

リード・ジェネレーション [lead generation] 将来的に商品・サービスを購入する見込みがある人を獲得するための販促活動。

リード・タイム [lead time] 所要時間。＊企画から製品化までの時間。

リード・ナーチャリング [lead nurturing] 将来的に商品・サービスを購入する見込みがある人の，購買意欲を高めるための販促活動。

リード・ボーカリスト [lead vocalist] 主旋律を歌う人。＊リード・ボーカルとも。

リード・ミー・ファイル [read me file] 〘電算〙 ソフトウェアの説明や注意事項が記されたファイル。

リーバイス [Levi's] 〘商標〙 アメリカ最大のジーンズ・メーカー。また，その製品。

リーフ[1] [leaf] ①葉。②1枚の紙。③箔。

リーフ[2] [reef] ①暗礁；鉱脈。②たたみ込むこと。

リーファー・ジャケット [reefer jacket] 厚手紡毛地で作られた前ボタンがダブルのジャケット。＊防寒用。リーファーは海軍少尉候補生の愛称。

リーフレット [leaflet] 宣伝用ちらし；小冊子。＊原義は「小さい葉」。

リーベ [Liebeドイツ] ①恋愛。②恋人；愛人。

リーボック [Reebok] 〘商標〙 イギリス発祥のスポーツ用品ブランド。

リーマン幾何学 [Riemannian geometry] ドイツ人数学者F.B.リーマンにより創始された多次元の幾何学。

リーマン・ショック [日Lehman shock] アメリカ大手証券会社リーマン・ブラザーズが2008年9月に経営破綻し，世界経済に与えた衝撃。

リール [reel] ①テープやフィルムの1巻き。②釣り糸の巻き取り器。③糸，針金，フィルムなどを巻くための枠。

リーン [lean] ①細い；痩(や)せた。②無駄のない。

リインカネーション [reincarnation] 生まれ変わり；輪廻(りんね)。

リーン・プロダクト・システム [lean product system] 製造工程において無駄を排除した生産管理システム。

リウマチ [Rheumatismusドイツ] 関節や筋肉のこわばりや腫(は)れ，疼痛(とうつう)などを呈する病気。＊リューマチ，ロイマチスとも。

リエゾン [liaisonフランス] ①連結；連絡；関係。②連音。＊ふつうは発音されないある語の末尾の子音が，次の語の語頭の母音と連結して発音される現象。特にフランス語についていう。

リエゾン・オフィス [liaison office] 大学の研究室と民間企業・行政機関など，別々に活動するグループの連携を図るための組織や窓口。

リエット [rillettesフランス] フランスの保存食。＊肉をやわらかく煮てペースト状にしたもの。

リエントリー [reentry] ①再入国；再び入ること。②大気圏への再突入；再登録。

リオ宣言 [Rio Declaration] 正式には「環境と開発に関するリオ宣言」。＊1992年，ブラジルのリオ・デ・ジャネイロで開催された「環境と開発に関する国際連合会議」で採択。

リカー [liquor] アルコール飲料。＊特に蒸留酒をさす。

リカバー [recover] 取り戻す；回復する。

リカバリー [recovery] 回復；回収。

リカバリー・ショット [recovery shot] 〘ゴルフ〙 前の打球の失敗を取り戻すうまいショット。

リカレント教育 [recurrent education] 社会人が再び学校へ入学できるようにした生涯教育構想。＊OECD(経済協力開発機構)が提唱。

リキッド [liquid] ①液体の整髪料。②液体。↔ソリッド。

リキッド・ファンデーション [liquid foundation] 乳液状のファンデーション。

リキャップ [recap] 一度外した注射針のふたを，使用後の注射針に再び装着すること。＊針刺し事故(誤って使用後の注射針で刺すこと)による感染の原因となる。

リキュール [liqueurフランス] 甘味・香料などを加えた果実酒。

リグ [rig] ①石油掘削装置。②船舶の，帆装。

リクード [Likud] イスラエルの穏健

派右翼連合政党。
リクエスト [request] ①希望；要望。②〖放送〗演奏・放送希望曲。③プロ野球におけるビデオによるリプレー検証。
リグニン [lignin] 芳香族高分子化合物の一種，木質素。＊セルロースなどと結合し，細胞を固化する。バニリンの製造原料。
リクライニング・シート [reclining seat] 椅子の背もたれ角度が調節できるようになっている座席。
リクルート [recruit] ①新入生；新兵。②人材募集；求人。
リクルート・ファッション [日recruit fashion] 就職試験や会社訪問の際に着る画一的な服装。
リゲイン [regain] 取り戻す；回復する。
リケッチア [rickettsia] 〖生物〗グラム陰性微小球菌様微生物。＊発疹チフス，ツツガムシ病などの病原体。
リゲル [Rigel] 〖天文〗オリオン座のβ(ベータ)星。＊アラビア語の足(Rijl)から。⇨ベテルギウス。
リコーダー [recorder] たて笛。
リコール [recall] ①公職者の解職請求。②欠陥商品の回収。
リコッタ [ricotta(イタリア)] イタリア産の乳清を再加熱して作るチーズ。
リコピン [lycopene] 赤色のカロテノイドの1つ。＊抗酸化作用がある。
リコメンデーション ⇨レコメンデーション。
リコメンド ⇨レコメンド。
リコリス [licorice] マメ科の多年草で，カンゾウ(甘草)の一種。
リゴリズム [rigorism] 厳格主義。
リコンストラクション [reconstruction] 再建；復元；復興。
リコンファーム [reconfirm] 予約の再確認。特に，国際航空便の再確認。
リサーチ [research] 調査；研究。
リサーチャー [researcher] 研究者；研究員；調査者；調査員。
リザード [lizard] トカゲ(蜥蜴)；トカゲの皮。
リザーブ [reserve] ①予約すること。②貯蔵品。
リサイクリング [recycling] ①資源の再利用。②他国へ投機資金が流出した場合，流入国が流出国へ資金を還流させる制度。
リサイクル [recycle] 廃物の再生利用。
リサイクル・ショップ [日recycle shop] 預かった不用品を再生・再利用して販売する店。
リサイクル・センター [日recycle center] 自治体の設置する，不燃ごみや粗大ごみの選別や再資源化を行う施設。
リサイタル [recital] 独奏会；独唱会；独演会。
リザイン [resign] 辞任する；放棄する。
リザベーション [reservation] 予約；保留。
リザルト [result] 結果；成果；成績。
リジェクト [reject] 拒絶；拒否。
リジッド [rigid] 硬直した；柔軟性のない。
リジッド・ジーンズ [rigid jeans] 新品ののりがかかった硬いジーンズ。また，そのような状態のもの。
リシン [ricin] トウゴマの種子に含まれる毒性の物質。
リジン [lysine] 〖化学〗たんぱく質を構成する必須(ひっす)アミノ酸。
リス [Riss(ドイツ)] 登山で，岩壁の割れ目。＝クラック②。
リスキー [risky] 危険な；きわどい。
リスク [risk] ①危険。②保険などにおける損害をうける危険。
リスク・アセスメント [risk assessment] 危険(の事前)評価；危険率評価。
リスク・アセット [risk asset] 現金

化にリスクを伴う債権。

リスク・オフ [risk off]　投資家がリスク回避のため，安全な資産に資金を移す状況。

リスク・オン [risk on]　投資家が高い収益をめざし，リスクの高い資産に資金を投入する状況。

リスク・コミュニケーション [risk communication]　あるリスクについて，事業者や行政機関・専門家だけでなく，一般市民や消費者も交えて意見を交換・共有し，意思の疎通と相互理解を図ること。

リスク・コントロール [risk control]　経営上生じる危険の回避・軽減を図るために行う管理方法。

リスク・ファイナンス [risk finance]　経営上危険が生じたときのために，保険をかけて資金面の万全の対策を立てておくこと。

リスク・ファクター [risk-factor]　ある疾患の原因となる形態的・機能的因子。

リスク・ヘッジ [risk hedge]　危険対策；危険回避；危険分散。

リスク・マネジメント [risk management]　危険管理；危機管理。

リスケジューリング [rescheduling]　債務返済繰り延べ。

リスケジュール [reschedule]　①⇨リスケジューリング。②日程の変更や再調整。略リスケ。

リスタート [restart]　⇨リブート。

リスティング広告 [listing advertising]　〖電算〗検索連動型広告。＊ユーザーが入力したキー・ワードに関連する広告を画面に表示する。

リステリア菌 [Listeria]　グラム陽性短桿菌(かんきん)。＊食中毒を起こす菌で動物の糞尿，土壌などに分布する。

リステリア症 [Listeriosis]　リステリア菌による感染症。＊妊婦や基礎疾患をもつ人が感染する危険性が高い。髄膜炎，敗血症などの症状を呈す場合がある。

リスト[1] [list]　①目録；名簿。②〖電算〗プログラムを画面上に表示すること。

リスト[2] [wrist]　手首。

リスト・アップ [日list up]　抽出した情報を名簿や一覧表にのせること。

リスト・カット [wrist cut]　手首を刃物で傷つける自傷行為。

リストバンド [wristband]　①腕輪；ブレスレット。②〖スポーツ〗汗止め用の手首のバンド。

リスト・ブローカー [list broker]　宛名広告などに用いる名簿の貸し出しや販売を行う業者。

リストラ　リストラクチャリングの略。

リストラクチャリング [restructuring]　企業再構築。略リストラ。

リストランテ [ristorante イタリア]　イタリア料理店。

リストレーション [restoration]　①復旧；復活。②王政復古。③修復。

リスナー [listener]　聴取者。

リスニング [listening]　⇨ヒアリング②。

リスニング・ルーム [listening room]　音楽鑑賞室。

リスペクト [respect]　尊敬；敬意。

リズミカル [rhythmical]　律動的；リズムがあるさま。＝リトミック。

リズム [rhythm]　①律動。②〖音楽〗音の長短・強弱の組み合わせが規則的に連続すること。③文章の調子。

リズム・アンド・ブルース [rhythm and blues]　アメリカの黒人音楽から始まった音楽。＊都会的なブルースにリズムを加え，叫ぶように歌う。略R&B。

リズム・ボックス [rhythm box]　〖音楽〗リズムの自動演奏装置。＊リズム・マシーンとも。

リセ [lycée フランス]　フランスの7年制の国立・公立の高等中学校。

リセール [resale]　転売；再売却。

リセッション [recession] 〖経済〗 景気の後退；一時的な不景気。

リセット [reset] ①機器を初期の状態に戻すこと。②最初からやり直すこと。

リソース [resource] 資源；源泉。

リソース・シェアリング [resource sharing] 〖電算〗各種のコンピュータを結び，各自がもつ情報資源を共同利用すること。

リゾート [resort] 保養地；行楽地。

リゾート・ホテル [resort hotel] 保養地や避暑地にあるホテル。

リゾーム [rhizome(フランス)] ①根茎；地下茎。②上下でなく，地下茎のように，多様に多方向に広がっている制度や思想。＊フランスの哲学者G.ドゥルーズと精神科医F.ガタリが提唱。

リソスフェア [lithosphere] 〖地学〗 岩石圏。↔アセノスフェア。

リゾット [risotto(イタリア)] 米をバターで炒めてたきあげ，具を入れたイタリアの米料理。

リターナブル [returnable] (空き缶や空き瓶などが)回収・再使用できること。↔ワン・ウェイ②。

リターン [return] ①もとの状態に戻ること。②〖テニスなど〗返球。

リターン・キー [return key] 〖電算〗 文字列の改行や，かな・漢字変換の確定，選択項目の確定などを行うときのキー。＝エンター・キー。

リターン・マッチ [return match] 〖ボクシングなど〗タイトル奪回のために再び戦う試合。

リタイア [retire] ①引退；退職。②棄権；退場。

リダイヤル [redial] 再ダイアル。＊直前にかけた電話番号を自動的に呼び出すこと。

リダイレクト [redirect] 閲覧しているウェブ・ページから，別のウェブ・ページに転送されること。

リダクション [reduction] ①縮小；削減。②修正。③還元。

リタッチ [retouch] 絵画や写真などを修正すること。＊レタッチとも。

リタルダンド [ritardando(イタリア)] 〖音楽〗「次第におそく」。記号rit.

リチウム [lithium] 原子番号3の金属元素。元素記号Li。＊金属元素中最も軽い。

リチウム・イオン電池 [lithium-ion battery] 電解液にリチウム・イオンを使った電池。

リチウム電池 [lithium battery] 陰極にリチウムを用いた電池。＊軽量小型。腕時計・電卓などに使用。

リチャージ [recharge] 再充電すること。

リチャード・ジノリ [Richard Ginori] 〖商標〗イタリアの陶磁器メーカー。また，その製品。

リツイート [retweet] 〖電算〗ツイッターで，他のユーザーのつぶやきを引用形式で自分のアカウントから発信し，自分のフォロワーに知らせること。略RT。

リッジ [ridge] ①〖登山〗山の背；尾根；山稜。②〖気象〗高気圧の峰。

リッター [liter] ⇨リットル。

リッチ [rich] ①金持ちの。②豊富な。↔プア①。

リットル [litre(フランス)] メートル法の体積の単位。1000立方センチメートル。記号*l*。＊英語ではリッター。

リッパー [ripper] ①切り裂くもの・人。②⇨リッピング。

リッピング [ripping] CDやDVDのデジタル・データを，パソコンで処理・加工できるようなファイル形式に変換・保存すること。

リップ [lip] 唇。

リップ・クリーム [lip cream] 唇の荒れを防ぐためのクリーム。

リップ・グロス [lip-gloss] 口紅の上に塗って，透明感やつやを与える化粧品。

リップ・サービス [lip service] 口先だけのお世辞・同意。
リップ・シンク [lip-sync] 映像や音声に合わせて，実際に話したり歌ったりしているように口を動かすこと。＊口パクを含む。
リップスティック [lipstick] 棒状の口紅。⇨ルージュ。
リップ・ライナー [lip liner] 唇の輪郭を縁取ることで美しくみせる化粧品。
リップリーディング [lipreading] 読唇(どくしん)術。
リップル [ripple] 〘服飾〙表面を加工してさざ波のように局部的に縮ませた綿やレーヨンの生地。
リテーラー [retailer] 小売業者。
リテール [retail] ①小売り。②個人向け小口金融取引。
〜品 〘電算〙正規品。↔バルク品。
リテール・サポート [retail support] 卸売業者やメーカーが小売店に対して行う，情報提供や売り場づくりのアドバイスなどの経営支援活動。
リテール・バンキング [retail banking] 個人向け銀行業務。↔ホールセール・バンキング。
リデュース [reduce] 削減すること；ごみ発生抑制。
リテラシー [literacy] 読み書きの能力；コンピュータや情報の活用能力。
リテラチャー [literature] 文学；文芸作品。
リドカイン [Lidocainドイツ] 強力な合成局所麻酔薬。＊速効性があり，抗不整脈剤としても使用。
リトグラフ [lithographeフランス] 石版画。
リトグラフィー [lithographieフランス] ①石版印刷術。②⇨リトグラフ。
リトコール酸 [Lithocholic acid] 胆汁酸の一種。＊発がん性がある。
リトマス [litmus] 〘化学〙リトマスゴケから得られる色素で，酸とアルカリの色素判定に用いられる指示薬。
〜試験紙 〘化学〙リトマス液をしみこませた紙。＊酸性は赤，アルカリ性は青に変色する。
リトミック [rythmiqueフランス] ①リズムを取り入れて心身の調和・発達を図る教育法。②⇨リズミカル。
リトラクタブル [retractable] 格納式の。＊自動車のヘッド・ライトなど。
リトリート [retreat] ①隠れ家；避難所。②日常生活から離れて暮らすこと。③〘キリスト教〙修養会。＊原義は「退却」「後退」という意。
リトリーバル [retrieval] 回復；復旧；修繕；修正。
リトル・トーキョー [Little Tokyo] ロサンゼルスの日本人街。
リトルネロ [ritournelleフランス] 〘哲学〙反復。＊音楽用語のリフレイン(refrain)を哲学用語化した概念。
リトル・プレス [日little press] 個人・団体による，少部数の自主制作出版物。
リトル・リーグ [Little League] 〘野球〙少年野球リーグ。
リナックス [Linux] 〘電算〙フィンランドのリーナス・トーバルズが開発した，再配布自由なUNIX系のOS。
リナロール [linalool] 香料用の芳香成分。＊鎮静・血圧降下・抗不安作用が認められ，医薬品にも利用。
リニア [linear] ①線状の；直線の。②リニア・モーターカーの略。
リニアック [linac] ⇨ライナック。
リニア・プログラミング [linear programming] 線型計画法。略LP。
リニア・モーター [linear motor] 従来の回転型モーターを線状にした駆動装置。
リニア・モーターカー [linear motorcar] リニア・モーターを推進力にした超高速車両。略リニア。
リニューアル [renewal] ①刷新；やり直し；再開発。②改装；新装。
リネン [linen] ①亜麻布。②シーツやタオルなど。＝リンネル。

リネン・サプライ [linen supply] 宿泊施設や飲食店などへの，リネン類の貸し出しサービス。

リノール酸 [linolic acid] 〖化学〗植物油に含まれる必須(ひっす)脂肪酸の1つ。＊動脈硬化を予防する。

リノベーション [renovation] ①刷新；改革。②修理。

リノリウム [linoleum] 樹脂やコルクくずを加えて加工した合成建材。

リノレン酸 [linolenic acid] 必須脂肪酸の1つ。＊血圧の安定，アレルギー反応の調整作用がある。

リバーサイド [riverside] 川岸；川沿い；河畔。

リハーサル [rehearsal] 下稽古；試演；予行演習。

リバーサル [reversal] 逆転；反転。

リバーシブル [reversible]〖服飾〗裏表両面が着用できるもの。

リバーシブル・コート [reversible coat] 裏表両面が着られる外套(がいとう)。＝デュアル・コート。

リバーシブル・レーン [reversible lane] 交通量に応じて，道路の中央分離帯を移動できるしくみ。

リバース [reverse] ①逆の；裏側の。②リバース・ターンの略。

リバース・エンジニアリング [reverse engineering] 分解工学。＊他社の製品を分解，解析して，そのアイデアや技術を自社製品の改良・開発に役立てること。

リバース・オークション [reverse auction] 買い手側が購入条件や金額を提示し，売り手側が条件を再提示することを繰り返して，価格を競り下げていく取引。

リバース・ターン [reverse turn] 〖ダンス〗左足から始める左回り。略リバース。↔ナチュラル・ターン。

リバース・ディスクリミネーション [reverse discrimination] 逆差別。

リバース・モーゲージ [reverse mortgage] 逆抵当融資。＊持ち家を担保に融資を受け，契約終了時や死亡時に資産を売却し，精算する。

リパーゼ [lipase] 脂肪を加水分解する酵素。＊胃や小腸の消化液中に含まれる。

リバーダンス [Riverdance] アイルランドのダンスや音楽を中心としたショー。＊腕を使わず，体をまっすぐにして足を踏み鳴らして踊る。

リバーブ [reverb] ①残響。②反響装置。

リバーフロント [riverfront] 河岸区域。

リバイアサン [liviathan] ①『旧約聖書』に出てくる水にすむ巨大な怪獣。②全体主義的国家。＊イギリスの哲学者ホッブズの著作名から。

リバイバル [revival] ①復活；再生。②古い映画・歌・演劇などの再上演。

リバウンド [rebound] ①薬の服用，また治療をやめたあと，症状が治療前より悪化すること。②ダイエット後，自己管理を怠ったために以前の体重に戻ってしまうこと。＊元来は「跳ね返り」という意。

リバタリアニズム [libertarianism] 自由至上主義；完全自由主義。

リバタリアン [Libertarian] ①自由至上主義者。②(アメリカの)リバタリアン党員。

リバティー [liberty] 自由；解放。＝リベルテ。

リハビリ リハビリテーションの略。

リハビリテーション [rehabilitation] 事故・傷病で後遺症をもつ人が行う機能回復訓練。略リハビリ。

リバプール・サウンド [Liverpool Sound] イギリスのリバプールを中心に若者たちがつくり出した音楽。

リパブリカン [republican] ①共和主義者。② [R-]アメリカの共和党員。↔デモクラット。

リパブリック [republic]　共和国；共和政体。
リバランス [rebalance]　分散投資における資産の再配分。＊相場変動に合わせて，資産配分の比率を当初の設定どおりに修正すること。
リバリュエーション [revaluation]　①再評価。②平価切り上げ。↔ディバリュエーション。
リピーター [repeater]　①繰り返す人。②同じ飲食店・観光地などを何度も訪れる人。
リピート [repeat]　①繰り返し。②〖音楽〗反復記号。③再放送；再上演。
リビジョニスト [revisionist]　修正主義者；見直し論者。
リビドー [libido ﾗﾃﾝ]　人間のすべての行動の隠れた動機となる本能的エネルギー。
リビルド [rebuild]　①建て直す；再建する。②再生する。
リビング [living]　①生活；暮らし。②リビング・ルームの略。
リビング・ウィル [living will]　尊厳死を望むことを記した，生前に書く遺言。
リビング・ニーズ [日living needs]　生命保険の特約の1つで，被保険者が余命6か月以内と医師に診断された場合，生前に契約している保険金の一部を受け取れるもの。
リビング・ルーム [living room]　居間。略リビング。＝シッティング・ルーム。
リブ[1] [lib]　①解放。②ウーマン・リブの略。＊liberationから。
リブ[2] [rib]　①肋骨(ろっこつ)。②リブ・ロースの略。③〖建築〗補強のための肋骨状突起の構造部材。④織物の畝(うね)。
リファービッシュ [refurbish]　メーカー再生品。＊初期不良でメーカーに返品された商品，中古パソコンなどの機器を，修理・調整して再出荷すること。
リファイナンス [refinance]　(ローンの)借り換え；財政再建。
リファイン [refine]　洗練する；精製する。
リファラル採用 [referral recruitment]　縁故採用の一種。自社の社員に友人・知人などを推薦してもらう採用方法。
リフィル [refill]　①システム手帳の補充用用紙。②詰め替え・補充用の品。＊レフィルとも。
リブート [reboot]　〖電算〗再起動。＊本来は靴ひもを編みなおすこと。＝リスタート。
リフォーム [reform]　①改良；改革。②古着の再生。③改築；改装。
リフティング [lifting]　①〖サッカー〗手・腕以外の部位を使って，ボールを地面に落とさずに打ち上げ続けること。②〖ラグビー〗ライン・アウトでボールをとろうとしている味方の選手を持ち上げること。
リフト [lift]　①スキーヤーを運ぶための椅子式の昇降機。＝スキー・リフト。②昇降機；(イギリスで)エレベーター。③〖フィギュア・スケート〗男性が女性を高く持ち上げること。
リフト・アップ [lift up]　顔のたるみを取るためにする手術。または，手入れ法。＊フェイス・リフトとも。
リフト・バス [日lift bus]　車椅子のまま乗車できるように昇降機を取り付けたバス。
リフトバック [liftback]　⇨ハッチバック。
リプトン [Lipton]　〖商標〗イギリスの紅茶会社。また，同社製の紅茶。＊19世紀末，トーマス・リプトンがスコットランドで創業。
リフューズ [refuse]　拒絶すること。＊環境運動の4Rでは，ごみになるものを生産しない・買わないといった意味がある。

リプライ [reply] ①返事をする；答える。②電子メール，電子掲示板，ツイッターで返信すること。また，返信するメール，メッセージ，ツイートなどのこと。
リフリジレーター [refrigerator] 冷蔵庫。
リプリント [reprint] ①テープの複製。②増刷；再版。
リブレ [livret フランス] 小冊子。
リフレイン [refrain] 詩・楽曲で繰り返される部分。＊リフレーンとも。
リフレーション [reflation] 通貨再膨張；統制インフレ。
リプレース [replace] ①取りかえる。②〖ゴルフ〗規定に従いボールをもとの位置に戻すこと。
リフレクソロジー [reflexology] 反射療法。＊主に足の裏を刺激することで全身の血行をよくする。
リフレクター [reflector] 反射鏡；反射板。
リプレゼンタティブ [representative] ①代表；代理人。②国会議員；(アメリカの)下院議員。
リフレッシュ [refresh] 気分を新たにする。
リフレッシュメント [refreshment] ①元気回復。②〖マラソン〗コースの途中に用意してある軽い飲み物。
リフレッシュ・レート [refresh rate] コンピュータのディスプレーなどが1秒ごとに画面全体を更新する回数。＊映像や動画の滑らかさと関わる。
リプレッション [repression] ①弾圧；抑圧。②一時的な景気後退と大不況の中間の経済状態。
リブ・ロース [rib roast] 牛の肋骨(ろっこつ)近くの背肉。＊霜降りの多い最上肉。略リブ。
リブログ [reblog] 〖電算〗他の人の記事を自分のページにそのまま投稿できる機能。
リプロダクション [reproduction] ①再生産；複写。②〖生物〗生殖。
リプロダクティブ・ヘルス／ライツ [reproductive health and rights] 性と生殖に関する健康と権利。
リペア [repair] 修理。
リベート [rebate] ①⇨バック・マージン。②世話料；手数料。
リベット [rivet] 鋼板などの結合に用いる鋲(びょう)。
リベラリスト [liberalist] 自由主義者。
リベラリズム [liberalism] 自由主義；進歩派。
リベラル [liberal] ①自由主義的な；寛大な。②欧米の進歩的穏健派。
リベラル・アーツ [liberal arts] 大学の一般教養科目。
リベルテ [liberté フランス] ⇨リバティー。
リベロ [libero イタリア] ①〖サッカー〗ポジションにとらわれず，攻撃に参加する守備プレーヤー。②〖バレーボール〗守備専門の後衛の選手。
リベンジ [revenge] 復讐(ふくしゅう)；仕返し。
リベンジ・ポルノ [revenge porn] 復讐(ふくしゅう)ポルノ。＊嫌がらせのために，元交際相手や元配偶者のわいせつ画像をネット上にさらすこと。
リベンジャー [revenger] 復讐者；仕返しをする人。
リポーター [reporter] ⇨レポーター。
リポート [report] ⇨レポート。
リボ核酸 [ribonucleic acid] たんぱく質合成に関与する4種類の塩基から成る核酸。略RNA。
リボザイム [ribozyme] リボ酵素。＊触媒として酵素と同じような働きをするリボ核酸(RNA)。
リポジトリ [repository] ①貯蔵庫；保管場所；倉庫。②プログラムのソース・コードやデータの仕様などが格納されたデータ・ベース。
リボソーム [ribosome] たんぱく質

の合成を行う細胞質内の微小体。＊リボゾーム，ライボゾームとも。

リボルバー [revolver] 弾倉が回転する拳銃(けんじゅう)。

リボルビング [revolving] ①回転する；循環する。②クレジット・カードの支払い方法の1つ。＊設定した利用限度額内で繰り返し融資を受けられること。リボ払いとも。

リボルビング・ドア [revolving door] ①回転ドア。②交代の早い；天下りの。

リボン [ribbon] ①装飾用のひも。②タイプライターやワープロの印字用テープ。＊インク・リボンとも。

リマーク [remark] ①注意；備考。②目印。③感想；寸評。

リマインダー [reminder] ①思い出させるもの；注意喚起のメッセージ。②スマートフォンのアプリなどで，予定や用件を思い出せるように通知してくれる機能。

リマスター デジタル・リマスターの略。

リミックス [remix] ①再混合；再配合。②〖音楽〗完成された曲を編集し直して別のバージョンに作り直すこと。また，その曲。

リミッター [limiter] 〖電算〗振幅制限回路。

リミット [limit] 限界；限度。

リミテーション [limitation] 制限；限界。

リミテッド・カンパニー [limited company] 有限責任会社；株式会社。＊Co., Ltd.と略記する。

リム [rim] ①縁(ふち)。②自動車・自転車の車輪の縁。

リムーバー [remover] ①移動するもの；運送屋。②除去剤；ペンキやしみを落とすもの。

リムーバブル・ディスク [removable disk] 〖電算〗取り外しが可能な外部記録媒体。

リムーブ [remove] 〖電算〗ツイッターで，フォローをやめること。

リムジン [limousine] ①箱型の大型高級乗用車。②空港への乗客送迎用バス。＊リムジン・バスとも。

リムランド [rimland] 世界の重要地域の周辺地帯。＊日本，中国，東南アジア，中近東などをさす。アメリカの地理学者スパイクマンが提唱。

リムレス [rimless] 縁のない眼鏡。

リメイク [remake] ①再映画化。②つくり直すこと。

リメディアル [remedial] 大学教育を受けるのに際して，学力・知識が不足している学生のために行う教育。＊もとは，補習教育のこと。

リメンバー [remember] ①思い出す；思い起こす；忘れない。②覚えている。③「よろしく」と伝言する。

リモ [limo] リムジン。＊アメリカでの言い方。

リモート・コントロール [remote control] 遠隔操作；遠隔制御。略リモ・コン，RC。

リモート・サポート [remote support] パソコンや周辺機器のトラブルに，企業の担当者が遠隔操作で対応するオン・ラインのサービス。

リモート・センシング [remote sensing] 遠隔探査。＊人工衛星や航空機から観測・探査すること。略RS。

リモート・デスクトップ [remote desktop] 手元にあるコンピュータからネットワークを通じて，遠隔地にあるコンピュータのデスクトップ環境を操作すること。

リモート・ワーク [remote work] 情報通信技術を活用して，在宅勤務など職場から離れた場所で仕事をする働き方。

リモ・コン リモート・コントロールの略。

リモネン [limonene] 柑橘(かんきつ)類の皮に含まれる精油成分。＊発泡スチロールを溶かす作用がある。

リヤ・カー [日rear car] 鉄パイプ製2輪荷車。
リュウグウ [Ryugu] 地球と火星の軌道付近を回る，地球近傍小惑星の1つ。＊2019年，日本の小惑星探査機はやぶさ2が着陸し，サンプル採取に成功。
リュージュ [lugeフランス] 小型のそりで氷の急斜走路を滑走する競技。
リユース [reuse] 再使用。
リュート [lute] 〖音楽〗マンドリンを大型にしたような形の弦楽器。
リューマチ ⇨リウマチ。
リュクス [luxeフランス] 贅沢(な)；華美(な)；豪華(な)。
リュックサック [Rucksackドイツ] 登山などに用いる背負い袋。＝ザック。
リラ[1] [lilasフランス] ⇨ライラック。
リラ[2] [lira] イタリアの旧貨幣単位。
リラ[3] [lyraギリシア] 竪琴(たてごと)。＊古代ギリシアなどで用いられた。
リライアビリティー [reliability] 信頼性；確実性。
リライタブル [rewritable] 主に光学メディアが書き換え可能なこと。
リライト [rewrite] 原稿・記事などを加筆・修正すること。
リラクゼーション [relaxation] 緊張をほぐすこと；息抜き；くつろぎ。＊リラクセーションとも。
リラクタンス [reluctance] ①不本意；嫌がること。②磁気抵抗。
リラックス [relax] 緊張をほぐす；力を抜く。
リラン [rerun] 再放送；再計算。
リリー [lily] 百合(ゆり)。
リリース [release] ①カメラの遠隔操作。②初公開；発刊；発表；解除。③〖釣り〗釣った魚を水に戻すこと。
リリー・スカート [lily skirt] ⇨トランペット・スカート。
リリーフ [relief] ①〖美術〗浮き彫り。＊レリーフとも。②リリーフ・ピッチャーの略。③救助者。
リリーフ・ピッチャー [relief pitcher] 〖野球〗救援投手。＝ファイアマン。略リリーフ。
リリカル [lyrical] ⇨リリック。
リリシズム [lyricism] 叙情味；叙情主義。
リリック [lyric] ①叙情詩。②叙情的な。＝リリカル。
リリ・ヤン [lily yarn] ①絹糸や化繊糸で細く編んだ伸縮性のある手芸糸。②小さな筒型の編み機と針を使いメリヤス編みのひもを編む手芸。
リレー [relay] ①中継すること。②リレー・レースの略。③継電器。
リレーション [relation] ①関係；関連。②親類。
リレーションシップ・マーケティング [relationship marketing] 一人ひとりの顧客の嗜好や要求を重要視するマーケティング手法。
リレー・レース [relay race] 〖スポーツ〗継走；継泳。略リレー。
リレンザ [Relenza] 〖商標〗インフルエンザ治療薬ザナミビルの商品名。
リロード [reload] コンピュータのデータを読み込み直すこと；更新。
リロケーション [relocation] 配置し直すこと；配置転換；移転；転勤。
リワード広告 [reward advertising] 成果報酬(ほうしゅう)型広告の一種。＊アクセスしたユーザーに報酬の一部を還元する。
リワインド [rewind] テープの巻き戻し。略RWD。
リンガ [lingaサンスクリット] シバの神殿で祭られる男根像。＊繁殖の象徴。女陰像はヨニ。
リンガ・フランカ [lingua franca] 東地中海で話される混成語。＊イタリア語，スペイン語，フランス語などの混成共通語。
リンク[1] [link] ①連結・連動すること。②連結装置。③〖電算〗他のページに接続すること。

リンク[2] [rink]　スケート・リンクの略。

リング [ring]　①輪。②指輪。③〖ボクシング，レスリング〗競技台。④避妊用器具の一種。

リング・アウト [日ring out]〖プロ・レス〗競技者がリングの外に出ること。または，出されてしまうこと。

リングイネ [linguineイタリア]　切り口が楕円形のロング・パスタ。

リングサイド [ringside]〖ボクシングなど〗リング際の席。

リンクス[1] [links]　ゴルフ場。

リンクス[2] [lynx]　オオヤマネコ。

リング・ネーム [日ring name]　プロ・ボクサーやプロ・レスラーのリング上での名。

リンク・フリー [日link free]　ウェブ・サイトの管理者にリンクの許諾を得る必要がないことの意思表示。

リング・プル [ring pull]　⇨プル・タブ。

リンクル・ケア [wrinkle care]　皺(しわ)を予防するための手入れ。

リング・ワンダリング [ring wandering]〖登山〗環状彷徨(ほうこう)。＊濃霧や吹雪のために方向を見失い，同じ場所をぐるぐるさまようこと。リング・ワンデルングとも。

リンケージ [linkage]　①国家間の関係の構造的変化。②関連；連鎖。

リンゲル液 [Ringer's solution]〖医学〗生理的塩類溶液。＊体液の代用として使用する。

リンス [rinse]　洗髪後，髪に頭髪用化粧品をなじませすすぐこと。また，その液体化粧品。＊ヘア・コンディショナーとも。

リンチ [lynch]　私的制裁；私刑。＊アメリカの治安判事W.リンチの名から。

リンチ症候群 [Lynch Syndrome]　遺伝性非ポリポーシス大腸がん。＊1966年，H.リンチが指摘。

リンデンバウム [Lindenbaumドイツ]　菩提樹(ぼだいじゅ)。＊バウムは「樹」の意。

リンネル [linièreフランス]　⇨リネン。

リンパ [Lympheドイツ]〖医学〗体内を循環して，組織内への栄養の取り入れ，排泄物の取り出し，病原体などに対する防御を行う無色の液体。

〜節 [Lymphdrüseドイツ]　リンパ球や免疫抗体をつくる網状の組織。＊リンパ腺とも。

リンパ・ドレナージ [lymph drainage]　医療目的で，リンパのむくみを改善するため，皮膚や皮下組織に貯留した体液を移動させるマッサージ。

リンパ・ドレナージュ [lymph drainage]　美容目的で，リンパや血液の流れを活性化させ，老廃物の排出を促すマッサージ。

リンボー・ダンス [limbo dance]　低く渡した棒の下を反り身になり踊りながらくぐる中南米のダンス。

リンホカイン [lymphokine]〖医学〗リンパ球から産出される可溶性たんぱく伝達物質の総称。＊インターフェロンやインターロイキンなど。

ル

ルアー [lure]　①誘引するもの。②〖釣り〗擬似餌(ぎじえ)；擬餌針。

ルアー・フィッシング [lure fishing]　擬似餌(ぎじえ)を使って行う釣り。

ルイ・ビトン [Louis Vuitton]〖商標〗パリのバッグ・メーカー。また，その製品。＊正しい表記は「ルイ・ヴィトン」。略LV。

ルイベ [ruibeアイヌ]　氷下魚(こまい)や鮭(さけ)を凍らせたもの。＊薄切りにして食べる。北海道の郷土料理。

ルイボス・ティー [rooibos tea]　ルイボス(マメ科の双子葉植物)の葉で作る健康茶。＊南アフリカ原産。抗酸化作用がある。

ルー[1] [loo]　①トランプ遊びの一種。

②トイレット；便所。
ルー[2]［roux フランス］〖料理〗小麦粉をバターや油で炒めたもの。
ルーキー［rookie］　新人選手。
ルーク［rook］　チェスの駒(こま)の一種で，城将。＊城をかたどったもの。
ルー・ゲーリック病［Lou Gehrig disease］　筋萎縮性側索硬化症(ALS)の俗称。＊アメリカのプロ野球選手Lou Gehrigが罹患したことから。
ルーザー［loser］　敗者。
ルーサン［lucerne］　アルファルファの別名。
ルージュ［rouge フランス］　口紅。
ルーズ［loose］　だらしのない；規律が守られていないさま。＊英語の発音は「ルース」。
ルーズ・ソックス［日loose socks］足首のあたりをたるませて履く靴下。
ルーズ・フィット［loose fit］　衣服が体をしめつけず，ゆったりとした状態。↔タイト・フィット。
ルース・パウダー［日luce powder］粉末状の白粉(おしろい)。
ルーズ・リーフ［loose-leaf］　用紙の取りはずしができるノート。
ルーター［router］　①木工フライス盤。②〖電算〗異なるネットワーク間の中継装置。
ルーチン［routine］　①ルーチン・ワークの略。ルーティンとも。②〖電算〗コンピュータが1つの機能を実行するための一定の手順。＝ジェネレーター。
ルーチン・ワーク［routine work］決まりきった日常の仕事。略ルーチン。
ルーツ［roots］　祖先；起源。
ルーデ・サック［roede-zak オランダ］　コンドーム。
ルート[1]［root］　①根元。②〖数学〗平方根。記号は√。
ルート[2]［route］　道；経路；交通路。
ルート・ディレクトリー［root directory］　コンピュータの階層(ツリー型)構造の最上位のディレクトリー。
ルート・ドライバー［route driver］決まった得意先を集荷・配達して回る自動車運転手。
ルーバー［louver］　①〖建築〗鎧戸。②〖自動車〗放熱孔。③エア・コンの風向き調整用の羽板。
ルーピー［loopy］　①湾曲した。②ばかな；酔って正体のない。
ルービック・キューブ［Rubik's Cube］〖商標〗遊び道具の一種で，27個の立方体でできた立方体の面の色をそろえていく遊び。＊ハンガリーの建築家E.ルービックが考案。
ルーフ［roof］　屋根。
ループ［loop］　①輪。②〖フィギュア・スケート〗氷上に規定の結び目型を描くこと。③〖電算〗同一の処理・演算を反復使用すること。
ループ・アンテナ［loop antenna］　導線を円形・四角形に巻いたアンテナ。
ルーフ・ガーデン［roof garden］　屋上庭園。
ループ・ジャンプ［loop jump］〖フィギュア・スケート〗椅子に腰掛けたような姿勢から空中で1回転し，踏み切った足で着氷するジャンプ。
ループ・シュート［日loop shoot］〖サッカー〗飛び出してきたゴールキーパーやディフェンダーの頭上を越えるようにボールを浮かして打つ，山なりのシュート。
ループ・タイ［日loop tie］　装飾用の留め具をつけたひも状のネクタイ。＝ボーラー・タイ，ボロ・タイ。
ルーフトップ［rooftop］　屋上。
ループホール［loophole］　①抜け道；小窓。②法の抜け穴。
ループ・ライン［loop line］　鉄道の環状線。＊急勾配(こうばい)地にみられる。
ルーフ・ラック［roof rack］　自動車の屋根に取り付けた荷台。
ルーブリック［rubric］　学習におけ

る到達目標(観点)と達成基準(尺度)を一覧表にまとめたもの。
ルーブル [rubl'ロシア]　ロシアの貨幣単位。記号R, Rbl。
ルーブル美術館 [Musée du Louvre フランス]　パリのルーブル宮殿内にある国立美術館。＊ミロのビーナス，モナリザを所蔵する。
ルーペ [Lupeドイツ]　虫めがね；拡大鏡。
ルーマー [rumor]　噂；風聞；風評。
ルーム・サービス [room service]　(ホテルなどで)客室まで飲食物を運ぶサービス。
ルーム・シェアリング [room sharing]　同じ部屋やアパートで他人同士が共同生活を送ること。
ルーム・チャージ [room charge]　ホテルの宿泊料。
ルームメート [roommate]　寮・下宿などの同室者。
ルーメン [lumen]　光源が放出する可視光線の出力量(光束)を計測するための単位。記号lm。
ルーラー [ruler]　①支配者。②定規。
ルーラル [rural]　農村の；田園の；田舎の。↔アーバン。
ルール [rule]　規則。
ルーレット [rouletteフランス]　①円盤を回転させ，その上に玉を投げ入れて出る数をあてるゲーム，またその用具。②布地の上に点線の印をつける裁縫道具。
ルクス [luxフランス]　〖物理〗照度の単位。記号はlx。
ルゴール液 [Lugol solution]　ヨウ素，ヨウ化カリウムに水を加えて精製した褐色の液体。＊殺菌・消毒作用がある。
ルサンチマン [ressentimentフランス]　怨念(おんねん)；恨み；怒り。
ルシフェラーゼ [luciferase]　発光酵素。＊ホタルやウミホタルなどの生物の発光に関与する。
ルシフェル [Luciferポルトガル]　①明けの明星；金星。②堕天使(だてんし)。＊ルシファーとも。
ルダンゴト [redingoteフランス]　ウエストの部分を絞り裾(すそ)を広げたコート。＊英語の「riding coat」(乗馬服)がなまったもの。ルダンゴットとも。
ルチャ・リブレ [lucha libreスペイン]　メキシコ・スタイルのプロ・レス。＊「自由な戦い」という意。
ルチン [rutin]　そばや卵黄に含まれる配糖体の一種。＊出血性の病気の予防薬・止血剤として利用する。
ルッキズム [lookism]　他人を評価するうえで容姿を重視する，差別的な外見至上主義のこと。
ルックス [looks]　顔つき；容貌(ようぼう)。
ルッコラ [rucolaイタリア]　⇨ロケット・サラダ。
ルッツ・ジャンプ [Lutz jump]　〖フィギュア・スケート〗後向きに滑りながら，氷面をスケートのブレードの先で蹴って高く跳び上がり1回転するもの。
ルテイン [lutein]　結晶状の赤黄色素。＊卵黄や緑色植物に含まれる。
ルテニウム [ruthenium]　原子番号44の白金属元素。元素記号Ru。＊万年筆のペン先や指紋の検出などに使用。
ルドルフの数 [Ludolphsche Zahlドイツ]　〖数学〗円周率。＊ドイツでのπの呼び名。16世紀にオランダの数学者S.ルドルフが35桁まで求めたことから。
ルナ [Luna]　①〖ローマ神話〗月の女神。②旧ソ連の月ロケット。
ルネサンス [Renaissanceフランス]　文芸復興。＊14～16世紀にヨーロッパに興った文芸運動。人間性復興をめざした。ルネッサンスとも。
ルノー [Renault]　〖商標〗フランス最大の自動車メーカー。また，その自動車。
ルバーブ [rhubarb]　シベリア南部

産のタデ科の多年草。＊和名「食用大黄」。
ルバシカ [rubashkaロシア] ロシアの民族衣装。＊ゆったりとした前開きの上着。
ルビ [ruby] 〖印刷〗ふりがな用の小さな活字。
ルピア [rupiah] インドネシアの貨幣単位。記号Rp。
ルビー [ruby] 紅玉。＊赤色透明な宝石。7月の誕生石。
ルピー [rupee] インド，パキスタン，ネパールなどの貨幣単位。
ルビコン [Rubicon] イタリアにある川の名。＊カエサル(シーザー)が元老院の反対をおしきって「賽(さい)は投げられた」と叫んでこの川を渡り，ポンペイウスの討伐に成功した。
ルビジウム [rubidium] 銀白色の軟らかいアルカリ金属。原子番号37，元素記号Rb。＊水銀に溶解しアマルガムを作る。
ルピナス [Lupinusラテン] マメ科の1年草，多年草。＊和名「登藤(のぼりふじ)」「葉団扇豆(はうちわまめ)」。
ルフトハンザ・ドイツ航空 [Deutsche Lufthansaドイツ] ドイツ最大の航空会社。略DLH。
ルポ ルポルタージュの略。
ルポ・ライター [日reportageフランス＋writer] 探訪記者；現地取材記者。
ルポルタージュ [reportageフランス] ①現地報告。②記録文学。略ルポ。
ル・マン24時間レース [24heures du Mansフランス] 毎年6月，フランスのル・マン近郊で行われる24時間耐久カー・レース。
ルミナール [Luminal] 〖商標〗催眠・抗痙攣(けいれん)薬。＊フェノバルビタールの商品名。
ルミナス [luminous] 光る；輝く；明るい。
ルミナリエ [luminarieイタリア] 電飾；イルミネーション。
ルミネッセンス [luminescence] 〖化学〗冷光現象。＊蛍光，燐光(りんこう)など。
ルミノール試験 [luminol test] 〖化学〗有機化合物ルミノールを使用した血痕(けっこん)の鑑識法。
ル・モンド [Le Mondeフランス] フランスの夕刊新聞。＊1944年創刊。
ルリユール [reliureフランス] 製本(術)；装丁。＊英語ではbookbinding。
ルルドの泉 [Lourdes] カトリックの聖地にある泉。＊聖母マリアの出現の場で，病を治癒する奇蹟の泉といわれる。ルルドはフランス南西部の町。
ルンゲ [Lungeドイツ] ①肺。②肺結核。
ルンバ[1] [Roomba] 〖商標〗ロボット掃除機。＊アメリカのiRobot社が製造・販売。
ルンバ[2] [rumbaスペイン] キューバの民族音楽。＊4分の2拍子の激しいリズムで演奏される。
ルンペン [Lumpenドイツ] 失業者；浮浪者。
ルンペンプロレタリアート [Lumpenproletariatドイツ] 浮浪的無産階級。

レ

レア [rare] ①〖料理〗肉などが生焼きの。⇨ウェル・ダン，ミディアム②。②珍しい。
レア・アース [rare earth] 〖化学〗希土類元素の総称。＊合金，蛍光体，原子炉材料用。
レア・ケース [rare case] まれな事例；特殊な例；珍しい例。
レア・メタル [rare metal] 〖化学〗希少金属。＊コバルト，プラチナ，ウランなど。↔ベース・メタル。
レアリア [realia] 〖哲学〗実在物。
レアル [realポルトガル] ブラジルの通貨単位。
レイ [leiハワイ] 首にかける花輪。

レイアウト [layout]　①配置；設計。②新聞・雑誌などの割り付け。
レイオフ [layoff]　一時解雇。
レイク [lake]　湖；湖水。
レイクサイド [lakeside]　湖畔；湖岸。
レイク・ロブスター [lake lobster]　アメリカ原産のザリガニの一種，ウチダザリガニ。＊阿寒湖の特産品。
レイジー [lazy]　無精な；怠惰な。
レイシスト [racist]　人種差別主義者。
レイシズム [racism]　人種差別主義。
レイシャル・ハラスメント [racial harassment]　人種的偏見に基づく嫌がらせ行為。略レイ・ハラ。
レイトカマー [latecomer]　①遅れてきた人。②⇨ニューカマー。
レイト・ショー [日late show]　深夜興行。
レイト・チェックアウト [late check-out]　ホテルの規定時刻よりも遅く，宿泊施設を出ること。
レイト・マジョリティ [late majority]　新商品やサービスの受容が比較的遅い，懐疑的な層のこと。
レイ・トレーシング [ray tracing]　〖電算〗コンピュータ・グラフィックスの物体表示法の1つ，光線追跡法。
レイニー・デイ [rainy day]　①雨の日。②まさかのとき；困ったとき。
レイノー病 [Raynaud's disease]　寒冷時や精神的ストレスに反応して，指先の血管が攣縮(れんしゅく)し，皮膚が蒼白となる疾患。＊フランスの医師の名から。
レイバー・ユニオン [labor union]　労働組合。
レイ・バン [Ray-Ban]　〖商標〗アメリカのボシュロム社が製品化したサングラス。
レイブ [rave]　クラブ音楽に合わせて一晩中踊る大規模パーティーや音楽イベント。
レイプ [rape]　婦女暴行；強姦(ごうかん)；強制性交。
レイヤー [layer]　層；階層。
レイヤード・カット [layered cut]　〖美容〗段カット。
レイヤード・ルック [layered look]　〖服飾〗重ね着ルック。
レインコート [raincoat]　雨よけのために着るコート。
レイン・ブーツ [rain boot]　雨靴。
レインボウ・トラウト [rainbow trout]　サケ科の淡水魚。ニジマス。＊北アメリカ原産。
レインボー [rainbow]　虹(にじ)。
レインボー・フィッシュ [rainbow fish]　グッピーの雄。
レインボー・ブリッジ [Rainbow Bridge]　東京港連絡橋の愛称。
レーウィンゾンデ [rawinsonde]　高層気象観測装置。＊ラジオゾンデに，風向，風速の観測機能が付加されたもの。
レーガノミクス [Reaganomics]　1980年代，アメリカ・レーガン大統領による経済政策。＊大型減税，財政支出削減，規制緩和など。
レーキ [rake]　草かき，土ならしに用いる熊手。
レーサー [racer]　競走用の乗り物(自転車，オート・バイ，ヨットなど)。また，その競技者。
レーザー [laser]　光を増幅・発振して放射する装置。また，その光線。＊*L*ight *A*mplification by *S*timulated *E*mission of *R*adiationの略。精密工学，医療，通信などで応用。
　～核融合 [～fusion]　レーザー光を用いた核融合。＊重水素，三重水素からなる燃料にレーザー光を照射し，核融合を起こさせる。
　～内視鏡 [～endoscope]　〖医学〗レーザー光と内視鏡を組み合わせた装置。＊内臓の診断や治療に利用。
レーザー・ディスク [Laser Disc]　〖商標〗レーザー光を利用した光学式

レ

ビデオディスク。略LD。
レーザー・ビーム [laser beam] ①レーザー光線の軌跡。②〖野球〗強肩の外野手の送球。＊正確で速い。
レーザー・プリンター [laser printer] 〖電算〗レーザーを用いた印字装置。略LP。
レーザー・ポインター [laser pointer] レーザー光で対象を指し示す器具。
レーザー・メス [日laser＋mesオランダ] 〖医学〗レーザー光線を利用した切開手術用器具。
レーシック ⇨LASIK。
レーション [ration] ①定額；定量。②携帯食糧；1日分の食糧。
レーシング・カー [racing car] 競走用自動車。⇨フォーミュラ・カー。
レース[1] [lace] 〖服飾〗透かし模様に編んだ布。
レース[2] [race] 〖スポーツ〗競走。
鉄人〜 ⇨トライアスロン。
レース[3] [race] 人種；種族。
レース・クイーン [日race queen] 自動車レースなどで勝者に花や賞品を渡したり，スポンサーの広報などを行ったりする女性。略RQ。
レーズン [raisin] 干しぶどう。
レーゼドラマ [Lesedramaドイツ] 上演する目的ではなく，読む(レーゼ)ための戯曲という形式の文学作品。
レーダー [radar] 電波探知機。
レーダー・ガン [radar gun] ⇨スピード・ガン。
レーダー・サイト [radar site] レーダー基地。＊防空警戒用。
レーダー・チャート [radar chart] クモの巣グラフ。＊記録したいくつかの指標を，中心から放射状に伸ばし，折れ線でつなぐ。
レーダー・ビーコン [radar beacon] レーダーを利用した航空標識。＊航空機の位置を知らせる。
レーティング [rating] ①見積もり；評価額。②企業などの格付け。③映画などの年齢制限表示。
レーテー [Letheギリシア] 〖ギリシア神話〗冥界にある忘却の川。
レート [rate] 歩合；割合；相場。
レードル [ladle] ひしゃく；お玉。
レーベル [label] CDなどのブランド名を示すラベル。⇨ラベル。
レーム・ダック [lame duck] ①間もなく地位を去る人。②再選されることのない，任期切れ間近の大統領・議員など。＊レイム・ダックとも。原義は「足の悪いアヒル」。
レーヨン [rayonneフランス] 人造絹糸。
レール [rail] ①鉄道の線路。②カーテンや戸車を走らせるための金属の棒。
レールウェイ [railway] ⇨レールロード。
レール・バス [rail bus] 軌道の上を走るバス。
レールロード [railroad] 鉄道；鉄道線路。＝レールウェイ。
レーン [lane] ①車線。②〖ボウリング〗球を転がす床面。
レオーネ [leoneイタリア] ①雄ライオン；獅子(しし)。②勇者。
レオタード [leotard] 上下がひと続きの，伸縮性に富んだ布製の体操着。
レオパード [leopard] ⇨レパード。
レオポン [日leopon] ヒョウ(豹)の雄とライオンの雌の種間雑種。
レ・ガーズ [leg guards] 〖野球，アイスホッケーなど〗脛(すね)当て。＊レガースとも。
レガート [legatoイタリア] 〖音楽〗「音を切らずに，滑らかに」。記号はleg.。
レガシー [legacy] 遺産；遺贈；先祖伝来のもの。
レガシー・コスト [legacy cost] 企業の過去の経済行為，制度により生じた負担(負の遺産)。
レガッタ [regatta] 〖ボート〗定期的に開かれるボート・レース。

レガリア [regaliaラテン]　正当な王であることを示す象徴となるもの。
レキシコン [lexicon]　①辞書。②特定の分野・作家などの語彙(ごい)集。
レギュラー [regular]　①定期的；正規。↔イレギュラー。②レギュラー・ガソリン，レギュラー・メンバーの略。
レギュラー・ガソリン [regular gasoline]　低オクタン価のガソリン。略レギュラー。↔ハイ・オクタン。
レギュラー・チェーン [regular chain-store]　中央本部が各店舗を所有・支配する連鎖店。↔ボランタリー・チェーン。
レギュラー・メンバー [regular member]　①〖スポーツ〗正選手。②〖放送など〗常に出演する人。↔ゲスト・メンバー。略レギュラー。
レギュレーション [regulation]　①規則；条例。②取締り；規制。
レギュレーター [regulator]　①調節者；取締り人。②調節装置。
レギンス [leggings]　①乳幼児の，足先まで覆う形のニット製パンツ。②足首までの細身のパンツ。＊主に女性用。スパッツと似る。③⇨トレンカ。＊原義は「洋風の脚絆(きゃはん)」。
レグ [leg]　(全行程中の)ひと区切り。
レクイエム [requiemラテン]　〖音楽〗鎮魂曲。
レクタングル [rectangle]　長方形。
レクチャー [lecture]　①講演；講義。②講話；説教。
レクチン [lectin]　細胞膜に含まれる糖と結合して細胞凝集や細胞分裂反応を起こす物質の総称。
レグホン [Leghorn]　イタリア・リボルノ地方原産のニワトリ。
レグミン [Leguminドイツ]　エンドウやソラマメなど，豆類に含まれるたんぱく質。
レクリエーション [recreation]　休養；気晴らし。＊リクリエーションとも。
レグルス [Regulus]　〖天文〗獅子(しし)座の首星。＊原義は「小さな王」。
レゲエ [reggae]　ジャマイカ生まれの黒人大衆音楽。
レゴ [Lego]　〖商標〗デンマークの玩具メーカー・レゴ社製のプラスチックの積み木。＊デンマーク語leggodt(よく遊べ)の略。
レコーダー [recorder]　①記録装置。②記録係。
レコーディング [recording]　収録；録音。
レコード [record]　①記録。②〖スポーツ〗最高記録。③レコード盤。
レコード・プレーヤー [record player]　レコード③の音を再生する装置。
レコード・ホルダー [record holder]　〖スポーツ〗最高記録保持者。
レコメンデーション [recommendation]　①推薦。②勧告。＊リコメンデーションとも。
レコメンド [recommend]　店員のお薦め品。＊リコメンドとも。
レゴリス [regolith]　月の表面に堆積する砂。
レコンキスタ [Reconquistaスペイン]　イスラム教徒に占領されたイベリア半島をキリスト教徒が取り戻すために行った国土回復運動。
レザー[1] [leather]　なめし革。
レザー[2] [razor]　かみそり。
レザー・カット [razor cut]　〖美容〗かみそりで髪を切り整える方法。
レザー・クラフト [leather craft]　革細工。
レザークロス [leathercloth]　合成皮革；皮に似せて作った布。
レジ　レジスター[1]の略。
レシート [receipt]　領収書。略rec.。
レシーバー [receiver]　①受信機；受話器。↔トランスミッター。②〖バレーボールなど〗サーブの受け手。
レシーブ [receive]　〖バレーボールな

ど』サーブを受けて返すこと。
レジーム [regime] 政治体制；政権。
レジーム・チェンジ [regime change] 体制転換；政権交代。
レジェンド [legend] ①伝説；聖徒伝。②特定の分野で偉大な功績を残した人物。③凡例。
レシオ [ratio] ①比率。②株価収益率。
レジオネラ菌 [legionellaラテ] グラム陰性桿菌(かんきん)。＊感染すると肺炎に似た症状を呈する。
レジスター[1] [register] ①金銭登録機。②レジ係。③『電算』記憶回路の一部。略レジ。
レジスター[2] [resistor] 電気抵抗器。
レジスタード・トレードマーク [registered trademark] 登録商標。
レジスタンス [résistanceフランス] ①抵抗。②第2次世界大戦中，フランスやヨーロッパ各地での対独抵抗運動。
レジスタンス・トレーニング [resistance training] 筋肉に負荷をかけて筋力を高めるトレーニング。
レジストレーション [registration] ①登記；登録。②ソフトウェアのユーザー登録。
レシチン [Lecithinドイツ] リン脂質の1つ。＊食品の乳化剤として使用。
レシテーション [recitation] 暗誦(あんしょう)；朗読。
レジデンス [residence] 住宅。＊マンションの名に使われる。
レジデント [resident] 研修医；医学実習生。
レシピ [recipe] 調理法；処方。
レシピエント [recipient] ①受取人；受領者；容器。②臓器移植で，臓器提供を受ける患者。＝ドニー。↔ドナー。
レシプロ・エンジン [日reciprocating engine] ピストンを往復させることによって回転運動を得るエンジン。↔ロータリー・エンジン。
レシプロシティー [reciprocity] ①相関性。②相互利益；互恵主義。
レジメンタル・ストライプ [regimental stripe] ネクタイの縞(しま)模様の一種。＊英国の連隊旗から。
レジャー [leisure] ①余暇。②気晴らしをすること。
レジャー・ランド [日leisure land] 遊園地。
レジューム [resume] 『電算など』再度実行する場合，電源を切る直前の状態から再開できる機能。
レジュメ [résuméフランス] 要約；概要。
レジリエンス [resilience] 回復力；復元力。＊ストレスなどの困難な状況に対して，乗り越えたり適応していく能力。
レジン [resin] 樹脂；松やに。
レスキュー・シート [日rescue sheet] 災害時や遭難時に防寒・防水・保湿などの目的で使用するシート。＊サバイバル・シートとも。
レスキュー隊 [rescue party] 人命救助を目的として編成された特別救助隊。
レスト [rest] ①休息。②『音楽』休止符。
レストア [restore] 修理する；もとに戻す；回復する；復帰する。＊リストアとも。
レスト・ハウス [rest house] 宿泊所；休憩所。
レストラン [restaurant] (洋風の)料理店；ホテル・劇場などの食堂。
レストラン・シアター [日restaurant theater] 舞台を見ながら飲食できるレストラン。
レスト・ルーム [rest room] ①休憩室。②便所。
レスパイト・サービス [日respite service] 高齢者や障害者を一時的に預かり，家族の負担をやわらげるサービス。＊レスパイトは「休息」の意。
レズビアン [lesbian] 女性の同性愛

者。略レズ。

レスピレーター [respirator] 〖医学〗人工呼吸器。

レスベラトロール [resveratrol] ぶどうなどに含まれるポリフェノールの一種。＊抗酸化物質で，長寿遺伝子に働く。

レスポンシビリティ [responsibility] 責任；責務。

レスポンス・タイム [response time] 〖電算〗入力·処理要求から，応答·出力が開始されるまでの時間。＊レスポンスは「応答·反応」の意。

レスラー [wrestler] レスリングの競技者〔選手〕。

レスリング [wrestling] 2人の選手がマット上で行う格闘技。＊相手の両肩をマットにつけることで勝敗を決める。

レセプショニスト [receptionist] 受付係；フロント係。

レセプション [reception] 歓迎会。

レセプター [receptor] 〖生物〗受容体；受容器。

レセプタント [日receptant] 〖商標〗イベントやパーティーなどで案内や接客業を担う女性。

レセプト [Rezept ドイツ] 〖医学〗医療報酬の請求書。

レゼルブ [réserve フランス] ①貯蓄。②貯蔵(品)。特に，とっておきの酒。

レゾナンス [resonance] 〖物理〗共鳴；振動。

レゾルシン [resorcin] ハイドロキノンの異性体。＊防腐·殺菌薬。

レゾン・デートル [raison d'être フランス] 存在理由；存在価値；存在意義。

レター・オブ・クレジット ⇨L／C。

レター・パック [Letter Pack] 〖商標〗日本郵便の「特定封筒郵便物」の愛称。＊専用封筒を使う。

レターヘッド [letterhead] 便箋の上部に印刷された社名·住所など。

レター・ボックス [letter box] ①郵便受け。②テレビ画面と映像の縦横比が異なる場合に，画面の上下に黒枠を入れ比率を維持する表示方式。

レタス [lettuce] キク科のチシャの別名。＊サラダなどに用いる。

レタックス [日Letax] 電子郵便。

レタッチ [retouch] ⇨リタッチ。

レタリング [lettering] 〖美術〗文字の図案化。

レッカー [wrecker] 故障車，駐車違反車を運ぶクレーンを備えた車。

レッグ・ウォーマー [leg warmers] 〖服飾〗ひざ下から足首までを暖める筒状の防寒具。

レックレス [reckless] 向こう見ずな；無謀な。

レッサー・パンダ [lesser panda] レッサー・パンダ科の哺乳(ほにゅう)動物。＊中国，ヒマラヤの森林に生息。

レッスン・プロ [日lesson pro] 〖ゴルフ〗練習指導専門の人。

レッセ・フェール [laisser-faire フランス] 自由放任主義。

レッテル [letter オランダ] ①⇨ラベル①。②人物や物事に対する断定的な評価。

レット [let] 〖テニス，卓球〗審判の宣告用語の1つ。「やりなおし」。

レッド・アイ [red eye] ①アメリカの夜行フライト便。② [R-] アメリカ陸軍の携帯式防空ミサイル。＊赤外線ホーミングを使用。③ビールにトマト・ジュースを加えた赤いカクテル。

レット・イット・ビー [let it be] 「好きなようにさせておけ」「ほうっておけ」「なすがままに」。

レッド・オーシャン [red ocean] 競争の激しい既存市場のこと。↔ブルー·オーシャン。

レッド・カード [red card] 〖サッカー〗選手に審判が退場を命じる際に示す赤いカード。⇨イエロー·カード。

レッド・カーペット [red carpet] セ

レブや要人を歓迎するために用いられる赤じゅうたん。

レッド・クロス [Red Cross] 赤十字；赤十字社。略RC。

レッド・データ・ブック [Red Data Book] 絶滅のおそれのある野生生物のリスト。

レッド・テープ [red tape] 官僚的形式主義。＊イギリスで公文書を赤いひもで結んだことから。

レッド・パージ [red purge] 共産党員，共産主義者を公職や企業から一方的にくびにすること。⇨パージ。

レッド・ペッパー [red pepper] 赤唐辛子。

レッド・リスト [red list] 国際自然保護連合(IUCN)が作成する，絶滅するおそれのある野生生物を記したリスト。

レッド・リボン [Red Ribbon] HIV，エイズに対する理解と支援の意思を表するために着ける赤いリボン。

レディー[1] [lady] 女性；淑女。↔ジェントルマン。

レディー[2] [ready] ①用意ができた。②競技開始直前の合図，「用意」。

レディース [ladies] ①女王。②女性用洗面所。③女性の暴走族。

レディーズ [ladies'] 女性用の。↔メンズ。

レディース・デイ [日Ladies's day] 〖映画〗女性限定の入場料割引日。

レディー・ファースト [ladies first] 女性優先の欧米の習慣。

レディー・メイド [ready-made] 〖服飾〗既製品。↔オーダー・メイド。

レディネス [readiness] ①用意・準備ができている状態。②学習者側が心身ともに準備が整っていること。

レトリック [rhetoric] ①修辞学。②巧みな言辞。

レトルト食品 [retort food] 調理済みの食品を加熱・滅菌(レトルト)して密封したもの。

レトロ [retrospective] 懐古調；回顧的な；追想する。

レトロウイルス [retrovirus] 〖医学〗リボ核酸(RNA)とたんぱく質とから成るウイルス。＊白血病ウイルス，乳がんウイルスなど。

レトロ・エンジン [retro-engine] 逆推進ロケット・エンジン。

レトロスペクティブ [retrospective] 過去を懐かしむこと；それまでの過程を振り返る活動。

レトロフィット [retrofit] ①旧式の機械を改造して新しくすること。②建物の耐震性を向上させること。

レニン [renin] 腎臓から分泌されるたんぱく質分解酵素。＊血圧を上昇させる。

レノマ [Renoma] 〖商標〗フランスの服飾品やバッグのメーカー。また，その製品。

レバー[1] [lever] ①てこ。②操作桿(かん)。

レバー[2] [liver] 肝臓。

レパード [leopard] ヒョウ(豹)。また，その毛皮。⇨パンサー。

レパートリー [repertory] ①〖音楽，演劇〗上演・演奏可能な曲目・演目。②こなせる範囲・分野。

レバー・ペースト [liver paste] 牛・鶏などの加熱した肝臓をすりつぶし，調理したもの。

レバレッジ [leverage] てこの作用や力。

〜効果 [〜effect] 他人資本効果。＊他人資本を借入して投資し，自己資本の利益率を上げること。

レバント [Levant] シリアやレバノンなど，地中海東部の沿岸地方。

レビテーション [levitation] 心霊術などによる，物体の空中浮揚。

レビトラ [levitra] 〖商標〗ED治療薬。

レビュアー [reviewer] 批評や評論をする人。

レビュー[1] [review] 批評；評論。
レビュー[2] [revueフランス] 歌·踊りを組み合わせたショー形式の大衆演芸。
レピュテーション [reputation] 評判。
レフ レフレックス·カメラの略。
レファレンス [reference] ①問い合わせ。②参照。③証明書。＊リファレンスとも。
レファレンス・サービス [reference service] 図書館の利用者の求めに応じ，必要な情報·資料·文献を検索·提供·回答するサービス。
レファレンス・ブック [reference book] 参考書；百科事典；年鑑。
レファレンダム [referendum] 国民投票；住民投票。
レフェリー [referee] 〖スポーツ〗審判員。⇨アンパイア，ジャッジ①。
レプタイル [reptile] 爬虫(はちゅう)類。
レプチン [leptin] 脂肪組織から作られているたんぱく質。＊食欲抑制，代謝促進作用がある。
レフティー [lefty] 左利き(の人)。
レフト [left] ①左。②〖野球〗左翼；左翼手。↔ライト[2]。
レフト・ウイング [left wing] 左派；左翼。↔ライト·ウイング。
レプトスピラ症 [Leptospirosis] 病原性レプトスピラによる人獣共通の感染症。＊熱帯·亜熱帯地方にみられる。
レプトセファルス [leptocephalus] 柳葉形幼生。＊カライワシ上目の魚類に見られる平たくて透明な幼生。
レプトン [lepton] 素粒子の一種で，軽粒子。＊電子，ミュー粒子，タウ粒子と，3種のニュートリノがある。
レフュジー [refugee] 亡命者；逃亡者；難民。
レプラ [Lepraドイツ] ⇨ハンセン病。
レプリカ [replica] 原作の写し；複製。＝コピー。
レフレックス・カメラ [reflex camera] 〖写真〗レンズからの光を，プリズムあるいは反射鏡でピント·グラスに結像させ，フィルム上と同じ像を見る方式のカメラ。略レフ。
レベナント [Revenants] ①ヨーロッパの神話や民話にみられる人間の霊魂。②(ゲームでは)ゾンビ。＊原義は「蘇(よみがえ)る」。レブナントとも。
レベニュー [revenue] 収入；歳入。
レベル [level] ①水準；度合い；段階；標準。②水準器。
レベル・スイング [日level swing] 地面に対してバットを平行の状態にしてボールを打つ方法。
レポ ①レポーター，レポートの略。②秘密連絡員。＊特に，非合法の政治運動でいう。
レポーター [reporter] ①報告する人。②連絡員。③取材して報告する人。略レポ。＊リポーターとも。
レポート [report] ①調査·研究などの報告書。②〖新聞，放送〗取材報告。＊リポートとも。
レボリューション [revolution] 革命；大変革。
レミニッセンス [reminiscence] 回想；追憶；記憶。
レミング [lemming] 北極，欧米北部に生息するねずみに似た小動物。＊和名，「タビネズミ(旅鼠)」。
レム [rem] 放射線の被曝(ひばく)線量の単位。＊SI単位ではシーベルトを用いる。*r*oentgen *e*quivalent *m*anの略。
レム睡眠 [REM sleep] 逆説睡眠。＊急速眼球運動を伴う睡眠で，脳は覚醒に近い状態にある。⇨REM，ノン·レム睡眠。
レメディ [remedy] ①治療法。②救済策；改善法。
レモネード [lemonade] レモン果汁に砂糖や炭酸水を入れた清涼飲料。
レモン [lemon] 柑橘(かんきつ)類の常緑高木。また，その果実。

レ

レモン・イエロー [lemon yellow] レモンのような淡黄色。
レモングラス [lemongrass] イネ科の多年草。レモンカヤ。＊香料。
レモン・スカッシュ [lemon squash] レモン果汁に炭酸水とシロップを加えた飲み物。
レモン・ティー [lemon tea] 紅茶にレモンの薄切りを入れたもの。
レリーフ ⇨リリーフ①。
レリック [relic] ①遺跡；遺風。②(生物の)残存種。
レリッシュ [relish] ピクルスの一種で，キュウリやキャベツなどを刻んで酢漬けにしたもの。
レン [ream] 印刷用紙の単位。＊1レンは1000枚。「連」とも。
レングス [length] ①〘服飾〙丈。②(時間や音の)長さ。③1馬身；1艇身。
レンジ [range] ①区域；範囲。②天火のついた料理用器具。
レンジ・ファインダー [range finder] カメラの距離測定器。
レンジ・フード [range hood] ガス・レンジなどの上の煙抜き用の覆い。
レンジャー [ranger] ①森林警備隊員。②〘軍事〙奇襲攻撃するための特別な訓練を受けた兵士。
レンズ [lens] 光を屈折させる円板状で透明なガラス，またはプラスチック。＊屈折の仕方で，凹レンズと凸レンズに分ける。
魚眼～ [fish-eye～] 広い範囲を撮影できる広角レンズ。
重力～ [gravitational～] 銀河や恒星などが発する光線が，途中にある重力源(天体)によって曲げられる現象。＊リング状や複数に分裂した像などが観測される。アインシュタインが予言。
レンズ・フード [lens hood] 不要な光をさえぎるためのレンズの覆い。
レンタ・カー [rent-a-car] 貸し自動車。
レンタ・サイクル [rent-a-cycle] 貸し自転車。
レンタル [rental] ①賃貸し。②地代。③賃貸物件。⇨リース[1]。
レンタル・オフィス [日rental office] 貸間(かしま)。特に，時間貸しの部屋。
レンタル・ビデオ [日rental video] 賃貸し用のビデオ。
レンチ [wrench] ⇨スパナ。
レンチナン [Lentinan] 〘商標〙シイタケから抽出・精製した抗腫瘍剤。
レント[1] [Lent] 〘キリスト教〙四旬節。
レント[2] [lento イタリア] 〘音楽〙「ゆるやかに演奏せよ」。
レント[3] [rent] 投資や資産からの収益。＊原義は「家賃」「地代」。
レントゲン [Röntgen ドイツ] 〘物理〙照射線量の単位。記号はR, r。＊ドイツの物理学者W.C.レントゲンから。
～写真 [Röntgenphotographie ドイツ] 〘医学〙エックス線を照射して撮影した透視写真。
～線 ⇨エックス線。
レンニン [rennin] 凝乳酵素。＊若い反芻(はんすう)動物の胃液中にある。
レンネット [rennet] 凝乳酵素剤。＊チーズの製造に利用される。主成分はレンニン。

ロ

ロイズ [Lloyd's] ロンドンの保険業者が組織する団体。＊特に海上保険では世界の中心的存在。ロイドとも。
ロイター [Reuters] イギリスの国際通信社。＊ドイツ人ロイターが1851年ロンドンに設立。
ロイター指数 [Reuter's Index of Commodity Prices] イギリスのロイター通信社が毎日発表する国際商品相場指数。
ロイヤル[1] [loyal] 忠実な；正直な。

ロイヤル[2] [royal] ①王の；王家の。②王立の。③気高い。＊ローヤルとも。
ロイヤル・アカデミー [Royal Academy] イギリスの王立美術院。
ロイヤル・コペンハーゲン [Royal Copenhagen] 〘商標〙デンマークの陶磁器メーカー。また，その製品。
ロイヤル・ゼリー [royal jelly] ミツバチの若い働きバチの分泌物。＊ビタミンB群などを豊富に含む健康食品。王乳とも。
ロイヤルティー[1] [loyalty] 誠実；忠義；忠実。
ロイヤルティー[2] [royalty] ①王位；王権。②特許権や著作権の使用料。＊ロイヤリティーとも。
ロイヤル・ファミリー [royal family] 王室；皇室。
ロイヤル・ブルー [royal blue] 紫がかった青。和名は，「紺青(こんじょう)」。＊イギリス王室のオフィシャル・カラー。キングス・ブルーとも。
ロイヤル・ボックス [日royal box] 特別席；貴賓(きひん)席。
ロイヤル・ミルク・ティー [日royal milk tea] 濃く煮出した紅茶の茶葉に，通常のミルク・ティーに比べ多めの牛乳を加えた飲み物。＊牛乳を温めてから茶葉を加える場合もある。
ロイヤル・ワラント [royal warrant] 英国王室御用達。
ロウリュ [löyly フィンランド] フィンランドの伝統的なサウナ。＊アロマを用いる。
ロー[1] [law] 法；法典。
ロー[2] [low] 低い。↔ハイ。
ロー[3] [row] ①ボートをこぐ。②〘電算〙データなどで，行のこと。⇨カラム。
ロー・アングル [low angle] ①〘写真・映画〙低い位置から見上げるようにして撮影すること。②仰角。
ロー・インパクト [low impact] 自然環境に与える衝撃(悪い影響)を最小限に抑えること。
ロー・エンド [low end] 普及型の；低価格の。↔ハイ・エンド。
ローカライズ [localize] コンピュータのソフトウェアを別の言語でも使用できるようにすること。
ローカリズム [localism] 地方主義；地元第一主義。
ローカル [local] 地方の；田舎の。
ローカル・カラー [local color] 地方色；郷土色。
ローカル・カレンシー [local currency] 基軸通貨(ドルなど)以外の各国通貨。↔キー・カレンシー。
ローカル・コンテンツ [local contents] 現地調達の部品。＊ローカル・コンテントとも。
ローカル・ニュース [local news] 地方のニュース。
ローカル5G [local Fifth Generation] 企業や自治体が，限定された地域に構築する次世代通信ネットワーク。
ローカル・ライン [local line] 主要路線ではなく，地方の一定地域のみで運行している鉄道線や航空路線。
ローカル・ルール [local rule] 〘スポーツ・ゲーム〙基本的な一般規則のほかに，競技の場所や状況に応じて定められている特別規則のこと。
ロー・ギア [low gear] 〘自動車〙低速ギア。
ロー・キー [low-key] 〘写真，映画，テレビ〙全体に暗く陰影のついた画調。↔ハイ・キー。
ローグ・ステート [rogue state] 悪の枢軸。＊rogueは，「ならず者」「ごろつき」の意。
ロー・コスト・キャリア ⇨LCC。
ローザンヌ国際バレエコンクール [Prix de Lausanne フランス] スイスのローザンヌで行われる15歳から18歳のダンサーを対象としたコンクール。
ローション [lotion] 〘美容〙肌を整える化粧水。
ロージン・バッグ [rosin bag] 滑り

止め用の松やにの粉(ロージン)を入れた袋。＊ロジン・バッグとも。

ロース [roast] 牛や豚などの肩周辺の上等な肉。＊ローストから転用。

ローズ [rose] ①バラ。②バラ色。③ダイヤモンドの24面カット。

ローズウッド [rosewood] マメ科の広葉樹である紫檀(したん)のこと。

ロー・スクール [law school] アメリカの法学教育機関。＊日本では法科大学院。

ロースター[1] [roaster] ①焼き肉器。②食用のひな鳥。⇨ブロイラー。

ロースター[2] [roster] 勤務名簿；職務当番表。

ロースト [roast] ①高熱で焼くこと。②焼き肉。

ロースト・チキン [roast chicken] 天火で焼いた鶏肉；鶏の丸焼き。

ロースト・ビーフ [roast beef] 天火で焼いた牛肉。

ロース・ハム [roast ham] 豚のロース肉のハム。

ローズ・ヒップ [rose hip] 野バラの実。＊ビタミンCが多い。

ローズ・ボウル [Rose Bowl] カリフォルニア州パサディナで毎年1月1日に行われるアメリカン・フットボールの全米大学王座決定戦。

ローズマリー [rosemary] 南欧原産のシソ科の低木。＊香りがよい。

ローター [rotor] ①発電機・発動機の回転部。②ヘリコプターの回転翼。

ロータス [lotus] ①蓮(はす)。②〘ギリシア神話〙忘却の果実。

ロータリー [rotary] ①回転機。②交差点中央の円形地帯。

ロータリー・エンジン [rotary engine] 内燃機関の1つ。＊回転子によって直接回転運動を得る。略RE。↔レシプロ・エンジン。

ロータリー・クラブ [Rotary Club] 社会奉仕を目的とした，実業家や知識人を中心とする国際的団体。

ロー・ティーン [日low teen] 10代前半の少年少女。⇨ティーン・エイジャー。↔ハイ・ティーン。

ローディング [loading] ①フィルムをカメラに装塡(そうてん)すること。②船積み；荷役。③ディスクのデータをメモリーに読み出すこと。

ローテーション [rotation] ①交代制。②〘野球〙投手の登板順序。③〘バレーボール〙6人制で，サーブ権をもつチームの選手が，右回りに守備位置を移動すること。

ロー・テク [low-tech] ロー・テクノロジーの略。↔ハイ・テク。

ロー・テクノロジー [low technology] 日用品などの生産に用いる単純な技術。略ロー・テク。

ロード[1] [load] ①積み荷。②〘電気〙負荷。③〘電算〙プログラムなどを外部記憶装置から本体の記憶装置へ移すこと。

ロード[2] [Lord] ①神；キリスト。②貴族の尊称。

ロード[3] [road] 道路。

ロード・ゲーム [road game] 〘野球〙遠征試合。↔ホーム・ゲーム。

ロード・ショー [road show] 〘映画〙特別独占興行；先行上映。⇨ファースト・ラン。

ロードスター [roadster] 2，3人乗りの幌(ほろ)付きオープン・カー。

ロード・ヒーティング [road heating] 道路加熱装置。＊積雪・凍結防止用。

ロード・プライシング [road pricing] 道路課金による車両の流入規制。

ロード・ホールディング [road holding] 〘自動車〙走行中の安定度。

ロード・マップ [road map] ①⇨ドライブ・マップ。②目標達成に至るまでの行程表。

ロード・ミラー [road mirror] 道路の曲がり角の対向車確認用の凸面鏡。

ロートル [老頭児チャイナ] ①老人；年寄り。②老練者。

ロード・レイジ [road rage]　自動車で走行中に追い越しや割り込みに激昂して，あおり運転などの報復行為に及ぶこと。

ロード・レース [road race]　〖スポーツ〗道路で行う競走。

ロードワーク [roadwork]　〖ボクシング〗路上を走りながら行うトレーニング。

ロー・ネック [low-necked collar]　襟(えり)ぐりの深い襟。↔ハイ・ネック。

ローネット [lorgnette]　長柄付きの眼鏡；手持ちタイプの眼鏡。

ロー・ヒール [low-heeled shoes]　かかとの低い靴。↔ハイ・ヒール。

ローブ [robe]　〖服飾〗裾(すそ)の長いゆったりとした上着。

ロープ [rope]　縄；綱。

ローファー [loafer]　①怠け者。②[L-]〖商標〗紐(ひも)や留め具のないカジュアル・シューズ。

ロー・ファット [low-fat]　低脂肪。

〜飲料　低脂肪で，たんぱく質やカルシウムを強化した乳飲料。略LF飲料。

ロープウェイ [ropeway]　鋼索鉄道。

ロー・フード [raw food]　低温調理食品。＊有機栽培野菜・果物を低温加熱したもの。

ロープ・ダウン [日rope down]　〖ボクシング〗選手が攻撃も防御もできず，ロープにもたれかかること。＊ダウンとみなされる。

ローブ・デコルテ [robe décolletée フランス]　〖服飾〗襟(えり)あきが大きく，裾(すそ)が長い女性用礼服。略デコルテ。

ロープ・トウ [rope tow]　ロープにつかまったスキーヤーを立たせたままゲレンデの上へ運ぶ簡易型リフト。

ローブ・モンタント [robe montante フランス]　〖服飾〗襟(えり)が高く，裾(すそ)・袖(そで)が長い女性用の礼服。

ローブラウ [lowbrow]　教養・知性の低い人。↔ハイブラウ。

ロー・ブロー [low blow]　〖ボクシング〗相手のベルトラインから下を打つこと。＊反則になる。

ロー・ポリティクス [low politics]　経済・環境などを主要問題とする外交。↔ハイ・ポリティクス。

ローマ・カトリック教会 [Roman Catholic Church]　ローマ教皇を最高首長とするキリスト教最大の教会。

ローマ・クラブ [The Club of Rome]　1968年，知識人がローマで結成した国際的研究組織。＊天然資源の枯渇や環境問題などに取り組む。

ローマ数字 [Roman numerals]　時計数字。＊Ⅰ，Ⅱ，…。⇨アラビア数字。

ローマン [Roman]　①ローマの。②〖印刷〗欧文の立体活字。

ローマン・ノーズ [Roman nose]　わし鼻；鼻梁(びりょう)の高い鼻。

ローミング [roaming]　契約している通信事業者と提携関係にある別の事業者のサービスも受けられること。＊原義は，「相互乗り入れ」。

ローム [loam]　砂・泥・粘土をほぼ等量に含む黄褐色の堆積土。

ローヤー [lawyer]　弁護士；法律家；法学者。

ローヤル　⇨ロイヤル[2]。

ローラー [roller]　①円筒形の回転物。②圧延機の回転式円棒。

〜作戦　調査や犯人捜査などの際，しらみつぶしに当たるやり方。

ローラー・コースター [roller coaster]　⇨ジェット・コースター。

ローラー・スケート [roller skate]　①ローラーを取り付けたスケート靴。②①での競走。略スケート。

ローラーブレード [Rollerblade]　〖商標〗車輪が1列に並んでいるローラー・スケート。＝イン・ライン・スケート。

ローライズ・パンツ [low-rised pants]　股上(またがみ)を極端に浅くしたデザイン

のパンツ。

ローリエ [laurierフランス] ⇨ローレル。

ローリング [rolling] ①回転。②船・飛行機の横ゆれ。=ロール²。↔ピッチング②。③圧延。④〚水泳〛体が左右にゆれること。

ローリング・ストーン [rolling stone] 住所や職業を次々と変える人。＊原義は「転石」。

ローリング・プラン [rolling plan] 〚経済〛長期計画を定期的に修正していく方法。

ロール¹ [role] ①〚演劇〛役割；役。②任務；務め。

ロール² [roll] ①巻物。②〚レスリング〛巻き込み技。③⇨ローリング②。

ロール・アップ [roll-up] ①巻き上げ式。②イギリスで,手巻きの紙たばこ。

ロール・カラー [roll collar] 〚服飾〛首に沿って折り返した襟(えり)。

ロール・ケーキ [日roll cake] 薄く焼いたスポンジ・ケーキにジャムやクリームを入れ,巻き込んだケーキ。

ロール・コール方式 [roll-call on recorded vote] 国際連合の投票方式。＊国名を順に読み上げ,それに応じて賛否,棄権を明らかにする。

ロール・サンド [日roll sandwich] 食パンの耳を切り,具を載せて円筒形に巻いて作るサンドイッチ。

ロールシャッハ・テスト [Rorschach test] 〚心理〛インキのしみなどでつくった左右対称の模様が何に見えるかによって,性格や精神状態を判断する方法。＊スイスの精神科医H.ロールシャッハが考案。

ロール・スクリーン [日roll screen] 巻き上げ式カーテン。

ロールス・ロイス [Rolls-Royce] 〚商標〛イギリスの自動車メーカー。また同社製の高級乗用車。略RR。

ロール・パン [日roll＋pãoポルトガル] 生地を巻いて焼いた小型のパン。

ロール・プレイング [role-playing] ①(社員教育で)役割実演法。②(学習法で)役割演技法。

ロール・プレイング・ゲーム [role-playing game] コンピュータ・ゲームの一種。＊プレーヤーが,冒険旅行などに登場するキャラクターになり,問題を解決していく。略RPG。

ローレライ [Loreleiドイツ] ライン河右岸にある岩。また,その岩の上で,美貌(びぼう)と美声で船人を誘い寄せ,舟を沈めたという妖精(ようせい)。

ローレル [laurel] 月桂樹；月桂冠。=ローリエ。

ローレンツ曲線 [Lorenz curve] 〚経済〛所得分配の不平等の度合いや富の集中の程度を表す曲線。＊アメリカの経済学者M.O.ローレンツが考案。

ローレンツ変換 [Lorenz transformation] 〚物理〛光速に近い速度で運動する物体は,静止している観測者に対して運動方向に縮んで見えるという現象。＊オランダの物理学者H.ローレンツが提唱。

ロー・ロー船 [ro-ro ship] トラックや貨物車の輸送船。＊roll-on-roll-off shipから。

ローン¹ [lawn] ①芝生；芝地。②薄地の麻また綿の高級布地。

ローン² [loan] 貸付；貸付金。

ローン・ウルフ [lone wolf] 一匹狼。

ローンチ [launch] 新しい商品やサービスを売り出すこと。

ローン・テニス [lawn tennis] 芝生のコートで行うテニス。

ローン・ポジション [loan position] 金融機関の資金調達と運用において,余資が外部負債を上回り,運用超過の状態。↔マネー・ポジション。

ローンワード [loanword] 外来語；借用語。

ロカイユ [rocailleフランス] 小石・貝殻で飾った曲線的な装飾。＊ロココ時代の装飾様式。

ロ

ロカビリー [rockabilly] ロックン・ロールとヒルビリーとをあわせたような激しいリズムの音楽。
ロガリズム [logarithm] 〖数学〗対数。記号はlog。＝ログ。
ロキソニン [Loxonin] 〖商標〗消炎・鎮痛剤ロキソプロフェン(loxoprofen)の商品名。
ロギング [logging] 〖電算〗操作・通信記録などを時系列で記録すること。
ログ [log] ①丸太。②船の速度や行程の測定器。③〖電算〗データの記録。
ログ・アウト [log out] コンピュータの接続終了を通知する操作。＊ログ・オフとも。
ログ・イン [log in] コンピュータの利用開始時に，登録してあるアカウント情報を用いてデータにアクセスする認証行為。＊ログ・オンとも。
ログ・キャビン [log cabin] 丸太小屋。
ログ・ハウス [日log house] 丸太を組んで造った，一般住宅用の家。
ログブック [logbook] ①航海・航空日誌。②飛行機の航程表。
ロケ ロケーションの略。
ロケーション [location] ①場所。②〖映画など〗屋外撮影。略ロケ。
ロケット[1] [locket] 写真などを入れて首にかける装身具。
ロケット[2] [rocket] 燃料の燃焼によってガスを噴出し，その反動で推進する飛行体，またその装置。
ロケット・サラダ [rocket salad] アブラナ科の1年草で，和名「黄花清白(きばなすずしろ)」。＊地中海沿岸原産。サラダに用いる。＝ルッコラ。
ロケット・ブースター [rocket booster] ロケットを推進するための補助ロケットのこと。
ロケット・ランチャー [rocket launcher] ロケットの発射台。
ロケ・ハン [日location hunting] 〖映画，テレビ〗ロケに適した場所を探して歩くこと。また，その一行。
ロゴ [logo] ロゴタイプ，ロゴ・マークの略。
ロゴグラム [logogram] 略字記号；略符。＊@，&，¥など。
ロココ [rococoフランス] 18世紀バロックの反動としてフランスに興った美術・建築様式。＊装飾的な曲線が特徴。
ロゴス [logosギリシア] 言葉；理性；法則。↔パトス。
ロゴタイプ [logotype] 社名・商品名などの文字をデザイン化したもの。略ロゴ。
ロゴ・マーク [日logo mark] トレードマーク；商品名・企業名のマーク。略ロゴ。
ロコモーション [locomotion] 移動；運動。
ロコ・モコ [loco moco] 白飯にハンバーグと目玉焼きを乗せてグレービーをかけた，ハワイの料理。
ロコモティブ・シンドローム [Locomotive Syndrome] 運動器症候群。＊筋肉・骨・関節の運動機能が低下し，寝たきりなどで介護が必要になる危険性が高い状態のこと。
ロザリオ [rosarioポルトガル] カトリック教会で祈りに用いる数珠(じゅず)。
ロシアン・セーブル [Russian sable] クロテンの毛皮。＊毛皮の最高級品。
ロシアン・ルーレット [Russian roulette] 回転式ピストルに弾丸を1発こめ，弾倉を回転してから，頭に当てて引き金を引く危険な遊び。
ロジウム [rhodium] 〖化学〗原子番号45の白金属元素。元素記号Rh。＊メッキに使用。
ロジカル [logical] 論理的；理論的。
ロジカル・シンキング [logical thinking] 論理的思考。
ロジカル・チャート [logical chart] 論理流れ図；論理演算の図示。
ロジスティクス [logistics] ①原料の調達から，生産・在庫管理・販売までの物流の管理システム。②後方支援業務。

ロジック [logic] ①論理；論理学。②論理素子。

ロシナンテ [Rocinante] セルバンテスの小説の主人公ドン・キホーテが乗るやせ馬。

ロシニョール [Rossignol] 〖商標〗フランスのスキーやスノーボード用品のメーカー。また，その製品。

ロス [loss] ①損失。②浪費。

ロスター [roster] ①名簿。②〖野球〗選手名簿。

ロス・タイム [日loss time] 〖スポーツ〗中断によって失われた試合時間。＊本来の制限時間に加えられる。

ロスト・ジェネレーション [Lost Generation] 〖文学〗①失われた世代。＊第1次大戦後，社会の概念の価値感を見失った世代のアメリカの青年作家たち。ヘミングウェイ，フィッツジェラルドなど。②就職氷河期世代。＊バブル崩壊後の1993年から2004年頃に社会に出た世代。

ロスト・ボール [lost ball] 〖ゴルフなど〗紛失球。

ロストル [rooster(オランダ)] 火格子。＊よく燃えるように，かまどなどの火の下に敷く(鉄製の)格子。

ロス・リーダー [loss leader] 目玉商品。＊損(ロス)して客の心を引く(リード)ことから。

ロゼ [rosé(フランス)] ①バラ色。②バン・ロゼの略。＊ローゼとも。

ロゼッタ [Rosetta space probe] 欧州宇宙機関(ESA)の彗星(すいせい)探査機。

ロゼッタ・ストーン [Rosetta stone] ナポレオン軍がエジプト遠征の際，ナイル河口のロゼッタで発見した石碑。＊エジプト象形文字解読の鍵となる。

ロゼット [rosette] ①タンポポなどのような根出葉(こんしゅつよう)。②バラの花形の装飾。

ロタウイルス [rotavirus] 乳幼児の急性胃腸炎の最も主要な原因となるウイルス。＊冬に流行する。

ロッカー[1] [locker] 鍵のついた戸棚。

ロッカー[2] [rocker] ロック歌手。

ロッカバラード [rock-a-ballad] バラード風のロカビリー。

ロッキング・チェア [rocking chair] 揺り椅子。

ロッキング・モーション [rocking motion] 〖野球〗変則投球。

ロック[1] [lock] ①錠前。②施錠。

ロック[2] [rock] ①岩石。②ロック・ミュージック，オン・ザ・ロックの略。

ロックアウト [lockout] 工場閉鎖。＊労働争議の際，使用者側が労働者を就業させないこと。

ロック・ウール [rock wool] 岩綿。＊断熱・絶縁材料に用いる。

ロックーン [rockoon] 気球でロケットを高空に運び，気球から切りはなして発射させる小型ロケット。

ロック・オン [lock-on] レーダーで飛行物体を追跡すること。

ロック・クライミング [rock-climbing] 〖登山〗岩登り。

ロックダウン [lockdown] 感染症の拡大防止のため，対象地域や建物の出入りや移動を制限すること。都市封鎖。

ロック・ファイバー [rock fiber] 火成岩からつくられた繊維。

ロック・フェスティバル [rock festival] 多数のアーティストやバンドが出演する，ロック・ミュージックを中心とした大規模なイベント。

ロックフォール [Roquefort] 羊乳からつくるブルー・チーズ。＊フランスのロックフォール村が原産地。

ロック・ミュージック [rock music] エレキ・ギターの音と強いビートによるポピュラー音楽。略ロック。

ロックン・ロール [rock'n'roll] 黒人

音楽のリズム・アンド・ブルースと白人のカントリー・ミュージックとが融合して生まれたポピュラー音楽。略R&R。
ロッジ [lodge] 山小屋;別荘。
ロッタリー [lottery] ①宝くじ;富くじ;福引き。②運;めぐり合わせ。
ロット [lot] 製品の単位量。
ロッド [rod] 杖;釣りざお;棒。
ロッド・アンテナ [rod antenna] 伸縮する釣りざお式アンテナ。
ロット・ナンバー [lot number] 製造番号。
ロットワイラー [rottweiler] ドイツ原産,黒色の大型犬。*牧牛用・警備用。
ロティ [rôtiフランス] 〖料理〗焼肉。
ロティサリー [rôtisserieフランス] ①回転式の串(くし)付き肉用オーブン。②焼肉料理レストラン。
ロデオ [rodeoスペイン] 荒馬や牛を乗りこなすカウボーイの競技会。=スタンピード。
ロト [Lotoドイツ] 宝くじ。
ロト・シックス [LOTO 6] 日本の数字選択式宝くじ。
ロバート・キャパ賞 [Robert Capa Gold Medal Photo Award] 優秀な写真作品に与えられる賞。*1955年,報道写真家ロバート・キャパに因み,アメリカのグラフ雑誌『ライフ』と海外記者クラブが創設。
ロハス [LOHAS] 健康的で維持可能なライフスタイル。*環境・自然・健康にやさしい生き方のこと。ローハスとも。*l*ifestyles *o*f *h*ealth *a*nd *s*ustainabilityの略。
ロビー [lobby] ①ホテルなどの玄関で,休憩室や控室をかねた広間。=ホワイエ。②議員の控室。
ロビーイング [lobbying] 〖政治〗院外活動;議案通過運動。
ロビイスト [lobbyist] 〖政治〗陳情者;圧力団体の代理人。
ロビン [robin] スズメ目ツグミ科の小鳥。*ヨーロッパ・コマドリはイギリスの国鳥。
ロヒンギャ [Rohingya] ミャンマー西部・ラカイン州のイスラム系少数民族。*政府の弾圧を受け,2017年から隣国バングラデシュで難民化。
ロビング [lobbing] 〖テニス,卓球など〗球をコートの隅に落ちるように緩く高く打ち上げること。=ロブ。
ロビンソン風速計 [Robinson anemometer] 自由に回転する風杯を取りつけた風速計。*1846年,アイルランドのトマス・ロビンソンが考案。
ロブ [lob] ⇨ロビング。
ロブスター [lobster] ①食用の大エビ。②ウミザリガニ;オマール。
ロフト [loft] ①〖建築〗屋根裏。②〖ゴルフ〗クラブの傾斜角度。
ロボ・コン ロボット・コンテストの略。
ロボット [robot] ①機械人間;自動人間。②意志をもたず他人の言いなりになる人間。*チェコの作家K.チャペックの造語。
ロボット・アーム [robot arm] 人間の腕の役割をする自動制御,遠隔操作ができる機械。*医療現場や宇宙船の船外作業に使用される。
ロボット・コンテスト [Robot Contest] 学生がロボットの性能や操作の技能を競う大会。略ロボ・コン。
ロボット・スーツ [robot suit] ⇨パワード・スーツ。
ロボティクス [robotics] ロボット工学。
ロボトミー [lobotomy] 大脳にある前頭葉の切開手術。*精神外科療法。現在は行われていない。
ロマ [Roma] ジプシーの自称。=ボヘミアン。⇨ジプシー。
ロマネ・コンティ [Romanée-Contiフランス] フランス・ブルゴーニュ産の高級赤ワイン。*約700年の歴史をもつ。

ロマネスク [Romanesqueフランス] 11～12世紀のヨーロッパに興ったキリスト教美術・建築様式.「グレゴリオ聖歌」を代表とする音楽。

ロマネスコ [romanesco] カリフラワーの一種。＊円錐形のつぼみが特徴的。

ロマン [romanフランス] ①長編小説。②夢や冒険に憧れをもつこと。

ロマンス [romance] ①恋愛事件。②恋愛小説；伝奇小説。③〖音楽〗叙情的な小曲。

ロマンス・カー [日romance car] ロマンス・シートを備えた列車。

ロマンス・グレー [日romance gray] 白髪まじりの魅力的な中年男性。

ロマンス語 [Romance languages] ラテン語を祖語とする諸言語の総称。＊イタリア語, フランス語, ポルトガル語, スペイン語, スイスのロマンシュ語など。

ロマンス・シート [日romance seat] 劇場や乗物の2人掛けの椅子。

ロマンチシスト [romanticist] 空想家；ロマン主義。＊ロマンチストとも。

ロマンチシズム [romanticism] ①ロマン主義。＊19世紀初め, 古典主義に反対してヨーロッパに広まった文芸思潮。②夢想的；空想的。↔クラシシズム。

ロマンチック [romantic] 夢のような；詩的な；空想的な。

ロマン・ノワール [roman noirフランス] 暗黒小説。＊ハード・ボイルドの影響を受けた犯罪小説。

ロムルス [Romulus] 伝説上のローマの建国者。＊軍神マルスの子で双生児の兄。

ロメイン・レタス [romaine lettuce] 非結球型レタス。＊葉が巻かずに生長する。コスレタスとも。

ロリータ・コンプレックス [Lolita complex] 少女にのみ性欲を感じる心理。＊ナボコフの小説の主人公ロリータにちなむ。略ロリ・コン。

ロリ・コン ロリータ・コンプレックスの略。

ロリポップ [lollipop] 棒つきキャンディ。＊ロリーポップとも。

ロレックス [Rolex] 〖商標〗スイスの高級時計メーカー。また,その製品。

ロワイヤル [royalフランス] 国王の；王位の。

ロン [栄チャイナ] 麻雀のあがりの1つ。＊ロンホー(栄和)の略。

ロング [long] ①長い；長距離。↔ショート①。②(資金などが)プラスの状態。↔ショート④。

ロング・セラー [long seller] 長期間売れ続けている品。

ロング・テール [long tail] 売上の少ないニッチな商品を多くそろえ, 長く続く尾(テール)のように長期間売り出し, 利益を上げる販売方法。

ロング・トレイル [long trail] 山道やハイキングのコースなど長距離を歩き, 自然に触れながら楽しむ旅。

ロング・フライト血栓症 [日long flight thrombosis] ⇨エコノミー・クラス症候群。

ロング・ヘア [long hair] 〖美容〗長い髪型。↔ショート・ヘア。

ロング・ホール [long hole] 〖ゴルフ〗パー5のホール。↔ショート・ホール。

ロング・ライフ・ミルク [日long-life milk] 長期保存のきく牛乳。＊普通より高温で滅菌。LL牛乳。

ロング・ラスティング [long-lasting] 長続きする；長持ちする。

ロング・ラン [long run] 〖映画, 演劇〗長期興行。

ロング・レンジ [long range] ①長距離用の。②長期の。

ロンサム [lonesome] 寂しい；心細い。

ロンシャン [Longchampフランス] パリのブローニュの森近くにある競馬場。

ロンジン [Longines] 〖商標〗スイス

の高級時計メーカー。また,その製品。
ロンズデーライト [Lonsdaleite] 六方晶ダイヤモンド。＊結晶学者K.ロンズデールに因む。
ロン・ティボー・クレスパン国際コンクール [Concours International Long-Thibaud-Crespin フランス] パリで開催される,ピアノ,バイオリン,声楽の国際コンクール。
ロンド [rondo イタリア] 輪舞曲。
ロンドン・ブーツ [日London boots] 極端にかかとの高いブーツ。
ロンパース [rompers] 〘服飾〙上着とズボンがつながった幼児服。＊rompは「大騒ぎして遊ぶ」の意。
ロンバード街 [Lombard Street] ロンドンにある,イギリスの代表的な金融街。
ロンパー・ルーム [romper room] 子供の遊び部屋。
ロンリー [lonely] ①孤独の;寂しい。②ひっそりした。
ロンリー・プラネット [Lonly Planet] 〘商標〙ロンリー・プラネット社の海外旅行ガイドブック・シリーズ。

ワ

ワーカー [worker] 労働者;工員。
ワーカーズ・コレクティブ [workers' collective] 消費者運動の参加者,主婦などが共同出資し,自らも働く自主管理の事業体。
ワーカホリック [workaholic] 仕事中毒;働きすぎ。
ワーキング・カップル [working couple] 共働きの夫婦。
ワーキング・グループ [working group] 作業部会。
ワーキング・チルドレン [working children] ⇨チャイルド・レイバー。
ワーキング・ドッグ [working dog] 盲導犬,聴導犬,介助犬,警察犬,麻薬探知犬など人間のために働く犬。
ワーキング・プア [working poor] 過酷な労働条件(長時間労働,低賃金)で,生活保護以下の収入で暮らす人たちのこと。＊「働く貧困層」とも。
ワーキング・ホリデー [working holiday] 青少年向け就業許可つき休暇旅行。
ワーキング・モデル [working model] 実用模型;作業模型;試作品。
ワーク [work] ①仕事。②研究;作品。③仕事量。
ワーク・アウト [work out] 〘スポーツなど〙練習;身体訓練;適性試験。
ワーク・シート [work sheet] 業務伝票;練習用プリント。
ワーク・シェアリング [work sharing] 仕事を分かち合って労働者の仕事量の偏りを防ぐこと。⇨ジョブ・シェアリング。
ワークショップ [workshop] ①研究集会。＊専門家のアドバイスを得ながら,参加者が研究や創作などを体験する講座。②仕事場。
ワークステーション [workstation] 〘電算〙ホスト・コンピュータに接続された多機能,高性能なパソコン。
ワーク・ソング [work song] 労働歌。＊特にアメリカ黒人の作業歌。
ワークブック [workbook] 学習帳;練習問題集。
ワーク・プレースメント [work placement] 学生の有償型就業体験制度。
ワークフロー [workflow] 企業の業務に必要な手続きや処理手順,情報伝達などが円滑に流れるようにすること。
ワーク・ライフ・バランス [work and life balance] 仕事と生活の調和。
ワークロード [workload] 仕事の負担量。
ワーケーション [workation] リゾート地で休暇をとりながら,テレワークで働くこと。＊workとvacation

を組み合わせた造語。
ワース [worth] ①価値がある；値する。②価値；値打ち。
ワースト [worst] 最も悪い。↔ベスト[1]①。
ワード [word] ①言葉。②〘電算〙データの基本単位。③ [W-]〘商標〙マイクロソフト社の文書作成ソフトウェア。
ワード・プロセッサー [word processor] 文書作成機。略ワー・プロ。
ワードローブ [wardrobe] ①衣装戸棚。②〘服飾〙個人の持ち衣装。
ワーナー・ブラザーズ [Warner Bros. Entertainment, Inc.] 〘商標〙ハリウッドの映画製作配給会社。＊1918年，アメリカで創業。
ワープ [warp] ①ひずみ。②(SF用語で)宇宙空間のゆがみ。③SFで行われる宇宙航法の1つ。
ワー・プロ ワード・プロセッサーの略。
ワーム [worm] ①細長く，足のない虫の総称。＊ミミズや寄生虫など。②ミミズの形をした釣り用の擬餌(ぎじ)。③〘電算〙ネットワーク上で自分自身を複製して多くのパソコンに感染するウイルス。＝ネットワーク・ワーム。
ワームホール [wormhole] ①虫穴；虫食い穴。②〘天文〙時空トンネル。
ワールド・アスレティックス [World Athletics] 陸上競技の国際連盟。
ワールド・エンタープライズ [world enterprise] ⇨マルチナショナル・コーポレーション。
ワールド・カップ [World Cup]〘スポーツ〙国際選手権大会。また，その優勝杯。略W杯。
ワールド・クロック [world clock] 世界時計；同時に世界各地の時刻を表示する時計。
ワールド・ゲームズ [World Games]〘スポーツ〙オリンピック種目に入っていない競技の世界大会。
ワールド・シリーズ [World Series]〘野球〙アメリカ大リーグの選手権試合。＊アメリカン・リーグとナショナル・リーグの優勝チームが争う。
ワールド・ベースボール・クラシック ⇨WBC[1]。
ワールド・ラグビー [World Rugby] ラグビーの国際統括団体。
ワールドワイド [worldwide] 世界中に及ぶ；世界的な。
ワールド・ワイド・ウェブ ⇨WWW[2]。
ワイシャツ [日white shirt] 男性用の襟(えり)とカフスが付いた前開きのシャツ。＊Yシャツとも。
ワイズ [wise] 賢明な；博識の。
ワイド [wide] ①広い。↔ナロー。②〘写真〙広角レンズ。③〘映画〙広いスクリーン。④利子一括払いの金融債。
ワイド・アングル・レンズ [wide-angle lens] 広角レンズ。＊ワイド・レンズとも。
ワイド・ショー [日wide show]〘テレビ〙ニュース，スポーツ，芸能などを組み合わせた番組。
ワイナリー [winery] ワインの醸造所。
ワイパー [wiper] ①〘自動車〙前面ガラスの水滴をふきとる装置。正しくはウインドシールド・ワイパー。②ぬぐうもの。
ワイフ [wife] 妻；女房。↔ハズバンド。
ワイプ [wipe] ①ふく；ぬぐう。②メイン画面に小窓のように設定した別画面。
ワイファイ ⇨WiFi。
ワイプ・アウト [日wipe out]〘映画，テレビ〙画面を片隅からぬぐいとるように消して，次の画面につないでいく方法。↔ワイプ・イン。
ワイプ・イン [日wipe in]〘映画，テレビ〙ワイプ・アウトで消えたあとに，次の画面を片隅から現す方法。↔ワイプ・アウト。

ワイヤー［wire］①針金。②電話線。③〖音楽〗楽器の弦(金属線)。

ワイヤー・タッピング［wire-tapping］電信・電話などの盗聴。

ワイヤ・ハーネス［wire harness］自動車などの内部配線。

ワイヤレス［wireless］無線の。

ワイヤレス・マイク［wireless mike］コードのないマイク。

ワイルディング［wilding］①野生植物。②非行青少年の暴力行為。

ワイルド［wild］①野生の。②野性的な。

ワイルド・カード［wild card］①コンピュータで検索する際に使用する「任意の文字」を意味する特殊文字。＊「*」「?」など。②〖スポーツ〗ある条件の下に，特別に競技への参加を認める制度。

ワイルド・ターキー［Wild Turkey］〖商標〗アメリカのバーボン・ウイスキー。

ワイルド・ピッチ［wild pitch］〖野球〗暴投。

ワイルドライフ［wildlife］野生動物。

ワイル病［Weilsche Krankheit ドイツ］〖医学〗黄疸(おうだん)性出血熱。＊ドイツの医学者A.ワイルが初めて病状を記述したことから。レプトスピラ症の一種。

ワイン［wine］①ぶどう酒。②酒；洋酒。

ワイン・カラー［wine color］赤ぶどう酒色。＝ワイン・レッド。

ワインクーラー［winecooler］ワインをビンごと冷やす容器。

ワイングラス［wineglass］ワイン専用の脚付きグラス。＊ボウル(丸い本体)，ステム(脚)，プレート(台)からなる。

ワイン・セラー［wine cellar］地下のぶどう酒貯蔵室。

ワイン・テイスター［wine taster］ぶどう酒の品質鑑定人。

ワインドアップ［windup］〖野球〗投球時に一度腕を後ろに引いてから頭上にもっていく投球動作。

ワイン・ビネガー［wine vinegar］ワインを発酵させて造った酢。

ワイン・レッド［wine red］⇨ワイン・カラー。

ワウ［wow］レコードやテープの回転速度の変化により発生する再生時の音のゆがみ。

ワクチン［Vakzin ドイツ］①〖医学〗感染症に対して人工的に免疫力を与えるための免疫原。②コンピュータ・ワクチンの略。

ワゴン［wagon］①手押し車。②ステーション・ワゴンの略。

ワゴン・サービス［日wagon service］料理・酒類をワゴンに載せて，客席の間を歩いて客が好きなものをとれるようにしたサービス。

ワゴン・セール［日wagon sale］ワゴンに商品を載せて売ること。

ワジ［wadi］（アラビアや北アフリカで)雨期以外は水のない河床；涸(か)れ谷。＊wadyとも。

ワシントン条約［Washington Convention］「絶滅のおそれのある野生動植物の種の国際取引に関する条約」の通称。＊1973年，ワシントンで調印。略CITES。

ワシントン・ポスト［Washington Post］首都ワシントンで発行されているアメリカ有数の日刊紙。

ワセリン［Vaseline］〖商標〗石油からつくるゼリー状の物質。＊医薬用軟こう，化粧品などに用いる。

ワックス［wax］蠟(ろう)。＊整髪料，床のつや出しなどに用いる。

ワッシャー加工［washer finish］布生地にしわをつける加工法。

ワット［watt］仕事率(工率)と電力

の単位。記号W。

ワッハーブ派 [Wahhāb] イスラム教の一派。＊コーランの教義を厳格に守る。

ワッフル [waffle] 小麦粉，卵，バター，牛乳，イーストなどを混ぜた生地を，2枚の格子柄を刻んだ鉄製の型にはさんで焼いた菓子。＊ベルギー・ワッフルが有名。

ワッペン [Wappen ﾄﾞｲﾂ] 〖服飾〗ブレザー・コートの胸元につける飾り模様。

ワニス [varnish] ⇨ニス。

ワヤン・クリ [wayang kulit ｲﾝﾄﾞﾈｼｱ] インドネシアのジャワ島やバリ島で行われる影絵芝居。

ワラビー [wallaby] オーストラリアなどに生息する小型のカンガルー。

ワラント債 [warrant bond] 新株引受権付社債。＊ワラントは「権限保証」の意。略WB。

ワルキューレ [Valkyrie] 北欧神話に登場する，最高神オーディンに仕える武装した乙女たち。

ワルツ [waltz] 3拍子のリズムをもった優雅な音楽やダンス。

ワルファリン [Warfarin] 抗凝固剤の一種で，血栓症の治療薬。＊ワーファリンとも。

ワン・ウェイ [one way] ①一方通行。②メーカーが回収を必要としない容器や包装。＊物流用語で，紙パックやペット・ボトルのこと。↔リターナブル。

ワン・オペ [日one operation] 1人で飲食店の店回しや，育児などを担うこと。

ワン切り [日one—] (携帯電話で)呼び出し音を1回だけ鳴らして切ること。＊相手の着信履歴に番号を残す。

ワン・クッション [日one cushion] 直接に関係することで起きる衝撃を和らげるための少しの間隙。

ワン・クリック詐欺(さぎ) [日one click＋詐欺] 〖電算〗架空請求詐欺。＊アダルト動画や出会い系サイトなどで，そのURLやバナー広告を1回クリックしただけで，事業者と契約したとみなされ，一方的に多額の料金を請求されるもの。

ワンゲル ワンダーフォーゲルの略。

ワン・サイド・ゲーム [one-sided game] 一方的な試合；片方が圧倒的に優勢な試合。

ワン・ショルダー [one shoulder] 〖服飾〗片方の肩を露出するスタイル。

ワンス・スルー方式 [once through system] 核燃料を再利用処理せずに廃棄あるいは保管する方式。

ワン・ステップ [one-step] ①第一歩。②〖ダンス〗4分の2拍子の社交ダンス。

ワン・ストップ・サービス [one-stop service] 業態の異なる複数のサービスを窓口を1つにして提供し，顧客の便宜を図るシステム。

ワン・セグ放送 [One Segment Broadcasting] 携帯電話などに向けた地上デジタル放送。＊segmentは電波の「領域」。

ワンダー[1] [wander] 歩き回る；さまよう。

ワンダー[2] [wonder] ①驚き；驚嘆。②不思議なものや出来事。

ワンダーフォーゲル [Wandervogel ﾄﾞｲﾂ] 1901年にドイツで始まった青少年の集団徒歩旅行運動。＊原義は「渡り鳥」。略ワンゲル。

ワンダー・ボーイ [wonder boy] 驚くべき才能をもつ少年；時代の寵児(ちょうじ)。

ワンダーランド [wonderland] おとぎの国。

ワン・タイム・パスワード [one time password] インターネット・バンキングなどで利用される，1回限りしか使えないパスワード。

ワン・タッチ [日one touch] ①スイ

ッチを一度押すだけで機器類が作動すること。②〖バレーボール〗ブロックなどのとき，ボールに手が触れ，コート外に出してしまうこと。

ワンタン［雲呑チャイナ］　小麦粉で作った薄い皮に，挽き肉やえび，長ねぎなどを加えたあんを包んで蒸し，汁に浮かせる中国料理。

ワンデルング［Wanderungドイツ］　徒歩旅行；野山を歩き回ること。

ワン・パターン［日one pattern］　①いつもの通りの決まりきった行動や言葉。②面白味のないこと。

ワン・ピース［one-piece］　婦人服で，上着とスカートがひと続きになっているもの。

ワン・フィンガー［one finger］　グラスの底から指の幅１本分の高さだけ注いだ分量のウイスキー。

ワン・プライス制［日one price system］　実売価格を明示し，一切値引きをしない販売方式。

ワンフレーズ・ポリティクス［日one phrase＋politics］　一言政治。＊政治家の言葉の，単純明快だが本質を見誤らせかねない大衆迎合的な傾向や政治手法を批判的に言う語。

ワン・ポイント［one point］　①1点。②1か所。③ワン・ポイント・リリーフの略。

ワン・ポイント・リリーフ［日one-point relief］　〖野球〗急場のつなぎとして，１人の打者のために救援投手を送ること。また，その投手。

ワン・ボックス・カー［日one-box car］　車内に仕切りのない箱形ボディーの乗用車。

ワン・マイル・ウェア［one mile wear］　家から１マイルの範囲内で着る服；外出も可能な部屋着。

ワン・マン［日one man］　自分勝手な；独裁者。

ワン・マン・ショー［one-man show］　舞台などで，１人だけが中心になって演じられる形式のショー。

ワン・マン・バス［日one-man bus］　車掌兼任の運転手だけで運行するバス。

ワン・ルーム・マンション［日one room＋mansion］　１室でリビング・台所・ベッドルームを兼ねる形式のマンション。＊主に単身者用。

ワン・レート［one rate］　電話料金が距離に関係なく全国均一であること。

ワン・レングス［日one-length］　髪を同じ長さに切りそろえるカット。

資　料

アルファベット略語

- ●中央省庁
- ●元素記号
- ●主要計量単位
- ●外来語の表記について

A

@ ⇨アット・マーク。
A級戦犯 ①極東国際軍事裁判で最も戦争責任が重かった人。②失敗や悪事などの責任を負うべき第一の人。
Aクラス [A class] 第1級；最高級。
A代表 ⇨フル代表。
Aライン[A line] 婦人服の型の1つ。＊Aの字型の裾(すそ)広がりの輪郭。
AA[1] [affirmative action] 積極的差別是正措置。
AA[2] [Alcoholics Anonymous] アルコール依存症者による自助グループ。
AA[3] [American Airlines] アメリカン航空(コード：AA)。
AA[4] [Asian-African, Afro-Asian] アジア・アフリカの。
AA制 [Automatic Approval System] 輸入自動承認制。
AAA[1] [American Arbitration Association] アメリカ仲裁協会。
AAA[2] [American Automobile Association] アメリカ自動車協会。
AAAS[1] [American Academy of Arts and Sciences] アメリカ芸術科学アカデミー。
AAAS[2] [American Association for the Advancement of Science] アメリカ科学振興協会。
AALA会議 [Asia-African Latin-American Peoples' Conference] アジア・アフリカ・ラテンアメリカ諸国人民連帯会議。
AAM [air-to-air missile] 空対空ミサイル。
A&D [acquisition and development] 企業の買収と開発。
A&R [artists and repertoire] レコード会社でアーティストの育成・楽曲制作・宣伝にまでたずさわる職種。
AAR [Association of American Railroads] アメリカ鉄道協会。
AB [Artium Baccalaureus ラテ] 文学士。
ABA[1] [American Bankers Association] アメリカ銀行協会。
ABA[2] [American Bar Association] アメリカ法曹協会。
ABC[1] [activity based costing] 活動基準原価計算。
ABC[2] [American Broadcasting Companies] アメリカの放送会社。＊3大ネットワークの1つ。
ABC[3] [Asahi Broadcasting Corporation] 朝日放送。
ABC[4] [Audit Bureau of Circulations] 発行部数公査機構。＊新聞・雑誌などの発行部数を調査。
ABC兵器 [atomic, biological and chemical weapons] 原子・生物・化学兵器。
ABCP [asset-backed commercial paper] 資産担保型コマーシャル・ペーパー。
AbemaTV (アベマティービー) テレビ朝日とサイバーエージェントが出資する，ライブ・ストリーミング形式のインターネットテレビ。
ABJマーク [Authorized Books of Japan Mark] 電子書籍配信サービスが正規版であることを示す商標。
ABM [anti-ballistic missile] 弾道弾迎撃ミサイル。
ABS[1] [alkyl benzene sulfonate] アルキル・ベンゼン・スルホン酸塩。＊合成洗剤の主たる成分。
ABS[2] [American Bible Society] アメリカ聖書協会。
ABS[3] [asset-backed securities] 資産担保証券。
ABS[4] ⇨アンチ・ロック・ブレーキ・システム。
ABU [Asian-Pacific Broadcasting Union] アジア太平洋放送連合。
ABWR [advanced boiling water re-

actor] 改良型沸騰水型軽水炉。

AC[1] [adaptive control] 工作機械の適応制御装置。

AC[2] [Advertising Council] ①(アメリカの)広告協議会。②(日本の)公共広告機構。現在のACジャパン。

AC[3] [Air Canada] カナダの航空会社であるエア・カナダ(コード:AC)。

AC[4] [alternating current] 交流電流。↔DC[2]。

AC[5] ⇨アダルト・チルドレン。

A.C. [ante Christum ラテ] 西暦紀元前。*B. C.とも。↔A.D.。

ACAP (エイキャップ) [Association of Consumers Affairs Professionals] 消費者関連専門家会議。

ACC[1] [Administrative Committee on Coordination] (国連の) 行政調整委員会。

ACC[2] [area control center] 航空路管制センター。

ACCJ [The American Chamber of Commerce in Japan] 在日米国商工会議所。

ACCU [Asian Culture Center of UNESCO] ユネスコ・アジア文化センター。

AC/DC [alternating current/direct current] (電流の)交直両用。

ACL ⇨アジア・チャンピオンズ・リーグ。

ACLU [American Civil Liberties Union] アメリカ自由人権協会。*国連の諮問機関。

ACM[1] [advanced composite material] 先端複合材料。*繊維強化プラスチックなど。

ACM[2] [Association for Computing Machinery] アメリカコンピュータ学会。

ACRS [Advisory Committee on Reactor Safeguards] (アメリカの)原子炉安全諮問委員会。

ACS[1] [American Cancer Society] アメリカがん協会。

ACS[2] [Association of Caribbean States] カリブ諸国連合。

ACSA(アクサ) [acquisition and cross servicing agreement] 物品役務相互提供協定。*同盟国との間の政府間取り決め。共同訓練の際などに適用される。

ACTH(アクス) [adrenocorticotropic hormone] 副腎皮質刺激ホルモン。

ACU(アキュ) [Asian Currency Unit] アジア通貨単位。

ACV [air-cushion vehicle] エア・クッション艇。

AD[1] ⇨アート・ディレクター。

AD[2] ⇨アシスタント・ディレクター。

A.D. [anno Domini ラテ] 西暦紀元。↔B.C.。

A/D変換 [analog-to-digital conversion] 連続量(アナログ量)を不連続な数字(デジタル量)に変換すること。↔D/A変換。

ADA [Americans with Disabilities Act] アメリカ障害者差別禁止法。

ADAS(エーダス) [advanced driver-assistance systems] 先進運転支援システム。

ADB[1] [African Development Bank] アフリカ開発銀行。

ADB[2] [Asian Development Bank] アジア開発銀行。

ADESS (アデス) [Automatic Data Editing and Switching System] 気象資料自動編集中継装置。

ADF[1] [African Development Fund] アフリカ開発基金。

ADF[2] [Air Defense Force] 航空自衛隊の航空方面隊。

ADF[3] [Asian Development Fund] アジア開発基金。

ADF[4] [automatic direction finder] (航空機の)自動方向探知機。

ADHD [attention deficit hyperactivity disoder] 注意欠如・多動性障害。

ADI [*a*cceptable *d*aily *i*ntake] 1日摂取許容量。＊有害物質の。
ADIZ [*a*ir *d*efense *i*dentification *z*one] 防空識別圏。
adj. [*adj*ective] 形容詞。
ADL [*A*ctivities of *D*aily *L*iving] 日常生活動作。⇨IADL。
ADM [*a*ir-launched *d*ecoy *m*issile] 空中発射おとりミサイル。
ADMD [*A*ssociation for *D*ignified *M*ental *D*eath] 尊厳死の権利のための協会。
ADP [*a*denosine *d*iphos*p*hate] アデノシン二リン酸。
ADR[1] [*a*lternative *d*ispute *r*esolution] 裁判外紛争処理制度。
ADR[2] [*A*merican *D*epository *R*eceipt] アメリカ預託証券。＊アメリカの銀行が外国株式を預託されたときに発行する代替証券。
ADRセンター 原子力損害賠償紛争解決センター。⇨ADR[1]。
ADSL [*a*symmetric *d*igital *s*ubscriber *l*ine] 非対称デジタル加入者回線。
adv. [*adv*erb] 副詞。
AEカメラ [*a*utomatic *e*xposure control camera] 自動露出調整カメラ。
AE剤 [*a*ir *e*ntraining agent] コンクリート内の気泡を細かくし，コンクリートを強化するための混入剤。
AEB [*a*utonomous *e*mergency *b*raking] 衝突被害軽減ブレーキ装置。
AEC [*A*tomic *E*nergy *C*ommission of Japan] 日本の原子力委員会。
AED [*a*utomated *e*xternal *d*efibrillator] 自動体外式除細動器。
AEROSAT (エアロサット) [*aero*nautical *sat*ellite] 航空衛星。
AET [*a*ssistant *E*nglish *t*eacher] 外国人英語指導助手。
AEW [*a*irborne *e*arly *w*arning] 空中早期警戒機。
AF[1] [*A*ir *F*orce] 空軍。
AF[2] [*a*udio *f*requency] 可聴周波数。
AF[3] ⇨エール・フランス。
AFカメラ [*a*utomatic *f*ocusing camera] 自動焦点調整カメラ。
AFB [*a*ir *f*orce *b*ase] 空軍基地。
AFBF [*A*merican *F*arm *B*ureau *F*ederation] アメリカ・ファーム・ビューロー連合。＊アメリカ最大の農民組織。
AFC[1] [*A*merican *F*ootball *C*onference] プロ・アメリカン・フットボール・リーグの1つ。⇨NFL, NFC[1]。
AFC[2] [*A*sian *F*ootball *C*onfederation] アジアサッカー連盟。
AFC[3] [*a*utomatic *f*light *c*ontrol] 自動飛行制御(装置)。
AFC[4] [*a*utomatic *f*requency *c*ontrol] 周波数自動調整装置。
AfCFTA [*Af*rican *C*ontinental *F*ree *T*rade *A*rea] アフリカ大陸自由貿易圏。
AFCS [*a*utomatic *f*light *c*ontrol *s*ystem] 自動飛行操縦装置。
AFDC [*A*ids to *F*amilies with *D*ependent *C*hildren] (アメリカの)被扶養児童家族援助。
AFL [*A*ero*fl*ot] ⇨アエロフロート。
AFM [*A*tomic *F*orce *M*icroscope] 原子間力顕微鏡。
AFN [*A*merican *F*orces *N*etwork] 米軍放送網。
AFP[1] [*a*ffiliated *f*inancial *p*lanner] 日本ファイナンシャル・プランナーズ協会が認定する民間資格。
AFP[2] [*A*gence *F*rance *P*resseフランス] フランス通信社。
AFR ⇨エール・フランス。
AFSC [*A*merican *F*riends *S*ervice *C*ommittee] アメリカ・フレンズ奉仕団。＊クエーカー教徒が平和運動のために組織。
AFTA [*A*SEAN *F*ree *T*rade *A*rea] アセアン自由貿易圏。
AGA [*a*ndro*g*enetic *a*lopecia] 男性

型脱毛症。

AGM[1] 〔*a*ir-launched *g*uided *m*issile〕 空中発射誘導ミサイル。

AGM[2] 〔*a*ir-to-*g*round *m*issile〕 空対地ミサイル。

AGT 〔*a*utomated *g*uideway *t*ransit〕 自動案内軌条式旅客輸送システム。

AGV 〔*a*utomatic *g*uided *v*ehicle〕 無人搬送車。

AHC 〔*a*cute *h*emorrhagic *c*onjunctivitis〕 急性出血性結膜炎。

AHS 〔*a*dvanced cruise-assist *h*ighway *s*ystems〕 走行支援道路システム。

AHT ⇨アニマル・ヘルス・テクニシャン。

AI[1] 〔*a*rtificial *i*ntelligence〕 人工知能。

AI[2] ⇨アムネスティ・インターナショナル。

Ai 〔*a*utopsy *i*maging〕 死亡時画像病理診断。

AIBA 〔*A*ssociation *I*nternationale de *B*oxe *A*mateurフランス〕 国際ボクシング協会。

aibo ⇨アイボ。

AICE (アイス) 〔Research *A*ssociation of *A*utomotive *I*nternal *C*ombustion *E*ngines〕 自動車用内燃機関技術研究組合。

AICO 〔*A*SEAN *I*ndustrial *Co*operation〕 アセアン産業協力計画。

AID 〔*a*rtificial *i*nsemination by *d*onor〕 非配偶者間人工授精。

AIDCA ⇨アイドカの法則。

AIDS ⇨エイズ。

AIH 〔*a*rtificial *i*nsemination by *h*usband〕 配偶者間人工授精。

AIIB ⇨アジア・インフラ投資銀行。

AIM 〔*a*ir-launched *i*ntercept *m*issile〕 空対空迎撃ミサイル。

AIPAC (エイパック) 〔*A*merican *I*srael *P*ublic *A*ffairs *C*ommittee〕 アメリカ・イスラエル公共問題委員会。＊親イスラエル圧力団体。

AIPPI 〔*A*ssociation *I*nternationale pour la *P*rotection de la *P*ropriété *I*ntellectuelleフランス〕 国際知的財産保護協会。

AIPS 〔*A*ssociation *I*nternationale de la *P*resse *S*portiveフランス〕 国際スポーツ記者協会。

AIQ制 〔*a*utomatic *i*mport *q*uota system〕 自動輸入割当制。

AIR 〔*A*ll *I*ndia *R*adio〕 インド国営ラジオ放送。

AIS 〔*A*utomatic *I*dentification *S*ystem〕 船舶自動識別装置。

AIU 〔*A*merican *I*nternational *U*nderwriters〕 アメリカ国際保険会社。

AJCEP 〔*A*SEAN-*J*apan *C*omprehensive *E*conomic *P*artnership〕 日本・ASEAN包括的経済連携。

AK ⇨カラシニコフ。

AL[1] 〔*a*rtificial *l*ife〕 人工生命。

AL[2] ⇨アメリカン・リーグ。

ALA 〔*A*merican *L*ibrary *A*ssociation〕 アメリカ図書館協会。

ALADI 〔*A*sociación *L*atino-*A*mericana *d*e *I*ntegraciónスペイン〕 ラテン・アメリカ統合連合。

ALB ⇨アルブミン。

ALBM 〔*a*ir-*l*aunched *b*allistic *missile*〕 空中発射弾道ミサイル。

ALC 〔*a*utoclaved *l*ightweight *c*oncrete〕 軽量気泡コンクリート。

ALCM 〔*a*ir-*l*aunched *c*ruise *m*issile〕 空中発射巡航ミサイル。

ALGOL(アルゴル) 〔*algo*rithmic *l*anguage〕 科学技術計算用のプログラミング言語。

ALM 〔*a*ssets and *l*iabilities *m*anagement〕 資産・負債管理。

ALMA(アルマ) 〔*A*tacama *L*arge *M*illimeter/submillimeter *A*rray〕 アタカマ大型ミリ波サブミリ波干渉計望遠鏡。

ALOS (エイロス) 〔*A*dvanced *L*and *O*bserving *S*atellite〕 陸域観測技術

衛星。

ALPS（アルプス）［*A*dvanced *L*iquid *P*rocessing *S*ystem］ 東京電力の原発汚染水処理多核種除去設備。

ALS[1]［*a*myotrophic *l*ateral *s*clerosis］ 筋萎縮性側索硬化症。

ALS[2]［*a*utomatic *l*anding *s*ystem］（航空機の）自動着陸装置。

ALT［*a*ssistant *l*anguage *t*eacher］（外国人の）外国語指導助手。

ALTキー［*Alt*ernate key］ オルト・キー。＊キーボード上で他のキーと組み合わせて使い，そのキーに特定の役割をもたせるキー。

AM［*a*mplitude *m*odulation］ 電流・電圧の振幅変調；AM放送。↔FM。

A.M., a.m.［*a*nte *m*eridiem ﾗﾃﾝ］ 午前。↔P.M., p.m.。

AMA［*A*merican *M*edical *A*ssociation］ アメリカ医師会。

AMDA（アムダ）［*A*ssociation *M*edical *D*octors for *A*sia］ NPO法人アムダ(旧・アジア医師連絡協議会)。

AMeDAS ⇨アメダス。

AMEX（アメックス）［*Am*erican *Ex*press］ アメリカン・エキスプレス。＊クレジット・カードの1つ。

AML/CFT［*a*nti-*m*oney *l*aundering / *c*ombating the *f*inancing of *t*errorism］ マネーロンダリング及びテロ資金供与対策。

AMM[1]［*a*ir-to-*m*issile *m*issile］ 対空ミサイル—ミサイル。

AMM[2]［*a*nti-*m*issile *m*issile］ ミサイル迎撃ミサイル。

amp.［*amp*ere］ アンペア。

AMRAAM（アムラーム）［*a*dvanced *m*edium-*r*ange *a*ir-to-*a*ir *m*issile］ 新型中距離空対空ミサイル。

AMSAT［*am*ateur *sat*ellite］ アマチュア無線通信用衛星。

AMTICS（アムティクス）［*A*dvanced *M*obil *T*raffic *I*nformation and *C*ommunication *S*ystem］ 新自動車交通情報通信システム。

Amtrak（アムトラック）［*Am*erican (travel by) *track*］ 全米鉄道旅客輸送公社(National Railroad Passenger Corporation)の通称。

AMU[1]［*A*rab *M*aghreb *U*nion］ アラブ・マグレブ連合。

AMU[2]［*A*sian *M*onetary *U*nit］ アジア通貨単位。

ANA（エイ・エヌ・エー）［*A*ll *N*ippon *A*irways］ 全日本空輸(全日空)。

ANC［*A*frican *N*ational *C*ongress］ アフリカ民族会議。

Android グーグル社のスマートフォンなどに向けたOS。

ANK［*A*lphabet *N*umeric and *K*ana］ アンク。＊JISの8ビット文字コードで半角英数字，記号，カタカナを表す。

ANN［*A*ll *N*ippon *N*ews Network］ テレビ朝日系の放送ネットワーク。

ANOC［*A*ssociation of *N*ational *O*lympic *C*ommittees］ 各国オリンピック委員会連合。

ANSA（アンサ）［*A*genzia *N*azionale *S*tampa *A*ssociata ｲﾀﾘｱ］ イタリア国営通信社。

ANSER（アンサー）［*A*utomatic *An*swer *N*etwork *S*ystem for *E*lectrical *R*equest］ NTTデータの音声照会応答システム。

ANZUS（アンザス）［*A*ustralia, *N*ew *Z*ealand and the *U*nited *S*tates Treaty］ オーストラリア，ニュージーランド，アメリカ合衆国の相互(太平洋)安全保障条約。

AO［*a*dmissions *o*ffice］ 大学の入学試験担当部局。

〜入試 学業成績や小論文・面接などにより評価を行う選抜制度。2021年度入試から，総合型選抜に変更。

AOC［*A*ppellation d'*o*rigine *c*ontrôlée ﾌﾗﾝｽ］ フランス・ワインの原産地統制呼称法。

資

AOL [*A*merica *O*n*L*ine] アメリカのインターネットサービスプロバイダー。

AOR [*a*dult-*o*riented *r*ock] 大人向けのロック(音楽)。

AP [*A*ssociated *P*ress] AP通信。*アメリカの連合通信社。

APD ⇨アバランシェ・フォトダイオード。

APEC(エーペック) [*A*sia *P*acific *E*conomic *C*ooperation] アジア太平洋経済協力。

API[1] [*A*merican *P*etroleum *I*nstitute] アメリカ石油協会。

API[2] [*a*pplication *p*rogramming *i*nterface] 異なるソフトウェアやサービス間のプログラム交信を容易にする接続装置。

APIS [*A*dvance *P*assenger *I*nformation *S*ystem] (航空各社の)事前旅客情報システム。*国際犯罪の取締りが目的。

APO [*A*sian *P*roductivity *O*rganization] アジア生産性機構。

APS [*a*dvanced *p*hoto *s*ystem] カメラの小型化によりフィルムの装填が容易になった写真システム。

APT [*a*utomatically *p*rogrammed *t*ool] 工作機械の数値制御用として用いるプログラム言語。

APWR [*a*dvanced *p*ressurized *w*ater *r*eactor] 改良型加圧水型原子炉。

AQ [*a*chievement *q*uotient] 学力指数。*知能指数(IQ)に対する教育指数(EQ)の割合。

AR [*a*ugmented *r*eality] 拡張現実。

ARC [*A*IDS *r*elated *c*omplex] エイズ関連症候群。

ARF [*A*SEAN *R*egional *F*orum] アセアン地域フォーラム。

ARM[1] [*A*bortion *R*ights *M*obilization] 中絶権のための動員。

ARM[2] [*a*nti-*r*adiation *m*issile] 対レーダー・ミサイル。

ARPANET(アーパネット) [*A*dvanced *R*esearch *P*roject *A*gency *Net*work] 国防総省高等研究計画局が開発・運用した全米規模のコンピュータ・ネットワーク。*インターネットの母体。

ARPU [*a*verage *r*evenue *p*er *u*ser] 通信事業における1ユーザーあたりの月間平均売上。

ART [*a*ssisted *r*eproductive *t*echnology] 生殖補助医療技術。

AS洗剤 [*a*lkyl *s*ulfate detergent] 界面活性剤として硫酸エステル塩を使用した洗剤。

ASAT(エーサット) [*a*nti-*sat*ellite interceptor] アメリカの軍事衛星攻撃兵器。⇨キラー衛星。

ASBJ [*A*ccounting *S*tandards *B*oard of *J*apan] (日本の)企業会計基準委員会。

ASCA [*a*dvisory *s*pecialist for *c*onsumer's *a*ffairs] 消費生活アドバイザー。

ASCAP(アスキャップ) [*A*merican *S*ociety of *C*omposers, *A*uthors and *P*ublishers] アメリカ作曲家・著作家・出版者協会。

ASCII ⇨アスキー。

ASEAN(アセアン) [*As*sociation of *S*outh*e*ast *A*sian *N*ations] 東南アジア諸国連合。*タイ, インドネシア, マレーシアなど東南アジア10か国で構成。

ASEAN+3 [*ASEAN*+3] 東南アジア諸国連合及び日中韓。

ASEM(アセム) [*As*ia-*E*urope *M*eeting] アジア欧州会合。

ASF [*a*uxiliary *s*ecurity *f*orce] 補助安全部隊。

ASIFA [*As*sociation *I*nternationale du *F*ilm d' *A*nimation(フランス)] 国際アニメーションフィルム協会。

ASIMO(アシモ) [*A*dvanced *S*tep in

資

*I*nnovative *Mo*bility〕 本田技研工業が開発した，世界初の本格的な二足歩行型ヒューマノイド・ロボット。
ASMR〔*a*utonomous *s*ensory *m*eridian *r*esponse〕 聴覚や視覚への刺激を通じて得られる心地よさ。
ASP〔*A*merican *S*elling *P*rice〕 アメリカ販売価格。
ASPCA〔*A*merican *S*ociety for *P*revention of *C*ruelty to *A*nimals〕 アメリカ動物虐待防止協会。
ASR〔*a*irport *s*urveillance *r*adar〕 空港監視レーダー。
ASROC（アスロック）〔*a*nti-*s*ubmarine *roc*ket〕 対潜ロケット。
ASV〔*a*dvanced *s*afety *v*ehicle〕 先進安全自動車。
AT[1] ⇨アチーブメント・テスト。
AT[2] ⇨オートマチック・トランスミッション。
AT[3] ⇨オルタナティブ・テクノロジー。
AT&T ⇨ATT。
ATB〔*a*ll-*t*errain *b*ike〕 オフロード走行用の自転車。
ATC[1]〔*a*ir *t*raffic *c*ontrol〕 航空交通管制。
ATC[2]〔*A*sia and Pacific *T*rade *C*enter〕 アジア太平洋トレードセンター。
ATC[3]〔*a*utomatic *t*ool *c*hanger〕 自動工具交換装置。
ATC[4]〔*a*utomatic *t*rain *c*ontrol〕 自動列車制御装置。
ATG〔*A*rt *T*heater *G*uild〕（日本の）アート・シアター・ギルド。
ATL〔*a*dult *T*-cell *l*eukemia〕 成人型T細胞白血病。
ATM〔*a*utomated *t*eller *m*achine〕 現金自動預け入れ支払い機。
ATO〔*a*utomatic *t*rain *o*peration〕 自動列車運転装置。
ATOK（エイトック）〔*A*utomatic *T*ransfer *O*f *K*ana-kanji〕 ジャストシステム社が開発したかな漢字変換ソフト。
ATP[1]〔*a*denosine *t*ri*p*hosphate〕 アデノシン三リン酸。
ATP[2]〔*A*ssociation of *T*ennis *P*rofessionals〕 男子プロ・テニス協会。
ATR〔*a*dvanced *t*hermal *r*eactor〕 新型転換炉。
ATS〔*a*utomatic *t*rain *s*top〕 自動列車停止装置。
ATT〔*A*merican *T*elephone & *T*elegraph Company〕 アメリカ電話電信会社。＝AT&T。
ATV〔*a*ll-*t*errain *v*ehicle〕 全地形型車輌。
AU[1]〔*A*frican *U*nion〕 アフリカ連合。
AU[2]〔*a*stronomical *u*nit〕 天文単位。＊1AUは地球と太陽の平均距離。
au（エーユー） KDDIが提供する携帯電話事業のブランド名。
AV[1] ⇨アダルト・ビデオ。
AV[2] ⇨オーディオ・ビジュアル。
Ave.〔*ave*nue〕 アベニュー；通り。
AVOD〔*a*dvertising *v*ideo *o*n *d*emand〕 広告付きで無料配信されるビデオ・オン・デマンドサービス。
AWACS（エーワックス）〔*A*irborne *W*arning *a*nd *C*ontrol *S*ystem〕 空中早期警戒管制指揮機。
AWD〔*a*ll-*w*heel *d*rive〕 自動車の全輪駆動システム。
AWLS〔*a*ll-*w*eather *l*anding *s*ystem〕 全天候着陸システム。
AZT〔*az*ido*t*hymidine〕 アジドチミジン。＊エイズ治療薬の1つ。

B

B級 二流の。
Bリーグ〔*B*. LEAGUE〕 日本の男子プロバスケットボールリーグ。＊2016年発足。
BA[1]〔*B*achelor of *A*rts〕 文学士。

資

BA[2] [*b*anker's *a*cceptance] 銀行引受手形。
BA[3] [*B*ritish *A*irways] 英国航空(BAW)の航空会社コード。＊イギリス最大の国営航空会社。
BAレート [*b*anker's *a*cceptance rate] 銀行引受手形割引率。
BAC [*B*usiness *A*dvisory *C*ouncil] 経済諮問委員会。
BADGE system (バッジ・システム) [*B*ase *A*ir-*D*efense *G*round *E*nvironment system] 自動防空警戒管制組織。
BART [*B*ay *A*rea *R*apid *T*ransit] (サンフランシスコの) 湾岸高速鉄道。
BASIC ⇨ベーシック[2]。
BAW [*B*ritish *A*ir*w*ays] 英国航空。
BB ⇨ブロードバンド。
BBレシオ [*b*ook-to-*b*ill ratio] 出荷額に対する受注額の割合。
BBB [*B*etter *B*usiness *B*ureau] (アメリカの)商事改善協会。
BBC [*B*ritish *B*roadcasting *C*orporation] イギリス放送協会。
BBS [*b*ulletin *b*oard *s*ystem] 電子伝言板システム；電子掲示板。
BBT [*b*asal *b*ody *t*emperature] 基礎体温。
B.C. [*b*efore *C*hrist] 西暦紀元前。↔A.D.。
BC兵器 [*b*iological and *c*hemical weapons] 生物化学兵器。
B-CAS(ビー・キャス)**カード** デジタル放送テレビを見るために,受信契約した人だけが使うICカード。＊B-CASは, *B*s *C*onditional *A*ccess *S*ystemの略。
bcc [*b*lind *c*arbon *c*opy] Eメールで,受取人に同一の内容の文書を,他の受取人の名を知らせずに送信する方式。⇨cc。
BCG [*b*acille de *C*almette et *G*uérin [フランス]] 結核予防ワクチン。＊カルメットとゲランが培養した菌。
BCL [*b*road*c*asting *l*isteners] 海外(短波)放送聴取者。
BCN [*b*roadband *c*ommunications *n*etwork] 広帯域通信網。
BCP [*B*usiness *C*ontinuity *P*lan] 事業継続計画。＊被災後の機能維持。
BCR[1] [*b*ar *c*ode *r*eader] バー・コード読み取り装置。
BCR[2] ⇨バイオクリーン・ルーム。
BD[1] [*b*ank *d*raft] 銀行手形。
BD[2] [*b*ills *d*iscounted] 割引手形。
BD[3] [*B*lu-ray *D*isc] ブルーレイ・ディスク。＊青紫色半導体レーザーを用いた大容量光ディスク。
BDF [*B*io *D*iesel *F*uel] 生物由来油から作られるディーゼル・エンジン用燃料。＊バイオマス・エネルギーの1つ。
BDR [*b*earer *d*epositary *r*eceipt] 無記名預託証券。
BE[1] [*b*ill of *e*xchange] 為替手形。
BE[2] [*b*iological *e*ngineering] 生体工学。
BEM(ベム) [*b*ug-*e*yed *m*onster] SFに現れる,昆虫のような目の怪物。
BEPS [*b*ase *e*rosion and *p*rofit *s*hifting] 税源浸食と利益移転。
BFH [*b*aby-*f*riendly *h*ospital] 赤ちゃんに優しい病院。
BGM ⇨バックグラウンド・ミュージック。
BGV ⇨バックグラウンド・ビデオ。
BHC [*b*enzene *h*exa*c*hloride] ベンゼン・ヘキサクロライド。＊殺虫剤。
BHN [*b*asic *h*uman *n*eeds] 人間の基本的ニーズ。＊衣食住。
BHT [*b*utylated *h*ydroxy*t*oluene] ブチル・ヒドロキシトルエン。＊酸化防止剤。
BIAC(ビアク) [*B*usiness and *I*ndustry *A*dvisory *C*ommittee] OECDの経済産業諮問委員会。＊民間機関。
BIE [*B*ureau *I*nternational des *E*x-

positions[フランス] 博覧会国際事務局。
BIEM [*B*ureau *I*nternational de l'*É*dition *M*écanique[フランス]] レコード著作権協会国際事務局。
BIOS(バイオス) [*b*asic *i*nput *o*utput *S*ystem] コンピュータの起動時基本入出力システム。
BIS (ビス) [*B*ank for *I*nternational *S*ettlements] 国際決済銀行。
B-ISDN [*b*roadband *ISDN*] 広帯域総合デジタル通信網。
BJP [*B*haratiya *J*anata *P*arty] インド人民党。
B/L [*b*ill of *l*ading] 船荷証券。
BLマーク 優良住宅部品認定制度。＊一般財団法人ベターリビングが認定。BLは*B*etter *L*ivingの略。
BLM ⇨ブラック・ライブズ・マター。
BLTサンド [*BLT* sandwich] ベーコン (bacon), レタス (lettuce), トマト (tomato) をはさんだサンドイッチ。
BM[1] [*b*allistic *m*issile] 弾道ミサイル。
BM[2] [*B*ritish *M*useum] 大英博物館。
BMD [*b*allistic *m*issile *d*efense system] 弾道ミサイル防衛システム。
BMEWS [*B*allistic *M*issile *E*arly *W*arning *S*ystem] 弾道ミサイル早期警戒システム。
BMI [*b*ody *m*ass *i*ndex] ボディー・マス・インデックス；体格指数；肥満度指数。
BMR [*b*asal *m*etabolic *r*ate] 基礎代謝率。
BMT [*b*one *m*arrow *t*ransplantation] 骨髄移植。
BMW [*B*ayerische *M*otoren *W*erke[ドイツ]] ⇨ビー・エム・ダブリュー。
BMX [*b*icycle *m*otocross] 自転車モトクロス。
BOD [*b*iochemical *o*xygen *d*emand] 生物化学的酸素要求量。＊河川などの汚染の程度をppmで表したもの。
BOE [*B*ank *o*f *E*ngland] イングランド銀行。
B of A [*B*ank of *A*merica] バンク・オブ・アメリカ。＊銀行名で，愛称バンカメ。
BOIDS 人工生命シミュレーション・プログラム。＊boidはbird-oid (鳥もどき)から。
BOJ [*B*ank *o*f *J*apan] 日本銀行。
BOOCS [*b*rain-*o*riented *o*besity *c*ontrol *s*ystem] 脳指向型肥満調整法。
BOP[1] [*b*alance *o*f *p*ayments] 国際収支；国際収支勘定。
BOP[2] [*b*ase *o*f the economic *p*yramid] 開発途上国における低所得者層。
BOT[1] [*b*uild *o*peration *t*ransfer] 海外プラントの輸出企業が，操業・管理運営等に関わり，代金回収後に，現地に譲渡する方式。
BOT[2] ⇨ボット・ウイルス。
BP[1] [*b*asis *p*oint] 債券の利回りなどにおける最小単位。
BP[2] [*b*ills *p*ayable] 支払手形。
BP[3] [*B*ritish *P*etroleum] イギリス石油会社。
BPD ⇨ボーダー・ライン人格障害。
BPM [*b*eats *p*er *m*inute] 1分ごとの四分音符の数を示す記号。
BPO[1] [*B*erlin *P*hilharmonic *O*rchestra] ベルリン・フィルハーモニー管弦楽団。
BPO[2] [*B*roadcasting Ethics and *P*rogram Improvement *O*rganization] 放送倫理・番組向上機構。
BPO[3] [*b*usiness *p*rocess *o*utsourcing] バック・オフィスの業務委託。
BPR [*b*usiness *p*rocess *r*eengineering] 抜本的業務革新。
BPS [*b*ook value *p*er *s*hare] 1株あたりの純資産。
bps [*b*its *p*er *s*econd] 回線などの情報の伝送速度の単位。＊1秒間に送受信できる情報のビット数。
Bq ⇨ベクレル。
BRD［*B*undes*r*epublik *D*eutschland ドイツ］ドイツ連邦共和国の略称。
BRI［The *B*elt and *R*oad *I*nitiative］一帯一路。
BRICS（ブリックス）［*Br*azil, *R*ussia, *I*ndia, *C*hina, *S*outh Africa］ブラジル，ロシア，インド，中国，南アフリカの総称。
BRM［*b*iological *r*esponse *m*odifier］生物学的応答調節物質。
BRT［*B*us *R*apid *T*ransit］バス高速輸送システム。＊連節バスによる公共車両優先システム。
BS[1]［*B*achelor of *S*cience］理学士。
BS[2]［*B*ritish *S*tandards］イギリス工業規格。
BS[3]［*b*roadcasting *s*atellite］放送衛星。
B／S[1]［*b*ill of *s*ale］売り渡し証。
B／S[2] ⇨バランス・シート。
BSキー［*b*ack*s*pace key］文字列を後ろから削除するキー。
BSE［*b*ovine *s*pongiform *e*ncephalopathy］牛海綿状脳症（狂牛病）。
BSEC［*B*lack *S*ea *E*conomic *C*ooperation］黒海経済協力機構。
BSI［*B*usiness *S*urvey *I*ndex］国内景気判断指標；景気動向調査。
BSL ⇨バイオセーフティー・レベル。
BST［*B*ritish *S*tandard *T*ime］イギリス国際標準時。＊グリニッジ平均時（GMT）を使用。
BT［*B*ritish *T*elecommunications Corporation］イギリスの電気通信会社。
BTO［*b*uild *t*o *o*rder］受注生産方式。
B to B［*b*usiness *to* *b*usiness］（インターネットによる）企業間取引。
B to C［*b*usiness *to* *c*onsumer］（インターネットによる）企業・消費者間取引。
BTR［*b*icycle *tr*ial］自転車障害レース。
BUN［*b*lood *u*rea *n*itrogen］血中尿素窒素。
BW［*B*iological *W*eapon］生物兵器。
BWC［*B*iological *W*eapons *C*onvention］生物兵器禁止条約。
BWH［*b*ust, *w*aist, *h*ip］バスト，ウエスト，ヒップ。＊胸回り，胴回り，腰回り。
BWR［*b*oiling *w*ater *r*eactor］沸騰水型原子炉。
BWV［*B*ach *W*erke-*V*erzeichnis ドイツ］J. S.バッハの作品総目録番号。
BX［*b*ase e*x*change］アメリカ軍基地の売店。
BYOD［*b*ring *y*our *o*wn *d*evice］個人が所有する情報機器の業務利用。＊会社側の許可を得ている。

C

© ⇨コピーライト。
C4Iシステム［*c*ommand *c*ontrol *c*ommunication *c*omputer *i*ntelligence system］軍隊の情報処理システム。監視（surveillance）と偵察（reconnaissance）を加えるとC4ISRとなる。
C言語［*C* programming language］システム記述用のプログラム言語。
CA[1]［*c*abin *a*ttendant］客室乗務員。
CA[2]［*c*apital *a*ccount］資本収支。
CA[3]［*c*hrono logical *a*ge］生活年齢。
CA[4]［*c*orporate *a*rt］コーポレート・アート。＊企業が行う芸術助成活動。
CA[5]［*c*urrent *a*ccount］経常収支。
CAB［*ca*ble *b*ox］共同溝。
CAD（キャド）［*c*omputer-*a*ided *d*esign］コンピュータによる機械，構造物などの製図，設計。
CAE[1]［*c*omputer-*a*ided *e*ducation］コンピュータを使って行う教育。
CAE[2]［*c*omputer-*a*ided *e*ngineering］

コンピュータを利用したシミュレーション。

CAF [currency adjustment factor] 通貨変動課徴金。

CAFTA(カフタ) [Central American Free Trade Association] 中米自由貿易協定。

CAI [computer-assisted (またはaided) instruction] コンピュータを使用した教育システム。

cal [calorie] カロリー。

CAL [China Airlines] 中華航空公司。*台湾の航空会社。

CAM(キャム) [computer-aided manufacturing] コンピュータを利用した生産システム。

CAN [Comunidad Andinaスペ] アンデス共同体。

C&F [cost and freight] 運賃込みの値段。

C&W ⇨カントリー・アンド・ウエスタン。

CAP[1] [common agricultural policy] 共通農業政策。*EUの農業政策で, 農産物の加盟国内の統一価格制。

CAP[2] [computer-aided production] コンピュータ援用による生産。

CAPプログラム [child assault prevention program] 子供虐待防止プログラム。

CAPIC [Correctional Association Prison Industrial Company] 矯正協会の刑務作業協力事業。

CAPP [companion animal partnership program] 人と動物のふれあい活動。

CAPSキー [caps lock key] キャプス・ロック・キー。*キーボード上で, アルファベットの大文字と小文字を切り替えるためのキー。

CAPTCHA(キャプチャ) [completely automated public turing test to tell computers and humans apart] 入力フォームなどで, 人間かコンピュータかを判断するための文字列。

car ⇨カラット①。

CARICOM [Caribbean Community] カリブ共同体。

CAS[1] [Cells Alive System] 千葉県流山市のアビー社が開発した, 細胞非破壊冷凍保存技術。

CAS[2] [Court of Arbitration for Sport] スポーツ仲裁裁判所。

CASBEE [Comprehensive Assessment System for Building Environmental Efficiency] 建築物総合環境性能評価システム。

CAT[1] [clear-air turbulence] 晴天乱流。

CAT[2] [computer-aided teaching] コンピュータ援用教育。

CAT[3] [computerized axial tomography] コンピュータ化体軸断層写真。

CAT[4] ⇨シティ・エア・ターミナル。

CATV [cable television] ⇨ケーブル・テレビ。

CB [convertible bond] 転換社債。

CB兵器 [chemical and biological weapon] ⇨BC兵器。

CBC [Canadian Broadcasting Corporation] カナダ放送協会。

CBM [confidence-building measures] 信頼醸成措置。*国家間の軍事衝突を避けるための措置。

CBO[1] [collateralized bond obligation] 社債担保証券。

CBO[2] [community-based organization] 地域での活動をする市民団体。

CBP [calcium-binding-protein] カルシウム結合たんぱく質。

CBR兵器 [chemical, biological and radioactive weapon] 化学, 生物, 放射能兵器。

CBS [Columbia Broadcasting System] コロンビア放送網。*アメリ

カ3大ネットワークの1つ。
CBT[1] [*C*hicago *B*oard of *T*rade] シカゴ商品取引所。
CBT[2] [*c*omputer *b*ased *t*esting] コンピューターを利用した試験･受験。
CBT[3] [*c*omputer *b*ased *t*raining] コンピューターを利用した学習支援。
CBU爆弾 [*c*luster *b*omb *u*nit] ⇨クラスター爆弾。
CC[1] ⇨カントリー･クラブ。
CC[2] ⇨コールド･チェーン。
cc ⇨カーボン･コピー。
CCD[1] [*c*harge-*c*oupled *d*evice] 電荷結合素子。＊光信号を電気信号に変える半導体素子。
CCD[2] [*C*olony *C*ollapse *D*isorder] 蜂群崩壊症候群。＊ミツバチの大量失踪現象。
CCI [*C*hamber of *C*ommerce and *I*ndustry] 商工会議所。
CCP [*C*hinese *C*ommunist *P*arty] 中国共産党。
CCPC [*C*ooperative *C*redit *P*urchasing *C*ompany] 共同債権買取機構。
CCS [*C*arbon Dioxide *C*apture and *S*torage] 二酸化炭素固定。＊CO_2を分離・回収して隔離・貯留する技術。
CCT [*c*lean *c*oal *t*echnology] クリーン・コール・テクノロジー。＊地球環境の保護と石炭の効率的活用をめざした石炭利用技術。
CCTV[1] [*C*hina *C*entral *T*ele*v*ision] 中国中央電視台。＊中華人民共和国の国営テレビ局。
CCTV[2] [*C*losed-*C*ircuit *T*ele*v*ision] 閉回路テレビ。＊ホテルなどで，有線によりテレビ番組を流す方式。
CCU [*c*oronary *c*are *u*nit] 冠状動脈疾患集中治療室。
CD[1] [*c*ash *d*ispenser] 現金自動支払機。
CD[2] [*c*ertificate of *d*eposit] 譲渡性預金証書。
CD[3] [*C*onference on *D*isarmament] (ジュネーブ)軍縮会議。
CD[4] [*c*ross *d*ressing] 異性のものとされる衣服を身につけること。
CD[5] ⇨コンパクト･ディスク。
cd ⇨カンデラ。
CD値 [*c*oefficient of *d*rag] 空気抵抗係数。
CDB [RIKEN *C*enter for *D*evelopmental *B*iology] (理研の)多細胞システム形成研究センター。
CDC [*C*enter for *D*isease *C*ontrol and Prevention] アメリカの疾病対策予防センター。
CDDP [*c*is-*d*iamine *d*ichloro *p*latinum] 抗がん剤のシスプラチン。
CDI [*C*onventional *D*efense *I*nitiative] 通常戦力防衛構想。
CDM ⇨クリーン開発メカニズム。
CDMA [*c*ode *d*ivision *m*ultiple *a*ccess] 無線方式の1つである符号分割多元接続。
CDO[1] [*c*hief *d*ata *o*fficer] 最高データ責任者。
CDO[2] [*c*hief *d*igital *o*fficer] 最高デジタル責任者。
CDO[3] [*C*ollateralized *D*ebt *O*bligation] 資産担保証券。＊CBO[1]やCLOの総称。
CDP[1] [The *C*onstitutional *D*emocratic *P*arty of Japan] (日本の)立憲民主党。
CDP[2] ⇨キャリア・ディベロップメント･プログラム。
CD-R [*CD-r*ecordable] 記録が1度だけできるCD-ROM。
CD-ROM [*c*ompact *d*isc *r*ead *o*nly *m*emory] CDを使った読み出し専用記憶装置。
CD-RW [*CD-r*e*w*ritable] 情報の記録と再生が何回でもできるCD-ROM。

CDS [*c*redit *d*efault *s*wap] 信用リスクの移転を目的とするデリバティブ。

CDU [*C*hristlich-*D*emokratische *U*nionドイツ] キリスト教民主同盟。＊ドイツの自由主義保守政党。

CE[1] [*C*hurch of *E*ngland] 英国国教会。

CE[2] [*C*ouncil of *E*urope] 欧州評議会。＊経済，社会，文化などでの欧州統合をめざし，1949年に設立。

CEA [*C*ouncil of *E*conomic *A*dvisers] 大統領経済諮問委員会。

CED [*C*ommittee for *E*conomic *D*evelopment] アメリカの経済開発委員会。

CEDEAO [*C*ommunauté *É*conomique *d*es *É*tats de l'*A*frique de l'*O*uestフランス] 西アフリカ諸国経済共同体。

CEFTA（セフタ）[*C*entral *E*uropean *F*ree *T*rade *A*greement] 中欧自由貿易協定。

CELAC [*C*omunidad de *E*stados *L*atino-*A*mericanos y *C*aribeñosスペイン] ラテンアメリカ・カリブ諸国共同体。

CELSS [*c*losed *e*cological *l*ife *s*upport *s*ystem] （宇宙飛行士の）閉鎖生態系生命維持システム。

CEMS（セムス）[*c*ommunity *e*nergy *m*anagement *s*ystem] 地域エネルギー管理システム。

CENTAG（センタグ）[*Cent*ral *A*rmy *G*roup] NATO（北大西洋条約機構）軍の中央方面軍。

CEO [*c*hief *e*xecutive *o*fficer] （企業の）最高経営責任者。

CEP [*C*ircular *E*rror *P*robability] 半数必中径；円形半数必中界；円形公算誤差。＊ミサイルなどの着弾精度を表す。

CERES [*C*oalition for *E*nvironment *R*esponsible *E*conomies] 環境に責任をもつ経済のための連合。＊アメリカの環境保護団体。

CERN ⇨セルン。

CERO [*C*omputer *E*ntertainment *R*ating *O*rganization] ゲームソフトの表現内容に沿って対象年齢を区分する機構。

CES（セス）[*c*onsumer *e*lectronics *s*how] 全米家電協会が主催する世界最大規模の家電展示会。

CETI ⇨セチ[1]。

CEV [*C*rew *E*xploration *V*ehicle] 乗員輸送・帰還宇宙機。

CF[1] [*c*ommercial *f*ilm] ⇨コマーシャル・フィルム。

CF[2] [*c*ommon *f*und for commodities] （UNCTADの）一次産品共通基金。

CF[3] ⇨コンパクト・フラッシュ。

CF[4] ⇨センター・フォワード。

cf. [*conf*erラテン] 「比較・参照せよ」。

CFA [*c*ertified *f*inancial *a*nalyst] （米国の）公認証券アナリスト。

CFC [*c*hloro*f*luoro*c*arbon] クロロフルオロカーボン。＊特定フロン。オゾン層を破壊する。

CFE条約 [*C*onventional Armed *F*orces in *E*urope Treaty] 欧州通常戦力制限条約。

CFF [*c*ompensatory *f*inancing *f*acility] 輸出変動補償融資制度。

CFIUS（シフィウス）[*C*ommittee on *F*oreign *I*nvestment in the *U*nited *S*tates] 対米外国投資委員会。

CFO [*c*hief *f*inancial *o*fficer] （企業の）最高財務責任者。

CFR [*C*ouncil on *F*oreign *R*elations] （アメリカの）外交問題評議会。

CFRC [*c*arbon *f*iber *r*einforced *c*oncrete] 炭素繊維強化コンクリート。

CFRP [*c*arbon *f*iber *r*einforced *p*lastic] 炭素繊維強化プラスチック。⇨FRP。

CFS [*C*hronic *F*atigue *S*yndrome] 慢性疲労症候群。

CG ⇨コンピュータ・グラフィックス。

CGI[1] [common gateway interface] WWWのサーバーとその上で動く他のプログラムなどとの間をつなぐインターフェイス。
CGI[2] [computer graphics interface] コンピュータ図形処理インターフェース。
CGM [Consumer Generated Media] 消費者発信メディア。＊ブログやSNSなど。
CGPI [corporate goods price index] 企業物価指数。
CGS単位系 [centimeter-gramsecond unit] 長さにセンチメートル (cm), 質量にグラム (g), 時間に秒 (s) を使用する単位系。
CHRO [chief human resources officer] (企業の)最高人事責任者。
CHS [Century Housing System] 国土交通省の, 住宅を100年(1世紀)長持ちさせるための研究計画。
CI[1] [Consumers International] 国際消費者機構。
CI[2] ⇨コーポレート・アイデンティティー。
CI[3] ⇨コンポジット・インデックス。
Ci ⇨キュリー。
CIA [Central Intelligence Agency] アメリカの中央情報局。
CIAB [Coal Industry Advisory Board] IEA (国際エネルギー機関) の石炭産業諮問委員会。
CIC [combat information center] 戦闘情報センター。
CID[1] [Criminal Investigation Department] ロンドン警視庁捜査課。
CID[2] [Criminal Investigation Division] (アメリカの)犯罪捜査部。
CIE[1] [Civil Information and Education Section] GHQの民間情報教育局。
CIE[2] [Commission Internationale de l'Éclairage フラ ンス] 国際照明委員会。
CIF(シフ) [cost, insurance and freight] 運賃保険料込みの価格。
CIM(シム) [computer integrated manufacturing] コンピュータによる統合生産。
CIO [chief information officer] (企業の)最高情報責任者。
CIOMS [Council for International Organization of Medical Sciences] 国際医学団体協議会。
CIQ [customs, immigration and quarantine] 税関・出入国管理・検疫。
CIS[1] [Commonwealth of Independent States] 独立国家共同体。＊旧ソ連の12か国で構成。
CIS[2] [critical incident stress] 惨事ストレス。
CISAC (シサック) [Confédération Internationale des Sociétés d' Auteurs et Compositeurs フラ ンス] 著作権協会国際連合。
CIT [California Institute of Technology] カリフォルニア工科大学。
CIWS (シウス) [close-in weapon system] (アメリカ海軍の) 艦艇用近接対空防御システム。
CJD ⇨クロイツフェルト・ヤコブ病。
CK ⇨コーナー・キック。
CKD [complete knockdown] 完全現地組立て。
CKO [chief knowledge officer] (企業の)最高知識責任者。
CLI [computer-led instruction] コンピュータを利用した教育機器を組み合わせて行う一斉授業システム。
CLO [Collateralized Loan Obligation] ローン担保証券。
CLS [child life specialist] 病院生活における子供や家族の心理面をサポートする専門職。
CM ⇨コマーシャル・メッセージ。
CMB [cosmic microwave background] 宇宙マイクロ波背景放射。

CMC [*c*arboxy*m*ethyl *c*ellulose] カルボキシメチル・セルロース。＊接着剤の原料。

CME [*C*hicago *M*ercantile *E*x-change] シカゴ・マーカンタイル取引所。＊商品・金融先物取引所。

CMI [*c*omputer-*m*anaged *i*nstruc-tion] 教育・学習管理をコンピュータを利用して行うシステム。

CMO [*c*ollateralized *m*ortgage *o*bli-gation] 不動産抵当証券担保債券。

CMOS (シーモス) [*c*omplementary *m*etal-*o*xide *s*emiconductor] 相補型金属酸化膜半導体。

CMS[1] [*c*ash *m*anagement *s*ervice] 資金管理サービス。

CMS[2] [*c*ontent *m*anagement *s*ys-tem] ウェブ・サイトのコンテンツ管理・更新システム。

CMV ⇨サイトメガロウイルス。

CNC [*c*omputerized *n*umerical *c*on-trol] コンピュータを利用した数値制御。

CND [*C*ampaign for *N*uclear *D*isar-mament] 非核武装運動。

CNG [*c*ompressed *n*atural *g*as] 圧縮天然ガス。

CNN [*C*able *N*ews *N*etwork] ケーブル・ニュース・ネットワーク。＊アメリカのニュース専門有線テレビ局。

CNS [*C*hina *N*ews *S*ervice] 中国通信。

CNT ⇨カーボン・ナノチューブ。

CO[1] [*c*arbon mon*o*xide] 一酸化炭素。

CO[2] [*c*onscientious *o*bjector] 良心的兵役拒否者。

CO[3] [*C*orporate *O*fficer] 執行役員。

Co. [*co*mpany] ⇨カンパニー。

c/o [*c*are *o*f] …方。…気付。

COBE [*Co*smic *B*ackground *E*x-plorer] アメリカの宇宙背景放射観測衛星。

COBOL ⇨コボル。

COC [*C*ombat *O*perations *C*enter] 戦闘指令所。

COD[1] [*c*hemical *o*xygen *d*emand] 化学的酸素要求量。＊河川，産業廃水の汚染度を示す指標の１つで，ppmの単位で表す。

COD[2] [*C*oncise *O*xford *D*ictionary] コンサイス・オックスフォード辞典。

COD[3] ⇨キャッシュ・オン・デリバリー。

COE [*C*enter *o*f *E*xcellence] 中核的研究拠点。

COL [*c*ost *o*f *l*iving] 生計費。

COLA (コーラ) [*c*ost-*o*f-*l*iving *a*d-justments] 生計費調整。

Co., Ltd. [*co*mpany *l*imi*t*e*d*] 有限責任会社；株式会社。

COM (コム) [*c*oal *o*il *m*ixture] 石炭・石油混合燃料。

COMETS (コメッツ) [*com*munica-tions and broadcasting *e*ngineering *t*est *s*atellite] 通信放送技術衛星。

COMEX (コメックス) [*Com*modity *Ex*change] (ニューヨークの) 商品取引所。

COMINT [*com*munications *int*elli-gence] コミント；通信情報。

conj. [*conj*unction] 接続詞。

COO [*c*hief *o*perating *o*fficer] (企業の) 最高執行責任者。＊CEOに次ぐ位置の責任者。

co-op (コープ) [*coop*erative] 消費生活協同組合。

COP (コップ) [*C*onference *o*f the *P*arties of the United Nations Framework Convention on Climate Change] (国連の) 気候変動枠組条約の締約国会議。

COPD [*c*hronic *o*bstructive *p*ulmo-nary *d*isease] 慢性閉塞性肺疾患。

COPUOS [*C*ommittee *o*n the *P*eaceful *U*ses of *O*uter *S*pace] (国連の)宇宙空間平和利用委員会。

CORE [*Co*ngress of *R*acial *E*quality] (アメリカの)人種平等会議。
Corp., corp. [*Corp*oration] 法人；会社；団体；組合；有限責任会社。
cos ⇨コサイン。
COSMETS [*Co*mputer *S*ystem *Met*eorological *S*ervice] (気象庁の)気象資料総合処理システム。
COSPAR (コスパー〔ル〕) [*Co*mmittee on *Spa*ce *R*esearch] 国際宇宙空間研究委員会。
COVID-19 [*co*rona*vi*rus *d*isease nineteen] 中国湖北省武漢市から全世界に拡大した新型コロナウイルス感染症。
CP[1] [*c*erebral *p*alsy] 脳性麻痺。
CP[2] ⇨コマーシャル・ペーパー。
CPA[1] [*C*athay *P*acific *A*irways] ⇨キャセイ・パシフィック航空。
CPA[2] [*c*ertified *p*ublic *a*ccountant] 公認会計士。
CPAOA [*c*ardio*p*ulmonary *a*rrest *o*n *a*rrival] 来院時心肺機能停止。
CPB [*C*orporation for *P*ublic *B*roadcasting] (アメリカの) 公共放送協会。
CPC [*C*onflict *P*revention *C*enter] (ヨーロッパの)紛争防止センター。
CPCR [*c*ardio*p*ulmonary *c*erebral *r*esuscitation] 心肺脳蘇生法。
CPD [*c*omprehensive *p*rogram on *d*isarmament] 包括的軍縮計画。
CPE[1] [*c*onsumer *p*remises *e*quipment] 顧客端末。
CPE[2] [*C*ontrat de *P*remiere *E*mbauche フランス] 初期雇用契約。
CPI [*c*onsumer *p*rice *i*ndex] 消費者物価指数。
CPM [*c*ritical *p*ath *m*ethod] クリティカルパス分析法。＊コンピュータによる大型プロジェクト推進手法。
CPO [*c*hief *p*rivacy *o*fficer] 最高個人情報責任者。
CPR[1] [*c*ardio*p*ulmonary *r*esuscitation] 心肺蘇生法。
CPR[2] [*c*ost *p*er *r*esponse] 広告効果の経費効率。
CPS [*c*onsumer *p*rice *s*urvey] 消費者物価調査。
CPSU [*C*ommunist *P*arty of the *S*oviet *U*nion] ソ連共産党。
CPU [*c*entral *p*rocessing *u*nit] コンピュータの中央処理装置。
CPX [*c*ommand *p*ost e*x*ercise] 指揮所演習。
CQ [*c*all to *q*uarters] アマチュア無線の呼び出しサイン。
CR ⇨コンシューマーズ・リサーチ。
CRC [*c*linical *r*esearch *c*oordinator] 治験コーディネーター。
CRM[1] [*c*rew *r*esource *m*anagement] 航空機の安全な運航のための資源有効活用。
CRM[2] [*c*ustomer *r*elationship *m*anagement] 顧客関係管理。
CRS [*c*omputer *r*eservation *s*ystem] コンピュータによる (航空券の) 予約システム。
CRT [*c*athode *r*ay *t*ube] 陰極線管；ブラウン管。
CS[1] [*c*hemical *s*ensitivity] 化学物質過敏症。
CS[2] [*c*ommunications *s*atellite] 通信衛星。
CS[3] [*c*ustomer *s*atisfaction] 顧客満足度。
CS[4] ⇨クライマックス・シリーズ。
CSクリンチ・ナンバー。 ⇨クリンチ・ナンバー。
CSA [*c*ommunity *s*upported *a*griculture] 地域が支える農業。
CSD [*C*ommission on *S*ustainable *D*evelopment] 持続可能な開発委員会。
CSDP [*C*ommon *S*ecurity and *D*efence *P*olicy] (EUの) 共通安全保障・防衛政策。
CSEC [*c*ommercial *s*exual *e*xploita-

tion of children] 子供の商業的性的搾取。

CSIS [Center for Strategic and International Studies] 戦略国際問題研究所。＊米国のシンクタンク。

CSM [climate system monitoring] 気象系監視。＊WMO(世界気象機関)が監視の成果を発表。

CSNI [Committee on the Safety of Nuclear Installations] (OECDの)原子力施設安全委員会。

CSPI [corporate services price index] 企業向けサービス価格指数。

CSR [corporate social responsibility] 企業の社会的責任。

CSS [cascading style sheets] ウェブ・サイトの装飾・デザインに使用する規格。

CSU [Christlich-Soziale Union(ドイツ)] (ドイツの)キリスト教社会同盟。

CSV[1] [comma-separated values] コンマで区切られたテキストファイル。

CSV[2] [creating shared value] 共有価値の創造。

CSW [Commission on the Status of Women] (国連の) 女性の地位委員会。

ct. ⇨カラット。

CT [computerized tomography] コンピュータ断層撮影法。

CTBT [Comprehensive Test Ban Treaty] 包括的核実験禁止条約。

CTC [centralized traffic control] 列車集中制御装置。

CTI [computer telephone integration] コンピュータ電話統合。

CTO [chief technology officer] (企業の)最高技術責任者。

C to B [consumer to business] (インターネットでの)消費者による企業への注文。

C to C [consumer to consumer] 消費者間取引。

CTP [computer to plate] 印刷時に，フィルムを使わずにプレートへ直接データを焼きつける製版方式。

CTR [click through rate] インターネット広告のクリック率。

CTRLキー ⇨コントロール・キー。

CTS[1] [carpal tunnel syndrome] 手根管症候群。

CTS[2] [computerized typesetting system] コンピュータによる印刷組版システム。

CUG [closed user group] 情報の特定契約者向けサービス。

CULCON(カルコン) [Japan-United States Conference on Cultural and Educational Interchange] 日米文化教育交流会議。

CVC [corporate venture capital] 社外のベンチャー企業に対する投資活動。

CVD[1] [cardiovascular disease] 心血管疾患。

CVD[2] [chemical vapor deposition] 化学的気相成長；化学気相堆積。＊シリコン基盤上に薄膜を作る技術。

CVP [cost-volume-profit analysis] 損益分岐点分析。

CVR [conversion rate] ウェブ・サイト訪問者における商品購入などの成果の割合(コンバージョン率)。

CVS[1] [computer-controlled vehicle system] コンピュータ制御による無人操縦の高度交通機関。

CVS[2] ⇨コンビニエンス・ストア。

CVT [continuously variable transmission] (自動車などの)無段変速機。

CW[1] [chemical warfare] 化学兵器戦争。

CW[2] [comparable worth] 同一価値労働同一賃金；男女同一賃金原則。

CWC [Chemical Weapons Convention] 化学兵器禁止条約。

CWM [coal water mixture] 石炭・水混合燃料。

CXO [*C*handra *X*-ray *O*bservatory] チャンドラX線観測衛星。

CxO [*c*hief *x* *o*fficer] 企業の業務や機能の最高責任者の総称。

CYOD [*c*hoose *y*our *o*wn *d*evice] 従業員が職場の提示する情報機器から，使用したいものを選び利用すること。

D

3D ⇨スリー・ディー。

3Dプリンター 3次元プリンター。＊3Dは3-dimension。

D2C [*d*irect *t*o *c*onsumer] 自社で企画・製造した商品を，直接消費者に販売するビジネスモデル。＊D to Cとも。

D端子 映像機器にアナログ映像信号を伝送するための端子。

Dデー [*D* day] 行動開始予定日。

Dレンジ ⇨ダイナミック・レンジ。

D／A変換 [*d*igital to *a*nalog conversion] 1，0のようなデジタル量を，電流，電圧など物理的なアナログ量に変換すること。↔A／D変換。

DACA（ダカ）[*d*eferred *a*ction for *c*hildhood *a*rrivals] 幼少期にアメリカへ入国した移民への延期措置。

DAD [*d*igital *a*udio *d*isc] 音声信号をデジタル化して記録したディスク。

DAGMAR（ダグマー）[*d*efining *a*dvertising *g*oals for *m*easured *a*dvertising *r*esults] 広告活動の各段階にコミュニケーション目標を設定し，それぞれの達成度から広告全体の効果を分析・管理していく手法。

DAM [*d*irect *a*ccess *m*ethod] 直接アクセス法。

DARPA（ダーパ）[*D*efense *A*dvanced *R*esearch *P*rojects *A*gency]（アメリカ国防総省の）国防高等研究計画局。⇨ARPANET。

dB ⇨デシベル。

DB（デーベー）[*D*eutsche *B*ahn(ドイツ)] ドイツ鉄道。

DBA [*D*octor of *B*usiness *A*dministration] 経営学博士。

DBMS [*d*ata *b*ase *m*anagement *s*ystem] データ・ベース管理システム。

DBS [*d*irect *b*roadcasting *s*atellite] 直接放送衛星。

DC[1] [*d*efined *c*ontribution plan] 確定拠出年金。

DC[2] [*d*irect *c*urrent] 直流電流。↔AC[4]。

D.C.[1] [*D*istrict of *C*olumbia] アメリカのコロンビア特別区。

D.C.[2] ⇨ダ・カーポ。

DCブランド ⇨ディーシー・ブランド。

DD [*d*irect *d*eal] 直接取引。＊銀行同士が直接に為替の売買を行うこと。

DD原油 [*d*irect *d*eal crude oil] 産油国がメジャー（国際石油資本）を通さないで直接取引する原油。

DDI [*did*eoxy*i*nosine] ジデオキシイノシン。＊抗エイズ薬の1つ。

DDM [*d*ividend *d*iscount *m*odel] 配当割引モデル。

DDoS攻撃 [*d*istributed *d*enial *o*f *s*ervice attack] 分散型サービス妨害攻撃。

DDS [*d*rug *d*elivery *s*ystem] 薬物伝送システム。＊薬剤投与法。

DDT [*d*ichloro-*d*iphenyl-*t*richloroethane] 有機塩素系殺虫剤の一種。

DDX [*d*igital *d*ata e*x*change] デジタル・データ交換網。

DEA [*D*rug *E*nforcement *A*dministration] アメリカの麻薬取締局。＊司法省の機関。

DEHP [*d*i*e*thyl*h*exyl *p*hthalate] フタル酸ジエチルヘキシル。

資

delキー　⇨デリート・キー。
DEP［*d*iesel *e*xhaust *p*articles］ディーゼル排気微粒子。
dept.［*dep*artmen*t*］①課；部；局。②アメリカの省。③大学の学部；学科。
DES［*d*ebt *e*quity *s*wap］債務と資本の交換。
DEW(デュー)［*d*irected *e*nergy *w*eapon］指向性エネルギー兵器。
DEWライン［*D*istant *E*arly *W*arning Line］遠距離早期警戒線。
DEWKS（デュークス）［*d*ouble *e*mployed *w*ith *k*ids］共働きで子供のいる若い夫婦。⇨ディンクス。
DF[1]　⇨ディフェンス。
DF[2]　⇨ディフェンダー③。
DFDR［*d*igital *f*light *d*ata *r*ecorder］デジタル式飛行記録装置。
DFS［*d*uty-*f*ree *s*hop］免税店。
DGSE［*D*irection *G*énérale de la *S*écurité *E*xtérieure仏］フランスの対外治安総局。
DH［*d*esignated *h*itter］（野球の）指名打者。
DHA　⇨ドコサヘキサエン酸。
DHC［*d*istrict *h*eating and *c*ooling］地域冷暖房；地域熱供給。
DHCP［*d*ynamic *h*ost *c*onfiguration *p*rotocol］IPアドレスなどを自動的に割り振るプロトコル。
DHS［*D*epartment of *H*omeland *S*ecurity］アメリカ国土安全保障省。
DI[1]［*di*ffusion *i*ndex］景気動向指数。
DI[2]［*di*scomfort *i*ndex］不快指数。
DIA［*D*efense *I*ntelligence *A*gency］（アメリカの）国防総省の国防情報局。
DIAN(ダイアン)［*D*ominantry *I*nherited *A*lzheimer *N*etwork］アルツハイマー型の認知症の国際研究。
DIC［*D*ainippon *I*nk and *C*hemicals］DIC(旧・大日本インキ化学)による特色インキ。
DID［*d*ensely *i*nhabited *d*istrict］人口集中地区。
DIG（ディグ）［*D*isaster *I*magination *G*ame］災害図上訓練。
DIMM［*d*ual *i*nline *m*emory *m*odule］パソコンのメモリ増設などに使用されるモジュール。
DIN（ディン）［*D*eutsche *I*ndustrie *N*ormドイツ］ドイツ工業規格。
DINKS　⇨ディンクス。
DIPファイナンス［*d*ebtor *i*n *p*ossession finance］再建中の企業に対する手続き終結までの融資。
DIQ［*d*eviation *IQ*］偏差知能指数。
DIS［*D*isaster *I*nformation *S*ystem］地震防災情報システム。
DIY　⇨ドゥー・イット・ユアセルフ。
DJ　⇨ディスク・ジョッキー。
DK　⇨ダイニング・キッチン。
DKグループ［*d*on't *k*now group］世論調査の質問などに対して「わからない」「知らない」と回答する人々のこと。
DL［*D*isabled *L*ist］故障者リスト。
DLH　⇨ルフトハンザ・ドイツ航空。
DLP［*d*igital *l*ight *p*rocessing］光をデジタル制御する技術。
DM[1]　⇨ダイレクト・メール。
DM[2]　⇨ダイレクト・メッセージ。
D.M.［*D*octor of *M*edicine］医学博士。
DMAT(ディーマット)［*D*isaster *M*edical *A*ssistance *T*eam］災害派遣医療チーム。
DME［*d*istance *m*easuring *e*quipment］航空機の距離測定装置。
DMFT［*d*ecayed, *m*issing, *f*illed *t*eeth］永久歯の１人当たりの虫歯経験歯数。
DMG［*d*irect *m*arketin*g*］消費者に直接働きかけるマーケティング。
DMNA［*d*i*m*ethyl*n*itros*a*mine］ジメチルニトロソアミン。＊食品添加物で，発がん性物質。

資

DMO [*d*estination *m*anagement *o*rganization] 地域の関係者と協力して観光地域づくりを主導する法人。
DMT [*di*methyltrip*t*amine] ジメチルトリプタミン。＊幻覚剤の一種。
DMZ [*de*militarized *z*one] 非武装地帯。
DNA [*d*eoxyribo*n*ucleic *a*cid] デオキシリボ核酸。＊生物の遺伝子を構成する高分子化合物。
～鑑定 DNAを用いた個体識別のための鑑定法。
DNC [*d*irect *n*umerical *c*ontrol] 直接数値制御。＊1台のコンピュータで複数のNC（数値制御）工作機械を統括制御する方式。
DNR [*d*o *n*ot *r*esuscitate] 患者による蘇生拒否の意思表示。
DNS[1] [*d*ept for *n*ature *s*wap] 環境スワップ。
DNS[2] [*d*omain *n*ame *s*ystem] ドメインとIPアドレスの対応管理システム。
DO [*d*issolved *o*xygen] 溶存酸素量。＊水中に溶け込んでいる酸素の量。ppmで表示され，水質汚染の指標。
DOA [*D*epartment *o*f the *A*rmy] (アメリカの)陸軍省。
DOC [*d*enominazione di *o*rigine *c*ontrollata イタリア] (イタリアの) ワイン原産地統制名称。
DOD [*D*epartment *o*f *D*efense] (アメリカの)国防総省。＊通称「ペンタゴン」。
DOE[1] [*D*epartment *o*f *E*ducation] (アメリカの)教育省。
DOE[2] [*D*epartment *o*f *E*nergy] (アメリカの)エネルギー省。
DOE[3] [*D*ividends *o*n *E*quityratio] 株主資本配当率。
DOHC [*d*ouble *o*ver*h*ead *c*amshaft] ⇨ツイン・カム。
DOI [*D*epartment *o*f the *I*nterior] (アメリカの)内務省。
DOMP [*d*isease *o*f *m*edical *p*ractice] 医療行為によって起こる病気。
DON [*D*epartment *o*f the *N*avy] (アメリカの)海軍省。
DONET [*d*ense *o*ceanfloor *n*etwork system for *e*arthquakes and *t*sunamis] 地震・津波観測監視システム。
DOS（ドス）[*d*isc *o*perating *s*ystem] ディスク・オペレーティング・システム。＊磁気ディスク装置接続のコンピュータ・システムを作動させるためのOS。
DoS攻撃 [*d*enial *o*f *s*ervice attack] サービス妨害攻撃。
DOT [*D*epartment *o*f *T*ransportation] (アメリカの)運輸省。
doz. ⇨ダース。
DP[1] [*d*isplaced *p*erson] 難民。
DP[2] [*d*ynamic *p*rogramming] 動的計画(法)。
DPA [*D*eutsche *P*resse *A*gentur ドイツ] ドイツ通信社。
DPAT（ディーパット）[*D*isaster *P*sychiatric *A*ssistance *T*eam] 災害派遣精神医療チーム。
DPE [日 *d*evelopment, *p*rinting, *e*nlargement] 現像・焼き付け・引き伸ばし。また，それを行う写真店。
DPF [*d*iesel *p*articulate *f*ilter] 排気ディーゼル微粒子除去装置。
dpi [*d*ot *p*er *i*nch] 1インチ当たりのドット数。＊プリンター等の解像度を表す単位。
DPP [*d*irect *p*roducts *p*rofit] 直接商品利益。
DPTワクチン [*d*iphtheria, *p*ertussis, *t*etanus vaccine] 3種(ジフテリア，百日咳，破傷風)混合ワクチン。
DR [*D*epositary *R*eceipt] 預託証券。
Dr. ⇨ドクター。
DRAM [*d*ynamic *r*andom *a*ccess *m*emory] ダイナミック（動的）ラム。＊一定時間ごとに記憶情報のリフレッシュ（再書き込み）が必要なラム。↔SRAM²。

DRM [*D*igital *R*ight *m*anagement] デジタル著作権管理。

D.S. ⇨ダル・セーニョ。

DSA [*d*igital *s*ubtraction *a*ngiography] コンピュータによる血管造影法。

DSB [*D*ispute *S*ettlement *B*ody] WTOの紛争解決機関。

DSCS [*D*efense *S*atellite *C*ommunications *S*ystem] (アメリカの)国防衛星通信網。

DSD [*d*isorders of *s*ex *d*evelopment] 性分化疾患。

DSDA [*d*ual *S*IM *d*ual *a*ctive] 2枚のSIMカードを同時に利用して，データ通信と待ち受け・通話が可能となる方式。

DSL¹ [*d*eep *s*cattering *l*ayer] 深海音波散乱層。＊海底に向けて発した超音波を途中で反射させる層。

DSL² [*d*igital *s*ubscriber *l*ine] デジタル加入者回線。

DSM [*D*iagnostic *S*tatistical *M*anual of Mental Disorders] 精神疾患の診断・統計マニュアル。

DSP [*d*igital *s*ignal *p*rocessor] デジタル信号処理を高速で行う集積回路。

DSR [*d*ebt *s*ervice *r*atio] 債務返済比率。＊国の債務負担の度合い。

DSRC [*d*edicated *s*hort *r*ange *c*ommunications] 狭域通信。

DSRV [*d*eep *s*ubmergence *r*escue *v*ehicle] 深海救助潜水艇。

DSS [*d*ecision *s*upport *s*ystem] (コンピュータによる) 意思決定支援システム。

DST [*d*aylight-*s*aving *t*ime] 日照活用時間。⇨サマー・タイム。

DTC広告 [*d*irect *t*o *c*onsumer advertising] 消費者 (患者) に直接訴えかける医療用医薬品の広告。

DTM [*d*esk*t*op *m*usic] パソコンなどを使用した机上の楽曲制作。

DTP ⇨デスクトップ・パブリッシング。

DUT [*d*ual *u*se *t*echnology] デュアル・ユース・テクノロジー；民生・軍事両用技術。＊民用・軍用に使える最新科学技術。

DV ⇨ドメスティック・バイオレンス。

DVD [*d*igital *v*ersatile *d*isc] 多用途大容量の光ディスクの一種。＊直径12センチメートル。

DVD-R [*DVD*-*R*ecordable] 情報を１度だけ書き込めるDVD。

DVD-RW [*DVD* *R*e*w*ritable] 情報の記録と再生が何回でもできるDVD。

DVI¹ [*d*igital *v*ideo *i*nteractive] 動画を圧縮する技術の1つ。

DVI² [*d*igital *v*isual *i*nterface] パソコンとディスプレーを接続するデジタルのインターフェース。

DVT [*d*eep *v*enous *t*hrombosis] 深部静脈血栓症.

DWM [*d*ead*w*eight *m*achine] 実荷重標準機。＊はかりの精度を測定するためのはかり。

dwt. [*d*ead*w*eight *t*onnage] 重量トン。＊船舶の最大積載量。

DX¹ [*dis*tance] 遠距離受信。

DX² ⇨デジタル・トランスフォーメーション。

DX³ ⇨デラックス。

dyn [*dyne*] ダイン。＊力のCGS系単位。

dz. [*doz*en] ⇨ダース。

E

E 靴幅を示す記号。＊Eの数が多いほど広い。

E3 [*E*lectronic *E*ntertainment *Ex*po] アメリカで開催される世界最

資

大のコンピュタ·ゲーム見本市。
Eメール [electronic mail] 電子メール(郵便)。
Eラーニング [e-learning] パソコンやインターネットを利用した教育·学習システム。
eコマース ⇨イー·コマース。
eスポーツ [electronic sports] コンピュータゲームによる対戦をスポーツとして捉えたときの総称。
eチケット [electronic ticket] 座席予約情報を航空会社のシステム内に記録した電子航空券。
EA [economic advisor] 経済顧問。
EAP [employee assistance program] 従業員の心の健康管理援助システム。
EB ⇨エレクトロニック·バンキング。
EBウイルス [EB virus] バーキット·リンパ腫ウイルス。
EB債 [exchangeable bond] 他社株転換可能債。
EB装置 [emergency brake system] 緊急列車停止装置。
eBay アメリカのネット通販·オークションサイト。
EBITDA [earnings before interest, taxes, depreciation and amortization] 利払い前·税引き前·減価償却前利益。
EBM [evidence-based medicine] 科学的な根拠に基づく医療。
EBO [employee buy-out] 一般従業員による企業買収や経営権の獲得。
EBPM [evidence-based policy making] 根拠に基づく政策立案。
EBR[1] [electron beam recorder] 電子ビーム録画。
EBR[2] [experimental breeder reactor] 実験用の増殖原子炉。
EBRD [European Bank for Reconstruction and Development] 欧州復興開発銀行。
EBU [European Broadcasting Union] ヨーロッパ放送連合。
EC[1] [electronic commerce] ⇨イー·コマース。
EC[2] [European Commission] 欧州委員会。
EC[3] [European Community] ヨーロッパ共同体。
ECA [Economic Commission for Africa] (国連の) アフリカ経済委員会。
ECB [European Central Bank] 欧州中央銀行。
ECCM [electronic counter-counter measures] 対電子防衛対策。
ECCS [emergency core cooling system] 原子炉の緊急炉心冷却装置。＊原子炉事故の際, 炉心溶融防止のため冷却水を注入する装置。
ECE [Economic Commission for Europe] (国連の) ヨーロッパ経済委員会。
ECFA [Economic Cooperation Framework Agreement] 台湾と中国の両岸経済協力枠組協定。
ECG [electrocardiogram] 心電図。
ECLA (エクラ) [Economic Commission for Latin America and the caribbean] (国連の)ラテンアメリカ·カリブ経済委員会。
ECM [extracellular matrix] 細胞外マトリックス。
ECMO(エクモ) [extracorporeal membrane oxygenation] 体外式膜型人工肺。
ECN [electronic communications network] 電子証券取引ネットワーク。
ECO [Economic Cooperation Organization] 経済協力機構。＊非アラブ系イスラム諸国が結成。
ECOSOC (エコソク) [Economic and Social Council] (国連の) 経済社会理事会。＝ESC[2]。

資

ECOWAS（エコワス）［*E*conomic *C*ommunity *o*f *W*est *A*frican *S*tates］ 西アフリカ諸国経済共同体。

ECP［*e*mergency *c*ontraceptive *p*ill］ 緊急避妊薬。

ECPNL［*e*quivalent *c*ontinuous *p*erceived *n*oise *l*evel］ 等価平均騒音レベル。＊航空機騒音の評価法。

ECR[1]［*e*fficient *c*onsumer *r*esponse］ 効率的消費者対応。

ECR[2]［*e*lectronic *c*ash *r*egister］ 電子式金銭登録機。

eCRM［*e*lectoronic *c*ustomer *r*elationship *m*anagement］ 電子化されたCRM（顧客関係管理）。

ECU（エキュー）［*E*uropean *C*urrency *U*nit］ ヨーロッパ通貨単位。

ED[1]［*e*lemental *d*iet］ 成分栄養食。

ED[2]［*e*rection *d*isorder］ 勃起障害。

EDカード［*e*mbarkation *d*isembarkation card］ 出入国記録カード。

EDB［*e*thylene *d*i*b*romide］ 二臭化エチレン。＊農業用殺虫剤。

EDF［*E*uropean *D*evelopment *F*und］ 欧州開発基金。

EDGARシステム［*e*lectronic *d*ata *g*athering, *a*nalysis, and *r*etrieval system］ アメリカの証券取引委員会が運営する情報開示システム。

EDI［*e*lectronic *d*ata *i*nterchange］ 電子データ交換。

EDINET（エディネット）［*e*lectronic *d*isclosure for *i*nvestor's *net*work］（金融庁の）電子開示システム。

EDLP［*e*very*d*ay *l*ow *p*rice］ 日常的低価格。＊スーパーマーケットなどの販売戦略。

EDM［*e*lectronic *d*ance *m*usic］ 電子楽器やコンピュータソフトによってつくられるダンスミュージック。

EDP［*e*lectronic *d*ata *p*rocessing］ 電子情報処理。

EDR［*E*uropean *D*epositary *R*eceipt］ 欧州預託証券。⇨ADR[2]。

EDRC［*E*conomic and *D*evelopment *R*eview *C*ommittee］ OECDの，経済と開発の検討に関する委員会。

EdTech（エドテック） Education（教育）とTechnology（技術）を組み合わせた造語。

EDTV［*e*xtended *d*efinition *t*ele*v*ision］ 高画質化テレビ。

Edy ⇨エディ。

EEA［*E*uropean *E*conomic *A*rea］ 欧州経済領域。

EEO［*e*qual *e*mployment *o*pportunity］ 雇用機会均等。

EEPROM［*e*lectrically *e*rasable and *p*rogrammable *r*ead-*o*nly *m*emory］ 消去･再書き込み可能ROM。

EEZ［*e*xclusive *e*conomic *z*one］ 排他的経済水域。

EFTA（エフタ）［*E*uropean *F*ree *T*rade *A*ssociation］ 欧州自由貿易連合。

EG細胞［*E*mbryonic *G*erm Cell］ 胚性生殖細胞。

EGR［*e*xhaust *g*as *r*ecirculation］ 排気ガス再循環装置。

EHF［*e*xtremely *h*igh *f*requency］ 極超短波；超高周波；ミリメートル波。＊周波数３万～30万メガヘルツ。

EIA[1]［*E*lectronic *I*ndustries *A*lliance］（アメリカの）電子工業会。

EIA[2]［*e*nvironment *i*mpact *a*ssessment］ 環境影響評価；環境アセスメント。

EIB［*E*uropean *I*nvestment *B*ank］ 欧州投資銀行。

EIC［*E*nvironmental *I*nformation *C*enter］ 環境情報センター。

EITC［*e*arned *i*ncome *t*ax *c*redit］（アメリカの）勤労所得税額控除。

EKBO［*E*dgeworth *K*uiper *b*elt *o*bject］ エッジワースカイパーベルト天体。＊海王星以遠の小天体。

EKG［*E*lectro*k*ardio*g*ramm ドイツ］ 心

資

電図。

EL[1] [*e*lectric *l*ocomotive] 電気機関車。

EL[2] [*e*lectro*l*uminescence] 電子ルミネセンス；電界発光。＊電子の刺激による蛍光発光現象。

ELEC(エレック) [*E*nglish *L*anguage *E*ducation *C*ouncil] 英語教育協議会。＊日本の英語教育の改善・発展のための財団法人組織。

ELINT (エリント) [*el*ectronic *int*elligence] 電子情報。

ELISA [*e*nzyme-*l*inked *i*mmuno*s*orbent *a*ssay] 酵素結合免疫吸着測定法。

eLTAX ⇨エルタックス。

EMC [*e*lectro*m*agnetic *c*ompatibility] 電磁環境両立性。

EMF [*E*uropean *M*onetary *F*und] 欧州通貨基金。

EMIF [*E*merging *M*arkets *I*nvestment *F*und] 途上国市場ファンド。

Em-Net(エムネット) 内閣官房の緊急情報ネットワークシステム。＊行政用専用回線で都道府県・市町村と必要な情報を送受するシステム。EmはEmergency(緊急事態)の略。

EMP [*e*lectro*m*agnetic *p*ulse] 電磁パルス；電磁衝撃波。

EMS[1] [*e*lectric *m*uscle *s*timulation] 筋電気刺激。

EMS[2] [*e*lectronics *m*anufacturing *s*ervice] 電子機器受託生産サービス。

EMS[3] [*e*nergy *m*anagement *s*ystem] エネルギーマネジメントシステム。

EMS[4] [*e*nvironmental *m*anagement *s*ystem] 環境マネジメントシステム。

EMS[5] [*e*xpress *m*ail *s*ervice] 国際スピード郵便。

EMU [*E*conomic and *M*onetary *U*nion] (EUの)経済通貨統合。

ENA (エナ) [*É*cole *n*ationale d' *a*dministrationフランス] フランスの国立行政学院。

ENIAC(エニアック) [*E*lectronic *N*umerical *I*ntegrator *a*nd *C*omputer] 1946年アメリカで完成した世界初のコンピュータ。

ENT [*e*ar, *n*ose and *t*hroat] 耳鼻咽喉(いんこう) (科)。

EOS[1] [*e*arth *o*bserving *s*ystem] 地球観測システム。

EOS[2] [*e*lectronic *o*rdering *s*ystem] 電子受発注システム。

EP[1] [electoric *p*ublishing] 電子出版。

EP[2] [*e*xtended *p*laying] 1分間45回転のレコード。＊ドーナツ盤とも。

EPホルモン [*e*strogen *p*rogesterone hormone] 黄体・卵胞ホルモン。＊経口避妊薬の一種。

EPA[1] [*e*conomic *p*artnership *a*greement] 経済連携協定。

EPA[2] [*E*nvironmental *P*rotection *A*gency] (アメリカの) 環境保護局。

EPG [*E*lectronic *P*rogram *G*uide] データ放送の電子番組表。

EPIRB [*e*mergency *p*osition *i*ndicating *r*adio *b*eacon] (船舶の) 衛星非常位置指示無線標識。

EPOS [*e*arthquake *p*henomena *o*bservation *s*ystem] 地震活動等総合監視システム。

EPR[1] [*E*uropean *P*ressure *R*eactor] 欧州加圧水型炉。

EPR[2] [*e*xtended *p*roducer *r*esponsibility] 拡大生産者責任。

EPROM [*e*rasable and *p*rogrammable *ROM*] 消去・再書き込みが可能な読み出し専用記憶素子。

EPS [*e*arning *p*er *s*hare] 1株当たり収益。

EPWING (イーピーウイング) [*e*lectronic *p*ublishing *WING*] 電子辞書などで利用される規格の1つ。

EPZ [*E*mergency *P*lanning *Z*one] (原発事故時の)緊急時計画区域。
EQ [*e*ducational *q*uotient] 教育指数。＊年齢に相当する標準学力があるかないかを示す指数。
ER [*e*mergency *r*oom] (病院の) 緊急救命室。
erg ⇨エルグ。
ERIC (エリック) [*E*ducational *R*esources *I*nformation *C*enter] (アメリカの)教育情報資料センター。
ERIS [*E*xoatmospheric *r*eentry vehicle *i*nterceptor *s*ystem] 大気圏再突入体迎撃システム。
ERM[1] [*e*nterprise *r*isk *m*anagement] 全社的リスクマネジメント。
ERM[2] [exchange *r*ate *m*echanism] 欧州為替相場メカニズム。
ERP [*e*nterprise *r*esource *p*lanning] 統合基幹業務システム。
ERS [*e*arth *r*esources *s*atellite] 地球資源衛星。
ES [*e*mployee *s*atisfaction] 従業員満足。
ES細胞 [*e*mbryonic *s*tem cell] 胚性幹細胞。＊万能細胞。
ESA(イーサ) [*E*uropean *S*pace *A*gency] 欧州宇宙機関。
ESB [*e*lectrical *s*timulation of the *b*rain] 脳電気刺激。
ESC[1] [*E*conomic and *S*ocial *C*ommittee] (EU内の) 経済社会評議会。
ESC[2] [*E*conomic and *S*ocial *C*ouncil] (国連の) 経済社会理事会。＊ECOSOCとも。
ESCキー ⇨エスケープ･キー。
ESCAP (エスカップ) [*E*conomic and *S*ocial *C*ommission for *A*sia and the *P*acific] (国連の)アジア太平洋経済社会委員会。
ESCB [*E*uropean *S*ystem of *C*entral *B*anks] 欧州中央銀行制度。
ESCO [*e*nergy *s*ervice *co*mpany] エスコ事業。＊既存の環境を損なうことなく，省エネの包括的なサービスを提供する。
ESD [*E*ducation for *S*ustainable *D*evelopment] 持続可能な開発のための教育。
ESDP [*E*uropean *S*ecurity and *D*efence *P*olicy] 欧州安全保障・防衛政策。
ESG投資 [*e*nvironment *s*ocial *g*overnance] 環境･社会･企業統治への配慮を重視して行う投資。
ESL [*E*nglish as a *s*econd *l*anguage] 第二言語としての英語。
ESM [*E*uropean *S*tability *M*echanism] 欧州安定メカニズム。＊ユーロの安定化を図る機関。
ESMAP [*E*nergy *S*ector *M*anagement *A*ssistance *P*rogram] エネルギー分野の途上国向け信託基金。
ESOP [*e*mployee *s*tock-*o*wnership *p*lan] 従業員持ち株制度。
ESP [*e*xtra*s*ensory *p*erception] 第六感；霊感；予知能力。
ESPN [*E*ntertainment and *S*ports *P*rogramming *N*etwork] アメリカの娯楽･スポーツ専用チャンネル。
Esq. ⇨エスクワイア①。
ESR [*e*rythrocyte *s*edimentation *r*ate] 赤血球沈降速度。
ESS [*E*nglish *S*peaking *S*ociety] 英会話クラブ。
ESSA[1] (エッサ) [*E*nvironmental *S*cientific *S*ervices *A*dministration] (アメリカの)環境科学事業庁。
ESSA[2] (エッサ) [*E*nvironmental *S*urvey *Sa*tellite] (アメリカの) 環境調査衛星。
EST[1] [*E*astern *S*tandard *T*ime] (アメリカの)東部標準時。
EST[2] [*e*lectronic *s*ell-*t*hrough] 制限のないダウンロード型動画販売。
ESTA (エスタ) [*E*lectronic *S*ystem for *T*ravel *A*uthorization] 米国国

資

土安全保障省による電子渡航認証システム。

ESV [*e*xperimental *s*afety *v*ehicle] 試作安全車；実験安全車。

ET [*e*mission *t*rading] エミッション・トレード；排出権取引。＊温室効果ガス削減が目的。

E.T. [*e*xtra-*t*errestrial] 地球外生命体。＊S.スピルバーグ監督のSF映画の主人公から。

ETA [*e*stimated *t*ime of *a*rrival] （航空機などの）到着予定時刻。

e-Tax ⇨イー・タックス。

ETC [*e*lectronic *t*oll *c*ollection system] （有料道路の）自動料金収受システム。

etc. ⇨エト・セトラ。

ETD [*e*stimated *t*ime of *d*eparture] 出発予定時刻。

ETF [*e*xchange *t*raded *f*und] 株価指数連動型上場投資信託。

ETS [*E*ducational *T*esting *S*ervice] アメリカの大学入学共通試験のための進学適性検査を行う民間機関。

EU[1] [*E*nriched *U*ranium] 濃縮ウラン。

EU[2] [*E*uropean *U*nion] 欧州連合。＊1993年設立。

EURATOM（ユーラトム）[*Eur*opean *Atom*ic Energy Community] 欧州原子力共同体。

EURIT [*Eur*opean *I*nvestment *T*rust] ユーリット。＊スイスを中心とするヨーロッパ投資信託。

EV[1] [*e*lectric *v*ehicle] 電気自動車。

EV[2] [*e*nterprise *v*alue] 企業価値。

EVA[1] [*e*conomic *v*alue *a*dded] 経済付加価値。

EVA[2] [*e*xtra*v*ehicular *a*ctivity] （宇宙飛行士の）宇宙船外活動。

EVR [*e*lectronic *v*ideo *r*ecording] 電子録画。

EW [*e*lectronic *w*arfare] 電子戦。

EWS[1] [*e*mergency *w*arning *s*ystem] 緊急警報システム。

EWS[2] [*e*ngineering *w*ork*s*tation] 科学技術計算用のワークステーション。

ex. [*ex*ample] 例；「例えば」。

Excel ⇨エクセル。

EXIM（エクシム）[*Ex*port-*Im*port Bank] （アメリカの）輸出入銀行。

Expo ⇨エキスポ。

ext. [*ext*ension] 電話の内線（番号）。

EZLN [*E*jército *Z*apatista de *L*iberación *N*acional$^{スペ}_{イン}$] サパティスタ民族解放軍。＊メキシコの武装闘争組織。

F

F [*f*emale] 女性。↔M[1]。

F1 [*F*ormula One] フォーミュラ・ワン。＊1人乗りの最上級自動車競走専用車。

F1層 [*f*emale-1] マーケティングにおける20~34歳の女性層。

F2P [*f*ree to *p*lay] 基本料金は無料のオン・ライン・ゲームなどで，アイテム購入などは有料の課金制になるシステム。

Fリーグ [*F*.LEAGUE] 日本フットサル連盟の全国リーグ。

FA[1] [*f*ocus *a*id] カメラの焦点調整機能。

FA[2] ⇨ファクトリー・オートメーション。

FA[3] ⇨フリー・エージェント。

FA制 [*f*oreign exchange *a*llocation] 輸入外貨資金割当制度。

FAA [*F*ederal *A*viation *A*dministration] （アメリカの）連邦航空局。

Facebook ⇨フェイスブック。

FAE [*F*uel *A*ir *E*xplosive] 気体爆薬。＊揮発性の燃料を霧状にして爆発させる。

FAI [*F*édération *A*éronautique *In*-

資

ter-nationale仏〕 国際航空連盟。

FAIS 〔*F*oundation for *A*dvancement of *I*nternational *S*cience〕 国際科学振興財団。

FANG 〔*F*acebook, *A*mazon, *N*etflix, *G*oogle〕 フェイスブック・アマゾン・ネットフリックス・グーグルの総称。

FAO 〔*F*ood and *A*griculture *O*rganization〕 国連食糧農業機関。

FAQ[1] 〔*f*air *a*verage *q*uality〕 標準品質。

FAQ[2] 〔*f*reqently *a*sked *q*uestions〕 インターネットで，頻出質問項目とその回答をまとめたファイル。

FARC 〔*F*uerzas *A*rmadas *R*evolucionarias de *C*olombiaスペイン〕 コロンビア革命軍。

FAS[1] 〔*f*atty *a*cid *s*ynthase〕 脂肪酸合成酵素。

FAS[2] 〔*F*ederation of *A*merican *S*cientists〕 アメリカ科学者連盟。

FAS[3] 〔*f*ree *a*longside *s*hip〕 船側渡し条件。＊売り手が商品を船積港の本船側で引き渡すまで，費用・危険負担をする貿易契約。

FASB 〔*F*inancial *A*ccounting *S*tandards *B*oard〕 （アメリカの）財務会計基準審議会。

FAST 〔*FAST* emergency vehicle preemption systems〕 緊急車両の現場急行支援システム。

FAX ⇨ファクシミリ。

FAZ 〔*f*oreign *a*ccess *z*one〕 輸入促進地域。

FB[1] 〔*f*inancial *b*ills〕 政府短期証券。

FB[2] ⇨フェイスブック。

FB[3] ⇨フルバック。

FBE 〔*f*oreign *b*ill of *e*xchange〕 外国為替手形。

FBI 〔*F*ederal *B*ureau of *I*nvestigation〕 （アメリカの）連邦捜査局。

FBR 〔*f*ast *b*reeder *r*eactor〕 高速増殖炉。

FC[1] 〔*f*uel *c*ell〕 燃料電池。

FC[2] ⇨フランチャイズ・チェーン。

FCA 〔*f*ree *ca*rrier〕 運送人渡し。

FCC 〔*F*ederal *C*ommunications *C*ommission〕 （アメリカの）連邦通信委員会。

FCCJ 〔*F*oreign *C*orrespondents' *C*lub of *J*apan〕 日本外国特派員協会。

FCEV 〔*f*uel *c*ell *e*lectric *v*ehicle〕 燃料電池電気自動車。

FCV 〔*f*uel *c*ell *v*ehicle〕 燃料電池自動車。

FD[1] ⇨フリーズ・ドライ。

FD[2] ⇨フロア・ディレクター。

FD[3] ⇨フロッピー・ディスク。

FDルール 〔*f*air *d*isclosure rule〕 投資者に対する公平な情報開示。

FDA 〔*F*ood and *D*rug *A*dministration〕 （アメリカの）食品医薬品局。

FDD 〔*f*loppy *d*isk *d*rive〕 フロッピー・ディスクの駆動装置。

FDIC 〔*F*ederal *D*eposit *I*nsurance *C*orporation〕 （アメリカの）連邦預金保険公社。

FDM 〔*f*requency-*d*ivision *m*ultiplex〕 周波数分割多重放送方式。

FDP 〔*F*reie *D*emokratische *P*artei ドイツ〕 （ドイツの）自由民主党。

FDR ⇨フライト・データ・レコーダー。

FE 〔*f*light *e*ngineer〕 航空機関士。

FED 〔*F*ield *E*mission *D*isplay〕 電界放出ディスプレー。

FedEx （フェデックス） （アメリカの）大手航空貨物輸送会社。＊*Fed*eral *Ex*pressが正式名称。

FeliCa （フェリカ） ソニーが開発した非接触型ICカード。＊Felicity （幸運）とCardの合成語。

FEM 〔*f*inite *e*lement *m*ethod〕 有限要素法。＊構造力学などで応用。

FEMA （フィーマ）〔*F*ederal *E*mergency *M*anagement *A*gency〕 米国

資

連邦緊急事態管理庁。

FEMS [*f*actory *e*nergy *m*anagement *s*ystem] 工場エネルギー管理システム。

FEP [*f*ront-*e*nd *p*rocessor] メインプロセッサーの前処理を行う機能。

FEPC [*F*ederation of *E*lectric *P*ower *C*ompanies] (日本の) 電気事業連合会。

FERC [*F*ederal *E*nergy *R*egulatory *C*ommission] 連邦エネルギー規制委員会。

FF [*f*ederal *f*unds] アメリカの市中銀行が連邦準備銀行に預ける準備金。

FF方式 [*f*ront engine *f*ront drive—] 前部エンジン, 前輪駆動方式 (の自動車)。

FFF [*f*ree *f*inancial *f*und] 公社債投資信託。

FFP[1] [*F*abrication, *F*alsification, *P*lagiarism] 科学研究上の不正行為のうち, 捏造(ねつぞう), 改竄(かいざん), 盗用。

FFP[2] [*f*requent *f*lier *p*rogram] ⇨マイレージ・サービス。

FGM [*f*emale *g*enital *m*utilation] 女性性器切除。

FIA [*F*édération *I*nternationale de l'*A*utomobile フラシス] 国際自動車連盟。

FIAF [The *I*nternational *F*ederation of *F*ilm *A*rchives] 国際フィルム・アーカイブ連盟。

FIBA [*F*édération *I*nternationale de *Ba*sketball フラシス] 国際バスケットボール連盟。

FIDE [*F*édération *I*nternationale *d*es *E*checs フラシス] 国際チェス連盟。

FIE [*F*édération *I*nternationale d'*E*scrime フラシス] 国際フェンシング連盟。

FIFA (フィーファ) [*F*édération *I*nternationale de *F*ootball *A*ssociation フラシス] 国際サッカー連盟。

FIFO (ファイフォー) [*f*irst-*i*n *f*irst-*o*ut] 情報や品物の先入れ先出し法。

FIG [*F*édération *I*nternationale de *G*ymnastique フラシス] 国際体操連盟。

fig. [*fig*ure] 図表；数字。

FIJ [*F*édération *I*nternationale des *J*ournalistes フラシス] 国際ジャーナリスト連盟。＝IFJ。

FILA [*F*édération *I*nternationale de *L*utte *A*mateur フラシス] 国際レスリング連盟。

FILO [*f*irst-*i*n *l*ast-*o*ut] コンピュータに格納した記憶などの, 先入れ後出し法。

FIM [*F*édération *I*nternationale *M*otocycliste フラシス] 国際モーターサイクリズム連盟。

FIMS [*F*édération *I*nternationale de *M*édecine *S*portive フラシス] 国際スポーツ医学連盟。

FINA (フィナ) [*F*édération *I*nternationale de *N*atation *A*mateur フラシス] 国際水泳連盟。

FIO [*f*ree *i*n and *o*ut] 積み荷費用, 揚げ荷費用とも荷主負担になる契約。

FIPP [*F*édération *I*nternationale de la *P*resse *P*ériodique フラシス] 国際雑誌連合。

FIQ [*F*édération *I*nternationale des *Q*uilleurs フラシス] 国際ボウリング連盟。

FIS [*F*édération *I*nternationale de *S*ki フラシス] 国際スキー連盟。

FISU [*F*édération *I*nternationale du *S*port *U*niversitaire フラシス] 国際大学スポーツ連盟。＊ユニバーシアードを主催する。

FIT [*f*oreign *i*ndependent *t*our] 個人海外旅行。

FIU [*f*inancial *i*ntelligence *u*nit] 金融情報機関。＊マネー・ロンダリングを監視。

FIVB [*F*édération *I*nternationale de *V*olley*b*all フラシス] 国際バレーボール連

資

盟。

FK ⇨フリー・キック。

FLBM [*f*leet *l*aunching *b*allistic *m*issile] 艦搭載弾道ミサイル。

FLOPS [*f*loating-point *o*perations *p*er *s*econd] スーパー・コンピュータが1秒間に浮動小数点演算を何回できるかを示す単位。

FM [*f*requency *m*odulation] 周波数変調；FM放送。↔AM。

FMS[1] [*f*lexible *m*anufacturing *s*ystem] フレキシブル生産システム；融通性のある生産システム。

FMS[2] [*f*oreign *m*ilitary *s*ales] (アメリカの)対外有償軍事援助。

FMV [*f*air *m*arket *v*alue] 公正市場価格。

FMVSS [*F*ederal *M*otor *V*ehicle *S*afety *S*tandards] (アメリカの)連邦自動車安全基準。

fnキー [*f*unctio*n* key] ファンクション・キー。＊ほかのキーと併用してさまざまな機能を実行。

FNN [*F*uji *N*ews *N*etwork] フジテレビ系のネットワーク。

FOB [*f*ree *o*n *b*oard] 本船渡し。

FOC [*F*lag *o*f *C*onvenience] 便宜置籍船。

FOCAC [*F*orum *o*n *C*hina-*A*frica *C*ooperation] 中国·アフリカ協力フォーラム。

FOE [*F*riends *o*f the *E*arth] 地球の友。＊国際環境保護団体の1つ。

FOMA (フォーマ) [*F*reedom *o*f *M*obile *M*ultimedia *A*ccess] NTTドコモの第3世代携帯電話。

FOMC [*F*ederal *O*pen *M*arket *C*ommittee] (アメリカの)連邦公開市場委員会。

FORTRAN(フォートラン) [*for*mula *tran*slation] 科学技術計算用のプログラミング言語。

FP ⇨ファイナンシャル・プランナー。

FPS [*f*irst *p*erson *s*hooter] 主人公の視点で任意に移動できるアクション・シューティング・ゲーム。

FR方式 [*f*ront engine *r*ear-drive—] 前部エンジン，後輪駆動方式(の自動車)。

FRA [*f*orward *r*ate *a*greement] 金利先渡取引。

FRB[1] [*F*ederal *R*eserve *B*ank] (アメリカの)連邦準備銀行。

FRB[2] [*F*ederal *R*eserve *B*oard] (アメリカの)連邦準備制度理事会。

FRC[1] [*f*iber *r*einforced *c*oncrete] 繊維強化コンクリート。

FRC[2] [*F*oreign *R*elations *C*ommittee] (アメリカの)上院外交委員会。

FRG [*F*ederal *R*epublic of *G*ermany] ドイツ連邦共和国。⇨BRD。

FRM [*f*iber *r*einforced *m*etal] 繊維強化金属。

FRN [*f*loating *r*ate *n*ote] 変動利付き債。

FRP [*f*iber *r*einforced *p*lastic] 繊維強化プラスチック。

FRS [*F*ederal *R*eserve *S*ystem] (アメリカの)連邦準備制度。

FS[1] [*f*easibility *s*tudy] プロジェクトの実現可能性に関する事前調査。

FS[2] [*f*ighter *s*upport] 支援戦闘機。

FSB [*F*inancial *S*tability *B*oard] 主要国・地域の中央銀行代表者などが参加する金融安定理事会。

FSC [*F*orest *S*tewardship *C*ouncil] 森林管理協議会。

FSH [*f*ollicle-*s*timulating *h*ormone] 卵胞刺激ホルモン。

FSLN [*F*rente *S*andinista de *L*iberación *N*acional スペイン] サンディニスタ民族解放戦線。

FSO [*f*ree *s*pace *o*ptics] 光信号の自由な空間通信システム。

FSX [*f*ighter *s*upport-*X*] (日本の)次期支援戦闘機。

FT ⇨フィナンシャル・タイムズ。

FTA [*f*ree *t*rade *a*greement] 自由貿易協定。
FTC[1] [*F*air *T*rade *C*ommission] (日本の)公正取引委員会。
FTC[2] [*F*ederal *T*rade *C*ommission] (アメリカの)連邦取引委員会。
FTC[3] ⇨フォールト・トレラント・コンピュータ。
FTM [*f*emale *t*o *m*ale] 女性から男性への性別移行を希望する人，または実際に性別を移行した人。
FTP [*f*ile *t*ransfer *p*rotocol] ファイル転送用プロトコル。
FTTH [*f*iber *t*o *t*he *h*ome] 光ファイバー・ケーブルを使って，通信事業者から家庭までを結ぶこと。
FTZ ⇨フリー・トレード・ゾーン。
FVNO [*F*ixed *V*irtual *N*etwork *O*perator] 仮想固定通信事業者。＊固定通信インフラを他の事業者から借り受けて通信サービスを提供する。
FW ⇨フォワード②。
FWD[1] [*f*our-*w*heel *d*rive] 4輪駆動(の自動車)。
FWD[2] ⇨フロント・ドライブ。
FX[1] [*f*ighter *X*] (日本の)次期主力戦闘機。
FX[2] [*f*oreign e*x*change] 外国為替；外国為替証拠金取引。
FYI [*f*or *y*our *i*nformation] 「ご参考までに」。

G

5G (ファイブ・ジー) [Fifth *G*eneration] 第5世代移動通信システム。
G7 (ジー・セブン) [*G*roup of *Seven*, Conference of Ministers and Governors of the *G*roup of *Seven*] 主要国首脳会議，財務相・中央銀行総裁会議。＊日，米，仏，英，独，伊，カナダが参加。
G8 [*G*roup of *Eight*] 主要7か国とロシアによる首脳会議。
G20 主要20か国・地域。＊G7に有力新興国(BRICSを含む)を加えた19か国とEU。金融サミットに参加。
GⅠ ジー・ワン。(競馬で)GⅠ，GⅡ，GⅢとある格付けの中で，最上位のレース。＊Gはgradeの略。
Gスポット [*G*-spot] 女性の性感帯とされている部分。＊ドイツの産婦人科医E.グレーフェンベルクの発見。
Gパン ⇨ジーンズ・パンツ。
Gマーク ⇨ジー・マーク。
Gメン ⇨ジー・メン。
GA[1] [*G*eneral *A*ssembly of the United Nations] 国連総会。
GA[2] [*g*enetic *a*lgorithm] 遺伝的アルゴリズム。＊生物進化を工学的にモデル化。
GA[3] ⇨ガルーダ・インドネシア航空。
GAAP [*G*enerally *A*ccepted *A*ccounting *P*rinciples] 一般に認められた会計原則。＊米国の会計基準。
GAB [*g*eneral *a*rrangements to *b*orrow] IMFの一般借入取り決め。
GABA(ギャバ) [*G*amma *A*mino *B*utyric *A*cid] γ-アミノ酪酸。＊鎮静や抗不安の作用がある。発芽米などに多く含まれる。
GAFA [*G*oogle, *A*pple, *F*acebook, *A*mazon] グーグル・アップル・フェイスブック・アマゾンの総称。
GAN [*G*lobal *A*rea *N*etwork] 広域通信網。↔LAN。
GAO [*G*eneral *A*ccounting *O*ffice] (アメリカの)議会会計検査院。
GAP [*G*ood *A*gricultural *P*ractice] 適正農業規範。
GARP [*G*lobal *A*tmospheric *R*esearch *P*rogram] 地球大気調査計画。
GASP (ギャスプ) [*G*roup *A*gainst *S*mokers' *P*ollution] 嫌煙・反公害グループ。

資

GATT ⇨ガット[1]。
GAW計画 [Global Atmosphere Watch Program] 全球大気監視計画。
GB ⇨ギガバイト。
GCA [ground-controlled approach] (航空機の)地上誘導着陸方式。
GCC [Gulf Cooperation Council] (ペルシャ)湾岸協力会議。
GCM [greatest common measure] 最大公約数。
GCOS [Global Climate Observing System] 全球気候観測システム。
GCP [good clinical practice] 医薬品の臨床試験実施基準。
GCS [global custody service] 投資家が唯一の業者を通して，証券や資金，情報の受け渡しをすること。
GCT [Greenwich Civil Time] グリニッジ常用時。⇨GMT。
GDE [gross domestic expenditure] 国内総支出。
GDI[1] [gasoline direct injection] シリンダー内噴射ガソリンエンジン。
GDI[2] [gender development index] ジェンダー開発指数。
GDP[1] [Geodynamics Project] 地球内部ダイナミックス計画。
GDP[2] [gross domestic product] 国内総生産。
GDPR [General Data Protection Regulation] (EUの) 一般データ保護規則。
GE [General Electric Co., Ltd.] ゼネラル・エレクトリック社。＊アメリカの総合電機メーカー。
GEF [Global Environment Facilities] 地球環境基金。
GEM [ground effect machine] ⇨ホバークラフト。
GEMS [Global Environmental Monitoring System] 地球環境モニタリング・システム。
GEOC [Global Environmental Outreach Centre] 地球環境パートナーシッププラザ。
GES-5 [Guiana extended spectrum 5] 多剤耐性遺伝子。＊ほとんどの抗生物質に対する耐性をもつ。
GFP [Green Fluorescent Protein] 緑色蛍光たんぱく質。
GFRP [glass fiber reinforced plastics] ガラス繊維強化プラスチック。
GG方式 [government to government oil dealing] 原油取引を産油国政府と消費国政府との協定で行うこと。
GGG [gadolinium gallium garnet] ガドリニウム，ガリウム，ガーネット。＊半導体の材料。
GHG [Greenhouse Gas] 温室効果ガス。
GHQ [General Headquarters] 連合国軍最高司令官総司令部。
GHS [Globally Harmonized System of Classification and Labelling of Chemicals] 化学品の分類及び表示に関する世界調和システム。
GI [government issue] アメリカ兵の俗称。
GI値 ⇨グリセミック指数。
GID [gender identity disorder] 性同一性障害。
GIF [graphics interchange format] 画像ファイルの保存形式の1つ。
GII [global information infrastructure] 全地球的情報基盤。
GIS[1] [geographic information system] 地理情報システム。
GIS[2] [Global Information System] 全地球的情報システム。
GK ⇨ゴールキーパー，ゴール・キック。
GLAM [Galleries, Libraries, Archives, Museums] 美術館，図書館，文書館，博物館の頭文字を組み合わせた公共施設の総称。

資

GLCM [*g*round-*l*aunched *c*ruise *m*issile] 地上発射巡航ミサイル。

GLOBE [*G*lobal *L*egislators *O*rganization for a *B*alanced *E*nvironment] 地球環境国際議員連盟。

GLP [*g*ood *l*aboratories *p*ractice] 医薬品の安全実験に関する基準。

GLT [*g*oal-*l*ine *t*echnology] サッカーボールがゴール・ラインを割ったか，判定を補助するシステム。

GLU [*glu*cose] 血糖値。

GM[1] [*g*eneral *m*anager] ⇨ゼネラル・マネージャー。

GM[2] [*G*eneral *M*otors Corporation] ゼネラル・モーターズ社。＊アメリカの自動車メーカー。

GM食品 [*g*enetically *m*odified food] 遺伝子組み換え食品。

GMDSS [*g*lobal *m*aritime *d*istress and *s*afety *s*ystem] 海上における遭難及び安全に関する全地球的システム。＊IMO[1]が推進。

GMO [*g*enetically *m*odified *o*rganism] 遺伝子組み換え作物。

GMP [*g*ood *m*anufacturing *p*ractice] (アメリカの) 医薬品の製造と品質管理に関する基準。

GMS[1] [*G*eneral *M*erchandise *S*tore] 量販店；日常用品の総合小売業。

GMS[2] [*G*eostationary *M*eteorological *S*atellite] 静止気象衛星。

GMT ⇨グリニッジ平均時。

GND [*g*ross *n*ational *d*emand] 国民総需要。

GNE [*g*ross *n*ational *e*xpenditure] 国民総支出。

GNEP [*G*lobal *N*uclear *E*nergy *P*artnership] 国際原子力エネルギー・パートナーシップ。

GNH [*g*ross *n*ational *h*appiness] 国民総幸福量。

GNI [*g*ross *n*ational *i*ncome] 国民総所得。

GNP [*g*ross *n*ational *p*roduct] 国民総生産。

GNS [*g*ross *n*ational *s*upply] 国民総供給。

GNSS [*G*lobal *N*avigation *S*atellite *S*ystem] 全地球的航法衛星システム。

GNU [*G*NU's *N*ot *U*nix] UNIXと互換性のあるフリーソフトウェアであり，その開発・普及を目的とするプロジェクト。

GNW [*g*ross *n*ational *w*elfare] 国民総福祉。

GOES (ゴーズ) [*G*eostationary *O*perational *E*nvironmental *S*atellite] (アメリカの)気象衛星。

Google ⇨グーグル。

GOOS [*G*lobal *O*ceans *O*bserving *S*ystem] 世界海洋観測システム。

GOP (ゴップ) [*G*rand *O*ld *P*arty] (アメリカの)共和党のニックネーム。

GOT [*g*lutamic *o*xaloacetic *t*ransaminase] グルタミン酸オキザロ酢酸トランスアミナーゼ。

GP [*G*rand *P*rix フランス] グランプリ；大賞。

GPA [*g*rade *p*oint *a*verage] 学業成績平均値(制)。

GPIF [*G*overnment *P*ension *I*nvestment *F*und] 年金積立金管理運用独立行政法人。

GPM計画 [*G*lobal *P*recipitation *M*easurement Program] 全球降水観測計画。

GPMSP [*G*ood *P*ost-*M*arketing *S*urveillance *P*ractice] 医薬品市販後調査の実施に関する基準。

GPS [*G*lobal *P*ositioning *S*ystem] 全地球測位システム。＊人工衛星を利用し地球上の現在位置を知る。

GPT [*g*lutamic *p*yruvic *t*ransaminase] グルタミン酸ピルビン酸転移酵素。＊肝機能測定の指標。

GPU [*g*raphics *p*rocessing *u*nit] コンピュータにおける画面表示や画像

処理を専門とする装置。

GRC [glass fiber reinforced concrete] ガラス繊維強化コンクリート。

GRO [γ-ray observatory] ガンマ線天文台。

GRP [gross rating point] 総合視聴率。

GS[1] ⇨ガソリン・スタンド。

GS[2] ⇨グループ・サウンズ。

GSDF [Ground Self-Defense Force] (日本の)陸上自衛隊。

GSE [Government Supported Enterprise] 政府支援企業。

GSI [giant scale integration] 巨大規模集積回路。

GSM [groupe spéciale mobile(フランス)] 全欧州統一規格デジタル携帯電話。

GSOMIA(ジーソミア) [General Security of Military Information Agreement] 軍事情報包括保護協定。

GSP[1] [generalized scheme of preference] 一般特恵関税。

GSP[2] [government selling price] (産油国政府による) 政府公式販売価格。

GT ⇨グランド・ツーリング・カー。

G.T.C. [good till canceled] 「取り消しあるまで有効」。

GTL [gas to liquid] 天然ガスを分解, 組み換えて液体燃料を製造する技術。

GUI [graphical user interface] ユーザーが画面上の図形をマウスなどで選択し, コンピュータに命令を与える操作仕様。

GUT [grand unified theory] 大統一理論。

GVT [gravity vacuum transit] 重力真空列車。

GW ⇨ゴールデン・ウイーク。

GWP [global warming potential] 地球温暖化係数。

GYS [Guarantee your satisfaction] 満足保証制度。＊不満時には全額返金するシステム。

GZ [ground zero] 爆心地；ゼロ地点。

H

H2ブロッカー [日H2 blocker] ヒスタミンH2受容体拮抗(きっこう)剤。＊抗ヒスタミン薬の一種。胃炎治療用。

Hライン [H line] H字形のように直線的でロー・ウエストの婦人服の型。

HA ⇨ホーム・オートメーション。

HA抗原 [HA antigen] A型肝炎ウイルスに感染した際にできる抗原。

HAB [Human Animal Bond] 人と動物の絆。

HABITAT(ハビタット) 国連人間居住計画。＊United Nations Human Settlements Programmeの通称。ハビタットはラテン語で「居住」。

HACCP(ハサップ) [Hazard Analysis Critical Control Point] 危害要因分析必須(ひっす)管理点。

HB[1] [hard and black] 鉛筆の芯(しん)の硬さが中程度であることを示す記号。

HB[2] ⇨ハーフ・バック。

HB[3] ⇨ホーム・バンキング。

HB抗原 [HB antigen] B型肝炎ウイルスに感染したときにできる抗原。

HBO [Home Box Office] (アメリカの)有料有線テレビ会社。

HBOC [hereditary breast and ovarian cancer] 遺伝性乳がん卵巣がん。

H-bomb [hydrogen bomb] 水素爆弾。

HBS [Harvard Business School] ハーバード・ビジネス・スクール。＊ハーバード大学大学院経営学研究科。

HC[1] [*H*ouse of *C*ommons] (イギリスの)下院。
HC[2] [*hydrocarbon*] ハイドロカーボン;炭化水素。*炭素と水素のみからできた化合物の総称。
HCFC [*hydrochlorofluorocarbon*] ハイドロクロロフルオロカーボン。*代替フロンの1つ。
HD[1] ⇨ハード・ディスク。
HD[2] ⇨ホールディング・カンパニー。
HDD [*hard disk drive*] ハードディスク駆動装置。
HDI [*H*uman *D*evelopment *I*ndex] 人間開発指数。*UNDP(国連開発計画)が作成する,各国の発展状況を示す指標。
HDL [*high-density lipoprotein*] 高密度リポたんぱく質。*善玉コレステロール。↔LDL。
HDMI [*high-definition multimedia interface*] 映像や音声,操作信号を1本のケーブルで送ることのできる通信規格。
HDML [*handheld device markup language*] 携帯電話など小型の端末で使用されるマークアップ言語。
HDPE [*high-density polyethylene*] 高密度ポリエチレン。
HDR [*high dynamic range*] 従来の撮影機能に比べて,より明暗の幅を広げて美しく撮影できる機能。
HDTV [*high-definition television*] ⇨ハイビジョン。
HE [*human engineering*] 人間工学。
HEIB ⇨ヒーブ。
HEL [*high energy laser*] 高エネルギー・レーザー。
HEMS [*home energy management system*] 家庭で使用するエネルギーを消費者自身が管理するシステム。
HEMT [*high electron mobility transistor*] 高電子移動度トランジスタ。
HF [*high frequency*] 高周波。
HFC [*hydrofluorocarbon*] ハイドロフルオロカーボン。*代替フロンの1つ。
HFSP [*H*uman *F*rontier *S*cience *P*rogram] 生体メカニズムに関する最先端の研究を推進する国際プロジェクト。
HFT [*high-frequency trading*] アルゴリズム高速取引。高頻度取引。
HGH [*human growth hormone*] ヒト成長ホルモン。
HHS [Department of *H*ealth and *H*uman *S*ervices] (アメリカの) 保健福祉省。
Hibワクチン ⇨ヒブ・ワクチン。
Hi-Fi ⇨ハイ・ファイ。
HIPC [*H*eavily *I*ndebted *P*oor *C*ountries] 重債務貧困国。
HIV [*human immunodeficiency virus*] ヒト免疫不全ウイルス。
HLA抗原 [*human leukocyte antigen*] ヒト白血球抗原。
HMD ⇨ヘッド・マウント・ディスプレー。
HMR [*home meal replacement*] 調理済み食品を提供する家庭内の食事づくり代行。
HNS ⇨ホスト・ネーション・サポート。
HOPE(ホープ) [*H*-II *O*rbiting *P*lane*E*] (日本の)宇宙往還輸送機。
HP[1] [*horsepower*] 馬力。
HP[2] ⇨ハープパイプ。
HP[3] ⇨ヒューレット・パッカード。
HP[4] ⇨ホームページ。
HPシェル [*hyperbolic shell*] (建築で)双曲放物線面をもつ殻構造。
hPa ⇨ヘクトパスカル。
HPC [*high performance computing*] 高性能の計算機能を生かしたコンピュータによる大規模計算。
HPV [*human papilloma virus*] ヒト乳頭腫ウイルス。
HQ [*headquarters*] 本部;司令部。

資

HR[1] [*H*ouse of *R*epresentatives] (アメリカの)下院；(日本の)衆議院。
HR[2] ⇨ヒューマン・リレーションズ。
HR[3] ⇨ホーム・ラン。
HR図 ⇨ヘルツシュプルング・ラッセル図。
HRテック [*H*uman *R*esource Technology] 人的資源と科学技術(テクノロジー)を組み合わせた造語。
HRH [*H*er (*H*is) *R*oyal *H*ighness] 殿下；妃殿下。＊皇族の敬称。
HRM [*h*uman *r*esources *m*anagement] 人的資源管理。
HRT [*h*ormone *r*eplacement *t*herapy] ホルモン補充療法。
HS ⇨ヒル・サイズ。
HSC ⇨ハイパー・シュプリーム・カム。
HSP [*H*ighly *S*ensitive *P*erson] 鋭く繊細な感受性を生まれつきもっている人を表すことば。
HSST [*h*igh *s*peed *s*urface *t*ransportation] 超高速地表輸送機。＊リニア・モーターカーなど。
HST[1] [*h*yper*s*onic *t*ransport] 極超音速旅客機。＊マッハ5程度。
HST[2] ⇨ハッブル宇宙望遠鏡。
HTGR [*h*igh-*t*emperature *g*as-cooled *r*eactor] 高温ガス冷却原子炉。
HTLV [*h*uman *T*-cell *l*eukemia *v*irus] ヒトT細胞白血病ウイルス。
HTML [*h*yper*t*ext *m*arkup *l*anguage] インターネット上で，WWWページを作成するための言語。
Hts. ⇨ハイツ。
HTST [*h*igh *t*emperature *s*hort *t*ime] 高温短時間殺菌法。
http [*h*yper*t*ext *t*ransfer *p*rotocol] ブラウザーとサーバーが情報をやりとりするときに用いるプロトコル。
HTV [*H*-Ⅱ *T*ransfer *V*ehicle] (JAXAの)宇宙輸送船無人補給機。
HUD[1] [Department of *H*ousing and *U*rban *D*evelopment] (アメリカの)住宅都市開発省。
HUD[2] ⇨ヘッドアップ・ディスプレー。
HVS [*h*yper*v*entilation *s*yndrome] 過換気症候群；過呼吸。
HWR [*h*eavy *w*ater *r*eactor] 重水炉。＊減速剤に重水を用いる原子炉。
Hz [*H*ert*z*ドイツ] ⇨ヘルツ[1]。

I

Iターン 都会の出身者が地方の企業に就職・転職すること。
iモード [*i* mode] NTTドコモが提供する，携帯電話向けのインターネット情報サービス。
IAA [*I*nternational *A*dvertising *A*ssociation, Inc.] 国際広告協会。
IAAシステム [*I* *a*m *A*live system] 被災時安否情報確認システム。
IaaS(イアース) [*I*nfrastructure *a*s *a* *S*ervice] システムの稼働に必要なサーバーなどを，インターネット経由で提供するサービス。
IABP [*i*ntra-*a*ortic *b*alloon *p*umping] 大動脈内バルーン・パンピング。
IADB [*I*nter-*A*merican *D*evelopment *B*ank] 米州開発銀行。＊中南米の開発援助資金の融資を行う。
IADL [*I*nstrumental *A*ctivities of *D*aily *L*iving] 手段的日常生活動作。
IAEA [*I*nternational *A*tomic *E*nergy *A*gency] 国際原子力機関。＊原子力の平和利用促進を目的とする国連機関。
IAESTE(イアエステ) [*I*nternational *A*ssociation for the *E*xchange of *S*tudents for *T*echnical *E*xperience] 国際学生技術研修協会。
IAF [*I*nternational *A*stronautical *F*ederation] 国際宇宙航行連盟。
IAPH [*I*nternational *A*ssociation of *P*orts and *H*arbors] 国際港湾協

会。

IARC [*I*nternational *A*gency for *R*esearch on *C*ancer] 国際がん研究機関。

IARU [*I*nternational *A*mateur *R*adio *U*nion] 国際アマチュア無線連合。

IAS [*I*nternational *A*ccounting *S*tandard] 国際会計基準。

IASB [*I*nternational *A*ccounting *S*tandards *B*oard] 国際会計基準審議会。

IATA(イアタ) [*I*nternational *A*ir *T*ransport *A*ssociation] 国際航空運送協会。

IAU[1] [*I*nternational *A*ssociation of *U*niversities] 国際大学協会。

IAU[2] [*I*nternational *A*stronomical *U*nion] 国際天文学連合。

IB ⇨インターナショナル・バカロレア。

IBA[1] [*I*ndependent *B*roadcasting *A*uthority] (イギリスの) 独立放送公社。

IBA[2] [*I*nternational *B*ar *A*ssociation] 国際法曹協会。

IBAF [*I*nternational *Ba*seball *F*ederation] 国際野球連盟。

IBBY [*I*nternational *B*oard on *B*ooks for *Y*oung People] 国際児童図書評議会。

IBE [*I*nternational *B*ureau of *E*ducation] 国際教育局。

IBF[1] [*i*nternational *b*anking *f*acilities] ①国際銀行業務。②ニューヨークオフショア市場。

IBF[2] [*I*nternational *B*oxing *F*ederation] 国際ボクシング連盟。

IBI [*I*nternational *B*ank for *I*nvestment] 国際投資銀行。

ibid. [ibidem[ラテ]] 「同じ箇所に」。

IBM [*I*nternational *B*usiness *M*achines Corp.] アメリカのコンピュータ・メーカー。

IBRD [*I*nternational *B*ank for *R*econstruction and *D*evelopment] 国際復興開発銀行。＊世界銀行とも。

IBWM [*I*nternational *B*ureau of *W*eights and *M*easures] 国際度量衡局。

IC[1] [*i*ntegrated *c*ircuit] 集積回路。

IC[2] ⇨インターチェンジ。

ICカード [*i*ntegrated *c*ircuit card] IC[1]を内蔵したカード。

ICタグ [*IC* tag] 電子荷札。＊RFID tagとも。

ICチップ [*i*ntegrated *c*ircuit chip] 集積回路内蔵の小片。

ICレコーダー [*i*ntegrated *c*ircuit recorder] ICを用いた録音・再生装置。

ICA[1] [*I*nternational *C*offee *A*greement] 国際コーヒー協定。

ICA[2] [*I*nternational *C*ommodity *A*greement] 国際商品協定。

ICA[3] [*I*nternational *C*ooperative *A*lliance] 国際協同組合同盟。

ICAC [*I*nternational *C*otton *A*dvisory *C*ommittee] 国際綿花諮問委員会。

ICAN [*I*nternational *C*ampaign to *A*bolish *N*uclear Weapons] 核兵器廃絶国際キャンペーン。

ICANN (アイキャン) [*I*nternet *C*orporation for *A*ssigned *N*ames and *N*umbers] インターネットのドメイン名やIPアドレス等の管理を行う非営利公益法人。

ICAO (イカオ) [*I*nternational *C*ivil *A*viation *O*rganization] 国際民間航空機関。

ICAP [*I*nternational *C*arbon *A*ction *P*artnership] 国際炭素行動パートナーシップ。＊温室効果ガスの国際的な取引市場創設をめざす。

ICBL [*I*nternational *C*ampaign to *B*an *L*andmines] 地雷禁止国際キャンペーン。

ICBM [*i*nter*c*ontinental *b*allistic *m*issile〕 大陸間弾道ミサイル。

ICC[1] 〔*I*nternational *C*hamber of *C*ommerce〕 国際商業会議所。

ICC[2] 〔*I*nternational *C*riminal *C*ourt〕 国際刑事裁判所。

ICCAT 〔*I*nternational *C*ommission for the *C*onservation of *A*trantic *T*unas〕 大西洋まぐろ類保存国際委員会。

ICD 〔*I*nternational *C*lassification of *D*iseases〕 国際疾病分類。

ICE[1] 〔*I*nter*c*ity *E*xpress〕 ドイツの都市間超高速列車。

ICE[2] 〔*i*nternational *c*ultural *ex*change〕 国際文化交流。

ICF 〔*I*nternational *C*lassification of *F*unctioning, Disability and Health〕 国際生活機能分類。

ICGC 〔*I*nternational *C*ancer *G*enome *C*onsortium〕 国際がんゲノムコンソーシアム。

ICHG 〔*I*nternational *C*ongress of *H*uman *G*enetics〕 国際人類遺伝学会。

ICJ 〔*I*nternational *C*ourt of *J*ustice〕 国際司法裁判所。

ICM 〔*I*nternational *C*ongress of *M*athematicians〕 国際数学者会議。

ICOCA(イコカ) 〔*IC O*perating *Ca*rd〕 JR西日本が発行する，出改札システム用の非接触型ICカード。

ICOMOS (イコモス) 〔*I*nternational *Co*uncil on *Mo*numents and *S*ites〕 国際記念物遺跡会議。

ICPD 〔*I*nternational *C*onference on *P*opulation and *D*evelopment〕 国際人口·開発会議。

ICPO ⇨インターポール。

ICPUAE 〔*I*nternational *C*onference on the *P*eaceful *U*ses for *A*tomic *E*nergy〕 原子力平和利用国際会議。

ICR 〔*i*nterest *c*overage *r*atio〕 企業の利息支払い能力を測る指標。

ICRC 〔*I*nternational *C*ommittee of the *R*ed *C*ross〕 赤十字国際委員会。

ICRP 〔*I*nternational *C*ommission on *R*adiological *P*rotection〕 国際放射線防護委員会。

ICRW 〔*I*nternational *C*onvention for the *R*egulation of *W*haling〕 国際捕鯨取締条約。⇨IWC。

ICSI 〔*i*ntra*c*ytoplasmic *s*perm *i*njection〕 卵細胞質内精子注入法。

ICSID[1] 〔*I*nternational *C*enter for *S*ettlement of *I*nvestment *D*isputes〕 国際投資紛争解決センター。

ICSID[2] 〔*I*nternational *C*ouncil of *S*ocieties of *I*ndustrial *D*esign〕 国際インダストリアルデザイン団体協議会。

ICSU 〔*I*nternational *C*ouncil for *S*cientific〕 国際科学会議。⇨ISC。

ICSW 〔*I*nternational *C*onference of *S*ocial *W*elfare〕 国際社会福祉協議会。

ICT[1] 〔*i*nclusive *c*onducted *t*our〕 添乗員付きパック旅行。

ICT[2] 〔*I*nformation and *C*ommunication *T*echnology〕 情報通信技術。

ICU[1] 〔*i*ntensive *c*are *u*nit〕 集中治療室。

ICU[2] 〔*i*nterface *c*ontrol *u*nit〕 インターフェース制御装置。

ICU[3] 〔*I*nternational *C*hristian *U*niversity〕 国際基督教大学。

ICW 〔*I*nternational *C*ouncil of *W*omen〕 国際女性評議会。

ID ⇨インダストリアル·デザイン。

IDカード ⇨アイデンティティー・カード。

IDA 〔*I*nternational *D*evelopment *A*ssociation〕 国際開発協会。＊「第二世界銀行」とも。

IDB 〔*I*ndustrial *D*evelopment *B*oard〕 (国連の)工業開発理事会。

IDCA 〔*I*nternational *D*evelopment

資

Cooperation Agency] (アメリカの)国際開発協力庁。

IDDN [Integrated Defense Digital Network] 防衛統合デジタル通信網。

IDE[1] [Institute of Developing Economies] アジア経済研究所。

IDE[2] [integrated drive electoronics] パソコンとハードディスクなどを接続するためのインターフェース。

iDeCo(イデコ) [individual-type Defined Contribution pension plan] 個人型確定拠出年金。

IDL [international date line] 国際日付変更線。

IDO [International Disarmament Organization] 国際軍縮機構。

IDP[1] [integrated data processing] 情報集中処理(方式)。

IDP[2] [International Driving Permit] 国際自動車運転免許証。

IDR [International Depositary Receipt] 国際預託証券。

IDU [International Democratic Union] 国際民主同盟。＊各国の保守主義政党によって結成。

IE[1] ⇨インターネット・エクスプローラー。

IE[2] ⇨インダストリアル・エンジニアリング。

IEA[1] [International Association for the Evaluation of Educational Achievement] 国際教育到達度評価学会。

IEA[2] [International Energy Agency] 国際エネルギー機関。

IEC [International Electrotechnical Commission] 国際電気標準会議。

IEEE [Institute of Electrical and Electronics Engineers] (アメリカの)電気電子技術者協会。＊アイ・トリプル・イーとも。

IEP [International Energy Program] 国際エネルギー計画。

IETC [International Environment Technology Centre] 国際環境技術センター。

IF[1] [International Sports Federation] 国際競技連盟。

IF[2] ⇨インデックス・ファンド。

IFAD [International Fund for Agricultural Development] (国連の) 国際農業開発基金。

IFAP [International Federation of Agricultural Producers] 国際農業生産者連盟。

IFAW [International Fund for Animal Welfare] 国際動物福祉基金。

IFC [International Finance Corporation] 国際金融公社。

IFF [identification friend or foe] 敵味方識別装置。

IFIP [International Federation for Information Processing] 情報処理国際連合。

IFJ [International Federation of Journalists] ⇨FIJ。

IFLA [International Federation of Library Associations and Institutions] 国際図書館連盟。

IFN ⇨インターフェロン。

IFO [identified flying object] 確認済み飛行物体。↔UFO。

IFOR [Implementation Force] 和平実施部隊。＊ボスニア・ヘルツェゴビナへの派遣。

IFR [instrument flight rule] 計器飛行方式。

IFRC [International Federation of RedCross and RedCrescent Societies] 国際赤十字・赤新月社連盟。

IFRS [International Financial Reporting Standards] (IASBの)国際財務報告基準。

IGA [International Grains Agreement] 国際穀物協定。

IGC [International Grains Council] 国際穀物理事会。

IGCC [*i*ntegrated *g*asification *c*ombined *c*ycle] 石炭ガス化複合発電。
IGCI [The *I*NTERPOL *G*lobal *C*omplex for *I*nnovation] 国際刑事警察機構のサイバー犯罪対策拠点。
IGO [*I*nter-*G*overnmental *O*rganization] 政府間組織。↔NGO。
IGOSS [*I*ntegrated *G*lobal *O*cean *S*ervice *S*ystem] 全世界海洋情報サービスシステム。
IGU [*I*nternational *G*eographical *U*nion] 国際地理学連合。
IGZO液晶 [*IGZO* display] シャープが開発した透明な結晶性酸化物によるディスプレー。＊IGZOはI（インジュウム), G(ガリウム), Z(亜鉛), O(酸素)による酸化物半導体。
IH [*i*nduction *h*eating] 電磁誘導加熱。
IHF [*F*édération *I*nternationale de *H*andball フラ ンス] 国際ハンドボール連盟。
IHO [*I*nternational *H*ydrographic *O*rganization] 国際水路機関。
IHP [*I*nternational *H*ydrological *P*roject] 国際水文学計画。
IHRLA [*I*nternational *H*uman *R*ights *L*aw *A*ssociation] 国際人権法学会。
IIAS [*I*nternational *I*nstitute of *A*dministrative *S*ciences] 国際行政学会。
IIE [*I*nstitute of *I*nternational *E*ducation] （アメリカの）国際教育協会。
IIED [*I*nternational *I*nstitute for *E*nvironment and *D*evelopment] 国際環境開発研究所。
IIF [*I*nstitute of *I*nternational *F*inance] 国際金融協会。
IIHF [*I*nternational *I*ce *H*ockey *F*ederation] 国際アイスホッケー連盟。
IIP [*i*ndex of *i*ndustrial *p*roduction] 鉱工業生産指数。
IIPA [*I*nternational *I*ntelligent *P*atent *A*lly] 国際知的財産権同盟。
IISS [*I*nternational *I*nstitute for *S*trategic *S*tudies] （イギリスの）国際戦略研究所。
IIT運賃 [*I*nclusive *I*ndependent *T*our—] （国際航空運賃で）パック旅行運賃。
IJF [*I*nternational *J*udo *F*ederation] 国際柔道連盟。
IL[1] [*i*mport *l*icense] 輸入承認証。
IL[2] ⇨インターロイキン。
ILC [*I*nternational *L*inear *C*ollider] 国際リニアコライダー。＊素粒子実験装置。
ILHR [*I*nternational *L*eague for *H*uman *R*ights] 国際人権連盟。
ILO [*I*nternational *L*abour *O*rganization] （国連の）国際労働機関。
ILS [*i*nstrument *l*anding *s*ystem] （航空機の）計器着陸装置。
IM ⇨インスタント・メッセージ。
IMADR（イマドル） [*I*nternational *M*ovement *A*gainst All Forms of *D*iscrimination and *R*acism] 反差別国際運動。
IMC[1] [*i*nstrument *m*eteorological *c*ondition] 計器飛行気象状態。
IMC[2] [*I*nternational *M*aterial *C*onference] 国際原料会議。
IMC[3] [*I*nternational *M*usic *C*ouncil] 国際音楽評議会。
IME [*i*nput *m*ethod *e*ditor] ウィンドウズで，キーボード入力された文字を日本語に変換するためのシステム。＊かな漢字変換を行う。
IMF [*I*nternational *M*onetary *F*und] 国際通貨基金。
IMM [*I*nternational *M*onetary *M*arket] （CMEの）国際通貨市場。
IMO[1] [*I*nternational *M*aritime *O*rganization] 国際海事機関。
IMO[2] [*I*nternational *M*athematical *O*lympiad] 国際数学オリンピック。
IMS[1] [*i*ntelligent *m*anufacturing *s*ys-

tem〕 知的生産システム。

IMS[2] 〔*I*nternational *M*agnetic *S*ystems〕 国際磁気圏観測事業計画。

IMSI 〔*I*nternational *M*obile *S*ubscriber *I*dentity〕 GSM及びW-CDMAの携帯電話加入者のために割り当てられた国際的な識別番号。

Inc. 〔*Inc*orporated〕 株式会社の略。＊主にアメリカで使用。イギリスではLtd.。

INCB 〔*I*nternational *N*arcotics *C*ontrol *B*oard〕 国際麻薬統制委員会。

Incoterms 〔*In*ternational *Co*mmercial *Terms*〕 国際商業会議所が制定した貿易取引条件とその解釈に関する国際規則。

IND 〔*i*nvestigational *n*ew *d*rug〕 治験薬。

INES 〔*I*nternational *N*uclear *E*vent *S*cale〕 国際原子力事象評価尺度。

INF 〔*i*ntermediate-range *n*uclear *f*orce〕 中距離核戦力。

INGO 〔*I*nternational *N*on-*G*overnmental *O*rganization〕 非政府間国際機構。⇨NGO。

INIS（イニス）〔*I*nternational *N*uclear *I*nformation *S*ystem〕 国際原子力情報システム。

INMARSAT ⇨インマルサット。

INP 〔*i*ndex *n*umber of *p*rices〕 物価指数。＊PI[2]とも。

INRI 〔*I*esus *N*azarenus *R*ex *I*udeorum[ラテン]〕「ナザレのイエス，ユダヤの王」。＊磔刑に処せられたキリストの十字架の頭の部分に書かれた文字。

INRO 〔*I*nternational *N*atural *R*ubber *O*rganization〕 国際天然ゴム機関。

INS[1] 〔*i*nertial *n*avigational *s*ystem〕 慣性航法装置。

INS[2] 〔*I*nformation *N*etwork *S*ystem〕（NTTの）高度情報通信システム。

INTOR 〔*In*ternational *To*kamak *R*eactor〕 トカマク型核融合実験炉の国際共同設計。

I／O装置 〔*i*nput-*o*utput unit〕 コンピュータの入出力装置。

IOC[1] 〔*I*ntergovernmental *O*ceanographic *C*ommission〕（ユネスコの）政府間海洋学委員会。

IOC[2] 〔*I*nternational *O*lympic *C*ommittee〕 国際オリンピック委員会。

IOCS 〔*i*nput/*o*utput *c*ontrol *s*ystem〕（コンピューターの）入出力制御装置。

IOE 〔*I*nternational *O*rganization of *E*mployers〕 国際経営者団体連盟。

IOJ 〔*I*nternational *O*rganization of *J*ournalists〕 国際ジャーナリスト機構。

IOM 〔*I*nternational *O*rganization for *M*igration〕 国際移住機関。

IORA 〔*I*ndian *O*cean *R*im *A*ssociation〕 環インド洋連合。

iOS（アイオーエス）〘商標〙 アップル社の開発・提供するオペレーティングシステム。

IOSCO（イオスコ）〔*I*nternational *O*rganization of *S*ecurities *Co*mmissions〕 証券監督者国際機構。

IoT 〔*I*nternet *o*f *T*hings〕 モノのインターネット。身の回りのあらゆるモノがインターネットに接続される状態。

IOU 〔*I owe you.*〕 借用書。＊I owe you.（私はあなたに借りがある。）のごろあわせ。

IP ⇨インターネット・プロトコル。

IPアドレス 〔*I*nternet *P*rotocol Address〕 インターネットに接続しているコンピュータに割り振られた識別番号。

IP電話 インターネット電話。

IPA[1] 〔*I*nternational *P*honetic *A*lphabet〕 国際音標文字；国際音声記号。

IPA[2] 〔*I*nternational *P*honetic *A*ssociation] 国際音声学会。

IPA[3] [International Publishers Association] 国際出版連合。

iPad（アイパッド） アップル社製のタブレット型通信端末。

IPB [International Peace Bureau] 国際平和ビューロー。

IPC[1] [International Paralympic Committee] 国際パラリンピック委員会。

IPC[2] [International Patent Classification] 国際特許分類。

IPCC [Intergovernmental Panel on Climate Change] 気候変動に関する政府間パネル。

iPhone（アイフォン） アップル社製のスマートフォン。

IPI [International Press Institute] 国際新聞編集者協会。

IPO [initial public offering] 株式新規公開。

IPOD [International Project of Ocean Drilling] 国際深海掘削計画。

iPod（アイポッド） HDD内蔵の携帯デジタル音楽プレーヤー。＊アメリカのアップル社の製品。

IPP [independent power producer] 独立発電事業者。＊電力会社に自家発電による電力を売る企業。

IPPF [International Planned Parenthood Federation] 国際家族計画連盟。

IPPNW [International Physicians for the Prevention of Nuclear War] 核戦争防止国際医師会議。

IPR [Intellectual property rights] 知的所有権；知的財産権。

資

IPRA（イプラ） [International Peace Research Association] 国際平和研究学会。

IPS [International Plutonium Storage] 国際プルトニウム貯蔵。

iPS細胞 [induced pluripotent stem cell] 人工多能性幹細胞。

IPTC [International Press Telecommunications Committee] 国際新聞電気通信評議会。

IPU [Inter-Parliamentary Union] 列国議会同盟。

IQ [intelligence quotient] 知能指数。

IQ制 [import quota system] ⇨クォータ制。

IR[1] [Integrated Resort] （カジノを含む)統合型リゾート。

IR[2] [investor relations] 投資家向け広報。＊企業と投資家の良好な関係構築をめざす情報発信活動。

IR[3] ⇨インフォメーション・リトリーバル。

IRA [Irish Republican Army] アイルランド共和国軍。

IRAS [Infrared Astronomical Satellite] 赤外線天文衛星。

IRB [institutional review board] 施設内審査委員会。

IRBM [intermediate range ballistic-missile] 中距離弾道ミサイル。

IRC[1] [International Red Cross] 国際赤十字。

IRC[2] [International Rice Commission] 国際米穀委員会。＊FAOの下部組織。

IRRI [International Rice Research Institute] 国際稲研究所。

IRS[1] [Incident Reporting System] (原子炉)事故報告システム。

IRS[2] [Internal Revenue Service] (アメリカの)内国歳入庁。

ISA[1] [International Student Association of Japan] 日本国際学生協会。

ISA[2] [International Sugar Agreement] 国際砂糖協定。

ISAF [International Security Assistance Force] （アフガニスタンの）国際治安支援部隊。

ISAM [indexed sequential access method] 索引順アクセス法。

ISAS [Institute of Space and Astronautical Science] 宇宙科学研究所。

ISBN [International Standard Book Number] 国際標準図書番号。

ISC [International Science Council] 国際学術会議。＊国際科学会議（ICSU）と国際社会科学評議会（ISSC）が統合し発足。

ISCCP [International Satellite Cloud Climatology Project] 国際衛星雲気候計画。

ISCM [International Society of Contemporary Music] 国際現代音楽協会。

ISD [international subscriber dialing] 国際ダイヤル通話。

ISDB [integrated services digital broadcasting] 統合デジタル放送。

ISDN [integrated services digital network] 総合デジタル通信サービス網。

ISDR [International Strategy for Disaster Reduction] 国際防災戦略。

ISF ⇨IF[1]。

ISIL [Islamic State of Iraq and the Levant] イラク・レバントのイスラム国。＊イスラム教スンニ派の武装組織。

ISIS [Islamic State of Iraq and Syria] イラク・シリアのイスラム国。＊ISILの異称。

ISO[1]（イソ，アイソ）[International Standardization Organization] ①国際標準化機構。②国際標準化機構の定めたフィルム感度の表示法。

ISO[2] [International Sugar Organization] 国際砂糖機関。

ISO9000シリーズ ISO[1]が定めた品質管理・品質保証に関わる国際規格。

ISO14000シリーズ ISO[1]が定めた環境管理に関わる国際規格。

ISOC [Internet Society] インターネットにおける技術の標準化などに取り組む非営利の国際組織。

ISOTYPE [international system of typographic picture education] 印刷図形教育についての国際方式。⇨アイソタイプ。

ISP [internet service provider] ⇨プロバイダー。

ISR [Intelligence, Surveillance and Reconnaissance] 戦闘行動に必要な情報収集・警戒監視・偵察。

ISRC [International Standard Recording Code] 国際標準レコーディングコード。

ISS [International Space Station] 国際宇宙ステーション。

ISSA（イッサ）[International Social Security Association] 国際社会保障協会。

ISSN [International Standard Serial Number] 国際標準逐次刊行物番号。

ISSP [International Space Station Program] 国際宇宙ステーション計画。

ISTAR [Intelligence, Surveillance, Target Acquisition and Reconnaissance] 戦闘行動に必要な情報収集・警戒監視・目標捕捉・偵察。

ISU [International Skating Union] 国際スケート連盟。

ISY [International Space Year] 国際宇宙年。＊1992年。

IT [information technology] 情報技術；情報産業。

ITA [Information Technology Agreement] 情報技術協定。

ITC[1] [integrated traffic control] 列車集中制御方式。

ITC[2] [International Tin Council] 国際錫(すず)理事会。

ITC[3] [International Trade Center] 国際貿易センター。

ITC[4] [International Trade Commission]（アメリカの）国際貿易委員

会。
ITCS [*I*ntegrated *T*raffic *C*ontrol *S*ystem] 高度交通管制システム。
ITER(イーター) [*I*nternational *T*hermonuclear *E*xperimental *R*eactor] 国際熱核融合実験炉。
ITF[1] [*I*nternational *T*ennis *F*ederation] 国際テニス連盟。
ITF[2] [*I*nternational *T*rade *F*air] 国際見本市。
ITI [*I*nternational *T*heater *I*nstitute] 国際演劇協会。
ITLOS [*I*nternational *T*ribunal for the *L*aw *o*f the *S*ea] 国際海洋法裁判所。
ITRI [*I*ndustrial *T*echnology *R*eseach *I*nstitute of Taiwan] (台湾の)工業技術研究院。
ITS [*I*ntelligent *T*ransport *S*ystems] 高度道路交通システム。
ITT [*I*nternational *T*elephone and *T*elegraph Corporation] (アメリカの)国際電信電話会社。
ITTF [*I*nternational *T*able *T*ennis *F*ederation] 国際卓球連盟。
ITTO [*I*nternational *T*ropical *T*imber *O*rganization] 国際熱帯木材機関。
ITU [*I*nternational *T*elecommunications *U*nion] 国際電気通信連合。
ITUC [*I*nternational *T*rade *U*nion *C*onfederation] 国際労働組合総連合。
iTunes (アイチューンズ) アップル(Apple)社のメディアプレーヤー・ソフト。
IU ⇨インターナショナル・ユニット。
IUBMB [*I*nternational *U*nion of *B*iochemistry and *M*olecular *B*iology] 国際生化学・分子生物学連合。
IUCN [*I*nternational *U*nion for *C*onservation of *N*ature and *N*atural Resources] 国際自然保護連合。
IUCW [*I*nternational *U*nion for *C*hild *W*elfare] 国際児童福祉連合。
IUD [*i*ntra*u*terine *d*evice] 子宮内避妊リング。
IUGG [*I*nternational *U*nion of *G*eodesy and *G*eophysics] 国際測地学・地球物理学連合。
IULA [*I*nternational *U*nion of *L*ocal *A*uthorities] 国際地方自治体連合。
IUPAC [*I*nternational *U*nion of *P*ure and *A*pplied *C*hemistry] 国際純正・応用化学連合。
IUPS [*I*nternational *U*nion of *P*hysiological *S*ciences] 国際生理学連合。
IUS [*I*nternational *U*nion of *S*tudents] 国際学生連盟。
IVF [*i*n *v*itro *f*ertilization] 体外受精。
IVH [*i*ntra*v*enous *h*yperalimentation] 静脈内高カロリー栄養法。
IVS [*I*nternational *V*oluntary *S*ervices] 国際義勇奉仕団。
IW [*i*nformation *w*arfare] 情報戦争。
IWA[1] [*I*nternational *W*haling *A*greement] 国際捕鯨協定。
IWA[2] [*I*nternational *W*heat *A*greement] 国際小麦協定。
IWC [*I*nternational *W*haling *C*ommission] 国際捕鯨委員会。
IWF [*I*nternational *W*eightlifting *F*ederation] 国際ウエイトリフティング連盟。
IWRAW [*I*nternational *W*omen's *R*ights *A*ction *W*atch] (アメリカの)国際女性の権利監視協会。
IWS [*I*nternational *W*ool *S*ecretariat] 国際羊毛事務局。
IWTC [*I*nternational *W*omen's *T*ribune *C*enter] 国際女性運動センター。
IX [*i*nternet e*x*change] インターネット・プロバイダー間の相互接続システム。
IYA [*I*nternational *Y*ear of *A*stronomy] 世界天文年。＊2009年。

IYF [*I*nternational *Y*ear of the *F*orest] 国際森林年。＊1985年及び2011年。
IYPE [*I*nternational *Y*ear of *P*lanet *E*arth] 国際惑星地球年。＊2008年。
IYY [*I*nternational *Y*outh *Y*ear] 国際青年年。＊1985年及び2010年。

J

Jターン 地方の出身者が都市部で生活したのちに，出身地に近い地方の中核都市に移住すること。
Jリーグ [*J.* LEAGUE] 日本のサッカーリーグの愛称。＊1993年発足。正式名称は「日本プロサッカーリーグ(Japan Professional Football League)」。
JA [*J*apan *A*gricultural Cooperatives] 農業協同組合(農協)。
JAA [*J*apan *A*dvertising *A*ssociation] 日本アドバタイザーズ協会。
JAAA [*J*apan *A*dvertising *A*gencies *A*ssociation] 日本広告業協会。
JAAF [*J*apan *A*mateur *A*thletic *F*ederation] 日本陸上競技連盟。
JAAS [*J*apanese *A*ssociation for *A*merican *S*tudies] アメリカ学会。
JABA [*J*apan *A*mateur *B*aseball *A*ssociation] 日本野球連盟。
JABF [*J*apan *B*oxing *F*ederation] 日本ボクシング連盟。
JAC[1] [*J*apan *A*ir *C*ommuter] 日本エアコミューター。＊航空会社。
JAC[2] [*J*apanese *A*lpine *C*lub] 日本山岳会。
JACET [*J*apan *A*ssociation of *C*ollege *E*nglish *T*eachers] 日本大学英語教育学会。
JACL [*J*apanese-*A*merican *C*itizens *L*eague] 日系アメリカ人市民連盟。
JADA [*J*apan *A*nti-*D*oping *A*gency] 日本アンチドーピング機構。
JADGE(ジャッジ) [*J*apan *A*erospace *D*efense *G*round *E*nvironment] 自動警戒管制システム。
JADMA [*J*apan *D*irect *M*arketing *A*ssociation] 日本通信販売協会。
JAEA [*J*apan *A*tomic *E*nergy *A*gency] 日本原子力研究開発機構。
JAF(ジャフ) [*J*apan *A*utomobile *F*ederation] 日本自動車連盟。
JAGDA (ジャグダ) [*Ja*pan *G*raphic *D*esigners *A*ssociation] 日本グラフィックデザイナー協会。
JAL (ジャル) [*J*apan *A*ir*l*ines] 日本航空。
J-ALERT(ジェイ・アラート) 総務省消防庁所管の全国瞬時警報システム。
JAMA (ジャマ) [*J*apan *A*utomobile *M*anufacturers *A*ssociation] 日本自動車工業会。
JAMSTEC [*Ja*pan *M*arine *S*cience and *Tec*hnology Center] 海洋研究開発機構。
JAN [*J*apanese *a*rticle *n*umber code] JIS制定の標準商品用バーコード。
JAPIA [*J*apan *A*uto-*P*arts *I*ndustries *A*ssociation] 日本自動車部品工業会。
JAPIC [*J*apan *P*roject *I*ndustry *C*ouncil] 日本プロジェクト産業協議会。
JAPIO [*Ja*pan *P*atent *I*nformation *O*rganization] 日本特許情報機構。
Japn. [*Japan, Japan*ese] 日本；日本人；日本語。
JAPRPO [*Ja*pan *P*ublicity *R*ights *P*rotection *O*rganization] 肖像パブリシティ権擁護監視機構。
JARL [*J*apan *A*mateur *R*adio *L*eague] 日本アマチュア無線連盟。
JARO (ジャロ) [*J*apan *A*dvertising

Review Organization〕 日本広告審査機構。

JARTS（ジャーツ）〔*Ja*pan *R*ailway *T*echnical *S*ervice〕 海外鉄道技術協力協会。

JAS（ジャス）〔*J*apanese *A*gricultural *S*tandard〕 日本農林規格。

JASDAQ（ジャスダック）〔*J*apan *A*ssociation of *S*ecurities *D*ealers *A*utomated *Q*uotation〕 東京証券取引所の運営する株式市場。

JASDF〔*J*apan *A*ir *S*elf-*D*efense *F*orce〕（日本の）航空自衛隊。

JASF〔*J*apan *A*mateur *S*wimming *F*ederation〕 日本水泳連盟。

JASRAC ⇨ジャスラック。

JATA〔*J*apan-*A*ssociation of *T*ravel *A*gents〕 日本旅行業協会。

Java（ジャバ） アメリカのサン・マイクロシステムズ社が開発したプログラミング言語の1つ。

JAXA（ジャクサ）〔*J*apan *A*erospace E*x*ploration *A*gency〕 宇宙航空研究開発機構。

JBA[1]〔*J*apan *B*asketball *A*ssociation〕 日本バスケットボール協会。

JBA[2]〔*J*apan Commercial *B*roadcasters *A*ssociation〕 日本民間放送連盟。

JBBY〔*J*apanese *B*oard on *B*ooks for *Y*oung People〕 日本国際児童図書評議会。＊IBBYの日本支部。

JBC[1]〔*J*apan *B*owling *C*ongress〕 全日本ボウリング協会。

JBC[2]〔*J*apan *B*oxing *C*ommission〕 日本ボクシングコミッション。

JBF〔*J*apan *B*usiness *F*ederation〕 日本経済団体連合会(日本経団連)。

JBIC〔*J*apan *B*ank for *I*nternational *C*ooperation〕 国際協力銀行。

JC〔Japan *J*unior *C*hamber Inc.〕 日本青年会議所。

JCA〔*J*apan *C*onsumer *A*ssociation〕 日本消費者協会。

JCAE〔*J*oint *C*ommitee on *A*tomic *E*nergy〕（アメリカの上下両院の）原子力合同委員会。

JCCI〔*J*apan *C*hamber of *C*ommerce and *I*ndustry〕 日本商工会議所。

JCCU〔*J*apanese *C*onsumers' *C*ooperative *U*nion〕 日本生活協同組合連合会。

JCG[1]〔*J*apan *C*oast *G*uard〕（日本の）海上保安庁。

JCG[2]〔*J*apan *C*ulture *G*roup〕 日本文化財団。

JCI〔*J*unior *C*hamber *I*nternational〕 国際青年会議所。

JCJ〔*J*apan *C*ongress of *J*ournalists〕 日本ジャーナリスト会議。

JCL〔*j*ob *c*ontrol *l*anguage〕 ジョブ制御言語。

JCM〔*J*apan *C*ouncil of *M*etalworkers' Unions〕 全日本金属産業労働組合協議会。

JCOPY〔*J*apan Publishers *Copy*right Organization〕 出版者著作権管理機構。

JCP〔*J*apanese *C*ommunist *P*arty〕 日本共産党。

JCPOA〔*J*oint *C*omprehensive *P*lan *o*f *A*ction〕 イランの核問題に関する包括的共同作業計画。

JCQHC〔*J*apan *C*ouncil for *Q*uality *H*ealth *C*are〕 日本医療機能評価機構。

JCS〔*J*oint *C*hiefs of *S*taff〕（アメリカの）統合参謀本部。

JCT ⇨ジャンクション。

JDMA〔*J*apan *D*irect *M*ail *A*ssociation〕 日本ダイレクトメール協会。

JDR[1]〔*J*apan *D*isaster *R*elief Team〕 国際緊急援助隊。

JDR[2]〔*J*apanese *D*epositary *R*eceipt〕 日本預託証券。

JEED（ジード）〔*J*apan Organization for *E*mployment of the *E*lderly and

Persons with Disabilities] 独立行政法人高齢・障害・求職者雇用支援機構。

JEITA [Japan Electronics and Information Technology Industries Association] 電子情報技術産業協会。

JEM [Japanese Experiment Module] (国際宇宙ステーションの)日本の実験棟「希望」。

JERS [Japan Earth Resources Satellite] (日本の)地球資源衛星。

JET [Joint European Torus] EU諸国のトカマク型核融合実験装置。

JETプログラム [Japan Exchange and Teaching Programme] 日本教育交流計画。

JETRO ⇨ジェトロ。

JFA [Japan Football Association] 日本サッカー協会。

JFBA [Japan Federation of Bar Association] 日本弁護士連合会。

JFK [John Fitzgerald Kennedy] アメリカ第35代大統領ケネディ。

JFL [Japan Football League] 日本フットボールリーグ。＊Jリーグの下部リーグ。

JGA[1] [Japan Golf Association] 日本ゴルフ協会。

JGA[2] [Japan Gymnastic Association] 日本体操協会。

JGSDF [Japan Ground Self-Defense Force] (日本の)陸上自衛隊。

JICA(ジャイカ) [Japan International Cooperation Agency] 国際協力機構。

JIDA [Japan Industrial Designers' Association] 日本インダストリアルデザイナー協会。

JIPA [Japan Intellectual Property Association] 日本知的財産協会。

JIS ⇨ジス。

JISF [Japan Iron & Steel Federation] 日本鉄鋼連盟。

JISS [Japan Institute of Sports Science] 国立スポーツ科学センター。

JIT [just in time] 必要な製品を必要なときに必要な量だけを生産，調達すること。

JJC [Japan Journalists Club] 日本ジャーナリストクラブ。

JK [joshi koukousei] 女子高校生。

JLA [Japan Library Association] 日本図書館協会。

JLC [Japan linear collider] 日本の線形衝突型加速器。

JLPGA [Ladies Professional Golfers' Association of Japan] 日本女子プロゴルフ協会。

JMA[1] [Japan Management Association] 日本能率協会。

JMA[2] [Japan Medical Association] 日本医師会。

JMA[3] [Japan Meteorological Agency] 気象庁。

JMSDF [Japan Maritime Self-Defence Force] (日本の)海上自衛隊。

JMTC [Joint Military Technology Commission] (日米政府間の)武器技術共同委員会。

JMTDR [Japan Medical Team for Disaster Relief] 日本国際救急医療チーム。

JMTR [Japan Material Test Reactor] JAEAの材料試験用原子炉。

JNLT [Japan National Large Telescope] 国立天文台の大望遠鏡「すばる」。＊ハワイにある。

JNN [Japan News Network] 日本ニュース放送網。＊TBS系列。

JNTO [Japan National Tourist Organization] 国際観光振興機構(日本政府観光局)。

JOC [Japan Olympic Committee] 日本オリンピック委員会。

JOCV [Japan Overseas Cooperation Volunteers] 青年海外協力隊。

JOTNW [Japan Organ Transplant

Network〕 日本臓器移植ネットワーク。

JP 〔Japan Post Holdings Co.,Ltd〕 日本郵政株式会社。＊傘下に郵便局，日本郵便，ゆうちょ銀行，かんぽ生命がある。

JPBA 〔Japan Pro Boxing Associations〕 日本プロボクシング協会。

JPC[1] 〔Japan Paralympic Committee〕 日本パラリンピック委員会。

JPC[2] 〔Japan Productivity Center〕 日本生産性本部。

JPEG（ジェイペグ）〔joint photographic experts group〕 静止画像のデータ量を圧縮する方式の1つ。

JPF ⇨ジャパン・プラットフォーム。

JPL 〔Jet Propulsion Laboratory〕 ジェット推進研究所。＊NASA(アメリカ航空宇宙局)の組織の1つ。

JPN 〔Japan〕「日本」の略称。

J-POP 〔Japanese Popular Music〕 和製ポップス。＊日本のポピュラー・ミュージック。

JPS 〔Japan Photographers Society〕 日本写真家協会。

JR 〔Japan Railways〕 分割民営化された旧国鉄各社の略称。＊JR東日本，JR東海，JR西日本などの9社。

Jr. 〔Junior〕 …2世；ジュニア。＊息子が父親と同名のとき，父親と区別するためにあとに添える。

JRA 〔Japan Racing Association〕 日本中央競馬会。

JRCS 〔Japan Red Cross Society〕 日本赤十字社。

J-REIT 〔Japan-Real Estate Investment Trust〕 日本版不動産投資信託。

資

JRFU 〔Japan Rugby Football Union〕 日本ラグビーフットボール協会。

JRN 〔Japan Radio Network〕 TBSラジオをキー局とする民間放送ラジオのネットワーク。

JSA[1] 〔Japan Shipowners' Association〕 日本船主協会。

JSA[2] 〔Japan Standard Association〕 日本規格協会。

JSAA 〔Japan Sports Arbitration Agency〕 日本スポーツ仲裁機構。

JSC[1] 〔Japan Sport Council〕 日本スポーツ振興センター。

JSC[2] 〔Johnson Space Center〕 NASAの有人宇宙飛行管制センター。

JSD 〔Japanese Standard of Dietetic Information〕 日本食品栄養成分表示基準。

JSDA 〔Japan Securities Dealers' Association〕 日本証券業協会。

JSDF 〔Japan Self-Defense Forces〕 日本の自衛隊。

JSF[1] 〔Japan Science Foundation〕 日本科学技術振興財団。

JSF[2] 〔Japan Special Fund〕 日本特別基金。

JSIC 〔Japan Standard Industry Classification〕 日本標準産業分類。

JSO 〔Joint Staff Office〕 統合幕僚監部。

JSPO 〔Japan Sport Association〕 日本スポーツ協会。

JSpOC 〔Joint Space Operations Center〕 国防総省戦略軍統合宇宙運用センター。＊宇宙ごみ監視。

JSPS 〔Japan Society for the Promotion of Science〕 日本学術振興会。

JST[1] 〔Japan Science and Technology Agency〕 科学技術振興機構。

JST[2] 〔Japan Standard Time〕 日本標準時。

JT 〔Japan Tobacco Inc.〕 日本たばこ産業株式会社。

JTA 〔Japan Tennis Association〕 日本テニス協会。

JTB 〔Japan Travel Bureau〕 日本交通公社。＊現在はJTBが社名。

JTTA[1] 〔Japan Table Tennis Association] 日本卓球協会。

JTTA[2] [*J*apan *T*ravel and *T*ourism *A*ssociation] 日本観光振興協会。

JTU [*J*apan *T*eachers' *U*nion] 日本教職員組合。

JTUC [*J*apan *T*rade *U*nion *C*onfederation] 日本労働組合総連合会。＊略称「連合」。

JUSB [*J*apanese *U*niversity *S*ports *B*oard] 日本ユニバーシアード委員会。

JV ⇨ジョイント・ベンチャー。

JVA [*J*apan *V*olleyball *A*ssociation] 日本バレーボール協会。

JVC [*J*apan *V*olunteer *C*enter] 日本国際ボランティアセンター。

JWA[1] [*J*apan *W*eather *A*ssociation] 日本気象協会。

JWA[2] [*J*apan *W*haling *A*ssociation] 日本捕鯨協会。

JWF [*J*apan *W*restling *F*ederation] 日本レスリング協会。

JWST ⇨ジェイムズ・ウェッブ宇宙望遠鏡。

JYH [*J*apan *Y*outh *H*ostel Association] 日本ユースホステル協会。

JYVA [*J*apan *Y*outh *V*olunteers *A*ssociation] 日本青年奉仕協会。

K

4Kテレビ フル・ハイビジョンの4倍の画素数をもつ高解像度テレビ。

401k 確定拠出年金。＊アメリカの内国歳入法401条k項の名から。

K[1] [*K*öchel] ⇨ケッヘル番号。

K[2] [*K*elvin] ⇨ケルビン温度。

K[3] (野球の)三振。＊スコア記号。

K-1 (ケー・ワン) 立ち技格闘技の1つ。

K点 [*K*ritischer Punkt ドイツ] スキーのジャンプ競技におけるジャンプ台の建築基準点。

KAL [*K*orean *A*ir*l*ines] 大韓航空。

KBS [*K*orean *B*roadcasting *S*ystem] 韓国放送公社。

KD[1] [*K*awasaki *d*isease] 川崎病。＊MCLS(小児急性熱性皮膚粘膜リンパ節症候群)とも。

KD[2] [*k*nocked *d*own] 現地組み立てのこと。

KD輸出 [*k*nock*d*own export] ノックダウン(KD)輸出。＊部品を輸出し，現地で組み立てる。

KDDI 日本の大手総合通信事業会社。＊KDD(国際電信電話)，DDI(第二電電)，IDO(日本移動通信)の3社が合併して誕生。

KE[1] [*k*nowledge *e*ngineer] 知識工学者。

KE[2] [*k*nowledge *e*ngineering] 知識工学。

KEK [*K*ou *E*nerugii Kasokuki *K*enkyukikou] (日本の) 高エネルギー加速器研究機構。＊ローマ字表記の略。英語ではHigh Energy Accelerator Research Organization。

KGB [*K*omitet *G*osudarstvennoi *B*ezopasnosti ロシア] 旧ソ連の国家保安委員会。

KIA [*K*illed *i*n *a*ction] 戦死。

KIX (キックス) [*K*ansai *I*nternational Airport] 関西国際空港のコード名。＊KIAは他国の空港が使用。

KJ法 問題解決のための発想技法。＊考案者の文化人類学者・川喜田二郎の頭文字から。

KK [日*K*abushiki *K*aisha] 株式会社。

KKK(クー・クラックス・クラン) [*K*u *K*lux *K*lan] アメリカの白人至上主義組織。＊非合法の秘密結社。

KLM [*K*oninklijke *L*uchtvaart *M*aatschappij オランダ] KLMオランダ航空(コード：KL)。

KML [*K*eyhole *M*arkup *L*anguage] 地理空間情報の表示を管理するため

のマークアップ言語。

KNT [*K*inki *N*ippon *T*ourist Co., Ltd.] 近畿日本ツーリスト。

KO ⇨ノックアウト②。

KPMG オランダに本部を置く，世界4大監査法人の1つ。＊創業者，在籍者（*K*lynveld, *P*eat, *M*arwick, *G*oerdeler）の名から。

KSC [*K*ennedy *S*pace *C*enter] ケネディ宇宙センター。＊アメリカ，フロリダ州のロケット発射基地。

KWIC（クイック）[*k*ey-*w*ord *i*n *c*ontext] 文脈付き索引。

KWOC（クオック）[*k*ey-word *o*ut of *c*ontext] 文脈外キーワード。

KY（ケー・ワイ）「空気が読めない」の略。＊その場の雰囲気がつかめないこと。

KYC [*k*now *y*our *c*ustomer] 金融機関における顧客の身元確認作業。

L

Lアラート マルチメディア振興センターが運営する災害情報共有システム。

LA [*L*os *A*ngeles] ロサンゼルス。

LAGEOS（ラジオス）[*La*ser *Geo*dynamics *S*atellite] NASAが打ち上げた測地を目的とする人工衛星。

LAN（ラン）[*l*ocal *a*rea *n*etwork] 企業（区域）内情報通信網。↔GAN。

LANDSAT（ランドサット）[*land sat*ellite] 地球資源探査衛星。

LASA（ラサ）[*l*arge *a*perture *s*eismic *a*rray] 地下核実験を探知するための超遠距離地震検出装置。

LASCOM [*L*ocal *A*uthorities *S*atellite *Com*munications Organization] 自治体衛星通信機構。

LASH（ラッシュ船）[*l*ighter *a*board *sh*ip] 貨物を積んだはしけ（lighter）をそのまま積み込むことのできる輸送船。

LASIK（レーシック）[*la*ser in-*si*tu *k*eratomileusis] レーザーを使って行う近視矯正手術。

LAW [*l*ow *a*ctive *w*aste] 低レベル放射性廃棄物。

LAX（ラックス）[*L*os *A*ngeles] ロサンゼルス空港のコード名。＊Xに意味はない。

LB[1] ⇨ラインバッカー。

LB[2] ⇨ラクトバチルス。

LBG [*l*iquefied *b*utane *g*as] 液化ブタンガス。

LBO [*l*everaged *b*uy*o*ut] 借入金による企業買収。

LBP [*l*aser *b*eam *p*rinter] レーザー光プリンター。

L／C [*l*etter of *c*redit] 信用状。

LCA ⇨ライフ・サイクル・アセスメント。

LCC [*l*ow *c*ost *c*arrier] 格安航空会社。

LCD [*l*iquid *c*rystal *d*isplay] 液晶ディスプレー。

LCM [*l*owest（*l*east）*c*ommon *m*ultiple] 最小公倍数。

LD[1] [*l*earning *d*isability] 学習障害；学習困難。

LD[2] ⇨レーザー・ディスク。

LDC [*L*east *D*eveloped *C*ountries] 発展途上国；後発開発途上国。

LDEF [*l*ong *d*uration *e*xposed *f*acility] 長期曝露（ばくろ）実験装置。

LDK [日*l*iving room＋*d*ining room＋*k*itchen] 居間と食堂を兼ねた台所。

LDL [*l*ow-*d*ensity *l*ipoprotein] 低密度リポたんぱく質。＊悪玉コレステロール。↔HDL。

LDP [*L*iberal *D*emocratic *P*arty]（日本の）自由民主党。

LDPE [*l*ow-*d*ensity *p*oly*e*thylene] 低密度ポリエチレン。

LDR [*l*abor, *d*elivery, *r*ecovery] 陣痛・分娩・回復のプロセスを1つの部

屋で過ごすことのできるシステム。

LDS [*L*atter *d*ay *s*aints] モルモン教団。末日聖徒イエス・キリスト教会。

LEASAT(リーサット) [*Lea*sed *Sat*ellite] アメリカ海軍の通信衛星。

LECD [*L*ight *E*mitting *C*eramic *D*evice] セラミックを素材とした発光新材料。

LED [*l*ight *e*mitting *d*iode] ⇨発光ダイオード。

LEO [*l*ow *E*arth *o*rbit] 人工衛星が低軌道で地球を周回すること。

LETS [*l*ocal *e*xcange *t*rading *s*ystem] 限られた地域や共同体だけで利用する地域通貨の交換取引制度。

LEV [*L*ow *e*mission *v*ehicle] 低公害車。

LF [*l*ow *f*requency] 低周波;長波;キロメートル波。

LF飲料 [*l*ow-*f*at drink] ⇨ロー・ファット飲料。

LG 韓国の大型電気メーカー。*財閥のラッキー金星グループが設立。*L*uckyと*G*old Starから。

LGBT 性的少数者を指すことば。***L*esbian, *G*ay, *B*isexual, *T*ransgenderの頭文字から。

LGBTs LGBTにあてはまらない,性的少数者を含む複数形「s」を加えたことば。

LGBTQ LGBTに,性自認や性的指向の定まっていないQuestioning (クエスチョニング) や,性的少数者全般をさすQueer (クィア) の人々を加えたことば。

LGWAN [*L*ocal *G*overnment *W*ide *A*rea *N*etwork] 総合行政ネットワーク。

LHテープ [*l*ow-noise *h*igh-output tape] 低雑音高出力テープ。

LHC [*L*arge *H*adron *C*ollider] 大型ハドロン衝突型加速器。

LIB [*lib*eration] ⇨リブ[1]。

LIBOR (ライボー) [*L*ondon *I*nterbank *O*ffered *R*ate] ロンドン銀行間取引金利。*リボレートとも。

LIFFE [*L*ondon *I*nternational *F*inancial *F*utures *E*xchange] ロンドン国際金融先物取引所。

LIFO [*l*ast-*i*n, *f*irst-*o*ut] ①(データの) 後入れ先出し法。②会計の後入れ先出し法。

LIGO [*l*aser *i*nterferometer *g*ravitational wave *o*bservatory] レーザー干渉計重力波検出観測所。

LIM [*l*inear *i*nduction *m*otor] リニア・モーターの1つ。

LINE ⇨ライン[2]。

Linux ⇨リナックス。

LISA (リサ) [*l*ow *i*nput *s*ustainable *a*griculture] 低農薬・少化学肥料で行う持続可能な農業体系。

LL牛乳 ⇨ロング・ライフ・ミルク。

LLC [*l*imited *l*iability *c*ompany] 合同会社。

LLDC [*l*and*l*ocked *d*eveloping *c*ountries] 内陸開発途上国。

LLP [*l*imited *l*iability *p*artnarship] 有限責任事業組合。

LM [*l*unar *m*odule] 月着陸船。*アメリカのアポロ宇宙船が使用。

LME [*L*ondon *M*etal *E*xchange] ロンドン金属取引所。

LMG [*l*iquefied *m*ethane *g*as] 液化メタンガス。

LNG [*l*iquefied *n*atural *g*as] 液化天然ガス。

LOCA [*l*oss *o*f *c*oolant *a*ccident] (原子炉の)冷却材喪失事故。

LOH症候群 [*l*ate-*o*nset *h*ypogonadism in males] 加齢男性性腺機能低下症候群。*男性の更年期障害。

LOHAS ⇨ロハス。

LORAN (ロラン) [*lo*ng-*ra*nge *n*avigation] 遠距離航法システム。

LOS[*l*and *o*bservation *s*atellite] (日本の)陸地観測用衛星。

LOVA [*l*ow *v*ulnerability *a*mmunition〕 低脆弱性弾薬。

LP[1] 〔*l*ong *p*laying record〕 長時間演奏レコード。＊1分間33⅓回転のレコード。

LP[2] ⇨ライン・プリンター。

LP[3] ⇨リニア・プログラミング。

LP[4] ⇨レーザー・プリンター。

LPG 〔*l*iquefied *p*etroleum *g*as〕 液化石油ガス。

LPGA 〔*L*adies *P*rofessional *G*olfers *A*ssociation〕 全米女子プロゴルフ協会。

LPS ⇨リーン・プロダクト・システム。

LRT 〔*L*ight *R*ail *T*ransit〕 ライトレール・トランジット。＊進化型路面電車。

LRTNF 〔*l*ong-*r*ange *t*heater *n*uclear *f*orce〕 長距離戦域核戦力。

LRV 〔*l*unar *r*oving *v*ehicle〕 有人月面車。

LSD 〔*l*y*s*ergic acid *d*iethylamide〕 リゼルグ酸ジエチルアミド。＊幻覚症状を起こす。

LSE 〔*L*ondon *S*tock *E*xchange〕 ロンドン証券取引所。

LSI 〔*l*arge-*s*cale *i*ntegration〕 大規模集積回路。

LSS 〔*l*ife-*s*upport *s*ystem〕 (宇宙飛行士の)生命維持装置。

LST[1] 〔*l*anding *s*hip *t*ank〕 戦車揚陸艦。

LST[2] 〔*l*ocal *s*tandard *t*ime〕 地方標準時。

Ltd. 〔*l*imi*t*e*d*〕 有限責任会社；株式会社。

LTE 〔*L*ong *T*erm *E*volution〕 携帯電話の通信規格の1つ。

LTP 〔*l*ow *t*emperature *p*assivation〕 半導体の低温処理。

LV 〔*L*ouis *V*uitton フランス〕 ⇨ルイ・ビトン。

LV車 〔日*L*ife care *V*ehicle〕 福祉車両。＊日産が命名。

LWR 〔*l*ight *w*ater *r*eactor〕 軽水炉。

LWV 〔*L*eague of *W*omen *V*oters〕 (アメリカの)女性有権者同盟。

lx ⇨ルクス。

M

M[1] 〔*m*ale〕 男性。↔F。

M[2] ⇨マグニチュード。

M[3] ⇨マッハ。

M1層 〔*m*ale-1〕 マーケティングにおける20〜34歳の男性層。

MA 〔*M*aster of *A*rts〕 文学修士。

MaaS 〔*M*obility *a*s *a* *S*ervice〕 移動のサービス化を表す概念。

MAC (マック) 〔*M*ilitary *A*irlift *C*ommand〕 アメリカ軍事航空輸送部隊。

Mac ⇨マッキントッシュ。

M&A 〔*m*erger *and* *a*cquisition〕 企業の合併と買収。

M&A&D 〔*m*erger *and* *a*cquisition *and* *d*ivestiture〕 合併・買収・会社分割。

MAP[1] (マップ) 〔*M*icrowave *A*nisotropy *P*robe〕 宇宙背景放射観測衛星。

MAP[2] (マップ) 〔*M*ilitary *A*ssistance *P*rogram〕 軍事援助計画。

MARC 〔*ma*chine *r*eadable *c*atalog〕 機械可読目録。＊世界の国立図書館の所蔵目録データベース。

MARCH (マーチ) 有名私立大学の明治大学，青山学院大学，立教大学，中央大学，法政大学をまとめた大学群の通称。＊各大学の頭文字から。

MARS (マルス) 〔*M*ultiple *A*ccess *R*eservation *S*ystem〕 JRの座席指定券類予約・発券システム。

MARV 〔*ma*neuverable *r*eentry *v*ehicle〕 機動式再突入核弾頭。

MAS 〔*M*alaysian *A*irline *S*ystem〕 マレーシア航空。

MASER(メーザー)［*m*icrowave *a*mplification by *s*timulated *e*mission of *r*adiation］ マイクロ波の増幅装置。
MAU［*m*onthly *a*ctive *u*sers］ 月間アクティブユーザー数。
MAVEN（メイブン)［*M*ars *A*tmosphere and *V*olatile *E*volutio*N*］NASAの火星探査計画。
MAVR［*m*odulating *a*mplifier by *v*ariable *r*eactance］ 可変誘導抵抗によるマイクロ波増幅装置。
max.［*max*imum］ ⇨マキシマム。↔min.。
mb. ⇨ミリバール。
MBA［*M*aster of *B*usiness *A*dministration］ 経営学修士；経営管理学修士。
MBO[1]［*m*anagement *b*y *o*bjectives］目標管理制度。
MBO[2] ⇨マネジメント・バイアウト。
MBS[1]［*m*ortgage *b*acked *s*ecurities］モーゲージ担保証券。
MBS[2]［*M*utual *B*roadcasting *S*ystem］ ミューチュアル放送会社。＊アメリカのラジオ・ネットワーク。
MC[1]［*M*arine *C*orps］（アメリカの）海兵隊。
MC[2]［*m*aster of *c*eremonies］ 司会者。
MC[3]［*M*ember of *C*ongress］（アメリカの)連邦議会議員。
MC[4] ⇨マージナル・コスト。
MC[5] ⇨マシニング・センター。
MCA［*m*aximum *c*redible *a*ccident］最大想定事故。＊被曝線量が最大となると想定される事故。
MCFC［*m*olten *c*arbonate *f*uel *c*ell］溶融炭酸塩型燃料電池。
MCI［*M*ild *C*ognitive *I*mpairment］軽度認知機能障害。
MD[1]［*m*edical *d*octor］ 医師；医学博士。
MD[2]［*m*erchan*d*ising］ 商品政策；商品構成；商品化計画。
MD[3] ⇨ミニディスク。
MDAP［*M*utual *D*efense *A*ssistance *P*rogram］（アメリカの）相互防衛援助計画。
MDGs［*M*illennium *D*evelopment *G*oals］ ミレニアム開発目標。
MDMA［*m*ethylene *d*ioxy-*m*eth*am*phetamine］ 合成麻薬。別名エクスタシー。
MDPV［*M*ethylene *d*ioxy*p*yro *v*alerone］ メチレンジオキシピロバレロン。中枢神経作用薬。＊幻覚・覚醒作用がある危険ドラッグ。隠語で「バス・ソルト」。
ME[1] ⇨マイクロエレクトロニクス。
ME[2] ⇨メディカル・エンジニアリング。
MEDLINE［*MED*LARS On-*line*］アメリカ国立医学図書館情報検索システム。
MEF［*M*ajor *E*conomies *F*orum］エネルギーと気候に関する主要経済国フォーラム。
MEMS（メムス)［*m*icro *e*lectro *me*chanical *s*ystems］ マイクロサイズの微小電子機械部品。
MEP［*M*ember of the *E*uropean *P*arliament］ 欧州議会議員。
MERCOSUR(メルコスール)［*Mer*cado *Co*mún del Cono *Sur*スペイン］ 南米南部共同市場。
MERS［*M*iddle *E*ast *R*espiratory *S*yndrome］ 中東呼吸器症候群。＊コロナウイルスによる感染症。
#MeToo（ミートゥー） セクシュアル・ハラスメントや性的な被害を体験した女性が「私も」とSNSで声を上げ始めたことで生まれたハッシュタグ，またはその運動。
MEY［*m*aximum *e*conomic *y*ield］最大経済生産量。
MF［*m*id*f*ielder］ ⇨ミッドフィールダー。
MFA[1]［*M*edic *F*irst *A*id］ 応急手当

講習プログラム。

MFA[2] [*M*obilization *f*or *A*nimals Coalition]　動物のための動員連合。＊国際的な動物保護団体。

MFJ [*M*otorcycle *F*ederation of *J*apan]　日本モーターサイクルスポーツ協会。

MFN [*m*ost *f*avored *n*ation]　(通商条約などでの)最恵国。

MFP [*m*ulti*f*unction *p*olis]　多機能都市構想。

MGM [*M*etro-*G*oldwyn-*M*ayer]　メトロ・ゴールドウィン・メイヤー。＊アメリカの映画会社。

MGR [*m*obile *g*uided *r*ocket]　移動式誘動ロケット。

MHD発電 [*m*agneto*h*ydro*d*ynamic power generation]　電磁流体発電。

MI6 [*M*ilitary *I*ntelligence 6]　(イギリスの)諜報(ちょうほう)部。

MIA [*m*issing *i*n *a*ction]　戦闘での行方不明(者)。

MIC[1] (ミック) [*m*anagement of *i*ndirect *c*ost]　間接部門効率化計画。

MIC[2] [*m*ilitary-*i*ndustrial *c*omplex]　軍産複合体。

MICE (マイス) [*M*eeting *I*ncentive tour, *C*onvention, *E*xhibition]　国際会議，学会，イベントなどの開催で，多くの集客が見込まれるビジネス・トラベルの一形態。

MICOS [*m*eteorological *i*nformation *c*onfidential *o*n-line *s*ystem]　日本気象協会の総合気象情報提供サービス。

MICR [*m*agnetic *i*nk *c*haracter *r*eader]　磁気インク文字読み取り装置。

MICS [*M*ulti-*I*ntegrated *C*ash *S*ervice]　全国キャッシュ・サービス。

MIDAS(ミダス) [*mi*ssile *d*efense *a*larm *s*ystem]　(アメリカの) ミサイル防衛警報システム。

MIDI (ミディ) [*m*usical *i*nstrument *d*igital *i*nterface]　デジタル方式の電子楽器の統一規格。

MIGA(ミガ) [*M*ultilateral *I*nvestment *G*uarantee *A*gency]　多数国間投資保証機関。

MILF [*M*oro *I*slamic *L*iberation *F*ront]　モロ・イスラム解放戦線。

MIME　⇨マイム[2]。

min.[1] [*min*ute]　分。

min.[2]　⇨ミニマム。↔max.。

MIMO [*m*ultiple *i*nput *m*ultiple *o*utput]　複数のアンテナを使用して，異なるデータを同時に送受信する無線通信技術。

MINT [*M*exico, *I*ndonesia, *N*igeria, *T*urkey]　ブリックス (BRICS) に次いで経済発展が期待されるメキシコ，インドネシア，ナイジェリア，トルコの4か国。

MINURSO [*Mi*sión de la *N*aciones *U*nidas para el *R*eférendum del Sáhara *O*ccidental スペ]　国連西サハラ住民投票監視団。

MIPRO(ミプロ) [*M*anufactured *I*mports *Pro*motion *O*rganization]　対日貿易投資交流促進協会。

MIPS (ミップス) [*m*ega *i*nstruction *p*er *s*econd]　コンピュータで，1秒間に100万個単位の命令をいくつ処理できるかを表す単位。

MIRV(マーブ) [*m*ultiple *i*ndependently targetable *r*e-entry *v*ehicle]　個別誘導複数目標多弾頭。

MIS [*m*anagement *i*nformation *s*ystem]　経営情報システム。

MIT [*M*assachusetts *I*nstitute of *T*echnology]　マサチューセッツ工科大学。

mixi(ミクシィ)　日本を代表するSNSの1つ。

MJB [*M*ax, *J*oseph, *B*ransten]　アメリカのコーヒー会社。

MK鋼　⇨アルニコ。

MKSA単位系 [*m*eter-*k*ilogram *s*econd-*a*mpere unit]　長さにメートル，

質量にキログラム，時間に秒，電流にアンペアを用いる単位系。
ML ⇨メーリング・リスト。
MLB ⇨メジャー・リーグ。
MLD [*m*inimum *l*ethal *d*ose] 最小致死量。
MLF [*m*ulti-*l*ateral nuclear *f*orce] 多角的核戦力。
MLRS [*m*ultiple *l*aunch *r*ocket *s*ystem] (アメリカの) 多連装ロケット・システム。
MLS [*m*icrowave *l*anding *s*ystem] (航空機の)マイクロ波着陸装置。
MMA[1] [*M*etropolitan *M*useum of *A*rt] ニューヨークのメトロポリタン美術館。
MMA[2] [*m*oney *m*arket deposit *a*ccount] 短期金融市場預金勘定。
MMC [*m*oney *m*arket *c*ertificate] 市場金利連動型預金。
MMD [*m*aximum *m*ixing *d*epth] 大気の最大混合層高度。
MMDA ⇨MMA[2]。
MMF [*m*oney *m*anagement *f*und] 公社債投資信託の１つ。＊短期の国債や譲渡性預金などで運用。
MMI ⇨マン・マシン・インターフェース。
MMRワクチン ３種混合ワクチン。＊MMRは*m*easles (麻疹)，*m*umps (おたふくかぜ)，*r*ubella(風疹)。
MMT [*m*odern *m*onetary *t*heory] 現代貨幣理論。
MMU [*m*anned *m*aneuvering *u*nit] 有人機動ユニット。＊宇宙飛行士の船外活動支援のための装置。
MNC [*m*ulti*n*ational *c*orporation] 多国籍企業。
MNF [*M*ulti*n*ational *F*orces] 多国籍軍。
MNO [*M*obile *N*etwork *O*perator] 移動体通信事業者。＊自社で移動体回線網を保有し，直接通信サービスをMVNOに提供する。
MNP ⇨ナンバー・ポータビリティ。
MOディスク [*m*agneto-*o*ptical disc] 光磁気ディスク。
MOAB [*m*assive *o*rdnance *a*ir *b*last] 大規模爆風爆弾。
MOBA [*m*ultiplayer *o*n-line *b*attle *a*rena] 複数のプレーヤーが２つのチームに分かれ，リアル・タイムで相手チームの本拠地攻略を競うコンピュータ・ゲーム。
MOBS [*m*ultiple *o*rbital *b*ombardment *s*ystem] 多数軌道爆撃システム。
MOD [*M*inistry *o*f *D*efense] 防衛省。
MODEM (モデム) [*mo*dulator *de*-*m*odulator] 変復調装置。
MOF[1] [*M*inistry *o*f *F*inance] 財務省；大蔵省。
MOF[2] [*m*ultiple *o*rgan *f*ailure] 多臓器不全。
mol ⇨モル。
MoMA (モマ) [*M*useum *o*f *M*odern *A*rt] ニューヨーク近代美術館。
MoM [*m*onth *o*ver *m*onth] 経済指標や企業決算などにおける前月比。
MOOC (ムーク) [*M*assive *O*pen *O*nline *C*ourse] 大規模公開オンライン講座。
MOS [*m*arine *o*bservation *s*atellite] (日本の)海洋観測衛星。
MOSS (モス) [*m*arket-*o*riented *s*ector-*s*elective] 市場重視型分野別協議。＊日本とアメリカの間の貿易摩擦，市場開放問題を協議。
MOT [*m*anagement *o*f *t*echnology] 技術経営。
MOU[1] [*m*emorandum *o*f *u*nderstanding] 了解覚書；基本合意書。
MOU[2] [*m*inutes *o*f *u*sage] 契約者１人あたりの月間平均通話時間。
MOX [*m*ixed *ox*ides fuel] 混合酸化物燃料。＊酸化ウランと酸化プルトニウムを混合。
MP[1] [*M*ember of *P*arliament] イギ

リスの下院議員。

MP[2] ⇨メルティング・ポイント。

MP3 [*MP*EG audio layer 3] 音声データ圧縮技術の規格の1つ。

MPAA [*M*otion *P*icture *A*ssociation of *A*merica] アメリカ映画協会。

MPB [*M*úsica *P*opular *B*rasileira ﾎﾟﾙﾄｶﾞﾙ] ブラジルのポピュラー音楽。

MPC [*m*aximum *p*ermissible *c*oncentration] 環境中の放射性物質の最大許容濃度。

MPD[1] [*m*aximum *p*ermissible *d*ose] 放射線の最大許容線量。

MPD[2] [*M*etropolitan *P*olice *D*epartment] 日本の警視庁。

MPEG (エムペグ) [*m*otion *p*icture *e*xperts *g*roup] 動画データの圧縮方式を国際的に定めた団体の名称及びその規格名。

MPIS [*m*ulti *p*urpose *i*nformation *s*ystem] 農村多元情報システム。

MPR [*M*adjelis *P*ermusjawaratan *R*akjat ｲﾝﾄﾞﾈｼｱ] インドネシア国民協議会。

MPU ⇨マイクロプロセッサー。

MR[1] [*m*edical *r*epresentative] 医薬情報担当者。

MR[2] [*m*ixed *r*eality] 複合現実。

MRヘッド [*m*agnet-*r*esistive head] 磁気抵抗ヘッド。

MRA [*m*agnetic *r*esonance *a*ngiography] 磁気共鳴血管撮影。

MRAM [*m*agnetoresistive *r*andom *a*ccess *m*emory] 磁気抵抗メモリ。

MRF [*m*oney *r*eserve *f*und] 公社債投資信託。

MRI [*m*agnetic *r*esonance *i*maging] 磁気共鳴画像診断装置。

mRNA [*m*essenger *RNA*] メッセンジャーRNA (リボ核酸)。＊DNAの遺伝情報をリボソームへ伝達。

MRO [*m*aintenance *r*epair and *o*perations] 企業が日常的に購入する消耗品や機械部品などの総称。

MRP [*m*achine-*r*eadable *p*assport] 機械読み取り旅券。

MRSA (マーサ) ⇨メチシリン耐性黄色ブドウ球菌。

MS[1] [*m*ass *s*pectrometry] 質量分析。

MS[2] [*m*ultiple *s*clerosis] 多発性硬化症。

MS[3] ⇨マイクロソフト。

MS[4] ⇨ミッション・スペシャリスト。

MS[5] ⇨モルガン・スタンレー。

MSA[1] [*M*ultilateral *S*teel *A*rrangement] 多国間鉄鋼協定。

MSA[2] [*M*utual *S*ecurity *A*ct] (アメリカの)相互安全保障法。

MSAC [*m*ost *s*eriously *a*ffected *c*ountries] 最貧国。＊第五世界とも。

MSCI指数 [*M*organ *S*tanley *C*apital *I*nternational Index] モルガン・スタンレー・キャピタル・インターナショナルが発表する株価指数。

MSDF [*M*aritime *S*elf-*D*efense *F*orce] (日本の)海上自衛隊。

MS-DOS [*M*icro*s*oft *D*isk *O*perating *S*ystem] アメリカのマイクロソフト社が開発したOS (オペレーティング・システム)の名称。

MSDS [*M*aterial *S*afety *D*ata *S*heet] 化学物質等安全データシート。

MSF [*M*édecins *s*ans *F*rontières ﾌﾗﾝｽ] 国境なき医師団。

MSI [*m*edium *s*cale *i*ntegration] 中規模集積回路。

MSN [*M*icrosoft *N*etwork] マイクロソフトが運営するポータル・サイト。

MSO [*m*ultiple *s*ystem *o*perator] 複数のケーブル・テレビ局を統括する運営事業者。

MSR [*m*issile *s*ite *r*adar] ミサイル基地レーダー。

MSS [*m*anned *s*pace *s*tation] 有人宇宙ステーション。

MS-T5 日本初の試験惑星探査機

資

「さきがけ」。＊JAXAが研究・開発。

MSW [medical social worker] 医療ソーシャル・ワーカー；医療社会福祉士。

MSY [maximum sustainable yield] 最大持続生産量。＊漁獲量などを再生産力の範囲内に抑制する目安。

MT [medical technologist] 臨床検査技師。

Mt. [Mount] 山の名の前に付す語。

MT管 [miniature tube] 小型真空管。

MT車 ⇨マニュアル車。

MTB ⇨マウンテン・バイク。

MTBE [methyl tertiary butyl ether] ガソリンの添加剤として利用されるエーテルの一種。

MTCR [Missile Technology Control Regime] ミサイル関連技術輸出規制。

mtDNA [mitochondrial DNA] ミトコンドリアDNA。

MTF [male to female] 男性から女性への性別移行を希望する人，または実際に性別を移行した人。

MTN [multilateral trade negotiations] 多角的貿易交渉。

MTR[1] [material testing reactor] 材料試験炉。

MTR[2] [multi-track recorder] 個別に録音・再生が可能なレコーダー。

MTV [Music Television] (アメリカの)ロック・ミュージック専門のケーブル・テレビ局。

MUF (マフ) [material unaccounted for] (核物質の)行方不明量。

MUSE方式 [multiple sub-nyquist sampling encoding system] 放送衛星に用いるハイビジョン用映像信号帯域圧縮方式。＊NHKが開発。

MUSES-C [Mu Space Engineering Spacecraft-C] ミュー・ロケットで打ち上げる工学実験探査機の1つ。＊「ひてん」，「はるか」に続く，シリーズ3番目「はやぶさ」。2010年，小惑星イトカワから地球へ帰還。

MVA [market value added] 市場付加価値。

MVD [Ministerstvo Vnutrennikh Del(ロシア)] (旧ソ連の)内務省。

MVNO [Mobile Virtual Network Operator] 仮想移動体通信事業者。＊無線通信インフラを他の事業者から借り受けて通信サービスを提供する。⇨MNO。

MVP [most valuable player] 最優秀選手。

MWS [management work station] 管理用操作卓；管理者用のワークステーション。

Mx ⇨マクスウェル。

MXテレビ [JOMX-TV] 東京メトロポリタン・テレビジョン。

N

N[1] [newton] ⇨ニュートン。

N[2] [North] 磁石などの，北。↔S[1]。

n. [noun] 名詞。

N-11 ⇨ネクスト・イレブン。

N95マスク 米国労働安全衛生研究所(NIOSH)が定めたN95規格に適合した粒子状物質の吸入防止用マスク。＊主に，医療従事者用。Nは，Not to resistant oilから。

N響 NHK交響楽団。

Nゲージ [nine gauge] 鉄道模型で，軌間が9ミリメートルのもの。

Nシステム [N-system] 自動車ナンバー自動読み取り装置。

NAA [Narita Airport] 成田国際空港。

NAACP [National Association for the Advancement of Colored People] 全米黒人地位向上協会；全米有色人種地位向上委員会。

NAB[1] [National Association of Broadcasters] 全米放送事業者協

会。

NAB² [*N*ew *A*rrangements to *B*orrow] (IMFの)新規借入取り決め。

NAC [*N*orth *A*tlantic *C*ouncil] 北大西洋理事会。

NADGE (ナッジ) [*NA*TO Air *D*efense *G*round *E*nvironment] 北大西洋条約機構(NATO)防空警戒管制組織。

NAFTA (ナフタ) [*N*orth *A*merica *F*ree *T*rade *A*greement] 北米自由貿易協定。⇨USMCA。

NAK [*n*egative *ack*nowledge] 「否定応答」「了解不能」。

NAND (ナンド) 否定的論理積。*not andの略。↔NOR。

NARAL [*N*ational *A*bortion *R*ights *A*ction *L*eague] 妊娠中絶権擁護全国連盟。

NASA (ナサ) [*N*ational *A*eronautics and *S*pace *A*dministration] (アメリカの)航空宇宙局。

NASD [*N*ational *A*ssociation of *S*ecurities *D*ealers] 全米証券業協会。

NASDAQ (ナスダック) [*N*ational *A*ssociation of *S*ecurities *D*ealers *A*utomated *Q*uotations] アメリカにある新興企業向け証券市場。

NASVA (ナスバ) [*N*ational *A*gency for automotive *S*afety & *V*ictim's *A*id] 自動車事故対策機構。

NATO(ナトー) [*N*orth *A*tlantic *T*reaty *O*rganization] 北大西洋条約機構。

NAVER (ネイバー) 韓国最大手のインターネット検索ポータル・サイト。*「Navigate」+「-er」から。

NAVSAT(ナブサット) [*Nav*y Navigation *Sat*ellite system] アメリカ海軍航法衛星システム。

NB ⇨ナショナル·ブランド。

N.B. [*n*ota *b*eneラテ] 「よく注意せよ」。

NBA [*N*ational *B*asketball *A*ssociation] 全米プロバスケットボール協会。

NBC [*N*ational *B*roadcasting *C*ompany] ナショナル放送会社。*アメリカの3大テレビ·ネットワークの1つ。

NBC兵器 [*n*uclear, *b*iological and *c*hemical weapons] 核·生物·化学兵器。

NBER [*N*ational *B*ureau of *E*conomic *R*esearch] 全米経済研究所。

NC¹ [*n*o *c*hange] 「変更なし」。*n/cとも。

NC² [*n*umerical *c*ontrol] 数値制御。

NCA¹ [*N*ational *C*ommand *A*uthority] 国家指揮権限。*アメリカ軍事システムの最高指導部。

NCA² [*N*ippon *C*argo *A*irlines] 日本貨物航空株式会社。

NCAA [*N*ational *C*ollegiate *A*thletic *A*ssociation] 全米大学スポーツ協会。

NCC [*N*ational *C*hristian *C*ouncil Japan] 日本キリスト教協議会。

NCD [*n*egotiable *c*ertificate of *d*eposit] 譲渡可能定期預金証書。

NCNA [*N*ew *C*hina *N*ews *A*gency] 新華社通信。*中国の国営通信社。

NCU¹ [*n*ervous *c*are *u*nit] 脳神経外科集中治療室。

NCU² [*n*etwork *c*ontrol *u*nit] ネットワーク制御装置。

NDA [*n*on-*d*isclosure *a*greement] 秘密保持契約。

NDAC [*N*uclear *D*efense *A*ffairs *C*ommittee] 核防衛問題委員会。

NDB [*n*on-*d*irectional radio *b*eacon] 無指向性無線標識。

NDC [*N*ippon *D*ecimal *C*lassification] 日本図書十進分類法。

NDL [*N*ational *D*iet *L*ibrary] 国立国会図書館。

NDP [*n*et *d*omestic *p*roduct] 国内純生産。

資

NDT [*n*on-*d*estructive *t*esting] 非破壊検査。＊製品をX線で検査。

NEA[1] [*N*ational *E*ducation *A*ssociation] 全米教育協会。

NEA[2] [*N*uclear *E*nergy *A*gency] OECDの原子力機関。

NEC [*N*ational *E*conomic *C*ouncil] (アメリカの)国家経済会議。

NEDC [*N*ational *E*conomic *D*evelopment *C*ouncil] (イギリスの) 国民経済発展審議会。

NEDO (ネド) [*N*ew *E*nergy and Industrial Technology *D*evelopment *O*rganization] 新エネルギー・産業技術総合開発機構。

NEET ⇨ニート[2]。

NEISS [*N*ational *E*lectronic *I*njury *S*urveillance *S*ystem] 全米電子機器危害監視システム。

NEO [*n*ear-*E*arth *o*bject] 地球接近天体。

NEPA [*N*ational *E*nvironmental *P*olicy *A*ct] アメリカ国家環境政策法。

NEPAD [*Ne*w *P*artnership for *A*frica's *D*evelopment] アフリカ開発のための新パートナーシップ。

NEXCO(ネクスコ) [*N*ippon *Ex*pressway *Co*mpany Limited] 民営化された旧・日本道路公団の高速道路会社の総称。

NFC[1] [*N*ational *F*ootball *C*onference] プロ・アメリカン・フットボール・リーグの1つ。

NFC[2] [*n*ear *f*ield *c*ommunication] 近距離無線通信規格の1つ。

NFC[3] [*N*uclear *F*uel *C*ycle] 核燃料サイクル。

NFL [*N*ational *F*ootball *L*eague] 最高峰のプロ・アメリカン・フットボール・リーグ。⇨AFC[1], NFC[1]。

NG(エヌ・ジー) [*n*o *g*ood] 「だめ」「よくない」。↔OK。

NGC [*N*ew *G*eneral *C*atalogue of Nebulae and Clusters of Stars] 1864年, ハーシェル父子が作成した星雲・星団のカタログ。

NGL [*n*atural *g*as *l*iquid] 天然ガス液；天然ガソリン。

NGO [*n*on*g*overnmental *o*rganization] 非政府組織。

NGV [*n*atural *g*as *v*ehicle] 天然ガス自動車。

NHK [*N*ippon *H*ōsō *K*yōkai] 日本放送協会。＊英訳はJapan Broadcasting Corporation。

NHL [*N*ational *H*ockey *L*eague] 北米アイスホッケーリーグ。＊アメリカとカナダのプロチームが参加。

NI [*n*ational *i*ncome] 国民所得。

NICB [*N*ational *I*ndustrial *C*onference *B*oard] 全米産業審議会。

NICT [*N*ational *I*nstitute of *I*nformation and *C*ommunications *T*echnology] 情報通信研究機構。

NICU [*n*eonatal *i*ntensive *c*are *u*nit] 新生児集中治療室。

NIE [*N*ewspaper *I*n *E*ducation] 教育現場で新聞を教材として利用すること。

NIEO [*N*ew *I*nternational *E*conomic *O*rder] 新国際経済秩序。

NIES (ニーズ) [*n*ewly *i*ndustrializing *e*conomie*s*] 新興工業経済地域。

NIH [*N*ational *I*nstitute of *H*ealth] (アメリカの)国立衛生研究所。

NIMBY(ニンビー) [*N*ot *I*n *M*y *B*ack *Y*ard] 忌避施設；迷惑施設。＊原子力施設, 廃棄物処理施設など, 必要性は認めるが, 自分の家の近くに作られるのは困ると主張する住民を表す語。

NIOSH [*N*ational *I*nstitute of *O*ccupational *S*afety and *H*ealth] (アメリカの)労働安全衛生研究所。

NIRA (ニラ) [*N*ational *I*nstitute for *R*esearch *A*dvancement] 総合研究開発機構。

NIS[1] [*N*ational *I*ntelligence *S*ervice] 韓国の国家情報院。

NIS[2] [*N*ew *I*ndependent *S*tates] 独立国家群。＊旧ソ連解体によって誕生した諸国。

NISA（ニーサ）[*N*ippon *I*ndividual *S*avings *A*ccount] 個人投資家向けの少額投資非課税制度。

NIST [*N*ational *I*nstitute of *S*tandards and *T*echnology]（アメリカの）国立標準技術研究所。

NITE（ナイト）[*N*ational *I*nstitute of *T*echnology and *E*valuation] 製品評価技術基盤機構。

NK [*N*ippon *K*aiji Kyōkai] 日本海事協会。

NK細胞 ⇨ナチュラル・キラー細胞。

NL ⇨ナショナル・リーグ。

NLD [*N*ational *L*eague for *D*emocracy]（ミャンマーの）国民民主連盟。

NLL [*N*orthern *L*imit *L*ine] 北方限界線。＊黄海上の韓国と北朝鮮との軍事境界線。

NLP [*n*ight *l*anding *p*ractice] 夜間離着陸訓練。

NLRB [*N*ational *L*abor *R*elations *B*oard]（アメリカの）労働関係局。

nm [*n*autical *m*ile] 海里。

NMA [*N*ews *M*edia *A*lliance]（アメリカ・カナダの）ニュースメディア連合。

NMD [*N*ational *M*issile *D*efense] アメリカ本土ミサイル防衛。

NMF [*n*atural *m*oisturizing *f*actor] 天然保湿因子。

NMR [*n*uclear *m*agnetic *r*esonance] 核磁気共鳴（現象）。

NNE [*n*et *n*ational *e*xpenditure] 国民純支出。

NNN [*N*ippon *N*ews *N*etwork] 日本ニュース・ネットワーク。＊日本テレビ系列。

NNP [*n*et *n*ational *p*roduct] 国民純生産。

NNW [*n*et *n*ational *w*elfare] 純国民福祉；国民福祉指標。

NNWC [*n*on-*n*uclear *w*eapon *c*ountry] 核兵器非保有国。

No. [numero ラテ] ナンバー；番；数。

NOAA（ノア）[*N*ational *O*ceanic and *A*tmospheric *A*dministration]（アメリカの）海洋大気局。

NOC [*N*ational *O*lympic *C*ommittee] 各国の国内オリンピック委員会。

NOD [*n*ews *o*n *d*emand] ニュース・オン・デマンド。＊インターネットなどを介して，好きなときに好きな番組を見ることができるシステム。

NON-GM [*non*-*g*enetically *m*odified]「遺伝子組み換えをしていない」。

NOR（ノア）否定的論理和。＊not or の略。↔NAND。

NORAD [*Nor*th *A*merican Aerospace *D*efense Command] 北米航空宇宙防衛司令部。

NOTAM（ノータム）[*not*ice to *a*ir*m*en] 航空局が航空関係施設・業務・方式・危険などについて流す情報。

NOW [*N*ational *O*rganization for *W*omen] 全米女性機構。

NOW勘定 [*n*egotiable *o*rder of *w*ithdrawal] 譲渡可能払戻し指図書。＊金利自由の貯蓄預金。

NOx（ノックス）[*n*itrogen *ox*ide] 窒素酸化物。

NPA[1] [*N*ational *P*ersonal *A*uthority]（日本の）人事院。

NPA[2] [*N*ew *P*eople's *A*rmy] 新人民軍。＊フィリピンの反政府共産系の軍事組織。

NPB [*N*ippon *P*rofessional *B*aseball Organization] 日本野球機構。

NPC [*N*ational *P*eople's *C*ongress] 中国の全国人民代表大会。

NPD [*N*ationaldemokratische *P*artei

Deutschlands(ドイツ)] ドイツ国家民主党。
NPDI [Non-Proliferation and Disarmament Initiative] 核軍縮・不拡散イニシアティブ。＊核兵器を保有していない国, 日本, ドイツ, オランダ, カナダ, トルコなどが参加。
NPM [new public management] 民間企業の経営手法を公共部門に導入してサービス向上を図ること。
NPO [non-profit organization] 非営利組織；民間非営利団体。
NPO法 [non-profit organization—] 特定非営利活動促進法。
NPR [Nuclear Posture Review] (アメリカの)核体制見直し。
NPT [Nuclear Non-Proliferation Treaty] 核拡散防止条約。
NPV [net present value] 正味現在価値。投資による利益を現時点の価値に置き換えて算出する方法。
NR数 [noise rating number] 騒音評価数。
NRA[1] [National Rifle Association] 全米ライフル協会。
NRA[2] [Nuclear Regulation Authority] (日本の)原子力規制委員会。
NRC [Nuclear Regulatory Commission] (アメリカの)原子力規制委員会。
NRLC [National Right to Live Committee] 全米生存権委員会。
NSA [National Security Agency] (アメリカの)国家安全保障局。
NSB [Nippon Shortwave Broadcasting] 日本短波放送。
NSC[1] [National Security Council] 国家安全保障会議。
NSC[2] [Nuclear Safety Commission] (日本の)原子力安全委員会。
NSF [National Science Foundation] (アメリカの)国立科学財団。
NSI [New Social Indicators] 国民生活指標。
NSNP [Nippon Satellite News Pool] 日本衛星中継協力機構。
N.T. [New Testament] 新約聖書。↔O.T.。
NTB [non-tariff barrier] (貿易の)非関税障壁。
NTP [normal temperature and pressure] 標準温圧。＊1気圧, 0℃。
NTSB [National Transportation Safety Board] (アメリカの)国家運輸安全委員会。
NTT [Nippon Telegraph and Telephone Corporation] 日本電信電話株式会社の通称。
NTTdocomo NTTドコモ。＊携帯電話会社。
NTV [Nippon Television Network] 日本テレビ放送網。
NUD [non-ulcer dyspepsia] 非潰瘍(かいよう)性胃腸症。
NUDETS [nuclear detonation detection and reporting system] 核爆発探知警報組織。
NUMO [Nuclear waste Management Organization of Japan] 原子力発電環境整備機構。
NuRO [Nuclear Reprocessing Organization of Japan] 使用済燃料再処理機構。
NWFZ [nuclear-weapon-free zone] 非核兵器地帯。
N.Y. [New York] ニューヨーク州。
N.Y.C. [New York City] ニューヨーク市。
NYK [Nippon Yusen Kaisha] 日本郵船会社。
NYMEX(ナイメックス) [New York Mercantile Exchange] ニューヨーク商品取引所。
NYPD [New York City Police Department] ニューヨーク市警。
NYSE [New York Stock Exchange] ニューヨーク証券取引所。
NYT ⇨ニューヨーク・タイムズ。

NZ [*N*ew *Z*ealand] ニュージーランド。

O

O2O [*o*n-line to *o*ff-line] オン・ライン(インターネット)の情報や活動がオフ・ライン(実店舗)での購買に影響を及ぼすこと。

O-157 病原性大腸菌の一種。＊強い毒性をもち, 激しい腹痛と下痢を引き起こす。

O脚 ⇨オー脚。

OA ⇨オフィス・オートメーション。

OANA [*O*rganization of *A*sian-pacific *N*ews *A*gencies] アジア・太平洋通信社機構。

OAO [*o*rbiting *a*stronomical *o*bservatory] アメリカの天文観測衛星。

OAPEC (オアペック) [*O*rganization of the *A*rab *P*etroleum *E*xporting *C*ountries] アラブ石油輸出国機構。

OAS [*O*rganization of *A*merican *S*tates] 米州機構。

OB[1] ⇨オー・ビー①。

OB[2] ⇨オー・ビー②。

OBOR [*O*ne *B*elt, *O*ne *R*oad Initiative] 一帯一路。

OCA [*O*lympic *C*ouncil of *A*sia] アジア・オリンピック評議会。

OCDI [*O*verseas *C*oastal Area *D*evelopment *I*nstitute of Japan] 国際臨海開発研究センター。

OCHA [*O*ffice for the *C*oordination of *H*umanitarian *A*ffairs] (国連の)人道問題調整事務所。

OCN [*O*pen *C*omputer *N*etwork] NTTコミュニケーションズが運営するインターネット接続プロバイダー。

OCOG [*O*rganizing *C*ommittee of *O*lympic *G*ames] オリンピック組織委員会。

OCP [*o*ptional *c*alling *p*lan] 選択通話料金。

OCR [*o*ptical *c*haracter *r*eader] 光学的文字読み取り装置。

OD[1] ⇨オーバードーズ。

OD[2] ⇨オーバー・ドクター。

ODA [*O*fficial *D*evelopment *A*ssistance] 政府開発援助。

ODF [*o*pen*d*ocument *f*ormat] 機種やソフトのちがいにかかわらず, データを共用できるように標準化されたファイル形式。

ODM [*o*riginal *d*esign *m*anufacturing] 委託先のブランドで設計・生産される製品。

ODP[1] [*O*cean *D*rilling *P*rogram] 大洋底掘削計画。

ODP[2] [*o*zone *d*epletion *p*otential] オゾン破壊係数。

OECD [*O*rganization for *E*conomic *C*ooperation and *D*evelopment] 経済協力開発機構。

OECD-NEA [*OECD N*uclear *E*nergy *A*gency] OECDの原子力機関。

OECF [*O*verseas *E*conomic *C*ooperation *F*und] 海外経済協力基金。

OED [*O*xford *E*nglish *D*ictionary] オックスフォード英語辞典。

OEIC [*o*pto-*e*lectronic *i*ntegrated *c*ircuit] 光電子集積回路。

OEM [*o*riginal *e*quipment *m*anufacturing] オリジナル受注生産；相手先商標製品製造。

Ofcom (オフコム) [*Of*fice of *Com*munications] イギリス放送通信庁。＊電気通信・放送と通信分野の独立規制機関。

OGL制 [*o*pen *g*eneral *l*icense system] 包括的輸入許可制。

OH通信 [*o*ver-the-*h*orizon―] 見通し外通信。

OHP [*o*ver*h*ead *p*rojector] オーバーヘッド・プロジェクター。＊文字や

資

図形などの拡大投影を行う視聴覚教育装置。

OIC[1] [*O*ffice of *I*nternational *C*ulture] (アメリカの)国際文化局。

OIC[2] [*O*rganization of the *I*slamic *C*onference] イスラム協力機構。

OIE [L'*O*ffice *I*nternational des *E*pizooties仏] 国際獣疫事務局。

OIML [*O*rganisation *I*nternationale de *M*étrologie *L*égale仏] 国際法定計量機関。

OIT物資 [*O*ffice of *I*nternational *T*rade Goods] アメリカの輸出統制法により規制を受ける物資。

OJD [*O*n the *J*ob *D*evelopment] 新入社員や若手写真に対する職場内マネジメント能力開発。

OJT [*o*n-the-*j*ob *t*raining] オン・ザ・ジョブ・トレーニング。＊日常の実務をさせながら従業員を教育訓練する方法。

OK 「よろしい」。↔NG。

OL ⇨オフィス・レディー。

OMA [*o*rderly *m*arketing *a*greement] 市場秩序維持協定。

OMR [*o*ptical *m*ark *r*eader] 光学式マーク読み取り装置。

OOC [*O*lympic *O*rganizing *C*ommittee] オリンピック組織委員会。

OOO [*o*bject-*o*riented *o*ntology] オブジェクト指向存在論。

OOP [*o*bject-*o*riented *p*rogramming] オブジェクト指向プログラミング。

op ⇨オプス。

OPAC [*o*n-line *p*ublic *a*ccess *c*atalog] オン・ライン蔵書検索。

OPCW [*O*rganization for the *P*rohibition of *C*hemical *W*eapons] 化学兵器禁止機関。

OPEC (オペック) [*O*rganization of *P*etroleum *E*xporting *C*ountries] 石油輸出国機構。

OPP ⇨オルトフェニル・フェノール。

OPRC [*O*il Pollution *P*reparedness, *R*esponse and *C*ooperation Convention] 油汚染への準備，対応，協力に関する国際条約。＊IMO[1]が採択。

OPTA (オプタ) サッカーの試合で選手のボールタッチに関するプレーを分析するシステム。

OPV [*o*ffshore *p*atrol *v*essel] 外洋哨戒艦。

OR ⇨オペレーションズ・リサーチ。

OS ⇨オペレーティング・システム。

OSCE [*O*rganization for *S*ecurity and *C*ooperation in *E*urope] 欧州安全保障協力機構。

OSEIRT(オサート) [*O*cular *S*urface and *E*xternal *I*ntegrated *R*emodeling *T*herapy] 前眼部統合矯正療法。⇨オルソケラトロジー。

OSI参照モデル [*o*pen *s*ystems *i*nterconnection reference model] 機種の異なるコンピュータ・ネットワーク間の開放型システム間相互接続。

OSO [*o*rbiting *s*olar *o*bservatory] (アメリカの)太陽観測衛星。

OT [*o*ccupational *t*herapist] 作業療法士。

O.T. [*O*ld *T*estament] 旧約聖書。↔N.T.。

OTA[1] [*o*n-line *t*ravel *a*gent] オン・ライン上でのみ取引を行っている旅行会社。

OTA[2] [*o*ver *t*he *a*ir] 無線によるデータの送受信。

OTC医薬品 [*O*ver *t*he *C*ounter―] 処方箋のいらない一般用医薬品。

OTCA [*O*verseas *T*echnical *C*ooperation *A*gency] 海外技術協力事業団。

OTEC [*o*cean *t*hermal *e*nergy *c*onversion] 海洋温度差発電。

OTHレーダー [*o*ver *t*he *h*orizon radar] 超水平線レーダー。

OTM [*o*n-line *t*eller *m*achine] オン・

ライン現金処理機。
OV［orbiter vehicle］ オービター軌道船。＊スペース・シャトルの本体。
OVA［日original video animation］ テレビや映画とは異なる市場で販売・レンタルされるアニメーション作品。
Ox ⇨オキシダント。
OY［optimum yield］ 最適生産量。
oz ⇨オンス。

P

P2P［peer-to-peer］ ピア・ツー・ピア。＊ネットサーバーを介さずに端末同士で情報交換するシステム。
P3［planet third］ 第3惑星；地球。
P-3C 対潜哨戒機。
P3P［Platform for Privacy Preferences］ インターネット上でのプライバシー保護に関する国際技術規格。
P4施設 遺伝子組み換え実験施設のうち，物理的封じ込め度が最も厳しいもの。＊Pはphysical containmentの略。
P5［permanent five］ 国連安全保障理事会常任理事国。＊アメリカ，イギリス，フランス，中国，ロシア。
P波［primary wave］ 地震波のうち初期微動の縦波。↔S波。
PA[1]［Palestinian Authority］ パレスチナ暫定自治政府。
PA[2]［Protection Grade of UVA］ 紫外線A波に対する防御効果を指数化したもの。＊＋の数で表す。⇨SPF。
PA[3] ⇨パブリック・アクセプタンス。
PA[4] ⇨パブリック・アフェアーズ。
PAC-3（パック・スリー）［Patoriot Advanced Capability 3］ 弾道ミサイルを迎撃する地対空誘導弾パトリオット3。＊能力発展型第3段階。
PACS ⇨パックス法。
PAL［Philippine Air Lines］ フィリピン航空。
PAM［pulse amplitude modulation］ パルス振幅変調。
PAN［Pesticide Action Network International］ 国際農薬行動ネットワーク。
PASCAL（パスカル）［Philips' Automatic Sequence Calculator］ 教育用プログラム言語。＊スイスのN.ビルトが開発。
PASMO（パスモ）［PASSNET more］ 非接触型ICカード方式の乗車券システム・電子マネー。＊首都圏を中心に私鉄，地下鉄，バスなどで利用できる。株式会社パスモ発行。
Pat.［Patent (ed)］ 特許；特許権；特許権を所有している。
PATA［Pacific Area Travel Association］ 太平洋アジア観光協会。
PayPay ⇨ペイペイ。
PAZ［precautionary action zone］（原発災害時の）予防的措置範囲。
PB[1] ⇨プライベート・ブランド。
PB[2] ⇨プライマリー・バランス。
PBEC［Pacific Basin Economic Council］ 太平洋経済委員会。
PBI［Peace Brigade International］ 国際平和部隊。
PBO[1]［peace building operations］ 国連の平和構築活動。
PBO[2]［projected benefit obligation］ 予防給付債務；退職給付債務。
PBR［price book-value ratio］ 株価純資産倍率。
PBW［particle beam weapon］ 粒子ビーム兵器。
PC[1]［precast concrete］ プレキャスト・コンクリート。＊あらかじめ工場で成型して作っておくコンクリート材。
PC[2] ⇨パーソナル・コンピュータ。
PC[3] ⇨ポリティカル・コレクトネス。
PCカード［PC card］ 主にノートパ

ソコンに用いる機能拡張用ICメモリーカード。

PCボード ⇨プリント基板。

PCB [*p*oly*c*hlorinated *b*iphenyl] ⇨ポリ塩化ビフェニル。

PCC [*p*ure *c*ar *c*arrier] (商品としての)自動車専用船。

PCE [*p*ersonal *c*onsumption *e*xpenditure] 個人消費支出。

PCFR [*p*rice *c*ash *f*low *r*atio] 株価キャッシュフロー比率。

PCM [*p*ulse *c*ode *m*odulation] パルス符号変調。

PCR [*p*ost*c*onsumer *r*ecycling] 使用後回収し，リサイクルすること。

PCR検査 [*p*olymerase *c*hain *r*eaction test] ポリメラーゼ連鎖反応検査。＊DNAサンプルから特定領域の情報を短時間に大量にコピーする。

PCS [*p*rogram *c*omponent *s*core]〘フィギュア・スケート〙採点法の1つ。演技構成点。＊スケーティング技術，演技力，要素のつなぎ，振り付け，音楽の表現を採点し，総計した点数。

PCT [*P*atent *C*ooperation *T*reaty] 特許協力条約。

PCU [*p*alliative *c*are *u*nit] 緩和ケア病棟。

PD ⇨パブリック・ドメイン。

PDA [*p*ersonal *d*igital *a*ssistant] 個人用携帯情報端末。

PDB [*p*ara*d*ichloro*b*enzene] パラジクロロベンゼン。＊防虫用薬剤。

PDCAサイクル [*p*lan, *d*o, *c*heck, *a*ct cycle] 業務を円滑に行うための管理手法の1つ。＊計画，実行，評価，改善の4段階を繰り返す。

PDF [*p*ortable *d*ocument *f*ormat] アドビ社が開発したドキュメント用ファイル・フォーマット。

PDM [*p*roduct *d*ata *m*anagement] 企画，設計，製造から販売に至るまでの製品情報管理。

PE[1] [*P*roduction *E*ngineering] 生産工学。

PE[2] [*p*rofessional *e*ngineer] (アメリカの)技術者資格。

PEACE [*P*acific *E*conomic *a*nd *C*ultural *E*nclave] 太平洋経済文化圏。

PECC [*P*acific *E*conomic *C*ooperation *C*ouncil] 太平洋経済協力会議。

PED [*P*orcine *E*pidemic *D*iarrhea] 豚流行性下痢。

PEF [*p*rivate *e*quity *f*und] 株式未公開企業に投資し，収益力を強化して上場・売却することで利益を得るファンド。

PEFC [*P*rogramme for the *E*ndorsement of *F*orest *C*ertification Schemes] 森林認証プログラム。

PEG [*p*ercutaneous *e*ndoscopic *g*astrostomy] 経皮内視鏡的胃瘻(いろう)造設術。

PEN (ペン) [International Association of *P*oets, Playwrights, *E*ditors, Essayists and *N*ovelists] ⇨ペン・クラブ。

PER [*p*rice *e*arnings *r*atio] 株価収益率。

PERT (パート) [*p*rogram *e*valuation and *r*eview *t*echnique] 工程管理の手法の1つ。＊ダイヤグラムなどで表し，作業計画を合理的に遂行する。

PET[1] [*p*oly*e*thylene *t*erephthalate resin] ポリエチレン・テレフタレート樹脂。

PET[2] [*p*ositron *e*mission *t*omography] 陽電子放出断層撮影。＝ポジトロンCT。

PETボトル [*p*oly*e*thylene *t*erephthalate bottle] ポリエチレン・テレフタレート樹脂で作られたプラスチック容器。

PETA (ペタ) [*P*eople for the *E*thical *T*reatment of *A*nimals] 動物の倫理的扱いを求める人々の会。

PEX（ペックス）［advance *p*urchase *ex*cursion］ 航空券事前購入割引。
PFC［*p*er*f*luoro*c*arbon］ パーフルオロカーボン。＊代替フロンの1つ。
PFCバランス［*p*rotein, *f*at, *c*arbohydrate balance］ たんぱく質，脂質，炭水化物から摂取する熱量の割合。
PFI［*p*rivate *f*inance *i*nitiative］ 民間資本主導。
PFLP［*P*opular *F*ront for the *L*iberation of *P*alestine］ パレスチナ解放人民戦線。
PFM[1]［日*P*atient *F*low *M*anagement］入院前から退院後までのスムーズで一貫した入退院マネジメント。
PFM[2]［*p*ersonal *f*inancial *m*anagement］ 個人資産情報の一元管理。
PFP［*P*artnership *f*or *P*eace］ 平和のための協力協定。
PFS［*P*rime *F*ocus *S*pectrograph］超広視野分光器。
PG[1]［*p*enalty *g*oal］ ⇨ペナルティー・ゴール。
PG[2] ⇨プロパン・ガス。
PGA[1]［*P*rofessional *G*olfers' *A*ssociation of America］ 全米プロゴルフ協会。
PGA[2]［*P*rofessional *G*olfers' *A*ssociation of Japan］ 日本プロゴルフ協会。
PGD［*p*reimplantation *g*enetic *d*iagnosis］ 着床前遺伝子診断。
PGP［*p*retty *g*ood *p*rivacy］ ファイルやメールの暗号化プログラム。
PGR［*p*sycho*g*alvanic *r*esponse］ 精神電気反射。＊ポリグラフ（うそ発見器）を使ったときに現れる反応。
pH ⇨ペーハー。
Ph.D.［*Ph*ilosophiae *D*octor^{ラテン}］ 博士号。＊元来は哲学博士のこと。
PHEV［*p*lug-in *h*ybrid *e*lectric *v*ehicle］ プラグ・イン・ハイブリッド電気自動車。
PHS[1]［*p*ersonal *h*andyphone *s*ystem］ 簡易型携帯電話。
PHS[2]［*P*ublic *H*ealth *S*ervice］（アメリカの）公衆衛生局。
PHV［*p*lug-in *h*ybrid *v*ehicle］ プラグ・イン・ハイブリッド自動車。
PI[1] ⇨パブリック・インボルブメント。
PI[2] ⇨プライス・インデックス。
PIARC［*P*ermanent *I*nternational *A*ssociation of *R*oad *C*ongresses］世界道路協会。
PICA（ピカ）［*P*rivate *I*nvestment *C*ompany for *A*sia］ アジア民間投資会社。
PICU［*P*ediatric *I*ntensive *C*are *U*nit］ 小児集中治療室。
PIF［*P*acific *I*slands *F*orum］ 太平洋諸島フォーラム。
PII［*p*ersonally *i*dentifiable *i*nformation］ 個人を特定できる情報。
PIM［*p*ersonal *i*nformation *m*anager］個人情報管理ソフト。
PIN［*P*atent *I*nformation *N*etwork］WIPO（世界知的所有権機関）の特許情報ネットワーク。
PISA［*P*rogramme for *I*nternational *S*tudent *A*ssessment］ OECD諸国の国際学習到達度調査。
PK[1] ⇨サイコキネシス。
PK[2] ⇨ペナルティー・キック。
PKF［*P*eace-*K*eeping *F*orces］ 国連平和維持軍。
PKK［*P*artiya *K*arkeran *K*urdistan^{クルド}］ クルド労働者党。
PKO[1]［*P*eace-*K*eeping *O*perations］国連平和維持活動。
PKO[2]［*p*rice *k*eeping *o*peration］ 株価維持政策。
PL[1]［*p*roduct *l*iability］ 製造物責任。
PL[2]［*p*roduct *l*iability insurance］製造物責任保険。
P／L［*p*rofit and *l*oss statement］損益計算書。
PL教団［*P*erfect *L*iberty―］ パー

資

フェクト・リバティー教団。＊御木徳近が「ひとのみち教団」を継承し，1946年に立教した宗教法人。

PLA [People's Liberation Army] (中国の)人民解放軍。

PLC [Power Line Communications] 電力線通信。

PLI [people's life indicators] 新国民生活指標。

PLM [product life cycle management] 製品ライフサイクル管理。

PLMD [periodic limb movement disorder] 周期性四肢運動障害。

PLO[1] [Palestine Liberation Organization] パレスチナ解放機構。＊パレスチナ人の統一的な政治行政機関。パレスチナ自治政府の前身。

PLO[2] [price lifting operation] 価格吊り上げ操作。

PLSS [portable life support system] (宇宙飛行士の使う)携帯用生命維持装置。

P.M., p.m. [post meridiem ラテ] 午後。↔A.M., a.m.

PM2.5 [Particulate Matter 2.5] 直径2.5マイクロメートル以下の粒子状物質。＊肺がんなどの原因。

PM10 [Particulate Matter 10] 直径が10マイクロメートル(0.01mm)以下の粒子物質。

PMA [personnel management analysis] 人事管理分析法。

PMC [Private Military Company] 民間軍事会社。

PMD [progressive muscular dystrophy] 進行性筋ジストロフィー。

PMDA [Pharmaceuticals and Medical Devices Agency] 医薬品医療機器総合機構。

PMS [premenstrual syndrome] 月経前症候群。

PMTC [professional mechanical tooth cleaning] 歯科医院で専門家が歯垢などを取り除く歯のクリーニング。

PNdB [perceived noise decibel] PNデシベル。＊被害者側の感覚を取り入れて測定する，感覚騒音の単位。

PNI [psychoneuroimmunology] 精神神経免疫学。

PNL [perceived noise level] (航空機1機当たりの)知覚騒音レベル。＊単位はPNdB(PNデシベル)。

PO[1] (プライベート・オファーリング) [private offering] 私募。＊証券取引を証券取引所以外で行うこと。

PO[2] ⇨ポスト・オフィス。

POB [post-office box] 私書箱。

POD [print on demand] 注文に応じて印刷するオン・デマンドサービス。

POE [port of entry] 到着港。

POP [post office protocol] サーバーに保存されたメールをダウンロードするためのプロトコル。

POP広告 [point of purchase advertizing] 購買時点広告。

POPs [persistent organic pollutants] 残留性有機汚染物質。

POS(ポス)**システム** [point of sales system] 販売時点情報管理システム。

POW [prisoner of war] 捕虜。＊PWとも。

PP[1] [physical protection] 核物質防護。

PP[2] [polypropylene] ⇨ポリプロピレン。

PP[3] [producer's price] 生産者価格。

PP加工 ⇨パーマネント・プレス加工。

PP&E [property, plant, and equipment] 有形固定資産。

ppb [parts per billion] 十億分の1を表す単位。＊濃度や割合を表す。

PPBS [planning-programming budgeting system] 企画計画予算編成

資

システム。
PPC [*P*ersonal Information *P*rotection *C*ommission] 個人情報保護委員会。
pphm [*p*arts *p*er *h*undred *m*illion] 1億分の1。
PPI [*p*lan *p*osition *i*ndicator] 空港監視レーダー。
ppi [*p*ixels *p*er *i*nch] 画素密度。1インチあたりの画素数を表す単位。
PPM1 [*p*roduct *p*ortfolio *m*anagement] プロダクト・ポートフォリオ戦略。＊企業内各セクションに資金を効果的に配分する戦略。
PPM2 [*p*ulse *p*hase *m*odulation] パルス位相変調。
PPM3 [*p*ulse *p*osition *m*odulation] パルス位置変調。
ppm [*p*arts *p*er *m*illion] 百万分率。
PPP1 [*P*akistan *P*eople's *P*arty] パキスタン人民党。
PPP2 [*p*oint-to-*p*oint *p*rotocol] 2つのコンピュータ・ネットワークを接続してデータ通信を行うときのプロトコル。
PPP3 [*p*olluter *p*ays *p*rinciple] 環境汚染者負担の原則。
PPP4 [*p*ublic *p*rivate *p*artnership] 官民連携。＊PFIよりも行政の関わりが強い。
PPP5 [*p*urchasing *p*ower *p*arity] 購買力平価。
ppt [*p*arts *p*er *t*housand] ⇨パー・ミル。
PQS [*p*ercentage *q*uota *s*ystem] (貿易の)比例割当制。
PR1 [*p*ersonal *r*epresentative] 代理人；個人代表。
PR2 (ピーアール) [*p*ublic *r*elations] 宣伝・広告活動；広報活動。
PRI1 [*P*artido *R*evolucionario *I*nstitucional(スペイン)] (メキシコの)制度的革命党；立憲革命党。
PRI2 [*p*rinciples for *r*esponsible *i*nvestment] 責任投資原則。
PRIO [International *P*eace *R*esearch *I*nstitute, *O*slo] オスロ国際平和研究所。
PRISM ⇨プリズム2。
PRM1 [*p*ower *r*ange *m*onitor] 原子力の出力領域モニター。
PRM2 [*p*rocess *r*adiation *m*onitor] プロセス放射線モニター。
Prof. ⇨プロフェッサー。
PROLOG [*pro*gramming in *log*ic] 推論を行うことができる人工知能用のプログラム言語。
PROM (ピーロム) [*p*rogrammable *r*ead-*o*nly *m*emory] 可変性読み取り専用メモリー。
PRSP [*P*overty *R*eduction *S*trategy *P*apers] 貧困削減戦略書。
PRT [*p*ersonal *r*apid *t*ransit system] 個人用高速輸送システム。
PRTR [*p*ollutant *r*elease and *t*ransfer *r*egister] 環境汚染物質排出・移動登録。
PS1 [*P*ferde*s*tärke(ドイツ)] 馬力。
PS2 [*P*lay*S*tation] プレイステーション。＊ソニーの据置型の家庭用ゲーム機。
PS3 ⇨ペイロード・スペシャリスト。
P.S. ⇨ポストスクリプト①。
PSコンクリート ⇨プレストレスト・コンクリート。
PSマーク [*p*roduct *s*afety mark] 安全基準をクリアした特定生活用品につけられるマーク。
PSC [*p*ort *s*tate *c*ontrol] 外国船に対する立入検査。
PSEマーク [*P*roduct *S*afety, *E*lectrical Appliance & Materials mark] 家電製品による事故・障害防止をめざすためのマーク。
PSI [*P*roliferation *S*ecurity *I*nitiative] (大量破壊兵器の)拡散に対する安全保障構想。
PSP [*P*lay*S*tation *P*ortable] プレ

イステーション・ポータブル。＊ソニーの携帯型ゲーム機。

PSSI [*P*eace *S*cience *S*ociety *I*nternational] 国際平和科学協会。

PST [*P*acific *S*tandard *T*ime] (アメリカの)太平洋標準時。

PSW [*p*sychiatric *s*ocial *w*orker] 精神科ソーシャルワーカー；精神保健福祉士。

PT[1] ⇨フィジカル・セラピスト。

PT[2] ⇨プロジェクト・チーム。

pt. ⇨パイント。

PTA[1] (ピー・ティー・エー) [*P*arent *T*eacher *A*ssociation] 保護者と教職員の会。

PTA[2] [*p*repaid *t*icket *a*dvice] 航空旅客運賃先払い制度。

PTBT [*P*artial *T*est *B*an *T*reaty] 部分的核実験禁止条約。

P.T.O. [*p*lease *t*urn *o*ver] 「裏面に続く」「次ページに続く」。

PTP包装 [*p*ress *t*hrough *p*ack] 指で包装の上から押し，裏側に出す，錠剤の包装方式。

PTS [*p*roprietary *t*rading *s*ystem] 私設取引システム。

PTSD [*p*ost*t*raumatic *s*tress *d*isorders] 心的外傷後ストレス障害。

PUC [*P*ublic *U*tilities *C*ommission] 公益事業委員会。

PVC [*p*oly*v*inyl *c*hloride] ⇨ポリ塩化ビニル。

PWA [*P*eople *w*ith *A*IDS] エイズ患者。

PWM [*p*ulse *w*idth *m*odulation] パルス幅変調。

PWR [*p*ressurized *w*ater *r*eactor] 加圧水型原子炉。

PWYW [*p*ay *w*hat *y*ou *w*ant] 購入者側に価格設定を委ねる支払方式。

PX [*p*ost e*x*change] (アメリカ軍の)酒保；基地内の売店。

PXL [*p*atrol *X* *l*anding base] 次期対潜哨戒機。

Q

Q熱 [*Q* fever] リケッチア (微生物の一種)による感染症。＊悪寒・下痢などを伴う。

Qマーク [*q*uality mark] 推奨マーク。＊繊維業界が自主品質基準に合格した製品に付ける。

qレシオ [*q* ratio] 株式投資のための指標の1つ。

Q&A [*q*uestion *and* *a*nswer] 質疑応答。

QB ⇨クォーターバック。

QC ⇨クオリティ・コントロール。

QCD [*Q*uantum *C*hromo*d*ynamics] 量子色力学。

QDR [*Q*uadrennial *D*efense *R*eview] アメリカの4年ごとの防衛戦略の見直し。

QE [*q*uick *e*stimation] GDPの速報値。

Q.E.D. [*q*uod *e*rat *d*emonstrandum ﾗﾃﾝ] 「証明終了」「かく示された」の意味。

Qi (チー) 『商標』 ワイヤレス充電の標準規格の1つ。＊中国の概念「気」が由来。

QIP [*q*uality *i*mprovement *p*rogram] 品質改善計画。

QOL ⇨クオリティ・オブ・ライフ。

QoQ [*Q*uarter *o*ver *Q*uarter] 事業決算，経済指標などの前四半期比。

QoS [*Q*uality *o*f *S*ervice] ネットワーク上で提供されるサービスの品質。

QR ⇨クイック・レスポンス。

QRコード [*Q*uick *R*esponse Code] 情報をモザイク状のパターンで表した2次元コード。＊バー・コードの発展型。

QS ⇨クオリティ・スタート。

QSG [*q*uasi-*s*tellar *g*alaxy] 恒星状小宇宙。

QSLカード［*QSL* card］ アマチュア無線家の交信記念カード。＊QSLは無線略号で「受信承認」。
QSO ⇨クエーサー。
QSTOL（キューストール）［*q*uiet *s*hort *t*ake-*o*ff and *l*anding］ 無騒音短距離離着陸機。
QT［*Q*uote *T*weet］ 引用つきツイート。
QTAM（キュータム）［*q*ueued *t*elecommunication *a*ccess *m*ethod］ 同期通信アクセス方式。
QWL［*q*uality of *w*orking *l*ife］ 労働生活の質的向上運動。

R

4R 3R（*R*educe-ごみの減量，*R*euse-再利用，*R*ecycle-再資源化）に*R*efuse-ごみになるものを生産しない，買わない-を加えた，環境に配慮した推進運動のスローガン。
R[1]［*r*ight angle］ 数学で，直角を示す記号。
R[2]［*r*oof］ エレベータなどで屋上を示す記号。
Ⓡ［*r*egistered trademark］ 登録商標。
R指定［*r*estricted］ 映画鑑賞についてその内容により年齢を規制すること。＊日本の映倫では，R15，R18がある。
rad ⇨ラジアン。
RAD-AR［*r*isk/benefit *a*ssessment of *d*rugs-*a*nalysis and *r*esponse］ 医薬品のリスク及び利益の分析と対策。
RAF［*R*oyal *A*ir *F*orce］ イギリス空軍。
RAI［*Ra*dio Television *I*taliano］ イタリア放送協会。
RAM（ラム）［*r*andom-*a*ccess *m*emory］ ランダム・アクセスのできる，コンピュータの記憶素子の1つ。＊データの書き込み，読み出しの両方が可能。
RAND［*R*esearch *an*d *D*evelopment Corporation］（アメリカの）ランド研究所。＊軍事専門の調査・研究機関。
R&A［*R*oyal *and* *A*ncient Golf Club of St.Andrews］ ①英国ゴルフ協会。②セント・アンドリュース・ゴルフコース。
R&B ⇨リズム・アンド・ブルース。
R&D［*r*esearch *and* *d*evelopment］ 研究開発。
R&Dレシオ［*R&D* ratio］ 1株当たりの研究開発費を株価で割った比率。
R&R ⇨ロックン・ロール。
RAPCON（ラプコン）［*r*adar *ap*proach *con*trol］（レーダーによる）航空交通管制。
RAS（ラス）［*r*eliability, *a*vailability, *s*erviceability］ 信頼度，利用可能度，保守容易度。＊コンピュータの能力評価の3要素。
RASIS（ラシス） コンピュータ・システムの能力評価を示す五大要素。信頼性（*r*eliability），可用性（*a*vailability），保守性（*s*erviceability），保全性（*i*ntegrity），安全性（*s*ecurity）。＊レイシスとも。
RATO［*r*ocket-*a*ssisted *t*ake*o*ff］ 航空機のロケット補助〔推進〕離陸。
RBC［*r*ed *b*lood *c*ell］ 赤血球。
RBMK［*R*eaktory *B*olshoi *M*oshchnosti *K*analynye[ロシア]］ 黒鉛減速沸騰軽水圧力管型原子炉。
RBS［*R*oyal *B*ank of *S*cotland］ ロイヤル・バンク・オブ・スコットランド。＊イギリスの大手民間銀行。
RC[1]［*r*einforced *c*oncrete］ 鉄筋コンクリート。
RC[2] ⇨リモート・コントロール。
RCC［*R*esolution and *C*ollection

Corporation] 整理回収機構。
RCEP（アールセップ）[*R*egional *C*omprehensive *E*conomic *P*artnership] 東アジア地域包括的経済連携。
RCS [*R*emote *C*omputing *S*ervice] 遠隔情報処理サービス。
RCTA [*r*ear *c*ross *t*raffic *a*lert] 車両後退時の安全確認補助機能。
RCU [*r*espiratory *c*are *u*nit] ICUの1つ。呼吸器疾患集中治療室。
RCV [*r*emote *c*ontrolled *v*ehicle] 原子炉格納容器。
R-DAN [*r*adioactivity-*d*isaster *a*larm *n*etwork] 放射能災害警報ネットワーク。
RDB [*r*elational *d*ata *b*ase] すべてのデータを行と列の配列・構成で表すデータ・ベース。
RDD [*R*andom *D*igit *D*ialing] 社会調査で，ランダムに作り出した番号に電話をかけて行う手法。
RDF [*r*efuse *d*erived *f*uel] ごみ固形化燃料。⇨WDF。
RE ⇨ロータリー・エンジン。
REACH [*R*egistration *E*valuation *A*uthorization of *Ch*emicals] 欧州連合(EU)の新化学物質規制。
rec. [*rec*eipt] ⇨レシート。
RECOVER（リカバー）[*re*mote *co*ntinual *ver*ification]（核物質の）常時遠隔監視システム。
REIT（リート）[*r*eal *e*state *i*nvestment *t*rust] 不動産投資信託。
REM [*r*apid *e*ye *m*ovement] 急速眼球運動。⇨レム睡眠。
rem ⇨レム。
Rep.[1] [*Rep*resentative] アメリカの下院議員。
Rep.[2] [*Rep*ublican] 共和党員。
RERF [*R*adiation *E*ffects *R*esearch *F*oundation] 放射線影響研究所。＊日米共同で原爆傷害の調査を行う研究機関。
RESA [*r*unway *e*nd *s*afety *a*reas] 滑走路端安全区域。
RF [*r*adio *f*requency] 高周波。
RFI [*r*equest *f*or *i*nformation] 情報提供依頼書。
RFID [*r*adio *f*requency *id*entification] ICを利用した非接触型自動識別技術。
RFP[1] [*r*equest *f*or *p*roposal] 提案依頼書。
RFP[2] [*r*everse *f*ield *p*inch]（核融合の）逆磁場ピンチ装置。
RFQ [*r*equest *f*or *q*uotation] 見積依頼書。
RGB [*r*ed, *g*reen, *b*lue] 赤・緑・青。＊カラーテレビ画像の3原色。
Rh因子 [*rh*esus factor] 赤血球に含まれる凝集因子。＊Rh式血液型判定に使われる。
RI[1] [*R*ehabilitation *I*nternational] 国際リハビリテーション協会。
RI[2] [*R*otary *I*nternational] 国際ロータリークラブ。
RIMPAC（リムパック）[*Rim* of the-*Pac*ific Exercises] 環太平洋海軍合同演習。
RITE [*R*esearch *I*nstitute of Innovation *T*echnology for the *E*arh] 地球環境産業技術研究機構。
RMA[1] [*r*andom *m*ultiple *a*ccess] 任意多重同時交信方式。
RMA[2] [*r*eturn *m*erchandise *a*uthorization] 返品保証。
RMA[3] [*r*evolution in *m*ilitary *a*ffairs] 軍事革命。
RMR [*r*elative *m*etabolic *r*ate] エネルギー代謝率。
RMS [*r*emote *m*anupulator *s*ystem] 遠隔操作システム。
RMT [*r*eal *m*oney *t*rading] オン・ライン・ゲームにおいて，ゲーム内のアイテム購入などに現実の通貨を使用して売買すること。
RN [*R*assemblement *N*ational フランス]

(フランスの)国民連合。＊極右政党。
RNA ⇨リボ核酸。
ROA [*r*eturn *o*n *a*ssets] 総資産収益率。
ROC [*R*epublic *o*f *C*hina] 中華民国(台湾)。
ROE¹ [*r*eturn *o*n *e*quity] 自己資本利益率；株主資本利益率。
ROE² [*r*ules *o*f *e*ngagement] 交戦規則。
ROI [*r*eturn *o*n *i*nvestment] 投資利益率。
ROK [*R*epublic *o*f *K*orea] 大韓民国。
ROM（ロム）[*r*ead *o*nly *m*emory] コンピュータの記憶素子の1つ。＊データの読み出しのみが可能。
ROTC [*R*eserve *O*fficers' *T*raining *C*orps] （アメリカの）予備役将校訓練課程。
ROV [*r*emotely-*o*perated *v*ehicle] 遠隔操作作業船。
RP [*R*adio *P*ress] ラヂオプレス。＊世界各国の放送を受信し，その内容を新聞社などに配信する通信社。
RPA [*r*obotic *p*rocess *a*utomation] 単純な事務業務のロボットによる自動化。
RPF [*r*efuse derived *p*aper and plastics densified *f*uel] 古紙と廃棄プラスチックによるリサイクル固形燃料。⇨RDF，WDF。
RPG ⇨ロール・プレイング・ゲーム。
r.p.m. [*r*evolutions *p*er *m*inute] 1分間あたりの回転数。
RPS¹ [*r*enewables *p*ortfolio *s*tandard] 再生可能エネルギー割当基準。
RPS² [*r*etail *p*rice *s*urvey] 小売物価統計調査。
RPV¹ [*r*eactor *p*ressure *v*essel] 原子炉圧力容器。
RPV² [*r*emote *p*iloted *v*ehicle] 無人遠隔操縦機。
RR [*r*ear engine *r*ear drive] 後部エンジン・後輪駆動。
RRR爆弾 [*r*educed *r*esidual *r*adiation bomb] 残存放射能減少爆弾。
RS¹ [*R*oyal *S*ociety] （英国の）王立協会。
RS² ⇨リモート・センシング。
RSウイルス [*r*espiratory *s*yncytical virus] 新生児・乳幼児の重症気管支炎や肺炎の原因となるウイルス。
RSA暗号 公開鍵暗号方式の1つ。＊RSAは3人の考案者の頭文字で，*R*ivest，*S*hamir，*A*dleman。
RSC [*R*oyal *S*hakespeare *C*ompany] （イギリスの）ロイヤル・シェークスピア劇団。
RSF [*R*eporters *S*ans *F*rontières ﾌﾗﾝｽ] 国境なき記者団。＊言論・報道の自由の擁護を目的とするジャーナリストによる非政府組織。1985年，パリで設立。英語での略はRWB。
RSMC [*R*egional *S*pecial *M*eteorological *C*entre] 地域特別気象中枢。
RSS [*R*ich *S*ite *S*ummary] ウェブ・サイト上の記事の要約や見出しなどの更新情報を記述する書式の1つ。
R.S.V.P [*R*épondez *s*'il *v*ous *p*laît ﾌﾗﾝｽ] 「お返事をください」。＊招待状などに印刷されることば。
RT ⇨リツイート。
RTOL [*r*educed *t*ake-off and *l*anding] 短距離離着陸機。
RTSP [*R*eal *T*ime *S*treaming *P*rotocol] ネットワーク上，リアル・タイムで音声や動画などを配信するための制御プロトコル。
RUTF [*r*eady to *u*se *t*herapeutic *f*ood] そのまま食べられる栄養食品。
RV¹ [*r*eactor *v*essel] 原子炉容器。
RV² [*r*ecreational *v*ehicle] レクリエーション用の自動車。
RWB [*R*eporters *W*ithout *B*orders] ⇨RSF。

RWC [*R*ugby *W*orld *C*up] ラグビー・ワールド・カップ。

RWD [*r*ear *w*heel *d*rive] 後輪駆動車。

S

S[1] [*s*outh] 磁石などの南。↔N²。

S[2] ⇨ジーメンス。

S波 [*s*econdary wave] 地震の横波。↔P波。

SA[1] [*S*alvation *A*rmy] 救世軍。

SA[2] ⇨サービス・エリア。

SA[3] ⇨ストア・オートメーション。

S.A. [*s*ociété *a*nonyme^フランス^, *s*ociedad *a*nónima^スペイン^, *s*ocietà *a*nonima^イタリア^] 株式会社。

SAARC [*S*outh *A*sian *A*ssociation for *R*egional *C*ooperation] 南アジア地域協力連合。

SaaS (サース) [*S*oftware *a*s *a* *S*ervice] コンピュータ・ソフトをインターネット経由で提供・入手するサービス・システム。

SABMIS [*S*ea-based *A*nti*b*allistic *M*issile *I*ntercept *S*ystem] アメリカ海軍の海上配備対弾道ミサイル迎撃システム。

SACLA(サクラ) [*S*pring-8 *A*ngstrom *C*ompact Free Electron *La*ser] 日本初のX線自由電子レーザー(XFEL)施設。

SADC [*S*outhern *A*frican *D*evelopment *C*ommunity] 南部アフリカ開発共同体。＊本部はハボローネ(ボツワナ共和国の首都)。

SAJ [*S*ki *A*ssociation of *J*apan] 全日本スキー連盟。

SAL郵便 [*s*urface *a*ir *l*ifted mail] 発送国と到着国では船便扱いとし，２国間のみを航空便扱いにする郵便。

SAM[1] [*s*equential *a*ccess *m*ethod] 順次アクセス方式。＊コンピュータにおける情報検索方式の1つ。

SAM[2] [*s*urface-to-*a*ir *m*issile] 地対空ミサイル。

S&L [*s*avings *and* *l*oan association] (アメリカの)貯蓄貸付組合。

S&P [*S*tandard *and* *P*oor's] スタンダード・アンド・プアーズ。＊アメリカの格付け会社。

SAP[1] [*s*pecial *a*utomobile *p*olicy] 自家用自動車総合保険。

SAP[2] [*s*tructural *a*djustment *p*rograms] 構造調整プログラム。

SAR[1] [*s*creen *a*spect *r*atio] 映画やテレビの画面の縦横比。

SAR[2] [*s*earch *a*nd *r*escue] 捜索救難。

SAR[3] [*s*pecific *a*bsorption *r*ate] 比吸収率。人体に吸収される電磁波の平均エネルギー量を表す。

SAR[4] [*s*tock *a*ppreciation *r*ight] 株価連動型報酬。

SARS (サーズ) [*S*evere *A*cute *R*espiratory *S*yndrome] 重症急性呼吸器症候群。

SAS[1] [*s*leep *a*pnea *s*yndrome] 睡眠時無呼吸症候群。

SAS[2] [*s*pace *a*daptation *s*yndrome] 宇宙不適応症候群。

SAS[3] [*S*pecial *A*ir *S*ervice] イギリス空軍のテロ対策特殊部隊。

SAT[1] [*S*cholastic *A*ptitude *T*est] (アメリカの)大学進学適性試験。

SAT[2](サット) [*S*pecial *A*ssault *T*eam] 日本の警察の特殊部隊。

SB ⇨ストア・ブランド。

SBP [*s*trategic *b*usiness *p*lanning] 戦略的事業計画。

SBS [*s*haken *b*aby *s*yndrome] 揺さぶられっ子症候群。

SBS方式 [*s*imultaneous *b*uy and *s*ell tender system] 売買同時契約方式。

SBSS [*S*pace *B*ased *S*pace *S*urveillance〕 宇宙配備監視衛星；アメリカ空軍の軍事監視衛星。

SCAD 〔*s*ubsonic *c*ruise *a*rmed *d*ecoy〕（アメリカ軍の）亜音速おとり巡航ミサイル。

SCAR 〔*S*cientific *C*ommittee on *A*ntarctic *R*esearch〕 ICSU（国際科学会議）の南極研究科学委員会。

SCC 〔*S*ecurity *C*onsultative *C*ommittee〕 日米安全保障協議委員会。

SCJ 〔*S*cience *C*ouncil of *J*apan〕 日本学術会議。

SCLC 〔*S*outhern *C*hristian *L*eadership *C*onference〕（アメリカの）南部キリスト教指導者会議。＊1957年，キング牧師により創設。

SCM 〔*s*upply *c*hain *m*anagement〕 サプライ・チェーン・マネジメント。＊コンピュータを使って，受注・資材調達・生産・在庫管理・物流等を効率的に管理する経営手法。

SCMS 〔*s*erial *c*opy *m*anagement *s*ystem〕 デジタル記録されたテープやディスクからの無制限なコピーを防止するシステム。

SCR 〔*s*ilicon *c*ontrolled *r*ectifier〕 ⇨サイリスター。

SCSI（スカジー）〔*s*mall *c*omputer *s*ystem *i*nterface〕 コンピュータとハードディスクや周辺機器を接続するためのインターフェースの規格。

SCT 〔*s*entence *c*ompletion *t*est〕 文章完成検査。＊性格検査の1つ。

SCU 〔*s*troke *c*are *u*nit〕 脳卒中急性期の患者の集中治療室。

SD[1] 〔*s*pace *d*evelopment〕 等価交換方式。

SD[2] 〔*s*tandard *d*eviation〕 標準偏差。

SDカード 〔*s*afety *d*river card〕 安全運転のドライバーに与えられるカード。

SDメモリー・カード 〔*SD* memory card〕 フラッシュ・メモリー型の記録媒体。＊SDカードとも。SDは，*S*ecure *D*igitalの略。

SDECE 〔*S*ervice de *D*ocumentation *E*xtérieure et de *C*ontre-*E*spionage ﾌﾗﾝｽ〕 防諜・外国資料局。＊フランスの諜報機関。

SDF[1] 〔*S*elf-*D*efense *F*orces〕（日本の）自衛隊。

SDF[2] 〔*S*yrian *D*emocratic *F*orces〕 シリア民主軍。

SDGs 〔*S*ustainable *D*evelopment *G*oals〕 持続可能な開発目標。

SDHCカード 〔*SD H*igh *C*apacity card〕 4GB以上の容量を持つ，SDメモリー・カードの上位規格媒体。

SDMI 〔*s*ecure *d*igital *m*usic *i*nitiative〕 デジタル音楽著作権保護協議会。

SDP 〔*S*ocial *D*emocratic *P*arty〕（日本の）社会民主党。

SDR 〔*s*pecial *d*rawing *r*ights〕 IMF（国際通貨基金）の特別引き出し権。

SDS 〔*s*pecial *d*iscount *s*ale〕 特別割引販売。

SE[1] ⇨サウンド・エフェクト。

SE[2] ⇨システム・エンジニア。

SE[3] ⇨セールス・エンジニア。

SEC 〔*S*ecurities and *E*xchange *C*ommission〕（アメリカの）証券取引委員会。

sec[1] ⇨セカント。

sec[2] ⇨セコンド①。

SED 〔*S*urface-conduction *E*lectron-emitter *D*isplay〕 表面電界ディスプレー。

SELA 〔*S*istema *E*conómico *L*atino*a*mericano ｽﾍﾟｲﾝ〕 ラテン・アメリカ経済機構。

SEM[1] 〔*S*canning *E*lectron *M*icroscope〕 走査型電子顕微鏡。

SEM[2] 〔*s*earch *e*ngine *m*arketing〕 インターネットの検索エンジンを活用したマーケティング。

SEMATECH（セマテック）〔*Se*miconductor *Ma*nufacturing *Tech*nolo-

資

gy Institute〕（アメリカの）半導体製造技術研究機関。
SEO〔*S*earch *E*ngine *O*ptimization〕検索エンジン最適化。
SEPAC（セパック）〔*S*pace *E*xperiments with *P*article *A*ccelerators〕粒子加速器による宇宙科学実験。＊人工オーロラ計画。
SESC〔*S*ecurities and *E*xchange *S*urveillance *C*ommission〕証券取引等監視委員会。
SET〔*s*ecure *e*lectronic *t*ransaction〕インターネット上でのクレジット・カード決済に用いられる規格。
SF〔*s*cience *f*iction〕空想科学小説。
SFマーク〔*s*afety *f*ireworks mark〕日本煙火協会の検査をクリアした玩具用花火につけられる安全マーク。
SFA〔*s*ales *f*orce *a*utomation〕営業支援システム。
SFM〔*S*canning *F*orce *M*icroscope〕走査型力顕微鏡。
SFRC〔*s*teel *f*iber *r*einforced *c*oncrete〕鋼繊維強化コンクリート。
SFTS〔*s*evere *f*ever with *t*hrombocytopenia *s*yndrome〕重症熱性血小板減少症候群。＊ブニヤウイルス科フレボウイルス属の新ウイルスによるダニ媒介性感染症。
SFX〔special effects〕特殊撮影技術。
SGマーク〔*s*afety *g*oods mark〕（生活用品の）安全基準合格マーク。
SGEC〔*S*ustainable *G*reen *E*cosystem *C*ouncil〕緑の循環認証会議。
SGML〔*S*tandard *G*eneralized *M*arkup *L*anguage〕標準一般化マークアップ言語。
SH ⇨スクラム・ハーフ。
SHAPE（シェープ）〔*S*upreme *H*eadquarters *A*llied *P*owers in *E*urope〕ヨーロッパ連合軍最高司令部。
SHF〔*s*uper*h*igh *f*requency〕超高周波；極超短波；センチメートル波。＊3～30ギガヘルツ。
SI[1]〔*S*ystème *I*nternational d'Unités フランス〕国際単位系。
SI[2] ⇨システム・インテグレーション。
SIA〔*S*emiconductor *I*ndustry *A*ssociation〕アメリカ半導体工業会。
SICA〔*S*istema de la *I*ntegración *C*entro *A*mericana スペイン〕中米統合機構。
SIDS（シッズ）〔*s*udden *i*nfant *d*eath *s*yndrome〕乳幼児突然死症候群。
SIG（シグ）〔*s*pecial *i*nterest *g*roup〕興味や関心を中心に形成されるグループ。
SIGINT〔*sig*nal *int*elligence〕シギント。＊通信情報の傍受・収集。
SIM（シム）カード〔*S*ubscriber *I*dentity *M*odule Card〕携帯電話で使われている電話番号の固有のID番号が記録されたICカード。
SIMEX（サイメックス）〔*S*ingapore *I*nternational *M*onetary *Ex*change〕シンガポール国際金融取引所。
SIMM〔*s*ingle *i*nline *m*emory *m*odule〕シム。＊メモリーチップを搭載したモジュール。
sin ⇨サイン[2]。
SINET（サイネット）〔*s*cience *in*formation *net*work〕学術情報ネットワーク。
SIPRI（シプリ）〔*S*tockholm *I*nternational *P*eace *R*esearch *I*nstitute〕ストックホルム国際平和研究所。
SIS[1]〔*s*afety *i*njection *s*ystem〕（原子炉の）安全注入システム。
SIS[2]〔*S*ecret *I*ntelligence *S*ervice〕（イギリスの）秘密情報局。
SIS[3]〔*s*trategic *i*nformation *s*ystem〕戦略情報システム。
SIT〔*S*pecial *I*nvestigation *T*eam〕特殊捜査班。
SJAC〔*S*ociety of *J*apanese *A*erospace *C*ompanies〕日本航空宇宙工業会。
SL〔*s*team *l*ocomotive〕蒸気機関車。

資

SLA [*s*ervice *l*evel *a*greement] サービス品質保証。
SLBM [*s*ubmarine-*l*aunched *b*allistic *m*issile] 潜水艦発射弾道ミサイル。
SLCM [*s*ea-*l*aunched *c*ruise *m*issile] 海洋発射巡航ミサイル。
SLDK [日*s*ervice room+*l*iving room+*d*ining room+*k*itchen] 居間・食堂・台所にサービスルームが加わった間取り。
SLE [*s*ystemic *l*upus *e*rythematosus] 全身性エリテマトーデス。＊膠原(こうげん)病の一種。
SLSI [*s*uper *l*arge-scale *i*ntegration] 超大規模集積回路。
SLT[1] [*s*ingle *l*ane *t*ransit] 自動運転の軌道(シャトル)バス。
SLT[2] [*s*olid *l*ogic *t*echnology] コンピュータで，固体論理技術。
SM[1] [*s*adism and *m*asochism] サディズムとマゾヒズム。
SM[2] ⇨サドマゾヒズム。
SMA [*s*hape *m*emory *a*lloy] 形状記憶合金。
SMON ⇨スモン病。
SMS [*S*hort *M*essage *S*ervice] 携帯電話やスマートフォンで短いメッセージを送受信するサービス。
SMTP [*s*imple *m*ail *t*ransfer *p*rotocol] Eメールの転送に用いる標準的な通信規約(プロトコル)。
S-N比 [*s*ignal to *n*oise ratio] 信号と雑音の比。＊単位はデシベル。
SNA [*S*ystem of *N*ational *A*ccounts] 国連の国民経済計算体系。
SNEP(スネップ) [*S*olitary *N*on-*E*mployed *P*ersons] 孤立無業者。＊20歳〜59歳の未婚無業者をさす。
SNF [*s*hort-range *n*uclear *f*orce] 短距離核戦力。
SNG[1] [*s*atellite *n*ews *g*athering] 通信衛星利用のニュース方式。
SNG[2] [*s*ynthetic *n*atural *g*as] 合成天然ガス。＊代替天然ガス (substitute natural gas)とも。
SNM [*s*pecial *n*uclear *m*aterial] 特定核物質。
SNP [*s*ingle *n*ucleotide *p*olymorphism] ヒトのDNAの塩基配列で1つだけ異なる塩基があること。一塩基多型。
SNRI [*s*erotonin *n*oradrenalin *r*e-uptake *i*nhibitor] セロトニン・ノルアドレナリン再取り込み阻害薬。
SNS ⇨ソーシャル・ネットワーキング・サービス。
SO ⇨スペシャル・オリンピックス。
SOA [*s*ervice-*o*riented *a*rchitecture] サービス指向アーキテクチャ。
SOD [*s*uper-*o*xide *d*ismutase] 生活活性酵素。＊活性酸素を分解。
SOF [*S*pecial *O*peration *F*orces] 特殊作戦部隊。
SOFA [U.S.-Japan *S*tatus *o*f *F*orces *A*greement] 日米地位協定。
SOGI [*s*exual *o*rientation and *g*ender *i*dentity] 性的指向と性自認。
SOHO(ソーホー) [*s*mall *o*ffice *h*ome *o*ffice] パソコンなどを小さな事務所や自宅に備えて仕事を行う形態。また，事業者。
SoHo ⇨ソーホー[1]。
Soho ⇨ソーホー[2]。
SOI素子 [*s*ilicon *o*n *i*nsulating substrate] 絶縁層上の結晶基板上にシリコンの集積回路を形成した素子。
SOL [*S*anctuary *o*f *L*ife] 生命の尊厳。
sonar ⇨ソナー。
SOR [*s*ynchrotron *o*rbital *r*adiation] シンクロトロン軌道放射光。
SOS エス・オー・エス。＊遭難信号。発信しやすいモールス符号。SにもOにも特定の意味はない。
SOx [*s*ulfur *ox*ide] 硫黄酸化物。
SP[1] [*s*ecurity *p*olice] 秘密警察；要人警護の警察官。
SP[2] [*s*tandard *p*laying record] SP

盤。＊1分間78回転のレコード。
SP[3] ⇨ショート・プログラム。
SP[4] ⇨セールス・プロモーション。
SPA [*s*pecialty store retailer of *p*rivate label *a*pparel] 製造小売業。
SPADATS [*spa*ce *d*etection *a*nd *t*racking *s*ystem] （アメリカの）衛星探知追跡網。
SPC [*s*pecial *p*urpose *c*ompany] 特別目的会社；特定目的会社。
SPD [*S*ozialdemokratische *P*artei *D*eutschlands[ドイツ]] ドイツ社会民主党。
SPDPM [*S*ubcommission on *P*revention of *D*iscrimination and *P*rotection of *M*inorities] （国連の）差別防止・少数者保護小委員会。
SPEEDI [*S*ystem for *P*rediction of *E*nvironmental *E*mergency *D*ose *I*nformation] （原発事故などの際の）迅速放射能影響予測ネットワークシステム。
SPF [*s*un *p*rotection *f*actor] 紫外線防御指数。
SPF豚 [*s*pecific *p*athogen *f*ree pig] 無菌豚。＊医学実験用に飼育。
SPI[1] [*s*ervice *p*rice *i*ndex] サービス価格指数。＊日本銀行が開発。
SPI[2] [*s*ynthetic *p*ersonality *i*nventory] 能力・性格適性検査。
SPLA [*S*udanese *P*eople's *L*iberation *A*rmy] スーダン人民解放軍。
SPM[1] [*s*canning *p*robe *m*icroscope] 走査型プローブ顕微鏡。
SPM[2] [*s*uspended *p*articulate *m*atter] 浮遊粒子状物質。＊大気汚染の原因とされている。
SPS[1] [*s*olar *p*ower *s*atellite] 太陽発電衛星。
SPS[2] [*S*uper *P*roton *S*ynchrotron] セルン(CERN)の超大型陽子加速器。
SQ [*s*pecial *q*uotation] （株式先物取引の）特別清算指数。
SQC [*s*tatistical *q*uality *c*ontrol] 統計的品質管理。
SQUID（スキッド） [*s*uperconducting *qu*antum *i*nterference *d*evice] 超伝導量子干渉素子。
SR [*s*ubstitutional *r*eality] 代替現実。
SRAM[1] [*s*hort-*r*ange *a*ttack *m*issile] 短距離攻撃ミサイル。
SRAM[2] [*s*tatic *r*andom *a*ccess *m*emory] 半導体記憶素子の1つ。＊記憶内容を保つためのリフレッシュ作業が不要。↔DRAM。
SRBM [*s*hort-*r*ange *b*allistic *m*issile] 短距離弾道ミサイル。
SRC [*s*teel-*r*einforced *c*oncrete] 鉄骨鉄筋コンクリート。
SRI[1] [*s*ocially *r*esponsible *i*nvestment] 社会的責任投資。
SRI[2] [*S*tanford *R*esearch *I*nstitute] スタンフォード研究所。＊アメリカの3大シンクタンクの1つ。
SROI [*s*ocial *r*eturn *o*n *i*nvestment] 社会的投資収益率。
SRS[1] [*s*ex *r*eassignment *s*urgery] 性別適合手術。
SRS[2] [*s*upplemental *r*estraint *s*ystem] （自動車の）乗員保護補助装置。
SS[1] [*S*chutz*s*taffel[ドイツ]] （ナチスの）親衛隊。
SS[2] [*s*ervice *s*tation] ガソリン・スタンド。
SS[3] [*s*uspended *s*olid] 浮遊固形物。
SS[4] ⇨シークレット・サービス。
SSA [*S*pace *S*ituational *A*wareness] 宇宙開発利用のための状況認識。
SSD[1] [*s*olid *s*tate *d*rive] 補助記憶装置として用いられる半導体メモリー。
SSD[2] [*S*pecial *S*ession of the United Nations General Assembly on *D*isarmament] 国連軍縮特別総会。
SSE [*s*upply-*s*ide *e*conomics] 供給（企業）側重視の経済学。

SSH [日Super Science High school] 文部科学省が指定する，先進的な理数系教育を実施する高等学校。

SSL [Secure Sockets Layer] インターネットで暗号化したデータを安全に送受信するためのプロトコル。

SSM [surface-to-surface missile] 地対地ミサイル；艦対艦ミサイル。

SSM調査 [Social Stratification and Social Mobility Survey] 社会階層と社会移動に関する全国調査。

SSRI [Selective Serotonin Reuptake Inhibitors] 抗うつ薬の一種。＊選択的セロトニン再取り込み阻害薬。

SST[1] [Social Skills Training] 社会生活技能訓練。

SST[2] [Special Security Team] 特殊警備隊；海上保安庁の特殊部隊。

SST[3] [supersonic transport] 超音速旅客機。

St. ⇨セント[2]。

STマーク [safety toy mark] 玩具(がんぐ)の安全基準マーク。

START（スタート）[Strategic Arms Reduction Treaty]（米ソ）戦略兵器削減条約。

START II [Strategic Arms Reduction Treaty II] スタートII；（米ロ）第２次戦略兵器削減条約。

STD [sexually transmitted disease] 性行為感染症。

STEM教育 [Science, Technology, Engineering and Mathematics—] 科学・技術・工学・数学の分野に重点を置いた教育。

STM [scanning tunneling microscope] 走査型トンネル顕微鏡。

STN [Science and Technology Network International] 国際科学技術情報ネットワーク。＊日本，アメリカ，ドイツが参加。

STOL（エストール）[short take-off and landing] 短距離離着陸機。

STS[1] [serological test for syphilis] 梅毒血清反応検査。

STS[2] [space transportation system] 宇宙輸送システム。

STS[3] [special transport service] 公共交通機関の利用が困難な高齢者・障害者を対象とした個別の移動サービス。

STT [sound table tennis] 視覚障害者にも参加しやすい，音の出るボールをネットの下に転がして競う卓球。

STV [subscription television] デコーダー（暗号解読装置）を使って視聴する有料テレビ。

SUBROC（サブロック）[submarine rocket]（アメリカの海軍の）対潜水艦用ロケット。

Suica（スイカ）[Super Urban Intelligent Card] ICカード方式のJR東日本の乗車券システム・電子マネー。

SUM [surface-to-underwater missile] 艦対水中ミサイル。

SUV [Sport Utility Vehicle] スポーツタイプ多目的車。

Sv [sievert] ⇨シーベルト。

SVOD [subscription video on demand] 定額制動画配信サービス。

SVP [senior vice president] 専務；常務。

SW[1] [shortwave] 短波。

SW[2] ⇨スイッチ。

SWAPO [Southwest African People's Organization] ナミビアの南西アフリカ人民機構。

SWAT（スワット）[Special Weapons and Tactics] アメリカの特殊攻撃部隊。

SWIFT [Society for Worldwide Interbank Financial Telecommunications] 国際銀行間通信協会。

SWU [separate work unit] 分離作業単位。＊天然ウランから濃縮ウランを分離するときの仕事量の単位。

T

T[1] [absolute *t*emperature] 絶対温度。
T[2] ⇨テスラ。
T細胞 [*t*hymus-derived cell] Tリンパ球。＊免疫担当細胞の1つ。
Tリーグ [*T*. LEAGUE] プロ・アマ混合の国内卓球リーグ。2018年開始。
TA[1] [*t*erminal *a*dapter] ターミナル・アダプター。＊コンピュータを通信回線に接続するための装置。
TA[2] ⇨テクノロジー・アセスメント。
TA[3] ⇨トランザクショナル・アナリシス。
TAC[1] [*t*otal *a*llowable *c*atch] 漁獲許容量。
TAC[2] [*T*reaty of *A*mity and *C*ooperation in Southeast Asia] 東南アジア友好協力条約。
TACAN (タカン) [*tac*tical *a*ir *n*avigation] 航空機の戦術航法装置。＊UHF航空保全無線施設とも。
tan ⇨タンジェント。
taspo ⇨タスポ。
TB[1] [*t*reasury *b*ill] (アメリカの) 財務省が発行する短期証券。
TB[2] ⇨テーベー。
TBS [*T*okyo *B*roadcasting *S*ystem] 東京放送。
TBZ ⇨サイアベンダゾール。
TC[1] [*t*otal *c*holesterol] 総コレステロール。
TC[2] ⇨トラベラーズ・チェック。
TCAS(ティーキャス) [*t*raffic alert and *c*ollision *a*voidance *s*ystem] 航空機衝突回避警報システム。
TCAT(ティーキャット) [*T*okyo *C*ity *A*ir *T*erminal] 東京シティ・エア・ターミナル。
TCDD [*t*etra-*c*hloro*d*ibenzo-*d*ioxin] 有機塩素化合物の一種。＊猛毒。枯れ葉剤に含まれる。
TCO [*t*otal *c*ost of *o*wnership] コンピュータシステム全体の総保有コスト。
TCP/IP [*t*ransmission *c*ontrol *p*rotocol/*i*nternet *p*rotocol] LANやインターネットで用いられる通信プロトコルの1つ。
TDB [United Nations *T*rade and *D*evelopment *B*oard] 国連貿易開発理事会。＊UNCTADの常設執行機関。
TDF [*t*ransborder *d*ata *f*low] 国際間のデータ流通。
TDI [*t*olerable *d*aily *i*ntake] 耐容一日摂取量。
TDL [*T*okyo *D*isney*l*and] 東京ディズニーランド。
TDM [*T*ransportation *D*emand *M*anagement] 交通需要マネジメント。
TDRS [*t*racking and *d*ata *r*elay *s*atellite] 追跡データ中継衛星。
TDS [*T*okyo *D*isney*S*ea] 東京ディズニーシー。
TEE [*t*rans-*E*urope *e*xpress] ヨーロッパ(横断)国際特急列車。
TEMPO(テンポ) [*Te*chnology *M*anagement *P*lanning *O*peration] アメリカの代表的シンクタンクの1つ。
TEPCO (テプコ) [*T*okyo *E*lectric *P*ower *Co*mpany] 東京電力。
TERF [*t*rans-*e*xclusionary *r*adical *f*eminist] トランスジェンダーを排除するラディカルフェミニスト。
TES[1] [*T*echnical *E*lement *S*core, *T*otal *E*lement *S*core] 〖フィギュア・スケート〗採点基準の1つ。技術的要素。＊ジャンプやスピン，ステップなどの要素とその質を採点し，総計した点数。
TES[2] [*t*hin and *e*conomical *s*ystem] テス。＊ガス温水暖冷房システム。
TES[3] ⇨トータル・エネルギー・システム。
TESL (テスル) [*t*eaching *E*nglish as

a *s*econd *l*anguage] 第２言語としての英語教育。

TFA ⇨トランス脂肪酸。

TFR [*t*otal *f*ertility *r*ate] 合計特殊出生率。

TFT液晶 [*t*hin *f*ilm *t*ransistor liquid crystal display] 薄膜トランジスタを用いた液晶ディスプレー。

TFTR [*T*okamak *F*usion *T*est *R*eactor] トカマク型核融合実験炉。

TFX [*T*okyo *F*inancial E*x*change] 東京金融取引所。

TG ⇨トリグリセリド。

TGV [*t*rain à *g*rande *v*itesse フランス] (フランスの)超高速列車。

THAAD (サード) [*T*erminal *H*igh *A*ltitude *A*rea *D*efense missile] 終末高高度防衛ミサイル。

THP ⇨トータル・ヘルスプロモーション・プラン。

TIA[1] [*T*errorism *I*nformation *A*wareness] テロ情報認知。

TIA[2] [*t*ransient *i*schemic *a*ttack] 一過性脳虚血発作。

TIBOR(タイボー) [*T*okyo *I*nter-*B*ank *O*ffered *R*ate] 東京銀行間取引金利。

TICAD [*T*okyo *I*nternational *C*onference on *A*frican *D*evelopment] アフリカ開発会議。

TIFF[1] [*T*agged *I*mage *F*ile *F*ormat] 画像データ用ファイル形式。

TIFF[2] [*T*okyo *I*nternational *F*ilm *F*estival] 東京国際映画祭。

TikTok (ティックトック) スマートフォン向けのショートムービーアプリ。

TIOJ [*T*abacco *I*nstitute *o*f *J*apan] 日本たばこ協会。

TIROS (タイロス) [*T*elevision and *I*nfra*r*ed *O*bservation *S*atellite] 赤外線テレビカメラ搭載気象衛星。

TKO ⇨テクニカル・ノックアウト。

TLD [*t*op *l*evel *d*omain] .jpなどドメインの最も右にある要素。

TLO [*t*echnology *l*icensing *o*rganization] 技術移転機関。

TLT [*T*rademark *L*aw *T*reaty] 商標法条約。

TM [*t*rade*m*ark] 商標。＊登録商標ではないが，商品名やロゴに添えることができる。

TMD [*t*heater *m*issile *d*efense] 戦域ミサイル防衛。＊ミサイルに対する迎撃システム。

TMO [*t*own *m*anagement *o*rganization] 商業関係者を中心とした中心市街地活性化の推進機関。

TNC[1] [*T*rade *N*egotiation *C*ommittee] (WTOの)貿易交渉委員会。

TNC[2] [*t*rans*n*ational *c*orporation] 超国家企業；多国籍企業。

TNE [*t*rans*n*ational *e*nterprise] 超国家企業；多国籍企業。

TNF [*t*umor *n*ecrosis *f*actor] 腫瘍壊死(しゅようえし)因子。

TNM分類 [*t*umor-*n*ode-*m*etastasis classification] がんの進行度を判定する基準。

TNR[1] [*t*hermal *n*eutron *r*eactor] 熱中性子原子炉。

TNR[2] 動物愛護活動の１つで，野良猫を捕獲(*T*rap)し，避妊・去勢(*N*euter)手術を施したあと，もとの場所に戻す(*R*eturn/*R*elease)こと。

TNT [*t*ri*n*itro*t*oluene] ⇨トリニトロトルエン。

TO [*t*urn *o*ver] 「裏面に続く」。

TOB [*t*ake-*o*ver *b*id] 株式公開買付。＊ある会社の買収を目的に，一般株主に株式価格・数を公告して，株式市場外で大量に株を買い集めること。

TOC [*t*otal *o*rganic *c*arbon] 全有機性炭素量。

TOCOM [*To*kyo *Com*modity Exchange] 東京商品取引所。

TOD [*t*otal *o*xygen *d*emand] 総酸

素要求量。

TOEFL（トーフル）［*T*est *o*f *E*nglish as a *F*oreign *L*anguage］ 非英語圏出身者を対象とした英語学力テスト。

TOEIC（トーイック）［*T*est *o*f *E*nglish for *I*nternational *C*ommunication］ 国際コミュニケーション英語能力テスト。

TOICA（トイカ）［*To*kai *IC* C*a*rd］ JR東海が運用する出改札用の非接触型ICカード。

TOPIX（トピックス）［*To*kyo Stock *P*rice *I*nde*x*］ 東京証券取引所株価指数。

Tor（トーア）［*T*he *O*nion *R*outer］ 暗号化と複数のノードを経由させることで匿名での通信を行うシステム。

ToSTNeT［*To*kyo *S*tock Exchange *T*rading *NeT*work System］ 東京証券取引所の立会外取引。

toto ⇨トト。

TP［*t*otal *p*rotein］ 総たんぱく質。

t-PA治療［*t*issue-*p*lasminogen *a*ctivator—］ 脳梗塞の治療法の1つ，血栓溶解療法。＊組織プラスミノゲン活性化因子という酵素を投与する。

TPM［*t*otal *p*roductive *m*aintenance］ 全社的生産保全。

TPNW［*T*reaty on the *P*rohibition of *N*uclear *W*eapons］ 核兵器禁止条約。

TPO［日*t*ime, *p*lace, *o*ccasion］ 時，場所，場合に応じて服装，行為，ことばなどを使い分けること。

TPP［*T*rans-*P*acific *P*artnership］ 環太平洋パートナーシップ協定。

TPP11［*T*rans-*P*acific *P*artnership 11］ アメリカ離脱後の11か国で結ばれた環太平洋パートナーシップ協定。

TQC［*t*otal *q*uality *c*ontrol］ 全社的品質管理。

TQM［*t*otal *q*uality *m*anagement］ 総合的品質管理。

TRAFFIC（トラフィック）［*T*rade *R*ecords *A*nalysis of *F*lora and *F*auna *i*n *C*ommerce］ 野生動植物国際取引調査記録特別委員会。＊NGO。

TRIM［*t*rade-*r*elated *i*nvestment *m*easures］ 貿易関連投資措置。

TRIPS（トリップス）［Agreement on *T*rade-*R*elated Aspects of *I*ntellectual *P*roperty Right*s*］ 知的所有権の貿易関連の側面に関する協定。

tRNA［*t*ransfer *r*ibo*n*ucleic *a*cid］ 運搬リボ核酸。

TRON計画［*T*he *R*ealtime *O*perating System *N*ucleus Project］ トロン計画。＊坂村健博士によるコンピュータの新体系構築計画。

TRP［*T*okyo *R*ainbow *P*ride］ 性的指向や性自認にかかわらず，すべての人が自分らしく生きられる社会の実現をめざすNPO法人。

TRT［*T*rademark *R*egistration *T*reaty］ 商標登録条約。

TS ⇨トランスセクシュアル。

TSマーク［*T*raffic *S*afety mark］ 自転車安全整備士が点検・整備した安全な普通自転車に貼られるシール。

TSCJ［*T*elecommunications *S*atellite *C*orporation of *J*apan］ 通信・放送衛星機構。

TSE[1]［*T*okyo *S*tock *E*xchange］ 東京証券取引所。

TSE[2]［*t*ransmissible *s*pongiform *e*ncephalopathy］ 伝達性海綿状脳症。

TSL ⇨テクノ・スーパー・ライナー。

TSMC［*T*aiwan *S*emiconductor *M*anufacturing *C*o., Ltd.］ 台湾半導体製造株式会社。＊1987年創立。

TSS[1]［*t*otal *s*egment *s*core］ フィギュア・スケートの採点基準の1つ。＊技術的要素（TES[1]）と演技構成点

(PCS)を合計し，評価する。

TSS[2] ⇨タイム・シェアリング・システム。

TT ⇨テクノロジー・トランスファー。

TTBT [*T*hreshold *T*est *B*an *T*reaty] 地下核実験制限条約。

TTC [*t*otal *t*raffic *c*ontrol] 列車運行総合制御装置。

TTL方式 [*t*hrough-*t*he-*l*ens—] 露出計内蔵一眼レフカメラの測光方式。

TTS [*t*emporary *t*hreshold *s*hift] 航空機騒音による一時的な聴力の低下。

TTT [*t*ime *t*emperature *t*olerance] 許容温度時間。＊食品の鮮度を表す。

TUAC [*T*rade *U*nion *A*dvisory *C*ommittee] 労働組合諮問委員会。＊OECDの下部機関。

TV ⇨テレビジョン。

TVC [*t*hrust *v*ector *c*ontrol] (ロケットの)推力方向制御。

TVE [*T*ele*v*isión *E*spañola スペイン] スペインの国営放送局，スペイン・テレビ。

TVOD [*t*ransactional *v*ideo *o*n *d*emand] 視聴する動画ごとに料金を支払う都度課金型動画配信。

TWI [*t*raining *w*ithin *i*ndustry] 企業内監督者訓練。

U

Uターン ⇨ユー・ターン。

Uボート [*U*nterseeboot ドイツ] 世界大戦で使われたドイツ軍の潜水艦。

UAE [*U*nited *A*rab *E*mirates] アラブ首長国連邦。

UAI [*U*nion *A*cadémique *I*nternationale フランス] 国際学士院連合。

UAL [*U*nited *A*ir*l*ines] ユナイテッド航空(コード：UA)。

UAV [*U*nmanned *A*erial *V*ehicle] 無人航空機。

UBE [*u*nsolicited *b*ulk *e*-mail] 一方的に送信されてくる大量の迷惑メール。

UC [*U*nité de *c*ompte フランス] 欧州共通計算単位。

UCC [*U*niversal *C*opyright *C*onvention] 万国著作権条約。

UCE [*u*nsolicited *c*ommercial *e*-mail] 一方的に送信されてくる商業目的の迷惑メール。

UCLA [*U*niversity of *C*alifornia at *L*os *A*ngeles] カリフォルニア大学ロサンゼルス校。

UCS [*U*nion of *C*oncerned *S*cientists] (アメリカの)憂慮する科学者同盟。＊科学者と市民からなる国際的な非営利団体。活動対象は，環境，原発，軍事秘密など。

UD ⇨ユニバーサル・デザイン。

UDC [*u*niversal *d*ecimal *c*lassification] 国際十進分類法。

UEA [*U*niversala *E*speranto *A*socio エスペラント] 世界エスペラント協会。

UEFA(ウェファ) [*U*nion of *E*uropean *F*ootball *A*ssociations] 欧州サッカー連盟。

UER [*U*nion *E*uropéenne de *R*adio-diffusion フランス] ヨーロッパ放送連合。

UFO(ユーフォー) [*u*nidentified *f*lying *o*bject] 未確認飛行物体。

UGV [*u*nmanned *g*round *v*ehicle] 無人地上車両。

UHF [*u*ltra *h*igh *f*requency] 極超短波。

UICC [*U*nio *I*nternationalis *C*ontra *C*ancrum ラテン] 国際対がん連合。

UIPM [*U*nion *I*nternationale de *P*entathlon *M*oderne フランス] 国際近代五種連合。

UK [*U*nited *K*ingdom] イギリス連合王国。＊北アイルランドを含む英国の正式名称。

資

ULEV [*u*ltra *l*ow *e*mission *v*ehicle] 超低公害車。
ULSI [*u*ltra *l*arge-scale *i*ntegration] 極超大型集積回路。
UMIN [*U*niversity *M*edical *I*nformation *N*etwork] 大学病院医療情報ネットワーク。
UMIS [*u*rban *m*anagement *i*nformation *s*ystem] 都市行政管理情報システム。
UML [*U*nified *M*odeling *L*anguage] 統一モデリング言語。
UMNO [*U*nited *M*alays *N*ational *O*rganization] 統一マレー国民組織。
UN [*U*nited *N*ations] 国際連合；国連。＊UNOとも。
UNウィメン [*U*nited *N*ations Entity for Gender Equality and the Empowerment of Women] ジェンダー平等及び女性のエンパワーメントのための国連機関。
UNA [*U*nited *N*ations *A*ssociation] 国連協会。
UNAFEI (ユナフェイ) [*U*nited *N*ations *A*sia and *F*ar *E*ast *I*nstitute for the Prevention of Crime and the Treatment of Offenders] 国連アジア極東犯罪防止研修所。
UNAIDS [Joint *UN* Programme on HIV and *AIDS*] 国連合同エイズ計画。
UNAMA [*U*nited *N*ations *A*ssistance *M*ission in *A*fghanistan] 国連アフガニスタン支援団。
UNAMI [*U*nited *N*ations *A*ssistance *M*ission for *I*raq] 国連イラク支援団。
UNAMID [*U*nited *N*ations *A*frican Union *M*ission *i*n *D*arfur] 国連アフリカ連合ダルフール派遣団。
UNC [*U*nited *N*ations *C*harter] 国連憲章。
UNCA [*U*nited *N*ations *C*orrespondents *A*ssociation] 国連記者協会。
UNCITRAL [*U*nited *N*ations *C*ommission on *I*nternational *Tra*de *L*aw] 国連国際商取引法委員会。
UNCPUOS [*U*nited *N*ations *C*ommittee on the *P*eaceful *U*ses of *O*uter *S*pace] 国連宇宙空間平和利用委員会。
UNCTAD (アンクタッド) [*U*nited *N*ations *C*onference on *T*rade *a*nd *D*evelopment] 国連貿易開発会議。
UNDOF [*U*nited *N*ations *D*isengagement *O*bserver *F*orce] 国連兵力引き離し監視軍。＊ゴラン高原に駐留。
UNDP [*U*nited *N*ations *D*evelopment *P*rogram] 国連開発計画。
UNECE [*U*nited *N*ations *E*conomic *C*ommission for *E*urope] 国連欧州経済委員会。
UNEF (ユネフ) [*U*nited *N*ations *E*mergency *F*orces] 国連緊急軍。
UNEP (ユネップ) [*U*nited *N*ations *E*nvironment *P*rogram] 国連環境計画。＊本部は，ケニアのナイロビ。
UNESCO ⇨ユネスコ。
UNF [*U*nited *N*ations *F*orces] 国連軍。
UNFCCC [*U*nited *N*ations *F*ramework *C*onvention on *C*limate *C*hange] 国連気候変動枠組条約。
UNFPA [*U*nited *N*ations *F*und for *P*opulation *A*ctivities] 国連人口基金。
UNGA [*U*nited *N*ations *G*eneral *A*ssembly] 国連総会。
UNHCHR [*U*nited *N*ations *H*igh *C*ommissioner for *H*uman *R*ights] 国連人権高等弁務官事務所。
UNHCR [Office of the *U*nited *N*ations *H*igh *C*ommissioner for *R*efugees] 国連難民高等弁務官事務所。
UNHRC [*U*nited *N*ations *H*uman *R*ights *C*ouncil] 国連人権理事会。

資

UNIC [*U*nited *N*ations *I*nformation *C*enter] 国際連合広報センター。
UNICEF ⇨ユニセフ。
UNIDIR [*U*nited *N*ations *I*nstitute for *Di*sarmament *R*esearch] 国連軍縮研究所。
UNIDO (ユニド) [*U*nited *N*ations *I*ndustrial *D*evelopment *O*rganization] 国連工業開発機関。
UNIFIL [*U*nited *N*ations *I*nterim *F*orce *i*n *L*ebanon] 国連レバノン暫定軍。
UNISPACE(ユニスペース) [*Uni*ted Nations Conference on Exploration and Peaceful Uses of Outer *Space*] 国連宇宙平和利用会議。
UNIVAS (ユニバス) [Japan Association for *Univ*ersity *A*thletics and *S*port] 大学スポーツ協会。
UNIX ⇨ユニックス。
UNMIK [*UN* Interim Administration *M*ission *i*n *K*osovo] 国連コソボ暫定行政ミッション。
UNMOGIP [*U*nited *N*ations *Mi*litary *O*bserver *G*roup in *I*ndia and *P*akistan] 国連インド・パキスタン軍事監視団。
UNO (ユノー) [*U*nited *N*ations *O*rganization] ⇨UN。
UNODC [*U*nited *N*ations *O*ffice on *D*rugs and *C*rime] 国連薬物犯罪事務所。
UNRISD [*U*nited *N*ations *R*esearch *I*nstitute for *S*ocial *D*evelopment] 国連社会開発研究所。
UNRWA [*U*nited *N*ations *R*elief and *W*orks *A*gency for Palestine Refugees in the Near East] 国連パレスチナ難民救済事業機関。
UNSC [*U*nited *N*ations *S*ecurity *C*ouncil] 国連安全保障理事会。
UNSCEAR [*U*nited *N*ations *Sc*ientific Committee on the *E*ffects of *A*tomic *R*adiation] 原子放射線の影響に関する国連科学委員会。
UNTC [*U*nited *N*ations *T*rusteeship *C*ouncil] 国連信託統治理事会。
UNTSO [*U*nited *N*ations *T*ruce *S*upervision *O*rganization] 国連休戦監視機構。
UNU [*U*nited *N*ations *U*niversity] 国連大学。＊本部は東京。
UNU-WIDER [*U*nited *N*ations *U*niversity *W*orld *I*nstitute for *D*evelopment *E*conomics *R*esearch] 国連大学世界開発経済研究所。
UNV [*U*nited *N*ations *V*olunteers] 国連ボランティア計画。
UNWTO [*U*nited *N*ations *W*orld *T*ourism *O*rganization] 世界観光機関。＊マドリードに本部を置く。
UPI [*U*nited *P*ress *I*nternational] ユー・ピー・アイ。＊アメリカの2大通信社の1つ。
UPOV条約 [*U*nited *P*rotection *o*f *V*egetation Act] 植物の新品種の保護に関する国際条約。
UPS [*u*ninterruptible *p*ower *s*upply] 無停電電源装置。
UPU [*U*niversal *P*ostal *U*nion] 万国郵便連合。
UPZ [*u*rgent *p*rotective action planning *z*one] 緊急時防護措置準備区域。＊原子力施設での事故の際の防災対策の1つ。
UR [*U*rban *R*enaissance Agency] 都市再生機構。＊愛称「UR都市機構」。
UrEDAS ⇨ユレダス。
URI [*u*niform *r*esource *i*dentifier] インターネット上の統一資源識別子。
URL [*u*niform *r*esource *l*ocator] ユー・アール・エル。＊インターネット上で，1つひとつのホームページに割り当てられた固有のアドレス。
URN [*u*niform *r*esource *n*ame] インターネット上の統一資源名。

資

URSI [*U*nion *R*adio-*S*cientifique *I*nternationale フランス] 国際電波科学連合。
USA[1] [*U*nited *S*tates *A*rmy] アメリカ陸軍。
USA[2] [*U*nited *S*tates of *A*merica] アメリカ合衆国。＊USとも。
USAF [*U*nited *S*tates *A*ir *F*orce] アメリカ空軍。
USAID [*U*nited *S*tates *A*gency for *I*nternational *D*evelopment] アメリカ国際開発庁。
USB [*U*niversal *S*erial *B*us] ユー・エス・ビー。＊パソコン本体と周辺機器を接続するインターフェースのための規格。
USBメモリー [*USB* memory] コンピュータのUSBコネクターに直接接続して使用する携帯補助記憶装置。
USCG [*U*nited *S*tates *C*oast *G*uard] アメリカ沿岸警備隊。
USFJ [*U*nited *S*tates *F*orces *J*apan] 在日米軍。
USGA [*U*nited *S*tates *G*olf *A*ssociation] 全米ゴルフ協会。
USGS [*U*nited *S*tates *G*eological *S*urvey] アメリカ地質調査所。
USJ [*U*niversal *S*tudios *J*apan] 大阪市にあるテーマ・パーク。＊2001年開園。
USM [*U*nited *S*tates *M*int] アメリカ造幣局。
USMC [*U*nited *S*tates *M*arine *C*orps] アメリカ海兵隊。
USMCA [*U*nited *S*tates-*M*exico-*C*anada *A*greement] 北米自由貿易協定(NAFTA)に代わる米国・メキシコ・カナダ協定。
USN [*U*nited *S*tates *N*avy] アメリカ海軍。
USO [*u*nknown *s*wimming *o*bject] 未知の水泳物体。＊ネス湖の怪物(ネッシー)などのこと。
USPS [*U*nited *S*tates *P*ostal *S*ervice] アメリカ郵便公社。
USSR [*U*nion of *S*oviet *S*ocialist *R*epublics] 旧ソビエト社会主義共和国連邦。
USTA [*U*nited *S*tates *T*ennis *A*ssociation] 全米テニス協会。
USTOL (ユーストール) [*u*ltra*s*hort *t*akeoff and *l*anding aircraft] 超短距離離着陸機。
USTR [*U*nited *S*tates *T*rade *R*epresentative] アメリカ通商代表部。
USTS [*U*nited *S*tates *T*ravel *S*ervice] アメリカ政府観光局。
USPTO [*U*nited *S*tates *P*atent and *T*rademark *O*ffice] アメリカ特許商標庁。
USV [*u*nmanned *s*urface *v*ehicle] 無人水上艦。
UT ⇨ユニバーサル・タイム。
UTC [*u*niversal *t*ime *c*oordinated] 協定世界時。
UTO [*U*nited *T*owns *O*rganization] 国際姉妹都市連合。
UUM [*u*nderwater-to-*u*nderwater *m*issile] 水中対水中ミサイル。
UUV [*u*nmanned *u*nderwater *v*ehicle] 無人潜水機。
UV [*u*ltra*v*iolet rays] 紫外線。
UVカット 紫外線から肌などを防御すること。

V

v. [*v*erb] 動詞。
Vサイン [*v*ictory sign] 勝利や成功の印。＊人指し指と中指で作るV字型。
Vシネマ [日 *V*ideo cinema] 劇場公開を行わないビデオ限定の映画作品。
Vターン ⇨ブイ・ターン。
Vデー [*V*ictory Day] 戦勝記念日。

資

Vリーグ [V.LEAGUE] 日本バレーボールリーグ機構（JVL）主催のバレーボールリーグの通称。
VA ⇨バリュー・アナリシス。
VAL（バル）[Véhicule Automatique Léger[フランス]] 世界初の全自動式軽量無人地下鉄。
VAN（バン）[value-added network] 付加価値通信網。
VAN法 [VAN method] 地電位差の変化を監視して行う地震予知法。＊VANは，考案者のギリシアの物理学者ヴァロツォス（Varotsos），アレクソプロス（Alexopoulos），ノミコス（Nomikos）の頭文字。
VAR[1] [value-added retailer] 付加価値販売業者。
VAR[2] [video assistant referee] サッカーにおけるビデオ判定を担う審判。
VaR [Value at Risk] 統計的手法を用いて，予想される最大損失額を予測する指標。
VAT [value-added tax] 付加価値税。
VDT [video display terminal] ビデオ表示装置。
VE ⇨バリュー・エンジニアリング。
VEデー [Victory in Europe Day] ヨーロッパ対独戦勝記念日。＊1945年5月8日。
VEC [Venture Enterprises Center] ベンチャー・エンタープライズ・センター。＊ベンチャー企業の育成を図る経済産業省の外郭団体。
VER [voluntary export restraint] 輸出自主規制。
VFM [value for money] 支払う金額に対して得られる価値。支払いに対して最も価値の高いサービスを提供すること。
VFR [visual flight rules]（航空機の）有視界飛行方式。
VFX [visual effects] 映画などの，特殊視覚効果撮影技術の1つ。
VHF [very high frequency] 超短波。＊周波数30～300メガヘルツ。
VHS [Video Home System] 家庭用VTRの一方式。
VHTR [very high temperature reactor] 超高温原子炉。
VI [visual identity] ロゴ・マークなど企業のシンボルとなる視覚的デザインを統一すること。
VICS（ビックス）[Vehicle Information & Communication System] 道路交通情報通信システム。
VIN [vehicle identification number] 自動車登録番号。
VIP（ビップ）[very important person] 重要人物；要人。
VISA（ビザ） ⇨ビザ・カード。
VISTA [Vietnam, Indonesia, South Africa, Turkey, Argentina] ブリックス（BRICS）に次ぐ新興成長国。ベトナム，インドネシア，南アフリカ，トルコ，アルゼンチンの5か国。＊現在はBRICSに南アフリカも含むのが一般的。
VIX [volatility index] 不安定指数。＊投資家の不安心理を示す。
VJデー [Victory over Japan Day] 連合国の第二次世界大戦の対日戦勝記念日。＊アメリカは1945年8月14日，または9月2日，イギリスは8月15日。
VLBI [very long baseline interferometry] 超長基線電波干渉計。
VLF [very low frequency] 超長波。
VLSI [very large scale integration] 超大規模集積回路；超LSI。
VMC [visual meteorological condition]（航空機の）有視界気象状態。
VOA [Voice of America] ボイス・オブ・アメリカ。＊アメリカ国務省の海外放送。
VOC [volatile organic compounds] 揮発性有機化合物。＊塗料や建材等から発生するホルムアルデヒドな

資

ど。

Vol., vol. ⇨ボリューム。

VOLMET [*vol météorologie*フランス] 対航空機気象通報。

VoLTE [*Voice over Long Term Evolution*] 携帯電話の通信規格LTEを利用した音声通話技術。

VOR [*VHF omni-directional radio range beacon*] 超短波全方向式無線標識。

VPN [*virtual private network*] 公衆回線を利用した企業などの仮想プライベートネットワーク。

VR ⇨バーチャル・リアリティー。

VRA [*Voluntary Restraint Agreement*] 輸出自主規制協定。

VRE [*vancomycin-resistant enterococcus*] バンコマイシン耐性腸球菌。

VRS [*video response system*] 画像応答システム。

VRSA [*vancomycin-resistant staphylococcus aureus*] バンコマイシン耐性黄色ブドウ球菌。

vs. ⇨バーサス。

VSAM [*virtual storage access method*] 仮想記憶アクセス法。

VSO [*very superior old*] 貯蔵年数が12～20年のブランデーの表示。

VSOP [*very superior old pale*] 貯蔵年数が20～30年で特上のブランデーの表示。

V/STOL（ビストール）[*vertical/short takeoff and landing*] 垂直・短距離離着陸機。

VTOL（ブイトール）[*vertical takeoff and landing plane*] 垂直離着陸機。

VTR ⇨ビデオテープ・レコーダー。

VTS [*visual thinking strategy*] 解説やキャプションなどの情報に頼らず，作品を通じて何を感じるかを講師と対話することで，観察力や批判的思考力などを養う美術鑑賞法。

VTV [*Vietnam Television*] ベトナムテレビ。

VUCA（ブカ）[*Volatility, Uncertainty, Complexity and Ambiguity*] 変動性・不確実性・複雑性・曖昧性をつなぎ合わせた，予測困難な社会情勢を表すことば。

VW ⇨フォルクスワーゲン。

VWAP [*volume weighed average price*] 出来高加重平均価格。

VXガス [*VX gas*] 致死性神経ガス。＊Vはvenom voxic, Xはexperimentから。

W

W杯 ⇨ワールド・カップ。

WADA [*World Anti-Doping Agency*] 世界アンチドーピング機構。

WAN[1] [*wide area network*] 広域ネットワーク。＊LANの広域結合。

WAN[2] [*World Association of Newspaper*] 世界新聞協会。

WASP（ワスプ）[*White Anglo-Saxon Protestant*] アングロサクソン系の白人で新教徒のアメリカ人。

WAY [*World Assembly of Youth*] 世界青年会議。

WAW!（ワウ！）[*World Assembly for Women*] 国際女性会議。

WB [*World Bank*] 世界銀行。

WBA [*World Boxing Association*] 世界ボクシング協会。

WBC[1] [*World Baseball Classic*] 野球の，国・地域別対抗世界大会。

WBC[2] [*World Boxing Council*] 世界ボクシング評議会。

WBCSD [*World Business Council for Sustainable Development*] 持続可能な開発のための世界経済人会議。

WBO [*World Boxing Organization*] 世界ボクシング機構。

WBT [*web based training*] インタ

ーネットを利用したコンピュータ教育・訓練。

WBSJ [*W*ild *B*ird *S*ociety of *J*apan] 日本野鳥の会。

WC ⇨ウォーター・クロゼット。

WCC [*W*orld *C*ouncil of *C*hurches] 世界教会協議会。

W-CDMA [*W*ideband *C*ode *D*ivision *M*ultiple *A*ccess] 第3世代携帯電話の無線アクセス方式で，広帯域符号分割多重接続。

WCF [*W*orld *C*urling *F*ederation] 世界カーリング連盟。

WCIP [*W*orld *C*ouncil of *I*ndigenous *P*eoples] 世界先住民族会議。

WCMC [*W*orld *C*onservation *M*onitoring *C*entre] 世界動植物保全監視センター；世界自然保全モニタリング・センター。

WCP [*w*orld *c*limate *p*rogram] 世界気候計画。⇨WMO。

WCRP [*W*orld *C*onference on *R*eligion and *P*eace] 世界宗教者平和会議。

4WD [four-*w*heel *d*rive] 4輪駆動車。

WDF [*w*aste *d*erive *f*uel] ごみ固形化燃料。

WDM [*w*avelength *d*ivision *m*ultiplexing] 波長分割多重伝送方式。

WDR [*w*ide *d*ynamic *r*ange] 明暗差を苦にせず鮮明に撮影可能な映像機能。

Web ⇨ウェブ②。

WEC [*W*orld *E*nergy *C*ouncil] 世界エネルギー会議。

WECPNL [*w*eighted *e*quivalent *c*ontinuous *p*erceived *n*oise *l*evel] 加重等価持続騒音値。＊航空機の騒音を表す国際単位。うるささ指数。

WEEE指令 [*w*aste *e*lectrical and *e*lectronic *e*quipment] EUの電気・電子機器廃棄に関する協定。

WEF [*W*orld *E*conomic *F*orum] 世界経済フォーラム。

WFB [*W*orld *F*ellowship of *B*uddhists] 世界仏教徒連盟。

WFC [*W*orld *F*ood *C*onference] （国連の）世界食糧会議。

WFP [*W*orld *F*ood *P*rogram] （国連の）世界食糧計画。

WFSW [*W*orld *F*ederation of *S*cientific *W*orkers] 世界科学者連盟。

WG [*w*orking *g*roup] 作業部会。

WHO [*W*orld *H*ealth *O*rganization] 世界保健機関。

WI [*W*etlands *I*nternational] 国際湿地保全連合。

WID [*w*omen *i*n *d*evelopment] 開発における女性の役割。

WiFi （ワイファイ）[*Wi*reless *Fi*delity] 無線LANでネットワークに接続する技術。＊外出先でも高速インターネット通信を利用できる。

WILPF [*W*omen's *I*nternational *L*eague for *P*eace and *F*reedom] （アメリカの）婦人国際平和自由連盟。

WiMAX （ワイマックス）[*w*orldwide *i*nteroperability for *m*icrowave *ac*cess] 広域ネットワークを対象とした高速無線通信技術。

Windows ⇨ウィンドウズ。

WIPO （ワイポ）[*W*orld *I*ntellectual *P*roperty *O*rganization] 世界知的所有権機関。

WISE [*W*orld *I*nformation *S*ervice on *E*nergy] 世界エネルギー情報サービス。＊原子力に反対する国際的な民間調査機関。

WJC [*W*orld *J*ewish *C*ongress] 世界ユダヤ人会議。

WMC [*W*orld *M*uslim *C*ongress] 世界イスラム協議会。

WMD [*w*eapons of *m*ass *d*estruction] 大量破壊兵器。

WMO [*W*orld *M*eteorological *O*rganization] 世界気象機関。

Word ⇨ワード③。
WOWOW(ワウワウ) 有料衛星放送の1つ。＊World Wide Watchingの3つのWと驚きや喜びを表すWOWとの合成語。
WPC[1] [*W*orld *P*eace *C*ouncil] 世界平和評議会。
WPC[2] [*W*orld *P*etroleum *C*ongress] 世界石油会議。
WPI [*w*holesale *p*rice *i*ndex] 卸売物価指数。
WRI [*W*orld *R*esources *I*nstitute] 世界資源研究所。
WS [*W*orld *S*ailing] ワールド・セーリング(国際競技連盟)。
WSA [*W*orld *S*teel *A*ssociation] 世界鉄鋼協会。
WSC [*W*orld *S*kills *C*ompetition] 国際技能競技大会。＊「技能オリンピック」とも。
WSPA [*W*orld *S*ociety for the *P*rotection of *A*nimals] 世界動物保護協会。
WTA [*W*omen's *T*ennis *A*ssociation] 世界女子テニス協会。
WTC [*W*orld *T*rade *C*enter] 世界貿易センター。＊2001年，アメリカ同時多発テロ事件により崩壊。
WTI [*W*est *T*exas *I*ntermediate] アメリカ産標準油種。＊硫黄分の少ない原油。
WTO [*W*orld *T*rade *O*rganization] 世界貿易機関。＊1995年，GATTを発展的に解消して発足。
WWF [*W*orld *W*ide *F*und for Nature] 世界自然保護基金。
WWP [*W*ide *W*orld *P*hotos] (アメリカの)通信社の1つ。
WWW[1] [*W*orld *W*eather *W*atch] 世界気象監視計画。
WWW[2] (ワールド・ワイド・ウェブ) [*W*orld *W*ide *W*eb] インターネット上での情報検索・表示システム。
WYSIWYG (ウィジウィグ) [*W*hat *Y*ou *S*ee *I*s *W*hat *Y*ou *G*et] ディスプレー画面に表示された内容がそのまま印刷，またファイルに出力できる技術。

X・Y・Z

X[1] 未知のもの。
X[2] ローマ数字の10。
X[3] [e*x*perimental] 航空機などの試作機や次期採用予定機を示す記号。
X脚 ⇨エックス脚。
Xゲームズ [*X* Games] スノーボードなどのXスポーツの最高峰に位置づけられるスポーツ大会。
Xジェンダー [日*X* gender] 性自認を男性と女性のいずれにも合致しないものと感じる人を表すことば。
Xスポーツ [e*x*treme sports] 過激な要素をもつスポーツの総称。
X線 ⇨エックス線。
X染色体 [*X* chromosome] ヒトの性染色体の1つ。＊女性はXの染色体を2つ持つ。⇨Y染色体。
Xデイ [日*X* day] ⇨エックス・デイ。
Xリーグ [*X*.League] (日本における)アメリカン・フットボールの社会人リーグ。
Xbox (エックスボックス) マイクロソフト社のテレビゲーム機。
xEV [*x e*lectric *v*ehicle] 次世代の電動車の総称。
XFEL [*X*-ray *f*ree *e*lectron *l*aser] X線自由電子レーザー。
XL [e*x*tra *l*arge] 特大サイズ。
Xmas [Christ*mas*] クリスマス。＊Xは，ギリシア語のXristosから。
XML [E*x*tensible *M*arkup *L*anguage] 拡張可能なマークアップ言語。
XO [e*x*tra *o*ld] 貯蔵年数50年以上の最高級ブランデー。
XQD (エックスキューディー) 〖商

資

標】カメラなどに利用される小型メモリー・カード。

Y[1] ⇨ユカワ。

Y[2] ⇨ヨタ。

y ⇨ヨクト。

Y染色体〔*Y* chromosome〕 ヒトの性染色体の1つ。＊男性はXとYの染色体を1つずつ持つ。⇨X染色体。

YA ⇨ヤング・アダルト。

yd ⇨ヤード①。

YMCA〔*Y*oung *M*en's *C*hristian *A*ssociation〕 キリスト教青年会。

YoY〔*y*ear *o*n *y*ear, *y*ear *o*ver *y*ear〕 対前年比。

YS-11 日本航空機製造が製造した双発ターボプロップ・エンジン搭載の中型旅客機。＊戦後初めての純国産機。Yは「輸送機」，Sは「設計」の頭文字。

YTD〔*y*ear *t*o *d*ate〕 会計年度のはじめから現在までの累計。

YWCA〔*Y*oung *W*omen's *C*hristian *A*ssociation〕 キリスト教女子青年会。

Z[1]〔*z*ero〕 ゼロを表す記号。

Z[2] ⇨ゼタ。

ZANU PF〔*Z*imbabwe *A*frican *N*ational *U*nion, *P*atriotic *F*ront〕 ジンバブエ・アフリカ民族同盟愛国戦線。

ZBB〔*z*ero-*b*ased *b*udgeting〕 ⇨ゼロ・ベース予算。

ZD運動〔*z*ero *d*efects—〕（企業の）無欠点〔無欠陥〕運動。

ZDF〔*Z*weites *D*eutsches *F*ernsehen ドイツ〕 第2ドイツテレビ。＊公共放送局。

ZEH（ゼッチ）〔net *z*ero *e*nergy *h*ouse〕 年間の1次エネルギー消費量の収支を，ゼロにすることをめざす住宅。

ZETA（ゼータ）〔*z*ero-*e*nergy *t*hermonuclear *a*pparatus〕（イギリスの）核融合反応実験装置。

ZEV〔*z*ero *e*mission *v*ehicle〕 電気自動車など排気ガスを出さない自動車。

zine（ジン） 個人で制作する小冊子。＊magazineが語源とされる。

Zoom ⇨ズーム②。

ZPG〔*z*ero *p*opulation *g*rowth〕 人口増加率ゼロ。

ZVポート〔*Z*oomed *V*ideo port〕 PCカード用の拡張規格の1つ。＊動画や音声処理を高速転送できる。

◉中央省庁（Central Government）

省庁名	略語	英語名
内閣府	CAO	Cabinet Office, Government of Japan
金融庁	FSA	Financial Services Agency
消費者庁	CAA	Consumer Affairs Agency
総務省	MIC	Ministry of Internal Affairs and Communications
法務省	MOJ	Ministry of Justice
外務省	MOFA	Ministry of Foreign Affairs of Japan
財務省	MOF	Ministry of Finance Japan
文部科学省	MEXT	Ministry of Education, Culture, Sports, Science and Technology
厚生労働省	MHLW	Ministry of Health, Labour and Welfare
農林水産省	MAFF	Ministry of Agriculture, Forestry and Fisheries
経済産業省	METI	Ministry of Economy, Trade and Industry
国土交通省	MLIT	Ministry of Land, Infrastructure, Transport and Tourism
環境省	MOE	Ministry of the Environment
防衛省	MOD	Ministry of Defense

◉元素記号

記号	原子番号	元素名	記号	原子番号	元素名
H	1	水素	Se	34	セレン
He	2	ヘリウム	Br	35	臭素
Li	3	リチウム	Kr	36	クリプトン
Be	4	ベリリウム	Rb	37	ルビジウム
B	5	ホウ素	Sr	38	ストロンチウム
C	6	炭素	Y	39	イットリウム
N	7	窒素	Zr	40	ジルコニウム
O	8	酸素	Nb	41	ニオブ
F	9	フッ素	Mo	42	モリブデン
Ne	10	ネオン	Tc	43	テクネチウム
Na	11	ナトリウム	Ru	44	ルテニウム
Mg	12	マグネシウム	Rh	45	ロジウム
Al	13	アルミニウム	Pd	46	パラジウム
Si	14	ケイ素	Ag	47	銀
P	15	リン	Cd	48	カドミウム
S	16	硫黄	In	49	インジウム
Cl	17	塩素	Sn	50	スズ
Ar	18	アルゴン	Sb	51	アンチモン
K	19	カリウム	Te	52	テルル
Ca	20	カルシウム	I	53	ヨウ素
Sc	21	スカンジウム	Xe	54	キセノン
Ti	22	チタン	Cs	55	セシウム
V	23	バナジウム	Ba	56	バリウム
Cr	24	クロム	La	57	ランタン
Mn	25	マンガン	Ce	58	セリウム
Fe	26	鉄	Pr	59	プラセオジム
Co	27	コバルト	Nd	60	ネオジム
Ni	28	ニッケル	Pm	61	プロメチウム
Cu	29	銅	Sm	62	サマリウム
Zn	30	亜鉛	Eu	63	ユウロピウム
Ga	31	ガリウム	Gd	64	ガドリニウム
Ge	32	ゲルマニウム	Tb	65	テルビウム
As	33	ヒ素	Dy	66	ジスプロシウム

記号	原子番号	元素名
Ho	67	ホルミウム
Er	68	エルビウム
Tm	69	ツリウム
Yb	70	イッテルビウム
Lu	71	ルテチウム
Hf	72	ハフニウム
Ta	73	タンタル
W	74	タングステン
Re	75	レニウム
Os	76	オスミウム
Ir	77	イリジウム
Pt	78	白金
Au	79	金
Hg	80	水銀
Tl	81	タリウム
Pb	82	鉛
Bi	83	ビスマス
Po	84	ポロニウム
At	85	アスタチン
Rn	86	ラドン
Fr	87	フランシウム
Ra	88	ラジウム
Ac	89	アクチニウム
Th	90	ヘリウム
Pa	91	プロトアクチニウム
U	92	ウラン
Np	93	ネプツニウム
Pu	94	プルトニウム
Am	95	アメリシウム
Cm	96	キュリウム
Bk	97	バークリウム
Cf	98	カリホルニウム
Es	99	アインスタイニウム
Fm	100	フェルミウム
Md	101	メンデレビウム
No	102	ノーベリウム
Lr	103	ローレンシウム
Rf	104	ラザホージウム
Db	105	ドブニウム
Sg	106	シーボーギウム
Bh	107	ボーリウム
Hs	108	ハッシウム
Mt	109	マイトネリウム
Ds	110	ダームスタチウム
Rg	111	レントゲニウム
Cn	112	コペルニシウム
Nh	113	ニホニウム
Fl	114	フレロビウム
Mc	115	モスコビウム
Lv	116	リバモリウム
Ts	117	テネシン
Og	118	オガネソン

◉主要計量単位

量	記　号	呼び名
長さ（距離）	m	メートル
	μ	ミクロン
	Å	オングストローム
	in	インチ
	ft	フィート
	yd	ヤード
	mile	マイル
	M, nm	海里
	au	天文単位
	pc	パーセク
面　積	m^2	平方メートル
	a	アール
	ac	エーカー
体　積	m^3	立方メートル
	l, lit, L	リットル
	T	容積トン
	gal	ガロン
	bbl	バレル
質　量	kg	キログラム
	t	トン
	lb	ポンド
	oz	オンス
	ct, cat	カラット
密　度	kg/m^3	キログラム毎立方メートル
速　さ	m/s	メートル毎秒
	kt, kn	ノット
加速度	m/s^2	メートル毎秒毎秒
	Gal	ガル
力	N	ニュートン
	dyn	ダイン
	kgw	重量キログラム

量	記号	呼び名
時間	s min h	秒 分 時
圧力	N/m^2 b, bar kgw/m^2 Pa mmHg mH_2O, mAq atm Torr	ニュートン毎平方メートル バール 重量キログラム毎平方メートル パスカル 水銀柱ミリメートル（血圧） 水柱メートル 気圧 トル（医療）
仕事・熱量	J Ws Wh	ジュール ワット秒 ワット時
エントロピー	J/K	ジュール毎ケルビン
熱量	cal	カロリー（栄養）
仕事率	W	ワット
角度	rad	ラジアン
立体角	sr	ステラジアン
角速度	rad/s	ラジアン毎秒
周波数	c/s, c Hz rpm	サイクル毎秒，サイクル ヘルツ 回転毎分
回転速度	s^{-1} min^{-1} h^{-1}	毎秒 毎分 毎時
波数	m^{-1}	毎メートル
電力	W	ワット
電力量	Ws J	ワット秒 ジュール
電気量	C	クーロン
電圧・起電力	V	ボルト
電界の強さ	V/m	ボルト毎メートル

量	記号	呼び名
電気抵抗	Ω	オーム
電流	A	アンペア
静電容量	F	ファラド
インダクタンス	H	ヘンリー
インピーダンス	Ω	オーム
電子エネルギー	eV	電子ボルト
磁束	Wb	ウェーバ
	Mx	マクスウェル
磁束密度	T, Wb/m^2	テスラ，ウェーバ毎平方メートル
	G	ガウス
磁界の強さ	A/m	アンペア毎メートル
	Oe	エルステッド
光度	cd	カンデラ
光束	lm	ルーメン
輝度	cd/m^2	カンデラ毎平方メートル
照度	lx	ルクス
濃度	mol/m^3	モル毎立方メートル
	mol/l, mol/L	モル毎リットル
温度	K	ケルビン
	℃	セルシウス度
物質量	mol	モル
放射能	Bq	ベクレル
	Ci	キュリー
照射線量	C/kg	クーロン毎キログラム
	R	レントゲン
吸収線量	Gy	グレイ
	rad	ラド
線量当量	Sv	シーベルト
	rem	レム
水素イオン濃度	pH	ピーエイチ，ペーハー
電磁波の減衰量・音圧レベル・振動加速度レベル	dB	デシベル

◉外来語の表記について

平成３年６月28日付内閣告示第二号「外来語の表記」（前書き・本文）より。

前書き

1　この『外来語の表記』は，法令，公用文書，新聞，雑誌，放送など，一般の社会生活において，現代の国語を書き表すための「外来語の表記」のよりどころを示すものである。

2　この『外来語の表記』は，科学，技術，芸術その他の各種専門分野や個々人の表記にまで及ぼそうとするものではない。

3　この『外来語の表記』は，固有名詞など(例えば，人名，会社名，商品名等)でこれによりがたいものには及ぼさない。

4　この『外来語の表記』は，過去に行われた様々な表記（「付」参照）を否定しようとするものではない。

5　この『外来語の表記』は，「本文」と「付録」から成る。「本文」には「外来語の表記」に用いる仮名と符号の表を掲げ，これに留意事項その１（原則的な事項）と留意事項その２（細則的な事項）を添えた。「付録」には用例集として，日常よく用いられる外来語を主に，留意事項その２に例示した語や，その他の地名・人名の例などを五十音順に掲げた。

本　文

「外来語の表記」に用いる仮名と符号の表

1　第１表に示す仮名は，外来語や外国の地名・人名を書き表すのに一般的に用いる仮名とする。

2　第２表に示す仮名は，外来語や外国の地名・人名を原音や原つづりになるべく近く書き表そうとする場合に用いる仮名とする。

3　第１表・第２表に示す仮名では書き表せないような，特別な音の書き表し方については，ここでは取決めを行わず，自由とする。

4　第１表・第２表によって語を書き表す場合には，おおむね留意事項を適用する。

第1表

ア	イ	ウ	エ	オ					
カ	キ	ク	ケ	コ				シェ	
サ	シ	ス	セ	ソ				チェ	
タ	チ	ツ	テ	ト	ツァ			ツェ	ツォ
ナ	ニ	ヌ	ネ	ノ		ティ			
ハ	ヒ	フ	ヘ	ホ	ファ	フィ		フェ	フォ
マ	ミ	ム	メ	モ				ジェ	
ヤ		ユ		ヨ		ディ			
ラ	リ	ル	レ	ロ			デュ		
ワ									
ガ	ギ	グ	ゲ	ゴ					
ザ	ジ	ズ	ゼ	ゾ					
ダ			デ	ド					
バ	ビ	ブ	ベ	ボ					
パ	ピ	プ	ペ	ポ					
キャ		キュ		キョ					
シャ		シュ		ショ					
チャ		チュ		チョ					
ニャ		ニュ		ニョ					
ヒャ		ヒュ		ヒョ					
ミャ		ミュ		ミョ					
リャ		リュ		リョ					
ギャ		ギュ		ギョ					
ジャ		ジュ		ジョ					
ビャ		ビュ		ビョ					
ピャ		ピュ		ピョ					
ン（撥音）									
ッ（促音）									
ー（長音符号）									

第2表

			イェ	
	ウィ		ウェ	ウォ
クァ	クィ		クェ	クォ
	ツィ			
		トゥ		
グァ				
		ドゥ		
ヴァ	ヴィ	ヴ	ヴェ	ヴォ
		テュ		
		フュ		
		ヴュ		

留意事項その1（原則的な事項）

1　この『外来語の表記』では，外来語や外国の地名・人名を片仮名で書き表す場合のことを扱う。

2　「ハンカチ」と「ハンケチ」，「グローブ」と「グラブ」のように，語形にゆれのあるものについて，その語形をどちらかに決めようとはしていない。

3　語形やその書き表し方については，慣用が定まっているものはそれによる。分野によって異なる慣用が定まっている場合には，それぞれの慣用によって差し支えない。

4　国語化の程度の高い語は，おおむね第１表に示す仮名で書き表すことができる。一方，国語化の程度がそれほど高くない語，ある程度外国語に近く書き表す必要のある語――特に地名・人名の場合――は，第２表に示す仮名を用いて書き表すことができる。

5　第２表に示す仮名を用いる必要がない場合は，第１表に示す仮名の範囲で書き表すことができる。

例　イェ→イエ　　ウォ→ウオ　　トゥ→ツ，ト　　ヴァ→バ

6　特別な音の書き表し方については，取決めを行わず，自由とすることとしたが，その中には，例えば，「スィ」「ズィ」「グィ」「グェ」「グォ」「キェ」「ニェ」「ヒェ」「フョ」「ヴョ」等の仮名が含まれる。

留意事項その２（細則的な事項）

以下の各項に示す語例は，それぞれの仮名の用法の一例として示すものであって，その語をいつもそう書かなければならないことを意味するものではない。語例のうち，地名・人名には，それぞれ（地），（人）の文字を添えた。

Ⅰ　第１表に示す「シェ」以下の仮名に関するもの

1　「シェ」「ジェ」は，外来音シェ，ジェに対応する仮名である。

〔例〕　シェーカー　シェード　ジェットエンジン　ダイジェスト
シェフィールド（地）　アルジェリア（地）
シェークスピア（人）　ミケランジェロ（人）

注　「セ」「ゼ」と書く慣用のある場合は，それによる。
〔例〕　ミルクセーキ　ゼラチン

2　「チェ」は，外来音チェに対応する仮名である。

〔例〕　チェーン　チェス　チェック　マンチェスター（地）　チェーホフ（人）

3　「ツァ」「ツェ」「ツォ」は，外来音ツァ，ツェ，ツォに対応する仮名である。

〔例〕　コンツェルン　シャンツェ　カンツォーネ
フィレンツェ（地）　モーツァルト（人）　ツェッペリン（人）

4　「ティ」「ディ」は，外来音ティ，ディに対応する仮名である。

〔例〕　ティーパーティー　ボランティア　ディーゼルエンジン
ビルディング　アトランティックシティー（地）　ノルマンディー（地）
ドニゼッティ（人）　ディズニー（人）

注１　「チ」「ジ」と書く慣用のある場合は，それによる。
〔例〕　エチケット　スチーム　プラスチック　スタジアム
スタジオ　ラジオ　チロル（地）　エジソン（人）

注２　「テ」「デ」と書く慣用のある場合は，それによる。
〔例〕　ステッキ　キャンデー　デザイン

5　「ファ」「フィ」「フェ」「フォ」は，外来音ファ，フィ，フェ，フォに対応する仮名である。

資

〔例〕 ファイル　フィート　フェンシング　フォークダンス
バッファロー(地)　フィリピン(地)　フェアバンクス(地)
カリフォルニア(地)　ファーブル(人)　マンスフィールド(人)
エッフェル(人)　フォスター(人)

注1　「ハ」「ヒ」「ヘ」「ホ」と書く慣用のある場合は，それによる。
〔例〕 セロハン　モルヒネ　プラットホーム　ホルマリン
メガホン

注2　「ファン」「フィルム」「フェルト」等は，「フアン」「フイルム」「フエルト」と書く慣用もある。

6　「デュ」は，外来音デュに対応する仮名である。

〔例〕 デュエット　プロデューサー　デュッセルドルフ(地)　デューイ(人)

注　「ジュ」と書く慣用のある場合は，それによる。
〔例〕 ジュース(deuce)　ジュラルミン

Ⅱ　第2表に示す仮名に関するもの

第2表に示す仮名は，原音や原つづりになるべく近く書き表そうとする場合に用いる仮名で，これらの仮名を用いる必要がない場合は，一般的に，第1表に示す仮名の範囲で書き表すことができる。

1　「イェ」は，外来音イェに対応する仮名である。

〔例〕 イェルサレム(地)　イェーツ(人)

注　一般的には，「イエ」又は「エ」と書くことができる。
〔例〕 エルサレム(地)　イエーツ(人)

2　「ウィ」「ウェ」「ウォ」は，外来音ウィ，ウェ，ウォに対応する仮名である。

〔例〕 ウィスキー　ウェディングケーキ　ストップウォッチ
ウィーン(地)　スウェーデン(地)　ミルウォーキー(地)
ウィルソン(人)　ウェブスター(人)　ウォルポール(人)

注1　一般的には，「ウイ」「ウエ」「ウオ」と書くことができる。
〔例〕 ウイスキー　ウイット　ウエディングケーキ　ウエハース
ストップウオッチ

注2　「ウ」を省いて書く慣用のある場合は，それによる。
〔例〕 サンドイッチ　スイッチ　スイートピー

注3　地名・人名の場合は，「ウィ」「ウェ」「ウォ」と書く慣用が強い。

3　「クァ」「クィ」「クェ」「クォ」は，外来音クァ，クィ，クェ，クォに対応する仮名である。

〔例〕 クァルテット　クィンテット　クェスチョンマーク　クォータリー

注1　一般的には，「クア」「クイ」「クエ」「クオ」又は「カ」「キ」「ケ」「コ」と書くことができる。
〔例〕 クアルテット　クインテット　クエスチョンマーク
クオータリー　カルテット　レモンスカッシュ
キルティング　イコール

注2　「クァ」は，「クヮ」と書く慣用もある。

4　「グァ」は，外来音グァに対応する仮名である。

〔例〕 グァテマラ(地)　パラグァイ(地)

注1　一般的には，「グア」又は「ガ」と書くことができる。

〔例〕 グアテマラ(地)　パラグアイ(地)　ガテマラ(地)
注2 「グァ」は,「グヮ」と書く慣用もある。
5 「ツィ」は,外来音ツィに対応する仮名である。
〔例〕 ソルジェニーツィン(人)　ティツィアーノ(人)
注 一般的には,「チ」と書くことができる。
〔例〕 ライプチヒ(地)　ティチアーノ(人)
6 「トゥ」「ドゥ」は,外来音トゥ,ドゥに対応する仮名である。
〔例〕 トゥールーズ(地)　ハチャトゥリヤン(人)　ヒンドゥー教
注 一般的には,「ツ」「ズ」又は「ト」「ド」と書くことができる。
〔例〕 ツアー(tour)　ツーピース　ツールーズ(地)　ヒンズー教
ハチャトリヤン(人)　ドビュッシー(人)
7 「ヴァ」「ヴィ」「ヴ」「ヴェ」「ヴォ」は,外来音ヴァ,ヴィ,ヴ,ヴェ,ヴォに対応する仮名である。
〔例〕 ヴァイオリン　ヴィーナス　ヴェール　ヴィクトリア(地)
ヴェルサイユ(地)　ヴォルガ(地)　ヴィヴァルディ(人)
ヴラマンク(人)　ヴォルテール(人)
注 一般的には,「バ」「ビ」「ブ」「ベ」「ボ」と書くことができる。
〔例〕 バイオリン　ビーナス　ベール　ビクトリア(地)
ベルサイユ(地)　ボルガ(地)　ビバルディ(人)
ブラマンク(人)　ボルテール(人)
8 「テュ」は,外来音テュに対応する仮名である。
〔例〕 テューバ(楽器)　テュニジア(地)
注 一般的には,「チュ」と書くことができる。
〔例〕 コスチューム　スチュワーデス　チューバ　チューブ
チュニジア(地)
9 「フュ」は,外来音フュに対応する仮名である。
〔例〕 フュージョン　フュン島(地·デンマーク)　ドレフュス(人)
注 一般的には,「ヒュ」と書くことができる。
〔例〕 ヒューズ
10 「ヴュ」は,外来音ヴュに対応する仮名である。
〔例〕 インタヴュー　レヴュー　ヴュイヤール(人·画家)
注 一般的には,「ビュ」と書くことができる。
〔例〕 インタビュー　レビュー　ビュイヤール(人)

Ⅲ 撥(はつ)音,促音,長音その他に関するもの

1 撥音は,「ン」を用いて書く。
〔例〕 コンマ　シャンソン　トランク　メンバー　ランニング　ランプ
ロンドン(地)　レンブラント(人)
注1 撥音を入れない慣用のある場合は,それによる。
〔例〕 イニング(←インニング)　サマータイム(←サンマータイム)
注2 「シンポジウム」を「シムポジウム」と書くような慣用もある。
2 促音は,小書きの「ッ」を用いて書く。
〔例〕 カップ　シャッター　リュックサック　ロッテルダム(地)
バッハ(人)

注　促音を入れない慣用のある場合は，それによる。
〔例〕 アクセサリー(←アクセッサリー)　フィリピン(地)（←フィリッピン）

3　長音は，原則として長音符号「ー」を用いて書く。
〔例〕 エネルギー　オーバーコート　グループ　ゲーム　ショー　テーブル　パーティー　ウェールズ(地)　ポーランド(地)　ローマ(地)　ゲーテ(人)　ニュートン(人)

注1　長音符号の代わりに母音字を添えて書く慣用もある。
〔例〕 バレエ(舞踊)　ミイラ

注2　「エー」「オー」と書かず，「エイ」「オウ」と書くような慣用のある場合は，それによる。
〔例〕 エイト　ペイント　レイアウト　スペイン(地)
ケインズ(人)　サラダボウル　ボウリング(球技)

注3　英語の語末の-er，-or，-arなどに当たるものは，原則としてア列の長音とし長音符号「ー」を用いて書き表す。ただし，慣用に応じて「ー」を省くことができる。
〔例〕 エレベーター　ギター　コンピューター　マフラー
エレベータ　コンピュータ　スリッパ

4　イ列・エ列の音の次のアの音に当たるものは，原則として「ア」と書く。
〔例〕 グラビア　ピアノ　フェアプレー　アジア(地)　イタリア(地)　ミネアポリス(地)

注1　「ヤ」と書く慣用のある場合は，それによる。
〔例〕 タイヤ　ダイヤモンド　ダイヤル　ベニヤ板

注2　「ギリシャ」「ペルシャ」について「ギリシア」「ペルシア」と書く慣用もある。

5　語末(特に元素名等)の-(ｉ)umに当たるものは，原則として「-(イ)ウム」と書く。
〔例〕 アルミニウム　カルシウム　ナトリウム　ラジウム
サナトリウム　シンポジウム　プラネタリウム

注　「アルミニウム」を「アルミニューム」と書くような慣用もある。

6　英語のつづりのｘに当たるものを「クサ」「クシ」「クス」「クソ」と書くか，「キサ」「キシ」「キス」「キソ」と書くかは，慣用に従う。
〔例〕 タクシー　ボクシング　ワックス　オックスフォード(地)
エキストラ　タキシード　ミキサー　テキサス(地)

7　拗(よう)音に用いる「ヤ」「ユ」「ヨ」は小書きにする。また，「ヴァ」「ヴィ」「ヴェ」「ヴォ」や「トゥ」のように組み合せて用いる場合の「ア」「イ」「ウ」「エ」「オ」も，小書きにする。

資

8　複合した語であることを示すための，つなぎの符号の用い方については，それぞれの分野の慣用に従うものとし，ここでは取決めを行わない。
〔例〕 ケース バイ ケース　ケース・バイ・ケース　ケース-バイ-ケース
マルコ・ポーロ　マルコ=ポーロ

付録

用例集 （省略）

付

前書きの４で過去に行われた表記のことについて述べたが，例えば，明治以来の文芸作品等においては，下記のような仮名表記も行われている。

ヰ：スヰフトの「ガリヷー旅行記」 ヱ：ヱルテル ヲ：ヲルポール
ヷ：ヷイオリン
ヸ：ヸオロン ヹ：ヹルレエヌ ヺ：ヺルガ ヂ：ケンブリッヂ
ヅ：ワーヅワース

■監修者紹介

山西治男（やまにし・はるお）

1961年静岡県生まれ。明治大学大学院修了，文学修士。國學院大學文学部外国語文化学科教授。研究分野はアメリカ文学，英米文化，英語。著書に『mini版 日本一簡単なやり直し英語の教科書作ってみました』（アスコム）など。『現代用語の基礎知識』（自由国民社）では，長年にわたり「若者」言葉の項目を担当している。また，『止まることなく』（白水社）などの翻訳書も多数手がける。

ポケット版 外来語新語辞典

2024年4月30日発行

監 修 山西治男（やまにしはるお）

発行者 深見公子

発行所 成美堂出版

〒162-8445 東京都新宿区新小川町1-7

電話(03)5206-8151 FAX(03)5206-8159

印 刷 株式会社東京印書館

ISBN978-4-415-32959-8

落丁･乱丁などの不良本はお取り替えします

定価はカバーに表示してあります

●IATA＊主要空港コード

＊IATA＝International Air Transport Association（国際航空運送協会）

都市コード	都市名	空港コード	空港名	国名
ATH	アテネ	ATH	アテネ国際空港	ギリシア
AMS	アムステルダム	AMS	アムステルダム・スキポール空港	オランダ
BKK	バンコク	BKK	バンコク・スワンナプーム国際空港	タイ
CAI	カイロ	CAI	カイロ国際空港	エジプト
CPH	コペンハーゲン	CPH	コペンハーゲン空港	デンマーク
DEL	デリー	DEL	インディラ・ガンディー国際空港	インド
DUB	ダブリン	DUB	ダブリン空港	アイルランド
DXB	ドバイ	DXB	ドバイ国際空港	アラブ首長国連邦
FRA	フランクフルト	FRA	フランクフルト国際空港	ドイツ
HAN	ハノイ	HAN	ノイバイ国際空港	ベトナム
HKG	香港	HKG	香港国際空港	中国
HNL	ホノルル	HNL	ダニエル・K・イノウエ国際空港	アメリカ
SEL	ソウル	ICN	仁川国際空港	韓国
JKT	ジャカルタ	CGK	スカルノ・ハッタ国際空港	インドネシア
KUL	クアラルンプール	KUL	クアラルンプール国際空港	マレーシア
LON	ロンドン	LHR	ヒースロー空港	イギリス
MAD	マドリード	MAD	マドリード＝バラハス国際空港	スペイン
MNL	マニラ	MNL	ニノイ・アキノ国際空港	フィリピン
MOW	モスクワ	SVO	シェレメチェボ国際空港	ロシア
NYC	ニューヨーク	JFK	ジョン・F・ケネディ国際空港	アメリカ
OSL	オスロ	OSL	ガーデモエン空港	ノルウェー
OSA	大阪	KIX	関西国際空港	日本
PAR	パリ	CDG	シャルル・ド・ゴール空港	フランス
PAR	パリ	ORY	オルリー空港	フランス
BJS	北京	PEK	北京首都国際空港	中国
ROM	ローマ	FCO	フイウミチーノ空港	イタリア
SEL	ソウル	GMP	金浦国際空港	韓国
SFO	サンフランシスコ	SFO	サンフランシスコ国際空港	アメリカ
SHA	上海	PVG	上海浦東国際空港	中国
SYD	シドニー	SYD	キングスフォード・スミス空港	オーストラリア
TYO	東京	NRT	成田国際空港	日本
TYO	東京	HND	東京国際空港	日本
VIE	ウィーン	VIE	ウィーン国際空港	オーストリア
YTO	トロント	YYZ	トロント・ピアソン国際空港	カナダ
YVR	バンクーバー	YVR	バンクーバー国際空港	カナダ
ZRH	チューリッヒ	ZRH	チューリッヒ空港	スイス